Friede und Recht

Rechtshistorische Reihe

Band 471

Thorsten Thielen

Friede und Recht

Studien zur Genese des frühmittelalterlichen Herrscher- und Tugendideals in der lateinischen Literatur der römischen Antike und des frühen Mittelalters

PL ACADEMIC RESEARCH

Bibliografische Information der Deutschen Nationalbibliothek
Die Deutsche Nationalbibliothek verzeichnet diese Publikation in der Deutschen Nationalbibliografie; detaillierte bibliografische Daten sind im Internet über http://dnb.d-nb.de abrufbar.

Zugl.: Trier, Univ., Diss., 2017

Die vorliegende Arbeit wurde von Prof. Franz Dorn
zur Aufnahme in die Reihe empfohlen.

Umschlagabbildung:
Justitia. Allegorie der Gerechtigkeit. Druck aus dem 17. Jahrhundert.

D 385
ISSN 0344-290X
ISBN 978-3-631-73200-7 (Print)
E-ISBN 978-3-631-73202-1 (E-PDF)
E-ISBN 978-3-631-73203-8 (EPUB)
E-ISBN 978-3-631-73204-5 (MOBI)
DOI 10.3726/b11622

PL Academic Research ist ein Imprint der Peter Lang GmbH.

Peter Lang – Frankfurt am Main · Bern · Bruxelles · New York ·
Oxford · Warszawa · Wien

Diese Publikation wurde begutachtet.

www.peterlang.com

Vorwort

Die vorliegende Arbeit wurde im Wintersemester 2016/2017 vom Fachbereich Rechtswissenschaft der Universität Trier als Dissertation angenommen. Den Anstoß hierzu gab mir im Jahr 2005 Prof. Dr. Hans Hattenhauer (†) mit seiner Schrift „Pax et iustitia“ (1983), auf die ich im Rahmen meiner ursprünglichen Recherchen zu den Gottes- und Landfrieden des Mittelalters stieß.

Der Unterstützung meines Doktorvaters Prof. Dr. Franz Dorn und meiner Familie habe ich zu danken, dass das Werk nunmehr fertig vorliegt. Sie haben mir immer wieder die Freiräume eröffnet, die für die Auswertung der teilweise umfangreichen Quellenwerke erforderlich waren, und standen mir während der Abfassung und Korrektur stets mit Rat und Tat zur Seite. Mein Dank gilt auch Herrn Prof. Dr. Dr. Franz Ronig für seine vielfältigen Anregungen zur lateinischen Literatur der konstantinischen Wende und Herrn Prof. Dr. Thomas Rüfner für seine ausführlichen Bemerkungen zur Arbeit.

Ganz besonders danken möchte ich meiner Ehefrau Andrea, die mir in vielen Gesprächen und bei der Korrektur stets helfend zur Seite stand.

Schweich, im Juni 2017

Thorsten Thielen

Inhalt

A. Einleitung

Herrschaftsgewalt bedarf der Legitimation. Dies ist ein Allgemeinplatz, der auch im heutigen Zeitalter der Nationalstaaten und in einer globalisierten Welt nichts von seiner Gültigkeit verloren hat. Die Legitimationsfrage stellt sich überall, wo Herrschaft über Menschen ausgeübt wird – sei es durch den „Staat" oder eine Einzelperson. Sie ist im Herrschaftsbegriff angelegt, weil Herrschaft stets auf die Verwirklichung des Willens des Herrschaftsträgers gegenüber den Personen abzielt, die der Herrschaft unterworfen sind. Zugleich muss sie sich gegenüber potentiellen Konkurrenten behaupten. Soll sie sich nicht ausschließlich auf physische Gewalt (auf das „Schwert") stützen, muss sie ihr Handeln gegenüber den Herrschaftsunterworfenen begründen und als legitim und rechtmäßig ausweisen. Gelingt dies nicht, droht der Verlust der Durchsetzungsmacht und damit die Ablösung der Herrschaft durch eine andere.

Die Verknüpfung von Legitimität und Herrschaft belegt am deutlichsten das Beispiel des Gewaltherrschers, der kraft seiner körperlichen Stärke und der militärischen Überlegenheit seiner Gefolgschaft herrscht. Seine Stellung ist stets dadurch bedroht, dass die gewählte Legitimationsgrundlage (physische Stärke) zugleich das Beispiel für ihre Überwindung (durch größere physische Stärke) bietet. In der Praxis stützt sich auf Dauer angelegte Herrschaft daher in aller Regel zwar auch auf Gewalt; sie will aber zugleich darlegen, dass gerade sie die Beste für die jeweiligen Herrschaftsunterworfenen darstellt und, dass ein Aufbegehren gegen sie unberechtigt wäre. Die Legitimationsfrage ist hier (im Verhältnis zur Gewaltherrschaft) komplexer, weil der Herrschaftsträger den Unterworfenen vermitteln muss, warum er die Befugnis in Anspruch nehmen darf, Zugriff auf ihre Güter oder Person zu nehmen. Er zielt nicht nur darauf ab, dass seine Herrschaft hingenommen wird, sondern wünscht ihre Akzeptanz. Herrschaftsträger, Herrschaftsform und Herrschaftsbefugnisse bedürfen daher eines Kanons von Rechtfertigungssätzen, einer Herrschafts- und Herrscherideologie.

Die Notwendigkeit dieser Rechtfertigung erfasst Herrschaft immer insgesamt und ist in jeder Hinsicht ubiquitär. Legitimiert werden muss nicht nur die gewählte Form der Herrschaft (z. B. als Allein- oder Gesamtherrschaft) mit ihren Institutionen; auch die einzelnen Träger von Herrschaftsgewalt müssen sich im Gemeinwesen ausweisen. Da Herrschaft von Menschen ausgeübt wird, muss die Legitimationsgrundlage bei einem Wechsel in der Person des Herrschaftsträgers auch zeitlich aktualisiert werden. Herrschaftsideologie ist damit zugleich auch eine Ideologie „der Herrschenden" (Herrscherideologie). Zuletzt erstreckt sich das Rechtfertigungsbedürfnis auch auf Herrschaftsakte. Sie können in bloßen Handlungsanweisungen für das als richtig empfundene Handeln bestehen, die durch die moralische Autorität des Herrschaftsträgers gestützt werden. Sind diese Handlungsanweisungen unmittelbar auf Befolgung ausgerichtet, können sie in die Form von Geboten und

Gesetzen gefasst werden, die im Falle der Missachtung Sanktionen vorsehen und mit der Androhung von Gewalt versehen sind.

Das Legitimationsbedürfnis ist außerhalb der modernen staatlichen Verfassungsordnung von noch größerer Bedeutung, wenn die Ableitung aller Gewalt im Staat von einer Person aus erfolgt, wenn also ein personal gebundenes Herrschaftsverständnis vorherrscht. Mit der herausragenden Stellung des Einzelnen gewinnt auch der Legitimationsaspekt herausragendes Gewicht. Die Herrscherideologie muss vermitteln, dass dem jeweiligen Herrscher seine Stellung „zu Recht" zukommt. Hierzu kann sie an die Qualität der Herrscherpersönlichkeit selbst anknüpfen. Sie bezieht sich dann nahezu stets auf die Tugendhaftigkeit der Person und ist eine „Tugendideologie", weil eine im Sinne der herrschenden Vorstellungen „sittlich" gute Person, auch gut herrschen wird. Was sittlich gut ist, wird hierbei regelmäßig dadurch bestimmt, was den Herrscher in den Augen der Herrschaftsunterworfenen als „gut" und „tugendhaft" erscheinen lässt. Hierzu gehören Beispiele des privaten Lebenswandels des Herrschers ebenso, wie sein öffentliches Handeln oder seine Herkunft. Parallel hierzu bedient sich die Ideologie häufig eines sakralen Begründungsansatzes, der den Herrscher den Herrschaftsunterworfenen als Persönlichkeit mit einer „Sonderverbindung" zur Sphäre des Göttlichen voranstellt.

Herrscherideologie ist schon aufgrund dieser Zielsetzung nicht mit Geschichtsschreibung zu verwechseln. Sie hat nicht die Vermittlung von Tatsachen zum Gegenstand. Geschildert wird im besten Fall der eigene Anspruch des Herrschers. Das Ziel von Ideologie ist aber nicht Vermittlung von Wissen um tatsächliche Ereignisse, sondern die Ausdeutung der Tatsachen im Sinne der Inhaber der Herrschaftsgewalt und die Kennzeichnung der Herrschaft als rechtsgemäß. Im schlimmsten Fall widerspricht deren tatsächliches Verhalten der Darstellung der Ereignisse vollständig.

So wie sich Herrschaft eine eigene Ideologie schafft, werden zugleich auch von den Herrschaftsunterworfenen selbst Idealvorstellungen von Herrschaft an den Herrscher herangetragen, weil Einzelne oder Gruppen ihre Vorstellungen von der „rechten" Herrschaft durch den Inhaber der Gewalt verwirklicht sehen wollen. Dieses Bedürfnis ist vor allem dann stark ausgeprägt, wenn die Ideologie der Herrschaft mit dem von den Unterworfenen geforderten Verhalten nicht im Einklang steht oder Fragen der Herrschaftsordnung selbst ungeklärt sind. Die Legitimation von Herrschaft ist kein einseitiger Prozess, der ausschließlich von Inhabern der Gewalt ausgeht. Er ist offen dafür, Impulse und Umprägungen aus der Gruppe der Herrschaftsunterworfenen aufzunehmen und diese im Herrschaftsverständnis zu spiegeln. Dadurch wird die Ausübung der Herrschaft an den gesellschaftlichen Wertekonsens gekoppelt, dessen Ausdruck sie sein soll.

Die Frage nach der Rechtfertigung von Herrschaft – gleich, ob das Bemühen vom Herrscher ausgeht oder ob von außen Vorstellungen der Unterworfenen an ihn herangetragen werden – ist auch für den Rechtshistoriker von besonderer Bedeutung, weil sie die Grundlagen der Ausübung jeder Herrschaft betrifft. Ihre Beantwortung hat, wenn es dem Herrscher mit der Rechtfertigung ernst ist, unmittelbare Auswirkungen auf alle Akte, die der Durchsetzung des Herrschaftswillens dienen und damit auf rechtliche Einzelfallentscheidungen, Gesetzgebung und die Verfassung der Herrschaft an sich. Aufgrund dieser Folgewirkung der (ideologischen) Legitimitätsgrundlage in die Ausübung der Herrschaft hinein ist die Legitimationsfrage vorrangig eine Rechtsfrage.

I. Gegenstand

Gegenstand der Arbeit ist die Entstehung des römisch-christlichen Tugendideals in dem Zeitraum vom ersten vorchristlichen Jahrhundert bis zum Ende des sechsten Jahrhunderts nach Christus. Sie basiert auf dem wissenschaftlichen Konsens, dass das mittelalterliche König- und Kaisertum im Frankenreich und im Sacrum Imperium Romanum an römische und christliche Traditionen angeknüpft und darüber hinaus Elemente der germanischen Gefolgschaft mit aufgenommen hat.[1] Gleichwohl fehlt es in der deutschen und europäischen Rechtsgeschichte an solchen Schriften, die sich umfassend mit der Entstehung dieses „römisch-christlichen Herrscherideals"

1 Dies ist allgemein anerkannt. *Thieme*, Friede und Recht, 4: „‚Pax et iustitia', so lautet die immer wiederkehrende Formel der Kaiserzeit, mit der Aufgabe und Bestimmung des Reichs bezeichnet werden." Dort finden sich auch Ausführungen auch zu den germanischen Wurzeln des Friedensbegriffs. *Ewig*, Königsgedanke, 9 ff., 17 ff.; *Willoweit, Dietmar*, Deutsche Verfassungsgeschichte, 5. Auflage, München 2005, 59: Aufgabe des Königtums ist die Sicherung von „Friede und Recht"; der König verkörpert die gottgewollte Ordnung; 68: Bezeichnung des Kaisers als „imperator augustus Romanorum ac Francorum"; *Mitteis, Heinrich/Lieberich, Heinz*, Deutsche Rechtsgeschichte, 19. Auflage 1992, 103 ff., v. a. 105 zum karolingischen Imperium: „Das so erneuerte weströmische Kaisertum knüpfte nicht so sehr an den Dominat spätrömischer Cäsaren an, als vielmehr an das germanische Königspriestertum und die Civitas Dei im Sinne Augustins." Zum frühen Mittelalter vgl. auch *Singer*, Fürstenspiegel, 707: „Am Anfang des Mittelalters stehen [...] die Fürstenspiegel der Karolingerzeit. Im Zuge geistiger Erneuerung sind sie entstanden: Auch das Königtum soll mit christlicher Ethik vertraut gemacht werden. Elemente eines christlichen Herrscherbildes – entnommen aus dem Alten Testament, Paulus (Röm. 13), Augustin, Gregor d. Großen, Isidor, dem irischen Pseudo-Cyprian [...] finden sich im 8/9. Jh. zunehmend in Historiographie und Dichtung [...] die geistlichen Mahnschreiben an Könige seit der Merowingerzeit, können vom Aufbauschema her als Vorläufer der karolingischen Fürstenspiegel gelten. *Schneidmüller*, Kaisertum, Sp. 1496, verweist auf das Lehnwort „Caesar", die Übernahme des Begriffs der militärischen Kommandogewalt „Imperium" und den Ehrentitel Augustus; *Schmidt*, Heiliges Römisches Reich, Sp. 885; für das Königtum der germanischen Königsherrschaften vgl. etwa *Schieffer*, Fränkisches Reich, Sp. 1671 und 1677 mit Hinweis auf den Akt der Salbung mit geweihtem Öl. Zum Hochmittelalter: *Schimmelpfennig, Bernhard*, Könige und Fürsten, Kaiser und Papst nach dem Wormser Konkordat, München 1996 (Enzyklopädie Deutscher Geschichte, Band 37), 1f.: Titulatur als „imperator" oder „rex romanorum"; *Boshof, Eugen*, Königtum und Königsherrschaft im 10. und 11. Jahrhundert, München 1997 (Enzyklopädie Deutscher Geschichte, Band 27), 109 f. Zum Spätmittelalter: *Krieger, Karl Friedrich*, König, Reich und Reichsreform im Spätmittelalter, München 2005 (Enzyklopädie Deutscher Geschichte, Band 14), 11 f.

befassen. Insbesondere fehlt eine Auswertung der römischen und christlichen lateinischen Literatur als Grundlage der Herrschaftsvorstellungen, wie sie sich in der römischen Antike und den ersten vier nachchristlichen Jahrhunderten ausbildeten und bis in die germanischen Reichsgründungen hinein fortwirkten.[2] Die Arbeit will dazu beitragen, diese Forschungslücke zu schließen. Nur durch das Verständnis der Legitimationsprinzipien, die der Königs- und Kaiserherrschaft des Mittelalters als Institution, aber auch den Herrschaftsakten zugrunde lagen, werden die Strukturprinzipien sichtbar, die sich hinter dem vielfach „plakativen" Gebrauch von Tugendbegriffen durch christliche Herrscher des Mittelalters verbergen.

Die nachfolgenden Ausführungen der Einleitung sollen die Bedeutung unterstreichen, die dem Tugendideal innerhalb der deutschen und europäischen Rechts- und Verfassungsgeschichte zukommt. Sie zeigen exemplarisch, dass die Kenntnis der Genese dieser Wurzeln für die Auslegung von Rechtsakten, Urkunden, Geschichtsschreibung und Fürstenspiegeln im Mittelalter unverzichtbar ist. Sie dokumentieren, vor der Auseinandersetzung mit dem eigentlichen Forschungsgegenstand, dass die Legitimation mittelalterlicher Herrschaftsgewalt nahezu durchgängig von der Anknüpfung an die christliche und römische Tugendterminologie geprägt war. Diese Feststellung kann für den gesamten Zeitraum von den fränkischen Reichsgründungen bis hinein in die frühe Neuzeit Geltung beanspruchen. Bewusst werden daher im Rahmen der Einleitung zunächst einzelne, zentrale Herrschaftsakte, etwa Reichsgrundgesetze, die Landfriedensgesetzgebung und Wahlkapitulationen ausgewertet. Hierunter finden sich Herrschaftsakte der Kaiser- und Könige ebenso wie solche, die unter Mitwirkung der *maiores et meliores terrae* zustande kamen. Daneben wird auch die Literaturgattung der Fürstenspiegel berücksichtigt. In einem zweiten Schritt wird ausgehend von den Arbeiten Thiemes, Hattenhauers und des Trierer Mediävisten Hans Hubert Anton[3] aufgezeigt, dass sich die im Hoch- und Spätmittelalter sowie der frühen Neuzeit gebräuchlichen Legitimationsmechanismen bereits in der Karolingerzeit und den Germanenrechten (*leges*) auffinden lassen. Bibelauszüge dokumentieren, dass die zur Herrschaftslegitimation im Mittelalter gebrauchten Begriffe auch hier bereits anzutreffen sind. Ihnen schließen sich (II, III) die Abschnitte zu Gang- und Struktur der Arbeit an. Im Anschluss daran folgt im Hauptteil der Arbeit (B.-I.) die thematische Auseinandersetzung mit der Herrscherideologie ausgehend von den spätrepublikanischen Staatsschriften bis hin zu den Panegyriken des Venantius Fortunatus für die Merowingerkönige.

---

2 Dass dies ein Desiderat der Forschung ist, hat *Hattenhauer*, Pax et iustitia, 1 f. bereits dargelegt. Einzelne Arbeiten, etwa von *Laufs*, Friedensgedanke, haben sich mit Teilaspekten dieser Genese befasst.

3 *Thieme, Hans*, Friede und Recht im mittelalterlichen Reich, Leipzig 1945; *Hattenhauer, Hans*, Pax et iustitia, 1982/1983; *Anton, Hans Hubert*, Fürstenspiegel und Herrscherethos in der Karolingerzeit, Bonn 1968.

1. Tugendherrschaft in Herrschaftsakten und mittelalterlicher Fürstenspiegelliteratur

Der Rückgriff auf ideologische Grundlagen und Herrschertugenden erfolgt in Gesetzen, Urkunden und Schriften zur Königs- und Kaiserherrschaft im Heiligen Römischen Reich nahezu durchgängig. Die göttliche Einsetzung, Nachfolge nach den römischen Kaisern und Karl dem Großen, stellen den institutionellen Rahmen dar, innerhalb dessen diese Rechtfertigung erfolgt. Notwendig mussten diesem Rahmen die Grundsätze der Amtsführung entnommen werden. Im Konfliktfall konnte sich auch das von Gott eingesetzte König-/Kaisertum nicht alleine auf den göttlichen Einsetzungsakt stützen, der es als Institution rechtfertigte. Vielmehr musste der jeweilige Herrscher anlässlich seines Handelns immer wieder neu begründen, warum die Ausübung der Herrschaft durch ihn zu Recht erfolgte und er in besonderer Weise dazu ausersehen war.

a) Urkunden

Schon der Vorspruch des Nürnberger Gesetzbuches vom 10. Januar 1356 benennt den beständigen Wunsch des Herrschers, das Volk des Reiches solle nicht den Weg der Erinnyen einschlagen, sondern den des von Gott geliebten Kaisers mit *pietas* und Milde.[4] Nur wenige Jahre zuvor betont auch die *commissio maior* zur Errichtung des Reichsvikariats das Selbstverständnis Karls IV. Durch die *providentia* Gottes ist er vor allen anderen Königreichen mit dem Vorrang ausgezeichnet und zur Herrschaft über verschiedene Nationen bestimmt. Ihm obliegt es – vom Himmel her mit dem Augustustitel versehen – die Fülle des Rechts zu gewähren. Er hat mit den Worten der *commissio* für das Heil (*salus*) der *res publica* in einem stürmischen Meer Sorge zu tragen. Er muss die friedliche Verfassung, Vorteil und Ruhe (*quietas*) der Untertanen sicherstellen.[5] Zu diesem Zweck hat sich der König gegen falsche *avaritia* und *ambitio* zu verteidigen.[6]

Regelmäßige Erwähnung findet das Streben nach *quietas* und *pax* in den Einladungsschreiben zur Königswahl sowie in den an den Heiligen Stuhl gesandten Wahldekreten.[7] So heißt es im Wahldekret Friedrichs des Schönen (1314), den König kennzeichne neben der Abkunft ein rechter katholischer Glaube, Tüchtigkeit, Umsicht und *humilitas*. Er sei ersichtlich geeignet die *res publica* zu ihrem Nutzen

---

4 MGH, Fontes iuris Germanici antiqui, (Wolfgang D. Fritz, Bearb.), Tomus XI – Die Goldene Bulle Kaiser Karls IV. vom Jahr 1956, Weimar 1972, S. 43.

5 MGH, Constitutiones et acta publica imperatorum et regum, (Ed. Karolus Zeumer et Ricardus Salomon), Tomus VIII, Hannover 1910–1926, Nr. 144, S. 224.

6 *Weinrich*, Diplomata et acta, Licet iuris Nr. 89, S. 290.

7 MGH, Constitutiones et acta publica imperatorum et regum (Ed. Iacobus Schwalm), Tomus III, Hannover und Leipzig, 1904–1906, Nr. 468, S. 455 f. (Schreiben vom 7. 11. 1291).

(*utilitas*) durch die ihm eigene *benignitas* und *mansuetudo* anzuleiten.[8] Das Wahldekret Albrechts I. vom Juli 1298 stellt gegenüber dem Papst auf die Tugend ab. Mit Albrecht sei ein Mann gewählt, der fähig sei, das Reich zu regieren, zu verteidigen, zu bessern und im Zustand der Ruhe und des Friedens zu erhalten.[9] Ein körperlich tüchtiger König von katholischer Rechtgläubigkeit verspreche als Freund der Kirche und Bewahrer der *iustitia* eine friedliche Herrschaft. Sie werde dem Reich Eintracht, Ruhe und eine Besserung der Sitten bescheren.[10] Im Zuge der Absetzung König Adolfs hatten sich die Kurfürsten derselben Argumentation bedient. Sie wurde in diesem Fall gegen den König gewandt.[11] Der erste Abschnitt der Urkunde ist als eine generelle Regel gottgemäßer Herrschaft formuliert.[12] Auch König Albrecht I. hebt am 7. Mai 1301 widerrechtlich errichtete Rheinzölle mit der Begründung auf, hierdurch für die friedliche Ordnung und die Ruhe *(pro tranquillitate et pacifico statu Romani imperii)* seiner Untertanen sorgen zu wollen, um sie so vor widerrechtlicher Gier zu schützen.[13] Anlässlich der Wahl Rudolfs von Habsburg heißt es 1273 im Schreiben des Erzbischofs von Mainz an den Papst, man habe zur Abwehr der Gefahren für Leib und Gut der Menschen einen römischen König erwählt, der Träger des universellen Konsenses sei. Zugleich sei er Inhaber aller Tugenden und werde in gemeinsamer Eintracht mit dem Heiligen Stuhl das Reich zur *iustitia* zurückführen und Kirchen, Witwen, Waisen und Mündel schützen.[14] Das damalige kurfürstliche

---

8 MGH, Constitutiones et acta publica imperatorum et regum (Ed. Iacobus Schwalm), Tomus V, Hannover und Leipzig, 1909–1913, Nr. 95, c. 3: „...virum utique katholicum, ortodoxe fidei fervidum zelatorem, strennuum et sagacem conversacionibus et moribus non modicum ornatum, devotum et humilem, de Romanorum regum prosapia oriundum, sacri imperii gubernacula regere magnifice et iura ipsius manutenere potentem necnon reipublice preesse utiliter et prodesse valentem, in omni morum honestate perspicuum et preclarum, affabilem, benignum et mansuetum ac in aliis agibilibus pro regimine reipublice plurimum circumspectum...".

9 *Weinrich*, Diplomata et acta, Nr. 64, S. 214, c. 2: „...iura imperii regere et defensare et in melius reformare ac in statu tranquillo et pacifico conservare."

10 *Weinrich*, Diplomata et acta, Nr. 64, S. 216, c. 4: „...idem rex est fide katholicus, ecclesiarum amator, iusticie cultor, consilio pollens, propriis potens viribus et multorum potentum affinitate connexus, deo ut opinamur amabilis et humanis aspectibus graciosus [...] propter quod speramus in eo, qui reges et regna constituit, quod sub eius principatu pacifico quies regno proveniet, pax ecclesiis, concordia plebibus et moribus disciplina..."

11 *Weinrich*, Diplomata et acta, Nr. 63, S. 210 c. 3. Der König hat pax und concordia zu gewährleisten; S. 212, c. 5 f.: Der König war nicht fähig, gegen die Störung (turbatio) des Friedens vorzugehen.

12 *Weinrich*, Diplomata et acta, Nr. 63, S. 204. „Hec enim eterni fuit providentia iudicis, de cuius vultu recta iudicia prodeunt, ut recti iudices eligerentur in orbe, qui terram iudicent, iustiticam diligant, orphanos, pupillas et viduas defendant et quorum oculi respiciant equitatem."

13 *Weinrich*, Diplomata et acta, Nr. 68, S. 288, c. 2 u. 3.

14 MGH, Constitutiones III, Nr. 15, S. 18 f.

Wahldekret stellt gar eine Gesamtauseinandersetzung mit dem unhaltbaren Verfassungszustand des Reiches dar, erhofft im Ergebnis aber auch, dass Friede, Eintracht und Sittlichkeit herrschen werden und durch Frieden Schwerter zu Pflugscharen umgearbeitet würden.[15] Besonders eindringlich macht der anlässlich der Königswahl des Jahres 1273 zurückgesetzte König Ottokar von Böhmen in seinem Beschwerdeschreiben an den Heiligen Stuhl von Tugendbegriffen Gebrauch. Im Reich, das allen Königreichen der Welt vorgeordnet sei, sei aufgrund der Wahl des Rudolf von Habsburg die rechte Ordnung verkehrt und verdunkelt worden. Durch Missachtung desjenigen, der von Gott, vom Volk von Rom und kraft seiner *virtus* eingesetzt sei, werde *iustitia* unterdrückt, *concordia* aufgehoben und der Friede zugunsten herrschender Verbrechen aufgelöst.[16] Noch im Wahldekret der Fürsten für Konrad IV. wird die Wahl *vivente imperatore* damit begründet, die Vorsorge für das Reich erfordere zur Sicherung von *iustitia* und *tranquillitas* die Wahl eines Königs zu Lebzeiten des Vaters. Der Tradition habe es von jeher entsprochen, einen König zu erwählen, der Gerechtigkeit sichere. Er müsse notfalls auch in der Lage sein, unter persönlichen Gefahren und ohne Rücksicht auf die eigenen Besitzungen die Grenzen des Reiches zu verteidigen.[17] Formelhaft werden die Begriffe auch in den Wahlanzeigen Philipps von Schwaben und Ottos IV. gebraucht.[18] Auch Friedrich I. greift mehrfach darauf zurück.[19] Den Schutzauftrag des Königtums formuliert Papst Eugenius auch anlässlich der Wahl Friedrichs I.[20] Dass gerade der Heilige Stuhl dem Begriffszusammenhang *iustitia, pax, tranquillitas, concordia* besondere Bedeutung zumaß, belegt die Stellungnahme Papst Urbans IV. zur Doppelwahl des Jahres 1263.[21]

---

15 MGH, Constitutiones III, Nr. 14, S. 17 f.

16 MGH Constitutiones III, Nr. 16, S. 19 f., Z. 11–15: „Quem senatus populusqe Romanus statuit, quem lex virtusque statuit, quem deus ipse statuit, contempnent singuli frenis agi pauperis respuentes, sicque iusticia suffocabitur et exulabit concordia et pax regnantibus criminibus expirabit, impunes dissulcabunt iniurie, proximus insurget in proximum…“

17 MGH, Constitutiones et acta publica imperatorum et regum (Ed. Ludewicus Weiland), Tomus II, Hannover, 1896, Nr. 329, S. 440 f.

18 MGH, Constitutiones II, Nr. 3, S. 3, c. 1; Nr. 19, S. 25 (pax und quietas).

19 MGH, Constitutiones et acta publica imperatorum et regum (Ed. Ludewicus Weiland), Tomus I, Hannover, 1893, Nr. 318, S. 449 (Fehdebrief gegen die Brandstifter, 1186); Nr. 277, S. 381 (Rheinfränkischer Landfriede, 1179); zum Frieden auch Nr. 176, S. 245 (Ronkalischer Landfriede, 1158); Nr. 158, S. 220: gegen Ruhestörer für pax und tranquillitas (Curia Ratisbonensis, 1155). Vgl. auch die Wahlanzeige Friederichs I., Nr. 137, S. 191 f.

20 MGH, Constitutiones I, Nr. 139, S. 194: Schutz der Kirchen und der Kirchendiener sowie Pflicht zur iustitia ihnen gegenüber; gegenüber den Herrschaftsunterworfenen Pflicht zu pax und iustitia, d. h. Schutz vor allem der Witwen, Mündel und Waisen durch unermüdlichen Einsatz zur gloria der Herrschaft.

21 MGH, Constitutiones II, Nr. 405, S. 523 f.

b) *Landfriedensgesetzgebung*

Erwähnung findet das herrschaftliche Selbstverständnis sonst auch im Zusammenhang mit der Aufrichtung und Durchsetzung der Landfrieden zur Reduzierung und zuletzt Aufhebung des Fehderechts. So benennt eine Urkunde Adolfs von Nassau vom 18. November 1292 anlässlich der Einsetzung des Herzogs von Lothringen, Brabant und Limburg als Landvogt gleich mehrfach das ständige Bestreben des Königtums nach *quietas*, *pax* und *concordia*. Herausgestellt wird ferner, zur Wahrung des Friedens werde günstigstenfalls derjenige bestellt, dessen *industria* die *tranquillitas* eines blühenden Zeitalters am besten sicherstellen könne.[22] Die Wirkmächtigkeit des ideellen Gedankens der Friedens- und Rechtswahrung auch außerhalb des Kreises des Königtums und der Königswähler zeigt die Friedenseinung des Rheinischen Bundes. Um den Schutz der guten und ehrbaren Menschen (*innocentes*) vor Räubereien sicherzustellen, bedarf es des Friedens, d. h. der Rechtswahrung durch gerichtlichen Spruch.[23] Vor allem der Mainzer Reichslandfriede betont die Bedeutung eines glücklichen Zeitalters (*felicitas*) unmittelbar im Anschluss an die Passage, die das kaiserliche Amt auf die göttliche Einsetzung zurückführt. Das Glück, so wird dort weiter ausgeführt, sei nur durch Frieden und Gerechtigkeit sicherzustellen. Eine dementsprechende Amtsführung werde den Schlechten schaden und dem Kaiser zur *gloria* verhelfen. In den Bestimmungen des Friedens heißt es auch, das Reich müsse sicherstellen, dass niemand der Rächer eigenen Schmerzes (*sui doloris vindex*) werde, um so Willkür zu verhindern.[24] Neben dem „Statutum in favorem principum“ stützt sich auch der königliche Landfriede des Jahres 1224 (Treuga Heinrici) auf Frieden und Ruhe (*pax*, *tranquillitas*).[25] Eine konkrete Ausformung der Begriffe „Friede und Recht“ findet sich auch in den Urkunden Friedrichs II.[26] Schon diese überblicksartige Darstellung verdeutlicht: Stets geht es den Trägern der Herrschaft darum, Herrschaftsakte auf den Herrschaftsauftrag und die daraus resultierenden Herrschaftspflichten zu stützen. Diesem Zweck dient der Rückgriff auf die Translationslehre, das Gottesgnadentum und die damit einhergehende Pflicht, Friede und Recht im Reich zur *felicitas* aller sicherzustellen.

c) *Fürstenspiegel*

Auch in den Fürstenspiegeln des Mittelalters und der frühen Neuzeit findet sich vielfach der Rückgriff auf Herrschertugenden, um dem König- bzw. Kaisertum die Grundsätze der Ausübung von Herrschaft vor Augen zu führen, auf Missstände

---

22 MGH, Constitutiones III, Nr. 494, S. 478.
23 MGH, Constitutiones II, Nr. 328, S. 581.
24 MGH, Constitutiones II, Nr. 196, S. 241 u. 243. Vgl. auch Nr. 171, S. 211, „iusticia et pace
25 MGH, Constitutiones II, Nr. 171, S. 211, „iusticia et pace; Nr. 284, S. 398.
26 Formelhaft etwa MGH, Constitutiones II, Nr. 197, S. 263 (Gründungsurkunde für das Herzogtum Braunschweig (1235).

hinzuweisen oder die Ordnungsgemäßheit der Herrschaft darzustellen. Für die Spätphase des Reiches verdeutlicht dies der Traum (Somnium) des Hans von Hermansgrün (1495). Darin versucht der Autor, anlässlich des Wormser Reichstages von 1495, den von Gott gesetzten Gewalten ihre Pflichten zu verdeutlichen. Unter Berufung auf Exempla der Reichsgeschichte (Karl der Große, Otto der Große), die Schöpfer des Römisch-Deutschen Reiches,[27] stellt er ein Abgehen von Tugend (*virtus*) und Sittlichkeit der Vorfahren in der Gegenwart fest. Er fordert eine Besinnung auf rechte Seelentugend, gerade auch im Angesicht gegenwärtiger Bedrohung von *imperium* und *libertas*. Nötig sei eine Liebe zum Staat und eine durch gute Taten gewonnene *gloria*. Nichts werde alleine mit Körperkraft, alles durch Seelentugend (*virtute animi*) und guten Rat (*consilio*) vollbracht. Das Beispiel der Väter lehre ein Streben durch Arbeit (*labor*). Es schließe kriegerischen Ruhm nicht aus. Es fordere aber ebenso dazu auf, nach dem Sieg dem erreichten Frieden (*pax*) durch *clementia* sofort *iustitia* und *aequitas* an die Seite zu stellen – und zwar sowohl in Ansehung des eigenen Geistes, wie des Gemeinwesens insgesamt. Die Errichtung der Kirchen, die Sorge für die Schwachen (als Ausfluss der *liberalitas*), *fides*, *oboedientia* und Liebe und Furcht vor dem Allerhöchsten gewährleisteten *concordia*. Im Gegensatz dazu ermangele es gegenwärtigen *potentes* am Willen zur *iustitia*, an der Liebe für das Gemeinwesen, aber auch an Gottesfurcht. Die Grundlagen des Reiches würden durch *avaritia*, *luxuria* und *superbia* untergraben. Das Reich werde ausgeplündert, während einzig die Leibesfülle der Fürsten gedeihe.[28]

In ähnlichem Gewand findet sich eine Herrschaftslehre zu Beginn der Landfriedensbewegung auf dem Gebiet des Römisch-Deutschen Reiches in den Quellen zur Geschichte Heinrichs IV. Im „Carmen de bello Saxonico", der „Vita Heinrici IV." und den überlieferten Briefen desselben Herrschers, liegt ein Gesamtwerk mittelalterlicher Herrscherideologie vor, in dem sich Epik und politische Praxis

---

27 Somnium, S. 386.

28 Somnium, S. 388, 390: „Errat qui existimat, rem militarem magis vi corporis et virium quam virtute animi et consiliis recte procedere. In consiliis autem maiores vestri reipublice amorem privatis comodis pretulerunt. Fuit illis concordia ordinum, peritia simul et disciplina rei militaris, animus in consulendo liber, neque odio neque amicitia corruptus. Divicias honestas, sed gloriam ingentem cupiebant, esse quam videri boni malebant. Laborem, sudorem et pericula viris, munditias, voluptates et molliciem mulieribus convenire putabant. Maximam gloriam in eo, in quo virtus maxime enitesceret, posuerunt; in bello audaces, in hostes terribiles, in socios et amicos fideles, at in victos clementes fuere. Ubi pax evenerat, iusticia et equitate seque et rempublicam gubernavere. [...] Satis se tutos, satis fortunatos arbitrantes, si amplum, magnificum et floridum imperium esset; [...] virtute eos imperium orbis meruisse." Demgegenüber steht die Darstellung der Gegenwart: „Pro his habetis avaritiam, is vobis ad luxuriam atque incredibilem superbiam, que vos in tot viciorum genera immersit, ut iam neque vitia ipsa neque remedia vitiorum pati potestis! Ne mirum, quod languet imperium...".

durchaus nahestehen.[29] Das Epos vom Sachsenkrieg (ca. 1075) schildert Heinrich IV. als Tugendherrscher, der zu allererst das Recht wiederaufrichtet. Er legt Gesetze fest und erlässt Verbote zum Schutze der Witwen und Waisen.[30] Sein Werk ist Revindikation der Reichsrechte und des Rechts auf sächsischem Gebiet. Er setzt seinen göttlichen Auftrag dem Zustand entgegen, in dem nur faktisch Gewalt herrscht (*plus nocuit, qui plus potuit*)[31] entgegen. An dem Ziel, Konflikte mit den sächsischen Großen mittels des Gerichts zu lösen, hält der König beständig fest, auch nachdem das sächsische Volk bereits zum Krieg rüstet und sich gegen Kirchen, Witwen, Waisen und Fremden vergeht.[32] Der *perfidia* der abfallenden Sachsen stehen Unbestechlichkeit und Tapferkeit (*fidelitas*) der für den König Streitenden gegenüber.[33] Dem *pax*-Gesuch der unterlegenen Sachsen entspricht König Heinrich IV. nach erfolgreicher Kriegsführung. Ihr erneuter Abfall zwingt ihn zu ihrer Besserung zu hartem Durchgreifen aufgrund der gezeigten Treulosigkeit.[34] Das Muster – Abfall der Sachsen, Bitte um Frieden, Mäßigung des königlichen Zornes im beständigen Streben nach Ruhe, Frieden und Recht (*pacemque fideli mente*) – wiederholt sich im zweiten Buch des „Carmen de Bello Saxonico“[35] und ebenso im dritten, obgleich die Sachsen durch erneuten Treuebruch gegen alles göttliche und menschliche Recht verstoßen und den König zum Zorn zwingen.[36] Als „Art der Väter“ wird am Ende des dritten Buches die königliche Milde (*clementia, pietas*) angesichts der

29 Die kritische Bewertung *Schmales*, Quellen zu Heinrich IV, 24, trägt dem kaum Rechnung. Carmen de Bello Saxonico, Vita Heinrici IV. Imperatoris und die Briefe Heinrichs IV. werden im Folgenden nach der Ausgabe von *Rudolf Buchner* (Quellen zur Geschichte Kaiser Heinrichs IV, Darmstadt 1974) zitiert. Die Zitierung erfolgt für das Carmen de Bello Saxonico nach Buch und Verszeile, im Übrigen nach Seite und Zeile.

30 Carmen I, 20–25, v.a. 21: „...iura dedit, leges statuit, cohibenda coercet...“.

31 Carmen I, 58 u. I, 18.

32 Carmen I, 63 f.; 67 f.

33 Carmen I, 132 „Auro vende fidem....“; 138 „Perfide sic certas miles...“; 151 „...fidem miles non comparat auro.“; wieder fällt die Parallelität der gewählten Formulierung ins Auge.

34 Carmen I, 229–235 „...Castellanorum virtus experta laborum / Fortis in arma furit per tempora nulla quievit, / Hostibus usque nocens, sibi laudis nomen adaugens: Nunc terram vastant preda, nunc torre vel ense. / Sic castellorum quoque custodes aliorum / Fines Saxonum devastavere propinquos / Quosque suis castris simul igni, caede, rapinis / Multimodis omnes...“.

35 Carmen II, 203–213 „Rex igitur, facta Saxonum deditione, / Supplicibus mitis, contrarius atque superbis, / More leonino, substratis hostibus, iram / Iustam deposuit commissaque cuncta remisit. / Ibat per patriam rex invictissimus illam, / Incorrecta regens, leges et iura reponens, / Restituens cunctis sua dudum despoliatis. Hinc propriam sedem tendens ad Goslariensem, / Saxonum genti dat iura petenti, / per totam patriam pacis iubet esse quietem, / Iusto iudicio causas componit et aequo.“

36 Carmen III, 7; 109–112. So die Schilderung in 2–29. Die Auflehnung gegen das „göttliche Recht“ kommt in der Entweihung der Gotteshäuser und Friedhöfe zum

Demut sich ergebender Gegner hervorgehoben. Drohend stelle sich die königliche Gewalt nur demjenigen dar, der trotz sicherer Niederlage im Stolz (*superbia*) verharre: *Parcet subiectis debellabitque superbos.* Im Übrigen sei der fromme König (*rex pie*) ein guter Vater.[37]

Der gleichen Sorge des Königs um das Reich trägt die gegen 1106 von einem unbekannten Verfasser geschaffene „Vita Heinrici" Rechnung. Nach dem Tod Heinrichs III. seien *iustitia*, *pax* und *fides* aus der Welt verschwunden.[38] Ohne den Vater lägen Kirchen und Klöster vor Räubern ungeschützt, seien Arme nun wahrhaft arm. Es fehle am Richter, der die Räuber unterdrücke.[39] Der Friedenszustand (*adhuc iusticia sui vigoris, adhuc potestas sui iuris erat*) existiere nicht mehr.[40] Zu den ersten Handlungen des mündigen Königs habe es daher gehört, Friede, Recht und Gesetze wieder aufzurichten.[41] Seine Milde und Freigiebigkeit habe stets viele geschont, die aufgrund ihrer Taten eigentlich schärfere Strafen verdient hätten.[42] Die dennoch von den Fürsten gegen ihn durchgeführten Erhebungen seien durch den Stolz der Gegner gescheitert.[43] In analoger Weise zu den Vorwürfen Heinrichs an seine Gegner gestalten sich deren Anfeindungen gegen Heinrich. Dieser habe als ein Tyrann gegen Kirche und Reich gewütet. Er sei aus der *humilitas* in das Laster des Stolzes zurückgefallen.[44] Nach Ordnung der Verhältnisse in Rom, sowie der Unterdrückung der Erhebung seines Sohnes Konrad widmet die „Vita" schließlich das gesamte achte Kapitel dem Mainzer Landfrieden. Nachdem Friede und Ruhe im Reich eingekehrt sind, ruft der Kaiser die Fürsten zu einem Hoftag zusammen. Dort kommt es zu einem vom König propagierten Friedensschwur (*pacem per totum regnum sub iuramento firmari*) unter Androhung schwerer Strafen für die Übertreter

---

Ausdruck. Gleichermaßen berichtet die Vita 3, S. 418, Z. 2–4, die Sachsen hätten die Gebeine des Königssohnes geschändet. Vgl. auch Carmen III, 46–49.

37 Carmen III, 279 f.: „...Parcet subiectis debellabitque superbos." ; 288: „pietate parentes"; 287–295.

38 Vita 1, S. 408, Z. 19–20 „Nam illo recedente, iusticia terras reliquit, pax abiit, fraus in locum fidei subintravit." Dazu auch: Vita 2, S. 414, Z. 25 f.: Friede ist Abwesenheit von Kriegstrompeten, Raubzügen und verlogener Treue.

39 Vita 1, S. 408, Z. 24 (Kirchen und Klöster); S. 410, Z. 10 – S. 412 Z. 4 (Armenfürsorge). Auch hier wird wieder die Friedensfunkion erwähnt: Vita 1, S. 414, Z. 7–12: „Oppraesores pauperum oppressit, raptores in direptionem dedit, contra se contumaces contraque suam potentiam se levantes adeo retudit, ut in posteris eorum regiae vindictae vestigia hodieque compareant. Quo nimirum facto et suis in praesenti et imperii rebus in futurum providit, ut discant non disturbare pacem, non armis imperium vexare."

40 Vita 2, S. 414, Z. 27.

41 Vita 2, S. 416, Z. 19–21.

42 Vita 3, S. 420 Z. 27; Z. 32 f.; Vita 4, 422, Z. 18–22.

43 Vita 4, S. 424, Z. 26–426, Z. 12.

44 Vita 6, S. 430, Z. 5. Zur Absetzung von Päpsten und Königen berechtigt allerdings der Nachweis behaupteter Verbrechen, Vita 6, 432, Z. 23–25.

des Friedens.[45] Das Friedensgesetz (*pacis decretum*)[46] schützt Arme und Gutgesinnte. Zugleich leiden diejenigen Hunger und Not, die nicht der ihnen zukommenden Aufgabe, sondern dem Kriegshandwerk, genauer dem Räubertum, nachgegangen waren (*in milites bona sua distraxerant*).[47] Der Landfriede stellt die Ordnung wieder her. Das Ross wird mit dem Bauerngaul, das scharlachrote Gewand mit dem ungefärbten, die goldenen Sporen werden mit eisernen vertauscht. Sittenverderbnis, Eitelkeit und Luxus weichen der Armut.[48] Sinnfälligstes Bild des Friedens ist der Schiffer, der ungefährdet an den Uferflecken vorbeifährt, die zuvor vom Raub der Schiffe lebten. Er mehrt nun seinen Wohlstand, während der ehemals räuberische Herr Hunger leidet.[49] Wie andere Unrecht mit Unrecht vergelten, vergilt der Kaiser das gegen ihn begangene Unrecht mit dem Frieden.[50] Der unrechten, auf den eigenen Vorteil gerichteten Gewalt der Friedbrecher tritt die rechte Gewalt des Königtums entgegen. Sie ist ausschließlich Friedensgewalt. Demjenigen, der die Waffen niederlegt, droht nicht etwa königliche Rache und Vernichtung, sondern nach erfolgter Sühne lediglich die Wiedereingliederung in die Friedensordnung. Dies gilt auch für die Unterstützer des Gegenkönigtums.[51] Die gesamte königliche Gewalt manifestiert sich also darin, die Übertreter des Friedens und des Rechts in eben jene Ordnung zurückzuführen. Eine Gewalt, darüber hinaus Vergeltung zu üben, kommt dem Königtum nicht zu. Folgten alle Menschen diesem Ideal, richtete also jeder die Zahl seiner Gefolgsleute nach dem Maß der ihm zur Verfügung stehenden Mittel und kehrten die Räuber auf die Äcker zurück, so würden Scheunen und Keller Überfluss haben an allem Guten. Niemand bräuchte dem anderen mehr an seinen Gütern zu schaden. Im ganzen Reich gäbe es keinen Krieg mehr und die Seelen der Menschen wären gerettet.[52] Selbst der Verfasser der „Vita" muss an dieser Stelle allerdings einräumen, dass aufgrund der menschlichen Natur, die Chancen einer dauerhaften Verwirklichung dieser Ordnung eher als gering einzuschätzen sind. Denn der

45 Vita 8, S.438, Z. 18 f.

46 Vita 8, S.438 Z. 20.

47 Vita 8, S. 438, Z. 22–24.

48 Vita 8, 438, Z. 25–440, Z. 1

49 Die in der vorigen Fn. angesprochenen, bis S. 440, Z. 3 fortlaufenden Ausführungen sind nicht frei von einer gewissen Häme des Verfassers gegenüber denjenigen, die Nutznießer des Unfriedens waren.

50 Vita 8, S. 438, Z. 3.

51 Vita 7, S. 438 Z. 14–16.

52 Vita 8, S. 440 Z. 12–19: „Cur, obsecro, vobis non aliunde, nisi ex rapto vivere placet? Reddite agris, quos ex agro deputastis armis; coequate numerum satellitum ad mensuram facultatum, recolligite praedia vestra, quae stulte sparsistis, ut multos armatos haberitis, et redundabunt omnibus bonis horrea et cellaria vestra; nec erit amplius necesse aliena tollere, cum quilibet ex proprio possit habundare. Sic fit, ut nec imperator crimine denotetur, nec bellum in regno moveatur; sic fit, ut et corpori satisfacere habeatis et animas vestras, quod felicissimum est, salvetis."

Mensch pflege tatsächlich eher schlechte Gewohnheiten.[53] Es ist bezeichnend, dass ausgerechnet die *potentes* in gemeinsamer Sache mit dem noch jugendlichen Sohn des Kaisers zu den ersten Friedensbrechern gehören.[54] Der verführte Sohn[55] zeigt sich denn auch für die Verhandlungsofferten des Vaters unempfänglich, verweist auf eine erneute Bannung Heinrichs IV. und betreibt schließlich *sub specie causae dei, suam causam.*[56] Heinrich IV. hingegen bleibt, wie auch in den ersten sieben Kapiteln, bis zu seiner Absetzung dem Friedensideal treu. Die Burg Nürnberg, in welcher er von Heinrich V. belagert wird, übergibt er, um den Sohn nicht zu gefährden. Er folgt seinem Sohn nach Würzburg, *non persequitur [...] sed ut pater [...] ut turbatam ex te rem publicam in quietum statum restituat [...].* Er flieht von der Schlacht am Regen, damit der Sohn nicht zum Vatermörder werde[57] und nimmt den Krieg erst auf, nachdem der Sohn sich auch auf seine Ausführungen dazu, was Menschenliebe schuldig sei, nicht zur Umkehr bewegen lässt.[58] Die „Vita" schließt mit dem Tod und der nachfolgenden Verklärung Kaiser Heinrichs IV.

Eine Bekräftigung der „Carmen" und „Vita" zugrundeliegenden Grundkonzeption des Königtums bieten schließlich die Briefe Heinrichs IV. Sie zeigen auch den Gleichlauf von kaiserlicher und an den Kaiser herangetragener Tugendlehre auf. So äußert sich der Herrscher[59] in einem Selbstbezichtigungsschreiben an Papst Gregor VII. (1073), dass er das Schwert der ihm von Gott verliehenen Gewalt in der Vergangenheit aufgrund Jugend und faktischer Ungebundenheit der Macht nicht stets gegen die Schuldigen gebraucht habe.[60] Die Absetzungssentenz gegen den „falschen Mönch Hildebrand" stützt der König darauf, dass der Papst die ihm verliehene Macht ausschließlich *ad destructionem* gebraucht habe. Auf den Stuhl des Friedens (sedem pacis) sei Gregor nicht durch Gott, sondern durch Geld und Eisen gelangt. Der Papst habe vom Stuhl des Friedens (gemeint ist damit auch der „Sitz" des Friedens im Amt des Papstes) den Frieden gestört (*sede pacis pacem turbasti*).[61] In einem nach Abschluss des Investiturstreites an Klerus und Volk von Rom (1081) verfassten Schreiben, erörtert Heinrich IV. sein Ziel, tyrannische Treulosigkeit im Reich aufzuheben und weitere Störungen von *pax* und *concordia* zu unterbinden.[62]

---

53 Vita 8, S. 440, Z. 19 f. „...asinum ad lyram voco".

54 Vita 9, S. 440, Z. 22–442, Z. 10 (maiores); ebenso wiederum 11, S. 454, Z. 10.

55 Vita 9, S. 440, Z. 29; S. 442, Z. 14.

56 Vita 9, S. 442, Z. 26.

57 Vita 9, S. 444, Z. 5 f.; 16–19; 27–29.

58 Vita 11, S. 454, Z. 15–18.

59 Steht mit Heinrich IV. der Aussteller der Briefe fest, ist doch über die Person ihres Verfassers viel spekuliert worden. Dazu *Schmale*, Quellen zu Heinrich IV., 5 f.

60 Ep. 5, S. 56, Z. 2 f.: „.nec tamen in reos, ut iustum fuit, iudicaria illum semper censura evaginavimus"; Z. 9 f. „partim potestative nostre et imperiose potentie libertate"; Rn. 12, 15: „ecclesiasticas invasimus, [...] vendidimus...".

61 Vgl. Ep. 12, S. 66, Z. 9–12.

62 Ep. 16, S. 74, Z. 27–29; S. 76, Z. 28 f.

Pax und *iustitia* sollten den Ruin der Kirchen verhindern (1102).[63] Mit seiner Erhebung streite der Sohn gegen Gott, alles Recht und Gerechtigkeit (1106).[64]

2. Ursprünge der mittelalterlichen Tugendideologie

Die Frage nach den Ursprüngen der in den vorangehenden Auszügen erkennbaren Tugendterminologie ist auch in der rechtshistorischen Literatur mehrfach aufgeworfen worden. Den oben angeführten Texten lässt sich unmittelbar entnehmen, dass sich die Kaiser und Könige des Heiligen Römischen Reiches in der Nachfolge der römischen Kaiser sahen. Ihr Streben nach Wohlgeordnetheit der Verfassung der *res publica* und der ihnen Unterworfenen – aber auch nach rechter *pietas* – begründeten sie dem Vorbild der Eintracht *(concordia)* einer Weltordnung, die dem göttlichen Gebot gemäß gestaltet ist. Den ideologischen Ursprüngen dieser Tugendbegriffe, insbesondere *pax* und *iustitia*, die regelmäßig den „Kernbestand" der Königs- und Kaisertugend bilden, hat sich neben der frühen Arbeit Thiemes[65] 1983 Hans Hattenhauer in seinem gleichnamigen Beitrag (Pax et Iustitia) zugewandt. Beide verweisen hierbei auch darauf, dass sich schon in den Volksrechten der germanischen Stämme auf römischem Boden entsprechende Begrifflichkeiten finden.

a) Germanenrechte und Fürstenspiegelliteratur der Karolingerzeit

Schon ein kurzer Blick in den Prolog des langobardischen Ediktes König Rhotaris, bestätigt diese Einschätzung. Dort wird deutlich, dass die Aufrichtung von Recht und Gesetz für die Unterworfenen (*subiecti*) auch in den barbarischen Königsherrschaften der Verwirklichung des Friedens diente und, um dauernd gegen die Feinde tätig (*labor*) sein zu können.[66] Das oben dargestellte mittelalterliche Friedens- und Gerechtigkeitsideal ist hier schon zu finden. Auch die Einung der Salfranken[67] hebt das Bedürfnis hervor, durch *pax* gegen Gewalt zu streben und *legali auctoritate* andere Völker zu übertreffen. Der umfassendere Prolog des 100-Titel-Textes betont die Bedeutung der von Gott gegebenen *iustitia* für den Frieden (*pax*).[68] Die christlichen Wurzeln der fränkischen Fürstenspiegelliteratur, auch über die Grenzen einzelner Reiche hinaus, sind bereits 1968 Gegenstand der Untersuchung des Trierer

63 Ep. 31, S. 102, Z. 13–26.

64 In Ep. 37, S. 118, Z. 16–21 spielt Heinrich IV. auf die Zustände während seiner Haft an; nicht anders auch in dem Brief an den König von Frankreich, Ep. 39, S. 126, Z. 4.

65 Friede und Recht im mittelalterlichen Reich, Leipzig 1945.

66 Dort heißt es: *Beyerle*, Leges Langobadorum, 17: „In unum preuidimus uolumine complectendum, quatinus liceat unicuique salua lege et iustitia quiete vivere, et propter opinionem contra inimicos laborare, seque suosque defendere fines."

67 *Eckardt*, Pactus legis Salica, II, § 1, S. 98.

68 *Eckardt*, Lex Salica, § 1, S. 82 u. 84.

Mediävisten und Historikers Hans Hubert Anton gewesen.[69] Unter Auswertung der aquitanischen und der der zweiten Hälfte des 9. Jahrhunderts n. Chr. entstammenden Fürstenspiegel sowie konziliarer Canones (etwa des Konzils von Paris 829) kommt er zu dem Ergebnis, dass jedenfalls die Fürstenspiegel der spätkarolingischen Zeit ihre Auseinandersetzung mit dem Amt des Herrschers und der ihm obliegenden Pflichten maßgeblich nicht nur den kirchlichen Quellen (Augustinus, Gregor d. Große, Isidor von Sevilla) entnehmen, sondern auch auf die lateinische patristische Literatur insgesamt zurückgreifen.[70]

Der Frage, inwieweit der Gebrauch der Tugendbegriffe auch aus dem römischen Recht abzuleiten ist, geht die vorliegende Arbeit demgegenüber nicht nach. Hattenhauer hatte hierzu bereits klargestellt, dass jedenfalls in Digesten und Codex des Corpus Iuris Civilis das Begriffspaar Friede und Recht nicht im Konnex erwähnt wird.[71] Soweit mit der Anknüpfung an das römische Imperium also ein konkreter Herrschaftsauftrag verbunden wurde, musste er entweder den Schriften christlicher Autoren der Spätantike, griechischen und römischen Philosophen, oder aber dem Werk des Augustinus, das auch für das Verhältnis von geistlicher und weltlicher Gewalt vielfach Pate stand, entnommen sein.[72] Jedenfalls für das Verhältnis der Gewalten und die Ordnung der diesseitigen Welt in der *ordinata concordia* ist dieser Nachweis gut zu führen.[73]

b) Anknüpfung an die Heilige Schrift

Auch der Text der Bibel selbst bietet vielfache Anknüpfungspunkte für Tugendideologie des Mittelalters.[74] Der biblische Gerechtigkeitsbegriff, wie er später auch in dem bekannten Psalmenzitat im Prolog des Sachsenspiegels zum Ausdruck gekommen ist, diente Hattenhauer als Ausgangspunkt seiner Untersuchung: „Der Herr ist gerecht, er liebt gerechte Taten“ (Ps 11, 7). Der Fromme wird dem Gebot

---

69 Fürstenspiegel und Herrscherethos in der Karolingerzeit, Bonn 1968. Vgl. erst jüngst den von Anton herausgegebenen Quellenband: Fürstenspiegel des frühen und hohen Mittelalters – Specula principum ineuntis et progredientis medii aevi (Ausgewählte Quellen zur deutschen Geschichte des Mittelalters – Freiherr-vom-Stein-Gedächtnisausgabe 45), Darmstadt 2006.

70 Vgl. zur vicarius-dei Vorstellung, *Anton*, Fürstenspiegel, 372–380; zur Vorstellung vom „regere“ als rechter Anleitung kraft der dem König verliehenen potestas, aaO, 384–398. Zur Tyrannenlehre v.a. bei Jonas von Orléans, Smaragd von Mihiel und Sedulius Scotus, aaO, 401–403: Der Tyrann herrscht nicht mit pietas, iustitia und misericordia, sondern bestimmt seine Herrschaft hauptsächlich aus der superbia. Anton betont auch die häufige Anlehnung der frühen Autoren an biblische Tugendvorbilder, etwa Salomon und David; *Hermann*, Frieden, Sp. 1810 weist ebenfalls auf die Verknüpfung von Gesetzgebung und Frieden ab der karolingischen Gesetzgebung hin.

71 *Hattenhauer*, Pax et Iustitia, 15–17.

72 Dazu *Hattenhauer*, Pax et Iustitia, 18–25.

73 Vgl. dazu *Hattenhauer*, Pax et Iustitia, 22–25.

74 Dazu auch *Hermann*, Frieden, Sp. 1812 f.

des gerechten Gottes folgen und hierdurch vor dem Verderben bewahrt werden, der König durch Gerechtigkeit seinen Thron befestigen, der Gottlose geht zugrunde.[75] Die „Gerechtigkeit des Menschen besteht darin", dass er sein Handeln nach Gottes Gebot richtet und „sich nicht seine eigenen Regeln, eigene Gerechtigkeit, macht."[76] Der Friede erscheint sodann als Frucht der Gerechtigkeit (Jes 32, 17). Der Christ findet „Friede in Gott". Als praktisch erfahrbares Heil äußert sich der Friede auf der Erde in üppigem Gedeihen der Äcker und gutem Gelingen der Werke.[77] Die Verknüpfung von Frieden und Recht in der Heiligen Schrift, die Hattenhauer lediglich anhand einzelner Beispiele postulierte, lässt sich – ohne einen theologischen Anspruch zu erheben –dem Schrifttext auch an vielen anderen Stellen zwanglos entnehmen.[78] Als besonders aussagekräftig erweisen sich die Worte des Propheten Jesaja (Jes 33, 1–16). Den Gottlosen, Räubern und Verwüstern wird derjenige gegenübergestellt, der „in Gerechtigkeit wandelt". Ersteren droht, nachdem sie allen anderen geschadet haben, selbst Verwüstung und Raub. Der Gerechte, der das Streben nach Gewinn zurückstellt, Geschenke abweist und von Blutschuld nichts hören will, wird stets sein Brot und Wasser haben. Stets Brot und Wasser, also ein Auskommen zu haben, ist Gegenstand des Friedens und wird von dem Propheten auch gezielt in diesen Bezug eingebettet. Beherrscht der Räuber das Land, so sind die Wege verödet, die Straßen leer, Treue und Glauben verloren und das Land verdorrt (Jes 33, 7). Auch Ijob wird verheißen, dass die Einhaltung der göttlichen Gebote seiner Hütte Frieden bringen wird (Ijob 5, 24–27) und seine Nachkommen wie „Gras auf Erden" sein werden. Seine Klage gegen das offensichtliche Wohlergehen der Gottlosen (Ijob 21, 7–9) richtet sich gleichermaßen an diesem Friedensbegriff aus. Ganz ähnlich findet sich in den Psalmen (Ps 128, 1–3) die Aussage, dass es dem Haus desjenigen, der sich von seiner Hände Arbeit nährt, gut ergehen wird. Das in Gottes Frieden befindliche Volk erscheint so als „heil und gesund" (Jer 33, 6). Das hier zutage tretende biblische Friedensverständnis ist auch auf das irdische Wohlergehen bezogen. Der Mensch, der Gottes Geboten folgt, kann auf Erden den Frieden im Sinne irdischen Wohlergehens erfahren.[79] Adressat des Friedensgedankens ist nicht etwa nur das von Gott auserwählte Volk, sondern der Einzelne in seiner Hinwendung auf Gott

75 *Hattenhauer*, Pax et Iustitia, 6; verweist auf Ps 60,6; 71, 51; 69, 28; 119, 7; Spr 14,34, Ps. 72, 1 und Spr 16,2.

76 *Hattenhauer*, Pax et Iustitia, 6.

77 *Hattenhauer*, Pax et Iustitia, 8.

78 Zitiert wird nach der Einheitsübersetzung der Bibel v. 1979. Lateinische Bibelzitate erfolgen entsprechend der Ausgabe der Vulgata (Biblia Sacra Iuxta Vulgatam Versionem, Editionem Quartam Emendatam cum Sociis B. Fischer, H. I. Frede, H. F. D. Sparks, W. Thiele), 1994.

79 *Dinkler*, Friede, Sp. 448 verweist weiterhin auf (Jes 45, 7; Ps 122, 7 (Glückseligkeit und Friede Synonym), auch 1 Kön 5, 4, 26; 1 Chron 12, 18) und betont, dass dieser Teil des Friedensverständnisses zwar in der Hinordnung auf Gott heilsgeschichtliche Züge aufweist, sich aber v.a. auf vergangenes, gegenwärtiges und künftiges irdisches Leben bezieht.

und das göttliche Gesetz. Der Friede ist das Ergebnis der Entscheidung des einzelnen Menschen für Gott. Er ist auf Erden das mögliche (nicht sichere) Produkt der Einhaltung des göttlichen Gebots.[80] Der Friedensbegriff in diesem Sinne ist irdisches „Wohlbefinden“ des Einzelnen und zugleich ein „Wohlgeordnetsein“ seiner Lebenswelt. Nach dem Gebot des Herrn in Frieden zu leben, heißt gleichsam ungestört und unbeeinträchtigt der eigenen Tätigkeit nachzugehen. Friede bedeutet also auch sicher, ruhig und ohne Furcht[81] zu leben. Hierzu gehört das ruhige Bestellen des eigenen Landes, die aus eigener Kraft ohne Beeinträchtigung des anderen erfolgende Schaffung einer Lebensgrundlage für die Zukunft der eigenen Nachkommen, die Sicherheit der Straßen und Wege und der in Treue erfolgende Umgang mit anderen Menschen. Der irdische Friedenszustand beschreibt auf diese Weise nicht nur den Frieden des Einzelnen, sondern auch des von Gott auserwählten Volkes (so bei Jer 33, 4–6). Die allgemeine Achtung des göttlichen Gebotes[82] schafft den Frieden im Sinne einer in Hinwendung auf Gott in Frieden geordneten Gesellschaft.[83] Der durch die Einhaltung des göttlichen Gebotes geschaffene Friede ist damit nicht bloß „mehr als die Abwesenheit von Streit“ oder das Gegenteil von „Krieg“,[84] sondern als irdische Glückseligkeit in umfassender Weise positiv bestimmt.[85]

So wie der Friede aus der Einhaltung des göttlichen Gebotes fließt, sind Recht und Gerechtigkeit Ausdruck der Bewahrung des göttlichen Gebotes. Wer seinen Frieden mit Gott macht (Ijob 22, 21–22) der hält sich vom Unrecht fern. Das Recht nach der Gerechtigkeit Gottes (Ps 35, 24) setzt sich gegen die verleumderischen, grundlosen und gegen den Frieden gerichteten Anklagen der Gottlosen durch. Wer die Gebote Gottes nicht achtet, greift stets zugleich auch den Frieden an, denn Gottes Gebote haben diesen ausschließlich zum Ziel. Gott ist selbst Friede[86], Gott ist selber Recht[87].

---

80 Der Mensch bittet um den Frieden – Ps 122, 6; vgl. *Broer*, Friede, 137.

81 Der Aspekt der Ruhe kommt auch bei Ijob 3, 25f.; Ps 4, 9 zum Ausdruck; vgl. auch Gen 26, 28–31; Jesaja 32, 17. Dem Frieden widerspricht nichts so sehr wie die Gier nach unrechtem Gewinn Jer 6, 12–14; Jer 8, 8 ff.

82 „Allgemeine Achtung“ bedeutet: Hinwendung aller Menschen (als Einzelpersonen) auf das göttliche Gebot.

83 So bei Ri 4, 17; 1. Sam 7, 14; 1 Kön 5, 4; *Friedrich*, Frieden, 152; *Leenemann*, „Frieden“, EKL 1, Sp. 1377.

84 *Hattenhauer*, Pax et Iustitia, 8; *Friedrich*, Frieden, 152: „Frieden als Wohlsein“. Zu der etymologischen Wortbedeutung der Begriffe von Salom „wohlgeneigt“, „gnädig sein“ und salamu „unversehrt sein“, „vollkommen sein“, „zur Vollendung kommen“ vgl. *Dinkler*, Friede, Sp. 436. Die dem Salom Begriff fremde Entgegensetzung von Friede und Krieg schwingt bei 1. Sam 7, 14; 1 Kön 5, 4, deutlich mit, hierzu: *Westermann*, Frieden, 162–165. Auch bei *Schmid*, Frieden, 605: Die Abwesenheit von Frieden ist nicht etwa Krieg, sondern eine „im Grunde (chaotische) Un-welt“.

85 Ps 85, 9; Nach *Schmid*, Frieden, 605, herrscht Friede dort, wo zwischen allen Bereichen eine „lebensermöglichende Geordnetheit“ besteht; *Broer*, Friede, 137.

86 Vgl. oben Ri 6, 24 „Der Herr ist Friede“; Mi 5, 4; Eph 2, 14; ebenso auch *Hattenhauer*, Pax et Iustitia, 8.

87 Ps 11, 7; ebenso *Hattenhauer*, Pax et Iustitia. 6 f.

Wer Gott nicht achtet, missachtet Friede und Recht. Besonders breit angelegt ist dieser Zusammenhang im 37. Psalm, der sich mit der Frage auseinandersetzt, warum es gerade den Gottlosen oft besser ergeht als den Friedfertigen. Obwohl der Friedensbegriff hier ausdrücklich genannt wird, steht das den Gottlosen erwartende Schicksal in dem bereits oben angesprochenen Zusammenhang. Dieser „wird verwelken" und seine Stätte, sei sie auch wie eine prächtige Aue, wird schließlich leer sein. Er wird Opfer der eigenen Gewalt. Sein vermeintliches Glück ist nicht von Dauer, der Herr verlacht ihn (Ps 37, 2, 10, 12, 35a). Wer Gott folgt und sich zudem nicht von dem durch Neid ausgelösten Zorn und Grimm zu Unrecht gegen die Gottlosen verleiten lässt, der wird als ein Gerechter schließlich das Land erben. Daher ist auch das Wenige, das ein Gerechter hat, besser als der Überfluss vieler Gottloser. Sein Mund „redet Weisheit und seine Zunge lehrt das Recht". Der Herr steht ihm bei (Ps 37, 1, 7–8, 11, 16, 30, 39). In ähnlicher Deutlichkeit tritt der Konnex von Gerechtigkeit, Recht und Frieden bei Jesaja hervor. Den Frieden verliert, wer Unrecht handelt und auf „krummen Wegen geht" (Jes 59, 1–14; 8), wer den Herrn verleugnet und bedenkenlos mit Trug lügt (Jes 59, 4, 13). Wer aber den Frieden verliert, auf dessen Pfaden ist Unrecht, die Gerechtigkeit kommt nicht zu ihm. Wahrheit und Aufrichtigkeit weichen. Der Plünderer wird schließlich selbst ausgeplündert (Jes 59, 1–14, 4, 8 f., 13–15). Dementsprechend kann die rechte Handlung nur die Handlung sein, mit der der Mensch Gottes Gebot unverbrüchlich hält. Zu Gottes Gebot aber gehört, das eigene Gedeihen nach der Tätigkeit der eigenen Hände auszurichten, das Gut des Nächsten nicht zu begehren und zu nehmen.[88]

Recht und Friede gehen in der Hinwendung auf Gott und den Einzelnen untrennbar ineinander auf. Sie sind nicht in ein Stufenverhältnis oder eine Rangfolge auflösbar. Gott ist Friede und Recht. Für den Einzelnen gilt: Wendet er sich vom Recht ab, so verliert er den Frieden. Missachtet er den Frieden, so handelt er gegen das göttliche Gebot, also das Recht. Wenn Jesaja ein „Königtum der Gerechtigkeit" verheißt und verkündet, der Friede werde die Frucht der Gerechtigkeit sein, der Ertrag der Gerechtigkeit in ewiger Stille und Sicherheit bestehen (Jes 32, 17), so löst dies keineswegs beide Begriffe in ein Stufenverhältnis auf. Die Stelle ist vielmehr so zu verstehen, dass die Rückkehr der Gerechtigkeit zugleich den Frieden mit sich bringt.[89] Friede hat, wer sich in die heilvolle Grundordnung der Welt begibt. Hierzu gehört die Einhaltung des göttlichen Gebots. Nur wer sein Leben in dieser Weise auf Gott hinordnet, also fromm bleibt (Ps 37, 37), dem wird es gut ergehen. Er wird Frieden haben. Für den, der diesen Frieden ablehnt und hasst, gibt es keinen Frieden (Jes 48, 22; Ps 120, 6).[90]

---

88 2. Mose 20, 17.

89 *Dinkler*, Friede, Sp. 449 erscheinen die Begriffe Friede und Recht an dieser Stelle ebenfalls auswechselbar.

90 Zu dem gleichen Ergebnis gelangt *Hattenhauer*, Pax et Iustitia, 9–15, der sich allerdings vorwiegend auf Ps 85, 11: „Gerechtigkeit und Friede küssen sich", beschränkt. Für ihn folgt der Friede der Gerechtigkeit unmittelbar nach. Wer die Gerechtigkeit liebt, hat Frieden; wer die Gerechtigkeit nicht liebt, wird keinen Frieden haben (12).

II. Gang der Darstellung

Die vorliegende Arbeit erfasst zeitlich und auch in der Sache nur einen Ausschnitt der vielfältigen Bemühungen, Herrschaft zu legitimieren und ihre rechte Ausübung zu begründen. Sie umfasst den Zeitraum von der ausgehenden römischen Republik bis zu den Reichsgründungen der Germanen auf römischen Boden im fünften und sechsten Jahrhundert. Da dieser Zeitraum nahezu ausschließlich Zeiten einschließt, in denen die Summe der Herrschaftsgewalt personal in einer Person verankert war – als Kaiser des Römischen Reiches oder König eines der Barbarenstämme auf römischem Boden –, ist die hier bewertete Herrscherideologie nahezu ausschließlich Tugendideologie. Gegenstand der Arbeit ist daher vor allem die Frage, welche Tugenden dem Herrscher zugeschrieben wurden, mit welchem Inhalt diese Tugenden verbunden waren und, wie der Tugendkonsens sich in der lateinischen Literatur – etwa durch christliche Einflüsse – verändert hat. Sie zeichnet vorwiegend die in der römischen, patristischen und frühmittelalterlich-christlichen Literatur ausgetragene Auseinandersetzung um das Tugendideal vor dem Hintergrund der zentralen Bedeutung dieser Texte und der Tugendterminologie für die Rechtfertigung von Herrschaftsgewalt im Mittelalter nach.

1. Erfasste Werke

Gegenstand der Arbeit ist innerhalb dieses zeitlichen Rahmens – ganz überwiegend – die lateinische Literatur, und zwar ausschließlich insoweit, wie sie sich mit der richtigen Ausübung von Herrschaft im Staat befasst. Der Forschungsgegenstand umfasst damit sowohl Schriften von Autoren, die im Auftrag römischer Kaiser oder germanischer Könige zur Verherrlichung von deren Herrschaft angefertigt und teilweise vor Publikum vorgetragen wurden, aber auch solche Schriften, in denen sich Staatstheoretiker, christliche und staatliche Amtsträger und Philosophen mit dem römischen Staat auseinandersetzen. Es handelt sich um Werke, die ausschließlich dem Lob einzelner Herrscher oder Feldherren verpflichtet sind (Panegyriken), Anleitungen zu richtigem Verhalten oder der rechten staatlichen Ordnung (Pflichtenlehren), Verteidigungsschriften von Christen im römischen Staat (Apologetik), christliche Geschichtsschreibung und dogmatische Werke von Kirchenlehrern. Staatskritische Schriften finden sich ebenso, wie Schriften von Autoren, die am Kaiserhof und an den Höfen der germanischen Könige eine aktive Rolle wahrgenommen haben. Stets geht es um den Blick lateinischer Autoren auf die Herrschaftsausübung, sei es in deren Versuchen zur dogmatischen Begründung der „richtigen" Herrschaft oder in solchen Schriften, die eine bestehende Herrschaft nur durch Nennung einer Vielzahl von Beispielen von Herrschertugenden stützen wollen. Gerade die Vielschichtigkeit dieses Bildes bietet die Möglichkeit, die Leitlinien für die geforderten Tugenden der jeweiligen Zeit hervorheben zu können.

Ein „in eins setzen" von Friede und Gerechtigkeit wird dort allerdings vermieden. Wie hier: *Schmid*, Frieden, 606 f.

Alle Werke eint die Intention, Herrschaft entweder (1) aus der Sicht des Herrschers als rechtsgemäß darzustellen (Panegyrik) oder (2) den Maßstab der rechtsgemäßen Ausübung von Herrschaft aufzuzeigen (etwa in Fürstenspiegeln, Apologien, Geschichtsschreibung und Urkunden). Beide Gattungen wollen – in dem durch Gattung und Ziel bestimmten Umfang – den Maßstab richtigen Handelns darstellen und überschneiden sich inhaltlich. Sie „spiegeln" falsches Verhalten, um auf das richtige Beispiel zu verweisen, und können damit in Teilen auch als „Fürstenspiegel" bezeichnet werden.[91]

2. Zeitlicher Rahmen

Die Eingrenzung des zeitlichen Rahmens erfolgte vom Standpunkt der europäischen und deutschen Rechtsgeschichte her. Die Auswahl der erfassten lateinischen Literatur ist daher auch daran orientiert, inwieweit diese Texte direkt oder über die Vermittlung durch weitere Schriftsteller auf die Herrschaftsvorstellungen des christlichen Mittelalters einwirken konnten. Dazu ist der Zeitraum vom ersten vorchristlichen bis zum sechsten nachchristlichen Jahrhundert gut geeignet, weil er zuerst die Schriften der Staatshistoriker der ausgehenden Republik erfasst, die auch später häufig Bestandteil einer klassischen Bildung waren und von christlichen Autoren im Mittelalter und der frühen Neuzeit häufig aufgegriffen wurden.[92] Darüber hinaus ist damit auch erreicht, dass die Ansätze zur Begründung der Herrschaft eines Einzelnen am Ausgang der römischen Republik mitgewürdigt werden. Der Zeitraum ermöglicht auch die Erfassung der christlichen Literatur von ihrem

---

91 Den Begriff hat *Seneca*, De clementia, I, 1, 1 für seine Art der Darstellung des Herrscherideals Neros gebraucht. Er trifft für die Panegyriken nur eingeschränkt zu, weil es in der römischen Zeit bereits Merkmal dieser Gattung ist, den Herrscher nicht (kritisch) zu beraten, sondern die ausgeübte Herrschaft unter Berücksichtigung der Gattungsmerkmale zu verherrlichen. *Schroeder*, Fürstenspiegel, Sp. 1905 benennt als Charakteristikum eine „politisch-pädagogisch veranlasste Gegenüberstellung von Real- und Idealbild." Diesem Begriffsverständnis entsprechend, ist der Begriff des Fürstenspiegels für die Panegyriken mit Vorsicht zu verwenden, wenn diese nur Idealverhalten darstellen, ohne die Realität abzubilden. Zu Recht hat daher etwa *Ziegler*, Panegyrikus, Sp. 570 ff. die Gattungen grundsätzlich getrennt. Pauly/*Ziegler*, XXXVI, 2, „Panegyrikus", Sp. 571f. Hierzu ist einschränkend zu bemerken, dass das Ziel der Darstellung falschen Verhaltens zur Spiegelung rechten Verhaltens auch von den Panegyrikern verfolgt wird, wenn sie auf die schlechten Beispiele der vom Herrscher überwundenen Gegner verweisen.

92 Für das Frühmittelalter vgl. *Ewig*, Königsgedanke, 17 ff. auch zur Entwicklung im Frankenreich; *Porter*, Tugend, 185: „Die stoische Tugendlehre wurde Christen durch eine Reihe von Quellen vermittelt, darunter vor allem die römischen Philosophen Seneca und Cicero. Senecas Lehre vom rationalen Charakter der Tugenden und seine Betonung der Einheit des Tugendideals für alle Menschen, sollten auf die späteren christlichen Denker beträchtlichen Einfluss haben. Ciceros Bedeutung für die christliche Ethik kann kaum überschätzt werden."

Beginn in der Apologetik des zweiten Jahrhunderts bis hin zur „Konstantinischen Wende“ und darüber hinaus in den großen Geschichtswerken des vierten und fünften Jahrhunderts. Mit dem zunehmenden Verfall der Macht Roms und dem Eindringen teilweise christlicher Barbaren in den römischen Herrschaftsraum stellt sich zuletzt erneut die Frage, wie sich deren Herrschaftsgewalt begründen lässt und wie sie ausgeübt werden soll. Hier fungieren Bischöfe als Ratgeber germanischer Könige. Dieser christlichen Tradition steht die klassische Tradition der Herrscherpanegyrik gegenüber. Sie ist von Interesse, weil sie Überschneidungen zur christlichen Tradition aufweist. Auch christliche Bischöfe haben Grabreden und Festreden für Kaiser gehalten. Panegyriken sind zudem vor allem in der Spätantike und in den germanischen Königsherrschaften (*regna*) parallel zur christlichen Tradition entstanden. Sie lassen dabei zuverlässig die Tugenden erkennen, die die Kaiser sich selbst zuschrieben. Den Endpunkt der Arbeit bildet die Rechtfertigung der Herrschaften germanischer Könige auf römischem Boden – der Burgunder, Ostgoten und Franken.

3. Beschränkung des Forschungsgegenstandes

Die oben dargestellte Auswahl zeigt zugleich die Beschränkung des Forschungsgegenstandes an. Die Beschränkung auf Literatur bedeutet zugleich, dass andere Legitimationsakte, mit denen sich ein Herrscher Geltung verschaffte, ausgeklammert bleiben. Es erfolgt weder eine Auswertung kaiserlicher Gesetzgebung, noch von Inschriften – sei es auf Bauwerken oder auf Münzen. Es wird auch nicht geprüft, inwieweit das in der Literatur geforderte oder propagierte Ideal eine Entsprechung im tatsächlichen Leben fand. Diese Beschränkung war aufgrund des Umfangs der lateinischen Literatur in diesem Zeitraum geboten. Sie erscheint aber auch sinnvoll, weil die mittelalterlichen und frühneuzeitlichen Autoren an die literarische Tradition ihrer Vorgänger anknüpfen.[93]

Die Auswertung der Literatur beschränkt sich ferner auf die Entwicklungen im lateinischen Westen (des Römischen Reiches). Soweit an einzelnen Stellen Texte griechischer Autoren Berücksichtigung finden, geschieht dies nur, soweit es unabdingbar ist. Diese Reduktion des Stoffes ist möglich, weil in dem Zeitraum der römischen Republik und des frühen Prinzipats das lateinische Schrifttum dominant war und die großen Kirchenlehrer – vor allem des fünften Jahrhunderts (Ambrosius, Augustinus, Orosius, Salvian) – fest auf dem Boden der weströmisch-lateinischen Tradition stehen. Notwendig unvollständig bleibt dadurch die Analyse der frühchristlichen Literatur. Hier hat der Verfasser daher auch auf Apologien griechischer Autoren in der deutschen Übersetzung zurückgegriffen. Der Einbeziehung der griechischen Panegyrik, etwa der oströmischen Rhetoren Themistios und Libanios, bedurfte es dagegen nicht, um die ideologischen Grundlagen des Westkaisertums zum Ausgang des vierten Jahrhunderts und im fünften Jahrhundert darzustellen. Die

93 Vgl. dazu die vorangehende Fußnote.

Kontinuitäten und Wandlungen der weströmischen Herrscherideologie erschließen sich bereits auf dem Boden der lateinischen Panegyriken des vierten Jahrhunderts.

4. Dogmatischer Ansatz

Wo immer möglich, werden die herangezogenen Quellen vollständig ausgewertet, um die Entwürfe der Autoren in ihrer Geschlossenheit darzustellen. Eine systematische Betrachtung der Quellen nur nach bestimmten Stichworten soll so vermieden werden. Sie verstellt allzu leicht den Blick auf das gedankliche System der antiken Autoren und darauf, in welchem Umfang bestimmte Tugendbegriffe – etwa durch häufige Wiederholung und Exempla – in den Mittelpunkt gestellt werden. Ziel ist es, die Quellen immer dort „aus sich selbst heraus" sprechen zu lassen, wo sie etwas zur Herrschaftslegitimation oder zur Tugendlehre mit Blick auf den Herrscher beitragen. Soweit eine selektive Bearbeitung notwendig war – etwa für die Literatur der späten römischen Republik und später die Werke der Kirchenväter – erfolgt die Auswahl nach diesem Kriterium; dies gilt auch für die Stoffauswahl innerhalb der einzelnen Werke. Systematisierungen und Wertungen bleiben dadurch im Grundsatz den einzelnen Bewertungsabschnitten vorbehalten, die die Gedankengänge zusammenfassen. Die Masse der lateinischen Literatur der Antike und des frühen Mittelalters und der durch die Darstellungsweise bedingte Fokus „auf die Quellen selbst" führt auch dazu, dass Forschungsergebnisse der Sekundärliteratur häufig in den Fußnoten verarbeitet werden. Die Arbeit erhebt als rechtshistorisches Werk nicht den Anspruch, den Stand der historischen, theologischen, philologischen oder philosophischen Forschung vollständig abzubilden. Viele Aspekte, die die Ideologie ergänzen und für die Forschung von großem Interesse sind – etwa Inschriften, Münzfunde oder Kaisergesetze – spart sie aus, um dadurch das Tableau der lateinischen Literatur umso vollständiger darstellen zu können.

III. Struktur

Die Struktur der Arbeit ist in erster Linie durch die Veränderungen vorgegeben, denen das Herrscherideal im Laufe der Zeit unterlag. Sie folgt den Umbrüchen und Wendepunkten im Herrschaftsverständnis, die es immer wieder erforderlich machten, sich der Grundlagen der Herrschaft neu zu vergewissern, sie kritisch zu hinterfragen und zu modifizieren. Die vorangestellte Einleitung soll den Blick auf die Bedeutung des christlichen Tugendlobs für die Königs- und Kaiserherrschaft im Heiligen Römischen Reich des Mittelalters schärfen. Vollständigkeit wird hierbei nicht erstrebt. Die angeführten Stellen aus Urkunden, Gesetzen, Schriften und Wahlkapitulationen des hohen und späten Mittelalters sollen lediglich schlaglichtartig die Bedeutung von Tugenden für konkrete Herrschaftsakte dieser Zeit beleuchten. Sie sind dem zweiten Abschnitt (B.) vorangestellt. Zur besseren Einordnung des Stoffes dient dort die ebenfalls kursorische Darstellung des Tugend- und Herrscherlobes in archaischer und griechischer Zeit. Die Gliederung des Stoffes folgt im Wesentlichen den Entwicklungslinien der erhaltenen lateinischen Literatur, ohne sich ihnen im Einzelfall sklavisch unterzuordnen.[94] Das Werk bietet danach im ersten Abschnitt die Grundlegung römischer Feldherren- und Menschentugend noch vor Beginn der Prinzipatszeit. Danach folgt ein kurzer Blick auf die Ideologie des Augustus und seiner Nachfolger. Schwerpunkte bilden einzelne Werke des Cicero, Sallust, Seneca und Tacitus. Vor allem grundlegende Schriften wie Ciceros Pflichtenlehre (De officiis) und Senecas Werk (De clementia) finden sich hier wieder. Die Aufnahme von Werken des Sallust und Tacitus hat vor allem dem Zweck, Allgemeinverbindlichkeit und Kontinuität des Idealbildes zu prüfen. Der der frühen Panegyrik gewidmete Abschnitt (C.) führt auch mittels des Trajanpanegyrikus in die Gattung ein und stellt das ideologische Idealbild der Tetrarchie vor. Die Schriften heidnischer Autoren des zweiten und dritten Jahrhunderts – etwa die Selbstbetrachtungen Marc Aurels – wurden mit Blick auf die Zielsetzung zum christlichen Mittelalter hin, ausgelassen. Sie haben in der späteren Literatur christlicher und heidnischer Autoren deutlich weniger Niederschlag gefunden, als die im Abschnitt (B.) behandelten klassischen Werke. Auch im Abschnitt (D.) strebt der Verfasser zunächst nicht nach Vollständigkeit, sondern danach, christliche Tugendlehre und ihre Berührungspunkte zur römischen Staatsherrschaft nachzuzeichnen. Im Zentrum der dogmatischen Auseinandersetzung von Christentum und römischer Herrschaftsideologie stehen die Schriften des Laktanz und Eusebius. Eusebius wurde, obgleich die griechische Literatur sonst insgesamt ausgespart wurde, in die Betrachtung mit einbezogen, weil er mit Laktanz gleichermaßen im Mittelpunkt der „konstantinischen Wende" steht. Die Auswertung der lateinischen Panegyrik des vierten Jahrhunderts im Abschnitt (E.) bildet die Grundlage des Abschnittes (F.). Sie zeigt das parallele Fortbestehen christlicher und heidnischer Herrscherideologie auf. Im Abschnitt (G.) finden sich demgegenüber die christlichen Autoren des fünften Jahrhunderts mitsamt den „großen" Entwürfen christlicher Tugendlehre in Abgrenzung zum römischen Gemeinwesen, auch bei Orosius und Salvian. Durch die dogmatische Geschlossenheit dieser Werke wird der letzte Abschnitt (H.) vorbereitet. Er betrifft die germanischen Königsherrschaften. Darin hat sich der Verfasser wiederum auf Burgunder, Ostgoten und Merowinger beschränkt, wobei die größte Aufmerksamkeit schon aufgrund der Quellenlage der Ostgotenherrschaft in Italien gilt. Mit dem letzten großen Panegyriker des lateinischen Westens – Venantius Fortunatus – schließt das Werk.

94 So geht etwa der Abschnitt C zur einheitlichen Behandlung der Panegyrik über den Beginn der Abschnittes D weit hinaus, der für die christliche Literatur erneut mit dem ersten nachchristlichen Jahrhundert einsetzt. Dem Abschnitt G wird die Panegyrik des Sidonius Apollinaris zugeordnet, obgleich diese kaum der „christlichen Literatur" im Sinn der vorangehenden Schriften der großen Kirchenväter und Schriftsteller zugehört.

IV. Quellenauswahl

1. Römische Republik

Die Auswahl der Literatur erfolgte im Einzelnen nach folgenden Grundsätzen: Ausgangspunkt sind die in der Krise der römischen Republik entstandenen Staatsschriften. Sie werden einer umfassenden Untersuchung unterworfen. Es sind die Schriften Sallusts, die Reden Ciceros in Ansehung des umfassenden Imperiums des Pompeius sowie des Sieges Caesars im Bürgerkrieg und sein Werk über die Tugendethik (De officiis). Die Auswertung von Ciceros Pflichtenethik ist zwingend durch den umfangreichen Rückgriff der Autoren der Spätantike auf das Werk geboten. Vor allem Laktanz, Ambrosius von Mailand (in seinem gleichnamigen Werk) und auch Augustinus nehmen hier Anleihen oder setzen sich kritisch mit Ciceros Ansätzen auseinander. Die Schrift stellt gleichsam die Grundlage einer allgemein-menschlichen Tugendethik dar. Unverzichtbar – mit Blick auf das spätantike Ideal der Kaiserherrschaft – sind auch die Schriften Ciceros über das Imperium des Pompeius sowie die Verteidigungsrede „Pro Marcello". In ihnen entfaltet sich erstmals ein geschlossener Katalog der Tugenden, die die *res publica* von einem Träger des Imperiums fordern kann und muss. Als Korrelat hierzu fungieren die beiden Werke Sallusts über die „Catilinarische Verschwörung" und den „Jugurthinischen Krieg". Ciceros positivem Entwurf einer Lehre der Feldherrentugenden stellt Sallust die lasterhaften Verfallserscheinungen der *res publica* und ihrer Heerführer gegenüber. Ciceros Werk über die *res publica* hat der Verfasser ausgelassen, wie überhaupt vielfach eine Auswertung solcher Schriften unterblieb, deren inhaltliche Überlieferung wesentliche Lücken aufweist und deren dogmatische Struktur daher nicht vollständig erhalten ist. Sie war mit Blick auf die Zielsetzung der Arbeit, die Grundlagen des mittelalterlichen Herrschafts- und Kaiserideals darzulegen, auch deswegen nicht geboten, weil das als verschollen geltende Werk erst im frühen 19. Jahrhundert wiederentdeckt wurde. Die Autoren der augusteischen Zeit wurden nur soweit berücksichtigt, als dies zur Verdeutlichung der Entstehung der Prinzipatsideologie notwendig erschien. Vergils „Aeneis" und der Herrschaftsauftrag Roms nehmen hier den zentralen Ort ein. Die Hirtengedichte des Titus Calpurnius Siculus illustrieren die Kontinuität des Herrscherlobes nach Augustus. Die Einbeziehung der schon von Mause umfassend ausgewerteten „Silvae" des Statius konnte dadurch unterbleiben.[95] Ebenso grundsätzlich wie Ciceros Pflichtenethik hat Seneca mit seinem Werk von der „Clementia" die römische Herrscherideologie der folgenden Jahrhunderte geprägt. Mit dem Feldherrenlob des Tacitus (Agricola) nimmt letztmalig ein römisch-heidnischer Autor in kritischer Distanz das römische Kaisertum Domitians in den Blick.

---

95 Dort *Mause*, 205–218.

2. Panegyrik

Die Entscheidung, die lateinische Panegyrik der Antike insgesamt mit in die Arbeit aufzunehmen, ist angesichts der umfassenden Zielsetzung des Werkes notwendig. Das römisch-heidnische Herrscherideal vom dritten bis zum fünften Jahrhundert kann ohne die Lobschriften der Rhetoren und Oratoren, die aus offiziellen Anlässen und in der Regel mit ausdrücklicher Billigung des Kaisers verfasst wurden, nicht erfasst werden. Die ihnen kritisch gegenüberstehenden Werke christlicher Apologetik – dies gilt vor allem für Laktanz' „Divinae Institutiones" und die Schriften des Eusebius von Caesarea – könnten ohne sie nicht vollständig ausgewertet werden. Dies gilt ebenso für die Schriften des Ambrosius von Mailand, Augustinus, Orosius und Salvian, weil die Kritik der christlichen Autoren am römischen Staatswesen und seiner Verfassung stets die Auseinandersetzung mit der Legitimation der Kaiserherrschaft, wie sie sich präsentiert, beinhaltet. Die Entscheidung, dem Abschnitt über die Panegyrik eine umfassende Einleitung voranzustellen, ist vor allem der Eigenart der Gattung geschuldet. Sie dient dem Zweck, dem Leser die spezifischen Gattungsmerkmale zu verdeutlichen. Auch die Frage nach der Bedeutung des panegyrischen Lobpreises für das Herrscherlob überhaupt ist an dieser Stelle zu klären. Dies erfolgt anhand des Trajanpanegyrikus des Plinius ebenso, wie durch die Auswertung der Anleitung Menander Rhetors. Dem frühen Panegyrikus des Plinius beigestellt sind die bis zum Ausgang des dritten Jahrhunderts überlieferten Lobreden auf Maximian, Diokletian und Constantius. Sie geben Kerninhalte der diokletianischen Herrscherideologie vor und dienen als Vergleichsgrundlage für die spätere Panegyrik des vierten Jahrhunderts ebenso, wie für die ideologische Wandlung der konstantinischen Wende. Mit der in ihnen enthaltenen Herrschaftsgrundlage haben sich auch die christlichen Autoren der Zeit auseinandersetzen müssen.[96]

3. Christliche Apologetik bis zur konstantinischen Wende

Der Zäsur der konstantinischen Wende, die den allmählichen Übergang von heidnischen zu christlichen Herrschaftsgrundlagen einleitet, nähert sich das vorliegende Werk erneut von den Grundlagen her. Frühchristliche Literatur und Apologetik ab dem ersten nachchristlichen Jahrhundert schaffen die geistigen Grundlagen christlicher Tugendethik. Der Verfolgungssituation ist die Zuwendung christlicher Autoren auf den römischen Staat geschuldet. Sie setzen sich mit der Verfassung des Gemeinwesens und den Tugenden des Herrschers auseinander. Im lateinischen Westen gilt dies vor allem für das Werk Tertullians, später für das des Laktanz. Den Werken des Laktanz wird vom Verfasser auch deswegen ein besonders breiter Raum eingeräumt, weil sie teilweise noch während der diokletianischen Verfolgung entstanden. Ihre Bedeutung für die ideologische Zeitenwende des beginnenden vierten Jahrhunderts beziehen diese Schriften aus der besonderen Vertrautheit des Laktanz

96 Dies gilt besonders für Laktanz, der selbst als Rhetoriklehrer am Hofe Diokletians in Nikomedien tätig war.

mit dem System der Tetrarchie. Er versucht, alle Apologetik zu einem Abschluss zu bringen und erhebt den Anspruch, ein dem römischen Zivilrecht überlegenes System des göttlichen Rechts zu schaffen. Dass Laktanz in Diensten Konstantins auch nach der Überwindung der Tetrarchie weitere Schriften verfasst und die Institutionen überarbeitet hat, ermöglicht auch die Betrachtung der Frage, inwiefern sich dadurch die Positionen des Autors zur kaiserlichen Gewalt und Tugend verschieben. Unmittelbar mit der ideologischen Wende verbunden sind auch die Schriften des Eusebius von Cäsarea, von dem auch bereits ein christlicher Panegyrikus überliefert ist. Sie bilden das notwendige Korrelat zu den Werken des Laktanz.

4. Lateinische Panegyyrik nach Konstantin

Die Betrachtung der christlichen Auffassung von Herrschaft ermöglicht es, auch das lateinische Herrscherlob nach Konstantin auf mögliche christliche Elemente zu überprüfen. Die Schriften der Lobredner für Konstantin und Julian, die Reden des Symmachus und die Panegyriken für Gratian und Theodosius zeichnen Veränderung in der Herrscherideologie des vierten Jahrhunderts nach und lassen sich den christlichen Werken derselben Zeit gegenüberstellen. Innerhalb des heidnisch-römischen Schrifttums ist vor allem das umfangreiche Werk des Claudius Claudianus zu behandeln. Er umreißt zum Ende des vierten Jahrhunderts das Selbstverständnis und den Weltherrschaftsanspruch des römischen Westens noch einmal umfassend.

5. Christliche Herrschafts- und Herrscherethik im vierten und fünften Jahrhundert

Von hier aus knüpft die Schrift erneut an die christliche Dogmatik an. Mit Firmicus Maternus ist den Werken der Kirchenväter ein Autor vorangestellt, dessen Schriften über die Astrologie und den Irrtum der heidnischen Religionen die persönliche Umkehr vom heidnischen zum christlichen Glauben zugrunde liegt. Mit dem Kirchenvater Ambrosius bricht im lateinischen Westen der Konflikt um den Vorrang kaiserlicher oder kirchlicher Gewalt auf. In den Auseinandersetzungen mit Gratian, Valentinian II. und Theodosius wird das christliche Menschenkaisertum nach seinen Befugnissen näher bestimmt. Die Pflichtenlehre des Ambrosius (De officiis) wirft die Frage auf, was von Ciceros Pflichtenlehre für das Christentum noch tauglich ist.[97] Die Trauerreden für Valentinian und Theodosius enthalten christliche Panegyrik. Durch sie lässt sich das christliche Herrscherlob des ausgehenden vierten Jahrhunderts vom heidnischen des Claudius Claudianus abgrenzen. Mit der „Vita S. Martinii" des Sulpicius Severus nimmt die Arbeit ein Werk der aufkommenden Gattung hagiographischer Schriften auf. In ihm begegnen sich christliche Lebenstugend und römische Herrschaft im Gespräch des Heiligen Martin mit

97 Sie steht darin den „Divinae Institutiones" des Laktanz nahe.

dem gallischen Usurpator Maximus.[98] Seine zentrale Bedeutung liegt aber auch in dem Vorbildcharakter des heiligen Martin für das merowingische Königtum Chlodwigs im sechsten Jahrhundert begründet.[99]

Die christliche Kritik an der Tugend des weströmischen Kaisertums und der römischen Nobilität, stellen die Schriften des Augustinus, Orosius und Salvian im vierten Jahrhundert in den Mittelpunkt. Das Fehlgehen des Staatswesens und des römischen Lebens vor dem Fall der Stadt Rom an die Westgoten, ist für Augustinus (De civitate Dei) der Ausgangspunkt zu einer umfassenden Abrechnung mit dem römischen Staat. Die ersten fünf Bücher nutzt er zugleich dazu, auch den rechten christlichen Weg aufzuzeigen. Im neunzehnten Buch des Gottesstaates entwirft er schließlich das Ideal einer christlichen Friedensordnung, in den Grenzen der Möglichkeiten des Irdischen. Im Auftrag des Augustinus und in enger Anlehnung an die ersten Bücher des Gottesstaates, verdeutlicht der spanische Presbyter Orosius (Adversus Paganos Historiarum) die Kritik am irdischen Staat und seinen Lastern durch christliche Geschichtsschreibung. Da diese vor allem eine Geschichte der Königsherrschaften auf Erden ist, die von dem christlichen Ideal verschieden sind, stellt auch dieses Werk eine unmittelbare Auseinandersetzung mit der römischen Herrschaftsgewalt auf Erden und ihren Grundsätzen dar. Gleiches gilt für die scharfen Angriffe, die Salvian von Marseille in „De gubernatione Dei" gegen die Art der Ausübung der Amtsgewalt durch die Provinzialen und den Kaiser richtet. Alle christlichen Autoren des fünften Jahrhunderts müssen sich schließlich auch mit der Frage befassen, wie sich christliche Herrschaft zu den Wanderungsbewegungen der Volksstämme (Vandalen, Goten, Franken) verhalten sollte. Das Ende des Abschnitts über das christliche Kaisertum in der Literatur des fünften Jahrhunderts bildet das Werk des Gallorömers Sidonius Apollinaris. Seine Panegyriken auf die Kaiser Avitus (455), Maiorian (458) und Anthemius (467) bilden den Schlussstein eines Westkaisertums *sine fine*. Sie ermöglichen es auch, die Aussagen kirchlicher Autoren über den Zustand des römischen Staatswesens zu verifizieren.

6. Christliche Tugendlehre in den germanischen regna

Die im letzten Abschnitt dieser Schrift analysierten Werke christlicher Autoren des fünften und sechsten Jahrhunderts dienen der Beantwortung der Frage, welche Elemente des römisch-christlichen Herrschaftsideales den Weg in die Ideologie der germanischen Königsherrschaften fanden. Ausgehend vom burgundischen Königtum in den Schriften des Bischofs Avitus von Vienne geht es um das Verhältnis der

98 Aus diesem Grund wurde die Schrift den Werken des Prudentius und Paulinus von Nola vorgezogen. Eine weitere Auswertung hagiographischer Literatur wird nicht erstrebt.

99 Vgl. nur *Kaiser, Roland*, Das Römische Erbe und das Merowingerreich, 3. Auflage, München 2004, 21 zur Anknüpfung an Martin dort S. 20, 90; *Ewig, Eugen*, Die Merowinger und das Frankenreich, Stuttgart-Köln 2001, 23. Die Kompetenzerklärung Chlodwigs soll am Grab des Hl. Martin erfolgt sein.

Königsherrschaft zur oströmischen Kaisergewalt. Dabei wird das Herrschaftsverständnis der *regna* im Verhältnis zum römischen Königtum und Prinzipatsgedanken beleuchtet. Zudem stehen Fragen der Abgrenzung der Befugnisse des Königtums gegenüber der Kirche in der irdischen Ordnung im Mittelpunkt sowie der christliche Ausgleich unter verschiedenen Königsherrschaften. Darin eingeflochten sind Ausführungen über das Verhältnis barbarischer Streitbeilegung zu christlichen Grundsätzen. Sie betreffen die Frage nach der *iustitia* und die Art des rechten Gebrauchs des Schwertes der weltlichen Gewalt. Nur einen kleinen Raum hat der Verfasser dem Brief des Avitus anlässlich der Bekehrung Chlodwigs eingeräumt, weil auch dieser sich in den Gesamtentwurf des Autors einfügt. Die „Vita S. Epiphanii" des Bischofs Ennodius von Pavia nimmt mit Anthemius und Theoderich zugleich einen der letzten Westkaiser und den ersten Ostgotenherrscher in den Blick. Sie bewertet konkrete Handlungen der Herrscher anhand des abstrakten christlichen Tugendmaßstabes, der im Wirken des Epiphanius verkörpert wird. Im Panegyrikus desselben Autors auf Theoderich wird erstmalig ein Barbarenkönig zum Idealbild christlichen Wirkens erhoben. Vorwiegend abstrakt, vor allem in Ansehung der Herrschaft Theoderichs, bleibt demgegenüber das Werk des Boethius, das neben der Menschen- auch die Herrschertugend einschließt und die Frage nach dem glücklichen, sicheren Leben auf Erden zu beantworten sucht. Die „Variae" des Marcus Aurelius Cassiodor lassen schließlich auch die Überprüfung der Frage zu, inwieweit sich das christliche Idealbild eines Ennodius in der Herrschaftspraxis Theoderichs, in den Staatsurkunden und Briefen des Osgotenherrschaft niederschlug. Die gesammelten Briefe berühren sämtliche Fragen, die auch Avitus an die Burgunderherrschaft stellte. Die Arbeit beschließen im sechsten Jahrhundert die Panegyriken des Venantius Fortunatus auf die Merowingerherrscher.

B. Römische Herrschertugend im ersten vor- und nachchristlichen Jahrhundert

I. Einleitung: Tugendlehre und Tugendlob in archaischer und hellenistischer Zeit

Die Entwicklung der römischen Tugend- und Herrschaftsethik des ersten vorchristlichen Jahrhunderts knüpft an frühere Wurzeln des griechisch-hellenistischen Kulturkreises an. Bereits vor den Römern hatten sich griechische Gelehrte mit der Frage der Menschentugend befasst. Ägyptische und mesopotamische Quellen zeigen zugleich, dass die Auseinandersetzung mit der Tugend des Herrschers und den Gründen seiner Bestimmung zur Herrschaft in den Schriftquellen so alt ist, wie die Herrschaft eines einzelnen selbst. Da auch die Autoren der römischen Antike auf älteren Arbeiten – hier insbesondere der griechischen Tradition – aufbauten, werden die Leitlinien dieser Entwicklung im Folgenden kurz dargestellt. Zum besseren Verständnis sei auf die lexikalischen Artikel von Peter Stemmer und Pierre Hadot[1] zum Tugendbegriff in der griechischen Antike und der Fürstenspiegelliteratur verwiesen. Sie sind hier zusammenfassend aufgegriffen und sollen auch den Blick auf solche Elemente des Tugendlobes schärfen, die auf noch älteren Traditionen als der römischen und christlichen beruhen.

1. Aspekte des Lobes menschlicher Individualtugend in der vorrömischen Antike

Anders als heute üblich, kommt dem Tugendbegriff in der griechischen Antike (im griechischen Sprachgebrauch: *arete*) ursprünglich nicht die Qualität eines moralischen Werturteils zu. Tugend beschreibt die Qualität eines Menschen, der in Bezug auf bestimmte Eigenschaften und Fähigkeiten „gut" ist. In der älteren griechischen Literatur (etwa bei Homer) wird der *arete*-Begriff daher in Ansehung einzelner menschlicher Fähigkeiten (laufen, Wagenrennen fahren) oder aber auch im Zusammenhang mit Gebrauchsgegenständen verwandt.[2] Gut ist der Mensch, der in Bezug auf diese Eigenschaften einen Zustand des Glücks bzw. der Vortrefflichkeit erreicht hat.[3]

---

1 *Stemmer*, HwdPH, Tugend, Sp. 1532–1548; *Hadot*, RAC, Fürstenspiegel, Sp. 555–632.

2 *Stemmer*, HWdPh, Tugend, Sp. 1532. Das Musterbeispiel einer moralfreien Definition der *arete* bietet die These des Thrasymachos im ersten Buch der Politeia Platons, dass derjenige über *arete* verfüge, der so weit wie möglich und ohne Rücksicht auf andere seine Begierden und Wünsche auslebe; vgl. etwa *Platon*, Politeia, 348b 8 – e 4; v. a. 348c 2–4; 348e 2; 349a I. *Forschner*, Tugend, 293.

3 *Stemmer*, HWdPh, Tugend, Sp. 1532. Damit betrifft die Frage nach der *arete* zugleich die Frage danach, was das Glück des Menschen ist; *Porter*, Tugend, 184.

a) Der arete-Begriff in der frühesten griechischen Literatur

Der so für unterschiedliche Inhalte offene *arete*-Begriff wurde in den nachfolgenden Jahrhunderten in der griechischen Literatur unterschiedlich ausgefüllt. In den Epen Homers wird Tugend vor allem als Ansehen beschrieben, das kriegerische Leistungen dem Helden unter den Menschen verschaffen. Der Tugendbegriff enthält Elemente des Durchsetzungsvermögens, der Tatkraft, Tapferkeit, Stärke und der militärischen Voraussicht. In dieser Gestalt ist der Gedanke der Tugend als kriegerische Tapferkeit Kernbestandteil jedweder späteren Tugendlehre geworden.[4] Schon Hesiod stellte in seinem Werk „Werke und Tage" aber auch das Gutsein des bäuerlichen Lebens dar, also zivilen Fleiß als Tugend. Durch ständige Arbeit im Gegensatz zur Muße gelangt der Bauer zu Reichtum und Ansehen.[5] In den Fragmenten Solons wird der *arete*-Begriff moralisierend gebraucht: Der *arete* entspricht nur von den Göttern verliehener Reichtum. Das menschliche Streben nach Reichtum führt zwar zu irdischem Wohlstand, weil er aber häufig aus Raubtaten gewonnen ist, ist Reichtum häufig bei schlechten Menschen angesiedelt.[6] Den Gedanken individueller kriegerischer Tapferkeit bei Homer erweitert der Spartaner Tyrtaios um den Aspekt des Einsatzes für das Gemeinwesen. Wer sich im Gefecht bewährt, zeigt höchste *arete* und ist der Stolz seiner Stadt. Auch seine Kinder, Enkel und Nachfahren sind aufgrund seiner Leistungen dauernd geadelt. Gegenüber dieser kriegerischen Tapferkeit können sportliche Leistungsfähigkeit, Körperkräfte und der Besitz irdischer Reichtümer (Tyrtaios nennt Midas) nicht bestehen.[7] Im Corpus Theognideum wird ebenfalls die kriegerische Tapferkeit hervorgehoben, weil Land und Staat durch diese Sicherheit erlangen. Allerdings heißt es dort auch, nur durch Gerechtigkeit sei *arete* zu erlangen.[8] Pindar schließlich betont die Bedeutung des ständigen „sich Messens mit anderen". Nur in dem Willen, sich auszeichnen zu wollen, gepaart mit dem Einsatz von Zeit und Geld sowie der damit verbundenen Belastungen, sei *arete* zu finden. Erlangt werde sie wesentlich durch gute Anlagen, göttliche Hilfe und eigene Leistungen.[9]

---

4 *Stemmer*, HWdPh, Tugend, Sp. 1533 f. Zu den Möglichkeiten der *arete* vgl. dort die Nachweise in Sp. 1545, Anm. 6; zu dem rein körperlich determinierten Inhalt dort, Anm. 7; zur Wirkung der *arete* in der sozialen Anerkennung, Anm. 8 und zur dennoch möglichen Unbill (Anm. 9).

5 *Stemmer*, HWdPh, Tugend, Sp. 1534 mit 1545 Anm. 10 u. 11.

6 Dazu auch *Stemmer*, HWdPh, „Tugend", Sp. 1534; mit Verweis auf Fr. 1, 1–16.

7 *Stemmer*, HWdPh, Tugend, Sp. 1534 mit Verweis auf *Tyrtaios*, Elegie, 9D 1–9.

8 *Stemmer*, HWdPh, Tugend, Sp. 1534.

9 *Stemmer*, HWdPh, Tugend, Sp. 1534.

c) Vorsokratik und Sophistik

Stemmer verweist anschließend auf Ansätze der Vorsokratik und Sophistik und die dort entwickelte These, *arete* sei lehrbar.[10] Als Vertreter der Lehre einer politischen Funktion der *arete* führt er Protagoras an. Da der Mensch in Gemeinschaften lebt, ist notwendig gut, wer ein guter Bürger der Stadt ist und sich also durch Klugheit in privaten wie in öffentlichen Angelegenheiten auszeichnet. Er wird gerecht sein, da ihm bewusst ist, dass nur durch Gerechtigkeit und Mäßigkeit ein Zusammenleben überhaupt möglich wird.[11]

Auch die ältere Auffassung, dass Tugend alleine die Leistung eines Individuums sei und es daher der größtmöglichen Ungebundenheit und Freiheit entspreche, die eigenen Begierden auszuleben und sich Macht zu verschaffen, wird weiter von Kallikles und Thrasymachos vertreten. Gerechtigkeit erscheint demgegenüber als Form der Schwäche. Erst die Ungerechtigkeit begründet die *arete* des wirklich guten Mannes und kann ihn glücklich machen.[12]

d) Sokrates und Platon

Mit Sokrates, dessen Auffassungen vorwiegend nur vermittelt über Platon und Aristoteles erhalten sind, erreicht die systematische Auseinandersetzung mit der Tugend, als dem, was gut und glücklich macht, ihren ersten Höhepunkt. Ausgehend von der Grundthese, dass das Gutsein des Menschen in einem seiner zwei Bestandteile, Körper und Seele, aufzufinden sein müsse, postuliert er den Vorrang der Seele. Alle Tugend – etwa auch Gerechtigkeit und Tapferkeit – setzt ein Wissen voraus.[13] Die Anwesenheit äußerer Güter und des Geldes ist demgegenüber nicht erstrebenswert. Das Gutsein des Menschen korrespondiert dem göttlichen Gutsein. Es ist durch Realisierung der geistigen Natur zu erlangen.[14]

Die schwierige Bestimmung der Tugend als einer Art von „Tugendwissen“, das dem Tugendhaften zukommt, führt über den Vergleich mit dem Wissen einzelner

---

10 Zu diesem Streit *Stemmer*, HWdPh, Tugend, Sp. 1535.

11 *Stemmer*, HWdPh, Tugend, Sp. 1535 verweist auf Platon, Prot. 322e-323a: „Wenn sie aber zur Beratung über die bürgerliche Tugend gehen, wohin alles auf Gerechtigkeit und Besonnenheit ankommt, so dulden sie mit Recht einen jeden, weil es jedem gebührt, an dieser Tugend doch Anteil zu haben, oder es könnte keine Staaten geben. Dieses, Sokrates, ist hiervon die Ursache.“

12 *Stemmer*, HWdPh, Tugend, Sp. 1535 mit Verweis auf *Platon*, Politeia, 348b-e 4; III, 394a 1; *Porter*, Tugend, 185 „Mit der athenischen Gesellschaft des 5. Jhs. v. Chr. verwandelten sich die Tugenden der kriegerischen Gesellschaft [...] allmählich in Tugenden, die eher einer sesshaften, städtischen Lebensweise entsprachen.

13 *Stemmer*, HWdPh, Tugend, Sp. 1535 f. spricht insofern von der „Intellektualisierung der Tugend“. *Renaud*, NP, Sp. 894 sieht in der Entwicklung des Seelenbegriffes die eigentliche Grundlage der Verinnerlichung von Moral. Nicht die Handlung, sondern die Absicht stehe künftig im Vordergrund.

14 *Renaud*, Tugend, Sp. 895 m. W. N.

Berufsbilder und ihrer Ziele zu dem Ergebnis, dass die Tugend in dem Wissen davon besteht, was gut oder schlecht ist, d. h., was dem Menschen zu- oder abträglich im Hinblick auf das Glück ist. Daraus folgt der Schluss, dass *arete* alleine in dem Wissen vom Glück und dem glücklich Machenden besteht. Ihm schließt sich die Frage an, ob über die *arete* hinaus weitere Faktoren – etwa äußere Güter – zum Glück erforderlich sind.[15] Von Bedeutung ist die Aussage, dass jedenfalls die Tapferkeit im Kampf nur dann Bestandteil der *arete* sein kann, wenn sie aufgrund des Wissens richtig, d. h. zum Guten gebraucht wird. Da die *arete* somit in einem intellektuellen Wissen besteht, sind auch die Tugenden nicht unabhängig voneinander zu denken. Der Mensch verfügt entweder über Wissen oder er tut dies nicht.[16] Das Gutsein der Seele kennzeichnen vier Tugenden: Weisheit/Wissen, Tapferkeit, Gerechtigkeit und Besonnenheit.[17]

e) Aristoteles

Der Prämisse, dass im Menschen unterschiedliche Kräfte wirken, folgt auch Aristoteles. So wie das Gutsein eines Auges im Sehen besteht, ist auch das Gutsein des Menschen durch sein spezifisches „Hervorbringen" geprägt. Das Besondere des Menschen ist, dass er ein vernunftbegabtes Wesen ist. Sein „Hervorbringen" liegt in der Realisierung der Vernunftbegabung. Da die menschliche Seele in einen vernünftigen und unvernünftigen Teil aufgespalten werden kann, besteht die spezifische Hervorbringung des Menschen darin, seine Seele zu veranlassen, ihre Vernunftaufgabe gut zu realisieren. Denn sie ist auf die Erkenntnis der Wahrheit gerichtet, während der unvernünftige Teil der Seele Affekte und Bestrebungen beinhaltet. Dies geschieht vor allem durch die Tugenden des Verstandes: Weisheit, Klugheit, Besonnenheit, Gerechtigkeit, Freigiebigkeit, Großzügigkeit und Großsinn.[18] Die Eliminierung der Affekte ist nicht notwendig. Vielmehr sind die Affekte desjenigen, der seine Vernunftaufgaben gut erfüllt, gut. Jedwedes Übermaß der Anhänglichkeit an Affekte führt zur Tendenz des Menschen, sinnlicher Lust, Zügel- und Hemmungslosigkeit nachzugeben. Ein Untermaß an Affekten lässt ihn empfindungslos werden.[19] Die Tugend steht in der Mitte.[20] Charaktertugend kann auf zweierlei Weise verwirklicht werden: Der Mensch kann tun, was die Klugheit als glückszuträglich erkennt oder mit höchster Weisheit zur Erkenntnis theoretischen Wissens gelangen.

---

15 *Stemmer*, HWdPh, Tugend, Sp. 1536; dazu *Renaud*, Tugend, 895.

16 *Stemmer*, HWdPh, Tugend, Sp. 1537. Tugend ist daher – auch im Diskurs – lehrbar.

17 *Stemmer*, HWdPh, Tugend, Sp. 1538, der auch darauf hinweist, dass Platon den Katalog der Kardinaltugenden eher beiläufig einführt und sich auch früher schon mit Teilen derselben auseinandergesetzt hat.

18 *Stemmer*, HWdPh, Tugend, Sp. 1538.

19 *Stemmer*, HWdPh, Tugend, Sp. 1539.

20 *Stemmer*, HWdPh, Tugend, Sp. 1539.Daher ist Tapferkeit nicht Furcht und nicht Tollkühnheit.

Welche der beiden Formen dem Menschen das höhere Glück verschaffen kann, bestimmt Aristoteles nicht abschließend.[21]

f) Epikur

In der Prämisse, dass die Tugend das Glück offenkundig erstreben muss, folgt auch Epikur Aristoteles und Platon. Er teilt aber nicht die Folgerung, dass die Tugend den dominanten Teil desselben darstellt. Da das Glück des Menschen in dem liege, was ihm Lust verschaffe, sei die *arete* zum Zwecke des lustvollen Lebens einzusetzen. Durch Tugend gelangt der Mensch zum Glück der Lust. Klugheit, Tapferkeit, Besonnenheit und Gerechtigkeit sind untrennbar miteinander verbunden, wobei der Klugheit der höchste Rang zukommt, da ihrer Erkenntnis alle Tugenden folgen und ohne Klugheit keine Tugend bestand hat.[22]

g) Stoa

Im Gegensatz zu Epikur tritt die stoische Lehre mit der These, dass die *arete* alleine das Glück des Menschen ausmacht und daher um ihrer selbst willen erstrebt werden muss. Andere Güter – etwa Reichtum, Ansehen und Gesundheit – sind dagegen in keiner Weise erstrebenswert.[23] Wer über das Wissen von der Tugend verfügt, wird von Affekten frei sein, da jede der Tugend entgegengesetzte Bewegung untrennbar mit dem Mangel an Wissen verbunden ist. Jede mögliche Tugend – Wissen, Klugheit, Besonnenheit, Gerechtigkeit und Tapferkeit – ist von dem Wissen um das Gute abhängig. Sie zeigt sich in praktischen, tugendgeleiteten Handlungen, ist als reines Wissen durch Einsicht lehrbar und unteilbar.[24]

h) Bewertung

Die Ausführungen Stemmers zur Entwicklung des Tugendbegriffs zeigen, dass die zunächst dominanten Aspekte militärischer Tugend,[25] mit der zunehmenden Intellektualisierung des Tugendbegriffes seit der Vorsokratik immer stärker in den Hintergrund rucken. Gleich, ob als Kriegs- oder zivile Tugend, hängt die *arete* der frühen Zeit untrennbar mit der Tätigkeit des Menschen und seines Einsatzes gegen die Muße zusammen (Hesiod/Pindar). Besonders lobenswert ist der beständige Einsatz der Person im Streit für Tugend – im Krieg oder Staat. Mit der Vorsokratik

---

21 *Stemmer*, HWdPh, Tugend, Sp. 1540, der betont, dass auch Aristoteles anerkenne, dass die Realisierung der arete nicht unwesentlich von der Verfügbarkeit äußerer Güter gemäß des Zufalles abhängt. Wer weder über Freunde noch über Geld, Macht oder Einfluss verfügt, vermag kaum großzügig, freigiebig und gerecht zu sein.

22 *Stemmer*, HWdPh, Tugend, Sp. 1540 f. mit Anm. 100–105.

23 *Stemmer*, HWdPh, Tugend, Sp. 1541 f.

24 *Stemmer*, HWdPh, Tugend, Sp. 1542.

25 Dazu *Renaud*, Tugend, Sp. 894.

verschiebt sich der *arete*-Begriff zunehmend in den Bereich der staatlichen Gemeinschaften hinein. Tugend ist das politisch Nützliche, da dies dem Menschen zum Glück verhilft. Sie besteht in der Tätigkeit für die Polis und schließt daher notwendig die Erfordernisse eines gedeihlichen Zusammenlebens mit ein: Gerechtigkeit und Mäßigung. Gegenpositionen, wie diejenige des Thrasymachos, finden wenig Anklang. Mit Sokrates und Platon wird die Tugend auch als Wissen des einzelnen Menschen, und damit als guter Gebrauch seiner Bestandteile (Körper und Seele) hervorgehoben. Die kriegerische Tapferkeit wird damit zum Derivat des Wissens. Die Kardinaltugenden (Weisheit/Wissen, Tapferkeit, Gerechtigkeit und Besonnenheit) kennzeichnen in ihrer Gesamtheit das Gutsein der Seele. Mit Aristoteles und der Stoa schließlich wird der höchsten Tugend reinen Wissens auch die Tugend als Handlungsanweisung (Klugheit) hinzugefügt. Nur im rechten Maß bzw. in Abwesenheit der Affekte zeigt sich die *arete* menschlicher Handlungen. Aus der Eingliederung der kriegerischen Tapferkeit in den Katalog untrennbarer Tugenden wird schließlich ihre Unterordnung unter das Wissen rechten Vernunftgebrauchs der menschlichen Seele.

2. Ursprünge des Herrscherlobes

Auch das Herrscherlob in der Literatur ist mindestens so alt, wie das Lob herausragender Menschen. Die Bezeichnung solcher Schriften, die sich an den Herrscher wenden und ihm einen „Spiegel" der Tugend vorhalten (sog. Fürstenspiegel, *speculum regum*) als Fürstenspiegel stammt zuerst von Gottfried von Viterbo und ist eine Begriffsschöpfung des 12. Jahrhundert nach Christus.[26] Römische und griechische Literatur, die Ratschläge an Herrscher[27] von frühesten Zeiten an enthält, hat es aber auch zuvor in erheblichem Umfang gegeben.[28] Der Tatsache des hohen Alters herrschaftlichen Ratschlags sollte sich jeder gegenwärtig sein, der sich mit Fragen der Wandlung des Herrscherlobes und ihren möglichen Ursachen auseinandersetzt. Ihre Kenntnis verringert nicht nur die Gefahr der Überbewertung literarischer und geistiger Abhängigkeiten antiker Autoren, sondern beugt auch der Einschätzung vor, gerade im lateinischen Tugendlob seit dem 1. Jahrhundert nach Christus sei im Wesentlichen ausschließlich topischen Aspekten entsprochen worden.[29]

---

26 *Hadot*, RAC, Fürstenspiegel, Sp. 556 m. W. N. für das Spätmittelalter und die frühe Neuzeit; *Singer*, Fürstenspiegel, 707; *Schroeder*, Fürstenspiegel, Sp. 1905.

27 Vgl. nur *Seneca*, De clementia, 1, 1: „scribere de clementia....ut quodam modo specula vice fungerer."

28 Die umfassende und akribische Darstellung von *Hadot*, RAC, Fürstenspiegel, Sp. 556–632 kann hier nur bruchstückhaft wiedergegeben werden.

29 Vor dem Hintergrund einer ihm vorangehenden, über 2000 jährigen Tradition herrschaftlichen Rates, scheint sich in der Tat nicht nur alle menschliche Erkenntnis zu wiederholen, sondern, angesichts der Begrenztheit der Herrschaftsformen, auch in ähnlichen Bahnen zu streben.

a) Ägypten und Mesopotamien

Bereits die ägyptische Lehre für König Meri-ka-re (ca. 2070 v. Chr.)[30] enthält Ratschläge rechter Administration für den ägyptischen Pharao als „Menschen par excellence“. Der König soll das Beispiel der Vorfahren achten und Gerechtigkeit üben, Weinende beruhigen, Witwen schützen und jeden Mann in seiner Habe belassen. Gegenüber dem Volk ist er wohlwollender und guter Hirte. Berater wählt er nach der Leistung und nicht nach der Herkunft aus angesehenem Hause aus. Der Schutz der Armen und Schwachen prägt auch das Thronbesteigungslied Ramses IV. Durch die Vermittlung Diodors gelangten im ersten Jahrhundert vor Christus Berichte über die Pflichten altägyptischer Könige auch in den hellenistischen Raum.[31] Dem ägyptischen Herrscherlob durchaus vergleichbar, heißt es in der Tempelbau-Hymne des Gudeas von Lagasch (um 2100 v. Chr.), also in einer Selbstdarstellung des Herrschers, bereits: „Das Recht [...] hatte er beachtet. Dem Armen tat der Reiche nichts zuleide, der Witwe tat der Mächtige nichts zuleide.“ Sulgi, aus der Dynastie von Ur erklärt: „Ich bin der Hüter, der Hirte [...]. Das Recht liebe ich, das Böse verachte ich, feindseliges Wort hasse ich.“ Der Prolog des Codex Hammurabi (1728/1686 v. Chr.) betont die göttliche Auswahl des Herrschers „um Gerechtigkeit im Lande sichtbar zu machen, den Ruchlosen und Bösen zu vernichten, vom Starken den Schwachen nicht entrechten zu lassen“. Die Tugendattribute Hammurabis sind Klugheit, Weisheit, Macht, Gerechtigkeit. Er ist König des Rechts, Vater und Hirte seines Volkes. Er übt gegenüber dem Volk die Rolle aus, die der Sonnengott im Universum einnimmt, hat Krieg geführt, um Frieden und Sicherheit herbeizuführen.[32] Schon die Könige von Uruk bezeichnen den Gedanken der universalen Herrschaft, des Königtums von „Sonnenauf- bis Sonnenuntergang“.[33]

b) Griechenland

Das archaische Griechentum stützt sich vor allem auf eine auf Geburt gestützte Adelsethik, die Vortrefflichkeit in kriegerischer oder sportlicher Leistung zum Vorbild erhebt und mit dem Ethos einhergeht, nichts zu tun, was der *arete* des Heros schaden kann.[34] In diesem Rahmen kann *arete* erlernt werden. Die Rede des Achilleserziehers Phoinix „Gegen den Zorn“ ermahnt zur Nachahmung der Tugend der Vorfahren (menschlicher oder mythischer Art). Von dort leitet der Mensch seine moralischen Normen ab.[35]

---

30 Dazu *Hadot*, RAC, Fürstenspiegel, Sp. 557–59.

31 *Hadot*, RAC, Fürstenspiegel, Sp. 561. Diodor benennt Frömmigkeit, Milde, Mäßigkeit, Gerechtigkeit, Seelengröße, Wahrheitsliebe, Freigiebigkeit, Erhebung über die Leidenschaften, weniger strafen als nötig, belohnen über Gebühr. Unterstellt werden kann, dass sein Tugendkatalog stark hellenistisch überprägt war.

32 *Hadot*, RAC, Fürstenspiegel, Sp. 562 f.

33 *Luehr*, AU 21 (1978), 24.

34 *Hadot*, RAC, Fürstenspiegel, Sp. 568.

35 *Hadot*, RAC, Fürstenspiegel, Sp. 569.

Die Theogonie des Hesiod preist Herkunft, Kämpfe und Triumph des Gottkönigs. Im Triumph des Zeus spiegelt sich die Gerechtigkeit und Aufrichtung der Ordnung nach dem Maßstab des himmlischen Gesetzes. Der König übt Gerechtigkeit in seinen Rechtssprüchen. Er spricht Worte der Weisheit, bringt wahren Frieden und erwirbt die Achtung seiner Untertanen. Den Frieden und das Gedeihen seiner Länder erlangt ein solcher König aufgrund des Wohlwollens des Zeus infolge seiner Taten. Für seine Laster erleidet auch das Volk die Strafe.[36] In seinen Elegien warnt Theognis im 6. Jahrhundert v. Chr. vor Hochmut und Maßlosigkeit. Er mahnt zu Mitleid mit dem Unglücklichen – allzu rasch ändert sich das Geschick des Menschen. Der Odensänger Pindar betont im 5. Jahrhundert v. Chr. die Ableitung aller Tugenden von den Göttern. Er fordert den Herrscher auf, die Eintracht des Volkes zu achten, den Staat mit dem Steuerruder der Gerechtigkeit zu lenken und wahr zu sprechen, weil er das Vorbild des Volkes sei und damit zugleich seinem Glück und dem des Volkes diene.[37]

Mit dem 4. Jahrhundert vor Christus erreicht in der Krise der Demokratie der Ratschlag an Monarchen und Tyrannen, also an Alleinherrscher, einen neuen Höhepunkt. Die neue Rolle des Königtums fördert die Auseinandersetzung mit dem Verhältnis von Herrschaft und Gesetz ebenso wie die Entstehung der Idee eines Idealkönigtums, das der Tyrannei in empirischer Weise gegenübergestellt zu werden vermag.

Die kyprischen Reden des Isokrates (374 u. 365 v. Chr.) zielen gerade auf diesen Ratschlag an Tyrannen ab. Seine zweite Rede sieht er in der Tradition des Theognis mit dem Ziel, erstmals Lebensregeln für Könige aufstellen zu wollen (or. 2, 7 f.; 40). Ein ideales Königtum stützt seine Herrschaft auf Menschenliebe und Liebe zum Staat. Der König selbst bezieht seinen Stolz alleine aus der Tugend. Er strebt danach, in allem ein Vorbild der Gerechtigkeit und Mäßigkeit zu sein. Dementsprechend übt er das Recht und versucht in seinen Handlungen den Wohlstand zu wahren und Leiden zu beenden und ein Bild der Paideia zu geben.[38] Xenophon beschreibt im „Hieron" das Unglück des Tyrannen aufgrund der ihn umgebenden Unsicherheit und falschen Ehrerweisungen. Er betont, dass es auch dem König möglich ist, geliebt zu werden. Die doppelte Aufgabe des Königtums, die Völker zu lehren, was das Beste und Schönste ist und zweitens zu strafen, beinhaltet stets die Gefahr des Verlustes von Popularität.[39]

Platons These, dass entweder die Philosophen König oder die Könige Philosophen werden müssten, erhebt die Philosophie zur Grundlage der idealen Herrschaft. Nur der Philosophenkönig soll und kann herrschen. Seine Herrschaft setzt

---

36 *Hadot*, RAC, Fürstenspiegel, Sp. 570 f. In keinem Falle soll sich derjenige, der nach Tugend strebt, in Muße ergehen.

37 *Hadot*, RAC, Fürstenspiegel, Sp. 572 f. Die Leistung des Königtums besteht gerade in der Restitution guter Ordnung; in der Verknüpfung von Reichtum und Tugend, Wohlfahrt, Gerechtigkeit, Weisheit und Macht.

38 *Hadot*, RAC, Fürstenspiegel, Sp. 575 „sehr empirisch".

39 *Hadot*, RAC, Fürstenspiegel, Sp. 576.

voraus, dass er lernt, sich selbst zu beherrschen. Herrschaft steht demjenigen zu, der am stärksten den idealen König nachahmt. Zu den Tugenden des Königtums gehören Strenge und Milde, die Nachahmung des Kronos in der Achtung des Gesetzes. Ein Hirte der Menschen ist der König indes nicht – er ist nur ein besonders verständiger Mensch. Herrscht der Philosoph, so ist seine Herrschaft derjenigen der Gesetze überlegen, da das Königtum als gegenwärtiges Gesetz nach der Maßgabe des Einzelfalls entscheidet.[40] In Gegensatz zum Tugendherrscher tritt nun das Bild des Tyrannen, als eines ungerechten Alleinherrschers, der wegen seiner Last in dauernder Furcht lebt.[41]

c) Bewertung

Bereits die summarische Betrachtung Hadots weist auf die Allgemeingültigkeit bestimmter Tugendbegriffe zur Darstellung des idealen Königtums hin. Neben den klassischen Tugenden im Werk Platons ist es vor allem der Blick auf die von den Göttern vorgefundene Ordnung, die auch ein allmächtiges Königtum an die Gesetze (des göttlichen Rechtes) bindet. Stark ausgeprägt ist in der älteren Tradition die Schutzfunktion der Herrschaft. Der König ist „Hirte" des Volkes, Schützer der Schwachen vor dem Starken, der Armen vor dem Reichen, der Frauen vor dem Mächtigen. Sein Tun wird angeleitet von der väterlichen Liebe zu seinem Volk und der Liebe zum Recht. Seine Strafgewalt wendet er gegen Böse und Räuber. Gegenüber dem Volk setzt er sie mit dem Willen zu Milde und Nachsicht ein. Von Affekten lässt er sich nicht beherrschen. Zur Wahrung der Eintracht und des Friedens wählt er Amtsträger nicht alleine nach ihrer Abstammung, sondern nach ihrer Tugend aus. Jedenfalls in späterer Zeit ist diese Gegenstand der Erziehung und kann erlernt werden. Vom homerischen Ideal des Heros verbleibt die Mahnung zur Sicherung der Grenzen und Abwehr der Feinde. Am eindringlichsten tritt das hellenistische Herrscherideal bei Isokrates hervor. Sein Werk zeigt auch, dass Anleitung zu rechter Herrschaft nicht zwingend dem Formzwang eines einzigen literarischen Genus unterliegt. In seiner Machtstellung zwischen Vergöttlichung und Menschsein angesiedelt, gewinnt der Herrscher eigenen Ruhm auf rechtem Wege. Seine tugendhafte Liebe wird durch das Volk erwidert.

II. Zur Struktur römischen Tugendlobes

Auch die personale Struktur der römischen Herrscherideologie ist nicht erst in der Suche nach dem *optimus princeps* Ciceros oder in der Begründung beständiger Herrschaft auf der Basis der *virtus* bei Sallust entstanden. Sie nimmt vielmehr ihren Ausgang nach Beendigung der Ständekämpfe im (selbst auferlegten) Verhaltensideal der

40 *Hadot*, RAC, Fürstenspiegel, Sp. 580.
41 *Schmidt*, WS 95 (1982), 276 mit Verweis auf *Platon*, Politeia, 580b/c sowie 562a-580b zur Furcht des Tyrannen.

römischen Nobilität, also jenes exklusiven Kreises der römischen Aristokratie, der von denjenigen Familien gebildet wurde, die es jedenfalls irgendwann im Laufe der Existenz der *res publica* einmal zur höchsten Magistratur des Konsulates gebracht hatten.[42] Ausgehend von ihrem *auctor*, dem *princeps nobilitatis*, bestimmte diese auf *amicitia, dignitas* und *auctoritas* gegründete Schicht die Geschicke des römischen Staatswesens. Sie übte die senatorischen Ämter aus, übernahm Magistraturen und die Kontrolle der in der Volksversammlung wirkenden plebejischen Klientelen.[43] In ihrem Kreis kam ursprünglich demjenigen der Ehrenvorrang zu, der sich in seiner öffentlichen Tätigkeit auf die *auctoritas* seiner Vorfahren stützte und selbst auf die durch die Ausübung von Staatsämtern erlangte *gloria* verweisen konnte, sowie auf die ihm zukommende *virtus* in Ansehung der Amtsführung.[44]

1. Bewährung der Nobilität im Staatsdienst – die Elogien der Scipionen

a) Grundstrukturen des Tugendlobes

Für die Elogien der Scipionen hat dies D. C. Earl dargelegt. Sie bringen nicht nur die Suche nach der Anwesenheit von *imagines* im Zuge der Bestattung zum Ausdruck; auch die Berufung auf die *auctoritas* der Vorfahren des Verstorbenen reichte soweit, dass eine entsprechende Abstammung im Falle ihrer Abwesenheit (mehr oder minder) frei konstruiert werden konnte.[45] Der formal bestimmbare Ursprung römischer Nobilität (*ab urbe condita*) bildet hierbei den frühesten und zugleich erstrebenswertesten Bezugspunkt.[46]

Dem Lob der Abstammung folgt in der Totenrede das Lob der Amtsführung in ziviler und militärischer Laufbahn. Ihm ist unter Umständen zusätzlich der qualifizierende Hinweis, die Ämter seien mit *fortitudo* und *sapientia* ausgeübt worden,

---

42 *Earl*, Sallust, 18 mit Hinweisen zur Verengung des Nobilitätsbegriffs von den kurulischen Ämtern hin zum Konsulat im 2. Jahrhundert v. Chr.

43 *Earl*, Sallust, 18.

44 Zur Verherrlichung der Römertugenden auf Münzen des republikanischen Zeitalters, *Classen*, „Virtutes Imperatoriae", 257 v. a. concordia, libertas, pax, res publica, salus, victoria, fortuna und felicitas; in Form von Tempeln, 258: Fortuna, Salus, Victoria, Felicitas, Fides, Pietas, Mens; ab 44 v. Chr. auch Clementia Caesaris. Dazu umfassend *Classen*, „Virtutes Romanorum", 257–279. Vgl. auch *Konstan*, Clemency, 341 „Julius Caesar seems, at all events, to have been the first Roman to elevate restraint or clemency to the status of a policy…"; *Dahlmann*, Clementia, 20. Zum Ursprung des virtus-Begriffes vgl. *Büchner, Karl*, Altrömische und Horazische virtus, in: ders. (Hg.), Studien zur römischen Literatur, Band III – Horaz, Wiesbaden 1962, 1–22.

45 *Earl*, Sallust, 18; ihm darin zustimmend, *Schmal*, Sallust, 166, zum Tugendlob der Elogien auch *Classen*, Gymnasium 95, 193 f. der für P. Cornelius Scipio ebenfalls die Tatsache der Ausrichtung an der Vorfahrentugend konstatiert.

46 Vgl. dazu *Schmal*, Sallust, 144; auch *von Albrecht*, I, 293.

beigefügt. Der Verstorbene hat also im Krieg mit Tapferkeit, im Frieden mit Weisheit seine Amtsgeschäfte wahrgenommen.[47]

Auf *sapientia, fortitudo* oder *ingenium* als Charaktereigenschaften des Individuums geht die Elogie nur ein, wenn es aufgrund des geringen Alters des Verstorbenen an der Ausübung von Staatsämtern fehlt. Nur in diesem Falle steht die rein individuelle Tugend, die sich im Dienst des Staates noch nicht bewähren konnte, im Mittelpunkt.[48] Der ausschließliche Einsatz der Tugend zu privaten Zwecken ist daher nicht Gegenstand des Lobes, ebenso nicht der Einsatz zum Staatenwohl ohne entsprechende Handlungen (*facta*). Noch die Autoren des ersten vor- und nachchristlichen Jahrhunderts (Sallust, Cicero, Seneca und Tacitus) sehen sich selbst unter besonderem Rechtfertigungsdruck, wenn sie ihre schriftstellerische Tätigkeit vor dem Hintergrund ihres Rückzugs aus der aktiven politischen Laufbahn legitimieren.[49]

Lobenswert ist das für die *res publica* ausgeübte, tatsächliche politische Handeln. Der Lobpreis (*laus*) als ein *bellator, orator, imperator* und *senator*, setzt ein Tätigwerden im Rahmen der politischen Ordnung des Gemeinwesens voraus. Der in der Innehabung staatstragender Ämter begründete Ehrenvorrang der Nobilität kann durch die Wahrnehmung politischer Ämter aufrechterhalten werden. Nur hierdurch ist auch die *gloria maiorum* durch gegenwärtiges Handeln zu bewahren. Die Attribute der Tugend – *fortitudo* und *sapientia* – werden nur demjenigen zugeschrieben, der Kraft und Weisheit auch im Handeln für die *res publica* vorweist.[50] Wer sich dem öffentlichen Leben verschließt, entehrt dadurch nicht nur sich selbst, sondern auch seine Familie, die Vorfahren und die Nachfahren.[51]

b) Die Vorgabe von facta und exempla

Dass formale Aspekte, die Berufung auf die Abstammung, der Ehrenvorrang der *gens*,[52] die Innehabung politischer Ämter, die Voraussetzung des Lobes bilden, dessen Inhalt dennoch materiell ausfüllungsbedürftig bleibt, zeigt die Beistellung von

47 *Earl*, Sallust, 20 mit Auswertung der Elogie auf L. Cornelius Scipio Barbatus. Beigestellt ist auch ein Verweis auf die körperliche Wohlgefälligkeit des Gelobten, das allerdings an das Vorhandensein lobenswerter *virtus* gebunden ist.

48 *Earl*, Sallust, 21. Sie ist in diesem Fall auch verknüpft mit der Frage, welche Taten ein dermaßen tugendhafter Mensch in Staatsdiensten vollbracht haben würde, wäre er denn zu entsprechendem Alter gelangt. Dazu *Classen*, Gymnasium 95, 293 mit Verweis auf die Grabinschrift des P. Cornelius Scipio, der honos, fama, virtus, gloria und ingenium erworben hätte, wäre ihm ein längeres Leben vergönnt gewesen. Ähnlich *ders.*, „Virtutes Imperatoriae", 257.

49 *Earl*, Sallust, 21 „To a purely private cultivation of personal goodness, the Roman tradition was always hostile." Tacitus lehnt den Rückzug aus der Politik auch unter einem Tyrannen ab, vgl. *Tacitus*, Agricola, 32.

50 *Earl*, Sallust, 22; *von Albrecht*, I, 359.

51 *Earl*, Sallust, 25; 27 mit Verweis auf Plautus und Polybius. Der Römer scheidet drei Lebenskreise: Staat, Familie und Privatheit in der entsprechenden Rangfolge.

52 Dazu *Dewar*, Sex.Cons. Hon., XXII.

Superlativen und Attributen, die die Leistung des Verstorbenen für den römischen Staat inhaltlich qualifizieren. Wer in der Ausübung staatlicher Ämter *facta* vorgibt, dem werden noch nicht *ipso iure* die Attribute der Tugend beigelegt: *fortitudo* und *sapientia* als höchster Ausdruck militärischer und ziviler *gloria* und *virtus*. Zugleich nämlich muss der zu Lobende auch dem Beispiel der Alten (*mos maiorum*) entsprechen. Während es an einer Definition von *virtus* und *gloria* fehlt, stehen dem Römer eben diese Tugendvorbilder mit ihren Exempla vor Augen, an deren Handeln sich entsprechender Lobpreis anlehnen lässt.

Wird etwa kriegerischer Ruhm erstrebt (*gloria*) so ist darunter derjenige Ruhm zu fassen, der durch die Einhaltung gewisser Verhaltensstandards erlangt wird: Pyrrhos fordert den zur Auslösung von Gefangenen anreisenden Fabricius dazu auf, den Sieg nicht durch den Einsatz des Goldes zu erstreben und damit hinter die Anforderungen der *gloria* zurückzufallen.[53]

Wer Eroberungen mit rechter Tapferkeit (*virtus*) vorzunehmen sucht, dem obliegt der Schutz der Bundesgenossen (*socii*) ebenso wie das beständige Bemühen, *auxilia* durch rechte Gesetze zu vermehren und Verräter zu vernichten.[54] *Gloria* ist nur durch der *virtus* entsprechende Tugendwerke zu erlangen: Der Senator der aufstrebenden römischen Weltmacht, dem Handelsgeschäfte untersagt sind, darf durchaus Reichtum für sich erstreben. Mit *gloria* gelingt ihm dies allerdings nur, wenn er seine Güter *bono modo* erwirbt und sie auch in entsprechender Weise wieder einsetzt.[55]

So betont auch der ältere Plinius in einem Bericht über die von Q. Caecilius Metellus im Jahre 221 v. Chr. für seinen Vater L. Caecilius Metellus gehaltene Totenrede, dass der Vater alle Ziele, die zum Lebensinhalt der *sapientes* gehörten, erreicht habe. Er habe sich im Kampf ausgezeichnet, die Redekunst gemeistert, als Heerführer mit größtmöglichem Erfolg der Taten (*maxima res*) unter eigener Leitung (*auspicio suo*) Tapferkeit gezeigt und die höchste Ehre des Konsulates erlangt. Das anvertraute Amt habe er mit *sapientia* ausgeübt, Anerkennung erfahren und Geld rechtmäßig erworben. Aufgrund seiner Leistungen sei er im eigenen Gemeinwesen geliebt worden.[56]

---

53 *Earl*, Sallust, 22 f.; mit Verweis auf Ennius. Zum frühen Gloriabegriff auch *Hand*, Augustin, 16 f.

54 *Earl*, Sallust, 23.

55 *Earl*, Sallust, 23.

56 *Classen*, Gymnasium 95, 293 f., nach Plinius, Naturalis Historia 7, 3, 139 f.: „Decem maximas res optimaseque in quibus quaerendis sapientes aetatem exigerent consummasse eum: voluisse enim primarium bellatorem esse, optimum oratorem, fortissimum imperatorem, auspicio suo maximas res geri, maximo honore uti, summa sapientia esse, summum senatorem haberi, pecuniam magnam bono modo invenire, multos liberos relinquere et clarissimum in civitate esse."

c) Bestimmung des Lasters

Dem Ideal tugendhaften Verhaltens lassen sich zwei Antipoden entgegensetzen: falsches, auf lasterhafte Ziele gerichtetes Streben – also etwa das bloße Streben nach privaten Gütern, nach Reichtum und Muße im Rückzug aus dem Staatsdienst und ebenso das rechte, auf *gloria* gerichtete Streben, mit den falschen Mitteln. Letzteres lässt sich zumindest auch unter den Begriff der *ambitio* fassen. Plautus sieht das Streben als Bestandteil jener Laster, die aus jedem Staatswesen vertrieben werden müssen. In den Fragmenten Catos des Älteren sowie des Lucilius bilden Geld und *ambitio* das der Tugend entgegenstehende Begriffspaar.[57]

Auf diesen Vorgaben der älteren Literatur gründet sich die Ausprägung der römischen Tugendbegriffe in den Kämpfen des sich auflösenden republikanischen Staatswesens im ersten Jahrhundert vor Christus. Zugleich mit dem Zerfall der republikanischen Strukturen rückte für die einzelnen *gentes* der Nobilität die Verstärkung der eigenen auf Tugend gegründeten *auctoritas* in den Mittelpunkt.[58] Zugleich verbreitete sich die ursprünglich der Nobilität vorbehaltene Terminologie der aristokratischen Tugend auch im allgemeinen Sprachgebrauch, wurde nun die Tugend im Gegensatz zum früheren ausschließlichen Gebrauch durch die Nobilität auch dem privaten Lebenskreis zugeordnet.[59]

2. Das Tugendlob in der römischen Literatur

Aus der frühen römischen Literatur ist es vor allem der „Vater der Geschichtsschreibung“, Ennius, der in seiner Iphigenia den rechten Gebrauch der Muße fordert und so einerseits das unproduktive *otium* geißelt, zugleich aber in hellenistischer Weise recht gebrauchte Muße in arbeitsamer Gestaltung verherrlicht. Es sind seine Annalen gemeinsam mit dem Epos über den Punischen Krieg (Bellum Poenicum), die den Aufstieg Roms den alten Sitten und der Leistung tugendhafter Männer zuschreiben. Auf Ennius geht auch der Satz *melius est virtute ius* zurück, mit der er der *sapientia* den Vorrang vor der körperlichen Bewährung einräumt. Von ihm überliefert Augustinus den Ausspruch: *moribus antiquis res stat Romana virisque.*[60] Ein herausragendes Beispiel römischer *pietas* und der Überlegenheit römischer Sittlichkeit lieferte etwa die Devotion der Decier. In ganz ähnlicher Weise postuliert sein Zeitgenosse Cato der Ältere in seinen „Origenes“ in Anlehnung an den griechischen Schriftsteller Xenophon das Ideal der nutzbringend eingesetzten Freizeit,

---

57 *Earl*, Sallust, 24. Earl verweist darauf, dass ambitio auch deshalb mit Gier (*avaritia*) in Verbindung zu bringen ist, weil der Begriff häufig im Zusammenhang mit Wahlfälschungen gebraucht wird.

58 *Earl*, Sallust, 26.

59 *Earl*, Sallust, 26 verweist auf entsprechende Tendenzen bei Terenz, aber auch in dem Fragment des Lucilius auf die *virtus*.

60 Dazu vgl. *von Albrecht*, I, 115 f.; *Bellen*, Grundzüge I, 85; 91; *Inglebert*, Latomus 54 (1995), 21.

lobt die *res publica* als Gemeinschaftswerk und das durch Leistung erlangte Selbstbewusstsein.[61] In diesen Zeitraum fällt auch der intensive Kontakt der Römer mit der griechischen Philosophie. Carneades – einer von drei nach Rom gekommenen athenischen Philosophen – musste die Stadt nach der Kritik, er bringe durch seine dialektischen Künste die Jugend in Gefahr, wieder verlassen. Auf Einladung des Scipio Aemilianus weilte fünfzehn Jahre nach ihm auch der Stoiker Panaitios in Rom.[62]

III. Römische Tugend- und Staatsethik bei Cicero

An das in den älteren Elogien und Fragmenten römischer Schriftsteller beschriebene *virtus*-Ideal knüpft in der Krisenzeit der Bürgerkriege des ersten vorchristlichen Jahrhunderts zunächst das Werk des Rhetors, Staatsphilosophen und Politikers Marcus Tullius Cicero (106–43 v. Chr.) an. Er erlebte die Umbrüche der römischen Bürgerkriege in den Jahren 90–43 v. Chr. nicht nur als Zeitzeuge, sondern auch als Teilhaber politischer Gestaltungsmacht und verarbeitete sie in seinem Werk. Seine Ämterlaufbahn begann er im Jahre 75 v. Chr. mit der Quästur in Sizilien. Den Ruhm als Rhetor begründete der von ihm angestrengte Korruptionsprozess gegen den Statthalter Gaius Verres. Bereits 69 v. Chr. wurde er zum Ädil gewählt, war 66 v. Chr. Prätor und schließlich 63 v. Chr. Konsul. Parallel betrieb er seine rhetorische und juristische Laufbahn als Ankläger und Redner vor Gericht. Seine politische Karriere endete 58 v. Chr. mit der Verbannung aus Rom. Erst im Jahre 51 v. Chr. übernahm Cicero mit der Statthalterschaft in Kilikien noch einmal politische Verantwortung. Nachdem er im Jahr 50 v. Chr. von dort aus nach Rom zurückgekehrt war, verließ er die Stadt als Anhänger des Pompeius nach dem Ausbruch des Bürgerkriegs zwischen Pompeius und Caesar im Jahre 49 v. Chr. erneut. Nach der Niederlage des Pompeius wurde er 47 v. Chr. von Caesar begnadigt. Den Entschluss, sich seiner Stimme im politischen Leben künftig zu enthalten und sich fortan ausschließlich der schriftstellerischen Tätigkeit zu widmen, hat er nicht durchgehalten. Die cäsarischen Reden sind Ausdruck erneuter politischer Betätigung unter der Diktatur Caesars, der Cicero mit durchaus ambivalenten Gefühlen gegenüberstand. Mit den gezielt gegen Antonius gerichteten philippischen Reden stützte er die Herrschaft Oktavians. Seine Intervention war mit dafür verantwortlich, dass er zum Opfer des Ausgleichs zwischen Antonius, Oktavian und Lepidus wurde.

Auch wenn das politische Wirken Ciceros von Gewicht war, so stand er hier doch zeitlebens im Schatten der Feldherren mit Heeresmacht – Sulla, Pompeius, Crassus, Caesar – zuletzt Oktavian und Antonius. Unübertroffen ist demgegenüber die prägende Wirkung, die sein literarisches Werk für die Dogmatik der römischen Herrscherideologie weit über die augusteische Zeit hinaus entfaltete. Das von ihm vertretene Tugend- und Staatsideal klingt in nahezu allen von ihm

61 *Von Albrecht,* I, 321 f.
62 *Bellen*, Grundzüge I, 84.

überlieferten Schriften an, gleich ob es sich um Gerichtsreden, politische Reden oder philosophische Werke handelt. Seine Rangstellung als Rhetor, „Staatsphilosoph“ und politischer Zeitzeuge war schon zu seinen Lebzeiten unbestritten. Mit Sallust, Vergil, Seneca und Plinius d. Jüngeren gehört er zu denjenigen Autoren der Jahrtausendwende, deren Einfluss bis in das christliche Schrifttum des frühen Mittelalters und darüber hinaus fortwirkt. Nahezu alle christlichen Autoren des vierten und fünften Jahrhunderts kennen seine Werke, die Bestandteil einer klassischen Bildung werden. Ausdrücklich nehmen vor allem Laktanz, Ambrosius (De officiis) und Augustinus auf Ciceros staatsphilosophische Auffassungen Bezug und werfen die Frage auf, was davon für den christlichen Staat verwertbar bleibt. Nachfolgende Generationen hat nicht nur die Vielzahl von Schriften verschiedener Gattungen beeindruckt, sondern auch ihre Qualität. Der Umfang der überlieferten Schriften macht für den Zweck der Arbeit zugleich eine Beschränkung des Forschungsgegenstandes erforderlich.

Die Aufnahme des Spätwerkes von den Pflichten (44 v. Chr.) ist schon im Hinblick auf seine Wirkung[63] und in Anbetracht der Tatsache geboten, dass es sich um den Abschluss der Pflichtenethik Ciceros handelt. Von besonderer Bedeutung für das Lob der Herrschertugend ist darüber hinaus Ciceros früheste politische Rede zur Stützung der Gesetzgebung des Manilius im Jahre 66 v. Chr. Das Werk über den Oberbefehl des Pompeius (De imperio Cn. Pompei), nimmt die Ziele und Schwächen der römischen Weltherrschaft in den Blick. Zugleich bietet es eine panegyrische Darstellung des Cn. Pompeius. Gleichermaßen panegyrisch, der *Clementia Caesaris* verpflichtet, zeigen sich die Verteidigungsreden Ciceros vor Caesar (v. a. Pro Marcello, Pro Ligario). Gerade die Rede „Pro Marcello“ benennt auch den Maßstab im Hinblick auf die Frage der Neuordnung der Republik durch den Sieger der Bürgerkriege.

1. De Imperio Cn. Pompei (66 v. Chr.)

Im Kontext des Krieges gegen den pontischen König Mithridates (74–67 v. Chr.) steht die erste Rede des Prätors Cicero an das römische Volk. Zum Gegenstand hat sie die Befürwortung und Rechtfertigung des Gesetzesentwurfs des Tribunen C. Manilius. Durch ihn sollte Pompeius mit dem *imperium* gegen Mithridates und den verbündeten armenischen König Tigranes ausgestattet werden. Hierzu sollten ihm zugleich die Provinzen Kilikien und Bithynien übertragen werden.[64] Das Gesetz

---

63 Schon Seneca verfasste ein (allerdings verlorenes) gleichnamiges Werk. Im vierten Jahrhundert nach Christus schuf auch Ambrosius von Mailand sein Werk von den Pflichten. Auch die „Divinae Institutiones“ des Laktanz sind stark von Cicero beeinflusst. Augustinus nimmt vielfach auf ihn Bezug.

64 *Fuhrmann*, Reden I, 323. Es handelt sich um „Feldherrenlob“, d. h. das Lob solcher Persönlichkeiten der späten Republik (Pompeius, Caesar, Metellus, Marius) die Träger des Imperiums waren. Es umfasste das ius agendi cum populo, das Recht den Senat einzuberufen, das Recht für den Staat Verträge abzuschließen und im Rahmen der verliehenen Gerichtsgewalt Richter einzusetzen sowie Rechtsstreitigkeiten durch Edikte zu regeln. Im Bereich militae war der Träger des Imperiums

knüpfte an die *Lex Gabinia* des Jahres 67 v. Chr. an. Durch sie waren Cn. Pompeius weitgehende Vollmachten und ein proprätorisches Imperium auf drei Jahre zuerkannt worden, damit er der Piratenbedrohung auf dem Meer und an allen Küsten bis 75 km in das Inland begegnen konnte. Das Gesetz stieß vor allem im Kreis der Optimaten auf Widerstand. Sie befürchteten eine weitere Ausdehnung der zuvor erteilten Befugnisse durch die Ermächtigung zur Kriegsführung gegen Mithridates.[65] In einer Republik, so der Grundtenor der Kritik, dürfe nicht alles einem Einzelnen übertragen werden. Mit seiner Rede, bei der Cicero die Zustimmung der Volksversammlung zu dem Vorhaben sicher erwarten durfte, legitimiert Cicero den Krieg gegen Mithridates. Dies gelingt ihm, indem er die Feldherrentugend des Pompeius heraushebt. Die Rede schafft damit ein Muster des Lobpreises für diejenigen, die mit dem *imperium*, der höchsten römischen Amtsgewalt, ausgestattet sind.

a) Feldherrentugend als Rechtfertigung des umfassenden Imperiums eines Einzelnen

Schon das Exordium benennt explizit das Ziel der Rede. Durch die Hervorhebung der einzigartigen *virtus* des Feldherrn Pompeius soll verdeutlicht werden, dass von der Verleihung umfassender Machtbefugnisse keine Gefahr für die *res publica* ausgeht. Pompeius soll als der Feldherr dargestellt werden, den die Pflicht gegenüber den Bundesgenossen erfordert und der von den Feinden gefürchtet wird.[66] Der Erreichung des Ziels dient ein dreigliedriger Aufbau, der als Schwerpunkt der Rede (6–51) zunächst die Beschaffenheit des zu führenden Krieges (*genus belli*), dann seinen Umfang und schließlich den geeigneten Träger des Imperiums in den Blick nimmt.[67]

b) Die Rechtfertigung des dritten Jugurthinischen Krieges

Dem ersten Punkt, in dem die Rechtmäßigkeit des militärischen Vorgehens betont wird, widmet Cicero die Abschnitte 6–19. Drei Gründe bilden die bestimmenden Motive für die fortgesetzte Intervention Roms gegen die Herrschaftsbestrebungen

---

oberster Kommandeur der Streitkräfte der Provinz, höchster Träger der Verwaltung, der Straf- und Gerichtsgewalt. Vgl. *Plöger*, 12 f.

65 Der zuvor mit der Kriegsführung beauftragte Konsul und Prokonsul L. Licinius Lucullus war bereits im vorangegangenen Jahr auf Betreiben der Ritterschaft vom pontischen Schauplatz abgelöst und durch den untätigen M. Acilius Glabrio ersetzt worden. Dazu: *Fuhrmann*, Reden I, 324–326; *Bellen*, Grundzüge I, 121–123.

66 *Cicero*, De Imperio Cn. Pompei, 3; 5: „Dicendum est enim de Cn. Pompei singulari eximiaque virtute." Der Begriff der *virtus* wird hier, wie auch in den Schriften des Sallust, nur ungenau mit „Tapferkeit" wiedergegeben, sofern damit „kriegerische" Tapferkeit angesprochen ist. Die Tugenden des Feldherrenlobs hat insgesamt systematisch untersucht: *Plöger*, Studien zum literarischen Feldherrenporträt römischer Autoren des ersten Jahrhunderts vor Christus, Kiel 1975.

67 *Cicero*, De Imperio Cn. Pompei, 6.

des Mithridates und seiner armenischen Verbündeten: (1) Die Gefahr des Verlustes der von den Vorfahren überlieferten *gloria* im Verlust der Größe des römischen Namens vor allem in militärischen Dingen;[68] (2) die Gefährdung des Heils (*salus*) der römischen Verbündeten; (3) der Schutz der Steuerhoheit Roms und der Steuerpächter in Asien. Alle drei muss der römische Staat schützen, will er sich der *pacis ornamenta et subsidia belli* auch in Zukunft versichern.[69]

aa) Gloria-Gedanke

In den Mittelpunkt des ersten Redeteiles stellt Cicero den *gloria*-Gedanken. Rom ist es in den beiden vorangegangenen Kriegen gegen den pontischen König nicht gelungen, die Ermordung der italischen Bevölkerung Asiens durch Mithridates im Jahre 88 v. Chr. zu vergelten. Den Siegen und Triumphen Sullas und L. Morenas mangelte es an einer hinreichenden *poena*, da durch sie die Regierungsgewalt des Mithridates nicht aufgehoben wurde.[70] Die aus römischer *dignitas* und *gloria* folgende Pflicht zur Überwindung des Gegners begründet Cicero zunächst historisch. Schon die Väter haben zur Verteidigung von Kaufleuten Kriege geführt. Mit Mithridates steht Rom nun ein Gegner gegenüber, der Tausende römische Bürger vernichtet hat. Der Krieg ist gerechtfertigt, weil Roms *gloria* verlangt, für *iustitia* und *libertas* gegen *superbia* einzuschreiten. Der gleichen Erwägung folgend, haben bereits die Vorväter entweder versucht, mit ihren Kriegen das Recht gegen Injurien zu verteidigen und die römische *libertas* zu wahren oder die *superbia* des Gegners zu überwinden. In allen Fällen, in denen römische *gloria* dermaßen in Gefahr gerät, ist es geboten, auch geringe Verletzungen römischer Rechte mit harten Kriegsmaßnahmen zu erwidern.[71] Als Nachfahren der Väter trifft den römischen Senat und das römische Volk die Pflicht, die übernommene und von den Vätern mühsam erworbene *gloria* Roms jedenfalls zu erhalten.[72] Darin mit eingeschlossen ist der Schutz des Heils der Bundesgenossen.[73]

---

68 *Cicero*, De Imperio Cn. Pompei, 6: „...in quo agitur populi Romani gloria, quae vobis a maioribus cum magna in omnibus rebus tum summa in re militari tradita est."

69 *Cicero*, De Imperio Cn. Pompei, 6; *Fink*, AU 29 (1986), 33 f. u. 35, danach geht es alleine um Geld als Stütze für den römischen Staat.

70 Dieses Motiv des sechsten Abschnittes greift Cicero nachfolgend mehrfach wieder auf. V. a. *Cicero*, De Imperio Cn. Pompei, 14 verweist auf die Pflicht, gegen selbst erlittenes Unrecht vorgehen zu müssen. Wenn Rom Bundesgenossen verteidigt, muss es erst recht gegen Bedrohungen vorgehen, die sich gegen den römischen Staat richten.

71 *Cicero*, De Imperio Cn. Pompei, 11 verweist beim Krieg wegen Unrechtstaten auf die Verletzung Einzelner als Kriegsgrund, beim Vorgehen gegen superbia auf das Beispiel des Hochmutes der Stadt Corinth und ihrer nachfolgenden Vernichtung. Den Krieg zum Schutz der libertas rechtfertigt schließlich die Verletzung eines einzigen römischen Legaten.

72 *Cicero*, De Imperio Cn. Pompei, 11.

73 *Cicero*, De Imperio Cn. Pompei, 12, wiederum mit einem Beispiel belegt.

bb) Individueller Güterschutz: Humanitas und Wahrung der res publica

Der Wunsch, die Steuerpächter Asiens vor Schädigungen zu bewahren, ist nicht nur Ausdruck der *gloria*. Ihr Schutz ist auch notwendig, um den römischen Frieden zu erhalten. Gehen die Steuereinkünfte der Provinz verloren, wird Rom künftig nicht in der Lage sein, die Zierden des Friedens, d. h. den Wohlstand des römischen Staates zu gewährleisten. Daneben werden ihm die Mittel zur kriegerischen Durchsetzung berechtigter römischer Interessen fehlen. Ein Initiativverlust der *res publica* im Mittelmeerraum wäre die Folge.[74] Da aber alleine die nahende Kriegsgefahr bereits Steuereinkünfte versiegen lässt, ist rasches Handeln auch in Anbetracht einer doppelten Bedrohung durch zwei Könige umso mehr geboten. Nur mit Geld kann Rom die eigene *gloria* sichern, die auf dem Boden des Rechts stehend auch die Bundesgenossen verteidigt und so dem römischen Herrschaftsbereich den Frieden verschafft.

Eine zweite nicht minder ernste Bedrohung der *res publica* stellt die Verletzung einer großen Zahl von zivilen Gütern dar. Cicero erwähnt auch hier die Gefahr von Steuerausfällen, die die Nerven der *res publica* angriffen.[75] Im Kern richtet sich seine Forderung aber auf Gebote der *humanitas*, da der Schaden vieler Bürger vom Wohl des Staates nicht zu trennen sei.[76] Versagt der Staat beim Schutz einer großen Menge von Bürgern, gefährdet er Güter und Schicksal der gesamten *res publica*, weil der Fall vieler Menschen stets auch auf die Unbeeinträchtigten zurückschlägt.[77] Die Wiederholung der vorgetragenen Argumente beschließt den Abschnitt.[78]

cc) Der Lobpreis des Pompeius – göttlicher Schutz und humanitas-Tugend

Bereits dieser objektiven Rechtfertigung des Krieges, die im Kern den Bestand der *res publica* berührt, fügt Cicero das Charakterlob des Pompeius in geraffter Gestalt hinzu. Früher schon hat Pompeius in Spanien Sertorius überwunden. Er braucht also auch Mithridates nicht zu fürchten. Es steht zu erwarten, dass er den Feind mit militärischer Stärke und Entschlossenheit endgültig überwindet und dadurch die bislang mit der Kriegsführung gegen Mithridates betrauten Feldherren und Triumphatoren – Sulla und L. Morena – erneut übertreffen wird. Noch bedeutender ist, dass sich der durch Pompeius errungene Sieg als Sieg der *virtus* und nicht

---

74 Zusätzlich zum sechsten Abschnitt in den Abschnitten 12–16 Hauptgegenstand der Darstellung.

75 *Cicero*, De Imperio Cn. Pompei, 17: „Etenim, si vectigalia nervos esse rei publicae semper duximus, eum certe ordinem, qui exercet illa, firmamentum ceterorum ordinum recte esse dicemus."

76 *Cicero*, De Imperio Cn. Pompei, 18: „Est igitur humanitatis vestrae magnum numerum eorum civium calamitate prohibere, sapientiae videre multorum civium calamitatem a re publica seiunctam esse non posse." *Plöger*, 32–34 kennzeichnet *humanitas* als „bewusst menschliche Haltung".

77 *Cicero*, De Imperio Cn. Pompei, 19: „Non enim possunt una in civitate multi rem ac fortunas amittere, ut non plures secum in eandem trahant calamitatem."

78 *Cicero*, De Imperio Cn. Pompei, 19.

überwiegend der *felicitas* darstellen wird. Seine Erfolge in Spanien bestätigen, dass ihn Fortuna nicht verlassen wird. Damit steht er im Gegensatz zum Beispiel des Lucullus als Prokonsul. Auch aufgrund des göttlichen Ratschlusses ist Pompeius Anfechtungen seines Kriegsglücks bislang nicht ausgesetzt gewesen.[79] Als siegreicher Feldherr steht er in einer Sonderbeziehung zu den Göttern.

Die besondere, militärische *virtus*, die es Pompeius ermöglicht, seine Kriege stets zu endgültigem Abschluss zu bringen, wird ergänzt durch Charaktereigenschaften, die der Art des Krieges in besonderem Maße entsprechen. Pompeius ist durch *humanitas, temperantia* und *mansuetudo* in besonderer Weise geeignet, das Wohl der Bürger und Bundesgenossen zu schützen. Er allein stellt die höchste Verkörperung der Tugend dar, die Rom zu Gebote steht.[80]

b) Die Größe des Krieges

Da sich somit Feldherr und Aufgabe im Erfordernis höchster Tugend entsprechen, ist Pompeius das Imperium gegen Mithridates zu erteilen. Cicero bestätigt, dass auch der von der Kriegsführung abberufene römische Prokonsul Lucullus über militärische Fähigkeiten verfügt hat, die noch kaum hinreichend gewürdigt wurden. Ihm sind aber zwei Dinge zum Verhängnis geworden:[81] (1) das Laster der römischen Gier nach Reichtum mit der Propaganda des Feindes, die die Römer als Tempelräuber dargestellt habe und (2) die Beschränkungen seines Imperiums.[82] Den Zug des Prokonsuls gegen den flüchtenden Mithridates hat der König mit gezielt auf dem Fluchtweg ausgelegten Goldgaben aus seinem unschätzbaren Reichtum verlangsamt. Anstatt den Krieg zu beenden, haben sich die Römer mit dem Aufsammeln der Beute befasst.[83]

c) Das Feldherrenlob des Pompeius

Der nun nachfolgende Hauptabschnitt der Rede (27–50) versucht durch Personenlob zu begründen, warum in der Person des Pompeius weder die Gefahr der Verleitung durch Reichtümer, noch der Beschränktheit des Imperiums droht. Das bereits zu Beginn der Rede formulierte Ziel, Pompeius als Mann von herausragender *virtus*

---

79 *Cicero*, De Imperio Cn. Pompei, 10; *Devillers*, Pallas 69 (2005), 367.

80 *Cicero*, De Imperio Cn. Pompei, 13: „Vident et sentiunt hoc idem quod vos, unum virum esse, in quo summa sint omnia, et eum propter esse, quo etiam carent aegrius...“; „Hunc audiebant antea, nunc praesentem vident, tanta temperantia, tanta mansuetudine, tanta humanitate, ut ei beatissimi esse videantur, apud quos ille diutissime commoretur.“

81 *Cicero*, De Imperio Cn. Pompei, 20 f.: Öffnung des Zugangs zum Schwarzen Meer, Zug nach Pontus und Armenien.

82 *Cicero*, De Imperio Cn. Pompei, 26.

83 *Cicero*, De Imperio Cn. Pompei, 22; zur armenischen Propaganda, die die Römer als Tempelräuber darstellt: 23. Cicero selbst wird diese hier noch als Propagandathese vorgetragene Auffassung noch in derselben Rede bestätigen.

darzustellen, präzisiert Cicero weiter. *Fortitudo* und *innocentia* zeichnen den Feldherren Pompeius vor allen früheren Inhabern der Befehlsgewalt aus und überhöhen seine *gloria*.[84]

aa) Inhalte kriegerischer Feldherrentugend

Unzweifelhaft vereint er alle vier Feldherrentugenden in sich: das Wissen um die militärischen Dinge (*scientia rei militaris*), *virtus*, *auctoritas* und zuletzt *felicitas*.[85] Sein militärisches Können kann nach den militärischen Erfolgen, die Pompeius von Kindesbeinen an erzielte, niemand ernstlich in Abrede stellen.[86] Ungleich schwerer wiegt die *auctoritas*. Sie drückt sich im Krieg in Fleiß, Tapferkeit, Beherztheit, Schnelligkeit und Voraussicht aus und hat und in Pompeius ihren bislang höchsten Ausdruck erfahren. Ihr ist es zu verdanken, dass bereits die Nachricht vom Imperium des Pompeius die Brotpreise fallen lässt und dem Feldherren das Lob Asiens einbringt.[87] Erneut führt Cicero die durchschlagenden militärischen Erfolge des Pompeius als Beleg an. Pompeius hat in Afrika starke Feinde bezwungen, an vielen Orten in Gallien gekämpft, beständig in Spanien gewirkt und die Seeräubergefahr rasch überwunden.[88] Diese Leistungen entsprechen in militärischer Hinsicht dem für den Feldzug gegen Mithridates geforderten Profil. Vor allem der Sieg über die Piraten hat bewiesen, dass Pompeius in der Lage ist, Angriffe von Feinden auf Italien selbst zu beenden, die Steuern zu sichern und die Bundesgenossen zu verteidigen. Dem Feldherren ist bewusst, dass der Schutz der Bundesgenossen zugleich den Schutz Roms bedeutet, weil derjenige, der diese nicht schützt, schließlich das eigene Haus verteidigen muss.[89] Das Tempo seiner Siege – Pompeius hatte sein Imperium im Frühjahr erhalten, im Sommer bereits den Sieg errungen – macht

---

84 *Cicero*, De Imperio Cn. Pompei, 27. Pompeius ist Inhaber aller Tugend, *Plöger*, 18.

85 *Cicero*, De Imperio Cn. Pompei, 28: „Ego enim sic existimo, in summo imperatore quattuor has res inesse oportere, scientiam rei militaris, virtutem, auctoritatem, felicitatem." Zum Tugendkatalog Ciceros: *Classen*, Gymnasium 95, 292–295 am Ende. mit dem Verweis auf die erhebliche Differenz zum griechischen Tugendkanon. Zur „scientia rei militaris": *Plöger*, 19–21.

86 *Cicero*, De Imperio Cn. Pompei, 28 berührt den Krieg in Afrika, den transalpinischen Krieg, den Krieg in Spanien, den Krieg gegen die Sklaven sowie den Krieg zur See.

87 *Cicero*, De Imperio Cn. Pompei, 29: „...labor in negotiis, fortitudo in periculis, industria in agendo, celeritas in conficiendo, consilium in providendo, quae tanta sunt in hoc uno, quanta in omnibus reliquis imperatoribus, quos aut vidimus aut audivimus, non fuerunt." Zur „celeritas" vgl. *Plöger*, 23 f., zum auctoritas Begriff 34–36; *Devillers*, Pallas 69 (2005), 366 mit Tugendkatalog.

88 *Cicero*, De Imperio Cn. Pompei, 30 f.

89 *Cicero*, De Imperio Cn. Pompei, 32. Den auctoritas-Gedanken drückt es in besonderem Maße aus, dass der Getreidepreis in Rom alleine durch Erlangung des Kommandos fällt. Dazu *Gruber*, Cicero, 251.

ihn zum Lichtbringer der *res publica*. Es überhöht seine Leistung zum Ausdruck göttlicher Tatkraft.[90]

bb) Feldherrentugend als Friedenstugend (auctoritas)

Als Friedenstugend formuliert Cicero schließlich denjenigen Teil der die *virtus* konstituierenden *auctoritas*, der „über das hinausgeht" was gemeinhin von einem Feldherrn gefordert wird. Der vollendete Imperator muss über administrative Tugenden verfügen: *innocentia, temperantia, fides, humanitas* und darüber hinaus Zugänglichkeit und Geisteskraft.[91] Über den Bestandteil der *auctoritas* lässt sich *virtus* so in einem umfassenden Sinne als „Tugend" und nicht bloß als „Tapferkeit" konstituieren. Dass damit ein mehr an Tugend gegenüber dem üblichen Katalog gefordert wird, stellt Cicero bereits im neunundzwanzigsten Abschnitt heraus.

Römische Feldherren der Vergangenheit haben sich insbesondere dadurch als wertlos erwiesen, dass sie militärische Ämter zum Gegenstand von Erwerbsgeschäften machten. Sie nahmen Geld aus der zum Wohle der *res publica* eingerichteten Kriegskasse, verteilten es an Beamte oder verliehen es zur Befriedigung eigener *avaritia* in Rom gegen Zins. Die Anschauung der *res publica*, die solchem Verhalten zugrunde liegt, bedarf aus der Sicht Ciceros keiner weiteren Darstellung. *Avaritia* gefährdet das republikanische Heer und die Ordnung insgesamt.[92] Gleiches gilt, wenn Feldherren sich und ihr Heer nicht in strenger Führung üben, wie dies im Laufe der Bürgerkriege auch bereits in Italien geschehen ist. Wer über sich selbst schon den milden Richter nicht duldet, kann nicht über andere richten.[93] Erstrebenswert ist einzig ein Verhalten, das anerkennt, dass die Häuser der Bundesgenossen und Freunde nicht der Befriedigung der *avaritia* eines Feldherren dienen, sondern der Zuflucht vor den Unbillen des Winters.[94]

Nur, wer wie Pompeius drohende Laster überwindet, kann Kriege rasch beenden. *Avaritia, libido* und landschaftliche Reize können einen Feldherrn vom rechten und raschen Kurs abbringen. Dies geschah etwa im Falle des Lucullus. Pompeius aber lässt sich nicht von den Mühen seiner Arbeit (*labor*) zur Ruhe (*quietas*) hinreißen.[95]

---

90 *Cicero*, De Imperio Cn. Pompei, 33. Bei dem Element des raschen Sieges verharrt Cicero auch in 34 f.

91 *Cicero*, De Imperio Cn. Pompei, 36. Dazu: *Devillers*, Pallas 69 (2005), 367.

92 *Cicero*, De Imperio Cn. Pompei, 37.

93 *Cicero*, De Imperio Cn. Pompei, 38: „Neque enim potest exercitum is continere imperator, qui se ipse non continet, neque severus esse in iudicando, qui alios in se severos esse iudices non vult." Cicero nennt das Beispiel der systematischen Ausplünderung von Bundesgenossen, aber auch Italiens durch die Winterlager der Armeen.

94 *Cicero*, De Imperio Cn. Pompei, 39. Zur innocentia: *Plöger*, 25–27.

95 *Cicero*, De Imperio Cn. Pompei, 40. Die Betonung der Arbeitsamkeit hängt unmittelbar mit den Gefahren der Muße zusammen, die sich bei den Feldherren der späten Republik – nach Wegfall der beständigen Bedrohung Roms – besonders zu manifestieren pflegte; vgl. *Classen*, Gymnasium 95, 295 – industria, labor, fides und pudor bedurften früher keiner besonderen Betonung.

Das Feldherrenlob, das ihm deshalb in Asien zugesprochen wird, erhebt ihn bereits über den Status eines Gesandten der Stadt Rom in den eines „vom Himmel Gesandten".[96] *Temperantia* in allen Dingen ist das Muster der Stadt Rom. Sie vermittelt den Bundesgenossen das Bewusstsein, dass ihre Väter sich nicht ohne Grund dem römischen Volk untergeordnet haben.[97] Hinzu tritt die Zugänglichkeit des Pompeius für ärmliche Privatleute, gepaart mit der Sorge um die *iustitia*, die ihn zum Schlichter von Streit erhebt. Parallel dazu trägt seine Treue (*fides*) dafür Sorge, dass er selbst gegenüber Feinden Wort hält.[98] Gepaart mit *humanitas* und Milde (*mansuetudo*) stellt er so den Prototypen eines Feldherren dar, der zur Bewältigung kriegerische Konflikte geradezu durch göttlichen Ratschluss (*divino quodam consilio*) bestimmt erscheint.[99] Mit dem Verweis auf die Wirkungen solchen Verhaltens – die *auctoritas* wird maßgeblich durch die Meinung der Menschen von einem Feldherrn bestimmt – beschließt Cicero den Abschnitt der Friedenstugend. Die durch Tugendverhalten gewonnene *auctoritas* alleine wirkt bereits wie der Zustand reichsten Friedens.[100]

cc) Göttliche Felicitas

Die Gelegenheit, die bereits mehrfach angedeutete Sonderbeziehung Cn. Pompeius zu den Göttern näher zu beleuchten, nutzt Cicero im Zusammenhang mit den Auswirkungen des Schicksals. Offenbar genießt Pompeius ein Glück (*fortuna*), das von himmlischer Seite kommt und alle Dinge, in die er sich begibt, zu glücklicher Fügung führt.[101] Zwischen dem Feldherren und den Göttern besteht ein beständiger

---

96 *Cicero*, De Imperio Cn. Pompei, 41. Das Attribut „divinus" wird ihm nicht nur von Cicero in den Mund gelegt, sondern erfährt seine Bestätigung in dem ihm in Asien zuteilgewordenen Lob.

97 Im Begriff der „temperantia" ist zugleich auch das Element der Beständigkeit mitenthalten, vgl. *Plöger*, 27–30.

98 *Cicero*, De Imperio Cn. Pompei, 41 f.: „Nunc intellegunt non sine causa maiores suos tum, cum ea temperantia magistratus habebamus, servire populo Romano quam imperare aliis maluisse."; : „Iam vero ita faciles aditus ad eum privatorum, ita liberae querimoniae de aliorum iniuriis esse dicuntur, ut is, qui dignitate principibus excellit, facilitate infimis par esse videatur."; 42: „Fidem vero eius quantam inter socios existimari putatis, quam hostes omnes omnium generum sanctissimam iudicarint?"; dazu *Plöger*, 30.

99 *Cicero*, De Imperio Cn. Pompei, 42: „Et quisquam dubitabit, quin huic hoc tantum bellum transmittendum sit, qui ad omnia nostrae memoriae bella conficienda divino quodam consilio natus esse videatur?"

100 *Cicero*, De Imperio Cn. Pompei, 42–46. Sie ist zugleich der stärkste Schild des Imperiums, da sich einem solchen Feldherren Feindvölker gerne ergeben.

101 *Cicero*, De Imperio Cn. Pompei, 47 f. Zum felicitas-Begriff *Classen*, Gymnasium 95, 295, der auf die Untersuchung zu griechischen Vorbildern bei *H. Lloyd Jones*, The Justice of Zeus, Berkeley, 2. Aufl. 1983, 48 verweist; dazu *Plöger*, 36–39; *Gruber*, Cicero, 245.

Nähezustand. Ihn mag Cicero aus Achtung vor den Göttern nicht als eine Art Gewalt des Pompeius über Fortuna konstituieren. Er geht aber dennoch in seiner zeitlichen Dauer weit über dasjenige hinaus, was Trägern des Imperiums bislang zuteil wurde.

dd) Das Fazit Ciceros

Eine zusammenfassende Betrachtung des Gesagten – des Wissens um militärische Dinge, der einzigartigen *virtus*-Tugend des Cn. Pompeius, von *auctoritas* und *fortuna* – lässt einzig den Schluss zu: Dem mit Beistand der Götter tugendhaft Handelnden muss der Krieg gegen den König anvertraut werden.[102]

d) Die Schwäche der römischen Gesellschaftsordnung

Der Notwendigkeit, die sachliche Auseinandersetzung mit den Argumenten der Gegner eines umfassenden Imperiums zu führen und ihren Irrtum darzulegen, trägt Cicero durch den erneuten Rückgriff auf den *gloria*-Gedanken Rechnung.

Die Wahrung der römischen *gloria* und die Herrschaft über den Erdkreis erfordern, dasjenige zu unternehmen, was erforderlich ist, um den Verkehr mit den Provinzen und den Schutz der Privatleute und Staatsmänner sicherzustellen.[103] Schützt Rom weder die Bundesgenossen noch Italien, wie dies vor der *lex Gabinia* der Fall gewesen war, so macht es sich einer Verletzung der von den Vorfahren übernommenen *dignitas* schuldig.[104] Verweigert der Staat Pompeius den gewünschten Legaten Gabinius, lässt er aber zu, dass andere zur Ausplünderung der Provinzen selbstverständlich ihre Legaten frei erwählen, so missachtet er die Anforderungen staatlichen Heils:[105] *Non dicam hoc loco maiores nostros semper in pace consuetudini, in bello utilitati paruisse.*[106] Im Krieg muss nach den Nöten entschieden werden. Daher ist der beste Feldherr nicht nur *pro-consule*, sondern anstelle des Konsuls zu entsenden.[107]

Im Falle des Pompeius ist dieses Gebot der *utilitas* unbezweifelbar. Wenn sich die militärische *virtus* mit derjenigen der Seele verbindet, ist ein idealer Feldherr gefunden. Wird nunmehr dennoch die Überzeugung von seiner *temperantia* und *moderatio* verneint, so ist dies einzig auf die überwiegende Mehrzahl derjenigen zurückzuführen, die nichts anderes kennen als menschliche *cupiditas*. Diese Personen führt gerade eine Entsendung in das reiche, von Königen regierte Asien, in Versuchung.[108] Die üblichen Entgleisungen der Römer drohen einzig in der Person

---

102 *Cicero*, De Imperio Cn. Pompei, 48–50.
103 *Cicero*, De Imperio Cn. Pompei, 51–53.
104 *Cicero*, De Imperio Cn. Pompei, 54 f.
105 *Cicero*, De Imperio Cn. Pompei, 57.
106 *Cicero*, De Imperio Cn. Pompei, 60.
107 *Cicero*, De Imperio Cn. Pompei, 61 f.; *Plöger*, 31 f. will hierin ein Beispiel des „ingenium“sehen.
108 *Cicero*, De Imperio Cn. Pompei, 64.

des Pompeius nicht. Er vermeidet die von ihnen mit Imperium begangenen Injurien als Folge der *libido*, die Plünderung von Tempeln und reichen Gemeinwesen, den Kampf der Heere nicht für sondern gegen die Bundesgenossen, zum eigenen Vorteil.[109] Er ist Garant nicht bloß militärischer *gloria*, sondern auch der *continentia*. Für die übliche *cupiditas* derjenigen, denen die Verwaltung von Provinzen anvertraut ist, ist nur er unempfänglich.[110]

e) Ergebnis

Ciceros Rede über das Imperium des Cn. Pompeius berührt zwei Teilfragen, die zu ihrer Zeit für das römische Staatswesen von grundlegender Bedeutung waren. (1) Wann trifft einen Staat die Pflicht zur Kriegsführung und (2) darf eine *res publica* auch in einem nach dem Gebot der *utilitas* zu führenden Krieg einem Einzelnen das umfassende Imperium einräumen?

Die Antwort auf die erste Frage gründet sich auf drei Grundgedanken. Stehen in einem Krieg die römische *gloria*, das Heil des römischen Volkes und die Segnungen des Friedens auf dem Spiel, so muss der Staat den Gegner der verwirkten *poena* zuführen, will er den Anforderungen an *gloria* genügen. Dies gilt umso mehr, weil es das Vorbild der Vorfahren gebietet, zur Verteidigung der *iustitia* und der *libertas* gegen *superbia* einzuschreiten und zwar nicht erst, wenn wie im Falle des mithridatischen Krieges physische Gewalt gegen römische Bürger eingesetzt wird.

Erst an zweiter Stelle erscheint der *humanitas*-Gedanke, gepaart mit der dritten Überlegung, dass Rom *superbia* nicht dulden darf, wenn es sich der Segnungen des Friedens weiter versichern will. Geht die Stadt nicht erneut und mit dauerhaftem Erfolg gegen Mithridates vor, droht der Verlust der Möglichkeit, in Zukunft die Verhältnisse der Welt gestalten zu können. Brechen die Steuern durch die Bedrohung der Pächter ein, werden dem Staat schlechterdings die Mittel dazu fehlen. Lässt Rom zu, dass eine große Zahl von privaten Gütern verletzt wird, schädigt es dadurch die gesamte *res publica*, auf die die Schädigung einer Vielzahl von Bürgern stets zurückfällt.

Die für die Rede selbst vorrangige Frage nach dem umfassenden Imperium lässt sich zum Teil bereits mit dieser Argumentation beantworten. Gebietet die Notwendigkeit die Überwindung des Gegners und sind die drohenden Gefahren von umfassender Bedeutung, so muss das römische Staatswesen dasjenige tun, was die Wiederherstellung seiner *gloria* sicher gewährleistet. Die freimütige Bejahung der Übertragung umfassender Gewalt an einen Einzelnen durch Cicero ist darüber hinaus aber entscheidend dem Persönlichkeitslob des Pompeius geschuldet. Der tugendhafteste Feldherr erscheint als einziger Garant dafür, dass Rom seine *gloria* in einem mit *gloria* geführten Krieg zurückgewinnen kann. Nicht unbedeutend und

---

109 *Cicero*, De Imperio Cn. Pompei, 65 f.; 67 mit der provokanten Frage: „Ecquam putatis civitatem pacatam fuisse quae locuples sit?".

110 *Cicero*, De Imperio Cn. Pompei, 68. Zum continentia-Begriff: *Plöger*, 25–27.

daher an erster Stelle genannt sind Pompeius' militärische Erfolge. Sie bürgen dafür, dass Fortuna auch diesmal eine endgültige und dauerhafte Beilegung des Krieges im Sinne Roms ermöglichen wird. Dort wo seine Vorgänger versagt haben, nämlich in der Selbstbeherrschung gegenüber der Gier (*avaritia*), wird ein Feldherr von seiner Seelengröße (*auctoritas*) Erfolg haben. Im Gegensatz zu früheren Feldherren gönnt er sich keine Ruhe (*quietas*) und ist zum Wohle des Staates beständig tätig (*labor*). Er erringt seine wohlbedachten Siege mit einer Geschwindigkeit (*celeritas*), die nur mit göttlicher Unterstützung zu erklären ist. Den besonderen Schutz der Götter, die Nähebeziehung des Feldherren zu den himmlischen Mächten, begründet Cicero ferner aus der auch auf zivile Dinge sich ausdehnenden *virtus*. Sie schließt nicht bloß die militärischen, sondern auch die zivilen Tugenden in sich ein.[111] Pompeius ist *avaritia* fremd. Er verfällt nicht der *libido*. Wie er sich selbst beherrscht, hält er auch das Heer unter strenger Führung (*continentia*) ohne dabei die Gebote der *iustitia* zu missachten. *Humanitas* und *mansuetudo* sichern ihm das Wohlwollen des Heeres wie der Unterworfenen. Verbinden sich aber militärische und zivile Tugend in einer Person zur perfekten Einheit, so stellt diese den Garanten römischer *gloria* dar und ist damit berufen, das Kriegsgeschäft für Rom umfassend wahrzunehmen.[112] Mit dem Feldherrenlob des Pompeius schafft Cicero nicht alleine das Ideal römischer Feldherren schlechthin, sondern verbreitet ein Feldherrenideal, „... das mit dem im Hellenismus verbreiteten Ideal in Konkurrenz treten konnte."[113]

2. Pro Marcello (46 v. Chr.)

Genau zwanzig Jahre nach seiner Rede für Pompeius ergreift Cicero nach einer seit dem Jahr 52 v. Chr. andauernden Schaffenspause mit seinen drei cäsarischen Reden erneut das Wort. Er war nunmehr nicht nur um die Erfahrung des doppelten „Exils" der Jahre 59 und 49–47 v. Chr.[114] reicher, sondern hatte auch die Vernichtung der letzten Streitkräfte der Republik durch Caesar in Afrika im Jahre 46 v. Chr. miterlebt. Anlass der Rede ist die von Caesar geübte *clementia* gegenüber den Anhängern des Pompeius, die den Gegnern des Diktators die Rückkehr in das römische Gemeinwesen erlaubt. Im Gegensatz zur Auseinandersetzung um das Imperium des Pompeius ging es jetzt nicht mehr darum zu bestimmen, wem die *res publica* außerordentlich umfangreiche, einzigartige Gewalt, zum Zwecke der Kriegsführung anvertrauen

111 *Classen*, Gymnasium 95, 292–295 a. Ende: „Virtus ist ein allgemeines Wissen, in das das persönliche Verhalten eingeschlossen ist: innocentia, temperantia, fides, facilitas, ingenium und humanitas – das fordert Cicero vom Imperator und schreibt es Pompeius zu."; dazu *Gruber*, Cicero, 244 mit umfassendem Tugendschema der Rede.

112 Zu den Tugenden des Pompeius vgl. *Plöger*, 16–75.

113 So *Gruber*, Cicero, 252.

114 Wie viele Anhänger der römischen Senatsaristokratie war auch Cicero Pompeius zunächst, wenn auch zögerlich gefolgt, hatte sich nach dessen Niederlage aber rasch wieder Caesar zugewandt.

sollte. Caesar hatte sich militärisch bereits durchgesetzt. Zum bestimmenden Thema der Rede hat Cicero daher den Dank gegenüber dem Sieger für erwiesene Wohltaten bestimmt. Sie stellt eine Dankesrede dar *(gratiarum actio)*, enthält aber zugleich Überlegungen Ciceros dazu, wie sich die höchste Gewalt (*summa potestas*) nunmehr auch rechtlich konstituieren lässt. Die Verteidigung des Marcellus bot hierzu Anlass.

Die Rede Ciceros setzt daher auch zunächst mit dem Lob Caesars an: *mansuetudo* und *clementia*, geübt durch einen Inhaber höchster Gewalt, gleichen göttlicher *sapientia*.[115] Die Restitution der Rechte lässt Gutes erwarten, da sie sich auch auf Feinde erstreckt. Sie ist Zeichen der besonderen Achtung, die Caesar der *dignitas* von Senat und *res publica* entgegenbringt. Dass er sich weder von persönlicher Furcht, noch von unberechtigten Verdächtigungen irritieren lässt, zeugt von wohlerwogener Urteilsfähigkeit.[116] Am Ende der Einleitung steht der Hinweis auf die Rechtmäßigkeit des Gnadenaktes Caesars gegenüber Marcellus. Mit ihm wurde eine Person von *nobilitas, probitas*, hoher Bildung in den Künsten und *innocentia* vor dem Schicksal bewahrt.[117]

a) Der Wert der clementia vor dem Hintergrund des umfassenden Sieges

Mit der Bewertung der *clementia* Caesars befasst sich der folgende Abschnitt der Rede. Einem Redner gelingt es kaum, die darin liegende Leistung hinreichend zu würdigen, da sie unter allen Trägern des Imperiums, Völkern und Königen einzigartig ist.[118] Durch Milde alleine gelangt *gloria* zu größter Höhe. Sie ist Ausdruck einzig der Geisteshaltung des Siegers. Anders, als die Erfolge im Krieg, kann sie weder den Gefährten, noch dem Kriegsglück, also der Fortuna zugeschrieben werden.[119] Der durch *clementia* erlangte Ruhm überragt den kriegerischen Ruhm. Er wirkt stärker als die Überwindung von Barbaren, der Eindruck großer Zahlen, großer Länder oder Siege, weil er sich als Ausdruck der Selbstüberwindung des menschlichen Geistes darstellt. Die Macht von äußeren Feinden kann jede größere Macht bändigen. Die eigene Seele im Angesicht des unumschränkten Sieges gegenüber dem Zorn zu festigen, der sich gegen Widersacher richtet, ist demgegenüber eine herausragende Leistung. Entgegen der menschlichen Neigung hat sich in Caesar bei einem Inhaber der absoluten Gewalt *temperantia* durchgesetzt. Sie macht den Sieger göttergleich.[120] Kriegsruhm, so Cicero, mag in Erinnerung an die Wirrnisse des Krieges verblassen,

---

115 *Cicero*, Pro Marcello, 1.
116 *Cicero*, Pro Marcello, 2 f.
117 *Cicero*, Pro Marcello, 4.
118 *Cicero*, Pro Marcello, 5. Eine captatio benevolentiae ist typisch für epideiktische Reden.
119 *Cicero*, Pro Marcello, 6 f.: „At vero huius gloriae, C. Caesar, quam es paulo ante adeptus, socium habes neminem: totum hoc, quantumcumque est, quod certe maximum est, totum est, inquam, tuum."; „numquam enim temeritas cum sapientia commiscetur, nec ad consilium casus admittitur."
120 *Cicero*, Pro Marcello, 8. Dazu *Plöger*, 27–30: Standhaftigkeit!

Tugenden wie *clementia, mansuetudo, iustitia, moderatio, sapientia* werden dagegen erinnert. Dies gilt vor allem dann, wenn sie in gegenwärtigem Zorn und nach dem Sieg bewahrt werden, weil dessen Natur üblicherweise *insolentia* und *superbia* hervorbringt.[121] Was menschliche Hände erschaffen, vergeht. Die Werke der Seele aber bleiben erhalten, insbesondere *iustitia* und eine gnädige Neigung.[122]

Die hervorragendste Leistung der *clementia* Caesars liegt daher in dieser Überwindung des menschlichen Selbst begründet: *Haec enim res unius est propria C. Caesaris.*[123] Sie ist in ihrer Form in der republikanischen Geschichte deswegen einzigartig, weil sie nur von dem alleinigen Sieger des Bürgerkrieges so erbracht werden konnte. Nur die absolute Gewalt kann in der *clementia* höchste Selbstbeherrschung zeigen. In ihr überwindet der Sieger den Sieg. Sie fügt sich in das Bild der Caesar antreibenden Kräfte: das Streben nach *aequitas* und den Hang zur *misericordia.*[124]

Die Tugend der *clementia* enthält damit, so Cicero, den Restbestand der Grundwerte der republikanischen Gesellschaftsordnung, welche den Bürgerkrieg überdauert haben.[125] Sie ist Grundvoraussetzung des gedeihlichen Zusammenlebens. Die gegenüber Marcellus exemplarisch geübte Gnade verdeutlicht allen Anhängern des Pompeius, dass Caesar in ihrer Schuld nichts als einen Irrtum sieht und all diejenigen in Frieden aufnimmt, die ihren Irrtum bekennen. Härte hat nur zu fürchten, wer zusätzlich zum Abfall von Caesar den Lastern gefolgt ist, sich der *cupiditas* hingab und *crudelitas* übte.[126] Die Selbstverteidigung Ciceros, auch er habe stets den Frieden (*pax*) gewünscht, gerät so zur Verteidigung Caesars. Weil Cicero wie Marcellus zu allen Zeiten den Frieden propagiert und Caesar jeden Friedliebenden begnadigt, wird die Friedensliebe Ciceros zum Ausdruck der Friedensliebe Caesars und der Ablehnung von Gewalt.[127]

---

121 *Cicero,* Pro Marcello, 9: „...at vero cum aliquid clementer, mansuete, iuste, moderate, sapienter factum, in iracundia praesertim, quae est inimica consilio, et in victoria, quae natura insolens et superba est, audimus aut legimus, quo studio incendimur, non modo in gestis rebus, sed etiam in fictis, ut eos saepe, quos numquam vidimus, diligamus!"

122 Cicero, Pro Marcello, 11 f.: „...nihil est enim opere et manu factum, quod non conficiat et consumat vetustas: at haec tua iustitia et lenitas animi florescet cotidie magis, ita ut quantum tuis operibus diuturnitas detrahet, tantum adferat, laudibus...".

123 *Cicero,* Pro Marcello, 11.

124 *Cicero,* Pro Marcello, 12: „...et ceteros quidem omnis victores bellorum civilium iam ante aequitate et misericordia viceras: hodierno vero die te ipsem vicisti."; „... nam cum ipsius victoriae condicione omnes victi occidissemus, clementiae tuae iudicio conservati sumus. Recte igitur unus invictus es, a quo etiam ipsius victoriae condicio visque devicta est."

125 *Cicero,* Pro Marcello, 10.

126 *Cicero,* Pro Marcello, 13.

127 *Cicero,* Pro Marcello, 14 f. Nur sapientia und clementia ermöglichen die Verwirklichung des Ideals des vir bonus, vgl. *Knoche,* Cicero, 63. Von der clementia des

Der zwischen beiden bestehende Konsens zur künftigen Ordnung des Gemeinwesens lautet: Die im Bürgerkrieg Getöteten sind durch Mars in der Schlacht vergangen; sie vergehen nicht mehr durch den Zorn des Siegers, der Gewalt ablehnt.[128] Die Zeit des Bürgerkrieges und der Strafe der Götter gegen Rom ist überwunden. Die Götter scheinen besänftigt und haben die Sorge für das Heil (*salus*) des römischen Volkes nunmehr der *clementia* und der *sapientia* des Siegers übertragen.[129] Ihn zeichnen höchste *gloria* und *fortuna* aus. Von seinen Wohltaten, seiner *sapientia* und *liberalitas*, wird die *res publica* angeleitet. Das Lob der Seelengröße und höchster Tugend gebührt Caesar. Cicero wünscht ihm, er möge stets damit fortfahren, Irrende zu begnadigen.[130] Durch nach dem Krieg geübte *misericordia* sind alle Feinde Caesars vergangen, nur Freunde verbleiben. Das Staatswesen ist somit an dem Punkt angelangt, der nach den Wirren der Bürgerkriege eine Neuordnung ermöglicht.[131]

b) Die Pflicht der mit dem Staat verbundenen gloria des Alleinherrschers

Die inhaltliche Bestimmung der Neuordnung, und hierin liegt der zweite Kern der Schrift, leitet Cicero mit dem Satz ein: *Tua enim cautio nostra cautio est.* Die Sicherheit Caesars ist zugleich die Sicherheit des gesamten römischen Volkes.[132] So positiv sich der Inhalt dieser Erkenntnis angesichts der Regierung Caesars darstellt, so fragil ist der dadurch erreichte verfassungsrechtliche Zustand. Denn das Heil des unsterblichen Staates verknüpft sich in der Gegenwart einzig mit dem Heil eines einzelnen menschlichen Wesens, das sterblich ist und jederzeit durch die Hand eines Attentäters den Tod finden kann.[133] Die *clementia* Caesars kann daher nur Ausgangspunkt der erstrebten Neuordnung sein, indem sie die Grundlagen hierfür schafft und zugleich ihre Richtung vorgibt. Caesar obliegt es, das Recht aufzurichten. Er muss *fides* zurückrufen, *libido* ausschließen und alles, was gefallen ist, durch strenge Gesetze zurückgewinnen. Nur er kann die Wunden des Bürgerkrieges schließen.[134]

Der von Caesar stammende Ausspruch, dem Ruhm und dem Alter nach lange genug gelebt zu haben, genügt daher den Anforderungen der *sapientia* nicht in

---

Nero in Senecas „de clementia“ trennt sie das Element ihrer Bindung an die iustitia. Caesars clementia erscheint als unerwartete Gnade des Siegers entgegen dem, was an sich rechtens wäre, die gegenüber dem früheren Gegner geübt wird und so die Voraussetzungen des Friedens schafft. Dazu *Konstan*, Clemency, 340 f.

128 *Cicero*, Pro Marcello, 17.

129 *Cicero*, Pro Marcello, 18: „...etiam si poenas a populo Romano ob aliquod delictum expetiverunt, qui civile bellum tantum et tam luctuosum excitaverunt, vel placati iam vel satiati aliquando, omnem spem salutis ad clementiam victoris et sapientiam contulisse.“

130 *Cicero*, Pro Marcello, 19 f.

131 *Cicero*, Pro Marcello, 21.

132 *Cicero*, Pro Marcello, 21.

133 *Cicero*, Pro Marcello, 22.

134 *Cicero*, Pro Marcello, 23 f.

vollem Maße. Durch den Sieg hat er sich in den Dienst des Vaterlandes gestellt. Sein Handeln erfolgt mit Bezug auf das Gemeinwesen. Sein Ruhm ist daher daran zu messen, ob er dem Gemeinwesen eine gute Ordnung verschafft hat. Cicero legt weiter dar, dass die bisherigen Handlungen Cäsars hierfür nur ein Fundament bilden können. Caesar kann zugunsten seiner *gloria* einen unvergesslichen militärischen Sieg verbuchen. Er hat aber für das Vaterland noch nicht lange genug gelebt.[135] Stirbt er im Zustand gegenwärtiger Staatsverfassung, so wird sein Ruhm – nach dem er bei aller Weisheit zu allererst strebt – in der zukünftigen Bewertung[136] durchaus zweifelhaft erscheinen, weil sein Wirken noch nicht im vollen Umfang der Definition der *gloria* entspricht. *Gloria* ist die auszeichnende und überall verbreitete Bekanntheit, die sich aus der Verdienstlichkeit des Wirkens in eigenen Angelegenheiten, in denen des Vaterlandes und des gesamten Menschengeschlechtes ergibt.[137] Ohne Vollendung der staatlichen Ordnung in Fortsetzung des göttlichen Tatendranges wird die Konstituierung der *res publica* fehlen.

Caesars Wille muss daher darauf gerichtet sein, eine Ordnung zu schaffen, die auch ihm zu höchster *tranquillitas* und *otium* verhilft.[138] Wer vor dem Urteil der Nachwelt bestehen will, bedarf größerer Leistungen als der Größe des Reiches, der Siege, der Bauwerke und der Spiele. Fehlt die innere Verfassung äußerlicher Monumente, wird Caesars Ort in der Geschichte nicht recht zu verorten sein und kaum fest an Rom gebunden werden.[139] Erfolgreiche Restitution muss das Feuer der Bürgerkriege löschen und sich die Wiederherstellung des Staatswesens als ihr Werk zuschreiben lassen.[140] Ein günstigerer Zeitpunkt als derjenige, in dem der Zerfall der Menschen in die Parteiungen der Bürgerkriege überwunden ist, existiert dafür nicht. Denn nur jetzt wird eine neue Ordnung nach der *aequitas* durch den Sieger allgemein akzeptiert.[141]

c) Bewertung

Zwanzig Jahre nach der Rede Ciceros auf Pompeius haben sich die politischen Verhältnisse grundlegend gewandelt. So sieht sich der Rhetor mit der Frage des Umgangs mit einem Feldherren konfrontiert, der die Geschicke der *res publica* aus

135 *Cicero*, Pro Marcello, 25.

136 *Cicero* verweist, Pro Marcello, 28 deutlich darauf, dass Caesar nicht den Maßstab gegenwärtiger Bewertung seiner gloria, sondern den ferner Zukunft anzulegen hat, die mit der gebotenen Distanz auf die Ereignisse blicken wird.

137 *Cicero*, Pro Marcello, 26: „...si quidem gloria est inlustris et pervagata magnorum vel in suos civis vel in patriam vel in omne genus hominum fama meritorum."

138 *Cicero*, Pro Maercllo, 27: „Haec igitur tibi reliqua pars est; hic restat actus, in hoc elaborandum est, ut rem publicam constituas, eaque tu in primis summa tranquillitate et otio perfruare...". Zur Verwendung des otium-Begriffes auch *Sprute*, Cicero, 151.

139 *Cicero*, Pro Marcello, 28 f.

140 *Cicero*, Pro Marcello, 28.

141 *Cicero*, Pro Marcello, 30–32.

eigener Gewalt bestimmen kann, weil er aufgrund seiner Siege mit der höchsten Macht (*summa potestas*) ausgestattet ist. Ciceros Feststellung, die gegen die Gegner geübte *clementia* sei Ausdruck überragender *sapientia* Caesars, schmeichelt dem Sieger. Zweifel an der *clementia* Cäsars weist Cicero zurück. Er stellt aber zugleich dar, welcher Inhalt dieser Tugend zukommt und was sie für die künftige Ordnung bedeutet. Dadurch entwirft er mit dem Lob Cäsars zugleich den Umriss der künftigen Ordnung und versucht, Caesar in diese Richtung zu lenken. Im Lob des höchsten Sieges und der höchsten *gloria* und *clementia* drückt sich zugleich der Wunsch aus, der Sieger möge die Früchte des Sieges zur Aufrichtung einer tugendgemäßen Staatsverfassung im republikanischen Sinne nutzen. Das Lob der *clementia* beinhaltet auch die Forderung, die Fehler vorangegangener Feldherren zu vermeiden. Die Form des Tugendlobes gestattet es Cicero, diese Zielvorstellung in das Gewand des Herrscherlobes zu kleiden. Indem er von Caesar und dessen Tugend berichtet, artikuliert er zuerst seine eigenen Vorstellungen künftiger Gestaltung des Staatswesens gegenüber dem Sieger. Im seinem Tugendlob wird dieser Wunsch – noch ist die geforderte Ordnung nicht vollendet – ganz überwiegend schon als Ist-Zustand postuliert. Der „Sieger" Caesar soll dadurch dazu veranlasst werden, auch künftig dem Ideal zu entsprechen, das er vermeintlich im Zeitpunkt des Lobes schon erfüllt. Genauere Festlegungen zur Staatsverfassung werden dabei gemieden. Die Modalitäten der Eindämmung des unbeschränkten Imperiums durch Tugend und der zu schaffenden tugendhaften Ordnung werden nicht so dargestellt, dass hieraus Handlungsanweisungen für den Staat und die künftigen Institutionen bestimmbar werden. Durch Letztere wäre der Zweck der Rede, dem Sieger im Augenblick des Sieges und der unbeschränkten Gewalt einen allgemeingültigen Leitfaden tugendhaften Handelns an die Hand zu geben, möglicherweise vereitelt worden. Die Gefahr, den Zorn des Siegers herausfordern, meidet auch das klassische Lob der zivilen und militärischen Tugend. Es bringt zum Ausdruck, Caesar sei in militärischen Dingen kein Tyrann gewesen und werde es daher in zivilen ebenfalls nicht sein:

Unbezweifelbar überragt daher Caesars *gloria* als Folge seiner *clementia* im Frieden seine militärischen Leistungen. Der Sieger hat sich selbst besiegt, hat sich seine Seele unterworfen und handelt im Frieden gemäß den Tugenden der Seele. Erst dadurch wird auch seinem militärischen Ruhm, dessen Erfolge stets auch Fortuna zugeschrieben werden können, zum rechten Platz verholfen. Von essentieller Bedeutung ist es daher, dass der Träger höchster Gewalt auch weiterhin die eigene Seele der Tugend unterwirft und sich in seiner *iustitia* eine gnädige Neigung erhält. *Clementia*, soviel stellt Cicero klar, folgt aus der Weisheit und wird daher auch nicht willkürlich zuteil. Nur, wer sich durch den Irrtum gegen Caesar gestellt hat, kann mit Milde rechnen. Wer demgegenüber zusätzlich dem Laster gefolgt ist (*crudelitas, cupiditas*), dem wird auch *clementia* nichts nutzen.

Diese *clementia* schafft zugleich die Grundlage des künftig notwendigen Restitutionswerkes. Mit dem Ausspruch: *Tua enim cautio nostra cautio est*, beschreibt Cicero den faktischen Zustand der Staatsverfassung. Die darin offenbar werdende Verknüpfung von *res publica* und Gewaltenträger verweist auf einen Gedanken, der dem Feldherrenlob des Pompeius noch fremd war. Nach dem Sieg sind die *res publica* und Caesar zum Gedeih oder Verderb miteinander verbunden. Freilich ist dieser Zustand aus der Sicht Ciceros unbefriedigend, da er jedenfalls in der physischen Existenz Caesars eine Voraussetzung enthält, die nicht von dauerhaftem Bestand sein wird. Ciceros Ziel besteht daher auch darin, Caesar die Pflicht, für die Wiedererrichtung einer künftigen Ordnung des Vaterlandes zu sorgen, dauernd ins Gedächtnis zu rufen. Sie muss die *tranquillitas* des Gemeinwesens nach den Verwerfungen der Bürgerkriege dauerhaft absichern. Zu diesem Zweck ist umfassende Machtfülle in der Hand eines tugendhaften Einzelnen notwendig und berechtigt. Verfehlte Caesar dieses Ziel, erwiese sich aufgrund dieses Maßstabes die Innehabung höchster Gewalt in seinen Händen ebenfalls als verfehlt. Eine abschließende Bewertung des Charakters Caesars wird daher in der Rede nicht getroffen. Sie bringt aber die aus der Sicht Ciceros berechtigte Hoffnung zum Ausdruck, Caesar werde Grenzen seiner Macht durch tugendhaftes Beispiel schaffen.

3. De officiis

a) Anspruch und Bedeutung des Werkes für die Tugendlehre

In seinem Spätwerk von den Pflichten (De officiis) versucht Cicero, unabhängig von einem konkreten Feldherren- oder Herrscherlob und losgelöst vom Zweck der Verteidigungsrede, Inhalte Maßstab menschlichen Tugendhandelns insgesamt zu bestimmen. Seine „allgemeine Pflichtenethik“ hat nicht nur dem titelgleichen Werk des Ambrosius von Mailand als Vorlage gedient, sondern war auch beständiger Gegenstand der Rezeption und Auseinandersetzung in der lateinischen Literatur. Dabei ist nicht so sehr entscheidend, dass Cicero seine Konzeption stoischem Gedankengut, etwa dem Werk des Panaitios entnimmt und in der Rückführung allen Handelns auf die Kardinaltugenden an Platon und Aristoteles selbst anknüpft. Auch, dass es sich bei der Schrift um den letzten großen philosophischen Entwurf des Autors handelt, begründet nicht ihren Ruhm.[142] Ciceros Verdienst liegt vielmehr darin, die Grundlagen der griechischen Philosophie nunmehr systematisch auf die römischen Verhältnisse übertragen und hierbei auch mit den Beispielen der Tugend in Bezug gesetzt zu haben. Die damit verknüpfte Einordnung in den „klassischen“ römischen Wertekanon (*iustitia, fides, libertas etc.*) dürfte dazu beigetragen haben, dem römisch-aristokratischen Leserkreis den geistigen Zugang zur Pflichtenethik Ciceros zu erleichtern.[143]

Von ungleich größerer Bedeutung auch für die mittelalterlich christliche Auseinandersetzung mit den Grundlagen des römischen Staates ist der materielle Gehalt der Schrift. Durch Ableitung der Tugend aus der menschlichen Natur erhebt es

---

142 Dazu *Erren*, „De officiis“, 185 ff.

143 Zur griechischen Terminologie *Classen*, Gymnasium 95, 292 ff.; *Drexler*, Gymnasium 61, 168–190 widmet dem römischen Geschichts- und auch Tugendverständnis einen eigenen Beitrag; zur Übernahme griechischer Werte auch *Gruber*, Cicero, 258 und *Knoche*, Cicero, 58.

Anspruch auf universelle Geltung. Ciceros Pflichtenethik ist damit Handlungsanweisung für das tägliche Leben, für jene „mittlere Tugendhaftigkeit, aufgrund derer man vom *vir bonus* spricht“, aber auch für die Herrschergestalten seiner Zeit. Cicero hat durchaus nicht verhehlt, dass es sich bei der im Spätherbst des Jahres 44 v. Chr. verfassten Schrift auch um eine „politische Kampfschrift“ handelt. Er betrachtete es in den Monaten nach der Ermordung des „Tyrannen“ Caesar als seine Pflicht gegenüber dem römischen Staatswesen, jene Grundsätze niederzuschreiben. Als individuelle Pflichtenethik konzipiert, formt die Schrift den Gedanken der Leitung der *res publica* durch die Tugendhaftesten (die Optimaten) weiter aus. Die mit Caesar erstmals nach dem Sturz des Königtums offenbar werdende konkrete Möglichkeit der Staatsleitung durch bloß einen Besten (den *princeps*), lässt sie offen.[144] Zu ihr kann sich nur äußern, wer die Frage der Vereinbarkeit von höchster Macht und höchster Tugend bejaht. Die Möglichkeit eines Einzelnen, dies zu vollbringen, wird von Cicero hier nicht mehr von Anfang an postuliert. Der Autor revidiert damit seine Aussagen in der Rede „Pro Marcello“. Was im Angesicht des Sieges Cäsars durch die Gattung der Rede bedingt und aufgrund der politischen Situation opportun war, musste nicht zugleich Grundlage einer allgemeinen Pflichtenethik sein.

Zur Legitimation des kommenden augusteischen Kaisertums wie höchster Gewalt in den Händen eines Einzelnen überhaupt ist die Schrift aber dennoch besonders geeignet. Denn sie verknüpft den Satz von der Herrschaft des Tugendhaften eng mit dem Bild individueller, republikanischer Tugend früherer Zeiten. Dadurch wird die Grundlage für die Verankerung des Prinzipatgedankens im Ideal republikanischer Herrschaft gelegt und letztlich der Tugendherrschaft des Einzelnen Leitcharakter für das gesamte Gemeinwesen beigemessen. Eine Wiederanknüpfung an das altrömische Königtum bleibt hiermit ausgeschlossen. Herausragende Herrschaftsgewalt kann auf dem Boden der Verfassungswirklichkeit der *res publica* nur dadurch begründet werden, dass ein Einzelner kraft herausragender Befähigung die Bürgergemeinschaft mit Tugend anleitet.

b) Prämissen der Suche nach der gerechten Herrschaft

aa) Die Verknüpfung von höchstem Gut und virtus

Den Ausgangspunkt der Bestimmung des rechten Handelns in Ciceros Pflichtenethik bildet die Grundfrage der Philosophie nach dem höchsten Gut (*summum bonum*). Sie wird von Cicero zugleich in notwendige Beziehung zur sittlichen Vollkommenheit (*virtus*) als eines Begriffes der Ethik gesetzt. Wer das höchste Gut so bestimmt, dass es mit der *virtus* keine Verbindung hat und es nach den persönlichen Vorteilen ausrichtet, vermag über die Tugenden keinerlei Aussagen zu treffen. Denn

144 Im Sinne der „für das Gemeinwesen Besten“.

ihm bleiben die Begriffe der *amicitia, iustitia, liberalitas, fortitudo* und *temperantia* ihrem Inhalte nach verborgen.[145]

Dieser grundsätzlichen Standortbestimmung Ciceros[146] folgt die Definition des Pflichtenbegriffs (*officium*) nach zwei Richtungen hin: erstens in alleiniger Ansehung des höchsten Gutes und zweitens in den Handlungsanweisungen für das am höchsten Gut ausgerichtete Leben im Allgemeinen, über das die Schrift Auskunft geben will.[147] In der Gliederung des Werkes in drei Bücher folgt Cicero der Grundstruktur der von Panaitios festgelegten Fragen für die Beschlussfassung. Kann der Gegenstand der Erörterung mit Ehre (*honestumne*) verwirklicht werden, trägt er zum Nutzen (*utilitas*) im Leben bei und wie sind die (scheinbaren) Konflikte des Ehrenhaften mit dem Nutzen aufzulösen? Zu ergänzen sind sie nur durch die Frage nach dem Verhältnis zweier ehrenhafter sowie zweier nützlicher Verhaltensweisen zueinander.[148]

bb) Vorrang des ordo als Maßstab einer der menschlichen Natur folgenden Tugendlehre

Die sittliche Vollkommenheit des Menschen, ausgedrückt im ehrenhaften Handeln, folgt aus seiner Natur, genauer dem Teil seiner Natur, der ihn von den Tieren unterscheidet. Mensch und Tier gemein sind der Schutz von Leben und Körper vor Schädigung, die Beschaffung des Lebensnotwendigen, der Geschlechtstrieb und die Sorge für die Nachkommen. Spezifisch menschlich ist dagegen die Vernunft (*ratio*). Sie verleiht dem Menschen die Fähigkeit, die Folgen seiner Handlungen durch Erkenntnis ihrer Ursachen abzuschätzen und so das gegenwärtige und künftige Handeln zu bestimmen. Ihr folgt die Gemeinschaft mit anderen Menschen in Rede und Lebensgestaltung und damit die Sorge um andere, die das menschliche Leben antreibt. Vor allem aber ist das Streben nach *veritas,* also die Begierde nach der Erkenntnis der verborgenen Gegenstände, Kennzeichen der menschlichen

---

145 *Cicero,* De officiis, I, 5; damit sind aus der Sicht Ciceros v. a. die Lehren der Stoiker, Akademiker und Peripatetiker einer Auseinandersetzung würdig, während Epikureer und Kyrenaiker, die das höchste Gut nicht nach der Tugend bestimmen, von vornherein zu Aussagen über die Pflicht nicht in der Lage sind.

146 *Cicero,* De officiis, I, 7–10.

147 *Cicero,* De officiis, I, 7: Die erste Bestimmung fragt danach ob „ominane officia perfecta sint, num quod officium aliud alio maius sit et qua sunt generis eiusdem" und verharrt damit auf der Ebene erkannter Pflichten. Sie handelt von der Frage nach dem Tugendkanon an sich, während die zweite diejenigen Anforderungen der Pflicht bestimmt, für die Vorschriften im täglichen Leben vermittelt werden und sich damit auf die Frage bezieht, wie der Einzelne ein pflichtgemäßes Leben als „vir bonus" verwirklichen kann. Vgl. auch *Gunermann,* Cicero, De officiis, I, 7 Anm. 30; *MacKendrick,* Cicero, 232: „Partitio: ...(a) are duties absolute? Is there a calculus of values? ... (b) how to regulate daily life."

148 Dem folgt die Gliederung von „De officiis"; Buch I: Das Ehrenhafte; Buch II: Das Nützliche; Buch III: Die Bestimmung des Verhältnisses beider zueinander.

Natur. Besonderer Ausdruck der Vernunftbegabung ist die Erkenntnis der Ordnung (*ordo*), des Schicklichen (*decus*) und des rechten Maßes – also der Harmonie und Beständigkeit der sichtbaren Natur. Diese überträgt die vernunftbegabte Natur des Menschen im Analogieschluss auf Planungen und Handlungen in der menschlichen Gemeinschaft. Sie sind dadurch an den in der Natur vorgefundenen Grundsätzen ausgerichtet und werden deshalb als das Ehrenhafte (*honestum*) bezeichnet.[149]

Gerade Letzteres veranlasst den Menschen auch, nach einer Führungsstellung innerhalb der Gesellschaft zu streben – dem Prinzipat. Die von Natur aus gute Seele (*animus bene informatus a natura*) will sich nur demjenigen fügen, der sie belehrt oder ihr in Übereinstimmung mit Recht und Gesetz (*causa iuste et legitime*) befiehlt, weil dies der gemeinsame Nutzen erfordert.[150] Keinesfalls sucht sie die Isolation reinen Vernunftstrebens. Für die Herrschaft bedeutet dies, dass sie sich gegenüber dem tugendhaften Menschen nach ihrem Ursprung und Handeln vor dem Forum der Tugend auszuweisen hat. Denn der Tugendhafte kennt den natürlichen *ordo* und die daraus folgenden Handlungspflichten. Zugleich kommt hiermit einer im besonderen Maß tugendhaften Person auch die herausragende Befähigung zur Herrschaft zu.

Das Ehrenhafte selbst tritt in vier Verhaltenstugenden zutage, die sich aus der Verschiedenartigkeit der damit verbundenen Pflichten ergeben. Erste Tugend (1) ist *sapientia* als Streben nach Gewinnung von Einsichten über die Wahrheit. Weisheit kommt zwar der Natur des Menschen am nächsten, das Streben nach ihr geht aber zugleich mit der Gefahr einher, sich von der höher stehenden Pflichtenerfüllung innerhalb der Gemeinschaft abzuwenden.[151] Gleichberechtigt neben der Weisheit stehen daher die Tugenden, die sich der Erhaltung und Beschaffung der Gegenstände zur praktischen Bewältigung des Lebens widmen. Hierzu zählt zunächst (2) die Tugend, die damit befasst ist, die Gemeinschaft der Menschen dadurch zu schützen, jedem das Seine zuzuteilen und die Verlässlichkeit bei Verträgen zu wahren. Daneben tritt (3) die Tugend der Größe und Kraft des hervorragenden und unbezwingbaren Geistes und zuletzt (4) diejenige von Ordnung und Maß in allen Handlungen und Äußerungen (*temperantia*).[152] Nur durch die drei tätigen Tugenden können *ordo, constantia* und *moderatio* in der Gesellschaft verwirklicht werden. Den hervorragendsten Rang unter ihnen genießt die Tugend, die die *societas hominum*

---

149 *Cicero*, De officiis, I, 14. Ratio, honestum, ordo und constantia stehen auf einer Linie, werden also einerseits im ästhetischen Eindruck von der Natur vorgegeben und stehen in der Analogiebildung der Handlungen an gleicher Stelle; *Gunermann*, Cicero, De officiis, I, 7 Anm. 42; vgl. auch wieder I, 16.

150 *Cicero*, De officiis, I, 11–13.

151 *Cicero*, De officiis, I, 16; spricht von prudentia und sapientia, als den Tugenden desjenigen, der bestimmen kann, was im Einzelfall der Wahrheit am nächsten ist.

152 *Cicero*, De officiis, I, 15: „Sed omne, quod est honestum, id quattuor partium oritur ex aliqua. Aut enim in perspicientia veri sollertiaque versatur aut in hominum societate tuenda tribuendoque suum cuique et rerum contractarum fide aut in animi excelsi atque invicti magnitudine ac robore aut in omnium, quae fiunt quaeque dicuntur ordine et modo, in quo inest modestia et temperantia."

bewahrt. Sie zerfällt in die *iustitia*, die den höchsten Tugendglanz in sich trägt und nach der gute Männer benannt werden,[153] und die *beneficentia/liberalitas*.

c) iustitia-Tugend

Erstes Gebot der *iustitia* ist es, niemandem Schaden zuzufügen, wenn nicht vorheriges Unrecht hierzu herausgefordert hat. Sie verlangt auch, Gemeingut und Privates nicht ineinander zu mischen.[154] Da Menschen sich gegenseitig nützen sollen, weil der Mensch für den Menschen geschaffen ist, bedarf es zwischen ihnen eines Bandes der Zusammengehörigkeit, des Gebens und des Nehmens. Die Vereinigung aller Güter in einer Person schlösse die menschliche Gemeinschaft aus.[155] Grundforderungen der Gerechtigkeit sind also die Verlässlichkeit (*fides*), die Beständigkeit zwischenmenschlicher Vereinbarungen (*constantia*) und ihre Wahrhaftigkeit (*veritas*).

aa) Das unrechte Handeln

Die von Cicero vorgegebenen „Leitlinien" gerechten Handelns in der *societas hominum* ermöglichen so zunächst die Bestimmung des Unrechts (*iniustitia*). Es besteht entweder darin, Unrecht selbst zuzufügen oder denjenigen, denen Unrecht von Dritten angetan wird, trotz Hilfemöglichkeit nicht beizustehen.[156] Wer sich der menschlichen Gemeinschaft durch Meidung der Ämter trotz hohen Erkenntnisvermögens (*sapientia*) entzieht, verneint seine Pflicht zum Streben nach herausragender Stellung trotz höchster Erkenntnisfähigkeit.[157] Er lässt damit erkennen, dass er sein Handeln entweder nach dem reinen Eigeninteresse, der Trägheit oder der Menschenfeindlichkeit ausrichtet. In jedem Falle handelt er der *iustitia*-Tugend zuwider. Der durch ein Tun hervorgerufenen absichtlichen Schadenszufügung liegt zumeist ein ähnlich lasterhaftes Streben zugrunde. Der Schädiger fürchtet, ohne Begehung der Tat Nachteile für sich selbst zu erleiden; er strebt nach dem Lebensbedarf oder handelt aus Besitzgier (*avaritia; cupiditas*). Letztere ist häufig darauf gerichtet, sich anderen gefällig erweisen zu können oder auch schlechterdings Reichtum zur Schau zu stellen.

---

153 *Cicero*, De officiis, I, 15; I, 17: „ut et societas hominum coniunctioque servetur et animi excellentia magnitudoque cum in augendis opibus utilitatibusque et sibi et suis comparandis, tum multo magis in his ipsis despiciendis eluceat." Vgl. auch I, 20.

154 *Cicero*, De officiis, I, 20: „Sed iustitiae primum munus est, ut ne cui quis noceat, nisi lacessitus iniuria, deinde ut communibus pro communibus utatur, privatis ut suis."

155 *Cicero*, De officiis, I, 22: „...ad usum hominum omnia creari, homines autem hominum causa esse generatos...".

156 *Cicero*, De officiis, I, 23: „Nam qui iniuste impetum in quempiam facit aut ira aut aliqua pertubatione incitatus, is quasi manus afferre videtur socio; qui autem non defendit nec obsistit, si potest, iniuriae, tam est in vitio, quam si parentes aut amicos aut patriam deserat."

157 *Cicero*, De officiis, I, 28; 29.

Sie findet sich vor allem bei denjenigen, die im Gemeinwesen den Prinzipat, also die erste Rolle anstreben. Dadurch, dass sie ihr Privatvermögen zum (vermeintlichen) Wohle des Volkes einsetzen und herausragen möchten, findet sich bei ihnen die Neigung zu unrechtmäßigem Erwerb häufiger als bei anderen.[158] Gerade diejenigen, die im Staat herausragen, sind also besonders anfällig für *avaritia* und *cupiditas*. Sie versuchen aufgrund ihres Strebens den eigenen Ruhm ohne Grenzen auf Kosten anderer zu vermehren, ja andere von jedem staatlichen Amt auszuschließen, obgleich doch jedem von ihnen das Enniuswort bekannt sein müsste: *nulla sancta societas nec fides regni est.*[159] Als Musterbeispiel des falschen Strebens wird von Cicero jetzt auch Caesar benannt. Er habe in der grenzenlosen Ruhmsucht nach dem Prinzipat jedes göttliche und menschliche Gesetz (*omnia iura divina et humana)* verletzt.

bb) Die positive Bestimmung der Gerechtigkeit

Erst diesem Abschnitt über das unrechte Handeln schließt sich die Frage nach der positiven Inhaltsbestimmung der Gerechtigkeit an.[160] Die Grundforderungen der Gerechtigkeit sind allgültig. Sie verlangt, niemandem zu schaden und dem allgemeinen Nutzen zu dienen (*ut ne cui noceatur, deinde ut communi utlitati serviatur). Iustitia*, determiniert durch den *suum cuicque*-Grundsatz, ist nicht blinde Anwendungstugend vertraglicher Vereinbarungen oder des Buchstabens des Gesetzes. Sie muss im Geist der Grundforderung des *ordo* und nach dem Sinn der getroffenen Vereinbarungen geübt werden. Daher sind solche (bindenden) Versprechen nicht einzuhalten, deren Schädlichkeit für den Versprechensempfänger sich nachträglich herausstellt. Es steht trotz des Wortlautes der Vereinbarung nicht in Widerspruch zur Wahrhaftigkeit des Versprechens, zur Verhinderung von Schäden und zum Nutzen der Gemeinschaft solche Verträge nicht zu erfüllen. Gleiches gilt für

---

158 *Cicero*, De officiis, I, 24 f. am Beispiel des M. Crassus, der erklärt hatte, es habe einer, der im Gemeinwesen der Erste sein wolle, dann nicht genügend Geld, wenn er mit seinen Zinsen ein Heer nicht unterhalten könne. Keine Einwände bestehen gegen die Mehrung des Reichtums durch rechtmäßigen Erwerb. *Cicero* führt damit seine vielfach vorgebrachte Verteidigung des Privateigentums gegenüber dem Staat fort, der nach Zivilrecht rechtmäßig erworbene Güter nicht entziehen dürfe. Vgl. dazu auch I, 21 zur iustitia; I, 51 zur liberalitas; I, 92 zur fortitudo sowie II, 27 gegen die Proskription Sullas. Zum Prinzipat durch Anerkennung der Leistung, nicht durch Überhebung vgl. *Straub*, 64.

159 Zum Ursprung dieses Zitates: *Gunermann*, Cicero, De officiis, I, 26 Anm. 62.

160 *Cicero*, De officiis, I, 30. Stringent fragt Cicero zunächst, was im Zweifel gelten müsse, wenn weder Recht- noch Unrechtmäßigkeit einer Handlung feststünden. Er gelangt zu dem Ergebnis, dass das Unentschiedene im Zweifel als ungerecht anzusehen sei, da es des Glanzes der Gerechtigkeit ermangele und damit im Zweifel das Ansinnen auf Unrecht verrate.

Fälle der „Unzumutbarkeit" einer Leistung oder die Frage nach der Auslegung des Wortlautes einer Vereinbarung.[161]

Iustitia gilt darüber hinaus auch gegenüber Unrechtstätern. Sie fordert ein Maß im Rächen und Bestrafen und lässt tätige Reue in aller Regel dort genügen, wo die Wiederholung der Tat nicht zu befürchten ist.

Die Bindung der Gerechtigkeit in der menschlichen Gemeinschaft kommt auch im Falle des Krieges zum Ausdruck. Er darf nur zu dem Zweck ohne Unrecht in Frieden zu leben (*ut sine iniuria in pace vivatur*) überhaupt geführt werden.[162] Ganz im Sinne seiner Rede für Marcellus betont Cicero die Notwendigkeit der Gnade nach errungenem Sieg gegenüber denjenigen, die im Kriege weder grausam noch unmenschlich zu Werke gegangen sind. Sie ist auch gegenüber denjenigen zur Anwendung zu bringen, die nach der Niederlegung der Waffen beim Schutzversprechen des Feldherrn Zuflucht suchen. Beispiele bilden die bis 188 v. Chr. in das volle römische Bürgerrecht aufgenommenen italischen Volksstämme der Tusculaner, Aequer und Sabiner. Die Kriegsführung selbst berechtigt lediglich dazu, für einen Frieden ohne Tücken zu sorgen. Sie schließt aber durchaus das Recht zu präventiven Kriegen mit dem Ziel der Verhinderung künftiger Auseinandersetzungen (Zerstörung von Karthago und Numatia) als Teil der Pflicht zum Erhalt des Friedens mit ein.[163] Der gerechte Krieg *(bellum iustum)*[164] wird zur Erlangung von Schadensersatz (*aut rebus repetitis*) nach vorheriger Ankündigung geführt. Dies gilt ebenso für den Krieg um Ruhm bzw. Herrschaft. Auch dieser bedarf des gerechten Grundes. Er darf zudem nicht mit der gleichen Erbitterung wie ein Krieg gegen Todfeinde geführt werden, dessen Ziel die Beendigung der Existenz der anderen Partei ist.[165] Die Tugend der *iustitia* gilt als Tugend der menschlichen Gemeinschaft gegenüber jedermann. Ihre eigentliche Strenge besteht darin, niemanden aus der Rechtsbeziehung auszuschließen, weder den Unrechtstäter, noch den Feind, noch den Armen oder Personen niederen Ranges.[166]

d) Liberalitas-Tugend

Der *iustitia* als der gesellschaftserhaltenden Tugend unmittelbar verbunden ist die nach Cicero der Natur des Menschen am ehesten entsprechende *liberalitas/beneficentia*. Sie hat sich an den für die *iustitia* geltenden Grundsätzen zu orientieren. Auch für sie gilt das Verbot der Schadenszufügung und der Zuteilung nach

161 *Cicero*, De officiis, I, 31–33. Genannt werden: Erkrankung des Sohnes bei anwaltlicher Verpflichtung zum Auftreten im Prozess (heute: § 275 Absatz 3 BGB); Waffenstillstand am Tag, Kriegsführung in der Nacht.

162 Der Grundsatz der Kriegsführung um des Friedens willen entspricht stoischer Staatsethik, vgl. *Capelle*, WdF 528, 238–270. Vgl. *Vergil*, Aeneis, VI, 851–853.

163 „Parcere subiectis et debellare superbos"; *Vergil*, Aeneis, VI, 859.

164 *Cicero*, De officiis, I, 36.

165 *Cicero*, De officiis, I, 38.

166 Zu Letzterem: *Cicero*, De officiis, I, 41.

dem Maße des Verdienstes. Freigiebigkeit aufgrund rechtswidrigen Erwerbs, etwa durch die Proskriptionen Caesars und Sullas, widerspricht der *iustitia* und ist damit unrechtmäßig. Gleiches gilt für jede über die eigene Leistungsfähigkeit hinausgehende Freigiebigkeit, denn sie missachtet die Pflichten gegenüber den eigenen Angehörigen.[167]

Dem Nutzenprinzip folgt Freigiebigkeit, wenn sie Willkür ausschließt. Sie hat sich zunächst an der Tugendhaftigkeit des Empfängers zu orientieren. Je stärker bei diesem die ruhigeren Tugenden wie *modestia*, *temperantia* und *iustitia* sichtbar werden, desto mehr verdient er die Zuwendung. Sie muss zweitens Freundschaften und das engere Lebensumfeld (Geschwister, Ehegatten, Verwandte, Bürgerschaft, Stamm, Volk) als Quelle des gesellschaftlichen Lebens stärker berücksichtigen. Zuletzt muss sie den Bedürftigen mehr zuwenden als den Nichtbedürftigen.[168] In allen Fällen sind Leistungen an der Art der *necessitas* zu orientieren. Die Art der Leistung, mit der ein Nachbar bedacht wird (Hilfe bei der Ernte), kann sich grundlegend von anderen Ausprägungen der *liberalitas* – etwa der Pflicht innerhalb des Staates Ämter auszuüben – unterscheiden.[169] Stets und jedem dasjenige zu leisten, was ohne Schaden gewährt werden kann, ist allgemeine Pflicht.[170] Höchste *liberalitas* erreicht, wer aus erhabener und auf Menschliches herabblickender Haltung handelt.[171]

e) Tapferkeit als Derivat der iustitia – Tugend

Von der *iustitia* weitgehend determiniert wird die Tugend der Tapferkeit (*fortitudo*). Sie ist, auch hier folgt Cicero stoischem Gedankengut, die für Rechtsgleichheit (*aequitas*) streitende Tugend (*eam virtutem [...] propugnatem pro aequitate*) und von *iustitia* nicht ohne Verlust ihrer Tugendhaftigkeit zu trennen. Streitet sie nicht für *iustitia*, kann man sie Verwegenheit (*calliditas*) nennen, nicht aber Tugend. Denn in diesen Fällen setzt sie sich nicht mit Mitteln der Menschlichkeit durch, sondern um jeden Preis – auch den der Brutalität.[172]

aa) Tapferkeit in der Tugend als einzige Art der Tapferkeit

In der Tapferkeit (*fortitudo*) offenbart sich zugleich die gesamte Problemträchtigkeit des Prinzipatgedankens. Als Eigenschaft tapferer und hochgesinnter Männer trägt sie zum Lob der Gerechtigkeit bei. Sie stellt dennoch die Eigenschaft derjenigen dar, die nach dem Prinzipat streben, und führt am leichtesten zur Aufhebung der Rechtsgleichheit (*aequitas*), welche der Gerechtigkeit (*iustitia*) am meisten zu eigen

---

167 *Cicero*, De officiis, I, 43: „...nihil est enim liberale, quod non idem iustum."; I, 44.
168 *Cicero*, De officiis, I, 45–59; zu (1): I, 45; zu (2): I, 46–48; 53; 56; zu (3): I, 49; 59.
169 *Cicero*, De officiis, I, 57; 59.
170 *Cicero*, De officiis, I, 51.
171 *Cicero*, De officiis, I, 51;61.
172 *Cicero*, De officiis, I, 62 f.

ist.[173] Tapfer sind nur diejenigen, die dem Unrecht entgegentreten, weil es keine Zeit gibt, in der die Gerechtigkeit (iustitia) aufgehoben werden darf (*quod iustitia vacare debeat*).[174] Als die der *iustitia* und *liberalitas* zugeordnete Tugend des tätigen und beständigen Strebens kennzeichnet den Tapferen die Verachtung äußerer Werte und Leidenschaften. Wer sich der Furcht nicht beugt, darf sich auch nicht der Gier, vor allem nicht der Geld- und Ruhmbegierde beugen und sich nicht Bekümmernissen oder Vergnügungen hingeben. Nur innere *constantia* und *dignitas* schaffen die Voraussetzungen für nach außen hin tapferes und gerechtes Handeln.[175] Vor allem anderen ist daher dem Hochmut (*superbia*) vorzubeugen. In ihm manifestiert sich die Haltlosigkeit sowohl im Ertragen von Glück wie von Unglück.[176] Der Tapferkeit ebenso wie der Gerechtigkeit widerspricht der Rückzug aus dem Gemeinwesen. Dies gilt selbst dann, wenn er dem Zweck dient, die Launenhaftigkeit eines Herrschers (*princeps*) nicht ertragen zu müssen. Derjenige, dem die Natur die Eigenschaften zu Handeln gegeben hat, muss auch Führungsämter im Gemeinwesen ausüben wollen.[177]

bb) Der Vorrang der Tapferkeit im Frieden vor der kriegerischen Tapferkeit

Die Frage, ob die Tapferkeit in Kriegs- derjenigen in Friedenszeiten vorzuziehen sei, beantwortet Cicero mit dem Vorrang der Letzteren. Zwar ist der Sieg im Feld nicht ohne Bedeutung, er nützt aber der Gesellschaft nur ein einziges Mal. Demgegenüber sind Taten des Friedens von Dauer. Sie schaffen in der stabilen Ordnung des Gemeinwesens zugleich die Voraussetzung für jede Art der Kriegsführung. *Cedant arma togae concedat laurea laudi* – in dieser Weise beschreibt Cicero das Rangverhältnis der kriegerischen zur friedlichen Tätigkeit. Er versäumt hierbei nicht den Hinweis darauf, dass gerade unter seinem Konsulat – in einer Zeit höchster Gefährdung des Gemeinwesens – der tiefste innere Friede geherrscht habe.[178] Gemäß der Grundforderung der *iustitia* darf auch der Tapfere den Krieg nur in der Absicht auf sich nehmen, dass der Friede offenbar erstrebt wird.[179] Der tierische Kampf hat sich stets der Tugendhaftigkeit des Verstandes zu unterwerfen. Das Vermögen, mit Waffengewalt Tatsachen zu schaffen, verdient für sich genommen kein Lob. Wichtig

---

173 *Cicero*, De officiis, I, 63 f. Aequitas und iustitia sind hier – ausnahmsweise – nicht austauschbare Begriffe.

174 *Cicero*, De officiis, I, 65.

175 *Cicero*, De officiis, I, 66–69.

176 *Cicero*, De officiis, I, 90.

177 *Cicero*, De officiis, I, 70–72 erblickt in dem nicht gerechtfertigen Rückzug (I, 71) aus dem Gemeinwesen die gleiche Verantwortungslosigkeit, die dem rex selbst zu eigen ist, nämlich den Willen, dass sich nichts ihrer Gewalt entgegenstellt (I, 70).

178 *Cicero*, De officiis, I, 74–76; 77.

179 *Cicero*, De officiis, I, 80 „Bellum autem ita suscipiatur, ut nihil aliud nisi pax quaesita videatur".

ist vielmehr, in Gedanken die Zukunft vorwegzunehmen. Nichts ist daher dümmer, als in ruhigen Zeiten den Sturm zu wünschen.[180]

cc) Tapferkeit als clementia

Tapferkeit im Krieg fordert daher auch von Feldherren den ehrenhaften Umgang mit Gefangenen. Wahre Größe und Seelenruhe zeigt, wer auch in chaotischen Verhältnissen jedem sein Recht zuteil werden lässt und zum Erhalt der *quietas* nur Schuldige straft. Die Menge ist dabei zu schonen. Das Maß der Strafe darf sich daher auch Feinden gegenüber nicht durch Zorn, sondern muss durch ehrenhafte Versöhnlichkeit und Verständigungsbereitschaft (*clementia*) geleitet sein. Es ist nicht nach dem Nutzen desjenigen, der straft, zu bemessen, sondern alleine nach dem Interesse des Gemeinwesens. Der Strafrahmen selbst ist durch die Vorwerfbarkeit *(culpa)* begrenzt.

Wer das Gemeinwesen leitet, hat in allem den Gesetzen ähnlich zu sein. Seine Aufgabe ist es nicht, zu zürnen oder die Ehre des Täters zu kränken, sondern den zügellos Gewordenen in die Loge der Vernunft und der Lehre zurückzuführen.[181] Staatsführung durch den Tapferen bedeutet stets, den Nutzen der Bürger im Auge zu behalten und ohne Rücksicht auf das persönliche Interesse für das Gemeinwesen wie für ein Mündel zu sorgen. Wer dieses Gesamtinteresse missachtet wird *seditiones* und *discordia* erzeugen, während sich derjenige, der die Gebote der Tugend achtet, sicher sein kann, den höchsten Dienst am Gemeinwesen geleistet zu haben.[182]

f) Temperantia-Tugend – zum Officium

Der umfassendste Teil des ersten Buches gilt schließlich dem Schicklichen, das mit dem *honestum* begriffsidentisch ist.[183] Es besteht im „wohlüberlegten Handeln", schließt also Elemente der *sapientia* in sich ein und muss den Anforderungen der Gerechtigkeit genügen. Es kann nur die aus hoher Gesinnung vollbrachte Handlung erfassen.[184]

Schicklich ist die Handlung, die sich im Einklang mit demjenigen befindet, was den Menschen von anderen Lebewesen unterscheidet. Es ist Verhalten in Übereinstimmung mit der Tugend. Das der Natur gemäße Maß des Handelns muss sich in jedem Bereich menschlicher Tätigkeit äußern in *constantia, moderatio, temperantia* und *verecundia.* Von der *iustitia* unterscheidet es sich dadurch, dass es anders als

---

180 *Cicero,* De officiis, I, 83 „...ne offeramus nos periculis sine causa, quo esse nihil potest stultius.", sowie „Quare in tranquillo tempestatem adversam optare dementis est...".

181 *Cicero,* De officiis, I, 88–90.

182 *Cicero,* De officiis, I, 85; 92.

183 *Cicero,* De officiis, I, 94: „...et quod decet honestum est et quod honestum est decet."

184 *Cicero,* De officiis, I, 94; auch I, 152: „...omnis honestas manet a partibus quattuor, quarum una sit cognitionis, altera communitatis, tertia magnanimitatis, quarta moderationis...".

die Rechtspflicht nicht nur Unrecht gegenüber anderen ausschließen will, sondern zusätzlich auch jedes Missfallen auszuschließen trachtet.[185]

Von dem Begriff des Schicklichen abgeleitet ist das *officium* als vernunftgeleitetes Begehren der Seele. Sie strebt sowohl nach Erfüllung der Begierden, als auch nach Gebrauch der Vernunft. *Officium* des Menschen ist es, dass Vernunft lenkt und Begierde gehorcht (*ratio praesit, appetitus obtemperet*) – also vernunftgeleitetes Begehrungsvermögen. Nur so können *constantia* und *moderatio* zur Entfaltung gelangen. Sie entsprechen dem in der Natur vorgefundenen Ausdruck. Jede Handlung muss frei sein von Unüberlegtheit und Nachlässigkeit. Sie muss als vernunftgeleitet zugleich ihren Grund angeben können. Wird aufgrund des seelischen Begehrens dennoch nach Genuss gestrebt, ist dieses Streben durch das Begehren nach körperlicher Gesundheit zu bestimmen und nicht durch reine Vergnügungssucht.[186]

Inhaltlich fällt der Inhalt des *officiums* für jeden einzelnen Menschen nach seiner Verfassung und der Beschaffenheit seiner Lebensumstände anders aus. Niemand ist fähig zur *aequabilitas universae vitae*, wenn er die durch die Natur und die Gegebenheiten seines Lebensumfeldes bestimmten Anlagen missachtet. Zufällige Umstände bleiben aber der vernünftigen Natur der Menschen nachgeordnet. Hierzu gehören etwa die Stellung als König, Adeliger, Feldherr, Vermögender oder Mächtiger. Das dem einzelnen Menschen Schickliche drückt sich so in *iustitia, fides, liberalitas, modestia* und *temperantia* je nach seiner Fähigkeit aus.[187] Hierzu gehört es auch, die gesellschaftliche Rolle auszufüllen. *Luxuria* im Alter ist schändlicher als in der Jugend. Jeder Beamte hat einzusehen, dass er in der Rolle der Bürgerschaft handelt und zu dem Zweck, ihr Ansehen aufrechtzuerhalten. Schicklich ist es daher den Sinn für die Ordnung (in jedem ihrer Einzelaspekte) zu paaren mit einem dem Handeln angemessenen Auftreten.[188]

g) Die Bestimmung der Weisheit nach den Bedürfnissen der menschlichen Gemeinschaft

Der Abschluss des ersten Buches führt zurück auf die Basis der menschlichen Pflichten, die menschliche Gemeinschaft. Auch die Beantwortung der Frage, welche von mehreren pflichtgemäßen Handlungen der Mensch vornehmen soll, muss sich an der Natur des Menschen orientieren. Dessen spezifische Fähigkeit ist Weisheit: *...illa autem sapientia, quam principem dixi, rerum est divinarum et humanarum scientia, in qua continetur deorum et hominum communitas et societas inter ipsos; ea si maxima est ut est, certe necesse est, quod a communitate ducatur officium, id esse maximum.*[189] Sie ist nicht blindes Wahrheitsstreben, sondern Gesellschaftstugend und erkennt

185 *Cicero*, De officiis, I, 97; 99.

186 *Cicero*, De officiis, I, 101, auch 102 f.; daneben wieder I, 132; 136; 141. Jede pertubatio soll vermieden werden.

187 *Cicero*, De officiis, I, 106–120, v. a. 107; 110 f.; 115; 120; 121.

188 *Cicero*, De officiis, I, 124; 126.

189 *Cicero*, De officiis, I, 153.

daher die aus der Gemeinschaft folgenden Pflichten als die höchsten an. Ein entsprechendes Verständnis, das dem natürlichen Gemeinschaftssinn des Menschen immanent ist, ist notwendiger Bestandteil eines auf den Menschen bezogenen Weisheitsbegriffes. Es bestünde auch dann weiter, wenn die Wünsche jedes Einzelnen für ihn vollständig erfüllbar wären.[190] Jedes Interesse an der Erkenntnis der Weltordnung muss daher stets auch darauf abzielen, anderen Menschen zu nützen, sie zu besseren Bürgern der Gemeinschaft zu machen und ihnen als Vorbild voranzugehen.

Als *optimus* ist derjenige zu bezeichnen, der die Kenntnis dieser natürlichen Ordnung in seinen Handlungen zeigt.[191] Daher rührt der Grundsatz: *...[hoc] genus officiorum excellere, quod teneatur hominum societate.* Das wohlerwogene Handeln ist von höherem Wert als das weise Denken.

h) Der Vorrang der Gemeinschaft im Gegensatz von utilitas und honestum

Dem Nachweis der Möglichkeit einer praktischen Umsetzung dieses Ideals ist das zweite Buch der Pflichtenlehre gewidmet. Cicero legt dar, dass das dem *ordo*-Gedanken entspringende Idealbild ohne betrügerische Absicht und Übelsinnen Teil der Lebenswirklichkeit sein kann.[192] Er stellt hierzu zunächst klar, dass die gängige Philosophie *honestum* und *utilitas*, Ehrenvolles und Nützliches, in zwei Kategorien aufgliedert.[193] Die Berechtigung dieser Differenzierung ist aber auf der Grundlage der geselligen Natur des Menschen und vor dem Hintergrund der Ergebnisse des ersten Buches zu überprüfen.

Wenngleich zum Erhalt menschlichen Lebens unbelebte Gegenstände sowie unvernünftige und vernünftige Lebewesen (Menschen und Götter) beitragen, überwiegen doch die Werke der menschlichen Gemeinschaft bei weitem jeden Nutzen, den der Einzelne aus unbelebten Gegenständen und der unvernünftigen Natur ziehen kann.[194] Trotzdem wünschen und begehen gerade Menschen aneinander schlimmstes Unrecht. Aufgabe der Tugend muss es daher sein, die Seelen der Menschen zur Wahrnehmung ihres Nutzens zu führen.[195]

Mit Erfolg kann dies durch das Beispiel überragender Männer geschehen. Ihre Vollkommenheit liegt in der Kenntnis der Wahrheit und in der Fähigkeit, andere

---

190 *Cicero*, De officiis, I, 158.
191 *Cicero*, De officiis, I, 154 ff.
192 *Cicero*, De officiis, II, 7; 10.
193 *Cicero*, De officiis, II, 9 f., v. a. 10: „...quicquid enim iustum sit, id etiam utile esse censent, itemque quod honestum, idem iustum, ex quo efficitur, ut, quicquid honestum sit, idem sit utile."
194 *Cicero*, De officiis, II, 11–16. Weder könnte ein gleich hoher Ertrag unbelebter Güter gewonnen werden, wenn nicht die Menschen einander unterstützten, noch gäbe es Recht, Herkommen, gleiche Verteilung, Kultur oder Anstand ohne menschliche Gemeinschaft.
195 *Cicero*, De officiis, II, 17: „...conciliare animos hominum et ad usus suos adiungere."

Menschen maßvoll zum nützlichen Handeln anzuleiten oder sie im Falle der Übertretung der Gebote nach *aequitas* und *humanitas* zu strafen. Hierzu ordnen sie die eigenen Begierden dem Handeln unter. Ausgangspunkt jeder Wahrheitserkenntnis ist die Erkenntnis der geselligen Natur des Menschen. Der auf das Nützliche bedachte Mensch kann sich dem nicht verschließen. Auch der Begriff des Nutzens ist von hier aus zu denken. Ciceros Gedankengang entspricht hier in Struktur und Grundaussagen der Einleitung zur Pflichtenlehre des ersten Buches.[196]

i) Bestimmungsgründe dauerhafter Herrschaft

Anstatt an dieser Stelle den Gedanken der Herrschaft des Besten weiter auszuformen, wendet sich Cicero anschließend der allgemeineren Frage nach der Grundlage jeder Herrschaft zu. Er stellt die Frage, warum Menschen anderen Menschen überhaupt Dienst leisten oder sich einer Herrschaft unterwerfen sollten. Von allen in Betracht kommenden Beweggründen der Untertanen[197] lässt er nur denjenigen gelten, dem ein Streben nach dauerhafter Herrschaft innewohnt. Die Grundvoraussetzung dauerhafter Herrschaft ist es, von den Unterworfenen geschätzt, niemals aber gefürchtet zu werden.[198] Cicero legt dar, dass der Drang der Menschen zur *libertas* auf Dauer stets die mit der Furcht verbundene Einschüchterung überwiegt. Dieses Freiheitsstreben führt zuletzt zwingend zum Verlust jeder auf Angst und Drohung gegründeten Herrschaft.[199]

aa) Inhalte gerechter Herrschaft

Gerechte und dauerhafte Herrschaft setzt damit voraus, dass sie durch Wohltaten (*beneficiis*) und Gerechtigkeit, *cum honore et fide*, erworben und behauptet wird. Für das Römerreich bedeutet dies, erworbene Provinzen *aequitate et fide* zu verteidigen. Herrschaft ist insgesamt als ein *patrocinium orbis terrae verius* und nicht bloß als *imperium* zu verstehen.[200] Vertrauen und Zuneigung der Menschen im Gemeinwesen beruhen auf *ipsa fama et opinione liberalitatis, beneficentiae, iustitiae, fidei omniumque earum virtutum, quae pertinent ad mansuetudinem morum ac facilitatem* (De officiis, II, 32). Dieses menschliche Dafürhalten wird am ehesten erworben durch die mit der Gerechtigkeit verbundene, vorausschauende Klugheit,

196 *Cicero*, De officiis, I, 22.

197 *Cicero*, De officiis, II, 21 f.: Wohlwollen und Größe der empfangenen Wohltaten, überragende Würde, Hoffnung auf persönlichen Nutzen, Zwang durch Gewalt und Drohung, Hoffnung auf Schenkungen und Versprechen bzw. eine in Aussicht gestellte Belohnung.

198 *Cicero*, De officiis, II, 23 mit dem Enniuswort: „Quem metuunt, oderunt; quem quisque odit perisse expetit."

199 *Cicero*, De officiis, II, 24 f.

200 *Cicero*, De officiis, II, 28 f.: Die Römer wollen seit Sulla lieber gefürchtet, als geliebt und geschätzt werden. Beispiel ist der Triumph Caesars über Marseille.

die jeden Anschein von Ungerechtigkeit vermeidet und so Vertrauen schafft.[201] Die Menschen bewundern denjenigen, der in dem Ruf steht, anderen an *virtus* voraus und zugleich frei von jeder Unschicklichkeit zu sein.

bb) Die iustitia-Tugend als Kernvoraussetzung von Herrschaft

Größte Zuneigung und Verehrung wird der *iustitia* zuteil. Sie ist der sichtbare Ausdruck des rechten Sinnes. Sie begründet auch die Vermutung, derjenige, der seine Herrschaft auf Gerechtigkeit stützte, sei gegenüber Furcht, Drohung, Ausweisung und den Verlockungen des Geldes unempfänglich. Nur im gerechten Handeln zeigt sich der wahre Ruhm (*gloria*) dauerhaften Tugendstrebens. Bewunderung und Treue folgen einer Haltung des „Wohlwollens für Viele", wodurch zugleich die Habgier ausgeschlossen wird.[202]

Am Beispiel der Räuberbande lässt sich aufzeigen, dass ein geordnetes Justizwesen von universellem Nutzen ist. Selbst der Hauptmann einer Vereinigung von Räubern muss die Beute nach dem Grundsatz der Gleichheit verteilen, obwohl er doch gerade danach trachtet, sich über das Recht hinwegzusetzen.[203] Wahren Ruhm kann nur erwerben, wer die Pflichten der Gerechtigkeit erfüllt – vor allem in Friedenszeiten.[204]

Ein Musterbeispiel für die Gültigkeit dieses Grundsatzes ist die altrömische Königsherrschaft. Sie wurde errichtet, um in Friedenszeiten die Ruhe innerhalb der Gesellschaft zu gewährleisten und die Schwächeren gegen Unrecht zu schützen. Ihr Ziel war die Herrschaft über Menschen hohen und niedrigen Ranges nach gleichen Grundsätzen. Gerechtigkeit in Gesetzen und Königsherrschaft schafft *ius aequabile*, ohne das keinerlei Recht bestand haben kann. Soweit es Cicero betrifft, geht die Königsherrschaft dem Gesetz voran. Nur, wenn die Wahrung des Rechts durch einen Mann alleine nicht erreicht werden kann, greift ein Gemeinwesen zum Mittel der Gesetzgebung. Dann wird es erforderlich, dass die Gesetze zu allen Menschen in derselben Sprache sprechen. Das Königtum als Tugendherrschaft erscheint damit als die beste Herrschaft nach der Strenge des reinen Tugendgedankens.[205]

cc) Liberalitas-Tugend zur Erhaltung der Ehrerbietung der Gemeinschaft

Neben *iustitia* dient mit *liberalitas* auch der zweite Teil der gesellschaftlichen Tugend der Ehrerbietung durch das Gemeinwesen.[206] Sie muss, wo immer möglich, in Form von guten Werken (*opera*) geübt werden, weil sich hierin Unermüdlichkeit und

---

201 *Cicero*, De officiis, II, 33: „..coniunctam cum iustitia prudentiam..."; II, 34: „...prudentia sine iustitia nihil valet ad faciendam fidem."

202 *Cicero*, De officiis, II, 37 f. Sie ist die Tugend „...ex qua [...] viri boni apellantur".

203 *Cicero*, De officiis, II, 40.

204 *Cicero*, De officiis, II, 43. Ausweis einer tugendhaften Natur sind modestia, pietas in parentes und benevolentia in jungen Jahren.

205 *Cicero*, De officiis, II, 41 f.

206 *Cicero*, De officiis, II, 65 f.

wahre Güte widerspiegeln. Die bloße Gewährung von Geldmitteln erschöpft dagegen regelmäßig die Quelle der Güte rasch. Sie birgt zudem die Gefahr, dass der Geldgeber selbst zu Räubereien greift, um sich die nötigen Mittel zu verschaffen.[207] Als Tugend unterscheidet sich *liberalitas* von der Verschwendung daher dadurch, dass sie Missständen des Gemeinwesens abhilft und nicht bloß zum Ergötzen der Menge mit Gladiatorenspielen, Gelagen, Fleischverteilungen und Tierhetzen prunkt.[208] Zur *liberalitas* gehört es auch, sich den unverschuldet in Armut Geratenen hilfsbereit zuzuwenden, sei es im Verzicht auf bestehende Forderungen,[209] oder – besser noch – in der Errichtung öffentlicher Gebäude zum Nutzen des gesamten Gemeinwesens. Der Tugendhafte hat alles zu tun, was mit bedachter Wohltätigkeit ohne Verletzung der Pflichten gegenüber den Angehörigen und sich selbst möglich ist, der Gerechtigkeit entspricht und für den Bedachten notwendig oder nützlich ist.[210]

dd) Beneficentia nach dem Maßstab der concordia – der fides-Gedanke

Gerade *beneficentia* als auf das Gemeinwesen bezogene Wohltätigkeit muss darüber hinaus in besonderer Weise den Schutz bestehender Besitzstände in den Blick nehmen und jede Wohltätigkeit an der Eintracht (*concordia*) der Bürger orientieren. Sie versucht, jeden bei dem Seinen zu erhalten. Sie berührt daher noch stärker als die *liberalitas* gegenüber Privaten den Aspekt der Verlässlichkeit (*fides*). Durch den Schutz der Schwächeren in ihren Gütern und den Schutz der Stärkeren vor dem Neid der Schwachen versucht sie, jedes Auseinanderfallen der Gesellschaft in Teile von vorneherein zu verhindern.[211]

In besonderer Weise muss *beneficentia* der Habsucht (*avaritia*) in allen ihren Formen widerstehen, zumal diese nirgends abstoßender und verbrecherischer zutage tritt, als in den Lenkern des Gemeinwesens. Wer das Gemeinwesen zur Quelle persönlichen Fortkommens macht, rührt wie kein anderer an den Grundsätzen der Gesellschaft. Die der Gesellschaft dienenden Taten fungieren zur Erhaltung derjenigen Güter, die durch die Eingliederung des Menschen in ein Gemeinwesen vernünftiger Menschen erst gewonnen werden. Wer das eigene Vorankommen vor das Wohlergehen der Gesellschaft stellt, sucht sich letztlich selbst diese Güter zu entziehen, da auch sein Wohl im Wohlergehen der Gesellschaft mitbegründet ist.[212] Auf mehr als das, was der Gesellschaft nützt, besteht aber schon von Natur her kein Anspruch. Wenn das Verhalten zu den Tugenden in irgendein Verhältnis gesetzt

---

207 *Cicero*, De officiis, II, 22, 52–54.
208 *Cicero*, De officiis, II, 55.
209 *Cicero*, De officiis, II, 62, 63; II, 69 f.
210 *Cicero*, De officiis, II, 59–61.
211 *Cicero*, De officiis, II, 73; 83–85.
212 *Cicero*, De officiis, II, 75; 77 f.

werden soll, müssen die republikanischen Grundsätze (*fundamenta*) in der *iustitia* beständig gewahrt bleiben. Gerechtigkeit verlangt, jedem das Seine zuzuteilen.[213]

j) Der Gleichklang von utile und honestum – das dritte Buch

Das zweite Buch schafft so die Voraussetzungen für die im dritten Buch vorgetragene These, als ehrenvoll erkanntes Handeln sei stets, als nicht ehrenvoll erkanntes Handeln niemals nützlich. Die Trennung der Begriffe im Sinne des Gegeneinandersetzens bei den Epikureern ist zugunsten der stoischen Lehre abzulehnen. Letztere bemisst konsequent allen Nutzen nach dem höchsten Gut, der Übereinstimmung des menschlichen Verhaltens mit seiner Natur (der Vernunftbegabung) und der daraus folgenden Einsicht in den Nutzen des gesellschaftlichen Zusammenlebens.[214] Abweichungen hiervon sind ausgeschlossen. Natürliche Pflichten richten sich an jedermann zu jeder Zeit. Ein Fall, in dem das Nützliche mit dem Ehrenvollen in Widerspruch gerät, ist auf dieser Grundlage nicht denkbar.[215]

aa) Der Ausschluss des persönlichen Vorteils gegenüber der Gemeinschaft

Damit verstößt jedes Streben nach persönlichem Vorteil auf Kosten anderer gegen die Naturordnung und damit gegen die menschliche Gemeinschaft. Gestattet ist lediglich der rechtmäßige Erwerb[216] in Übereinstimmung mit den Grundsätzen der Tugend. Der Mensch, der zum Schaden des Gemeinwesens eigene Vorteile erstrebt, hält den materiellen Gütermangel für schwerwiegender als die Mängel seiner Seele (*vitiis animi*). Er bewertet den eigenen materiellen Reichtum höher als die Königin, die Tugend der Gerechtigkeit.[217] Da er zugleich davon ausgeht, er habe gegen die menschliche Gemeinschaft keine Pflichten um des gemeinsamen Nutzens willen, zerschneidet er das gesellschaftliche Band (*societatis vinculum*) der Sorge für den Mitmenschen. Die Sorge um Mitmenschen ist Aufgabe jedes Menschen, schon weil er Mensch ist

---

213 *Cicero*, De officiis, II, 78; 85 legt wiederum auf den Schutz des rechtmäßig erworbenen Besitzstandes der Begüterten besonderen Wert.

214 *Cicero*, De officiis, III, 11–13. Zum Ringen Ciceros um diese Bestimmung des Verhältnisses von utile und honestum vgl. *Görler*, AU 21 (1978), 6 f.

215 *Cicero*, De officiis, III, 15–19, auch 35: Wo immer sich Schändlichkeit mit einem Eindruck von Nutzen paart, da kann kein Nutzen sein; was ehrenvoll ist, ist auch nützlich; 49: Was schändlich ist, ist niemals nützlich, auch wenn anscheinend das persönlich Nützliche erreicht wird; 53: Stets richtig ist die These, etwas sei förderlich es sei denn, dass es schändlich sei. Stets falsch ist dagegen der Satz: „Wenngleich dies schändlich ist, werde ich es doch tun, weil es förderlich ist."; 74, 88; dazu *Görler*, AU 21 (1978), 10: Niemand hat seinen Vorteil auf Kosten anderer zu mehren, denn er hebt so das Zusammenleben der menschlichen Gemeinschaft auf.

216 *Cicero*, De officiis, III, 42: Jeder hat seinen eigenen Nutzen, soweit nichts gegen das Recht geschieht.

217 *Cicero*, De officiis, III, 21–25; 26; 28; 30; *Görler*, AU 21 (1978), 9.

(*quod...homo sit*). Der Lasterhafte ist daher pflichtvergessen, sowohl gegenüber der Gemeinschaft als auch gegenüber der Natur und gegenüber den Göttern.[218]

Die auch hier zunächst abstrakt bleibenden Grundsätze gewinnen schließlich auch für die Herrscher von Staaten an Bedeutung. So schließt es die allen Menschen gemeinsame Natur aus, Ausländer vom Nutzenbegriff auszunehmen. Auch der Ausländer ist Mensch. *Beneficentia, liberalitas, bonitas* und *iustitia* sind also auch ihm gegenüber zu wahren.[219]

bb) Der Tyrannenmord

Die aus den Grundsätzen folgenden Konsequenzen sind vor allem für die Beantwortung der Frage nach der Rechtmäßigkeit des „Tyrannenmordes" bedeutsam. Darf ein Herrscher, der ausschließlich zum eigenen Nutzen handelt und daher gegen die Naturgesetze verstößt, mit Gewalt beseitigt werden? In Anwendung des Naturgesetzes gelangt Cicero zu dem Ergebnis, dass jedenfalls ein für die *res publica* besonders nützlicher Mann, Güter eines Tyrannen rauben darf, wenn er nicht selbst beabsichtigt, sie wiederum rechtswidrig, etwa zur Mehrung des eigenen Reichtums, einzusetzen.[220] Da mit dem Tyrannen, der zum Tier in Menschengestalt geworden ist,[221] keine Gemeinschaft *(nulla societas)* besteht, kann es nicht naturwidrig sein, ihn zu berauben und aus der Gemeinschaft zu verweisen. Dies gilt vor allem deshalb, weil auch seine Tötung zur Rettung des Gemeinwesens ehrenvoll wäre.[222]

cc) Das Verbot der Täuschung

Auch in allen anderen Fällen der Herrschaftsausübung ist die Scheidung von Nützlichkeit und Ehrenhaftigkeit nicht geboten. Auch hier gilt das Naturgesetz uneingeschränkt, keine Grausamkeiten für nützlich zu erklären. Die Philosophie

---

218 *Cicero*, De officiis, III, 27 f. Der von Cicero zugrunde gelegte Begriff der Achtung vor dem Menschen aus seinem Menschsein heraus darf nicht mit dem heutigen Begriff der Menschenwürde verwechselt werden. Das Menschsein schützt den Menschen als Teil der menschlichen Gemeinschaft. Ist er für die menschliche Gemeinschaft nicht von Nutzen, etwa weil er als Tyrann ausschließlich seine eigenen Interessen verfolgt, oder gerät seine Existenz in Konflikt mit der eines „Nützlicheren", so muss er sich für das gemeine Wohl opfern (III, 90 – Brett des Carneades). Jede Pflicht, auch die Vaterliebe, steht unter der höchsten Pflicht, das Wohl des Staates aufrechtzuerhalten, weshalb der Sohn zwar nicht schon den räuberischen, wohl aber den Vater verrät, der sich zum Tyrannen aufschwingen will (III, 90).

219 *Cicero*, De officiis, III, 27.

220 *Cicero*, De officiis, III, 30; 31.

221 *Cicero*, De officiis, III, 82.

222 *Cicero*, De officiis, III, 32. Zum Begriff des Tyrannen bei Cicero vgl. *Büchner*, Tyrann, 120 f., der auch für Ciceros Werk über die Republik konstatiert, dass sich Tyrannei nicht nach Form und Institution von anderen Herrschaften unterscheide, sondern es alleine auf den in der Tat sich enthüllenden moralischen Zustand des Herrschers ankomme; ebenso 132.

muss einer Trennung beider Begriffe vorbeugen. Sonst würden Mord-, Testamentsfälschung, Raub und Diebstahl und das Streben nach individueller Macht und Königsherrschaft das ohnehin verbreitete falsche Verständnis des Nutzenbegriffes fördern.[223] Der tugendhafte Mensch ist auch innerhalb des Rechtsverkehrs gehalten, ehrenvolles Verhalten beim Erstreben rechtmäßiger Gewinne an den Tag zu legen. Rechtsgeschäfte sind nach dem Grundsatz von Treu und Glauben (*ex fide bona*) abzuwickeln.[224] Gutgesinnte Menschen nützen, wem sie können. Sie trachten nicht nach dem Schaden anderer, sondern nach einer an der Klugheit ausgerichteten Lebensweise. Voraussetzung kluger Entscheidungen aber ist Tatsachenkenntnis. Daher kommt es keinem gutgesinnten Menschen zu, um seines vordergründigen Profites willen zu lügen, anzuschwärzen oder zu täuschen.[225]

Eben dieses, so Cicero, sei im römischen Staatswesen unter Caesar geschehen. Er habe nach der Würde eines *rex populi Romani* und der alleinigen Herrschaft über alle Länder gestrebt und hierbei bewusst den Untergang der Gesetze und Freiheit in Kauf genommen habe. Die von ihm gewählte Selbstbezeichnung als Vater (*parens*) widerspricht dem unter ihm herrschenden Leben in Angst, Unruhe, Furcht und Gefahr.[226] Der nominell größte Nutzen für die Gemeinschaft, König zu sein, wird durch das Königtum des Ungerechten zur Unrechtsherrschaft und damit zum Nutzlosesten pervertiert.[227] Der Mensch tut also gut daran, in allen Krisensituationen an der Verbindung des Schicklichen und Ehrenhaften mit dem Nützlichen festzuhalten. Die Trennung von Nützlichem und Ehrenhaften kann zwar individuelle Befriedigung verschaffen; sie untergräbt letztlich aber durch Bevorzugung vermeintlich nützlicher Interessen die Bedeutung des Naturrechts.[228]

k) Bewertung

Mit der Verknüpfung von höchstem Gut und *virtus* nimmt Cicero die Weichenstellung vor, die seine Pflichtenethik wesentlich bestimmt. Nicht dem individuellen Streben folgt die Bestimmung des höchsten Gutes, sondern anhand des Maßstabs

223 *Cicero*, De officiis, III, 36; 38; 46; 49: „Maneat ergo, quod turpe sit, id numquam esse utile, ne tum quidem, cum id, quod utile esse putes, adipiscare...". Beleg ist auch III, 88 der Fall des Überläufers, der sich im Krieg mit Pyrrhos zum Giftmord am König bereit erklärt und daraufhin von den Römern trotz des vordergründigen Nutzens an Pyrrhos ausgeliefert wird; *Görler*, AU 21 (1978), 8.

224 *Cicero*, De officiis, III, 53 mit dem Beispiel des Händlers, der während einer Hungersnot mit einer Ladung Getreide auf Rhodos eintrifft und Kenntnis von der den Rhodiern unbekannten Tatsache hat, dass sich bereits eine Vielzahl von Getreideschiffen in der Anfahrt auf die Insel befindet. Die von Cicero angeführte Kasuistik (auch III, 54) fordert so zu handeln, wie man „inter bonos bene" vorgeht.

225 *Cicero*, De officiis, III, 72; *Görler*, AU 21 (1978), 8 zum Fall des L. Minucius Basilus.

226 *Cicero*, De officiis, III, 83 f.

227 *Cicero*, De officiis, III, 83.

228 *Cicero*, De officiis, III, 96; 101.

der Vollkommenheit. Die spezifische Vollkommenheit des Menschen und der Götter äußert sich in der Fähigkeit des Vernunftgebrauchs und damit in der Möglichkeit, nach Wahrheit zu streben und diese zu erkennen. Die Wahrheit umfasst die Erkenntnis der Ordnung der Dinge, des schicklichen Verhaltens und des rechten Maßes.

Der mit höchster Vernunft ausgestattete Mensch lässt vor dem Forum seines Geistes nur Vernunftgründe gelten und strebt daher innerhalb der Gesellschaft nach dem Prinzipat. Vernunftgemäßes Streben ist nicht die isolierte Suche nach Erkenntnis, wie sie sich in der *sapientia* ausdrückt. Es ist vielmehr nur als Teil eines Kanons gesellschaftlicher Tugenden von Wert. Der tugendhafte Mensch strebt kraft seiner Vernunfterkenntnis danach, jedem das Seine zuzuteilen (*iustitia, liberalitas, beneficentia*), dieses mit geistiger Standhaftigkeit zu tun (*fortitudo*) und dabei in allen Handlungen das rechte Maß zu wahren (*temperantia*).

Iustitia übt nur, wer erkennt, dass die Menschen zum Nutzen des anderen miteinander verbunden sind. Daraus alleine ergibt sich die Bedeutung von *fides, constantia* und *veritas*. Soll das gesellschaftliche Band erhalten werden, muss der *iniustitia* vorgebeugt werden. Deren Quellen liegen im Rückzug der Besten (*optimi*) aus der Gesellschaft sowie im lasterhaften menschlichen Streben (*avaritia, cupiditas*). Es bringt stets auch diejenigen in Gefahr, die in der Gesellschaft nach höchsten Ehren streben. Die Bestimmung der *iustitia* nimmt Cicero nach dem Inhalt des die Menschen verbindenden Bandes vor.[229] Nichts darf gerechterweise gefordert werden, was erkennbar schädlich ist. So dürfen auch einem reuigen Unrechtstäter nicht harte Sanktionen drohen. In die Diskussion um die Gerechtigkeit eingewoben findet sich die Frage nach dem gerechten Krieg. Auch diese ist im Sinne der Grundforderung nach der sich gegenseitig nützenden Bürgergemeinde zu beantworten: Kriege sind nur zulässig, wenn durch sie ein Friede ohne Tücken offenkundig erstrebt wird.

An denselben Maßstäben sind auch Werke der *liberalitas* zu messen. Akte der Geldverschwendung sind nicht Teil der Tugend, da sie sich nicht an der *necessitas* orientieren, die Art und Umfang der in der Regel zu erbringenden Sachleistungen bestimmt. Geht *liberalitas* darüber hinaus, so droht ihr Umschlagen in Besitzgier und Laster.

Fortitudo schließlich wird von Cicero alleine der *aequitas* zugeordnet. Tapferkeit ist nur in Taten möglich, die dem Unrecht und Laster entgegentreten. Sie ist das beständige Streben, den Geboten der Tugend zu genügen. Wer sich dem Gemeinwesen verweigert, kann daher niemals tapfer sein, da er schon das Gebot der *iustitia* missachtet. Die bedeutsame Frage nach dem Vorrang kriegerischer oder ziviler Tapferkeit wird eindeutig beantwortet. Siege betreffen eine Schlacht, beständige Tugendleistungen werden alleine durch *providentia* auch in der Zivilgesellschaft erbracht.

Ist damit die Zivilgesellschaft dem Grunde nach gesichert, fehlt es noch an dem die Tugendausübung bestimmenden Maßstab der *temperantia*. Der Mensch muss in der Lage sein, die Gründe seines vernunftgeleiteten Begehrungsvermögens zu

229 Vgl. *Sprute*, Cicero, 153. Die Frage nach dem guten oder schlechten Staat hängt wesentlich von seiner Regierung ab.

benennen. Er muss nicht nur *iniustitia*, sondern auch Missfallen ausschließen. Der Umfang der individuellen Pflichtenbindung ist nach gesellschaftlicher Stellung und geistigen Fähigkeiten zu bestimmen. Ein im umfassenden Sinne tugendhaftes und weises Handeln wird daher alle Aspekte des Bürgernutzens beständig im Blick halten.

Die Bedeutung der menschlichen Gemeinschaft prägt auch den im zweiten Buch diskutierten Nutzengedanken. Menschlicher Nutzen ist außerhalb menschlicher Gemeinschaft nicht möglich. Nur wenn diese gemäß den Maßstäben des ersten Buches konstituiert ist, kann der *utilitas* entsprochen werden. Damit steht auch der Maßstab jeder Herrschaft fest: Beständige Herrschaft ist nur möglich auf der Basis der Bewahrung der Untertanen und der daraus entstehenden Wertschätzung. Wertschätzung wird erworben, wenn der Eindruck der Tugend in den Untertanen wirksam wird. In besonderem Maße trifft dies auf *iustitia* zu, die zugleich den berechtigten Schluss auf die Tugendhaftigkeit des Herrschers im Übrigen zulässt. Herrscht ein *optimus*, sind Gesetze überflüssig – das Beispiel der altrömischen Königsherrschaft liefert hierfür den Beleg.

Die *utilitas*-Diskussion der *liberalitas/beneficentia* greift vorwiegend auf die Elemente des ersten Buches zurück. Auch vom Herrscher geübte Freigiebigkeit hat sich am Nutzen zu orientieren, weshalb Tierhetzen von zweifelhaftem Charakter sind. Gegenüber dem Laster geübte *beneficentia* muss ferner darauf achten, alle Untertanen einzubeziehen, also Arme und Reiche gleichermaßen zu achten.

Das Fazit des dritten Buches ist damit bereits vorweggenommen. Einen Gegensatz von *utilitas* und *honestum* gibt es nicht. Jedes Streben nach persönlichem Vorteil setzt sich über die Pflichten der menschlichen Gemeinschaft hinweg und berechtigt zu der Annahme, der so fehlerhaft Strebende wolle sich außerhalb der menschlichen Gemeinschaft stellen. Auf dieser Basis kann daher auch der Tyrannenmord gerechtfertigt zu werden. Unrechte Königsherrschaft verhindert nicht nur den großen Nutzen des Tugendkönigtums, sondern birgt selbst für die Gesellschaft in der höchsten Macht die Gefahr höchsten Übels. Nur am Maßstab der Pflichtenethik ausgeübte Tugendherrschaft ist Herrschaft eines *optimus* und wird mit *virtus* geübt.[230]

IV. Sallust

Neben Ciceros Schriften sind im ersten vorchristlichen Jahrhundert vor allem in den Geschichtswerken des Gaius Sallustius Cripsus (* 1.10.86 v. Chr., † 13.5.35/34 v. Chr.) Gedanken der römischen Staats- und Herrscherethik formuliert worden. Von seinem Leben existieren nur bruchstückhafte Kenntnisse. Geboren aus plebejischem, wenngleich offenbar wohlbegütertem Haus, wandte er sich früh der politischen Laufbahn zu. Im Jahr 55 v. Chr. bekleidete er im Alter von kaum 30 Jahren die Quästur; im Jahre 52 v. Chr. war er Volkstribun. Zwei Jahre später führte er eine Gesandtschaft nach Syrien. In das Jahr 50 v. Chr. fällt auch seine Verbannung aus Rom, die ihn dazu

230 *Knoche*, Cicero, 69.

veranlasste, sich Caesar zuzuwenden. Nach einem erfolglosen Flottenunternehmen im Adriatischen Meer folgte Sallust nach seiner zweiten Quästur im Jahre 47 v. Chr. Caesar nach Afrika. Er übernahm nach dem Sieg bei Thapsus als *pronconsul cum imperio* die Statthalterschaft in Afrika. Im Laufe des Jahres 45 v. Chr. kehrte er, zu Reichtum gelangt, nach Rom zurück. Nach der Ermordung Caesars im Jahre 44 v. Chr. zog er sich aus der politischen Laufbahn zurück.[231]

Den Ausgangspunkt des Gesamtwerks des Sallust bildet die wohl um 42 v. Chr. entstandene Schilderung der zweiten Verschwörung des Aristokraten Lucius Sergius Catilina. Formal widmet sich das Erstlingswerk des Historiographen somit einem zu diesem Zeitpunkt bereits mehr als zwanzig Jahre zurückliegenden Ereignis, dessen Protagonisten als vermeintliche Retter des römischen Volkes auch zu Sallusts Zeiten durchaus noch Wertschätzung erfuhren.[232] Die Verschwörung Catilinas bot damit die Gelegenheit, dem Leser gegenwärtige Laster des römischen Staatswesens vor Augen zu führen, die in der bereits im zweiten Jahrhundert erlangten Hegemonialstellung Roms und dem damit verbundenen Reichtum des Staatswesens ihren Anfang genommen hatten.[233] Sallust versucht zugleich aufzuzeigen, wie der nach Herstellung der römischen Hegemonie in der Mitte des zweiten Jahrhunderts vor Christus erreichte Friedenszustand der *res publica* für künftige Generationen vor Störungen (*pertubationes et seditiones*) bewahrt werden kann. Dadurch sollen Bürgerkriege mit einhergehendem Verlust der republikanischen Freiheit (*libertas*) vermieden werden.[234] Die von ihm geforderten Tugenden des römischen Volkes sind auch solche Träger des Imperiums, weil sich Tugendhaftigkeit gerade bei Ausübung öffentlicher Ämter zeigt. In Verbindung mit den späteren Werken Sallusts über den „Jugurthinischen Krieg“ sowie den Historien kann der Autor mit Cicero und Seneca für sich beanspruchen, die Grundlegung der römischen Herrschertugendlehre späterer Jahrhunderte mitbetrieben zu haben.

1. Das Imperium des Geistes im Staat im Catilinaproömium

Bereits das Catilinaproömium greift die Frage nach dem Maßstab rechten und tugendhaften Handelns des Einzelnen auf. Seine Bedeutung ist in der Forschung deshalb stark umstritten, weil Proömien häufig topischen Charakter aufweisen und daher nicht mit Sicherheit ausgesagt werden kann, ob der Verfasser nur den

231 Zur Vita vgl. *Funaioli*, Sallustius, Sp. 1913–1920; *von Albrecht* I, 347 f.

232 *Schmal*, Sallust, 31, m. w. N.; *Funaioli*, Sallustius, Sp. 1921.

233 *Bellen*, Grundzüge I, 87. Antiochos IV. gehorcht Befehlen römischer Abgesandter wie „Befehlen der Götter“, Prusias II. bezeichnet anlässlich einer Audienz im Senat die Senatoren im Jahre 167 als „rettende Götter“.

234 Insofern das Werk eine Tendenzschrift, *Funaioli*, Sallustius, Sp. 1921, 56–59, die auf den künstlerischen Ausdruck ihrer Ziele größeren Wert, als auf Historizität legt (Sp. 1924, 19 f.). Dass sich die catilinarische Verschwörung aufgrund ihrer Aktualität auch besonders gut für die Entwicklung eines an einem Beispiel orientierten logischen Kontinuums eignete, konstatiert *Schmal*, Sallust, 54 ff., 57.

Anforderungen der literarischen Gattung entsprechen oder eine eigene Aussage tätigen wollte.[235] Inhaltlich bietet das Proömium neben der Rechtfertigung der Geschichtsschreibung einen Abschnitt über die im Menschen wirksamen Kräfte und die Frage, welchen davon der Mensch im Tugendhandeln den Vorzug zu geben hat. Als Ausgangsthese formuliert Sallust, dass alle Kraft (*vis*) des Menschen Ausfluss seiner beiden Bestandteile, des Körpers und des Verstandes ist, dass aber die Herrschaft (*imperium*) dem Geist gebührt, dem Körper dagegen nur die dienende Funktion. Daraus erschließt sich zugleich der *gloria*-Begriff. Zu rechtem und damit dauerndem Ruhm kann der Einzelne nur nach Maßgabe des Geistes gelangen. Ruhmesehre, die aus dem Reichtum an materiellen Gütern oder Schönheit folgt, ist stets von minderem Charakter und dadurch in höchstem Maße fragil.[236]

Diese für den Menschen gültige Grunderkenntnis lässt sich für die Staatenherrschaft abstrahieren. Ein ruhmreiches Staatswesen bedarf der Überlegung (*ingenium*) ebenso, wie des vielfach raschen Handelns. Die Frage nach dem Vorrang von Handlungs- oder Geistestugend stellt sich auch hier spätestens in dem Moment, in dem die Inhaber von Herrschaftsgewalt nicht mehr ohne *cupiditas („sua cuique satis")* streben. Gemeint ist der Fall, in dem sie aufgrund einer „Lust zu beherrschen" (*libido*) damit beginnen, auch die Herrschaft über andere Reiche zu erstreben. Die Vorrangfrage ist auch hier mit dem unverbrüchlichen Vorrang der Geistestugend selbst in Kriegszeiten zu beantworten.[237] Sollen die *res humanae* zugleich gerecht und beständig (*aequabilius atque constantius*) geordnet werden, darf *virtus* in Friedenszeiten niemals hinter kriegerischer Tapferkeit zurückstehen. Im Frieden geübte *virtus* beinhaltet die geistige Verpflichtung, den Umbruch von *continentia* und *aequitas* zu *libido* und *superbia* zu verhindern. Verdrängen die Laster die Friedenstugend, so folgt dem Tugendverlust der Verlust der Herrschaft nach, die in der Regel an den nächsten Besten (*optimus*) fällt.[238]

---

235 Vgl. etwa *Schmal*, Sallust, 58, der insofern von „Versatzstücken" spricht. Dazu *Büchner*, Sallust, 104.

236 *Sallust*, Cat. I., Gloria und memoria sind nur unter Anerkennung des geistigen Strebens möglich, *Büchner*, Sallust, 95; zur engen Verknüpfung von virtus und gloria, *von Albrecht*, I, 358; dazu auch *Hand*, Augustin, 16 f.

237 *Sallust*, Cat. II, 2, der Wandel der Königsherrschaft nimmt seinen Anfang mit Cyrus dem Großen in Asien und in Griechenland mit den Stadtstaaten Athen und Sparta. Das Ziel, Reiche zu unterwerfen (nationes subigere) und sich so die größte Herrschaftsgewalt (maxumo imperio) zu schaffen, trat dort erstmals hervor.

238 *Sallust*, Cat. II, 6. Die Bewertung *Schmals*, Sallust, 34, dass jedes Staatswesen nur so gut sein könne, wie seine Bürger, ist zutreffend. Sallust hebt die für den einzelnen gültige Vorrangstellung des Geistes auf die Ebene des Staates mit dem Vorrang des ingenium. Dazu auch *ders.*, Sallust, 122. Zu den Deutungsmöglichkeiten der Passage vgl. *Heldmann*, Weltherrschaft, 20–23; 24, 27 ff., 67, der die Deutungsmöglichkeiten des „imperium" (1) als tatsächliche Herrschaftsmacht des Individuums, (2) mit *Pöschl* als Herrschaftsmacht des römischen Weltreiches und (3) als Bestandteil des Kreislaufs der Staatsverfassungen untersucht. Insofern lässt sich der Übergang des Imperiums nicht als individueller Verlust der Herrschaft,

Rückbezogen auf das Individuum folgt der Schluss: Wer sich – wie die überwiegende Mehrzahl der Menschen – der *voluptas* hingibt, verlässt den Pfad der Tugend. Sein Leben unterscheidet sich in keiner Weise vom Zustand des Todes. Das rechte Leben dagegen stellt *pudicitia, abstinentia* und *virtus* den Lastern (*audacia, largitio, avaritia*) gegenüber und sucht auch Ruhmsucht zu meiden, wenngleich Sallust sich selbst nicht von dem Willen, herausragen zu wollen (*ambitio*), ausnimmt. Nur, wenn diese Tugenden in den Dienst des Staates gestellt werden, lassen sich üble Nachrede und Neid (*fama atque invidia*) erfolgreich zurückdrängen.[239] Die zugunsten des Staatswesens mit *ambitio* eingesetzte Tugend tritt so der Nachlässigkeit der Muße (*otium*) entgegen, die alle menschlichen Laster fördert.

2. Das dominatio-Streben des Catilinia

Dem Beispiel des tugendhaften Staatenlenkers tritt mit Catilina ein Mitglied der Nobilität entgegen, das zwar über *ambitio* verfügt und von starker Kraft angetrieben wird, zugleich aber von Jugend an in den Sog der Laster gefallen ist. Jugendliche Raubtaten verbunden mit Handlungen, die die Aufhebung der staatlichen *concordia* im Blick hatten, haben sich in einem schlechten Charakter verbunden. Seine *ambitio* hat sich zur *libido* gesteigert und strebt nach nichts anderem, als der Gewaltherrschaft (*dominatio*). Ganz von den Lastern der Genuss- und der Habsucht (*luxuria atque avaritia*) angeleitet, setzt ein solcher Charakter sein von *cupiditas* dominiertes Streben dazu ein, alles Fremde sein Eigen nennen zu wollen.[240] Ein von *crudelitas* angeleiteter Geist erblickt, weil er nicht in der Lage ist, sich selbst zu befrieden, in der *tranquillitas* des Staatswesens nur eine weitere Gelegenheit zur Begehung von Schandtaten. Er schart um sich die Verbrecherbanden derer, die ohnehin nichts zu verlieren haben oder aus Freude an Raub und Bürgerkrieg handeln, und verdirbt die Jugend.[241] Er schreckt schließlich auch nicht davor zurück, im Falle des Scheiterns seiner Pläne zum Mittel der Täuschung zu greifen. Zu diesem Zweck versucht er

---

sondern auch als Verlust der Herrschaftsmacht an ein anderes, tugendhaftes Reich auslegen, was insbesondere mit der Weltreichslehre vereinbar wäre. Einem Königtum ohne Gier wäre dann seit Ninus ein Königtum mit dem Ziel der Herrschaftserweiterung nachgefolgt. Herrschaftsmacht zu erwerben und zu behaupten wäre dann gloria und einzig auf der Basis der virtus zu erlangen. Dazu neben *Pöschl*, Grundwerte auch *ders.*, Gymnasium 65 (1956), 203. Den Frieden zu ordnen, kann nur mit Tugend gelingen, *Heldmann*, Weltherrschaft, 54.

239 *Sallust*, Cat. III, 5. Nur der mit Tugend erreichte Ruhm ist wirklicher, dauerhafter Ruhm. Ihm steht der vergängliche Reichtum und das damit erfolgte Ende der virtus gegenüber. Vgl. *Funaioli*, Sallustius, Sp. 1940, 37 ff. Zum Problem der ambitio *Gärtner*, AAnt.Hung. 40 (2000), 102 f. – sie ist ein trügerischer Weg zu honos und gloria.

240 *Sallust*, Cat. V. Zur Symptomatik dieses Verhaltens für die Nobilität, vgl. *Funaioli*, Sallustius, Sp. 1921, 56–59. Ausgehend von der ambitio entwirft Sallust für Catilina einen regelrechten Katalog der Laster, vgl. *Classen*, Gymnasium 95, 291.

241 *Sallust*, Cat. XIV–XVI.

sein Handeln als tugendgeleitet darzustellen und stellt es so vermeintlich in den Dienst der *quietas* und der Vermeidung von *seditiones*.[242]

3. Die Charakterisierung der römischen Staatsverfassung

a) Die Genese von Bürgergemeinde und imperium legitimum

Der von Sallust angestrebte Vergleich – der Mensch verdirbt ebenso wie die Herrschaft, wenn nicht der Geist, sondern der Körper herrscht, wenn also der Friede einzig der Muße dienlich gemacht wird – lässt sich nunmehr auch für das Staatswesen in seiner Gesamtheit weiter entfalten. Von dem ursprünglich verfassungslosen Zustand nach der Gründung durch die Trojaner (Aeneas-Legende: *sine legibus, sine imperio*) hat sich die Masse (*multitutdo*) zur *concordia* der Bürgergemeinschaft zusammengeschlossen. Ihr Wohlstand rief den Neid der Nachbarn hervor und zwang Rom erstmals, gegen benachbarte *reges* vorzugehen.[243] Nunmehr unter der Königsherrschaft zum *imperium legitimum*[244] angewachsen, stützte sich die Herrschaft auf die *sapientia* der *patres*, um die Freiheit der Bürgergemeinde, des Vaterlandes zu schützen (*conservandae libertatis*).[245]

b) Das Konsulat als Voraussetzung der Entfaltung rechten gloria-Strebens

Das Ende der Königsherrschaft kam mit der Zurückdrängung dieses Schutzauftrages hinter den Willen der Könige, alles „beherrschen" zu wollen, in dem Augenblick als *superbia* das Königtum erreichte. Durch das Konsulat trachtete man die Tyrannei aufzuheben, um *virtus* durch die Doppelspitze sicherstellen zu können. Der Wechsel der Verfassungsstruktur – die Königsherrschaft hatte die Ambitionen einzelner Unterworfener nach *gloria* dadurch gezähmt, dass in einer Monarchie gerade die Tüchtigen sich verdächtig machten – führte nunmehr zur Entfaltung des römischen Strebens nach Ruhm (*cupiditas*). Auf rechte Ziele gerichtet – auf Lob für Tugendtaten, auf die Möglichkeit mit rechtmäßig erworbenen Vermögen freigiebig sein zu können (*liberalitas*), mittels der Ehrlichkeit zu Vermögen zu gelangen (*honestia*) – unterwarf sich Rom die Welt, siegten die Schwachen über die

---

242 *Sallust*, Cat. XXXIV, 2.

243 *Sallust*, Cat. VI, 3 f. Zum Vorgang der Ethnogenese *Schmal*, Sallust, 35.

244 *Sallust*, Cat. VI, 6. Der Begriff des Imperiums weist einen doppelten Sinngehalt auf, indem er zum einen den Begriff der res publica dann substituiert, wenn die rechtlich verfasste Herrschaftsgewalt, d. h. die Machtfülle des Staatswesens hervorgehoben werden soll, zum anderen aber auch die höchste Herrschaftsgewalt/Machtfülle in den Händen des Einzelnen (umfassend oder innerhalb eines Amtsbereiches) bezeichnet.

245 *Sallust*, Cat. VI, 7. Auch hier wird der körperlichen Stärke der Verstand vorgezogen.

Mächtigen.[246] Die Bürger wetteiferten um die guten Sitten, stellten die *concordia* über alles und hielten so ihr Staatswesen schon alleine durch ihren Rechtssinn, ohne der Gesetze zu bedürfen, auf dem Pfad der Tugend, der Bescheidenheit, der Treue und der rechten Götterverehrung (*pietas*).[247] Der Krieg, von *audacia* angeleitet, und der Friede (*pax*) unter Herrschaft der *aequitas* förderten das Wachstum durch Tatendrang und die Werke der *iustitia*.[248] Errungene Siege dienten nur dazu, die Fähigkeit des Gegners aufzuheben (aufgrund seines Neides) Unrecht zu verüben.[249]

c) Die Muße nach der Überwindung Karthagos als Ursache des Lasters

aa) Falsches Streben des Staates durch Muße und Reichtum

Den Umbruch innerhalb des von Fortuna stets begünstigten Staatswesens bringt die Muße (*otium*), die den Römern im Gegensatz zu den Griechen erst nach der abschließenden Ausschaltung ihres karthagischen Widersachers vergönnt ist. Sie trägt mit den durch die Herrschaft erlangten Reichtümern dafür Sorge, dass Männer die zuvor Gefahren des Leibes leicht ertragen haben, ihre *cupiditas* auf die falschen Ziele lenken, v. a. auf den Erwerb von Herrscherwürden und Geld. Die dadurch hervorgerufene *avaritia* vernichtet schließlich die *artes bonas*, bringt die Laster der *superbia, crudelitas* und der Götterverachtung hervor und lässt den Eindruck entstehen, dass alles käuflich sei. Aus dem besten und gerechtesten Staat wird ein grausames Staatswesen.[250]

---

246 *Sallust*, Cat. VII, 6: „...virtus omnia domuerat." Mit ambitio/cupiditas bezeichnet *Sallust*, Cat. 11 nicht nur das lasterhafte, sondern auch das rechte Streben. Grundsätzlich in verstandesgemäßer Weise wünschenswert, kann es sich auf die Güter der Tugend richten, oder aber, in Verbindung mit der avaritia (die v. a. die Befriedigung körperlicher Gelüste bezweckt), einem falschen Weg folgen. So groß wie der Nutzen des Gemeinwesens im ersten, ist der Schaden im zweiten Fall. Zum Sieg der Schwachen über den Mächtigen, Cat. LIII. Zu dem moralischen Problem der Gier vgl. *Schmal*, Sallust, 117; *Inglebert*, Latomus 54 (1995), 22: Römische Eroberungen gehen auf mores und virtutes zurück und auf Fortuna.

247 *Sallust*, Cat. IX, 2: „...cives cum civibus de virtute certabant."; XII, 4: „Verum illi delubra deorum pietate, domos suas gloria decorabant, neque victis quicquam praeter iniuriae licentiam eripiebant."

248 *Sallust*, Cat. IX, 1–5. Kriegstugend bedeutet den Kampf nicht ohne Befehl zu suchen und den Kampfplatz auf Befehl hin zu verlassen. Im Friedenszustand wird die Gewalt „...quod beneficiis magis quam metu" ausgeübt, d. h., es werden eher Injurien ignoriert, als jeden Schadensfall im Rechtswege zu verfolgen.

249 *Sallust*, Cat. IX, 1–5.

250 *Sallust*, Cat. X, 1 u. X, 6: „imperium ex iustissumo atque optumo crudele intolerandumque factum." Der Fall der Sitten geht mit dem Fall Karthagos einher und verstärkt sich bis hin zum Tiefpunkt der sullanischen Herrschaft. Vgl. *von Albrecht*, I, 360.

bb) Übernahme falschen Strebens durch die Bürgergemeinde kraft schlechter Vorbilder

Durch die Anleitung falscher Vorbilder (Sulla, Pompeius) wird auch das Volk in weitem Maße mit dem Laster der *avaritia* vertraut gemacht. Es nimmt schließlich den Sieg (*victoria*) zum Anlass, jede Art von *modestia* abzulegen, die Besiegten schonungslos auszuplündern und auch sonst stets nach den Gütern des Nächsten zu streben.[251] So wird zuletzt die Armut verachtet, der Reichtum selbst für eine Tugend gehalten und die *innocentia* Dritter als Gefahr angesehen. Die Herrschaft der Laster (*luxuria, avaritia, superbia*) wird vervollständigt.

Es entsteht der Glaube, der Gebrauch des Imperiums diene nur dazu, Injurien zu begehen.[252] Neben Catilina und seinen Mitverschwörern, deren Streben nach Herrschaft für die gewandelte Geisteshaltung bezeichnend ist,[253] lässt sich die Bereitschaft zur Störung (*pertubatio*) des Friedenszustandes mittels der *latrones* – offen und unter dem Deckmantel der Tugend – auch innerhalb des übrigen senatorischen Adels, aber auch innerhalb des römischen Volkes selbst beobachten.[254]

---

251 *Sallust,* Cat. XI, 4 u. 7. Auch Catilina ist damit ein Produkt Sullas; vgl. *Schmal,* Sallust, 36; ebenso *Funailoi,* RE, „Sallustius", Sp. 1922, Z 62–65.

252 *Sallust,* Cat. XII, 2 mit den entsprechenden Handlungen: rapere, consumere, sua parvi pendere, aliena cupere; dazu: pudorem, pudicitiam, divina atque humana promiscua, nihil pensi neque moderati habere. Das Ergebnis gibt Cat. XIV, 1 wieder: der Staat ist vollkommen verdorben. Cat. LIII, 5 spricht von der civitas corrupta. Vgl. dazu *Schmal,* Sallust, 38: „Dieses politische Klima ist es, eine subversive Atmosphäre, die im Zusammenspiel mit der Cliquenbildung, dem mos partium et factionum, den Nährboden bildet für einen im Kern politisch ziellosen, anarchischen und verbrecherischen Umsturzversuch."

253 *Sallust,* Cat. XVII, 7. Auch für die Mitverschwörer – ausgenommen vielleicht Decimus Silanus (Cat. 51) – gilt, unabhängig von ihrer Herkunft aus dem Adel, dass sie das Risiko dem gesicherten Leben, den Krieg der pax vorziehen.

254 *Sallust,* Cat. XVIII, 4 (Gnaeus Piso), Cat. XXIII, 1–3 beschreibt mit den Lastern des Verschwörers Quintus Curius noch einmal, wie vantias sich schließlich nicht einmal mehr mit dem Anschein der Rechtschaffenheit bekleidet. Cat. XXXVII, 3 geht auf die Unterstützung der Plebs für Catilina ein: In jedem Staatswesen beneiden die Mittellosen die Tüchtigen. Sie sehnen sich nach Veränderung, da die Störung des Friedenszustandes wenigstens die Chance des Aufstiegs aus dem Elend bietet. Dennoch (Cat. XXXI, 1 f.) wird der Zustand der Ungewissheit zwischen Krieg und Frieden gefürchtet. Cat. XXXVIII, 3 verweist schließlich darauf, dass v. a. die römische Politik, von der sich Sallust ja ausdrücklich distanziert hatte, ihren Lastern unter dem Namen der Tugend frönt und das öffentliche Wohl nur zur Verwirklichung ihres eigenen, lasterhaften Lebens vorschiebt.

cc) Das Bedürfnis auch des Schlechten nach Legitimität

Dass das römische Staatswesen, insbesondere die Clique des herrschenden senatorischen Adels, sich im Falle der Bedrohung gegen alle *invidia* und *superbia* doch noch dazu durchringen kann, einen *homo novus* wie Cicero zum Konsul zu benennen, zeigt die Fragilität des lasterhaften Strebens. Es bedarf zu seiner Verteidigung der Tugend, kann diese aber selbst nicht aufbringen.[255] Seinen Fortbestand unter diesen Voraussetzungen dankt der römische Staat daher mehr seiner Größe als seinen Tugendgestalten.[256]

d) Catilina und Gaius Manlius: Berufung des Lasters auf das rechte gloria-Streben

In dogmatischer Hinsicht werden die Beteiligten der catilinarischen Verschwörung – Catilina selbst, aber auch Gaius Manlius, der sich mit Heeresgewalt gegen das Staatswesen erhoben hatte – gegenüber einem solchen Senat in die Lage versetzt, geltend zu machen, dass ihr Streben im eigentlichen Sinne tugendgeleitet gewesen sei. Die erste Rede Catilinas über den Staat (Cat. 20–22) vor seinen Mitverschwörern nimmt zur Legitimation der Friedensstörung gerade jene Verdorbenheit der Sitten in Bezug, als deren Ausdruck sie sich darstellt. Durch Auswahl nach der *virtus* und *fides* der Mitverschwörer wolle man die *libertas* wiederherstellen, die durch die Machtergreifung einer nur wenige *potentes* umfassenden Schicht aufgehoben sei. Die durch diese veranlasste ungleiche Verteilung der Reichtümer der Welt, ihre Selbstbereicherung, aber auch das Darben der Guten – unabhängig von Herkunft und Stand *sine gratia* und *sine auctoritate* – sei rückgängig zu machen. Jenen Zustand elenden und gegen die *honestia* verstoßenden Lebens müsse man aufheben, um die Würdigkeit (*decus*), den Ruhm (*gloria*) und die eben angesprochene Freiheit zu restituieren.[257] Das eigentliche Ziel der Verschwörer, die Störung der *quietas* nach dem Sieg (*victoria*) dazu zu nutzen, nun eine ungerechte Herrschaft durch eine andere zu ersetzen, wird in dem Versprechen gegenüber den Mitverschwörern deutlich. Ihnen werden dieselben Güter und dieselbe Herrschaftsgewalt versprochen, die anderen genommen werden sollen.[258] In vergleichbarer Weise verteidigt sich der Mitverschwörer Gaius Manlius in seinem Schreiben an den Konsul Marcius Rex. Er räumt ein, dass er sich zur Durchführung seines Vorhabens objektiv der *latrones*, vorwiegend der Veteranen Sullas bedient hat, deren *libido* und *luxuria*

---

255 *Sallust*, Cat. XV, 4; XXX. Die Versagung des Triumphes für verdiente Feldherren bildet ein weiteres Beispiel dafür, dass honestia zu einem käuflichen Gut verkommt.

256 *Sallust*, Cat. LI, 37–42. Die Größe des Staates verhindert, dass die Fehler der Herrscher allzu großen Schaden stiften.

257 *Sallust*, Cat. XX. Es ist der Höhepunkt der Unverfrorenheit einer untugendhaften Natur, die Tugend für sich in Anspruch zu nehmen. Zu Catilina als personifizierter Untugend vgl. *Funaioli*, Sallustius, Sp. 1923, 36 ff.

258 *Sallust*, Cat. XXI, 2.

die früher erlangten Güter längst aufgezehrt haben.[259] Dennoch beruft er sich darauf, die Verschwörer handelten nicht *contra patriam*, sondern zu dem Zweck, gegen widerrechtliche *dominatio* und *superbia* des römischen Staates im Sinne der *libertas* aufzubegehren.[260]

e) Caesar und Cato als Exempla rechten Tugendstrebens

Die Tugendhaftigkeit selbst wird so weder vom Senat, noch von den Verschwörern verkörpert. Zu Zeiten der Verschwörung liefern für den Bestand der moralischen Kräfte der Republik allenfalls noch Caesar und Cato (der Jüngere) Beispiele, die die gleiche Seelengröße und die gleiche *gloria* vorweisen. Dennoch gelangen Sie hinsichtlich der Bestrafung der Verschwörer zu gegensätzlichen Schlussfolgerungen.[261] Während sich Caesars Ruhm auf Wohltaten (*beneficiis*), *misericordia* und *mansuetudo* sowie die leichte Zugänglichkeit für Unglückliche stützt, ihm also die Angelegenheiten anderer stets näher stehen als die eigenen, ragt Cato gegenüber diesem Ruhmesstreben durch seine *integritas*, seinen strengen Ernst (*severitas*) heraus. Er wird dadurch zum Verderben der Schlechten. Seine Verachtung der *gloria* macht ihn zu einem Beispiel der *constantia*, der *modestia* und der sittlichen Strenge. Er strebt danach eher gut zu sein als gut zu erscheinen. Die fiktiven Reden Caesars und Catos (Cat. 50, 52) in der Senatsverhandlung vom 5. Dezember 63 v. Chr. sind daher Ausdruck des „alten“, rechten Staatsverständnisses, ohne dass die Protagonisten dadurch hinsichtlich des verwirkten Strafübels der Verschwörer auch zu einer identischen Folgenbetrachtung gelangen müssen.[262]

aa) Rede Caesars: maxima fortuna, minima licentia

Ganz im Einklang mit der stoischen Tradition fordert zunächst Caesar vor dem Senat, sich zur Bestimmung des Strafmaßes von allen Affekten zu befreien. Niemand könne sich gleichzeitig von *libido* und dem wahren Vorteil leiten lassen, weil das Vorhandensein des Affekts stets zugleich die Entscheidung gemäß dem Letzteren

---

259 *Sallust*, Cat. XXVIII, 4.

260 *Sallust*, Cat. XXX, 4. Die Erwiderung des Konsuls verweist darauf, dass der römische Staat gegenüber einsichtigen Aufrührern noch immer misericordia habe walten lassen.

261 *Sallust*, Cat. LIV; *Schmal*, Sallust, 40.

262 Juristisch ging es darum, ob einerseits das Standrecht der Zwölftafeln anwendbar war, wonach ein Schädiger sogleich dem Geschädigten (hier der res publica insgesamt) übergeben werden musste und ob zugleich die lex Sempronia mit ihrem Bürgerrecht auf Anrufung der Volksversammlung und der Folge der Verbannung zur Anwendung gelangen konnte. Fraglich war auch, in welchem Maße das senatus consultum ultimum diese Rechtsordnung außer Kraft zu setzen geeignet war, vgl. *Schmal*, Sallust, 40.

ausschließe.[263] Dies bedeute nicht, dass nicht der Senat sowohl zwischen seinem Ruf und dem Maße des Verbrechens abwägen müsse. So wie Rom im Makedonischen Krieg das verräterische Rhodos ungestraft gelassen habe, um nicht selbst in den Verdacht der Bereicherungsabsicht zu geraten, müsse auch der Senat darauf achten, dass er nicht die Verbrechen der Verschwörer über die eigene Selbstachtung stelle. Höchste Staatsämter (getragen von *maxima fortuna*) schlössen in weitem Umfang die Handlungsfreiheit aus (*minima licentia*). Ihrem Inhaber seien Affekte nach beiden Richtungen verboten, zumal den Menschen weniger die Handlung, mehr aber das in der Strafe gesprochene letzte Wort im Gedächtnis verbleibe. Unter Berücksichtigung der gegenwärtigen Verfassung des Staates, in der eben nicht sichergestellt werden könne, dass die *potentes* gemäß der Sitte der Väter stets ohne *superbia* entschieden und angesichts der Tatsache, dass der Tod ohnehin eher ein glückliches Ende der Leiden des Lebens darstelle, sei die Schaffung eines Präzedenzfalles nicht anratenswert. Die Einhaltung der gesetzlichen Strafen sei gerade bei unfassbarem Unrecht umso notwendiger und Gefangenschaft die einzige Lösung.[264]

Wenngleich die Rede Caesars im wissenschaftlichen Diskurs vor dem Hintergrund der Verschwörung vielfach als „scheinheilig" gebrandmarkt worden ist,[265] bekräftigt sie doch im Kern die zuvor in Ansehung der *res publica* vorgetragene Kritik. Sallust lässt Caesar offen vor dem Senat die Übel der Zeit anprangern. Die Vorfahren (*maiores*), die nur das Rechte und Gute wollten, haben ihre *virtus* nicht bis in die Gegenwart übertragen können. Mit geringen Mitteln haben sie ein Weltreich geschaffen und dabei nicht nur auf ihr Tugendhandeln, sondern auch auf die Anschauung der Tugend bei anderen Völkern geachtet. Nunmehr droht der römische Staat jeden äußeren Anschein von Tugend zu verlieren, wenn er nämlich Catilina am Leben straft. Dies trifft umso mehr zu, als der durch eine solche Strafe offenbar werdende Riss im Staatsgefüge unweigerlich den Blick auf die Strafenden lenkt – also den Senat – und damit auf die aristokratische Elite des Staates. Sie befindet sich mangels Vorbildcharakters nicht in der Verfassung, die zu erwartenden Vorwürfe mit einiger Sicherheit entkräften zu können.

bb) Rede Catos: richtiger Gebrauch der Muße im Staatsdienst

Die gleiche, kritische distanzierte Haltung gegenüber dem römischen Staatswesen bringt die Rede Catos des Jüngeren zum Ausdruck.[266] Wollen die Senatoren weiterhin ihre träge Ruhe (*otium/voluptas*) in ungestörtem Güterreichtum genießen, so müssen sie sich für die *res publica* einsetzen, wenn *libertas* und Vernunft des römischen Staatswesens in Zweifel geraten. Dass dem mit *luxuria* und *avaritia*

---

263 *Sallust*, Cat. LI, 1 f. Odium, amicitia, ira oder misericordia haben bei der Bestimmung des rechten Strafmaßes nichts verloren. Sowohl das römische Volk, als auch Könige waren häufig schlecht beraten, sich vom Zorn oder Mitleid anleiten zu lassen.

264 *Sallust*, Cat. LI, v.a. 13.

265 So *Schmal*, Sallust, 41; dazu *Lämmli*, 529.

266 *Sallust*, Cat. LII, 15–18; 29; 36.

die größten Laster entgegenstehen, ist für den vorliegenden Fall nicht von Belang, wohl aber, dass der römische Senat in Gefahr gerät. Der Staat ist gerade, weil die Tugend verlorengeht, verpflichtet, harte Gegenmaßnahmen zu treffen. In einem Gemeinwesen, in dem *liberalitas* sich fremder Güter bedient und die Begehung von Verbrechen als *fortitudo* bezeichnet wird, muss gegen das größte Verbrechen, die Störung des Friedens, am härtesten vorgegangen werden.[267] Das gefährdete Staatswesen darf, wenn nun schon einmal über wirkliche Verbrecher zu verhandeln ist, nicht ausgerechnet gegenüber ihnen Zuflucht zu einer affektfreien Tugend nehmen, während es sonst unbescholtene Bürger zugrunde richtet. Die Größe Roms, begründet durch Betriebsamkeit und gerechte Herrschaft über die unterworfenen Völker, ist längst der *libido* und einem ausschweifenden, von *luxuria* und *avaritia* geleiteten Lebenswandel gewichen. Er zieht die Fülle der Privatschatullen jedem staatlichen Nutzen vor. *Misericordia* verbunden mit dem Gebet zu den Göttern, den Zustand des Staatswesens zu erhalten, ist nicht zielführend. Ihre Unterstützung gewähren die Götter nur dem tüchtigen, nicht dem trägen Bittsteller. Dem gegenwärtigen Übel kann nur die Verhängung der Todesstrafe abhelfen.

cc) Bewertung

Caesar und Cato bestätigten in ihren Reden gleichermaßen den von Sallust geschilderten Verfallszustand des Staatswesens durch die Lasterhaftigkeit der den Staat leitenden Oberschicht, die sich zu jedem göttlichen und menschlichen Recht in Gegensatz setzt.[268] Was sich für Caesar als gerichtliches Urteil unter Ausschluss aller Affekte, insbesondere der *misericordia* darstellt, ist in der Anschauung Catos eben von diesen geleitet. Es entspricht nicht der Verfassung eines Staates, der ohnehin die Tüchtigen längst nicht mehr schont. Trotz dieser Divergenz der Maßnahmenauswahl besteht über das grundlegende Ziel des von *virtus* geleiteten Staatswesen in beiden Reden Einigkeit. Für Caesar geht es darum, das Vertrauen in die *res publica* durch ein Beispiel von Tugend zu stärken und so jedenfalls äußerlich den Zustand des Gemeinwesens früherer Zeiten zu verkörpern. Für Cato ist jedes affektive Mitleid in einem Staatswesen, das seinen Tugendbegriff verloren hat, die Bestätigung des Tumultes innerhalb der Staatsverfassung. Schont der Staat gerade den Staatsverbrecher, richtet er sich umso rascher zugrunde.

f) Gesamtbewertung

Sallusts Werk über die „catilinarische Verschwörung“ steht als erstes Beispiel römischer, moralischer Geschichtsschreibung am Beginn der römischen Historien des ersten und der folgenden Jahrhunderte. Ihm liegt im Proömium die Prämisse vom

---

267 Ungehemmte ambitio schimpft sich virtus, Verwegenheit im Bösen nennt sich fortitudo und fremdes Gut zu verschenken wird liberalitas geheißen, vgl. dazu *von Albrecht*, I, 359.

268 Er hat mit sapientia offensichtlich nichts zu schaffen.

umfassenden Imperium des Geistes zugrunde, das das ruhmreiche Handeln des (1) Einzelnen ebenso wie des (2) Staates und der (3) herrschenden Persönlichkeiten bestimmt. Die Vergänglichkeit aller körperlichen Güter lehrt die Erfahrung. Wer aber Ruhm (*gloria*) erstrebt, strebt vor allem nach der Unvergänglichkeit. Er darf daher sein Handeln nicht am Streben nach materiellen Gütern ausrichten. Auf den Staat angewandt, beantwortet diese Unterscheidung die Frage nach dem Vorrang von raschem Handeln und Überlegung. Stets muss dem Imperium des Geistes, also der Überlegung, der Vorrang zukommen. Ein Staatswesen ist nur dann zu ordnen, wenn jedenfalls der *virtus* in Friedenszeiten die gleiche Sorgfalt zuteil wird, wie derjenigen in Kriegszeiten.

Die Notwendigkeit der Fragestellung folgt nicht nur aus der Existenz des Staates selbst, sondern wegen der Affekte der ihn beherrschenden Personen. Es ist das menschlich-herrschaftliche Begehren, sich nicht mit dem Seinen zufriedenzugeben und unumschränkt herrschen zu wollen, dass mit dem Wunsch nach ruhmvoller Regierung einhergeht. Beides erreichen kann nur diejenige *virtus*, die Krieg und Frieden jedenfalls die gleiche Bedeutung zumisst. Nur wenn Gemeinwesen mit *aequitas, constantia, pudicitia* und *abstinentia* geordnet werden, sind sie und ist die Herrschaft von Bestand. Nicht *ambitio* und *cupiditas* des Menschen, die der schädlichen Muße (*otium*) entgegenwirken, sind zu verwerfen. Zu unterlassen ist aber jede Handlung, die sich nur an materiellen Gütern ausrichtet. Wer diese Herrschaft über sich selbst nicht erlangen kann, in dem steigert sich der Ehrgeiz (*cupiditas, ambitio*) allzu leicht zur *libido*. Das Charakterporträt Catilinas ist hierfür ein Beispiel. Kann der Mensch sich nicht selbst befrieden, kann er auch den Staat nicht befrieden. Dann richtet sich sein Streben auf *dominatio* und damit auf eine Herrschaft, die die Grenzen der Gemeinschaft sprengt und in der die Tugendbegriffe zur leeren Hülle verkommen. *Dominatio* bedeutet Spaltung (*seditio*) und Aufhebung von Gemeinschaft. In ihrem Gefolge stehen Raubtaten, Bürgerkriege und Grausamkeiten.

Die *concordia* der Bürgergemeinschaft konstituiert sich in der ihr immanenten *libertas*. Dadurch ist sie von der bloßen Ansammlung (*multitudo*) von Menschen abzugrenzen. Ihr Konsens verschafft der Königsherrschaft die Legitimität (*imperium legitimum*) zum Schutze dieser Freiheit zu wirken. Die Erfahrung drohenden Zerfalls hat Rom zuerst in dem Fehlgehen des königlichen Ehrgeizes machen müssen. Die Ablösung der Königsherrschaft durch die republikanische Staatsform untermauert zugleich Sallusts These, dass eine auf Laster gegründete Herrschaft nicht von Dauer sein kann. Es ist das Fehlgehen des Königtums in *superbia*- und *dominatio*-Streben, das die Errichtung der Republik zur Sicherung der *libertas* erforderlich macht. Die damit erreichte Besserung des Staates ist dennoch Gefahren ausgesetzt. Zur Herrschaft gelangt nicht mehr ein einziger König, bei dem ein Umschlagen des Ehrgeizes zur Lasterhaftigkeit zu befürchten wäre. Vielmehr stützt sich die Regierung nunmehr auf den Ehrgeiz Vieler, zum Wohle des Staates zu wirken, mit rechtmäßig erworbenen Mitteln *liberalitas* zu üben und mit dem Beispiel der von der Natur eingegebenen Gesetze voranzugehen. Solange Rom sich seiner Neider mit Waffengewalt erwehrt, gelingt es im Krieg mit *audacia*, im Frieden nach der *aequitas* zu handeln. Bescheidenheit, Treue, Rechtssinn und *pietas* schaffen *pax* und *iustitia.* Die so erreichte Stärkung der *res publica* wird durch die Änderung der äußeren Umstände allerdings vollständig zunichte gemacht. Der Sieg über Karthago ist ein Sieg rechten Ehrgeizes. Zugleich aber beendet er den Zustand ständiger Bedrohung des römischen Gemeinwesens und bringt den Römern neben umfassender Herrschaftsmacht auch umfassenden Reichtum und erstmals Muße (*otium*). Diese hat zur Folge, dass Träger von Herrschaftsgewalt umso eher verleitet werden, den Neigungen des Lasters nachzugeben. Sie richten ihren Ehrgeiz auf falsche Ziele. Dadurch entstehen zugleich schlechte Vorbilder, die weiteren Störungen des *concordia*-Zustandes Vorschub leisten. Dass das rechte Streben weiterhin die einzige Möglichkeit darstellt, mit der die Bürgergemeinde erhalten werden kann, lässt Sallust aber auch hier außer Zweifel.[269] Selbst die dem Laster Verfallenen berufen sich auf die Tugend (*virtus*) und eine rechtem Streben folgende *cupiditas.* Catilina legitimiert sein fehlgeleitetes Streben mit dem Ziel der *tranquillitas* des Gemeinwesens. Gaius Manlius stützt sein Vorgehen auf die Restitution der *libertas.*[270]

Die Reden Caesars und Catos bilden schließlich den doppelten Spiegel der rechten und gegenwärtigen Staatsverfassung.[271] Die zunächst vorgetragene Rede Caesars liefert ein Muster rechten *cupiditas*-Strebens. Sie zeigt das Beispiel des Mannes, der trotz des Ehrgeizes das Imperium des Geistes anerkennt und bietet Sallust die Möglichkeit, der eigenen Geschichtsschreibung das erstrebte positive Beispiel alter Tugend voranzustellen. *Maxima fortuna, minima licentia* – mit der Freiheit von Affekten lässt sich das Fehlgehen der *cupiditas* verhindern. Kann der römische Senat ein solches Beispiel liefern, nimmt er die mit seiner Stellung einhergehende Verantwortung für die Bürgergemeinde wahr.[272] Nichts anderes gilt für die Rede Catos. Auch er bestimmt das Wohlergehen des Staates zum Maßstab seines Handelns, verlangt aber von den Senatoren, dass sie zum Zwecke des Erhalts ihres gegenwärtigen Zustandes von Müßiggang und Trägheit wenigstens gegenüber Verbrechern die gleiche Schonungslosigkeit zeigen, die sie sonst auch gegenüber Friedfertigen zur Befriedigung ihres falschen Strebens an den Tag legen.[273] Auch

269 Damit fordert Sallust die Rückkehr zu einem alten Tugendideal des Römertums, das nicht mehr nur auf die Nobilität, sondern auf alle Menschen anwendbar ist und daher in seinem umfassenden ethischen Anspruch dem Tugendlob der Nobilität der Frühzeit insofern gerade nicht entspricht. Vgl. *Funaioli*, Sallustius, Sp. 1940, 2–10; *Schmal*, Sallust, 116. Ebenso kritisch zur tatsächlichen Tugendhaftigkeit der frühen Römer, *ders.*, Sallust, 47 und *Earl*, Sallust, 41 ff.

270 Ähnlich in *Sallust*, Bellum Iugurthinum, XLI, 5, wo der Gebrauch von dignitas und libertas als Deckmantel des Eigensinnes gegeißelt wird.

271 Beide sind Modelle moralischer Kräfte, vgl. *Schmal*, Sallust, 40, der auch den Begriff des „Spiegels“ in Anbetracht der stark personalisierenden Betrachtung verwendet (38).

272 Insofern ist Caesars Rede stärker als diejenige des Cato strikt juridisch durchstrukturiert, *Schmal*, Sallust, 39–41.

273 Dazu etwa *Funaioli*, Sallustius, Sp. 1923, 60–1924, 1, der in Caesar den geborenen Fürsten und Selbstherrscher und das Beispiel praktischer virtus, in Cato das alte

Catilina selbst erscheint vor diesem Hintergrund keineswegs alleine als das Muster des Lasters. Das Wort von der römischen *libertas* kann er gegenüber dem Senat nur deswegen führen, weil das römische Gemeinwesen die *concordia* der Bürgergemeinde im Streben nach bloß individueller Lasterbefriedigung längst verloren hat. Auch mit ihm tritt also einem in Abwesenheit der Tugend zerrissenen Staatswesen das Ergebnis des eigenen Vorbildes gegenüber.[274] Sallust kann nach alledem für sich in Anspruch nehmen, zwar nicht mit dem Beispiel eigenen Tugendhandelns der *res publica* gedient, wohl aber mit der Aufzeichnung und Verknüpfung verschiedenster Aspekte des *cupiditas*-Strebens im „Bellum Catilinae" exemplarische Maßstäbe rechten Handelns für diejenigen geliefert zu haben, die das Imperium ausüben.

4. Der Krieg gegen Jugurtha

a) Das Jugurtha-Proömium: Herrschaft des Geistes über den Körper

Die Kritik am Zustand der Tugend seiner Zeit setzt Sallust mit dem Werk über den „Jugurthinischen Krieg" (Bellum Iugurthinum) fort, in dem er sich nunmehr den grundsätzlichen Ursachen des Zustandes der gegenwärtigen Staatsverfassung zuwendet.[275] Der generellen Klage des Menschen, das Leben sei zu kurz und werde nur durch Zufälle bestimmt, setzt er den Fleiß (*industria*) entgegen. Ließen Menschen sich stärker von ihrem durch die Seele beherrschten Geist anleiten (*dux atque imperator*) und strebte dieser auf dem Wege der Tugend nach *gloria*, so wären sie auf Fortuna nicht angewiesen, denn das Schicksalsglück verleiht oder nimmt keine Tugenden. Nur wenn der Mensch sich den Lastern des Körpers (*cupiditas, voluptates corporis, gaudiis, luxuria*) hingibt und damit seinen Geist in Fesseln legt, verliert er die Beherrschung über die Ereignisse seiner Umgebung.[276] Alle Eigenschaften des Körpers und auch jeder diesem dienende Erwerb enden mit dessen Tod. Unsterblich sind alleine die Seele sowie die auf Seelentugend beruhenden Werke. Sie schreitet auf dem Wege der *virtus* zur *gloria*. Geht *virtus* verloren, wütet *fortuna*.[277]

Eine im rechten Sinne geübte Geschichtsschreibung muss daher, in dem gegenwärtigen schlechten Zustand des Staates auf Exempla der *virtus* verweisen. Sie können in der Gegenwart andere Menschen zu ihrer Nachahmung anleiten. Eine so

Ideal sich selbst genügender virtus sieht. Schmal sieht in dem Vortrag Catos eine Berufung auf das „Notwehrrecht" des Senates, *Schmal*, Sallust, 39–41.

274 *Schmal*, Sallust, 38 spricht zutreffend vom Zwielicht.

275 *Funaioli*, Sallustius, Sp. 1925, 57-Sp. 1926, 9.

276 *Sallust*, Bellum Iugurthinum, I, 4. *Schmidt*, Neuer-Pauly, Sallust, Sp. 1256 sieht hierin das bestimmende Motiv des Werkes im Gegensatz zu der Auseinandersetzung mit der gegenwärtigen Entwicklung im Erstlingswerk. Zu der Tatsache, dass dem Tugendhaften durchaus auch das Glück zur Seite steht, *Schmal*, Sallust, 65, der hierin auch eine Anlehnung an hellenistische Herrschervorstellungen sieht (68); zu der mit dem Rekurs auf Fortuna verbundenen Aspektverschiebung gegenüber dem Catilinaproömium: *Büchner*, Sallust, 107.

277 *Sallust*, Bellum Iugurthinum, II, 3; *von Albrecht*, I, 361.

verstandene Geschichtsschreibung entspricht damit der etwa in Quintus Maximus und Publius Scipio zum Ausdruck kommenden Tradition, dem Beispiel der Vollkommenheit der Vorfahren zu folgen.[278] Mehr als alles andere strebt die Gegenwart danach, sich nur in Diebstahl und Raub (*furtus, latrocinium*), nicht aber in der Tugend der Vorfahren hervorzutun, suchen Menschen auf falschem Wege nach Macht und Ehren.[279] Der Krieg gegen Jugurtha (111–105 v. Chr.) bildet – neben der catilinarischen Verschwörung – aus der Perspektive des Sallust lediglich eine naheliegende Gelegenheit, das Beispiel der *superbia* zu verdeutlichen, die in der Gegenwart die römische Ordnung bedroht.

b) Die Abkehr des gloria-Strebens vom Pfad der Tugend – das Beispiel Jugurtha

Mit seinem Protagonisten, dem Numider Jugurtha, setzt Sallust zu dieser Gegenwartskritik an. Ein Charakterporträt weist Jugurtha ursprünglich als einen großen, schönen, geistesstarken jungen Mann aus, der sich weder in Luxus noch in Müßiggang ergeht, alle Altersgenossen im Ruhm übertrifft und hohes Ansehen genießt. Gerade deshalb erlangt er die Aufmerksamkeit des alternden Numiderherrschers Micipsa. Er erhofft sich von der *virtus* seines von der Thronfolge ausgeschlossenen Neffen eine Steigerung des Ruhmes des eigenen Königreiches und ist zudem um die Sicherung der Nachfolge für seine beiden legitimen Söhne bemüht, die noch nicht das regierungsfähige Alter erreicht haben. Der stets steigende Einfluss Jugurthas hindert allerdings den König, der die *cupiditas* des menschlichen Wesens kennt und die Verbindung von Ruhm und günstiger Gelegenheit fürchtet, an weiterer Förderung.[280] Der Versuch, Jugurtha durch Übertragung eines gefährlichen militärischen Kommandos zu beseitigen, scheitert an dessen Fleiß. In Verbindung mit gutem Ratschlag, hoher Geisteskraft und echter Wohltätigkeit setzt Jugurtha sich gegen alle Widerstände durch und steigert so seinen Ruhm noch weiter.[281]

Sein Verderbnis ist zunächst nicht in den eigenen Reihen, sondern in denen der Römer zu suchen. Die mit Emporkömmlingen (*complures novi*) und Mitgliedern der Nobilität versehenen römischen Legionen, die eher dem Reichtum als der Ehre zuneigen, vermitteln Jugurtha den Gedanken an die Gesamtherrschaft. Dem gegenüber steht die Ermahnung des Publius Scipio an den jungen Feldherren, sich trotz

---

278 *Sallust*, Bellum Iugurthinum, III f. In der Gegenwart existieren solche Beispiele der virtus nur noch selten, vgl. *von Albrecht*, I, 358. Den alten Ahnenbildern und der Idee der „memoria rerum gestarum", die die Begeisterung für virtus erregt, folgt sie in falscher Weise.

279 *Sallust*, Bellum Iugurthinum, IV, 7.

280 *Sallust*, Bellum Iugurthinum, V u VI, 2 f. Dadurch zu befürchtende „seditiones" und möglichen Bürgerkrieg möchte Micipsa vermeiden.

281 *Sallust*, Bellum Iugurthinum, VII, 3–7. Die tatsächliche Historizität dieses Vorgehens Micipsas ist zweifelhaft, *Schmal*, Sallust, 73 sieht hierin das typische Beispiel moralischer Geschichtsschreibung.

wachsender Gewaltfülle nicht vom Pfad der höchsten Tugend abzuwenden und Freundschaft mit den Römern eher auf öffentlichem Wege, als über die Schatztruhen der römischen Nobilität zu suchen. Gefährlich sei jedes Unternehmen, das sich bloß auf materielle Güter stütze. Wer aber die Künste der Tugend dauerhaft übe, gelange von selbst zu Thron und Ruhm.[282]

Der Fürsprache Scipios hat Jugurtha schließlich die Adoption durch den numidischen König zu verdanken. Dessen Rede angesichts des nahenden Todes benennt gleichsam die Voraussetzungen, auf denen rechte Herrschaft beruht: Nicht durch Schätze oder Heere, nicht durch Waffen und Gold erhält man sich den Thron, sondern alleine durch Freunde, Liebe und Treue.[283] Vor allem anderen ist der König der *concordia* verpflichtet, da Unruhen – gleich gegenüber welchem Untertanen – den Mächtigen stets als Gewaltherrscher erscheinen lassen. Dass die Rede Micipsas nicht selbst ein Beispiel der Tugend darstellt, liegt vor allem in ihrem Zweck, dem Schutz der Ansprüche der eigenen Söhne (Hiempsal/Adherbal), begründet. Auch kann sie nicht verhindern, dass zunächst eben jene Söhne gegen Jugurtha vorgehen.[284] Dessen angestachelter Sinn für *gloria* führt nunmehr dazu, dass Rache- und Zorneswünsche die Oberhand gewinnen und schließlich in der Ermordung Hiempsals gipfeln. Adherbal gelingt die Flucht und die Aufnahme des Bürgerkrieges.[285] Die letztendlich vor dem Senat von Rom ausgetragene Auseinandersetzung Jugurthas und Adherbals um die künftige Aufteilung des Numiderreiches offenbart schonungslos die gegenwärtige Schwäche römischer Herrschaft. In Erinnerung an die Bestechlichkeit Roms, versucht Jugurtha seine Mordtat durch Bestechung des von *avaritia* dominierten römischen senatorischen Adels durchzusetzen und findet damit Anklang in Rom.[286]

c) Der Weltherrschaftsauftrag Roms: Friede und Recht

Den erfolgreichen Bestechungsvorgang gestaltet Sallust zu einem Sieg des Unrechts gegen das Recht aus, indem er eine fiktive Rede des Adherbal vor dem Senat in Rom eingefügt. Der Königssohn erkennt zunächst die rechtliche (*ius et imperium*) und moralische Oberhoheit der Römer über den numidischen Staat an. Er verweist auch

282 *Sallust*, Bellum Iugurthinum, VIII, 2: „Si permanere vellet in suis artibus, ultro illi et gloriam et regnum venturum; sin properantius pergeret, suamet ipsum pecunia praecipitem casurum."

283 *Sallust*, Bellum Iugurthinum, X, 4 f.: „Non exercitus neque thesauri praesidia regni sunt, verum amici, quos neque armis cogere neque auro parare queas; officio et fide pariuntur. Quis autem amicior quam frater fratri…".

284 *Sallust*, Bellum Iugurthinum, XI, 3 ff.; nämlich, indem sie die Unmündigkeitserklärung des Vaters für einen Zeitraum von fünf Jahren vor dessen Verscheiden und d. h. im Zeitpunkt der Adoption Jugurthas, erstreben. Die concordia innerhalb des eigenen Herrschaftskreises konnte Micipsa so jedenfalls nicht zu erhalten hoffen.

285 *Sallust*, Bellum Iugurthinum, XII, XIII.

286 *Sallust*, Bellum Iugurthinum, XIII, 6 f.

auf die beständige Treue Numidiens im Kampf gegen Karthago und zugleich darauf, dass die frühe Freundschaft mit Rom zuerst wegen der bekannten Treue (*fides*) der Römer beschlossen worden sei und weniger wegen des zu erwartenden Nutzens.[287] Gegenüber dem von *superbia* beherrschten Jugurtha sei er rechtmäßiger König von Geburt, Ruf und Macht. Seine Familie habe die gegenüber Rom bestehenden Bündnispflichten stets erfüllt.[288]

Eingewoben in die Struktur dieses Näheverhältnisses zwischen Rom und Numidien wird die Ordnungsfunktion des römischen Staates. Es ist die Pflicht Roms gegenüber Freunden, die sich auf Gedeih und Verderb mit ihm verbunden haben und sich selbst nicht helfen können, Injurien zu verhindern und gegen Störer des Friedens einzuschreiten.[289] Darüber hinaus bedingt alleine die Größe Roms, dass es auf innerhalb seines Herrschaftsbereiches stattfindende Rechtsverletzungen achtgeben muss. Die auf Tapferkeit und Göttergnade zugleich zurückzuführende einzigartige Machtstellung verpflichtet die Republik, die Gleichgültigkeit der Götter gegenüber dem Schicksal anderer nicht ebenso tatenlos hinzunehmen.[290] Gerade die im Senat versammelten Väter (*patres*) sind gehalten, sich des Übels anzunehmen.[291]

d) Tatsächliche Vorherrschaft des Lasters

Die Erfolglosigkeit der Rede Adherbals gegenüber den Bestechungen Jugurthas ermöglicht die Senatsentscheidung zugunsten der Teilung Numidiens zwischen den Kontrahenten. Das nicht an materiellem Reichtum orientierte *bonum et aequum* wird von der Mehrheit der Senatoren verworfen, die das Streben nach persönlichem Ruhm (*gloria*) auch mit Verbrechen verknüpfen. Nur wenige aus diesem Kreis unterdrücken ihre *libido* zugunsten einer rechtmäßigen Bestrafung Jugurthas.[292] Zu Recht bietet daher Rom dem *bellicosus* Jugurtha Anlass dazu, davon auszugehen, dass man sich für Gold auch gegenüber dem berechtigten Anfordern des tugendhaften Adherbal *(quietus, inbellis, placido ingenio, opportunus iniuriae, metuens magis quam metuendus)* freikaufen könne und in Rom für Geld alles bekomme.[293] Die nächstliegende Konsequenz der lasterhaften Käuflichkeit verwirklicht sich

---

287 *Sallust*, Bellum Iugurthinum, XIV, 5 f.: „...quo tempore magis fides eius quam fortuna petunda erat." Das Anerkenntnis der späteren Ableitung aller Herrschaftsgewalt von Rom in imperialer Zeit lässt Sallust damit bereits erahnen, vgl. *Schmal*, Sallust, 65.

288 *Sallust*, Bellum Iugurthinum, XIV, 12–14.

289 *Sallust*, Bellum Iugurthinum, XIV, 9: „Eheu me miserum!"

290 *Sallust*, Bellum Iugurthinum, XIV, 19: „Virtute ac dis volentibus magni estis et opulenti, omnia secunda et oboedientia sunt; quo facilius sociorum iniurias curare licet."

291 *Sallust*, Bellum Iugurthinum, XIV, 25: „Patres conscripti, per vos, per liberos atque parentis vostros, per maiestatem populi Romani, subvenite mihi misero, ite obviam iniuriae, nolite pati regnum Numidiae, quod vostrum est, per scelus et sanguinem familiae nostrae tabescere."

292 *Sallust*, Bellum Iugurthinum, XV,2; XVI, 1.

293 *Sallust*, Bellum Iugurthinum, XX, 1.

kurze Zeit später. Jugurtha fällt in den Adherbal zugesprochenen Teil Numidiens ein und setzt sich so über den Senatsbeschluss hinweg. In zynischem Ton kann er vor den daraufhin entsandten Legaten des Senates behaupten, er habe stets aus Achtung vor der *auctoritas* des Senates gehandelt, sei danach bestrebt gewesen, den Beifall anständiger Leute zu gewinnen und die *virtus* eines Publius Scipio nachzuahmen. Im Übrigen sei sein Vorgehen gegenüber einem ihm nach dem Leben trachtenden Adherbal auch völkerrechtlich legitim.[294]

Der von Abgesandten Adherbals vor dem Senat von Rom vorgetragene zweite Appell führt nunmehr wenigstens zur Entsendung einer Delegation unter Marcus Scaurus. Argumentativ ausschlaggebend sind die Aspekte der Verteidigung Numidiens gegen den gewalttätigen Jugurtha sowie die Missachtung des Senatsbeschlusses und die Verpflichtung Roms gegenüber Numidien aus Freundschaftstreue. Darüber hinaus beweist die römische Intervention die Hoheit (*maiestas*) römischer Herrschaft. Ein darüber hinausgehendes Eingreifen Roms wird aber erneut durch das sich über das öffentliche Interesse hinwegsetzende Privatinteresse der Bestochenen verhindert.[295] Auch, dass Jugurtha in seiner *libido* die Belagerung der Stadt Cirta trotz gegenläufiger Aufforderungen und Drohungen der Gesandtschaft des Senates fortsetzt, bewirkt noch keinen entscheidenden Bruch im Verhältnis zum bestochenen Rom. Dieses Verhalten ist nur ein Beispiel des von Jugurtha seinen Handlungen zugrunde gelegten Vorrangs des Eigeninteresses vor dem Gemeininteresse.[296] Erst die qualvolle Ermordung des Adherbal, der in der Hoffnung auf Rom kapituliert, führt zur Reaktion des Senates. Die Provinz Numidien wird eingezogen, die Konsuln Publius Scipio Nasica (Italien) und Lucius Calpurnius Bestia (Numidien) werden mit dem Befehl der Befriedung des Landes als einer römischen Provinz eingesetzt.[297]

Die Pläne Jugurthas, der zum Zwecke weiterer Bestechung eine erneute Gesandtschaft nach Italien entsandt hatte – die nicht nach Rom vorgelassen wurde – waren auf diese Weise zwar endlich durchkreuzt, doch hatte wiederum nicht die Tugend gesiegt. Den Senatsbeschluss prägte vielmehr die Furcht vor dem Volk von Rom wegen der Vergehen des Senates.[298] Das römische Volk selbst erweist sich im Krieg gegen Jugurtha denn auch nach wie vor als erfolgreich. Unter der Anleitung des geistesstarken und im Ertragen von kriegerischen Strapazen geübten Konsuls Lucius

294 *Sallust*, Bellum Iugurthinum, XXII, 4.

295 *Sallust*, Bellum Iugurthinum, XXIV, 10, Rede Adherbals: „Regno Numidiae, quod vestrum est, uti libet, consulite; me manibus impiis eripite, per maiestatem imperi, per amicitiae fidem, si ulla apud vos memoria remanet avi mei Masinissae."; XXV, 3: „Ita bonum publicum, uti in plerisque negotiis solet, privata gratia devictum."

296 *Sallust*, Bellum Iugurthinum, XXV: Die Gesandtschaft zieht ohne Erfolg von dannen; XXVII: Rom wird nach wie vor durch Bestechungsgelder Jugurthas beherrscht.

297 *Sallust*, Bellum Iugurthinum, XXVII.

298 *Sallust*, Bellum Iugurthinum, XXVII, 3. Nach wie vor versuchten Senatoren, die Taten Jugurthas herunterzuspielen.

Calpurnius Bestia wird die Landung in Afrika zum Erfolg.[299] Wiederum ist es mit der *avaritia* des Konsuls aber ein Laster der Nobilität, das den Kriegserfolg zunichte macht. Da die *bonae artes* der Seele und des Körpers gegen die *avaritia* auf Dauer nicht bestehen können, lässt sich der Konsul mit den von ihm ausgewählten Legaten (allen voran des Scaurus) nach Bestechung durch Jugurtha zu einem Friedensschluss hinreißen. Wieder siegt die Menge des Geldes gegen das Gute und Ehrenhafte (*bonum/honestum*).[300]

e) Die Rede des Gaius Memmius

Den breitesten Raum im Werk über den „Jugurthinischen Krieg" hat Sallust – neben der späteren Ansprache des Marius – der (fiktiven) Rede des Volkstribunen (111 v. Chr.) Gaius Memmius an das Volk von Rom eingeräumt. Memmius, der bereits zuvor als der maßgebliche Protagonist des Vorgehens gegen Jugurtha nach der Ermordung des Adherbal in Erscheinung getreten war – und den Sallust als Feind der Macht der Nobilität kennzeichnet – appelliert nach Auskunft des Sallust in mehreren Reden an den Zorn des römischen Volkes. Es dürfe weder die *res publica,* noch seine *libertas* aufgrund der Überheblichkeit und der grausamen Angewohnheiten der Nobilität aufgeben.[301] Aus Pflichtgefühl gegenüber dem Staat riskiert er es daher, trotz der Gespaltenheit des Staatswesens in *factiones*, der zu großen Geduld des Volkes und der Abwesenheit des Rechts (*ius nullum*), die Übelstände des römischen Staatswesens anzuprangern.[302] Seine Hauptkritik zielt dabei in zwei Richtungen.

Das römische Volk hat sich dem Hochmut einer Minderheit unterworfen, ist in Feigheit und Schlaffheit verfallen und verfolgt Feinde selbst dann nicht, wenn ihre Existenz offenkundig geworden ist.[303] Daneben herrscht eine lasterhafte Nobilität. Sie scheut nicht davor zurück, Reformer wie Tiberius Gracchus unter dem Vorwand des Strebens nach dem Königtum durch Mord auszuschalten und einen Gaius Gracchus nebst den Verbündeten einzukerkern. Die römischen Bürger sind Opfer

---

299 *Sallust*, Bellum Iugurthinum, XXVIII, 5: „Nam in consule nostro multae bonaeque artes animi et corporis erant, quas omnis avaritia praepediebat; patiens laborum, acri ingenio, satis providens, belli haud ignarus, firmissumus contra pericula et insidias."

300 *Sallust*, Bellum Iugurthinum, XXIX, 2 f.

301 *Sallust*, Bellum Iugurthinum, XXVII, 2; auch XXX. Memmius kandidierte 100 v. Chr. für das Konsulat des Jahres 99 v. Chr., wurde aber auf Veranlassung des Gaius Servilia Glaucia ermordet.

302 *Sallust*, Bellum Iugurthinum, XXXI, 1: „Multa me dehortantur a vobis, Quirites, ni studium rei publicae omnia superet: opes factionis, vostra patientia, ius nullum, ac maxume quod innocentiae plus periculi quam honoris est."

303 *Sallust*, Bellum Iugurthinum, XXXI, 2 f.: „...ut vobis animus ab ignavia atque socordia corruptus sit." Das römische Volk in seinem vermeintlichen Streben nach libertas ist kein verlässlicher Partner der Tugend, vgl. *Funaioli*, Sallustius, Sp. 1939, 86 f.; zum Volk von Rom vgl. *Schmal*, Sallust, 36 f.

einer Verfolgung, deren Grenze nur die *libido* der Verfolger ist.[304] Eine Sezession der Plebs oder die Bewaffnung des Volkes gegen das Unrecht lehnt Memmius dennoch ab – da das Laster letztlich an sich selbst zugrunde gehen werde. Wenngleich Sallust damit an das Beispiel Jugurthas anknüpft, es war dessen *libido*, die ihn trotz der Bestechungen in Opposition zu Rom brachte, ist Hauptgegenstand der Rede des Memmius die Kritik an der römischen Nobilität. Aus der Tatsache, dass Ruhm und Reichtum Roms in den Händen Weniger liegen, die trotz ihrer begünstigten Position das römische Staatswesen (*leges, maiestas vestra, divina et humana omnia*) an den Feind verkaufen und sich dann auch noch als ehrenhaft (*quasi ea honori*) bezeichnen, folgt die Pflicht zum Widerstand. Anderenfalls droht das römische Volk unter den Stand von Sklaven abzusinken, die ebenfalls gegen tyrannische Herren aufstehen.[305] Eine Nobilität, die einer Verbrecherbande gleicht, in der deswegen Interessengleichheit herrscht, weil alle sich vor der möglichen Strafe für ihre Mordtaten fürchten und die *avaritia* und *superbia* zur Grundlage ihres Handelns erhebt, kann nur noch als Fraktion (*factio*) und nicht mehr als freundschaftlich verbundene Gruppe angesehen werden, da sie *fides*, *pietas* und *honestas* nicht mehr kennt.[306]

Rechte Herrschaft muss sich daher in den Händen der *optimi* befinden. Sie darf nicht vom Streben nach *dominatio* geleitet sein und die Dreistesten zur Regierung berufen.[307] Ist dieser Zustand dennoch eingetreten, so muss eine Plebs, die gewillt ist, ihre *libertas* zu verteidigen, den Aventin besetzen – jedenfalls aber die Verantwortlichen zur Klärung der Vorwürfe gerichtlich zu Verantwortung ziehen. Im Falle Jugurthas ist die Vorladung nach Rom zu fordern. Durch seine Reaktion hierauf wird sich die Qualität des gegenwärtigen Friedens (*pax*) enthüllen und die zur Erlangung des Reichtums begangenen Schandtaten der Machthaber werden offenbart werden.[308] Bleibt eine dem Ausmaß der Schandtaten entsprechende Reaktion des Senates aus, ist das Königtum wieder eingeführt und das Volk entrechtet. In diesem Fall müsste Rom offen zugeben, dass der Umgang mit Königreichen, Provinzen, Gesetzen, Recht, Gerichten, Krieg- und Frieden wieder in den Händen weniger liegt.

---

304 *Sallust*, Bellum Iugurthinum, XXXI, 7.

305 *Sallust*, Bellum Iugurthinum, XXXI, 9: „Tamen haec talia facinora impune suscepisse parum habuere itaque postremo leges, maiestas vostra, divina et humana omnia hostibus tradita sunt."; XXXI, 11: „Servi aere parati iniusta imperia dominorum non perferunt; vos, Quirites, in imperio nati aequo animo servitutem toleratis?"

306 Die Beschreibung der Nobilität in XXXI, 12 lautet: „Homines sceleratissumi, cruentis manibus, immani avaritia, nocentissumi et eidem superbissumi, quibus fides, decus, pietas, postremo honesta atque inhonesta omnia quaestui sunt."; XXXI, 15: „Sed haec inter bonos amicitia, inter malos factio est."

307 *Sallust*, Bellum Iugurthinum, XXXI, 16: „Quodsi tam vos libertatis curam haberetis quam illi ad dominationem accensi sunt, profecto neque res publica, sicuti nunc, vastaretur et beneficia vestra penes optumos, non audacissumos forent."

308 *Sallust*, Bellum Iugurthinum, XXXI, 19: „Qui si dediticius est, profecto iussis vostris oboediens erit, sin ea contemnit, scilicet existumabitis, qualis illa pax aut deditio sit..."

Das von Feinden unbesiegte römische Volk würde erneut zum Knecht. *Misericordia* darf daher gegen Verbrecher nicht geübt werden, wenn sie zum weiteren Verderben des Volkes beiträgt. Will das römische Volk *pax*, *amicitia* und *concordia*, darf es dem Streben nach *dominatio* nicht nachgeben.[309] Die Herrschaft des römischen Volkes (*libertas*) und die Königsherrschaft (*dominatio*) nach dem Vorbild der Laster stehen sich unversöhnlich gegenüber. Erstere ist Rechtsherrschaft, Letztere stützt sich auf das Unrecht.[310]

Mit der Rede des Memmius ergreift Sallust Partei für die *libertas* der *res publica*. Eine richtig verstandene Herrschaft wahrt im Staatswesen Frieden, Freundschaft und Eintracht in rechtem Streben. Gegenspieler der *libertas* ist die Königsherrschaft. Sie folgt aus dem Streben nach *dominatio* und ist in Wirklichkeit Tyrannenherrschaft, da in ihr das Volk verknechtet ist. Gegen sie muss das Volk einschreiten, weil sie stets auf dem Laster, vor allem der *avaritia*, beruht und niemandem außer sich selbst *gloria* zuspricht. Geschieht dies nicht, muss es in Kauf nehmen, dass aus der Herrschaft der Gerechtigkeit eine Unrechtsherrschaft wird, in der die in Freundschaft zum Wohle der *res publica* verbundenen Teile des Staatsganzen zu *factiones* zerfallen, die in Wirklichkeit bloß Zweckgemeinschaften von Einzelinteressen darstellen. Die nach alledem noch unklare Antwort auf die Frage, welche Art von Widerstand der Plebs gegen die Unterdrücker der *libertas* erlaubt ist, wird durch die von Memmius geforderte rechtliche Untersuchung vorgegeben. Sie wird von Sallust in dem Abschnitt über das Parteienunwesen weiter beantwortet.

f) Jugurtha in Rom und das Scheitern durch avaritia geleiteter Feldherren

Wenngleich die Rede des Memmius zur Vorladung Jugurthas nach Rom führt, ändert sie nichts am Grundübel der Zeit. In Abwesenheit Jugurthas veräußert das römisch-afrikanische Heer zur Befriedigung der eigenen *avaritia* die durch den König als Unterpfänder des Friedens gewährten Güter.[311] In Rom ist es erneut Memmius, der sich diesmal dem Wunsch des Volkes widersetzt, das Jugurtha erteilte Geleit zu missachten und den König nach alter Sitte als Feind zu töten. Er lässt tugendhaft das eigene Rachebedürfnis hinter das durch die Ehre Gebotene zurücktreten.[312] Eine Aufklärung der Vorwürfe gegen die unter L. C. Bestia in Afrika tätigen Legaten

309 *Sallust*, Bellum Iugurthinum, XXXI, 21: „...tamen vos hominibus sceleratissumis ignoscere, quoniam cives sunt, aequo animo paterer, ni misericordia in perniciem casura esset."; XXXI, 26: „Nam impune quae libet facere, id est regem esse..."

310 *Sallust*, Bellum Iugurthinum, XXXI, 23 f.: „Dominari illi volunt, vos liberi esse; facere illi iniurias, vos prohibere; postremo sociis nostris veluti hostibus, hostibus pro sociis utuntur. Potestne in tam divorsis mentibus pax aut amicitia esse?"

311 *Sallust*, Bellum Iugurthinum, XXXII, 2–5. Veräußert wird auch von Jugurtha übergebenes Kriegsgerät – insbesondere die Elefanten des Numiderkönigs. Infolge der *avaritia* erschwert sich also das römische Volk den von ihm selbst geführten Krieg.

312 *Sallust*, Bellum Iugurthinum, XXXIII, 3 f.

verhindert allerdings sein Kollege Gaius Baebius.[313] Erst der gescheiterte Versuch Jugurthas, Massiva – einen Anwärter auf den numidischen Königsthron – durch gedungene Mörder beseitigen zu lassen, führt zur Ausweisung Jugurthas und Verurteilung seines Begleiters Bomilkar.[314] Erst jetzt übersteigt die Empörung den Einfluss des Geldes – was dem Ausspruch Jugurthas: *Urbem venalem et mature perituram, si emptorem invenerit* – dennoch nichts von seiner Wahrheit nimmt. Die Mittel der List und Bestechung machen sich auch in dem nun stattfindenden Krieg zunächst weiter bezahlt.[315]

g) Der Parteienexkurs

Zwischen die Abschnitte nach dem Ende des Konsulats des Spurius Albinus und dem über den Beginn des Konsulates des Quintus Caecilius Metellus eingeschoben, findet sich der Exkurs des Sallust über das Unwesen der Parteiungen. Hier geht er nunmehr direkt vor allem auf die Ursachen der Missstände des römischen Staatswesens ein, deren Symptomatik die Rede des Memmius bereits beschrieben hatte.[316]

Als Ursache des Auseinanderfallens der römischen Gesellschaft in einzelne Interessengruppen, also der Abwendung vom Staatsinteresse hin zum Privatinteresse, macht Sallust die Muße (*otium*) verbunden mit einem Überfluss an materiellen Gütern aus. Ausgangspunkt dieses, die Grundlagen der *res publica* gefährdenden Zustandes, ist der Sieg Roms über Karthago. Während davor Senat und Volk in Übereinstimmung und *modestia* die Staatsgeschäfte führten, tritt nunmehr das Streben nach *gloria* als Streben nach *dominatio* offen hervor. Die Abwesenheit der Furcht vor Feinden begünstigt diejenigen, die die *res secundae*, allen voran den Reichtum, lieben. Er führt zur Ausbreitung der *superbia* innerhalb des römischen Volkes. Beide, Senat und Volk von Rom missbrauchen ihre Rechte (*dignitas/libertas*), um dem Laster der *libido* nachzugehen, das zur Erfüllung des aus ihm resultierenden Begehrens der Raubtaten (*rapina*) bedarf.[317] Damit aber steht nicht mehr die *res publica*, sondern das Privatinteresse im Mittelpunkt des römischen Staatswesens. Die *avaritia* hält

---

313 *Sallust*, Bellum Iugurthinum, XXXIV.

314 *Sallust*, Bellum Iugurthinum, XXXV. Und das Trotz des bestehenden Geleitschutzes. Der Grund hierfür liegt nach Sallust weniger im Völkerrecht, als im geltenden römischen Recht und der Pflicht, Gerechtigkeit walten zu lassen.

315 *Sallust*, Bellum Iugurthinum, XXXVIII. Der mit der Kriegsführung betraute Bruder des römischen Konsuls Spurius Albinus Aulus, verliert nach Bestechung eines Teiles seiner Armee die Initiative und muss erneut Frieden schließen. Der Senat versagt dem Friedensschluss allerdings (39) die Anerkennung. Auch das römische Heer ist durch zügellosen Lebenswandel so verkommen, dass selbst der nach Afrika zurückkehrende Spurius Albinus nichts gegen Jugurtha zu unternehmen vermag.

316 *Sallust*, Bellum Iugurthinum, XLI f.

317 *Sallust*, Bellum Iugurthinum, XLI, 1–5.

den Staat in Händen und verdirbt alles Menschliche und Göttliche. Die Summe der Einzelinteressen zerfällt schließlich in *factiones.*

Derjenige, der rechte *gloria* nach altem Vorbild erstrebt, wird nun selbst zum Erzeuger von *dissensiones* – die rechte Verfassung ist sozusagen „auf den Kopf" gestellt.[318] Wer zugunsten der *res publica* gegen die neue Entwicklung Widerstand leistet, wie etwa die Gracchen, wird leicht seinerseits von *cupiditas* hingerissen, verlässt so den Pfad der *moderatio* und trachtet danach einen Rechtszustand auf widerrechtliche Art *(more iniuriam)* wiederherzustellen. Dadurch wird den Gegnern die Möglichkeit geschaffen, ebenfalls gegen jedes Recht die römischen Bürgerrechte zu missachten. Das römische Staatswesen, bestimmt vom *salus rei publicae*, ist nach dieser Einschätzung Sallusts faktisch aufgelöst. Ein so verfasster Staat muss über kurz oder lang zugrunde gehen, da auf allen Seiten das Unrecht gepaart mit einem gegenüber der jeweils anderen Partei an den Tag gelegten Vernichtungswillen herrscht. Auf dessen Basis aber ist beim besten Willen kein Staat zu machen.[319]

h) Das Vorbild der temperantia des Quintus Caecilius Metellus

Dass mit Quintus Caecilius Metellus ausgerechnet einem Mitglied der Senatspartei und damit der viel gescholtenen Nobilität, die Wendung des Kriegsgeschicks in Numidien gelingt, zeigt, dass Sallust nicht einseitig die Position der Popularen einnimmt, sondern konsequent der Vorgabe der Tugendbeispiele folgt. Mit dem Konsul des Jahres 109 v. Chr. betritt nach der Darstellung des Sallust ein Mann von unbescholtenem Ruf, frei von Geldgier, den afrikanischen Kriegsschauplatz.[320] Die innerhalb der Armee um sich greifenden Laster, deren Streben nach Wohlergehen mittlerweile auch vor den Verbündeten nicht mehr haltmacht,[321] führt er weniger durch harte Strafen als durch *temperantia* zur Ordnung zurück. Sallusts eigener Lösungsvorschlag in der Krise des römischen Staates klingt hier zumindest an. Durch Exempla der Tugend, durch unermüdlichen Fleiß und nicht durch übertriebene Härte, muss der Zustand des Lasters der Besserung zugeführt werden.[322]

---

318 *Sallust*, Bellum Iugurthinum, XLI, 9: „Ita cum potentia avaritia sine modo modestiaque invadere, polluere et vastare omnia, nihil pensi neque sancti habere, quoad semet ipsa praecipitavit. Nam ubi primum ex nobilitate reperti sunt, qui veram gloriam iniustae potentiae anteponerent, moveri civitas et dissensio civilis quasi permixtio terrae oriri coepit."

319 *Sallust*, Bellum Iugurthinum, XLIII, 4 f. Im Übrigen mit der Anmerkung, die Summe der Übel des sittlichen Zustandes zu schildern, würde weniger zur Stoffnot als zur Raumnot führen.

320 *Sallust*, Bellum Iugurthinum, XLIII, 1 f. Das Licht, das auf die Verderbnis der Standesgenossen fällt, erscheint damit noch greller, vgl. *Funaioli*, Sallustius, Sp. 1926, 10–16.

321 *Sallust*, Bellum Iugurthinum, XLIV, 5.

322 *Sallust*, Bellum Iugurthinum, XLV, 1 f.: „tanta temperantia inter ambitionem saevitiamque moderatum." Das Lob des Metellus erinnert stark an das Herrscherlob der späteren Panegyrik, die v. a. im späten vierten und frühen fünften Jahrhundert

Ein Sieg getreu dem *mos maiorum*, von *virtus* geprägt, verhilft daher Metellus auch in Rom zu hohem Ansehen. An dem eingeschlagenen Tugendkurs hält er auch nach dem Scheitern der Belagerung Zamas und dem erzwungenen Rückzug in die Winterquartiere fest. Er meidet *quietas* und *luxuria* zugunsten einer eher anleitenden, als strengen Disziplin.[323]

Für die Reden Jugurthas aus demselben Jahr ist kennzeichnend, dass auch der lasterhafte Herrscher zum Erhalt seiner Herrschaft letztlich in der Tugend seine Zuflucht suchen muss. Wohl wissend, dass ihm bei einer Niederlage die Knechtschaft droht, fordert er die Numider auf, der römischen *avaritia* entgegenzutreten. Wer für ihn streite, kämpfe für den Thron Numidiens und ein Leben in furchtloser Freiheit.[324] Der Nutzen solcher Ansprachen im Angesicht gegensätzlichen Verhaltens bleibt demgegenüber gering. Dem Vertrauensverlust in die Tapferkeit und Treue seiner Soldaten folgt schließlich der Verrat seines ebenfalls zu Reichtum gelangten Stellvertreters Bomilkar. Jugurtha lebt nun in beständiger Furcht ohne jede *quietas*.[325]

i) Der Gegensatz des Metellus zu Gaius Marius – Wirkungen von cupiditas und avaritia

Beginnend mit dem 63. Kapitel des Werkes verschiebt sich der Schwerpunkt der Darstellung zunehmend auf das Charakterporträt des Gaius Marius – zunächst Legat unter Metellus. Wie den jungen Jugurtha, so stellt Sallust auch Marius als integeren Charakter dar. Ihn hat aber ähnlich wie Jugurtha ein falsches Streben nach *gloria* erfasst, dass in seinem Falle v. a. das Streben (*cupiditas*) nach dem Konsulat in sich einschließt. *Superbia*, das Grundübel der Nobilität, treibt ihn letztlich in die Auseinandersetzung mit Metellus, der seiner Bewerbung um das Konsulat des Jahres 107 v. Chr. zunächst ablehnend gegenübersteht und offen die Wahl des eigenen Sohnes anstrebt.[326] Sich dem Zorn (*ira*) hingebend, versucht Marius künftig die Unternehmung des Metellus dadurch zu unterminieren, dass er die Disziplin der

---

unter Ausonius, Pacatus und Claudius Claudianus immer wieder den unermüdlichen, fast übermenschlichen Fleiß der Kaiser zu preisen wusste.

323 *Sallust*, Bellum Iugurthinum, LVIII, 3, LXI. Das Verhalten gegenüber Feinden gestaltet sich anders: LIV f.; LXVII. Numidien gegenüber betreibt Metellus eine „Politik der verbrannten Erde".

324 *Sallust*, Bellum Iugurthinum, XLIX, 4 u. LVI, 4: „Si id fecerint, postea sese in regno, illos in libertate sine metu aetatem acturos."

325 *Sallust*, Bellum Iugurthinum, LXX-LXXII; LXXIV, LXXVI. Bezeichnend für eine lasterhafte Lebensweise ist der Fall der Stadt Thala: Anstatt sich der Verteidigung zu widmen, nehmen sich die Herrscher der Stadt nach einem ausschweifenden Gelage selbst das Leben.

326 *Sallust*, Bellum Iugurthinum, LXIV, 1 f.: „...animus et superbia, commune nobilitatis malum."

ihm unterstehenden Soldaten vernachlässigt und zugleich versucht, sie mit Reden gegen den sich „nach Art eines Königs“ verhaltenden Metellus aufzubringen.[327]

Sallust nutzt das Unterfangen des Marius, um auf die Probleme einer sich auf die niedrigsten Bevölkerungsklassen stützenden Politik zu verweisen. Das einfache Volk sei unzuverlässig, aufrührerisch, neige zu *seditiones* und *discordia*, strebe stets nach Umsturz und sei der Feind jeder Ruhe.[328] Exakt darauf aber stützt sich der endlich aus der Armee nach Rom entlassene Marius in seinem Bemühen, die Kriegsführung in Afrika als kommender Konsul selbst zu erlangen. Durch den Vorwurf, Metellus sei ein Vertreter der Nobilität, er aber vertrete das Volk, gelingt es ihm Missgunst gegenüber Metellus zu säen.[329] Wieder zerfällt der römische Staat in Parteiungen, diesmal von Seiten der Plebs her. Es steht nicht die Frage nach dem Wohl der *res publica* im Vordergrund – etwa der Sieg über Numidien – sondern alleine das persönliche Fortkommen des Marius.

Gleichsam die stärkste Legitimation für eine Fortführung des Krieges durch Metellus bietet indessen das Regenwunder von Thala. Im Augenblick eines befürchteten Versorgungsengpasses kommt es in der Wüste zu ausgiebigen Regenfällen, die sich zwar dank der guten Organisation des Metellus als nicht notwendig erweisen, von den Soldaten aber als Zeichen göttlichen Wohlwollens gerne zur Trinkwasserversorgung in Anspruch genommen werden.[330] Dem tugendhaften Metellus steht der Himmel zur Seite.

Auch die Tugendhaftigkeit eines Konsuls kann allerdings nicht verhindern, dass trotz der zunehmenden Ausschaltung der Macht Jugurthas Bocchus, der König der Gätuler, zu dem numidischen König überläuft. Von Sallust wird dies als mittelbare Folge eines abgelehnten *foedus* durch den römischen Senat zu Beginn des Krieges gekennzeichnet.[331] So kann Jugurtha das Heer der Gätuler am Ende davon überzeugen, dass die ungerechten und von *avaritia* angetrieben Römer letztlich aller Welt Feinde seien und aufgrund des Strebens nach der Eroberung aller Königreiche weltweit schließlich auch vor dem Reich des Bocchus nicht haltmachen würden.[332] Der Abfall des Bocchus ist also in doppelter Weise dem römischen Laster geschuldet:

327 *Sallust*, Bellum Iugurthinum, LXIV, 5: „...ab imperatore consulto trahi, quod homo inanis et regiae superbiae imperio nimis gauderet.“

328 *Sallust*, Bellum Iugurthinum, LXVI, 2: „Nam volgus, uti plerumque solet et maxume Numidarum, ingenio mobili seditiosum atque discordiosum erat, cupidum novarum rerum, quieti et otio advorsum.“

329 *Sallust*, Bellum Iugurthinum, LXXIII.

330 *Sallust*, Bellum Iugurthinum, LXXV, 7. Die Episode dient als Vorbild des Regenwunders unter Marcus Aurelius.

331 *Sallust*, Bellum Iugurthinum, LXXX, 4.

332 *Sallust*, Bellum Iugurthinum, LXXXI, 1: „Romanos iniustos, profunda avaritia communis omnium hostis esse; eandem illos causam belli cum Boccho habere, quam secum et cum aliis gentibus, lubidinem imperitandi, quis omnia regna advorsa sint. Tum sese, paulo ante Carthaginiensis, item regem Persen, post uti quisque opulentissimus videatur, ita Romanis hostem fore.“

der leichtfertigen Ablehnung eines *foedus* ebenso, wie des falschen äußeren Eindrucks durch eine unklare Außenpolitik.

j) Das Konsulat des Gaius Marius

In dogmatischer Hinsicht neigt sich daher auch das Werk des Sallust mit der Ablösung des Metellus durch Gaius Marius wieder stärker den Auswirkungen lasterhafter Herrschaft zu. Mit Metellus verlässt ein nunmehr unter dem Laster verletzten Stolzes leidender Konsul den Kriegsschauplatz, auch seine moralische Integrität bleibt so nicht unangetastet. Zugleich gelingt es Marius, die Erlangung des Konsulats als Sieg gegenüber der Nobilität darzustellen.[333]

Die Aushebungsrede des Marius richtet sich daher weniger auf die Restitution des Zustandes der *res publica*, sondern auf die Aufhebung der Adelsherrschaft. Sein Selbstlob gleicht vordergründig dem von Sallust geforderten Idealzustand: Marius nennt sich fleißig, bescheiden, auch durch Amtswürden frei von *superbia* und betont, dem Wohl der *res publica* und nicht den eigenen Interessen dienen zu wollen.[334] Im Gegensatz dazu steht seine Verurteilung der Nobilität, die weit über die Kritik des Memmius hinausgeht. Sie verdeutlicht, dass es Marius letztlich nicht um die Restitution, sondern um die Beseitigung der überkommenen Staatsverfassung geht. Über ihn, den Gerechten, versuche die Nobilität herzufallen. Er werde durch einen von Hochmut verdorbenen Adel bedroht, obwohl er ohne *ambitio* zu Ämtern gelangt sei und stets den Willen zum rechten Handeln gezeigt habe, der ihm schon von der Natur mitgegeben sei. Die Nobilität nehme für sich Tugend ohne Taten in Anspruch, obwohl jeder wisse, dass Adel nur *ex virtute* und nicht kraft Abstammung erworben werden könne.[335] Statt dessen verhalte sich ein von *superbia* verdorbener Adel so, als sei er an Ehrenstellen nicht interessiert, bewerbe sich dann aber um Staatsämter, als ob er ehrenhaft lebe.[336]

---

333 *Sallust*, Bellum Iugurthinum, LXXXII, 3: „Quam rem alii in superbiam vortebant, alii bonum ingenium contumelia accensum esse, multi, quod iam parta victoria ex manibus eriperetur."; LXXXIV. Insofern scheitert Metellus letztlich doch an der eigenen superbia, worin er Marius unterlegen ist, vgl. *Funaioli*, Sallustius, Sp. 1926, 39 ff.

334 *Sallust*, Bellum Iugurthinum, LXXXV, 1: Macht hat ihn nicht, wie so viele verändert: „...primo industrios, supplices, modicos esse, dein per ignaviam et superbiam aetatem agere." Er rekurriert ferner darauf, durch beständigen Umgang mit den gegenüber dem Staat bestehenden Pflichten in seine Machtstellung hineingewachsen zu sein und betont die Abwesenheit von ungerechter Begünstigung.

335 *Sallust*, Bellum Iugurthinum, LXXXV, 13–17.

336 *Sallust*, Bellum Iugurthinum, LXXXV, 19: „Verum homines corrupti superbia ita aetatem agunt, quasi vostros honores contemnant; ita hos petunt, quasi honeste vixerint."; 38 f.: „...virtutem non reliquere, neque poterant; ea sola neque datur dono neque accipitur."; 49: „Etenim nemo ignavia immortalis factus est neque quisquam parens liberis uti aeterni forent optavit, magis uti boni honestique vitam exigerent."

Nur auf Bewährung im Kampf, nicht auf den Unterricht der griechischen Sprache komme es an. Wer nach der Art eines unterworfenen Volkes strebe und gleichzeitig vom Heer Tugendleistungen fordere, der geriere sich mehr als *dominus* und nicht als Imperator. Die Gleichgültigkeit des von *luxuria* verdorbenen Adels zeichne sich auch in der Kriegsführung Roms, v. a. des Metellus ab. Während die Bürger Roms, dies trifft auch nach Sallusts Darstellung zu, den Schutz des Jugurtha (*avaritia, superbia*) aufgehoben hätten, habe Metellus getrieben von Habsucht und Unbesonnenheit das römische Heer aufgerieben.[337] Unter der tugendhaften Führung des Marius seien daher Siege, Beute und Ruhm zu gewinnen.

Sallusts Darstellung zeigt, dass er die Anprangerung der den Staat plagenden Laster durch Marius nicht grundsätzlich verwirft. Marius mag im Urteil über Personen irren (etwa über Metellus), nicht aber in der Analyse der Gründe des Niedergangs des römischen Staatswesens. Der Staat geht – und dies stellt Sallust klar – mit Marius noch stärker der Gefahr des eigenen Untergangs entgegen. Der selbst lasterbehaftete Marius steht in Gegensatz zu Memmius, der die Abstellung der Übel im Rechtswege gefordert hatte. Gleichzeitig tritt er den Gracchen gegenüber, die wenigstens die Restitution der alten Ordnung erstrebt hatten. Mit Marius erreicht die der *res publica* feindliche Gesinnung einen neuen Höhepunkt. Der Tugend wegen soll die Ordnung gestürzt werden. Dieser Zielsetzung entspricht es, dass Marius aufgrund seiner *ambitio* erstmals die unteren Bevölkerungsschichten zum Heeresdienst zulässt und damit die Beständigkeit der *res publica* auf diejenigen stützt, die ohnehin nichts zu verlieren haben. Sie können für niemanden Stütze sein, da für sie der Begriff des Ehrenhaften (*honeste*) dem des eigenen Nutzens entspricht.[338] Auf die militärischen Leistungen des Marius fällt dennoch kein Schatten. Sein siegreiches Vorgehen im Krieg erweckt, wie schon die Tätigkeit des Metellus, gemeinhin den Eindruck, er stehe unter göttlichem Schutz.[339] Wie dieser leitet er die Truppen mehr durch Berufung auf ihr Ehrgefühl als durch harte Strafsanktionen.[340]

---

337 *Sallust*, Bellum Iugurthinum, LXXXV, 45: „Nam quae ad hoc tempus Iugurtham tutata sunt, omnia removistis, avaritiam, imperitiam atque superbiam"; 46: „Nam magna pars eius avaritia aut temeritate ducum attrita est."

338 *Sallust*, Bellum Iugurthinum, LXXXVI, 3: „Id factum alii inopia bonorum, alii per ambitionem consulis memorabant, quod ab eo genere celebratus auctusque erat, et homini potentiam quaerenti egentissimus quisque opportunissimus, cui neque sua cara, quippe quae nulla sunt, et omnia cum pretio honesta videntur."

339 *Sallust*, Bellum Iugurthinum, LXXXVII-XCI; XCII, 2: „...Numidae magis quam mortalem timere, postremo omnes, socii atque hostes, credere illi aut mentem divinam esse aut deorum nutu cuncta portendi." Wenngleich *Sallust*, XCIV andeutet, dass offenbar auch das Glück auf Seiten des Marius mitkämpft.

340 *Sallust*, Bellum Iugurthinum, C, 5: „...nisi tamen res publica pariter atque saevissimo imperio bene atque decore gesta."

k) Sulla

Mit Sulla betritt schließlich der letzte der großen Protagonisten den Schauplatz des Jugurthinischen Krieges. Trotz seiner Abstammung aus der Nobilität und eines scharfen Verstandes strebt er nach Sinnesgenüssen (*voluptas; luxuria*). Die in seiner Person liegenden Laster treten aber hinter sein Streben nach *gloria* zurück, das ihn trotz seiner Laster zur zuverlässigen Durchführung seiner Amtsgeschäfte (*industria*) antreibt. Lobend erwähnt Sallust seine Freigiebigkeit (*largitas*) und die Tatsache, dass er sich trotz seines Adels nicht über die von ihm befehligten Soldaten erhoben habe.[341] Der negativen Außendarstellung Roms, die Metellus mit dem Abfall des Bocchus zu Jugurtha noch zu schaffen gemacht hatte, wirkt Sulla durch Rücksicht und Gastfreundschaft auch gegenüber den Barbaren entgegen. Der durch ihn vermittelte Friedensschluss mit Bocchus bildet den Endpunkt des Jugurthinischen Krieges.[342]

Das sich gegen Ende des Werkes andeutende Fazit Sallusts fällt dennoch eher ernüchternd aus. Wohl gerade auch mit Hinblick auf Sulla verweist er ein drittes Mal auf die Wandelbarkeit des menschlichen Charakters, ebenso wie auf die der Willensäußerungen von Königen, die Entscheidungen in der Regel nach ihren Leidenschaften träfen.[343] Der schließlich durch den Jugurthinischen Krieg endgültig begründete Anspruch Roms, alles müsse sich vor ihm beugen, lässt die eigentliche Frage nach der Rückkehr zu einer an der *iustitia* ausgerichteten Herrschaft zum Wohle der *res publica*, d. h. nach einer beständigen Friedensordnung der römischen Welt, unbeantwortet.

l) Bewertung

Auf die enge Verknüpfung der Werke über die „catilinarische Verschwörung“ und den „Jugurthinischen Krieg“ weist bereits der inhaltliche Konnex beider Proömien hin. Mag es auch der antiken Tradition geschuldet sein, Proömien gleichsam als Versatzstücke dem Text voranzustellen, so sind doch die Anknüpfung an das Catilina-Proömium und dessen weitere Präzisierung unverkennbar. Seine Kernaussage besteht darin, dass derjenige, der mit Fleiß (*industria*) die Taten des Geistes über die körperlichen Laster stellt, in seinem Leben nicht dem Wirken der Fortuna unterliegt.[344] Den Werken der Tugend haftet es an, dass sie alleine mit der Seele des Menschen verbunden und damit nicht den Unbillen der Zeit und der Vergänglichkeit des Körperlichen ausgesetzt sind. Das Imperium des Geistes ist aufgrund der Unsterblichkeit der Seele erstrebenswert. Die Gier nach irdischen Gütern, die Anhänglichkeit an *superbia*, stellt ein nichtiges und sinnloses Streben dar, da mit dem Tod des Menschen der Körper und die ihm zugehörenden materiellen Güter

341 *Sallust*, Bellum Iugurthinum, XCV f.
342 *Sallust*, Bellum Iugurthinum, CIII.
343 *Sallust*, Bellum Iugurthinum, CIV, CXIII.
344 Vgl. *Funaioli*, Sallustius, Sp. 1941, 43–59.

unweigerlich vergehen. Die Tugend hingegen besteht ewig, auch wenn es dem tugendhaften Menschen im Einzelfall an bedeutungslosen körperlichen Gütern fehlen mag. Der Vorrang der *virtus* des Geistes vor der körperlichen *superbia* ist damit dogmatisch unumstößlich festgestellt. Im Anschluss sind es wiederum menschliche Exempla, anhand derer Sallust dann dieses Grundpostulat des Proömiums belegt und präzisiert.

Mit Jugurtha tritt ein Beispiel rechter Seelentugend in den Vordergrund,[345] das schließlich durch die Aussicht auf Gesamtherrschaft und die Feindseligkeit der auf körperliche Güter bedachten Umgebung trotz der Ratschläge des Publius Scipio dem Laster verfällt. Vollkommene Machtfülle und Anfeindungen durch das Laster führen zur Zuwendung auf *superbia* und damit auf die Herrschaft der Affekte über den Geist. Anstatt der von Publius Scipio verheißenen dauerhaften und beständigen Herrschaft erlangt Jugurtha eine Herrschaftsgewalt, die sich auf den Mord an den rechtmäßigen Thronfolgern Numidiens und die Bestechung der römischen Nobilität sowie ihrer Feldherren stützen muss. Er kann sich schließlich der Unterstützung der eigenen Männer auch dann nicht mehr sicher sein, wenn er seine eigenen Appelle auf die Tugend stützt, weil er nicht tugendgemäß handelt.

Ebenso von Fortuna getrieben ist durch die Bestechlichkeit der Nobilität im römischen Senat auch die Lage der römischen Interessen in Afrika. Sie verschafft dem Einzelnen zwar kurzfristig materiellen Güterreichtum, führt aber letztlich zur Destabilisierung Afrikas. Durch sie ist Jugurtha in der Lage, den Senat in verächtlicher Weise vorzuführen. Die Interessen von Senat und Volk fallen durch die Gier nach Gütern zum persönlichen Nutzen auseinander.

Der lasterhaften Senatsmehrheit, die zunächst mit L. C. Bestia noch einen von *avaritia* angeleiteten Feldherren nach Afrika entsendet, verbleibt am Ende wiederum nur die Zuflucht zur Tugend des Metellus. Dessen Rede greift die von Sallust bereits formulierte abstrakte Pflicht der Römer auf, aufgrund ihrer Machtstellung nicht der *libido* nachzugeben. Rom muss die Treue (*fides*) gegenüber Bundesgenossen achten und Kraft der auf das Recht gestützten Macht gegen Störer des Friedens einschreiten. Die Warnung des Metellus an das Volk lautet: Wenn die Herrschaft nicht länger den *optimi* zukommt, ist die *libertas* verloren. Dann geht das römische Volk dem Zustand entgegen, der vor dem Sturz der Königsherrschaft bestand. Leere Ämter ohne Tugend können Herrschaft nicht bewahren.[346] Diese Warnung ist zugleich die an die Nobilität gerichtete Ermahnung, die Rechte nicht zum Zwecke der *libido* und *avaritia* und des persönlichen Güterreichtums zu missbrauchen.[347] Geschieht dies, ist das Heil der Republik (*salus rei publicae*) verloren. Die Gesellschaft zerfällt von der *concordia* der Bürgergemeinde in *factiones*. Damit droht letztlich der gesamten Struktur des Staates die Auflösung in gewaltsamen Auseinandersetzungen zwischen Volk und Nobilität. Die Bekämpfung der Übel nimmt exemplarisch Metellus in der

345 Sie zeigt sich im Übrigen auch in der Beschreibung körperlicher Schönheit.
346 Dazu *von Albrecht*, I, 361.
347 So auch *Bellen*, Grundzüge I, 100.

Führung der afrikanischen Legionen vor. Durch sein Tugendbeispiel geht er voran. Müßiggang, Trägheit und Luxus der in Afrika lagernden Legionen stellt er mit *temperantia* ab. Er stellt dadurch die Ordnung der menschlichen und göttlichen Dinge wieder her. Sein Verhalten entspricht der Forderung des Sallust, Herrschaftsgewalt niemals zu radikalen Umbrüchen zu gebrauchen, da auch hiermit allzu leicht die Begehung von Unrecht und die Zuwendung auf den Pfad der Laster verbunden sein kann. Das Regenwunder von Thala drückt das gewonnene göttliche Wohlwollen manifest aus. Mit Tugend ausgeübte Gewalt schafft sich äußere Güter ebenso, wie das Wohlwollen der Götter. Den einzigen charakterlichen Makel aus dem Blickwinkel Sallusts, nämlich den verletzten Stolz, zeigt Metellus zum Ende mit der Abberufung aus Afrika. Wenngleich diese aufgrund der Affektgeleitetheit des Marius (*ira, superbia*) zustande kam, hätte doch der General dem Ideal des Proömiums eher entsprochen, wenn er die durch falsches Streben zustande gekommene Entscheidung der Verleihung des Konsulats an Marius mit Tugend ertragen hätte. Am Ende der Darstellung steht mit Marius ein Charakter, der wiederum sein Streben auf die falschen Dinge richtet und unter Berufung auf die Tugend den Umsturz erstrebt. Auch er führt die Rede von dem fleißigen, bescheidenen und von Affekten freien Unterstützer der *res publica* in seinem Munde. Wenn er erklärt, dass Nobilität nur *ex virtute*, also durch Taten begründet werden kann, strebt er doch faktisch nur das Konsulat an. Positiver, und doch von übersteigertem Ehrgeiz nach *gloria* angeleitet, erscheint zu diesem Zeitpunkt der Charakter Sullas.[348]

Sallusts Fazit für die rechte Herrschaft ist eindeutig und von der persönlichen Zugehörigkeit des Lesers zur Gruppe der Popularen oder Optimaten unabhängig. Dauerhaft wird Rom als Gemeinwesen nur dann herrschen, wenn es die Bedeutung der *virtus* anerkennt, wenn seine Feldherren und die Nobilität diese Tatsache verinnerlichen. Eine Ordnung der Dinge durch Römer, die mit *ius* und *imperium*

---

348 Zur Präferenz Metellus/Marius bei Sallust hat *Plöger* einen umfassenden Vergleich beider Feldherren anhand des Tugendkataloges in Ciceros „De imperio Cn. Pompei" vorgelegt. Ohne den Streit entscheiden zu wollen – das Idealbild der res publica und des tugendhaften Feldherren lässt sich auch anhand von fehlerhaften Charakteren bestimmen – ist festzustellen, dass Metellus über nahezu jede Feldherrentugend aus Ciceros Katalog verfügt und schließlich einzig in seinem Bestreben nach gloria zu alleinigem Ruhm (superbia) fehlgeht. Er entspricht alleine in diesem Merkmal dem typischen Laster der Nobilität (vgl. die Ausarbeitung der Einzeltugenden, 80–108 bei Plöger). Demgegenüber (*Plöger*, 121–182) entstammen die meisten Zuschreibungen von Feldherrentugend des Marius nicht dessen Tatenbericht, sondern seiner eigenen Rede (Bellum Iug. 85). Die Ambivalenz der Reden bei Sallust – auch das Laster führt, dafür steht Catilina, die Tugend im Munde – steht aber fest. Hinzu kommt, dass die Laster des Marius (cupiditas und gloria-Streben) denen des Catilina ähneln, seine saevitia, die Tatsache, dass er viele seiner Erfolge dem Zufall (und nicht dem consilium!) verdankt und ein Parteienunwesen erstrebt. Seine Kritik an den Lastern der Nobilität würde – so berechtigt sie in ihrer Analyse sein mag – im Falle der Verwirklichung seiner Pläne die Hand an die Grundlagen der res publica legen.

ausgestattet sind, kann nur als Garant des Friedens im Mittelmeerraum erfolgen. Friedenswahrung aber setzt voraus, dass statt der auf Laster gestützten Herrscher diejenigen unterstützt werden, die außerhalb des römischen Machtbereiches selbst der Tugend folgen. Dies ist nur dann möglich, wenn in Rom selbst die Tugend vorherrscht. Das Ziel ist angesichts von Machtfülle, Reichtum und Muße nur zu verwirklichen, wenn das römische Volk aus seiner Lethargie des Strebens nach materiellen Gütern hin zur *virtus* zurückkehrt. Angesichts der Versuchungen setzt dies Anleitung durch Geschichtsschreibung ebenso voraus, wie die Orientierung an den großen Beispielen der Vergangenheit.

V. Das Lob des Prinzipats – Vergil, Horaz und Calpurnius Siculus

1. Die Einwurzelung panegyrischer Reden unter Augustus

Die Antizipation der Möglichkeit der Herrschaft des Tugendbesten in den Werken des Cicero und die Ausformung der von dem Einzelnen in der *res publica* zu fordernden Tugenden durch Cicero und Sallust verfestigte einen Katalog von Tugenden, die dem Einzelnen zuzuschreiben waren, der im Gemeinwesen zu Recht höchste *gloria* beanspruchen wollte. Hieran konnten spätere Autoren zur Rechtfertigung der Alleinherrschaft des Augustus als rechtsgemäß auch in der Praxis anknüpfen. Eine auf die Tugenden gegründete Herrscherideologie fand hier ihren ersten Höhepunkt. Das literarische Niveau des von den „Hofschriftstellern" des Augustus – Vergil und Horaz – in ihren Werken propagierten Herrscherideals der neuen Zeit ist später nur von den Autoren des ersten Jahrhunderts nach Christus erreicht worden – etwa von Seneca, Tacitus und Plinius Secundus. In ihrer Bedeutung für das Herrscherlob der Spätantike, aber auch für die christliche Auseinandersetzung mit dem römischen Staat, sind die vierte Ekloge und die „Aeneis" des Vergil unübertroffen.

Dass die Schriften dieser Dichter mit Billigung durch Augustus verfasst wurden, hängt auch mit der Bedeutung zusammen, die der Kaiser dem Herrscherlob und der rhetorischen Beredsamkeit von Jugendtagen an eingeräumt hatte. Er selbst hat bei Gelegenheit die Möglichkeit genutzt, sein politisches Selbstverständnis in Form von Reden darzulegen. *Senatus consulta*, die *leges populi Romani*, vor allem aber sein Tatenbericht, die *Res Gestae Divi Augusti*, bilden Quellen, die den Blick auf die Augustus eigene Herrschaftsauffassung eröffnen.[349] Seine Gefolgsleute – Agrippa, Maecenas, M. Valerius Messala Corvinus – haben die propagandistische Tätigkeit des Princeps gestützt[350] und gleichermaßen dazu beigetragen, dass unliebsames

---

349 Vgl. die erhaltenen Fragmente bei *S. Ricobono*, Acta Divi Augusti I, Rom 1945. Verloren sind eine Autobiografie des Augustus sowie die Leichenreden auf Marcellus, Agrippa, die jüngere Octavia und Drusus. Hinzu kommen Bauinschriften, Meilensteine und Weiheinschriften, dazu *Alföldy*, Gymnasium 98 (1991), 289 ff.

350 *Kienast*, Augustus, 263 f.; *von Albrecht*, I, 513 f.

politisches Schrifttum jedenfalls aus dem öffentlichen Raum verbannt wurde.[351] Vergil und Horaz waren darüber hinaus dem Kaiser auch persönlich verpflichtet. Vergil verdankte Augustus sein Landgut, Horaz das Seinige dem Maecenas.

2. Herrschafts- und Herrscherideologie im Werk des Horaz

Der am 8. 12. 65 v. Chr. im süditalischen Vesuvia geborene Q. Horatius Flaccus, Sohn eines Freigelassenen, erhielt seine Schulbildung in Rom. Er studierte später griechische Philosophie und Literatur in Athen. Im militärischen Konflikt mit den Caesarenmördern stand er auf der Seite des Brutus, kehrte aber nach der Niederlage bei Philippi in die Hauptstadt zurück. Dort wurde er – u. a. von Vergil – dem Maecenas empfohlen. Sein literarisches Werk beginnt er um das Jahr 35 v. Chr. mit den Satiren. Die Frage nach der Bedeutung des römischen Volkes und seiner Tugend greift er umfassend erstmals in den Oden,[352] vor allem in den Römeroden des dritten Odenbuches auf (Oden III, 1–6). Gezielt an Augustus, der Horaz gerne als Privatsekretär gewonnen hätte, sind Teile des vierten Odenbuches gerichtet (IV, 5; IV, 15; IV, 15). Den größten öffentlichen Auftritt brachte Horaz aber der von ihm verfasste Säkulargesang des Jahres 17 v. Chr. ein. Seine Episteln enthalten (II, 1) daneben eine grundsätzliche Auseinandersetzung mit der Frage des Zwecks römischer Literatur in der Gegenwart.[353]

a) Die Konstituierung der römischen Herrschaftsgewalt in den Römeroden des Horaz

aa) Himmlische und irdische Herrschaftsgewalt

Jedenfalls zur Ableitung irdischer Königsgewalt sowie zu ihren Grenzen hat Horaz sich bereits in der ersten Römerode geäußert. Könige herrschen über ihnen dienstbare Völker, über die Könige herrscht Jupiter, der Bezwinger der Giganten. Es folgt ein Abschnitt über die Bedeutung des Schicksals, dass jedem sein Los zuteilt und sich nicht am gesellschaftlichen Rang orientiert.[354] Menschliche Herrschaft ist der

351 *Kienast*, Augustus, 265 ff.: Vernichtung von Teilen der Orakelliteratur, Vertreibung der Astrologen, Umarbeitung der „Georgica“ durch Vergil, Verbannung des Ovid.

352 Zur Tugend in den übrigen Oden der ersten drei Bücher, die hier nicht umfassend untersucht werden können, *Seager*, Horace, 26 f.: So handelt etwa Oden I, 14 von den Unbillen des Staatsschiffes, das durch Nobilität der Geburt und des Namens alleine nicht vor den Wirren des Bürgerkrieges bewahrt wird. Oden II, 16 beinhaltet (1–8) den Lobpreis des otium, verneint das Streben nach der Herrschaft und Reichtümern.

353 Zu Horaz vgl. *von Albrecht*, I, 565 f.; *Fraenkel*, Horaz, 1–28.

354 *Horaz*, Oden III, 1, 5–8; 14–16: „aequa lege Necessitas sortitur insignis et imos, omne capax movet urna nomen.“

Ordnung Jupiters unterworfen. Auch der Herrscher, der sich hoch über die Untertanen erhebt, muss wie seine Untertanen vor Fortuna zittern.[355] Es ist daher ganz nutzlos, sich stolz über andere zu erheben, wenn *necessitas* die Menschen einander gleichmacht. Ruhe schafft ein solches Leben nicht.[356] Ist es in der ersten Ode noch das Ideal des einfachen Lebens, eine Warnung vor Habgier, Luxus und hemmungslosem Ehrgeiz,[357] so widmet sich die ihr folgende zweite Ode vor allem der kriegerischen *virtus* der Jugend und der hierdurch erstrebten *gloria*. Sie ist ebenfalls Ziel römischen Handelns, weil nach römischem Selbstbewusstsein nur durch kriegerische Tugend die Ruhe des Landlebens gegenüber feindlich gesinnten Völkern bewahrt werden kann.[358] Die so erstrebte *virtus* ist in friedlichem und kriegerischem Wirken im Staat von der Bestätigung des äußeren Lobes unabhängig, sie ist selbst unsterblich. Hüten muss sie sich nur vor *impietas*, d. h. vor Missachtung der Götter und der Schranken, die diese dem menschlichen Leben gesetzt haben.[359]

bb) Augusteische Herrschertugend und die Verheißung römischer Weltherrschaft

Mit Lobpreis auf Augustus spart Horaz bis zur dritten Ode, die dem Lob der Herrschertugend überhaupt gewidmet ist. Der *iustus et tenax propositi vir* geht *mente solida* auch gegen Tyrannenherrschaft vor, lässt sich vom rechten Pfad nicht abbringen.[360] Dass es Horaz hierbei auch um das Lob der besonderen Tugend des Augustus ging, deutet der Fortgang der Ode an. Selbst wenn über einem solchen Manne das Weltall zusammenstürzte, so bliebe er doch standhaft. Die von Horaz eingangs bestimmte Tugend ist höchste Seelentugend. Sie findet ihren Bezugspunkt in

---

355 Zu diesem, am Wortlaut orientierten Verständnis vgl. *Syndikus*, Lyrik, 16 f., der auch auf die in der Literatur vertretenen gegenläufigen Ansichten eingeht, die Strophe feiere etwa eine gerechte hierarchische Weltordnung.

356 *Syndikus*, Lyrik, 17–19.

357 *Syndikus*, Lyrik, 6; 10; *Seager*, Horace, 29.

358 *Horaz*, Oden III, 2, 13 „Dulce et decorum est pro patria mori"; 17–20: „virtus recludens inmeritis mori caelum negata temptat iter via coetusque volgaris et udam spernit humum fugiente pinna". Zu dem scheinbaren Gegensatz von erster und zweiter Ode: *Syndikus*, Lyrik, 11. Er kommt zu dem Ergebnis, dass es Horaz gelungen sei, epikureische Gesinnung und römische Haltung zu vereinen. *Syndikus*, Lyrik, 27; zum Tod für die res publica *Seager*, Horace, 32; auch *Büchner*, Römeroden, 126–129, wonach diese Passage unmittelbar aus dem römischen Ideal der Verteidigung der Freiheit durch virtus entspringt.

359 *Syndikus*, Lyrik, 31 f.

360 *Horaz*, Oden III, 3, 1–8: „Iustum et tenacem propositi virum non civium ardor prava iubentium, non voltus instantis tyranni, mente quatit solida…". Damit verherrlicht Horaz zugleich die virtus der zweiten Ode erneut, *Syndikus*, Lyrik, 36 f. Der Unerschrockene ist „frei" gegen das Streben nach allen materiellen Erfolgen, *Büchner*, Römeroden, 130.

Augustus,[361] der anschließend seine Verherrlichung erfährt. Mit Pollux und Herkules wird Augustus (*recumbens purpureo*) gemeinsam auf der sternenflammenden Burg trinken – der Heros wird zu den Göttern entrückt.[362]

Den Nachweis der endgültigen Überwindung der Bürgerkriege erbringt die den zweiten Teil der Ode bildende Rede der Juno: Solange Ilion (Troja) nicht wiederersteht, mögen seine Flüchtlinge, die Römer, gebieten. Von einem ewigen Kapitol aus sind sie dazu berufen, der Welt Gesetze zu geben und ihren schreckenden Namen bekannt zu machen.[363] Die Warnung, Troja nicht wieder aufzubauen, richtet sich zugleich gegen die Gefahren überbordenden Stolzes vor dem Hintergrund des Rom zuteil gewordenen Glücks (*fortuna*). Rom ist es verheißen, das Ende der Erde und die Grenzen der Sonnenbahn zu erreichen. Es wird herrschen, solange es das Gold im Schoße der Erde verschmäht und nicht mit gieriger Hand Zugriff auf Reichtümer auch in heiligen Tempeln sucht.[364] Versucht es dagegen Troja und damit die Vorherrschaft individueller Laster wieder zu errichten, wird die Stadt „erneut" stürzen.[365]

cc) Die Bedeutung der Musendichtung für den Erhalt der Tugend und Herrschaft

Mit der vierten Ode äußert sich Horaz schließlich zum Zweck der Musendichtung selbst: Den erhabenen Caesar (*Caesarem altum*) nach den Mühen getaner Arbeiten (*labores*) – wenn die Kohorten in die Städte verlegt sind – zu erquicken, ist Aufgabe der Schriftstellerei.[366] Nur wenn die Waffen schweigen, kann der Dichter mit mildem Rat an den Herrscher herantreten.

Den von Jupiter mit gerechtem Zepter regierten Göttern und Menschen auf einem trägen Erdball[367] sind allerdings die Blitze der Auseinandersetzungen und der unbeständige Wandel der Konflikte nur zu bekannt. Zeiten der Muße sind

---

361 So auch *Doblhofer*, Augustuspanegyrik, 143–145, der auch auf den Entstehungszeitraum (27 v. Chr.) hinweist.

362 *Horaz*, Oden III, 3, 9–12. Zu diesem Ideal *Fraenkel*, Horaz, 318; *Syndikus*, Lyrik, 40 f.

363 *Horaz*, Oden III, 3, 41–44: „Roma ferox dare iura Medis".

364 *Horaz*, Oden III, 3, 56–60; 53–56; 49–52 (Gold). Die Rede ist zugleich Warnung vor avaritia. *Fraenkel*, Horaz, 319. Troja fiel aufgrund der Schuld Paris' und des Frevels des Laomedon. Dieser hatte aus Besitzgier den Göttern, die ihm die Stadtmauer errichtet hatten, ihren Lohn verweigert. Die Überzeugung vom Bestand Roms und die Verheißung der Weltherrschaft sind damit konditional verknüpft. *Syndikus*, Lyrik, 44 f. Zum Gedanken des Einhergehens des Abstieges Ilions und des Aufstieges Roms *Luehr*, AU 21 (1978), 18 mit Verweis auf *Homer*, Ilias 6, 448 f.

365 *Horaz*, Oden III, 3, 61–64.

366 *Horaz*, Oden, III, 4, 37–40: „vos Caesarem altum, militia simul fessas cohortes abdidit oppidis, finire quaerentem labores Pierio recreatis antro...". Sie trägt so zu einer in Geistesfrieden und Übereinstimmung mit den Göttern friedschaffenden Herrschaft bei. *Syndikus*, Lyrik, 58 f.

367 *Horaz*, Oden, III, 4, 45–49.

für den Inhaber des Caesarenamtes begrenzt.[368] Umso bedeutsamer ist es für ihn, dass nicht alleine die einem Menschen verliehene Gewalt (*vis*) die Handlungen beherrscht, sondern diese durch weise Mäßigung (*temperantia*) angeleitet sind. Nur auf diese Weise besteht Herrschaft und geht nicht unter der selbst auferlegten Last zugrunde.[369] Auch ein von den Lasten der mit seinem Amt verbundenen Arbeit der Verteidigung der Weltherrschaft geprägter Caesar tut daher gut daran, sich der Muse wenigstens in Zeiten der Ruhe zuzuwenden, um sich dadurch der Maßstäbe rechter Regierung bewusst zu werden.

dd) Augustus – der auf Erden herrschende Gott vor den Beispielen römischer Tugend

Gerade das letzte Element der vierten Ode greift Horaz zu Beginn der fünften erneut auf. Im Himmel herrscht Jupiter, auf Erden herrschen Könige. Unter den irdischen Königen aber ist Augustus ein auf Erden sichtbarer Gott, der es vermocht hat, Briten und Perser seiner Herrschaft zu unterwerfen.[370] Dem Herrschergott Jupiter (im Himmel) tritt auf Erden Augustus als ein Statthalter an die Seite.[371] Dadurch unterscheidet er sich von schlechten Herrschergestalten, die mit schlechtem Charakter auch schlecht herrschen, ihre Toga vergessen, die Existenz des Kapitols ignorieren und so sich selbst entgegen ihrer Pflicht medischen Königen untertan machen.[372] Es sind Männer von Tugend, der Voraussicht des Regulus (*mens providia*), die sich in ihrer Sittlichkeit weigern, schlechte Beispiele zu geben, und dadurch der Nachwelt das Vorbild ihres Handelns vor Augen führen.[373]

ee) Die Sicherung göttlichen Wohlwollens

Der Frage der rechten Götterverehrung widmet Horaz die abschließende Römerode. Über Rom herrschen Götter. Seine Herrschaft kann also nur sichergestellt werden, wenn die Übel unterlassener Götterverehrung abgestellt werden. Geschieht dies

---

368 *Horaz*, Oden, III, 4, 49 f., *Seager*, Horace 33.

369 *Horaz*, Oden III, 4, 65–69: „vis consili expers mole ruit sua, vim temperatam di quoque provehunt in maius, idem odere viris omne nefas animo moventis." Zur Ordnungsfunktion der Musen gegen Gewalt und Zerstörung und den Hintergründen der vierten Ode, *Fraenkel*, Horaz, 333.

370 *Horaz*, Oden, III, 5, 1–4: „Caelo tonantem credidimus Iovem regnare: praesens divus habebitur Augustus adiectis Britannis imperio gravibusque Persis."

371 Dazu *Doblhofer*, Augustuspanegyrik, 151, der Autor befasst sich auch mit den unterschiedlichen Ansätzen des Horaz zur Göttlichkeit des Augustus; *Syndikus*, Lyrik, 69.

372 *Horaz*, Oden, III, 5, 5 ff.

373 *Horaz*, Oden, III, 5, 13–24.

nicht, etwa indem die Errichtung neuer Tempel unterlassen wird und Rom in Sittenverderbnis verfällt, muss die Stadt den Zorn der Götter fürchten und büßt so unverdienterweise auch die Laster der Väter mit.[374]

b) Der Augustus der Oden des vierten Buches

Zeitlich deutlich (14 v. Chr.) von den ersten Odenbüchern abgehoben, stellt das vierte Odenbuch des Horaz ein von Augustus selbst gewünschtes Werk dar. Schon deshalb sind die Augustusoden (IV, 5; 14 und 15) stärker als die Römeroden panegyrisch geprägt.

aa) Augustus als Friedens- und Lichtbringer – Oden IV, 5

Unbezweifelbar stammt die Herrschaftsgewalt des Augustus von Göttern ab, tritt er durch ihre Gunst als Schirm des Romulusstammes in Erscheinung. Er selbst ist der von den Römern herbeigesehnte Lichtbringer und Schirm des Vaterlandes (*custos*).[375] Aufgrund des unter ihm herrschenden Friedenszustandes (*pax*) sind weder zu Land noch zur See Störungen eines Lebens zu erwarten, das zur Treue und zur Sittlichkeit (*fides*) alter Zeiten zurückgefunden hat.[376] Durch Sittengesetze hat Augustus das Laster gebändigt. Der Schuld folgt wieder Strafe unmittelbar nach.[377] Auch die Feinde – Parther, Skythen, Germanen – sind überwunden. Ihr Schrecken ist zu Lebzeiten Caesars vergangen.[378] Bei Sonnenauf- und Sonnenuntergang preisen die Menschen ihren guten Fürsten und Lichtbringer wegen seiner Taten.[379]

---

374 *Horaz*, Oden, III, 6, 1–4; 5–9. Die Missachtung der Götter führt zu schweren Niederlagen; zu Beispielen in der römischen Geschichte vgl. *Syndikus*, Lyrik, 83.

375 *Horaz*, Oden IV, 5, 1–4; 5–8: „Lucem redde tuae, dux bone, patriae"; 9–16; *Fraenkel*, Horaz, 515; *Syndikus*, Lyrik, 315: „In republikanischer Zeit konnte ein Staatsmann custos legis oder custos religionum genannt werden, aber custos gentis höchstens wegen einer einmaligen Rettungstat; custos schlechthin war eher die schirmende Stadtgottheit...".

376 *Horaz*, Oden, IV, 5, 17–20.

377 *Horaz*, Oden IV, 5, 20–24.

378 *Horaz*, Oden IV, 5, 25–29. Augustus Werk ist innere und äußere Restitution. *Fraenkel*, Horaz, 520.

379 *Horaz*, Oden IV, 5, a. E.: „dux bone". *Fraenkel*, Horaz, 518: „In vorhellenistischen und hellenistischen Lobgedichten auf Könige war der Vergleich des Erscheinens eines Herrschers mit dem der Sonne, die die Sterne überstrahlt, ein abgedroschener Topos. Für Horaz ist es bei seinem Takt nur natürlich, dass er so grober Schmeichelei aus dem Wege geht: In einem verwandten, aber viel gewählten Gleichnis, vermittelt er eine Vorstellung von den Segnungen, die aus der Anwesenheit des Augustus seinem Volk erwachsen."; dazu *Syndikus*, Lyrik, 316; *Putnam*, Artifices, 105.

bb) Augustus als Gesetzgeber und Inhaber göttlicher Fortuna – Oden IV, 14

Den Gedanken an die *virtus* des ersten Princeps führt Horaz in einem feierlichen Hymnus weiter aus. Zwischen dem durch Gesetze geordneten Friedenszustand des Reiches und der Sicherheit der Grenzen durch Abwehr der Feinde besteht ein Zusammenhang. Auch den überwundenen Gegnern werden die von Augustus gegebenen Gesetze (*leges*) zuteil. Sein Handeln ist nicht alleine auf den römischen Staat gerichtet.[380] Ohne selbst Krieg führen zu müssen, wird der ihm durch seine Gottheit gewährte Schutz Heer und Feldherren, in diesem Fall dem siegreichen Tiberius, gleichermaßen zuteil. Mit dem dauernden Segen der Fortuna (*perpetua!*) erringt er so Siege und *gloria*. Daher sind seine Heere auch bei körperlicher Abwesenheit des Augustus nicht ohne den Ratschlag (*consilium*) des Princeps.[381] So wird Augustus selbst zum gegenwärtigen Schutzherren und Schutzgott Italiens und Roms.[382] Er ist Gegenstand der Bewunderung aller Völker, Herr der Flüsse und Ozeane, Unterwerfer und Friedensstifter gegenüber Briten, Galliern, Iberern und Sygambern.[383]

cc) Der Lobpreis des Augustusfriedens – Oden IV, 15

Mit seiner dritten Ode auf Augustus beschließt Horaz das Herrscherlob.[384] Pflichtgemäß verweist der Dichter darauf, er habe ursprünglich ein Schlachtenlob verfassen wollen, indes habe Phöbus ihn gewarnt, sein schwaches Segel nicht der Unbeständigkeit und Gewalt anzuvertrauen.[385] Nicht das Lob wechselnden Kriegsglückes, sondern des Friedenszustandes, den schon die bewusste Abwendung von der Unbeständigkeit der Kriege als dauerhaft und fest kennzeichnet, beabsichtigt Horaz. Durch Einschluss auch der militärischen Siege, bewahrt das Lob seinen Doppelcharakter. Unter Caesar ist ein Zeitalter fruchtbarer Äcker wiederhergestellt – römische Adler sind stolzen Parthern entrissen (*derepta Parthorum superbis*), dem römischen Jupiter zurückgewährt.[386] Den Frieden Roms bezeichnet Horaz als Zustand der Restitution. Er kennzeichnet den Übergang zu einer Verfassungsordnung, die das ruhige Landleben wieder gestattet. Seine Ursachen hat er in der Rückgewinnung der Feldzeichen von Feinden – die in *superbia* befindlich – gegen Rom die Waffen erhoben haben, sowie in der Wiederherstellung dessen, was Jupiter als Herren und Schützer Roms gebührt. Der Augustusfriede ist ein äußerer Friede gegen

---

380 *Horaz*, Oden IV, 14, 1–5; 5–8.

381 *Horaz*, Oden, IV, 14, 9–13; 33–40: „te copias, te consilium et tuos praebente divos"; „Fortuna lustro prospera tertio belli secundos reddidit exitus laudemque et optatum peractis imperiis decus adrogavit". *Fraenkel*, Horaz, 504 f.

382 *Horaz*, Oden IV, 14, 43 f.: „...o tutela praesens Italiae dominaeque Romae".

383 *Horaz*, Oden IV, 14, 41, 45–49.

384 Sie ist die späteste der datierbaren Oden, vielleicht auch das letzte der Gedichte, *Fraenkel*, Horaz, 525.

385 *Horaz*, Oden IV, 15, 1–4.

386 *Horaz*, Oden IV, 15, 4–8: „tua, Caesar, aetas fruges et agris rettulit uberes et signa nostro restituit Iovi derepta Parthorum superbis postibus...".

falschen Stolz. Er gewährleistet das rechte Leben mit Wiederherstellung der Götterverehrung. Die Pforten des Janus – deren Öffnung den Kriegszustand anzeigt – sind geschlossen, die Auseinandersetzungen aufgehoben.[387]

Der *ordo* der gesellschaftlichen Ordnung Roms ist durch Zurückrufung der Tugenden und Bannung der Laster rekonstituiert.[388] Damit ist die Quelle der Herrschaft nach Rom zurückgekehrt. Alleine die Tugenden haben den römischen Namen groß gemacht. Sie sind es, durch die die *maiestas* und den Ruf römischer Herrschaftsmacht vom Aufgang bis zum Untergang der Sonne verbreitet wird.[389] Caesar steht der selbst geschaffenen Ordnung als *custos* vor. Er verhindert zivilen Aufruhr und Gewalt sowie das Zorneslaster und schafft einen Zustand tugendhafter Ruhe (*otium*).[390] Militärischer Widerstand durch überwundene Völker ist nicht zu erwarten.[391]

c) Das Carmen Saeculare

Parallel zum Herrscherideal des vierten Odenbuches war Horaz bereits im Jahr 17 v. Chr. die Ehre zuteil geworden, aus Anlass der Säkularfeier einen Chorgesang – „Carmen Saeculare" – in öffentlichem Rahmen darbieten zu dürfen. Mit Anrufung der Götter wünscht Horaz auch hier göttlichen Segen für den Bestand der Stadt.[392] Rom vertraut in seiner Größe auf ihr Wohlwollen. Es ist ein zweites Ilion an etrurischen Ufern, mit Hilfe der Götter geleitet durch gute Sitten der Jugend, *quietas* des Alters, würdig jeder Art der Ehre (*decus*).[393] Es hat mit seinen Siegen die *superbia* seiner Feinde überwunden: *Iam fides et pax et honos pudorque priscus et neglecta redire virtus audet adparetque beata pleno. Copia cornu.*[394] In dem dermaßen verfassten Friedenszustand wird von den Altären des Palatins rechtes Götterlob erstattet. Gerechte Götter werden die Hoffnung der Jugend auf Bewahrung des Friedenszustandes nicht enttäuschen.[395]

---

387 Dazu *Putnam*, Artifices, 276: „For Virgil's Jupiter, looking to the era of Augustus, the gates of war will be closed and furor impius enchained within. For Horace's speaker, by contrast, the gates of Janus' temple will be shut, but it will be empty of all wars."

388 *Horaz*, Oden IV, 15, 8–12.

389 *Horaz*, Oden IV, 15, 12–16.

390 *Horaz*, Oden IV, 15, 17–19.

391 *Horaz*, Oden IV, 15, 21–24.

392 *Horaz*, Carmen Saeculare, 1–36: Phöbus und Diana mögen Rom gewähren, was Lobpreis erfordert, der Sonnengott soll nichts Größeres als Rom auf dem Erdkreis erblicken, die Erzeugerin Illythia möge den Nachwuchs bewahren, die Parzen das Glück schon verlebter Zeiten fortdauern lassen, Ceres und Jupiter Gedeihen schenken, Apollo und Luna Jünglinge und Jungfrauen geleiten.

393 *Horaz*, Carmen Saeculare, 45–48: „di, probos mores docili iuventae, di, senectuti placidae quietem, Romulae genti date remque prolemque et decus omne".

394 *Horaz*, Carmen Saeculare, 57–60.

395 *Horaz*, Carmen Saeculare, 73–60.

d) Bewertung

Horaz gestaltet die irdische Herrschaftsgewalt analog der Gewalt Jupiters. Die von Jupiter erlangte irdische Gewalt hat der Idealherrscher im Geiste beständiger – daher göttergleicher Tätigkeit (*labor*) – auszuüben. Ihr Kennzeichen ist die Überwindung der Bürgerkriege und Ilions, d. h. eines Staatswesens, das sich nicht an der Tugend, sondern alleine am Maßstab des Reichtums orientiert und Göttertempel missachtet. Die Herrschaft Roms ist, sofern sie Tugendherrschaft bleibt, in Ewigkeit verheißen. Erforderlich hierfür ist aber die Tugend Roms ebenso wie die Tugend Caesars. Er muss stets gegen Gewaltherrschaft mit tugendhafter *temperantia* seine Regierung anleiten. Wird die von den Göttern stammende Gewalt in tugendhafter Weise ausgeübt, sind *pax* und *fides* alter Zeiten ebenso wiederhergestellt wie *iustitia*. Dadurch können Feinde unter einer mit *gloria* geführten Regierung mit Segen der Fortuna überwunden werden. Die dermaßen aufgerichtete Friedensordnung ermöglicht im Inneren eine beständige Ruhe ruhigen Landbaus und ruft Tugend und *ordo* zurück, die Rom groß gemacht haben. Über die dermaßen von Augustus restituierten Segnungen der Fortuna, dass gesellschaftliche *otium*, wacht der Sieger der Bürgerkriege als *custos* der *res publica*.

3. Das Herrscherlob des Vergil

Im Gegensatz zu Horaz, der erst in den Odenbüchern ein eindeutiges und klares Bekenntnis für Augustus ablegte, hat sein Zeitgenosse Vergil sich von Anbeginn seiner Dichtung an zu dem jungen Herrscher bekannt.[396] Bereits seinen zwischen 42 und 39 v. Chr. entstandenen „Eklogen" sind Bekundungen zugunsten des jungen Oktavian zu entnehmen. Zum Verherrlicher der augusteischen Herrschaft steigt er nach dem Beginn seiner Tätigkeit für Maecenas auf, dem er 29 v. Chr. das Werk über den Landbau („Georgica") widmet. Sein Hauptwerk, das zu seinen Lebzeiten unvollendet blieb, stellt den Typus des römischen Epos dar. Mit der „Aeneis" wird zugleich der Weltherrschaftsauftrag Roms formuliert. Aeneas, selbst ein „princeps", gelangt von Troja ausgehend nach langer Odyssee schließlich nach Latium, wo er im Auftrage Jupiters die Stadt Rom als ein neues Troja gründet. In das Gründungsepos eingewoben ist – vor allem in der Rede des Anchises im sechsten Buch der „Aeneis" – auch das Idealbild des römischen Prinzipats.

a) Das verheißene Goldene Zeitalter in den Eklogen

Eine – mögliche – Andeutung der Bedeutung augusteischer Herrschaft, jedenfalls aber des Staatsideals der Zeit, lässt sich bereits der ersten Ekloge Vergils entnehmen. Der Hirte Tityrus berichtet dem von Grund und Boden vertriebenen Meliboeus von einem Besuch in Rom, der ihm den Zustand gegenwärtiger friedlicher Muße

396 Zur Vita vgl. *von Albrecht*, I, 531 f.

(*otium*) begreiflich werden lässt: *deus nobis haec otia fecit.*[397] Auf die Frage, wer jene die Muße gewährende Gottheit sei, was Tityrus also in Rom gesehen habe, erwidert jener, er habe dort den Jüngling (*iuvenes*) erblickt. Er habe auf seine Bitte geantwortet: *pascite, ut ante, boves, pueri, submittite tauros.*[398] Der ersehnte und jedenfalls von Rom aus auch versprochene Zustand ist ein solcher der Muße, die es Hirten gestattet, ohne Störung nach altem Herkommen das Vieh zu weiden.

Zur Art des sich ankündigenden Zeitalters hat sich Vergil ferner in der berühmten vierten Ekloge geäußert. Darin preist er das Konsulat des Asinius Pollio. Die Ekloge kann also frühestens mit dem Konsulatsantritt Pollios im Jahre 41 v. Chr. entstanden sein, ist möglicherweise aber erst nach dem Ausgleich zwischen Oktavian und Marcus Antonius entstanden.[399] Darin verheißt Vergil den Anbruch eines neuen *saeculum*, er geht also weit über die bloße Ankündigung eines künftigen Ruhezustandes hinaus.[400] Die Weltzeitalter sind an ihrem Ende angekommen, ihr Kreislauf verheißt nunmehr den erneuten Anbruch des Goldenen Zeitalters des Saturn. Die Rückkehr der Asträa (*iustitia*) kündigt ein neues, dem Himmel entspringendes Geschlecht (*gens aurea*) an, mit dem sich das eiserne Zeitalter schließt. Schon die Gegenwart kennt die Herrschaft des Apoll auf Erden.[401] Die Schrecken des eisernen Zeitalters sind überwunden. Der Erdkreis wird künftig in Frieden durch Vatertugend regiert werden.[402] Durch einen verheißenen Knaben werden die Zeiten sich wandeln. Mit der Jugend wird er Heldenlob und die Taten der Eltern erfahren, durch Literatur die Inhalte der *virtus* erkennen und so die Restitution von Gold und Purpur betreiben.[403]

---

397 *Vergil*, Ecl. 1, 6. Zum Ort der Ekloge – „Arcadia" als „an ideal, the home of song and love", *Griffin*, Virgil, 20 f.

398 *Vergil*, Ecl. 1, 45; 1, 42–45. Vgl. zum Inhalt der ersten Ekloge: *Klingner*, Virgil, 22 f. u. 31. „Zwischen der abseits vom großen Leben gelegenen Hirtenwelt des Tityrus und dem fernen, die Welt beherrschenden Rom ist wirklich eine lebendige Beziehung hergestellt. Octavianus ist nicht genannt, er ist im Gedichte das, was er für die Bewohner der Hirtenwelt ist, der Geheimnisvolle in seiner Sphäre, dem Wunder Rom. In der ersten Ekloge steht man in der ländlich poetischen Welt und bleibt darin; man blickt daraus in die ferne historische Wirklichkeit, die das ländliche Stillleben mit ihren Auswirkungen umbrandet."

399 Die Frage der Entstehung ist nicht mehr aufklärbar. Vgl. *Kienast*, Augustus, 290 mit Fn. 261.

400 *Vergil*, Ecl. 4, 52; *Griffin*, Virgil, 27–29, der sich auch zur späteren Ausdeutung als Weissagung der Geburt Christi äußert; auch *Klingner*, Virgil, 72 zum Streitstand.

401 *Vergil*, Ecl. 4, 4–9.

402 *Vergil*, Ecl. 4, 15–17: „...ille deum vitam accipiet divisque videbit permixtos heroas et ipse videbitur illis pacatumque reget patriis virtutibus orbem."

403 *Vergil*, Ecl. 4, 26–30.

Ganz unabhängig von der Frage des Augustuslobs und der Natur des verheißenen Knaben[404] verkünden die „Eklogen“, wie irdische Herrschaft des Goldenen Zeitalters von Menschen ausgeübt wird. Ein menschliches Geschlecht von göttlicher Herkunft (Saturn) ist auf Erden zur Herrschaft berufen. Den Terror und die Furcht der Vergangenheit überwindet ein Herrscher, der bereits als Jüngling durch das Beispiel der Vorfahren, das Lob der Heroen sowie der Bildung, das Konzept der *virtus* verinnerlicht. Er wird – wie einst Saturn, Jupiter und Apoll – mit Vatertugend den Erdkreis regieren. In seinem Gefolge erscheint *iustitia* und kehrt die wohlgeordnete Muße des alten Landlebens wieder. Irdische, dynastische Legitimität, wird gestützt durch Abstammung von den Göttern. Durch Bildung in der Tugend zu Jugendzeiten entsteht Tugendherrschaft. Sie führt väterlich und göttergleich den Erdkreis zur idealen Ordnung des Goldenen Zeitalters.

b) Georgica

Eindeutig personal zu greifen ist Augustus schließlich in dem Gedicht Vergils über den Landbau, das nach dem Abschluss der „Eklogen“ bis zum Jahr 29 v. Chr. entstand. Die darin enthaltene Augustusideologie erfuhr das Einverständnis des Siegers von Philippi, der sich das Werk nach seiner Rückkehr aus dem Osten von Vergil und Maecenas insgesamt vortragen ließ.[405] Götterähnlich herrscht Augustus über Städte, Länder und den Weltkreis als neues Gestirn. An ihn als Inhaber umfassender Gewalt richten sich die Bitten der Menschen zur Sorge für den Erdkreis. Auf ihn richtet sich die Hoffnung, er möge anders als Könige vor ihm nicht der *cupiditas* nach der Herrschaft anheimfallen.[406] Den inhaltlichen Auftrag des Augustus formuliert Vergil am Ende des ersten Buches. Er ist heilbringender Jüngling (*salus*) in einem Erdkreis, in dem sich Recht zu Unrecht verkehrt hat und Mars herrscht, in dem Sicheln zu Schwertern umgeschmolzen werden.[407]

---

404 In der Wissenschaft besteht weitgehend Uneinigkeit über die Identität des verheißenen Knaben: Den Anspruch, der Knabe der Prophezeiung zu sein, hat in römischer Zeit der Sohn des Pollio, Asinius Gallus, erhoben, dazu auch *Hommel*, 368 ff. Möglicherweise war aber auch der erhoffte Sohn aus der Verbindung des Oktavian mit Scribonia, oder das aus der Verbindung des Antonius mit der Octavia erwartete Kind gemeint (vgl. *Kienast*, Augustus, 291 mit Fn. 263). Möglicherweise handelt es sich auch überhaupt nicht um ein menschliches Kind (*Norden*, 11 f.).

405 *Kienast*, Augustus, 292 mit Fn. 263a.

406 *Vergil*, Georgica, I, 24–42. Augustus nimmt in dem Gebet den gleichen Raum ein, wie die bis dahin genannten Götter zusammen; *Klingner*, Virgil, 189.

407 *Vergil*, Georgica, I, 500–508: „hunc saltem everso iuvenem succurrere saeclo ne prohibete! satis iam pridem sanguine nostro Laomedonteae luimus periuria Troiae; iam pridem nobis caeli te regia, Caesar, invidet atque hominum queritur curare triumphos, quippe ubi fas versum atque nefas: tot bella per orbem, tam multae scelerum facies, non ullus aratro dignus honos, squalent abductis arva colonis, et curvae rigidum falces conflantur in ensem.“

Gerade der letzte Teil erinnert zugleich an die im zweiten Buch der „Georgica“ entfalteten Prämissen ruhigen Landlebens. Der Landmann, der sein eigenes Wohl erkennt, hält sich von der Zwietracht der Waffen (*discordia*) und dem purpurnen Prunk hocherhobener Paläste fern. Ihm genügt der mit Arbeit erworbene Ertrag der Erde.[408] Er erstrebt die sichere Ruhe (*secura quies*) eines Landlebens, das die Götter und *iustitia* achtet.[409] Gelingt es ihm, den Urgrund der Dinge zu ergründen, mag er sich wahrhaft glücklich nennen (*felix*), wenn er sich dadurch die Macht des Schicksals (*fatum*) unterwirft.[410]

Auch in der „Georgica“ bedient sich Vergil der in der vierten Ekloge entfalteten Begrifflichkeiten zur Umschreibung idealer Herrschaft. Es herrscht ein Jüngling über den Erdkreis der das irdische Zeitalter des Eisens, das Sicheln zu Schwertern werden lässt, beendet und damit zugleich den Kreislauf des Königtums durchbricht, das nur nach der Herrschaft strebt.[411] Durch Aufhebung der Zwietracht der Könige und Feldherren werden *discordia* und *fatum* überwunden, es entstehen *quietas, securitas, iustitia* und *felicitas.*

c) Aeneis

Mit dem Epos der „Aeneis“, dass Vergil im Jahre 29 v. Chr. bereits begann, aber bis zu seinem Tode im Jahre 19 v. Chr. nicht mehr fertigstellte, gelangt schließlich das Augustus- und Römerideal Vergils zum Abschluss.[412] Rom ist im Auftrage Jupiters als neues Troja gegründet. Die Bedeutung dieses Satzes wird vor allem in drei Szenen des Werkes deutlich – im Diskurs der Aeneasmutter Venus mit Jupiter (1, 257–296) und der darin enthaltenen Enthüllung der Rom- und Augustusverheißung; der Heldenschau des Anchises in der Unterwelt (6, 752–853) sowie der Schildbeschreibung des Aeneas (8, 626–731).

aa) Die Verheißung der Römerherrschaft als imperium sine fine durch Jupiter

In Konkurrenz zur ursprünglichen Verheißung der Herrschaft Karthagos über die Völker durch Juno steht die Verheißung des Aufstiegs des römischen Volkes.[413] Die Wendung des Schicksals Roms spiegelt sich im Schicksal des Aeneas und seiner Gefährten. Aufgrund des Zornes der Juno schiffbrüchig geworden, verheißt schon

---

408 Zum „labor“-Begriff: *Griffin*, Virgil, 45 f. zu Georgica, I, 121 ff.

409 *Vergil*, Georgica, II, 461–467. Zum Ideal *Klingner*, Virgil, 269 f.

410 *Vergil*, Georgica, II, 490–499.

411 Wie mit solchen Königen zu verfahren ist, legt das dritte Buch der Georgica über die Bienenvölker dar: Die Flügel der Könige (III, 106) sind zu rupfen, von zwei in Zwietracht streitenden Königen möge der bessere herrschen, der schlechtere aber dem Tode geweiht sein (III, 87–89).

412 Das zweite, vierte und sechste Buch ließ Augustus sich wiederum vortragen, *Kienast*, Augustus, 294. Es wäre aber verfehlt, zu unterstellen, dass es Vergil einzig um das Augustuslob zu tun war: *Griffin*, Virgil, 59 f.

413 *Vergil*, Aeneis, I, 12–17.

Aeneas nach den Übeln der Vergangenheit seiner Mannschaft in Latium die vom *fatum* zugesagte *quietas* und die Wiederaufrichtung Trojas.[414] Den Inhalt des göttlichen Versprechens enthüllt das Zwiegespräch Jupiters mit Roma im Olymp. Das verheißene *fatum* besteht in der Gründung Laviniums durch Aeneas und seiner nachfolgenden Apotheose. Zunächst muss er drei Jahre in Italien Krieg führen, wilde Völker unterwerfen und Gesetze (*mores*) aufrichten.[415] Ihm folgt für dreißig Jahre das Imperium des Ascanius, das mit der Gründung Alba Longas endet, wo die Herrschaft für weitere drei Jahrhunderte verbleibt. Danach folgt die Gründung Roms durch Romulus als eine ewige, (*imperium sine fine*),[416] schließlich die Herrschaft des trojanischen Caesars (Augustus – *imperium Oceano, famam qui terminet astris*).[417] Ihm ist nicht nur die Apotheose versprochen, sondern auch die ersehnte Herrschaft. Er bringt die Tugenden früherer Zeiten zurück (*fides, iura*) schließt die Pforten des Krieges und bannt so den Zorn.[418]

bb) Der Inhalt der Römerherrschaft – die Römerschau des Anchises

Zum Muster der Legitimation der Römerherrschaft schlechthin gestaltet Vergil die Römerschau des Anchises vor Aeneas in der Unterwelt. Das *fatum* hat Rom *gloria* verheißen.[419] Von Aeneas wird die Herrschaft auf den Sohn Silvius übergehen. In Alba Longa wird mit Aeneas Silvius ein junger König herrschen (*pariter pietate vel armis egregius, si umquam regnandam acceperit Albam*).[420] Die Gründung Roms durch Romulus bildet schließlich die Grundlage der Herrschaft Romas über die Welt (*imperium terris*). Sie ist in der Gegenwart auf Augustus übergegangen. Er ist der verheißene Herrscher, Sohn des Göttlichen (*divi genus*), der das Goldene Zeitalter Saturns zurück nach Latium bringt und zugleich die Herrschaft der Römer bis über die Grenzen der Erde ausdehnt.[421] Ihm voran gehen die Könige nach Romulus: Numa, der Rom auf Gesetze gründet, Tullus Hostilius, der das Land aus der Muße

---

414 *Vergil*, Aeneis, I, 198–207.

415 *Vergil*, Aeneis, I, 257–263. Die Frage nach den Leiden der Kriege, die der Friedensherrschaft vorangehen stellt *Vergil* in Aeneis, XII, 503 f. Dazu *Griffin*, Virgil, 95 f., *Klingner*, Virgil, 395 ff.

416 *Vergil*, Aeneis, I, 261–279; v. a. 278 f.; vgl. auch 279–283: „quin aspera Iuno, quae mare nunc terrasque metu caelumque fatigat, consilia in melius referet, mecumque fovebit Romanos, rerum dominos gentemque togatam." Dazu etwa *Inglebert*, Latomus 54 (1995), 22.

417 *Vergil*, Aeneis, I, 287.

418 *Vergil*, Aeneis, I, 290–297. Diese Verheißung ist das Ziel des Schicksalsspruches, *Klingner*, Virgil, 395.

419 *Vergil*, Aeneis, VI, 755–759, zum Inhalt der Römerschau vgl. auch *Clausen*, Virgil, 125–152; *Klingner*, Virgil, 487–489.

420 *Vergil*, Aeneis, VI, 769 f., *Clausen*, Virgil, 131.

421 *Vergil*, Aeneis, VI, 791–807: „Augustus Caesar, Divi genus, aurea condet saecula qui rursus Latio regnata per arva Saturno quondam, super et Garamantas et Indos proferet imperium."

(*otium*) unter Numa zurück zu den Triumphen führt und Ancus Marcius.[422] Die Tarquinierkönige stürzt schließlich der in *superbia* befangene Brutus, der zuallererst nach dem mit der Konsulatswürde verbundenen Imperium strebt.[423]

Der sich anschließenden Schau berühmter Römer der Republik folgt das Programm der Römerherrschaft: *tu regere imperio populos, Romane, memento (hae tibi erunt artes), pacisque imponere morem, parcere subiectis et debellare superbos.* Roms Aufgabe ist es, anderen Völkern den Frieden und die Gesetze vorzuschreiben, die Unterworfenen zu befrieden und die Stolzen niederzukämpfen.[424] Die *gloria* der von den Göttern eingesetzten römischen Imperienträger entspricht dem Weltherrschaftsauftrag Roms. Mit dem Sieger von Actium[425] bricht das Goldene Zeitalter an, in dem Rom seinen göttlichen Herrschaftsauftrag gegenüber den Völkern der Erde erfüllt. Den sich Unterwerfenden gewährt römische Weltherrschaft die Gesetze des Friedens, den Widerstrebenden wird die Gewalt römischer Macht zuteil.

d) Bewertung

Mit Augustus, dem jungen Gott kehrt die Ordnung des Goldenen Zeitalters des Saturn auf einen Erdkreis zurück, dessen verkehrte Verfassung zuvor „Sicheln zu Schwertern“ umarbeiten ließ, obgleich es dem allgemeinen Wunsch der Menschen entsprach, in sicherer Ruhe (*securitas, quietas*) Götter und *iustitia* achten zu können. Für Rom, das neue Troja, erfüllt sich mit dem Jüngling Augustus die Verheißung des *fatum*. Richtet es die Sitten wilder Völker auf, kehrt es zurück zu den Triumphen der Tugend, so ist ihm ein *imperium sine fine* in Gestalt der Weltherrschaft verheißen. Deren Programmsatz lautet: *tu regere imperio populos, Romane, memento (haec tibi erunt artes), pacique imponere morem, parcere subiectis et debellare superbos.* Wie Horaz geht auch Vergil davon aus, dass Weltherrschaft an Tugend anknüpft, die darin besteht, den Unterworfenen ruhigen Frieden zu verschaffen, in dem sie ungestört ihrer Tätigkeit nachgehen können. Ganz unmittelbar wird diese Verheißung des beständigen Friedens eines Goldenen Zeitalters mit der Überwindung der Kriege durch Aufrichtung der Sitten und des Götterglaubens in Verbindung gebracht. Augustus selbst ist der Vater, der das eiserne Zeitalter der Welt mit *virtus* beendet und die der Verwirklichung der Tugendherrschaft Entgegentretenden mit militärischen Mitteln endgültig niederwirft. Der Gedanke des gerechten Krieges ist im *debellare superbos* des Programmsatzes ebenso inbegriffen, wie in der ursprünglichen Aufrichtung des Friedens zur Durchsetzung der *mores* durch Aeneas in Italien.[426] Der so in Krieg und Frieden wirkende Princeps wird zum Heilsbringer einer ewigen Herrschaft. Seine Leistung ist nur fassbar, wenn er selbst in die Nähe Saturns gerückt wird.

---

422 *Vergil*, Aeneis, VI, 808–812: „regis Romani primam qui legibus urbem fundabit.“; 813–816.

423 *Vergil*, Aeneis, VI, 817–823.

424 *Vergil*, Aeneis, VI, 847–853.

425 *Vergil*, Aeneis, VIII, 675–716.

426 *von Albrecht*, I, 552.

Vergils Herrscherbild umfasst den von Horaz angesprochenen Roma-*aeterna*-Gedanken als dauerhafte Verheißung der *felicitas* durch das *fatum*, sofern sich Rom zur Erlangung und Bewahrung der Herrschaft der Tugend bedient. Er propagiert zugleich den Gedanken tugendhafter römischer Weltherrschaft auf der Grundlage der Unterwerfung unter den römischen Frieden sowie unter einen Tugendherrscher. Dieser setzt den Auftrag – *parcere subiectis et debellare superbos* – mit friedlicher und kriegerischer *virtus* um und ist als Wächter (*custos*) ein Beispiel für jedermann. Das Prinzipatsideal der Friedensherrschaft ist das Goldene Zeitalter des Saturn.

4. Die Hirtengedichte des Titus Calpurnius

Ein erstes Beispiel einer dem Herrscherlob verpflichteten Dichtung und ihrer Anlehnung an das von Augustus geschaffene Ideal römischer Kaiserherrschaft bieten noch zu Zeiten des julisch-claudischen Hauses die Hirtengedichte des Titus Calpurnius. In Anerkennung der Leistung Vergils, der die sizilische Muse der Hirtendichtung in Rom heimisch gemacht habe (Calp. 4, 62 f.), betont der Dichter die Segnungen des unter Nero herrschenden Goldenen Zeitalters, obwohl er selbst den Kaiser zu Lebzeiten nur einmal bei einem Rombesuch aus der Ferne erblickte (Ecl.7, 79 ff.).[427]

a) Die erste Ekloge

Dementsprechend setzt bereits der Lobpreis der ersten Ekloge des Calpurnius mit dem gegenwärtigen Zustand des Friedens an. Die Sorge der Landbewohner um die Sicherheit des Viehs und die Abwesenheit von Räubern ist einem wiederhergestellten Goldenen Zeitalter gefahrlosen Friedens gewichen.[428] Dessen Garant ist Nero, ein Jüngling julischer Ahnen. Bellona, die Göttin der Zwietracht, ist ihrer Waffen beraubt. In Fesseln gelegt kann sie unter der gegenwärtigen göttlichen Regierung (*deus ipse reget*) nicht länger die Zivilgesellschaft spalten, die jetzt den gesamten Erdkreis umfasst.[429] An ihrer Stelle herrscht die strahlende *pax* in einem Friedenszustand, der zugleich mit *clementia* einhergeht und so sowohl die äußeren Kriege, wie die innere discordia aufgehoben hat. Er übertrifft frühere Friedensphasen in

427 Dazu *Korzeniewski*, 1 f. Über das Leben des Titus Calpurnius Siculus ist ebenso wenig bekannt, wie über den Zeitpunkt der Abfassung seiner Bukolien; zu Vita und Werk: *von Albrecht*, II, 783.

428 *Calpurnius*, Ecl. 1, 33–45, v. a. 42: „aurea secura cum pace renascitur aetas...", zum Geschlecht der Julier: 45; Themis, die Göttin der Gerechtigkeit, die im eisernen Zeitalter als letzte die Erde verließ, kehrt mit Anbruch des Goldenen Zeitalters zurück; dazu *Korzeniewski*, 88, zu Ecl. 1, 44.

429 *Calpurnius*, Ecl. 1, 46–50: „dum populos deus ipse reget, dabit impia vinctas post tergum Bellona manus spoliataque telis in sua vesanos torquebit viscera morsus et modo quae toto civilia distulit orbe, secum bella geret: nullos iam Roma Phillipos deflebit, nullos ducet captiva triumphos. omnia Tartareo subigentur carcere bella immergentque caput tenebris lucemque timebunt."

seiner Vollkommenheit.[430] Perfekte *quietas* kündigt sich an. Der Senat bleibt sicher und unversehrt; für das Eisen der Schwerter besteht keine Verwendung. Das Zeitalter des Saturn kehrt nach Latium zurück.[431] Die Gegenwart gemahnt an die Zeiten König Numas, der zuerst unter den Königen das Werk des Friedens lehrte (*pacis opus*) und Kriegshörner zu heiligen Opfern erschallen ließ.[432] Untrennbar mit dem Frieden verbunden ist die Restitution der konsularischen Würden, der Gesetze und des Rechts. Mit ihr einher geht die Wiederherstellung der Sitten durch den herrschenden Gott.[433] Das *sidus Iulium*, ein den Himmel überziehender Komet, kündet am Himmel von dem anbrechenden neuen Zeitalter.[434] Umfassend ist der Friedenszustand auch, weil er die Völker aller Himmelsrichtungen umfasst und in Ewigkeit verheißen ist.[435]

b) Die vierte Ekloge

Das Goldene Zeitalter, dessen Verheißung in der ersten Ekloge noch der Vermittlung durch den göttlichen Faunus bedurfte, verherrlicht die vierte Ekloge im Lob des Korydon. In der Ruhe des Feldes sinnt der Redner mit den Hirten darüber nach, wie man das Goldene Zeitalter und mit ihm jenen Gott, der Völker und Städte im römischen Frieden regiert, hinreichend loben kann.[436] In panegyrischer Selbstbescheidung folgt der Hinweis, dass gegenüber dem herrschenden Apoll und den Numina der Roma der Lobpreis eines Hirten ungeeignet sei, er sich zu seinem Unterhalt besser auf sein Tagwerk besönne, indes aber durch Förderung seine Mäzens Meliböus nunmehr nicht mehr auf das Beerensammeln angewiesen sei.[437] In einem strophischen Lied der Brüder Korydon und Amyntas schließt sich der Lobpreis des Nero an. Zeus besingen diejenigen, die den Äther loben. Die Gegenwart allerdings lässt eher den Lobpreis des auf Erden anwesenden Friedensbringers nutzbringend erscheinen. Er ist der Garant des Wohlergehens der Äcker. Als Apollon wird er

---

430 *Calpurnius*, Ecl. 1, 54–59.

431 *Calpurnius*, Ecl. 1, 63 f. „plena quies aderit, quae stricti nescia ferri altera Saturni referet Latialia regna".

432 *Calpurnius*, Ecl. 1, 65–68.

433 *Calpurnius*, Ecl. 1, 70–74.

434 Dazu *Korzeniewski*, 89 zu Ecl. 1, 82, dort auch zu 78. Das Erscheinen eines Kometen kündet von Regierungswechsel, unter Augustus Einfluss wurde das sidus Iulium zum Symbol einer neuen, glücklicheren Zeit.

435 *Calpurnius*, Ecl. 1, 87 f.

436 *Calpurnius*, Ecl. 4, 5–8: „Carmina iam dudum, non quae nemorale resultent, volvimus, o Meliboee; sed haec, quibus aurea possint saecula cantari, quibus et deus ipse canatur, qui populos urbesque regit pacemque togatam." Zum Terminus „pax togata": *Korzeniewski*, 96, zu Ecl. 4, 8: „Pax togata ist einmal der Friede der togatragenden Römer, andererseits ist die Toga auch das Symbol des Friedens. Mit diesem Pleonasmus ist offenbar dasselbe gemeint wie mit „candida pax" (1, 54): völliger Friede, auch im Inneren.

437 *Calpurnius*, Ecl. 4, 72.

von Jupiter geschützt, der nunmehr selber die Gelegenheit hat, sich den Musen hinzugeben.[438] Wegen der Abwesenheit der Stürme ist der Kaiser Gegenstand der Anbetung der Welt.[439] Kein Bauer braucht sich mehr bei seinem Pflug vor dem Klang des Metalls als Zeichen der durch das Schwert hervorgerufenen Gewalt zu fürchten. Der Kaiser garantiert die auf Erden herrschende *pax*.[440] Um der Erde willen ist es daher zu wünschen, dass der gottgesandte Jüngling noch lange im irdischem Palast erhalten bleibt.[441] Von dem durch ihn geschaffenen Frieden darf er nicht weichen.

c) Bewertung

Ganz im Kontext des Idealbildes des Goldenen Zeitalters des Vergil und Horaz stehen die „Eklogen" des Titus Calpurnius Siculus, die immerhin zu Zeiten Neros – also mehr als vierzig Jahre nach Ende der augusteischen Herrschaft – das Ideal des ruhigen Landlebens in der Sicherheit des römischen Friedens verkünden. Unter der Herrschaft des *deus* Nero herrscht Friede. *Discordia* ist aufgehoben, Bellona vertrieben. Das Metall ist seiner falschen Funktion im Dienste der Schwerter beraubt. Wie unter Numa kennzeichnet den Römerfrieden die Restitution des Rechts und der Gesetze, mit dem Unterschied, dass er nunmehr eine universelle, alle Völker, Orte und Zeiten umfassende Reichweite hat.

VI. Seneca – De clementia

Mit Seneca befasst sich 100 Jahre nach Cicero erneut ein Staatsphilosoph in einem dogmatischen Werk mit den Eigenschaften, die von einem idealen Herrscher zu fordern sind. Wie Cicero vor ihm hatte auch er das Konsulat ausgeübt (55/56), entstammte einem Rhetorenhaus und war vor seiner politischen Laufbahn als Gerichtsredner aufgetreten. Auch er hatte nach der Verfolgung durch Caligula unter Claudius das Exil erfahren. Nach seiner Rückberufung durch Agrippina im Jahre 49 n. Chr. kehrte er in die römische Politik zurück und wirkte bis in das Jahr 62 n. Chr. hinein als enger politischer Berater und Prinzenerzieher des Kaisers Nero (54–68 n. Chr.), dem die Schrift über die *clementia* gilt. Sein Werk fügt sich, soweit Seneca darin auf die allgemeine Handlungstugend zu sprechen kommt, nach Inhalt und Geltungsrang in die Reihe der staatsphilosophischen Schriften nach Cicero ein. Dies bringt auch der Satz des Geschichtsschreibers Tacitus zum Ausdruck, Seneca habe „das Ohr seiner Zeit" gehabt.[442] Dennoch ist auch darauf hinzuweisen, dass

---

438 *Calpurnius*, Ecl. 4, 87–92.

439 *Calpurnius*, Ecl. 4, 97 ff.

440 *Calpurnius*, Ecl. 4, 112–127.

441 *Calpurnius*, Ecl. 4, 141–146: „Tu quoque mutata seu Iuppiter ipse figura, Caesar, ades seu quis superum sub imagine falsa mortalique lates (es enim deus): hunc, precor, obrem, hos, precor, aeternus populos rege! Sit tibi caeli vilis amor coeptamque, pater, ne desere pacem."

442 zur Vita *von Albrecht*, II, 918–921 mit Verweis auf: *Tacitus*, Annales, 13, 3,

Seneca damit keine von der Herrschaftspraxis abgewandte Philosophie betrieb. Er beabsichtigte auch, dem Kaiser berechtigte Verhaltenserwartungen der Herrschaftsunterworfenen vor Augen zu führen. Sein Werk, das vielfach die Herrschaft Neros verherrlicht, wurde am kaiserlichen Hof beachtet und ist nicht unabhängig von dem Wohlwollen und einer erwarteten Zustimmung des Kaisers entstanden. Es gehört zu den Schriften, mit denen sich Seneca entweder durch Anrede direkt oder jedenfalls vermittels seiner Tätigkeit als „Prinzenerzieher" an den jungen Kaiser wendet.[443] Die wohl im Jahr 56 n. Chr. entstandene Schrift nimmt unter den Schriften Senecas, die sich an den Kaiser wenden, den herausragendsten Rang ein. Sie ist bewusst als „Fürstenspiel" konzipiert und hat die Fürstenspiegelliteratur der Antike und später auch der neuzeitlichen Aufklärung bis in den Staatsabsolutismus des 18. und 19. Jahrhunderts hinein maßgeblich geprägt. Seneca hat darin mit der Ausformung des *clementia*-Begriffs auch für spätere Autoren eine Tugenddogmatik geschaffen, die nicht mehr von der Unbegreiflichkeit der durch Caesar geübten Milde, sondern dogmatisch vorgeprägt war.[444]

1. Tugend der Seele und clementia vor dem Hintergrund unbegrenzter Amtsgewalt

Das in zwei Büchern wohl nur unvollständig überlieferte Werk, das recht unvermittelt abbricht, rechtfertigt Seneca mit der Gewissheit, dass Nero als rechtmäßig herrschender absoluter Alleinherrscher zur höchsten aller Freuden (*voluptatem maximam*) gelangen wird.[445] Die Untersuchung des guten Gewissens durch den „Blick in den Spiegel" hat weder die Funktion, dem rechten Handeln (*recte factorum*) noch der *virtus* einen Lohn zu verschaffen, der über den der Tugendtaten selbst hinausginge. Er dient vielmehr als Ausgangspunkt, um von dort aus den Blick auf die *discordia* der Menge zu richten, auf Spaltung (*seditiones*), Unvermögen (*impotentia*) und ihre Bereitschaft zu fremdem und eigenem Verderben zu schreiten, sobald das Joch der Herrschaft gebrochen ist.[446]

An die Darstellung des Gegensatzes von Charakter- und Handlungstugend des Kaisers einerseits und Zerrissenheit und Verderbtheit des Volkes andererseits, schließt Seneca die Analyse der kaiserlichen Allmacht als der faktisch unbegrenzten Handlungsmöglichkeit des Kaisertums an. Vor dem Hintergrund des Blicks vom

---

443 Es sind dies v. a. die Dialoge über die Gemütsruhe (53/54), die Standhaftigkeit des Weisen (55) und über das glückliche Leben (58), daneben sein Werk „De beneficiis" (58) sowie die nach dem Rückzug vom Hof entstandenen Schriften „De otio" und „De providentia" (62/63).

444 *Seneca*, De clementia, I, 1, 1: „Scribere de clementia [...] ut quodam modo speculi vice fungerer..."; dazu *Fuhrmann*, Alleinherrschaft, 490. Zur Milde Caesars und zur Geschichte des Begriffes auch *Dahlmann*, Clementia, 23–25.

445 Die Staatsordnung, auf deren Basis sich das Werk entfaltet, ist vorgegeben, *Fuhrmann*, Alleinherrschaft, 481.

446 *Seneca*, De clementia, I, 1, 1.

Spiegel zum Volk hin, sind es zunächst zwei (fiktive) Fragen, die den Herrscher bewegen. Wieso haben die Götter ihn aus der Menge der Sterblichen erwählt, auf Erden ihre Rolle zu spielen? Warum gebührt ihm die Macht, über Leben und Tod der Völker zu richten?[447] In kurzen Aussagesätzen präzisiert Seneca aus der Eigenperspektive des Kaisers den Inhalt der kaiserlichen Gewalt.[448] Zustand und Los jeden Dinges sind ihm in die Hände gegeben. Sein Mund ist Verkünder des Schicksals (*fortuna*) der Sterblichen. Kaiserliche Responsen schenken Völkern und Städten Freude. Der kaiserliche Wille bestimmt, was gedeiht. Sein Friede (*pax*) bändigt viele tausend Schwerter, die auf seinen Wink gezückt werden. Der Princeps entscheidet über die Vernichtung von Völkern, über Gewährung und Entzug ihrer *libertas,* über die Versklavung von Königen, über die Verleihung von Kronen und die Errichtung von Städten nach seinem Rechtsspruch (*iuris dictio*).[449]

Der schicksalhaften, götterähnlichen Verfügungsgewalt, stellt Senecas Nero nun in einem nächsten Schritt die Grundsätze der Amtsführung an die Seite. Die Ausübung der Macht wird weder durch die Affekte (*ira ad iniqua supplicia, iuvenilis impetus, temeritas hominum et contumacia*) – die die *tranquillitas* des Gemütes aufheben – noch durch ein Streben nach *gloria* bestimmt, welches auch nur den Schrecken zur Schau trüge. Macht bindet sich vielmehr selbst das Schwert. Sie schont das Menschenblut und zeigt Gunst gegenüber jedem Menschen, weil er Mensch ist (*hominis nomine*).[450] *Severitas* (Strenge) tritt hinter *clementia* (Milde) zurück. Trotz unbegrenzter Gewalt herrscht Nero, als ob er den Gesetzen *(legibus)* verantwortlich wäre, die er doch selbst erst wieder zurück ans Licht gerufen hat. Wann immer sich ein Grund für Mitleid (*misericordia*) findet, ist er zur Schonung bereit. Sollten unsterbliche Götter für seine Taten Rechenschaft verlangen, wäre der Kaiser imstande, diese für das gesamte Menschengeschlecht (*genus humanum*) abzulegen.[451]

Dem Blick des Princeps vom Spiegel auf das Menschengeschlecht hin zur Machtbefugnis und zurück zur eigenen Amtsführung, schließt sich ein panegyrischer Abschnitt an, der die Herrschaft Neros verherrlicht. In ihm lobt Seneca den Kaiser: Alles, was der treuen Vormundschaft (*in fidem tutelam*) Neros übergeben ist, wird zum Besten des Gemeinwesens behütet. Der Kaiser ist ein Muster von Rechtschaffenheit (*innocentia*). Die Werke seiner Güte (*bonitas*) verbinden die Menschen mit ihm in dem Wunsch, dass seine gute Regierung lange anhalten möge.[452] Dadurch ist er über alle Vorbilder erhaben und übertrifft den vergöttlichten Augustus ebenso, wie die frühe Regierung des Tiberius. Das Gutsein (*naturalis bonitas*) ist ihm angeboren. Er schmückt sich nicht mit einer vorübergehenden Maske und schreitet

447 *Seneca,* De clementia, I, 1, 2: „Egone ex omnibus mortalibus placui electusque sum, qui in terris deorum vice fungerer? Ego vitae necisque gentibus arbiter?"

448 *Seneca,* De clementia, I, 1, 2 lässt seinen Kaiser in der ersten Person Singular sprechen.

449 *Seneca,* De clementia, I, 1, 2.

450 *Seneca,* De clementia, I, 1, 3.

451 *Seneca,* De clementia, I, 1, 4.

452 *Seneca,* De clementia, I, 1, 5.

vom Größeren zum Besseren voran.[453] Trotz des kaum steigerungsfähigen Lobes äußert sich Seneca auch zu den Gefahren des dynastischen Kaisertums. Weil die künftige Entwicklung des Charakters einer Person ungewiss ist, erweist sich die Nachfolge häufig zunächst als Glücksspiel (*alea*) für das römische Volk. Unter Nero besteht die Gefahr falscher Ausübung der unbeschränkten Macht jedoch nicht. Das ihm zuteil gewordene Glück (*felicitas*) führt ihn nicht zu unstillbarer *cupiditas*, sondern fördert die *felicitas* des Volkes. Es kann sich zum glücklichen Zustand einzig noch lange Dauer hinzuwünschen. Sicherheit (*securitas*) und die Gewährleistung des Rechts (*ius*) verschaffen Nero das höchste, schwer zu erlangende Lob, die Gesellschaft zu höchster Freiheit (*ad summam libertatem*) geführt zu haben. Die einzige Freiheit, die der Kaiser der Gesellschaft nimmt, ist die Erlaubnis, zugrunde zu gehen.[454] Die Gewissheit kaiserlicher *clementia* im Falle des Irrtums des Einzelnen ist allen Menschen gleichermaßen lieb.

Das so umschriebene Gesellschaftsideal erhebt die im Spiegel erblickte Tugend der kaiserlichen Seele zum allgemeinen Tugendmaßstab. Gegenüber einer gespaltenen menschlichen Gesellschaft ist der Kaiser auf *concordia* bedacht. Er erstrebt das Glück (*felicitas*) seines Volkes durch treue Verwaltung der Machtstellung zum Besten der Menschen, d. h. zur Gewährung von Sicherheit (*securitas*), Freiheit (*libertas*) und des durch Schwerter gesicherten Friedens (*pax*) im Wege von Recht und Gesetz (*ius*). Der Kaiser ist kraft Selbstbindung Restitutor, Garant und Vorbild der Gesellschaftsordnung. Die Ausübung der Amtsgewalt der stets zum Höheren strebenden kaiserlichen Seele nimmt die Fehler des Menschengeschlechtes in den Blick und übt gegenüber dem Irrtum Nachsicht (*clementia*).

2. Prämissen der Anwendung von clementia-Tugend

Die Pflicht zur Milde in Ansehung des Verbrechens – unter Unschuldigen ist für die Anwendung von *clementia* ohnehin kein Raum – ist auch für Seneca erklärungsbedürftig. Er verweist hierzu auf ein Dreifaches: Erstens werde häufig alleine das Glück (*fortuna*) bereits für Schuld gehalten; außerdem eile die Güte meist nicht nur der Unschuld, sondern auch der *virtus* zur Hilfe, da manche tugendhafte Tat durch Änderung der Umstände strafwürdig erscheine und zudem bestehe stets die Möglichkeit, einen Großteil der fehlgehenden Menschen zur *innocentia* zurückzuführen.[455] Die Frage, unter welchen Umständen den beiden ersteren Fällen überhaupt die Eignung zuzusprechen ist, die Unschuld aufzuheben und damit dem Anwendungsbereich der *clementia* Raum zu schaffen, bleibt aber zunächst unbeantwortet. Dem dritten Fall stellt der Verfasser sogleich denjenigen des Bösen gegenüber, der sich als besserungsunfähig erwiesen hat. Jenem gegenüber ist Nachsicht unangebracht, da *clementia* hier nur die Bestärkung der Laster (*vitia*) zur Folge hätte und

453 *Seneca*, De clementia, I, 1, 6.
454 *Seneca*, De clementia, I, 1, 7. Den Niedergang verhindert beste Herrschaft.
455 *Seneca*, De clementia, I, 2, 1.

so selbst ein schlechtes Vorbild abgäbe. Jedenfalls in Zweifelsfällen muss aber auch hier zugunsten der Menschlichkeit entschieden werden.[456]

3. Die Rechtfertigung des von clementia als höchster Staatstugend geleiteten Prinzipats

Erst nach diesen grundsätzlichen Feststellungen äußert sich Seneca zum System des Werkes. Zuerst ist die menschliche Lage darzustellen. Anschließend ist das Wesen der *clementia* mitsamt dem zugehörigen Verhalten darzulegen, um solche Laster aus dem Begriff auszuschließen, die Tugend imitieren. Zuletzt ist zu erklären, wie der Geist zu dieser Tugend hingeführt wird.

Die Rechtfertigung der Darstellung, nämlich die Begründung dafür, warum *clementia* nicht nur Tugend, sondern höchste Menschen- und Herrschertugend darstellt, bietet der folgende Abschnitt. Unabhängig von der Frage, ob man den Menschen als ein *animal sociale* definiert oder ob nach epikureischer Lehre alleine dem Lustgewinn der Vorzug eingeräumt wird, erfordert die Vollendung der Natur in beiden Fällen Friedensliebe und das Absehen von Gewalt.[457] *Quietas* und *otium* müssen durch Tugend bestimmt werden, sollen sie nicht in einem ausschließlich negativen Sinne als Ausgangspunkt der Laster definiert werden.

Dieses allgemein menschliche Handlungsgebot gilt in besonderer Weise für das Königtum oder den Princeps. Große Macht erlangt nur dann die Zierde des Rühmenswerten, wenn sie zum Zwecke der Heilung ausgeübt wird. Nur wer gleichermaßen über Menschen und für Menschen steht, wer zum Heil des Einzelnen und der Gesamtheit wacht, vor den wird sich auch das Volk im allgemeinen Konsens schützend stellen. Für ihn empfangen Tausende nach Art eines der Seele dienstbaren Körpers[458] freiwillig das Schwert. Sie sehen die Unversehrtheit des Princeps als die eigene an, als jenes Band, durch das die *res publica* zusammengehalten wird.[459] Dem Princeps gegenübergestellt wird der Herrscher, vor dem sich Menschen wie vor einem Tier flüchten.[460]

---

456 *Seneca*, De clementia, I, 2, 2: „...nam tam omnibus ignoscere crudelitas quam nulli. Modum tenere debemus; sed quia difficile est temperamentum, quidquid aequo plus futurum est, in partem humaniorem praeponderet." Die Begründung ist nötig, um den Anwendungsbereich der clementia zu begrenzen. *Fuhrmann*, Alleinherrschaft, 495.

457 *Seneca*, De clementia, I, 2, 2: „...nam si quietem petit et otium, hanc virtutem (ad finem) naturae suae nanctus est quae pacem amat et manus retinet."

458 *Seneca*, De clementia, I, 3, 3 am Ende, 4 f.: „...sic haec immensa multitudo unius animae circumdata illius spiritu regitur, illius ratione flectitur pressura se ac fractura viribus suis, nisi consilio sustineretur."

459 *Seneca*, De clementia, I, 4, 1: „Ille est enim vinculum, per quod res publica cohaeret, ille spiritus vitalis...".

460 *Seneca*, De clementia, I, 3, 3: „Ita enim magnae vires decori gloriaeque sunt, si illis salutaris potentia est; nam pestifera vis est valere ad nocendum."; auch I, 5, 2. „Die clementia ist Herrschertugend par excellence", *Fuhrmann*, Alleinherrschaft, 495.

Ist der König verloren, geht auch die Treue verloren. Dann endet die Zeit des römischen Friedens (*romanae pacis*) und wendet sich das Schicksal (*fortuna*) in Trümmer. Einzig die Zügel des Prinzipats schützen die Einheit (*unitas*) des römischen Staatswesens. Sein Ende wird das Ende der Herrschaft der Stadt ebenso, wie das des Gehorchens sein.[461] Principes und Könige werden also als *tutores* des *status publici* über persönliche Beziehungen hinaus geehrt, weil eine Trennung von Herrscher und Volk ohne Auflösung des Gemeinwesens nicht möglich ist.[462] Als Kernaussage gilt Seneca: *tu animus rei publicae tuae es, illa corpus tuum*. Da der Herrscher die Seele des Gemeinwesens ist, das Gemeinwesen den Körper bildet, der den Herrscher schützt, ist *clementia* zum Schutze des Körpers und damit zum Schutze des Herrschers selbst unabdingbar.[463] Wütet der Herrscher, herrscht Krieg.[464]

Diesem, aus der Natur des Gemeinwesens abgeleitetem Argument, stellt Seneca im Weiteren ein sich aus der Natur der Herrschaft ergebendes an die Seite. Aus der Vielzahl der in *concordia* stehenden Tugenden ragt für den Herrscher die *clementia* heraus. Ein hoher Sinn ziert jeden. *Clementia* als die Tugend, die Glück und Ruhe des Hauses gewährleistet, erreicht erst im Herrscher ihre Vollendung. Weil dem Wüten der Affekte eines unbeschränkten Herrschers nichts entgegensteht, zeigt dennoch bestehende *felicitas* und *tranquillitas* im Gemeinwesen untrüglich die höchste *clementia* des Herrschers an. Durch willkürlichen Machtgebrauch wüten und töten kann jeder. Das Gesetz zu bewahren aber ist einzig dem Princeps an die Hand gegeben. Übt er *clementia*, zeigt er größte Tugend.[465]

Das höchste Schicksal (der Herrschaft) bedarf zugleich des höchsten Sinns. Dieser muss friedlich und ruhig Unrecht und Angriffe verachten.[466] Wer Inhaber höchster *fortuna*, also des günstigsten Schicksals ist, ist zugleich zum Dienst verpflichtet. Er muss, zumal wenn er sich im Dunstkreis von Göttern bewegt, selbst einen göttlichen Sinn entwickeln, die Guten und Nützlichen achten und manche der anderen zur Vollständigkeit wenigstens dulden.[467] Ließe er sich nach Art eines Tiers vom

461 *Seneca*, De clementia, I, 4, 1 am Ende, u. 2.

462 *Seneca*, De clementia, I, 4, 3: „...nam et illi viribus opus est et huic capite.", dazu *Fuhrmann*, Alleinherrschaft, 496: „Es ist unverkennbar, dass diese Betrachtungen die Untergangsprognosen der späten Republik, eines Sallust oder Horaz, in zeitgemäßer Abwandlung fortsetzen. [...] Die Einheit von Kaiser und res publica: Auf diese Formel könnte man Senecas politische Doktrin bringen."

463 *Seneca*, De clementia, I, 5, 1. Daraus folgt zugleich, dass der Herrscher stets in seiner Funktion verbleibt, niemals in den Status des einfachen Menschen zurückzukehren vermag, *Fuhrmann*, Alleinherrschaft, 496.

464 *Seneca*, De clementia, I, 5, 2.

465 *Seneca*, De clementia, I, 5, 3 f. Wem die höchste Gewalt zur Verfügung steht, dessen Mäßigung durch Milde und Nachsicht ist besonders beachtenswert.

466 *Seneca*, De clementia, I, 5, 5: „...placidum esse tranquillumque et iniurias atque offensiones superne despicere."

467 *Seneca*, De clementia, I, 5, 7. Zum Fortuna-Begriff bei Seneca vgl. *Gerda Busch*, „Fortunae resistere in der Moral des Philosophen Seneca", in: Gregor Maurach

Zorn leiten, führe sein Zorn auch noch auf diejenigen nieder, die er ohnehin bereits geschlagen hat, so stünde er in seiner Hartnäckigkeit noch unterhalb der edlen Bestien. Er würde sich dem Opfer seines Zornes gleich machen.[468] Erst die *clementia* gestattet ihm, seine Funktion wahrzunehmen. Ein Leben nehmen kann jeder Mensch. Das Leben gewähren kann nur derjenige, dem es als Höhergestelltem anvertraut ist.[469] Während der Private, wenn er zum Mittel der Rache greift, in der Regel sein eigenes Leben wegen erlittenen Unrechts riskiert – weshalb ihm eine solche Tat verziehen werden kann – so riskiert ein Herrscher, der Vergeltung übt, nichts. Wem aber Vergeltung leicht zu Gebote steht, der kann Ruhm nur aus Verzicht erlangen.[470]

Nach nichts anderem als Milde verlangt, so Seneca, auch der Charakter der Stadt Rom und ihrer Bewohner. Wie ein Sturzbach stürzen Menschen in die Stadt und werden aus der Bahn geworfen, sobald sich ihnen ein Hindernis in den Weg stellt. Spricht nur der strenge Richter frei, wird die Stadt entvölkert. Schuld findet sich bei Richter und Ankläger ebenso wie beim Angeklagten. Jeder Mensch trägt leichtere und schwerere Vergehen (*gravia*). Selbst wer seinen Geist gereinigt hat, ist nur vom Vergehen zur Unschuld gelangt.[471]

Das letzte Hauptargument Senecas vergleicht kaiserliche und göttliche Gewalt. Da kaiserliche Gewalt an Machtbefugnis der Gewalt der Götter gleich ist, muss sie auch durch ihre Handlungen versuchen, der Natur des Göttlichen zu entsprechen. Es ist aber nicht nützlich, sich die Götter gegenüber Fehlern und Sünden (*erroribus, peccatis*) als feindlich und verderblich vorzustellen. Wäre dem so, so wäre auch die Sicherheit der Könige im Allgemeinen aufgehoben, da die Macht der Götter die menschliche Königsgewalt noch überschreitet. Da nun aber die Götter offensichtlich die Vergehen der Könige nicht sogleich mit Blitzen verfolgen, sondern vielmehr versöhnlichen und gerechten Sinnes (*aequitas*) sind, geziemt es sich auch für denjenigen, der als Mensch über Menschen eingesetzt ist, die Herrschaft milden Sinnes auszuüben.[472]

4. Das Königtum als Knechtschaft

Den Einwand, ein so gestaltetes Imperium sei Knechtschaft (*servitus*), bestätigt Seneca vordergründig. In Ansehung von Tugend und Laster ist der Mensch in der Masse ebenfalls Träger eines Imperiums, weil er tun und lassen kann was er will, ohne

(Hg.), Seneca als Philosoph (Wege der Forschung, Band CCCXIV), Darmstadt 1975, 53–94.

468 *Seneca*, De clementia, I, 5, 5.

469 *Seneca*, De clementia, I, 5, 6.

470 *Seneca*, De clementia, I, 7, 3. Dem König in seiner Maiestas ist daher sogar lautes Sprechen und Unbeherrschtheit in Worten zu untersagen, I, 7, 4.

471 *Seneca*, De clementia, I, 6.

472 *Seneca*, De clementia, I, 7, 1 f.

dass seine Tugendtaten oder seine Verbrechen in besonderer Weise herausragen.[473] Im Gegensatz zu ihm steht der Princeps unter ständiger Beobachtung. Niemand muss sich daher mehr als er darum bemühen, einen unbeschädigten Ruf (*fama*) zu bewahren. Was dem einfachen Menschen erlaubt ist, ist dem Princeps untersagt.[474] Während der Bürger geschützt durch den Frieden des Augustus (*in tua pace*) seinen Geschäften nachgeht und das Schwert ablegt, ist es für den Kaiser notwendig, sich auch im Frieden zu bewaffnen. Von der Last des Menschen ist seine gänzlich verschieden. Sie ist Knechtschaft höchster Größe (*summae magnitudinis servitus*), die sich selbst nicht zu erniedrigen vermag und daher göttergleichen Charakter aufweist.

Wie die Götter nicht aus dem Himmel herabsteigen können, kann auch der Kaiser nicht von seinem Thron herabsteigen.[475] Er strahlt stets sonnengleich (*quam soli*), steht in dem Licht, auf das alle Augen gerichtet sind. Sein Wort und sein Zorn wirken weit über den Bereich der Strafe hinaus. Der Princeps wird nicht nach dem bemessen, was er in dieser Hinsicht tut, sondern nach dem, was er aufgrund seiner Allmacht tun könnte. Nicht das tatsächliche Strafmaß, sondern die durch die Strafe hervorgerufene Furcht vor der Gewalt muss er bedenken.[476] So unterdrückt häufige Strafe den Hass Weniger, heizt aber den Hass Vieler auf. Der Herrscher muss den Willen zu wüten schon aufheben, bevor die Ursache (*causa*) wegfällt. *Crudelitas* vermehrt die Zahl der Feinde durch den Vorgang des Beseitigens.[477]

5. Das Beispiel des Augustus und die Überlegenheit Neros

Als Musterbild der *clementia* nach Erhebung zum Princeps benennt Seneca Augustus. Seinen Charakter habe die höchste Staatsgewalt gewandelt. Ursprünglich habe er als Teilhaber der *res publica* Herrschaft vor allem mit dem Schwert gesucht und während des Essens Proskriptionsedikte des Marcus Antonius ausgefertigt.[478] Schließlich sei in ihm dem Wunsch nach Rache (*ab eo vindicare*) anlässlich Verschwörung des Cinna (16–13 v. Chr.) die Überlegung gefolgt. Mit Hilfe seiner Ehefrau Livia löst er auch den unlösbar erscheinenden Konflikt einer gerechten Bestrafung des im Übrigen integeren Enkels des Gnaeus Pompeius. Einerseits will er nicht den einzigen Fehltritt mit harter Strafe ahnden, andererseits kann er den Angriff auf den Princeps und die von ihm geschaffene *pax* und *securitas* nicht mit

473 *Seneca*, De clementia, I, 8, 1; 4; *Dahlmann*, Clementia, 26.

474 In Ansehung des Princeps ist die terenzische Sentenz: „Quod licet Iovi non licet bovi" also in ihr Gegenteil verkehrt. Der Satz entspricht auch Caesars Rede in *Sallust*, Cat., LI, 13: „Maxima fortuna, minima licentia."

475 *Seneca*, De clementia, I, 8, 3: „...fastigio tuo adfixus es."

476 *Seneca*, De clementia, I, 8, 5.

477 *Seneca*, De clementia, I, 8, 6 f.: „Regibus certior est ex mansuetudine securitas, quia frequens vindicta paucorum odium obprimit, omnium inritat."; „Voluntas oportet ante saeviendi quam causa deficiat...". Tötet der König einen Feind, so macht er sich zugleich Eltern, Kinder und Freunde des Getöteten zu Feinden.

478 Zu Augustus Wandlung vgl. *Seneca*, De clementia, I, 9, 1; 3; 6.

securitas vergelten. Zugleich ist ihm bewusst, dass auch sein Leben nur zweifelhaften Wert besitzt, wenn er zur Bewahrung gezwungen ist, ohne Ende Strafen und Blutvergießen anzuordnen.[479] Wo *severitas* versagen muss, hilft *clementia*. Die dem offenen Verbrechen entgegengebrachte Verzeihung stoppt zugleich die Tat und fördert den Ruhm des Princeps.[480] Der von Seneca überlieferte Auszug des Gesprächs mit Cinna bestätigt dies. Es steht schlecht um das römische Volk, wenn Cinna, der nicht einmal das eigene Hauswesen erfolgreich verwalten kann, nichts außer dem Tod des Augustus zur Herrschaft fehlt. Denn wenn derjenige durch Sakralverbrechen herrschen soll, den Augustus trotz Feindschaft stets geschont und gefördert hat, geht das Volk fehl.[481] Dass Verzeihung zu einem Ausgleich führt, zeigt die nachfolgende Freundschaft des Augustus mit Cinna, der sogar das Konsulat erlangt. Wieder gilt: Wer den Besiegten nicht verzeiht, wird über niemanden herrschen.[482]

Clementia ebnete Augustus den unmittelbaren Weg zu Heil und Sicherheit (*salus, securitas*). Sie hat seinen höchsten Ruhm befördert. Er wird als Gott angesehen, ohne dass dies befohlen werden müsste. Als guter Princeps und Vater wird er verehrt, weil er gegen ihn gerichtete Beleidigungen ohne *crudelitas* verfolgte, Schmähungen mit einem Lächeln begegnete und sich damit von der unter Fürsten vorherrschenden Art unterschied.[483] Die Verzeihung folgt dem Wissen, dass mit *clementia* statt des Zornes die Dankbarkeit des Volkes gewonnen wird.[484] In einem Punkt ist Nero aber Augustus überlegen: Seine *clementia* entstammt nicht nachlassender *crudelitas*, sondern ist Ausdruck der von Kindesbeinen an geübten Tugend.[485]

6. Clementia als Voraussetzung nicht tyrannischer Königsherrschaft

Dem Beispiel des Augustus folgend, lässt sich die These vertreten, dass Güte nicht nur ehrenhafter, sondern auch sicherer macht und dadurch nicht nur Zierde, sondern zugleich Rettung der Reiche (*salus*) ist. *Reges* erreichen das Greisenalter. Tyrannen dagegen ist zumeist nur eine kurze Herrschaft beschieden.[486] Vom Beispiel des Augustus gelangt Seneca so zu der allgemeinen Frage, was den Tyrannen vom König unterscheidet. Schicksal und Macht (*fortuna et licentia*) scheiden als

---

479 *Seneca*, De clementia, I, 9, 4 f.
480 *Seneca*, De clementia, I, 9, 6.
481 *Seneca*, De clementia, I, 9, 8; 10.
482 *Seneca*, De clementia, I, 10, 1. Es folgen weitere Beispiele der Verzeihung, v. a. der Schonung des Marcus Aemilius Lepidus, der 36 v. Chr mit einem Heer gegen Augustus gezogen war und dennoch bis zu seinem Tod im Jahre 12 v. Chr. die Würde des Pontifex Maximus behielt.
483 *Seneca*, De clementia, I, 10, 3. Diese besteht darin, gegen den Fürsten gerichtete Beleidigungen besonders heftig zu strafen.
484 *Seneca*, De clementia, I, 10, 4.
485 *Seneca*, De clementia, I, 11, 2.
486 *Seneca*, De clementia, I, 11, 4.

Differenzierungskriterien aus – hierin sind beide gleich. Doch wütet der Tyrann zum Vergnügen (*voluptas*), der *rex* nur aus Notwendigkeit (*necessitas*). Der König tötet zum Nutzen der *res publica*, der Tyrann aus Grausamkeit. Beide unterscheiden sich also durch ihre Taten, nicht durch ihren Namen. So verdient die Diktatur Sullas unzweifelhaft den Namen der Tyrannei. Ihr Blutvergießen endet nur aus einem Mangel an Opfern.[487] Damit wird die *clementia* zum entscheidenden Unterscheidungsmerkmal zwischen Tyrann und König. Die Waffen gleicher Macht werden vom Königtum *in munimentum pacis* eingesetzt, während der Tyrann durch größte Furcht und größten Hass zu beseitigen trachtet. Er ist verhasst, weil er gefürchtet ist, und will gefürchtet werden, weil er verhasst ist.[488]

Das Ziel der Sicherung der Herrschaft wird dadurch von Tyrannen verfehlt. Höchste Furcht führt zur Verwegenheit. Sie stachelt dazu an, nichts unversucht zu lassen, um ihrer Herr zu werden. Schlimmste *virtus* ist diejenige, die zur letzten Notwendigkeit (*ultima necessitas*) zwingt. Will Furcht nicht die Menschen dazu antreiben, ein ihnen ohnehin nicht mehr gehörendes Leben wegzuwerfen, muss sie ihnen daher stets einen Rest von *securitas* lassen und ihnen mehr Hoffnung als Gefahren in Aussicht stellen.[489] Einem König, der friedlich und ruhig regiert (*tranquillitas*), stehen die Untergebenen treu zur Seite, weil sie wissen, dass sie zum gemeinsamen Wohl gebraucht werden. Demgegenüber verliert der Tyrann, der um das Urteil von Menschen und Göttern fürchten muss, jede Art treuer Dienerschaft, der er die Menschen wie Bestien vorwirft. *Crudelitas* verschließt den Pfad zum Besseren. Verbrechen müssen mit Verbrechen gedeckt werden. Das Ergebnis ist eine Herrschaft, die nun selbst die Waffen fürchtet, die sie gebraucht.[490]

Glücklich und geliebt ist nur die Herrschaft, die in ihren Handlungen zeigt, dass ihr an der *res publica* als Teil des eigenen Körpers gelegen ist. Sie neigt stets zur Milde (*mitia*), ist zugänglich und legt keine feindliche Seele an den Tag. Ihre Macht setzt sie zum Heil (*salutariter*) des Ganzen ein, um so den Beifall der Bürger und die Glückseligkeit (*felicitas*) durch ein allen günstiges Schicksal (*fortuna*) zu erlangen. Ihr dienen Waffen nicht zum Gebrauch, sondern zur Zierde.[491]

7. Väterliche Kaiserherrschaft

Seneca fordert, der Princeps müsse die Herrschaft als Teil des eigenen Körpers ansehen und die Beherrschten als eigene Kinder betrachten. Kein Vater aber würde seine Söhne beim ersten Anlass enterben. Erst die Vielzahl der Unrechtstaten, die

487 *Seneca*, De clementia, I, 12, 1: „Tyrannus autem a rege factis distat, non nomine…“. 2. Dem Tyrannen erscheint die Zahl der Opfer gering.

488 *Seneca*, De clementia, I, 12, 4: „…nam cum invisus sit, quia timetur, timeri vult, quia invisus est et illo exsecrabili versu, qui multos praecipites dedit, utitur: ‚Oderint, dum metuant‘…“.

489 *Seneca*, De clementia, I, 12, 5 f.

490 *Seneca*, De clementia, I, 13, 1–3: „O miserabilem illum, sibi certe!“

491 *Seneca*, De clementia, I, 13, 4 f.

schließlich die *patientia* überwindet, führt zur Aufhebung der Familiengemeinschaft. Ein Vater erprobt vieles. Er versucht zuerst, schlechten Anlagen des Sohnes dadurch zu begegnen, dass er diesen auf den rechten Pfad zurückführt. Zur Strafe greift er erst, wenn alle anderen Mittel versagen. Ebenso muss auch der Princeps alles unternehmen, mit Mäßigung (*temperantia*) für seine Kinder zu sorgen und das Eigene zurückzustellen. Im Gegensatz zur üblichen Kaisertitulatur ist der Titel eines *pater patriae* kein bloßer Ehrentitel, nur zögerlich darf ein Vater urteilen. Vorschnelle Verbannung ist Zeichen der Freude am Strafen und der *iniquitas*.[492]

Seine These untermauert Seneca erneut mit einem Beispiel: Selbst der Sohn, der sich des versuchten Vatermordes schuldig macht, wird von dem Vater Tarius bei voller Belassung seiner jährlichen Unterstützung nur verbannt. Fehle aber in einem Staat auch dem Schlechten nicht der Anwalt, so zweifele auch niemand an der Rechtmäßigkeit des Urteils.[493] Erneut fungiert auch Augustus als Muster rechter Herrschaft. Er beteiligt sich zwar durch Anwesenheit an der Untersuchung des Tarius, belässt aber die Verhandlung im väterlichen Haus. Durch schriftliche Urteilsfindung vermeidet er, dass sein Spruch zu dem aller wird. Ein Todesurteil verhindert er durch die vorherige Ankündigung, die Erbschaft des Tarius nach dem Verlust des Sohnes nicht antreten zu wollen. Durch seine Milde wird in Ansehung des jungen Alters des Täters sowie der Tatumstände mit der Verbannung nur die mildeste Strafe angeordnet.[494]

Die Anbindung des Kaisers an das Volk im Sinne einer Vater-Sohn-Beziehung nach Grundsätzen der *clementia* wird so als einzig rechtmäßige Herrschaft dargestellt.[495] Den Kaiser trifft wie einen Arzt die Pflicht, mit dem Laster zu ringen, er muss Sorge nicht nur für die Rettung, sondern auch für „schöne Narben“ tragen. Mit grausamen Strafen erweist er weder sich noch seinem Ruhm einen Dienst, da die Unbegrenztheit seiner *potestas* ohnehin über jeden Zweifel erhaben ist.[496]

8. Clementia als Ausfluss der Natur der Schöpfung, des Menschen und der Götter

Von der väterlichen Gewalt ausgehend nimmt Seneca seinen Weg über den Vergleich mit weiteren analog ausgestalteten Herrschaftsverhältnissen[497] zur Herrschaft des Menschen über das Tier: Die Schonung, die auch im Zorn Tieren zuteil wird, lassen dieselben Herren gegenüber den ihnen unterstellten Menschen gegen alle

---

492 *Seneca*, De clementia, I, 14, 2; 3: „Tarde sibi pater membra sua abscidat, etiam cum absciderit, reponere cupiat et in abscidendo gemat cunctatus multum diuque; prope est enim, ut libenter damnet, qui cito; prope est, ut inique puniat, qui nimis.“ *Fuhrmann*, Alleinherrschaft, 498.

493 *Seneca*, De clementia, I, 15, 2.

494 *Seneca*, De clementia, I, 15, 3–7.

495 *Seneca*, De clementia, I, 16, 1 f.

496 *Seneca*, De clementia, I, 17, 2 f.

497 *Seneca*, De clementia, I, 16, 2 – Verhältnis Lehrer-Schüler, Hauptmann-Soldat.

aequitas häufig vermissen.[498] Zwar ist unbestreitbar, dass auch unter Sklavenhaltern *moderatio* eine Tugend ist, die Grenzen im Umgang mit Sklaven ergeben sich aber nicht aus der Duldensfähigkeit der Sklaven, sondern aus dem Recht. Der Herr ist *tutor*, nicht Unterdrücker des Sklaven, das gemeine Recht der Lebewesen (*commune ius animantium*) untersagt grausames Verhalten.[499] So wie die Injurien solcher Herren, die auf grausame Weise[500] gegen das allgemeine Menschenrecht verstoßen, im ganzen Staat für Aufsehen sorgen, so wird auch die *crudelitas* des Herrschers über Jahrhunderte überliefert. Achtet der Herrscher seine Herrschaft als Rechtsherrschaft nach allgemeingültigem Naturrecht (*ad naturae legem conponitur*), wird er umso mehr *clementia* üben, je stärker seine irdische Machtstellung ist.[501] Der schon von der Natur ausgedachte Bienenkönig ist gänzlich waffenlos. Zwar sitzt er in der Mitte seines Volkes, am sichersten Platz des Palastes frei von Arbeit, doch verfügt er nicht wie die anderen Bienen über einen Stachel, mit dem er seinem Zorn – zum eigenen Schaden – Ausdruck verleihen könnte.[502]

Das Ergebnis des Rekurses lautet: Der König ist nicht dort sicher, wo nichts vor dem König sicher ist, sondern seine *securitas* hängt von der Sicherheit des Volkes ab.[503] Nur die *clementia*, die sich die Liebe des Volkes (*amor civium*) erwirbt, schafft dauernde Sicherheit. Der König, unter dem *iustitia*, *pax*, *pudicitia*, *securitas* und *dignitas* gedeihen, der nicht das Gemeinwesen sich, sondern sich dem Gemeinwesen als zugehörig erachtet, wird vom Wohlergehen seines Volkes dauerhaft geschützt werden. Er nähert sich zugleich der Natur der Götter (*natura deorum*), wenn er sich als wohltätig und freigiebig und stets um das Bessere bemüht erweist und wird dann zu Recht als *optimus* bezeichnet.[504]

9. Umfang und Grenzen kaiserlicher Strafgewalt

Mit den vorangehenden Ausführungen ist die grundsätzliche Pflicht des Princeps zur *clementia* als allgemeine, sich mit der *potestas* verstärkende Menschenpflicht definiert. Es bleibt aber weiterhin die Frage zu klären, in welchen Fällen die kaiserliche Gewalt überhaupt zu Strafsanktionen schreitet. Seneca unterscheidet zunächst

498 *Seneca*, De clementia, I, 16, 4; 1, 17, 1.

499 *Seneca*, De clementia, I, 18, 1 f.

500 Verfütterung der Sklaven des Vedius Pollio an die mit Sklavenfleisch gemästeten Muränen; De clementia, I, 18, 2.

501 *Seneca*, De clementia, I, 18, 3; I, 19, 1.

502 *Seneca*, De clementia, I, 19, 2–4. Die Analogie vom Bienenvolk zum Menschen scheitert leider an der Häufigkeit menschlicher Zornesausbrüche; während die Biene mit dem ersten Angriff Stachel und Leben verliert, ist der menschliche Zorn nicht stets der Todesgefahr und damit dem Willen zur Ermattung ausgesetzt.

503 *Seneca*, De clementia, I, 19, 5.

504 *Seneca*, De clementia, I, 19, 6–9: „Non proximum illis locum tenet is, qui se ex deorum natura gerit, beneficus ac largus et in melius potens? Hoc adfectare, hoc imitari decet maximum ita haberi ut optimus simul habeare."

zwei Fallgruppen, nämlich (1) die Strafe mit dem Ziel sich selbst zu rächen (*si aut se vindicat*) und (2) die Strafe um einen anderen zu rächen (*si aut alium vindicat*). Beide behandelt er im weiteren Gang der Darstellung getrennt voneinander.[505]

a) Die Rache für selbst erlittene Verletzungen

Ist der Princeps durch die Tat selbst verletzt, muss er zwei Grundgebote der *iustitia* berücksichtigen. Auch im Falle einer gegen den Princeps gerichteten Tat ist die Wahrheit zu erforschen. Den Richter treibt wie auch den Angeklagten ein immanentes Interesse an der Wahrheit an. Erst im Anschluss folgt als Anforderung der *clementia* die Forderung, in eigener Sache verhängte Strafen zu erlassen, wenn dies gefahrlos möglich ist und, wenn dies nicht gefahrlos möglich ist, sie jedenfalls zu mildern.[506] So wie *liberalitas* Seelengröße dann nicht zeigt, wenn sie in der Weggabe fremder Güter besteht, sondern nur aus dem Entzug eigener Güter ihre Wertschätzung bezieht, erweist auch *clementia* sich nur in eigenen Angelegenheiten als die höchste Herrschertugend. Höchsten Ruhm erfährt ein „ungestraft verletzter Princeps".[507]

Zur Begründung von Milde in eigenen Angelegenheiten kann auch Rückgriff auf die Natur der Rache genommen werden. Sie spendet entweder Trost (*solacia*) für Erlittenes oder Sicherheit (*securitas*) für die Zukunft. Trost in der Rache benötigt ein Princeps nicht, da seine Gewalt nicht in fremdem Leid Bestätigung suchen muss. Wird er von Niedrigeren angegriffen, ist bereits seine Stellung zur Vindikation erlittenen Unrechts ausreichend, da der Angreifer stets dem Princeps unterstellt ist.[508] Vergeltung liegt alleine in der Tatsache der Innehabung eines Amtes begründet, das die Macht einschließt, Leben zu geben und zu nehmen, also göttlicher Natur ist. Dadurch ist jedes Strafbedürfnis befriedigt (*Perdidit enim vitam, qui debet*). Mit dem Gedanken, dass das der *clementia* des Princeps geschuldete Leben ebenso durch Todesstrafe verloren ist, da das geschonte Opfer ständiges Beispiel der *virtus* des Herrschers wird, greift Seneca das Beispiel der Schonung des Cinna durch Augustus wieder auf.[509] Je höher der Rang des Geschonten, desto größer das Lob der kaiserlichen Tugend. Wird gar ein König geschont und bei seiner Königsgewalt belassen, steigt die Tugend zum Sieger über den Sieg auf.[510] Für den Umgang

505 *Seneca*, De clementia, I, 20, 1.

506 *Seneca*, De clementia, I, 20, 2.

507 *Seneca*, De clementia, I, 20, 3: „...ita clementem vocabo non in alieno dolore facilem, sed eum qui, cum suis stimulis exagitetur, non prosilit, qui intellegit magni animi esse iniurias in summa potentia pati nec quicquam esse gloriosus principe inpune laeso."

508 *Seneca*, De clementia, I, 21, 1: „...nam si, quos pares aliquando habuit, infra se videt, satis vindicatus est."

509 *Seneca*, De clementia, I, 21, 2.

510 *Seneca*, De clementia, I, 21, 3: „Hoc est etiam ex victoria sua triumphare testarique nihil se, quod dignum esset victore, apud victos invenisse."

mit Bürgern gilt: Es ist umso maßvoller zu verfahren, wenn die Sache nur geringe Bedeutung hat. Hat man mit denjenigen zu tun, die innerhalb der *civitas* vor aller Augen stehen, ist erst recht zum allgemeinen Beispiel *clementia* zu üben.[511]

b) Die Rache für Verbrechen, die Dritte betreffen – Maßstäbe der Strafgewalt

Sind solche Taten, die den Princeps nicht betreffen, einer Sanktion zuzuführen, sind drei Grundsätze alternativ zu beachten. Die Strafe soll (1) entweder den Täter (*ut eam, quem punit, emendet*) (2) oder die Übrigen bessern (*ut poena eius ceteros meliores reddat)* oder jedenfalls (3) die Sicherheit für die Übrigen erhöhen (*aut ut sublatis malis securiores ceteri vivant*).[512] Soll der erste Zweck erreicht werden, ist geringe Strafe angebracht, da größere *diligentia* derjenige an den Tag legt, dem etwas unangetastet belassen wurde. Sollen die *mores* der *civitas* gebessert werden, ist ebenfalls Zurückhaltung im Strafen geboten. *Severitas* verlöre sonst rasch durch Gewöhnlichkeit an *auctoritas.* Will der Princeps schließlich dafür sorgen, dass durch die Strafe die Übrigen besser leben, so ist ebenfalls eine milde Strafe angebracht, da Laster dann leichter unterdrückt werden, wenn der Strafende den Eindruck erweckt, nur unter Qualen strafen zu können. Solches Verhalten erzeugt Scheu vor der Neigung zum Laster, wodurch eine von einem milden Herrscher verhängte Strafe noch schärfer wirkt.[513] Vielfach entfalten Strafgesetze alleine durch ihre Aufstellung schädliche Folgen, denn die Schaffung einer *lex* weist stärker als das Urteil im Einzelnen Fall auf die Möglichkeit der Verbrechensbegehung hin. Das Gesetz bringt vielfach Menschen erst auf den Gedanken, dass die dort beschriebenen Untaten existieren.[514] So führt das Absehen von der Gesetzgebung in Verbindung mit seltenen Strafen eher zu einem Konsens über die Rechtschaffenheit (*innocentia)* als eines öffentlichen Gutes – *putet se innocentem esse civitas: erit.* Herrscht allgemeine Mäßigkeit (*frugalitas),* findet sich auch eher ein Grund zum Zorn gegenüber den wenigen Schlechten.[515] Wird dagegen die Überzahl des Schlechten durch häufiges Strafen herausgestellt, so fehlt es an willigem Gehorsam gegenüber den Geboten.[516] Der menschliche Geist folgt eher freiwillig, als dass er gezogen wird.[517] In weitem Maße spricht sich Seneca also dafür aus, in allen Sachen, die den Princeps nicht betreffen, eher Milde als Härte anzuwenden, um so eine generelle Neigung der Menschen hin zur Rechtschaffenheit (*innocentia*) herbeizuführen.

---

511 *Seneca,* De clementia, I, 21, 4.
512 *Seneca,* De clementia, I, 22, 1.
513 *Seneca,* De clementia, I, 22, 2 f.
514 *Seneca,* De clementia, I, 23, 1. Der Vatermord beginnt erst mit dem Gesetz über den Vatermord.
515 *Seneca,* De clementia, I, 23, 2.
516 *Seneca,* De clementia, I, 24, 1.
517 *Seneca,* De clementia, I, 24, 2.

Um dem Eindruck einer weitgehend straffreien Gesellschaft vorzubeugen, muss aber berücksichtigt werden, dass sich der Anwendungsbereich für *clementia* nach der klaren Aussage Senecas mit der Vielzahl der Tatbegehungen, d. h. mit der Befangenheit im Unrecht zunehmend verengt. Nicht die Schwere der Tat, sondern die Schwere des Unrechts der die Taten begehenden Seele bestimmt über den Spielraum im einzelnen Fall.

c) Der Ausschluss grausamer Strafzufügung

Grausamkeit (*crudelitas*) in der Strafzufügung muss der Princeps vermeiden. Sie ist des Menschen unwürdig und lässt sein Verhalten dem eines wilden Tieres gleichen. Wildheit aber, wie sie etwa Alexander der Große gezeigt hat, als er Lysimachus den Löwen vorwerfen ließ, überschreitet stets Grenzen, zuerst die des Gewohnten, schließlich die des Menschlichen. Sie muss stets nach neuen Strafen und Instrumenten suchen, um sich am Leid der Menschen zu erfreuen und wandelt sich schließlich zur Lust am Töten.[518] Ihr Resultat sind Hass, Gift und Schwert, die sich hinter dem Rücken des Strafenden versammeln. Wird ein kritisches Maß überschritten, wenden sich die Gequälten gegen den Unterdrücker und das gesamte Gemeinwesen bricht ein.[519] Bleibt grausame Herrschaft auch sicher, so zeigt sie sich doch im Anblick der eingenommener Städte und öffentlicher Angst. Trauer, Furcht und Verwirrung bestimmen das öffentliche Bild. Vergnügungen und eine lockere Zunge werden gefürchtet. Selbst Löwen oder Bären, so der Autor, könnte man in dieser Staatsverfassung zu Königen erheben. Dennoch werde sich deren unvernünftige Natur eher vom Menschen fernhalten, als ein solcher Herrscher.[520]

10. Das Ergebnis des ersten Buches

Das erste Buch fasst Seneca schließlich selbst wie folgt zusammen: *Felicitas* kann nur dadurch erlangt werden, dass möglichst viele Menschen zum Heil (*salus*) geführt werden. Voraussetzung dafür ist, sie von der Grenze des Todes zu bürgerlicher *clementia* zurückzurufen. Nicht dieser Rettung der Bürger, sondern der *clementia* selbst gebührt die Tugendkrone des Prinzipats. Siege über Barbaren, errungene Waffen und Kriegsbeute sind von geringerem Wert. Göttliche Macht besteht im öffentlichen Retten vieler Menschen, nicht ihrer Vernichtung.[521]

---

518 *Seneca*, De clementia, I, 25, 1 (Alexander); 2. Der Mensch hält es am Ende schon für Milde, wenn sein Scharfrichter ein Mensch ist.

519 *Seneca*, De clementia, I, 25, 3–5. Dazu auch I, 26, 1: Schon Grausamkeit von Privatleuten führt zur Erhebung von Sklaven in sicherer Gewissheit künftiger Kreuzigung.

520 *Seneca*, De clementia, I, 26, 2.

521 *Seneca*, De clementia, I, 26, 5.

11. Die Bestimmung der clementia – das zweite Buch

a) *Das erstrebte Goldene Zeitalter Neros und die Definition der clementia*

Mit einem ganz konkreten Ausdruck kaiserlicher *clementia* beginnt das zweite Buch. Vom Präfekten Burrus um einen schriftlichen Urteilsvorschlag hinsichtlich der Bestrafung zweier *latrones* gebeten, tat Nero den Ausspruch: *Vellem litteras nescirem.* Diesen Ausspruch erhebt Seneca zum Ausdruck höchster *dignitas.*[522] Ausgehend von dem Wunsch, „jenes ehrwürdige Zeitalter menschlicher Unschuld" wiederherzustellen, beschreibt er die Segnungen der Herrschaft Neros. Nun gehört es sich, im Rechten und Guten einig zu sein. Gier (*cupiditas*) nach fremdem Gut ist zu verbannen. Sie ist die Wurzel aller Übel der Seele. *Pietas* und *integritas, fides* und *modestia* sind erneut hervorzubringen.[523] Nichts Geringeres als ein Goldenes Zeitalter unter Nero erstrebt Seneca, der fest darauf vertraut, dass sich die Sanftheit der Seele des Herrschers auch über den Reichskörper erstrecken und so die Gesundheit des Reiches herbeiführen wird.[524] Dazu dient die Ausbildung des Kaisers in Taten und Worten, die sich zur Tugendanlage hinzugesellt. Erneut den Ausspruch: *oderint, dum metuant* kritisierend, verweist Seneca darauf, dass es vor allem die Gemütsruhe des Guten und Sanften ist, die Worte solcher Leidenschaft vermeidet.

Gegenstand des zweiten Buches soll die Frage nach der Qualität, d. h. nach der Beschaffenheit der *clementia* sein. Die von Seneca dem vorangestellte Definition – *clementia est temperantia animi in potestate ulciscendi vel lenitas superioris adversus inferiorem in constituendis poenis* – gibt das Ergebnis des ersten Buches wieder.[525]

b) *Das Verhältnis der clementia zu anderen Tugenden*

Zunächst gilt es aus Sicht des Autors festzuhalten, dass der grundsätzlich für ein rechtes Leben in Tugend geltende Grundsatz, jedem nicht mehr oder weniger als das ihm von Rechts wegen Gebührende zuzubilligen, für die *clementia* keine Geltung hat. Sie steht nach einhelliger Auffassung über dem, was verdientermaßen festgesetzt wird und bestimmt sich nicht nach Verdiensten oder Schuldigkeit.[526] Auch der Eindruck, *clementia* sei der *severitas* entgegengesetzt, täuscht. Zwei Tugenden können sich nicht gegenseitig entgegenstehen.[527] In echten Gegensatz tritt *clementia*

---

522 *Seneca,* De clementia, II, 1, 1 f.: „O vocem in contionem omnium mortalium mittendam, in cuius verba princpies regesque iurarent!"

523 *Seneca,* De clementia, II, 1, 4: „Nunc profecto consentire decebat ad aequum bonumque expulsa alieni cupidine, ex qua omne animi malum oritur, pietatem integritatemque cum fide ac modestia resurgere et vitia diuturno abusa regno dare tandem felici ac puro saeculo locum."

524 *Seneca,* De clementia, II, 2, 1.

525 *Seneca,* De clementia, II, 3, 1.

526 *Seneca,* De clementia, II, 3, 2.

527 *Seneca,* De clementia, II, 4, 1.

aber zur *crudelitas*. So wie Milde die Neigung der Seele zur Sanftheit im Fordern von Bußen darstellt, ist Grausamkeit die Roheit der Seele im Fordern von Bußen. Seneca stellt klar, dass ohne Anlass zur Strafe geübte Grausamkeit diesem Gegensatzpaar nicht zuzuordnen ist. Sie ist schlicht tierische Wildheit. *Clementia* ist damit als eine Tugend definiert, die sich ausschließlich auf die Forderung nach Strafen für begangene Taten erstreckt.[528]

Von nicht unerheblicher Bedeutung ist auch die Abgrenzung der *clementia* zum Mitleid, das wie eine Tugend verehrt wird. Zwar liegt beiden eine gewisse Ähnlichkeit zugrunde, doch stellt *misericordia* letztlich den Komplementärbegriff der *crudelitas* dar. Während Grausamkeit ein Fehlverhalten an der Grenze der *severitas* beschreibt, ist Mitleidigkeit das an der Grenze der *clementia* stehende Fehlverhalten unberechtigter Güte und damit ein Mangel der Seele.[529] So wie rechte *religio* den Aberglauben meidet, muss *clementia misericordia* meiden. Sie ist ein falscher Affekt gegenüber dem rechtmäßig zugeteilten Los.

Zur Verteidigung der stoischen Auffassung, der häufig Mitleidlosigkeit vorgeworfen werde, verweist Seneca darauf, es existiere keine Auffassung, die sich in dem Wunsch nach *benignitas*, nach Menschenliebe und *humanitas*, so sehr in den Dienst der Gemeinschaft und ihrer Glieder stelle.[530] Der allgemeine Irrtum beruhe auf dem angesprochenen falschen Kummer der Seele beim Anblick fremden Elends, der nicht nach der Ursache frage und daher der Weisheit fremd sei.[531] Nach Vernunftgrundsetzen steht fest: Der Weise muss es vermeiden, seinen Verstand auszuschalten. Dadurch kann er dem Zorn des Schicksals (*fortunae iram*) trotzen. Er zeigt deshalb stets das gleiche Gesicht. Trübt er seine Augen durch falsche *misericordia*, verliert er die Fähigkeit der Voraussicht (*providentia*). Dann wird er sich zwar gegenüber fremdem Schicksal als hilfsbereit erweisen und Schiffbrüchige, Brandgeschädigte oder Bedürftige unterstützten. *Misericordia* wird er aber nicht üben, da er stets zum öffentlichen Wohl tätig ist. Sein Tun richtet sich gegen Fortuna, nicht gegen das gerechte Los des Menschen.[532] Die Anwendung von *misericordia* steht außerhalb des Rechts. Sie ist deswegen anders als die *clementia* kein Teil der *iustitia* und damit abzulehnen.[533]

---

528 *Seneca*, De clementia, II, 4, 2.

529 *Seneca*, De clementia, II, 4, 4.

530 *Seneca*, De clementia, II, 5, 2 f.

531 *Seneca*, De clementia, II, 5, 3.

532 *Seneca*, De clementia, II, 6, 1–4.

533 *Seneca*, De clementia, II, 3, 1 f. Dazu *Fuhrmann*, Alleinherrschaft, 504. Fuhrmann gelangt allerdings (505) zum Ergebnis eines Bruches mit dem ersten Buch, da dort die clementia eindeutig die Tendenz zeige, „den Bereich von Recht und Billigkeit zu überschreiten". Der den Hochverräter begnadigende Augustus (9. Kapitel) oder das milde Urteil über den Vatermörder (15. Kapitel), erst recht aber die Trennung von iustitia und clementia angesichts der Untersuchung eigener Verletzungen des Princeps („hoc enim ad iustitiam, non ad clementiam pertinet", I, 20, 2) zeige: „Hier stehen sich iustitia und clementia als ‚Recht' und ‚Gnade' gegenüber, und kein

Ähnlichen Grundsätzen folgt die Ablehnung der Gnade (*venia*). Da sie den Erlass verdienter Strafe (*poena merita*) bedeutet, wird Weisheit Gnade nicht gewähren. Verzeihung kann demjenigen, der bestraft werden muss, nicht zuteilwerden. Entscheidender ist, dass *sapientia* im Urteil Recht spricht, d. h., dass der Herrscher schon im Urteil das tut, was Verzeihung bewirkt. Er darf damit nicht Verzeihung üben und so ein notwendig verwirktes Strafübel unterlassen.[534] Strafmilderungsgründe – geringes Alter, anerkennenswerte Motive, den Kampf für die *libertas* – berücksichtigt er im Rahmen der *clementia*, die *non sub formula, sed ex aequo et bono* urteilt und nicht so tut, als ob sie weniger als das Gerechte täte, sondern gerade das „Gerechteste". Bedeutet *venia* das Unterlassen der nach dem Urteil verwirkten Strafe, so verkündet *clementia*, dass der Beklagte nach dem Urteil nichts anderes hätte erleiden dürfen. Der Streit zwischen *venia* und *clementia* ist damit ein Streit um den Wortsinn. Das Strafmaß des Weisen wird vieles erlassen und vieles zu bewahren suchen, um krumm gewachsene Bäume zu stützen oder belastende Äste zu stutzen, Mängel des Bodens auszugleichen und Bäume dem Licht zu öffnen – gemäß den Eigenheiten des ihm vorliegenden Falles.[535]

12. Ergebnis

Auch Senecas Werk der kaiserlichen Milde geht von der faktisch unumschränkten kaiserlichen Verfügungsgewalt aus.[536] Sie ist Grundlage der Forderung, mit der faktisch göttergleichen Machtfülle nicht nach der freien Willkür zu verfahren, sondern damit „rechtsgemäß" umzugehen. Dies erfordert – zum höchsten Lob des Herrschers – die Ausschaltung von Affekten in der Amtsführung, die *tranquillitas* der Handlungen. Diese ist nur zu erreichen, wenn der Princeps jedes Streben nach weiterer *gloria* aufgibt und sich in milder Amtsführung den eigenen Gesetzen unterwirft. Ihren Geltungsgrund findet *clementia* in der Verpflichtung des Kaisers als *tutor* der Herrschaftsunterworfenen. Er darf *felicitas* nicht zu ausufernder *cupiditas* zu nutzen.

Drehen und Deuten vermag zu bestreiten, dass clementia die Schranken des Rechts überschritten hat." Vor dem Hintergrund des zweiten Buches lässt sich die scharfe Trennlinie in diesem Falle aber durchaus damit begründen, dass die Objektivität und Neutralität einer Untersuchung von Verbrechen in eigener Sache einen unverbrüchlichen Grundsatz des strengen Rechts (iustitia) schlechthin darstellt. Sie darf damit per se nicht zum Gegenstand einer Erörterung über die clementia gemacht werden, da bereits dies zu einem falschen Begriffsverständnis führen würde. *Fuhrmann* versucht schließlich, 506, die aus seiner Sicht divergierenden Ergebnisse vor dem Hintergrund unterschiedlicher Zweckrichtungen des ersten und zweiten Buches zu begründen (praktische Anforderungen Politik und Princeps im ersten Buch, grundlegende Darlegung ohne Rombezug im zweiten Buch).

534 *Seneca*, De clementia, II, 7, 2: „...parcet enim sapiens, consulet et corriget; idem faciet, quod si ignosceret, nec ignoscet, quoniam, qui ignoscit, fatetur aliquid se, quod fieri debuit, omisisse."

535 *Seneca*, De clementia, II, 7, 4.

536 *Fuhrmann*, Alleinherrschaft, 492 f. bietet eine Inhaltsübersicht.

Er muss *securitas* und *iustitia* in einer Gesellschaft sichern, die seiner zum Erhalt ihrer *concordia* bedarf. So ist er gleichermaßen Bewahrer einer durch Schwerter gesicherten Freiheit und des Rechts. Ihm steht es an, *clementia* gegen Untertanen zu üben, die zwar fehlgehen, durch gute Führung aber zur *innocentia* zurückgeführt werden können.[537]

Dogmatisch rechtfertigt Seneca den Vorrang kaiserlicher *clementia* mit einer Vielzahl von philosophischen, empirischen und utilitaristischen Argumenten. Stoische und epikureische Lebensordnung bedürfen gleichermaßen der Friedensliebe und des Absehens von Gewalt. *Quietas* und *otium* tugendhaft zu gestalten, ist die hervorragendste Aufgabe eines Princeps, vor den sich sein Volk nur dann schützend stellen wird, wenn er selbst seinem Volk mit Liebe begegnet. Zu berücksichtigen hat er dabei, dass jedes Abweichen vom Pfad der *clementia* nicht nur sein Leben, sondern auch den römischen Prinzipat selbst gefährdet. In einer gespaltenen Gesellschaft ist der Princeps Garant des Heils (*salus*). Sein Untergang zieht den Untergang der römischen *pax*, aber auch der *felicitas* nach sich. Untrennbar sind Volk und Herrscher wie Körper und Seele einander verbunden.

Es ist daher sicher, dass kaiserliche *clementia* ihre Wirkung nicht verfehlen wird. Die Natur unumschränkter Herrschaft bedingt es schon, dass das Glück der Zeit und die Ruhe dort am besten gesichert werden, wo unumschränkte Macht und damit unumschränkte Freiheit von Affekten herrscht. Ähnlich den Göttern muss der Träger höchster *fortuna* göttlichen Sinn entwickeln. Auch die Götter strafen die Fehltritte irdischer Könige nicht mit Härte, da anderenfalls das Königtum selbst nicht mehr sicher wäre. Würde der Princeps sich nicht am göttlichen Beispiel orientieren, wäre Rom angesichts der Laster des Volkes rasch entvölkert. Den Vorwurf, kaiserliche *clementia* erzwinge ein Kaisertum, das eher Knechtschaft als Machtfülle zum Gegenstand habe, lässt Seneca jedenfalls teilweise gelten. Dem Princeps obliegt es, die Beschädigung seines Ansehens schon durch den Ruf schlechter Taten zu vermeiden. Daran hat er sein Handeln auszurichten, um den Frieden der Bürger in ihren täglichen Geschäften zu sichern. Mit gewöhnlicher Knechtschaft ist seine Aufgabe aufgrund ihres strahlenden Beispiels dennoch nicht vergleichbar.

Mit Augustus tritt schließlich der Begründer des Prinzipatgedankens als Beispiel der Tugend auf. Selbst der durchaus nicht affektfreie Charakter des ersten Princeps hat gezeigt, dass es möglich ist, im Frieden *clementia* zu üben. Dies gelang Augustus sogar gegenüber Mördern, die den Kaiser als den Garanten der *pax* auszulöschen versuchten. Sein Beispiel lehrt, dass *clementia* – nicht *crudelitas* – am Ende die Verehrung des Volkes, die Sicherheit des Princeps und die Umkehr der Täter einbringt. Nur der Tyrann wütet zum eigenen Vergnügen und will Hass durch Gewalt beseitigen. Dadurch erzeugt er Aufruhr und Spaltung. Der Princeps handelt stets

---

537 Clementia ist „temperantia animi in potestate ulciscendi", „lenitas superioris adversus inferiorem in constituendis poenis"; „et inclinatio animi ad lenitatem in poena exigenda", vgl. *Konstan*, Clemency, 339 mit weiterer Betrachtung der Frage, inwiefern Caesars clementia dem überhaupt entsprechen konnte.

zum Erhalt des Friedens. Durch *clementia* verschafft er sich eine ruhige Regierung. Erneut bemüht Seneca das Beispiel des Vaters, der seinen Kindern gegenüber *patientia* übt. Selbst der unvernünftigen Natur gegenüber zeigen Menschen häufig Milde, die sie unter ihresgleichen, etwa gegenüber Sklaven, vermissen lassen. Das darin zutage tretende Unrecht erfährt deshalb besondere Beachtung, weil das Machtgefälle zwischen Herrn und Sklaven die durch den Herren geübte Grausamkeit in besonderem Maße hervortreten lässt. Ebenso verhält es sich zwischen dem Princeps und dem gesamten ihm herrschaftsunterworfenen Volk. Auf Verletzung der eigenen Person muss der Kaiser daher stets mit Milde reagieren, will er den Ruf guter Herrschaft bewahren. Die Schonung des Täters gereicht ihm in diesen Fällen selbst zum Ruhm, denn der Täter wird dann selbst zum lebenden Beispiel kaiserlicher Milde. Auch den übrigen Verbrechern ist aber mit Milde zu begegnen. In einer zur *innocentia* zurückfindenden Gesellschaft sticht der Täter dadurch immer mehr als Rechtsbrecher heraus. Milde verhindert so besser als Strafgesetze die Tatbegehung. Gänzlich schließt *clementia* Grausamkeiten aus. Dass sie keine Nachlässigkeit im Strafen, keine unverdiente *misericordia* darstellt, verdeutlicht die Abgrenzung zu dem Laster unverdienter Mitleidigkeit im zweiten Buch. Falschen Kummer darf sich die Seele anlässlich berechtigter Strafen nicht machen. Sie hat nur das rechte Strafmaß am Inhalt der *clementia*-Tugend festzusetzen, ein Untermaß aber zu vermeiden. *Clementia* ist dasjenige Mittel, dass Gerechtigkeit am Besten verwirklicht. Sie ist nicht an die Formeln des Prätors gebunden, sondern einzig an die Umstände des Falles vor dem Hintergrund der Ziele legitimer Herrschaft.[538]

VII. Tacitus – Agricola

Mit Tacitus findet zu Beginn des zweiten nachchristlichen Jahrhunderts die Tradition einer an altrepublikanischen Werten orientierten Geschichtsschreibung ihren letzten Höhepunkt. Seinen Vorgängern – v. a. Sallust und Cicero – gleicht der Rhetor, Bio- und Historiograph darin, dass auch er pflichtgemäß die Ämter des *cursus honorum* bis zum Konsulat des Jahres 97 n. Chr. durchlaufen hat. Auch er betreibt „moralisierende" Geschichtsschreibung zu dem Zweck, Leistungen männlicher *virtus* hervorzuheben und zugleich durch Benennung schlechter Beispiele falschem Handeln die Schmach der Nachwelt einzubringen.[539] Von seinen beiden Vorgängern, stärker noch von Sallust, unterscheidet ihn, dass er Geschichtsschreibung nicht als Substitut für politische Betätigung im Alter betrachtet hat, sondern nach dem Untergang Domitians parallel zu seiner politischen Laufbahn mit der Abfassung seiner Werke begann. Seine Tätigkeit beginnt in dem Moment, in dem unter Nerva und

538 *Fuhrmann*, Alleinherrschaft, 503.

539 *Till*, Tacitus, Agricola, 1. Die erste bekannte Station seiner Ämterlaufbahn ist die Prätur des Jahres 88; 112–114 n. Chr. hat er das Amt des Prokonsuls in Asien ausgeübt.

Trajan die Möglichkeit zu freier Rede wieder hergestellt war.[540] Während sowohl die Annalen als auch die Historien nicht vollständig überliefert sind – sie bleiben hier außer Betracht – liegt in seiner ersten, kleinen Schrift „Agricola" eine mit Elementen der Historiographie vermischte Biographie seines Schwiegervaters und Feldherren Agricola vor. Sie bietet – ähnlich wie die Rede Ciceros aus Anlass der *lex Manilia* oder die Schriften Sallusts – noch einmal ein Beispiel römischer Feldherrentugend in der Kaiserzeit, in der die Kaiser seit Augustus in der Regel den Feldherrenruhm für sich beansprucht haben.[541] Das Werk ist für die vorliegende Arbeit aber auch deswegen von Interesse, weil es – mehr als die Historien und Annalen – dem unmittelbaren Eindruck des Autors entsprungen ist, dass die republikanische *libertas* unter Nerva und Trajan wieder hergestellt wurde. Die Schrift will nicht nur den Schwiegervater verherrlichen; sie hat auch die Funktion, den handelnden Akteuren innerhalb der Administration das Ideal römischer *gloria* und römischen Friedensstrebens am Beispiel der Befriedung der Provinz Britannien vor Augen zu führen.

1. Grundlagen falscher und rechter Herrschaft – Domitian/Nerva

Auf eine über den biographischen Aspekt hinausgehende Zielsetzung lässt bereits die Einleitung des Werkes schließen. Selbst ein Zeitalter, das an dem Schicksal der Menschen kaum noch Anteil nimmt, verweist noch auf herausragende Beispiele der *virtus*. Sie erheben sich über die Laster, die vorherrschende Ignoranz des Rechten und den Neid der Zeit.[542] Deren Hauptlaster ist die falsche Selbstbestimmung des Menschen. Denkwürdige Taten werden nicht erstrebt, um den Lohn eins guten Gewissens zu erlangen, sondern bloß aus Parteilichkeit und Ehrgeiz (*ambitio*).[543] Falsche Herrschaft – sichtbar im Terror Dominitans – will diejenigen vernichten, die vom rechten Streben angeleitet werden. Die Stimme des römischen Volkes soll verstummen, die *libertas* des Senates und das Gewissen des Menschengeschlechts sollen schweigen. Das lasterhafte Handeln richtet sich gegen die Tugenden

540 *Till*, Tacitus, Agricola, 2. Dem Rechtfertigungsdruck, dem er sich dabei aufgrund seiner Verbindungen zu Domitian ebenso wie Plinius der Jüngere ausgesetzt sah, begegnet er in Agricola, XLII, 4 mit der Erwiderung, auch unter schlechten Kaisern könne rechtes Verhalten große Werke vollbringen. Zu Tacitus Vita: *von Albrecht* II, 869–873: Von Domitian hat auch Tacitus profitiert; *Gärtner*, AAnt.Hung. 40 (2000), 110.

541 In den Kanon des von Cicero verwendeten Kataloges der Feldherrentugenden sucht etwa *Devillers*, Pallas 69 (2005), 368 f. auch Tacitus einzuordnen.

542 *Tacitus*, Agricola, I, 1: „...quotiens magna aliqua ac nobilis virtus vicit ac supergressa est vitium parvis magnisque civitatibus commune, ignorantiam recti et invidiam."

543 *Tacitus*, Agricola, I, 2; *Storch*, AU 29 (1986), 38: Tacitus stellt der Zeit Domitians die republikanische Zeit gegenüber.

(*sapientia* und *honestum*) und vor allem gegen die hohen Künste der Philosophie.[544] Die Geduld mit einer solchen Regierung hat nicht *libertas*, sondern Knechtschaft, hervorgebracht.[545]

Vom Zustand der Tyrannei schlechter Regierung und falschen menschlichen Strebens geht Tacitus zum Gegenentwurf über. Mit Nerva kehrt der Geist (*animus*) zurück, werden *libertas* und Prinzipat in der *felicitas* seines Zeitalters verbunden und *securitas publica* wiederhergestellt. Eine Veränderung des Staatswesens insgesamt setzt aber trotz der Wandlung der verfassungspolitischen Rahmenbedingungen zusätzlich die Umkehr des Menschen aus Untätigkeit und Müßiggang voraus. Diese Aufgabe ist schwieriger als die Verführung zum Laster, da sie gegen den menschlichen Affekt ankämpfen muss. Denn der Mensch nimmt am Müßiggang Gefallen und gibt ihn nur ungerne wieder auf. Ihn zur Umkehr zu bewegen ist doppelt schwer, weil zugleich die besten Garanten der *virtus* durch die *saevitia principis* Domitians vernichtet wurden.[546]

2. Die Laufbahn Agricolas bis zum Antritt der Statthalterschaft in Britannien

Mit dem vierten Kapitel erst beginnt der eigentliche, biographische Teil der Darstellung. Der Gepflogenheit des Lobpreises entsprechend, verweist Tacitus zunächst auf die edle Abkunft Agricolas. Dem Vorbild des Vaters ist er in Beredsamkeit und Philosophie, dem der Mutter an Reinheit, ist er in Lebenshaltung und Studium nachgefolgt. Den ungewöhnlichen Antrieb seiner Jugend, sich ganz der Wissenschaft von der *sapientia* zu widmen und der Philosophie zu verschreiben, bremste die Mutter. Eine zentrale Lehre hat Agricola gleichwohl geprägt: das Prinzip eines durch *modestia* bestimmten Lebenswandels.[547]

Dem gewöhnlichen Laster der Jugend, dem Wunsch nach Vergnügungen, hat er sich schon deswegen im Amt des Tribuns nicht hingegeben. Bestimmend für seinen Heeresdienst waren Lernbegierde und der Wunsch, in Taten den Besten nachzueifern. Dieser Zeit entstammt sein Streben (*cupiditas*) nach *gloria*.[548] Als Quästor bewährt er sich in Asien. Vom rechten Pfad lässt er sich durch die Reichtümer der Provinz und das schlechte Vorbild des Prokonsuls Salvius Titianus nicht

---

544 *Tacitus*, Agricola, II, 1 f.; *Storch*, AU 29 (1986), 39.

545 *Tacitus*, Agricola, II, 3: „Dedimus profecto grande patientiae documentum; et sicut vetus aetas vidit quid ultimum in libertate esset, ita nos quid in servitute."

546 *Tacitus*, Agricola, III, 1 f.; *Storch*, AU 29 (1986), 39, der zugleich eine umfassende Bewertung des Abschnitts bietet: virtus als Verantwortung des Einzelnen vor dem rectum und honestum für die Gemeinschaft mit dem Ziel gesellschaftlicher Anerkennung. Gegenbegriffe sind invidia, ambitio, saevitia, inertia und Unterwürfigkeit.

547 *Tacitus*, Agricola, IV, 1–3.

548 *Tacitus*, Agricola, V, 1; 3.

abbringen.[549] Die Herrschaft Neros übersteht er durch bewusste Zuwendung auf *quietas* und *otium*, weil unter diesen Kaisern gerade die *sapientia* verfolgt wird.[550] Als Prätor im Jahre 68 findet er das rechte Maß zwischen Sparsamkeit und Verschwendung, bevor er schließlich infolge der Unterstützung Vespasians mit dem Kommando der 20. Legion betraut wird. Wiederum bezähmt er, um das Ehrenhafte zu wahren, seinen Tatendrang unter dem zu friedfertigen Statthalter der Provinz, Marcus Vettius Bolanus (69–71).[551] Sein Arbeitseifer (*labor*) unter dem Konsular Petillius Cerialis (71–74) mehrt zunächst dessen *gloria*. Die schließlich durch Leistung erworbene Teilhabe am Ruhm trägt der gehorsame Feldherr nicht vor sich her, so dass ihm zwar das Lob der *gloria* zugesprochen, nicht aber das Laster des Neides vorgeworfen wird.[552] Zum Lob administrativer Tugend bietet schließlich die Statthalterschaft in Aquitanien (74–77) Gelegenheit. Mühelos greift Tacitus die gängigen Topoi auf: Gerechtigkeit aufgrund angeborener *prudentia* gegenüber der Zivilbevölkerung, Absehen von hochfahrendem und habsüchtigen Verhalten außerhalb der durch Amtsgeschäfte bedingten Notwendigkeiten, leichte Zugänglichkeit, die aber nicht eine Minderung der *auctoritas* durch Anbiederung nach sich zieht, *integritas* und *abstinentia* sowie Verzicht auf jedes Streben nach besonderer Betonung der eigenen *virtus*.[553]

So tritt Agricola die Statthalterschaft in Britannien als ein Feldherr an, dessen *gloria*-Streben die richtige Bahn verfolgt. Sein Ruhm besteht in der rechten Amtsführung. Nach äußerer Anerkennung und Annehmlichkeiten strebt er nicht. Mit *prudentia* hält er zur rechten Zeit Gericht nach dem Maßstab der erforderlichen Strenge (*severus*), häufiger aber mitfühlend (*misericors*).[554] Das erlangte Lob ist bloße Folge tugendhaften Lebens, das sich selbst und nicht äußeren Gütern dient und gerade dadurch dem im ersten Abschnitt dargestellten republikanischen Idealbild entspricht. Gegenüber einem Kaisertum, dem Tugend verhasst ist, verbleibt allerdings auch dem Tugendhaftesten nur das innere Exil, die Flucht aus der Ämterlaufbahn in das Privatleben. In *quietas* und *otium* zurückgezogen, treten die ihn vom falschen Streben unterscheidenden Merkmale zumindest nicht mehr äußerlich zutage.

---

549 Die Resistenz gegenüber den Verlockungen des Geldes stellte bereits für Cicero einen der Hauptgründe dar, die die besondere auctoritas Pompeius begründeten. *Tacitus*, Agricola, VI, 2.

550 *Tacitus*, Agricola, VI, 3.

551 *Tacitus*, Agricola, VII, 3.

552 *Tacitus*, Agricola, VIII, 2 f.: „Ita virtute in obsequendo, verecundia in praedicando extra invidiam nec extra gloriam erat."

553 *Tacitus*, Agricola, IX, 2–4.

554 Dazu *Storch*, AU 29 (1986), 40 f., der darin die Tugend als Mitte sieht.

3. Britannien und die Geschichte seiner Völker unter römischer Besetzung

Das Bild der Überführung aus der Freiheit in die Knechtschaft, das Tacitus bereits angesichts der Duldsamkeit der Römer gegenüber der durch schlechte Kaiser hervorgerufenen Knechtschaft gebraucht hatte, entfaltet er wiederholt anlässlich seiner Beschreibung Britanniens. Durch die Abwesenheit langen Friedens (*longa pax*) haben dessen Einwohner die kriegerische Tapferkeit bewahrt. Erst der Friede hat sie zur Muße (*otium*) geführt, die Muße ihre *virtus* eingeschläfert und zugleich den Verlust der *libertas* bewirkt.[555] Auch der nachfolgende Zerfall der Gesellschaft in Parteiungen (*factiones*) fördert diese Entwicklung. Anstelle des älteren Königtums tragen sie zur Verschleierung des gemeinsamen Wohles bei und führen dazu, dass die Britannier schließlich einzeln kämpfen und so gemeinsam überwunden werden.[556] Nutznießer dieser Entwicklung ist Rom, dem sie zugleich als Mahnung dienen muss. Auch der römische Staat ist gleicher Gefährdung ausgesetzt, wenn es ihm an der inneren Einheit tugendhaften Lebens weiterhin mangelt und langer Friede lediglich zur Trägheit führt.

In Britannien ist Rom durch die Fehler der dortigen Verfassung zur Herrschaft gelangt. Rom kann diese nur bewahren, wenn es sie mit *iustitia* versieht.[557] Für jeden Aufstand der Britannier gegen die römische Herrschaft sind die von den Römern begangenen Injurien ursächlich. Dies gilt etwa für Unruhen nach dem römischen Angriff auf die Insel Mona. Den Eindruck der Besiegten von der römischen Herrschaft nach römischen Unrechtstaten stellt Tacitus anhand (fiktiver) Beratungen des Stammesrates der Britannier dar. Den Beherrschten erscheint *patientia* gegenüber der römischen Unterdrückung nutzlos. Wo die Herrscher ihr Streben an falscher *cupiditas* und *libido* ausrichten, ist für den Unterworfenen die *concordia* der Machthaber (von Statthalter und Prokurator) ebenso verderblich wie ihre *discordia*.[558] Die einfache Unterdrückung eines *rex* ist einer doppelten gewichen. Rom kämpft für *avaritia* und *luxuria*. Britannien erhebt sich zur Verteidigung von Vaterland und Eltern.[559] Es ist nicht die Bürde der Knechtschaft, die Rom verhasst macht, sondern

---

555 *Tacitus*, Agricola, XI, 4: „Plus tamen ferociae Britanni praeferunt, ut quos nondum longa pax emollierit. nam Gallos quoque in bellis floruisse accepimus; mox segnitia cum otio intravit, amissa virtute pariter ac libertate. quod Britannorum olim victis evenit: ceteri manent quales Galli fuerunt."

556 *Tacitus*, Agricola, XII, 1–3.: „Nec aliud adversus validissimas gentes pro nobis utilius quam quod in commune non consulunt."; „...ita singuli pugnant, universi vincuntur."

557 Der Begriff setzt bewusst den römischen Blickwinkel und die abstrakte Idee des Staatswesens voraus.

558 *Tacitus*, Agricola, XV, 1 f: „Aeque discordiam praepositorum, aeque concordiam subiectis exitiosam. alterius manus centuriones, alterius servos vim et contumelias miscere. nihil iam cupiditati, nihil libidini exceptum."

559 *Tacitus*, Agricola, XV, 4.

die falsche Ausübung der Herrengewalt nach Maßgabe der Laster. Sie führt ein in Muße und Frieden befindliches Volk zurück in die Gewalt – und zwar aus rechten Motiven, die in der vorangegangenen Muße und dem Parteienwesen gerade verlorengegangen waren. Der Sieg des Gaius Suetonis Paulinus über Boudicca führt durch militärischen Erfolg wenigstens zur Wiederherstellung der Ruhe, nicht aber zur Beendigung der mit dem Müßiggang verbundenen Laster. So, wie sich die Barbaren den Lastern römischen Müßiggangs angleichen, verkommen auch die römischen Soldaten durch mangelnde Übung. Anstelle von *auctoritas* genießt ein müßiger Statthalter lediglich *caritas*, die sich anbiedernde Zuneigung der Untertanen.[560]

4. Die Befriedung Britanniens durch Agricola

Das Beispiel der rechten Befriedung einer Provinz bietet so zuerst Agricola, der im Jahre 77 von Vespasian zum Statthalter Britanniens bestimmt wird und das Amt bis in das Jahr 84 ausübt. Mit seiner Ankunft weicht aufgrund seiner Tüchtigkeit (*labor*) und seines Mutes der Müßiggang. Auf die *vanitas* von Huldigungen verzichtet der an der Spitze seiner Truppen stehende Heerführer ebenso, wie auf Prahlerei mit errungenen Siegen.[561] Das Prinzip der *iustitia*, deren Abwesenheit zum Aufstand unter Boudicca geführt hatte, erhebt er zum Grundsatz jeder Administration. Ihm ist bewusst, dass jede Waffengewalt wenig ausrichtet, wenn dem Sieg Injurien folgen. Er erstrebt daher nicht die Überwindung der Feinde mit Waffen, sondern den Sieg durch Eliminierung der Kriegsgründe.[562]

In administrativer Hinsicht bedeutet dies: Vertrauen auf die Besten und ihre *fides*. Kenntnisnahme von allen Dingen, Nachsicht gegenüber geringen Verbrechen, *severitas* gegenüber schweren Taten, Gebrauch der Strafgewalt nur dann, wenn Reue (*paenitentia*) unterbleibt.[563] Daneben wird ein größeres Vertrauen in die rechte Auswahl der Männer, als in die Sanktionierung erfolgter Verfehlungen von dem Statthalter gefordert. Es ist auch jedes System der Verteilung der Steuerlasten zu meiden, das persönliche Bereicherung ermöglicht.[564]

---

560 *Tacitus*, Agricola, XVI, 3; 5.

561 *Tacitus*, Agricola, XVIII, 1 f.; 5, 6 mit den Motiven der Rede Ciceros auf Pompeius: labor in negotiis und fortitudo in periculis, vgl. *Devillers*, Pallas 69 (2005), 369; hinzu kommen hier XVIII, 5 ratio et constantia.

562 *Tacitus*, Agricola, XIX, 1: „Ceterum animorum provinciae prudens, simulque doctus per aliena experimenta parum profici armis, si iniuriae sequerentur, causas bellorum statuit excidere."

563 *Tacitus*, Agricola, XIX, 3: „Omnia scire, non omnia exsequi. parvis peccatis veniam, magnis severitatem commodare; nec poena semper, sed saepius paenitentia contentus esse..." Den Begriff der clementia, also der Kaisertugend, gebraucht Tacitus nicht.

564 *Tacitus*, Agricola, XIX, 4. Vom Zorn macht der strafende Agricola nur gegenüber schlechter Amtsführung Gebrauch. Geheimer und andauernder Groll ist ihm fremd.

Das Ergebnis entspricht dem von Cicero in der Rede „De Imperio Cn. Pompei" erstrebten Ziel. Der gegenüber den Vorgängern erhobene Vorwurf, der Friedenszustand unterscheide sich nicht vom Krieg, da *concordia* wie *discordia* zu denselben Resultaten für die Unterworfenen führten, wird durch tugendhafte Verwaltung nach der *iustitia* ausgeräumt. Der Rang der *pax* wird so gegenüber dem Krieg gestärkt.[565] Fortgesetzte Kriegszüge in den Sommermonaten verdeutlichen den Stämmen die Lockungen des römischen Friedens. Sie stellen die Kampfhandlungen ein und gestatten die Errichtung römischer Kastelle.[566] Zur Gewöhnung an *quietas* und *otium* trägt gegenüber den primitiven Barbaren auch die Förderung von Bauprogrammen bei. Im Ergebnis übernehmen die Barbaren die Annehmlichkeiten römischen Lebensstils. Sie geben sich römischen Lastern hin und bezeichnen die neue Lebenskultur mit dem Begriff *humanitas.* Tatsächlich werden sie in Knechtschaft überführt.[567] Lobenswert ist dieser Zustand dennoch, weil aufgrund der tugendhaften Verwaltung ein dauerhafter Friede und damit ein geordnetes Gemeinwesen gewährleistet ist.

Schließlich ist es daher nicht mehr das Motiv des Kampfs gegen ungerechte Knechtschaft, sondern der Wunsch, die nach Grundsätzen der *iustitia* auferlegte Knechtschaft erneut durch *libertas* zu ersetzen, die die Britannier wiederum zum Aufstand treibt (83 n. Chr.) und unter ihnen *concordia* stiftet.[568] Die Rede des Calgacus an das britannische Heer stellt diesen britannischen Freiheitswillen (*libertas*) gegen die Gewaltherrschaft der Römer (*dominatio*): „*Raptores orbis, postquam cuncta vastantibus defuere terrae, mare scrutantur: si locuples hostis est, avari, si pauper, ambitiosi, quos non Oriens, non Occidens satiaverit: soli omnium opes atque inopiam pari adfectu concupiscunt. Auferre trucidare rapere falsis nominibus imperium, atque ubi solitudinem faciunt, pacem appellant.*"[569] Kein Winkel der Welt wird von dem räuberischen Streben der Römer nach Reichtum oder nach *gloria* verschont. Anstatt dem Sieg Herrschaft nachfolgen zu lassen, folgt ein leerer Friede unter dem Namen

---

565 *Tacitus*, Agricola, XX, 4; *Storch*, AU 29 (1986), 44: verantwortliche Tatkraft und parcere subiectis et debellare superbos; labor, fortitudo, industria, vigor, constantia als Tugendbegriffe.

566 *Tacitus*, Agricola, XX, 2.

567 *Tacitus*, Agricola, XXI, 1 f.: „Inde etiam habitus nostri honor et frequens toga. paulatimque discessum ad delenimenta vitiorum, porticus et balineas et conviviorum elegantiam. idque apud imperitos humanitas vocabatur, cum pars servitutis esset." Dass der römische Friede im Allgemeinen Knechtschaft gegenüber der vorangegangenen libertas bedeutet, ist damit aber nicht ausgesagt. Im Gegensatz zu den römischen Bürgern, und nur auf diese bezieht sich die republikanische Freiheit, stand den durch Sieg Unterworfenen ohnehin kein anderes Schicksal als Knechtschaft zu Gebote. Die Einrichtung dieser Knechtschaft in iustitia ist ein Minus gegenüber der libertas, stellt aber zugleich ein großes Plus gegenüber der Willkürherrschaft des Lasters dar. Für den Binnenbereich der römischen res publica: *Gärtner*, AAnt.Hung. 40 (2000), 107; *Storch*, AU 29 (1986), 46: Spannung von humanitas Romana und libertas.

568 *Tacitus*, Agricola, XVII, 2 f.

569 *Tacitus*, Agricola, XXX, 4.

des Imperiums. Diese Gegenüberstellung von Römerherrschaft als schlechter Herrschaft mit der *libertas* als Grundlage rechter Herrschaft, steht nur scheinbar in Widerspruch zum Lob der Tugenderfolge Agricolas. Sie kann vor dem Hintergrund des vorangehenden Lobes des Feldherren durch den Autor nur als allgemeine Kritik der Fehler des römischen Staatswesens aus dem Mund von Barbaren verstanden werden. Dies zeigt sich auch darin, dass die Kritik der Barbaren die Laster der Römerherrschaft in allgemeiner Form in den Blick nimmt. Die Lasterhaftigkeit der Inhaber römischer Herrschaftsgewalt – mit Ausnahme Agricolas – hatte Tacitus auch zuvor nicht bestritten. Der Ausspruch, die Römer stünden als bloße Räuber des Erdkreises einer Landplage gleich und schimpften dieses Verhalten „rechtmäßige Herrschaft", ist daher in diesem Sinne zu deuten. Der Begriff eines räuberischen *gloria*-Strebens wird so dem gerade vorgelebten Beispiel einer an der gerechten Ordnung orientierten *cupiditas* nach *gloria* gegenübergestellt. Als Zielvorstellung kann Ruhm mit falschen und mit rechten Mitteln, aus falschen und rechten Motiven erstrebt werden. Falsches Streben ist lasterhaftes Streben. Es zielt auf einen Gewinn des Siegers ab, entweder an Gütern oder, um das Ansehen gegenüber Dritten zu steigern (d. h. des bloßen Namens wegen). Rechtes Streben hingegen, das Beispiel Agricolas, hinterlässt nach dem Sieg keine leere Hülle des Friedens, die sich Imperium nennt, sondern Knechtschaft in Gerechtigkeit. Zur Gegenrede genügt Agricola der kurze Verweis auf die Tapferkeit seiner Soldaten. Mithilfe der Hilfstruppen im Zentrum überwindet der tugendhafte Feldherr den Gegner, ohne sich danach des Sieges zu rühmen.[570]

Den grundlegenden Mangel des Feldherrenamtes kann aber auch der tugendhafteste Feldherr nicht überwinden. Agricola ist eben nicht Kaiser, vielmehr als sichtbares Beispiel dem Neid Domitians unterworfen. Domitian nimmt Feldherrentugend und vor allem die damit verbundene *gloria* ohne eigene Leistung für sich alleine in Anspruch und rechtfertigt damit letztlich die barbarische Rede über den römischen Staat.[571] Erneut muss Agricola bei seiner Ankunft in Rom zu Muße und Ruhe Zuflucht nehmen. Er darf nicht wagen, als Privatmann den Princeps zu überstrahlen.[572] Da aber der Plan die erworbene *gloria* zu verbergen misslingt, wird Agricola aus der Privatheit gezwungen. Er bewährt sich bis zu seinem Tod als Beschwichtiger des jähzornigen Wesens Domitians – lehnt sich aber gegen diesen nicht auf. Er fungiert so als Rechtfertigung für die äußerliche Untätigkeit führender *virtus* gegenüber der Tyrannenherrschaft.[573] Sein Lebensbericht im vierundvierzigsten Kapitel verweist auf die von ihm geübte rechte Mannestugend, auf den Verzicht auf großen Reichtum und das Bedauern angesichts des Todes vor dem Regierungsantritt Trajans.

570 *Tacitus*, Agricola, XXXIX, 1.

571 *Devillers*, Pallas 69 (2005), 372.

572 *Tacitus*, Agricola, XL. Zur industria vgl. XXXIII, 2 f.; 37, 7; dort auch nochmals labor – XXXIII, 3. *Gärtner*, AAnt.Hung. 40 (2000), 102: Es gelingt ihm nur durch moderatio und prudentia und dadurch, dass er den Begriff der libertas nicht im Munde führt. Zum Konflikt von virtus und Privatheit, *Storch*, AU 29 (1986), 47.

573 *Tacitus*, Agricola, XLI, 2 f.

5. Bewertung

Mit seiner Agricola-Biographie kreiert Tacitus anhand eines Tugendbeispiels den „Typus" der römischen Friedensordnung. Nur wenn die Feldherren ihr Bestreben darauf richten, solche *gloria* zu erlangen, die in der Auszeichnung des Selbst vor der eigenen Seele besteht, kann eine Friedensordnung gelingen, ist *gloria* als Zielbestimmung legitim.[574]

Die Pax Romana in der Gestalt des vergangenen Prinzipats ist gescheitert, da sich das *gloria*- Streben der Eroberungen auf persönliche Bereicherung oder das Ansehen leeren Ruhmes gerichtet hat. Beidem tritt Agricola durch Administration nach dem Beispiel der *iustitia* und durch die aufgrund des Studiums der Philosophie erlangte *modestia* entgegen. Anders als der *optimus* eines Cicero, der als Inbegriff der Tugend nach der Herrschaft streben muss, ist solches Begehren Agricola fremd. Der Feldherr fügt sich, wenngleich einzig mit administrativer Tugend gesegnet – die Inkompetenz der übrigen römischen Generäle bildet das Gegenbeispiel – in seine Ämterlaufbahn und seine Stellung. Auch gegenüber dem tyrannischen Kaiser versucht er lediglich, dessen Affektausbrüche zu mildern.

Eindringlich ist die Mahnung des Tacitus an Rom: Wird die Forderung nach einer Pax Romana mit Tugend nicht erfüllt, bleibt also der Friede Roms leere Hülle, so bedeutet dies im Hinblick auf die überwundenen Gegner den Widerstand und die Erhebung gegen das römische Staatswesen. Dies gilt jedenfalls, soweit diese noch die eigene *libertas* in ihrer Erinnerung tragen und deren Wildheit nicht durch die Laster der Muße abgelöst ist.[575] Ein „Imperium", den Begriff verwirft Tacitus für am individuellen Laster ausgerichtete Herrschaft, wird bei den Stämmen ohne *iustitia* immer auf Widerstand stoßen, spätestens dann, wenn römische Injurien die innere *concordia* dieser Verbände befördern. Im Übrigen fügen sich die Unterworfenen in die durch Friedenstugend bewehrte Knechtschaft. Kommt es durch die Laster der Herrschenden zum Verlust der Unrechtsherrschaft (*dominatio*), ist dies unschädlich, da unrechter Friede den Terminus nicht verdient. Herrschaft über Knechte, in der Pax Romana über die Unterworfenen, muss durch administrative Gerechtigkeitstugend ausgeübt werden. Tacitus verlangt auch für die Unterworfenen *moderatio*, leichte Zugänglichkeit, gebotene Strenge und Milde im Urteil, gerechte Lastenverteilung, Vermeidung von Vetternwirtschaft und Bereicherung im Steuerwesen. Cicero hatte dies bereits gegenüber den Bundesgenossen eingefordert.[576] Die Kritik des Tacitus richtet sich aber auch auf die römische Gesellschaft selbst. Ein Gemeinwesen, das im Prinzipat diejenigen vernichtet, die sich für die *libertas* einsetzen, schafft den Feinden und sich selbst einen leeren Frieden. In letzter Konsequenz bedeutet die

574 Der gloria-Gedanke durchzieht die Schrift, vgl. *Devillers*, Pallas 69 (2005), 368 f. und *Tacitus*, Agricola, IV, 6; VI, 5; V, 3; XVIII, 7; XXXIII, 3; XXXIII, 8; XXXIX, 1–4; XL, 5; XLI 2 u. 6; XLIV, 3 u. 5.

575 *Gärtner*, AAnt.Hung. 40 (2000), 108.

576 *Gärtner*, AAnt.Hung. 40 (2000), 112: „moderatio Ideal"; *Christes*, Gymnasium 100 (1993), 528.

dadurch bedingte Förderung individueller Laster nicht nur den Verlust der Freiheit. Auch *felicitas* oder *securitas* werden durch das Fehlgehen der Herrscher und in ihrem Gefolge der Einzelnen unmöglich. Eine friedliche, freie und einträchtige *res publica*, die an die Zeit der römischen Republik und des frühen Prinzipats gemahnt, kann auf dieser Grundlage nicht geschaffen werden.[577]

VIII. Schlussbetrachtung

Die Werke der römischen Literaten und Staatsmänner des ersten vor- und nachchristlichen Jahrhunderts sind ursprünglich dem Bemühen um die Bewahrung der republikanischen Ordnung geschuldet. Nach Konstituierung des Prinzipats geht es um die Legitimation unumschränkter Alleinherrschaft zum rechtlich verfassten Prinzipat des *optimus Princeps*, seiner Verherrlichung und Bindung an legale Grundlagen. Der Begriff der „Restitution" der alten, als gut empfundenen republikanischen Gesellschaftsordnung, wird hierbei von allen Autoren bemüht.

In seiner Rede zur Rechtfertigung des Imperiums des Gnaeus Pompeius versucht Cicero, die Überwindung der Staatskrise und Wiederherstellung der römischen *res publica* durch Verherrlichung eines einzelnen Feldherren zu bewerkstelligen. Dadurch soll neben dem Personenlob die These widerlegt werden, dass in der *res publica* nicht alles einem Einzelnen anvertraut werden dürfe. Ausgehend von der in den Elogien der Scipionen anklingenden Prämisse, dass Rom verpflichtet sei, der *gloria* der Vorfahren in gegenwärtigem Handeln gerecht zu werden, fordert Cicero den Schutz des Heiles der Bundesgenossen sowie die Sicherung der römischen Hegemonie durch den Schutz der Steuereinnahmen. So sollen zugleich die Steuerpächter geschützt werden, weil deren physische Existenz für den Bestand der *res publica* konstitutiv ist. Ihr Schutz ist zugleich ein Gebot der *humanitas*. Es sind die Schlagworte römischer Tugend und republikanischer Verfassung: *gloria*, *iustitia*, *libertas*, die im Kampf gegen menschliche Selbstüberhebung (*superbia*) notfalls auch durch einen Einzelnen bewährt werden müssen, wenn dies die *utilitas* erfordert. Der perfekte Feldherr vereinigt in sich das Wissen um militärische Dinge, *virtus*, *auctoritas* und *felicitas*. Gelobt wird der aus Tugend gespeiste, unermüdliche Einsatz (*labor*) in Kriegs- und Friedenszeiten. Von *ambitio* und *libido* aber auch unproduktiver Muße (*otium*, *quietas*) hält sich der Tugendhafte mit Selbstbeherrschung und Mäßigung (*temperantia*) selbst fern. Er übt stets Milde (*mansuetudo*, *humanitas*) zum Wohle der Republik und nicht zu eigenem privaten Nutzen. Den Unbillen der Fortuna ist er aufgrund des Fleißes (*industria*) nicht unterworfen. In den vermeintlichen Glücksfällen sowie in der übermenschlichen unermüdlichen Tätigkeit spiegeln sich vielmehr das göttliche Wohlwollen und der göttliche Ratschluss wieder. Als Cicero gute zwanzig

577 *Devillers*, Pallas 69 (2005), 371 spricht insofern von der „senatorischen" Tradition des Tacitus und meint damit die Anknüpfung an das Herrschaftsideal der römischen Republik, wie es bei Cicero seinen Ausdruck gefunden hat. So auch *Gärtner*, AAnt.Hung. 40 (2000), 106, der auch auf die Ähnlichkeit zu Tacitus verweist.

Jahre später mit Caesar der Sieger der Bürgerkriege und damit ein an Macht unumschränkter Feldherr und Herrscher gegenübersteht, versteht sich der Rhetor zum Lob einer *gloria*, deren eigentlicher Lobpreis sich aus der *clementia* als geübter Ziviltugend speist. Sie ist in höchstem Maße lobenswert, weil in der *clementia* der unumschränkte Herrscher die unbeschränkte Verfügungsgewalt des Siegers selbst überwindet. Zugleich warnt Cicero nachdrücklich vor den mit der höchsten Machtfülle verbundenen Gefahren der Selbstüberhebung (*insolentia, superbia*). Nur die der vollkommenen Machtstellung entspringende höchste Vergebungsbereitschaft gegen überwundene Gegner schaltet den Bürgerkrieg aus und schafft *pax*. Alleine auf die physische Existenz Caesars gestützt, ist der erreichte Heilszustand (*salus*) unbefriedigend. Er bedarf der Absicherung durch den Restitutionsgedanken. Der siegreiche Feldherr muss *fides* im Gemeinwesen und gegenüber den Göttern zurückrufen. Er muss (Sitten-)Gesetze geben, um das Recht wiederaufzurichten und so den Ruhezustand (*quietas*) als fruchtbare Friedensordnung gegen *libido* erhalten.

Den grundsätzlich auf positive Bestimmung des Herrscherideals gerichteten Werken Ciceros treten mit Sallusts Schriften über die „catilinarische Verschwörung" und den „Jugurthinischen Krieg" zwei Werke an die Seite, die vor allem die Fehler des römischen Verfassungszustandes in generalisierender Form als Fehler seiner herausragenden Vertreter kennzeichnen. In seinen Proömien bestimmt Sallust, ausgehend von der menschlichen Natur, das Imperium des Geistes zur Grundlage jedweder *gloria*. Er verinnerlicht damit in ähnlicher Weise wie Cicero im Lobpreis des Caesar, den Urgrund höchster Tugend. Spezifisch menschlicher Vernunftgebrauch (*ingenium*), das Imperium des Geistes, ist Voraussetzung jeder Überwindung der Laster (*ambitio/cupiditas*). Letztere führen am Ende selbst in der Ausrichtung auf *gloria* unvermeidlich zum *dominatio*-Streben, das als menschliche Selbstüberhebung die *concordia* der Bürgergemeinde aufheben will. Das durch den Konsens der Bürgergemeinde geschaffene *imperium legitumum* konstituiert sich nach dem gemeinsamen Ziel der *libertas*. Mit ihr ist die unbegrenzte Befriedigung eines Einzelnen nicht vereinbar. Sie führt stets zum Zerfall der Gesellschaft in *factiones*. Jedes rechte *gloria*-Streben streitet daher für *libertas* und will mit rechtmäßig erworbenen Mitteln durch Gerechtigkeit und Freigiebigkeit (*liberalitas*) zum Wohle des Staates wirken. Der Grad der Inpflichtnahme durch das Gemeinwesen steigt mit höherer Machtfülle an: „*Maxima fortuna, minima licentia*". Es ist das durch nutzlose Muße nach dem letzten Punischen Krieg moralisch verworfene Rom, das in der Verfassungswirklichkeit Gestalten von der Art des Catilina und Jugurtha durch eigene Tatenlosigkeit fördert und so die Ordnung des Gesamten gefährdet. Den Vertretern der alten Ordnung (Caesar und Cato) stehen die Verschwörer gegenüber. Sie geben in ihrer Verworfenheit den in fruchtloser Muße befindlichen Menschen ein schlechtes Vorbild. Durch ihr Beispiel wird in einem Klima von Tatenlosigkeit und Selbstbereicherung die Bürgergemeinschaft gefährdet. Wenngleich das auf kurzfristigen Güterreichtum ausgerichtete Streben den Unbillen der Fortuna in besonderem Maße unterworfen ist, kann solches Verhalten das römische Staatswesen zu Fall zu bringen.

Auch bei Sallust sind es – durchaus übereinstimmend mit Ciceros früherem Werk über das Imperium des Pompeius – einzelne römische Feldherren, die zwar die typischen Fehler ihrer ständischen Herkunft aufweisen und trotzdem in ihrem Handeln das Beispiel recht geübter *virtus* geben. Auch ihre Taten werden von Fortuna begleitet. Sie ist hier aber nicht Voraussetzung des Gelingens, sondern Beleg vorausschauender *virtus* (Regenwunder von Thala). Demgegenüber stürzt das schlechte Individuum sich am Ende selbst und bereitet der Herrschaft des *optimus* den Weg. Sallusts Postulat von der Unbeständigkeit lasterhafter Selbstbestimmung korrespondiert Ciceros Streben der guten Seele nach dem Prinzipat. In seiner moralphilosophischen Schrift von den Pflichten entwirft Cicero das Ideal der Tugend als Idealbild pflichtgemäßen Handelns. Das höchste Ziel der *virtus* zu erreichen, bedeutet dem Römer zwar mit spezifischer menschlicher (1) *sapientia* zu streben. Dieses Streben ist aber nie das Streben eines isolierten Einzelnen für sich. Es findet wiederum nur in spezifisch menschlicher *societas* seine Verwirklichung durch (2) die beständige und tapfere Sorge um (3) *iustitia* (4) nach rechtem Maßstab. Dem *neminem-laedere*-Grundsatz hat sich auch und gerade der Princeps gegen *avaritia* und *cupiditas* zu unterwerfen. Kriege darf ein Gemeinwesen nur um des Friedens willen führen und um *iustitia* zu verwirklichen. Im Inneren gelten die Gebote der Freigiebigkeit, der Abwesenheit der Zornesaffekte (*clementia*) und des rechten Maßes (*temperantia*). In allem hat der Princeps sich als Vorbild der Gemeinschaft dem Gesetz ähnlich zu machen, will er nicht bloßer Anführer einer Räuberbande sein, deren einzige *iustitia* in der gemeinsamen Beuteteilungsabrede besteht. Dem *honestum* entspricht das Nützliche.

Die im Lobpreis des Pompeius und in den Werken des Sallust nur angedachte Sonderbeziehung der Feldherren zu den Göttern gestaltet Horaz im beginnenden Prinzipat zur umfassenden Ableitung irdischer Herrschaft von Jupiter aus. Dadurch wird die Machtbefugnis des Herrschers weiter legitimiert und in die natürliche Ordnung der Welt eingebunden. Augustus ist Statthalter Jupiters auf Erden. Er ist über alle Menschen erhoben und wie der himmlische Herrscher nur Fortuna unterworfen. Mit der gebotenen *pietas* ist er Wiederrichter der Tempel und Lichtbringer. Sein Auftrag ist es, standhaft gegen Tyrannenherrschaft vorzugehen, dem Volk die Gerechtigkeit Jupiters zu bringen und als *custos pax* und *fides* früherer Zeiten wiederherzustellen. Kaum mit eigener Muße gesegnet, haben alle Träger staatlicher Befugnisse an seinem göttlichen *consilium* Anteil. Wie Caesar beherrscht er die absolute Gewalt mit *temperantia* und unterwirft überwundene Gegner römischen *leges.* Kraft der so verfassten Herrschaft ist Rom das zweite Ilion, das *superbia* überwindet und bis an die Grenzen der Erde herrscht. Inhaltlich ähnlich, die Vergöttlichung des Augustus noch stärker hervorhebend, postuliert Vergil die Rückkehr des Goldenen Zeitalters des Saturn, in dem Schwerter zu Sensen umgeschmiedet werden. Augustus ist der auf Erden herrschende Apoll, der heilbringende Jüngling, der die Verheißung Roms als eines zweiten Ilion erfüllt. Der Stadt und dem Reich ist ein *imperium sine fine* in räumlicher und zeitlicher Hinsicht versprochen, solange sie ihren Auftrag – *parcere subiectis et debellare superbos* – getreu erfüllt und nicht in die Selbstüberhebung Trojas verfällt. Vom Fortwirken dieses Idealbildes bis in die Zeiten Neros hinein zeugen die „Eklogen“ des Titus Calpurnius Siculus, die den Friedenszustand ruhigen Landlebens verherrlichen.

Ciceros Rede „Pro Marcello“ steht Senecas Werk über die *clementia* nahe. Erneut ist es – nunmehr vor dem Hintergrund unumschränkter kaiserlicher Machtfülle – die unverbrüchliche Verknüpfung kaiserlichen Wohlergehens und Wohlverhaltens mit der römischen *res publica*, die die Frage nach rechter Herrschaft nach sich zieht. Ausgehend von der Feststellung, dass der Kaiser als *tutor* seiner Untertanen die *felicitas* als *securitas, iustitia* und *concordia* zu sichern hat, entwirft Seneca das Ideal unumschränkter Freiheit von Affekten. Das Kaisertum ist wegen seiner Vorbildfunktion Knechtschaft, weil der Kaiser frei von Lastern sein muss. Kaiserliche *iustitia* als Gerechtigkeit des sorgenden Vaters ist stets *clementia.* Machtgefälle und Unverletzlichkeit des Princeps bedingen den unbedingten Vorrang väterlicher Zuneigung auf Untertanen im Rechtsspruch, um jeden Anschein von Affektgeleitetheit und Tyrannenherrschaft zu meiden.

Mit Tacitus' Agricola stellt sich für Rom nach den Negativbeispielen Neros unter der gegenwärtigen Herrschaft Domitians einmal mehr die Frage nach der Rechtfertigung herausragender Herrschaftsgewalt in Form des Prinzipats. Noch einmal dient mit Agricola ein Feldherr als Muster rechten *gloria*-Strebens, das *iustitia* in eigener Selbstbescheidung verwirklicht. Es ist die zentrale Forderung des Werkes, die Pax Romana als Friedensraum durch Tugend zu gestalten, um so die *concordia* des Reiches und die Unterwerfung der *libertas* fremder Völker zu erhalten. Dieser Auftrag erstreckt sich auf alle Territorien, die Roms Herrschaft unterworfen sind. Administrative Herrschertugend meidet Affektausbrüche und bewahrt das Streben der Bürger und Unterworfenen nach *libertas* und *sapientia*, soweit dies in einem Prinzipat möglich ist. Wandelt sich unumschränkte Gewalt zur *dominatio*-Herrschaft, scheitert sie daran, sich selbst und andere zu beherrschen.

C. Lateinische Panegyrik von Plinius bis Constantius

I. Grundprobleme des Forschungsgegenstandes

1. Begriffsbestimmung

Mit dem Ausgang des ersten nachchristlichen Jahrhunderts endet trotz der sich verfestigenden Konstituierung der Kaiserherrschaft nicht das Bemühen, diese zu legitimieren. Anders als in den Geschichtswerken und staatsphilosophischen Schriften Ciceros, Sallusts, Senecas und des Tacitus geht es nunmehr aber nicht mehr um die Begründung solcher Herrschaft als rechtmäßig schlechthin. Mit den Lobreden auf den Herrscher treten vielmehr solche Werke in den Mittelpunkt, die die (vermeintlich) tatsächliche Ausübung der Herrschaft durch den jeweiligen Kaiser darstellen und die so ausgeübte Herrschaft als dem Recht entsprechend kennzeichnen. An die Stelle der dogmatischen Werke politischer Rhetorik der spätrepublikanischen Zeit und des frühen Prinzipats tritt vermehrt die Lobrede auf den Herrscher aus öffentlichem Anlass.[1] Dieser Vorgang spiegelt sich schon in den „Eklogen" des Calpurnius und spätestens im Werk des Statius wider.[2]

Anders als etwa die Staatsschriften der späten Republik wird die „Rede" vor dem Herrscher von ausgewählten Autoren verfasst. Dass deren Namen häufig in Vergessenheit geraten sind, zeigt schon an, dass es dabei weniger um das Programm des Rhetors selbst ging, sondern vorwiegend darum, Kaiserherrschaft als rechtsgemäße Herrschaft und damit als Tugendherrschaft öffentlich darzustellen und zu verherrlichen. Als literarische Gattung hat diese „Panegyrik" bis weit über das Ende des römischen Westens hinaus Bestand. Noch Venantius Fortunatus lobt in seinen „Fürstenspiegeln" die Merowingerkönige wegen ihrer Tugend. Der panegyrische Lobpreis stellt damit – auch vor dem Hintergrund des Mangels an dogmatischen Schriften – eine der zentralen Fundgruben für den Inhalt des von den Herrschern erstrebten Tugendideales und die dahinter stehende Herrscherideologie dar.

a) Panegyrik als beratende Rede

Der Terminus des *„Panegyrikus"* ist ursprünglich abgeleitet von dem griechischen Begriff *panegyris* als einer Veranstaltung, zu der sich eine „große Menge Volks" versammelt.[3] Er bezeichnete zunächst die innerhalb dieses Rahmens dargebrachte Rede,

---

1 Dazu *Pabst*, in: Symmachus, or., 27.

2 Dazu ausführlich *Mause*, 205–218 in einem Exkurs.

3 Vgl. *Nixon/Saylor Rodgers*, Pan. Lat., 1; *Ziehen*, Panegyris, Sp. 581; *Ronning*, Panegyrik, 24.

ohne damit zugleich eine Aussage über deren Inhalt oder Stil zu verbinden.[4] In diesem Sinne ist der Begriff zuerst von Isokrates in seiner vierten Rede anlässlich der Olympischen Spiele im Jahr 380 v. Chr. gebraucht worden.[5] Dem Grundcharakter nach war die panegyrische Rede jedenfalls in der ursprünglichen Form durchaus keine Prunkrede. Sie zielte auf einen „dem Anlass angemessenen" Ratschlag[6] an die Zuhörerschaft ab.[7] Die Ausbildung der Panegyrik als eigener Gattung der Rhetorik seit den Epikureern[8] führte schließlich zu ihrer Trennung vom politischen oder gerichtlichen „echten Diskurs" durch die Eingliederung fester Stilelemente. Sie konnten erlernt werden und hoben dadurch die panegyrische Rede künftig von einem echten Wettkampf ab.[9] Als Scheinkampf passt sich Panegyrik der Masse an und setzt ihre stilistischen Mittel vor allem zu dem Zweck ein, das jeweilige Publikum zu beeindrucken.[10] Im lateinischen Sprachkreis verwenden Cicero und Quintilian die panegyrische Rede zunächst im ursprünglich beratenden Sinne. Doch verweist schon Quintilian (Inst. 2, 10, 11) darauf, dass sie durchaus auch dem Genuss des Publikums dient.[11] Panegyrische Elemente finden sich zudem in den Epen Vergils (Aeneis, VI, 791–805) und auch bei Horaz (Carmen Saeculare 1, 2; 4, 2; 4, 5).[12] Musterbeispiele panegyrischer Reden des ersten vorchristlichen Jahrhunderts sind Ciceros Rede über den Oberbefehl des Pompeius ebenso, wie die späteren philippischen Reden des gleichen Autors. Zur Gattung der Panegyrik zählen auch der Panegyrikus des Tibull auf seinen Gönner Messala, die Laus Pisonis, wie einige Reden des Statius.[13]

b) Amplificare et ornare

Für das kaiserzeitliche und spätantik-römische Herrschaftsideal ist die Panegyrik in ihrer letzteren Form, als idealisierender, erhöhender und durchaus auch schmeichelnder (Lact. Inst. 1, 15, 3) Lobpreis auf das Kaisertum oder Konsulat von

4 *Ziegler*, Panegyrikus, Sp. 560.
5 *Fornaro,* Panegyrik, Sp., 240; *Ronning*, Panegyrik, 24.
6 *Ziegler*, Panegyrikus, Sp. 560.
7 *Fornaro,* Panegyrik,Sp. 241 betont diesen Sondercharakter der isokratischen Rede.
8 Zur Entwicklungsgeschichte vgl. *Ziegler*, Panegyrikus, Sp. 560 f., der auch darauf verweist, dass der Ausdruck von Epikur offenbar schon vorgefunden wurde.
9 *Fornaro,* Panegyrik, Sp. 241.
10 *Fornaro,* Panegyrik, Sp. 241.
11 *Dingel*, Panegyrik, Sp. 242; *Quintillian,* Inst., 3, 8, 9.
12 *Dingel*, Panegyrik, Sp. 243 und bei *Mause*, 3. Mit der Panegyrik des Horaz hat sich *Doblhofer*, Augustuspanegyrik, v. a. 11–82 auseinandergesetzt. Der Autor befasst sich in einem ersten Teil insbesondere mit den griechischen Ursprüngen panegyrischer Topik im Werk des Horaz und zeigt dadurch die Wurzeln römischer Lobpreisdichtung auf.
13 Zur panegyrischen Rede vgl. auch *Kienast*, Augustus, 274 mit Verweis auf den Scipio des Ennius und das Lehrgedicht des Lukrez; *MacCormack*, Panegyrics, 143; *Dewar*, Sex.Cons. Hon., XXIII.

maßgeblicher Bedeutung. Die häufig anzutreffende Verbindung des kaiserlichen Tugendkataloges mit der gleichzeitigen Herabsetzung kaiserlicher Gegner dient aber nicht nur der Überhöhung der aktuellen kaiserlichen Herrscher und ihrer Tugenden. Sie trägt vielmehr gerade in der Gegenüberstellung ihrer Tugenden mit den Lastern der Gegner (Militärprätendenten) auch Züge eines Fürstenspiegels, der Verhaltensanweisungen für die „richtige" Herrschaft enthält.[14]

2. Quellenbestand und Forschungsprobleme

Aus der wohl unüberschaubaren Vielzahl der panegyrischen Reden,[15] gleich, ob als *laudatio, gratiarum actio* oder *panegyricus* betitelt, sind vor allem die Reden an die Kaiser erhalten. Weil sie an den Kaiser und den kaiserlichen Hof adressiert sind, geben sie trotz der starken Formalisierung Auskunft über die Wandlungen, denen das kaiserzeitliche und spätrömische Herrschaftsideal unterworfen war. Auch die Tatsache, dass spätestens ab dem vierten nachchristlichen Jahrhundert panegyrischer Tugendlobpreis und christliches Tugendideal an den Kaiserhöfen in direkter Konkurrenz standen, macht die Betrachtung der Gattung zur Darstellung der Wurzeln mittelalterlicher Herrschervorstellungen unentbehrlich. Dies gilt zumal deshalb, weil auch christliche Bischöfe Panegyriken verfassten. Hinzu kommt die bereits angesprochene Fernwirkung über das Ende des weströmischen Staates hinaus bis in das sechste Jahrhundert hinein. Bereits Sidonius Apollinaris lässt Bezüge zu den in Gallien einfallenden Westgoten deutlich erkennen. Weitere Panegyriken Cassiodors am ostgotischen Hofe Ravennas sowie des Venantius Fortunatus verdeutlichen die spätantike und frühmittelalterliche Anknüpfung an das in der Panegyrik entworfene Bild.

Eine Beschränkung des Forschungsgegenstandes dahin, erst die Panegyrik nach dem Jahre 306 miteinzubeziehen und mit dem Panegyrikus des Jahres 307 (Pan. Lat., 7 (VI)) anlässlich der Vermählung Konstantins mit Fausta, der Tochter des Maximianus Herculius und der damit einhergehenden Bestätigung (Anerkennung) des Augustusranges zu beginnen, würde gerade die Veränderungen unberücksichtigt lassen, die das Ende der Herrschaft Diokletians und Maximians mit sich brachte. Sie tragen auch dazu bei, die Wandlungen denen das Herrscherideal durch das Christentum ausgesetzt war, zu verdeutlichen. Dies gilt auch deswegen, weil in den Panegyriken Lobpreise auf heidnische ebenso wie auf christliche Kaiser vorgetragen werden und somit eine durchgängige Literaturgattung,[16] von Plinius

14 *Dingel*, Panegyrik, Sp. 243. Die Panegyrik tritt so jedenfalls teilweise an die Stelle der politischen Rhetorik, die mit dem Ausgang der Republik abgelöst wurde. *MacCormack*, Panegyrics, 148.

15 Hierzu: *Mause*, 5, 7 mit Fn. 28.

16 *Mause*, 7: Die Natur des Lobpreises, der zu jedem festlichen Anlass dargebracht werden konnte und zudem einen wesentlichen Bestandteil des Unterrichts der Rhetorikschulen bildete, bringt es mit sich, dass der überwiegende Teil panegyrischer Reden verloren ist. Hinweise auf Panegyriken des zweiten Jahrhunderts haben sich

dem Jüngeren (100) bis hin zu Sidonius Apollinaris Rede auf Anthemius (468), der Prüfung zugänglich ist.[17] Hinzu kommt, dass auch die Festredner selbst entweder der heidnischen (Symmachus und Claudian) oder christlichen Tradition entstammen (Ausonius, Sidonius Apollinaris), soweit ihre Zugehörigkeit zu einem bestimmten Glaubensbekenntnis aufklärbar ist.[18] Für eine Heranziehung der Kaiserpanegyriken vor 307 spricht auch, dass gerade der Trajanpanegyrikus des Plinius zum „Typus" der Panegyrik einen wesentlichen Beitrag geleistet hat. Tugendkataloge in späteren Panegyriken sind daher stets auch darauf zu untersuchen, ob mit der Darstellung ein eigenständiges Herrschaftsideal verbreitet oder lediglich allgemeine Topoi panegyrischer Rede wiedergegeben werden sollten.[19] Das Problem der Topik tritt mit umso schärfer dadurch zutage, dass im „Peri Epideiktikon" (Basilikos Logos) des Menander[20] eine Anleitung für den Rhetor zur Abfassung von Panegyrik vorlag, an deren Muster sich panegyrische Reden von jeher ausrichteten. Einen ähnlichen Geltungsrang dürfte vor allem für die Reden des späten dritten und vierten Jahrhunderts auch der Panegyrikus des Plinius auf den Kaiser Trajan eingenommen haben. Eine Darstellung spätantiker Panegyrik muss also zumindest hier verwendete Standards in den Blick fassen, um individuelle Nuancen der späteren Rhetoren überhaupt von bloßen Allgemeinplätzen unterscheiden zu können.

Demzufolge sind für den lateinischen Westen vor allem die „Panegyrici Latini" hervorzuheben. Ihnen zugeordnet sind der Trajanpanegyrikus des Jahres 100, sowie elf weitere Lobpreise zumeist unbekannter Verfasser im Zeitraum von 288 (Lobpreis auf Maximian) bis hin zur Rede des Pacatus auf Theodosius I. im Jahre 389. Hinzu treten die Kaiserpanegyriken des Symmachus, Ausonius, Claudian und Sidonius Apollinaris, mit dessen Panegyrikus für Anthemius (468) die lateinische Panegyrik des Römischen Reiches im Westen ihr Ende findet. Für den griechischen Osten wird die Rede des Christen Eusebius zur Dreißigjahrfeier für Konstantin einer gesonderten Untersuchung unterzogen. Die Reden weiterer Rhetoren des griechischen Ostens, etwa des Libanios und Julian, sowie die Orationen des Themistios, die dem Zeitraum von 350–384 entstammen, wurden dagegen von der Darstellung

bei Fronto erhalten (21, 18–20 und 23, 7–10). Nur aufgrund der „Panegyrici Latini" ist die Überlieferungstradition für das dritte Jahrhundert (ab 288) besser. „Durchgängig" in den angesprochenen Sinn ist die Gattung des Panegyrikus. Die Darstellungsweise wandelt sich vom Prosapanegyrikus hin zur Verspanegyrik; auch *W. Eisenhut*, Einführung in die antike Rhetorik und ihre Geschichte, 4. Auflage, Darmstadt 1990.

17 Die Reihe, die hier formal mit dem Vorbild des Trajanpanegyrikus ansetzt, lässt sich für den griechischen Osten mit Themistios, Libanios, und Synesius von Kyrene weiter fortsetzen. Ihr gehen im lateinischen Westen Dichtung und Epik des Vergil und Horaz, sowie die Silvae des Publius Papinius Statius voraus.

18 Umstritten etwa für Nazarius und Pacatus.

19 Zur Topoiforschung vgl. *Hans Gutzwiller*, Die Neujahrsrede des Konsuls Claudius Mamertinus vor dem Kaiser Julian, Basel 1942, 92–99 (Prüfung anhand der Basilikos Logos Menanders); 100–102 (Prüfung anhand des Panegyrikus des Plinius).

20 *Russel/Wilson*, Menander Rhetor, 76–95.

ausgenommen. Darüber hinaus sind – als den Kaiserpanegyriken gleichwertig – diejenigen des Claudian auf Stilicho in die Untersuchung miteinbezogen worden. Auch die vierte Oratio des Symmachus „Pro Patre“, sowie die stark panegyrische Elemente aufweisenden Invektiven und Epen des Claudian (In Rufinum, In Eutropium, De bello Gothico, De bello Gildonico) werden betrachtet. Nicht untersucht wurden demgegenüber Texte mit bloß panegyrischen Elementen vor dem Jahr 100. Diese Beschränkung war nicht nur deshalb geboten, weil sich „fast in der gesamten Literatur, die uns aus der Antike bekannt ist, panegyrische Elemente aufweisen lassen“,[21] sondern auch, weil die Erörterung des plinischen Lobpreises sowie der Anleitung des Menander in hinreichender Weise die typischen Elemente hervortreten lässt, denen die spätantike Panegyrik folgt.

3. Handlungsanweisungen der panegyrischen Dichtung: Cicero und Quintilian

Beschränkt man die Betrachtung auf die lateinische Lobrede (*laus*), so scheint das Herrscherlob in Rom jedenfalls bis in das erste Jahrhundert n. Chr. hinein unüblich gewesen zu sein. So weist etwa Cicero, von dem die erste überlieferte Anleitung zum Verfassen von Lobdichtung stammt, in seinem Werk über die Redekunst darauf hin, dass die römischen Rhetoren hinsichtlich des Personenlobes eher zurückhaltend gewesen seien. Sie stünden damit in Opposition zu griechischen Rhetoren. Letztere hätten stets Unmengen von Panegyriken zum Lesen, zur Unterhaltung oder zum Lobpreis einer Person verfasst.[22] Sein Urteil scheint auch mehr als einhundert Jahre später für Quintilian noch Gültigkeit besessen zu haben. Auch er behandelt in seinen Institutionen die panegyrische Rede im Abschnitt über *funebres laudationes* und unterscheidet drei Typen des Lobpreises – Götter-, Helden- und Personenlob.[23]

a) Der Zweck panegyrischer Dichtung: amplificare et ornare

Quintilian führt weiter aus, ein gewisser Bezug zur Wahrheit sei allen Typen der Rede gemein.[24] Allerdings dienten vor allem das Götter- und Heldenlob der Absicht der Zurschaustellung. Wenn auch dort in einigen Fällen Beweise erforderlich seien, wie z. B. hinsichtlich der göttlichen Herkunft des Romulus, so geschehe dies, ohne dass damit gleichzeitig ein allgemeingültiger Wahrheitsanspruch erhoben werde. Die vermeintliche Tatsache diene lediglich der Übersteigerung des Gepriesenen.[25]

21 *Mause*, 5.

22 *Cicero*, De oratore, II, 84, 341 „...quod nos laudationibus non ita multum uti soleremus“ mit Verweis auf die Werke des Themistocles, Aristides, Agesilaus, Epaminodas, Philipp, Alexander.

23 *Quintilian*, Institutiones, III, 7, 3 f; III, 7, 12; zur Bedeutung des Totenlobes auch *Dewar*, Sex.Cons. Hon., XXII.

24 *Quintilian*, Institutiones, II, 10, 11.

25 *Quintilian*, Institutiones, III, 7, 3–5.

In diesem *amplificare et ornare* drückt sich zugleich der Zweck jedweder panegyrischen Dichtung aus. Sie will nach Ort und Anlass der Schrift (oder des Vortrages) jederzeit dem Publikum gefallen. Tatsachen werden zwar nicht erfunden, aber doch anlassbezogen angepasst.[26] Darin unterscheidet sich auch die dritte Gattung, das Personenlob, nicht vom Götter- und Heldenpreis, wenngleich die erstrebte Ausschmückung hier häufiger auch auf der Grundlage einer breiteren Basis historischer Tatsachen vorgenommen werden kann.

b) Tugend ex animo und das Lob der extra positis

aa) Körperliche Vorzüge als Ausdruck der Seelentugend

Beim Personenlob lässt sich die Rede deutlicher in den Lobpreis innerer Tugend *ex animo*, körperlicher Wohlgestalt und äußerer Gegebenheiten (*extra positis*) scheiden.[27] Die wohlgeratene Übereinstimmung aller drei Elemente entspricht dem Idealbild des Menschen. Als Tugenden des Körpers gelten Gesundheit, Schönheit, Stärke und Schnelligkeit.[28] Sie stellen in der Lebenswirklichkeit unmittelbar erfahrbare, besonders eingängige Anknüpfungspunkte des Herrscherlobs dar und dienen dem Beweis göttlicher Sendung. Ähnlich offenkundig sind äußere Umstände, etwa die Innehabung öffentlicher Ämter, das Vorhandensein von Vermögen in Form von Geld, Land und Macht sowie die verwandtschaftlichen und familiären Bande. Sie zu loben ist allerdings nur angemessen, soweit damit ein guter Umgang gepflegt und der Einsatz der Güter nicht durch Stolz (*superbia*) geleitet wird.[29] Durch diese Einschränkung werden die Äußerlichkeiten zum Ausdruck der tugendhaften Seele, d. h. des im Einklang mit der Vernunft und der Ordnung der Natur gebrauchten Verstandes. Lobenswert ist daher nicht das Vorhandensein äußerer Güter an sich. Lob verdient ausschließlich der tugendgemäße Gebrauch derselben als Quelle von Wohltaten und der Bescheidenheit (*moderatio*). Das Herrscherlob knüpft damit letztendlich auch hier ausschließlich an die Tugenden der Seele an, die alleine für sich selbst Lobpreis verdienen.[30] Jene sind Weisheit (*prudentia*), Gerechtigkeit (*iustitia*), Mut (*fortitudo*) und Geduld/Mäßigung (*temperantia*). Sie werden in ganz klassischer Weise in Anlehnung an die platonische Tugendordnung bestimmt.[31] Demgemäß lobt der Panegyriker in der Weisheit das Wissen um das Gute, das Schlechte und, um

26 *Quintilian*, Institutiones, II, 10, 11; III, 7, 6; III, 7, 23.

27 So übereinstimmend *Cicero*, De Inv., II, 177 und *Quintilian*, Institutiones, III, 7, 12.

28 Dazu auch *Cicero*, De Inventione, II, 177.

29 *Cicero*, De Inventione, II, 177 f.

30 *Cicero*, De oratore, II, 84, 342, 343; De Inventione, II, 163; *Quintilian*, Institutiones, III, 7, 13: Eigentum wird nicht gelobt weil jemand es hat, sondern „quod iis honeste sit usus".

31 *Cicero*, De Inventione, II, 159: „Habet igitur parte quattuor: prudentiam, iustitiam, fortitudinem, temperantiam." In Anlehnung hieran bestimmt De oratore, II, 84, 343 clementia, iustitia, benignitas, fides, fortitudo in periculis als lobenswert.

dasjenige, was weder gut noch schlecht ist. So wird die Vernunft in allen ihren Teilen – *memoria, intelligentia und providentia* – zum Anknüpfungspunkt des Preises.[32]

bb) Gerechtigkeitstugend

Wer nach der Erkenntnis dieses Guten handelt, wird sein Begehren auf Gerechtigkeit ausrichten. Sie besteht als Eigenschaft des Geistes in der Fähigkeit, das jedem Menschen Zustehende zu erkennen und zu gewähren. Zugleich wahrt sie dabei das allgemeine Wohl. Gerechtigkeit folgt als erstes Prinzip aus der Natur selbst und aus dem ersten gewohnheitsmäßigen Gebrauch bestimmter Verhaltensregeln, die ihre Eignung zu aller Vorteil erwiesen haben. Gestützt wird sie durch die Religion und die Furcht vor dem Gesetz. Die Gerechtigkeit gründet sich daher nicht auf menschliche Meinungen und Neigungen, sondern auf die innere Erkenntnis des wahren Guten. Sie ist Ausfluss des Naturrechts, welches den Menschen Milde (*pietas*), Dankbarkeit, Rache, Gehorsam, Wahrhaftigkeit (*veritas*) und Religion lehrt. Letztere erkennt die höhere Ordnung der Natur an und verehrt sie als göttlich.[33]

cc) Tapferkeit und Geduld

Mut und Geduld stehen schließlich im Dienste der Verwirklichung der Weisheitserkenntnis. Der Mut fordert in seinen Teilen (*magnificentia, fides, patientia* und *preservantia*) das Ertragen von Gefahren und harter Arbeit zur Zielerreichung. Er umfasst vor allem Elemente der weitblickenden, sorgfältigen Planung, des Durchhaltens und Beharrens zum Zwecke des Vorteilhaften. Geduld beinhaltet in der *continentia* die Fähigkeit die Begierden durch den Einfluss der Weisheit zu unterdrücken. Sie ermöglicht in der *clementia* die Wutausbrüche des Verstandes zurückzuhalten, wenn dieser sich in Hass gegen jemanden erhebt und drückt sich in der *modestia* als ehrenvoller Bescheidenheit aus.[34] Für den panegyrischen Lobpreis hält Cicero aus diesem Katalog vor allem *clementia, iustitia, benignitas, fides* und *fortitudo in periculis* für hervorhebenswert. Den Schwerpunkt des Lobes solle aber stets die *sapientia* und mit ihr die Seelengröße bilden.[35] Das Lob der *iustitia* solle stets in Verbindung mit *fides* und *aequitas* geschehen. Der höchste Preis müsse den Taten vorbehalten bleiben, die gänzlich selbstlos erfolgen.[36]

32 *Cicero*, De Inventione, II, 160; De oratore, II, 344: sapientia und Seelengröße sollen im Vordergrund des Preises stehen.
33 *Cicero*, De Inventione, II, 160 f.
34 Cicero, De Inventione, II, 163.
35 *Cicero*, De oratore, II, 84, 343 f.
36 *Cicero*, De oratore, II, 85, 345 f.

4. Panegyrik und Herrscherideal?

a) Das Problem der Topik

Sowohl Cicero als auch Quintilian haben nicht bestritten, dass panegriysche Dichtung das Ziel verfolgt, beim Hörerkreis Gefallen und Zuspruch zu finden und sich dazu einer inneren Formgebundenheit im Tugendkatalog bedient. Diese Zielrichtung und Gestalt der Panegyrik hat ihr in der Forschung des frühen 20. Jahrhunderts den Vorwurf eingebracht, lediglich nach dem Typus der Rede vorgegebene Topoi zu rezipieren. Sie enthalte nur wenige eigenständige Gedanken und sei im äußersten Fall „Platitüdendichtung" ohne eigenen Inhalt. Aufgrund dieses Verdiktes, das sich bis in die Mitte des 20. Jahrhunderts bei vielen Historikern hielt, wurde nicht nur der historische Wahrheitsgehalt der Panegyrik zu Recht als gering veranschlagt. Vielmehr wurde auch ihre Bedeutung für den ideologischen Anspruch von Herrschaft insgesamt in Zweifel gezogen.[37]

Die Schlussfolgerung, panegyrische Reden bestünden aus Gemeinplätzen ohne Ertragswert, ist in der neueren Forschung in dieser Schärfe nicht mehr vertreten worden. Sie ist so auch unzutreffend. Der zutreffende Gesichtspunkt, die panegyrische Rede folge einem vorgefassten, erlernbaren und bei Bedarf auch abrufbarem Schema der Rhetorik, eignet sich nur eingeschränkt zur Kritik der Gattung.[38] Betrachtet man die von Cicero und Quintilian in Ansehung der Panegyrik vorgebrachten Ausführungen unter dem Aspekt des Tugendpreises, wird vielmehr das Konkurrenzverhältnis von Wahrheitsanspruch und rhetorischer Übertreibung im Lobpreis sichtbar. So ist etwa Ciceros Äußerung, dass die dem griechischen Königtum eigene Übersteigerung des Herrschers in Rom fremdartig sei, wohl auch dem gestörten Verhältnis Roms zur Königsgewalt zu verdanken, das ein allzu schmeichelhaftes Lob der *virtus* eines Mannes ohne entsprechende Taten von vorneherein ausschloss. Dem Rhetoriklehrer Quintilian fällt zwar fast eineinhalb Jahrhunderte später unter der Herrschaft Domitians der Blick auf das Herrscherlob leichter – nach Ort, Anlass und Gegenstand der Darbietung hat sich auch sein Wahrheitsgehalt zu

37 Als unlesbar erscheint der Panegyrikus des Plinius *Radice*, 169 sowie *Waters*, 398. Für die Panegyrik der frühen Kaiserzeit noch drastischer *Flach*, 157 ff.; zu Horaz auch: *La Penna*, 13 ff. und *Starr*, 62 ff.; *Pabst*, in: Symmachus, or., 25: „Aus dem [...] panegyricus, der epideiktischen Ansprache an den Kaiser, war in den Augen der Neuzeit die Lobrede, voll von Phrasen, aber bar jeden Inhalts, oder allenfalls, und noch schlimmer, angefüllt mit Verzerrungen und Lügen geworden...". Zu den Panegyriken des Sidonius schreibt *Stroheker*, 67, es handele sich um „hohle Phrasen". Von einem „lebendigen Staatsgefühl" sei dort nichts zu finden.

38 Dazu das von *Mause*, 19 angeführte Zitat des Autors der Rhetorica ad C. Herennium (Rhet. Her. 3, 6, 10) im ersten Jahrhundert vor Christus: „Laus igitur potest esse rerum externarum, corporis animi." Mause strukturiert im Folgenden seine Ausführungen zur lateinischen Panegyrik nach dem Muster des von ihm (19 f.) herausgearbeiteten Bestandes der Topoi, genauer der Anleitungen des Menander Rhetor und des Trajanpanegyrikus (instruktiv, a. a. O., 20–29).

richten – die Einordnung der Lobrede unter die *laudationes funebres*, d. h., unter Reden ehrenden Andenkens, zeigt aber noch immer den grundsätzlichen Wahrheitsanspruch der Gattung auf. Das Menschenlob unterscheidet sich bei Quintilian vom Götter- und Heldenlob gerade durch die erhöhte Beweisbedürftigkeit der zu lobenden Umstände. Auch im Zusammenhang mit der Frage, welche Handlungen und Eigenschaften der Person sich als Anknüpfungspunkt des Lobpreises eignen, erfolgt keinerlei Verweis darauf, die panegyrische Rede müsse um jeden Preis das Lob ihres Empfängers im Auge haben. Vielmehr eröffnet die Vielzahl preiswürdiger Tugenden dem Panegyriker einen breiten Spielraum zu eigener Schwerpunktsetzung. Die zu Lebzeiten des Adressaten im kollektiven Gedächtnis noch verwurzelten Handlungen desselben ermöglichen so die panegyrische Rede auch angesichts unvollkommener Herrscher. Das wohlwollende Licht, in welches panegyrischer Lobpreis auch die Taten solcher Herrscher taucht, ist dann aber nicht das Produkt von Topik oder allein floskelhaften Sprachgebrauchs, sondern liegt in der gattungseigenen Auswahl und Darbietung vorhanden Materials begründet.[39] Sie dient dazu, auch schlechte Herrscher in Lichte der Tugenden erscheinen zu lassen, die von einem guten Herrscher zu der jeweiligen Zeit verlangt werden. Richtig ist aber auch, dass Reden ehrenden Andenkens und Herrscherlob anlässlich öffentlicher Anlässe nicht von Rhetoren verfasst werden, die dem kaiserlichen Hof und dem Herrscher fernstehen. Daher wird auch kein Rhetor in Ansehung seines eigenen Ansehens die rhetorischen Vorgaben der panegyrischen Rede zu missachten wagen.[40] Berücksichtigt man allerdings diese Grenzen in Kenntnis der jeweils geltenden Handlungsanleitungen, so lässt sich mit der neueren Forschung durchaus sagen, dass die einseitige Betonung topischer Darstellungsweise durch die früheren Arbeiten[41] dem Tugendlob der panegyrischen Dichtung nicht gerecht wird.

---

39 *Pabst*, in: Symmachus, or., 27: „Wenn der Panegyricus mit dem Rückzug der Historiker faktisch allein die synchrone Kommentierung der Gegenwart übernimmt, postuliert er doch notabene nicht, sine ira et studio zu berichten. [...] Das hindert nicht, dass Geschichtsschreiber später, wenn sie die Vorgänge nicht aus eigener Anschauung oder aus mündlichen Schilderungen der Augenzeugen kennen, ihrer Darstellung vielfach eben solche Ansprachen als Quellenbasis zugrunde legen."

40 Zum historisch-sozialen Kontext der Panegyrik und zur Rednerauswahl *Mause*, 43–62; *Pabst*, in: Symmachus, or., 26 f.: „Das Letzte, was von einer Lobrede zu fordern wäre, ist wohl die distanzierte Neutralität eines unbeteiligten Beobachters oder gar eine prinzipiell kritische bis offen regierungsfeindliche Haltung." *Setton*, 116: „They told the Emperors what the Emperors wished to hear, or more correctly, what the Emperors wished their subjects to hear." *Gnilka*, Gnomon 49 (1997), 32: „Niemand erwartet von einem Lobredner Objektivtät. Ein Panegyriker, der schlicht die Unwahrheit behauptet läuft aber Gefahr, die beabsichtigte Wirkung zu verfehlen." Dort findet sich auch der Verweis auf *Tacitus*, Annales 13, 3, der Senecas Werk über die Milde verlacht; *Felgentreu*, Claudian, 91: Anlassbezogene Darstellung der Wahrheit durch den Rhetor.

41 Zur Augustuspanegyrik etwa *Kienast*, Augustus, 275 ff., v. a. 278 f.: „Die Dichtung der Augusteer war also, soweit sie politische Dichtung war, höfische Kunst, und sie

b) Ableitung eines allgemeinen Ideals?

Stärkere Bedenken gegen die Möglichkeit verallgemeinerungsfähiger Rückschlüsse lassen sich dagegen schon eher mit Blick auf die schlechte Überlieferungssituation anführen. Nahezu sämtliche Lobreden des ersten und zweiten nachchristlichen Jahrhunderts sind verloren. Der Adressatenkreis der verbliebenen Werke ist zudem regelmäßig auf einen fest umgrenzten Zirkel von Senatoren begrenzt.[42] Sie sind anlassbezogen, stark von den jeweiligen politischen Gegebenheiten abhängig und variieren in ihrer Gestaltung von Verfasser zu Verfasser.[43] Der Folgerung MacCormacks, es sei ein Fehler aus den Panegyriken bei Einzel- oder Gesamtbetrachtung einen Katalog von Eigenschaften abzuleiten,[44] kann sich die vorliegende Arbeit dennoch so nicht anschließen. Richtig daran ist, dass erstens der Blick auf die lateinische Literatur alleine, noch darüber hinaus in ihrem fragmentarischen Befund, kein objektives Bild des Herrschaftsverständnisses schaffen kann. Zutreffend ist auch, dass anlassbezogene Panegyrik die Wirklichkeit stets nur unzureichend abbildet. Dies ist aber auch niemals ihr Anspruch gewesen.[45] Widerspruch ist dagegen gegenüber der These angebracht, gerade die Verschiedenheit der Inhalte einzelner Reden, etwa der Reden auf Konstantin in den Jahren 310 („mericless conqueror of Barbarians"), 313 und 321 („clementia") oder der Reden des Pacatus und des Ambrosius von Mailand für Theodosius, mache jede ideologische Ableitung unmöglich.[46] Die

---

war teilweise Auftragsdichtung. [...] Die Tatsache, dass die Dichtung der Augusteer teilweise Auftragsdichtung war, sagt aber nicht das Geringste über ihren Rang als Kunstwerk. Wenn Auftragsdichtung eo ipso schlechte Dichtung wäre, dann müßten die Troubadourdichtung oder die mittelhochdeutsche Epik ebenso unter dieses Verdikt fallen wie Shakespeares Sommernachtstraum." Zum Problem der Topik ebenso *Ronning*, Panegyrik, 45 ff.

42 Dazu *MacCormack*, Panegyrics, 150 f.; zum Zuhörerkreis *Mause*, 30–42. Öffentlich dargeboten worden sind wohl nur einige wenige Panegyriken Claudians sowie der Lobpreis des Sidonius auf Maiorian. Panegyrischer Lobpreis ist nicht „öffentlicher" Lobpreis im heutigen Sinne. Das Argument, die Panegyrik habe deswegen in der Lebenswirklichkeit kaum gewirkt, greift aber zu kurz. Das Ziel, die am Hofe gesellschaftstragenden, verantwortlichen Schichten zu erreichen, ließ sich auf diese Weise nämlich durchaus verwirklichen.

43 Sehr schön lässt dies der Vergleich der Panegyriken auf Konstantin 307, 310 u. 313 erkennen. Dazu, dass die Verfasser die Panegyriken auch nutzen, um auf eigene Belange aufmerksam zu machen *Mause*, 54–56.

44 *MacCormack*, Panegyrics, 154 ff. Zuvor aber immerhin: „They (Panegyrics) were one of the accompaniments of legitimate rule." Dementsprechend spricht sie lieber davon, dass die Panegyriken zentrale Themen imperialer Programme herausstellen sollten, was auch nach dem hier Gesagten zutrifft.

45 So kann schlechterdings nicht bezweifelt werden, dass der Kaiser nicht sämtliche Amtsgeschäfte alleine und in Person vornahm, wie es aber in den Panegyriken häufig anklingt, vgl. *Mause*, 176.

46 *MacCormack*, Panegyrics, 159 f.

„Anlassbezogenheit" der Reden verdeutlicht vielmehr, dass Panegyrik zu allen Zeiten Bestandteil imperialer Politik war. Aufgabe der Rhetoren war es, passende Tugenden zum rechten Zeitpunkt zu loben. Die rasche Austauschbarkeit ideologischer Schwerpunkte und gewählter Exempla ist kein Beleg für die Nichtexistenz von Ideologie.[47] Das gilt in besonderer Weise auch für den Lobpreis des Ambrosius, der sich nach MacCormack so nicht durchsetzte, weil der Autor sich unter anderem in keiner Weise an das Schema der panegyrischen Rede hielt.[48] Dass die eigentlich selbstverständliche christliche Loslösung vom Schema heidnischer Rhetorik zugleich Ausdruck eines Herrscherlobes ist, das in der Rede eben nicht mehr den Willen des Kaisers antizipiert, sondern eine vordem heidnische Gattung nutzt, um gezielt die eigene Auffassung legitimer Herrschaft darzutun, wird in einer solchen Interpretation nicht berücksichtigt.[49] Ist man sich der genannten immanenten Grenzen von Quellenlage, Genus, Intention und Verfasserschaft bewusst, kann auch die lateinische Panegyrik – hier von Plinius bis hin zu Venantius Fortunatus – durchaus Gegenstand abstrahierender Betrachtung des Herrscherlobes sein.

II. Der Trajanpanegyrikus des Jahres 100

Dem Schüler Quintilians, G. Plinius Caecilius Secundus dankt die antike Panegyrik des dritten bis fünften Jahrhunderts das Vorbild panegyrischer Reden schlechthin.[50] Wie viele der Lobredner späterer Jahrhunderte hatte sich der Adoptivsohn des Plinius (maior) zum Zeitpunkt der Darbietung seines Lobpreises vor der römischen Kurie am 1. September des Jahres 100 n. Chr. bereits in Staatsdiensten bewährt. Er war Militärtribun in Syrien gewesen und übte zu diesem Zeitpunkt das Amt des *consul suffectus* aus. Seine Bildung hatte neben Quintilian auch Nicetes Sacerdos angeleitet. In Syrien befasste er sich mit der Philosophie des Euphrates

---

47 Zur Nutzung der Exempla nach der Intention der Redner, *Mause*, 59; *Pabst*, in: Symmachus, or., 28: „Was bei flüchtiger Betrachtung als die homogene Gruppe epideiktischer Rhetorik erscheint, erweist sich bei eingehenderer Prüfung als durchaus differenziert, geprägt vom äußeren Kontext, von Person und Talent des Autors." Vgl. auch dort, 29: „Sicher speist sich der Kanon kaiserlicher virtutes u. a. aus altrömischen Vorstellungen und der hellenisch-hellenistischen Staatsphilosophie. Indem freilich in einem bestimmten Moment mit ihm operiert wird, ist er ein aktueller Wertekatalog."

48 *MacCormack*, Panegyrics, 160; ebenso 172.

49 Dass der Lobpreis des Ambrosius aufgrund dieser Loslösung vom Redeschema nicht zum Vorbild späterer Reden wurde, mag neben seiner Eigenschaft als Rede des Totengedenkens in der Tat der Lösung vom Redeschema geschuldet sein. Zur Nähe der Panegyrik zu Fürstenspiegeln vgl. auch *Mause*, 53: „Legitimität".

50 Zu einer vergleichbaren Wirkung haben es die von Konsuln gehaltenen Lobreden auf die Kaiser (etwa auf Augustus) und die in republikanischer Zeit gehaltenen Reden des Konsuls zum Dank an das Volk von Rom nicht gebracht; *Ronning*, Panegyrik, 142: „Pinius galt der spätantiken lateinischen Rhetorik als eine Landmarke, an der man [...] offenbar nicht vorbeigehen konnte."

und Artemiodorus. Zu seinem engeren Freundeskreis zählte Tacitus. Vorbilder für seinen Trajanpanegyrikus hat Plinius in der römischen Tradition allenfalls im Feldherrenlob seiner Vorgänger finden können – etwa in den oben besprochenen Reden Ciceros und in Senecas Schrift von der *clementia*. Dementsprechend ist sein Werk, das den *princeps bonus* (Trajan) dem *princeps malus* (Domitian) gegenüberstellt, trotz des dem *genus* entsprechenden Lobpreises passagenweise stark dogmatisch durchgeformt. Die Schrift enthält zwar propagandistische Elemente, ist aber auch eine Dankrede mit senatorischem Impetus und Programmentwurf. Plinius selbst hat die schriftlich niedergelegte Form gegenüber dem Vortrag überarbeitet.[51]

1. Der Panegyrikus des Jahres 100

a) Der Kaiser als vom göttlichen numen getriebener Garant irdischen Heils

Plinius beschließt seine Dankrede anlässlich der Verleihung des Konsulats mit den Worten, unter der Herrschaft Kaiser Trajans müsse man von Jupiter weder *pax*, noch *concordia*, noch *securitas*, erflehen. Es genüge die einfache Bitte, das Wohl der unter Trajan erfahrenen Benefizien und damit das Wohlergehen des Herrschers selbst (*salus principis*) noch lange zu erhalten.[52] Dem auf Erden in Trajan wirkenden Ratschluss der Götter – dem göttlichen *numen* – an dem der Kaiser teilhat, gelten der Dank des Redners und der Inhalt seiner Rede.[53] Es drückt sich in Herrschertugenden aus, die der tugendhaften Ordnung der Gesellschaft dienen.

b) Die Inpflichtnahme des „ab Iove electus" zum Wohl der res publica

Den ersten Gegenstand der Rede bildet die Frage der rechtmäßigen Erlangung der Kaiserherrschaft durch Trajan. Plinius stellt klar, dass sie von Jupiter stammt und nicht Ergebnis des Zufalles (*occulta potestate fatorum*) ist. Jupiter hat Trajan zur Herrschaft bestimmt (*ab Iove ipso electus*). Wenngleich Plinius noch nicht offenlegt, welchem Maßstab die göttliche Auswahlentscheidung folgt, konstatiert er doch, dass das göttliche *numen* in Trajan auch der Tugend folgt, an der es „vorausgehenden" Herrschern gefehlt hat. Im Gegensatz zu diesen, erlangte Trajan die Macht nicht durch Bürgerkrieg und Unterdrückung der Republik, sondern durch Frieden (*pax*), Adoption (*adoptio*) und göttliches *numen*.[54] Das Element göttlicher Erwählung wird

---

51 Zum Leben des Plinius, *von Albrecht*, II, 909 f. u. 914.

52 *Plinius*, Panegyrikus, 94, 2 „...non enim pacem, non concordiam, non securitatem, non opes oramus, non honores: simplex cunctaque ista complexum unum omnium votum est, salus principis."; vgl. auch 94, 1 und 94, 3. *Méthy*, MEFA 112 (2000), 400 zur Divinität.

53 *Plinius*, Panegyrikus, 1, 4–5; 5, 1.

54 *Plinius*, Panegyrikus, 5, 1: „Talem esse oportuit, quem non bella civilia, nec armis oppressa res publica, sed pax, et adoptio, et tandem exorata terris numina dedissent.

mit dem Hinweis auf die vor dem Kultbett des Jupiters erfolgte Adoption, sowie die Ankunft des Kaisers während einer Krisenzeit, bekräftigt.[55]

Kraft der göttlichen Auswahl ist Trajan bereits vor seiner Adoption durch Nerva Kaiser ohne davon selbst Kenntnis zu haben. Er kann daher trotz seiner Bescheidenheit (*modestia*) seiner Bestimmung nicht entgehen. Der Versuch, die an ihn herangetragene Würde abzulehnen, schlägt notwendig fehl.[56] Zu Kaiserwürde bekennt sich Trajan dennoch erst nach seinem Herrschaftsantritt während des Opfers im Tempel.[57] Als Ausdruck von *modestia* wertet Plinius es auch, dass Trajan trotz seiner Berufung selbst zu den Göttern betet und die Anbetung der eigenen Person in Form goldener Götterbilder unterbindet.[58]

Rein äußerlich tritt die Erwählung „kraft göttlichen Ratschlusses" in übermenschlicher Tugendhaftigkeit und übermenschlichen Fähigkeiten hervor. So heißt es von Trajan, er habe die Legionen auf ihren Märschen geradezu mit sich gerissen (*legiones [...] raperes*). Auch seine Geschwindigkeit und seine Fähigkeit, im Krieg Siege zu erringen, erscheinen übermenschlich.[59] Die Taten des Kaisers sind hierbei ebenso das Ergebnis, wie der Ausdruck des göttlichen Willens. Auch an die Kehrseite göttlicher Erwählung gemahnt Plinius: *Egit cum diis, ipso te auctore, Caesar, res publica, ut te sospitem incolumemque praestarent, si tu ceteros praestitisses: si contra, illi quoque a custodia tui [capitis] oculos dimoverent, teque relinquerent votis, quae non palam susciperentur.*[60] Wer seine Macht von den Staatsgöttern erhält, dem obliegt die Wahrung des staatlichen Wohlergehens. Weicht er von diesem Pfad ab, so mag er nicht nur der Hilfe der Götter, sondern auch des Staates verlustig sein. Dieses Schicksal bleibt Trajan erspart, weil man ihn ehrlich als einen Vater (*parens*) lobpreisen kann und nicht wie einem Gott oder als einem Tyrannen schmeicheln muss.[61]

c) Die kaiserlichen Handlungstugenden

Trajan droht der Verlust der göttlichen Gunst auch deshalb nicht, weil er mit den Soldaten auf gleicher Ebene kämpft, mit schlichtem Quartier vorliebnimmt und den Menschen sein Antlitz und seine Sorge dadurch schenkt, dass er sich innerhalb der Stadt Rom zu Fuß als einer der ihren fortbewegt.[62] Die ihm zugeschriebenen

55 *Plinius*, Panegyrikus, 8, 1; 8, 3.

56 *Plinius*, Panegyrikus, 9, 4; 5, 3 u. 7. *Méthy*, MEFA 112 (2000), 385 verweist auf die individuelle Beziehung zwischen Trajan und dem römischen Staat.

57 *Plinius*, Panegyrikus, 52, 6: „Simili reverentia, Caesar, non apud genium tuum bonitati tuae gratias agi, sed apud numen Iovis optimi maximi pateris: illi debere nos quidquid debeamus, illius quod bene facias, muneris esse, qui te dedit."

58 *Plinius*, Panegyrikus, 52, 2.

59 *Plinius*, Panegyrikus, 12, 3, 4; 14, 3.

60 *Plinius*, Panegyrikus, 67, 5.

61 *Plinius*, Panegyrikus, 2, 3: „Nusquam ut deo, nusquam ut numini blandiamur: non enim de tyranno, sed de cive; non de domino, sed de parente loquimur."

62 *Plinius*, Panegyrikus, 2, 4; 13, 1, 20, 3; 24, 2; 25, 5.

Tugenden umreißt Plinius im dritten Kapitel: Wer Menschlichkeit (*humanitas*) und Wohlwollen (*benignitas*) dem Stolz (*superbia*) vorzieht, wer den Luxus aus Schlichtheit (*frugalitas*) verbannt, seine Milde (*clementia*) gegen Grausamkeit und seine Freigiebigkeit (*liberalitas*) gegen Habsucht stellt, zugleich die Arbeit (*labor*) der Untätigkeit vorzieht und seine Tapferkeit gegen die Angst setzt, der wird den Staat in Eintracht (*concordia*) leiten. Eintracht ist zugleich das Resultat des tugendhaften Lebens.[63] Dadurch wird erreicht, dass ein solcher Herrscher im Frieden und im Krieg (*pax et bella*) gleichermaßen gut regiert.[64] Ihm steht es zu, den Titel des Besten (*optimus*) zu führen, doch könnte man ihn auch als den Glücklichen (*felix*) oder den Großen (*magnus*) bezeichnen.[65]

d) Der römische Friede: militärische und zivile Friedenstugend

Der Sicherung des Reiches dient auch die Kriegstugend, da der an den Außengrenzen herrschende Friede nach wie vor die erste Voraussetzung der inneren Einheit und des inneren Gedeihens bildet. Dementsprechend kommt dem Idealbild des Kaisers, der in der Zeit höchster äußerer Bedrohung des Reiches mit übermenschlicher Geschwindigkeit die Außengrenzen schützt, die Legionen reorganisiert und sich in das soldatische Leben einfügt, auch bei Plinius hohe Bedeutung zu.[66] Ihm entspricht der Verzicht auf eine kaiserliche Sonderrolle. Der Kaiser überragt die Soldaten nach Tugend und Fähigkeit, vermeidet aber gleichzeitig jede übermütige Selbstdarstellung (*superbia*).[67] Darin zeigt sich *moderatio*, die das Handeln des Kaisers insgesamt bestimmt.[68] Als Ausdruck kaiserlicher Tugend ist die Friedensliebe ebenso Ergebnis wie Voraussetzung des militärischen Erfolges. Der Kaiser fürchtet

63 *Plinius*, Panegyrikus, 3, 4 u.; 4, 6: „Non enim periculum est, ne, cum loquar de humanitate, exprobrari sibi superbiam credat; cum de frugalitate, luxuriam; cum de clementia, crudelitatem; cum de liberalitate, avaritiam; cum de benignitate, livorem; cum de continentia, libidinem; cum de labore, inertiam; cum de fortitudine, timorem. Ac ne illud quidem vereor, ne gratus ingratusve videar, prout satis aut parum dixero."

64 *Plinus*, Panegyrikus, 4, 1.

65 *Plinius*, Panegyricius, 88, 4–6; *Méthy*, MEFA 112 (2000), 376.

66 *Plinius*, Panegyrikus, 12, 1; 16, 2 ; 13, 1 u. 3 ; 17, 3 ; 18; 20, 3. Er ist Mensch und Vorgesetzter der Menschen (2, 4).

67 Vgl. die vorige Fn. Der Kaiser führt die Soldaten an und geht ihnen mit seiner Tapferkeit voran. Er nimmt als Gleicher am Heeresdienst teil, spendet den erschöpften Trost und gewährt den Kranken Hilfe. Dadurch (XII, 4) gelingt es ihm, geradezu eine „Umkehrung der Jahreszeiten" an den Außengrenzen herbeizuführen. Die sonst im Winter über zufrierende Flüsse in das Reich einfallenden Feinde wagen dies aus Furcht vor dem Kaiser nun nicht mehr.

68 Zur moderatio vgl. *Plinius*, Panegyrikus, z. B. 16, 1; 54, 5; 56, 3; *Christes*, Gymnasium 100 (1993), 528: Plinius der Jüngere verwendet den Begriff wie Tacitus im Sinne des nicht Ausschöpfens der Macht. Ihm gegenüber bezeichnet modestia die Bescheidenheit gegen Ehrungen. *Méthy*, MEFA 112 (2000), 382 f.

den Krieg nicht, er sucht ihn aber auch nicht, so umschreibt Plinius das kaiserliche Streben nach Befriedung der Außengrenzen. Es manifestiert sich in der Sicherheit des römischen Donauufers, die in der Furcht der Feinde vor Vernichtung besteht.[69] Erst nach der Sicherung der Außengrenzen ist es Trajan möglich, nach Rom zurückzukehren, wo er schließlich durch Bestrafung der Delatoren auch dem Forum den Frieden bringt (*pacem foro reddidisti*).[70] Diesen Zusammenhang der äußeren *pax* mit der inneren Ordnung verdeutlicht Plinius, indem er die Sicherheit des Forums auf diejenige gegenüber den Barbaren zurückführt, so dass ihrem Grollen schließlich mehr durch die Toga, als durch Waffengewalt begegnet werden kann.[71]

e) Libertas und securitas als Kennzeichen der inneren Friedensordnung

Zur Beschreibung des inneren Friedens bedient sich Plinius der Begrifflichkeiten des Staatsideals der ausgehenden Republik. Der Kaiser stellt *libertas* und *securitas* dadurch her, dass er den Tempelfrieden wieder aufrichtet, den Staatsschatz in Ruhe verwaltet, das Grundeigentum der Bürger schützt und die Harmonie zwischen Kaiser und Senat durch die Wiedereinführung republikanischer Traditionen, wie des Gerichts des Konsuls unterstreicht.[72] Im Gegensatz zum Feldherrenlob republikanischer Zeit beschreibt *libertas* vor allem das Einvernehmen zwischen Senat und Kaiser. Der Begriff drückt die durch die kaiserliche *frugalitas* – gemeint ist eine selbstauferlegte Bescheidenheit und Zurückhaltung – bewirkte Sicherung des Grundeigentums und Vermögens aus. In ihm zeigt sich vor allem das Streben nach Wiederherstellung des augusteischen „Status quo“ zwischen Senat und Princeps.[73] Im Senat ist es dank des berechtigten Vertrauens in Trajan wieder möglich, auch vom Kaiser abweichende Ansichten frei zu äußern.[74]

---

69 *Plinius*, Panegyrikus, 16, 2. Die Rückkehr des Kaisers nach Rom ist die Rückkehr von einer dem Frieden dienenden Mission (XX, 1).

70 *Plinius*, Panegyrikus, 20, 1; 24, 2. Zur Beseitigung des „Misstrauens“ dadurch: *Mause*, 177.

71 *Plinius*, Panegyrikus, 56, 7.

72 *Plinius*, Panegyrikus, 36, 1 (Schatzkammer und Tempel), 34, 1 f. (Friede des Forums), ebenso 56, 6; 43, 1 (Sicherheit (securitas) der Testamente); 50, 1 (Respektierung des Grundeigentums); 56, 6 (Tribunal des Konsuls).

73 *Plinius*, Panegyrikus, 42, 2 und 4 bringt ebenso wie die vorgenannten Belegstellen die Erleichterung darüber zum Ausdruck, dass das Verhältnis von Kaiser und Senat im Sinne der concordia gelöst worden ist und Trajans Herrschaft deshalb als Rechtsherrschaft verstanden wird.

74 *Plinius*, Panegyrikus, 66, 2 f.; 76, 2.

f) Die Selbstbindung des Kaisers an die Gesetzgebung – zur iustitia-Tugend

Dementsprechend stark fällt die Betonung der kaiserlichen *iustitia* als Gerechtigkeitsliebe sowie der *civilitas* aus.[75] Frühere Missstände werden dadurch abgestellt, dass Trajan seine Untertanen nur nach den für alle geltenden Gesetzen regiert, die Amtsbefugnisse des Konsulgerichtes wieder aufleben lässt und Mitbürgern und Feinden Recht durch nach Würde und Befähigung ausgewählte Personen spricht.[76] Recht wird als *aequitas* gewährt. In der kaiserlichen Rechtsausübung paaren sich *severitas* und *clementia* gleichermaßen.[77] Als höchstes Gut erscheint die durch den Kaiser selbst ausgeübte Rechtsprechung, deren Maßstab nun wieder die Gesetze sind und nicht die Lebensführung der Parteien.[78] Besonders hervorgehoben wird auch die Tatsache, dass sich Trajan auf dem Marsfeld dem gleichen Eid auf das Recht wie die Konsuln unterworfen und damit die Einhaltung der Gesetze geschworen hat, obwohl der Princeps nach allgemeiner Auffassung über dem Gesetz steht *(quos nemo principi scripsit*).[79] Der durch Trajan wiederhergestellte Friede entspricht so im vollen Umfang dem früher beschriebenen Frieden des Forums, der Magistrate und Gerichtshöfe, also der alten republikanischen Institutionen. Als Mittler der Staatsgötter sichert der Princeps die auf *pax* und *iustitia* gegründete *concordia.*

g) Kaiserliche liberalitas

Ausdruck der Zuwendung des Princeps auf das Volk ist die schon von Cicero als Teil der iustitia eingeforderte *liberalitas*-Tugend. Ihre richtige Anwendung ist Zierde des Friedens (*ornamentum pacis*). Auf Erbschaften Dritter oder das Eigentum des Senatorenadels greift sie nicht zurück.[80] Nur ihrer Ausübung vor dem gleichzeitigen Eindruck der Bürger von *libertas* und *securitas* ist das Wachsen des römischen Volkes zu verdanken. Hierdurch werden Anreize zur Elternschaft geschaffen und bleibt das Land nicht karg.[81] Die Förderung durch den Kaiser erfolgt nicht zweckfrei oder willkürlich, sondern grundsätzlich zu dem Zweck, den Menschen zur Nachahmung des guten Vorbildes anzuleiten. Sie ist Ausdruck des kaiserlichen Bestrebens, Tugend und die Sittlichkeit des Menschen ohne Zwang zu fördern. Nur durch die Charakterfestigkeit der Untertanen wird die *tranquillitas* des Staates gewahrt.[82]

---

75 Zur civilitas vgl. *Mause*, 166. Sie taucht u. a. auch im Zusammenhang damit auf, dass der Princeps im Circus zuvor der kaiserlichen Familie vorbehaltene Plätze zugunsten des Volkes umbauen lässt und sich dadurch nicht sichtbar vom Volk separiert.

76 *Plinius*, Panegyrikus, 24, 4; 56, 6 f.; 62, 4. *Méthy*, MEFA 112 (2000), 389.

77 *Plinius*, Panegyrikus, 77, 2; 80, 1.

78 *Plinius*, Panegyrikus, 67, 2; 80, 2.

79 *Plinius*, Panegyrikus, 62, 4.

80 *Plinius*, Panegyrikus, 28, 5.

81 *Plinius*, Panegyrikus, 27, 1; 28, 3; 31, 1–2.

82 Vgl. *Plinius*, Panegyrikus, 44, 6, 8; 45, 4, 5; 46, 8.

2. Ergebnis

Der Princeps des Plinius ist Garant der erstrebten römischen Staatsverfassung, von *concordia*, *pax* und *iustitia*. Seine Gewalt erlangt er unmittelbar von Jupiter, auch wenn ihm selbst der Zeitpunkt der Auswahl nicht bewusst ist. Die Frage, ob höchste Tugend ihren Träger zur Auswahl durch Jupiter bestimmt, oder ob Jupiter den Herrscher in der Erwartung künftiger Tugend zur Herrschaft erwählt, kann Plinius offen lassen. Im kaiserlichen Amt und in der Person des Kaisers paaren sich stets höchste Tugend und göttliche Auswahl. Einem durch Laster zur *potestas* gelangter Herrscher fehlt es dagegen stets an beiden Voraussetzungen rechtmäßiger Herrschaft: Tugend und göttlicher Auswahl. Beide Faktoren rechtfertigen neben der Erlangung der Herrschaft auch ihre dauernde Ausübung. Verneint der Kaiser seine Eigenschaft als *auctor* der *res publica*, entzieht er also dem Staat etwa durch Laster seine Funktion als *custos* und *pater*, so verdient er es selbst, seinen göttlichen *custos* zu verlieren. Plinius versäumt es daher auch nicht, die dem Staat zugewandten Tugenden begrifflich zu benennen. Er verharrt hierzu keineswegs in einem Schema der Kardinaltugenden (*sapientia, iustitia, fortitudo, moderatio*). Die im Panegyrikus benannte Liste umfasst vielmehr sämtliche dem Staat und den Bürgern als Söhnen des Vaters zugewandten tätigen Tugenden und gemahnt dazu, sie in Frieden und Krieg recht zu gebrauchen. Im Falle des Konflikts ist es Pflicht des Kaisers seine Soldaten als Teil des Heeres anzuführen, ohne zugleich – trotz des offenkundigen Vorbildes göttlicher Geschwindigkeit und Tatkraft – den eigenen Anteil am Erfolg zur Schau zu stellen (*superbia*). In Gewissheit der Befriedung des Reiches nach außen hin schuldet der Kaiser der *res publica* die Sorge um *libertas* und *securitas*, wobei beide Termini mit Tempelfrieden, Sicherheit des Eigentums und der Staatsverfassung, vor allem der *iustitia* in Gerichtshöfen, verknüpft werden. Ein Kaiser, der nach Maßgabe der Gesetze *iustitia* als *aequitas* gewährleistet und im richtigen Augenblick *severitas* und *clementia* übt – worin sich Plinius an Seneca anlehnt – ist Voraussetzung jeder tugendhaften Herrschaft. Die nicht geforderte Selbstbindung an die eigenen Gesetze entspricht sogar einer Übererfüllung der geforderten Gerechtigkeitstugend. Sie vervollständigt das Bild von der Herrschaft des *optimus*.[83] Für die Tugend der so in *pax* und *concordia* verfassten *res publica* ist der Kaiser Vorbild mit seiner ganzen Person. Durch *liberalitas* wendet er sich seinen Untertanen, denen er als Vorbild zur Nachahmung dient.[84]

III. Die Anleitung des Menander Rhetor

Neben dem Panegyrikus des Plinius auf Trajan, ist es die dem dritten nachchristlichen Jahrhundert entstammende Anleitung Menanders von Laodikeia (Peri Epideiktikon), die die Gattung der kaiserlichen Lobrede der Spätantike mitprägt.

---

83 *Méthy*, MEFA 112 (2000), 376.
84 *Maroti*, ACD 26, 77.

Dass zu diesem Zeitpunkt eine detaillierte Schrift zur Abfassung panegyrischer Reden entstand, deutet darauf hin, dass sich die Gattung der Panegyrik zu dieser Zeit hoher Beliebtheit im römischen Herrschaftsraum erfreute. Das Werk zeigt zusätzlich, welche Topoi in der Mitte des dritten Jahrhunderts nach Christus innerhalb der epideiktischen Rede zur Darstellung eines tugendhaften Herrschers als unverzichtbar galten.[85]

1. Die Anleitung Menanders

a) Die Pflicht zur Betonung positiver Charaktereigenschaften

Nicht anders als Cicero und Quintilian hebt auch Menander den Unterhaltungszweck des Herrscherlobes hervor. Es entspreche aufgrund der Größe des Kaisers genereller Übereinstimmung, die den Herrscher betreffenden guten Dinge in den Vordergrund zu rücken. Ambivalente oder streitige Eigenschaften seien dagegen für den Zweck der Rede außer Betracht zu lassen. Hierzu gehöre es auch, im Proömium des Lobpreises Zuflucht zu floskelhaften Formulierungen zu nehmen, etwa in der Hervorhebung der besonderen Schwierigkeit, die Persönlichkeit des Kaisers in Worte zu fassen oder ein seiner Person entsprechendes Werk darzubieten.[86]

b) Betrachtung der kaiserlichen Herkunft vor dem Hintergrund göttlicher Auswahl

Den Eingangsformeln der Rede folgt im Hauptteil die Zuwendung auf Herkunft, Familie und Geburt des Herrschers. Ist hierzu nichts zu sagen, soll sich die Rede dem Herrscher selbst zuwenden. Menander versäumt es nicht, immer wieder darauf hinzuweisen, dass man jeden dieser Gegenstände mit der göttlichen Auswahl des zu Preisenden in Verbindung bringen kann. Als Begründung fungiert dann, dass Person und Werke des Herrschers nur dem ersten Ansehen nach als menschlich erscheinen, tatsächlich aber auf die Götter zurückzuführen sind. Dies ist auch damit zu begründen, dass die Erlangung kaiserlicher Würde schlechterdings nur Ausdruck des göttlichen Willens sein kann. Dementsprechend sind auch heilige Zeichen zur Zeit der Geburt hervorzuheben und Parallelen zur Legende des Romulus oder des Perserkönigs Kyros II. wünschenswert. Dem Publikum, so Menander, bleibe ohnehin keine Wahl, als solche Ereignisse für den Augenblick der Rede als wahrheitsgemäß hinzunehmen.[87]

---

85 Zum Traktat Menanders auch *Hadot*, RAC, Fürstenspiegel, Sp. 602 f.

86 *Menander*, Peri Epideiktikon, zitiert nach der englischsprachigen Ausgabe von *Russel/Wilson*, Menander Rhetor, dort 77. Hierzu gehört die Anführung möglichst unbestimmter Beispiele – etwa: „So unmöglich es ist das Maß der unendlichen See mit Augen zu fassen, so schwierig ist es, die Größe/den Ruhm des Kaisers in Worte zu fassen."

87 *Menander*, Peri Epideiktikon, 79, 81: „Many seem to be of human stock, but in truth are sent down from God, and are verily an emanation of the higher power. Heracles

c) Jugendlicher Lebenswandel

Der Schilderung der Geburt folgt die der Jugend des Kaisers und damit die Suche nach denjenigen Erkennungszeichen, die später auch den Herrscher kennzeichnen. Fehlt es an besonderen Auszeichnungen, etwa an einem Aufenthalt im kaiserlichen Palast, so hat der Redner sich mit den frühen Erkennungszeichen der Tugendhaftigkeit zu befassen. Gelehrsamkeit, Liebe und Enthusiasmus für das Studium, Schnelligkeit der Auffassung, Befassung mit Literatur, Philosophie oder Briefen, gelten als besondere Auszeichnung in Jugendjahren. Ist der Kaiser dagegen durch seine militärischen Leistungen aufgefallen, so erscheint Menander der Vergleich mit Achill und Herakles, also solcher Helden angebracht, die zwar in menschlicher Gestalt auf der Erde wandelten, tatsächlich aber jedenfalls zur Hälfte von Göttern abstammen. Neben solchen „äußerlichen" Erkennungszeichen der Herrschaft sind auch die Leistungen des Kaisers, d. h. die Eigenschaften seines Charakters Gegenstand des Preises, etwa die Frage, ob er bereits in Jugendzeiten Gerechtigkeit übte.[88]

d) Kriegerische Tugend – Mut, Weisheit, Gerechtigkeit und clementia

Die nähere Bestimmung des Gerechtigkeitsbegriffes erfolgt in dem sich anschließenden Redeteil, der sich mit den Handlungen des Kaisers selbst, gegliedert nach Kriegs- und Friedenszeiten, auseinandersetzt. Besonders lobenswert sind wiederum Mut, Gerechtigkeit, Geduld und Weisheit. Den Erfolg auf dem Schlachtfeld, das Vermeiden von Fallen und den Sieg, dankt der Kaiser Mut und Weisheit zu gleichen Teilen. Ohne Weisheit ist eine Armee nicht zu kommandieren, ohne Mut und Weisheit kein Sieg zu erringen.[89] Der kriegerischen Weisheit entspricht im Frieden die Tätigkeit der Gesetzgebung und die Förderung des Wohlergehens der Untertanen. Zum Ende des Abschnitts über die Charaktereigenschaften im Krieg müsse, so Menander, auch etwas über eine dritte Tugend – die *clementia* – ausgeführt werden. Ihr könne die Gerechtigkeit mit dem Beispiel zugeordnet werden, dass der Kaiser seinen Widersachern ihre Taten niemals mit gleicher Münze vergolten, sondern stets in gerechtem Maße Strafe – also die Statuierung von Exempeln– und Nachsicht unterschieden habe.[90]

---

was believed to be the son of Amphitryon, but in reality he was the son of Zeus. So our emperor is by repute of human origin, but in reality he has his begetting from heaven; for he would not have won such a prize and such honour, except in virtue of being superior to those of this world."

88 *Menander*, Peri Epideiktikon, 83.

89 *Menander*, Peri Epideiktikon, 85, 87. Dank seiner Tugendhaftigkeit eilt der Kaiser schließlich von Sieg zu Sieg, 89.

90 *Menander*, Peri Epideiktikon, 89.

e) Friedenstugend – Gerechtigkeit als Milde, Menschlichkeit, Erreichbarkeit

Auch im Frieden, hier soll die Rede nach den Tugenden der Mäßigung, Gerechtigkeit und Weisheit gegliedert werden, tritt die Gerechtigkeit in dominanter Rolle hervor. Sie ist Milde gegenüber Unterworfenen, Menschlichkeit gegenüber Bittstellern und Erreichbarkeit der kaiserlichen Person für die Untertanen[91] und beinhaltet die Verneinung des Strebens nach persönlicher Bereicherung.[92] Von der kaiserlichen Gesetzgebung, so Menander, solle man sagen, dass sie gerecht sei, dass der Herrscher ungerechte Regelungen beseitige, um neue, bessere, zu erlassen. Die Betonung der Gerechtigkeit im Zusammenhang mit der Gesetzgebung grenzt zudem die legitime Kaiserherrschaft von der Tyrannis ab. Sowohl Tyrannen als auch rechtmäßige Herrscher verfügen in ihrer Weisheit über die Erkenntnisfähigkeit des Rechten. Doch sind die Gesetze des Tyrannen stets ungerecht, die des Kaisers stets gerecht.[93] Nahe mit der Gerechtigkeit verbunden ist auch das Lob der Mäßigung, also der Tatsache, dass unter dem gelobten Herrscher die Ehen keusch und die Söhne der Väter legitim sind. Sämtliche Festivitäten werden mit der ihnen gebührenden Achtung und Mäßigung begangen, so dass man auch zu Recht sagen kann, dass die Menschen dem Vorbild des Herrschers nacheifern.[94] Das Lob der Weisheit in ihren Aspekten der Erkenntnis, des Verstehens und der Voraussicht, die dem Herrscher die Gesetzgebung und Geduld erst ermöglichen, steht am Ende des Tugendlobes. Es wird durch den Hinweis auf das Schicksal (*fortuna*) abgeschlossen, das den Herrscher in allen Dingen begünstigt und seine Herrschaft über alle vorherigen erhebt.

f) Der Epilog – das Wohlergehen einer wohlgeordneten Gesellschaft

Der Epilog, so Menander, soll schließlich vom Wohlergehen der Gesellschaft unter der „Gerechtigkeit" des tugendhaften Kaisers handeln.[95] Der Friedensbegriff – der im Tugendlob zunächst nur der negativen Scheidung von Kriegs- und Friedenshandlungen gedient hatte – wird hier in der Konnotation des „Wohlgeordnetseins" der Gesellschaft erneut angeführt, ohne allerdings dominante Bedeutung zu gewinnen. Unter dem Herrscher, der alle genannten Tugenden in seiner Person vereint, ergeht es den Städten, ihren Märkten und Festivitäten gut. Die Erde liegt in Frieden, die See ist ohne Gefahren, die Jahreszeiten folgen ihrer geordneten Bahn. An den Außengrenzen brauchen Barbaren nicht gefürchtet zu werden. Die Waffen des Herrschers, seine Tugenden in Krieg und Frieden, bilden eine sicherere Festung des Reiches als alle Städte zusammen. Daher kann kein Gebet, als dasjenige für den Herrscher und seine Sicherheit selbst, an höhere Gewalten gerichtet werden.

---

91 *Menander*, Peri Epideiktikon, 89.
92 *Menander*, Peri Epideiktikon, 91.
93 *Menander*, Peri Epideiktikon, 91.
94 *Menander*, Peri Epideiktikon, 91.
95 *Menander*, Peri Epideiktikon, 93.

2. Bewertung

Von der durchaus kritischen Ermahnung des Plinius an den Kaiser, sich stets der *res publica* und damit des Grundes der kaiserlichen Gewalt zu erinnern, ist in der Anleitung Menander Rhetors nichts zu erkennen. Der panegyrische Lobpreis hat – in einer am Idealbild der Rede ausgerichteten Anleitung – vielmehr stets den Kaiser als tugendhaften und von den Göttern auserwählten Herrscher in den Blick zu nehmen, da es für den Vortragenden und sein Publikum gänzlich ausgeschlossen ist, dass ein Mensch ohne göttliche Auswahl oder ohne Tugend zur Herrschaft gelangt. Alle Aspekte der Legitimation des kaiserlichen Amtes, etwa der dynastischen Abstammung, der jugendlichen Tugendhaftigkeit und der Ausprägung der Tugenden vor Erlangung der Kaiserwürde sind stets dahin gehend auszudeuten. Der Panegyriker stellt den „Typus" des Kaisers vor und in solcher Weise benennt er die Tugenden des Krieges und des Friedens. Mut, Gerechtigkeit, Weisheit und *clementia* im Krieg treten im Frieden Mäßigung, Gerechtigkeit, Weisheit und *clementia* an die Seite. Die Auswahl der Friedenstugenden offenbart deutlich, worauf jede Ausübung von Herrschaft letztendlich abzielt: tugendhafte Regierung in Selbstbescheidung, trotz höchster Amtswürden im Einklang mit den Göttern (Weisheit), zum Wohle einer durch Gesetze und das kaiserliche Vorbild väterlicher Zuwendung wohlgeordneten, im Frieden befindlichen Gesellschaft.

IV. Der panegyrische Lobpreis des ausgehenden 3. Jahrhunderts

1. Herrschaftslegitimation im 3. Jahrhundert bis zu Diokletian

Zur ideologischen Rechtfertigung der Herrschaft bedienten sich die ersten Kaiser vor allem des Rückgriffs auf die republikanische Ordnung. War der Friede an den Grenzen mit Waffengewalt hergestellt, wurde im Inneren die römische *libertas* gesichert. Der Kaiser garantierte als Vater die republikanische Staatsordnung mit den durch sie geforderten Tugenden. Er übte die Herrschaft im Einvernehmen mit dem Senat aus und war so zum Wohle des Volkes als beständiges, unermüdliches Tugendvorbild tätig.[96] Damit einher ging auch eine gegenüber dem Feldherrenlob des ersten vorchristlichen Jahrhunderts verstärkte Annäherung des Kaisertums an die Götter. Schon Oktavian hatte den ihm vom Senat verliehenen Ehrentitel „Augustus" angenommen, sich selbst zum Schützling des Apolls erklärt, dem *divus* Caesar 29 v. Chr. einen Tempel errichtet und sich als den geweissagten Jüngling preisen

96 V. a. Illustriert durch den Staatsakt vom Februar 27 v. Chr. und die Führung des Titels eines „Princeps Senatus"; faktisch durch die verliehenen Sonderrechte (Vernichtung der Feinde Caesars; Ergänzung des Senates) als Herrschaftsrecht des Princeps ausgestaltet; *DePalma Digeser*, Lactantius, 21.

lassen, mit dem sich Roms Fatum erfüllen werde.[97] Dieser Auffassung von Legitimität entsprechend, bedurfte auch die Nachfolge durch Tiberius (14–37 n. Chr.) der Legitimation durch den Senat. Abgesichert durch Innehabung des Imperiums über die Legionen, war die Kaiserherrschaft rechtlich verfasste Herrschaft auf dem Boden der durch den Prinzipat neu strukturierten Verfassungsordnung.[98] Das so geschaffene System – Absicherung der faktischen Macht durch die Armee, Bestätigung als rechtliche Macht durch den Senat – bewährte sich im Wesentlichen bis in die Zeit der Severerkaiser. Versuchten einzelne Herrscher sich hierüber zu erheben – wie Domitian (81–96), der sich als *dominus et deus* bezeichnen ließ – wurden ihre Herrschaft nachfolgend als tyrannisch und nicht rechtsgemäß verurteilt und im Herrscherlob der Zeit (vgl. den Trajanpanegyrikus des Jahres 100) entsprechend gebrandmarkt.

Die Legitimation der Herrschaft durch Senatsgewalt trat schließlich nach der durch den Tod des Commodus (Dezember 192) ausgelösten Staatskrise zunehmend in den Hintergrund. Die Nachfolger – Pertinax, Didius Julianus, Septimius Severus – gründeten ihre Herrschaft vor allem auf die Erhebung durch die Armee. Die hinzukommende, gesteigerte Bedrohung des Reiches durch germanische Stämme und die Parther erhöhte zudem die Bedeutung kriegerischer Abwehrerfolge.[99] So stützte sich Septimius Severus zum Zwecke der Machterhaltung erstmals nicht mehr auf den Senat, sondern auf den *ordo equester*. Er übernahm zudem Elemente des hellenistischen politischen Symbolismus, die ihn in stärkere Nähe zu den römischen Staatsgöttern, v. a. Jupiter rückten.[100] Sein Sohn Caracalla, 217 von Soldatenhand ermordet, versuchte offenbar ebenfalls die stärkere dogmatische Absicherung des römischen Kaisertums zu erreichen. Die Constitutio Antoniana (212) gewährte das römische Bürgerrecht allen freien römischen Provinzialen. Sie schuf damit Rechtsgleichheit und begründete zugleich deren Pflicht, nun auch den Kaiserkult, die Verehrung des vergöttlichten Kaisers, zu vollziehen.[101] Darin drückte sich zugleich die Hoffnung des Kaisers aus, Rom durch Vereinigung der Gesellschaft unter einem Götterkult des beständigen Wohlwollens der Götter zu versichern.[102] Sein Nachfolger Macrinus

---

97 Seine Verehrung als Gott duldete er dagegen jedenfalls in Rom nicht. *DePalma Digeser*, Lactantius, 21 sieht den Grund hierfür v. a. im Erhalt eines guten Verhältnisses zum römischen Senat, der die Erhebung unter die Götter, also dem Rang nach über die Senatoren, nicht gestattet haben würde.

98 *DePalma Digeser*, Lactantius, 23.

99 Den Umbruch konstatiert *DePalma Digeser*, Lactantius, 24.

100 *DePalma Digeser*, Lactantius, 24: Der Autor nimmt auf eine Münze Bezug, die Severus zeigt, der den Globus von Jupiter erhält.

101 *DePalma Digeser*, Lactantius, 3f. Dadurch wurde die Vereinheitlichung des Glaubens, durch die Aufhebung der mit dem Wohl einer Stadt verbundenen Verehrung regionaler Gottheiten, herbeigeführt. Vor der Dynastie der Severer hat der Prinzipat das Verhalten der Bürger und der Provinzialen nach dem traditionellen Recht der Städte gehandhabt und lokale Gottheiten geduldet.

102 *DePalma Digeser*, Lactantius, 4.

(217/8) verzichtete ganz auf die Bestätigung seiner Herrschaft durch den Senat, zu dem sich danach auch Marcus Aurelius Antoninus (bis 222) in Opposition setzte. Mit dem Tod des Severus Alexander (222–235) wurden die Bemühungen einer neuen Legitimation des Kaisertums unterbrochen. Ulpians Schrift (223) *De officio proconsulis* verfolgte aber jedenfalls das Ziel die römische Weltherrschaft als solche auch administrativ weiter abzusichern.[103]

Eine Stabilisierung der Herrschaftsgrundlagen gelang auch danach in der Zeit der „Soldatenkaiser" (235–284) nur in unzureichender Weise. Valerian erreichte durch Ernennung seines Sohnes Gallienus zum Mitregenten wenigstens den gleichmäßigen Einsatz der Legionen gegen die Bedrohung an Nord- und Ostgrenze, geriet aber im siebten Jahr seiner Herrschaft in persische Gefangenschaft. Sein Sohn Gallienus regierte bis 268 und sicherte seine Herrschaft auch dadurch, dass er auf ein Vorgehen gegen Usurpatoren verzichtete. Aurelian (270–275) schließlich griff stärker auf die hellenistische Ideologie zurück, ließ sich als Herr und Gott titulieren und sah in „Sol Invictus" einen göttlichen Gefährten.[104]

Aufgrund des Makels, den Purpur von Aper, dem vermeintlich legitimen Nachfolger Numerians durch Mord erlangt zu haben, musste sich Diokletian nach Erlangung der Herrschaft durch das Votum der Soldaten im Jahre 284 der Frage der Rechtfertigung seiner Position widmen. Er tat dies, indem er seine Herrschaft verstärkt auf die Grundlage der *pietas* gründete und sich Jupiter, den höchsten Gott des römischen Pantheons, zum Gefährten erwählte. Die ideologische Grundlegung des von ihm in den Folgejahren propagierten Systems zunächst der Diarchie durch Ernennung des Maximian (Herculius) zum Mitaugustus im Jahre 286, sowie der Tetrarchie durch Ernennung des Galerius (Iovius) und Constantius Clorus (Herculius) zu Caesaren im Jahre 293, geben die Panegyriken der Jahre 288–307 wieder.

2. Einleitung

Mit den Panegyriken für Maximian (288/291) und Constantius I. (297) wird so erst am Ausgang des 3. Jahrhunderts – nach einer Überlieferungslücke der Panegyrik von ca. 200 Jahren – der Blick auf die Römische Herrscherideolgie in der lateinischen Literatur erneut möglich. Zum vorkonstantinischen Teil des Corpus der „Panegyrici Latini" gehört darüber hinaus eine Rede des gallischen Rhetors Eumenius vor dem Statthalter der Lugdunensis I. „Pro instaurandis scholis" (297). Das im Jahre 307 an Maximian und Konstantin gerichtete Lob bricht inhaltlich bereits mit dem System der Tetrarchie. Sein Gegenstand ist das Lob Konstantins. Die Schrift wird daher wegen ihres Gegenstandes erst im Rahmen der Panegyriken nach Beginn konstantinischen Wende behandelt, also jenem Zeitraum, der mit dem Nachlassen der Christenverfolgung nach der Abdankung Diokletians (305) beginnt.

---

103 *DePalma Digeser*, Lactantius, 4.

104 *DePalma Digeser*, Lactantius, 3; *Straub*, 100 f.: Verleugnung der alten Götter, Anerkennung eines höchsten Gottes.

3. Panegyrikus auf Maximianus (288)

Der Panegyrikus auf den Augustus Maximian (Marcus Aurelius Valerius Maximianus) stellt die älteste Quelle innerhalb des überlieferten panegyrischen Corpus dar. Er wurde anlässlich des Geburtstages der Stadt Rom verfasst und wohl zwischen 288/291 vorgetragen. Während die Urheberschaft eines vermeintlich gallischen Rhetors des späten dritten Jahrhunderts zweifelhaft bleibt,[105] lassen sich dem Text die Grundzüge der ideologischen Basis des tetrarchischen Systems entnehmen, das für die Auseinandersetzung der Christen mit den „letzten Verfolgern" von grundlegender Bedeutung war.

a) Betonung der Vergöttlichung

Besonders auffällig ist die starke Betonung der Vergöttlichung der Augusti Diokletian und Maximian gemäß den von diesen selbst gewählten Cognomina (Iovius/Herculius). Sie folgt einem Wandel im Selbstverständnis der Kaiser, die sich seit Diokletian wieder mit dem *dominus*-Titel anreden ließen und zudem den Untertanen die Adoration anstelle des zuvor üblichen Grußes (*salutatio*) abforderten.[106] Dementsprechend ausgeprägt ist im panegyrischen Lobpreis der Versuch, Exempla aus den Taten der Göttergestalten anzuführen.[107] Der Autor setzt dazu bereits in der Anrede an Maximian an, indem er dem *sacratissime imperator* das Lob seines göttlichen *numen* am Geburtstag der Stadt Rom zuspricht.[108]

b) Der Restitutionsgedanke und die Sorge für iustitia und virtus

Das Tatenlob, das im Mittelpunkt der Pangeyrikus steht, betont demgegenüber vor allem die Wiederaufrichtung der Sicherheit des Reiches. Den Kaisern wird das Lob zuteil, als *conditores* und *restituores imperii* Rom zu einem erneuten Geburtstag verholfen zu haben. Sie sind Heilsbringer des Reiches.[109] Schon die Berufung Maximians

---

105 *Nixon/Saylor Rodgers*, Pan. Lat., 41 f. sehen einen „Mamertinus" als Urheber an. *Seeck*, Eumenius, 1106 nahm demgegenüber an, die Abkürzung „memet" bedeute nicht Mamertinus, sondern „memoriae et rhetoris latini". Er ging davon aus, die Rede sei schon von dem Schreiber des Codex Venetus Marcianus (436) fälschlich einem Mamertinus zugeschrieben worden.

106 *Nixon/Saylor Rodgers*, Pan. Lat., X (II), 51; *Straub*, 42 u. 80 f., dort auch zu der Frage der Ernsthaftigkeit der pietas: „So viele Münzen hatte noch kein Kaiser mit dem Bild derselben Gottheit prägen lassen; alle seine Handlungen verband er mit dem Walten seines Gottes."

107 *Nixon/Saylor Rodgers*, Pan. Lat., X (II) z. B.: I, 1: Die Ehre des Imperators hat sich an der göttlichen Ehre zu orientieren; I, 2: Vergleich mit Herculius, der ebenso wie Maximian Rom geheiligt habe.

108 *Nixon/Saylor Rodgers*, Pan. Lat., X (II), 1, 1; vgl. auch 1, 5.

109 *Nixon/Saylor Rodgers*, Pan. Lat., X (II), I, 5: „Re vera eniam, sacratissime imperator, merito quiuis te tuumque fratrem Romani imperii dixerit conditores: estis enim,

durch Diokletian erfolgt *ad restituendam rem publicam.* Den eigentlichen Lobpreis verdient Maximian nicht, weil er sich den äußeren Schein von Triumphroben, Fasces, Thronsesseln und Hofgesellschaft geschaffen hat, sondern aufgrund der in seiner inneren Geisteshaltung begründeten Sorge um das Gemeinwesen der ganzen Welt. Er nimmt die Bürde des Amtes an, das ihn zu steter Wachsamkeit für *iustitia* und *virtus* verpflichtet.[110] Hervorgehoben sind so der Schutz des Staatswesens vor Stürmen und Unruhen durch Gerechtigkeitspflege und standhafte Tugendhaftigkeit.[111]

c) Fortitudo – Unterwerfung, Sicherung und Wiederaufrichtung

Dem Herculius Maximianus wird hierbei die Tapferkeit (*fortitudo*), dem Iovier Diokletian die höchste Tugend, die *sapientia* zugeordnet. Beiden wird die gemeinsame Leitung des Staatsschiffes zur Wiederherstellung gesicherter Zustände dergestalt zugeschrieben, dass Diokletian die Aufgabe der Entscheidungsfindung, Maximian die Aufgabe der Durchsetzung zukommt.[112] Voraussetzung der inneren, rechtsgemäßen Ordnung der *res publica* ist erneut die Unterwerfung ihrer Feinde. Hierzu gehört die Überwindung des Widerstandes der Barbaren, also die Sicherung des römischen Machtbereiches nach außen hin, aber auch die Wiederaufrichtung der Ordnung innerhalb des Imperiums durch die Unterwerfung der Bauern und Hirten, die sich selbst zu Soldaten und Rittern erhoben haben. Die Feinde werden durch *fortitudo* und *clementia* besänftigt.[113] Pannonische *virtus* ergänzt die Herrschaftsstellung Italiens über die Welt.[114]

---

quod est proximum, restituores et, sit licet hic illi urbi natalis dies, quod pertinet ad originem populi Romani, uestri imperii primi dies sunt principes ad salutem." Wenngleich das militärische Lob hier stark herausragt, ist das Restitutionswerk doch ein umfassendes, vgl. *MacCormack*, Panegyrics 160.

110 *Nixon/Saylor Rodgers,* Pan. Lat., X (II), III, 3 f.

111 *Straub*, 53: „Der Herrscher, der auf dem höchsten First der Welt thront, ist ruhende Mitte, von der aus alles, was im Reich geschehen soll, bestimmt und geregelt wird; denn er kann alle Gebiete seines Reiches übersehen, er bemerkt überall Not und Gefahr und kann deshalb sofort Hilfe schicken. [...] Er ist der Höchste, weil es ohne seine consilia, ohne seine sapientia keine Ordnung gibt, weil ohne sie der optimus status zerfällt; denn die ratio steht über der actio."

112 *Nixon/Saylor Rodgers,* Pan. Lat., X (II), IV, 1; *Straub*, 42: „Herkules bleibt der pacator orbis, der im Auftrag Iuppiters kämpfend die Welt durchzieht und unermüdlich in seinem Dienst tätig ist, Iuppiter aber wird der auf hohem Olymp thronende Weltbeherrscher, der selbst keinen Krieg mehr führt – wie es doch Diokletian getan hat –, sondern überallhin seine Helfer schickt, die seinen Weltordnungsplan verwirklichen müssen und ihm Verantwortung schulden."

113 *Nixon/Saylor Rodgers,* Pan. Lat., X (II), IV, 1–4; dort auch 60 mit Fn. 21 sehen darin den gallischen Bagaudenaufstand angesprochen. Stark ausgeprägt ist das Lob kriegerischer virtus, vgl. *Odahl*, Constantine, 45.

114 *Nixon/Saylor Rodgers,* Pan. Lat., X (II), 2, 2. *Portmann*, Panegyrik, 23 weist auf die damit verbundene Relativierung des „römisch nationalen" Standpunktes hin.

d) *Überwindung der Staatskrise durch mit göttlicher Hilfe gewährte Eintracht*

Als Ursache des kaiserlichen Erfolges gilt die Einhaltung tugendhafter Brüderlichkeit zwischen den Augusti, also die *concordia* der Herrscher. Sie regieren „eines Geistes“ (*una mente*) wie mit verschränkten Händen „als Brüder in der Tugend „(*virtutibus fratres*) den und verdoppeln so durch gemeinsam geübte *concordia* und *iustitia* das Wohlergehen seiner Bürger.[115] Gerade die Wahrung der Gerechtigkeit verspricht in der Steigerung der Erträge von Herden und Feldern die Wiederkehr einer Zeit des Wohlstandes und des Wohlergehens.

Die Eintracht der Herrschenden, wie auch die Erfolge in der Wiederherstellung der staatlichen Ordnung, werden auch auf göttliche Hilfe zurückgeführt. Nur mit göttlicher Hilfe in Gestalt von Herculius/Jupiter war die Krise des Staates zu überwinden. Nur dank ihr konnten die Augusti mit der notwendigen Geschwindigkeit die zur Wiederherstellung der Ordnung erforderlichen Maßnahmen treffen und die *toga praetexta* der Staatsgeschäfte mit der militärischen Rüstung vertauschen. Ihnen ist zugleich die Wiederherstellung der Ordnung im Inneren und die Abwehr der Feinde des Reiches gelungen.[116] Maximian ist zu wünschen – hier hält sich der Rhetor an die Vorlage Menanders – dass er die im Frieden gedeihenden Provinzen möglich oft aufsucht, denen er mit der ganzen Welt den Frieden gebracht hat.[117]

4. Genethliacus auf Maximianus Augustus (291)

Wenngleich die Autorenschaft sowohl des Panegyrikus als auch der Geburtstagsrede (Genethliacus) auf Maximian nicht abschließend geklärt ist, steht jedenfalls fest, dass die Rede des Jahres 291 anlässlich der Quinquennalien der Erhebung Maximinians zum Augustus aus der Feder des Verfassers des Panegyrikus von 288 stammt. Die Schrift, die nicht zum Vortrag[118] gelangt ist, folgt zunächst den rhetorischen Vorgaben der panegyrischen Rede. Der Verfasser setzt sich unter anderem erneut mit der göttlichen Abkunft der Augusti auseinander. Er sieht in Diokletian das Abbild der stetigen Bewegungskraft und der ununterbrochenen Fürsorge seines *deus*

---

115 *Nixon/Saylor Rodgers,* Pan. Lat., X (II), IX, 3; XI, 1–4, v. a. 3. Durch die Inbezugnahme der zwischen Romulus und Remus bestehenden Streitigkeiten wird der concordia-Aspekt weiter verstärkt (XIII, 2); vgl. *Portmann*, Panegyrik, 22; *Odahl*, Constantine, 45; *Straub*, 42.

116 *Nixon/Saylor Rodgers,* Pan. Lat., X (II), IV, 2; XI, 5; v. a. VI, 2 u. VI, 4: „Vidimus te, Caesar, eodem die et in clarissimo pacis habitu et in pulcherrimo uirtutis ornatu.“; auch II, 1: „praesentem […] deum“. Vgl. dazu auch *DePalma Digeser*, Lactantius, 27; *Odahl*, Constantine, 55: Ziel ist die pax deorum.

117 Damit ist zugleich die Erreichbarkeit des Herrschers angesprochen, N*ixon/Saylor Rodgers,* Pan. Lat., X (II), XIV, 4–5.

118 *Nixon/Saylor Rodgers,* Pan. Lat., XI (III), I, 4.

auctor, des friedlichen Jupiter, für die Seinen[119] und in Maximian den Herkules, der diesem gleich alle Länder befriedet, die Städte befreit und die Ursachen der Furcht beseitigt.[120] Sodann wendet sich die Oratio dem Zustand der Zeit zu. Zuvor werden nochmals die Leistungen der Augusti betont: die Befreiung des Staates vom Despotismus und den Ungerechtigkeiten der Bürgerkriege, die Wiederherstellung der *iustitia* durch die *clementia* und die Abwehr der barbarischen Stämme – die nun von Rom den Frieden erbitten.[121]

In der Gegenwart sind vor allem *pietas* und *felicitas* Maximians preisenswert. Die Wiederaufrichtung des Götterglaubens, die Festigung der Menschen im Glauben durch Restitution des Staatskultes und die Verehrung der kaiserlichen Göttlichkeit sind die Kernbestandteile der *pietas*. Sie schließt auch die Übereinstimmung der höchsten Staatsgewalten mit ein (*concordia*).[122] Göttliches Wirken wird schließlich durch die Verwendung der Lichtsymbolik illustriert, die die Ankunft der Augusti – Maximians in Gallien, beider in Italien – als Eingriff Gottes erscheinen lässt.[123] Die der *pietas* entspringende *concordia* des Herrscherpaares ist zugleich Voraussetzung für die *felicitas* des Zeitalters, die in der *securitas*-Restitution ihren manifesten Ausdruck erfährt. Die so beschaffene Gegenwart gestattet es den Kaisern, sich gemeinsam an einem Ort aufzuhalten und doch die Welt in Sicherheit zu sehen.[124] Sie beinhaltet den Friedenszustand (*pax*), die Abwesenheit von Barbaren, die es wagen würden, die Grenzen des Reiches zu missachten und die Wiedererstarkung des Wohlergehens und der Fruchtbarkeit des Landes, die die Ernten verdoppelt und einen Überfluss schafft, den die Lagerhäuser nicht aufnehmen können.[125] Dank der von *pietas* angeleiteten *concordia* können die Feinde des Reiches befriedet werden. Die Vergeltung feindlichen Unrechts bedarf nicht länger der Armeen und Waffen. Sie erfolgt einzig durch *felicitas*, so dass kein besserer Ausspruch über die kaiserlicher Herrschaft möglich ist, als hervorzuheben, dass unter ihr die Feinde in

119 *Nixon/Salyor Rodgers*, Pan. Lat., XI (III), II, 3–4; seine Taten zeigen „vis divinitatis"; III, 1; III, 3.

120 *Nixon/Salyor Rodgers*, Pan. Lat., XI (III), III, 6. Damit ist der Gedanke der Verkörperung der Göttlichkeit im Herrscher selbst angesprochen; *DePalma Digeser*, Lactantius, 27.

121 *Nixon/Salyor Rodgers*, Pan. Lat., XI (III), V, 1–5, v. a. 3 f., ausdrücklich erwähnt werden die Franken.

122 *Nixon/Saylor Rodgers*, Pan. Lat., XI (III), VI, 3 f. „Quae enim umquam uidere saecula talem in summa potestate concordiam?" In diesem Zusammenhang fehlt auch nicht der Verweis auf die unsterbliche Seele der Kaiser, womit letztlich Gedankengut Ciceros (De Rep. 6, 25–29) wieder aufgenommen wird. XI, 2 schließlich führt die verschränkten rechten Hände der Augusti als Zeichen der concordia an. Dazu *MacCormack*, Panegyrics 160 f.; *Straub*, 43.

123 *Nixon/Saylor Rodgers*, Pan. Lat., XI (III), IV, 2; X, 3; XV, 3; *Odahl*, Constantine, 46.

124 *Nixon/Saylor Rodgers*, Pan. Lat., XI (III), XIII, 3: „...ut in unum conuenire possitis, nihilominus orbe securo"; *Straub*, 43.

125 *Nixon/Saylor Rodgers*, Pan. Lat., XI (III), XIV, 1: kein Barbar wagt, die Grenzen zu missachten; XV, 2–4.

Ruhe und Untätigkeit verharren und den Frieden wahren:[126] Die *felicitas* der Zeit verdankt der *pietas* ihre Existenz.[127] Da sie der Natur des Menschen unmittelbar entspringen, sollen *felicitas* und *pietas* allen anderen Eigenschaften, also auch dem Mut, der Geduld, der Gerechtigkeit und Weisheit vorangehen, die erst mit der Zeit im Menschen zur Ausbildung gelangen.[128]

Anders als der erste Panegyrikus auf Maximian, der – sieht man von der starken Betonung der Vergöttlichung des Kaisers einmal ab – in der Tradition des klassischen Tugend- und Herrscherlobes und der Tugenden *concordia, pax, iustitia, clementia* gestanden hatte, weist die starke Überbetonung von *pietas/concordia* und *felicitas/gloria* auf das Grundbedürfnis der Zeit hin. Betont wird vor allem der ruhige Bestand der römischen Weltordnung. Die *felicitas*-Terminologie ist auch Ausdruck eines Bedürfnisses nach Lebenssicherheit. Zugleich wird die aus dem Menschen entspringenden rechte Götterverehrung (*pietas*) hervorgehoben, die die Ordnung der Gesellschaft stützt und erhält. Als solche schließt sie alle anderen Tugenden mit ein; sie führt zu *concordia, pax, securitas,* übt *clementia* und bildet so den Obergriff der Werteordnung.[129]

Als „Geburtsadel" des göttlichen Kaisers ist die Kenntnis von den göttlichen Dingen, weil sie nur durch Geburt, nicht durch Zeitablauf erlangt werden kann, der manifeste Ausdruck der im Imperium waltenden Gotthaftigkeit seiner Herrscher. Deren Zuwendung zu den Göttern ist die Basis für den ruhigen Bestand des Reiches und fungiert hier als Vorbild für die erstrebte Rückkehr zu einer an den Staatsgöttern orientierten Werteordnung. Mit diesem Inhalt hebt sich der Panegyrikus des Jahres 291 von allen ihm folgenden Panegyrici ab, die zunächst, wie schon der Lobpreis des Jahres 287, wieder den klassischen Bestand der römischen Tugendbegriffe aufnehmen.

5. Anonyme Panegyrik auf Constantius (297)

Den Zeitraum der vorkonstantinischen Kaiserpanegyrik beschließt der 297 wohl in Trier vorgetragene Panegyrikus auf Constantius, aus Anlass der Wiederaufrichtung der römischen Herrschaft in Britannien, das zuvor unter Probus in Rebellion verfallen war. Dem Redner ist die schwere Bürde auferlegt, den Taten göttlicher Tugendhaftigkeit des *Caesar invictus* – der vorherrschenden Anrede des Constantius im Text –[130] gerecht werden zu müssen; eine Aufgabe, die ihm dank des göttlichen

126 *Nixon/Saylor Rodgers*, Pan. Lat., XI (III), XVIII, 2: „Ecquid umquam Romani principes de felicitate sua praedicari laetius audierunt quam cum diceretur hostes quiescere, otiosos esse, pacem colere."

127 *Nixon/Saylor Rodgers*, Pan. Lat., XI (III), XVIII, 5: „...felicitatem istam, optimi imperatores, pietate meruistis!"

128 *Nixon/Saylor Rodgers*, Pan. Lat., XI (III), XIX, 1 f.: „Etenim ceterae uirtutes et bona cetera processu aetatis eueniunt."

129 *Odahl*, Constantine, 46.

130 *Nixon/Saylor Rodgers*, Pan. Lat., VIII (V.), III, 2; V, 4; IX, 6; XVII, 1, 4; XXI, 3.

numens des Constantius bereits zuvor vor dessen Vater zuteil wurde.[131] Bevor allerdings die Siege des Constantius, die berechtigten Anlass zu der Frage geben, wie viele Zeitalter dem römischen Staate durch seine Wacht über die Welt gewonnen wurden,[132] in den Mittelpunkt der Darstellung rücken, wendet sich der Rhetor der Ordnung der Tetrarchie zu. Er betont ihren Ursprung in der Majestät des Jupiter und Hercules und in der daraus entstehenden Forderung, die gesamte Welt den himmlischen Dingen ähnlich zu gestalten. Deshalb herrschen Iovii und Herculii, und deshalb existieren vier *numina*. So spiegelt sich die in der Natur erkennbare göttliche Ordnung (vier Jahreszeiten, zwei Leuchten) in der Ordnung der menschlichen Regierung wieder.[133] Tatsächlich wirkt die Regierung der Tetrarchen durch die der Welt zuteil werdenden Wohltaten aber stärker zum Heil (*salus*) der Völker, als es die Gestirne jemals vermocht hätten. Der göttliche Geist (*divina mens*) der Herrscher sichert das Wohlergehen der Provinzen.

Erst im Anschluss stehen die Siege des Constantius im Mittelpunkt. Der Rhetor hebt im Tatenlob beständig die in den Handlungen Caesars wirkende göttliche *providentia* mit hervor.[134] Diese entspringt der Sorge des Constantius um den Staat. Sie besteht– insofern fasst sie das Proömium zusammen – v. a. in dem Verdienst Konstantins die Barbaren vernichtet, die Grenzen gesichert und Wiederbevölkerung der Provinzen vorangetrieben zu haben.[135] Neben der Befreiung Galliens mit Hilfe des göttlichen Beistandes und der Gefangennahme der Barbaren zur Ansiedlung auf dem gallischen Land wird vor allem die Rückgewinnung Britanniens als Leistung hervorgehoben.[136] Er ist Ausdruck der „Vindikation" des republikanischen

131 *Nixon/Saylor Rodgers*, Pan. Lat., VIII (V.), I, 1; 5; zum *numen* nimmt auch 2, 1 erneut Rückgriff.

132 *Nixon/Saylor Rodgers*, Pan. Lat., VIII (V.), III, 2.

133 *Nixon/Saylor Rodgers*, Pan. Lat., VIII (V.), 4, 1 f.: „Et sane praeter usum curamque rei publicae etiam illa Iouis et Herculis cognata maiestas in Iouio Herculioque principibus totius mundi caelestiumque rerum similitudinem requirebat. Quippe isto numinis uestri numero summa omnia nituntur et gaudent, elementa quattuor et totidem anni uices et orbis quadrifariam duplici discretus Oceano et emenso quater caelo lustra redeuntia et quadrigae Solis et duobus caeli luminibus adiuncti Vesper et Lucifer."; *Portmann*, Panegyrik, 27 verweist darauf, dass der Autor die Leistung Konstantins in das Lob des tetrarchischen Systems eingliedert und so die Einzigartigkeit Konstantins relativiert. Zum Vorrang Diokletians und Maximians durch die Formulierung vgl. *Straub*, 44.

134 *Nixon/Saylor Rodgers*, Pan. Lat., VIII (V.), V, 4; VII, 2: „diuina prouidentia"; VIII, 1; XV, 2.

135 *Nixon/Saylor Rodgers*, Pan. Lat., VIII (V.), Incerti Panegyrikus Constantino Caesari, I, 4 f. Der Sache nach geht es (IX, 1–4) um die Ansiedlung chamavischer und friesischer Bauern innerhalb des Reiches, vgl. auch XXI, 2.

136 *Nixon/Saylor Rodgers*, Pan. Lat., VIII (V.), v. a. VI, 1; VII, 2; VIII, 1; IX, 1. Besonderen Wert legt der Panegyriker auf die gottähnliche Leichtigkeit, mit der Constantius seine Gegner überwindet und darauf, dass die Barbaren sich in der sicheren Verwahrung der rechtmäßigen Herren des Landes befinden, so dass Völker, Plünderer

Staatsgefüges (IX, 5) durch die Herrscher der Tetrarchie. Durch sie werden die im dritten Jahrhundert verlorenen gegangenen Provinzen dem römischen Herrschaftsbereich wieder hinzugefügt. Der Erfolg zeigt vor allem die *divinitas* des Constantius.[137] Durch dessen Tugend (*virtus*) ist nunmehr der gesamte Erdkreis, was voreinst römisch war, aber auch was Rom feindlich gegenüberstand, zurückempfangen.[138]

Besonders lobenswert erscheinen dem Rhetor zwei weitere Faktoren, nämlich das arbeitsteilige Vorgehen bei der Rückeroberung Britanniens und die Tatsache persönlicher Kriegsführung durch den Herrscher. Das Erscheinen des Maxentius an der Rheingrenze entlastet das Vorhaben des Constantius. Er kann persönlich zum Angriff schreiten und erwirbt eigenen Ruhm. Es ist nicht notwendig, ihm Leistungen von Generälen als eigene Leistung zuzuschreiben, wie dies frühere Herrscher taten.[139] Ganz im Sinne der Revindikationspolitik ist es daher, wenn Constantius als *uindex et liberator*, also als derjenige gepriesen wird, der die Wiederherstellung der *securitas*, nunmehr in allen abgefallenen Provinzen, maßgeblich gefördert hat.[140]

Constantius trägt das Licht Roms in die verloren geglaubten Provinzen zurück. Er wacht mehr noch als Sonne und Sterne über die Angelegenheiten der Menschen und heilt so das Reich, das zur andauernden *quietas* zurückfindet.[141] Das Licht des Constantius wird so zum Licht des Reiches.[142] Der von dem Kaiser, dessen Antlitz alle Tugenden in sich vereint, aufgerichtete Friede (*pax*), ist der Friede des römischen Staates (*res publica*), der alle Provinzen umschließt, die zu irgendeinem Zeitpunkt in römischer Gewalt standen. Die römische Herrschaft ist zur Weltherrschaft geworden, die an die Grenzen dessen stößt, was überhaupt der Unterwerfung Wert erscheinen könnte. Sie ist nunmehr nur noch durch Verstoß gegen natürliche Grenzen, etwa durch die Eroberung des Ozeans, auszudehnen. Alles, was römischer

---

und Landstreicher keinerlei Gefährdung mehr darstellen (IX, 3). *Asche*, 26 f.: Mit dem Sieg ist nicht nur die Rückgewinnung ehemaliger Gebiete, sondern auch eine zusätzliche Eroberung verbunden.

137 *Nixon/Saylor Rodgers*, Pan. Lat., VIII (V.), IX, 5; X, 1 f. Die Bedeutung Britanniens unterstreicht XI, 1. Zur divinitas vgl. XV, 2.

138 *Nixon/Saylor Rodgers*, Pan. Lat., VIII (V.), X, 4: „Nunc uero toto orbe terrarum non modo qua Romanus fuerat uirtute uestra recepto sed etiam qua hostilis edomito, cum totiens proculcata esset Alamannia, totiens obstricta Sarmatia, Iuthungi Quadi Carpi totiens profligati, summittente se Gotho pace poscenda, supplicante per munera rege Persarum, urebat animos (quod nunc denique confitemur) una illa tanti imperii contumelia, eoque nobis intolerabilior uidebatur quod gloriae sola restabat."

139 *Nixon/Saylor Rodgers*, Pan. Lat., VIII (V.), XIII, 1; 3–4 u. XIV, 1–3; dazu *Portmann*, Panegyrik, 27. Angespielt wird auf Antoninus Pius.

140 *Nixon/Saylor Rodgers*, Pan. Lat., VIII (V.), XVIII, 4 f.; zur securitas auch *Portmann*, Panegyrik, 26.

141 *Nixon/Saylor Rodgers*, Pan. Lat., VIII (V.), IV, 3; X, 1; XVII, 2.

142 *Nixon/Saylor Rodgers*, Pan. Lat., VIII (V.), XIX, 3: „...uera imperii luce...".

Herrscher würdig ist, befindet sich in der Hand der Tetrarchen, deren einzelne Vindikationstaten zum Abschluss des Panegyrikus noch einmal namentlich benannt sind.[143]

6. Eumenius „Pro instaurandis Scholis" (297)

Zur Ergänzung der Panegyrici der Zeit trägt auch die Rede des Eumenius bei, der sich für die Wiederherstellung der Gebäude der gallischen Rhetorenschule von Autun ausspricht. Wenngleich sie nicht an den Kaiser selbst gerichtet ist, sondern lediglich an einen *vir perfectissimus*, bietet sie Ergänzungen zu den Segnungen des Friedens und der Verfassung des Reiches zur Zeit der Tetrarchie. So geht das Gesuch des Eumenius wesentlich darauf zurück, dass frühere Kaiser selbst gewünscht hätten, die durch batavische Räuber zerstörte Stadt wiederaufzurichten.[144] Er glaubt gerade in Diokletian und Maximian, den *optimi* unter dem Menschengeschlecht, aufgrund ihrer Sorge auch um die *artes liberales* und die Beredsamkeit, die richtigen Ansprechpartner für ein solches Vorhaben gefunden zu haben.[145] Auch Constantius, selbst von göttlichem Geist, habe sich bereits als Princeps der Jugend Galliens erwiesen.[146] Es sei daher zu erwarten, dass „Caesar Herculius", der die Bedeutung des rechten Sprechens für die durch göttlichen Numen gewährte *providentia* ebenso kenne, wie die des rechten Handelns, das Vorhaben unterstützen werde. Der Kaiser sei sich auch des Zusammenhanges von Tugend und literarischer Bildung bewusst.[147] Er habe erkannt, wie bedeutend der Lobpreis der Tugend für den eigenen Ruhm sei und zudem die Unterstützung der Schulen in einem Brief bereits angekündigt.[148]

---

143 *Nixon/Saylor Rodgers*, Pan. Lat., VIII (V.), XX, 2 f.: „Tenet uno pacis amplexu Romana res publica quidquid uariis temporum uicibus fuit aliquando Romanum, et illa quae saepe ueluti nimia mole diffluxerat magnitudo tandem solido cohaesit imperio. Nihil ex omni terrarum caelique regione non aut metu quietum est aut armis domitum aut pietate deuinctum. Et ex alliis quidem partibus aliqua restant, quae, si uoluntas uel ratio rerum desiderent, possitis adquirere; ultra Oceanum uero quid erat praeter Britanniam? Quae a uobis ita recipcrata est ut illae quoque nationes terminis eiusdem insulae cohaerentes uestris nutibus obsequantur. Nulla progrediendi causa superest nisi si, quod Natura uetuit, fines ipsius quaerantur Oceani. Omnia, inquam, inuictissimi principes, uestra sunt quae digna sunt uobis, et inde est quod consulere singulis aequaliter licet, cum uniuersa teneatis."

144 *Nixon/Saylor Rodgers*, Pan. Lat., IX (IV.), IV, 1. Dass die Schulen von Autun den gallischen Rhetoren als Ausbildungsstätte besonders am Herzen lagen, belegt auch *Nixon/Saylor Rodgers*, Pan. Lat., VI, (VII), 22, der Panegyrikus auf Konstantin des Jahres 310. Zum damit verbundenen Lob der liberalitas, *Mause*, 165.

145 *Nixon/Saylor Rodgers*, Pan. Lat., IX (IV.), V, 2.

146 *Nixon/Saylor Rodgers*, Pan. Lat., IX (IV.), VI, 1, 4.

147 *Nixon/Saylor Rodgers*, Pan. Lat., IX (IV.), VIII, 1 f. Benannt werden continentia, modestia, patientia.

148 *Nixon/Saylor Rodgers*, Pan. Lat., IX (IV.), IX, 1; XIV, 1. Es fehlt an dieser Stelle nicht der Verweis auf die göttliche Unterstützung durch Jupiter.

Daneben wird auch hier der Restitutionsgedanke betont. Die Wiederrichtung der Schulen ist Ausdruck dafür, dass unter der gegenwärtigen Herrschaft dasjenige, was der Zerstörung vergangener Tage anheimgefallen ist, wiederhergestellt wird. Städte werden neu besiedelt, Britannien wird zurückerobert, die Grenzfestungen werden wiederhergestellt. Dadurch gedeiht das Korn auf den Äckern. Es ist daher berechtigt, von der Rückkehr des Goldenen Zeitalters des Saturn zu sprechen, das nun unter den Auspizien von Jupiter und Herkules wiedergeboren ist.[149] *Virtus* und *felicitas* der Herrscher teilen die Geschäfte des Krieges und die Segnungen des Friedens gleichmäßig untereinander auf. Der Tugend und *humanitas* der Herrscher steht das Lob für das doppelte Bemühen um *potentia* und *eloquentia Romana* zu.[150] Nur so ist sichergestellt, dass die Jugend sich der Taten der Tetrarchen bewusst wird, die selbst unbesiegt, Länder, Meere, Völker und Nationen in das Römische Reich zurückführen und sie durch Tugend oder durch Furcht bezähmen.[151] Der Panegyrikus schließt dementsprechend mit einer kurzen Beschreibung tapferer Taten des Diokletian, Maximian, Constantius und Galerius, die die Welt in einen Zustand gebracht hätten, von dem man zu Recht sagen könne: *Nunc enim, nunc demum iuuat orbem spectare depictum, cum in illo nihil uidemus alienum.*[152]

7. Bewertung

Die Panegyriken der Jahre 288–297 belegen vor allem durch ihre unterschiedliche Schwerpunktsetzung, dass die schlichte Formel der Identität von panegyrischem und topischem Lobpreis unzutreffend ist. Dass 288 die Wiederherstellung der territorialen Integrität des Reichsverbandes unter einer einheitlichen Herrschaft und der Verweis auf die *concordia* der Herrschenden im Mittelpunkt steht, ist in der noch omnipräsenten Erinnerung an die Unsicherheit der vergangenen Zeit begründet.

Schon der Panegyrikus des Jahres 291 verschiebt dieses Bild zugunsten einer stärker ideologisierenden Betrachtung. Der Befriedungsvorgang wird unmittelbar

---

149 *Nixon/Saylor Rodgers*, Pan. Lat., IX (IV.), XVIII, 1–4; 5: „Qua ueris autumniue clementia tot manu positae arbores conualescunt, quo calore solis tot depressae imbribus segetes resurgunt, quod ubique muri uix repertis ueterum fundamentorum uestigiis excitantur! Adeo, ut res est, aurea illa saecula, quae non diu quondam Saturno rege uiguerunt, nunc aeternis auspiciis Iouis et Herculis renascuntur."

150 *Nixon/Saylor Rodgers*, Pan. Lat., IX (IV.), XIX, 2: „Quippe, ut initio dixi, nulli umquam antehac principes pari cura belli munia et huiusmodi pacis ornamenta coluerunt."; XIX, 3 f.

151 *Nixon/Saylor Rodgers*, Pan. Lat., IX (IV.) XX, 2: „Videat praeterea in illis porticibus iuuentus et cotidie spectet omnes terras et cuncta maria et quidquid inuictissimi principes urbium gentium nationum aut pietate restituunt aut uirtute deuincunt aut terror deuinciunt."; dazu *Asche*, 22.

152 *Nixon/Saylor Rodgers*, Pan. Lat., IX (IV.), XXI, 3, vgl. dort 177 Fn. 86. Die Vorstellung, dass nichts Fremdes mehr existiert findet sich auch im gerade besprochenen Constantius-Panegyrikus (dort: XX, 3) oder in den Reden des Symmachus (Or. 3, 11) und verweist darauf, dass die gesamte Erde sich im Frieden befindet.

mit der Fürsorge des *deus auctor* für die Seinen begründet, die in der *pietas* der Zeit ihren Niederschlag findet. *Pietas* als Anlehnung an die göttliche Ordnung wird so – neben der *concordia* der Herrscher – zum Garanten der *felicitas* des Zeitalters. Dass die Panegyrik auf Constantius, den Befreier Britanniens wieder stärkere Anhänglichkeit an die Revindikation (*vindex et liberator*) zeigt, ist vor allem dessen aktuellen militärischen Erfolgen geschuldet.

Vergleicht man die ideologischen Grundlagen der Panegyriken des ausgehenden 3. Jahrhunderts mit dem Trajanpanegyrikus des Jahres 100 und der Anleitung Menanders, so fällt auf, dass die Ideologie der Wiederherstellung der Ordnung kraft göttlichen *numens* und göttlicher Bestimmung (*divinitas*) weitestgehend übernommen ist. Schon Trajan stellte nach der Herrschaft Domitians das zerrüttete Staatswesen wieder her. Dies gelingt nun auch Diokletian und Maximian. Nimmt also das göttliche Element wesentliche Anleihen bei Trajan,[153] so fehlt es doch an dem dort anzutreffenden irdischen Rückbezug der Kaiserherrschaft. Im Herrscherlob des Trajan waren der Verzicht auf eine sich über die Menschen erhebende Sonderrolle sowie das Einvernehmen mit dem Senat Kernelemente des Herrscherlobes und der Wiederherstellung der *libertas* gewesen. Dieser Bezug, der spätestens seit der Severerzeit verlorenging, findet sich auch in der Anleitung Menanders nicht wieder. Damit wird die göttliche Auswahl zur letztlich alleinigen Absicherung des kaiserlichen Amtes, was sich offenbar auch in der Münzprägung der Zeit widerspiegelt.[154]

Die Kardinaltugenden, die sowohl bei Trajan als auch bei Menander einen dominanten Raum einnehmen, treten im Herrscherlob der Tetrarchie hinter den Erfolgen der Revindikation zurück. Sie sind zudem Ausdruck der sich abzeichnenden Göttlichkeit. Das Ergebnis ist ein Kaisertum, das sich von dem Rückbezug auf den Senat gelöst hat. Der Kaiser ist *optimus* nach göttlicher Auswahl. Der Gedanke, der Kaiser sei *princeps senatus*, wie er noch unter Augustus gebräuchlich war, findet sich nicht mehr. Belegt wird diese Zuwendung der Herrscher auf den göttlichen Ursprung der Macht mit der von Diokletian eingeführten orientalischen Tradition der *adoratio*, dem sich verneigenden Kuss des kaiserlichen Purpurmantels. Damit habe Diokletian die bis dato übliche Form des Grußes eines höheren Offiziers aufgegeben. Sextus Aurelius Victor (Caes. 39) erwähnt, dass Diokletian zuerst die göttliche Verehrung seiner Person als *deus* gefordert und nicht nur geduldet hat. Das Kaisertum distanziert sich von der Erlangung der Macht durch das Heer. Die Herrschaft wird strukturell neu begründet durch die Ableitung aus einem Göttergeschlecht der Iovii/Herculii. Während die sich in dem Gelingen der Restitutionsprogramms andeutenden „übermenschlichen" Fähigkeiten der Kaiser noch ganz im Kontext der früheren panegyrischen Tradition befinden, so wird nun erstmals die „Viererherrschaft" als die alleine der Natur entsprechende begründet. Das Kaisertum

---

153 Auch der Trajanpanegyrikus enthält schon den Gedanken einer immanenten göttlichen Bestimmung des Kaisers als Anknüpfungspunkt einer gottähnlichen Verehrung zu Lebzeiten. Plinius, Panegyrikus, 1, 4–5; 5, 1.

154 so *DePalma Digeser*, Lactantius, 27.

beruft sich zu seiner Legitimation auf die „Natur der Dinge" und den in der stoischen (auch juristischen) Tradition propagierten Satz, dass die Ordnung des Staates seiner Natur entsprechen soll.[155] Diokletian und Maximian bilden Jupiter und Herkules ab. Sie gestalten die Ordnung der Welt nach dem himmlischen Vorbild.[156] Verstärkt wird diese Assoziation durch die Ergänzung des Naturrechtsgedankens mit der Weltherrschaftsidee. Das bis an die Grenzen des „Eroberungswerten" vorgestoßene Reich genießt *concordia, securitas* und *pax* und dadurch auch *felicitas,* weil es durch die Tugendhaftigkeit der Herrscher zur rechten Verehrung der Staatsgötter (*pietas*) zurückgefunden hat.[157] Das Goldene Zeitalter Jupiters ist unter der Herrschaft eines neuen Göttergeschlechtes zurückgewonnen.[158]

V. Schlussbetrachtung

Der Panegyrikus des Plinius auf Trajan spiegelt die Prinzipatsideologie des ersten christlichen Jahrhunderts wieder. Der von Jupiter auserwählte Kaiser ist Inhaber höchster Tugend, durch die er *concordia, pax* und *iustitia* erhält. Als *custos, pater* und *auctor* trifft ihn die Pflicht, durch sein Tugendhandeln für *libertas* und *securitas* gegen *superbia* zu wirken. Gerechte Gesetze und das Streben nach materieller Gerechtigkeit in den Gerichtshöfen, das jeden bei dem Seinen (Bürgerrechte, Eigentum) bewahrt, sind Ausdruck recht geübter Kaisertugend, die gegen Laster mit der Härte des Gesetzes einschreitet, im Übrigen aber *clementia* übt. Entzieht sich der Kaiser dem göttlichen Auftrag nicht, ist das Vaterland sicher. Missachtet er diesen, indem er sich aus der Verantwortung des Amtes entfernt oder tyrannisch in Missachtung des Rechtes regiert, ergeht es dem Gemeinwesen schlecht. Dann läuft auch der Kaiser Gefahr seines göttlichen *custos* und damit der Herrschaft, verlustig zu gehen.

In Übereinstimmung mit der Anleitung Menanders und dem Gedanken der politischen Aktualität des panegyrischen Lobpreises, liegt der Schwerpunkt der lateinischen Panegyrik des dritten Jahrhunderts demgegenüber stärker auf dem „politischen Tagesgeschäft". Nach der Zeit der Soldatenkaiser genießt zunächst die Sicherung der territorialen Integrität des Reiches durch Kriegstugend sowie die dauernde Legitimierung der Mehrkaiserherrschaft in der brüderlichen *concordia* der Herrscher den Vorrang. In der Restitution des Goldenen Zeitalters des Saturn durch Abwehr der Barbaren, Wiederaufrichtung der Gesetze und Achtung der göttlichen Ordnung (*pietas*) garantiert die Tetrarchenherrschaft Friede und Glück. Diesem im

155 Zu dem Gedanken, die staatliche Ordnung müsse der natürlichen entsprechen, vgl. auch *DePalma Digeser,* Lactantius, 29.

156 *Nixon/Saylor Rodgers,* Pan. Lat., XI (III.), 2, 3–4 (291); VII (IV.), 4, 1 (297).

157 *Nixon/Saylor Rodgers,* Pan. Lat., X (II.), 14, 4–5; VIII (IV), 3, 2; 9, 5; 10, 1; 20, 2; IX (V), 21, 3; vgl auch IX (V.), 5, 2 – Diokletian und Maximian als Herren des Menschengeschlechts.

158 *Nixon/Saylor Rodgers,* Pan. Lat., X (II), 4, 2; 11, 5; 6, 2–4; XI (III), 15, 2–4; ausdrücklich führt dies Eumenius in Pan. Lat., IX (IV), 18, 1–4 aus.

Grunde rückwärts gewandten Ansatz der Restitution bleibt die römische Kaiserideologie dauerhaft verpflichtet. Stets wird, wie schon in den Werken des Cicero und Sallust, die Hinwendung des Einzelnen auf die Tugend und die *res publica* gefordert. Im Verhältnis zum früheren Prinzipatsideal wird neben der *concordia* vor allem die göttliche Auswahl der Augusti stark betont. Sie dient der Rechtfertigung der nicht dynastisch begründbaren Machtstellung der Herrscher, aber auch der Unterstreichung ihres Restitutionswillens. In der Ableitung aller Gewalt von Jupiter ist der zwingende Wille zur Wiederherstellung des Goldenen Zeitalters mitgedacht. Die Berufung auf Herkules führt den Beweis des übermenschlichen Einsatzwillens der Herrscher.

Die Gegenüberstellung der Panegyrik des Plinius mit der Anleitung Menanders sowie den Panegyriken der Tetrarchie zeigt zugleich, dass Panegyrik zwar einerseits nicht bloße Topik darstellt, sich aber andererseits stets der nahezu unmöglich zu erfüllenden Aufgabe ausgesetzt sieht, gegenwärtige kaiserlicher Herrschaft nach den Bedürfnissen des Kaisers zu rechtfertigen, dabei ihrem Gattungsschema zu folgen und darüber hinaus ein unabhängig vom aktuellen politischen Willen bestehendes, dogmatisches System von Legitimität zumindest anzudeuten.

D. Frühchristliche Herrscherideologie und die „konstantinische Wende"

I. Christentugend und römischer Staat – früheste christliche Literatur

Schon das Tugendideal der römischen Kaisertums war keine genuine Neuschöpfung des augusteischen Prinzipats. Es knüpfte, wie dargestellt, inhaltlich an die älteren Vorbilder römischer und griechischer Philosophie an, die die Herrschaft über den Staat in den Kontext der Frage nach dem „guten" und „nützlichen" Verhalten des Menschen einordnen. Vergleichbar damit entwickelte sich auch die christliche Herrschaftsethik nicht unmittelbar aus Schriften für oder über Herrscher. Vielmehr dienten auch hier die Handlungsanweisungen für christliche Gemeinschaften schlechthin als Grundlage. Die Ethik christlichen Lebens bleibt zunächst ohne spezifischen Bezug zur weltlichen Herrschaft. Sie wird vor allem vom Wunsch der Christusnachfolge getragen.

1. Der erste Clemensbrief

Die früheste Auseinandersetzung mit der Frage nach dem rechten christlichen Verhalten entstammt der Feder des Clemens von Alexandrien. Durch ein Sendschreiben an die christliche Gemeinde von Korinth – es stammt vermutlich aus dem Jahr 97 n. Chr. – versucht der dritte Bischof von Rom die dort aufgetretenen Spannungen zu schlichten. Er fordert zu diesem Zweck die Wiederherstellung von *pax* und *concordia* in christlichem Leben. Das Schreiben will zugleich eine Handlungsanweisung hierfür darstellen und ist mit einer Vielzahl von Schriftzitaten versehen.[1] Friede und Eintracht – parallel verwendet Clemens auch das Begriffspaar *pax* und *unitas* – setzen einen Zustand des Wohlgeordnetseins voraus.[2] Manifest tritt dies für den eigentlichen Träger des Friedens – Gott selbst – hervor. Seinem Willen folgt die gesamte Natur in Friede und Eintracht.[3] Von ihm wünscht letztlich auch der Mensch seinen Frieden.[4] Voraussetzung des irdischen Friedens ist allerdings die Friedenswahrung durch Menschen, deren Friedenswille nicht geheuchelt

1 *Clemens* Ep. 63, 2: „pace et concordiae"; v. a. Ep. 65, 1 mit dem Wunsch, seine Gesandten möchten aus Korinth die Nachricht von Frieden und Eintracht, „pacem et unitatem" bringen. Der Begriff des „Christen" wird von Clemens I. nicht verwendet.

2 Besonders deutlich bei *Clemens* Ep. 3, 3.

3 *Clemens* Ep. 20, 1; 20, 9, 20, 10 f.: Die Himmel ordnen sich Gott in Frieden unter, die Jahreszeiten lösen einander in Frieden ab, Tiere säugen in Frieden, die Welt steht in Frieden und Eintracht nach den Anordnungen des Herrn. Aufruhr und Spaltung (Ep. 2, 5) aber, sind Gott ein Greuel.

4 *Clemems* Ep. 60, 5; 64, 4: Der Herr möge concordia und pax gewähren.

ist *(qui cum pietate pacifici sunt)*. Hierzu gehört die Zuwendung auf das göttliche Gebot. Es fordert vom Menschen Glaube, Buße und echte Liebe und setzt ein Leben in Gerechtigkeit, Wahrheit, Lang- und Sanftmütigkeit voraus.[5]

Mit dem Ziel der *concordia* ist auch die Wahrung des *Rechts* verbunden. Bloß vorgetäuscht ist der Wille zu Eintracht und Frieden bei denen, die von *vanitas* und dem Bestreben nach *gloria* getrieben sind und *humilitas* nicht kennen. Stolz ist die Wurzel von Streit und Zwist und führt den Menschen vom Weg des Rechts fort.[6] Gott wird den Stillen und Demütigen erhören, der seinem Gebot folgt und Gerechtigkeit übt. Zugleich wird er den Gottlosen vernichten, dessen Haus schließlich von der Erde verschwindet.[7] Die Ursache menschlichen Untergangs liegt in einem durch Stolz hervorgerufenen unmäßigen Leben. Es macht den Menschen dick und fett (5 Mos 32, 15). Er schlägt aus und erzeugt Eifersucht, Neid, Streit, Aufruhr, Krieg und Gefangenschaft. Jeder, der alleine den Begierden des Herzens folgt, verliert den klaren Blick für Gottes Gebote und Ordnung.[8]

Clemens lässt keinen Zweifel daran, dass Christus den Demütigen gehört, die sich nicht über ihre Herde erheben. Dies zeigt sein Beispiel, denn auch Christus kam nicht mit „stolzem Gepränge“, sondern lebte in Demut. Auch Abraham, Ijob, Mose und David haben sich nicht über andere Menschen erhoben, obwohl sie von Gott in besonderer Weise erwählt wurden.[9] Nach dem Gebot des Herrn zu leben heißt daher vor allem, den Stolz aus dem Leben zu verbannen und nach Gerechtigkeit zu streben. Damit direkt verbunden ist für Clemens auch, das Gebot, die Not der Waisen, Armen und Witwen zu verringern und auch diesen Recht zu schaffen.[10] Seine Handlungsanweisung für *pax* und *concordia* ist ein demütiges und bescheidenes Leben nach der Satzung Gottes ohne Ansehen der Person. Er verlangt vielmehr, die Mängel des anderen als eigene Mängel wahrzunehmen. Streift der Mensch sein Verlangen nach *gloria* ab, wird dadurch allen ein tiefer und gesegneter Frieden beschieden sein.[11]

2. Der „Hirte“ des Hermas: Flucht vor der Unmäßigkeit in irdischen Dingen

Das Streben nach Gerechtigkeit nimmt auch in der Schrift „Hirte“ des Hermas eine zentrale Stellung ein. Sie entstand in der Mitte des zweiten Jahrhunderts nach Christus. In zwölf Geboten und neun Gleichnissen versucht Hermas eine Handlungsanweisung für das menschliche Leben darzubieten, in Erwartung der nahenden

---

5 *Clemens* Ep. 15, 1; 62, 2.

6 *Clemens* Ep. 13, 1 f.; 14, 2.

7 Der Zusammenhang von Gerechtigkeit, Recht und der Wahrung des göttlichen Gebotes tritt bei *Clemens* Ep. 13, 1, 14, 1 f. und Ep. 22, 6 f. hervor. Die Vernichtung der Gottlosen wird in Ep. 15, 3; 57, 7 angesprochen.

8 *Clemens,* Ep. 3, 1–3.

9 *Clemens* Ep. 16, 1 f.; 17, 2–5; 18, 1.

10 *Clemens* Ep. 8, 4; 15, 6.

11 Eine umfassende Handlungsanweisung in diesem Sinne enthalten *Clemens* Ep. 1, 3; 2, 1 f.; 2, 6; 2, 8.

Wiederkehr Gottes.[12] Den bösen Mann kennzeichnet bei ihm – wie bei Clemens – die Anhänglichkeit an böse Lust. Sie richtet sich darauf, in Stolz nur in irdischen Gütern zu schwelgen. Um die künftigen Güter, vor allem den Ruhm im Himmel, sorgt sie sich nicht.[13] Demgegenüber wendet der Gerechte sein Handeln auf Gott und wahrt Gottes Gebote. Diese bestehen zunächst in Lauterkeit und Wahrheitsliebe (Mand. II, III), denn die Verleumdung ist die Wurzel allen Streits und verhindert das Leben in Frieden. Die Lüge macht den Menschen zum Räuber. Ein Leben in Gott setzt dagegen Geduld, Glaube, Gottesfurcht und Enthaltsamkeit voraus (Mand. V, VI, VII, VIII, XII). Nur dadurch wird der Jähzorn in die Schranken gewiesen und kann Gerechtigkeit erwachsen.[14] Die christliche Forderung nach Gerechtigkeit verharrt nicht in der Dogmatik. Nur durch gute Werke zeichnet sich der Gerechte vor Gott aus. Er erzieht seine Kinder in gerechter Zucht nach Gottes Gebot. Er gibt Bedürftigen, Witwen, Waisen und Armen und achtet die Alten. Er erduldet in ruhigem Leben und Langmut auch Misshandlungen anderer, kurz, er verbraucht den Überfluss mit dem Gott die Erde versehen hat nicht für sich alleine.[15] Dadurch meidet er böse Begierden und Schwelgerei, die durch vieles Essen den Körper krankmacht.[16] Vor allen Dingen muss der Christ der Unmäßigkeit entfliehen, da sie den Ausgangspunkt der Abwendung von Gott bildet.

3. Papiasfragmente: Forderung nach dem rechten Maß des Handelns

Vom rechten Maß in allen Taten handeln die wenigen überlieferten Fragmente des Papias. Er berichtet unter anderem von der göttlichen Strafe für böse Taten. So sei der Körper des Judas infolge seiner Gottlosigkeit so sehr angeschwollen, dass er nicht einmal mehr dort habe hindurchgehen können, wo sonst Wagen mit Leichtigkeit hindurch zufahren pflegten (Fr. 3, vgl. Mt 19, 23–24).

4. Polykarp von Smyrna: Vergeltungsverbot und christliche Liebespflicht

In nahezu deckungsgleicher Übereinstimmung hiermit steht der Brief Polykarps an die Gemeinde in Philippi. Da der Christ sich vor dem Gericht Gottes ausweisen muss, muss er anderen und sich selbst gegenüber die Gebote des Herrn erfüllen.

12 Die nahende Wiederkunft des Herrn bildet eine der Grundlagen für die Handlungslehre der apostolischen Väter: *Hermas*, Vis. II, 2, 6; *Ignatius*, Brief an die Gemeinde in Ephesus, Kap. 11, 1; *Irenäus* Epideixis, 72; *Justin*, Erste Apologie, 6 „Weltenbrand".

13 *Hermas*, Vis. I, 8; Mand. XII, 1, 3.

14 *Hermas*, Mand. II, 1, 3: „Die Verleumdung ist schlimm, ein Dämon, der nie Ruhe gibt, niemals friedlich ist, sondern fortgesetzt in Streitereien lebt. Halte dich von ihm fern, dann wirst du immer mit allen in Frieden leben."; Mand. III, 2; V, 1 (Geduld und Wahrheitsliebe); Mand. VI, 1, 2; VII, 1; Mand. XII, 1, 3.

15 *Hermas*, Vis. III, 9, 2; Mand. II, 4; VIII, 2; VIII, 10.

16 *Hermas*, Vis. III, 9, 3.

Er muss lieben, was der Herr geliebt hat und sich selbst fernhalten von Ungerechtigkeit, Habsucht, Geldgier, übler Rede und falschem Zeugnis. Nicht einmal zu Vergeltungszwecken dürfen diese Gebote übertreten werden. Nur, wer verzeiht, wird selbst die Verzeihung Gottes erfahren.[17] Nur derjenige, der Liebe übt und in den christlichen Tugenden wandelt, erfüllt das Gebot Gottes.[18]

Über die zuvor angesprochenen Werke geht Polykarp dennoch hinaus. Anders als seine Vorgänger richtet er seine Handlungsgebote bereits gezielt an einzelne gesellschaftliche Gruppen – an Witwen, Diakone, Jünglinge und Presbyter – ohne dass hiermit zugleich eine inhaltliche Differenzierung im Hinblick auf Art und Umfang der geforderten Tugenden verbunden wäre. Männern wie Frauen wird gelehrt, die Gier nach Reichtum zu meiden. Sie sollen die Tugend der Gerechtigkeit in keuschem, enthaltsamem und besonnenem Handeln üben. Witwen sollen besonnen von übler Nachrede, Verleumdung, falschem Zeugnis und Geldgier Abstand halten. Diakone sollen sich untadelig verhalten, nicht doppelzüngig und geldgierig, sondern enthaltsam, wohlwollend und besorgt in allen Dingen sein und sich von den Begierden der Welt losmachen. Für die Presbyter wiederum gilt die Pflicht zu wohlwollendem und barmherzigen Verhalten, das Verirrte zurückführt, für Kranke, Witwen und Waisen Sorge trägt und in allem nach dem Guten, vor allem nach gerechten, unparteilichen und daher frei vom Zorn zu sprechenden Urteilen verlangt.[19] Die gleichen Empfehlungen wiederholen das zehnte und zwölfte Kapitel.

5. Die Auseinandersetzung mit der römischen Kaiserherrschaft im frühen Christentum

a) Fragmentarischer literarischer Befund

Im Vordergrund der christlichen literarischen Betätigung des ersten und frühen zweiten Jahrhunderts steht somit die Ausformung und Einschärfung christlicher Handlungstugenden gegenüber christlichen Gemeinden. Sie sind Adressaten der Aufforderung zur inneren Eintracht als Festigung gegen Irrlehrer. Neben dem „Clemensbrief“ wird Letztere v. a. in den Briefen des Ignatius v. Antiochien als Gehorsamspflicht gegenüber den Bischöfen und dem Presbyterium der Gemeinde in den Mittelpunkt gerückt.[20] Eine Auseinandersetzung mit dem römischen Staat findet (außerhalb des entstehenden Schriftenkanons der Heiligen Schrift) entweder gar nicht oder allenfalls in fragmentarischer Form statt. Für Hermas sind die Christen

17 *Polykarp*, Brief an die Gemeinde von Philippi, Kap. II, 2–3.
18 *Polykarp*, Brief and die Gemeinde von Philippi, Kap. III, 3.
19 *Polykarp*, Brief and die Gemeinde von Philippi, Kap. IV–VI.
20 Die innere Eintracht der Christenheit in der Befolgung der göttlichen Gebote steht im Mittelpunkt der Briefe, vgl. *Ignatius,* Brief an die Gemeinde in Ephesus, Kap. 2 u. 4 f. – Achtung des Bischofs; *ders.* Brief an die Magnesier, Kap. 6, 13; *ders.* Brief an die Gemeinde in Tralles, Kap. 2, *ders.*, Brief an die Gemeinde in Philadelphia, Kap. 7; *ders.*, Brief an die Gemeinde in Smyrna, Kap. 8, 9.

auf Erden Fremdlinge mit himmlischer Heimat.[21] Polykarp mahnt darüber hinaus, auch Könige, Machthaber und Fürsten in das christliche Gebet mit einzuschließen.[22] Ignatius von Antiochien befasst sich mit dem weltlichen Staat allenfalls als Antipode des himmlischen Reiches.[23] Weitergehend fordert schon Clemens I., unter Berufung auf den Römerbrief (13, 1–7), Gehorsam gegenüber den Regierenden. Er rechtfertigt zugleich die Königsherrschaft als von Gott kommend und verbindet damit den Wunsch, dass ihre Regierung durch *pax* und *concordia* geleitet sein möge.[24] Den Kernpunkt christlicher Handlungstugend bildet aber auch hier die Abwesenheit von Zorn und Rachsucht zugunsten von Langmut und Geduld in Ansehung des kommenden Gottesgerichts.[25] Manifest zeigen sich christliche Tugenden in guten Werken zugunsten von Witwen, Waisen und Armen.[26] Hierdurch ist der Christ zugleich gerecht und wahrt den Frieden. Sein Haus ist keine Räuberhöhle.[27] Das Gegenteil des Gottesstrebens ist das Verlangen nach der Welt, das sich im Stolz des Einzelnen und in seinem Bedürfnis nach *gloria* äußert. Dadurch wird die Welt zum Ausgangspunkt von Habsucht, Geldgier, Verleumdung, falschem Zeugnis, Zorn und Rachsucht. Der Mensch entfernt sich von Gott.[28]

b) Antipoden christlichen Staatsverständnisses

Dass es innerhalb der christlichen Gemeinschaften zunächst nicht zu einer staatsbezogenen Tugendethik kommt, hängt also vor allem damit zusammen, dass den im ersten Jahrhundert unter anderem unter Nero und Domitian lebenden Christen, der

21 *Hermas*, Vis. I, 1; so auch der *Diognetbrief*, 5.

22 *Polykarp*, Brief an die Gemeinde von Philippi, Kap. XII, 3: „Betet auch für die Kaiser, Machthaber und Fürsten sowie für die, die euch verfolgen und hassen, und für die Feinde des Kreuzes, damit eure Frucht unter allen offenbar sei und ihr in jenem vollkommen seid.“

23 *Ignatius*, Brief an die Gemeinde in Rom, Kap. 6, 1: „Es ist besser für mich, auf Christus Jesus hin zu sterben, als König zu sein über die Enden der Erde.“

24 *Clemens*, Ep. 60, 5; 61, 1.

25 *Clemens*, Ep. 62, 2; *Hermas*, Vis. III, 9, 1; Mand. VIII, 3; *Diognetbrief*, 8, 7; *Ignatius*, Sm. 12, 2; *Polykarp*, Brief an die Gemeinde von Philippi, Kap. XII, 2.

26 *Ignatius*, Brief an Polykarp, Kap. 4, 1; *Polykarp*, Brief an die Gemeinde von Philippi, Kap. 6, 1; so auch der nicht von Clemens, wohl aber aus dem ersten frühchristlichen Jahrhundert stammende zweite Clemensbrief (*Clemens*, Ep. 2, 10, 2).

27 Das Haus des Gerechten verschwindet nicht so wie das Haus des Räubers, *Clemens*, Ep. 14, 3 in Anlehnung an Ps 37, 10; *Ignatius*, Brief an die Gemeinde in Ephesus, Kap. 16, 1: „Die Häuserverwüster werden das Reich Gottes nicht erben“; *Clemens*, Ep. 2, 14, 1: „Wenn wir aber den Willen des Herrn nicht tun werden wir gehören zu der Schrift, die sagt: ‚Mein Haus ist eine Räuberhöhle geworden.‘“

28 Neben den genannten Stellen bei Hermas und Clemens und auch bei Ignatius von Antiochia: *Ignatius*, Brief an die Gemeinde in Ephesus, Kap. 5, 3: Der Hochmütige spricht sich selbst das Urteil; *Ignatius*, Brief an die Gemeinde in Tralles,, Kap. 7, 1; *Ignatius*, Brief an die Gemeinde in Rom, Kap. 7, 1; *Ignatius*, Brief an Polykarp, *Kap.* 4, 3; bei *Polykarp*, Brief an die Gemeinde von Philippi, Kap. II, 2; IV, 1.

Gedanke an Mitwirkung im römischen Staat selbst fremd blieb. Neben den oben dargestellten frühen christlichen Schriften zeigt dies auch der Blick in die Bibel selbst. So enthält zwar bereits das Christuswort vom Zinsgroschen (Mt 22, 15–17; Mk 12, 16 f.; Lk 20, 22–25: *dicunt ei Caesaris tunc ait illis reddite ergo quae sunt Caesaris Caesari et quae sunt Dei Deo*) eine Anerkennung der römischen Staatsgewalt. Es schließt aber zugleich den Gedanken der Verschiedenheit von christlicher und römischer staatlicher Ordnung mit ein.

Am deutlichsten treten die frühesten christlichen Ansätze zum römischen Staatswesen in den Apostelbriefen hervor. Im Römerbrief des Apostels Paulus wird das Gebot formuliert, irdischen Gewalten Untertan zu sein, da diese von Gott eingesetzt seien. Wer gute Werke tue, müsse irdische Gewalten nicht fürchten. In positiver Weise bestimmt Paulus die Qualität irdischer Herrschaft. Alle irdischen Fürsten (*principes*) sind Diener Gottes (*ministri*) für die Menschen. Ihr Dienst ist es, das Gute zu loben und zugleich das Schlechte mit dem Schwert (*gladius*) zu strafen: *Dei enim minister est vindex in iram ei qui malum agit*. Die christliche Unterordnung unter die im Dienste Gottes stehende Gewalt erfolgt daher nicht nur aufgrund der Straffunktion, sondern auch zum Erhalt des reinen Gewissens (*non solum propter iram, sed etiam propter conscientiam*).[29] In ähnlicher Weise fordert auch der erste Petrusbrief die Christen zur Unterordnung unter irdische Gewalt auf. Alle Gewaltträger seien *missi* des Herren (*ad vindicatam malefactorum laudem vero bonorum*). Christliches Leben bestehe darin, als Knecht (*servus*) und Wohltäter des Herren gegen Unwissenheit und Torheit vorzugehen und nicht *libertas* zum Schlechten zu gebrauchen. Das Verhältnis von Christentugend und Staat ist auch hier klar definiert: *omnes honorate fraternitatem diligite Deum timete regem honorificate*.[30]

Den Fortbestand der grundsätzlichen Distanz zum irdischen Staatswesen bekräftigt Paulus im ersten Brief an Timotheus (1 Tim 2, 1–2). Er enthält zwar die Aufforderung zum christlichen Gebet für Könige, doch alleine zu dem Zweck ein christliches Leben in *quietas, tranquillitas, pietas* und *castitas* zu ermöglichen. Zum Konflikt von christlicher Gehorsamspflicht und Pflichterfüllung der Amtsträger im Hinblick auf Strafgewalt wird nicht Stellung genommen. Auch eine Äußerung zum Lob des Guten, d. h. des christlichen Werkes, meidet Paulus. Die Frage nach der christlichen Pflichtenstellung in den Fällen, in denen irdische Amtsträger ihre Einsetzung als *ministri* und *missi* grundsätzlich dadurch ablehnen, dass sie sich selbst vergöttlichen, wird ebenfalls nicht aufgeworfen. Gerade Letzteres hat wohl auch Johannes unter der Regierung Domitians dazu veranlasst, in der Offenbarung (13–17) ein gänzlich diametrales Bild des irdischen Staates zu zeichnen. Es bezieht seine Rechtfertigung auch daraus, dass es dem Verfasser nicht so sehr um das Leben in der irdischen Gemeinschaft, als vielmehr um das Jüngste Gericht geht.[31] In diesem

29 Der Dienstgedanke findet in Röm 13, 1–7 neben der doppelten Nennung in 13, 4 erneut in 13, 6 Erwähnung; vgl. auch *Straub*, 115.

30 1 Petr 2, 13–17; dazu *Klein*, 18.

31 Dazu *Klein*, 12.

Sinne ist diese Passage der Offenbarung etwa auch von Irenäus von Lyon verstanden worden, der sie in seiner Schrift (*Adversus Hereticos*) auf Rom bezieht. Auch Hippolyt von Rom sieht das Römische Reich als „viertes Tier“ der Offenbarung an und stellt die eine römische Weltherrschaft der einen christlichen Gemeinschaft gegenüber. Der irdische Staat besteht, damit seine Edelsten unter einheitlicher Führung mit den Edelsten der Christen streiten.[32]

Dass die Vergöttlichung der römischen Kaiser schließlich auch diejenigen in geistigen Konflikt mit der irdischen Herrschaft brachte, die diesem bis dahin grundsätzlich positiv gegenüberstanden, zeigt sich im Werk des Origines zum Ende des zweiten Jahrhunderts in aller Deutlichkeit. Es führt zu dem im Text des Römerbriefes schon angelegten Ergebnis, dass jedenfalls die Christen unabhängig vom Kaiser fortfahren müssen, mit dem Beispiel ihres guten Lebens voranzugehen. Im Übrigen können sie den Geboten des Kaisers in einem solchen Fall aufgrund des Vorrangs des göttlichen Gebots nicht folgen.[33]

6. Vergleich mit der römischen Tugendlehre

Bereits zu diesem Zeitpunkt ist die Identität christlicher und römischer Tugendterminologie auffällig – trotz der grundsätzlichen christlichen Distanz zum römischen Staat. *Concordia* und *pax* setzen eine innere Ordnung der Gesellschaft durch *iustitia* voraus. Diese muss menschlichen Stolz (*vanitas*) und menschliches Geltungsstreben zugunsten der *humilitas* an den Rand schieben. Sie muss das Wohlergehen des Nächsten mehr als das eigene in den Blick nehmen. Terminologisch steht die starke Betonung der Gerechtigkeit, verbunden mit der Forderung nach Ruhe der Seele und der Sorge für die Schwachen, dem römisch-stoischen und dem kaiserlichen Ideal von der Wahrung der *iustitia* nebst *moderatio/temperantia* und *liberalitas/beneficentia* nahe.

Zugleich behaupten römische und christliche Tugendlehre ihren Ursprung im Gebrauch der Vernunft und der Erkenntnis der göttlichen Ordnung. Während der Römer seine Anschauung von der Tugend aus den Eigenheiten der menschlichen Natur gewinnt, führt der Vernunftgebrauch des Christen zur Gotteserkenntnis und von daher zur Tugend. Der römische *optimus* verhält sich tugendhaft, weil das tugendhafte Handeln Voraussetzung der Einhaltung der menschlichen Natur, nämlich menschlicher Gesellschaft ist. Nur durch Wahrung der Tugend wird der Mensch in die Lage versetzt, sich selbst zu vervollkommnen. Sie alleine bewahrt die gesellschaftliche Arbeitsteilung zwischen Menschen, ohne die ihm die Mittel zur Vervollkommnung fehlen würden. Römertugend ist auf den Nutzen der Menschen in der diesseitigen Welt ausgerichtet. Anders das Handlungsgebot der Heiligen Schrift: Für die Christen ist ihr eigenes Wohlergehen auf Erden belanglos. Es ist allenfalls Reflex der Tatsache, dass alle Christen danach streben, vor Gott Gefallen

32 *Klein*, 17 mit Verweis auf „De Christo et Antichristo“, 34 ff.

33 *Klein*, 18 f. mit Verweis auf den Römerbriefkommentar des Origines.

zu finden. Sie tun dem Nächsten Gutes, weil dies ihrem eigenen Wohl vor Gott dient. Der Christ fragt nicht, welche Handlung ihm die irdische Gemeinschaft mit den Menschen und damit auch die eigenen Güter auf Erden erhält, sondern wie er am besten vor Gott, in Ansehung des künftigen Gerichtes, Gefallen findet. Der Heide handelt also zugunsten seines irdischen Wohlergehens, der Christ zugunsten des jenseitigen Heils.

In besonderem Maße wird der Unterschied beider Lehren in Ansehung ihres Adressatenkreises sichtbar. Der römisch-stoische Philosoph, Rhetor und Geschichtsschreiber verfasst seine Werke für einen auserwählten Kreis von Angehörigen derjenigen gesellschaftlichen Schicht, der durch ihre Amtsstellung im Staat eine besondere Verfügungsgewalt über menschliche Dinge zukommt. Hier zuerst muss sich Tugend verwirklichen. Christliche Glaubenslehre zielt dagegen stets im Kern auf jedes Individuum und nicht auf gesellschaftliche Eliten. Sie ist unmittelbare Aufforderung an jeden Menschen, sein Leben nach christlichen Grundsätzen einzurichten. Die Anforderungen christlicher Tugend betreffen Arm und Reich, Nobilität und Sklaven gleichermaßen und richten sich in ihrem Ideenkern an die irdische Gemeinschaft der Menschen überhaupt.

II. Christliche Tugend im frühen apologetischen Schrifttum

1. Einleitung

Waren Äußerungen zum römischen Kaisertum in der frühesten christlichen Literatur nur vereinzelt gefallen, so führten die mit der Größe der christlichen Gemeinden anwachsenden staatlichen Repressionen gegen das Christentum seit der Mitte des zweiten Jahrhunderts zu einem stetig wachsenden Verteidigungsdruck christlicher Gemeinschaften. Die *propagatio fidei* als eigentliches Glaubensbekenntnis wird in den noch erhaltenen apologetischen Schriften[34] in den Rahmen der Verteidigung des christlichen Glaubens gegen irrige Verfolgung gestellt.[35] Die Schriften betonen daneben die Friedfertigkeit der christlichen Gemeinden im römischen Staat und ihre Verwurzelung innerhalb der römischen Gesellschaft. Schon aufgrund seines Ursprunges – Christ wird der römische Heide durch ein im Laufe seines Lebens mit der Taufe bewusst abgelegtes Glaubensbekenntnis – tritt der Christ zum römischen Staatswesen nicht in grundsätzliche Opposition.[36] Die Apologetik dient daher vor allem dazu, darzulegen, dass von der in der christlichen Glaubenslehre gelebten Glaubensgemeinschaft keine Gefahren ausgehen und christliche Gemeinden innerhalb des römischen Staates auf dem Boden der römischen Staatsordnung stehen.

---

34 Verloren sind: Quadratus, Apollinaris, Melito.
35 *Becker*, Tertullian: Apologetikum, Einführung, 11.
36 *Becker*, Tertullian: Apologetikum, Einführung, 12.

Die zum Teil schroffe Ablehnung alles Heidnischen ist auch Bestandteil ihrer Identitätswahrung.[37]

2. Das Edikt Kaiser Trajans

Den im christlich-apologetischen Schrifttum mehrfach zitierten Ausgangspunkt der Auseinandersetzung mit dem Staat bildet das im Briefwechsel Plinius' des Jüngeren mit dem Kaiser Trajan überlieferte Edikt über das von den Provinzstatthaltern zu beobachtende Verfahren in Prozessen gegen Christen. Plinius, als kaiserlicher Legat der Provinzen Bithynien und Pontus selbst mit richterlichen Funktionen betraut, hatte an Trajan die Frage gerichtet, wie gegen Christen zu verfahren und auf welche Strafe zu erkennen sei. Er versuchte zu erfahren, ob schon der bloße Name (*nomen ipsum*) Bestrafung finden solle, oder die Sanktion jedenfalls ein Verbrechen voraussetze. Er selbst, so Plinius, habe auf das Bekenntnis der Beschuldigten hin stets dreimal mit der Verhängung der Todesstrafe gedroht und die dann noch Verstockten hinrichten lassen, römische Bürger aber nach Rom übersandt. Anonym Angeschuldigten sei Gelegenheit gegeben worden, das Opfer vor den Statuen des Kaisers und der Götter zu erbringen. Von abgefallenen Mitgliedern der Gemeinschaft sei ihm aber zu Ohren gekommen, dass diese sich auf vor Sonnenaufgang abgehaltenen Versammlungen durch Eid nicht etwa zu Verbrechen, sondern vielmehr dazu verpflichteten, gerade keine Diebes-, Raub- und Gewalttaten zu begehen *(ne furta ne latrocinia ne adulteria commiterent, ne fidem fallerent, ne depositum adpellati abnegarent).* Auch die Befragung zweier Diener des christlichen Bekenntnisses unter der Folter habe nichts anderes als armseligen Aberglauben zutage gefördert.[38] Die Erwiderung Trajans bestätigte einerseits das Vorgehen des Plinius, weil es in diesen Fällen an einer sicheren Richtschnur fehle, beschränkte aber die Bestrafung auf diejenigen, die vor Gericht gestellt seien. Darüber hinaus untersagte der Kaiser eine selbständige Verfolgung durch die Statthalter ebenso, wie die Berücksichtigung anonymer Anklagen, da dies nicht dem Geist der Zeit (*nec nostri saeculi est*) entspreche. Angeklagte Christen sollten demnach durch Widerruf und Opfer vor den Göttern (*dis nostris*) Verzeihung erhalten.[39]

3. Christliche Apologetik in Reaktion der Verfolgungssituation

Dem so aufgebauten staatlichen Druck begegnete das christliche Schrifttum zunächst mit dem bereits erörterten Mittel der Darstellung der christlichen Tugendlehre im Gegensatz zum heidnischen, d. h. barbarischen und griechischen, Götterglauben.

---

37 *Becker,* Tertullian: Apologetikum, Einführung, 12 mit Verweis auf die Ablehnung der heidnischen Philosophie bei Theophilos, aber auch die Annäherungstendenzen bei Justin.

38 *Plinius,* Epistulae, 10, 96, v. a. 1, 2, 5, 7.

39 *Plinius,* Epistulae, 10, 97.

a) Die Apologien des Aristides und der Diognetbrief

Die Heiden, die schlechte und gewalttätige Menschen als Götter zu falschen Vorbildern erheben, stehen etwa in der an den Kaiser Hadrian gerichteten, ältesten erhaltenen Apologie des Aristides von Athen im Mittelpunkt.[40] Die einzige, die Stellung des Kaisers mittelbar berührende, Aussage besteht darin, dass ein Mensch, der Anfang und Ende hat und Leidenschaften nachgeht, niemals Gott sein kann.[41] Im Übrigen beschränkt sich der Autor darauf, die Inhalte der christlichen Handlungslehre darzulegen. Die Christen sind im Besitz der Wahrheit. Diese besteht in Gott, weswegen sie in der Hoffnung auf die jenseitige Welt leben.[42] Daher wünschen sie nur, Gott tugendhaft verehren zu können. An der Kränkung ihrer Mitmenschen ist ihnen nicht gelegen.[43] Sie sind demütig, freundlich und lügen nicht, sie schützen Witwen und Waisen, leben in Armut und Sorgen füreinander und für Fremde.

Den Wert christlichen Lebenswandels gegenüber dem heidnischen Aberglauben stellt auch der „Diognetbrief“ in den Vordergrund. Die Christen haben ihr Bürgerrecht im Himmel. Während sie auf Erden wandeln, nehmen sie ihre Heimstatt in den Städten der Menschen. Sie gehorchen dort den bestehenden Gesetzen. Ihr Lebenswandel übertrifft den der Heiden darin, dass sie Gutes nicht nur lehren, sondern auch tun, wodurch man sie zu Recht als die Seele des Weltenkörpers bezeichnen kann.[44] Durch Christus hat Gott als Mensch auf Erden gelebt. Der Sohn Gottes ist nicht als König von einem Könige, sondern als Mensch gesandt worden.[45]

Höchstes Glück nach menschlichem Vernunftgebrauch liegt in der Menschenliebe, da sie den Menschen zum Nachahmer der göttlichen Güte macht: „Denn das Glück besteht nicht darin, dass man über seine Mitmenschen herrscht oder mehr haben will als die Schwächeren, auch nicht darin, dass man reich ist und die Niedrigen unterdrückt, in solchen Dingen kann niemand Gott nachahmen, sie liegen außerhalb seiner Majestät. Wer dagegen die Last des Nächsten auf sich nimmt, wer dem Schwächeren helfen will in den Stücken, in denen er ihm überlegen ist, wer das, was er von Gott empfangen hat, dem Bedürftigen spendet, der wird ein Gott für die Empfänger, er ist Gottes Nachahmer.“[46]

b) Die Vereinbarkeit des römischen Kaisertums mit der christlichen Lehre

In einigen wenigen Schriften – aus der Frühzeit v. a. Justin und Melito von Sardes – nehmen die Apologeten auch zu der Frage der Vereinbarkeit eines an Weisheit ausgerichteten Kaisertums mit der christlichen Lehre Stellung. Die umfassendsten

---

40 *Aristides*, Apol., 15, 7–10.
41 Das stellt schon *Setton*, 34 fest. *Aristides*, Apol., 7, 1–3.
42 *Aristides*, Apol., 15, 1–3.
43 *Aristides*, Apol., 1, 3.
44 *Diognetbrief*, 5 f.
45 *Diognetbrief*, 7.
46 *Diognetbrief*, 10.

Antworten darauf, nämlich die Apologien des römischen Juristen Tertullian, überführen schließlich Mitte des dritten Jahrhunderts die apologetische Rechtfertigung nicht nur in die lateinische Sprache, sondern zugleich in das Denkmuster eines römischen Juristen. Sie erleichtern so ihre Verbreitung innerhalb des römischen Staatswesens.

4. Justin der Märtyrer

Zum Ausgangspunkt der systematischen Auseinandersetzung der Christen mit Heiden-, Judentum und auch dem römischen Staatswesen werden im 2. Jahrhundert die griechischen Apologien Justins des Märtyrers sowie sein Dialog mit dem Juden Tryphon. Die Schriften zielen darauf ab, den Kaiser durch Vernunft zur Einsicht in das christliche Gebot zu bringen.

a) Die Apologien Justins

aa) Philosophie als Messinstrument von Kaiserherrschaft: Tugend des gerechten Urteils

Bereits die Zueignung der ersten Apologie an Antoninus Pius und seine Söhne, die als Philosophen bezeichnet werden, verdeutlicht die Absicht des Verfassers, das Kaiserhaus jedenfalls am Maßstab der Philosophie messen zu wollen.[47] Die geforderten Amtstugenden werden in der folgenden Passage umrissen. Unbestreitbar ist, dass die Kaiser als fromm und weise, als Wächter des Rechts und der Bildung bezeichnet werden. Berechtigt, so Justin, sei diese Aussage allerdings nur dann, wenn die Kaiser auch der Wahrheit folgten, da Frömmigkeit und Weisheit ohne Wahrheit schlechterdings der Vorstellung widersprächen. Beide Tugenden setzen die Fähigkeit des Handelnden voraus, allen Dingen mit Vernunft nachzugehen, d. h. vor allem in Rechtssachen die Wahrheit zu erforschen, nach verständiger Würdigung der Umstände und nicht nach Gewalt und Willkür zu entscheiden, kurz, der Gerechtigkeit Genüge zu tun.[48] Die Forderung nach der Gerechtigkeit im kaiserlichen Urteil, d. h. nach Untersuchung des deliktischen Sachverhaltes unter Vermeidung von Urteilen dem bloßen Namen nach, wird so zum Ausgangspunkt der Rechtfertigung des christlichen Glaubens. Diese Rechtfertigung geht zunächst – ohne im Einzelnen die gegen die Christen erhobenen Vorwürfe nochmals darzustellen –[49] auf die Frage nach dem Götterglauben der Christen ein. Sie führt zu

---

47 *Justin,* Erste Apologie, 1.
48 *Justin,* Erste Apologie, 2–3.
49 *Justin,* Erste Apologie, 4; Zweite Apologie, 1: Der Wille, Christen zu töten, folgt alleine aus der Hartnäckigkeit, Sinneslust und Unbeweglichkeit zum Guten.

der Feststellung Justins, die Christen seien keine Atheisten. Sie glaubten vielmehr an Gott, den Vater der Gerechtigkeit, der Keuschheit und der übrigen Tugenden.[50]

bb) Christliches Leben als im Handeln verwirklichtes Streben nach dem „höchsten Gut"

Damit aber wird nicht nur der Vorwurf des Atheismus verworfen, sondern zugleich auch widerlegt, dass mit fehlendem Götterglauben ein Verlust an Tugend einhergeht. Eventuelle Zweifel an der Art des christlichen Tugendbekenntnisses werden nachfolgend durch die Bezeichnung der von Gott geforderten Einzeltugenden ausgeräumt. Dies sind Gerechtigkeit, Enthaltsamkeit und Nächstenliebe.[51] Sie können den Verfolgern auch deswegen entgegengehalten werden, weil sie für den Christen, der wie Platon an eine jenseitige Strafe für Ungerechtigkeiten glaubt, Handlungstugenden des täglichen Lebens sind und nicht bloß Tugendidealbilder darstellen.[52] Auch die Christen streben nach dem höchsten Gut der Philosophie, dem sittlich „Guten".[53]

cc) Vernunftwidrigkeit der Verfolgung

Einem fundamentalen Irrtum unterliegen daher die Römer, wenn sie das Reich Gottes mit irdischer Herrschaft verwechseln und die Christen alleine deswegen für schlechte Untertanen halten, weil diese nach dem Reich Gottes streben. Im Gegenteil sind Christen gute Untertanen. Der christliche Glaube lehrt die Unmöglichkeit, Sünden vor Gott zu verbergen. In einer christlichen Welt würden sich daher die Laster auflösen und die öffentliche Ordnung hergestellt sein. Straftaten unterblieben aus Furcht um das ewige Heil. Kein Kaiser kann daher, wenn er nach Gotteserkenntnis und Weisheit strebt, zur vernunftwidrigen Verfolgung der Christen schreiten. Tut er es doch, so ist er für sie nicht mehr als ein Räuber in der Wüste, dem am Ende kein Vernunftgeist folgen wird.[54]

dd) Tugendgebrauch im christlichen Leben

Ziel des christlichen Lebens auf der Erde ist der rechte Gebrauch der dem Menschen durch Gott zugestandenen Freiheit, der Vernunft. Diese aber strebt nach der Erkenntnis Gottes in Christus und den heiligen Schriften, nach Nachahmung der

50 *Justin*, Erste Apologie, 6. Zur Vorstellung der Römer, die Christen seien des Atheismus und der Asebie schuldig vgl. *Wlosok*, Gymnasium 96 (1989), 134.

51 *Justin*, Erste Apologie, 10.

52 *Justin*, Erste Apologie, 8. Die Erwähnung des Tugendbegriffs und Platons dürften zudem zur „Entmystifizierung" des christlichen Glaubens im Angesicht des Lesers beitragen, der als „Philosophenkaiser" mit den entsprechenden Lehren vertraut ist.

53 *Justin*, Zweite Apologie, 14 f.

54 *Justin*, Erste Apologie, 11 f.

Gott innewohnenden Güter.[55] Die Christen führen also einen sittlichen Lebenswandel. Sie sind gerecht und lieben ihren Nächsten. Sie leisten Dienst an der Allgemeinheit, indem sie die Bedürftigen schützen, versuchen sich auch von Leidenschaften und Zornesausbrüchen freizumachen und Geduld, Dienstfertigkeit und Sanftmut zu üben, um Gott schon auf Erden sichtbar zu machen. Deshalb vergelten sie erlittenes Unrecht nicht und sind stets bemüht, die Ungerechten zu Christen zu machen. Für den Christen zählt alleine der himmlische Schatz. Er will vor Gottes Gericht ein Gerechter sein und nicht auf der Erde in vergänglichem Reichtum sein Wohlergehen suchen.[56]

Der Gehorsam der sanftmütigen und geduldigen Christen gegenüber dem Kaiser ist aber nicht bloß die Folge einer tugendhaften Herrschaft. Er entspricht dem Christuswort, das die Könige und Herrscher der Menschen anerkennt und für ihre Einsicht betet.[57] Wenngleich es von Justin nicht ausgesprochen wird, ergibt sich daraus, dass kein Christ sich als Caesarenmörder eignen würde. Er erkennt vielmehr die kaiserliche Herrschaft auch dann an, wenn sie der Tugend fernsteht. Dies zeigt auch die Duldsamkeit der Christen angesichts der Verfolgung. Da die Christen darüber hinaus, auch darauf legt Justin großen Wert, mit der Freiheit zu vernünftigem Tun ausgestattet sind, wird jeder von ihnen dieses Gebot für sich selbst konsequent beachten.[58] Auch Antoninus Pius, der in den Christen loyale Untertanen findet, täte daher gut daran, dem Reskript seines Vaters Hadrian (Erste Apologie, 68) Beachtung zu schenken, welches die Bestrafung der Christen an das Vorliegen von Injurien geknüpft und falsches Denunziantentum mit Strafe bedroht hatte.[59]

---

55 *Justin*, Erste Apologie, 10, 46.

56 *Justin*, Erste Apologie, 14–16, 37, 39, 40, 48, 57, 67; *ders.*, Zweite Apologie, 2.

57 *Justin*, Erste Apologie, 17; zum Anerbieten Justins an das Kaisertum vgl. *Straub*, 114.

58 *Justin*, Erste Apologie, 10, 43 f. Die Freiwilligkeit der Entscheidung des Menschen, der Vernunft zu folgen, ist Dreh- und Angelpunkt des christlichen Bekenntnisses. Erst durch sie kann dem Menschen Fehlverhalten zugerechnet werden. Aus ihrem Fehlgebrauch folgen die Dämonen und das Böse, dazu v. a. auch *ders.*, Zweite Apologie, 6, 14.

59 *Justin*, Erste Apologie, 68. „Wenn also die Provinzialen für ihr Verlangen gegen die Christen sich auf klare Gründe stützen in der Weise, dass sie auch vor dem Richterstuhle Rede und Antwort stehen können, so mögen sie diesen Weg beschreiten, aber nicht einzig auf Bitten oder Schreien sich verlegen. Denn es ist bei Weitem angemessener, dass du, wenn jemand eine Anklage erheben will, hierüber eine genaue Untersuchung anstellst. Wenn also jemand als Ankläger auftritt und nachweist, dass sie irgendwie gesetzwidrig handeln, dann fälle dein Urteil nach der Größe des Vergehens; wenn er es aber in verleumderischer Absicht vorbringen sollte, wahrlich, eine solche Schändlichkeit bringe gehörig in Anschlag und sorge für ihre Bestrafung.“; vgl. auch *Eusebius*, Kirchengeschichte, IV, 9.

ee) Bewertung

Dass Justin, der sich selbst als früheren Platoniker bezeichnet,[60] die heidnische Philosophie nicht in „Bausch und Bogen“ verwirft und ihr jedenfalls Splitter der Gotteserkenntnis zuspricht, trägt zur weiteren Rechtfertigung der christlichen Gemeinschaft als einer auf dem Boden des Staatswesens stehenden bei.[61] Für ihn ist es von entscheidender Bedeutung, das Christentum mit der Tugend, vor allem aber der Gerechtigkeit und der Ordnung in Bezug zu setzen.[62] Dementsprechend fehlt es auch hier nicht an einer starken Betonung der christlichen Handlungstugenden, nämlich christlicher Enthaltsamkeit, Gerechtigkeit und Nächstenliebe. Da das Christuswort Gewaltverzicht und die Anerkennung der Kaiser gebietet, sind die Christen in Wirklichkeit gehorsamere Untertanen des Kaisers als die Heiden.

b) Der Dialog mit dem Juden Tryphon

Zur Stellung des Königtums im göttlichen Heilsplan äußert sich Justin weiter im Dialog mit dem Juden Tryphon. Das Zepter des Königreiches Gottes ist ein Zepter der Wahrheit, Milde und Gerechtigkeit, da Gott das Recht liebt und das Unrecht hasst.[63] Voraussetzung der Erlösung des Menschen ist ein Handeln gemäß den Grundsätzen, die er aus der Gottesschau als von Natur aus ewig und gut erkannt hat.[64] Auch die Anführer der Menschen werden Zugang zum Himmelreich nur dann finden, wenn sie Hab- und Ehrsucht ablehnen.[65] Die Fürsten sind aufgefordert, Christus die Tore zu öffnen. Zwar hatte jedenfalls das biblische Königtum an der Weisheit Gottes teil, doch haben die Menschenkönige nur Teile derselben erhalten, niemals alle Gaben.[66] Die Handlungsanweisung für den Christen, sein Leben in Gerechtigkeit und Nächstenliebe zu führen, hat daher auch für Könige Geltung.

---

60 *Justin*, Dialog, II, 6: Justin schildert seine Suche nach der wahren Philosophie bei Stoikern, Peripatetikern, Pythagoreern und zuletzt den Platonikerin, denen er anhing, bis er zum christlichen Glauben bekehrt wurde.

61 *Justin*, Erste Apologie, 46: Sokrates, Heraklit u. a. haben sogar nach der Vernunft gelebt und deshalb Verfolgung erlitten; *ders.*, Zweite Apologie, 7: Die Stoiker haben vernunftgemäß gelehrt; 13: Gegenüber der Lehre Platons weist sich das Christentum durch den Besitz der ganzen Wahrheit aus.

62 *Justin*, Erste Apologie, 14 f. mit vielfachen Beispielen aus der Heiligen Schrift.

63 *Justin*, Dialog, 37; 38, 3 f.. Gott und Christus sind Könige der Gerechtigkeit. Gott hasst das Unrecht, ihm ist das Recht lieb.

64 *Justin*, Dialog, 45, 3 f.

65 *Justin*, Dialog, 70, 2; 82, 4 u. 85.

66 *Justin*, Dialog, 85 u. 87.

4. Die Fragmente des Melito von Sardes

Im Gegensatz zu der vollständig überlieferten Apologie des Justin sind von Melito, Bischof von Sardes in der Mitte des 2. Jahrhunderts, nur Fragmente einer an Kaiser Marc Aurel gerichteten Apologie erhalten. Sie stammt wohl aus dem Jahr 169/170.[67] Die Melito von Sardes betreffende Überlieferung im viertem Buch der Kirchengeschichte des Eusebius von Cäsarea hebt allerdings auch, noch in unmittelbarem Zusammenhang mit der Apologie Justins, ein christenfreundliches, vermeintliches Reskript des Kaisers Marc Aurel hervor, für das Melito als Zeuge angeführt wird.[68] Seinen Vertretern in Asien soll Marc Aurel die Christenverfolgung bloß wegen des Bekenntnisses untersagt haben. Ganz in der Tradition Trajans und Hadrians habe er jegliche Verfolgungsmaßnahmen an das Vorliegen einer gegen den Kaiser gerichteten Tat angeknüpft, weil mit der Verfolgung des bloßen Glaubens weder den Göttern, noch dem Christengott ein Dienst geleistet werde.

Umso erstaunlicher ist für Melito die Tatsache, dass neue für Asien erlassene Gesetze desselben Kaisers „freche Denunzianten und nach fremden Gütern gierige Menschen“ dazu anreizen, „offen auf Raub auszugehen, und solche, die nichts Böses getan haben, Tag und Nacht auszuplündern“. Zwar geht der Autor nicht soweit, die Rechtmäßigkeit solcher kaiserlichen Befehle anzuzweifeln („Geschieht dieses auf deinen Befehl hin, so soll es recht sein! Denn ein gerechter Fürst wird niemals ungerechte Verordnungen erlassen.“), doch lässt er bereits deutlich erkennen, dass ein solcher kaiserlicher Befehl gegen jedes geltende Recht verstößt, da man solche Anordnungen nicht einmal gegenüber barbarischen Völkern zur Anwendung bringen darf.[69] Entsprechende Edikte, die Räuber schützen und friedliebende Menschen verfolgen, stehen den vom Bösen verführten Kaisern vom Schlage eines Nero und Domitian gut zu Gesicht, nicht aber einem in der Tradition der Edikte Hadrians und Antoninus Pius stehenden Herrscher. Ganz direkt stellt Melito den Zusammenhang zwischen dem Bestand des römischen Weltreichs, dem römischen Kaisertum und der christlichen Religion her. Erst mit dem Aufkommen des Christentums hat sich Rom und mit ihm das römische Kaisertum zu Größe und Glanz erhoben. Erst von den Zeiten des Augustus an ist dem Reich nichts Schlimmes mehr wiederfahren. Das Christentum, wenngleich von Barbaren begründet, gereicht also, wenn es im Reich friedlich beschirmt wird, auch seinem Kaiser zu Glück und Segen.[70] Wenn auch ein Befehl des Kaisers wegen der ihm immanenten gerechten Herrschaft niemals ungerecht sein kann, obliegt ihm doch der Schutz des Christen vor unberechtigter Verfolgung. Er schützt mit Ihnen zugleich die Grundlagen der eigenen Herrschaftsmacht.

---

67 Überliefert bei Eusebius. *Justin*, Erste Apologie, 68; vgl. auch *Eusebius*, Kirchengeschichte, IV, 9; 13, 8; 26, 4–11 mit den erhaltenen Textpassagen.

68 *Eusebius*, Kirchengeschichte, IV, 13, 1–8, v. a. 8.

69 *Eusebius*, Kirchengeschichte, IV, 26, 6.

70 *Eusebius*, Kirchengeschichte, IV, 26, 7–10.

6. Athenagoras Bittschrift für die Christen

Etwa zur gleichen Zeit wie Justin hat auch Athenagoras von Athen eine Bittschrift für die Christen an Kaiser Marc Aurel und dessen Sohn Commodus verfasst. Gegen die Verfolgung wendet er sich an den römischen Kaiser als Quelle der Güte, Milde, Friedens- und Menschenliebe. Wer wie der Kaiser dem Einzelnen Recht spricht, jede Gemeinde rechtsgemäß verwaltet und sogar dem gesamten Erdenkreis den Frieden sichert, kann den falschen Anschuldigungen gegen die Christen keinen Glauben schenken.[71] Der Christ darf berechtigterweise einem solchen Kaiser vertrauen und Unparteilichkeit im Urteil erwarten. Wissensdrang und Wahrheitsliebe des Kaisers gebieten eine Untersuchung, die nicht nach dem Namen, sondern nur nach dem damit verbundenen Unrecht forscht.[72] Da dem Kaiser die Lehrmeinungen der Philosophen aufgrund seiner Weisheit bekannt sind, muss ihm bewusst sein, dass die Wahrheit über Gott weniger in dem Versuch der Gottesschau durch den Menschen zu finden ist, sondern dem Mund der Propheten entnommen werden muss.[73] Der gläubige Christ darf hoffen, vor einem Philosophenherrscher Gehör zu finden und dort seine Sicht der Dinge darzulegen. Diese besteht in der Tatsache der höheren Reinheit der christlichen Seele gegenüber der heidnischen. Unter den Heiden hat allenfalls ein kleiner Kreis, nämlich der der Philosophen, die Reinheit der Seele zum Gegenstand der Erkenntnis gemacht. Von diesen ist keiner dahin gelangt, Feinde zu lieben und für sie zu beten. Unter den Christen aber sind ungebildete Menschen, Handwerker und alte Frauen in der Lage, die Grundsätze der christlichen Lehre aufzuzeigen und die Nützlichkeit der Grundsätze durch ihre guten Taten zu belegen. Während nur ein geringer Teil der Heiden Verhaltenstugenden predigt, leben alle Christen nach den Tugenden des Herrn.[74]

Es ist falsch, Gotteserkenntnis aus der Welt ableiten zu wollen. Niemand verehrt den Kaiser wegen seines Palastes, sondern weil er auf die Erfüllung seiner Bitten durch den Menschen hofft. Der Künstler, nicht das Kunstwerk ist zu bewundern.[75] Dem römischen Kaiser die christliche Lehre als tugendhaft nahe zu bringen, ist aber nicht nur eine Pflicht christlicher Verteidigung. Der Kaiser braucht ein Verständnis der himmlischen Herrschaft, weil auch er seine Herrschaft von Gott empfangen hat und das Leben der Könige in den Händen Gottes liegt.[76] Daher beten die Christen für die Herrschaft Marc Aurels und den sicheren Übergang seiner Regierung in die Hände des Sohnes, damit das Reich gedeiht und den Christen so ungestörte Ruhe zum Vollzug der göttlichen Gebote verschafft.[77]

---

71 *Athenagoras*, Apologie, 1, ebenso 2.
72 *Athenagoras*, Apologie, 2 f.
73 *Athenagoras*, Apologie, 6 f.
74 *Athenagoras*, Apologie, 10 f.
75 *Athenagoras*, Apologie, 16, 27.
76 *Athenagoras*, Apologie, 21.
77 *Athenagoras*, Apologie, 37.

7. Theophilus von Antiochien: Schrift an Autolykus

Den Ursprung der kaiserlichen Gewalt in Gott betont auch Theophilus von Antiochien in seiner Apologie an den Heiden Autolykus. Beten die Christen zu Gott, so beten sie für den Kaiser. Den Kaiser selbst verehren sie als Menschen, beten ihn aber nicht an. Er ist als Mensch von Gott nicht zur Anbetung, sondern zur Ausübung der Gerichtsgewalt bestellt. Ihm obliegt es, die irdischen Dinge zu verwalten. Ebenso wie Gott keinen Zweiten neben sich duldet, duldet auch der Kaiser keinen zweiten Menschen, der sich seinen Rang anmaßt. Gerne verehren die Christen daher den Kaiser nach dem Gesetz Gottes, das ihm gegenüber Gehorsam verlangt.[78]

8. Minucius Felix – Octavius

Einige wenige Aussagen zum Verhältnis von Christen und Kaisertum enthält schließlich der Dialog „Octavius" des Advokaten Minucius Felix (wohl nach 197).[79] Er steht bereits in enger literarischer Abhängigkeit zum „Apologeticum" Tertullians. In den Reden des Heiden Caecilius und des Christen Octavius treffen neuakademische Skepsis und christlicher Erlösungsglaube aufeinander. Zu dem in dem Werk erstrebten Schiedsspruch des Marcus Minucius Felix kommt es nicht mehr – Caecilius bekennt sich nach der Rede des Octavius zum christlichen Glauben.[80]

a) Skepsis als Ausgangspunkt des Götterglaubens

Ausgangspunkt des heidnischen Aberglaubens ist die Skepsis. Alles im menschlichen Leben erscheint zweifelhaft und schwankend und ist im besten Fall wahrscheinlich zu nennen. Die Verwirrung wird dadurch bestärkt, dass Menschen ohne wissenschaftliche Bildung sich selbst anmaßen, mit Bestimmtheit Aussagen über das Weltall zu treffen, obgleich doch die menschliche Beschränktheit die präzise Erkenntnis des Göttlichen ohnehin nicht gestattet.[81] Betrachtet man alleine das menschliche Königtum, so lässt die Herrschaft von Tyrannen – wie Phalaris oder Dionysius in Syrakus – an göttlicher Vorsehung überhaupt zweifeln. Mit Gott kann nicht die Verbannung von Rutilus und Camillus und auch nicht der Gifttod des Sokrates erklärt werden.[82] Wenn aber alles ungewiss ist, so scheint es vordergründig das Beste zu sein, zum Glauben der Ahnen Zuflucht zu nehmen, der sich auf Erfahrung der Eltern gründet.

---

78 *Theophilus*, An Autolykus, 11.

79 Wie Tertullian kommt auch Minucius Felix aus Nordafrika. Über sein Leben ist wenig bekannt, zu Beginn des dritten Jahrhunderts hat er aber in Rom als Sachwalter gewirkt; *von Albrecht*, II, 1231 f.; *Hagendahl*, 25.

80 *Hagendahl*, 25.

81 *Minucius Felix*, Octavius, V, 2–4.

82 *Minucius Felix*, Octavius, V, 12.

b) Die vermeintlich durch Götter gestützte Weltherrschaft der Römer

Immerhin ist es für niemanden zu verhehlen, dass das römische Volk, das doch alle Götter verehrt, den gesamten Erdkreis in Besitz genommen hat. Seine *potestas* und *auctoritas* reicht bis zu den Grenzen der Sonnenbahn und über das Weltmeer hinaus. Die Römer üben Waffengewalt mit Tapferkeit, schützen ihre Stadt im Frieden mit Priestern, Jungfrauen und vielen Ehrentiteln. Für den Heiden Caecilius steht daher fest: Mit Hilfe der Götter erobern die Römer die Welt.[83] Götterverehrung wahrt göttliche Huld und schwächt göttlichen Zorn. Das Zeugnis der Decier ist hierfür das nachdrücklichste Beispiel. Andererseits hat die Missachtung der Augurien zu schweren Unglücken an der Allia und am Trasimensichen See geführt.[84] Die Existenz der Götter erscheint daher ebenso unbezweifelbar, wie die Feststellung der Sittenverderbnis der Christen. Wie, so Caecilius, könne der christliche Gott von Bedeutung sein, wenn er kein freies Volk und kein Königreich sein eigen nenne und von Rom bei seinen Eroberungen nicht angetroffen worden sei.[85] Die Macht der Römer zu gebieten muss demnach ohne den Christengott auf dem ganzen Erdkreis entstanden sein. Die Christen aber wagen es offenbar nicht einmal in die Gemeinde herauszutreten, fürchten also die Götter.[86] Zweifelhafte Dinge, so Caecilius, seien daher nach den Beispielen des alten Glaubens zu entscheiden.

c) Menschliche Vernunft als Ausgangspunkt christlicher Gotteserkenntnis

Mit der Anmerkung, dass nicht dasjenige, was von vielen geglaubt wird, auch der Wahrheit entsprechen muss, geht der Dialog zur Erwiderung des Christen Octavius über. Er räumt ein, dass die Ansichten der Menschen schwankend sind, da es ihrer Vernunft an der Erkenntnis fehlt.[87] Unumstößlich bleibt aber die Tatsache der Vernunftbegabung des Menschen nach seiner Natur. Auch die Philosophen entstammen nicht der Schicht der auf Gold bedachten Begüterten, sondern dem Volk.[88] Dunkelheit in göttlichen Dingen entsteht nur, wenn man nicht das Wesen der Gottheit erforscht, sondern Götter in der unbelebten Natur sucht.

---

83 *Minucius Felix*, Octavius, VI, 2 „Sic eorum potestas et auctoritas totius orbis ambitus occupavit, sic imperium suum ultra solis vias et ipsius oceani limites propagavit, dum exercent in armis virtutem religiosam, dum urbem muniunt sacrorum religionibus, castis virginibus, multis honoribus ac nominibus sacerdotum...".

84 *Minucius Felix*, Octavius, VII, 3 f.

85 *Minucius Felix*, Octavius, X, 3: „Unde autem vel quis ille aut ubi deus unicus, solitarius, destitutus, quem non gens libera, non regna, non saltem Romana superstitio noverunt?" Caecilius führt weiter aus, dass ein einziger Gott allenfalls dem jüdischen Volk begegnet sei, jenes aber gerade nicht groß gemacht, sondern in die Gefangenschaft der Römer geführt habe.

86 *Minucius Felix*, Octavius, XII, 5.

87 *Minucius Felix*, Octavius, XVI, 3 f.

88 *Minucius Felix*, Octavius, XVI, 5.

d) Der Ursprung der Götterverehrung

Schon die Existenz des menschlichen Königtums verdeutlicht, dass auch im Himmel nur ein Herrscher existieren kann. Kein irdisches Reich kann Herrschaft teilen, ohne dass künftiges Blutvergießen gewiss ist. Auch das Tierreich kennt Bienenkönige und Leittiere. Die Existenz eines Gottes bezeugen auch die Naturphilosophen.[89] Die Götterverehrung der Menschen ist bislang aus irdischen Dingen hervorgegangen, genauer aus dem irdischen Königtum und der Verehrung der *maiores* in Statuen und Bildern. Sie richtet sich nicht nach einheitlichem Vorbild. Je nach den Gegebenheiten des Volkes werden der Gründer (*conditor*) des Gemeinwesens, ruhmreiche Fürsten oder besondere Tapferkeit verehrt.[90] Daher lässt sich auch für alle Götter ein menschlicher Ursprung feststellen. Im Vordergrund steht die Ehrung *ad honorem emeritae potestatis*, auch gegen den Willen des Verehrten.[91] Daraus zu folgern, die so Geehrten seien zugleich Tugendvorbilder gewesen, ist falsch. Betrachtet man die Laster der Götter, wird klar, warum Platon in seinem Werk über den Staat ihr Vorbild verbannte. Nicht als Tugendvorbild, sondern zur Rechtfertigung der menschlichen Laster werden solche Götter verehrt. Sie tragen dazu bei, den Geist des Menschen von Geburt an in die Irre zu führen.[92]

Auch die Behauptung, Roms Imperium sei auf der *virtus*, besonderer *pietas* und der Liebe zur *iustitia* gegründet, ist falsch. Der Gründer des römischen Volkes, Romulus, ist Brudermörder. Die Römer schändeten die Sabinerinnen bald nach Gründung ihres Staatswesens. Sie entehrten Menschen durch Misshandlung und Raub, überzogen ihre Nachbarn im Krieg. Alles, was sie gegenwärtig ihr eigen nennen, ist Ausdruck ihrer *audacia*. Durch die Entführung fremder Götter heiligen sie den Tempelraub. Ist die Unterstützung geraubter Götterbilder ohnehin nicht zu erlangen – jene Götter vermochten nicht einmal das eigene Gemeinwesen vor den Römern zu schützen – so kann sie dem römischen Volk erst recht nicht als Folge des Tempelraubes zuteil werden. Auch die Größe ihres Weltreiches ist nicht beeindruckender als die älterer Reiche der Assyrer, Meder, Perser, Griechen und Ägypter.[93]

Bedauernswert ist diese Auffassung des Götterglaubens schon deswegen, weil sie das menschliche Leben nicht überdauert. Für das Königtum hat sie noch

---

89 *Minucius Felix*, Octavius, XVIII, 6: „Quando umquam regni societas aut cum fide coepit aut sine cruore discessit?“; zur Naturphilosophie vgl. XIX.

90 *Minucius Felix*, Octavius, XX, 5 f.

91 *Minucius Felix*, Octavius, XXI, 9 f.

92 *Minucius Felix*, Octavius, XXIV, 2; 7: „Quae omnia in hoc prodita, ut vitiis hominum quaedam auctoritas pararetur.“ Der menschliche Geist wird durch ihr goldenes Erscheinungsbild verleitet, an ihren Vorbildcharakter zu glauben; vgl. auch XXVI, 8: „Daemones spiritus sunt insinceri, vagi, a caelesti vigore terrenis labibus et cupiditatibus degravati.“

93 *Minucius Felix*, Octavius, XXV; vgl. dazu *Klein*, 38 u. 40 f.; *Heck*, VigChr. 38 (1984), 156: Roms Weltreich geht nicht auf die Götter zurück; dazu *Inglebert*, Latomus 54 (1995), 27–30: Rom ist auf Gewalt gegründet.

gravierendere Konsequenzen: Fürsten und Könige werden nicht als auserwählte Männer verehrt, sondern sind gleichermaßen Gegenstand der göttlichen Ehrerbietung. Wird aber bereits der Eid gegenüber Jupiter leicht gebrochen, so erst recht der dem Genius des Königs geleistete.[94]

Nicht auf falsche Götterverehrung oder die Zier des Purpurs kommt es an, sondern auf das rechte Leben in Mäßigkeit. Die Möglichkeit hierzu hat jeder Mensch nach Maßgabe seiner Vernunft. Dann ist auch die Welt nicht mehr in Stämme und Völker zu zerteilen und wird als eine Familie erkannt.[95] Selbst wer sich wie die Römer am Beispiel der Vorfahren orientiert, muss von dem Beispiel christlicher Märtyrer überzeugt sein. Kein irdischer Feldherr kann seinen Soldaten den Triumph verschaffen, den der Christ im Martyrium erfährt. Durch die Leiden wird der Christ zu höchstem Glück entrückt. Die Beispiele Scaevolas oder des Regulus erscheinen dagegen schwach.[96] Vor der Konfrontation mit Gott nach dem Tod schützt kein Königtum, kein Reichtum, kein Adel und kein Purpur. Niemand kann sich vor Gott bloß auf das Beispiel seiner Ahnen berufen. Den Menschen adelt alleine ein Leben nach Maßgabe der *virtus*, die in der christlichen Lehre ihren Ausdruck gefunden hat.[97]

e) Fazit

Folgt man Minucius Felix, ist christlicher Glaube jeder Form heidnischer Lebensgestaltung überlegen. Der Ungewissheit des Heiden kann der Christ die Gewissheit der Schrift gegenüberstellen. Die universelle Fähigkeit des Menschen zur Vernunft bedeutet, dass Gotteserkenntnis für alle gesellschaftlichen Schichten möglich ist. Gotteserkenntnis lenkt den Blick des Menschen weg von irdischen Gütern hin auf ein Leben in *virtus*. Auch das irdische Königtum, das ein Spiegelbild der göttlichen Ordnung darstellt, ist den Geboten christlichen Glaubens unterworfen. Nicht anders als seine Untertanen unterliegt der Princeps dem göttlichen Gericht. Wird durch das göttliche Gebot seine willkürliche Machtbefugnis auf Erden aufgehoben, so gewinnt er doch das ewige Leben. Auch auf der Erde schafft christlicher Glaube Sicherheit. Das tugendhafte Leben der Christen tritt als eine universelle Ordnung der Menschenbrüder den Gebräuchen und Gepflogenheiten des Götteraberglaubens gegenüber. Es setzt sich über Vermögen, Standes- und Völkergrenzen hinweg. Die geringe Bedeutung, die Menschen dem Götteropfer und Göttereid beimessen, schlägt direkt auf ein Kaisertum durch, das in der Verehrung seines *genius* götterähnliche Eide fordert. Sind aber schon die den Göttern geleisteten Eide wenig

---

94 *Minucius Felix*, Octavius, XXIX, 5: „Etiam principibus et regibus, non ut magnis et electis viris, sicut fas est, sed ut deis turpiter adulatio falsa blanditur, cum et praeclaro viro honor verius et optimo amor dulcius praebeatur. Sic eorum numen vocant, ad imagines supplicant, Genium, id est daemonium, inplorant, et est eis tutius per Iovis Genium peierare quam regis.“

95 *Minucius Felix*, Octavius, XXXI, 6; XXXIII, 1; XXXVI, 3 u. 7.

96 *Minucius Felix*, Octavius, XXXVII, 1–6.

97 *Minucius Felix*, Octavius, XXXVII, 7.

bestandskräftig, so gilt dies erst recht für Eide, die Menschen geleistet werden. Der Einwand, der Christengott habe keine Völker unterworfen, die Christen würden sich von der Gesellschaft fernhalten, ist nur insoweit berechtigt, als das Streben nach *virtus* die Beteiligung an verbrecherischen und vom Pfad der Tugend wegführenden Geschäften untersagt. Die Exempla christlichen Glaubens finden sich nicht auf den Schlachtfeldern ungerechter Kriege, sondern in der Bewährung des Martyriums. Sie sind dort umso bedeutender.

III. Das römische Kaisertum im Werk Tertullians

Im lateinischen Westen des Reiches wird die grundlegende Auseinandersetzung mit dem römischen Staat v. a. von den blühenden nordafrikanischen Gemeinden aus und zuerst durch Quintus Septimius Florens Tertullianus (ca. 150/70–220/40) betrieben.[98] Dessen zwischen 197 (Ad nationes, Apologeticum) und 220/240 liegende Schaffensphase ist für das Verhältnis des Christentums zur römischen Staatsgewalt von grundlegender Bedeutung. Neben der Tatsache, dass Tertullian selbst der römisch-heidnischen Familientradition entstammte, der Vater diente wohl als Offizier des römischen Heeres,[99] ist auch das Niveau seiner rhetorischen und juristischen Bildung hervorzuheben. Sie hebt ihn von den früheren Apologeten (Justin, Tatian und Theophilos) ab. Sein Selbstzeugnis überliefert den Aufenthalt als *causidicus* in Rom.[100] Von dieser Bildung zehrt nach seiner Bekehrung sein christliches Schrifttum. Die um das Jahr 197 entstandene Apologie liest sich wie eine Verteidigungsrede vor dem römischen Statthalter. Gerade deshalb dürfte die Verständlichkeit und Eingängigkeit der erstmals in lateinischer Sprache vorgetragenen Gedanken ihm ein besonders breites Publikum verschafft haben.[101] Der Frage nach dem Verhältnis von Christentum und staatlicher Herrschaft nähern sich seine frühen Schriften von einem juristischen Standpunkt aus. Von dort aus setzt sich Tertullian mit der christenfeindlichen Staatspraxis in Gesetzgebung und Verfahren auseinander. Er bekennt sich zugleich im Grundsatz zu den römischen Herrschaftsstrukturen, insbesondere

98 *Becker*, Tertullian: Apologetikum, Einführung, 13: Die bedeutendsten lateinischen Väter der ersten vier Jahrhunderte hatten ihren Tätigkeitsschwerpunkt in Afrika: Minucius Felix, Cyprian, Laktanz und Augustinus; *von Albrecht* II, 1211–1213, dort auch zu seiner Bedeutung als „Schöpfer der christlichen lateinischen Literatur“, 1228.

99 *Becker*, Tertullian, Apologetikum, Einführung, 13; *Frenschowski*, Tertullian, Sp. 695–720; *von Albrecht* II, 1211, so überliefert bei *Hieronymus*, vir. ill. 53: Centurio im Dienst des Proconsuls; *Klein*, 1.

100 *Frenschowski*, Tertullian, , Sp. 697–720, mit Verweis auf De cultu feminarum I, 7. Strittig bleibt, ob er mit dem gleichnamigen, etwa um dieselbe Zeit tätigen, römischen Juristen Tertullian personenidentisch ist.

101 *Becker*, Tertullian: Apologetikum, Einführung, 16, 22 f., der das spezifisch Römische am Werk Tertullians hervorhebt: die Verbindung von rhetorischer Tradition und juristischer Bildung.

dem Prinzipat. Wie andere Apologeten ist auch er gezwungen darzulegen, in welcher Hinsicht die staatliche Gewalt bei der Verurteilung der Christen fehlgeht.

1. Grundsätze einer der iustitia entsprechenden Zivilgesetzgebung

Wie seine Vorgänger eröffnet auch Tertullian sein „Apologeticum“ mit dem Verweis auf die von den Statthaltern des Kaisers in gerichtlichen Verfahren zu übende *iustitia.* Diese bleibt den Christen verwehrt, ohne dass man ihnen, die auf Erden Peregrinen seien, durch jene offensichtliche *iniquitas* etwas anhaben, geschweige denn die Zahl ihrer Anhänger schmälern kann.[102] Die kaiserlichen Gesetze sind ungerecht, weil sie auf dem Hass von Unkundigen beruhen, die aufgrund ihres Affektes gar nicht erst den Versuch unternehmen, die Gebote christlichen Glaubens zu erforschen.[103] Im Gegensatz zu allen anderen Verbrechern wird den Christen die Möglichkeit der Verteidigung genommen. Sie werden trotz des Fehlens aller Merkmale des Verbrechens um des bloßen Namens willen ohne Möglichkeit der Verteidigung verurteilt, obgleich doch der positive Nachweis auch nur einer der behaupteten Taten die Verfolgung eher rechtsgemäß erscheinen ließe.[104] Dieser Eindruck wird dadurch bestätigt, dass die kaiserliche Gesetzgebung Trajans auf Nachfrage des jüngeren Plinius zwar die Fahndung nach Christen verbietet, nicht aber ihre Bestrafung. Wären die Christen aber Verbrecher, so müssten, ähnlich wie gegen Räuber, Militärposten aufgestellt und der Staat zum Kampf aufgerufen werden. Unrechtmäßig ist zudem die gegen die Christen angewandte Folter. Sie wird gegen die Christen nicht als zulässiges Beweismittel, sondern zum Zwecke des Widerrufs gebraucht. Von dem ernstlichen Vorwurf eines Verbrechens kann daher keine Rede sein.[105] Die sich gegen die Christen wendende Gesetzgebung widerspricht den Grundsätzen jeder Zivilgesetzgebung. Sie folgt tyrannischer Leidenschaft, die Folter als Strafe einsetzt und Verrat an den Gesetzen übt, indem sie einen Namen und nicht ein Delikt bestraft.[106] In solchen Fällen führt auch die Berufung auf die Pflicht zur Befolgung der gesetzlichen Regelung nicht auf den Pfad der Gerechtigkeit zurück. Die *auctoritas* des Gesetzes folgt nicht *post legem* dem Wortlaut, sondern muss sich aus dem Inhalt ergeben. Gerecht ist ein Gesetz nur dann, wenn es nicht verbietet, weil man nicht erlauben will, sondern wenn es nicht erlaubt, was nicht sein darf, da die Schlechtigkeit des Verhaltens erwiesen ist. Daher kann weder die Anzahl der Jahre, noch das Ansehen seines Schöpfers, das Gesetz als gerecht erweisen.[107]

---

102 *Tertullian*, Apologeticum, 1, 1–3.

103 *Tertullian*, Apologeticum 1, 6 „malunt nescire, quia iam oderunt“; *ders.*, Ad nationes, I, 1.

104 *Tertullian*, Apologeticum 2, 1–5.

105 *Tertullian*, Apologeticum 2, 6–14.

106 *Tertullian*, Apologeticum, 2, 15–29; *ders.*, Ad nationes, I, 3.

107 *Tertullian*, Apologeticum 4, 1–4; *ders.*, Ad nationes, I, 6. Das Gesetz schuldet den Grund seiner Richtigkeit denjenigen, von denen es Gehorsam verlangt. Das Recht muss sich daher nach Ziel und Absicht vor dem Menschen rechtfertigen.

So haben auch die Kaiser – exemplarisch Marc Aurel – die über Weisheit verfügten,[108] die Grundsätze der Zivilgesellschaft beachtet und die Verfolgung der Christen ausgesetzt, während sie von Nero und Domitian verfolgt wurden.

Gerechte Gesetzgebung muss der Weisheit folgen, dem Wissen um die göttlichen und menschlichen Dinge. Sie darf nicht wie die aktuellen römischen Gesetze, Treue, Ehrfurcht und Gehorsam in der Weise außer Acht lassen, dass sie sich an Gerüchten ausrichtet und gegen Machtgier und Schlechtigkeit keine Vorkehrungen trifft.[109] Tertullian greift in Ansehung des kaiserlichen Gesetzgebers auf alte Traditionen der römischen und griechischen Philosophie, die ihm vertraut sind, zurück. Er fordert nicht eine Neubestimmung des Begriffes der Weisheit, sondern übernimmt den Terminus nebst Definition von Platon und Seneca. Seine Kritik, der römischen Gesellschaft mangele es an den alten Tugenden (*fides, honor, modestia, sobrietas*), knüpft an die seit dem Aufstieg des Prinzipats gebräuchliche Tugendterminologie an und verdeutlicht, dass auch die Bildungselite des lateinischen Christentums fest auf dem Boden der alten staatlichen Ordnung steht, die es mit einer Ausnahme respektiert, nämlich der Verehrung der Götter und der Verehrung eines Menschen als eines Gottes.[110] Die das Ende der Schrift bildende Ablehnung der Philosophie reicht also nicht so weit, die von ihr eingeführten Begrifflichkeiten und Lehren pauschal abzulehnen. Ihre Übernahme im Bekenntnis zur *innocentia, iustitia, patientia, sobrietas* und *pudicitia* speist sich für den christlichen Lehrer allerdings alleine aus der Erkenntnis der Heiligen Schrift, der auch die Philosophen als älterer Quelle ihre Erkenntnis entnommen haben.[111]

---

108 *Tertullian*, Apologeticum, 5, 5 f. spricht von Kaisern, die um Göttliches und Menschliches wussten. Er gebraucht damit die klassische Umschreibung der Weisheit, vgl. *Platon*, Politeia, 598d8-e2 und auch *Tertullian*, Ad nationes, I, 7.

109 *Tertullian*, Apologeticum, 6, 1–7, 11. Deswegen ist es angemessen, über die Wächter des Rechts zu sprechen, die sich mit diesen Grundsätzen nicht mehr auseinandersetzen und die modestia und sobrietas (6, 4) sowie die religio und veneratio außer Acht lassen. Auch glaubt ein Mensch, der über Weisheit verfügt, nicht den Gerüchten (7, 11).

110 *Tertullian*, Apologeticum, 10–27 zur Götterverehrung, 28–35 zur Kaiserverehrung und zum Kaiserkult.

111 *Tertullian*, Apologeticum 46, 3 mit dem Tugendkatalog. Die Philosophen der griechischen Antike haben demnach die veritas der vorgefundenen göttlichen Schriften erkannt, sie aber um des eigenen Ruhmes willen verfälscht. Alle von den Heiden eingesetzten Mittel gegen die Wahrheit beruhen daher auf der Wahrheit. (47, 1–4, 5, 9, 11, 14); *ders.*, Ad Scapulam, IV, 8: „Pro tanta innocentia, pro tanta probitate, pro iustitia, pro pudicitia, pro fide, pro ueritate, pro Deo uiuo, cremamur, quod nec sacrilegi, nec hostes publici, uerum nec tot maiestatis rei pati solent." *Tertullian*, De Pallio 6, 2 trägt den Philosophenmantel, weil ihm dem Grundgedanken nach die Immoralität fremd ist. Der Gedanke, die Philosophen hätten Teil an der göttlichen Weisheit gehabt, findet sich mit dem Beispiel Sokrates auch in: *Tertullian*, Ad nationes, I, 4 ud II, 2. Zum Verhältnis Tertullians zu den Philosophen vgl. *Hagendahl*, 20.

2. Kein „imperium sine fine“ durch Verehrung falscher Götter

Die Ablehnung des Götter – wie des Kaiseropfers durch die Christen – bringt ihnen die Anklage des Religionsverbrechens (*sacrilegium*) und der Majestätsverletzung (*majestatis*) ein. Die Nichtexistenz der Götter aber folgt schon daraus, dass sie nach Aussage der Heiden einmal auf Erden wandelten, also Menschen waren. Da ein Mensch selbst nicht fähig ist, sich zum Gott zu erheben, bedarf er eines göttlichen Erhebungsaktes. Diesen kann auch der höchste heidnische Gott Saturn nicht bewirken, weil auch er von menschlicher Natur ist. Soweit also eine göttliche Erhebung von Menschen existierte, müsste sie auf einen oberen Gott zurückgehen – mit Fähigkeit und Bedürfnis nach der Erhebung von Menschen zu Göttern.[112] Ein solches Bedürfnis wäre aber allenfalls dann zu erklären, wenn dieser Gott nicht allmächtig wäre, womit er zugleich kein Gott mehr wäre. Da die heidnischen Götter als Menschen die Erde bereits vorfanden, muss es eine alles lenkende Vernunft geben, die die von vornherein geordnete Welt eingerichtet hat und allgegenwärtig ist.[113] Dieser Gott, den auch die Römer als den Logos erkannt haben,[114] hat den Menschen mit einer Seele versehen. Sie wendet sich zum Himmel und nicht zum Kapitol, sobald sie die Fesseln der durch die Begierden hervorgerufenen Sklaverei ablegt, und erkennt Gott als *deus bonus et magnus*.[115] Das Wort Gottes existiert, damit der christliche Gott gefunden und geglaubt werden kann. Darum hat Gott gerechte Menschen in alle

---

112 *Tertullian* wendet diesen Gedanken nach allen Richtungen: Es ist bekannt, dass Saturn auf Erden wandelte (10, 9), wenn er aber ein Mensch war, stammt er auch vom Menschen ab und es bedürfte eines vorangehenden Gottes, um ihn zum Gott zu machen (25, 10). Diesen aber gibt es offensichtlich, da sonst keine Erde existiert hätte, auf der Saturn wandeln konnte (11, 6). Da aber die Götter und die ersten Menschen alles schon fertig eingerichtet vorfanden, muss es eine universelle Vernunft geben, die alles lenkt und daher keiner anderen Götter bedarf (20, 1). Der Annahme (11, 10), manche Menschen seien um ihrer Verdienste willen in den Götterstand aufgenommen worden, steht entgegen, dass die Römer viele Menschen zu Göttern erhoben haben, die den Tartaros verdient hätten. Im Übrigen wird sie auch von den Römern, die die eigenen Götter der Lächerlichkeit preisgeben, nicht geglaubt (15, 1–4). Auch müssten sie in ihrem Götterglauben konsequent (24, 3–5) die Lehre übernehmen, die göttliche Allgewalt wie im Pantheo,n so auch auf Erden zu zergliedern, so dass auch den Magistraten göttliche Gewalt zukäme. Sie erkennen aber an, dass es ein Verbrechen ist, jemand anderen als den Kaiser als Gott zu bezeichnen.

113 *Tertullian*, Apologeticum, 10, 2–9; 11, 1–9; 17, 1–2. Die Ordnung der Welt ist keinesfalls eine ideale, sie besteht vielmehr in der Erkenntnis, dass Kriege Wunden reißen, Reiche zusammenprallen, Hungersnöte und Seuchen Länder veröden, die Niedrigen zur Hoheit und die Hoheiten zu Niedrigem wechseln und, dass iustitia selten und iniquitas häufig ist.

114 *Tertullian*, Apologeticum, 21, 10.

115 *Tertullian*, Apologeticum, 17, 2–6.

Teile der Erde entsandt, um die Offenbarung zu verkünden.[116] Jedes Opfer für den vergöttlichen Kaiser ist daher nutzlos. Es schafft dem Opfernden kein Heil (*salus*).[117] Es ist zudem auch nicht Ausdruck der Anerkennung einer durch Götter erworbenen Weltherrschaft. Die Römer würden diese dann denselben Göttern verdanken, deren heilige Stätten sie in ihren frevelhaften Kriegen ausgeplündert haben. Solche Götter hätten aber schon gegenüber ihren eigenen Völkern ihren Existenzzweck verfehlt, weil sie die durch die Römer geübten Injurien an diesen nicht vergolten hätten. Ihr Versprechen an die Römer, diesen jetzt ein *imperium sine fine* zu sichern, wäre daher wenig glaubhaft.[118]

3. Die Stellung des Kaisers in der christlichen Lehre

a) *Die Erhöhung der kaiserlichen potestas durch Anerkennung des Ursprungs in Gott*

Die kaiserliche Stellung besteht vielmehr in der Ausübung der gegenwärtigen Macht (*potestas*) auf Erden. Nur durch diese schützt der Kaiser die Tempel der Götter, deren Bestand ganz von seinen Launen abhängt. Sie sind Eigentum des Kaisers und befinden sich in Wirklichkeit *in Caesaris potestate.*[119] Anders der universale Schöpfergott der Christen. Auf ihn ist alles, auch die Herrschaft des römischen Kaisers in seinem Reich, zurückzuführen. Er hat auch diesen in seine Herrschaft eingesetzt, da alles Irdische von Gott kommt.[120] Der Kaiser ist von Gott aus der Zweite, nach Gott aber der Erste. An Gott wenden sich auch die Kaiser im Gebet, da sie wissen, wem sie Reich und Leben verdanken und in wessen Gewalt sie sind. Sie erkennen damit an, dass sie durch ihn mächtig sind und gegen ihn nicht mächtig sein können.[121] Der Kaiser, scheinbar vom Sockel der Göttlichkeit hinabgestoßen durch die Tatsache der Unterordnung als Mensch unter Gott, wird tatsächlich durch die von Tertullian anerkannte göttliche Einsetzung weit über den ursprünglichen Princeps, den *pater patriae* oder auch den *dominus et deus*, erhoben. Anstelle einer eigenen Göttlichkeit,

116 *Tertullian*, Apologeticum, 18, 1 f.
117 *Tertullian*, Apologeticum, 29, 1.
118 *Tertullian*, Apologeticium, 25, 14–17; zu diesem Gedanken *Klein*, 40 f.
119 *Tertullian*, Apologeticum, 28, 4; 29, 2.
120 Zur Schwäche dieser Begründung vgl. *Inglebert*, Latomus 54 (1995), 27–30.
121 *Tertullian*, Apologeticum, 30, 1–4: „Nos enim pro salute imperatorum deum invocamus aeternum, deum verum, deum vivum, quem et ipsi imperatores propitium sibi praeter ceteros malunt. Sciunt, quis illis dederit imperium; sciunt, qua homines, quis et animam; sentiunt eum esse deum solum, in cuius solis potestate sint, a quo sint secundi, post quem primi, ante omnes et super omnes deos.“ „Recogitant, quousque vires imperii sui valeant, et ita deum intellegunt; adversus quem valere non possunt, per eum valere se cognoscunt.“; *ders.*, Ad Scapulam, II, 7; dazu *von Albrecht*, II, 1226 mit Verweis auf *Tertullian*, Ad nationes, II, 17, 19: Der Herr der Geschichte hat den Römern jetzt die Macht gegeben, obgleich sie in den Christen Tugenden verfolgen, die ihnen selbst abhandengekommen sind; vgl. auch *Klein*, 27 f.

die ihn vor den Nachstellungen seiner heidnischen Umgebung, die seiner menschlichen Natur nur zu bewusst war, nicht schützen konnte,[122] sprechen ihm die Christen die göttliche Einsetzung unter Gott, aber vor alle Menschen zu – *inde est imperator, unde et home antequam imperator; inde potestas illi, unde et spiritus.*[123] Der nach dem Willen des lebenden Gottes herrschende Kaiser[124] steht über jeder Verleihung einer Würde toter Götter.

b) Grundlage des christlichen Kaisergebetes

Ist aber der Kaiser von einem lebendigen, allmächtigen und vernünftigen Gott erwählt,[125] so lohnt sich die an Gott gerichtete Bitte für den Kaiser. Sie nützt der *securitas* des Reiches und des Hauses, der *fortitudo* der Heere, der *fides* des Senates und der Ruhe des Erdkreises.[126] Der römische Kaiser ist auch Kaiser der Christen (*noster...Caesar, a nostro deo constitutus*), selbst wenn er nur über eine *maiestas infra deum* verfügt.[127] Das christliche Kaisergebet bezieht seinen Wert zudem daraus, dass das nahende Weltenende alleine durch den Fortbestand Roms und der Kaiserherrschaft aufgehalten wird. Das Kaisertum verhindert das dem Weltgericht vorangehende Übel.[128]

c) Die Anerkennung der Menschlichkeit des Kaisers auch durch Heiden

Im Übrigen gelingt es Tertullian durchaus, sein Anliegen durch die Verwendung römischer Tugendbegriffe auch dem nicht christlichen Römer verständlich zu machen. Daher fehlt es auch nicht an dem Hinweis, dass selbst die Römer die Menschlichkeit des Kaisers anerkennen, wenn dieser im Triumphzug durch den Satz „*Respice post te! Hominem te memento*“, daran erinnert wird. So hat auch Augustus, der Schöpfer des Reiches, die Bezeichnung des *dominus* abgelehnt. Wer Vater des Vaterlandes ist, kann unmöglich ein Herr sein. Ebenso wenig kann der Kaiser ein Gott sein, weil er den Beistand Gottes braucht.[129]

---

122 Besonders deutlich *Tertullian*, Apologeticum, 35, 7–8 ff. Weder der Pöbel noch der Senat selbst erkennen den Kaiser als Gott an, wenn Sie die Ermordung der Kaiser betreiben. Das Opfer für den Genius des Kaisers ist also nutzlos.

123 *Tertullian*, Apologeticum, 30, 2. *Ders.*, Ad Scapulam, II, 6.

124 *Tertullian*, Apologeticum, 32, 2: „Nos iudicium dei suspicimus in imperatoribus, qui gentibus illos praefecit.“ *Ders.*, Ad nationes, I, 17.

125 *Tertullian*, Apologeticum, 33, 1: „...quem dominus noster elegit...“.

126 *Tertullian*, Apologeticum, 30, 4.

127 *Tertullian*, Apologeticum, 33, 1 f. und 35, 5: „secundae majestatis“.

128 *Tertullian*, Apologeticum, 32, 1; *Klein*, 22 verweist auf den Ursprung des Gedankens schon bei Justin.

129 *Tertullian*, Apologeticum, 33, 3; 34, 1–3. Dass die Christen im Übrigen mit dem Begriff des weltlichen *dominus* durchaus gut leben könnten, betont Tertullian 34, 1. Zum Kaisergebet *Heck*, VigChr. 38 (1984), 157.

d) Das christliche Kaisergebet als Ausdruck und Lob der Sittlichkeit

Die Christen sind also die wirklichen Römer. Sie bringen dem Kaiser wahrhaftiges Lob entgegen und erkennen an, dass man ihm nicht durch an Festtagen abgehaltene verkommene Gelage, sondern nur durch *pietas, religio* und *fides,* wie durch sittliches Verhalten und gute Gesinnung das zustehende Lob entrichten kann.[130] Niemals würden sie Böses wollen, Böses tun oder Böses sagen noch denken, weder gegen den Kaiser, noch gegen andere. Ihnen ist von Gott eine Güte (*benignitas*) auferlegt, die keine Unterschiede zwischen den Menschen macht. Ihre Pflicht ist es, ihre Feinde zu lieben und für erlittenes Unrecht keine Vergeltung zu üben, da die Vergeltung den Vergeltenden ebenso schuldig, wie den Täter macht. Ihr Leben richtet sich auf *sapientia,* da sie das Werk der menschlichen Hände nicht schätzen, auf *abstinentia,* da sie nicht nach den Gütern anderer streben, auf *pudicitia,* um nicht die Augen zu verderben, und auf *misericordia* mit den Armen, also jene Freiheit (*libertas*), für die die Christen sterben.[131] Daher verringert sich die Zahl der Feinde des Kaisers durch das Anwachsen der christlichen Gemeinden beständig.[132] Der Kaiser, der die Christen verbietet, wendet sich gegen jene, die für das den Kaiser und das Gemeinwesen beten (*pro imperatoribus, pro ministris eorum et potestatibus, pro statu saeculi, pro rerum quiete, pro mora finis*), die für Arme, Knaben und Mädchen, Alte und Schiffbrüchige und für die Gefangenen in den Bergwerken sorgen. Er verbietet ein Verhalten, das darin besteht, niemanden zu verletzen und keinem Schaden zuzufügen.[133] Die römischen Statthaltergerichte begehen Unrecht, wenn sie Christen verfolgen. So flößt die staatliche Gewalt der Statthalter, wenn sie nur auf menschlichem Dafürhalten *(aestimatio)* und *dominatio* beruht, den Christen keine Furcht ein. Dies gilt jedenfalls dann, wenn ihre Einsicht nur so weit reicht, wie ihre persönliche Macht, andere zu zwingen, und solange sie das göttliche Gesetz, das Weltgesetz ist, nicht kennt.[134] Klugheit und Macht alleine lassen sich täuschen und

---

130 *Tertullian,* Apologeticum, 36, 2–4 im Gegensatz zu dem Verhalten der Römer 35, 7 ff. Das Verhältnis der Christen zum Kaisertum ist positiver bestimmt, als dies alleine durch das Kaisergebet geschehen könnte, vgl. *Klein,* 30.

131 *Tertullian,* Ad nationes, I, 4; vgl. dort auch 5 im Gegensatz zu luxuria und avaritia.

132 *Tertullian,* Apologeticum, 36, 4; 37,1. 37, 4–8. Die Christen sind eben nicht Feinde des Menschengeschlechts, sondern „Feinde des menschlichen Irrtums". *Ders.,* Ad Scapulam, II, 10.

133 *Tertullian,* Apologeticum, 38, 21: „In cuius perniciem aliquando convenimus? Hoc sumus congregati, quod et dispersi, hoc universi, quod et singuli: neminem laedentes, neminem contristantes. Cum probi, cum boni coeunt, cum pii, cum casti congregantur, non est factio dicenda, sed curia."; *ders.,* Ad Scapulam, IV, 7: „Praeter haec depositum non abnegamus, matrimonium nullius adulteramus, pupillos pie tractamus, indigentibus refrigeramus, nulli malum pro malo reddimus."

134 *Tertullian,* Apologeticum, 45, 2–7. Dem menschlichen Gesetz kann man entrinnen, wenn Missetaten unentdeckt bleiben; jede menschliche Strafe ist nur kurz. Gott dagegen sieht alles, daher wird derjenige, der über diese vollkommene Erkenntnis verfügt von selbst unschuldig werden; 38, 3: Der christliche Staat ist „Weltstaat".

missachten. Erst die Erkenntnis der hinter dem weltlichen Gebot stehenden göttlichen Gesetze (*divinae leges*) weist den Weg vom Unrecht weg.[135]

4. Die Unvereinbarkeit des kaiserlichen Amtes mit dem christlichen Glauben

Da Gott das Weltall *verbo ratione et virtute* erschaffen hat, würden, so Tertullian, auch die Kaiser an Christus glauben, „wenn nicht Kaiser für die Welt nötig wären oder Kaiser zugleich auch Christen hätten sein können“.[136] Der Aussagegehalt dieses Satzes bleibt an dieser Stelle zunächst unklar. Die Formulierung legt jedenfalls die Annahme nahe, ein Mensch, der von Gott für die Welt eingesetzt sei, könne nicht Christ sein – es sei denn, es existiere eine Art „göttlicher Dispens“ in Ansehung des kaiserlichen Amtes. Näher beleuchtet wird der Inhalt des Satzes – und mit ihm dieser Aspekt des Kaisertums – erst in der einige Jahre später entstandenen Schrift „Scorpiace“, in der Tertullian auf die entsprechende Stelle des Römerbriefes (Rom. 13, 1–4) verweist. Danach ist jede Gewalt von Gott und waltet eines göttlichen Amtes. Doch heiße es dort auch, sie sei eine Rächerin zum Zorne für den, der Böses tue. Die Fürsten (die jeweiligen Kaiser) befassen sich mit dem Bösen, nicht mit dem guten Werk (*Principes enim non sunt timori boni operis, sed mali*).[137] Dadurch unterscheidet sich die kaiserliche Gewalt von den Christen. Christen tragen ihren Namen nämlich nicht wegen der Glaubenszugehörigkeit, sondern wegen ihres Verhaltens der ununterbrochenen Nächstenliebe. Der Christ straft allenfalls durch den Ausschluss vom Gottesdienst. Die Vergeltung weltlicher Vergehen überlässt er Gott,[138] der die Fürsten auf Erden als Helfer der göttlichen Gerechtigkeit und Diener des göttlichen Gerichts eingesetzt hat, damit sie schon auf Erden die Schuldigen im Voraus aburteilen. Der Christ hat daher die Tätigkeit der weltlichen Gewalt nicht zu behindern, den König als Vater aber auch nur dann zu ehren, wenn dieser bei seinen Angelegenheiten bleibt und sich nicht mit Gott gleichstellt.[139] Es ist nicht Aufgabe, das göttliche Urteil selbst zu sprechen, sondern Gutes zu tun.[140] Die Kaiser werden

135 *Tertullian*, Apologeticum, 45, 2–4. Dem staatlichen Befehl, „Du sollst nicht töten!“, kann der Mensch sich entziehen. Erkennt er aber das göttliche Gebot: „Du sollst nicht einmal zürnen!“ an, wird er zu größerer Friedfertigkeit gelangen.

136 *Tertullian*, Apologeticum, 21, 15–24: „…sed et Caesares credidissent super Christo, si aut Caesares non essent necessarii saeculo, aut si et Christiani potuissent esse Caesares.“

137 *Tertullian*, Scorpiace, XIV, 1; dazu *Inglebert*, Latomus 54 (1995), 27–30.

138 *Tertullian*, Apologeticum, 39, 4.

139 *Tertullian*, Scorpiace, XIV, 2 f. Daraus erschließt sich die Bedeutung des Petruswortes (1 Petr 2, 17) und dass man dem Kaiser geben muss, was des Kaisers ist, der Mensch aber alleine Gott zugehört. Dazu auch *Tertullian*, De Corona, I; XIII, 1–4 über die Ablehnung der Bekränzung durch Christen; *von Albrecht*, II, 1226.

140 *Tertullian*, Scorpiace, XIV, 1: „Dei ergo ministra est tibi in bonum. Si uero malum facias, time.“

also letztlich nicht deswegen nicht als Christen bezeichnet, weil sie den christlichen Glauben ablehnen. Vielmehr ist ihnen auf der Erde von Gott eine Aufgabe übertragen worden, die vom christlichen Glaubenswerk verschieden ist.

5. Bewertung

Unterwirft man das Herrschaftsbild Tertullians einer Gesamtbetrachtung, so ist zunächst der Universalitätsgedanke festzuhalten. Die Gebote der Schrift richten sich an alle Menschen, ebenso wie der Kaiser von Gott zum Herren aller Menschen eingesetzt worden ist. Der christlichen Handlungslehre entspricht ein Leben nach den Geboten der Heiligen Schrift, die auch dann Einhaltung verlangen, wenn sie dem Christen gegenüber verletzt werden. Der *neminem laedere*-Grundsatz gilt, anders als in der heidnischen Philosophie und dem römischen Recht, absolut.

Positiv streben die Christen nach der Weisheit, also dem richtigen Verständnis der Heiligen Schrift und vor allem nach der Einhaltung der göttlichen Gebote. Sie verlangen vom Christen innerlich v. a. die Freiheit von Begierden (*abstinentia*), also sowohl von *avaritia* wie dem Streben nach Luxus und sind daher leicht mit der *modestia* der stoischen Philosophie und dem kaiserlichen Tugendideal in Einklang zu bringen. Hinzu tritt *misericordia*, die tätige Nächstenliebe gegenüber den Armen, Schwachen und Benachteiligten. In ihr zeigt sich zugleich die Verachtung der irdischen Güter, die die Wanderschaft der Christen zum ewigen Heil widerspiegelt. Mit der römischen *liberalitas*, ausgehend von der klar verrechtlichten Hilfspflicht bei Cicero bis hin zur kaiserlichen Allgemeinfürsorge in Form von Gladiatorenspielen und Circus, hat diese Hilfspflicht wenig gemein. Römische Freigiebigkeit folgt nicht einem Armutsideal, sondern gibt lediglich überschießenden Reichtum der einen an die andere Seite weiter. Auf Erden erstreben die Christen ein ruhiges Leben in Sicherheit (*securitas, quietas*). Ihr Märtyrertum folgt keinem Todeswunsch. Es entspringt der Pflicht zur Wahrung des Bekenntnisses und ist zugleich Ausdruck höchster *virtus*.[141]

Der Kaiser ist nicht Christ, weil er die höchste *maiestas* über die Menschen als ein Stellvertreter des göttlichen Weltengerichts auf Erden ausübt und sich dazu der Strafgewalt gegen das Böse bedient. Seine Tätigkeit ist auf die Vergeltung des Unrechts hingewandt und steht mit dem christlichen Friedensgebot auf Erden nicht in Einklang. Dieses dient ausschließlich dem Zweck des Bestehens der menschlichen Seele vor dem Jüngsten Gericht, während der Kaiser zugleich das Weltengericht verkörpert. Seine Einbettung in die göttliche Ordnung manifestiert sich in der Pflicht, nur gerechte Gesetze zu erlassen, die sich vor der Weisheit, also der Heiligen Schrift ausweisen können. Handelt er dem zuwider, so sind Christen verpflichtet, der Norm den Gehorsam zu versagen. Gewalt gegen den Kaiser dürfen sie nicht anwenden, da ihnen dies durch den *neminem laedere* Grundsatz versagt ist.

141 Dazu auch *Tertullian*, Ad Nationes, I, 18; vgl. *von Albrecht*, II, 1226; *Hagendahl*, 15.

Alle Tugend folgt also für das Christentum aus der „Natur des Menschen“. Sie ist nicht alleine dem menschlichen Vernunftgebrauch, sondern vor allem der Heiligen Schrift zu entnehmen. Rechte Tugend besteht in der Einhaltung der Gebote der Heiligen Schrift. Die so erzielte begriffliche Identität christlicher und heidnischer Tugendbegriffe bei gleichzeitig nur modifiziertem Inhalt – aufgrund der Nähe der philosophischen Erkenntnis zur Schriftenwahrheit – erleichtert den sich aus dem Heidentum rekrutierenden christlichen Gemeinden den Übergang von der heidnischen zur christlichen Religion. Die römische Begriffstradition für das tugendhafte Leben kann hierbei formal beibehalten werden. Sie schlägt zugleich die Brücke zwischen dem römischen Staat und dem Christentum, da das jeweilige Handeln aus denselben Grundprinzipien heraus erklärbar wird.

IV. Lactantius

1. Leben und Werk des Laktanz

Die Hinordnung der ersten Tetrarchie auf die Nachbildung der göttlichen Weltregierung Jupiters und Herkules führte zur starken Betonung der zu ihrem Erhalt notwendigen *pietas.* Diese Zuwendung auf die Götterverehrung als Quelle des wohlgeordneten Staatswesens kam den Bedürfnissen des Christentums teilweise entgegen, weil damit der Gedanke einer gottbestimmten Weltordnung jedenfalls dem Grunde nach auch in der römischen Herrscherideologie auf eine festere Grundlage gestellt wurde. So wie Herkules und Jupiter zu Zeiten, als sie die Angelegenheiten der Menschen auf Erden regelten, Friede, Ruhe, Freiheit und Restitution der Besitzstände gewährleisteten,[142] haben auch die Tetrarchenherrscher durch *pietas* und in Achtung ihrer Divinität die Welt nach dem Vorbild der Götter eingerichtet. Damit hatte das Kaisertum jedenfalls einem Grundbedürfnis der christlichen Religion, nämlich der geforderten Zuwendung der Menschen auf „Gott“, Rechnung getragen. Die Weltregierung von Jupiter und Herkules hob zugleich die so geehrten Götter aus dem heidnischen Pantheon heraus und räumte ihnen die hervorragende Stellung im römischen Götterhimmel ein. Errichtet werden sollte nicht lediglich eine göttergemäße Ordnung, sondern ganz konkret das „Goldene Zeitalter Saturns“ unter Leitung der Iovii/Herculii.

Für die Christen war dieses System inhaltlich allerdings mit grundsätzlichen Mängeln behaftet. Die Kaiser wandten sich stärker dem römischen Pantheon der Götter zu, sie forderten die *adoratio* und ließen sich zu Lebzeiten mehr als zuvor vergöttlichen. Zugleich gewann die Forderung nach der Teilnahme am Herrscherkult an Gewicht. Denn wenn die Kaiser die göttliche Ordnung imitierten und verkörperten, diente ihre Verehrung im Kult dem Erhalt des glücklichen Zeitalters. Wer sie verweigerte, stellte sich gegen die römische Ordnung. Die (relative) Toleranz

---

142 So der Panegyriker des Jahres 291, *Nixon/Saylor Rodgers*, Pan. Lat., XI (III.), 2, 3–4; 3, 1, 3, 6.

der Soldatenkaiser wurde damit durch eine für Christen unannehmbare Forderung abgelöst.[143] In die Phase der zuerst in Nikomedien erneut ansetzenden Christenverfolgung ab dem Grenzfest des Jahres 303, fällt das Frühwerk des für des Lucius Caelius Firmianus qui et Lactantius. Mit Laktanz nimmt gut 100 Jahre nach Tertullian die christliche Apologetik ihren Ausgang aus der Verteidigung des Glaubens gegenüber einem dem Christentum feindlich gesonnenen römischen Staatswesens, um unter dem *primus imperator christianissimus*, Konstantin, selbst zur staatstragenden Kraft zu werden. Laktanz, der in seiner Heimat Nordafrika als Schüler des Arnobius eine profunde Bildung in klassischer Beredsamkeit und offenbar auch in den Künsten der Philosophie erhalten hat, steht – stärker noch als sein griechischer Zeitgenosse Eusebius – gleichsam in der „Nahtstelle“ der konstantinischen Wende. Während das Werk des Eusebius durch und durch vom christlichen Kaisertum Konstantins geprägt ist, schlägt sich die Verfolgungssituation der Jahre 303–311 in den während dieser Zeit in Nikomedien entstandenen Schriften des Laktanz nieder, vor allem den Werken „De opificio Dei“ (303/304) und den „Divinae Institutiones“ (frühestens ab 304).

Von besonderer Bedeutung für die Bewertung dieser frühen Schaffensphase ist die Tatsache, dass Laktanz als vormaligem Lehrer (ca. 290/300–303) der lateinischen Beredsamkeit am Hofe Diokletians[144] die höfische Bildung und das in Nikomedien propagierte Herrschaftsideal bestens bekannt waren.[145] Die Frage, ob er am nikomedischen Hof auch auf den Caesaresohn Konstantin traf, lässt sich aus den Quellen nicht beantworten. Nicht mehr aufzuklären ist auch der genaue Zeitpunkt der Bekehrung des Arnobiusschülers.[146] Das Lehramt legte er wohl unter dem Eindruck

143 *DePalma Digeser*, Lactantius, 30 f. Dort wird angenommen, dass die Heraushebung Jupiters über das Pantheon außerhalb christlicher Kreise jedenfalls die Anhänger der übrigen monotheistischen Strömungen in den römischen Staat eingebunden hat. Zugleich habe die doppelte Götterherrschaft neben den Christen auch Manichäer und Neuplatoniker von der Teilnahme am Kaiserkult abgeschreckt.

144 Vgl. *Hieronymus*, vir. ill., 80, 1–3 „…sub Diocletiano principe…Nicomediae rhetoricam docuit.“ Dort auch zu den (verlorenen) frühen Schriften; *Wlosok*, Gymnasium 96 (1989), 137.

145 Dass er sich mit der klassischen Legitimierung der Prinzipatsgewalt in Rom auskannte, belegt sein Werk „De mortibus persecutorum“, dazu sogleich. *DePalma Digeser*, Lactantius, 32 „As a man who had lived under Diocletian‘s tetrarchy for twenty years, and as a court-appointed professor in the capital for a few years before he wrote the Divine Institutes, Lactantius was clearly familiar with the concepts that undergirded Diocletian’s theology of rule.“

146 Vgl. *Wlosok*, Hdb. Lat. Lit., § 570, 377; *dies.*, Lactantius, TRE XX, 370; *Winger*, Laktanz, 53. Arnobius, der etwa zur selben Zeit wie Laktanz (etwa 303–310) seine sieben Bücher „Adversus nationes“ verfasste, bleibt für die vorliegende Darstellung ausgeblendet. Sein Rombild ist von heftiger Kritik geprägt. Rom ist geboren zum Verderben des Menschengeschlechtes (7, 51). Vgl dazu *Wlosok*, Gymnasium 96 (1989), 139–144; *Inglebert*, Latomus 54 (1995), 31 f.

der Verfolgungsmaßnahmen, u. a. der Zerstörung der christlichen Kirchengebäude seit dem Februar 303, nieder.[147]

Seine Institutionen lassen weder Zweifel an seinem christlichen Bekenntnis noch an seiner profunden juristischen, historischen und philosophischen Bildung zu.[148] Schon ihr Titel verweist auf die Anlehnung an die gleichnamigen Lehrbücher des römischen Zivilrechts.[149] Vor diesem Hintergrund gestatten sie den einmaligen Blick auf die Gegenstände, die für den Christen Laktanz als Apologeten gegenüber der römisch-heidnischen Tradition von herausgehobener Bedeutung waren. Im formalen Rückgriff auf klassische Autoren der griechischen Philosophie, v. a. aber auch der römisch-stoischen Tradition, allen voran Cicero, übertrifft er den Dialog „Octavius“ des Minucius Felix.[150] Inhaltlich überragt seine v. a. im fünften und sechsten Buch entwickelte christliche Tugendlehre die Schriften früherer Apologeten. Deren Werke dienten zwar auch der Verteidigung der Christen gegen konkrete Anschuldigungen und sollten zugleich deren Loyalität gegenüber dem Staat beweisen; sie hatten aber niemals primär die Schaffung eines vollständigen Systems der Handlungstugend auf der Erde und noch weniger eine allgemeine Gebildetenmission beabsichtigt.[151] Für das kommende christliche Kaisertum sind die Institutionen vor allem deshalb von Bedeutung, weil sie sich mit der Herrscherideologie der ersten Tetrarchie intensiv auseinandersetzen, auch wenn dies im Titel nicht unmittelbar zum Ausdruck kommt.[152] Zugleich bieten sie die Grundlegung

---

147 Zu den Vorgängen in Nikomedien bezieht *Laktanz*, mort. pers. 12, 1 sowie Div. Inst. 5, 2, 2–5, 3, 26 Stellung – Zerstörung des christlichen Kirchenbaus, Verlesung antichristlicher Propaganda durch opportunistische Philosophen. Vgl. auch: *Wlosok*, Hdb. Lat. Lit., § 570, 377, sowie *dies.*, „Lactantius“, TRE XX, 370 f.; *Heck/Schickler*, Epitome, Einl. 13, die sich dort auch zu der in den Institutionen vielfach vorgetragenen Kritik der Rhetorik/Beredsamkeit äußern.

148 Bei aller (geforderten) Polemik gegenüber heidnischer Philosophie, die z. T. auch zu einer verzerrten Darstellung führt (wie z. B. anlässlich der Ausführungen zum liberalitas-Gedanken Ciceros) beziehen v. a. die Institutionen große Teile ihrer Schlagkraft aus der konsequenten Auseinandersetzung mit den Schulen der Philosophie. Dort wird der Gedanke einer das ius civile überragenden göttlichen Rechtsordnung immer wieder hervorgehoben. Vgl. *Heck/Schickler*, Epitome, Einl., 12.

149 So *Laktanz*, Div. Inst. 1, 1, 12. Zur deutschen Wiedergabe als „Göttliche Unterweisungen“ vgl. *Heck/Schickler*, Epitome, Einl., 15.

150 *Wlosok*, Hdb. Lat. Lit., § 570, 380; *dies.*, „Lactantius“, TRE XX, 372; *Heck/Schickler*, Epitome, Einl., 13.

151 *Swift*, AJPh. 89 (1968), 144; *Wlosok*, Gymnasium 96 (1989), 134 u. 137: Laktanz passt sich der Vorstellungswelt der anderen Seite an. Er unterzieht die christlichen Begrifflichkeiten einer „interpretatio Romana pagana/philosophica“, greift selbst auf römische Termini zurück und eignet sich die politisch römische Theologie an; dazu auch *Buchheit*, WJA 4 (1978), 163.

152 So jetzt auch *DePalma Digeser*, Lactantius, 33: „Such a conclusion may surprise those who have read the Divine Institutes and found it to be nothing more than a rather conventional discussion of the errors of polytheism and the superiority of

zur Auslegung der im späteren Werk des Verfassers getroffenen Aussagen zum Kaisertum im Allgemeinen und zu Konstantin im Besonderen. Durch den Entwurf einer universellen christlichen Handlungsethik in lateinischer Sprache ist das Werk des Laktanz in seinem umfassenden Anspruch auch zur Legitimation römischer Weltherrschaft in besonderem Maße geeignet.[153]

Entscheidend für die Bedeutung des sich unter Laktanz vollziehenden Umwandlungsprozesses christlicher Apologetik zum vollständigen Entwurf eines christlichen Herrscherbildes ist auch die Tatsache, dass das Gesamtwerk der Institutionen, sieht man von den an den Kaiser Konstantin gerichteten Anreden sowie den sog. „dualistischen Zusätzen" einmal ab,[154] vor dem Jahr 311 vorlag. Es wurde damit vor dem Ende der Verfolgungssituation fertiggestellt. Die Kaiseranreden des ersten und fünften Buches wurden dem Gesamtwerk erst später hinzugefügt.[155]

Ab dem Jahr 314 entstand unter dem Eindruck der Toleranzedikte (Edikt des Galerius von April 311/ Mailänder Edikt 313) und des Sieges des Licinius über Maximinus Daia, der als Nachfolger des Galerius im Osten die christenfeindliche Haltung aufrechterhalten hatte, die Schrift „Vom Tod der Verfolger" (De mortibus persecutorum).[156] Das noch in Nikomedien begonnene Werk wurde (wohl) spätestens 316 abgeschlossen.[157] Die charakterlichen Defizite der durch Gott bestraften Verfolger werden darin übersteigert, zugleich wird die Möglichkeit des christlichen Kaisertums angedeutet, das noch in gleicher Weise von Konstantin und Licinius geprägt ist.[158] Die Entstehung der Schrift fällt mit der Berufung des Laktanz zum Lehrer des ältesten Konstantinsohnes Crispus zusammen (zwischen 313 und 316).

Christianity. A reader who stays alert of its subtext and allusions, however, will find the work a strongly political tract."; „...technique...of writing between the lines." Dazu schon *Wlosok*, Gymnasium 96 (1989), 135.

153 Auch *Ciceros* Werke (v. a. De officiis, De re publica) gehen letztlich auf die Erkenntnis römischer Weltherrschaft und der damit verbundenen Notwendigkeit einer allgemeinen Staats- und Pflichtenethik zurück. Vgl. *Winger*, Laktanz, 32.

154 Diese setzen die Überwindung der Verfolger durch Konstantin voraus.

155 *Heck/Schickler*, Epitome, Einl. 14 mit Fn. 15. Die um die Kaiseranreden (Div. Inst. 1, 1, 13–16; 2, 1, 2; 3, 1, 1; 4, 1, 1; 5, 1, 1; 6, 3, 1; 7, 26, 11–17) gekürzte Fassung muss demnach spätestens im Jahre 311 (es fehlt jeder Verweis auf das Toleranzedikt des Galerius) abgeschlossen gewesen sein. *Heck*, Kaiseranreden, 143, verweist auf Div. Inst. 5, 23, 1 ff. und 5, 11, 5 („bestia"). Daraus folgt, dass Galerius zum Zeitpunkt der Abfassung des fünften Buches noch lebte. Aus Div. Inst. 7, 22, 12; 27, 3 lässt sich ferner ableiten, dass der zweite Teil der Institutionen während der Verfolgerzeit entstand. In Anbetracht der von *Lactantius*, Opif. Dei, 20, 1–2 und Div. Inst. 1, 1 ausführlich dargelegten umfassenden Intention des Werkes sind die Auffassungen Stevensons und Lois, die in den Institutionen eine Sammlung zu unterschiedlichen Zeiten entstandener Einzeltraktate sehen wollen, nicht haltbar, vgl. hierzu *Heck*, Kaiseranreden, 146–149.

156 *Heck/Schickler*, Epitome, Einl. 17.

157 *Heck/Schickler*, Epitome, Einl. 18.

158 *Heck/Schickler*, Epitome, Einl. 18 mit Fn. 25.

Sie war mit dem Umzug des Autors in die gallische Residenz Konstantins in Trier verbunden. Dort hielt sich Laktanz bis zu seinem Tod im Jahre 325 auf.[159] Dass der Kirchenlehrer den gallischen Rhetoren vorgezogen wurde, unterstreicht seine Bedeutung für das geistige Selbstverständnis des Kaisers.[160] In diesen Zeitraum fallen auch die Werke über den „Zorn Gottes“, (De ira dei, wohl zwischen 315–320), sowie eine Kurzfassung der Institutionen, die „Epitome Divinarum Institutionum“. Die Neubearbeitung des Gesamtwerkes der Institutionen selbst ist über die Anreden an Konstantin (wohl 324/325) nicht hinausgekommen.

2. Apologie und Tugendlehre in den Divinae Institutiones

Das Gesamtwerk des Laktanz wird in der Forschung gemeinhin der christlichen Apologetik des frühen vierten Jahrhunderts zugerechnet, eine Einschätzung, die durch die Gesamtbetrachtung seiner Werke sicherlich haltbar, im Einzelnen aber gerade für die Institutionen nur teilweise zutreffend ist.[161]

a) Universeller, normativer Anspruch der Institutionen

Die schon im Titel enthaltene Ankündigung, Institutionen zu bieten, deutet an, dass es dem Verfasser inhaltlich um etwas anderes, als die bloße Verteidigung des Glaubens geht, nämlich um ein Lehrbuch des christlichen Glaubens.[162] Das Institutionenlehrbuch entsteht aus der von Laktanz empfundenen Notwendigkeit, den Abhandlungen der ganz irdischen Wissenschaft vom Zivilrecht, die sich mit Fällen des täglichen Lebens befasst, das System eines allgemeinen göttlichen Rechts gegenüberzustellen. Der Vergleich zeigt, dass es dem Verfasser um eine normative, nicht kasuistisch-juridische Darstellung geht. Er verweist zugleich auf die später mehrfach angesprochene Zweckbestimmung, Institutionen eines

---

159 *Kempf, T. K*, „Das Haus der heiligen Helena“, Neues Trierisches Jahrbuch 1978, Beiheft 3–16; 4–6, der in dem Philosophen mit Buchrolle im Deckengemälde des „Palastes der Helena“ (Bischöfliches Museum zu Trier) Laktanz zu erblicken glaubt. Zweifel daran äußeren *Heck/Schickler*, Epitome, Einl. 18, Fn. 26.

160 *Wlosok*, „Lactantius“, TRE XX, 370 f.

161 Vgl. nur *Herzog* (Hrsg.), Hdb. Lat. Lit., §§ 568–571, wo Laktanz gemeinsam mit Arnobius unter „XII. Apologetik“ firmiert; dazu auch *Luehr*, AU 21 (1978), 23.

162 *Lactantius,* Div. Inst. 1, 1, 12: „Et si quidam prudentes et arbitri aequitatis institutiones ciuilis iuris conpositas ediderunt, quibus ciuium dissidentium lites contentionesque sopirent, quanto melius nos et rectius diuinas institutiones litteris persequemur, in quibus non de stillicidiis aut aquis arcendis aut de manu conserenda, sed de spe, die uita, de salute, de immortalitate, de deo loquemur, ut superstititones mortiferas erroresque turipissimos sopianus.“ *Heck/Schickler*, Epitome, Einl., 14 f.; Indizien dafür, dass Laktanz mit dem Institutionenbegriff an die „Institutio Oratoria“ des Quintilian gedacht haben könnte, finden sich dagegen nicht. Dagegen spricht auch Lactantius, Div. Inst. 1, 1, 9; vgl. Winger, Laktanz, 31; *Swift*, AJPh. 89 (1968), 144: Anspruch der gebildeten Heidenmission.

allumfassenden, der menschlichen Natur unmittelbar entspringenden und damit universal gleichen Rechtes bieten zu wollen.[163] Laktanz will nicht irdische Einzelfälle lösen. Er will christliche „Moralphilosophie" bieten, allerdings nicht im Sinne eines bloß der Erde zugewandten Weisheitsstrebens. Dies entspricht der bereits früher geäußerten Auffassung der Christen, dass irdisches Wissen nicht zu befriedigenden Aussagen führen kann, weil die Wahrheit zum Geheimnis Gottes gehört und der Mensch das göttliche Geheimnis nicht vollständig versteht.[164] Gerade deswegen würde sich Laktanz auch gegen eine Einordnung seiner Aussagen in vorangehende philosophische Traditionen verwahrt haben. Allgemeingültige, wahrheitsgemäße, normative Aussagen für das irdische Leben können nach christlicher Lehre nur der Gotteserkenntnis und der darin begründeten Akzeptanz des göttlichen Gebotes entspringen. Durch reinen Gebrauch der menschlichen Vernunft in Unkenntnis Gottes sind sie niemals zu gewinnen.[165]

Erst aus dieser doppelten Überlegenheit des göttlich-normativen gegenüber dem irdisch-kasuistischen erschließt sich die Struktur des Werkes, das von *De falsa religione* (I), über *De origine erroris* (II) und *De falsa sapientia* aufsteigt zur Offenbarung *De vera sapientia et religione* (IV) und damit zur Gerechtigkeit (*De Iustitia*,V), der rechten Gottesverehrung (*De vero cultu,* VI) und dem guten Leben (*De vita beata,* VII).[166] Der apologetischen Tradition im engeren Sinne, also der „Verteidigung" gegen falsche Anschuldigungen, sind darin allenfalls die ersten drei Bücher zuzuordnen. Sie sind aber auch im Kontext der erstrebten Vermittlung des göttlichen Rechts zu würdigen.[167] Zu der Zweckbestimmung seines Werks äußert sich Laktanz innerhalb der Schrift nur noch einmal zum Eingang des fünften Buches

163 Damit stellt sich Laktanz zugleich in die Tradition der stoisch-ciceronianischen Ethik. Die Aussage, nicht zu den Einzelthemen des Zivilrechts Stellung nehmen zu wollen, ist *Cicero*, De legibus, 1,14 entlehnt, so *Winger*, Laktanz, 38, der zudem darauf verweist, dass damit auch der Unterschied zu früheren christlichen Autoren (Tertullian, Cyprian), die häufiger zum Mittel der Einzelfalldarstellung gegriffen hatten, (vgl. Tertullian, De cultu feminarum) herausgestellt ist; *Mies*, 330.

164 *Lactantius*, Div. Inst. 1, 1, 1; 5.

165 Es ist daher allenfalls im Sinn der stoisch-ciceronianischen Traditionslinie richtig, von Laktanz als dem „Cicero Christianus" zu sprechen, wie dies etwa Wlosok, Hdb. Lat. Lit, § 570, getan hat.

166 *Heck/Schickler*, Epitome, Einl. 15: „...Weg des Menschen von Irrtum und Gottesferne zu Wahrheit und Gottesnähe."

167 *Heck*, Kaiseranreden, 147 ist daher nur teilweise zuzustimmen, wenn er davon spricht, die Unterscheidung zwischen primär apologetischen und weniger apologetischen Büchern der Div. Inst. sei „sachlich völlig unzutreffend". Richtig daran ist, dass sämtliche Bücher der Institutionen gegen das Heidentum gerichtete, apologetische Elemente enthalten, eine Scheidung der Bücher 1–3 vom übrigen Werk also „sachlich" nicht klar auszumachen ist. Deutlich ist aber auch, dass Laktanz spätestens mit dem fünften Buch nicht so sehr Verteidigung als vielmehr Unterrichtung erstrebt, die Gesamtbewertung des Werkes also davon abhängt, ob man – wie sein Verfasser – den Charakter eines Lehrbuches betont, oder schlicht

über die *iustitia.* Wie die Apologeten will er Ankläger zurückstoßen, die sich (*superba inpietate stimulatus*) der Wahrheit gegenüber versperren. Zugleich sollen die Institutionen einen Schlussstein der Apologetik bilden und neben den gegenwärtigen auch alle künftigen Anschuldigungen ausräumen. Auch er selbst sieht sich methodisch nur eingeschränkt in der unmittelbaren Nachfolge seiner christlichen Vorgänger. Von Tertullian hebe ihn das Streben ab, nicht nur unrechte Vorwürfe zu negieren, sondern zugleich zu lehren (*instituere*). Von Cyprian unterscheide ihn der Ansatz, diesem Zweck nicht nur durch Anführung von Schriftbeispielen, sondern durch Argumente und mit Vernunft zu nachzugehen (*argumentis et ratione*). So werde die Verwirrung vermieden, die die ganze Wahrheit der Heiligen Schrift bei unwissenden Menschen auslösen könne.[168] Daher imitiere er auch nicht Minucius Felix (*non ignobilis inter causidicis)*, der sich aus seiner Sicht besser der Wahrheit als der Redekunst gewidmet hätte und auch nicht Tertullian, dem es an Eloquenz gefehlt habe.[169]

Die systematische Stellung dieser zweiten Rechtfertigung des Werkes deutet bereits an, dass hier nach der Ablehnung der Irrtümer und der christlichen Darstellung der Quelle der Offenbarung ein neuer Abschnitt beginnt, nämlich der versprochene Diskurs über die *iustitia* und damit über die urrömische und urgöttliche Handlungstugend und die Quelle allen Rechts.[170] Laktanz verspricht, sich mit seinen Gegnern auf Augenhöhe messen zu wollen. Er will sie ohne Verwendung ihrer Mittel, aber unter Aufnahme der ihnen eigenen Begrifflichkeiten, schlagen. Wie Tertullian erklärt er sich zum Anwalt der christlichen Sache, die er mit rechtlicher Begründung vortragen will.

b) Falsche Religion und Herrscherideologie der Tetrarchie

Demgemäß zielt das erste Buch „Von der falschen Religion“ auf die Widerlegung des Götterglaubens ab. Die Darstellung befasst sich hierbei aber vor allem mit dem Anspruch des falschen Glaubens, der Wahrheit (*veritas*) zu entsprechen und die Menschen gerechter (*iustior*) oder besser (*melior*) zu machen.[171]

auf den Inhalt, der ohne eine Vielzahl apologetischer Elemente nicht auskommt, abstellt. So übrigens hinsichtlich der „Epitome“ *Heck/Schickler*, Epitome, Einl. 35.

168 *Lactantius*, Div. Inst. 5, 4, 1–3; 4–8. Tatsächlich bedeutet dies, was Laktanz nur für das konkrete Beispiel Cyprians zugeben will, dass die Heilige Schrift nicht demjenigen vorgehalten werden soll, dem alleine diese Tatsache als Vorwand dienen würde, einen Dialog überhaupt zu verweigern. Zur Eigenständigkeit vgl. *Swift*, AJPh. 89 (1968), 144.

169 *Lactantius*, Div. Inst. 5, 1, 22–24.

170 *Lactantius*, Div. Inst. 5, 5, 1: „Nunc reddenda est de iustitia proposita disputatio. Quae aut ipsa est summa uirtus aut fons est ipse uirtutis.“

171 *Lactantius*, Div. Inst. 1, 1, 2; 5.

aa) Das Streben nach dem höchsten Gut als Grundlage der Gotteserkenntnis

Ausgangspunkt der Darstellung ist das Streben nach dem höchsten Gut. Es ist von vielen Menschen großen Talents richtigerweise als Wahrheitsstreben bezeichnet worden. Sein Ziel hat es stets verfehlt, weil ohne Gotteserkenntnis mit menschlichen Mitteln die im Geheimnis Gottes liegende Wahrheit nicht erkannt wird. In der Suche nach Wahrheit und rechtem Leben (*recte vivere*) heben sich die griechischen Philosophen jedenfalls positiv von den bloßen Oratoren ab, deren einziges Bedürfnis in der schönen Rede besteht (*bene dicere*), ohne dass damit ein allgemeines menschliches Gut erstrebt wird.[172] Ignoriert man aus den oben angesprochenen Gründen zunächst die Anrede an Konstantin,[173] so fügt sich der nachfolgende Abschnitt nahtlos in die bisherige Darstellung ein. Oratoren und Philosophen sind Anhänger der *philosophia terrenae*. Sie können daher die himmlische Weisheit nicht erkennen und müssen ihr erst (durch Laktanz) zugeführt werden. Die himmlische Weisheit besteht in der Wahrheit der Zweckbestimmung des Menschen von Geburt an und in der Fähigkeit des Menschen, sein Verhalten gemäß dieser Zweckbestimmung einzurichten. Kurz gefasst lässt sich aussagen, dass Religion nicht ohne Weisheit und Weisheit nicht ohne Religion von Bestand ist.[174]

bb) Das eine himmlische und irdische Imperium

Da Gotteserkenntnis Voraussetzung der Kenntnis von der Wahrheit ist, bedarf es eines Gottesbeweises. Ihm widmet Laktanz den verbleibenden Teil des ersten Buches, der aufgrund des starken Bezuges zur römischen Herrscherideologie und Herrschaftswirklichkeit wertvolle Rückschlüsse auch auf das von Laktanz erstrebte Ideal irdischer Herrschaft zulässt. Die Existenz Gottes lässt sich schon in der sichtbaren Ordnung der Natur wahrnehmen. Von den Stoikern und Cicero ist sie als in der Natur wirkende *providentia* wahrgenommen worden.[175] Weniger selbstverständlich, von Laktanz aber dennoch als gewiss vorausgesetzt, ist die Tatsache, dass es nur einen Gott gibt. Da ein ewiger Geist (*aeterna mens)* nur als vollkommen gedacht werden kann, kann es nur einen Gott geben. Mehrere Götter sind nicht vollkommen, da sie nicht alle Dinge in sich einschließen. Vollkommenheit erfordert einen Gott, der alle Gewalt und Tugend (*potestats enim uel uirtus absoluta*) vereint.[176] Auf Erden manifestiert sich diese himmlische Ordnung in der Ordnung des Heeres. Keine Armee kennt so viele Generäle (*imperatores)* wie Legionen und Kohorten, weil sonst jede Kontrolle vereitelt würde. Ebenso kann daher auch in jener Herrschaft in den Dingen der Natur nur ein einziges *imperium* existieren.[177] Das *imperium* Gottes ist

---

172 *Lactantius*, Div. Inst. 1, 1, 9.

173 *Lactantius*, Div. Inst. 1, 1, 13–16. Zu den Kaiseranreden vgl. unten D. IV. 6.

174 *Lactantius*, Div. Inst. 1, 1, 17 ff., 25: „...ut neque religio ulla sine sapientia suscipienda sit nec ulla sine religione probanda sapientia".

175 *Lactantius*, Div. Inst. 1, 2, 1; 3.

176 *Lactantius*, Div. Inst. 1, 2, 3 f.

177 *Lactantius*, Div. Inst. 1, 2, 19.

auf Erden auch sichtbar. Kein Mensch würde bezweifeln, dass derjenige König (*rex*) höchste Macht ausübt, der Inhaber des Imperiums über die gesamte Welt ist. Wenn aber Gott nur als perfekt gedacht werden kann, also nur als mit höchster Macht ausgestattet, dann muss ihm auch das umfassende himmlische Imperium zukommen.[178] Gleich dem einen Gott existiert ein Inhaber des irdischen Imperiums, ein General der Legion, mit der Berufung zur Leitung des Menschenvolkes auf Erden. Die Aussage des gallischen Rhetors des Jahres 297, die Vierheit der tetrarchischen Herrschaft stelle die Natur der Dinge dar, ist falsch. Die Herrschaft über die Welt (*mundus*) steht ebenso einem Herrscher zu, wie ein Verstand über den Körper herrscht.[179]

cc) Die irrige Erhebung Jupiters, Herkules und der Götter zu Tugendgestalten

Die sich damit bereits ankündigende Kritik an der Grundlegung der Tetrarchie vertieft Laktanz nunmehr konsequent. Der Mehrzahl derjenigen, die sich für den Götterglauben ausgesprochen haben, spricht er jedwede Kompetenz zu Aussagen über die Grundsätze der *iustitia* ab. Wer für sich selbst Reichtümer und Gewinn erstrebe, versage sich selbst dieser Qualität.[180] Die wenigen aber die hierzu befähigt sind – die Stoiker, allen voran Cicero, der *princeps* der römischen Philosophen[181] – erkennen zwar, dass die Götter Menschen sind, heben diese dann aber dennoch aufgrund ihrer Tugendhaftigkeit in den Himmel und fügen sie so mangels Wahrheitskenntnis in die „natürlichen Dinge“ ein.[182] Ihre Auffassung ist nicht nur dogmatisch inkonsequent,

178 *Lactantius*, Div. Inst. 1, 3, 5–7; dazu *DePalma Digeser*, Lactantius, 33.

179 *Lactantius*, Div. Inst. 1, 3, 19 u. 20–21; *DePalma Digeser*, Lactantius, 34 die auf Senecas Auffassung des Verhältnisses von Kaiser und Reich als Geist/Körper Bezug nimmt; vgl. *Seneca*, De clementia, 1, 4, 1.

180 *Lactatnius*, Div. Inst. 1, 4, 6 f.

181 *Lactantius*, Div. Inst. 1, 17, 3. Zu einer ernsthaft wissenschaftlichen Auseinandersetzung mit den Philosophen sieht sich Laktanz nur in Ansehung der philosopischen Schulen veranlasst, die jedenfalls ausweislich ihrer Lehre und des Lebens iherer Anhänger auch aus christlicher Sicht nach der Wahrheit gestrebt haben (v. a. die Lehrer der „Akademie“ und die Stoiker). Wenngleich er auch hier durchaus scharfe Kritik übt, erkennt er sie jedenfalls als legitime Diskussionspartner an. Das Werk zehrt von der Auseinandersetzung mit den Auffassungen Ciceros, vgl. auch 1, 15, 16: Er ist trotz seiner Eloquenz (1, 17, 4) nicht nur Orator, sondern auch Philosoph. Zur Bestimmung der Wahrheit nach der Heiligen Schrift: *Swift*, AJPh. 89 (1968), 146.

182 *Lactantius*, Div. Inst. 1, 11, 40: Cicero erkläre, Juno und Jupiter hätten ihre Namen daher erhalten, dass sie hilfreich (iuuans) gewesen seien . Er spreche davon, dass Menschen („beneficiis excellentis uiros in caelum“) erhoben worden seien und zwar wegen der Verdienstlichkeit ihrer sapientia, der von ihnen gegebenen Gesetze und Institutionen. Er, der nicht nur Orator sondern auch Philosoph gewesen sei, räume also ein, dass die Götter Menschen seien. Dennoch lehne er im dritten Buch über die Natur der Götter den falschen Aberglauben ab und gestatte dann doch die Verehrung. Auch die Poeten (1, 12, 1) behaupten, dass Saturn „iustus in regno“ gewesen sei. Zur „veritas corrupta“: *Buchheit*, WJA 4 (1978), 169.

sondern auch in der Sache angreifbar, weil die verehrten Götter keineswegs jenen Tugendgestalten gleichen, die die Stoiker verehrt sehen wollen.

Laktanz stellt konkret auf die höchsten Staatsgötter ab, wie sie unter Diokletian und Maximian verehrt werden. Herkules, der gerade aufgrund seiner Tugend wie ein Africanus unter den Göttern verehrt wird, hat die Erde durch die freie Anhänglichkeit an seine Leidenschaften verpestet und keineswegs wie behauptet verbessert. Wer aber gegen jedes Recht *(contra omnes leges)* Männer wie Frauen mit Herablassung behandelt und einzig darin herausragt, dass er wilde Tiere mit Stärke überwindet, bekräftigt so allenfalls seine menschliche Natur. Menschliche Macht wird aber stets von Menschen durch Eisen und Stärke überwunden. In den göttlichen Tugenden wahrer Stärke, nämlich der Zähmung der Seele und des Zorns, ragt Herkules nicht heraus. Die Oratoren hätten daher gut daran getan, sich auch zu *luxuria*, *cupiditas* und *insolentia* der von ihnen gelobten Gottheit zu äußern und so die wahre Art ihrer Göttlichkeit darzustellen. In der Überwindung von Wild, Raubvögeln und Amazonen zeigt sich keine menschliche Tugend. Sie bedarf der Zurückdrängung der Leidenschaften der Seele, der Mäßigung eigener Lüste. Gerade darin, die Gott ähnliche Tugend der Seele und nicht diejenige des Körpers auszuprägen, hat sich Herkules nicht hervorgetan. Als tapfer (*vir fortis*) kann nur bezeichnet werden, wer in geduldiger Selbstbeschränkung gerecht ist *(temperans et moderatus et iustus)*.[183]

Widmet sich der Christ der Frage nach der Tugendhaftigkeit der Götter, kommt er nicht umhin, seine Kritik auch an dem Vater der Götter, Jupiter, zu verifizieren. Auch dieser hat sich von Kindesbeinen an als *inpius* erwiesen. Seinen Vater hat er aus dem Königtum vertrieben und verbannt, obwohl dieser noch bei Kräften war. Nachdem er den Thron durch Gewalt und Waffen *(per uim, per arma)* an sich gerissen hatte, gelang es ihm zwar die Titanen zu überwinden und Frieden *(pax)* herzustellen, doch nur, um darin seinen Lastern frönen zu können. Cicero, der Jupiter als *optimus maximus* preist, hat einen Menschen in den Himmel erhoben. Er hat dies zudem ohne Ansehung von dessen Taten getan und dadurch einen Verbrecher überhöht. Jupiter als Gott anzusehen wäre nach Auffassung des Laktanz nur möglich, wenn künftig alle Verbrecher des Lobpreises würdig wären.[184] Laktanz stellt klar, dass dies auch dann gelten würde, wenn man Jupiter eine gerechte Regierung zuschreiben könnte. Selbst wenn er das Attribut *iustus in regno* verdient hätte, ginge eine so weitgehende Erhebung aufgrund seiner *inpietas* dennoch fehl. Sie würde ein Tugendvorbild schaffen, das selbst kein Tugendvorbild darstellt.[185]

183 *Lactantius*, Div. Inst. 1, 9, 1–7. Zur Herkuleskritik vgl. *Monat*, Polémique, 577.

184 *Lactantius*, Div. Inst. 1, 10, 10–14; 1, 11, 1. Hinzu kommt in 1, 11 die übliche Frage, wie derjenige, der wie Jupiter von Göttern geboren sei, selbst Gott sein könne.

185 *Lactantius*, Div. Inst. 1, 12, 1 f. Immerhin hat er nicht 1, 11, 51, 62 sich selbst oder seine Vorfahren zu Göttern erhoben. Zur Verneinung der iustitia-Tugend Saturns vgl. *Swift*, AJPh. 89 (1968), 149.

dd) Die Vergöttlichung falscher Tugenden

Die Auswahlentscheidung der Vergöttlichung ist also fehlerhaft, auch deswegen, weil falsche menschliche Tugenden als Kriterien fungieren. Die Deifikation erfolgt nicht aufgrund der Güter der Seele, was das Beispiel des Herkules eindringlich belegt, sondern aufgrund einer falsch verstandenen körperlichen *fortitudo,*[186] einer tierischen Stärke der Muskeln. Ein König wird als Gott verehrt, wenn er möglichst viele Katastrophen herbeigeführt hat, weil sich die Menschen gerne vorstellen möchten, dass tapfere und kriegerische Generäle in die Versammlung der Götter aufgenommen werden. Sie glauben, es führe kein anderer Weg zur Unsterblichkeit, als der, das Gebiet anderer zu verwüsten, Städte zu zerstören und zu vernichten und freie Menschen zu töten oder zu versklaven. So wird schließlich derjenige, der „nur“ einen Menschen tötet, als Verbrecher bezeichnet, während zugleich die Tötung unzählbar vieler Menschen aufgrund der damit errichten, inhaltsleeren *gloria* dem Täter den Weg zu himmlischen Ehren ebnet.[187]

ee) Die Aufhebung der concordia durch falsche Götterverehrung aus falschen Gründen

Wie auf diesem Wege, wenn nämlich einzig das Blutvergießen zur Unsterblichkeit führt, jemals ein gemeinschaftliches Zusammenleben in *concordia* erreicht werden soll, erscheint Laktanz schleierhaft. Entscheiden sich die Menschen nach Maßgabe dieser falschen Ordnung in „Unschuld“ und als „Gerechte“ zu leben, so ist die Tugend der Existenz beraubt. Die öffentliche Ruhe (*otium publicum*) wird aufgehoben, das Band der menschlichen Gesellschaft (*humane societatis foedus*) zerschnitten.[188] Als Fazit bleibt der doppelte Irrtum der Götterverehrung festzuhalten: Die Römer verehren „falsche Götter“ aus „falschen Gründen“.[189] Die vom körperlichen Laster geprägten Göttergestalten, allen voran Jupiter, sind in Wahrheit Menschen. Sie erheben sich selbst zu Göttern, indem sie durch schlechte Taten nach göttlichen Ehren streben. So hat auch Jupiter zuerst seine Großeltern Uranos und Ops vergöttlicht, sich dann selbst göttliche Ehren zugesprochen und noch später haben die im Irrtum befindlichen Menschen schließlich Herkules wegen seiner Stärke unter die Götter erhoben.[190]

---

186 *Lactantius*, Div. Inst. 1, 18, 3.

187 *Lactantius*, Div. Inst. 1, 18, 8–10.

188 *Lactantius*, Div. Inst. 1, 18, 16 f.

189 *Heck/Schickler*, Epitome, Einl., 16: Götter als „ehemalige, zudem moralisch fragwürdige Menschen.“

190 *Lactantius*, Div. Inst. 1, 9, 1; 1, 11, 61–63; 1, 12, 2; 1, 13, 1–15 v.a. 4; 1, 22; 23; 26; 28; *DePalmer/Digeser*, Lactantius, 34.

ff) Bewertung

(1) Die mangelnde Tugendhaftigkeit Maximians und Diokletians

Auch wenn Laktanz sich mit seinen Ausführungen inhaltlich streng an das von der apologetischen Tradition vorgegebene Schema hält und Ansätze früherer Apologetik wieder aufgreift, verfolgt seine Darstellung erkennbar einen doppelten Zweck. Er will unterrichten; der Bezug der Ausführungen über die Götterverehrung auf Jupiter und Herkules trifft aber vor dem Hintergrund der diokletianischen Christenverfolgung zur Zeit der Entstehung des Werkes unmittelbar die Herrschaftsideologie und auch das Herrscherlob der Zeit. Seine Götterkritik ist nicht nur die Kritik einer Tradition von Oratoren, die das allgemeine Gut nicht erkannt haben.[191] So stellt Laktanz dem gängigen Lobpreis der *fortitudo* des Herculius (Maximian) die Kritik entgegen, dass nicht körperlicher *fortitudo*, sondern alleine den Tugenden der Seele Lobpreis zusteht. Hierfür kann er sich auch auf die Tradition römischer Staatstheoretiker berufen. Dem *Iovius* Diokletian ist demgegenüber immerhin die gerechte Regierung zugute zu halten. Der Zweifel des Laktanz an der Integrität Jupiters, der seinen Vorgänger und Göttervater Saturn gewaltsam vom Thron gestoßen hat, trifft allerdings auch Diokletian. Denn auch er profitierte bei Erlangung der Kaiserherrschaft von der nicht vollständig aufzuklärenden Ermordung Numerians.[192] Der gegen Jupiter und Diokletian gerichtete Vorwurf mangelnder *pietas* widerspricht damit den in der Panegyrik vorherrschenden Aussagen, die *felicitas* der Zeit sei der Wiederaufrichtung des Götterglaubens (*pietas*) zu verdanken.

(2) Falsche pietas als Grundlage falscher Götterverehrung

So wie schon grundsätzlich die Verehrung falscher Götter in den Augen des christlichen Institutionenlehrers überhaupt keine Form der *pietas* darstellt, ist gerade auch Jupiter rechter *pietas* nicht zugänglich. Er ist es, der den Vater mit Gewalt seiner Herrschaft beraubt. Die *pietas*-Kritik hat also einen doppelten Inhalt. Es fehlt Diokletian an rechter *pietas*, weil in Jupiter ein falscher Gott verehrt wird, es fehlt ihm aber auch an *pietas*, weil er mit Jupiter einen Gott verehren lässt, der dem Vater die ihm gebotene Achtung verweigert. Die Kritik an Diokletian fügt sich damit sowohl in die christliche wie die römische Traditionslinie des *pietas*-Begriffs ein. Wo aber die *pietas* fehlt, kann es die vermeintliche von der *concordia* der Herrscher geleitete und dem Frieden und der Gerechtigkeit dienende Wiederaufrichtung der römischen Ordnung nach den Stürmen vergangener Zeitalter nicht geben. Daher

---

191 Dass Laktanz, jedenfalls später die Herrschaft durch einen von Gott eingesetzten Herrscher gemeint hat, belegt *Lactantius*, Epitome, 2, 1–3, 4–6.

192 *DePalma Digeser*, Lactantius, 37: „...because Diocletian, the Jovian ruler, may well have been implicated in the death of his predecessor, Numerian, the emphasis Lactantius gives to Jupiter's usurpation may be drawing attention to the unsavory and illegitimate character of Diocletian's accession." Es geht Laktanz eben nicht nur um heidnische Fehler, wie *Swift*, AJPh. 89 (1968), 149 herausstellt; *Buchheit*, WJA 4 (1978), 171.

irren die Panegyriker. Jupiter und Hercules zu verehren, mag dem so Ausgezeichneten solange zu Götterruhm verhelfen, wie die falschen Tugenden Anerkennung erfahren. Ein dauerhafter Friedenszustand innerhalb der Gesellschaft ist damit nicht herbeizuführen, eine auf *aequitas* gegründete Herrschaft bleibt ausgeschlossen. Wo alleine körperliche Tapferkeit herrscht, wird diese immer wieder überwunden werden von denen, die nicht durch Friedfertigkeit, sondern durch Krieg und Verwüstung zu Ruhm gelangen suchen. Auch dieses Element ist in der Überwindung Saturns durch Jupiter angelegt.[193]

(3) Rechte pietas nicht durch vergöttlichte Tugend, sondern im christlichen Glauben

Wenn aus christlicher Sicht die Könige der Welt Verehrung verdienen, dann nur aufgrund einer nach außen manifesten Tugendhaftigkeit der Seele, die das Lob rein äußerlicher Tapferkeit eines Herkules aufgibt, das wilden Tieren besser ansteht.[194] Die Schaffung von Göttern durch Menschenhand – also die Herausstellung Jupiters und Herkules durch Diokletian – sowie die spätere Selbsterhebung zu einem Gott – ist durch und durch irdisch. Sie hat mehr mit sich selbst überhebender *superbia*, als mit rechter Gottesverehrung zu tun. Keinesfalls ist sie Ausdruck eines Goldenen Zeitalters, das rechte Gottesverehrung noch kannte.[195] Ohne je das römische Staatswesen der Zeit ausdrücklich angesprochen zu haben, deutet Laktanz die ihm einzig möglich erscheinende Lösung des Dilemmas an: die Zuwendung auf einen Glauben, der die Tugenden der Seele in den Mittelpunkt stellt, und zwar nicht in Form ihrer Vergöttlichung, sondern als aktive Handlungstugenden der menschlichen Seele und auch ihrer Herrscher. Dadurch wird das schlechte Vorbild falscher Götter aufgegeben und auch die Vergöttlichung falscher Tugendhaftigkeit.[196]

---

193 *Lactantius*, Div. Inst. 1, 11, 8. Begründet wird hierdurch die beständige Furcht Jupiters, selbst eines Tages durch Gewaltakt vom Thron gestoßen zu werden. *DePalma/Digeser*, Lactantius, 37 führt (Div. Inst. 1, 11, 63, 62) zusätzlich aus, dass *Laktanz* sich bewusst für die Traditionslinie des Ennius entschieden habe, in der Jupiter und nicht Saturn Begründer des falschen Glaubens ist. Zur Frage der mit Herkules verbundenen unrechten Gewalt dort, 38; *Buchheit*, WJA 4 (1978), 173.

194 Provokant fragt *Laktanz*, Div. Inst. 1, 21, 18: „non satius est pecudum modo uiuere quam deos tam inpios, tam profanos, tam sanguinarios colere?"

195 *Lactantius*, Div. Inst. 1, 11, 50–51; *DePalma Digeser*, Lactantius, 36: „Lactantius finds it ludicrous to think that a human being can become divine because another human being has conferred the honor", mit Verweis auf *Lactantius*, Div. Inst. 1, 15, 16–28; vgl. auch 1, 22, 28.

196 Ob er damit zugleich alle monotheistischen Glaubensgemeinschaften von dem der Tetrarchie zugrunde liegenden, fundamentalen Irrtum der „Vielgötterei" und damit zum Abfall von der Tetrarchie bewegen wollte, wie *DePalma Digeser*, Lactantius, 39 behauptet hat, ist zweifelhaft. Das Werk des Laktanz hat nicht den Anspruch den Monotheismus, sondern das Christentum zu rechtfertigen (vgl. nur das vierte Buch); *Mies*, 338 f.

Auch die Tugend selbst ist nicht der Vergöttlichung würdig. Dies folgt aus ihrer Qualität als eine Eigenschaft des Menschen. Menschen aber sind Laster und Tugenden gegeben. Die Leistung der Tugend besteht in der Überwindung der Laster durch den Menschen. Vergöttlichte man daher die Tugend selbst, nicht aber die Laster, geriete der Tugendbegriff zu einer bloßen Hülle. Verehrt würde ein bloßer Schatten von Tugend. Externalisierung und Vergöttlichung von Tugend lassen den Menschen den Ort der Tugend innerhalb der menschlichen Brust vergessen. Er versäumt es dann, sich die Nichtexistenz der Tugend bei Herrschaft innerer Laster und der Gier (*avaritia*) nach den Gütern Dritter zu vergegenwärtigen. Keine wie auch immer geartete Verehrung von Tugenden kann den Griff des Menschen zu Gift und Schwert verhindern, wenn sie auf falsche Prämissen gestützt ist. *Pax* und *concordia* weichen dann zuletzt dem Krieg.[197]

c) Die Folgen falscher Götterverehrung – irdische Laster und Gewalt

Vor dem Hintergrund dieser Erkenntnis wendet sich Laktanz im zweiten Buch der Frage nach der Quelle der falschen Götterverehrung und den daraus folgenden Konsequenzen für das menschliche Verhalten zu.

aa) Mangelnde Gottesverehrung durch Blick auf irdische Güter

Lässt man die Zueignung an Konstantin[198] wiederum außer Acht, so bildet die Feststellung, dass die Menschen nur dann Zuflucht zu Gott suchen, wenn der Genuss der durch Gott gewährten Güter durch Gewalt und Krieg gefährdet erscheint,[199] den Ausgangspunkt der Darstellung. Nur in diesen Fällen flehen sie zu Gott und opfern nach Abwendung der Gefahr ihren Göttern, die sie bekränzen. Ursprünglich sind *prosperitas* und *luxuria* für die gegenüber Gott geübte *inpietas* verantwortlich.[200] In der Erschaffung von Götterbildern, der Opferung von Gold, Elfenbein und Juwelen nur in Zeiten materieller Nöte, verharren die Menschen im Blick auf die Erde und auf irdische Güter. Sie verhalten sich wie die Tiere und machen keinen

---

197 *Lactantius*, Div. Inst. 1, 20, 18 f.; 23–25: „firmius et incorruptius templum est pectus humanum: hoc potius ornetur hoc ueris illis numinibus inpleatur. has ergo falsas consecrationes sequitur quod necesse est. qui enim sic uirtutes colunt id est qui umbras et imagines uirtutum consectantur, ea ipsa quae uera sunt tenere non possunt. itaque nulla in quoquam uirtus est, uitiis ubique dominantibus, nulla fides, omnia pro se quoque rapiente, nulla pietas, nec consanguineis nec parentibus parcente auaritia et cupiditate in uenena et in ferrum ruente, nulla pax, nulla concordia, publice bellis saeuientibus, priuatim uero inimicitiis usque ad sanguinem furentibus, nulla pudicitia, libidinibus effrenatis omnem sexum et omnes corporis partes contaminantibus."

198 *Lactantius*, Div. Inst. 2, 1, 1–6.

199 *Lactantius*, Div. Inst. 2, 1, 8; 2, 1, 11: „numquam igitur dei meminerunt, nisi dum in malis sunt...".

200 *Lactantius*, Div. Inst. 2, 1, 11 f.

Gebrauch von der menschlichen Vernunft und Weisheit, die den Blick des Menschen unweigerlich zum Himmel lenken muss.[201]

bb) Der Irrtum der Philosophie

Erneut wirft Laktanz auch Cicero die Anhänglichkeit an einen als falsch erkannten Götterglauben vor. Er nimmt ihn aber mit dem Verweis auf die berechtigte Furcht vor dem Gefängnis des Sokrates in Schutz, der ein von Affekten freier Stoiker freilich nicht ausgesetzt sein dürfte. Die Frage, welchen Nutzen Wahrheitserkenntnis bringt, die weder verteidigt noch in Handlungen verfolgt wird, muss sich der spätrepublikanische Moralphilosoph allerdings stellen lassen.[202] Den damit verbundenen Vorwurf schwächt allerdings die Tatsache ab, dass die Grenzen der menschlichen Weisheit mit der Erkenntnis des Falschen als unwahr erreicht sind. Das Wissen um die göttliche Wahrheit bleibt menschlichem Verstand verschlossen.[203] Daher ziehen die Philosophen aus der Erkenntnis der Harmonie in der Schöpfung auch falsche Schlüsse. Indem sie das irdische Schöpfungswerk Gottes selbst vergöttlichen, glauben sie, dass Gott an dem Anteil nehmen müsste, was sie selbst für sich erstreben, nämlich an materiellen Opfergaben.[204]

cc) Irdische avaritia und cupiditas als Ursachen schlechter Regierung

Nur weil die Menschen falsche, irdische Dinge verehren, kann sich ein Despot wie Dionysius die *inpietas* erlauben, den Göttern ihre reichen Gewänder wegzunehmen – weil er König und siegreich ist. Jedem anderen hätte dafür schwerste Strafe gedroht.[205] Dem Glauben an irdische Dinge folgen daher die irdischen Laster des Königtums. Er führt zu einem Recht des körperlich Tapfersten, zu einer Missachtung göttlicher Gesetze ohne Furcht vor dem Zorn nicht existierender Götter, während der König gleichzeitig das Sakrileg jedes anderen mit den schwersten Strafen bedroht. Menschen, die meinen, menschliche Lebewesen in Form von Göttern durch Gegenstände irdischen Begehrens (Gold Juwelen und Elfenbein) verehren zu müssen, opfern in Wirklichkeit *avaritia* und *cupiditas* unter dem Deckmantel der Göttlichkeit. Sie glauben, die Götter müssten begehren, was sie selbst begehren. Daraus folgen *furta et homicida et latrocinia* und auch die Kriege, die die Städte und Nationen auf der gesamten Welt verheeren.[206]

---

201 *Lactantius*, Div. Inst. 2, 1, 13–16; 2, 2, 10–12; 2, 4, 8.
202 *Lactantius*, Div. Inst. 2, 3, 1–5.
203 *Lactantius*, Div. Inst. 2, 3, 22–25.
204 *Lactantius*, Div. Inst, 2, 5–6; 2, 6, 1 ff.
205 *Lactantius*, Div. Inst. 2, 4, 20–23: „haec ille fecit inpune, quia rex et uictor fuit...“.
206 *Lactantius*, Div. Inst. 2, 6, 1–5.

dd) Der Ausweg rechter Seelentugend

Hingen die Menschen nicht blind dem Glauben der Vorväter an und gebrauchten sie statt dessen ihren gottgegebenen und mit der Fähigkeit des eigenen Urteils ausgestatteten Verstand zu Urteilen über Gott und die Schöpfung, so wäre kraft der gottgegebenen Weisheit der Irrtum heidnischer Gottesverehrung leicht zu entkräften. Der Einsicht von der Schöpfung des Menschen aus Seele und Körper, Himmel und Erde folgte dann die Erkenntnis vom Ende des Körpers mit dem ersten Tod. Daraus ließe sich der Vorrang aller Handlungen ableiten, die den Erhalt der ewigen Seele im Blick haben und daher das rechte Verhalten erstreben.[207] Die Berufung auf den göttlichen Schutz und göttlichen Geist der Herrscher beruht auf dieser dem Heidenglauben immanenten Verwechslung der irdischen mit den göttlichen Dingen. Die unter Diokletian eingeführte Adoration, also der Kniefall verbunden mit dem Küssen des kaiserlichen Mantels, ist typisches Zeichen der Verehrung irdischer Dinge unter dem Deckmantel der Götterverehrung.[208]

d) Falsche Weisheit: Blick auf Irdisches durch Abwendung von Gerechtigkeit

Neben den Irrtum falscher Religion tritt begünstigend auch der Irrtum falscher *sapientia*. Ihm widmet Laktanz das dritte Buch der Institutionen. Auch diesem Irrtum ist die Zuwendung der Menschen auf alles Irdische zuzuschreiben. Die Wahrheit, die in der Erkenntnis eines Gottes besteht, gestattet nur eine Religion und kennt nur eine Weisheit, nämlich Gott.[209]

aa) Die Grenzen menschlichen Wissens

Es ist der grundlegende Irrtum der Philosophie, die „Liebe zur Weisheit“, also das Streben nach Weisheit (*sapientia*) mit der Möglichkeit ihrer Erlangung durch den Menschen zu verwechseln. Die Überzeugung, wenn der Mensch nur lange genug nach Weisheit strebe, müsse er sie aus eigener Leistung entdecken, ist auch vor dem Hintergrund der philosophischen Methode selbst nicht haltbar.[210] Der Methodendualismus des Strebens nach Wissen entweder „aus sich selbst heraus“ oder durch das „Dafürhalten“ des Philosophen erreicht dieses Ziel nicht. Vollständiges Wissen aus sich selbst heraus ist einzig eine Eigenschaft Gottes. Das Wissen des Menschen ist notwendig begrenzt: Wenngleich er einige Dinge wissen muss (Sterblichkeit, Erkenntnis der Bahnen von Sonne und Mond; Bearbeitung des Ackers

207 *Lactantius*, Div. Inst. 2, 7, 1 f.; 2, 8–11.

208 Damit schließt sich Laktanz der in der römischen Literatur geäußerten Kritik an der Adoration an.

209 *Lactantius*, Div. Inst. 3, 1, 9: Aller Irrtum entstammt falscher Religion oder falsch angewandter Weisheit. Der christliche Glaube bietet die Synthese von sapientia und Religion, dazu: *Schäublin*, MH 32 (1975), 218; *Prete*, Gymnasium 63 (1956), 367.

210 *Lactantius*, Div. Inst, 3, 2, 3; 3, 2, 8 ff.

und Anwendung aller Künste), bleibt ihm das Wissen aus eigenem Streben verschlossen.[211] Die einzig verbleibende Methode des „Dafürhaltens“ und „Vermutens“ kann keine allgemeingültigen Erkenntnisse hervorbringen. Da viele Menschen zu unterschiedlichen Ergebnissen gelangen, führt sie nur zur Ausbildung verschiedener Lehrmeinungen. Ein Maßstab für die Richtigkeit der einen oder anderen Auffassung existiert nicht.[212] Menschliche Weisheit muss also einräumen, dass sie nicht alle Dinge weiß, da dies eine Eigenschaft Gottes ist. Sie muss zugleich bestreiten, dass sie nichts weiß, da Letzteres eine Eigenschaft der unvernünftigen Tiere darstellt.[213] Menschliches Wissen ist Wissen mittlerer Art (*aliquid medium*). Es folgt alleine aus der göttlichen Seele und nicht aus dem Körper.

bb) Die Bestimmung des höchsten Gutes

Die aus der Sicht des Laktanz entscheidende Frage nach dem rechten Leben (*quomodo nos oporteat uiuere*) formuliert die Moralphilosophie mit ihrem Versuch, das höchste Gut zu bestimmen, an dem sich alles menschliche Streben auszurichten hat.[214] Die Bestimmung des höchsten Gutes muss sich an der Zweiteilung von Körper und Seele und der Fähigkeit des Menschen zur Weisheit orientieren, weil Letztere ihn von den Tieren unterscheidet.[215] Die epikureische Anschauung vom höchsten Gut als Lustgewinn der menschlichen Seele oder des menschlichen Körpers ist zu verwerfen, weil auch Tiere Lustgewinn erfahren. Das höchste Gut wäre dann nicht spezifisch menschlich. Gleiches gilt für die Annahme der Peripatetiker, das höchste Gut liege in der Abwesenheit des Schmerzes. Auch die Auffassung Zenons, die Übereinstimmung mit der Natur sei zu erstreben, bezieht sich auf alle Lebewesen und ist abzulehnen. Wird zuletzt das Wissen selbst zum höchsten Gut ernannt, so ist damit zwar eine spezifische Eigenschaft des Menschen angesprochen, doch erstrebt der Mensch durch Wissen andere Dinge. Daher kann es nicht das höchste Gut darstellen.[216] Verbleibt die Auffassung der Stoiker und Ciceros, die Tugend (*virtus*) selbst sei das höchste Gut. Wenngleich von Laktanz dieses Ergebnis als absurd verworfen wird, billigt er dem dogmatischen Ansatz jedenfalls die unbestreitbare Erkenntnis zu, Tugend auch als größte Arbeit für das höchste Gut bestimmt zu haben.[217]

---

211 *Lactantius*, Div. Inst. 3, 3, 2 sowie 3, 5.

212 *Lactantius*, Div. Inst, 3, 3, 5–16 sowie 3, 4.

213 *Lactantius*, Div. Inst. 3, 6, 2 f.

214 *Lactantius*, Div. Inst. 3, 7, 1 f.

215 *Lactantius*, Div. Inst. 3, 7, 3.

216 *Lactantius*, Div. Inst. 3, 8, 9. Wer das höchste Gut als Lustgewinn bestimmt, muss sich die folgende Polemik des Laktanz gefallen lassen: „uero, inquit obscenus canis aut sus ille lutulentus...“, so auch wieder 3, 11, 6. Div. Inst. 3, 8, 16 (Peripatetiker); 3, 8, 20 (Zeno); 3, 8, 24 (Wissen).

217 *Lactantius*, Div. Inst. 3, 8, 32 f.

Laktanz stellt klar, dass die einzige Bestimmung des höchsten Gutes die wahre Weisheit (*vera sapientia*) ist. Nur sie ist als Weisheit der Seele ein spezifisch menschliches Gut, das nicht ohne Tugend oder Wissen erreicht werden kann.[218] Sie besteht in dem Eingeständnis, dass Gott der Schöpfer aller Dinge ist und der Mensch zu dem Zweck geschaffen wurde, Gott zu dienen. Diese Einsicht erfordert die Wahrnehmung der Schöpfung (das ist die Grenze des menschlichen Wissens) und ihre Rückführung auf Gott als den Schöpfer. Gott zu dienen, bedeutet *iustitia* in guten Werken zu üben. Menschlichkeit (*humanitas*) besteht in *iustitia*. Diese ist *pietas* und beinhaltet damit die Anerkennung Gottes als eines Elternteiles.[219]

cc) Zwischenbewertung

Laktanz betreibt gezielt die wissenschaftliche Ableitung einer christlichen Handlungslehre mit Mitteln und Begriffen der heidnischen Philosophie.[220] Nach Ausscheidung der heidnischen Religion als Quelle rechten Handelns in den ersten beiden Büchern unterwirft er die klassischen Schulweisheiten der Philosophie einem kritischen Blick. Dieser ist zwar durchaus vom Ziel – Darlegung der Überlegenheit des christlichen Glaubens – geleitet, hält sich aber insgesamt innerhalb der Grenzen des klassischen Weisheitsstrebens und setzt lediglich die Prämisse der unsterblichen Natur einer von Gott geschaffenen menschlichen Seele voraus. Daher verwirft er philosophische Erkenntnis, vor allem diejenige der Stoiker (Cicero) nicht in „Bausch und Bogen". Er weicht lediglich dort von ihr ab, wo er die Grenzen menschlichen Erkenntnisvermögens in der Lehre als überschritten ansieht. Sein Ergebnis – die in der Gottesverehrung bestehende wahre Weisheit ist das höchste zu erstrebende Gut des Menschen – begründet er gemäß den Vorgaben vor allem der stoischen Philosophie aus der spezifischen Eigenart des Menschen. Die in der Seele begründete Fähigkeit der Gottesverehrung hebt den Menschen von den Tieren ab. Der perfekte Verstand des Menschen ist terminologisch Weisheit, weil er einzig dem Menschen das Verständnis göttlicher Dinge ermöglicht, was auch Cicero erkannt hat.[221] Wer daher die Religion in seinem Weisheitsstreben ignoriert, nimmt das höchste Gut des Menschen weg und irrt.[222]

dd) Der Irrtum der Philosophie im Verhältnis zur christlichen Lehre

Wie zur Bekräftigung des Gesagten folgt in den Institutionen (3, 11) die Wiederholung der vorgenannten Ergebnisse: Lust, Reichtum oder Königsherrschaft sind nicht höchste Güter, ja nicht einmal Güter, die allen Menschen zu gleicher Zeit

218 *Lactantius*, Div. Inst. 3, 9, 1.

219 *Lactantius*, Div. Inst, 3, 9, 9 f.; 3, 9, 13; 14: „seruire autem deo nihil aliut est quam bonis operibus tueri et conseruare iustitiam"; 3, 9, 19. Zu dieser Ableitung vgl. das Schema bei *Prete*, Gymnasium 63 (1956), 370.

220 *Swift*, AJPh. 89 (1968), 145.

221 *Lactantius*, Div. Inst. 3, 10, 6–7.

222 *Lactantius*, Div. Inst. 3, 10, 9.

gemein sein können. Tugend hingegen zeichnet zwar den weisen Mann in höchstem Maße aus, erstrebt aber in der Bekämpfung der Übel selbst einen eigenen Zweck. Lust- oder Ansehensgewinn können diesen nicht konstituieren, da sie von der sich unterscheidenden Wahrnehmung anderer abhängen und die Tugend gerade darin besteht, das Begehren, die Liebe zu Lüsten, Reichtümern oder Herrschaften und Ehren aufzuheben.[223] Laktanz vermittelt so den Eindruck, einer an dieser Stelle unvollendeten stoischen Lehre, die die Tugend letztlich deswegen zum Selbstzweck habe erheben müssen, weil ihr der wahre Zweck verborgen geblieben sei.[224]

Das christliche Glaubensbekenntnis stellt sich als Fortsetzung der Philosophie mit geeigneten Mitteln dar, nämlich der höchsten Vernunfterkenntnis der göttlichen Offenbarung. Ist die menschliche Natur bekannt und sind Seele und Körper als die beiden Glieder derselben erkannt, steht fest, dass die Tugend ein Streben der Seele darstellen muss. Ihre Feinde sind Lüste, Laster und Sünden. Tugend besteht daher in nichts anderem als in der Überwindung der Laster zur Befreiung der Seele. Sie ist ein Korrelat der Tugend des Leibes (*fortitudo*), die den Körper gegen irdische Feinde verteidigt, während der Kampf der Seele gegen die Laster sich mit den inneren Feinden vollzieht.[225] Der Lohn der Tugend ist konsequenterweise auch nicht auf der Erde zu finden.

Um die Richtigkeit seiner Aussagen zu beweisen, bezieht sich Laktanz erneut auf die stoische Lehre. Auch die Stoiker erkennen an, dass ohne Tugend das *beatum* nicht zu erreichen ist, sie sehen dieses aber in der *vita beata*. Sie missachten damit die Tatsache, dass das diesseitige Leben wegen der Laster des Körpers niemals vollständig glücklich sein kann. Nur in der Unsterblichkeit, die weder Tieren noch dem Körper zukommt, ist das höchste Gut zu finden. Ohne das Wissen um Gott und die *iustitia* ist eine solche Bestimmung nicht vorzunehmen. Obgleich der dadurch versprochene Lohn fern scheint, erstreben ihn doch Männer und Kinder, Könige, Sklaven, Weise wie Dumme. Gerade die Bereitschaft der Menschen, sich für andere zu opfern, zeigt die Hoffnung auf ein längeres, ewiges Leben, frei von irdischem Übel. Die Belohnung des Menschen liegt nicht auf Erden, sondern im Himmel.[226] Die Benennung der *reges* im Rahmen der vorgenannten Aufzählung weist erneut auch auf die allgemeine Zwecksetzung der Tugendlehre des Laktanz hin. Sie stellt auch den Kaiser nicht außerhalb des menschlichen Strebens.

Die für Laktanz einzig anerkennenswerte Philosophie, nämlich die Moralphilosophie, ist selbst in der Gestalt Ciceros als ihres prominentesten Vertreters gescheitert.

---

223 *Lactantius*, Div. Inst, 3, 11, 6–9; 3, 11, 10–16.

224 *Lactantius*, Div. Inst. 3, 12, 25: Wären die Philosophen dem Pfad der Tugendlehre weiter gefolgt, so wären sie auf das rechte Ziel gestoßen. Deutlicher noch Div. Inst. 5, 18, 4 f.: Der größte Irrtum liegt darin zu glauben, der Lohn der Tugend könne vom Menschen stammen und durch den Menschen entzogen werden.

225 *Lactantius*, Div. Inst. 3, 12, 1–8; 1: Körper und Seele, 2: Tugend der Seele als virtus, Tugend des Körpers als fortitudo, 4: fortitudo des Körpers kämpft mit den Dingen der Erde, den festen Dingen, 5: die Tugend der Seele kämpft mit den Lastern.

226 *Lactantius*, Div. Inst. 3, 12, 12–16; 18–19; 22; 29; 34.

Auch sie hat das höchste Gut falsch bestimmt und den Menschen nicht auf die Pflichten der *iustitia* vorbereitet.[227] Auch den Epikureern, Stoikern und Platonikern kann man schlechterdings in der Ausrichtung des eigenen Lebens nicht folgen. Ersteren nicht, weil sie die Unsterblichkeit der Seele aufheben und damit den Menschen zum Tier degradieren, das dann ungehemmt nach Reichtümern strebt und rasch in die Anwendung von Strategie und Gewalt, Plünderung und Mord zur Beschaffung derselben verfallen wird. Sie machen den Weisen zum Mörder, der künftige Strafe nicht zu fürchten braucht, weil Gott entweder nicht existiert oder jedenfalls an der Welt keinen Anteil nimmt.[228] Den Stoikern ist nicht zu folgen, weil sie den Zweck des Lebens aufgrund der Lehre von der Seelenwanderung in falscher Weise bestimmen und deswegen zur Selbsttötung auffordern. Sie sehen das Leben fälschlicherweise als Strafe vergangener Lebensalter an und verneinen teilweise jedes Weiterleben nach dem Tod.[229] Auch die Platoniker gehen fehl, weil sie die Gerechtigkeit in einer „Gütergleichheit“ erblicken. Damit wählen sie den falschen Ansatzpunkt einer Gerechtigkeit der „Güter des Körpers“. Sie heben damit die Güter der Seele, die Treue in der Ehe und die Enthaltsamkeit des Lebens auf und negieren die erstrebte Gerechtigkeit.[230] Selbst die Verachtung des Geldes spricht nicht zwingend für Weisheit. Wer sein Geld verschwendet, begibt sich der Tugend der *liberalitas*. Preisenswert aber ist nicht, wer seine Güter aufgibt, sondern wer sie dabei zum Zwecke guter Werke und der Menschlichkeit einsetzt.[231]

Der zentrale Makel der Philosophie liegt auch darin, dass sie die Weisheit nur einigen wenigen herausgehobenen Menschen zubilligt. Wenn aber die Befähigung zur Weisheit allen Menschen gegeben ist, weil sie in der Natur der Menschen liegt, so gibt es niemanden, der die Weisheit nicht erreichen kann.[232]

In seiner Schlichtheit überwiegt das mit der richtigen Erläuterung jedermann unmittelbar verständliche Gebot der christlichen Lehre die philosophischen

227 *Lactantius,* Div. Inst. 3, 13, 13, wünscht den persönlichen Disput mit Cicero, um ihm darzulegen, dass Tugend und iustitia nicht durch das Studium der Philosophie erlernt werden können, sondern anderen Ortes zu suchen sind. Im nachfolgenden Kapitel erhebt er wieder schwere Vorwürfe gegen Cicero, der doch wenigstens hätte erkennen müssen, dass er blind durch die Welt stolperte, wo er Weisheit und Gerechtigkeit vermutete; in Div. Inst. 3, 17 lehnt er auch die Lehre der Epikureer ab, die jedes Band der Weisheit aufhebe, die Unsterblichkeit der Seele verneine und damit den Menschen zum Tier mache. Doch auch die Pythagoreer und Stoiker irrten, wenn sie von einer Seelenwanderung ausgingen und im diesseitigen Leben die Strafe für vergangene Sünden erblickten.

228 *Lactantius*, Div. Inst. 3, 17.

229 *Lactantius*, Div. Inst, 3, 18.

230 *Lactantius*, Div. Inst. 3, 21, 22.

231 *Lactantius*, Div. Inst. 3, 23, 3; 3, 23, 6: „si tantus pecuniae contemptus est, fac illam beneficium, fac humanitatem, largire pauperibus: potes hoc quod perditurus es multis succurrere, ne fame aut siti aut nuditate moriantur.“

232 *Lactantius*, Div. Inst. 3, 25.

Schulmeinungen in dem zentralen Punkt, dem Menschen die Unsicherheit des Urteils über menschliche Auffassungen zu nehmen.[233] Gegenüber der stoischen Tugendlehre hebt es sich auch dadurch heraus, dass es anders als diese eine Sanktionsinstanz kennt, die begangene Tugendverstöße tadelt. Fehlt es an einer solchen, ist die Anhänglichkeit an ein Tugendideal sinnlos, existiert kein Lohn der Tugend.[234] Die Philosophen haben allesamt die Wahrheit verfehlt, indem sie die falschen Dinge zum Gegenstand ihrer Erörterung erhoben haben.[235]

e) Die rechte Religion – Gott als Vater und Herr

Mit dem vierten Buch widmet sich Laktanz der inhaltlichen Darstellung der *religio et sapientia vera*[236] sowie der daraus für das menschliche Handeln abzuleitenden Schlüsse. Der erneuten Zueignung an Konstantin[237] folgt eine kurze Wiederholung der bereits dargestellten Fehler heidnischer Philosophie und Religion, die *iniustitia* und *inpietas* auf Erden befördert hat. Sie hat keine Tugendlehre hervorgebracht, die Religion und Weisheit verbindet und dadurch versucht, sich der Gnade Gottes als eines Vaters zu erhalten, der die Menschen mit unfassbaren Benefizien ausgestattet hat.[238]

aa) Der unauflösliche Zusammenhang von Religion und Weisheit

Die einleitende Wertung des Laktanz lautet: In der Weisheit ist Religion, in der Religion Weisheit enthalten, da Weisheit nichts anderes bedeutet als gerechte und mitfühlende Verehrung des wahren Gottes.[239] Sie stellt das positive Ergebnis des zweiten und dritten Buches dar. Gott ist als Vater und Herr (*dominus*) zu verehren. Mit dieser Auslage geht Laktanz zur Erläuterung des Gottesbegriffs über. Er stellt Gott als den Schöpfer, aber auch als den Träger der höchsten Gewalt (*maxima potestas*), d. h. der höchsten Befugnis zu züchtigen und zu strafen, an die Spitze des Strebens nach dem rechten Tun. Der Lehrer der Institutionen verweist an dieser

---

233 *Lactantius*, Div. Inst, 3, 26.

234 *Lactantius*, Div. Inst, 3, 27.

235 *Lactantius*, Div. Inst. 3, 30.

236 *Lactantius*, Div. Inst. 3, 30, 10; daher auch der Titel des vierten Buches „De vera sapientia et religione“.

237 *Lactantius*, Div. Inst. 4, 1, 1.

238 *Lactantius*, Div. Inst. 4, 1, 2; 4, 1, 3 f.; 4, 1, 8; 4, 3, 1: „...qui non officio mentis, sed ministerio corporis constat.“; 4, 3, 2: „et ideo non est illa uera religio iudicanda, quia nullis iustitiae uirtutisque praeceptis erudit efficitque meliores. ita philosophia quia religionem id est summam pietatem non habet, non est uera sapientia.“

239 *Lactantius*, Div. Inst. 4, 3, 7: „ubi ergo sapientia cum religione coniungitur? ibi scilicet ubi deus colitur unus, ubi uita et actus omnis ad unum caput et ad unam summam referetur, denique idem sunt doctores sapientiae qui et dei sacerdotes.“; 3, 8, 9: „idcirco et in sapientia religio et in religione sapientia est. ergo non potest segregari, quia sapere nihil aliut est nisi deum uerum iustis ac piis cultibus honorare.“

Stelle auf den Geist des römischen *ius civile*. Es weise ebenfalls dem *pater familias* die doppelte Pflicht zu, den Mitgliedern des Haushaltes Vater und Herr zu sein – ein Vater auch der Sklaven, da ansonsten der Verweis auf die Familie unnötig wäre, ein Herr auch der Söhne, woran sich der Erziehungserfolg knüpft.[240] So bezieht sich die Weisheit auf Söhne, die der Liebe bedürfen, die Religion auf Diener, die der Furcht bedürfen. Gott muss verstanden werden, dies ist Aufgabe der Weisheit. Er muss aber auch geehrt werden, dies ist Aufgabe der Religion. Das Ergebnis der Weisheit in Gotteserkenntnis ist Gottesverehrung.[241] Philosophen, die zugleich Priester der Götter waren, haben diese Wahrheit nicht erfahren, weil die priesterliche Tätigkeit stets eine solche der Hände und Finger, nicht aber des Herzens war.[242]

bb) Nur tugendhaftes Leben ist rechtes Leben

Die nun folgende Erörterung der Quellen der Weisheit, also v. a. des Werkes Christi auf Erden,[243] verdeutlicht den Unterschied von Heiden und Christen mit aller Eindringlichkeit. Christus ist auf die Erde gesandt, um allen Nationen die Wahrheit und die Gebote des rechten Verhaltens zu bringen. Im Neuen Bund werden die Gebote des Alten Bundes überwunden.[244]

Zugleich ist der Gottessohn Mensch. Seine menschliche Existenz beweist, dass es möglich ist, auf der Erde gemäß der Tugend zu leben. Nur eine tatsächlich gelebte Tugendlehre ist perfekt. Wer das Vorgetragene praktiziert, beweist die Richtigkeit der eigenen Lehre. Er beseitigt vorgebrachte Anschuldigungen.[245] Weil er dem Beispiel Christi folgt, beweist er zugleich seine menschliche, sterbliche Natur, da Gott selbst schon aufgrund seiner Unsterblichkeit ausschließlich tugendhaft handelt.[246] Dementsprechend ist auch die Kreuzigung ein Zeichen des Todes Christi für alle Menschen, weil sie ihn zugleich als einen der Niedrigsten unter den Menschen über

---

240 *Lactantius*, Div. Inst. 4, 3, 14–17: seine Aufgaben sind „indulegere“ und „cohercere“.

241 *Lactantius*, Div. Inst. 4, 4, 1–4.

242 *Lactantius*, Div. Inst. 3, 3, 1 f.

243 *Lactantius*, Div. Inst. 3, 5–28.

244 *Lactantius*, Div. Inst. 4, 11, 7: „sed illum filium suum primogenitum, illum opificem rerum et consiliatorem suum, delabi iussit e caelo, ut religionem sanctam dei transferret ad gentes, id est ad eos qui deum ignorabant, doceretque iustitiam, quam perfidus populus abiecerat.“; 4, 12, 6 „...cunctis gentibus salutifer uenit..“; 4, 17,1 Christus hat das Gebot Moses zerstört; 4, 20, 4 ff.

245 *Lactantius*, Div. Inst. 4, 23, 1; 4, 23, 8: „homines enim malunt exempla quam uerba, quia loqui facile est, praestare difficle: utinamque tam multi bene facerent quam multi locuntur bene!“

246 *Lactantius*, Div. Inst. 4, 24, 1 ff., 4, 24, 5: Ein unkörperlicher Gott kann die Tugend nicht praktizieren; 4, 24, 9: Der Mensch könnte Gott entgegenhalten, dass er im Gegensatz zu ihm von seinen Leidenschaften überwunden wird; Div. Inst. 4, 24, 17: Folgt der Mensch Christus nicht, so steht fest, dass der Fehler der iniustitia auf seiner eigenen Schuld (sua culpa) gründet.

die Menschen erhöht.[247] Nach Christus steht fest, dass es keine andere Hoffnung für das Leben des Menschen gibt, als Stolz und Fehler abzulegen und Gott zu dienen, um so das Band der Gnade zwischen Gott und den Menschen zu erhalten.[248]

f) Das fünfte Buch „De iustitia"

Im fünften Buch stellt Laktanz den Gerechtigkeitsbegriff dar. Er geht hierbei von der Prämisse aus, dass der Handlungsauftrag des Menschen in der Nachfolge Christi liegt und Christus den Menschen die Gebote der *iustitia* nahegebracht hat. Mit der in den ersten Kapiteln des fünften Buches (5, 1–5, 4) erkennbaren Zäsur setzt Laktanz zur Einlösung seines Versprechens an, neben der Apologie auch eine Handlungslehre christlicher Gerechtigkeit in Form von Geboten gerechten Handelns darzulegen.

aa) Zurückweisung der Verfolger

Der christlichen Gerechtigkeit stellt er zunächst noch einmal das Verhalten der Verfolger gegenüber. Ihr Kennzeichen ist das ungeduldige, rasche Urteil ohne Kenntnis der Fakten. Anstatt sich mit den Argumenten für das christliche Bekenntnis auseinanderzusetzen, stoßen sie entgegen des Rechts der menschlichen Natur die Wahrheit ohne Anhörung von sich und suchen ihre Zuflucht in der Gewalt. Sie töten gerechte Menschen (*iusti*) in ihrem Zorn und bevorzugen den Klang gebildeter Worte vor den Tugenden *sapientia*, *religio* und *iustitia*.[249] Dadurch verfehlen sie die Wahrheit.

Die jüngsten Anschuldigungen gegen die Christen aus dem Kreis der Philosophie – zwei nach der Zerstörung des christlichen Tempels in Bithynien (303) verfasste Schriften – verfahren nach demselben Muster. Die Erste entstammt der Feder eines vermeintlichen Philosophen, der tatsächlich Habgier und Maßlosigkeit verehrt hat und die Kaiser für ihre *pietas* und *prouidentia* pries.[250] Die Zweite wurde von einem Autor verfasst, der die Christen unter Berufung auf *humanitas* und *benignitas* auf den rechten Pfad zurückführen wollte, ohne, dass er die christliche Lehre und damit den Gegenstand seiner Kritik, je zur Kenntnis genommen hat.[251] Die Verfolger der Christen werden damit durch Laktanz als entweder unverständig, unfähig oder unwillig zum Verständnis der christlichen Lehre gekennzeichnet. Sie sind erwiesenermaßen keine Philosophen, da sie sich der christlichen Wahrheit verweigern.

---

247 *Lactantius*, Div. Inst. 4, 26. Der gesamte Vorgang der Kreuzigung symbolisiert die Schwierigkeiten, die die Anhänglichkeit an die Tugend mit sich bringt.

248 *Lactantius*, Div. Inst. 4, 28, 1 f: „Quae cum ita se habeant ut ostendimus, apparet nullam aliam spem uitae homini esse propositam, nisi ut abiectis uanitatibus et errore miserabili deum cognoscat et deo seruiat, nisi huic temporali renuntiet uitae ac se rudimentis iustitiae ad cultum uerae religionis instituat. [...] Hoc uinculo pietatis obstricti deo et religati sumus."

249 *Lactantius*, Div. Inst. 5, 1, 1–7; 5, 1, 8–22.

250 *Lactantius*, Div. Inst. 5, 2, 3; 5, 2, 7.

251 *Lactantius*, Div. Inst. 5, 2, 13.

Dass sie dem Kaiser Tugendhaftigkeit heucheln und rechtes Verhalten bescheinigen, verwundert unter Berücksichtigung der wahren Natur ihres Ansatzes nicht.[252]

bb) Das Goldene Zeitalter echter pietas

Laktanz, der mit seinen Institutionen gegenüber solchen Gegnern die letztgültige dogmatische Verteidigung erbringen will, bezieht sich zur Darstellung des Gerechtigkeitsbegriffs im Folgenden zunächst auf Beispiele der Gerechtigkeit aus der griechischen Mythologie. Im Rückgriff auf das Goldene Zeitalter des Saturn, knüpft er an die Vorstellung früherer Apologeten an, es habe ein Zeitalter vor der Philosophie gegeben, in dem die göttliche Wahrheit noch unverfälscht gewesen sei. So werden die frühen griechischen Poeten zum Ausgangspunkt der versprochenen *disputatio de iustitia – quae aut ipsa est summa uirtus aut fons est ipse uirtutis.*[253] Sie hatten verstanden, dass die *iustitia* – abgestoßen von den Lastern des Menschen – in den Himmel flüchtete und man daher wahre Beispiele der Gerechtigkeit nur dem Leben vor dieser Zeit, als Gott noch selbst verehrt wurde, entnehmen kann.[254]

In diesem Goldenen Zeitalter existierten weder Differenzen, Feindschaften oder Krieg. Es gab keine Schwerter oder *discordia.* Wo Gerechtigkeit unversehrt ist, ist kein Platz für das Schwert. Niemand bedarf des Schutzes seiner Güter vor schlechten Plänen Dritter, wo niemand die Güter des anderen begehrt.[255] Die Menschen zogen daher ein einfaches Leben vor. Sie erkannten an, dass die Erde allen nach dem Willen Gottes zugewiesen ist und wussten, dass niemand aufgrund seiner Gier die Dinge für sich beanspruchen durfte, die für alle geschaffen waren. Um nicht in den Verdacht zu geraten letztendlich eine platonische Gütergemeinschaft zu predigen, stellt Laktanz sogleich klar, dass der Überfluss der Güter nicht etwa auf die Aufhebung des Rechts, sondern richtig verstandene *liberalitas* zurückzuführen sei. Die gerechte Freigiebigkeit (*benignitas, beneficentia)* sei damals nicht von *avaritia* durchbrochen

252 *Lactantius*, Div. Inst. 5, 2, 3: „tamen uitia sua capillis et pallio et, quod maximum est uelamentum, diuitiis praetegebat: quas ut augeret, ad amicitias iudicum miro ambitu penetrabat eosque sibi repente auctoritate falsi nominis obligabat, non modo ut eorum sententias uenderet, uerum etiam ut confines suos, quos sedibus agrisque pellebat, a suo repetendo hac potentia retardaret.“

253 *Lactantius*, Div. Inst. 5, 5, 1.

254 Laktanz selbst will diese Berichte für wahr halten, Div. Inst. 5, 5, 3: „...quidem non pro poetica fictione, sed pro uero habendum est.“

255 *Lactantius*, Div. Inst. 5, 5, 4 f.: „et ideo non erant neque dissensiones neque inimicitiae neque bella, nondum uesanos rabies nudauerat enses, ut Germanicus Caesar in Arateo loquitur carmine, nec consanguineis fuerat discordia nota, immo ne alienigenis quidem, sed neque ulli omnino gladii qui nudarentur fuerunt. quis enim praesente ac uigente iustitia aut de tutela sui, cum nemo insidiaretur, aut de pernicie alterius cogitaret, cum nemo quicquam concupisceret.“ Das Goldene Zeitalter wird durch Ethik bestimmt, *Swift*, AJPh. 89 (1968), 146.

worden und habe gleichmäßigen Wohlstand durch die Gewährung der Güter an die Bedürftigen gewährleistet.[256]

cc) Die Erhebung Jupiters und das Zeitalter der Gier

Als Jupiter Saturn aus dem Himmel stieß, stellten die Menschen die Verehrung des einen Gottes ein und folgten aus Furcht und Nachahmung des neuen Königs anderen Geboten, die doch nur in der Verletzung der *pietas* bestehen konnten. Die Imitation Jupiters, der seinen Vater mit Krieg überzog, schuf auch unter den Menschen Hass, Neid und Habsucht. Laktanz betont, dadurch sei der gegenwärtige Zustand der Heiden geschaffen worden, die giftig wie Schlangen und reißend wie Wölfe seien und die Christen dadurch verfolgten, dass sie den Richtern die Macht gewährten, Gewalt gegen Unschuldige anzuwenden.[257]

Mit dem Verlust der Erkenntnis Gottes verloren die Menschen auch die Unterscheidungsfähigkeit zwischen Gut und Böse und begannen miteinander zu konkurrieren. Der Austausch der Güter kam zu erliegen und das Band der menschlichen Gesellschaft wurde zerstört. Schließlich schreckten sie aus dem Wunsch nach Ruhm auch nicht mehr vor der Tötung anderer Menschen zurück.[258] Zur Quelle allen Übels wurde die Besitzgier (*omnium malorum fons cupiditas erat*) des Menschen, die ihn nicht nur nach dem Erhalt, sondern auch der Mehrung seiner Güter auf Kosten der Privatrechte anderer streben ließ. Dadurch gelangten nicht nur die Güter aller in die Hände weniger, die sie wie Beutestücke wegschlossen, sondern es wurde auch die Sklaverei eingeführt.[259] Das durch *avaritia* und *cupiditas* Geraubte schützte man durch unter dem Deckmantel der *iustitia* erlassene ungerechte Gesetze, um so auch zukünftige Raubtaten rechtlich abzusichern. Nun wurden die Offizien der Gerechtigkeit – *humanitas, aequitas* und *misericordia* – der durch das Schwert geschaffenen Ungleichheit untergeordnet, während die Schwertträger sich mit Ehrungen, Purpurroben und Fasces schmückten, als ob sie mit Recht Herren genannt werden sollten.[260] So führte die Verehrung des Tyrannen Jupiter[261] die Menschen vom Pfad der Tugend weg auf den Weg des schlechten Lebens. Sie erkannten durch ihn die Macht des Schwertes und die Furcht vor der Gewalt desjenigen, der mit Krieg erobert. Die Menschen imitieren alle Laster der Könige und vergessen *pietas.*[262]

---

256 *Lactantius,* Div. Inst. 5, 5, 5–10. Es handelt sich um das Goldene Zeitalter.

257 *Lactantius,* Div. Inst. 5, 5, 9–12. Das Goldene Zeitalter fällt mit dem Verlust monotheistischer sapientia, *Buchheit,* WJA 4 (1978), 165.

258 *Lactantius,* Div. Inst. 5, 5, 13 f.

259 Dazu *Swift,* AJPh. 89 (1968), 151: „In moral terms, and in moral terms alone, his description here reflects the fall of Adam...“.

260 *Lactantius,* Div. Inst. 5, 6, 1.

261 *Lactantius,* Div. Inst. 5, 6, 6: „in hac condicione humanam uitam rex ille constituit, qui debellato ac fugato parente non regnum, sed impiam tyrannidem ui et hominibus armatis occupauit et aureum illud iustumque saeculum sustulit.“

262 *Lactantius,* Div. Inst. 5, 6, 7–12.

Laktanz stellt dar, dies sei das Ergebnis von Handlungen, die die göttliche Religion missachteten. Dabei verlange diese nur, dass der Mensch dem Menschen zugeneigt sei (*homo hominem carum*) und das Band der Brüderlichkeit (*fraternitatis uinculo*) in der Erkenntnis Gottes als des Vaters anerkenne, *ut dei patrisque communis beneficia cum iis qui non habent partiatur, nulli noceat, nullum premat, non forem claudat hospiti, non aurem precanti, sed sit largus beneficus liberalis: quas regias esse laudes Tullius existimauit.*[263]

dd) Das Verhältnis zur Herrscherideologie des ausgehenden 3. Jahrhunderts

Vergleicht man die Aussagen des Laktanz mit dem von Eumenius 297 vorgetragenen Panegyrikus (IX (IV), 18, 5), so wird deutlich, dass Erstere auch hier Staatskritik enthalten. Von einer „Wiedergeburt" des Goldenen Zeitalters des Saturn unter der Herrschaft von Diokletian (Jupiter) und Maximian (Herculius) kann nicht die Rede sein. Jupiter fördert Falschheit und Laster. Er hebt die wahre *iustitia* auf, die in der bis zu diesem Zeitpunkt noch möglichen wahren Gottesverehrung besteht. Das Beharren des Laktanz auf der Position, der Bericht über das Goldene Zeitalter des Saturn auf Erden sei als wahr zu unterstellen (Div. Inst. 5, 5, 3), ist daher nicht nur einer christlichen Rückbesinnung auf den Zustand der Welt vor Begründung der falschen Religion durch Noahs Sohn Cham geschuldet;[264] es entspricht auch der konkreten Verfolgungssituation, die ein Goldenes Zeitalter ruhigen christlichen Lebens und Glaubens (nämlich das 3. Jahrhundert) zugunsten von Rechtswillkür und Gewalt aufhebt.[265]

Der Vergleich der derzeitigen Verfolgung durch Jupiter/Diokletian mit dem Goldenen Zeitalter des Saturn wird durch einen Rückgriff auf die allegorische Darstellung des ersten Buches noch weit plastischer (Div. Inst. 1, 13, 10-Ende). Wenn schon Jupiter Diokletian darstellt, ist eine Personifikation auch für Saturn denkbar. In der Tat heißt es dort, unter Berufung auf die „Aeneis" des Vergil, dass Saturn – vermutlich Sohn des Menschen Uranos – nach seiner Vertreibung aus dem Himmel und langer Wanderschaft schließlich in Latium seinen Sitz aufschlug und der Erste gewesen sei, der das Menschenvolk unter dem Namen Latiums mit einem einheitlichen Recht vereinigt habe.[266] Diesen durch Menschen vertriebenen Herrscher

263 *Lactantius*, Div. Inst. 5, 6, 12.

264 *Lactantius*, Div. Inst. 2, 13, 5 ff.; dazu *Swift*, AJPh. 89 (1968), 147 – Laktanz vertritt damit zwar die These des Goldenen Zeitalters als „wahr", er christianisiert aber zugleich den Begriff, indem er auf das Beispiel Chams verweist. Ähnlich Div. Inst. II, 13, 7; VII, 24, 9 f. Zur Ungerechtigkeit Jupiters: *Buchheit*, WJA 4 (1978), 178, der auch den Vergleich zum aureum saeculum der Panegyriken der Zeit als Angriffspunkt benennt.

265 Dazu *Swift*, AJPh. 89 (1968), 150: Das Goldenen Zeitalter wird auch von den Heiden als Vorbild des „iuste vivere" gelehrt, was ebenfalls für die Wahrheit der Geschichte spricht; so auch *Buchheit*, WJA 4 (1978), 167.

266 Vergilvergleiche entsprechen durchaus einer langen christlichen Tradition. Vgl. hierzu insgesamt: *Freund, Stefan*, „Vergil im frühen Christentum, Untersuchungen

aber sehe niemand als Gott an und doch sei die Zeit seiner Herrschaft das friedliche, Goldene Zeitalter der Menschen gewesen. Die damit naheliegende Anspielung auf Augustus bestätigen die nachfolgenden Ausführungen: Zuerst soll nach Aussage des Laktanz, Uranus sich an Macht und Ansehen über die anderen durchgesetzt haben, um anschließend den ersten Rang, nicht aber das Königtum für sich zu beanspruchen. Erst danach gelangte sein Sohn Saturn mit größeren Mitteln zum Königsrang. Die Ungeklärtheit der Abstammung Saturns von Uranus, entspricht der Situation Oktavians beim Tode Caesars, da die nach dem Tod erfolgte Adoption rechtlich höchst problematisch ist. Auch die Überwindung der Mitbegründer (Crassus, Pompeius) der Herrschaft ohne Führung des Königstitels durch Caesar/Uranus ist Tatsache. Zwar sprach auch Augustus sich keineswegs die Königswürde zu, doch folgt die Darstellung insoweit derjenigen des Dio Cassius, der mit Augustus den Anbruch der Monarchie verortet.[267]

Die tatsächliche Ausgestaltung des augusteischen Zeitalters als Friedenszeit ist durch die Ausprägung des auf den gesamten Erdkreis bezogenen Gedankens der Pax Romana während seiner Regierung belegt. Selbst wenn für die Christen diese Art von Frieden nicht von Relevanz ist, so hat doch Augustus sich oder sein Haus weder zu Lebzeiten selbst vergöttlichen lassen, noch den Vater vergöttlicht und die Deifikation Caesars allenfalls wohlwollend hingenommen.[268] Daher erfasst zwar der Ansatz des ersten Buches, Saturn sei *iustus in regno* gewesen, die Situation für die Christen nur unvollständig, stimmt aber immerhin mit der in der übrigen Apologie häufiger vorgebrachten Überzeugung überein, unter Augustus habe ein Goldenes Zeitalter geherrscht. Er steht im Übrigen mit der in „De mortibus persecutorum“ deutlich erkennbaren Befürwortung des Prinzipatgedankens im Einklang.[269] Hier fügt sich auch ein, dass Laktanz den in Ansehung des Zeitalters des Saturns vorgetragenen Wahrheitsanspruch in den nach dem Ende der Verfolgung unter einem christlichen Herrscher entstandenen „Epitome Divinarum Institutionum“ nicht wiederholt hat.[270]

---

zu den Vergilzitaten bei Tertullian, Minucius Felix, Novatian, Cyprian und Arnobius“ (Studien zur Geschichte des Altertums, N. F., 1. Reihe. Band 16), Paderborn/München/Wien/Zürich, 2000.

267 *DePalma Digeser*, Lactantius, 42.

268 *Lactantius*, Div. Inst. 5, 5, 3. Die Vergöttlichung Caesars hat Marcus Antonius in die Wege geleitet. (Div. Inst. 1, 11, 51).

269 Vgl. nur das bei Eusebius überlieferte Fragment des *Melito von Sardes* (Kirchengeschichte, IV, 9; 13, 8; 26, 4–11). Auch Rom. 13, 1–7 entspricht dieser Traditionslinie; *DePalma Digeser*, Lactantius, 44.

270 *Lactantius*, Epitome, 10, 1 f., 14, 1; v. a. 20, 1. Dort spricht Laktanz lediglich davon, die Dichter behaupteten ein Goldenes Zeitalter habe unter der Herrschaft Saturns bestanden. Er verwendet also den Konjunktiv(!) anstelle des in den Institutionen vorgebrachten Wahrheitsanspruchs. Den Unterschied haben *Heck/Schickler*, Epitome, 71 Fn. 2 zwar gesehen, doch fehlt es an einer Bewertung.

ee) Gerechtigkeitstugend

Gegen die Falschheit der menschlichen Überzeugungen entsendet Gott Christus als seinen *nuntius.* Er verfolgt das Ziel, die *iustitia* in der Gemeinschaft des Glaubens an einen Gott auf Erden wiederherzustellen, wenngleich dies aufgrund der geringen Zahl der Christen zunächst nur für wenige Personen gelingt. Die *iustitia* des Goldenen Zeitalters wurde von ihm schon deshalb nicht umfassend wiederhergestellt, damit den Tugenden die Laster vor Augen stehen und so Tugend zur Perfektion gelangen kann.[271] Das Ziel der durch Menschentugend individualisierten *iustitia* besteht darin, den Menschen den Wert des Guten aus dem Bösen zu verdeutlichen. Ohne das Laster bliebe ein tugendhaftes Leben ohne Bezugspunkt, ja es wäre gar nicht möglich.[272]

(1) Restitution des Goldenen Zeitalters durch Handeln gemäß der Gotteserkenntnis

Das Goldene Zeitalter existiert nunmehr in der Brust derjenigen, die die *iustitia* in sich aufnehmen und ihr aus freien Stücken folgen.[273] Bei umfassender Gottesverehrung gäbe es weder Auseinandersetzungen noch Kriege, da die Menschen als Söhne Gottes das zwischen ihnen bestehende Band wieder erkennen und zur Rettung der Seelen auf Trug und Plünderungen verzichten würden. Das Goldene Zeitalter von *pietas, pax, innocentia, aequitas, temperantia* und *fides* wäre wiederhergestellt.[274] Gerechtigkeit besteht in der *religio* gegenüber Gott, durch die die Welt in ihren ursprünglich guten Zustand zurückgeführt wird.[275] Dadurch werden zugleich die unterschiedlichsten Gesetze der Menschen, also das *ius civile* unnütz, Gefängnisse und grausame Bestrafungen überflüssig. Das Schwert der Herrscher wird aufgehoben.[276] Rechter christlicher Glaube macht Herrschaft über Menschen entbehrlich, da weder das im Zeitalter Jupiters entstandene Bedürfnis des Einzelnen

---

271 *Lactantius,* Div. Inst. 5, 7, 1–4; *Swift,* AJPh. 89 (1968), 152: Die Herstellung des Goldenen Zeitalters kann nurmehr im Wege der moralischen monotheistischen Ordnung geschehen.

272 *Lactantius,* Div. Inst. 5, 7, 5: „...ut qualitatem boni ex malo sciamus...“; 5, 7, 8: „si enim uirtus est malis ac uitiis fortiter repugnare, apparet sine malo ac uitio nullam esse uirtutem.“

273 *Lactantius,* Div. Inst. 5, 8, 2: „estote aequi ac boni, et sequetur uos sua sponte iustitia quam quaeritis. Deponite omnem malam cogitationem de cordibus uestris, et statim uobis tempus illut aureum reuertetur...“.

274 *Lactantius,* Div. Inst. 5, 8, 6–8.

275 So auch *Buchheit,* Gerechtigkeit bei Laktanz, 357 f.

276 *Lactantius,* Div. Inst. 5, 8, 9: „denique ad regendos homines non opus esset tam multis et tam uariis legibus, cum ad perfectam innocentiam dei lex una sufficeret, neque carceribus neque gladiis praesidium neque terrore poenarum, cum praeceptroum caelestium salubritas humanis pectoribus infusa ultro ad iustitiae opera homines erudiret.“ Das Goldene Zeitalter bringt das Ende aller Kriege.

zu herrschen, noch die Notwendigkeit einer wie auch immer gearteten Herrschaft zugunsten des göttlichen Gebotes besteht, wenn jeder Mensch diesem aus eigener Überzeugung folgt.

(2) Die Perversion von iustitia und clementia in körperlicher fortitudo der Heiden

Das Verhältnis des Laktanz zu heidnischer Herrschaft im Allgemeinen ist in dem Zeitalter Jupiters umrissen. Sie ist Imitation falscher Herrschaft, die sich auf das Schwert und nicht auf das Recht stützt. Damit folgt der Kirchenlehrer konsequent dem Jupiter/Herculius-Vergleich des ersten Buches. Die Anhänglichkeit an falsche Götter ist Anhänglichkeit an falsche Ideale. Sie richtet den Blick auf die Erde und hält für *fortitudo*, was letztlich nichts als das Überleben des Körpers sicherstellt. Sie ist umso verwerflicher, weil sie die Menschen zur Imitation anregt und damit noch weiter dem Weg des Glaubens und der wahren Weisheit entfremdet, nach der alle streben. Es ist die Eigenschaft der Heiden, dass sie die Gerechten erschlagen und sich die Anhänger der Gerechtigkeit zu Feinden machen. Darin sind sie wilder als wilde Tiere. Sie wollen lediglich die Freiheit bewahren, weiter lasterhaft zu handeln.[277] So missachten sie nicht nur die Gebote der *iustitia*, sondern auch die *pietas*, die jedenfalls denjenigen zukommt, die Kriege nicht kennen, mit allen das Band der *concordia* halten, ihren Feinden Freunde sind und alle Menschen als Brüder lieben, die ihren Zorn besänftigen und jede Leidenschaft des Geistes ruhig beherrschen.[278] Der Heide greift nach Macht. Hat er sie erlangt, so gebraucht er sie nach eigenem Gutdünken – entweder aus Furcht, aufgrund Hasses gegen das Rechte oder durch natürliche Wildheit des Verstandes. Er gibt sich ganz den körperlichen Lastern hin und folgt, wohin sie ihn treiben. Je grausamer er die Gerechten verfolgt, desto mehr umgibt er sich mit dem Anschein falscher *clementia*.[279] Gerade dieser Rückgriff des Laktanz auf die höchste Herrschertugend verdeutlicht den immanenten Bezug der Kritik heidnischer Götterverehrung auf die irdische Kaiserherrschaft bzw. die Träger staatlicher Gewalt im römischen Weltreich. Die Freude des Präfekten von Bithynien darüber, den Willen eines Christen gebrochen zu haben, spricht er ebenso ausdrücklich an, wie das Bemühen der jeweiligen Administrationen sich in der Verfolgung Unschuldiger gegenseitig zu übertreffen.[280]

Die Frage, warum auch den Foltern längst vergangener Tyrannen der Begriff der *iustitia* zugebilligt wird, vermag selbst Laktanz nur mit einem Verweis auf die Rede des Furius gegen die Gerechtigkeit in Ciceros „De Legibus“ zu beantworten. Dessen Bemerkung, niemand werde wohl so dumm sein, dem Rechten anzuhängen, wenn

277 *Lactantius*, Div. Inst. 5, 9, 2–4; ähnlich 5, 10, 15. Die Unmöglichkeit heidnischer Gerechtigkeit ist aufgrund der Art der von den Heiden verehrten Götter leicht nachzuvollziehen.

278 *Lactantius*, Div. Inst. 5, 10, 9 f.

279 *Lactantius*, Div. Inst. 5, 11, 10 f.

280 *Lactantius*, Div. Inst. 5, 11, 15.

der Schlechte stets gepriesen, der Rechtschaffene aber stets gequält und verurteilt werde, dient ihm als Ansatz zur Warnung vor dem Irrtum einer solchen Staatspraxis. Mit ihr richtet er sich zugleich gegen den dogmatischen Fehler, der das Gute und Rechte von der Wahrnehmung der Menschen abhängig macht und nicht bei seinem Ursprung in Gott verortet.[281] Auch im Übrigen verstärke die Folter nur noch den Zuspruch, den die Christen erhielten (5, 13).

(3) Iustitia als pietas und aequitas

Die *iustitia* der Christen, bis hierher vor allem deskriptiv umrissen, erfährt im Folgenden auch ihre dogmatische Absicherung in der Auseinandersetzung mit der These des Carneades, *iustitia* sei stets mit einem gewissen „Anschein der Dummheit“ (*natura...quandam stultitiae habet*) verbunden.[282] In ihrer Bewertung des Satzes, so Laktanz, hätten alle Philosophen die tatsächliche Wahrheit der Verteidigung der *iustitia* verfehlt. Sie besteht darin, dass die Gerechtigkeit alle Tugenden umfasst, vor allem aber zwei damit untrennbar verbundene, nämlich *pietas* und *aequitas. Fides, temperantia, probitas, innocentia* und *integritas* können dagegen auch bei denen zu finden sein, die der Ersteren ermangeln.[283] Die Römer haben zu häufig Tugenden ausgehend von einem falschen Begriff der *iustitia* abgeleitet. *Pietas* und *aequitas* als die Venen der *iustitia* kamen demgegenüber nicht zur Sprache. Stellt *pietas* den Ursprung aller *iustitia* dar, so beschreibt *aequitas* ihre Methode und Kraft.[284] *Pietas* aber bedeutet nichts anderes als Gotteserkenntnis (*cognoscere deum*), ohne die Gerechtigkeit undenkbar ist. *Aequitas* besteht in der Ablehnung der Überhebung über andere. Durch die *aequitas*-Tugend macht sich der Mensch selbst anderen Menschen gleich. Gott will, dass die Menschen auf dieselbe Weise leben. Deswegen hat er ihnen Weisheit gegeben und Güter, damit alle ihr Leben nach seinem Gebot einrichten können. So schenkt er allen *aequitas* und *virtus*, macht niemanden zum Sklaven und niemanden zum Meister. In der Vaterschaft Gottes und der daraus resultierenden gleichberechtigten Gotteskindschaft gleichen sich alle Christen.[285] *Iustitia* zerfällt in die Gotteserkenntnis und das damit verbundene Gebot, das menschliche Handeln nach der Gotteskindschaft einzurichten, d. h. die Güter, die Gott als Vater allen seinen Kindern gleichermaßen zur Verfügung stellt, auch zum Nutzen aller zu gebrauchen. Gerechtigkeit ist Handeln nach dem Gebot des Vaters. Daraus erschließt sich das Fehlgehen sämtlicher menschlicher Philosophie (mit einschränkender Ausnahme des Sokrates, der mit dem Leben bezahlte) in Bezug auf das rechte Handeln.[286] Der sich anschließende Satz: *Nemo deo pauper est nisi qui iustitia*

281 *Lactantius*, Div. Inst. 5, 12, 1; 5, 12, 5 ff.; 5, 13, 17: Deshalb bleiben die Christen auch gegenüber dem Schwert der Herrscher standhaft und wahren iustitia.

282 Vgl. *Cicero*, De re publica, 3, 8–31.

283 *Lactantius*, Div. Inst. 5, 14, 9.

284 *Lactantius*, Div. Inst. 5, 14, 10 f.

285 *Lactantius*, Div. Inst. 5, 14, 11–15 (pietas), 5, 14, 15–17 (aequitas).

286 Vgl. auch *Buchheit*, Gerechtigkeit bei Laktanz, 358 f.

indiget, nemo diues nisi qui uirtutibus plenus est, nemo denique egregius nisi qui bonus et innocens fuerit, nemo clarissimus nisi qui opera misericordiae largiter fecerit, nemo perfectissimus nisi qui omnes gradus uirtutis inpleuerit,[287] wird so leicht erklärbar. In den Augen Gottes ist arm, wer nicht über Gotteskenntnis verfügt. Er kennt seine Gotteskindschaft nicht und nicht die Gebote, nach denen er sein Leben zur Rettung seiner Seele einzurichten hat. Aus eben diesem Grunde ist der Tugendhafte reich, denn er kann sich der Rettung seiner Seele sicher sein.

Laktanz scheidet weiter drei Grade menschlicher Vollkommenheit: *Egregius* ist, wer gut und unschuldig ist, *clarissimus*, wer Werke der Barmherzigkeit vollbringt, *perfectissimus*, wer in allem tugendhaft ist – und folgt darin den Termini römischer Hierarchien.[288] Der prinzipielle Unterschied zu dieser aber wird sogleich deutlich: Römern und Griechen mangelt es an *iustitia*, weil sie die Menschen nach unterschiedlichem Rang scheiden – arm und reich, schwach und mächtig – also von der Privatperson bis zur höchsten Autorität der Könige hin. Dabei haben sie die in der Gotteskindschaft begründete *aequitas* ignoriert. Wo es diese nicht gibt, kann es auch keine *iustitia* geben, die darin besteht, diejenigen gleichzumachen, die auf Erden das gleiche Los teilen.[289] Zwar existieren auch unter den Christen Armut und Reichtum, Sklaven und Herren, aber die Gemeinschaft der Christen ist im Geiste gleich, selbst wenn die Bedingungen unter denen die Körper existieren unterschiedlich sind. Daher sind die Christen „Brüder im Geiste" und gemeinsame Diener der einen Religion. Materieller Reichtum macht den Christen nur dadurch reich, dass er ihn in die Lage versetzt, bessere Taten zu tun. Christen setzten den Reichtum für Werke der Gerechtigkeit (*aequitas*!) ein. Die Armen sind die Reichen der Christen, denn sie bedürfen und begehren nichts weiter. Sie unterscheiden sich einzig nach dem Grade der Tugend, die jeden nach höherer *iustitia* aus dem Kreis der anderen heraushebt und ihn zugleich in denselben dadurch einfügt, da sie ja eben darin besteht, sich über den anderen nicht zu erheben und ihm gleich zu sein.[290]

Die Fragen des Carneades: „Wird der Weise nicht auch versuchen, den besten Preis für sein Haus zu erzielen, und daher seine Mängel verschweigen? Wird nicht der Weise versuchen, im Falle des Schiffbruchs die vom anderen besetzte Planke für sich zu erlangen?", sind für den Christen mit Leichtigkeit zu beantworten. Carneades zerteilt die *iustitia* fehlerhaft in zwei Elemente, ein ziviles, das in der Weisheit besteht, sowie ein natürliches, das in der natürlichen Gerechtigkeit besteht. Er überlässt es so dem Handelnden zu entscheiden, ob er entweder weise und ungerecht, oder gerecht aber dumm sein will.[291] Dem Christen stellt sich die Frage nicht in dieser Weise. Weder wird er in solche Umstände geraten, da es ihm nicht nach

287 *Lactantius*, Div. Inst. 5, 14, 18.

288 *Buchheit*, Gerechtigkeit bei Laktanz, 359.

289 *Lactantius*, Div. Inst. 5, 14, 19 f. Den Römern und Griechen fehlt es an beiden Quellen der iustitia, da sie weder Gott anerkennen, noch die prinzipielle Gleichheit der Menschen in der Gotteskindschaft zu wahren suchen (5, 15, 1).

290 *Lactantius*, Div. Inst. 5, 15, 2; 5, 15, 5 f.

291 *Lactantius*, Div. Inst. 5, 16, v. a. 13.

Reisen gelüstet, noch wird er in der Entscheidung zögern, sondern eher sterben, als einen anderen Menschen zu töten.[292] Dabei wird die Gerechtigkeit nicht den Anschein von Dummheit erwecken. Niemand – mit Ausnahme des Weisen – kann Recht vom Unrecht unterscheiden. Es ist aber nicht weise, ungerecht zu sein – so dass die Tötung des Schiffbrüchigen zur Erlangung der Planke niemals einen Akt der Weisheit darstellt.[293] Zweitens aber kann der Gerechte auch nicht dumm sein, denn Dummheit bedeutet Irren in Taten und Worten, bedingt durch das Nichtwissen um das Rechte und Gute.[294] Doch ist der nicht dumm, der sich selbst opfert, um von einem Dritten Unheil und Schaden abzuwenden. Daher sieht der Mensch anders als die Tiere davon ab, dritten Schaden zuzufügen, selbst wenn er sich damit selbst Schaden zufügt.

Die Weisheit besteht darin, kraft der Verachtung des irdischen Nutzens eben nicht auf denselben bedacht zu sein. Sie konstituiert die Pflicht die Fehler anderer Menschen zu berichtigen, um sie auf den rechten Weg zurückzuführen. Dies ist Ausfluss der sozialen und hilfsbereiten Natur des Menschen, die ihn gottähnlich macht.[295] Die Ursache der fehlerhaften Anschauung über die Gerechtigkeit ist tatsächlich im Irrtum der heidnischen Philosophie begründet. Ihre Dummheit erkennt den Fortbestand der Gerechtigkeit nach dem Tod nicht und meint deshalb, Tugend sei sich selbst der Lohn.[296] Christliche Religion muss darauf hinwirken, die im Glauben Fehlgehenden von der richtigen Religion zu überzeugen und ihnen zu verdeutlichen, Wahrheit niemals mit Tortur und Gewalt, sondern stets nur mit Glauben und Geduld (*patientia*) zu verteidigen.[297] Geduld kennzeichnet exemplarisch den Gerechten,[298] der gleichgültig diejenigen Übel erträgt, die den Menschen befallen und damit die Losgelöstheit von irdischen Gütern unterstreicht. Die Ungerechten sammeln Reichtümer, Macht und Ehren, weil ihre Ungerechtigkeit nicht von Bestand ist. Der Gerechte aber wünscht sich weder Macht noch Ehrungen, damit er nicht in die Lage versetzt wird, anderen Schaden zuzufügen. Im Bewusstsein seiner Schöpfung durch Gott verachtet er die irdischen Leidenschaften, um Gott nicht zu

---

292 *Lactantius*, Div. Inst. 5, 17, 11–13, 2: Wer nur pax für sich erstrebt, schadet anderen nicht.

293 *Lactantius*, Div. Inst. 5, 17, 26.

294 *Lactantius*, Div. Inst. 5, 17, 29.

295 *Lactantius*, Div. Inst. 5, 17, 31, 34.

296 *Lactantius*, Div. Inst. 5, 18.

297 *Lactantius*, Div. Inst. 5, 19, 19, 22 f.: „defendenda enim religio est non occidendo sed moriendo, non saeuitia sed patientia, non scelere sed fide...“ „...nam si sanguine, si tormentis, si malo religionem defendere uelis, iam non defendetur illa, sed polluetur atque uiolabitur.“, vgl. auch 5, 22.

298 Laktanz, Div. Inst. 5, 22, 1, räumt ein, dass er nicht alle Erscheinungsformen der Tugend darstellen kann.

erzürnen.[299] Das fünfte Buch beschließt mit der sicheren Gewissheit, dass Gott die so Gerechten und Ungerechten je nach Verdienst strafen oder belohnen wird.[300]

f) Von der rechten Gottesverehrung – Das Handlungsideal

Nach der Definition der *iustitia* der menschlichen Gemeinschaft in der Erkenntnis Gottes (*pietas*) und dem daraus folgenden Umgang mit Menschen als Brüdern in der Schöpfung (*aequitas*), wirft Laktanz die scheinbar von den Tugenden des Einzelnen wegeführende Frage nach dem Gott geschuldeten Dienst auf. Er bezeichnet sie als wichtigste Frage seines Werkes.[301]

aa) Der Weg der Seelentugend und des irdischen Lasters

Die Scheidung des Menschen in Körper und Seele, in irdische (Reichtümer, Laster) und göttliche Dinge (Tugend der Seele), stellt zunächst den Irrtum einer heidnischen Gottesverehrung durch irdische Opfergaben in den Mittelpunkt.[302] Gott misst den Menschen nicht an den von der Masse vielfach geübten Wohltaten des Körpers und der Lust, sondern schaut alleine auf die Güter der Seele (*bona animi*). Wer diese missachtet, dem bleibt der Pfad zu wahrer Gottesverehrung versperrt.[303]

Zwischen beiden Antipoden bewegt sich menschliche Wahlfreiheit. Rechte Gottesverehrung führt durch Tugenden zum Himmel (*in caelum*), Anhänglichkeit an irdische Güter durch Laster ins Verderben (*ad infernos*).[304] Der Weg der Laster erscheint nur zunächst leicht, führt den Menschen aber dann rasch ins Verderben, während der Weg der Tugend zunächst beschwerlich scheint, dafür aber den Lohn ewigen Lebens verspricht. Es ist daher der Irrtum der Philosophen anzunehmen, beide Wege seien irdisch und nur in dem Gegensatz des Lebenswandels zwischen *frugalitas* und *luxuria* voneinander abzugrenzen.[305] Tatsächlich täuscht der Weg der Laster irdische Freuden vor. Untrennbar mit ihm verknüpft sind sämtlich Laster.[306] Der Weg der Tugend dagegen erscheint schwer und steinig, bringt aber *iustitia, temperantia, patientia, fides, castitas, abstinentia, concordia, scientia, veritas* und *sapientia* sowie alle anderen Tugenden mit sich.[307] Zugleich setzt er den Gerechten, der ihn

---

299 *Lactantius*, Div. Inst. 5, 22, 2 f.: „necesse est iustum et sapientem uirum in potestate esse hominis iniusti…"; 5, 22, 6. Die Ungerechten erstreben Macht und Ehren.

300 *Lactantius*, Div. Inst. 5, 23.

301 *Lactantius*, Div. Inst. 6, 1, 2.

302 *Lactantius*, Div. Inst. 6, 1, 5: Die Menschen halten sich in Missachtung der iustitia für religiös, wenn sie die Tempel mit dem Blut von Opfern beflecken, obgleich sie Verbrechen und Missetaten aller Art begehen; 6, 2, 9.

303 *Lactantius*, Div. Inst. 6, 1, 6–10; 6, 1, 11.

304 Die Anrede an Konstantin 6, 3, 1 bleibt hier vorläufig wiederum außer Betracht. 6, 3, 1 f.

305 *Lactantius*, Div. Inst. 6, 3, 6.

306 *Lactantius*, Div. Inst. 6, 4, 3.

307 *Lactantius*, Div. Inst. 6, 4, 7.

bewältigt, den Neid der Lasterhaften aus.[308] Jeder Mensch kann einen der beiden Wege wählen: Übel von kurzer Dauer abgelöst von ewigen Gütern, also Leid in der körperlichen Welt um dann die Freuden des ewigen Friedens und des Sieges,[309] oder die Unsicherheit eines Lebens, das sich am diesseitigen Vorteil ausrichtet. Auch ein lasterhaftes Leben garantiert keineswegs das irdische Wohlergehen. Wer Lastern anhängt, muss sich darauf einstellen, dass seine Länder verwüstet werden, sein Haus geplündert, Frau und Kinder verschleppt und er selbst in die Sklaverei entführt wird.[310]

bb) Irdisches und himmlisches Imperium

Der Kampf der Tugend gleicht einem Krieg, dessen Sieger vom Imperator der Seele mit dem ewigen Leben belohnt wird.[311] Dem Kaiser in den irdischen Dingen entspricht im Glauben die Kaiserwürde Gottes. Der Gläubige gehorcht den Geboten Gottes. Damit folgt nicht nur aus dem für alle geltenden göttlichen Gebot, sondern auch aus der Pflicht jedes einzelnen Christen, sich den kaiserlichen Edikten dann zu widersetzen, wenn diese mit den Vorschriften des Kaisers der Himmel in Widerspruch geraten. Laktanz verbleibt in der typisch apologetischen Terminologie. Er fordert Gehorsam gegenüber der weltlichen Gewalt in allen Dingen, es sei denn, sie fordert ein Verhalten entgegen der Tugend. Er betont auch hier den Geltungsvorrang der „Göttlichen Institutionen" als Lehrbuch des Naturrechts vor dem Zivilrecht. Dementsprechend stehen die Christen „in Schlachtordnung" ihren Feinden, den Lastern gegenüber, die auf jede erdenkliche Weise durch Leidenschaft, Zorn und Begehren versuchen, sie von der rechten Bahn abzubringen. Laster sind gerade bei denjenigen zu finden, die besonderen Wert auf die Magistratsgewalt legen, damit ihr Name eines Tages ein Jahr zieren möge.[312]

---

308 *Lactantius*, Div. Inst. 6, 4, 10.

309 *Lactantius*, Div. Inst. 6, 4, 14 f.: „ita fit ut et bonis breuibus mala aeterna et malis breuibus bona aeterna succedant."

310 *Lactantius*, Div. Inst. 6, 4, 16.

311 *Lactantius*, Div. Inst. 6, 4, 17 f.: „sic in omni hac uita, quia nobis aduersarium deus reseruauit, ut possemus capere uirtutem, omittenda est praesens uoluptas, ne hostis opprimat, uigilandum, stationis agendae, militares expeditiones obeundae, fundendus ad ultimum cruor, omnia denique amara et grauia patienter ferenda, eo quidem promptius, quod nobis imperator noster deus praemia pro laboribus aeterna constituit." Gott wollte, dass der Mensch in Schlachtformation antritt.

312 *Lactantius*, Div. Inst. 6, 4, 20 f.: Der nächste Satz – die Gier einiger nicht nur Provinzen mit zeitlichem Schwert, sondern mit ewiger Macht zu beherrschen und sich als Herren der Menschheit bezeichnen zu lassen –deutet bereits die apokalyptischen Kapitel des siebten Buches an.

cc) Die Definition der Tugend

Soll der Christ diesen Herausforderungen entgegentreten, bedarf er eines klaren Begriffes der Tugend. Der Versuch Ciceros, die Scheidung von Ehrenvollem und Nützlichen, greift in dieser Hinsicht zu kurz. Trefflicher muss vom Guten und Schlechten gesprochen werden, da nichts ehrenvoll oder nützlich (*honestum, utile*) genannt werden kann, was nicht auch gut ist. Zugleich ist nichts nutzlos und schlecht (*minus et turpe*), was nicht auch böse ist. Zu dieser Erkenntnis habe auch Cicero im dritten Buch schließlich gefunden.[313] Eine weitere Eingrenzung der Tugend ist auch im Hinblick auf ihre Konkurrenz zur vollkommenen Erkenntnis, dem „Wissen", nötig. Es ist nicht mit der Tugend gleichzusetzen, weil es eine spezifische Hervorbringung Gottes und nicht des Menschen ist und nicht notwendigerweise mit der Tugend einhergeht, wenn der Mensch gegen die Erkenntnis Gottes handelt.

Tugend besteht darin, das Richtige zu tun, das Falsche aber zu meiden. Der Tugendbegriff beinhaltet das Element des Wissens und die Erkenntnis, dass Wissen wertlos ist, wenn es nicht mit Tugend einhergeht.[314] Ein so bestimmter Tugendbegriff bedarf aufgrund der Verankerung des Wissens in Gott keiner Definition anhand der Laster. Er meidet die Gefahr einer *petitio principii*, durch Definition des Lasters ohne positive Bestimmung der Tugend. Soweit ein Rekurs auf das Laster durchgeführt werden kann, besteht er nicht bloß in einem negatorischen Vergleich. Tugend ist *iram cohibere, cupiditiatem conpescere, libidinem refrenare: id est enim uitium fugere*,[315] weil die Laster die Quelle aller Ungerechtigkeit und Schlechtigkeit enthalten. Der Mensch muss von irdischen Regungen weg, hin zu solchen bestimmt werden, die in der Ansammlung von Dingen liegen, die weder der Mensch noch der Tod jemals wieder nehmen können.

(1) Fehlerhafte Bestimmungsversuche der Philosophie

Daher geht der Philosoph nicht fehl, der den rechten Gebrauch des Reichtums als Tugend bezeichnet. Doch greift sein Wortverständnis zu kurz, wenn er neben den ihm folgenden Menschen darunter nur fasst, in *moderatio* zu leben, auf kostspielige Festivitäten zu verzichten, nicht unumsichtig zu verschleudern oder Eigentum an unnützen Dingen zu suchen. So verstandene Tugend ist *tota terrena*.[316] Gleiches gilt für den Allgemeinplatz, den Guten sei Hilfe angedeihen zu lassen. Hilfe zu dem Zweck, selbst durch die Ansehung guter Taten zur Herrschaft zu gelangen oder Macht zu erhalten, ist keine Tugend. Auch kriegerische Auseinandersetzungen sind mehr vom Glück als von der Tugend geprägt.[317]

Selbst der Gedanke, die vollkommene Entsprechung der Tugend werde dort erreicht, wo die Interessen des Staates gewahrt werden, ist falsch, da durch die

---

313 *Lactantius*, Div. Inst. 6, 5, 5.
314 *Lactantius*, Div. Inst. 6, 5, 10 f.
315 *Lactantius*, Div. Inst. 6, 5, 13.
316 *Lactantius*, Div. Inst. 6, 6, 9–11.
317 *Lactantius*, Div. Inst. 6, 6, 12–18.

Wahrung der in ihm zusammengefassten Einzelinteressen stets die Verbindung aller Menschen auf Erden aufgehoben wird und jedes Gemeinwesen zudem tatsächlich die Unannehmlichkeiten anderer Gemeinwesen oder Nationen erstrebt: *in primis enim tollitur humanae societatis coniunctio, tollitur innocentia, tollitur alieni abstinentia, tollitur denique ipsa iustitia: quae dissidium generis humani ferre non potest et ubicumque arma fulserint, hinc eam fugari et exterminari necesse est.*[318] So wird die Bereicherung des eigenen Landes, gleich um welchen Preis, zur höchsten Tugend erhoben. Wenn aber dieser Staat von den Pflichten des Krieges spricht, so meint er damit weder die *iustitia* noch die Tugend, sondern schlechterdings Institutionen des Zivilrechts.[319]

Da die Erkenntnisse der Philosophen erneut nicht zielführend sind, wird es nötig zum Recht Gottes Rückgriff zu nehmen, das zuerst in der Erkenntnis Gottes und in der Einsicht besteht, Gott alleine zu gehorchen und ihn zu verehren.[320] Das *ius civile* ist für Laktanz ein Recht minderen Ranges, weil es am Nutzen der Nation ausgerichtet ist, für die die jeweiligen Vorschriften erlassen wurden. Er verweist zum Beleg auf die Vielzahl von Rechtsvorschriften bei unterschiedlichen Nationen. Wie sehr die *utilitas* sich aber von der *iustitia* unterscheidet, lehren die Römer selbst, die ihr Recht jederzeit gebrauchen, um in legaler Weise das Eigentum anderer an sich zu reißen und so auch die Herrschaft über die gesamte Welt erlangt haben. Sie halten sich für gerecht, wenn sie ihrer Rechtsordnung folgen, die auf Furcht beruht, und in der Verbrechen nur aus Furcht vor Bestrafung unterlassen werden. Selbst wenn die Einhaltung der Gesetze freiwilliger Überzeugung folgt, ist die Einhaltung menschlicher Regeln kein Derivat der *iustitia*, sondern der Änderung der Zeiten und menschlichen Fehlern unterworfen: *Aliud est igitur ciuile ius, quod pro moribus ubique uariatur, aliud est uera iustitia, quam uniformem ac simplicem proposuit omnibus deus: quem qui ignorat, et ipsam iustitiam ignoret necesse est.*[321]

(2) Die Gottesbrüderschaft der Menschen

Ohne Gotteserkenntnis ist *iustitia* ausgeschlossen und damit auch die Tugend. Sollte eines Tages ein Mensch durch Zufall die Gebote der Tugend einhalten, so gliche er einem Körper ohne Kopf – perfekt in der äußeren Gestalt, doch ohne jede Erkenntnis. Daher verzeiht Gott zwar das Fehlgehen auf dem Pfad der Tugend durch die Sünde, nicht aber die Unkenntnis seiner selbst.[322] Er wird einzig durch die nach seinem Gebot gelebte Tugend geehrt.

318 *Lactantius*, Div. Inst. 6, 6, 20. Auch dies hat Cicero erkannt.

319 *Lactantius*, Div. Inst. 6, 6, 24: „itaque cum de officiis rem militarem pertinentibus disputant, neque ad iustitiam neque ad ueram uirtutem adcommodatur illa omnis oratio, sed ad hanc uitam moremque ciuilem, quem non esse iustitiam et res indicat et ipse Cicero testatus est.“

320 *Lactantius*, Div. Inst. 6, 8–9.

321 *Lactantius*, Div. Inst. 6, 9, 2–7.

322 *Lactantius*, Div. Inst. 6, 9, 8 f.

Die sich anschließende Frage, was dem Mensch vom Menschen gebührt, ist auf Gottesverehrung bezogen. Es entspricht dem, was Gott gebührt. Das erste *officium* der *iustitia* ist es daher, mit Gott vereint zu sein, das zweite mit dem Menschen. Während das Erste *religio* heißt, wird das Zweite als *misericordia* oder *humanitas* bezeichnet.[323] Gott, der den Menschen im Gegensatz zu den Tieren nackt in die Welt eintreten lässt, stattet ihn mit der Fähigkeit zur *pietas* aus, damit er den anderen Menschen schützt. Daher ist das höchste Band der Menschen die Menschenliebe, die aus der gemeinsamen Abstammung und Blutsverwandtschaft der Menschen von Gott aus resultiert.[324]

Auch aus dieser Schöpfung des Menschen als *animal...sociale* stammt das göttliche Gebot, niemals Schlechtes, sondern immer Gutes zu tun und den anderen zu unterstützen, wo dies nur möglich ist.[325] Der Menschengemeinschaft kann sich der Einzelne nur unter der schwersten Strafe entziehen.[326] Stets ist *humanitas* zu wahren, wenn man zu Recht vom Menschen spricht, womit nichts anderes als Menschenliebe in Kenntnis des Menschseins des anderen gemeint ist.[327] *Discordia* und *dissensiones* widersprechen der menschlichen Vernunft (*non est secundum hominis rationem*). Aufgrund dieser Gleichheit der Menschen ist die Verletzung einer anderen Person *contra naturam*. Es entspricht vielmehr der Natur, anderen Unterstützung in Gefahr und Not zu leisten. Wer sich dem verweigert, verweigert sich dem eigenen Menschsein (*quod qui non facit, hominis se appellatione despoliat...*).[328]

(3) Das falsche Verständnis der Philosophie von Güte

Diejenigen, die Mitgefühl und tätiger Hilfe das Attribut „weisen" Verhaltens absprechen, müssen sich zwei Fragen gefallen lassen: erstens, warum sie den Menschen Unterstützung gewähren, die infolge von Naturkatastrophen oder durch wilde Tiere bedroht werden, nicht aber denen, die unter Hunger, Durst und Kälte leiden[329] und zweitens, ob sie überhaupt ihren Begriff von *humanitas* und *pietas* und damit

---

323 *Lactantius*, Div. Inst, 6, 10, 1: „Dixi quid debatur deo: dicam nunc quid homini tribuendum sit; quamquam id ipsum quod homini tribueris, deo tribuitur, quia homo dei simulacrum est. sed tamen primum iustitiae officium est coniungi cum deo, secundum, cum homine. Sed illud primum religio dicitur, hoc secundum misericordia uel humanitas nominatur."

324 *Lactantius*, Div. Inst. 6, 10, 4: „Summum igitur inter se hominum uinculum est humanitas."

325 *Lactantius*, Div. Inst. 6, 10, 10; dazu *Heck/Schickler*, Epitome, 96 Fn. 4: Die Bezeichnung des Menschen als Gemeinschaftswesen geht auf Aristoteles, Politik 1, 1253a 2 zurück und stammt in der von Laktanz benutzten Prägung „homo animal sociale" von Seneca (dort: De beneficiis, 7, 1, 7).

326 *Lactantius*, Div. Inst. 6, 10, 22–25.

327 *Lactantius*, Div. Inst. 6, 11, 1.

328 *Lactantius*, Div. Inst. 6, 11, 2 f. Auch hier verweist Laktanz auf Ciceros Werk von den Pflichten.

329 *Lactantius*, Div. Inst. 6, 11, 6.

letztlich die *benignitas* nach den richtigen Motiven bestimmen. So habe Cicero nicht nur vertreten, dass der Mensch nichts geben solle, was die Quelle seiner Gaben dauerhaft aufzehre und damit künftige Freigiebigkeit vereitle, sondern sei auch der Ansicht gewesen, *benignitas* überhaupt nur geeigneten Personen zuteilwerden zu lassen. Geeignet aber sei nach dieser Auffassung wohl nur der, der die erhaltenen Gaben auch zurückgewähren könne. Für Laktanz ist damit hinreichend klar: Cicero will *benignitas* nur um den Preis der Wahrung seiner Güter. Er misst die Offizien von *pietas* und *humanitas* an der *utilitas* der Gabe und irrt damit vom Wege der *iustitia* ab.[330] Die Tugend verkommt zu einer Handelsware (*mercenarium*).

Der Stoiker widerspricht sich selbst, wenn er ausspricht, dass *liberalitas* und *benignitas* aus dem Offizium und nicht wegen der Früchte erbracht würden. Christlichem Glauben entspricht nur eine Ansicht, die verlangt, nicht nach der Körperlichkeit dieser Welt zu streben. *Pro homine tibi habendus est quisquis ideo precatur, quia te hominem putet*, so lautet die christliche Lehre, die wahre *iustitia*, die den Blinden, Lahmen, Aufgegebenen und Sterbenden Hilfe gewährt. Solche Menschen mögen für diese Welt zwar unnütz (*inutiles sunt hominibus*) sein, doch sind sie nichtsdestotrotz in den Augen Gottes nützlich (*sed utiles deo*), der sie im Leben erhält und sie zum Licht führen will.[331] Daher wird für Gaben, die um der Zinsen oder um der Steigerung des Ansehens gewährt werden, kein Lohn gewährt. Sie sind nicht einmal Benefizien. Wird eine Gabe zurückgewährt, so wird ihr tatsächlicher Nutzen zerstört, weil hierdurch die *beneficentia* negiert wird. Mit *iustitia* hat es daher nichts zu tun, wenn nur den *inlustres* zum Zwecke der Erlangung ihres Wohlwollens Gaben zuteilwerden.[332]

Die von der Philosophie vorgebrachte, legitime Gegenfrage, ob derjenige, der sich diesen Pflichten unterwirft, nicht schließlich selbst zum Almosenempfänger wird, ist für Laktanz einfach zu beantworten. Auch dem Reichtum drohen Diebe, Räuber und Tyrannen. Sicheren Reichtum auf Erden gibt es nicht. Wer aber gute Werke tut, der erlangt seinen Reichtum vor Gott. Daher lohnt es sich der *iustitia*, wo immer dies möglich ist, nachzugehen, weil nur dadurch ewige Vergebung der Sünden vor Gott erlangt wird.[333] Denn da der Mensch nicht ohne Fehler ist, bedarf

330 *Lactantius*, Div. Inst. 6, 11, 9–13. Für die Christen gilt: „non enim idoneis hominibus largiendum est, sed quantum potest non idoneis. Id enim iuste, id pie, id humane sit, quod sine spe recipiendi feceris." (6, 11, 13).

331 *Lactantius*, Div. Inst. 6, 11, 13–18. Schlimmer noch als die vom Nutzen geleitete Auffassung Ciceros ist es nur, seine Reichtümer noch zur Schau zu stellen oder das Eigentum mit dem Tode in der Erde zu vergraben (6, 11, 22 ff.).

332 *Lactantius*, Div. Inst, 6, 11, 25–28; 6, 12, 8: Cicero hat nur eine „Ahnung" von wirklicher iustitia (6, 12, 13 f.). Die These wird wiederholt vorgetragen für die Befreiung Gefangener (6, 12, 15–20), sowie der Witwen und Waisen (6, 12, 21 f.) und der Krankenpflege (6, 12, 24).

333 *Lactantius*, Div. Inst. 6, 12, 32: „si haec omnia fecero, nihil habebo."; 6, 12, 35 f. „qui apud deum diues est, pauper esse numquam potest."; 6, 12, 41 „magna est misericordiae merces, cui deus pollicetur peccata se omnia remissurum."

er der Vergebung für seine Fehltritte. Er erlangt sie durch Reue, also durch das Versprechen, künftig nicht mehr zu sündigen.[334]

Zur höchsten *iustitia* gelangt er über drei Grade: Von bösen Werken, bösen Worten und bösen Gedanken Abstand nehmen. Bereits der Mensch, der im ersten Grade der Tugend lebt, ist hinreichend gerecht, wer den Zweiten erreicht hat die Tugend vollendet, wer schließlich den Dritten erlangt, wird selbst ähnlich einem Gott angesehen werden.[335] Es ist daher die einzige Aufgabe eines Menschen, der sowohl im Besitz von *sapientia* wie *iustitia* ist, seine Reichtümer alleine in der *iustitia* anzulegen und sich durch seine Werke mit dem Kleid der *iustitia* zu ummanteln.[336]

(4) Die Bewertung der Affekte kann nur im Verhältnis zu ihrem Gegenstand erfolgen

Daher ist auch dem Irrtum jener Philosophen entgegenzutreten, die *misericordia*, *cupiditas* und *metus* pauschal als Krankheiten der Seele betrachten. Darin gehen nicht nur die Stoiker fehl, die entgegen der menschlichen Natur die Abtötung aller Leidenschaften betreiben,[337] sondern auch die Peripatetiker, die ihre Besänftigung fordern.[338]

Nicht nur ist Tugend ohne Kenntnis der Laster unmöglich, auch die Mäßigung der Affekte (*temperantia*) kann schädlich sein. Berechtigt ist es, angesichts der Ablösung eines Tyrannen aufgrund der wiederhergestellten *libertas* in große Freude zu verfallen. Zugleich ist aber auch ein geringes Begehren des Unrechten falsch.[339] Entscheidender als die Affekte zu unterdrücken ist, sie auf die richtigen Gegenstände zu lenken.[340] Gottesfurcht ist höchste *fortitudo*, weil derjenige der Gott fürchtet, frei ist von jeder irdischen Furcht.[341] Affekte werden nur dann zu Lastern, wenn sie sich auf irdische Dinge beziehen. Der Christ misst alle Dinge nur an der Frage, ob hierdurch die Seele bewahrt wird.[342] *Frugalitas* ist keine Tugend, wenn es um die Gewährung vo Güter an die Bedürftigen geht. Auch die von den Stoikern getroffene Unterscheidung der *liberalitas* des sein Vermögen wahrenden Mannes vom *prodigus*, der seine Freigiebigkeit auf „unnütze" Gegenstände lenkt, ist verfehlt.[343] Stets sind

---

334 *Lactantius*, Div. Inst. 6, 13, 1.

335 *Lactantius*, Div. Inst 6, 13, 5–7: „per hos gradus ad summum columen iustitia procedit. Primus est uirtutis gradus malis operibus abstinere, secundus etiam malis uerbis, tertius etiam cogitatone rerum malarum. qui primum gradum ascenderit, satis iustus est, qui secundum, iam perfectae uirtutis, siquidem neque factis neque sermone delinquat, qui tertium, is uero similitudinem dei adsecutus uidetur."

336 *Lactantius*, Div. Inst. 6, 13, 11 f.

337 *Lactantius*, Div. Inst. 6, 14, 2; 6, 14, 10; 6, 15, 3: „Stoici ergo furiosi...".

338 *Lactantius*, Div. Inst. 6, 15, 1.

339 *Lactantius*, Div. Inst. 6, 16, 5; 6, 16, 8.

340 *Lactantius*, Div. Inst. 6, 16, 11; 6, 17, 9: „...in ueram uiam dirigendus...".

341 *Lactantius*, Div. Inst. 6, 17, 2: „qui autem deo metuit, illa uniuersa non metuit".

342 *Lactantius*, Div. Inst. 6, 17, 14.

343 *Lactantius*, Div. Inst. 6, 17, 18, 19.

die Dinge zu praktizieren, die Gott vom Menschen fordert. Der gerechte Mann wird hierzu keine Gelegenheit auslassen. Er wird darauf achten, keine bösen Worte auszustoßen und *clementer ac moderate* die Anfeindungen seiner Gegner ertragen. Von Armen wird er nichts annehmen.[344]

Vor allem aber wird er es vermeiden, Injurien nach dem Gebot Ciceros zu erwidern, auch wenn er dazu gereizt wurde. Eine Erwiderung ungerechter *inpatientia* in gleicher Weise verhindert *patientia*, die die Unschuld (*innocentia*) wahrt.[345] Das rechte Wollen darf daher nicht darin bestehen, den Gegner zu überwinden, weil jede Auseinandersetzung von zweifelhaftem Ausgang ist, sondern muss die Auseinandersetzung selbst aufheben wollen. Nur das Hinnehmen der Beleidigung wird als Tapferkeit der Seele bekannt.[346]

Auch *ira, cupiditas* und *libido*, von den Stoikern als Ursache aller Verbrechen angesehen, sind nur bei falscher Anwendung schädlich. *Cupiditas* ist nötig, um das Lebensnotwendige zu beschaffen. Zorn kann gegenüber jungen, erziehungsbedürftigen Menschen, durchaus angebracht sein. Falsch verstanden allerdings wenden die Menschen die Leidenschaften gegen den Nächsten an. So wird der Zorn zur eigentlichen Ursache der Betrügereien und Kriege gegen alle *iustitia*. Die Gier wird zur Grundlage des Gedankens Reichtümer anzuhäufen und sich Betrügereien, Räubereien und allen Arten von Verbrechen zu widmen. Die Lust wird zur Quelle aller Korruption. Den Gerechten kennzeichnet auch hier der richtige Gebrauch.[347] Eben solches gilt auch für die Sinne, deren falscher Gebrauch den Menschen der Wahrheit entfremdet – so für den Sehsinn, wenn er sich auf das Vergnügen der Spiele richtet, in denen Menschen ermordet werden. Die Gefahren, durch gebildete Rede die eigenen Ohren der Wahrheit zu verschließen, hat Laktanz schon zuvor dargetan.[348]

Umso wichtiger ist es, die Menschen auf den richtigen Weg zurückzuführen[349] und zum rechten Glauben zu bringen, so dass sie selbst als *iusti* auf Erden leben. Dass dies sinvoll ist,[350] soll das siebte Buch „De vita beata" beweisen, das von der Erlösung der rechten Seelen durch Gott handelt. Laktanz stellt hier letztmalig klar, dass die Welt zur Erlösung der menschlichen Seele existiert und in der Existenz von Gut und Böse als Schauplatz des Tugendkampfes des Menschen dient.[351]

---

344 *Lactantius*, Div. Inst. 6, 18, 1; 6, 18, 5; 6, 18, 8–11.

345 *Lactantius*, Div. Inst. 6, 18, 19–20. Der Grundgedanke besteht darin, durch überall geübte patientia das Unrecht insgesamt aufzuheben. 18, 19, 26: Wer Vergeltung zulässt, hebt zwei grundlegende Tugenden: Unschuld (innocentia) und Geduld (patientia) auf.

346 *Lactantius*, Div. Inst. 6, 18, 30.

347 *Lactantius*, Div. Inst. 6, 19, 4; 7; 10 f.

348 *Lactantius*, Div. Inst. 6, 19–22.

349 *Lactantius*, Div. Inst. 6, 24, 1.

350 *Lactantius*, Div. Inst. 7, 1, 1.

351 *Lactantius*, Div. Inst. 7, 5–6. Der Mensch wird geboren um Gott zu verehren und im Lohn für seine Arbeit die Unsterblichkeit zu erlangen; *Heck/Schickler*, Epitome, Einl., 16.

g) Bewertung

Mit den Institutionen des göttlichen Rechts will Laktanz eine normativ-christliche Handlungslehre auf der Basis der Gotteserkenntnis schaffen. Den apologetischen ersten Büchern folgt mit dem vierten Buch die Offenbarung und ab dem fünften die Ausgestaltung menschlichen Lebens nach den Pflichten der göttlichen Gebote. Der Autor wendet sich bewusst gegen die irdische Wissenschaft vom *ius civile*. Er will ein normatives System des der Natur entspringenden christlichen Rechts lehren, das über vorherige christliche Apologetik hinausgeht. Mit Vernunftgründen die Wahrheit unterrichten, ist das Ziel, das er im Gegensatz zu Oratoren und Philosophen als Christ auch erreichen kann.

Die erste Frage nach der Existenz Gottes lässt sich aus dem irdischen Vorbild bejahen – nur ein irdischer Imperienträger (Kaiser) kann die vorhandene und erkennbare Ordnung bewahren, daher existiert auch nur ein Gott. Die damit bereits angedeutete Kritik an der Tetrarchie wird nun entfaltet: Die Vergöttlichung von Menschen unter Heranziehung lasterhafter Götter ist falsch. Mit Jupiter wird derjenige, der den eigenen Vater der Herrschaft beraubt hat, zum Thron erhoben. Solche Herrschaft betont einseitig körperliche *fortitudo* und stellt das Vorbild lasterhaften Lebens dar. Die von Diokletian und Maximian behauptete Ordnungsfunktion ist ohne *pietas* nicht zu verwirklichen. Ohne rechte Gotteserkenntnis existieren *felicitas* und *concordia* nicht, herrscht irdische *superbia* in den Lastern vor. Das *otium* wird so zur Quelle von *luxuria, cupiditas* und *insolentia.*

Die Verehrung irdischer Götterbilder zieht den Menschen zu irdischen Dingen und damit zu den Lastern. Sie ist es auch, die tyrannische Herrschaft ermöglicht. Einzig die Erkenntnis des Todes des ersten Körpers und des Fortbestandes der Seele kann den Menschen auf den rechten Weg zur Seelentugend führen. Gott zu schauen ist durch Anwendung rein menschlicher *sapientia* aber dennoch ausgeschlossen. Die Frage: „Wie soll man leben?", ist daher mit Lust, Reichtum und Herrschaft als irdischen Gütern nicht zu beantworten. Das perfekte, gute Leben ist auf Erden in der Körpergestalt nicht zu erreichen. Die Bestimmung der Tugend zum höchsten Gut durch die Philosophie führt daher zwar in die richtige Richtung. Sie missachtet aber, dass zugleich mit der Tugend erstrebt werden muss, nach dem irdischen Tod vor Gott zu bestehen. Die Einschränkung des Weisheitsstrebens auf die Philosophie trägt zudem dazu bei, den Großteil der Menschen, der doch ebenso seiner Natur nach über Vernunfterkenntnis verfügt, von der Zuwendung auf höchste Güter gänzlich auszuschließen.

Religion und Weisheit sind unlösbar miteinander verbunden. Nur wenn Gott in seiner doppelten Stellung als Vater und Herr anerkannt wird, richtet sich menschliche Weisheit auf den rechten Gegenstand. Wer Gott nicht anerkennt, mag zwar das Wort der Tugend im Munde führen und sich entsprechend lobpreisen lassen, das Beispiel der Verfolger zeigt aber, dass sich dahinter nur das irdische Streben aus *avaritia* und *libido* verbirgt, durch das *sapientia*, *religio* und *iustitia* gerade zurückgewiesen werden.

Christliches Leben ist auch auf Erden nicht unmöglich, das belegen sowohl das Beispiel Christi, als auch das Zeitalter des Saturn. Rechter Glaube macht das Schwert überflüssig. *Discordia* und Verbrechen weichen aus dem richtig verfassten Staatswesen. Die Herrschaft Saturns – das Zeitalter des Augustus – ist in Rom wie im Pantheon durch die Herrschaft Jupiters abgelöst worden. Doppelt missachtet jener den eigenen, wie den himmlischen Vater. Spricht Eumenius vom Goldenen Zeitalter unter Diokletian und Maximian, so sind seine Worte leere Hüllen. Das heidnische Kaisertum ist wie die Heiden selbst auf Macht aus. Es nennt Grausamkeit *clementia* und ehrt vergangene Beispiele kaiserlicher Laster. Ohne Gotteserkenntnis kann der Mensch nicht um Gut und Böse wissen. Er wendet sich daher der Gier zu und schafft sich Gesetze, die den unrechten Erwerb schützen und bezeichnet dies als *iustitia*. Dem anderen zugewandte Tugenden – *humanitas, aequitas, misericordia* – gehen verloren.

Ein Goldenes Zeitalter existiert in der Gegenwart nur noch in der freien Entscheidung jedes Einzelnen für die rechte *religio* – ihm ist die Wahl zwischen dem Pfad der Tugend und des Lasters überlassen. Damit einher geht das Gebot der *iustitia*, die sich aus *pietas* und *aequitas* konstituiert. In der Erkenntnis Gottes (*pietas*) erkennt der Mensch den anderen Menschen als Gottes Geschöpf und sich als dessen Bruder. Durch die *aequitas* macht er sich im Handeln dem anderen Menschen gleich. Durch beides – Gotteserkenntnis und Erkenntnis der Gleichheit mit anderen – wird ihm ein Handeln nach Maßgabe der *iustitia* ermöglicht. Demgegenüber ist es falsch, wie die Römer alleine Tugenden wie *fides, temperantia, innocentia* und *integritas* zu ehren, da ihnen jenes übergeordnete und sie bestimmende Element der *iustitia* fehlt. Diesen Irrtum nicht mit Gewalt, sondern mit Glaube und Geduld zu bekämpfen, ist Aufgabe des Christen. Notwendig ist, dass er irdische Übel mit Gleichmut erträgt und so die Loslösung von irdischen Gütern kenntlich macht. Den durch diese Standhaftigkeit ausgelösten Neid der Lasterhaften muss er in Kauf nehmen.

Eine bedeutendere Konsequenz christlichen Lebenswandels ergibt sich gegenüber der römischen Kaisergewalt selbst: Geraten das römische *ius civile* und das göttliche Recht in Widerspruch, gilt der Vorrang des göttlichen Rechtes für den Christen unverbrüchlich. Ihm ist auferlegt, dem Kaiser in allen Dingen, mit Ausnahme der göttlichen, gehorsam zu sein. Nur wenn der Mensch Gott alleine gehorcht – und nicht etwa bloß danach strebt, die Interessen des Staates zu wahren, der nur einen Teil der Menschen als Bürger umfasst – handelt er gemäß seiner Natur als *animal sociale* und Bruder aller Menschen. Die christliche Gemeinschaft der Gottesbrüder gliedert sich so allenfalls nach Graden der Tugend. Die irdische Hierarchie der Menschen lehnt sie ab. In ihr herrscht geistige Gleichheit in einer Welt, die schon zu Zeiten Christi Sklaven wie Herren kannte. Die Kritik, eine sich dem Nächsten ohne Achtung des eigenen Vorteils zuwendende Tugend sehe wie Dummheit aus, weist Laktanz scharf zurück. Entspricht ein solches Verhalten der Weisheit, so kann es nicht dumm sein. Daher ist der Christ auch nicht dumm, wenn seine *humanitas* sich auf die Armen richtet und nicht wie die römische *liberalitas* stets die materielle Rückgewähr gewährter Benefizien im Blick hat. In die Irre führt schließlich die Auffassung, der Mensch müsse danach streben, sein Leben frei von

Affekten zu gestalten. Es ist im Gegenteil Pflicht des Menschen, sowohl nach dem Guten zu streben, als auch das Schlechte zu meiden.

3. Über die Todesarten der Verfolger

Im Gegensatz zu den Institutionen des göttlichen Rechts widmet sich das nach dem Ende der Verfolgung (nach 311) entstandene Werk von den „Todesarten der Verfolger" der Manifestation der Glaubenswahrheit im diesseitigen Leben. Im Tod der Verfolger verwirklicht sich die christliche Glaubenswahrheit. Gott tritt als Richter der Untaten und Wahrer der Ordnung auf. Das Ende der Verfolgungssituation verdeutlicht auf Erden die Richtigkeit des christlichen *iustitia*-Begriffes und zudem, dass nur solche Herrschaft, die christliche Tugend nicht zum Gegenstand von Verfolgung macht, letztlich auch vor dem Gericht Gottes von Bestand sein wird.[352]

a) Die Wiederherstellung von quietas und pax durch göttliche berufene Principes

Laktanz berücksichtigt das Ende der Verfolgung zu Beginn der Schrift, indem er die gegenwärtige Herrschaft lobt. In der Gegenwart ist die Ruhe hergestellt. Sie geht mit dem Ende der Verfolger einher und der Wiedererstarkung der Kirche.[353] Der Grund hierfür liegt in der Berufung des Licinius und Konstantin zu Herrschern durch Gott. Sie haben die Befehle der Tyrannen aufgehoben und dem gesamten Menschengeschlecht einen heiteren Frieden (*pax*) beschert.[354] Damit sind zugleich diejenigen von Gott als *iudex* bestraft worden, die die Gerechten zu Tode folterten (*qui iustos excarnificaverant*). Von Gott geübte *severitas* hat (1) zur Bestrafung der Tyrannen durch Gott, (2) zur Einsetzung der Principes zum Wohle des Menschengeschlechts und (3) zur Wiederherstellung von Ruhe und Frieden auf Erden geführt.[355] Dem gebildeten Leser kann von diesem Ausgangspunkt her auch die strenge Ausübung des Gerichtes verständlich gemacht werden.[356]

Das Kaisertum des Konstantin und Licinius steht als Prinzipat im Gegensatz zur Herrschaft vorangehender Tyrannen, die von Gott selbst durch das Gericht überwunden wurden. Dass Laktanz von Konstantin und Licinius als *principes*, und nicht als *domini* spricht, entspricht einem Verständnis der Kaisergewalt, das stärker an die herausgehobene Gleichheit des frühen Prinzipats und damit an republikanische

---

352 Vgl. auch *Winger*, Laktanz, 59. Zum Problem der Datierung: *Barnes*, JRS. 63 (1973), 31–38.

353 *Lactantius*, mort. pers. 1, 2: „restituta per orbem tranquillitate".

354 *Lactantius*, mort. pers. I, 3. Von dem klaren Bekenntnis des Laktanz zu einem irdischen Imperium in den Institutionen klingt hier nichts nach.

355 *Lactantius*, mort. pers. 1, 5; 7; 9.

356 *Barnes*, JRS. 63 (1972), 30. Zur damit verbundenen Übernahme der römisch-politischen Theologie des ausgehenden dritten Jahrhunderts und ihrer Sonderbeziehung des Kaisers zum höchsten Göttlichen: *Wlosok*, Gymnasium 96 (1989), 138.

Wertevorstellungen römischer *libertas* anknüpft. Die Rückführung des Kaisertums auf den Prinzipat hebt zugleich die Ideologie des vergöttlichten und weit über die Menschen erhobenen Kaisers auf, wie es in den Panegyriken der Tetrarchie zum Ausdruck kommt. Dem gebildeten Römer muss der damit verbundene Umbruch in der Kaiserideologie ohne Weiteres erkennbar gewesen sein. Für den christlichen Kenner der Institutionen hingegen manifestiert die der römischen Strafgewalt nachempfundene Strafgewalt Gottes den Vorrang des Naturrechts vor dem irdischen *ius civile* und die Tatsache der Einsetzung der Principes für die gesamte Menschheit die Gottesbrüderschaft aller Menschen. Die Rückführung des Kaisertums auf den Prinzipat weist ihn darauf hin, dass der Kaiser nur einem Herrn, nämlich Gott im Himmel dient.

Mit dem Lob von *pax* und *tranquillitas* werden Christen und Heiden gleichermaßen angesprochen. Die Sicherung der Pax Romana als *securitas* des Lebens innerhalb der Reichsgrenzen hatte auch in der Ideologie der Tetrarchie nach den Wirren der Zeit der Soldatenkaiser eine wesentliche Rolle gespielt.[357] Für den Christen bedeuten Friede und Ruhe die Abwesenheit der Leidenschaften des Körpers, die Zurückdrängung des Irrtums der Götterverehrung und die Wiederherstellung von *religio* und *sapientia*, die im Goldenen Zeitalter des Saturn in den „Divinae Institutiones“ ihre Verheißung gefunden hatten.

Bereits mit dieser Einleitung beweist Laktanz, dass er nicht nur in der Lage ist, zugleich aus einem profunden Schatz römischer und christlicher Wertevorstellungen zu schöpfen, sondern auch beide, gemäß den Bedürfnissen der Zeit, untrennbar ineinanderzufügen. Ein römischer „Richtergott“ beseitigt Tyrannen zugunsten der Wiederherstellung von Prinzipatsgewalt und Frieden.

b) Das Leben der Tyrannen

Diesen Prämissen folgt nun die Darstellung des Lebens der Verfolger – zunächst Neros. Er ist ein Tyrann, der in dem Augenblick, als aufgrund der Mission des Petrus und Paulus große Mengen der Bevölkerung vom Götterglauben abzufallen beginnen, beschließt, alle *iustitia* zu vernichten und sich als ein wildes Tier gebärdet.[358] Nichts anderes gilt für Domitian, der in seinem Streben nach *dominatio* das gerechte Volk der Kirche verfolgen lässt, oder auch Decius, der als Tier in Menschengestalt seinen Tod von Barbarenhand erfährt und so selbst als Futter für Tiere endet.[359] Auch Valerian verliert durch persische Gefangennahme ein falsch gebrauchtes *imperium* sowie die *libertas*, die er zuvor anderen geraubt hatte.[360]

---

357 *Lactantius*, mort. pers. 1, 4 deutet daher die securtias wenigstens an, wenn er von der Aufhebung der „Wirbelstürme“ der vergangenen Zeit spricht.

358 *Lactantius*, mort. pers. 2, 5–7: „mala bestia“. Es ist gerade die Religiosität, die den Menschen vom Tier unterscheidet, dazu *Prete*, Gymnasium 63 (1956), 368.

359 *Lactantius*, mort. pers. 3, 1–4 (Domitian); IV, 1–3 (Decius).

360 *Lactantius*, mort. pers. 5, 1–6: „Hic captus a Persis non modo imperium, quo fuerat insolenter usus, sed etiam libertatem, quam ceteris ademerat, peridict vixitque in servitute turpissime.“

Anstatt durch das Beispiel der frühen Verfolger zur Vernunft zu gelangen, folgen auch die Tetrarchen – Diokletian, Maximian und Galerius – mit Ausnahme des Constantius, dem falschen Beispiel. Der Senior Augustus wird keineswegs von Tugend, sondern von seinen Leidenschaften angetrieben, unter denen *avaritia* und *timiditas* herausragen. Die Gier nach Reichtum führt letztlich auch zur Aufhebung jeder *iustitia* gegenüber dem privaten Eigentum, durch Erhebung ungerechter Steuern, Vermögenskonfiskationen und durch Tötung der Grundeigentümer. Hinzu kommt die Verwüstung der Lande durch immer weitere Truppenaushebungen.[361] Nicht anders steht es um Maximian, der getrieben von der Furcht den ihm zugesprochen Mut (*fortitudo*) nicht zum Guten, sondern zum Schlechten gebraucht. Er vergreift sich zur Befriedigung seiner *cupiditas* an fremden Frauen und senatorischen Gütern und sieht sein Glück in Lastern.[362] Am stärksten ist die Lasterhaftigkeit in Galerius ausgeprägt, einer Bestie, die von einer dem römischen Blut fremden Wildheit zerfressenen *superbia* übermannt, jedes rechte Maß verliert, sich den Imperatorentitel zuschreibt, göttliche Abstammung behauptet und alles Übrige verachtet.[363] Für seine Gefährten trägt Diokletian die Verantwortung. Gott lässt ihn dennoch solange ungestört regieren, wie er nicht seine Hände mit dem Blut Gerechter befleckt.[364]

c) Verhältnis zum Herrscherlob des ausgehenden dritten Jahrhunderts

Während die Schlechtigkeit der älteren Herrscher vor allem ihrer Eigenschaft als Christenverfolger zugeschrieben wird – die Aufhebung der *iustitia* besteht v. a. bei Nero in der Verfolgung der christlichen Gemeinde, also in der Beseitigung der *fides* und nur in zweiter Linie in der Missachtung römischer Herrschertugenden im Streben nach *dominatio* – geht die Darstellung der Tetrarchen hierüber weit hinaus. Ob der Angriff des Laktanz tatsächlich gezielt gegen das in den Panegyriken der Jahre 288/291 gerichtete Herrscherlob gerichtet war, lässt sich nicht sicher feststellen.[365] Auffällig ist, dass die von Laktanz den Herrschern zugeschriebenen Fehler in den dort beschriebenen Tugenden ihre spiegelbildliche Entsprechung finden.

361 *Lactantius*, mort. pers. 7, 2, 5 f. avaritia; 7, 3: Verwüstung des Landes durch Ausdehnung des Heeres; 7, 4 f.: Besteuerung; 7, 11 f.: Tötung rechtmäßiger Eigentümer.
362 *Lactantius*, mort. pers. 8, 1–6.
363 *Lactantius*, mort. pers. 9, 1–7, v. a. 9, 2; 9.
364 *Lactantius*, mort. pers. 9, 11.
365 Laktanz war in den Institutionen durchaus gezielt auf einzelne Punkte der Panegyriken eingegangen, vgl. etwa *Lactantius*, Div. Inst. 1,3, 19, 20–21, zur Rede des Jahres 297.

aa) Die Aufhebung irdischer iustitia, pax und libertas durch Diokletian und Maximian

Der dort betonten *sapientia* Diokletians ist seine Übermannung durch das Laster der Gier gegenübergestellt. Dadurch werden alle seine Entscheidungen in einem gegen *libertas* und Pax Romana gerichteten Sinne geleitet. Aufgrund dessen hat er keineswegs, wie der Panegyriker behauptet, Ruhe und Unversehrtheit des Staatswesens wiederhergestellt und die *iustitia* wieder aufgerichtet, sondern gerade das Gegenteil hiervon erreicht. Das Land liegt verwüstet durch Aushebungen, ausgepresst durch ungerechte Steuern, darnieder. Von einer sicheren Ruhe kann keine Rede sein, wenn das Privateigentum als Grundlage derselben vor ungerechten Nachstellungen nicht sicher ist. Maximian, der aufgrund seiner *fortitudo* mit der Befriedung des Reiches beauftragt gewesen wäre, gebraucht diese, um seine Anhänglichkeit an Laster zu befriedigen. Er greift die *libertas* durch Verfolgung des senatorischen Adels an. Spricht Laktanz hier von der *iustitia*, meint er damit vor allem, dass auch die rechte Ordnung der irdischen Staatsverfassung durch die Tetrarchen missachtet wird.

bb) Das eine irdische Imperium und die Duldung heidnischer Herrschaft durch Gott

Der Bezug zur göttlichen Weltordnung bleibt vor allem in der Darstellung des Galerius bestehen. Dieser schreibt sich eine Imperatorenwürde zu, die ihm nicht zusteht, als deren alleiniger Inhaber vielmehr Diokletian erscheint, der den Staat mit seinen Gefährten leitet. Die Idee eines doppelten Imperiums (Diokletian/Maximian) wird von Laktanz verworfen. Der Nachsatz, Gott habe Diokletian gewähren lassen, solange dieser nicht seine Hände mit dem Blut der „Gerechten“ befleckt habe, deutet auf die Gotterwähltheit nur Diokletians hin. Zur göttlichen Duldung der anderen Herrscher der Tetrarchie schweigt Laktanz. Auch eine nach dem Maßstab des römischen Herrschaftsideals „schlechte“ und „ungerechte“ Herrschaft wird offenbar von Gott geduldet, solange sie die *iusti* (Christen) gewähren lässt.

(1) Die Unschuldige verfolgende tyrannica potestas – die diokletianische Verfolgung

Mit der nachfolgenden Darstellung der diokletianischen Verfolgung[366] unternimmt es Laktanz auch, auf der Basis des römischen Rechts Sympathien für die Lage der Christen zu erwecken. Diese werden, trotz anfänglichen Unwillens Diokletians, der die *quietas* der Welt nicht gefährden will,[367] durch kaiserliches Edikt ihres Rechtsstatus entkleidet und ohne Ansehung ihres Standes, den das Edikt aufhebt,

366 Auslöser der Verfolgung ist eine, *Lactantius*, mort. pers. 10, 1, aufgrund der Bekreuzigung anwesender Christen misslungene, Eingeweideschau.

367 *Lactantius*, mort. pers. 11, 3. Gemeint ist offenbar die Furcht Diokletians vor dem Ende der vermeintlichen quietas, die tatsächlich (7, 3–5) gar nicht existiert. *Kirsch*, Klio 66 (1984), 627.

der Folter unterworfen. Jede Klage gegen sie wird angenommen, Klagen durch sie werden allgemein verworfen. Sie haben unter dem Edikt weder Freiheit noch Stimme (*libertatem denique ac vocem non haberent).*[368] Das kaiserliche Verhalten ist seiner Natur nach nicht an einem rechtlichen Maßstab ausgerichtet, sondern allenfalls als ein Akt der Barbarei zu bewerten.[369] In prozeduralen Dingen zeigt sich dies in einer ungehemmten Folterbereitschaft, die nach der Brandlegung des Kaiserpalastes in Nikomedien die Christen zu *hostes publici* erklärt und auf den Kaiser, die Iudices und die Palastbeamten gleichermaßen überspringt. Sie macht schließlich auch vor den heidnischen Bediensteten Diokletians nicht mehr halt.[370] Aus dieser bestiengleichen Grausamkeit ragt einzig Constantius heraus, der den Tempel Gottes im Menschen unangetastet lässt und sich auf die Zerstörung der leicht wieder zu errichtenden Gotteshäuser beschränkt.[371] Nach Verdiensten hätte ihm die Weltherrschaft zukommen müssen.[372]

Eine ihrer rechtlichen Bindungen enthobene Staatsgewalt, die nichts als *tyrannica potestas* darstellt, verfolgt in den Christen Gerechte und Unschuldige (*iustis et innocentibus).* Sie treten der Verfolgung mit starker Treue und Festigkeit der Seele entgegen, weil sie über die Erkenntnis verfügen, dass den Tugendhaften (*virtutibus, meritis*) im Himmel die *corona victrix* reserviert bleibt.[373] Die christliche Unschuld im tugendhaften Leben wird einer Tyrannenherrschaft gegenübergestellt, die aufgrund der in der Verfolgung der Christen angewandten Methoden diesen Namen schon nach dem irdischen Recht verdient. Die Begründung für die Ungerechtigkeit der Verfolgung liegt wiederum in der augenfälligen Missachtung der Grundsätze des *ius*, also in der Methode. Darüber hinaus ist auch der Gegenstand der Verfolgung „um des Namens willen" falsch. Die vermeintlich üblen Taten der Christen entstammen nur dem Hirn des heidnischen Galerius. Sie sind Ausdruck seines von *superbia* geleiteten Strebens nach *dominatio.*[374]

(2) Die Entrechtung der heidnischen Reichsbevölkerung durch Galerius

Dem zuvor ausgeformten Schema folgt die nachfolgende Schilderung des Bürgerkrieges, allen voran die Beschreibung der Person des Galerius, der nach der Abdankung Diokletians 305 bis zu seinem Tod 311 die Augustuswürde des Ostens ausübte. Die Verfolger werden als von Lastern getriebene Tyrannen dargestellt, die Ruhe und Frieden des Römischen Reiches stören und die *libertas* der römischen Gesellschaft aufheben. Galerius erzwingt die Abdankung des nach

---

368 *Lactantius*, mort. pers. 13, 1; 2.

369 *Lactantius*, mort. pers. 13, 2 verweist darauf, ein Christ habe das Edikt mit dem Ausruf von einer Wand gerissen, Goten- und Sarmartensiege seien bereits bekannt gemacht worden.

370 *Lactantius*, mort. pers. 14, 2–4; 15, 1–3.

371 *Lactantius*, mort. pers. 15, 7; 16, 1 „bestiae".

372 *Lactantius*, mort. pers. 8, 7.

373 *Lactantius*, mort. pers. 16, 2; 7; 11.

374 *Lactantius*, mort. pers. 10, 6; 11, 8; 14, 1 f.; dazu *Kirsch*, Klio 66 (1984), 626.

der Christenverfolgung glücklosen Diokletian; er betreibt seine Erhebung zum Augustus durch Drohung mit Bürgerkrieg (*armorum civilium*);[375] er verhindert die Ernennung der Söhne (Konstatin/Maxentius) der künftigen Augusti zu Caesaren. Stattdessen macht er mit Severus einen Tänzer und Säufer und mit Maximinus Daia einen Halbbarbaren zu Herrschern. Dadurch offenbart sich sein Streben nach der Herrschaft über die ganze Welt.[376] Die Ehrenrechte der *honestiores* werden aufgehoben. Der nach einer dem Perserkönig gleichen Stellung über ein Volk von Dienern strebende Galerius duldet die Anwendung der Folter. Er macht auch vor Dekurionen oder Honoratioren nicht halt und duldet im Gefolge der Folter grausame Strafen ohne Unterschied des Ranges.[377] Damit einher schreitet die Aufhebung der *iustitia* in Form der Verbannung der Rechtsgelehrten und in der Auslöschung der Beredsamkeit.[378] In den Provinzen nehmen ungebildete Militärrichter das richterliche Amt wahr.[379] Die Eintreibung der Steuern[380] erfolgt mit Gewalt und Willkür. Mit römischen Bürgern wird wie mit im Kriege Besiegten verfahren.[381] Die vollständige Entrechtung römischer Bürger manifestiert schließlich die Plünderung und Verwüstung Italiens nach dem (gescheiterten) Feldzug des Galerius gegen den Usurpator Maxentius.[382] Die Diffamierung des Galerius erfolgt durch Laktanz vollständig anhand des Musters der römischen Tyrannenherrschaft. Er verzichtet – mit Ausnahme der Feststellung, dass Galerius schließlich auch die Bettler hinrichten lässt[383] – auf christliche Einschübe.[384] Nichtsdestotrotz weckt die Art der Verfolgung der Christen Sympathien für die neue christliche Religion.

---

375 *Lactantius*, mort. pers. 18, 1; 6. Der Grund besteht aus Sicht des Galerius in dem Anspruch, nun den ihm aufgrund seiner militärischen Leistungen zustehenden Platz einzunehmen. Diokletian habe 15 Jahre lang in „quietores terras“ gelebt, er aber nur gekämpft. Eine Einsetzung von vier Augusti sei der „concordia des Kollegs“ nicht förderlich.

376 *Lactantius*, mort. pers. 18, 2–5; 12 f.; 14: Die Kritik Diokletians, Galerius habe ihm keine Männer zu bieten, denen man den Schutz des Staates anvertrauen könne, verhallt ungehört; 19, 6: Mit Maximinus Daia ist ein Viehhirte in das Caesarenamt aufgerückt, der sich weder in der Kriegs- noch in der Staatsführung auskennt. Zum Streben des Galerius nach Weltherrschaft: 18, 2–5; 20, 1.

377 *Lactantius*, mort. pers. 21, 3; 21, 6 f.; 22, 1.

378 *Lactantius*, mort. pers. 22, 4.

379 *Lactantius*, mort. pers. 22, 5.

380 Die Aufhebung des Privateigentums durch willkürliche Steuererhebungen nimmt als Laster des Galerius breiten Raum ein, vgl. *Lactantius*, mort. pers. 23, 1–4; auch: 30, 1–6 mit Schilderung der Willkürmaßnahmen zu den Quinquennalien des Galerius.

381 *Lactantius*, mort. pers. 23, 1–5.

382 *Lactantius*, mort. pers. 23, 6–8: Verwüstung des Landes, Vergewaltigung der Frauen, Folterung der Väter.

383 *Lactantius*, mort. pers. 23, 7–9.

384 *Städele*, in: Lactantius, mort. pers. 151 Fn. 82 verweist darauf, dass Laktanz die seit dem ersten Jahrhundert zur Charakterisierung des Prinzipats üblichen Gemeinplätze verwendet.

(3) Entrechnung von Römern und Christen in gleicher Weise

Die den Römern zur Last fallende Art der Verfolgung durch den „Barbaren“ Galerius zeigt sich in den Maßnahmen gegen die Christen. Die Aufhebung der Ehrenrechte, Beschneidung des Rechtsweges, Einsatz der Folter und willkürliche Verurteilung, sind an der Tagesordnung. Es geht Laktanz um mehr, als nur die „Diffamierung“ des Galerius durch die Senatsaristokratie.[385] Ihm ist offenbar daran gelegen, durch die Parallelisierung von christlichen und römischen Leiden Sympathie für die Sache der Christen zu wecken und zu verdeutlichen, dass *libertas* und *iustitia* nicht nur den Römern, sondern auch den Christen am Herzen liegen. Das Bekenntnis des Galerius zum Christentum im Toleranzedikt von Nikomedien (April 311) ändert nichts an der ihn ereilenden göttlichen Strafe.[386] Ganz identisch gebärdet sich sein Nachfolger im Augustusamt des Ostens, Maximinus Daia, der die Verfolgung der Christen wieder aufnimmt und im Übrigen wie sein Vorgänger willkürlich Privatbesitz missachtet, sich seinen Lüsten hingibt und die Befriedigung seiner Begierden als ein *animal nefarium* zum Sittengesetz erhebt.[387] Hinzu tritt eine „scheinbare“ *clementia*, die Christen verstümmeln und nicht töten und Eigentümern die Wahl zwischen Lebens- oder Güterverlust lässt.[388] Wert hat Laktanz auch darauf gelegt, die Feindschaft beider Augusti des Ostens (Galerius und Maximinus Daia) gegenüber dem römischen Volk durch Hervorhebung ihrer illyrischen (barbarischen) Herkunft darzutun. Wer von Barbaren abstammt, von dem kann man Tugendhaftigkeit nicht erwarten.[389] Er muss – hatte sich doch die Tetrarchie gerade die Bekämpfung der Barbaren durch körperliche *fortitudo* auf die Fahnen geschrieben – schlechterdings der Feind des römischen Volkes sein.[390]

d) Die Herrschaft Konstantins und Licinius

Der dargestellten „tierischen“ Wildheit aller Verfolger stehen v. a. zum Ende des Werkes hin Rechtgläubigkeit und Wohlverhalten der christlichen Kaiser, Konstantin und Licinius gegenüber. Konstantin ist als Sohn des Constantius zur Führung der Staatsgeschäfte einzig geeignet. Er ist *sanctissimus, dignissimus,* von großem militärischen Fleiß, von erwiesener Sittlichkeit, von den Soldaten geliebt, von den

---

385 *Städele*, in: Lactantius, mort. pers. 166 Fn. 102: „Der Senatsaristokratie war offensichtlich jedes Mittel recht, Galerius als dakischen Barbaren zu diffamieren.“

386 *Lactantius*, mort. pers. 33, 1–11; 35, 3; er wird von Würmern zerfressen.

387 *Lactantius*, mort. pers. 33, 1. Den Höhepunkt bildet der Versuch, sich auch die vormalige Kaiserin Valeria, zugleich Tochter Diokletians, willfährig zu machen. Nicht nur die staatlichen Institutionen, sondern auch Familienbande, werden von Maximinus Daia missachtet.

388 *Lactantius*, mort. pers. 36, 6; 37, 3–6; 38, 1–6.

389 *Lactantius*, mort. pers. 27, 6 f. (Galerius); 19, 6; 38, 6 (Maximinus).

390 Vor allem in dem Panegyrikus auf Maximian.

Bürgern gewünscht und überragt seinen Vater an Güte.[391] Seine Ernennung zum Caesar scheitert daher zunächst an dem Weltherrschaftsstreben des von *superbia* zerfressenen Galerius, der an der Beherrschbarkeit Konstantins zweifelt. Sie schlägt aber auch deshalb fehl, weil Galerius Maxentius zu Recht nicht mit Herrschaftsgewalt ausgestattet sehen will, weil Maxentius ebenfalls von *superbia* beherrscht ist. Parallel dazu wird Konstantins Person durch die Beschreibung der nun ernannten Caesaren Severus und Daia sowie des Vorgangs der Ausrufung derselben (19, 4) herausgestellt. Er verfügt über die gleiche Tugend wie sein Vater Constantius (8, 7). Alleine von ihm ist die Wiederaufrichtung eines tugendhaften Lebens und rechtsgemäßer Herrschaft zu erwarten.

aa) Konstantin als universeller Garant der römischen Weltordnung

Laktanz argumentiert auch hier zunächst mit klassisch römischen und nicht so sehr mit christlichem Gedankengut, das bis dahin allenfalls in der milden Haltung seines Vaters gegenüber den Christen erkennbar geworden war. Die göttliche Erwählung Konstantins wird erst nach der Darstellung der Laster des Galerius angesprochen, die heidnische und christliche Römer gleichermaßen getroffen hatten.[392] Gott schützt Konstantin vor den Nachstellungen des Galerius, verhilft ihm zur Flucht aus Nikomedien, ermöglicht die ungestörte Sukzession der Herrschaft des in Frieden sterbenden Vaters auf den Sohn und die darauf folgende Wiederherstellung der Religion durch Konstantin. Gott bewahrt den einzig dem Prinzipatsideal entsprechenden, legitimen Herrscher, vor den Nachstellungen von Tyrannen, Tieren und Feinden des römischen Volkes. Er steht auf der Seite der Christen, die er vor Verfolgung schützt und auch des römischen Volkes und der von dorther erstrebten *libertas* und *iustitia*.[393]

bb) Der Sieg des christlichen Kaisertums unter der Schutzherrschaft Gottes

Dieser Zentralgedanke des Werkes wird schließlich von Laktanz in der Auseinandersetzung Konstantin-Maxentius/Licinius-Maximinus Daia vollständig zur Entfaltung gebracht. Dem Zweckbündnis von Maxentius und Maximinus[394] tritt zunächst

---

391 *Lactantius*, mort. pers. 18, 10, 11. Hinzu kommt das in der Panegyrik typische Lob körperlicher Wohlgestalt.

392 *Lactantius*, mort. pers. 24, 5–8.

393 *Straub*, 103: „Die völlige Verschiebung der bisherigen Problematik kündigt sich an [...] und dem Beherrscher des Weltreichs ist die Aufgabe zugewiesen, die Ausbreitung des neuen Glaubens zu fördern. [...] Von der Kirche aus gesehen wird das römische Kaisertum endgültig in die christliche Weltordnung einbezogen; der römische Kaiser ist unter das Walten ihres allmächtigen Gottes gestellt, der seinen Willen in der Welt und ihrer Geschichte verwirklicht. Er allein lenkt den Gang der Geschehnisse, er beschützt und bestraft...“.

394 *Lactantius*, mort. pers. 43, 1 betont, es habe sich nicht um ein Bündnis zur gemeinschaftlichen Erlangung der Weltherrschaft gehandelt.

Konstantin im Krieg gegen Maxentius entgegen. Vor der Schlacht an der milvischen Brücke erhält er im Traum den Auftrag, sich das Zeichen Gottes auf die Schilde setzen zu lassen, um zu siegen.[395] Noch deutlicher tritt die göttliche Sendung dann in der Auseinandersetzung zwischen Licinius und dem in Kleinasien einfallenden Maximinus Daia hervor. Dem Gelübde des Letzteren, er werde alle Christen vertilgen, so Jupiter ihm den Sieg schenke,[396] steht der Licinius im Traum erscheinende Engel gegenüber, der nach gemeinsamem Heeresgebet den Sieg verheißt: *Summe deus, te rogamus, sancte deus te rogamus. Omnem iustitiam tibi commendamus, salutem nostram tibi commendamus, imperium nostrum tibi commendamus. Per te vivimus, per te victores et felices existimus. Summe, sancte deus, preces nostras exaudi. Brachia nostra ad te tendimus. Exaudi sancte, summe deus.*[397]

Erst hier überführt Laktanz das heidnische Prinzipat in seiner idealen Ausprägung in christliches Gedankengut. Stand zuvor zwar Gott auch schon auf der Seite der Gerechten, d. h. auf der Seite Konstantins, so war doch sein Wohlwollen noch lediglich auf einen tugendhaften Menschen gerichtet. Erst das Heeresgebet des Licinius zeigt nun auf, welche Rolle Gott in der Welt tatsächlich zukommt. Er nämlich ist nicht nur Schutzherr, sondern vor allem Quelle der Gerechtigkeit, des Wohlergehens und auch der Herrschaft. „Sich in die Hände Gottes zu begeben“ ist Voraussetzung für die Siege Konstantins und des Licinius. Sein Imperium dankt der siegreiche Feldherr ihm. Auch hier aber bleibt die Darstellung des Laktanz aber offen für die heidnische und christliche Interpretation: Für den Heiden verdeutlicht die Gegenüberstellung Konstantin/Licinius mit Galerius/Maximinus Daia, dass die anvertraute Gerechtigkeit, das anvertraute Wohlergehen des Staates und das anvertraute Imperium den wohlgeordneten Prinzipat meinen – also eine Kaiserherrschaft, die die *libertas* des ruhigen Lebens und den Fortbestand der Pax Romana in ihren Siegen garantiert. Für den Christen, und gerade für Laktanz erschließt sich der weitergehende Inhalt der Worte: Das Gebet erkennt Gott als Vater und Herr an, auf den der Mensch in allen Dingen vertraut und um dessen Unterstützung er fleht. Sieg und Glück sind mit dem Sieg des christlichen Glaubens identisch. Er beinhaltet das Anerkenntnis der Abhängigkeit aller Gerechtigkeit, allen Wohlergehens und aller Herrschaft von der rechten Verehrung Gottes. Letztere hat die Ausrichtung des menschlichen Lebens auf die Tugendhaftigkeit zur Errettung der Seelen nach den Geboten Gottes zur Voraussetzung. So führt das Eingreifen Gottes zur Wiederherstellung der *quietas* und des Rechts durch die kaiserliche *clementia.*

---

395 *Lactantius*, mort. pers. 44, 3–6; dazu instruktiv: *Michael DiMaio, Jörn Zeuge u. Natalia Zotov*, „Ambiguitas Constantiniana: The Caeleste Signum Dei of Constantine the Great“, in: *Byzantion* 58 (1989) 333–360.

396 *Lactantius*, mort. pers. 46, 2.

397 *Lactantius*, mort. pers. 46, 6. Licinius ist hier ebenfalls Instrument Gottes; *Moreau*, Vérité, 139.

Vor allem in der Restituierung der Kirchen und der Religionsfreiheit[398] hat Gott sich der von reißenden Wölfen angefallenen Herde erbarmt und in ewiger *pietas* Iovier und Herkulier vertrieben.[399]

e) Ergebnis

Im Werk von den „Todesarten der Verfolger" liefert der Verfasser der Institutionen zunächst die Bestätigung dafür, dass die darin gefundene Gotteserkenntnis und der Begriff der christlichen *iustitia* sich als richtig erwiesen haben. Durch den Tod der Verfolger ist die *pax* wiederaufgerichtet. Es herrscht ein ideales Prinzipat, das sich mit Hilfe Gottes gegen tierische Tyrannenwildheit der Verfolger durchgesetzt hat.

Die Bilanz der Auseinandersetzung von Heiden und Christen ist eindeutig: Gott hält schützend die Hand über diejenigen Herrscher, die Laster ablehnen und zum Besten des Friedens und der Gerechtigkeit handeln. Er straft denjenigen Herrscher, der sich alleine zur Befriedigung seiner irdischen Leidenschaften die Menschen zu seiner Verfügung hält.[400] Solche Herrscher sind regelmäßig Heiden und Christenverfolger. Der Sieg des Licinius über Maximinus Daia ist zugleich ein Sieg des Christengottes über den heidnischen Jupiter und die Herrschaftsideologie der Tetrarchie. Nur durch rechte Gottesverehrung können Ruhe und Recht innerhalb des Reiches gewahrt werden. Es ist also von essentieller Bedeutung, die christliche Religion jedenfalls zu dulden und ihren Angehörigen Glaubensfreiheit zuzubilligen.

Im Gegensatz zu den Institutionen, die in ihrer Urfassung dem Herrscher christliches Wohlverhalten allenfalls zur Errettung seiner eigenen Seele für das jenseitige Leben auferlegt haben, tritt Gott hier als Richter über Seele und Körper innerhalb der diesseitigen Welt auf. Er bedient sich jedenfalls in Ansehung der kaiserlichen Herrschaft des lenkenden Eingriffs in das Weltgeschehen, wird also zur Stütze der christlichen Herrschaft. Für Licinius und Konstantin bedeutet dies göttliche Erwählung, weil sie dem rechten Weg folgten. Das göttliche Strafurteil droht dagegen, wenn der rechte Weg verlassen wird. Die späte Bestrafung Diokletians erst nach Beginn der aktiven Christenverfolgung zeigt den Umfang der dem Kaisertum anvertrauten irdischen Gewalt an. Gott toleriert ein heidnisches Kaisertum, solange es sich nicht offenkundig in Widerspruch zur christlichen Lehre setzt. Das Rangverhältnis des Kaisertums zum göttlichen Gebot ist damit dennoch zugunsten des Letzteren entschieden. Der Kaiser herrscht, weil und wenn er seine Herrschaft Gott anvertraut. Aus diesem Dualismus – Rechtfertigung der Kaisergewalt als von Gott stammend, Bindung der Kaisergewalt als Gott unterworfene Gewalt – die sich vor allem im Heeresgebet des Licinius Ausdruck verschafft, wird das christliche Kaisertum des lateinischen Westens sich von nun an nicht mehr lösen können. Das darin

398 *Lactantius*, mort. pers. 48, 1–13. Hierzu gehört: Wiederherstellung der Kirchen (1); Religionsfreiheit (2–5); Rückgabe der geraubten Güter (48, 7 f.); Wiederherstellung der Versammlungsstätten (13).

399 *Lactantius*, mort. pers. 52, 2 f.

400 *Kirsch*, Klio 66 (1984), 630: Gott regiert und straft.

befindliche Konfliktpotential haben die Väter der Jahrhundertwende, Eusebius und Laktanz, noch nicht vorhergesehen. Zugleich deutet die Rechtfertigung des Laktanz an, dass die Form des Herrscherlobes auch der christlichen Herrschaft dienlich gemacht werden kann – in der Begründung der Auswahl Konstantins, Überragen des Vaters, göttliche Auswahl, Anerkennung der *libertas* und *iustitia* – klingt das topische Schema panegyrischer Reden an.[401]

4. Vom Zorne Gottes – De ira dei

Mit dem Wirken Gottes, auf Erden oder im Gericht über die Seelen, befasst sich die wenig später entstandene Schrift vom Zorne Gottes. Sie ist wiederum Donatus gewidmet und greift vor allem Gedanken der Institutionen – Erkenntnisvermögen des Menschen, Dualismus des Guten und des Bösen, Bestimmung des Gerechtigkeitsbegriffs – wieder auf. Im Kern geht es um die bereits dort diskutierte Frage rechten Affektgebrauchs. Für die irdische Herrschaft ist sie vor allem in Ansehung der darin enthaltenen Ausführungen über die Anwendung der richterlichen Strafgewalt von Interesse, da sie die bei Tertullian behandelte Frage nach der Vereinbarkeit von christlichem Vergeltungsverbot und staatlicher Sanktion erneut aufwirft.

a) Der gerechte Zornesaffekt

Ausgangspunkt der Darstellung ist die These, dass Gott weder teilnahmslos – denn dann könnte dem Menschen die Gottesverehrung gleich sein – noch nur gnädig oder zornig ist, sondern Zorn und Gnade in sich vereint.[402] Denn wer den Gottlosen und Ungerechten nicht zürne, so Laktanz, der könne auch die Gerechten nicht lieben.[403] Es muss also die positiven Affekte Gottes – Zorn gegen das Böse, Liebe zu den Guten, Erbarmen zugunsten der Bedrängten – geben, damit der Mensch die Welt nicht wie unter der Herrschaft einer wilden Raubhorde verwüstet.[404]

Das Schändliche zu bestrafen, ziemt sich daher sowohl für die weltliche wie die göttliche Gerichtsbarkeit. Nicht der Richter, der den Übeltäter verurteilt, fügt diesem Schaden zu, sondern er betreibt die Wohlfahrt des Guten, indem er dem Schuldigen zuteilt, was ihm für seine Tat gebührt. Eine Weltordnung, die gegen den die Familie seines Herren mordenden Sklaven Milde und Barmherzigkeit walten

---

401 *Moreau*, Vérité, 141: Konstantin als „le modèle et l' exemple du grand restitutio orbis Romani."

402 *Lactantius*, De ira dei, 1–3. Laktanz tritt damit der stoischen Vorstellung (*Cicero*, De officiis, 3, 102) entgegen, dass die Gottheit nur gütig sei; vgl. *Winger*, Laktanz, 60. *Prete*, Gymnasium 63 (1956), 368 bezeichnet den Gotteszorn und das göttliche Weltregiment als den „Kardinalpunkt" des Werkes.

403 *Lactantius*, De ira dei, 5. Für die Darstellung legt Laktanz den in den Institutionen entwickelten, in pietas und aequitas zerfallenden Gerechtigkeitsbegriff zugrunde; vgl. De ira dei, 12.

404 *Lactantius*, De ira dei, 16.

lässt, handelt in der Nachsicht gegen solche Untaten selbst grausam und nicht milde. Sie verdient ebenso wenig Beachtung wie ein Gott, der Gleiches tut.[405] Zorn gegen das Ungerechte bedeutet also nicht Affekten (Furcht, Habsucht, Missgunst) nachzugeben, sondern ist als Liebe zur Gerechtigkeit positiv bestimmt. Dem Guten muss der Schlechte missfallen. Nicht der irdische Richter spricht das Urteil – gar aus Jähzorn oder Wut – sondern das übertretene Gesetz selbst.[406] Diese Anwendung der positiven Affekte gegenüber dem in jedem Menschen angelegten Laster muss der Mensch zur Erhaltung der Ordnung vervollkommnen.[407]

b) Gerechter Zorn als Voraussetzung der göttlichen und irdischen iustitia

Gott verbietet nicht die Wut, denn das würde der Natur des Menschen widersprechen, sondern will die Wahrung von Maß und Gerechtigkeit, d. h. die richtige Lenkung des Affekts. Der gerechte Zorn ist für Laktanz Voraussetzung jeder Herrschaft im Himmel oder auf der Erde. Sein Entfallen führt zwingend zum Verfall jeder Ordnung. Christliche Nächstenliebe und Gottesbrüderschaft fordern also nicht wie bei Tertullian den Verzicht auf jede Art von Gewalt und schließen so das Kaisertum aus der christlichen Glaubensgemeinschaft von vorneherein aus, sondern Herrschaft erfordert im Gegenteil den gerechten Zorn und gerechtes Strafen zur Aufrechterhaltung der Weltordnung. Die Strafe selbst bleibt hierbei Vergeltung für das begangene Unrecht, der Täter wird durch die Tat und nicht durch die Affekte des Richters in Ansehung derselben gerichtet. Auffällig ist schließlich, dass weltliche und göttliche Herrschaft einander gegenübergestellt und letztlich parallel ausgestaltet werden.

Damit knüpft Laktanz an den zuvor in „De mortibus persecutorum" entwickelten Gedanken einer von Gott getragenen Herrschaft an, deren Rechtsgewalt der göttlichen nachempfunden wird. Das irdische Vergeltungsstrafrecht ist damit auch gegenüber den Christen als legitim ausgewiesen. Der Grundsatz der Nächstenliebe und die Gottesbrüderschaft der Menschen erfordern sogar in diesem Sinne „gerechte" Strafen, da jedes Absehen von Strafe selbst zum Unrecht würde. Der Princeps übernimmt die ihn vom Tyrannen unterscheidende *iudex*-Funktion. Die Frage nach der Interpretation des Römerbriefs (Rom. 13, 1–7) ist in einem die Staatsgewalt in das Christentum einbettenden Sinne beantwortet: Die Herrschaft des Kaisers kommt von Gott, weil sie als christliche Tugendherrschaft gottgewollt und gottgetragen ist.

c) Bewertung

In doppelter Weise konkretisiert das Werk vom Zorne Gottes zum einen den rechten Gebrauch der Affekte in Übereinstimmung mit den Institutionen und zum anderen die Antwort auf die Frage nach der Natur des göttlichen Wirkens in der Welt, die durch das Werk von den „Todesarten der Verfolger" aufgeworfen worden war.

---

405 *Lactantius*, De ira dei, 17.
406 *Lactantius*, De ira dei, 17 f.
407 *Lactantius*, De ira dei, 18.

Es ist zugleich Grundlage der Legitimation von Kaiserherrschaft in Ausübung der *iudex*-Funktion auf Erden. Zwar ist der Kaiser in erster Linie der Menschenliebe verpflichtet, Straftaten hat er jedoch aus Liebe zur Gerechtigkeit mit gerechten Strafen zu versehen. Die in der Strafe zum Ausdruck kommende Vergeltung entspringt gerechtem Zorn, teilt dem Täter das Verdienst seiner Tat zu. Gerade die Vergeltung begangenen Unrechts durch den von Gott zum Richter eingesetzten Herrscher ist vom christlichen Glauben gefordert. Sie schließt den Kaiser daher nicht aufgrund eines Widerspruches zum Vergeltungsverbot von der christlichen Gemeinschaft aus.

5. Die Epitome Divinarum Institutionum

Um eine straffere Zusammenstellung der in den Institutionen vorgetragenen Gedanken – ohne zugleich die Verständlichkeit der Darstellung zu verringern – geht es Laktanz in seinem letzten (vollständigen) Werk, den wohl um 320 entstandenen „Epitome“ zu den Institutionen.[408] Formal eine Verkürzung auf ca. 1/7 des ursprünglichen Inhalts[409] – v. a. auf Belegstellen hat Laktanz verzichtet – bilden die „Epitome“ den dogmatischen Schlussstein zu den Fragen des Schlechten (*malum*), der Pflichtenlehre und der Ausübung der Strafgewalt. Der in den Institutionen noch ausgeprägte apologetische Aspekt ist vielfach einer dogmatisch-belehrenden Darstellungsweise gewichen.[410] Auffällig ist, dass Laktanz die im Hauptwerk enthaltenen griechischen Zitate vollständig ins Lateinische übersetzt und damit offenbar eine bessere Verständlichkeit seiner Ausführungen am westlichen Hof zu erreichen sucht.[411] Die inhaltlichen Parallelen zum Hauptwerk bleiben allerdings derartig mannigfaltig, dass die Darstellung sich auf die abweichenden Gedankengänge beschränken kann.

a) Die eine irdische Kaiserherrschaft

Festzustellen ist hier zunächst der Rang, den – auch aufgrund der Kürzung – die parallele Ausgestaltung der irdischen und göttlichen Weltordnung einnimmt. Zwar folgt die Existenz göttlicher *providentia* immer noch aus der Anschauung der Natur, doch richtet Laktanz seinen Blick nunmehr noch stärker auf die irdische Herrschaft. Wie es auf der Erde entweder einen Herrn oder keinen Herrn gibt, so muss es auch im Himmel entweder einen Vater geben, der das Steuerruder in Händen hält, oder aber es existiert gar kein Vater. Die Erwähnung des Steuerruders assoziiert

---

408 Der genaue Zeitpunkt ist unbekannt. Aus der Vorrede ergibt sich jedenfalls, dass die Institutionen länger Zeit zurückliegen. Das Ende der Christenverfolgung ist vorausgesetzt; *Heck/Schickler*, Epitome, Einl., 31.

409 Wenngleich nicht gleichmäßig, vgl. *Heck/Schickler*, Epitome, Einl., 32 mit einer Übersicht über die entsprechenden Kürzungen.

410 *Heck/Schickler*, Epitome, 33–35 mit Inhaltsnachweis. Weitere Unterschiede finden sich in der Verwendung neuer Schmuckzitate und dem stärkeren Rückgriff auf Bibelstellen (v. a. 59, 1–62, 4).

411 *Heck/Schickler*, Epitome, 35.

zugleich das vielzitierte „Staatsschiff“ und legt den Umkehrschluss nahe: wenn es einen Gott gibt, so auch einen Herrn auf Erden. Jede Mehrpersonenherrschaft führt unvermeidlich zu Zwietracht und Kampf.[412] Da unzweifelhaft ist, dass jener Herrscher Konstantin und nicht Licinius ist – der sich zum Zeitpunkt der Abfassung der „Epitome“ bereits im Konflikt mit Konstantin befand – greift die Schrift also gleich zu Beginn den Herrschaftsanspruch Konstantins auf. Das in den Institutionen bestimmende Element der Verteidigung gegen die Tetrarchie ist entfallen.

b) Handlungstugenden

Die eigentliche Apologie, also die Begründung der menschlichen Natur der Götter ist bereits mit der Erwähnung der Tugend durchsetzt. *Spes, fides, concordia, pax, pudicitia* und *pietas* sind nicht Göttergestalten, die in kalten Mauern zu verehren sind, sondern finden sich in der menschlichen Brust.[413] Die Begründung der Handlungstugenden selbst setzt in den „Epitome“ unmittelbar nach der Darstellung der Irrtümer der Philosophen hinsichtlich der Erkenntnisfähigkeit und in Ansehung des höchsten Gutes an. Es fehlt der strukturelle Bruch des 3. (apologetischen) mit dem 5. (lehrenden) Buch – wie er in den Institutionen vorhanden war.[414] Die *iustitia* bleibt höchstes Gut des Menschen. Aus Sprache und Gemeinschaftssinn folgt die Fähigkeit zur Gotteserkenntnis, durch die sich der Mensch von allen Tieren unterscheidet und in die Lage versetzt ist, Gott als Vater und den Mitmenschen als Bruder zu erkennen, also beide Teile der Gerechtigkeit, *aequitas* und *pietas,* zu erfassen. Nur darin besteht die *sapientia.*[415] Die Handlungspflichten gegenüber dem Mitmenschen ergeben sich aus der *aequitas*, der in der Gotteserkenntnis begründeten Nächstenliebe, die die Aufgaben der Tugenden enthält.[416] Neben dieser – im Vergleich zum Hauptwerk recht kurzatmigen Tugendbegründung – arbeitet Laktanz deutlicher als dort die mit der Tugendhaftigkeit verbundene Problemstellung heraus. Wenn der Mensch Übel erträgt und Lüste wie den Reichtum meidet, um sich stattdessen der Sorge für die Mitmenschen zuzuwenden, die Elenden zu schützen und keine Injurien,

---

412 *Lactantius*, Epitome, 1, 2–4 (providentia); 2, 1–3, 4–6.

413 *Lactantius*, Epitome, 16, 1. Auch den Ursprung des Übels – falsche Verehrung der Götter durch materielle Opfergaben nach dem Sturz Saturns, Bruch des Bandes der menschlichen Gemeinschaft, Sündenfall des Menschen durch Verführung durch die Schlange – stellt Laktanz im Folgenden dar (Epitome, 20, 2 f.; 22, 2 f.). Der Neid der Schlange brachte dem Menschen die Verbannung vom heiligen Ort und ein sterbliches Leben ein. Zum Teufel geworden verleitete sie Kain dazu, zum Brudermörder zu werden und veranlasste Gott zur Entsendung von Engeln, die ebenfalls von der Lust verleitet abfielen. So entstanden die Götter (Epitome, 23).

414 Im Übrigen ist die Herleitung identisch: *Lactantius*, Epitome, 26, 1–5: Wissen, und 6: Mutmaßung hinsichtlich des höchsten Gutes durch die Philosophen; Epitome, 28, v. a. 9–14 Ablehnung des Wissens.

415 *Heck/Schickler*, Epitome, 86, Fn. 1: Verbindung von Inst. 3, 9–13 und 6, 9–13 mit Versatzstücken des fünften und sechsten Buches; Epitome, 28, 3 f.

416 *Lactantius,* Epitome, 29, 5–6.

auch nicht als Reaktion auf ein erlittenes Unrecht zu begehen, so wird sein Leben häufig im Ertragen der Übel bestehen.[417] Wer die *iustitia* wahrt, wird auf Erden Übeln ausgesetzt. Das Erdulden dieser Übel lohnt, weil das Ziel der Gerechtigkeit die Unsterblichkeit ist.

c) Der Konflikt von Vergeltungsverbot und irdischer Strafgewalt

Die Auffassung, die sich eigentlich aus der Verknüpfung von Nächstenliebe und Unrechtsvergeltungsverbot ergeben müsste – nämlich Herrschaft der Schlechten und Leiden der Guten – wird von Laktanz sodann in Anlehnung an seine Schrift vom Zorne Gottes relativiert. Eine irdische Strafgewalt, die wirkliche *gravia* härter bestraft als leichte Vergehen, ist zulässig – die Auffassung Zenons von der Gleichartigkeit der Übel also irrig. Leichte Strafen für schwere Vergehen zu verhängen käme einer Dummheit des Richters gleich, da dadurch die Täter zu noch schwereren Delikten Anreiz hätten. Harte Strafen für leichte Vergehen zu verhängen, wäre grausam und würde auf Dauer zur Bestrafung aller Menschen führen, weil diese insgesamt nicht ohne Fehler sein können.[418] Eine dogmatische Begründung der irdischen Strafgewalt und der strengen Vergeltungslehre bleibt Laktanz in den „Epitome“ allerdings schuldig. Er wendet sich zunächst erneut der Frage nach dem Ursprung der Tugenden zu.

d) *Christliche* iustitia-*Tugend als unbedingte Handlungstugend*

Für die Erkenntnis der *sapientia,* dass der Mensch von Gott als vernünftiges Wesen geschaffen wurde, um Gott als Vater und Herr Ehre zu erweisen,[419] ist Christus als Tugendlehrer gestorben.[420] Wegen dieses Bekenntnisses haben die Heiden die Christen verfolgt. Sie sind auf Erden von Gott mit einem klagenswerten Ende gestraft worden, um so die Geltung des göttlichen Gebotes zu erfahren.[421] Es waren Heiden, die die Beschneidung der Freiheit in religiösen Dingen erreichen wollten und die *libertas* der Menschen überhaupt in Frage gestellt haben.[422] Tatsächlich hat keiner von ihnen oder den Philosophen auch nur im Ansatz den Begriff der *iustitia* verstanden. Diese haben sie als Tugend des *suum cuique tribuere* und der

---

417 *Lactantius*, Epitome, 29, 7 f.; 30, 1–4.

418 *Lactantius*, Epitome, 33, 9 f.

419 *Lactantius,* Epitome, 36, 1–4.

420 *Lactantius*, Epitome, 37, 1–43, 44, 1, 45, 4. Für den Menschen gibt es kein Heil, als dass er sich der wahren Religion und der wahren Weisheit in Christus anschließt. Christus belegt die „sapiens religio uel sapientia religiosa.“ Dazu gehört es, Schmerz und Tod nicht zu fürchten, nicht zu zürnen, den Reichtum nicht zu erstreben, der Wollust nicht nachzugeben.

421 *Lactantius,* Epitome, 48, 5. Die heidnischen Götter haben es nicht vermocht, sich selbst zu verteidigen; *Schäublin*, MH 32 (1975), 215.

422 *Lactantius*, Epitome, 48, 7–11, 49, 1 f. Das Christentum agiert aus defensiver Position, alle Religion beruht auf Freiheit; so auch *Schäublin*, MH 32 (1975), 216 f.

aequitas zwar an der Spitze der Tugenden gestellt und in alle anderen Tugenden eingeschlossen, doch ist sie dort eine Tugend der *iudices* und der Gewaltträger, nicht aber jedes einzelnen Menschen geblieben, weil der Bezug zur Gotteserkenntnis fehlte.[423] Nur deshalb konnte Carneades (*Cicero*, De re publica, 3, 8–31) mit seiner Auffassung durchdringen, die die Gerechtigkeit als Torheit bezeichnete.[424] Dem Menschen verbeiben auf der Welt zwei Wege: der gottabgewandte zum Tartarus und zu Übel und Tod, der die Gemeinschaft des Menschen aufhebt und Gewalttaten einführt, und der Weg der Gerechtigkeit, die Gott als Vater und Herrn erkennt, liebt und ehrt und zugleich den Nächsten als einen Bruder behandelt.[425] Kein menschliches Gebot kann aber den Makel des Abfalls von Gott ausgleichen, sondern lediglich die Symptome bekämpfen und das Unrecht so aus der Öffentlichkeit ins Geheime und in die Gesetzesumgehung verbannen.[426] Damit ist die Vorrangstellung des göttlichen Gebotes vor aller menschlichen Rechtssetzung nochmals herausgestellt. Der Mensch kann zwar mit bestem Willen eine gerechte Ordnung erstreben, doch kann kein irdisches Gesetz sie je erreichen. Gerechtigkeit setzt vielmehr die Entscheidung jedes Einzelnen zur Gotteserkenntnis und Einhaltung des göttlichen Gebotes voraus. Damit wird der Satz, dass man nicht tun soll, was man nicht erleiden will (Mt 7, 12), zur ersten Grundlage des menschlichen Verhaltens.[427] Er bedarf freilich der Ergänzung um den Zusatz, dass man dem Menschen auch nützen soll.[428]

e) *Der rechte Gebrauch des Zornesaffekts gegen die der potestas Unterworfenen*

Um die Tugend zu befördern, muss der Mensch den Affekten widerstehen. Er darf nicht zulassen, dass ihn diese durch schlechten Gebrauch zum Schlechten führen.[429]

---

423 *Lactantius*, Epitome, 50, 6.

424 Es folgt der Hinweis darauf, dass die Tugend nicht nach dem Bild ihrer Erscheinung, sondern nach ihrer inneren Wahrhaftigkeit bewertet werden muss. Das gerechte Handeln ist entgegen dem Dafürhalten eines Carneades stets auch Weise, wenn die göttlichen und nicht die menschlichen Dinge, durch die Handlung verehrt werden. *Lactantius*, Epitome, 51–52, 4; 8.

425 *Lactantius*, Epitome, 54, 1–5.

426 *Lactantius*, Epitome, 54, 9.

427 *Lactantius*, Epitome, 55, 3 f.: „sed radix iustitiae et omne fundamentum aequitatis est illud, ut non facias quod pati nolis, sed alterius animum de tuo metiaris. si acerbum est iniuriam ferre et qui eam fecerit uidetur iniustus, transfer in alterius personam quod de te sentis et in tuam quod de altero iudicas, et intelleges tam te iniuste facere, si alteri noceas, quam alterum, si tibi.“; ebenso 59, 4.

428 *Lactantius*, Epitome, 55, 4: „primum est enim non nocere, proximum prodesse.“

429 *Lactantius*, Epitome, 56, 4: „...male utendo fiunt mala.“

aa) Der Zornesaffekt des Vaters in den Divinae Institutiones

In den Institutionen war so die Zuwendung der Affekte vom irdischen auf das himmlische Reich angesprochen worden. Ihre Rechtfertigung fanden sie in der Gottesfurcht, mit Anwendung der *cupiditas* um das Lebensnotwendige zu beschaffen. Der Zonersgebrauch wurde gebilligt, *ad coercenda peccata eorum qui sunt in nostra potestate, id est ut artiore disciplina minor aetas ad probitatem iustitiamque formetur.* Den Zorn, *aduersus minores*, hielt Laktanz für gerecht und notwendig (*iustum est et necessarium*). In keinem Fall durfte davon aber *adversus pares* Gebrauch gemacht werden, weil dies gegen die *humanitas* verstoße und bei Widerstand zum Kampf bis hin zum Untergang einer Partei führen müsse, woraus auch Kriege entstünden.[430] Der Gebrauch des Zornes diente ausschließlich erzieherischen Zwecken, bezog sich nur auf die *patria potestas* gegenüber Kindern, nicht aber auf erwachsene Gottesbrüder.

bb) Der Zornesaffekt des Herrschers in den Epitome Divinarum Institutionum

In den „Epitome“ hat sich diese Auslegung grundlegend gewandelt, dort heißt es: *ira igitur ad coercitionem peccatorum, id est ad regendam subiectorum disciplinam data est a deo, ut metus licentiam conprimat et conpescat audaciam.* Aus den in *potestas* befindlichen Kindern sind die Herrschaftsunterworfenen *(subiecti)* geworden, aus dem Vater der Inhaber von Herrschaftsgewalt. Die Anwendung des Zornes bezieht sich so nun auch auf erwachsene Gottesbrüder. Krieg und Feindschaft folgen auch nicht aus dem falschen Gebrauch des Zornes gegen Gottesbrüder, sondern aus dem Fehlverhalten der Herrschaftsunterworfenen, die sich gegen ihre Herren auflehnen, indem sie sich für gleich oder besser als diese halten.[431] Entsteht also zuvor der Krieg aus dem Gebrauch des Zornesaffektes gegen Gottesbrüder, also gegen erwachsene Menschen, so entsteht er nun aus der Erhebung der Untertanen gegen ihre Herren. Wenngleich Laktanz hinsichtlich der übrigen Triebe (*cupiditas, libido*) wieder in das in den Institutionen überlieferte Schema zurückkehrt,[432] ist hiermit doch eine grundlegende Umdeutung des Affektgebrauchs erfolgt. Die irdische Scheidung von Herren und Sklaven, von hochgestellten und niedriggestellten Menschen, gegen die Laktanz in den Institutionen noch so vehement angefochten hatte, wird in das Werk aufgenommen.[433]

Damit aber ist die Frage aufgeworfen, ob Laktanz nicht die von ihm selbst geforderte *aequitas* der Gottesbrüder aufgehoben und somit gegen die eigene Definition der *iustitia* verstoßen hat. Entscheidend ist in dieser Hinsicht, dass es dem Autor mit der Formulierung *ad regendam subiectorum* um die Anwendung des in „De ira Dei“ beschriebenen gerechten Zornes geht, also des Strafzorns wegen begangener Unrechtstaten, dessen Ausschaltung selbst Unrecht wäre und der aus der Liebe zur

---

430 *Lactantius*, Div. Inst. 6, 19, 4; 7; 9.

431 *Lactantius*, Epitome, 56, 4; vgl. *ders.*, De ira Dei 17, 18.

432 *Lactantius*, Epitome, 56, 5 f.

433 Vgl. *Lactantius*, Div. Inst. 5, 14, 19 f.

Gerechtigkeit, nicht aber aus schlechten Affekten entspringt. Irdische Sanktionen für menschliches Fehlverhalten durch zu diesem Zweck über Menschen herrschende Personen werden von Laktanz also zur Wohlfahrt des Guten für notwendig gehalten. Ein Widerspruch zu den Institutionen (Div. Inst. 6, 19, 8: *ex ipsius dei praeceptis intellegi potest, qui iubet uti maledicis et laedentibus non irascamur*) ist damit für Laktanz offensichtlich nicht verbunden. Ungeachtet der Inhaltsverschiebung fordert er (Epitome, 57, 1) weiterhin, den Zorn im Falle erlittenen Unrechts zurückzuhalten, um Schuldlosigkeit und Leidensfähigkeit zu bewahren. Das Gebot, niemals Unrecht zu tun, auch wenn man durch Unrecht hierzu gereizt ist,[434] gilt weiterhin uneingeschränkt. Unzulässig ist der Einsatz von Gewalt gegen gegenwärtige rechtswidrige Angriffe. Die Sicherung einer gottgemäßen irdischen Ordnung durch gerechte Strafen allerdings fällt nicht unter das Vergeltungsverbot. Der hier geübte Zorn ist nicht Ausdruck schlechter Affekte, sondern Folge des vom Täter begangenen Unrechts, dessen Sanktion in einer der himmlischen Ordnung nachempfundenen irdischen Ordnung zur Wahrung der *iustitia* zwingend notwendig ist.[435]

cc) Die Reichweite des Zornes – das Tötungs- und Gefolgschaftsverbot

Fast beiläufig verweist Laktanz an gleicher Stelle auf den rechten Gebrauch der *fortitudo,* die etwas Gutes sei, wenn man *pro patria,* etwas Schlechtes aber, wenn man gegen das Vaterland fechte.[436] Damit aber ist die Auffassung in den Institutionen (Div. Inst. 6, 20, 16) in Frage gestellt, wo noch ein absolutes Gewalt-und Tötungsverbot postuliert worden war: *ita neque militare iusto licebit, cuius militia est ipsa iustitia, neque uero accusare quemquam crimine capitali, quia nihil distat utrumne ferro an uerbo potius occidas, quoniam occisio ipsa prohibetur.* Da man Laktanz, hier nicht singulär so verstehen darf, als sei der angesprochene Kampf derjenige um die „christliche Erkenntnis für einen christlichen Staat", spiele sich also auf der himmlischen Ebene ab, muss davon ausgegangen werden, dass er seine Auffassung gegenüber den „Divinae Institutiones" verändert hat. Eine Bestätigung dieser These findet sich auch darin, dass Laktanz auch im Folgenden auf ganz konkret irdische Maßnahmen gegen Straftäter eingeht. Naheliegend ist diese auf die irdische Strafgewalt bezogene Deutung auch, weil auch das Tötungsverbot in den „Epitome" (59, 5)[437]

434 *Lactantius*, Div. Inst. 6, 18, 19–20.

435 *Lactantius*, De ira dei, 17 f. Es existieren zwei Arten der Vergeltung: die unmittelbare, von einem schlechten Zornesaffekt übermannte, Vergeltung eines gegenwärtigen Angriffs, sowie die gerechte Vergeltung, besser Anwendung der Ordnung gegenüber einem Verbrecher, der die Sanktion durch die Tat selbst verwirkt hat. Daher ist auch aus dem der potestas Unterworfenen ein zur Beherrschung Untertäniger geworden.

436 *Lactantius*, Epitome, 56, 4.

437 *Lactantius*, Epitome, 59, 5: „vetus praeceptum est non occidere: quod non sic accipi debet, tamquam iubeamur ab homicidio tantum, quod etiam legibus publicis uindicatur, manus abstinere, [sed] hac iussione interposita nec uerbo licebit periculum

in einem restriktiveren Sinne interpretiert werden kann. Menschen nicht zu töten, so Laktanz, bedeute nämlich nicht nur vom Menschenmord zu lassen, der ja *etiam legibus publicis* bereits bestraft werde, sondern auch durch Worte oder Selbsttötung den Tod nicht herbeizuführen. Ob die Tötung eines Menschen als staatliches Strafübel damit immer noch als Verstoß gegen die *iustitia* angesehen wird, ist nach dieser Korrektur überaus zweifelhaft. Laktanz nämlich spricht nicht mehr von der Herbeiführung einer staatlichen Todesstrafe durch Aussage in einem Mordprozess, sondern schränkt die Geltungskraft der staatlichen Gesetze in Ansehung der Bestrafung von Straftätern überhaupt nicht ein. Zwar ist der Mord durch Worte und Taten dem Christen weiterhin verboten, doch kann dies nun auch im Sinne eines selbstverständlichen Verbots der Begehung oder Anstiftung zu rechtswidrigen Mordtaten gelesen werden. Die Aussage eines Christen in einem nach den Gesetzen durchgeführten Mordprozess würde von diesem Tötungsverbot nicht erfasst. Der rechte Affektgebrauch – berechtigter Zorn in Ansehung eines Mordes – würde daher konsequent den in „De ira dei“ aufgestellten Grundsatz vom gerechten Zorn weiterverfolgen. In vergleichbarer Weise wäre nun auch ein gerechtfertigter Krieg zwischen Staaten mit Gefolgschaftspflicht denkbar.[438]

f) Übrige Pflichten

Die Substanz der übrigen in den Institutionen enthaltenen Gebote lässt Laktanz dagegen weitgehend unangetastet. Immer noch steht die *misericordia* als Hilfspflicht unter Menschenbrüdern im Mittelpunkt des christlichen Glaubens,[439] bleibt das Vergeltungsgebot in Kraft. Einzig die Liste der Hilfspflichten ist erweitert worden um die Pflicht, denjenigen, der vom Mächtigen Unrecht zu erdulden hat, hieraus zu erretten. Dieser Grundsatz ist aber leider von Laktanz nicht näher ausgeformt, etwa im Sinne einer staatlichen Interventionspflicht.[440] Glaubenstreue (*fides*) und die Frage nach der Bestimmung des Menschen in einer Welt, in der das Unrecht zur Bewährung der Tugendhaftigkeit des Menschen häufig das Recht überwiegt, bilden

---

mortis inferre nec infantem necare aut exponere nec se ipsum uoluntaria morte damnare.“

438 Zu diesem Problem: *Perrin*, 514–517; *Heck* 1987, 203; *Winger*, Laktanz, 235 Anm. 1546, 302 f.

439 *Lactantius*, Epitome, 60, 1–3; 7,8.

440 *Lactantius*, Epitome, 60, 6 f.: „si quis uictu indiget, inpertiamus, si quis nudus occurrerit, uestiamus, si quis a potentiore iniuriam sustinet, eruamus. Pateat domicilium nostrum uel peregrinis uel indigentibus tecto. Pupillis defensio, uiduis tutela nostra non desit. Remidere ab hoste captiuos magnum misericordiae opus est, agros item [et] pauperes uisere atque refouere. Inopes aut aduenae si obierint, non patiamur insepultos iacere“. In den Div. Inst. 6, 12 findet sich eine entsprechende Passage nicht. Zwar ist auch dort vom Freikauf Gefangener (15), dem Schutz von Witwen und Waisen (21), der Hilfe für die Kranken (24) und der Begräbnispflicht die Rede (25), eine Pflicht zur Errettung aus unrechter Gewalt kennt das Werk aber nicht.

den Schlusspunkt des Werkes, bieten aber gegenüber dem Hauptwerk nichts Neues.[441] Einzig auffällig ist, dass Laktanz auch in der Darstellung des Weltuntergangs von den Institutionen darin abweicht, dass er nunmehr die Würde des Kaisertums (*imperii dignitas*) und die *militiae disciplina*, die in den letzten Zeiten zugunsten der *latrones* und ihrer zahlreichen *regna* untergehen werden, positiv benennt.[442]

g) Bewertung

Im Gegensatz zu den Institutionen stehen die „Epitome“ fest auf dem Boden der römischen Staatsordnung. Dort wo ein grundsätzliches Auseinanderfallen zu befürchten war – nämlich im Konflikt von christlichem Vergeltungsverbot und staatlicher Strafgewalt, ist dieser abgewendet. Den von Gott eingesetzten Herren obliegt die Verwirklichung von Strafsanktionen gegen die Unterworfenen. Gleiches gilt für die Pflicht zum Waffendienst. Die Herrschaftsgewalt Konstantins selbst beruht auf göttlicher *providentia*. Das Kaisertum der „Epitome“ kann Herrschaftswürde für sich in Anspruch nehmen, weil es mit den Christen die Gotteserkenntnis (*pietas*) teilt. Damit genießt letztlich auch Konstantin den Schutz der „Gottheit“. Sein Handeln ist formal von der Erwählung durch den göttlichen Geist geleitet. An dem Rangverhältnis von irdischer und göttlicher Herrschaft rührt diese Auffassung nicht – die göttliche Herrschaft ist auf Erden erkennbar. Irdische Gesetze ergänzen, ersetzen die Gotteserkenntnis aber nicht. Der zwischen der Realität römischer Herrschaftsausübung sowie der dazu notwendigen Strafgewalt des Höhergestellten und der Gewaltfreiheit der Christen drohende Konflikt wird durch diese Wandlung in der Auffassung des Laktanz gelöst. Das Christentum, das vormals durch den absoluten Gewaltverzicht noch kaum in das Staatswesen integrierbar erschien, wird durch die Anerkennung einer kaiserlichen Strafgewalt „integrationsfähig“.

6. Das christliche Kaiserideal in den Kaiseranreden des Lactantius

Ist damit der grundsätzliche Wandel, den das christliche Handlungsideal zwischen den Institutionen und den „Epitome“ vollzogen hat beschrieben, so fehlt es noch an der Auswertung der von Laktanz direkt an den Kaiser Konstantin gerichteten, sog. „Kaiseranreden“ des ersten und siebten Buches der Institutionen (Div. Inst. 1, 1, 13–16; 7, 26, 11–17).

---

441 *Lactantius*, Epitome, 61–65.

442 *Lactantius*, Epitome, 66, 3: „non imperii dignitas conseruabitur, non militiae disciplina, sed more latrocinii depraedatio et uastitas fiet. regnum multiplicabitur et decem uiri occupabunt orbem et partientur.“ In Div. Inst. 7, 16 heißt es nur: „in primis multiplicabitur regnum et summa rerum potestas per plurimos dissipata et concisa minuetur. Tum discordiae ciuiles in perpetuum serenetur nec ulla requies bellis existialibus erit, donec reges decem pariter existant qui orbem terrae non ad regndum, sed ad consumendum partiantur.“

a) Das Problem der Datierung

Als problematisch für die genaue Bestimmung der Wertigkeit der darin enthaltenen Aussagen zum Kaisertum Konstantins im Werk des Laktanz erweist sich die Datierung beider Reden. Für die erste Rede lässt sich sicher nur aussagen, dass sie nach November 312 entstanden ist. Ausgehend von der Angabe, dass noch *mali* in anderen Teilen der Erde wüten, kann damit sowohl die Zeit bis in den Sommer 313 als auch die Zeit zwischen 321 und September 324 für ihre Entstehung in Betracht kommen.[443] Die zweite Kaiseranrede setzt darüber hinaus einen Zustand beendeter Verfolgung voraus, der dazu geführt hat, dass sich die Verfolger nunmehr in den Händen Konstantins befinden. Sie kann also auf den Sieg des Licinius über Maximinus Daia (April 313) anspielen oder auf den Sieg Konstantins über Licinius und die Gefangennahme desselben nach der Schlacht bei Chrysopolis (September 324).[444] Je nach Wahl der Datierung würden die Kaiseranreden den nach den Institutionen entstandenen Werken also vorangehen oder nachfolgen. Sie wären dann entweder Ausgangspunkt der Wandlungen im Tugendbild des Laktanz oder Endpunkt derselben. Mit Blick auf den Forschungsstand, der sich mit den vorliegenden Indizien auseinandergesetzt hat, scheinen jedenfalls die besseren Argumente für eine Verortung der Anreden nach 321/324 zu streiten. Alleine aus der Tatsache, dass beide Reden überschwänglich den Sieg Konstantins über die Verfolger feiern, kann nicht auf eine frühe Abfassung geschlossen werden, denn erstens enthalten die Kaiseranreden deutlich panegyrische Elemente und zweitens wäre ein ebensolcher Überschwang nach dem Sieg über den letzten Verfolger Licinius gleichermaßen begründbar, wie nach einem Sieg über Maximinus Daia. Hinzu kommt, dass jedenfalls die erste Kaiseranrede in dem Segenswunsch für die Kinder Konstantins (Div. Inst. 1, 1, 14) einen Anhaltspunkt für die bereits erfolgte Geburt Constantins II. enthält und damit klar nach 313 zu verorten wäre.[445] Das bislang überzeugendste Indiz für eine späte Abfassung der ersten Kaiserrede stammt von Moreau, der in dem überschwänglichen Lob (Div. Inst. 1, 1, 13) Konstantins als Wiederaufrichter des Glaubens den Verweis auf eine retrospektive „version Constantinienne des faits“ sieht, die im Werk über die „Todesarten der Verfolger“ (mort. pers. 24, 9) bestätigt wird und daher jedenfalls nach 313 entstanden sein muss.[446] Im Übrigen deutet die erste Anrede (Div. Inst. 1, 1, 15) mit der Androhung der göttlichen Gerechtigkeit

---

443 Dies hat *Heck*, Kaiseranreden, 139 f. ausgeführt. In den Anreden (Div. Inst. 1, 1, 13) wird Konstantin als „imperator maximus“ bezeichnet, dies war er erst im November 312 nach dem Sieg über Maxentius. Mit den in den Anreden (Div. Inst. 1, 1, 15) benannten „mali“ könnten sowohl Maximinus Daia (nebst Verfolgern) wie auch Licinius angesprochen sein.

444 Vgl. *Heck*, Kaiseranreden, 142 f.

445 Mit ebenso viel Recht lässt sich diesem Argument allerdings entgegen halten, es könne sich um einen „allgemeinen Segenswunsch“ künftiger Nachfahren handeln; vgl. *Heck*, Kaiseranreden, 140.

446 nach *Heck*, Kaiseranreden, 141 m. W. N. der Literatur.

gegen die Verfolger den Eingriff Gottes im Weltgeschehen jedenfalls an. Sie entspricht damit eher der den nach 313 entstandenen Werken des Laktanz als den Institutionen, die das christliche Verhalten weitaus stärker am jenseitigen Lohn ewigen Lebens und weniger an dem strafenden Eingriff Gottes auf Erden ausgerichtet haben. Stärker noch als die erste Kaiseranrede setzt die zweite den Sieg über die Verfolger der Christen voraus, die nunmehr von Gott (Div. Inst. 7, 26,12) in die Hände Konstantins geben wurden. Zutreffend hat *Heck*[447] darauf hingewiesen, dass dies weder in Ansehung des von Konstantin getöteten Maxentius, noch des Galerius, der ohne das Zutun Konstantins an eigener Krankheit verstirbt, noch in Ansehung des Maximinus Daia, dessen Niederlage einzig auf Licinius zurückzuführen ist, behauptet werden kann. Die Kaiseranreden sind damit wohl während der Auseinandersetzung mit bzw. nach dem Sturz des Licinius in einem Zeitraum von 321–324 (1. Kaiseranrede) bzw. im oder nach dem Spätherbst 324 (2. Kaiseranrede) entstanden. Sie bilden also eher den Schlusspunkt als den Ausgangspunkt des nach den Institutionen entstanden Werkes.

b) Die erste Kaiseranrede

In den Mittelpunkt der ersten Kaiseranrede stellt Laktanz den Gerechtigkeitsbegriff (*iustitia*). Sowohl die Einleitung wie auch der Abschluss der Anrede nennen sie ausdrücklich. In der Einleitung heißt es, Konstantin habe als *primus Romanorum principum* die Irrtümer zurückgewiesen und der *maiestas* des einen Gottes dadurch die Ehre erwiesen, dass er zum Wohle aller die zerstörte oder beseitigte Gerechtigkeit wiederhergestellt und hierdurch die Untaten anderer gesühnt hat.[448] Zum Abschluss wird Konstantin gelobt, weil er für das menschliche Geschehen Gerechtigkeit und Weisheit (*iustitia et sapientia*) wiederhergestellt hat.[449] Wenngleich Laktanz hier von einer Restituierung der zerstörten und beseitigten Gerechtigkeit für menschliche Dinge spricht, womit vor dem Hintergrund des früheren Werkes die Einstellung der Verfolgung sowie die Rückgewähr des Kirchenvermögens erfasst sind, so ist doch deutlich, dass es ihm insgesamt um die Gerechtigkeit geht, durch die die Verfolgungssituation aufgehoben wird, also um die *iustitia* die in der Gotteserkenntnis (*pietas*) und der rechten Gottesverehrung (*aequitas*) besteht. Die von Konstantin zurückgestoßenen Fehler sind diejenigen der Philosophen und Juristen, die falschen Auffassungen gefolgt sind, ihren Blick nur auf die Erde gerichtet und sich nur dem *ius civile* verschrieben haben.[450] Das Lob Konstantins macht also mit der schlichten

---

447 *Heck*, Kaiseranreden, 142.

448 *Lactantius*, Div. Inst. 1, 1, 13 in: *Heck*, Kaiseranreden 127 f.

449 *Lactantius*, Div. Inst. 1, 1, 16, in: *Heck*, Kaiseranreden, 128: „Cuius religionem cultumque divinum cupiens defendere quem potius appellem, quem adloquar nisi eum, per quem rebus humanis iustitia et sapientia restituta est."

450 Diese doppelte Beziehung wird hergestellt durch das Ende von *Lactantius*, Div. Inst. 1, 1, 12, das diejenigen in Bezug nimmt, die das eigentlich Erstrebenswerte verfehlt haben. Hierzu gehören nach dem unmittelbar zuvor Ausgeführten zu

Wiederherstellung eines *status quo ante* vor der Verfolgung nicht halt, sondern beschreibt das dauernde Wirken des Kaisers im Sinne der nunmehr auch von einem römischen Princeps recht verstandenen *iustitia.* Folgt man der Verortung im Jahre 324, so fügt sich die Anrede Konstantins als eines *princeps* in den von Laktanz (in seinem Werk von den „Todesarten der Verfolger") aufgebauten Gegensatz von Dominat und Prinzipat, in dem alleine der Princeps die Gewähr von *tranquillitas, securitas* und *libertas* bietet. Beide – richtig ausgeübte *iustitia* und rechter Prinzipat – erfordern aber ein dauerhaftes Wirken mit rechtem Sinn, wobei die christlichen und heidnischen Vorstellungen im Handlungsideal vom tugendhaften Leben und rechten Gebrauch der Leidenschaften unmittelbar zusammengehen, die christliche zusätzlich nur die Gotteserkenntnis fordert. „Wiederhergestellt" werden also von Konstantin Gotteserkenntnis und Gottesverehrung durch richtiges Handeln. Es ist das Goldene Zeitalter (Div. Inst. 5, 3, 3), das jeder Christ sich durch sein Verhalten selbst schafft. Dadurch erscheint es berechtigt, Konstantin im Gegensatz zu Diokletian und Maximian als den Wiederaufrichter des Goldenen Zeitalters zu preisen.[451]

Damit verbunden ist zugleich die Verkörperung eines „universellen" Herrschaftsanspruchs Konstantins, sein Prinzipat dient dem Wohle aller Menschen. Die Gerechtigkeit wird in menschlichen Dingen, nicht römischen, hergestellt.[452] Das göttliche Recht kennt nur einen legitimen Princeps auf Erden.[453] Auch darin ist das irdische Geschehen der göttlichen Ordnung nachempfunden. Entsprechend ist die Erhebung Konstantins Gott geschuldet. Er ist von Gott zur Herrschaft erhoben und erlangt von Gott Glück, Tugend und ein langes Leben, damit er auch im hohen Alter mit der gleichen Gerechtigkeit das Gemeinwesen verwalten und die Herrschaft schließlich an seine Söhne so, wie er selbst sie von Constantius übernommen hatte, übergeben kann.[454]

Laktanz' Darstellung Konstantins ist also, bezieht man die entsprechenden Passagen im Werk von den „Todesarten der Verfolger" (8, 7 Constantius; 18, 10 Konstantin) mit ein, durchaus von einem dynastischen Interesse geprägt, das aus der Perspektive des Laktanz alleine die Gewähr zur Wahrung der Gerechtigkeit bietet. Wenngleich an der Integrität der Familie Konstantins also keine Zweifel bestehen, fehlt doch an selber Stelle nicht der Hinweis, dass der göttlichen Erwählung des Kaisers die Strafe der Übeltäter entspricht. Auch ihnen wird Gott Strafe in Ansehung ihrer Verbrechen zuteilen, weil er nämlich gegen die Frommen ein nachsichtiger

---

allererst die Philosophen (um die es auch in Div. Inst. 1, 1, 17 wieder geht), aber eben auch die ebenso den Blick auf die Erde richtenden Juristen; *Heck*, Kaiseranreden, 134.

451 Konstantin stellt rechte Gottesverehrung und tugendhaftes Handeln wieder her.

452 *Lactantius*, Div. Inst. 1, 1, 13: „...salutarem universis..."; 1, 1, 16: „...per quem rebus humanis iustitia et sapientia restituta est?", beide in: *Heck*, Kaiseranreden, 127.

453 Auch dies hat *Laktanz* in mort. pers. 9, 9–11; 18, 10; Div. Inst. 1, 2, 19; Epitome, 2, 1–3, 4–6 bereits angedeutet.

454 *Lactantius*, Div. Inst. 1, 1, 14, in: *Heck*, Kaiseranreden, 127.

Vater, gegen die Gottlosen aber ein strenger Richter ist.[455] Dass Laktanz damit auf das Wirken des Zornes Gottes in der Welt, und damit auf den in „De ira dei“ ausgedrückten Grundgedanken zu sprechen kommt, legt jedenfalls der Vergleich mit der göttlichen Auswahl Konstantins, die sich auch auf die diesseitige Welt bezieht, nahe. Zugleich deutet die entsprechende Passage mit der Formulierung *quanto serius tanto vehementius* aber auch auf den Verlust des einzig Wertvollen, nämlich des ewigen Lebens hin und kann so in einem doppelten Sinne verstanden werden.

c) Die zweite Kaiseranrede

Vordergründig stützt auch die zweite Kaiseranrede das in der ersten entfaltete Bild von der konstantinischen Herrschaft. Gott hat Konstantin als *sanctissime imperator* zur Wiederherstellung der *iustitia* et *ad tutelam generis humani* angespornt. Seitdem er das Römische Reich (*Romanae rei publicae*) regiert, kommt die Wahrheit zum Vorschein. Niemand macht den Christen mehr den Namen Gottes, die Verachtung der toten Götter zugunsten eines lebenden, wahren Gottes zum Vorwurf.[456] Laktanz wiederholt also die Kerngedanken der ersten Kaiseranrede – göttliche Auswahl für die gesamte Menschheit, Wiederherstellung der rechten Gottesverehrung, mit stärkerem Schwerpunkt auf der Ablehnung des heidnischen Glaubens. Auch hier honoriert Gott das Verhalten Konstantins durch ein ruhiges, friedvolles Regiment.[457] Die starke Betonung von *quietas* und *tranquillitas* hebt gerade die Erwartungen hervor, die nach dem Zeitalter der Soldatenkaiser im römischen Volk vorhanden waren und sich in der Panegyrik der Zeit auch ausgedrückt hatten. Laktanz legt auch hier größten Wert auf die Feststellung, dass Ruhe und Ordnung im römischen Staat alleine einer christlichen Regierung geschuldet sind. Er tritt, die Zielvorstellungen des heidnischen Herrschaftsideals aufgreifend, mit dem alleinigen Heilsanspruch des Christentums auf.

Von der ersten Kaiseranrede trennt die zweite dennoch ein grundlegender Faktor, der stärker im Spätwerk des Laktanz vom „Zorn Gottes“ und in den „Epitome“ Anklang findet. Die zweite Anrede nämlich erwählt Konstantin *providentia summae divinitatis* aus doppeltem Grund zum Gipfel des Prinzipats: (1) damit er durch wahre Gotteserkenntnis das Böse niederreißt, die Sünden berichtigt und die Wohlfahrt der Menschen, wie schon sein Vater befördert und (2) damit er selbst die Schlechten aus dem Gemeinwesen entfernen möge, die Gott ihm in die Hände gegeben hat, damit allen deutlich werde, was wahre Majestät sei.[458] Gott straft das Böse also nicht wie

455 *Lactantius*, Div. Inst. 1, 1, 15, in: *Heck*, Kaiseranreden, 127.

456 *Lactantius*, Div. Inst. 7, 26, 11, in: *Heck*, Kaiseranreden, 129.

457 *Lactantius*, Div. Inst. 7, 26, 14, in: *Heck*, Kaiseranreden, 130.

458 *Lactantius*, Div. Inst. 7, 26, 12, in: *Heck*, Kaiseranreden, 129: „te providentia summae divinitatis ad fastigium principale provexit, qui posses vera pietate aliorum male consulta rescindere, peccata corrigere, saluti hominum paterna clementia providere, ipsos denique malos a re publica submovere, quos summa potestate deiectos in manus tuas idem Deus tradidit, ut esset omnibus clarum quae sit vera

in den Inst. 1, 1, 15 selbst, sondern Konstantin straft kraft göttlicher Auswahl. Er hält also einen Teil der Strafgewalt des Vaters zu diesem Zweck in den Händen und hat dank ihrer die Gegner Gottes zerschmettert (Div. Inst. 7, 26, 13). Ein christlicher Herrscher verfügt auf Erden über legitime Gewalt, Unrecht zu vergelten. Das bei Tertullian den Kaiser vom Christentum ausschließende Gebot der Nächstenliebe widerspricht für Laktanz nicht der Vorstellung von einem christlichen Kaisertum, wie es auch in den „Epitome“ dargelegt ist. Dass Gott sich eines an Heiligkeit und Wahrhaftigkeit nicht zu überbietenden Charakters, der in allen die Werke der Gerechtigkeit vollbringt, als eines Veranlassers und Dieners (*minister*) *ut formandi generis humani statu* bedient, erscheint Laktanz nicht zweifelhaft. Keiner der alten Kaiser (*antiquorum principum*), die von der Geschichte unter die Guten gezählt werden, hat so viele Beispiele der Vollkommenheit und der Tugend gegeben, wie Konstantin.[459] Gerade deshalb erflehen die Christen von Gott auch das Wohl Konstantins, damit Gott ihn, den Wächter aller Dinge bewahre, ihm stets seinen Willen eingebe, durch den er immer im göttlichen Namen verbleiben möge, und so die *quietas* des Reiches erhalte.[460]

Gerade die zweite Kaiseranrede wirft so eine letzte Frage auf, nämlich inwiefern die Darstellung Konstantins in den Kaiseranreden panegyrisch-topisch überfrachtet, also im Sinne bloßen Lobpreises verfälscht ist. Hierzu lässt sich jedenfalls Folgendes festhalten: Die Herstellung von *iustitia, quietas und tranquillitas* durch den Kaiser bilden wie gezeigt typische Elemente des klassischen Herrscherlobes. Hierher gehört auch die Auswahl des Kaisers durch den *deus auctor*, das Wirken einer göttlichen Macht, göttlicher *providentia* im Wesen des Kaisers. Auch Laktanz selbst hat die Vorbildwirkung tugendhaften kaiserlichen Verhaltens erkannt und hervorgehoben, gleichzeitig aber in den Institutionen größten Wert darauf gelegt, sein Vorhaben von der Rhetorik, die ihm im Rang noch unter der ohnehin unvollkommenen Philosophie steht, abzuheben (dort 1, 1, 9). Diesem Vorsatz ist er nicht treu geblieben. Sein Werk von den „Todesarten der Verfolger“ dient gerade in der rhetorischen Übersteigerung der Laster der Verfolger der Verteidigung der Rechtgläubigen und Tugendhaften (Konstantin und Licinius). Unzweifelhaft ist auch, dass Laktanz wie schon die Apologeten vor ihm den „Divinae Institutiones“ ein eigenes christliches Handlungsideal, dass im Gegensatz zu den Auffassungen der Stoiker das tugendhafte Handeln mit Sinnhaftigkeit versah, entgegensetzen wollte und damit gegen die Herrschaftslegitimation der Tetrarchie antrat. Die Anknüpfung an die formalen Elemente heidnischen Herrscherlobes ändert nichts an der Tatsache, dass die Christen ihre Tugendlehre den sinnfreien Topoi der Heiden stets entgegenstellen und auf ihre Achtung in allen Dingen dringen.

maiestas.“; auch 7, 26, 14: Die Gegner Gottes haben durch Konstantin ihre Strafe erlitten.

459 *Lactantius*, Div. Inst. 7, 26, 15, 16, in: *Heck*, Kaiseranreden, 130.

460 *Lactantius*, Div. Inst. 7, 26, 17, in: *Heck*, Kaiseranreden, 130.

d) Bewertung

Mit seinen beiden Kaiseranreden stilisiert Laktanz Konstantin zum Träger der Restitution des Goldenen Zeitalters auf Erden. Er ist es, der christliche *iustitia* in der Förderung von *pietas* und *aequitas* auf Erden wieder herstellt. Die falschen und unzureichenden Auffassungen der menschlichen Philosophie und der Oratoren sind zurückgestoßen. Der von Gott erwählte Kaiser Konstantin übernimmt auf Erden die Garantiefunktion der Durchsetzung des göttlichen Rechts, indem er die Bösen straft, die Schlechten entfernt und die Guten fördert.

7. Gesamtbewertung

Mit den „Divinae Institutiones“ liegt bereits vor dem Ende der Verfolgungszeit das dogmatische Hauptwerk des Laktanz vor. Es umreißt in wesentlichen Punkten die Grundzüge einer normativ bestimmten christlichen Herrscherideologie, in der christliche Religion und öffentliche Gewalt ineinandergreifen.[461] Rechte Herrschaft hat sich am göttlichen Recht auszurichten, will sie nicht in Widerspruch zur christlichen *iustitia* geraten. Tut sie dies, so muss sie grundsätzlich die Menschen als Brüder und Gott als Vater und Herren anerkennen. Schon von daher ist ihr Tun in erster Linie auf die Schaffung der *pax* durch Erhalt und Wiederaufrichtung christlicher Kirchen gerichtet. Die Erkenntnis des einen Gottes führt zugleich zur Erkenntnis der irdischen Einkaiserherrschaft, die dazu beiträgt, die auf Götterverehrung gestützten Strukturen der Tetrarchie zu entwerten. Diese vollzieht in ihrem Lob des Herkules und des Jupiter den größtmöglichen Bruch mit dem göttlichen Gebot. Mit Herkules wird körperliche *fortitudo* verehrt und so der Blick von der Herrschaft der Seele und des Geistes in allen Menschen abgelenkt. Mit Jupiter wird derjenige gelobt, der das von allen Menschen erstrebte Goldene Zeitalter zu Fall gebracht hat. *Pietas* setzt die Erkenntnis des einen Gottes voraus. Sie bekräftigt dadurch zugleich das Postulat von der Einheit der irdischen Herrschaft. Nur einer Gewalt und einem Kaiser ist von Gott die Herrschaft anvertraut. Das so geschaffene Imperium ist Weltimperium. Es schließt in rechter christlicher Tugend den Erdkreis der Menschenbrüder mit ein. Daraus folgt zugleich die Pflicht des Trägers der Herrschaft, sich allen Menschenbrüder in christlicher *aequitas* zuzuwenden. Der christliche Kaiser ist universeller Herrscher, er nennt das gottgeschaffene brüderliche Menschenvolk seine Untertanen.

Der räumlich und personal unbegrenzten Herrschaftsstellung folgt in der christlichen Herrschaft keine unbegrenzte Macht. Nur im christlichen Sinne und nach den göttlichen Geboten darf der Kaiser seine Macht ausüben. Er ist von Gott zur Herrschaft erwählter Mensch, der von Laktanz anders als Gott (*dominus* und Vater) mit dem Begriff „Princeps“ belegt und damit der menschlichen Gemeinschaft als ein Erster eingegliedert wird. Aufgabe rechter Herrschaft ist Tugendwahrung durch

461 *Prete*, Gymnasium 63 (1956), 369. Das Ergebnis des Laktanz passt insofern in die Zeit. Auch Maximinus Daia hatte den Tempelbau massiv vorangetrieben; *Mies*, 342.

Wahrung des göttlichen Gebotes. Dem Kaiser obliegt es, den Menschen den Unterschied von Tugend- und Laster vor Augen zu führen und sie zur Tugend anzuleiten. Dies bedeutet auch, ihnen Kenntnis von ihrer Gotteskindschaft und -brüderschaft zu verschaffen. Der Kaiser sorgt so für eine Gesellschaft, in dem sich einer dem anderen in *benignitas* und nicht in großmütiger *liberalitas* zuwendet. Seine erste Pflicht ist *iustitia* als *pietas* und *aequitas* zu üben. Der Gerechtigkeitstugend folgt die Wohlordnung der Gesellschaft auch nach römischen Termini (*pax*, *libertas*) oder Tugenden (*fides*). Das Kaisertum beruft sich damit nicht anders als im heidnischen Rom auf die Ordnung der Welt mit dem Mittel der Vernunft, nur entspricht dem menschlichen Vernunftstreben nunmehr auch die Erkenntnis des rechten Lebens. Nicht heidnische Philosophie, sondern christlicher Glaube determiniert den rechten Gebrauch des *otium*. So wie Gott über den Kaiser gesetzt ist, beherrscht das *ius divinum* das Handeln des Kaisers in der Lebenswirklichkeit des *ius civile*. Die christliche Lehre determiniert Inhalt und Auslegung der Gesetze.

Was geschieht, wenn Kaiserherrschaft fehlgeht, etwa weil sie sich selbst auf menschlicher Überhebung gründet, oder auch, weil der von Gott erwählte Inhaber Christen verfolgt, schildert das Werk von den „Todesarten der Verfolger“. Laktanz bedient sich nach dem christlichen Sieg Konstantins auch des Mittels der polemischen Verunglimpfung der Verfolger. Wer sich selbst durch seine Amtsführung dadurch zum Tier macht, dass er nur der Gier folgt, die *libertas* aufhebt, Steuern mit Gewalt eintreibt, sich wie ein Perserkönig verehren lässt, die Träger der staatlichen Ämter proskribiert und zugleich die Christen verfolgt, wird von Gott als *iudex* gestraft und verliert das kaiserliche Amt. Die Gegenüberstellung des Diokletian, Maximian und Galerius mit Konstantin und Licinius gestattet es Laktanz, Tugend- und Lasterkataloge vollumfänglich vorzutragen. Der in der Nachfolge des Constantius stehende Konstantin tritt hier erstmals als Träger der göttlichen Auswahlentscheidung hervor, die neue Einordnung des Kaisertums unter das göttliche Gebot bestätigt das Gebet des Licinius.

Vor dem Hintergrund des christlichen Vergeltungsgebotes und des unbedingten Gewaltverzichtes der „Divinae Institutiones“ hat sich Laktanz in Diensten Konstantins vor allem mit der Ausübung der kaiserlichen Amtsbefugnisse, allen voran der Strafgewalt, auseinandersetzen müssen. Die Rechtfertigung der Strafbefugnis folgt der göttlichen Einsetzung zur Ausübung des Gerichtes (*iudex*) auf Erden. Das Ergebnis Tertullians – ein strafender Kaiser könne nicht Christ sein – vermeidet Laktanz. Kaiserliche Strafgewalt und christliche Gerechtigkeit sind miteinander zu vereinbaren, da die Liebe der Gerechtigkeit die Verhängung gerechter Strafen schon nach dem göttlichen Gebot fordert. Lässt das göttliche Gebot aber für einen Träger der Herrschaft die Ausübung der Vergeltungssanktion zu, tritt dieser nicht dadurch aus der christlichen Gemeinschaft heraus, dass er diese wahrnimmt. Dogmatisch lässt sich dieses Ergebnis der Bestrafung menschlicher Verbrechen auch von der *iustitia* her begründen. Menschliche Verbrechen dürfen nicht ungestraft bleiben, da solches selbst Grausamkeit gegenüber den Gerechten wäre. Wie Gott gebraucht der Kaiser, so die „Epitome“, den Zornesaffekt *ad coercitionem peccatorum*. Seinen Untertanen ist er nunmehr wie Gott Vater und Inhaber des Gerichtes zugleich. Das

Recht, das Richteramt wahrzunehmen, schließt aufgrund göttlicher Anordnung zugleich das Recht zu töten mit ein. In gleicher Weise ist dem Kaiser die militärische Gewalt und damit der Befehl über den Militärdienst gegeben. Der Kaiser ist damit christlicher Herrscher mit Strafgewalt. Er ist von Gott der Gemeinschaft der Christen vorgeordnet. Während für diese aber das Gebot des Gewaltverzichts uneingeschränkt gilt, ist es für den Kaiser im Rahmen seiner aus der *iustitia* entspringenden Strafgewalt aufgehoben.

Mit den Kaiseranreden verbreitet Laktanz das so begründete Ideal in seinem vollem Umfang. Konstantin hat die *iustitia* in göttlichen und menschlichen Dingen und damit das Goldene Zeitalter wieder hergestellt. Seine Herrschaft beruht auf dem göttlichen Recht und nicht auf Philosophie. Durch sein Handeln sucht er beständig die Grundsätze des göttlichen Gebotes zu wahren. Seine Macht stammt von Gott, er gebraucht sie dazu, das Böse zu bessern und zu bestrafen, daher erflehen seine Untertanen sein Wohlergehen.

Das Werk des Laktanz bietet so zum Ende seiner Schaffenszeit eine vollständige christliche Legitimationsgrundlage kaiserlicher Herrschaft mit richterlicher Strafgewalt.[462] Wenngleich sich in dem Strafgericht über die Verfolger und der Pflicht des Kaisers, den christlichen Glauben zu fördern, ebenso wie in der „Menschwerdung" des christlichen Kaisertums die Probleme der Zukunft bereits ankündigen, nimmt der Verfasser diese vor dem Hintergrund der unmittelbaren Durchsetzung des christlichen Glaubens und der Gestalt Konstantins noch nicht wahr. Die Deutungshoheit der Kirche – hier des Laktanz – über den Inhalt der christlichen Kaisergewalt, ist aufgrund der Amtsführung Konstantins gar nicht Gegenstand des Zweifels. Der „erste christliche Kaiser" ist „idealer christlicher Kaiser."

V. Eusebius von Caesarea

Neben Laktanz tritt in der griechischen christlichen Literatur mit Eusebius von Caesarea ein Autor, dessen Werk im Dienste Konstantins wie kein anderes die konstantinische Wende für die christliche Kirche sowohl auf dogmatischem Gebiet wie in der Herrscherideologie verkörpert.[463] Im Gegensatz zu Laktanz lässt sich die Vorstellung des Bischofs von Caesarea (wohl um 314) von Herrschaft präzise aus seinen zu Ehren des Kaisers selbst verfassten Schriften ableiten. Es hat mit der Schrift der „Vita Constantini" und dem Panegyrikus „De laudibus Constantini", dem als Teil eine Konstantin zugeschriebene Rede „an die Versammlung der Heiligen" beigefügt ist, seinen abschließenden Ausdruck gefunden. Die Werke entstammen der Zeit

462 *Mies*, 342 f.

463 Zur Entlehnung eusebischen Gedankengutes bei Origines (v. a. Contra Celsum): *Inglebert*, Latomus 54 (1995), 24–26. Danach hat Eusebius von Origines die Idee von Rom als Vorreiter der Verbreitung des Evangeliums übernommen, den finalen Bestandzweck des Reiches sowie die Rolle des Kaisertums als Garant der Pax Romana, die zugleich die pax Christi darstellt.

nach dem Tod Kaiser Konstantins. Sie sind also zwischen den Jahren 337 und dem Todeszeitpunkt des über 70 jährigen Eusebius (339) verfasst und bearbeitet worden und bilden insofern den Schlussstein des Werkes. Sie richten sich damit zugleich auch schon als Anleitung zu rechter Herrschaft an die Söhne Konstantins.[464]

Dem Panegyrikus voran geht mit der „Historia Ecclesiae“ (10 Bücher, wohl von 303 bis 324) das Werk, das den Ruhm des Pamphilos-Schülers als „Vater der Kirchengeschichtsschreibung“ begründete und zum Vorbild späterer, daran anknüpfender Kirchengeschichtsschreibung wurde.[465] Nicht zu verwechseln ist die Historia, ebenso wie die früher entstandene Chronik (wohl um 311 abgeschlossen), mit den geschichtsapologetischen Werken des frühen 5. Jahrhunderts (v. a. Augustinus, Orosius, Salvian von Marseille.[466] Zwar ist die christliche Chronistik insgesamt eine Reaktion auf die christliche Apokalyptik des frühen und späten zweiten Jahrhunderts, d. h. der Erwartung des bevorstehenden Weltenendes geschuldet, doch hat Eusebius die in den chronistischen Werken des Sextus Julius Africanus und Hippolyts von Rom vertretene These vom „geschlossenen“, sechstausendjährigen Weltenkreislauf in sein Geschichtswerk gerade nicht übernommen.[467] In der Tradition seines geistigen Großvaters Origines, dem er das gesamte sechste Buch seiner „Kirchengeschichte“ widmet, vertritt er vielmehr die Auffassung einer grundsätzlichen Gottesferne der materiellen Welt. Alle wesentlichen Ereignisse, z. B. die Rückkehr der Seele zu Gott, finden außerhalb der historischen Ereignisse statt. Dass auch Geschichte sinnerfüllt, jedenfalls den Weg zunehmender Erkenntnis und Verehrung des göttlichen *logos* beschreitet, erkennt aber auch Eusebius an. Von der dem *logos* entferntesten historischen Zeit nach dem Sündenfall, über die Erwählung Einzelner zur Kenntnis des *logos* (Abraham) und zur Vorbereitung seiner schließlich umfassenden Manifestation in Christus und der Kirche, existiert eine Entwicklung, die schließlich als ihren Endpunkt die vollständige Gestaltung der Welt durch den *logos* hat. Die direkte Anschauung Gottes bleibt dem Menschen als materiellem Wesen verwehrt. Den immateriellen Gott kann er nur anhand des göttlichen *logos*, der in Christus die Grenze zwischen immaterieller und materieller Welt überwunden hat,

---

464 Zum Verhältnis Konstantin/Eusebius vgl. *Groß-Albenhausen*, Klio 78 (1996), 184. Eusebius ist Konstantin insgesamt nur vier Mal begegnet; zu Eusebius auch *Straub*, 116 f.

465 Eine (freie) Übertragung in die lateinische Sprache am Ende des Jahrhunderts stammt von Rufinus von Aquileia. Das Werk des Eusebius haben in dieser Hinsicht v. a. griechische Kirchengeschichtsschreiber (Sokrates Scholasticus, Sozomenos, Theodoret von Kyros etc.) fortgeführt.

466 *Winkelmann*, JOeB 42 (1992), 18 zu den möglichen Zielen der Geschichte: (1) jüdisch-apokalyptisch, (2) griechisch-philosophisch: Ende der Welt nicht in der Zeit sondern im Raum, (3) römisch: parallele Existenz von heidnischem Staat und christlicher Gemeinschaft.

467 so *Kraft*, Eusebius, Kirchengeschichte, 22.

erkennen.[468] Geschichte schreitet daher auch bei Eusebius von den dem *logos* fernen Zeiten hin zu solchen voran, die den *logos* vollständig schauen. Ihr historischer Endpunkt ist der Sieg der Kirche in einem christianisierten Imperium Romanum, der letztlich der Herrschaft des *logos* auf Erden gleichkommt.[469]

1. Die Kirchengeschichte

a) Irdische Herrschaft als Ausdruck des göttlichen logos

aa) Die Aufgabe der Kirchengeschichte vor dem Hintergrund der logos-Erkenntnis

In entsprechender Weise bestimmt daher Eusebius im ersten Buch seiner „Kirchengeschichte“ den Zweck des Werkes. Mit Christus liegt die vollständige Erkenntnis des göttlichen *logos* innerhalb der materiellen Ordnung der Welt vor. Aufgabe einer Kirchengeschichte im frühen 4. Jahrhundert – das Werk entstand in einem längeren Prozess zwischen dem Jahr 305 und 325 – kann es daher nur noch sein, den Weg der Übermittlung desselben bis hinein in die Gegenwart darzustellen und durch Ausschluss der Häresien sicherzustellen, dass die damit verbundene Erkenntnis unverfälscht zur Verfügung steht. Kirchengeschichte ist in allererster Linie eine Geschichte des Ringens um die Verbreitung des rechten Weges. Sie ist weit mehr Chronistik als Geschichtstheologie, ist Kampf Gottes gegen den Teufel in Historizität.[470] Um die Übermittlung von Glaubenszeugnissen jedenfalls der noch bekannten Nachfolger der berühmten Apostel geht es Eusebius daher in besonderer Weise. Im Sinne einer „Blütenlese“ strebt er nach Darstellung der Stoffe, die zur Übertragung der rechten Lehre in die Gegenwart von besonderer Bedeutung sind.[471]

---

468 Der göttliche *logos* ist das Bindeglied zwischen Gott und dem Menschen. Er ist präexistent, d. h. er existiert vor aller historischen Zeit, die erst mit dem Sündenfall ihren Anfang nimmt, und doch geht ihm Gott selbst als der Allmächtige voran, so: *Kraft*, Eusebius, Kirchengeschichte, 25–27. Darin schlägt sich letztlich das Gedankengut des Neoplatonismus nieder – zwar strikte Trennung der materiellen und der geistigen Welt, dennoch Einbeziehung der Materie in einen „Kreis des Seins“ der seinen Ausgangspunkt in der Gottheit hat und auf die Materie einwirkt. Das Immaterielle wirkt so als gestaltendes Vorbild auf die Weltordnung ein. Vgl. *Eusebius*, Kirchengeschichte, I, 2, 1–5; 14. Zum Geschichtsbild als Heilsprozess auch *Winkelmann*, JOeB 42 (1992), 13; dazu: *Hans von Campenhausen*, Die Entstehung der Heilsgeschichte, der Aufbau des christlichen Geschichtsbildes in der Theologie des ersten und zweiten Jahrhunderts, Saeculum 21 (1970), 189–212. Zur Bedeutung der Existenz des christlichen logos in der Welt durch Christus vgl. *Morgan*, Athenaeum 93 (2005), 194.

469 *Kraft*, Eusebius, Kirchengeschichte, 28.

470 *Morgan*, Athenaeum 93 (2005), 195; 197.

471 *Eusebius*, Kirchengeschichte, I, 1.

bb) Die Ableitung irdischer Herrschaft aus dem präexistenten logos

Der Zweckbestimmung des Werkes folgt der Nachweis von der Präexistenz des göttlichen *logos*, der zusammen mit dem Vater noch vor Erschaffung der zeitlichen Welt als „Wort und Weisheit Gottes" existierte und als sein Sohn im Gehorsam gegenüber dem Vater die Schöpfungsanordnung Gottes ausführt.[472] Von ihm ist alles Materielle, d. h. die gesamte irdische Ordnung geschaffen. Ihm ist sie unterworfen. Von Anfang an hat er sich auf Erden den Gerechten und Frommen, also den Tugendhaften offenbart (Abraham; Jakob; Josue; Moses). Auf ihn geht auch die gesamte irdische Ordnung zurück: „Ich, die Weisheit, habe der Überlegung Wohnung bereitet, Erkenntnis und Einsicht zu mir gerufen. Durch mich regieren Könige und erlassen die Herrscher ihre Gesetze. Durch mich sind die Großen groß und herrschen die Mächtigen über die Erde." (Spr 8, 15).[473] Wie schon aus dem Römberbrief (Röm 13, 1–7), so lässt sich also auch aus der Spruchweisheit ableiten, dass alle Herrschaft auf Erden dem göttlichen *logos* entspringt und nur mit seinem, niemals aber gegen seinen Willen die Macht innehat. Im Grundsatz klingt dies zunächst ganz nach dem Gebot der frühchristlichen Apologetik, wonach jede Herrschaft unabhängig von ihren Grundsätzen als gottgewollt akzeptiert wurde, ohne dass der Christ aufgrund falscher Herrschaft berechtigt war, von den Geboten Gottes abzuweichen.

cc) Die Hinführung der Menschen auf die Offenbarung des logos in Christus

(1) Die Vereinigung der Menschheit unter römischer Kaiserherrschaft

Die stärker vom *logos* bestimmte Prägung der nachchristlichen Weltordnung offenbart die Weltgeschichte nach Christus. Den nach dem Sündenfall vom göttlichen Gebot am weitesten entfernt lebenden Menschen, die weder Städte noch Staaten, noch Kunst, Wissenschaft, Gesetze, Recht, Tugend und Philosophie kannten, sondern nur der eigenen wilden und barbarischen Boshaftigkeit und dem Hochmut anhingen, hat sich der *logos* zunächst nur allmählich wieder angenähert. Der Auswahl der Hebräer, um den Samen der Gottesfurcht unter den Menschen zu verbreiten, folgte die Bekanntgabe der mosaischen Gesetze. Sie fanden innerhalb der gesamten Menschheit Verbreitung und trugen zu Gesetzgebung und Philosophie in allen Völkern bei. Dadurch wandelte sich deren Sinn weg von tierischer Rohheit und hin zu einem von Sanftmut getriebenen Friedensstreben. Erst als die Völker wieder freundschaftlicher miteinander verkehrten, nämlich zu Beginn der römischen

---

472 *Eusebius*, Kirchengeschichte, II, 4 f.

473 *Eusebius*, Kirchengeschichte, II, 14; auch II, 25 f. mit Verweis auf Dn., 7, 13 f. Eusebius geht damit wie schon Sextus Julius Africanus im dritten Jahrhundert bis auf die Schöpfungsgeschichte zurück. Er beginnt die historische Darstellung mit Abraham; *Winkelmann*, JOeB 42 (1992), 16.

Kaiserherrschaft, war der Weg bereitet für die Menschwerdung des Lehrers der Tugenden, des göttlichen *logos*.[474]

(2) Das Streben des Königtums nach dem Vorbild des logos

Eine entsprechende Entwicklung auf die Ankunft des christlichen *logos* hin haben auch die Ämter des Staatswesens genommen. Den Namen „Christi“ führte zunächst das jüdische Hohepriesteramt – zur Kenntlichmachung seiner vor Gott besonderen Würde, die jedes menschliche Amt übertraf und durch die Salbung mit heiligem Öl manifestiert wurde. Gleiches galt auch für die Könige der Juden, deren Salbung sie zu Vorbildern der königlichen Herrschergewalt Christi erheben sollte.[475] Propheten, Hohepriestern und Königen kam es zu, bis zur Ankunft Christi als Vorbild des göttlichen *logos* zu fungieren. Trotz höchstem Bemühen um die Tugend hat kein Ruhm den des geoffenbarten *logos*, dessen Anhänger sich als Christen nach ihm selbst benannt haben, jemals erreicht, obgleich Christus auf alle Zeichen herausgehobener Würden unter Menschen verzichtete.[476]

(3) Das von jeher existierende Christentum in der Tugend

Damit verweist Eusebius zugleich auf die Immaterialität der Logosherrschaft. Der Thron Christi ist nicht von Menschen geschaffen, sondern für die Ewigkeit bestimmt. Das Zepter als Symbol seiner Herrschaft ist die Gerechtigkeit. Gott ist das Recht lieb, das Unrecht verhasst. Das Öl seiner Salbung ist das göttliche Öl der Freude.[477] Auf diese Weise verkörpert er den ungeteilten göttlichen *logos*. Sein Volk auf Erden sind die Christen.[478] Er vereint Propheten, Hohepriester und Königswürde in einer Person. Mehr noch als alle Amtsinhaber vor ihnen verinnerlichen sie Frömmigkeit, Gerechtigkeit und die übrigen Tugenden, um derentwillen Gott schon früher Menschen (Abraham) ausgezeichnet hat. Wenngleich also das christliche Volk erst mit der Ankunft des göttlichen *logos* auf Erden begründet wurde, haben doch von jeher Christen auf Erden existiert. Sie waren Menschen, die sich durch Besonnenheit, Gerechtigkeit, standhaftes Leben, tapfere Rechtschaffenheit und frommes Bekenntnis des einen Gottes auszeichneten.[479]

---

474 *Eusebius*, Kirchengeschichte, I, 2, 21–23; dazu *Winkelmann*, Euseb, 136 u. 138: Ideale irdische Herrschaft muss drei Grundbedingungen erfüllen: (1) Monotheismus, (2) Monarchie, (3) Friede. Die Bedingungen zwei und drei sind durch das Kaisertum des Augustus gewährleistet.

475 *Eusebius*, Kirchengeschichte, I, 3, 2 u. 7. Zusammen mit der Erkenntnis der Propheten ist damit die Trias der Amtsgewalten vollständig.

476 *Eusebius*, Kirchengeschichte, I, 3, 11 f.

477 *Eusebius*, Kirchengeschichte, I, 3, 13–15.

478 *Eusebius*, Kirchengeschichte, I, 4, 1 f.

479 *Eusebius*, Kirchengeschichte, I, 4, 7.

Den Christen kennzeichnet das Werk der Tugend. Beschneidungs-, Speise- oder Sabbatgebote sind als irdische Symbolik für ihn ohne Bedeutung.[480] Insofern ist es geboten, nicht militärische Siege oder Taten von Soldaten und Feldherren zu preisen. Zu loben ist die Standhaftigkeit von Glaubensstreitern, die Kämpfer für Wahrheit und Glauben sind. Taten der Kämpfer für Vaterland und Freunde treten dahinter zurück.[481]

dd) Bewertung

Mit der von Eusebius selbst als Einleitung (I, 5, 1) bezeichneten Grundlegung ist zunächst der Altersbeweis der christlichen Religion und mit ihm der Tugendbeweis verbunden. Ihm folgt der Anspruch der christlichen Religion auf den Vorrang vor allen irdischen Lehren kraft der Tugend. Kein König Griechenlands, keine heidnische Gesetzgebung oder Tugendlehre kann für sich in Anspruch nehmen, der christlichen als originär vorangegangen zu sein. Jede Ausprägung von Herrschaft, jedes Herrscheramt und jede Herrschaftssymbolik ist letzthin von der christlichen abzuleiten, die dem Ebenbild des *logos* nachempfunden ist. Wenn Könige und Fürsten gemeinsam mit den Priestern und Propheten den Menschen vorangestellt sind, so besteht der originäre Sinn jener Hervorhebung darin, die Menschen zu rechtem, christlichem, dem *logos* nachempfundenen Verhalten anzuleiten, d. h. zu den Tugenden der Gerechtigkeit und zur Gotteserkenntnis.

Königsthron, Zepter und Ölung, die der irdischen Herrschaft Ausdruck verleihen, sind nichts als die Symbole des göttlichen *logos*. Sie materialisieren ewige Herrschaft (Thron), Gerechtigkeit (Zepter) und Freude (Öl). Geht dieser Bezug der Herrschaftssymbolik verloren und wird sie in den Händen eines Tyrannen zum Ausdruck bloßer menschlicher Selbsterhebung, dann stellt sie in den falschen Händen einen Rückfall in die Zeit vor Einsetzen der göttlichen Überlieferung dar. Die Symbolik ist dann ohne Funktion. Wenn Könige Kraft des *logos* regieren und die Herrscher ihre Gesetze aufgrund des *logos* erlassen, ist damit nichts anderes ausgesagt, als dass alle Herrschaft von Gott kommt. Jede Auszeichnung unter Menschen beruht auf den Grundgedanken der Hervorhebung im tugendhaften Leben (Frömmigkeit und Gerechtigkeit). Erst durch die Zuwendung des *logos* auf die materielle Welt nach dem Sündenfall ist die Königsherrschaft entstanden. Sie dient der Vorbereitung der Ankunft des logos nach dem Chaos und der Gewalt der Zeit nach dem Sündenfall. Folgt man dieser Interpretation, fehlt es einem tyrannischen König oder Fürsten an legitimer Herrschaftsgewalt. Daher ist ein Christ nicht verpflichtet, ihm zu gehorchen.

---

480 *Eusebius*, Kirchengeschichte, I, 4, 13.
481 *Eusebius*, Kirchengeschichte, V, 1, 3 f.

b) *Der göttliche logos als Stütze von und Richter der Herrschaft*

aa) *Irdische Königsherrschaft und göttliche Gerechtigkeit*

Es ist also durchaus ein Beweis der Legitimität römischer Herrschaft, wenn gemäß dem Schriftwort zur Zeit des Erscheinens des *logos* das alte Volkskönigtum der Juden erlischt (Gen 49, 10), der Salbung der Hohepriester ein Ende bereitet wird und stattdessen Herodes von der Hand des römischen Senates und des Kaisers Augustus herrscht.[482] Dass der Aufstand Judas' des Gaulaniters mit dem Tod des Aufständischen endete, weist diesen göttlichen Willen in Ansehung Roms zusätzlich aus. Denn er hatte sich gegen die römische Herrschaft mit der Begründung zu verteidigen versucht, die Freiheit des jüdischen Volkes gestatte es nicht, über Gott noch sterbliche Herrscher anzuerkennen.[483] Es war daher ein Irrtum, wenn Herodes der Große glaubte, seiner Herrschaft drohe von der Geburt des „Königs der Juden“ her Gefahr, und daher die Kinder Bethlehems ermorden ließ. Erst hierdurch zog er sich die Gerechtigkeit Gottes zu, die zunächst den äußeren Glanz seiner Herrschaft verblassen ließ und schließlich schwere Krankheit und Tod als Gottesstrafe über ihn brachte.[484] Der nächste Herrscher, dem ähnliches widerfuhr, war Herodes der Jüngere. Er ließ Johannes den Täufer enthaupten, den „Gerechtesten der Gerechten“, den Lehrer der Tugend, der Gerechtigkeit gegenüber dem Nächsten und der Frömmigkeit gegenüber Gott. Durch göttlichen Ratschluss verlor er im Kampf danach nicht nur sein Heer, sondern zuletzt auch den Thron und wurde in das gallische Vienne verbannt.[485] Anders ergeht es dem Fürsten Agbar Ukamma von Edessa, der in schwerer Krankheit bei Christus um Heilung nachsucht und sich vor dem von Christus zu ihm gesandten Apostel Thaddäus im Bekenntnis des christlichen Glaubens zu Boden wirft. Ihm werden daraufhin „alle Wünsche“ erfüllt.[486]

bb) *Göttliche Anleitung irdischer Herrschaft*

(1) Die Anerkennung des Christentums unter Tiberius

Auch der römische Staat, so Eusebius, habe unter seinem Kaiser Tiberius der christlichen Lehre zunächst nicht ablehnend gegenübergestanden. Zwar habe es der Senat abgelehnt, Christus aufgrund seiner Wundertätigkeit nach dem Bericht des Pilatus in den Rang eines Gottes zu erheben – auch habe der Senat damit dem Wunsch des Kaisers Tiberius zuwidergehandelt – doch sei die Ablehnung nicht deswegen erfolgt, weil man die christliche Heilslehre verwerfen wollte, sondern, um zu zeigen, dass die

482 *Eusebius*, Kirchengeschichte, I, 6, 2; 6, 11.

483 *Eusebius*, Kirchengeschichte, I, 5.

484 *Eusebius*, Kirchengeschichte, I, 8.

485 *Eusebius*, Kirchengeschichte, I, 11, 1–6. Auch Herodes Agrippa I., König von Judäa unter Kaiser Claudius, ereilt durch den Engel Gottes der Tod für die Verhaftung des Petrus und die Ermordung des Jakobus, den Bruder des Johannes.

486 *Eusebius*, Kirchengeschichte, I, 13; II, 1, 6; vgl. auch II, 12: Getreideankauf durch die Königin Helena von Adiabene.

göttliche Lehre weder der Begutachtung noch der Bekräftigung von menschlicher Seite bedarf. Die Göttlichkeit Christi erforderte eben nicht wie diejenige früherer „Götter“ die Approbation durch Menschen. Daher konnte sich das Christentum trotz der verweigerten Erlaubnis im Schutze des Kaisers Tiberius ungehindert und rasch zur Erlösung der Menschen und zur Befreiung von der Tyrannei falschen Aberglaubens über die Erde ausbreiten.[487]

(2) Lasterhaftes Kaisertum als Werkzeug göttlicher Vergeltung

Wahnsinn, dafür steht der römische Kaiser Gaius Caligula, ist die Selbstvergöttlichung, die einhergehend mit einer verbrecherischen Regierung eigene Bildnisse zum Gegenstand der göttlichen Anbetung macht.[488] Durch sie lässt Gott die Vergeltung gegenüber dem das Christentum nicht anerkennenden und seine Apostel ermordenden jüdischen Volk vollziehen. Der Irrgläubige wird Opfer von falsch verstandener Herrschaft.[489] Die Folgen dieses Irrtums zeigen sich auch unter Nero. Die jüdische Gesellschaftsstruktur zerfällt aufgrund der Erhebung der Hohepriester gegen die Priester. An ihre Stelle tritt Willkür, die die Aufrührer aufgrund bloßer Gewalt zu Herrschern über alles Recht erhebt und zu offenem, willkürlichen Mord auf den Straßen der Stadt führt. Die Menschen erfahren den Friedenszustand wie einen Krieg.[490] Das Ergebnis fortgesetzten jüdischen Vorgehens gegen die Christen – gegen Paulus, gegen Jakobus, den Bruder des Johannes und Jakobus den Bischof von Rom – ist schließlich, nach eingehenden warnenden Zeichen Gottes, die Belagerung Jerusalems durch Vespasian. Sie ist verbunden mit den üblichen Leiden des Krieges, vor allem aber mit dem Hunger als Manifestation der göttlichen Gerechtigkeit.[491] So wie sich der *logos* gegen falsche Könige verteidigt, setzt er sich auch gegen die falschen Propheten, vor allem aber gegen die Häresien durch, die vor dem Wort Gottes nicht bestehen können.[492]

---

487 *Eusebius*, Kirchengeschichte, II, 2; 3, 1–3.

488 So wird auch Nero, der erste Christenverfolger gezeichnet: II, 25; ebenso Domitian: III, 17; III, 20, 7.

489 *Eusebius*, Kirchengeschichte, II, 6 mit dem Verweis, die Juden hätten nun den einen „Kaiser und König“ bekommen, nach dem es sie verlangt habe.

490 *Eusebius*, Kirchengeschichte, II, 20. Vgl. auch VII, 21 zu dem Aufstand in Alexandrien: „Die Straße in der Mitte der Stadt ist noch öder und ungangbarer, als es die weite, weglose Wüste gewesen, welche Israel in zwei Generationen durchwandert hat.“

491 Mit der Belagerung und dem Fall Jerusalems befasst sich das dritte Buch der „Kirchengeschichte“ in großem Umfang, vgl. III, 5–9; zu den Warnzeichen III, 8. Das Schicksal der Juden bessert sich auch danach nicht, solange sie im Irrtum verharren; vgl. IV, 2; IV, 6 – Hadrian verbietet es schließlich, das Gebiet um die Stadt Jerusalem überhaupt noch zu betreten.

492 *Eusebius*, Kirchengeschichte, II, 13 berichtet von dem in Rom tätigen Irrlehrer Simon; II, 14, 2; II, 15; in III, 26, schließlich von Menander, dem Zauberer, der Unsterblichkeit auf Erden verspricht. Zu weiteren Häresien III, 26–29; IV, 7; IV 10; V, 14 ff. Sie gehen letztlich auf den Teufel zurück (V, 16, 9).

(3) Die Möglichkeit der Buße

Dass nicht jeder Abfall von der christlichen Lehre sofort zur Verdammnis vor Gott führt, bestätigt die im dritten Buch der „Kirchengeschichte“ überlieferte Episode des von dem Apostel Johannes einem ephesischen Bischof zur Erziehung zugeführten Jünglings. Dieser wendet sich in der Abwesenheit des Apostels dem Räubertum zu, „dem Berg gegen die Kirche“. Er tauscht dieses Leben in Gewalttätigkeit und Blutdurst nach der Rückkehr des Johannes wieder gegen christliches Leben ein und tut Buße. Dadurch wird er wieder in die Gemeinde aufgenommen.[493]

c) Christliche Pflichten von Untertanen und Staatsgewalt

aa) Christenverfolgung als Makel lokaler Würdenträger

Das römische Kaisertum ist in der Regel vor göttlicher Strafe sicher. Nur Einzelpersonen (Nero, Domitian) ziehen sich das Strafgericht zu. Eusebius legt größten Wert darauf zu betonen, Christenverfolgungen seien v. a. von der Bevölkerung oder von regionalen Würdenträgern und Statthaltern ausgegangen. Das römische Kaisertum habe sich demgegenüber stets zugunsten der Christen verwandt. Es habe die Christenverfolgung um des bloßen Namens willen und ohne den Nachweis von Verbrechen verboten und sie außerhalb des regelmäßigen Prozessgangs untersagt.[494]

Die dennoch in Asien – aufgrund der Weigerung, den Kaiserkult zu vollziehen – gegen die Christen durchgeführte Verfolgung des Prokonsuls bietet erneut Gelegenheit, das Verhältnis von Herrschergewalt und christlichem Glauben zur Sprache zu bringen. Auf die letzte Aufforderung des Prokonsuls beim Genius des Kaisers zu schwören, antwortet Polykarp von Smyrna, schon in der Rennbahn stehend, mit dem christlichen Bekenntnis und dem Angebot zur Unterredung. Der Prokonsul weist ihn mit der Antwort zurück, dass er durch Rede zwar das (in der Rennbahn) anwesende Volk, nicht aber ihn überzeugen werde. Die darauf überlieferte Antwort Polykarps dokumentiert die grundsätzliche Bereitschaft der Christen, auch der christenverfolgenden weltlichen Gewalt in allen Dingen gehorsam zu sein, sofern sie sich mit ihren Forderungen nicht in Widerspruch zur göttlichen Lehre setzt. Dort heißt es: „Dich habe ich einer Antwort gewürdigt, denn man hat uns gelehrt den von Gott aufgestellten Fürsten und Beamten die gebührende Ehre zu erweisen, sofern eine solche Ehrung uns keinen Schaden bringt. Jene aber halte ich nicht für würdig, mich ihnen gegenüber zu verteidigen.“ Im letzteren Falle leistet der Christ Widerstand gegen alle der irdischen Gewalt zu Gebote stehenden „irdischen“ Zwangsmittel.[495]

---

493 *Eusebius*, Kirchengeschichte, III, 23.

494 *Eusebius*, Kirchengeschichte, III, 33 (Plinius-Trajan); IV, 3 (Quadratus-Hadrian); IV, 8, 6 f. (Korrespondenz Serenius Granianus – Hadrian – Minucius Fundanus); IV, 13 (Marcus Aurelius an die Vertreter Asiens); zur Verfolgung durch die Statthalter vgl. auch V, 1.

495 *Eusebius*, Kirchengeschichte, IV, 15, 21 f.

Auch weitere Verfolgungen finden in der Regel außerhalb des römischen Kaiserpalastes statt, weil dort nicht hinreichend differenziert zwischen Christen und wirklichen Verbrechern unterschieden wird. Daher erleiden die Christen, vielfach aufgrund der Nachstellungen vermeintlicher Philosophen, die die christliche Lehre nicht einmal zur Kenntnis genommen haben, häufiger noch von der Hand böswilliger Gewaltinhaber, das Martyrium;[496] Die Verteidiger des christlichen Glaubens, allen voran Melito von Sardes, müssen das römische Kaisertum daran erinnern, von wo die Wurzel seiner Machtstellung ausgeht.[497]

bb) Die Auszeichnung des gottgegebenen Kaisertums der Römer vor anderen Herrschaften

Der entsprechende Passus, wonach die Römer ihren Aufstieg dem Christentum verdanken, der römische Kaiser also der „ersehnte Herrscher“ der Christen ist, wird erst im Zusammenhang mit dem Proömium (I, 1–5) des ersten Buches der „Kirchengeschichte“ wirklich plastisch. Gegenüber aller übrigen irdischen Gewalt ist die römische, v. a. in der Form der Kaiserherrschaft, nochmals besonders herausgehoben, weil sie gerade in dem Zeitpunkt zur Blüte gelangt, in dem sich der göttliche *logos* auf der Erde entfaltet. Von den „auf dem Weg zu Gott“ befindlichen Herrschaften ist sie also besonders ausgezeichnet. Viele der früheren Machthaber der gottfernen zeitlichen Welt nach dem Sündenfall sind demgegenüber nicht einmal als Herrschaften zu bezeichnen, weil ihnen jede Gesellschaftlichkeit fehlte. Letztere setzt jedenfalls eine gewisse minimale Zuwendung auf Gott voraus, die in ihnen nicht existierte. Erst durch die Verknüpfung der prinzipiellen Zuwendung aller Herrschaft auf Gott mit dem Gedanken der Hervorhebung Roms, entsteht der Zusammenhang, der die römischen Kaiser den Christen zu Dank verpflichtet. Die römische Herrschaft wird in das christliche Weltbild als die hervorragendste der gottgewollten Herrschaften eingeordnet. Der Kaisergewalt sind besondere Pflichten gegenüber der christlichen Religion auferlegt. Der römische Kaiser ist zugleich der „ersehnte Kaiser“ des Christentums.

cc) Der Weg der römischen Kaiserherrschaft zur Logoserkenntnis

Auch das fünfte Buch berichtet mit der gallischen Verfolgung wieder von Verfolgungsmaßnahmen, die auch von kaiserlicher Seite Billigung erfahren und zugleich symptomatisch für das Verhalten der Heiden sind:[498] Ausschluss der Christen aus dem öffentlichen Leben (V, 1, 5); Beschimpfungen, Anfeindungen, Schläge,

---

496 *Eusebius*, Kirchengeschichte, IV, 16; 17, 13: „Als Lucius es bejahte, ließ Urbicius auch ihn (zur Hinrichtung) abführen. Lucius dankte ihm dafür offen und bemerkte, er sei von diesen schlimmen Herrschern befreit und gehe zu Gott, dem guten Vater und König. Auch noch ein Dritter, der hinzukam, wurde verurteilt.“

497 *Eusebius*, Kirchengeschichte, IV, 26, 7–10.

498 *Eusebius*, Kirchengeschichte, V, 1, 57. Als Christen verfolgender Kaiser kommt nur Marc Aurel in Betracht. Eusebius selbst (V, 4, 3) berichtet aber nur, die

Steinwürfe der Heiden (V, 1, 7); Verurteilung durch den Statthalter um des bloßen Namens willen (V, 1, 10); Abschneiden rechtlichen Gehörs durch Behörden und die Volksmasse; Martern durch die Heiden (V, 1, 20, auch 56 ff.).

Der dem Kaisertum dennoch durch Christus gewährte Beistand wird im „Regenwunder“ des Marc Aurel greifbar. Auf dem Feldzug gegen Germanen und Sarmaten in Bedrängnis geraten, sorgen Gebete der Soldaten des Kaisers zu Gott nicht nur dafür, dass die Feinde vertrieben werden, sondern bescheren der bereits verdurstenden Legion auch ausreichend Wasser zur Fortführung des Feldzuges.[499] Eusebius führt aus, von demselben Herrscher sei in Anknüpfung an die Tradition früherer Kaiser – Vespasian, Trajan, Hadrian, Antoninus Pius – schließlich auch jedwede Klage gegen die Christen bei Todesstrafe verboten worden. Marc Aurel habe jedenfalls das Gebot aufrechterhalten, keinen Prozess ohne Anführung einer Straftat durchzuführen.[500] Die zunehmende christenfreundliche Tendenz der römischen Kaiser – immer wieder durchbrochen von Phasen der Verfolgung – findet ihren ersten Kulminationspunkt in Philippus Arabs. Eusebius überliefert, dieser habe als erster Kaiser den Wunsch verspürt, christlichen Gottesdiensten beizuwohnen, um dem christlichen Glauben nachgehen zu können. Der Bischof habe ihn aber zur Messe nicht eher zugelassen, bis dass er seine Sünden bekannt und sich den Sündern am Büßerplatz beigesellt habe.[501] Neben der Tatsache, dass damit die 1000-Jahr-Feier Roms von einem christlichen Kaiser begangen wird, ist beachtlich, dass schon Eusebius einem christlichen Kaiser auf Anweisung des Bischofs das Büßergewand anlegt und ihn so im christlichen Gottesdienst seiner herausgehobenen Stellung „entkleidet“. Die Stellung des Kaisers als geistliches Oberhaupt wird so grundsätzlich in Frage gestellt.

Bereits unter Philippus und noch vor Ausbruch des Bürgerkrieges mit Decius muss es dann in Alexandrien zu einer erneuten Verfolgungswelle gekommen sein. Wieder wird beschrieben, die Christen seien gegen jedes Recht aus „Mordlust“ und durch Raub und Plünderung aus ihrem Besitz vertrieben worden. Während danach der Bürgerkrieg die Verfolger gestraft habe, sei das Aufatmen für die Christen bis zum ersten Verfolgungsedikt des Kaisers Decius nur von kurzer Dauer gewesen. Erneut nimmt Eusebius den Kaiser durch den Hinweis in Schutz, dass sich der Hass des Kaisers wohl nicht gegen die Christen als solche, sondern vielmehr gegen seinen christlichen Vorgänger Philippus gerichtet habe. Die Verfolgung habe ohnehin nach „kaum zwei Jahren“ mit dem Tod des Decius geendet.[502]

Nach einer kurzen Zwischenregierung des Gallus gelangt schließlich mit Valerian erneut ein christenfreundlicher Herrscher an die Regierung. Sein Verhältnis zu den

---

Verfolgungsmaßnahmen hätten unter „Antoninus“ stattgefunden, von dessen Bruder „Marc Aurel“ er sodann das Regenwunder berichtet (V, 5, 1 ff.).

499 *Eusebius*, Kirchengeschichte, V, 5, 2 f.; ebenso VI, 1 (severische Verfolgung).

500 *Eusebius*, Kirchengeschichte, V, 5, 6 f.

501 *Eusebius*, Kirchengeschichte, VI, 34.

502 *Eusebius*, Kirchengeschichte, VI, 39; 41; VII, 1; 5.

Christen ist zunächst von Milde und Güte, Wohlwollen und Loyalität geprägt. Er übertrifft damit die Christenfreundlichkeit aller früheren Kaiser. Seine Verführung zum Bösen durch den Zauberer Makrianus, der selbst nach der Herrschaft und dem kaiserlichen Purpur strebt, bringt ihm zu Recht die göttliche Strafe als Vergeltung der Sünden. Er wird schließlich von den Persern gefangen genommen und verliert den Thron.[503] Dass der christliche Gehorsam gegenüber der Staatsgewalt dort endet, wo Gottes Gebote beginnen, belegt der sich anschließende Bericht über Dionysius. Auch er wurde von einem kaiserlichen Statthalter wegen des unterbliebenen Opfers für den Kaiser verfolgt. Ihm hielt er entgegen, der Christ müsse Gott mehr gehorchen, als den Menschen (Apg 5,29).[504] Der Christ verweigere entgegen der Auffassung des Statthalters nicht das wohlwollende Gebet für das Wohl des Kaisers, vielmehr bete er eben zu dem einen Gott und Schöpfer des Alls darum, dem gottgeliebten Kaiser die Herrschaft ununterbrochen und unverbrüchlich zu erhalten.[505]

Erst nach der Gefangennahme Valerians durch die Perser ebbt auch die unter diesem begonnene Verfolgungswelle infolge gegenläufiger Edikte des Sohnes (Gallienus) wieder ab. Gallienus ordnet sogar die Rückgewähr geraubten Eigentums an die Christen an. Er stellt so den Frieden der Kirchen wieder her.[506] Der Usurpationsversuch des Makrianus schließlich bestätigt die bereits zu Beginn angesprochene These von Gott eingesetzter Herrschaft. Nur wie eine Wolke die Sonne kann er die Herrschaft des Gallienus kurzeitig verdrängen. Er wird dadurch aber weder zum Kaiser, noch ist er es jemals gewesen.[507]

dd) Der Irrtum menschlicher Selbstüberhebung

Die Unnachgiebigkeit der Christen gegenüber illegitimer Herrschaft bezeugt auch das Beispiel des Häretikers Paulus von Samosata. Dadurch, dass man infolge gesetzwidriger Taten zu Vermögen gelangt, weltliche Ehrenstellen bekleidet und sich schließlich als Bischof entgegen dem Beispiel der Apostel selbst einen Thron mitsamt Sekretum errichtet wird man nicht Inhaber legitimer Gewalt. Ein solcher „Bischof“ folgt nur dem Beispiel weltlicher Fürsten. Menschliche Selbstüberhebung gegen die Gemeinde kann rechtmäßige Herrscherwürde nicht begründen. Furcht vor Herrschaft und Macht schaffen keine Legitimationsbasis.[508] Eusebius sieht es in jenem Falle als legitim an, den einem falschen Lebenswandel nachgehenden Häretiker durch eine Synode absetzen zu lassen und an seiner Stelle einen neuen

---

503 *Eusebius*, Kirchengeschichte, VII, 10; 13.

504 *Eusebius*, Kirchengeschichte, VII, 11, 5 und sich damit „nicht ungebührlich“ verhält.

505 *Eusebius*, Kirchengeschichte, VII, 11, 8 f.

506 *Eusebius*, Kirchengeschichte, VII, 13; 15; 22, 12.

507 *Eusebius*, Kirchengeschichte, VII, 23, 3: „Er ist aber nicht mehr Kaiser, ist es doch überhaupt nie gewesen.“

508 *Eusebius*, Kirchengeschichte, VII, 30, 6–9; 15: „Alle trauern und seufzen zwar darob in ihrem Innern, aber sie sind vor seiner Herrschaft und Macht so sehr in Furcht, dass sie es nicht wagen, ihn anzuklagen.“

Bischof zu bestimmen. Das Recht hierzu leitet er in erster Linie aus dem Lebenswandel des Paulus ab, nicht aus der Häresie.[509] Vor kaiserlicher Verfolgung, also vor dem Fehlverhalten der höchsten weltlichen Fürstengewalt auf Erden, schützt die Christen die göttliche Gerechtigkeit. Sie lässt die Verfolgungen nur dann zu, wenn sie zu bestimmten Zeiten der Besserung der christlichen Reichsbevölkerung und der Kirche dienen.[510]

d) Tyrannengewalt und Tugendherrschaft während der diokletianischen Verfolgung

aa) Das durch Diokletian geübte göttliche Strafgericht

Das Element der „Besserung durch Verfolgung“ wird durch die letzten großen christlichen Verfolgungswellen belegt. Die Segnungen des Friedens, d. h. der von Verfolgung freien Zeit, führen nicht zur moralischen Besserung und größeren Tugendhaftigkeit der inzwischen in alle Staatsämter vorstoßenden Christen. Christliche Staatsbeamte pflegen im Gegenteil Stolz und Lässigkeit, Streit, Drohung, Neid und Eifersucht sowie tyrannengleiche Machtgier. Daher entsendet Gott im neunzehnten Jahr der Regierung Diokletians ein göttliches Strafgericht über die Christen.[511] Kaiserliche Edikte führen das Ende des Friedenszustandes herbei. Sie schließen die Christen zunächst aus dem Heeresdienst aus und führen schließlich zu den schwersten Martern.[512] Die nach langer Verfolgung eintretende Milderung – Leibes- statt Todesstrafen – die dem kaiserlichen Handeln den Anschein von Tugendhaftigkeit, Güte und Freundlichkeit gegenüber den Christen geben sollte, wird von Eusebius spöttisch abgetan. Einer Kaisertugend, die die Beschränkung der Christenstrafen auf das Ausstechen der Augen und die Lähmung eines Beines als Mildtätigkeit und Abstehen von Grausamkeit bezeichnet, kann auch der mit Märtyrerakten bestens vertraute Verfasser der „Kirchengeschichte“ nichts abgewinnen.[513]

Obwohl also die kaiserlichen Edikte einer Gottesstrafe entsprechen, betont Eusebius die Schädlichkeit solcher Herrschergewalt für Glück und Wohlstand des Römerreiches. Nur eine freundschaftlich und friedliche Gesinnung der Machthaber gegenüber den Christen habe früher Gedenktage einer zehn- und zwanzigjährigen

---

509 *Eusebius*, Kirchengeschichte, VII, 30, 17.

510 So *Eusebius*, Kirchengeschichte, VII, 30, 21 betreffend Aurelian.

511 *Eusebius*, Kirchengeschichte, VII, 1, 8: „Blind, wie wir waren, mühten wir uns nicht, wie wir die Gottheit freundlich und gnädig stimmen könnten, glaubten vielmehr gleich manchen Heiden, Gott sorge und kümmere sich gar nicht um unsere Angelegenheiten und häuften Sünde auf Sünde. Und die unsere Hirten schienen, schoben das Gesetz der Gottesfurcht beiseite und entbrannten in Eifersüchteleien gegeneinander. Streit und Drohung und Neid und gegenseitigen Groll und Hass zu mehren, war all ihr Tun. Leidenschaftlich verteidigten sie gleich Tyrannen ihre Machtgier.“

512 *Eusebius*, Kirchengeschichte, VII, 2–12.

513 *Eusebius*, Kirchengeschichte, VIII, 12, 8–10.

Regierung in tiefem Frieden ermöglicht, mit Feiern, Festen und Belustigungen. Es ist daher vom christlichen Standpunkt aus schlüssig, dass Diokletian und Maximian bereits im zweiten Jahr der Verfolgung von einer Krankheit des Geistes befallen werden und den Rückzug ins Privatleben antreten.[514] Was schon für die Juden galt, kann nun auch auf das Römerreich angewandt werden – die dauernde Verfolgung führt zu beständigen Kämpfen zu Land und Wasser, fortgesetzter Gefahr täglich bevorstehender feindlicher Einfälle, begleitet von Hunger und Krankheit.[515]

bb) Das Vorbild des Constantius

Im Gegensatz hierzu steht als Tugendvorbild Constantius, der Vater Konstantins. Angesichts seiner Regierung ist der Gebrauch der Tugendbegriffe, von Milde und Wohlwollen angebracht, da er als Einziger „unter den Regenten unserer Tage, [...] während der ganzen Dauer seiner Regierung des hohen Amtes sich würdig erwies“ und gegenüber jedermann freundlich und gütig, der christlichen Lehre zugeneigt, von jeder Zerstörung der Kirchen und Verfolgung der Christen abstand. Gerade deswegen war ihm ein Tod in Frieden und Ruhm und der Übergang seiner Herrschaft auf Konstantin, mit dem Willen des Königs der Könige (Gottes), beschieden.[516] Wie schon angesichts der Kaiser des zweiten Jahrhunderts, akzeptiert Eusebius auch hier das heidnische Kaisertum als unter dem Schutze Gottes stehend, wenn es dem Christuswort aufgeschlossen gegenübersteht und in tugendhaftem Handeln von der Verfolgung der Christen und der Unterdrückung der Bürger um des bloßen Namens willen absieht.

cc) Die Tyrannenherrschaft des Maxentius

Zum Paradebeispiel des Tyrannen wird im Anschluss der Gegenspieler Konstantins, Maxentius, stilisiert. Auch er wünscht, tugendhaft, gütig und milde zu erscheinen. Tatsächlich aber regiert er mit der Rohheit eines Tyrannen, der vor dem Leben des römischen Volkes, den Senatoren, unerträglicher Bereicherung am Vermögen der Untertanen und am Eigentum anderer nicht haltmacht und sich in allem als ein Lehrer des Lasters geriert. Er nimmt sogar Zuflucht zur Zauberei.[517]

dd) Das göttliche Strafgericht über die Verfolger

Das Abebben der Verfolgungswellen nach dem Ablauf von zehn Jahren durch milde Verordnungen der Kaiser führt Eusebius dementsprechend nicht auf plötzlichen Sinneswandel der Herrscher zu Milde und Güte hin zurück, sondern eher auf die göttliche Vorsehung selbst, die sich nun in Gestalt der Krankheit gegen die Anstifter

514 *Eusebius*, Kirchengeschichte, VIII, 13, 8–12.
515 *Eusebius*, Kirchengeschichte, VIII, 15.
516 *Eusebius*, Kirchengeschichte, VIII, 13, 12–14.
517 *Eusebius*, Kirchengeschichte, VIII, 14, 1, 3–6; 14, 1, 10 f.

der Verfolgung wendet. So ist die innere Umkehr der Kaiser (v. a. des Galerius) – verbunden mit einem entsprechenden kaiserlichen Restitutionsedikt – Ausdruck des durch die Krankheit des Galerius eingetretenen Wandels. Aus Gründen der Menschenfreundlichkeit und Milde übt dieser Kaiser letztlich Nachsicht gegenüber den Christen, obgleich sich die Christen nicht an die alten Gesetze halten, sondern nach ihrem Gutdünken eigenen Gesetzen folgen. Auch der Restitutionserlass verhindert allerdings nicht die Krankheiten des Galerius und „Diocles“ und das Ende Maximians durch den Strick. Eusebius fasst sie jedenfalls im letzten Fall ausdrücklich als durch die Unrechtstaten verwirkte Strafe auf.[518]

Von den Verfolgern überleben das frühe Strafgericht nur Maxentius und Maximinus Daia, der Tyrann des Ostens. Als gottloser Mensch und Feind jeder Gotteserkenntnis kann er die Bekanntgabe des Restitutionserlasses nicht verhindern. Er versucht daher, den erreichten Frieden auf jede nur erdenkliche Art zu stören, indem er ihn einer von ihm selbst eingeführten Jupitergottheit zuschreiben lässt.[519] Auch seine Herrschaft ereilt schließlich das göttliche Strafgericht in Gestalt von Überschwemmungen, Hunger und Krankheit.[520]

ee) Der Gegensatz Konstantin/Licinius – Maxentius/Maximinus Daia

Die Auseinandersetzung zwischen den Herrscherpaaren Konstantin/Licinius und Maxentius/Maximinus Daia wird so zum Kampf der Klugheit und Gottesfurcht der von Gott erweckten Kaiser gegen gottlose Tyrannenherrschaft stilisiert. Wie schon der Panegyriker betont auch Eusebius, der Feldzug Konstantins gegen Maxentius habe der Wiedererlangung der Freiheit gedient.[521] Anders als ihre Gegenspieler erweisen Konstantin und Licinius sich zudem gegen den aus der Fülle der Herrschaft fließenden Hochmut als immun. Konstantin verkündet auf seinem neu errichteten Standbild, wem das römische Volk seine Freiheit und die Kaiser ihre Siege tatsächlich verdanken. Das neu erlassene, umfassende Gesetz zum Schutz der Christen, belegt die Wunder, die Gott an den Kaisern gewirkt hat.[522] Konstantin und Licinius können zutreffend als „Sachwalter des Friedens und der rechten Gotteserkenntnis“ bezeichnet werden.[523] Der christlichen Überzeugung stellt sich nun nur noch Maximinus Daia entgegen. Er ist ein Gewaltherrscher, der einer „ohne Verdienst“

---

518 *Eusebius*, Kirchengeschichte, VIII, 17 und Appendix. *Winkelmann*, Euseb, 141.

519 *Eusebius*, Kirchengeschichte, IX, 1; 2; IX, 6, 4; 7, 7; 7, 11.

520 *Eusebius*, Kirchengeschichte, IX, 8. *Setton*, 44.

521 *Eusebius*, Kirchengeschichte, IX, 9, 1–3.

522 *Eusebius*, Kirchengeschichte, IX, 9, 11: „Durch dieses Zeichen des Heiles, den wahren Prüfstein der Tapferkeit, habe ich eure Stadt vom Joche des Tyrannen errettet und befreit und dem Senate und Volke der Römer mit der Freiheit die alte Würde und den alten Glanz wiedergegeben.“

523 *Eusebius*, Kirchengeschichte, IX, 9, 12. Zum Lob des Licinius auch *Setton*, 44.

erlangten Herrschaftsgewalt nicht gewachsen ist. Ebenso wie Galerius vor ihm, erkennt auch er die Größe Gottes erst in der Niederlage gegen Licinius.[524]

ff) Die Bestandskraft der auf Gotteserkenntnis gegründeten Herrschaft

Während anschließend Konstantin und Licinius in „festem und unangefochtenem Besitze“ ihrer Herrschaft verbleiben und ihre Liebe zur Tugend sowie die Achtung des Christentums gegenüber Gott durch Gesetzgebung zugunsten der Christen kundtun, gilt für die Anhänger der Verfolger das Psalmenwort, dass Menschenfürsten vergehen werden (Ps 146, 3f.). Der Mensch soll nur der Herrschaft folgen, die dem christlichen Bekenntnis folgt, weil sie Milde und Güte nicht nur heuchelt, sondern mit wahrer Frömmigkeit gegenüber Gott verbindet. Wer sich dem Wohlwollen heuchelnder, vermeintlich das Allgemeinwohl fördernder, in Wahrheit aber lasterhaft von Gott abgewandten Herrschern unterwirft, muss damit rechnen, mit jenen durch göttliches Strafgericht auf Erden ausgetilgt zu werden.[525]

e) Die Verwirklichung des christlichen Herrschaftsgedankens mit Konstantin

Das Idealbild – verwirklichte *logos*-Herrschaft im menschlichen Leben – bildet so auch den Schlusspunkt des Werkes im zehnten Buch der „Kirchengeschichte“.

aa) Die Vereinigung der Welt unter Kaisern göttlicher Gnade

Gott hat den Frieden der Kirche gegen äußere und innere Feinde hergestellt. Er hat durch Restitution des Kircheneigentums, durch Wiederaufbau der Kirchen und durch Eliminierung der Kriege bis an die Grenzen der Erde den Menschen seine Huld erwiesen.[526] Das Geschlecht der Gottlosen ist getilgt. Das Licht – Eusebius greift die im Zusammenhang mit der Usurpation des Makrianus gebrauchte Allegorie erneut auf – wird von keiner Wolke mehr getrübt.[527] An die Stelle tyrannischer Schreckensherrschaft sind Kaiser getreten, die der Wiederherstellung der Kirchen nicht im Wege stehen, ja vielmehr durch Gesetzgebung zugunsten der Christen die empfangene göttliche Gnade bestärken. Die Welt ist erstmals in allen Gliedern durchdrungen von einem Geist und eines Herzens und Glaubens im gemeinsamen Gotteslob vereint.[528]

---

524 *Eusebius*, Kirchengeschichte, IX, 10, 1 f.; 10, 6. Für sein Restitutionsedikt gewährt ihm Gott in der zweiten Schlacht mit Licinius den Tod durch Siechtum.

525 Bis hierher ist Eusebs Herrscherlob zugleich Lob des Licinius. *Winkelmann*, Euseb, 141.

526 *Eusebius*, Kirchengeschichte, X, 1, 1; 1, 3; 1, 6.

527 *Eusebius*, Kirchengeschichte, X, 1, 8.

528 *Eusebius*, Kirchengeschichte, X, 3.

bb) Festrede des Eusebius: umfassende Gewalt des logos

Die beigefügte Festrede des Eusebius aus Anlass der beendeten Verfolgung und Restitution der Kirchengüter verweist mehrfach auf das göttliche Wirken zur Beseitigung der Tyrannen.

Gott setzt die Könige ein und ab. Er richtet die Bedürftigen vom Staube und die Armen aus dem Schmutz auf. Gott stürzt die Fürsten von den Thronen, erhebt die Demütigen und Hungrigen und zerschmettert den Arm der Hochmütigen. Durch sein Erbarmen schlägt er die größten und mächtigsten Könige.[529] Gleiches gilt auch für Christus, der die Menschen zur Gotteserkenntnis und Gottesfurcht führt, die Gottlosen und Tyrannen vernichtet und so das Leben wie ein guter Arzt wiederherstellt.[530] Der göttlichen Liebe kann auch Dämonenmacht, die Tyrannen und glaubensfeindliche Herrscher zu Erlassen wider die Christen bringt, nichts anhaben. Der göttliche *logos* stützt seine Freunde und Vertrauten und erhebt sie, in Gestalt des Licinius und Konstantin, zu Kaisern über die gesamte Erde, auch weil sie ihrerseits die Anbetung Christi als Gottessohn und nicht als menschlicher König ermöglichen.[531] Der Gerechtigkeit Christi ist es auch zu verdanken, dass die Feinde der Gotteserkenntnis niedergeworfen, die christliche Herde aber geschützt wird. Die Schwerter und Bögen der Sünder, die Arme und Bedürftige unterwerfen wollten, wurden zerbrochen.[532] Die Kirche, das Königshaus Gottes, ist durch das göttliche Wirken umso prächtiger wiederaufgerichtet. Der Beschützer der Seelentugend hat – ausgehend von den höchsten Machthabern – zunächst die Welt von den Tyrannen befreit, dann durch Männer des Glaubens die Seelen reinigen lassen und sein Haus wieder aufgerichtet.[533]

cc) Gesetzgebung Konstantins: Ruhe und Eintracht

Zum Beleg überliefert Eusebius die Erlasse Konstantins, die die Wiederaufrichtung der Kirche auf Erden begleiten. Dazu gehört zunächst das Mailänder Edikt, das allen Glaubensrichtungen Kultfreiheit zusichert und die Wiederherstellung des Kirchengutes anordnet, um die Ruhe der Zeit aufzurichten und der eigenen Herrschaft das Wohlwollen der „himmlischen Macht" zu erhalten.[534] Ganz im Zeichen der Ruhe

529 *Eusebius*, Kirchengeschichte, X, 4, 8 f.; mit Zitat der Bibelstellen: Dn 2, 21; Ps 112, 7; Lk 1, 52.

530 *Eusebius*, Kirchengeschichte, X, 4, 10 f.

531 *Eusebius*, Kirchengeschichte, X, 4, 14–16.

532 *Eusebius*, Kirchengeschichte, X, 4, 29 f.

533 *Eusebius*, Kirchengeschichte, X, 4, 60–63.

534 *Eusebius*, Kirchengeschichte, X, 5, 1–8. Restitution bedeutet nicht nur Wiederherstellung des Vermögensstandes der Verfolgten, sondern auch des Kirchenvermögens als des der Kirche als einer Körperschaft zugehörigen Vermögens. Das Element des Erhaltes des göttlichen Wohlwollens und der Ruhe der Zeit tritt gleich doppelt hervor: X, 5, 3 u. 8 sowie X, 5, 13 f., jeweils bedingt durch die clementia der Herrscher. In die gleiche Richtung geht das in X, 5, 15–17 überlieferte Edikt.

und Eintracht stehen auch zwei Briefe an Miltiades, den Bischof der Römer und an Markus sowie an Chrestus, den Bischof von Syrakus.[535] Hinzu tritt die Förderung des Kirchenbaus durch kaiserliche Gelder und der Kirchenämter durch Einführung einer Entlohnung. Sie werden von sämtlichen Dienstpflichten gegenüber dem Staat befreit und erhalten die Autonomie, in Zukunft nur dem „eigenen Gesetze" Folge leisten zu müssen.[536] Der letzte Widerstand der Dämonen gegen die so erreichte *logos*-Herrschaft geht zuletzt von Licinius aus, dem die Güter des Friedens zuwider sind und der nicht bereit ist, sich mit einer Konstantin gleichen Herrschaftsmacht zufriedenzugeben. Sein Vorhaben ist von vorneherein erfolglos, da Gott Konstantin alle Arglist offenbart. Licinius richtet sich in „völligem Wahnsinn" erneut gegen die Christen und schafft ungesetzliche Gesetze, die den Menschen jede Mildtätigkeit und jedes Mitgefühl gegenüber den Gefangenen untersagen. Wie die Tyrannen vor ihm missachtet auch er die Ehe und führt ungezählte Steuern ein.[537] Der Sieg wird Konstantin als Sieg des rechten christlichen Glaubens und Triumph über die Gottlosen daher „zu Füßen gelegt". Der christliche Kaiser lässt im Triumph bei aller Strenge auch Mitgefühl, Erbarmen und Milde walten und unterwirft gemeinsam mit dem Sohn Crispus schließlich alle Lande des Erdkreises seinem friedlichen Zepter und dem Licht der rechten Gottesverehrung. Nach der nunmehr endgültigen Beseitigung aller Tyrannei verbleibt die konstantinische Dynastie fest und unangefochten, „herausgehoben durch ihre Liebe zur Tugend und zu Gott und ihre Frömmigkeit und Dankbarkeit gegen die Gottheit" im Besitz der Herrschaft.[538]

f) Ergebnis

Das in der „Historia Ecclesiae" des Eusebius dargestellte Herrscherideal hat als Ausgangspunkt den Gedanken von der Wirkmächtigkeit des göttlichen *logos* in der diesseitigen Weltordnung. Die historische Zeit ist eschatologisch strukturiert. Sie nimmt ihren Anfang vom Sündenfall her und strebt in Konstantin ihrer Vollendung als gottgemäßer *logos*-Ordnung zu. Die Weltgeschichte verläuft daher von der dem *logos* fernsten Zeit, einem Zustand völliger Gesellschaftslosigkeit der Menschen, hin zur fortschreitenden Erkenntnis des *logos*. Jede irdische Herrschaft kommt schon deswegen von Gott, weil Königs- und Fürstenherrschaft gesellschaftliche Strukturen voraussetzen. Herrschaftsgewalt entspricht nicht mehr dem „historischen Urzustand" nach dem Sündenfall. Sie ist immer Ausdruck der Vorbereitung des Menschen auf die Geburt Christi und die Erscheinung des *logos* selbst. Daher sind auch alle irdischen Ämter – Könige, Propheten und Priester – dem göttlichen *logos* gemäß gebildet. Sie sind Abbilder der Herrschaft Christi als des ewigen Königs der Gerechtigkeit und der Freude.

---

535 *Eusebius*, Kirchengeschichte, X, 5, 18–20; 21–24.
536 *Eusebius*, Kirchengeschichte, X, 6; X, 7.
537 *Eusebius*, Kirchengeschichte, X, 8.
538 *Eusebius*, Kirchengeschichte, X, 9.

Insbesondere für die römischen Kaiser gilt Letzteres in einem besonderen Maße. Gott hat das römische Kaisertum gerade mit Erscheinen des *logos* stark gemacht. Belegt wird dies auch durch Kaiseredikte nach Trajan, die zeigen, dass nahezu alle römischen Kaiser dem Christentum jedenfalls nicht um des bloßen Namens willen ablehnend gegenüberstanden. Bis hin zu Philippus Arabs, unter dem die Tausendjahrfeier der Stadt Rom stattfand, lässt sich darin sogar eine fortschreitende Feindseligkeit gegen falsche heidnische Denunziationen feststellen.[539] Verfolgungswellen gehen vor allem von den Statthaltern und von den Provinzen aus. Sie liefern Eusebius gemeinsam mit den Tyrannen die Beispiele lasterhaften Verhaltens. Während individuelle Fehlgeleitetheit die Tyrannen regelmäßig der Gottesstrafe verfallen lässt (Herodes des Große, Herodes der Jüngere, Erhebung der Hohepriester der Juden, Decius, Valerian, Makrianus, schließlich Maximian und Diokletian, Maxentius, Maximinus Daia, Licinius) und die auf Selbstüberhebung beruhende Herrschaft von Eusebius schon gar nicht als solche anerkannt wird (Makrianus; Paulus), führt kollektives Versagen von Glaubensgemeinschaft (der Juden, aber auch der Christen des ausgehenden 3. Jahrhunderts) zur gerechten Gottesstrafe am gesamten Volk.[540] Nachdrücklich warnt Eusebius davor, mehr den Menschen als Gott zu dienen: „Vertraut nicht auf Fürsten, die Söhne von Menschen" und „Nicht wird ein König durch seine große Macht gerettet und nicht ein Riese durch die Fülle seiner Kraft." Einzig anzuerkennende Herrschaft ist ihm die auf Frömmigkeit, Gerechtigkeit, Milde und Tugend aufbauende Herrschaft.[541]

Dass Eusebius zu keinem Zeitpunkt davon spricht, es sei Aufgabe der Christen tyrannische Herrschaft aktiv zu beseitigen (im Falle des Paulus durch die Synode geschehen!) ändert nichts daran, dass der dem göttlichen Gebot folgende Christ zu zivilem Ungehorsam in Ansehung unrechtmäßiger Anordnungen verpflichtet ist. Dies entspricht vielfach dem Wortlaut der ersten Restitutionsedikte, die die Resignation der Verfolger der Unfähigkeit zusprechen, die Christen davon abzubringen, anderen als den selbst auferlegten Gesetzen Folge zu leisten.

Als Tugendvorbilder in der Zeit der Verfolgungen dienen zunächst die Märtyrer, später die christlichen Kaiser Constantius, Konstantin (und Licinius). Ihnen stehen in den übrigen Kaisern der Tetrarchie Typen tyrannischer Herrscher entgegen, die nicht nur die Kirche verfolgen, sondern auch die Rechte des römischen Volkes, also das Eigentum, die Ehe, die Unversehrtheit der Senatoren und des Vermögens und die Freiheit nicht anerkennen.[542] Unter ihnen sind Friede und Ruhe undenkbar. Diese Begriffe werden von den Christen sowohl nach außen, vor allem aber als

539 *Morgan*, Athenaeum 93 (2005), 203.

540 Zur göttlichen Intervention: *Morgan*, Athenaeum 93 (2005), 198; zur Strafe aufgrund der Willensfreiheit des Menschen dort, 206.

541 Eusebius, Kirchengeschichte, IX, 10, 6; IX, 11, 8.

542 *Morgan*, Athenaeum 93 (2005), 203, dort auch zu dem Problem der parallelen Existenz von Gott gewollter römischer Kaiserherrschaft und schlechten Kaisern; zu Diokletians Funktion vgl. 204.

„Gemeindefrieden“ im Zusammenhang mit den Häresien und der Verfolgung auch nach innen gebraucht.

Konstantin ist als „Sachwalter des Friedens und der Frömmigkeit“ zum Vollstrecker des göttlichen Willens erkoren.[543] Nachdem die göttliche Gerechtigkeit das Christenvolk für die Sünde des Hochmutes durch die diocletianische Verfolgung bestraft hat, setzt er die Restitution des *logos*-gemäßen Friedenszustandes im Einvernehmen mit Gott durch. Inwiefern das christliche Kaisertum hierzu der Kirchengewalt unterworfen ist, wird von Eusebius nicht geklärt. Philippus Arabs konnte aber durch den Bischof gezwungen werden, sich in den Kreis der Büßer einzuordnen. Konstantin dagegen handelt stets im Einvernehmen mit Gott. Er bessert durch seine Gesetzgebung den Zustand der Kirchen (Restitution, Vermögenszuwendungen, Autonomie, Sorge um die *concordia*) weit über den früheren hinaus zum irdischen Heilszustand.

2. Der Kerngehalt des Herrscherideals in der Vita Constantini und der Rede Konstantins ad sanctorum coetum

a) Der Anspruch der Vita Constantini

Ebenso maßgeblich wie die „Kirchengeschichte“ des Eusebius, die in seiner Nachfolge eine Vielzahl christlicher Nachahmer fand, hat die nach dem Tod Kaiser Konstantins (also nach 337) verfasste „Vita Constantini“ dazu beigetragen, der christlichen Nachwelt das Herrscherideal des Eusebius als Handlungsanweisung zu erhalten. Die vielfache Verknüpfung christlicher Glaubensaussagen mit Worten und Taten des Kaisers hat auf das lateinische Mittelalter maßgeblichen Einfluss ausgeübt. Nicht umsonst ist der Merowinger Chlodwig als *Novus Constantinus* bezeichnet worden. Konstantin wurde also nicht nur zum Musterbeispiel christlichen Herrschertums stilisiert, sondern wie die biblischen Könige schließlich selbst zum Maßstab späterer Herrschschaft.[544] Skepsis gegenüber der historischen Wahrheit der Überlieferung ist bei aller Bedeutung derselben dennoch angebracht. Die

543 In Anbetracht der umfassenden göttlichen Herrschaft postuliert *Morgan*, Athenaeum 93 (2005), 196, dass sich unweigerlich der Eindruck aufdränge, die Christianisierung von Herrschaft hätte jedem anderen Kaiser zu jeder anderen Zeit so auch geschehen können. Vom Standpunkt der Erlangung der Herrscherwürde als christlicher trifft dies zu. Der dauerhafte Bestand der Herrschaft ist aber auch bei Eusebius stets mit der Minimalforderung verknüpft, Christen nicht zu verfolgen. *Winkelmann*, Euseb, 148: Er hat nicht Macht aus sich heraus, sondern übt verliehene Gewalt aus.

544 *Dörries*, Selbstzeugnis, 245 verweist u. a. darauf, dass Konstantin in vielen Briefen von sich selbst in der ersten Person Singular spricht. Er sieht darin ein Zeichen dafür, dass der Kaiser sich in diesen „ohne viel Beratung durch andere geäußert“ habe. Auf die erzielte Nachwirkung hat es Eusebius wohl auch angelegt, *Eliott*, Phoenix 45 (1991), 169.

„Vita Constantini“ dient nach der Aussage des Eusebius v. a. dazu, die Taten des „seligen“ und „von Gott begnadeten Kaisers“ festzuhalten, um dem nach dem Verscheiden Konstantins nunmehr ratlosen menschlichen Geist einen erneuten Anhalt für die eigenen Taten zu geben.[545]

Damit ist eine idealisierende Darstellung bereits angekündigt. Eusebius erhebt als Historiker aber auch den Anspruch, Taten und Werke Konstantins als historische Tatsachen wiederzugeben. Gleichzeitig ist es, dies liegt in der Natur des Lobpreises begründet, unmöglich, die historische Darstellung als zweckfrei zu bezeichnen. Die Taten Konstantins werden festgehalten, um dem menschlichen Geist der Nachwelt ein aus der Perspektive des Eusebius bestehendes Herrschaftsideal eines christlichen Kaisers zu überliefern. Zugleich fungiert die Schrift als Lebensideal des Menschen. So erklärt sich auch die von Eusebius auferlegte Selbstbeschränkung auf diejenigen Aspekte des Lebens des Kaisers, die ihm als gottgefällig erscheinen.[546]

Der Hintergrund dieser scheinbaren Unvereinbarkeit von Tatsachendarstellung und christlich geprägtem Herrscherideal ist auch in dem Bedürfnis des Eusebius zu suchen, einerseits die Christen in apologetischer Tradition zu verteidigen und andererseits mit dem Werk auch die noch zahlenmäßig überwiegende Gruppe der Heiden innerhalb des Reichsverbandes anzusprechen.[547] Nichts konnte einer Verbreitung des Christentums förderlicher sein, als in Antwort auf die römische Tradition der Divinisierung heidnischer Kaiser[548] und des bis in die konstantinische Regierung andauernden Kults göttlicher Kaiserverehrung (zuletzt auch als Kult des Sol Invictus) nunmehr der heidnischen Gemeinde einen siegreichen christlichen Kaiser voranzustellen und diesem Attribute christlicher Tugend zuzuschreiben, die dem römischen Geistesleben seit republikanischer Zeit durchaus entsprachen.[549]

---

545 *Eusebius*, Vita Constantini, I, 1; I, 10; I, 27.

546 *Eusebius*, Vita Constantini, I, 11. An diese Vorgabe hält er sich allerdings so nicht, *Zinsli*, WS 118 (2005), 132; dazu *Winkelmann*, Euseb, 151. *Rubach*, Euseb, 244, sieht Eusebius demgegenüber alleine als Vertreter der Kirche, den der politische Bereich nicht interessiert. Dies ist nur teilweise zutreffend, weil Konstantin nach Ansicht des Eusebius gerade durch sein politisches Handeln den Kirchenschutz durchsetzt.

547 Dies verdeutlicht *Eusebius*, Const. Oratio (vgl. Fn. 550), XVIII, 246–249; XIX, 249–253 die den Beweis der göttlichen Natur Christi u. a. aus der erythräischen Sibylle ableitet und damit den Gottesbeweis aus der heidnischen Überlieferung selbst zu erbringen sucht.

548 *Eusebius* hat sich, Kirchengeschichte, VIII, 13, 12 nicht gegen die Divinisierung des Constantius ausgesprochen.

549 Zur Ausrichtung Konstantins auf Sol invictus (= Apoll) auch *Groß-Albenhausen*, Klio 78 (1996), 170; dazu *Leeb*, Konstantin, 9–28.

b) Das eschatologische Geschichtsverständnis als Voraussetzung von Existenz und Inhalt des kaiserlichen Gottesgnadentums

So bildet zunächst ein eschatologisches Geschichtsverständnis den Mittelpunkt der von Eusebius vorgetragenen Konstantindarstellung. Dem Gottesbeweis folgt die gezielte Verankerung des kaiserlichen Handelns im göttlichen Wirken und vor allem in der göttlichen Gnade. Den wohl schlagendsten Gottesbeweis liefert die Rede Konstantins an die „Versammlung der Heiligen"[550], die nicht so sehr aufgrund ihres theologischen Wertes, sondern vielmehr aufgrund der Tatsache, dass die in ihr enthaltenen Äußerungen von Konstantin selbst stammen sollen, eine besondere Rangstellung einnimmt.

aa) Der Gottesbeweis

Gott existiert. Er hat den Menschen als vernünftiges, mit der Erkenntnis von Gut und Böse ausgestattetes Wesen geschaffen. Als solches ist der Mensch in die diesseitige Welt eingefügt. Die Berufung auf ein bloßes Schicksalsgesetz, das das Leben der Menschen zu Gütern und Wohlstand oder Armut und Leid hintreibt, ist schon deswegen ausgeschlossen, weil der Begriff des Schicksals in sich selbst jede Gesetzmäßigkeit ausschließt. Schon der Begriff eines „Schicksalsgesetzes" ist damit paradox. Erkennt man eine Gesetzmäßigkeit des Schicksals an, so akzeptiert man zugleich, dass es sich dabei nicht um Schicksal, sondern um von einem göttlichen Wesen gesetzte Bedingungen handelt. Gelingt also der Beweis von Gesetzmäßigkeiten innerhalb des Schicksalsbegriffes, so ist dessen Wirksamkeit widerlegt und zugleich innerhalb dieses Bereiches eine Aussage über den Schöpfer möglich.

Eine solche Gesetzmäßigkeit glaubt Konstantin in der bei einigen Menschen anzutreffenden Tugend sowie dem den Menschen immanenten Streben nach Gerechtigkeit, also dem Willen einem jeden das ihm Zukommende zuzuteilen, aufgefunden zu haben.[551] Beide Eigenschaften des Menschen müssen, da sie mit dem Schicksalsbegriff alleine nicht erklärbar sind, auf einen göttlichen Willen zurückzuführen sein, der sich an Werken der Güte und Gerechtigkeit erfreut und zugleich den Übermut und die sich über die Schranken des Geschöpfes erhebende Prahlerei verachtet. Die Ordnung der Welt, die sich in der Natur in Tag und Nacht, in Mond und Sonne und in der durch Regen gebrachten Abkühlung manifestiert, wird nur von denjenigen als Zufall bezeichnet, die ihren Mechanismus nicht verstehen.[552] Auch in den rechten Maßen der Dinge zeigt sich die göttliche Existenz. Eisen für Ackergeräte ist in höherer Menge vorhanden und leichter zugänglich als die nur für Schmuck und Zierde gebräuchlichen Metalle des Silbers und Goldes.[553] Der Mensch

550 Sie wird hier als Const. oratio zitiert nach der deutschen Ausgabe von P. Johannes Maria Pfättisch in der Blibiothek der Kirchenväter, Reihe 1, Band 9, S. 192 ff.

551 *Eusebius,* Const. oratio,VI, 204–208, v. a. 206.

552 *Eusebius,* Const. oratio,VI, 207; zum Zufall: 207; VII, 209.

553 *Eusebius,* Const. oratio, VIII, 211.

ist berufen, sein Leben nach den Gesetzen einzurichten, die er in der Natur findet. Dort findet er auch das göttliche Gesetz eines tugendhaften und auf Gerechtigkeit auszurichtenden Lebens vor. Dem Kaiser kommt die Aufgabe zu, die Unkenntnis dieser Gesetzmäßigkeiten zu beseitigen und nach bestem Können die mit der göttlichen Lehre Unvertrauten zu dieser Lehre zu führen, also das Schlechte im Menschen zu einem Guten zu verwandeln.[554]

Wem dieser Gottesbeweis nicht ausreicht, der wird auf das Beispiel Christi verwiesen. Seine Hinrichtung durch Menschen zeigt nicht etwa den Tod Gottes an, sondern versinnbildlicht geradezu das göttliche Tugend- und Gerechtigkeitsideal. Christus stellt neben den christlichen Märtyrern den Hauptbeweis dafür dar, dass Besonnenheit, Hochherzigkeit und Langmut auf Dauer Wildheit und Schlechtigkeit bezwingen werden. Sein offenes Predigen und die Aussendung der Jünger als „Kaufleute der wahren Güter" in alle Welt belegen die Wirkmächtigkeit des göttlichen Willens auf Erden und den Sieg des Rechts über das Unrecht.[555]

bb) Die Freiheit der menschlichen Entscheidung für die Tugend

Die sich anschließende Frage, warum Gott überhaupt verschiedene Naturen des Menschen geschaffen hat, warum also nicht alle Menschen von gleicher Art und gleichem Charakter sind, beantwortet Konstantin mit der Berufung auf den göttlichen Schöpfungsplan. Die auf der Erde befindlichen Elemente bedürfen einander in ihrem rechten Maß: die Tätigkeit der Ruhe, der Tag der Nacht. Der Mensch ist von Gott mit Vernunft und der Erkenntnis von Gut und Böse ausgestattet, um dem rechten Maß der Dinge nachzustreben. Die Entscheidung für oder gegen das Gute kann er bewusst treffen.

Das Streben nach Macht und Mehrung der eigenen Güter, vor allem nach gottgleicher Machtfülle, ist vor dem Hintergrund der göttlichen Existenz „Wahnsinn". Im Hinblick auf die Ewigkeit Gottes kann das Vergängliche nicht bestehen. Daher ist ein Leben ohne Unterordnung unter den göttlichen Willen sinnlos.[556] Sinnstiftend kann nur aufrichtige Religion in der Ausrichtung auf das göttliche Gebot im Diesseits wirken. Hierzu gehört ein Leben in edler Eintracht und Nächstenliebe, das Fehler nur tadelt, um zu bessern und nicht auf Grausamkeit, sondern auf Heilung

---

554 *Eusebius,* Const. oratio, XI, 218, 220, 221.

555 *Eusebius,* Const. oratio, XI, 222, 226 f., 229; bezeichnend XV, 238. Das christliche Beispiel geht dahin, dass jeder, der mit unrechter Gewalt beginnt oder gegen Unrecht selbst Unrecht übt, eines gewaltsamen Todes stirbt. Vgl. dazu die Darstellung der Gefangennahme Jesu in Mt 26, 52: „Da sagte Jesus zu ihm, Steck dein Schwert in die Scheide; denn alle, die zum Schwert greifen, werden durch das Schwert umkommen." Dazu auch *Dörries,* Selbstzeugnis, 240 f.: „Schon immer hat Gerechtigkeit zum Erfolg, Ungerechtigkeit zum Untergang geführt."

556 *Eusebius,* Const. oratio, XIII, 231–234; XIV, 234 f.

bedacht ist. Auch ist Mitleid gegenüber all denen angebracht, denen das Schicksal hart mitgespielt hat.[557]

Die von Gott herausgehobenen Menschen sind Tugendvorbilder. Tugend findet sich im Werk Christi sowie in den biblischen Gestalten Moses und des Daniel.[558] Christus hat sich denjenigen zugewandt, die auf Erden in Armut und Not leben und sie aus ihrem irdischen Leiden befreit. Ebenso hat Moses sein Volk mit Gehorsam und Zucht zur Ordnung geführt und Daniel den Tyrannen widerstanden. Dementsprechend hält auch Konstantin selbst sein Glück für das Geschenk Gottes. Hieraus leitet sich unmittelbar sein Herrschaftsauftrag ab. Er besteht darin, nach Art des guten Wagenlenkers „die Zügel des ungeordneten und rasenden Zwiegespanns“ der menschlichen Vernunft, der Entscheidung zwischen Gut und Böse, straff anzuziehen.[559]

c) Ideelle Begründung des Kaisertums in der Nachahmung Gottes und göttlicher Gnade

aa) Die Friedensherrschaft Konstantins von Gottes Gnaden

Auch für Eusebius selbst gilt, dass Gott Konstantin zum Herrn erwählt hat, so dass kein Mensch sich rühmen kann, ihn zur Herrschaft erhoben zu haben.[560] Als Beleg hierfür dient der Ablauf der Geschichte selbst. Schon der Vater Constantius war gegen die Christen ungewöhnlich milde. Er hat im Gegensatz zu Diokletian die Kirche nicht verfolgt und ihr dadurch „großen Frieden“ gebracht.[561] Zum anderen wird auch der Lebensweg Konstantins selbst konsequent in diesem heilsgeschichtlichen Sinne gedeutet. Geradezu bezeichnend ist der immer wieder ins Feld geführte Vergleich mit dem biblischen Königtum des Mose. Er bietet sich im Zusammenhang mit der himmlischen Erscheinung des Labarums vor der entscheidenden Schlacht gegen Maxentius an der milvischen Brücke (312) sowie dem Untergang des Maxentius im Tiber geradezu an. Von Eusebius wird er aber auch schon zuvor im Zusammenhang

557 *Eusebius,* Const. oratio, XXIII, 266. Der Gebrauch des Schicksalsbegriffes widerspricht durchaus nicht der vorherigen Darstellung. Erstens wurde der Begriff lediglich dort abgelehnt, wo er i. S. eines „Schicksalsgesetzes“ gebraucht war und zweitens ist es durchaus möglich auch in einer gottgeordneten Welt den Begriff in all denjenigen Fällen zu verwenden, in denen der menschliche Vernunftgebrauch zum Bösen hin – jedenfalls durch Dritte – Not und Elend nach sich zieht.

558 *Eusebius,* Const. oratio, XV, 237 f.; XVII, 243.

559 *Eusebius,* Const. oratio, XIII, 233; XXII, 263 f.

560 *Eusebius,* Vita Constantini, I, 24; *Herrmann-Otto,* Ecclesia, 369: Erinnerung an persische Satrapenherrschaft.

561 *Eusebius,* Vita Constantini, I, 13.

mit der Erziehung Konstantins am Hofe des Tyrannen Diokletian angeführt.[562] Demgemäß sind die Siege des Kaisers gottgewollt und Ausdruck göttlicher Gnade.[563]

bb) Erhalt und Verlust der göttlichen Geburtsgnade

Die so gebrauchte Verknüpfung – Gewährung der göttlichen Gnade und Frömmigkeit des Herrschers – wirft zugleich die Frage auf, ob die durch Gott von Geburt an gewährte Gnade durch entsprechende Werke des Herrschers im Leben erhalten werden muss, oder – begründet im göttlichen Heilsplan – von grundsätzlich unbegrenzter Dauer ist. Für Eusebius stellt sich diese Frage im Zusammenhang mit Konstantin nur in beschränktem Maße. In der Retrospektive hat sich die göttliche Einsetzung Konstantins als „leuchtendes Beispiel" für die Menschen erwiesen. Er ist von Anfang an von Gott zum Lehrmeister der Menschen aufgestellt, um ihnen das Beispiel des gottesfürchtigen Lebens zu geben. Diesen Auftrag hat er erkannt und ist ihm Zeit seines Leben gefolgt.[564] Gerade deshalb wird er von Eusebius mit der Gottes- und Christusprädikation „Licht" oder „Leuchte" der Zeit belegt.[565] Die Möglichkeit des Verlustes der göttlichen Gnade bestand bei ihm nicht. Sie wird aber von Eusebius hinsichtlich der Herrscher, die die göttliche Gnade nicht erkennen, durchaus in Betracht gezogen. So stellen sich die Siege Konstantins vor allem als Ergebnis des gottesfürchtigen Lebens dar. Konstantin selbst äußert die Befürchtung, dass ihm die Gnade des Sieges durch die Abwendung von einem gottesfürchtigen Leben genommen werden könnte.[566] Das Bedürfnis nach dem Erhalt der göttlichen Geburtsgnade formt damit einen Kernbestandteil in der Theorie des christlichen Kaisertums. Wenngleich diese zuerst nicht verdient werden kann, muss der Herrscher doch versuchen, sich durch fromme Werke imstande der Gnade zu erhalten. Konstantin selbst bildet damit das Ideal des Kaisers. Von Gott durch Geburtsgnade

---

562 *Eusebius*, Vita Constantini, I, 12: Konstantin wächst wie Moses im Palast des Tyrannen auf. I, 38: Die Leibwache des Maxentius versinkt mit ihrem Herrscher ebenso in den Fluten des Tiber, wie das Heer des Pharao im Meer versunken ist; vgl. dazu auch ders., Kirchengeschichte, IX, 9.

563 *Eusebius*, Vita Constantini, I, 3: Gott gibt frommen Herrschern die Erstlingsgaben des Siegpreises als leuchtendes Beispiel für ein gottesfürchtiges Leben; I, 4: Konstantin ist Lehrmeister der Menschen für ein gottesfürchtiges Leben. Darin, dass er den Purpur des Vaters von Gott erlangt, übertrifft er die bisher herrschenden Kaiser, dazu *Eliott*, Phoenix 45 (1991), 162.

564 *Eusebius*, Vita Constantini, I, 4; I, 7; I, 24, I, 27; I, 28; II, 3, 19.

565 *Eusebius*, Vita Constantini, I, 1: Söhne Konstantins als „neue Leuchten"; I, 43: Konstantin als Leuchte am Himmel; III, 1: Konstantin als außergewöhnliches Licht; zur biblischen Verbindung von „Licht" und „Gerechtigkeit" vgl. etwa Ps 97, 11; Spr 4, 18; dazu *Straub*, 109.

566 *Eusebius*, Vita Constantini, I, 3: Gott gibt dem frommen Herrscher den Siegpreis; I, 6: als Knecht des Herrn ist Konstantin unbezwingbar; I, 8: Konstantin schützt sein Heer durch seine Gottesfurcht, die Ausdehnung des Reiches ist Zeichen der göttlichen Segnung; I, 46: Konstantin besiegt die Barbaren dank Gottes Gnade; IV, 9: Gott hat Konstantins Herrschaft im gesamten Erdkreis aufgerichtet.

erwählt, erweist er sich auch durch seine Taten als von Gott erwählter Kaiser und verdient es so in die Nähe der biblischen Könige gerückt zu werden.[567] Er steht im Dienste Gottes. Aus dem deifizierten römischen Kaiser ist der Inhaber eines göttlichen Amtes geworden.

d) Der Inhalt des göttlichen Handlungsauftrages: Tugend, Gerechtigkeit, Langmut und Frieden

aa) Die Pflicht des Kaisertums zur Frömmigkeit

Mit der Erwählung in die göttliche Gnade verbindet Eusebius den ganz konkreten Handlungsauftrag eines frommen und gottesfürchtigen Lebens, will sich der Kaiser im Stand der Gnade erhalten. Dadurch unterscheidet er sich von der Herrschaftslehre der frühen Apologeten, aber auch des Laktanz, die den Verlust irdischer Herrschaft von konkreten Verfolgungsmaßnahmen gegen die Christen abhängig gemacht hatten. Die Herrschaft ist, wo sie gesetzt ist, zwar im Sinne von Rom. 13, 1–7 weiterhin von Gott, und bleibt es, solange sie besteht. Doch wird ihr Bestand nur durch Frömmigkeit gesichert.[568] Der Wunsch des Clemens (Ep. 60, 5; 61, 1), der Herrscher möge sich von *pax* und *concordia* leiten lassen, wird bei Eusebius zur konkreten Herrscherpflicht eines tugendhaften Herrscherlebens und damit zum Handlungsauftrag des Kaisertums. Mit dem Gegenbeispiel der Gottlosigkeit vergegenwärtigt Eusebius, welche Folgen die Abwendung von Gott und dem Christentum nach sich zieht.

bb) Christliche Kaisertugend

Zu den kaiserlichen Tugenden gehören auch die edlen Eigenschaften der Seele, also Selbstbeherrschung und Weisheit.[569] Gott erfreuen vor allem die Werke der Milde und Güte. Er hasst die Unruhestifter und strebt danach, die Schöpfungsordnung zu bewahren.[570] Dementsprechend liest sich der in der „Vita Constantini“ aufgestellte Tugendkatalog vor allem als Anweisung zu gerechtem Handeln nach dem göttlichen Gebot, denn nur dadurch macht der Herrscher seine Herrschaft stark „und [...] bewahrt fortwährend den klugen königlichen Sinn durch die Ruhe des Friedens“.[571]

---

567 Ganz ähnlich *Herrmann-Otto*, Ecclesia, 370: „Das Spannungsverhältnis zwischen Staat und Kirche [...] kann Eusebius durch die kosmische Harmonie zwischen göttlichem Reich, göttlicher Monarchie und dem christlich-römischen Frieden andererseits gedanklich ausgleichen. Das Auftreten Konstantins bedeutet für den christlichen Panegyriker eine solche Umwandung der bisherigen Geschichte, dass er ihm ohne Weiteres als Vicarius Christi den absoluten monarchischen Führungsanspruch zuschreiben kann.“ Dazu *Leeb*, Konstantin, 172 f.

568 *Rubach*, Euseb, 249: Konstantin ist Verbreiter der Heilsbotschaft, aber kein Messias.

569 *Eusebius*, Vita Constantini, I, 19.

570 *Eusebius*, Vita Constantini, II, 58 f. Diese wird erneut als in den Jahreszeiten und im Kreislauf der Wasser illustriert angesehen.

571 *Eusebius*, Vita Constantini, II, 59; IV, 10.

(1) Gerechte Fürsorge für die Untertanen

Kaiserliche Haupttugend ist damit vor allem die in christlichem Sinne gedeutete gerechte Fürsorge für die Untertanen. Sie unterscheidet sich von der Willkür eines Maximinus Daia, Maxentius und Licinius dadurch, dass unter ihr das Recht gegen jeden Menschen in gleicher weise Anwendung findet. Die Fürsorge wird von dem Willen getragen, das „Gute zum Zwecke des Guten gegen das Unrecht“ zu tun. Der Wunsch nach bloßer Befriedigung der eigenen Gier und des eigenen Hochmutes existiert nicht.[572] Solche Gerechtigkeit aber ist nur in der christlichen Gerechtigkeit zu finden. Die entsprechenden Wendungen bei Eusebius sind daher stets mit der Forderung nach Einhaltung des göttlichen Gebotes und der christlichen Lebensregeln verknüpft.[573] Gerecht sein heißt Christ zu sein, einen christlichen Lebenswandel zu führen und dadurch die Menschen zur *regula iustitiae* zurückzuführen.[574] Hierzu gehört, wie dargelegt, auch für den Herrscher die Hinwendung des eigenen Lebens auf Gott, sowohl in persönlicher Hinsicht als auch in Hinsicht auf die Herrschaftsunterworfenen. Tugendhaft sind daher Selbstbeherrschung, Güte und Langmut, die nach außen gewandt die von Gott gesetzte Herrschaft stark machen, während Gewalttätigkeit, Hochmut und Ausschweifung zu ihrer Vernichtung führen.

(2) Der Untergang lasterhafter Herrschaft

Durch die eschatologische Geschichtsdeutung bei gleichzeitiger Anerkennung der menschlichen Handlungsfreiheit auf Erden stehen Eusebius zum Beleg dieser Tatsache genügend Beispiele zur Verfügung. Der sich Ausschweifungen hingebende Galerius wird schließlich von Würmern zerfressen und zum Exempel dafür, wie Gott den Gottlosen straft. Auch „auf den Scheitel des Maxentius“ fällt mit dem Tod an der milvischen Brücke die Ungerechtigkeit seines gewalttätigen und mordlüsternen Lebens herab. In identischer Weise ergeht es auch dem Licinius, der weder die Gesetze achtete, noch Freundschaft und Verträge kannte und jegliche Gesten des Mitleids gegenüber eingekerkerten (Christen) untersagte.[575]

(3) Das Gebot christlicher Langmut gegen Übeltäter und Feinde

Gänzlich gegensätzlich verhält sich der von Gott gesetzte christliche Kaiser Konstantin, der dem Hochmut der Feinde nicht nur mit christlicher Enthaltsamkeit begegnet, sondern zu dessen Haupttugend vor allem Langmut zählt. Er betet auch für die Feinde. Er schließt Verträge auch mit Gegnern und hält diese ein, selbst wenn dessen Vertragsbrüchigkeit vorherzusehen ist oder bereits festzustehen scheint,[576]

---

572 *Eusebius*, Vita Constantini, I, 44; II, 25 f.

573 *Eusebius*, Vita Constantini, II, 24; II, 27; *ders.*, Kirchengeschichte, III, 36; IV, 29.

574 *Dörries*, Selbstzeugnis, 246.

575 *Eusebius*, Kirchengeschichte, VII, 16; IX, 11; Vita Constantini, IV, 10; Maxentius: Vita Constantini, I, 33–36, 38; Licinius: Vita Constantini, I, 52–55.

576 *Eusebius*, Vita Constantini, II, 14, 15, 16.

solange zumindest *ex ante* die Hoffnung auf ein künftig gottgemäßes Leben des Vertragspartners besteht. Als Tugend rückt Langmut in die Nähe der kaiserlichen Milde und äußert sich dort als das über alle Maßen hinausgehende Bemühen um Ausgleich und Frieden. Dies gilt nach außen hin schon für die Befriedung der Barbaren, die nur bekämpft werden dürfen, wenn ihre Hinführung zu einem gesitteten Leben in anderer Weise als ausgeschlossen erscheint. In diesem Sinne sind aber auch die nach den Niederlagen des Licinius mit diesem geschlossenen Friedensverträge Konstantins zu sehen. Nur unter diesem Gesichtspunkt ist verständlich, warum Licinius nach der Niederlage bei Adrianopel (323) nochmals die Flucht gestattet wird. Die Milde Konstantins sorgt sich um die Errettung der Feinde so sehr wie um die eigene. Sie erträgt deshalb „Schlimmes mit Langmut und gewährt dort Verzeihung, wo andere ihrer unwürdig sind“.[577] Nach identischen Grundsätzen schont Konstantin die Soldaten des Licinius. Denjenigen, die angesichts der Niederlage Konstantin anerkennen, wird die vorangehende Erhebung gegen Konstantin nicht angelastet.[578] Dies bedeutet nicht, dass der christliche Kaiser gegen seine Feinde nicht Krieg führen könnte. Das Verharren eines Gegners im Hochmut seiner falschen Lebensweise berechtigt auch zu harten Sanktionsmaßnahmen und schließt die Tötung, etwa der sich nicht ergebenden Soldaten des Licinius, nicht aus.[579] Gewaltsame Zurückweisung, ob in Bestrafung oder Kriegsführung setzt jedoch grundsätzlich den Nachweis der Uneinsichtigkeit des Gegners im Hinblick auf die göttliche Werteordnung und den von ihr eingesetzten Herrscher voraus. Sie unterscheidet sich hierdurch von der Gewaltanwendung zur Selbstbereicherung und dem eigenen Vorteil.

(4) Restitution und Schutz christlicher Kirchen durch den Kaiservater

Nach innen gewandt bedeutet Gerechtigkeit den Schutz der christlichen Kirche, der sich in der Restituierung des während der Verfolgungen eingezogenen Kirchenvermögens und der Errichtung neuer Kirchenbauten ausdrückt.[580] Eusebius betont diese Aufgabe der Gerechtigkeit vor allem wegen der zuvor unter Diokletian, Maximian und Licinius durchgeführten Verfolgungen. Gerechtigkeit manifestiert sich auch in Schutz und Fürsorge für die Schwachen, die Armen, Witwen und Waisen.[581] Gesellschaftliche Vorbildfunktion kommt vor allem einem bescheidenen, christlichen Lebenswandel des Herrschers zu, der zu großes Lob ablehnt und durch die Abwendung vom Reichtum und persönliche Enthaltsamkeit ein Vorbild christlichen

---

577 *Eusebius*, Vita Constantini, II, 11, 13.

578 Dieses Handlungsmuster ist bei Eusebius immer wieder zu erkennen; Vita Constantini, I, 25; II, 10, 11, 13, 16.

579 *Eusebius*, Vita Constantini, II, 10.

580 Die Förderung der christlichen Kirche durch Konstantin ist Kernbestandteil aller sich mit der römischen Herrschaft auseinandersetzenden Werke des Eusebius: Vita Constantini, I, 41 f.; II, 20; III, 1; IV, 28; Kirchengeschichte, X, 4; dazu *Leeb*, Konstantin, 143.

581 *Eusebius*, Vita Constantini, I, 43; IV, 28.

Lebens gibt.[582] Hierdurch erfüllt er den von Gott verliehenen Herrschaftsauftrag, nämlich seinen Untertanen Vater und „guter Hirte“ zu sein.[583]

(5) Der Kaiser als Garant des Friedens

Nur vor diesem Hintergrund lässt sich auch das Konstantin durch Eusebius zugeschriebene Friedensverständnis begreifen. In ihm spiegeln sich sowohl Wesenselemente der Pax Romana als auch des christlichen Friedensbegriffes wider. Ganz im Sinne der Abwesenheit äußerer Feinde versteht Eusebius den durch Konstantin der Kirche verschafften Frieden vor weiterer Verfolgung und Unterdrückung. Das Verständnis des Römerfriedens als Befriedung des Reiches selbst nach außen hin steht eher im Hintergrund. Die Abwesenheit äußerer Bedrohung durch den kaiserlichen Sieg (*victoria*) gilt als wirkmächtiges Zeichen gottgefälligen Lebens und wird mit dem Friedensbegriff kaum in Bezug gesetzt.[584] Lediglich in dem Brief Konstantins an den Bischof von Alexandria und den Priester Arius steht die Unterwerfung äußerer Feinde im Mittelpunkt. Darin erscheint Konstantin als Friedensstifter, der bestrebt ist, den Körper des gesamten Erdkreises zu vereinen.[585] Eine Deutung der Stelle im Sinne einer bloß auf die Abwesenheit äußerer Feinde gerichteten Friedensstiftung verbietet sich aber schon aufgrund folgenden Satzes, den Eusebius Konstantin zuschreibt: Der erstrebte Friede ist nicht auf den Schutz des Reiches nach außen, d. h. die Abwesenheit äußerer Bedrohung gerichtet, sondern dient der Vereinigung der Welt um der allgemeinen Eintracht willen und der Verwaltung aller Staatswesen in frommer Gesinnung. Er erstrebt die Errichtung einer nach christlichem Gebot

582 *Eusebius*, Vita Constantini, I, 14: Schon Constantius hatte nicht nach weltlichem Vermögen gestrebt und eher Steuerzahlungen zurückgewährt, als hierdurch den Staatsschatz zu bereichern; IV, 52: Die Unterweisung der Söhne Konstantins vermittelt die Forderung, Furcht und Erkenntnis Gottes höher als allen Reichtum und die kaiserliche Würde zu stellen; Kirchengeschichte, IX, 9: Alle Lobpreisungen auf Konstantin nach dem Sieg über Maxentius können diesen nicht zum Hochmut verleiten; X, 4: Gemeinde Christi als „Schule der Enthaltsamkeit“. Vgl. auch X, 10: Ein König wird nicht durch große Macht gerettet, sondern „die Augen des Herrn ruhen auf denjenigen, die auf sein Erbarmen hoffen, dass er vom Tod ihre Seelen errettet.“

583 *Eusebius*, Vita Constantini, I, 13; IV, 1; IV, 65.

584 *Eusebius*, Vita Constantini, I, 3; I, 17.

585 *Eusebius*, Vita Constantini, II, 65. In diesem Zusammenhang scheint auch die Frage berechtigt, ob mit dem Erdkreis nicht vor allem die ohnehin bereits zum römischen Imperium gehörigen Gebiete angesprochen sein sollen, womit letztlich auch hier der Friede ausschließlich im Sinne innerer Eintracht angesprochen wäre. *Drake*, Constantine, 64 versteht den Auftrag wohl so, wie er von dem Verfasser der Vita als Christ gemeint sein musste: Konstantin soll den Geist der Völker vereinigen, um anschließend den Körper des Reiches zu vereinen.

ausgerichteten *concordia* der gesamten zivilisierten Welt. Die Befriedung nach außen ist durch Vereinigung der Staatswesen aufzulösen.[586]

(6) Der Kaiser als Garant der Eintracht des Gemeinwesens

Eine wesentlich größere Rolle spielt das als *concordia* manifestierte Friedensstreben innerhalb der Gemeinschaft des Reichsverbandes. Aus christlicher Sicht ist auch dieser Schwerpunkt vor dem Hintergrund der letzten Verfolgungswellen leicht verständlich. Ein in der „Vita Constantini“ (II, 56) wiedergegebenes Gebet Kaiser Konstantins für die Christen verdeutlich dies: „[...] dass dein Volk in Frieden leben und frei von allen inneren Zwisten bleibe, das wünsche ich zum gemeinsamen Wohl des Erdkreises und aller Menschen. Gleichen Frieden und gleiche Ruhe wie die Christen sollen die Irrenden erhalten und freudig genießen. Denn diese süße Gemeinschaft wird auch jene aufzurichten und auf den rechten Weg zu führen wissen. Keiner soll den anderen belästigen und es soll Eintracht herrschen.“[587] Auch im Verständnis der *concordia* finden sich danach christliche Elemente gleichsam neben dem klassischen Begriffsverständnis. Die Abwesenheit des Bürgerkrieges ist Grundvoraussetzung innerer Verfasstheit eines Staatswesens, das auf die Verbreitung der Lehre des göttlichen Gebotes abzielt. Als Wurzel der inneren Eintracht stellt sich das gottgemäße Handeln des Einzelnen und auch des Kaisers dar.[588] Das Christentum ist Friedensreligion, dessen Erkenntnis Irrenden nicht aufgezwungen werden darf. Nur freiwillig, nicht durch Strafen, kann man zur Hoffnung und zu rechtem Streben gelangen.[589] Aufgabe des Kaisers ist es, auf die Einhaltung des so verstandenen Friedens unermüdlich hinzuwirken.

(7) Der Kaiser als Garant kirchlicher Eintracht

Hierzu gehört es auch, die innere Eintracht der Kirche von Streitigkeiten freizuhalten und zu bewahren. So erklärt sich das aktive Vorgehen des Kaisers im Donatistenstreit sowie in den Auseinandersetzungen mit dem arianischen Glaubensbekenntnis. Einheit und Brüderlichkeit innerhalb der Kirche bilden die Voraussetzung der

---

586 Dazu auch schon *Dörries,* Selbstzeugnis, 243. Dieser spricht, 248 hinsichtlich des Krieges gegen Maxentius auch von einem Befreiungskrieg und verweist auf den Trierer Konstantinpanegyrikus des Jahres 313; Nixon/Saylor Rodgers, Pan. Lat., 12 (IX).

587 *Straub,* 110.

588 Ausgedrückt ist dies bei *Eusebius,* Vita Constantini, I, 17: Die Gnade des Friedens folgt aus dem gottgemäßen Handeln Kaiser Konstantins und I, 44: Lob an diejenigen, die bereit sind, in Ruhe und Eintracht zu leben.

589 *Eusebius,* Vita Constantini, II, 60. Dass dies Maßnahmen gegen Heiden keineswegs ausschließt, illustrieren Vita Constantini, III, 54–58: Zerstörung von Götzentempeln; IV, 19: Anordnung auch an heidnische Soldaten, am Sonntag zu beten; IV, 23: Schließung der Tore von Götzentempeln, Verbot des Götzendienstes; vgl. *Dörries,* Selbstzeugnis, 242.

Verwirklichung der dem Kaiser von Gott aufgetragenen Handlungsanweisung, Frieden und Eintracht im ganzen Erdenkreis zu schaffen. Die kirchliche Eintracht berührt damit unmittelbar die Möglichkeit einer Verwirklichung des kaiserlichen Handlungsauftrags. Entsprechend erklärt sich die rege Einmischung Konstantins in vermeintlich „innerkirchliche Auseinandersetzungen" als direkte Verwirklichung der weltlichen Herrschaftsaufgabe des Kaisertums.[590] In diesem Sinne dürfte auch die von Konstantin selbst gebrauchte und in der „Vita" (IV, 24) überlieferte Passage zur Natur der weltlichen und geistlichen Gewalt zu verstehen sein. Konstantin führt bei Gelegenheit eines Gastmahles mit den Bischöfen aus: „Ihr seid von Gott zu Bischöfen dessen bestellt, was innerhalb des Bereiches der Kirche liegt, ich aber wohl zum Bischof dessen, was außerhalb desselben liegt."

e) Wirkung des Ideals

Die wohl einschneidenste Wirkung der christlichen Herrschaftsbegründung durch Konstantin ist die Indienststellung des kaiserlichen Amtes zur Ausführung des göttlichen Willens. Der vormalige vergöttlichte Kaiser steht nach Konstantin nicht mehr als gottgleich oder gottartig über den Menschen, sondern lediglich kraft göttlicher Berufung.

Sein Amt ist ein Dienst an Gott. Darauf gründet sich seine Einsetzung. Die Begriffsbildung bei *Dörries* und *Straub*, die in diesem Zusammenhang den Kaiser unter Berufung auf sein Selbstzeugnis (Vita Constantini, II, 71) auch als einen „Diener Gottes" bezeichnet haben,[591] ist in diesem Sinne zutreffend. Doch hat sich Konstantin nach eigenem Selbstverständnis keineswegs als „austauschbar" und „ersetzbar", vielmehr als den „Menschen Gottes" angesehen, der von Gott zur Errichtung des christlichen Friedenswerkes erwählt[592] und damit letztlich in seinem Dienst „gottgesandt" war. Das eschatologische Element im Geschichtsverständnis der Zeit drückt sich darin aus, dass Konstantin zwar fehlbar ist, aber eben, solange er fest im Glauben bleibt, nicht fehlen wird, weil „Gott hinter ihm steht, und durch ihn seinen Willen verwirklicht".[593] Die zu starke Betonung der Aussage, Konstantin sei „Diener" des Herrn gewesen, birgt demgegenüber die Gefahr einer zu starken

590 *Eusebius*; Vita Constantini, II, 63–71. Das von Konstantin u. a. an den Priester Arius gerichtete Schreiben verweist im Zusammenhang mit der innerkirchlichen Auseinandersetzung direkt auf den kaiserlichen Auftrag, den Frieden des Erdkreises zu verwirklichen; ähnlich Vita Constantini, III, 17–21, wo die Rede Konstantins auf dem Konzil von Nicäa wiedergegeben ist. Zum politischen Friedensprogramm *Drake*, Constantine, 63.

591 *Dörries*, Selbstzeugnis, 251, weiter ausgeführt auf 256 f.; *Straub*, 113.

592 Das belegen im Übrigen auch die von *Dörries*, Selbstzeugnis, 256 angeführten Quellenauszüge; *Leeb*, Konstantin, 144.

593 Dies stellt *Dörries*, Selbstzeugnis, 258, klar. Mit Dienst spricht Konstantin aus „dass nicht nur er selbst sich dem höchsten Herrn geweiht hat, sondern dieser nun hinter ihm steht und durch ihn seinen eigenen Willen verwirklicht"; vgl. auch Eusebius,

Reduktion des kaiserlichen Amtes, die der Zeit nicht entspricht. Konstantin ist Mitdiener der Bischöfe[594] nur insofern, als beide den gleichen Auftrag verfolgen. Er ist mit den Mitteln des Staates tätig, jene mit den Mitteln der Kirche. Im Übrigen aber fühlt er sich durchaus berufen, der christlichen Eintracht nach seinem Gutdünken zu dienen, was seine Stellung als „Bischof der Bischöfe“ hervorhebt.[595]

f) Bewertung

Nachdem die idealisierende Zwecksetzung der „Vita Constantini“ als ein Lehrbuch christlicher Tugend dargetan ist, schließt Eusebius zunächst die „Rede Konstantins an die Versammlung der Heiligen“ in sein Werk ein. Aus dem Mund des christlichen Kaisers selbst stammt nach Eusebius die Bestätigung der Existenz des Logos, die jedweden Fatum-Glauben und jedwedes Streben nach rein irdischen Gütern ad absurdum führt. Die Existenz des *logos* folgt aus der Anschauung der Natur ebenso wie aus der Erkenntnis der menschlichen Tugend. Allem voran beweist die *iustitia* als das den Menschen immanente Bedürfnis jedem das seine zuzuteilen, die göttliche Existenz. Deutlicher noch sind die irdischen Exempla des Christentums Ausdruck der Glaubenswahrheit. Christus selbst versinnbildlicht das christliche Tugend- und Gerechtigkeitsideal auf Erden. Die legitime Frage danach, warum Gott nicht alle Menschen gleich tugendhaft schafft, wenn er die Tugend will, beantwortet Konstantin vom Gedanken des rechten Maßes her. Die Ordnung der Welt hat Bestand, weil in ihr alle Elemente in ihrem rechten Maß angelegt sind. Ebenso verfügt auch der Mensch über die Anlage zum Guten und zum Bösen, darüber hinaus aber auch über die Fähigkeit der Erkenntnis, dass das Gute zu tun und wie es zu tun ist. Aufgabe des christlichen Kaisertums ist es, in der von Gott erlangten Leitungsfunktion des Wagenlenkers diese Erkenntnis den Menschen zugänglich zu machen und ihnen dadurch zu verdeutlichen, dass Macht und Güter vergänglich und vor Gott nicht von Bedeutung sind. Zu Eintracht und Nächstenliebe muss das christliche Kaisertum den Blick nach Maßgabe der Vorbilder Christi, aber vor allem auch des Moses und Daniel lenken. Es hat die Menschen durch Gehorsam zur Zucht anzuhalten und den Widerstand gegen Tyrannen zu predigen.

Die Berechtigung des kaiserlichen Anspruches, der Sachwalter Gottes bei der Verbreitung der christlichen Lehre zu sein, bestätigt Eusebius in den nachfolgenden Kapiteln des Lebens Konstantins. Von Gott eingesetzt folgt er getreu dem väterlichen

---

Vita Constantini, II, 28 „Meinen Dienst hat Gott gewollt“; und II, 29, Dienst als ein Konstantin verliehenes Gut.

594 Dazu *Dörries*, Selbstzeugnis, 254.

595 Konstantin ist selbst Inhaber göttlicher Gewalt als Episkopus auf dem Kaiserthron. Daher bedarf er weder einer christlichen Taufe, noch des Gottesdienstbesuches, noch besonderer geistlicher Weihen, um sein Priesteramt auszuüben. Dazu *Girardet*, Chiron 10 (1980), 572. Die Vereinigung von imperium und sacerdotium unter Konstantin lässt jenen an Melchisedek, König von Salem, denken, von dem es heißt er sei Priester und König gewesen.

Tugendvorbild und entspricht in seinen Handlungen dem Königtum des Mose. Die von Gott mit der Geburt erlangte Gnade wird er nicht verlieren. Er ist in allem Licht und Leuchte seiner Zeit.[596]

Die von ihm geübte christliche Kaiserherrschaft verpflichtet ihn selbst zum frommen und gottesfürchtigen Leben, d. h. zur Zuwendung auf *pax* und *concordia*, Selbstbeherrschung, Weisheit, Milde und Güte sowie zum Einschreiten gegen Unruhestifter. In alledem stellt er das Vorbild des guten Hirten für sein Volk dar, der sich Kirchen, Armen, Witwen und Waisen zuwendet. Seine Hauptaufgabe ist es, im Dienst an Gott die Ruhe des Friedens durch christliche Gerechtigkeitspflege sicherzustellen, d. h. die Menschen zu einem Leben nach der göttlichen Gerechtigkeit in Selbstbeherrschung, Güte und Langmut anzuhalten und sie von Gewalt, Hochmut und Ausschweifungen abzubringen.

Christliche Langmütigkeit schließt die Bitte für die Errettung der Feinde mit ein. Sie verlangt die Einhaltung von Verträgen. Milde sucht in allen Konflikten stets den Ausgleich – insbesondere auch gegenüber den Barbaren, die jenseits des römischen Herrschaftsbereiches verweilen. Letztere sind der christlichen Kaiserherrschaft aufgrund ihrer Universalität dennoch unterworfen. Verharren Gegner in Hochmut und Verstocktheit, stellt der Krieg die letztmögliche Maßnahme zu ihrer Rückführung in den rechten Glauben dar, der auch der Vereinigung des Erdenkörpers dient. Auch gegenüber feindlichen Barbaren ist die Aufgabe eines universellen Kaisertums administrativ, der christliche Kaiser ist auch ihr Herr.

Dies gilt gleichermaßen für den heidnischen Glauben innerhalb der Reichsgrenzen: Die Friedensgemeinschaft des Herrschaftsraumes verschafft auch den Irrgläubigen einen mit den Christen gleichen Frieden, nicht durch Gewalt, sondern Erkenntnis sind sie von der Wahrheit des christlichen Bekenntnisses zu überzeugen.[597]

Indem das kaiserliche Amt zum Dienst am Glauben und damit zum Dienst an der Gerechtigkeit und am Frieden im christlichen Sinne erhoben wird, erfährt auch das Kaisertum eine radikale Neubestimmung. Der *pax*-Begriff wird nunmehr in den Dienst des christlichen Glaubens gestellt, der Friede damit zum christlichen Frieden. Die Aufgabe des christlichen Kaisertums ist es Irrtümer zu zerstreuen, Übermut zu dämpfen und überall die wahre Gottesverehrung herzustellen.[598] Damit wendet sich

---

596 *Eliott*, Phoenix 45 (1991), 162 betont Konstantins Funktion als Erlöser vom Himmel, Patron und unparteiischer Friedensstifter.

597 *Drake*, Constantine, 63 sieht in der Vita Constantini, II, 56 einen Bruch in der Darstellung Konstantins. Zum Programm „to recognize god all over“ trete eine politische Erwägung hinzu, die den realen Konstantin dem Konstantin der Vita entfremde. Dazu ist zunächst auszuführen, dass bereits Eusebius selbst ankündigt, nur den spirituellen Vorbildcharakter Konstantins in den Blick zu nehmen. Die Toleranz gegenüber den Heiden erscheint berechtigt, weil sie dem christlichen Gebot erst noch zugeführt werden müssen. Der Gedanke der Selbstverdammung durch Ablehnung der christlichen Heilsbotschaft stellt sich zu einem Zeitpunkt, in dem große Teile des Reiches noch nicht mehrheitlich christianisiert sind, noch nicht.

598 *Dörries*, Selbstzeugnis, 252.

das Herrschaftsverständnis in erster Linie der inneren Ordnung des Reiches zu. Der Kaiser versteht die Friedenswahrung an den Außengrenzen nur noch als Voraussetzung des inneren Friedens, der nunmehr umfassend im Sinne der christlichen Botschaft definiert ist. Das Lob körperlicher *fortitudo* in der Überwindung der Barbaren, das seit Trajan die Panegyriken römischer Kaiser zierte, entfällt. Die Frage nach dem Vorrang von Körper und Geistestugend ist zugunsten der Geistestugend entschieden.

Der Schutz durch die himmlische Gnade verlangt von dem Kaiser vor allem, die inneren Zwistigkeiten der Kirche zu beseitigen, um die Gottheit nicht zu reizen. Der Kaiser tritt hierbei als Mitglied der Kirche selbst, aber auch als Inhaber der römischen Herrschaftsgewalt auf. Weniger stark betont wird seine Tätigkeit als Inhaber eines kirchlichen Amtes. Drohende Kirchenspaltungen sind auch ein Aufruhr der inneren Ordnung, die befriedet werden muss. Dies gilt für das Vorgehen gegen die Donatisten[599] ebenso, wie gegen jede andere Art drohender kirchlicher Spaltung.[600] Die Wiederherstellung des Friedens innerhalb der Kirche entspricht dem Streben nach Eintracht innerhalb des Staates und lässt sich in dieser Hinsicht mühelos dem hergebrachten *concordia*-Verständnis subsumieren. Ihre besondere Bedeutung für das christliche Staatswesen liegt darin, dass sie als innere Ruhe zur Voraussetzung jeder Verbreitung christlichen Glaubens und Vermittlung des christlichen Heilsplanes wird.[601] Ziel der Handlungen eines christlichen Kaisers muss es sein, zum Wohlergehen des Reiches und zum Erhalt der Gunst Gottes die christliche Lehre überall zu fördern. Nur Religion bringt die Gesinnung (Tugend) hervor, auf die der Staat zu seiner Gesundung angewiesen ist. „Selbstbescheidung der Großen, Willfährigkeit und Geduld der Untertanen, Verzicht auf die Vergeltung des Unrechts“, christliche Vergebungsbereitschaft und Nachahmung des christlichen Vorbildes[602] sind die Stichworte, denen sein Handeln folgt. Insofern also ist das rein weltliche *concordia*-Verständnis als Basis für *securitas* und *libertas* aufgehoben und folgt dem geistlichen Handlungsauftrag. Die Problemlösung bleibt, jedenfalls hinsichtlich der großen dogmatischen Auseinandersetzungen, der Kirche selbst überlassen. Die staatlich erstrebte *concordia* verleiht dem Kaiser lediglich das Recht, das Konzil einzuberufen. Die Mitwirkung an den Entscheidungen des Konzils durch Beteiligung und (eine gewisse) Leitung des Konzils selbst ist dagegen doppelfunktionell. Sie dient der *concordia* der Zivilgesellschaft, fließt aber ebenso aus der göttlichen Sendung des Kaisers als eines von Gott eingesetzten Bischofs. Der für die Kirche erstrebte Zustand lässt sich, nimmt man zu dem genannten noch

599 *Von Soden*, Urkunden, 14, 23; 23, 5; 36, 38 („seditiones“, „tumultus“).

600 Vita Constantini, IV, 42. *Dörries*, der darüber hinaus die Werke des Athanasius einer genaueren Auswertung unterzogen hat, zitiert zudem Athanasius, vgl. Selbstzeugnis, 257.

601 Dass Konstantins Handeln hier weltlichen Grundsätzen verhaftet ist, vermutet auch *Dörries*, Selbstzeugnis, 256, 261.

602 *Dörries*, Selbstzeugnis, 260; *Eusebius*, Vita Constantini, IV, 10.

die angesprochene Restitution des Kirchenbesitzes hinzu, durchaus als „Kirchenfrieden“, nämlich als ungestörte Sicherung der kirchlichen Amtsausübung gegen jede Störung von innen und außen auffassen.

Die kaiserliche Herrschaft Konstantins wird so zur umfassenden christlichen Friedensherrschaft, deren Errichtung auch das Recht dient. Jedenfalls im christlichen Idealbild ist damit durch Konstantin die alte, auf *securitas, concordia* und *libertas* bedachte Ordnung einer christlichen Umdeutung unterzogen worden, bedeutet die Kaiserherrschaft Konstantins einen zentralen Umbruch in der Ausdeutung heidnischer Tugendbegriffe.

4. Der Panegyrikus des Eusebius

Einen abschließenden Blick auf die Auffassung des Eusebius zu Ursprung und Funktion irdischer Kaiserherrschaft gestattet sein letzter, aus Anlass der Tricennalien Konstantins verfasster Panegyirkus. Es ist in der Gestalt des ersten christlichen Panegyrikus[603] in besonderer Weise geeignet, die substantiellen Unterschiede christlichen und heidnischen Tugendlobes hervortreten zu lassen. Zugleich gestattet es, die in „Kirchengeschichte“ und „Vita Constantini“ vorgetragenen Auffassungen von einem christlichen Kaisertum zu präzisieren, da es ganz gezielt zur Verherrlichung eines christlichen Kaisers abgefasst wurde. Auf die Schnittmengen römisch-panegyrischer und christlicher Tradition verweist bereits das Proömium. Wie die christlichen Apologeten vor ihm und die christliche Geschichtsschreibung des fünften Jahrhunderts nach ihm betont Eusebius den Anspruch, Tatsachen darbieten zu wollen. Er will nicht wie die Rhetoren nur dem Ohr schmeicheln. Diese Einleitung erfüllt zugleich zwei essentielle Anforderungen epideiktischer Beredsamkeit, nämlich die Fähigkeiten des Lobredners gegenüber dem Gegenstand seines Lobes herabzuspielen und zu betonen, die nachfolgende Darstellung sei keineswegs erfunden, sondern entspreche in allem der Wahrheit.

a) Die Zweckbestimmung des Lobes nach der göttlichen Wahrheit

Dass hierin allenfalls eine formale Anlehnung an die Erfordernisse der Form liegt, zeigt allerdings die nachfolgende, von allen vorangehenden Panegyriken stark abweichende Zielsetzung der Lobrede. Im Gegensatz zu den Oratoren will Eusebius das Lob des Herrschers abseits der ausgetretenen Pfade des Lobes menschlicher Leistungen suchen. Sein Lobpreis soll den Pfad beschreiten, „den mit ungewaschenen Füßen zu betreten verboten ist.“ Nicht die die Masse zufriedenstellenden menschlichen Verdienste verdienen Lob, sondern die im Einklang mit dem göttlichen Gebot stehenden Tugenden des Kaisers. Sie verdienen unter einer Vielzahl

603 *Rubach*, Euseb, 250, sieht den Kirchenvater in Konkurrenz mit den Gattungen heidnischer Literatur, auch die Vita trete an die Stelle heidnischer Biographien als „eine Art Spiegel“. Im Gegensatz zu den heidnischen Werken erhebe der christliche Eusebius den Anspruch, keine Propaganda zu betreiben.

von Handlungen stets den Vorzug.[604] Eusebius rügt, wie schon sein Vorgänger Laktanz, dass sich die Lobrede zu häufig mit den menschlichen Dingen befasst. Ihr Augenmerk richteten die Lobredner nicht auf die göttliche Wahrheit. Alleine von ihr wäre aber das Wissen um die Herrschaftsgewalt, d. h. auch um die rechte Ausübung der kaiserlichen Macht zu erlangen. Sie heranzuziehen wäre auch gerade angesichts des Vorbildes eines Kaisers geboten, der über die Heilige Weisheit – das Wissen um die göttlichen und menschlichen Dinge – verfügt.[605] Die Beschaffenheit recht geübter Herrschaftsgewalt lässt sich nur darstellen, wenn man das Wort Gottes, des höchsten Inhabers von Herrschaftsgewalt, zur Beantwortung der Fragestellung heranzieht. Sie kann nicht unter Heranziehung bloß menschlichen Tatendrangs bewertet werden. Die eigentliche Lobpreisrede muss also zuerst mit dem Lobpreis Gottes beginnen. Er wacht über die Dreißigjahrfeier Konstantins. Seiner Verehrung ist die Kaisergewalt Konstantins und damit verbunden seine Herrschaft über die Untertanen zu verdanken.[606] Das Wort Gottes, der göttliche *logos* dem alles auf der Erde unterworfen ist, bildet die Anleitung, nach der die Verwaltung menschlicher Dinge auf Erden zu erfolgen hat.[607]

b) Die Kaiser als Schutzherr der logos-Erkenntnis

aa) Der Auftrag des Kaisertums

Konstantin ist der von Gott bevorzugte Kaiser, weil er die Herrschaft des *logos* auf der Welt verwirklicht und kraft seines von oben erhaltenen Herrschaftstitels die Welt bereits lange Jahre regiert. Seine Herrschaft ist wohlbehütet, weil sein irdisches Königreich in Übereinstimmung mit dem göttlichen Gebot steht und er als Kaiser der Erde seine Untertanen dem Königreich des *logos* zuführt.[608] Göttlicher *logos* und irdischer Kaiser stehen in einem Gegenseitigkeitsverhältnis. Während Ersterer die Apostaten vertreibt und die Gaben wahrer Weisheit und Erlösung aufgrund rechter Frömmigkeit gewährt, kommt es dem Kaiser als seinem Freund zu, die gesamte Menschheit dem Wissen um das göttliche Wort zuzuführen und die Welt von falschem Aberglauben zu befreien. Seine Aufgabe ist es, nach dem von dem *logos* geschenkten Sieg über die Feinde das gesamte Staatsschiff zur Wahrheit zu

---

604 *Eusebius*, De laud. Constant., Proömium, 1 f. Der Lobpreis der menschlichen Leistungen mag dagegen niedrigeren Enkomiasten überlassen bleiben, vgl. 3. Was von den Menschen für groß und nobel angesehen wird, steht oft niedriger als das Göttliche.

605 *Eusebius*, De laud. Constant., Proömium, 3–5. Konstantin ist damit zwar nicht zum Gott erhoben, aber durch die Perfektion aller Tugend auf Erden in die Nähe Gottes gestellt, *Setton*, 46.

606 *Eusebius*, De laud. Constant., I, 1; 3.

607 *Eusebius*, De laud. Constant., I, 6.

608 *Eusebius*, De laud. Constant., II, 1 f.; ebenso II, 5. Zum Gottesbegriff des Eusebius, *Straub*, 119. Danach trägt die Vorstellung des göttlichen Logos bei Eusebius viele Züge des persischen Großkönigs.

führen und so die Menschheit zu erretten. Er fungiert als Tugendvorbild göttlicher Philanthropie (*humanitas*) unter den Menschen, indem er sich selbst als Hirte der Herde Gott als „erste Frucht“ hingibt.[609]

bb) Der göttliche Lohn

Im Gegenzug dehnt Gott den räumlichen und zeitlichen Herrschaftsbereich Konstantins aus. Er gewährt in der Herrschaft der Konstantinsöhne seine Benefizien im Einklang mit den Diensten des Kaisers.[610] Wie die Strahlen der Sonne leuchtet Konstantin über dem Reich. Seine Söhne spiegeln wie die Pferde des Sonnenwagens, das von ihm ausgehende Licht in den Reichsteilen wider. Sicherstes Zeichen göttlicher Leitung ist die beständige Eintracht zwischen Vater und Söhnen, die die Harmonie des Staatswesens illustriert und zugleich dafür Sorge trägt, dass der Kaiser überall zugleich anwesend sein kann.[611]

cc) Die umfassende Imitation göttlicher Herrschaft in der irdischen Herrschaft

In allem ist also die Herrschaft Konstantins eine Nachbildung derjenigen des himmlischen Herrschers. Die Stärke der irdischen Herrschaft liegt in dieser Imitation. Die Monarchie hat sich als die gottgemäße Herrschaft erwiesen, wie im Himmel herrscht auf Erden ein „Souverän“; Wort und Gesetz fallen zusammen.[612] Der Herrschaftstitel stammt vom *logos* selbst. Alle Herrschaft und Macht auf Erden kommt von Gott, der selbst die umfassende Gewalt innehat. Er ist Vater der Gerechtigkeit, Vernunft, Weisheit, Spender der Wahrheit und der Tugend. Er hat dem Menschen mit dem Verstand göttliche Anlagen gewährt, deren rechte Ausprägung in der Tugend er erstrebt.[613] Diese Idee rechter Herrschaft ist dem Menschen aufgrund seiner guten Anlagen (Vernunft, Erkenntnisvermögen der Weisheit, Befähigung zu Integrität und Gerechtigkeitsliebe, Wissen um die Tugend, Liebe zur Philosophie) vom *logos* zusammen mit der Fähigkeit zu herrschen und zu gehorchen eingegeben. Sie ist Einladung zum Königreich Gottes.[614] All diese Anlagen führt Konstantin zur Vollendung. Als Träger natürlicher Tugend nimmt sein Verstand seinen Ursprung an der Quelle aller Vernunft. Er ist weise, gut, gerecht und hat Teil an dem perfekten

609 *Eusebius*, De laud. Constant., II, 3–6.

610 *Eusebius*, De laud. Constant., III, 1–3.

611 *Eusebius*, De laud. Constant., III, 4. Die Anlehnung an den Kult des „Sol Invictus“, den Konstantin bis zum Ende des zweiten Jahrzehnts des vierten Jahrhunderts auf seinen Münzen propagieren ließ, ist offensichtlich; dazu auch *Groß-Albenhausen*, Klio 78 (1996), 174.

612 *Eusebius*, De laud. Constant., III, 5; *Setton*, 49 f.: Konstantin geht es zuerst darum, zu zeigen, dass er das von Gott eingesetzte Beispiel wahrer Frömmigkeit ist. Er will daneben darlegen, dass er wahrhaftig Herrscher über sich selbst ist und damit Träger des Sieges und der höchsten Tugend.

613 *Eusebius*, De laud. Constant., III, 6.

614 *Eusebius*, De laud. Constant., IV, 2 f.

Wissen Gottes, der Güte und Rechtschaffenheit. Dadurch wird er selbst zu einem tugendhaften Menschen.[615] Seine königliche Gewalt trägt ihren Titel zu Recht, weil er seine Seele nach dem Vorbild des himmlischen Königreiches gestaltet.[616]

c) Die Frage nach der Gottgegebenheit despotischer Gewalt

Die Frage, ob auch die Gewalt schlechter und despotischer Herrscher von Gott stammt, beantwortet Eusebius im Anschluss. Wer sich den Tugenden nicht unterwirft, sondern einer deformierten, lasterhaften Seele folgt, wer die *clementia* missachtet, und an ihre Stelle boshafte Schlechtigkeit stellt, wer der Klugheit die Torheit vorzieht und der Weisheit mit Rücksichtslosigkeit begegnet, aus dem entspringen Begierden, Mordtaten, Gottlosigkeit und Gottesverleugnung. Seine Gewalt mag man despotisch nennen, einen Anspruch auf den Namen eines Kaisers hat er nicht. Wer seine Seele dem Laster überantwortet, der stellt weder in seinen Handlungen eine Imitation himmlischer Herrschaft dar, noch herrscht er selbst, da er seinen eigenen Dämonen unterworfen bleibt.[617]

d) Gott als Schutzherr des frommen Kaisertums

Als rechter Herrscher kann nur bezeichnet werden, wer die Begierden, den Durst nach Reichtum, den Geschlechtstrieb und Zorn und Gefühlsausbrüche kontrolliert. Der Titel eines *victor* gebührt weniger einem Sieger über Völker und mehr dem, der seine Laster überwunden hat. Lobenswert ist ein Verstand, der zum Spiegel der Tugenden wird – Zurückhaltung, Wohltätigkeit, Gerechtigkeit, Tapferkeit und Frömmigkeit. Er alleine trägt den kaiserlichen Purpur zu recht.[618] Der ist Kaiser, der im Gebet Tag und Nacht die Wohltaten Gottes erbittet und seine Gebete auf das Königreich des Himmels richtet. Er zeigt dadurch, dass er die Flüchtigkeit und Vergänglichkeit der Welt und aller irdischen Herrschaft kennt und den Wert seiner Gewalt über Menschen geringer einschätzt als die eines Schafhirten über seine Herde.[619]

Ein christlicher Kaiser wie Konstantin empfindet Lobpreis und Schmeichelei als störend. Er empfindet keinen Stolz darüber, ein großes Heer zu führen, Diadem und Purpur zu tragen oder Schätze aus Gold und Silber sein Eigen zu nennen. Er ist sich der Tatsache bewusst, dass seine Herrschaft daran gemessen wird, inwiefern er seine Seele mit dem Wissen um Gott und dem Kleid der Tugenden bekleidet (Mäßigung, Rechtschaffenheit, Frömmigkeit) und dadurch seinen Untertanen ein Tugendvorbild ist.[620]

---

615 *Eusebius*, De laud. Constant., V, 1.

616 *Eusebius*, De laud. Constant., V, 2; 4. Deswegen ist er seines Titels wert.

617 *Eusebius*, De laud. Constant., V, 2 f.

618 *Eusebius*, De laud. Constant., V, 4.

619 *Eusebius*, De laud. Constant., V, 5. Der Schafhirte herrscht über weniger verstockte Unterworfene als der Herrscher über Menschen.

620 *Eusebius*, De laud. Constant., V, 6–7.

Nur wegen des beständigen Strebens nach dem Königreich des Himmels, vermittelt an Herrschaftsunterworfenen, findet er Gefallen vor Gott; deshalb sind seiner Herrschaft die Tricennalien vergönnt.[621] Gott belohnt ein tugendhaftes und gottgemäßes Leben auf Erden. Er stützt die universelle Herrschaft eines Kaisers, dessen Ziel es ist, die gesamte Menschheit der *pietas* zuzuführen.[622]

e) Der Kaiser als Vertreter Gottes in der Überwindung des Unglaubens

aa) Der Kaiser als Vollstrecker der göttlichen Vergeltung

Konstantins Herrschaft steht damit in diametralem Gegensatz zu derjenigen der Barbaren. Ihr Handwerk besteht darin, Tod und Verwüstung über diejenigen zu bringen, die ihrer Herrschaft unterworfen sind. Die gottgemäße Herrschaft wendet sich gegen den Aberglauben und damit gegen die Versklavung der menschlichen Seele durch lasterhafte Dämonen. Sie überwindet den Geist des Wahnsinns, dem frühere Christen nur die Tapferkeit und Standhaftigkeit des Glaubens unter Aufopferung des eigenen Lebens entgegensetzen konnten. Nach physischer Vernichtung der Verfolger durch den Ausbruch göttlichen Zorns ist Konstantin als Vollstrecker der göttlichen Vergeltung ausersehen. Als Vertreter Gottes geht er gegen den Geist des Unglaubens vor und lehrt die Gebote Gottes.[623]

bb) Der Sieg des Gotteswortes

Sieger (*victor*) ist er nicht nur wegen der Überwindung des eigenen Lasters, sondern auch, weil er den Barbaren in doppelter Gestalt das Wort Gottes gebracht hat. Er hat die Herrschaft des gott-, rechtlosen und brutalen Lebens beendet und die Herrschaft der Vernunft und der Menschlichkeit zurückgerufen. Er führt durch sein Tun den Beweis, dass die Geister der Vergangenheit von einer höheren Macht vertrieben wurden.[624] Er hat das Böse nicht mit Soldaten überwunden, sondern durch das ständige Bemühen die Fehler falschen Aberglaubens in den Provinzen zu beseitigen. Er hat, bildlich gesprochen, in Gold und Silber gekleidete Gottheiten aus ihren Schreinen an das Licht geführt und so als falsch widerlegt.[625]

Das Ergebnis dieses Bemühens besteht in der Wiederherstellung universellen Friedens, in der Abwesenheit des Krieges von jeglichem Ort des Reiches, während

621 *Eusebius*, De laud. Constant., V, 8; VI, 10. Die Dreiheit kennzeichnet jede Art von Herrschaft (z. B. über die Jahreszeiten), die Zehn stellt das Ende aller Zahlen dar. Die Verbindung beider deutet daraufhin, dass die Herrschaft Konstantins und seiner Nachfolger von Dauer sein wird.

622 *Eusebius*, De laud. Constant., VI, 18; 21; *Rubach*, Euseb, 248: Die pietas-Tugend passt auch auf vorangegangene Fürstenspiegel.

623 *Eusebius*, De laud. Constant., VII, 1–7; 11–12. Zur Berufung spätantiker Kaiser auf den Willen der Götter in der Gesetzgebung vgl. *Leeb*, Konstantin, 146.

624 *Eusebius*, De laud. Constant., VII, 13.

625 *Eusebius*, De laud. Constant., VIII, 1–5.

in heidnischen Zeiten trotz der Achtung vor den Göttern in jeder Stadt und an jedem Ort gekämpft wurde.[626] Mehr als Schmeichelei haben die Götter nicht geleistet. Nicht einmal ihre Beseitigung durch Konstantin führt dazu, dass sie in der Lage wären, den christlichen Frieden zu stören. Die Herrschaft Konstantins haben sie nicht vorhergesehen.[627]

Das Zeichen Gottes, das Konstantins Heer vorangeht, ist der Schrecken seiner Feinde und schützt den Kaiser vor Verletzung. Es symbolisiert zugleich die Herrschaft Roms über die Königreiche der Welt. Wie der Sieg in der Überwindung des Lasters, so besteht auch die Stärke der kaiserlichen Heere in der Anerkennung Gottes als Gewährer aller Wohltaten und nicht nur in militärischer Macht.[628]

f) „Schwerter zu Sicheln“ – das Friedensreich christlicher Frömmigkeit

So sind alle Lebensbereiche des Kaisers von Gott durchdrungen. Er wählt das Personal seines Palastes nach der Tugend eines gottgemäßen Lebens aus, während er nach außen hin vor allem durch die beständige Errichtung neuer christlicher Kirchen die Verbreitung des Vorbildes sicherstellt.[629] Zu Recht, so Eusebius, könne man also davon sprechen das Konstantin Reich und Thron und die Dauer seiner Herrschaft dem Kreuz verdanke. Auf seine stets mit gleicher Hand geübte Gerechtigkeit, die jedem das Seinige zuspricht, gründet sich das Wohlergehen des Reiches. Dem Tugendvorbild Gottes folgend, trägt er dafür Sorge, dass überall Anleitungen, Diskurse und Lehrvorträge rechten, tugendhaften Lebens stattfinden. Er ist der Steuermann, der das Staatsschiff des Reiches dem ruhigen Hafen zuführt.[630] Sind Existenz und Ordnungsfunktion des *logos* bewiesen, so steht fest, dass er wie über die gesamte Schöpfung, so auch über den Menschen und über ihre Herrscher wacht.[631]

Diesen Nachweis zu führen, ist angesichts der Spaltungen, Kämpfe und Kriege, mit denen zivilisierte Heiden und Barbaren in früheren Zeiten gleichermaßen konfrontiert waren, unproblematisch. Die ununterbrochenen Kriege der Menschheit endeten mit dem Erscheinen und dem Erlösungswerk Christi auf Erden. Von dessen Anbeginn an waren die Nationen der Welt erstmals nicht mehr in sich bekämpfende regionale Herrschaften geteilt. In Rom entstand eine universelle Gewalt. Es herrschte Frieden auf Erden. Da der Friedenszustand gleichermaßen auf die Existenz eines universellen Reiches wie auf die christliche Lehre der Nächstenliebe zurückzuführen ist, sind Rom und das Christentum untrennbar miteinander verbunden.[632] Das Wort Gottes beseitigt den alten Götterglauben und vereint so die Welt in Frieden und Eintracht. Dass tatsächlich „Schwerter zu Pflugscharen“ umgeschmiedet werden,

626 *Eusebius*, De laud. Constant., VIII, 9; IX, 1–2.
627 *Eusebius*, De laud. Constant., IX, 3–7.
628 *Eusebius*, De laud. Constant., IX, 8–10.
629 *Eusebius*, De laud. Constant., IX, 11–17.
630 *Eusebius*, De laud. Constant., IX, 18 f.; X, 3–7. Gott stützt fromme Herrschaft: IX, 6.
631 *Eusebius*, De laud. Constant., XI, 7; 14; XII, 5.
632 *Eusebius*, De laud. Constant., XIII, 9 f.; 14 f.; XVI, 2; 4.

wie es in der Heiligen Schrift heißt,[633] belegt jedenfalls die gegenwärtige Zeit. Kein König, Philosoph, Gesetzgeber oder Prophet des Altertums hat jemals die gesamte Menschheit in seinem Lobpreis vereint; Konstantin ist dies gelungen.[634] Aus der geduldeten Herrschaft heidnischer Kaiser ist nach der diokletianischen Verfolgung der Tugendsieger und Friedenskaiser hervorgegangen. Er gebraucht seine Macht gemäß der *providentia* zur Beseitigung von Missbräuchen und zur Herstellung öffentlicher Ordnung und einer dem Wohle aller dienender Gesetzgebung.[635]

g) Bewertung

Mit dem Panegyrikus des Eusebius aus Anlass der Tricennalien Kaiser Konstantins sieht sich der christliche Panegyriker zugleich genötigt, sich von dem heidnischen Herrscherlob abzuheben. Eusebius tut dies, indem er die heidnischen Panegyriken zwar als tauglich zum Lob für die Massen, nicht aber als tauglich zum Lob christlicher Tugend ansieht – die im Übrigen des irdischen Lobpreises aufgrund der Vergänglichkeit alles Irdischen nicht bedarf. Die Aufgabe christlicher Panegyriker kann daher nur lauten, die *logos*-Herrschaft Gottes so zu verbreiten, wie dies stets die Aufgabe der Christen gewesen ist. Ausgehend von Gott als dem Träger irdischer Verwaltung ist dem Christen daher der Lobpreis Konstantins möglich, weil dieser das Beispiel der verwirklichten *logos*-Herrschaft innerhalb des Staatswesens darstellt. Dies zeigt sich in seiner langen Herrschaftsdauer und der Eintracht mit den Söhnen. In allem imitiert er das göttliche Gesetz und hat Teil an dem perfekten Wissen Gottes.[636] Er ist deswegen rechtmäßiger Kaiser, Purpurträger und wird *victor* genannt, weil er sich die menschlichen Laster unterwirft und in seinem Handeln unablässig auf Gott vertraut. Gewalt und Truppenstärke schätzt er nicht höher als das Gottvertrauen. Gleichwohl gelingt ihm die Vereinigung der Welt durch ein christliches Kaisertum, das die Notwendigkeit des Gebrauches der Schwerter aufhebt. Seine Herrschaft nach Maßgabe der Ordnung der Welt durch Gott ist zugleich die einzige Form der Herrschaft überhaupt. Wer die Ausübung der ihm verliehenen Gewalt nach anderen Grundsätzen, insbesondere den eigenen Begierden bestimmt, beherrscht weder sich selbst – und damit auch nicht andere – noch imitiert er die Herrschaft Gottes. Einzig die universelle christliche und römische Kaiserherrschaft schafft in dem Bemühen um *pietas* die Voraussetzungen der friedlichen Einung des Erdkreises.

---

633 Jes, 2, 4; De laud. Constant., XVI, 7.

634 *Eusebius*, De laud. Constant., XVI, 8.

635 *Eusebius*, De laud. Constant., XVII, 3–4. Gott hat die durch Reichtum und Macht ausgezeichneten Kaiser solange geduldet, wie sie nicht gegen die Christen vorgingen; 12.

636 *Setton*, 49.

5. Gesamtbewertung

Im Gegensatz zu Laktanz führt Eusebius den Nachweis der Existenz des göttlichen *logos* in der „Historia Ecclesiae" zunächst von rein historischer Grundlage aus. Der Ablauf der Geschichte lässt sich von der Herrschaft der Laster des Einzelnen zur Gesellschaftsbildung bis hin zur Römerherrschaft darstellen. Darin ist zunehmend die Offenbarung des göttlichen *logos* zu erkennen. Stets sind es tugendhafte Menschen, denen sich Gott offenbart (David, Moses). Er treibt damit die Erkenntnis des *logos* voran. Anders als für Laktanz steht für Eusebius die Erkenntnis der Sonderrolle des Römischen Reiches und seiner Kaiserherrschaft von Anfang an fest. Gott hat Rom zur Weltherrschaft geführt, als mit Christus der menschgewordene *logos* auf Erden wandelte. Zugleich gelangte zu dieser Zeit Augustus zur Kaiserwürde.[637] Das römische Kaisertum kann daher für sich in Anspruch nehmen, von allen menschlichen Herrschaften diejenige zu sein, die der höchsten *logos*-Erkenntnis am zeitnächsten steht und damit besonderen Anteil an ihr hat.

Für Eusebius ist es zugleich unbezweifelbar, dass Gott durch ordnenden Eingriff das Weltgeschehen lenkt und schlechte Herrscher zu einem grausamen Tod führt.[638] Für ihn, wie für Laktanz, folgt dies letztlich daraus, dass der tyrannische Herrscher sich selbst zum Tier macht, weil er sich weder der menschlichen Vernunft gemäß selbst beherrscht noch nach dem göttlichen Gebot herrscht. Die Offenheit, mit der Laktanz das göttliche Gericht an der Frage der Christenverfolgung ausgerichtet hatte, ist auch bei Eusebius ein maßgebliches Kriterium des Sturzes schlechter Herrscher. Die letzte Verfolgung der Christen unter Diokletian und Maximian erscheint auch ihm aber jedenfalls zum Teil dem Verhalten der christlichen Amtsträger geschuldet zu sein. Im Übrigen stimmt das Charakterporträt des Tyrannen bei Laktanz und Eusebius weitgehend überein. Der Tyrann verfolgt die christliche Gemeinschaft, versucht die *libertas* aufzuheben, das Eigentum an sich zu reißen und schont niemanden. Auch die christliche Handlungspflicht in Ansehung tyrannischer Gewalt – den Widerstand des Martyriums – teilen beide.

Bis auf Konstantin sind vor allem die christlichen Märtyrer Beispiele gegenwärtiger Christentugend. Sie beweisen durch ihr Beispiel, dass das Leben gemäß des Glaubens möglich ist. Christus, David und Moses sind Beispiele auch für römische Tugendherrscher. Konstantin selbst erscheint Eusebius in allem als Sachwalter des göttlichen *logos*, an dessen Kenntnis er teilhat. Seine Herrschaft, die von Gott selbst stammt, ist aus christlicher Sicht makellos. Die „Rede Konstantins an die Versammlung der Heiligen" kann Eusebius – der die Modifizierung der Schriftstücke für das Werk der „Vita Constantini" freimütig einräumt – so unkritisch unterstreichen. Das christliche Kaisertum hat für die Menschen die Voraussetzungen der Erkenntnis in einem umfassenden Sinne durch Gewährleistung von Frieden und

637 Reich, Kaisertum und Friede sind gottgewollt, *Inglebert*, Latomus 54 (1995), 27.
638 *Zinsli*, WS 118 (2005), 125 u. 128 spricht von einer simplen Konzeption von Lohn und Strafe.

Eintracht zu schaffen.[639] Seine Aufgabe ist – wie bei Laktanz – universell. Dieser Universalismus zeigt sich auch in der Übernahme der Sonnenwagensymbolik und damit der Anknüpfung an das heidnische Thema des „sol invictus“. Sachlich gilt das kaiserlich-väterliche Tugendvorbild Konstantins in Milde und Langmut auch für wilde Barbaren und in gleicher Weise für die im Reichskörper selbst befindlichen Heiden. Der christliche Glaube wird nur im äußersten Notfall mit dem Sieg des Schwertes durchgesetzt. Er ist im Übrigen ein Sieg der Menschenvernunft und Gotteserkenntnis. Kaiserliche Gesetzgebung für die Reichsbevölkerung, die sich am Gebot der *pietas* orientiert, ist für christliche Herrschaft ebenso bedeutend wie die Ordnung der inneren Angelegenheiten der Kirchen. In allem zeigt der Kaiser seine Frömmigkeit und sein Streben nach *pax* und *concordia* durch Wahrung der *iustitia* nach dem göttlichen Gebot. Den dogmatischen Fragen des Laktanz – Ableitung der kaiserlichen Strafgewalt, Ausübung des Gerichtes – braucht sich Eusebius nicht zu stellen. Da Kaiserherrschaft die Imitation göttlicher Gewalt ist, Gott aber richtet, ist dies auch dem Kaiser als Diener Gottes in der Verwaltung der irdischen Dinge auferlegt.[640]

Die Frage nach einem möglichen „Caesaropapismus“ des Eusebius ist vor dem Hintergrund der Einordnung des Kaisers in das christliche Bekenntnis nicht eindeutig zu beantworten. Der Kaiser fördert die christliche Lehre durch Einung der christlichen Religion und Einberufung der Synoden und Konzilien, doch er gibt

---

639 Zum Ziel der Einigung der Kirche und des Kirchenfriedens bei Eusebius vgl. *Rubach*, Euseb, 241 f.

640 *Groß-Albenhausen*, Klio 78 (1996), 182 konstatiert, mit Konstantin sei es jedenfalls zu keinem radikalen Bruch mit der Herrscherideologie der vorangehenden Zeit gekommen. Der „deus praesens“ werde durch Gottesgnadentum abgelöst. Aus dem Erwählungsbewusstsein werde Mimesis und die Siegesideologie (Konstantin als „victor“ nicht mehr als „invictus“) habe zuvor ebenfalls existiert. Dass sich „rein äußerlich“ gegenüber der Vergangenheit nicht viel ändert, sagt aber wenig über den inneren Bruch der Herrscherideologie, den die Ableitung der Kaiserwürde von einem biblischen Gott darstellt, dessen Gebote in der Heiligen Schrift festgelegt sind. Darin, dass sich dieser unter Eusebius und in der allgegenwärtigen Imitation der Gottesherrschaft auf Erden jedenfalls im Werk des Eusebius nicht manifest offenbart, ist *Groß-Albenhausen* beizupflichten. Die Konsequenzen der neuen Standortbestimmung werden erst unter Konstantins Söhnen allmählich sichtbar. Die Auseinandersetzung damit führt über das „homo es“ des Ambrosius von Mailand bis hin zu Augustinus Loslösung des civitas-Gedankens von Rom. Den hier vorhandenen Einbau der Herrscherideologie in das geschichtsaplogetische Bild Eusebs erkennt auch *Groß-Albenhausen* im Übrigen nahtlos an (184). Zum faktischen Erhalt äußerer Herrschaftssymbole auch *Vittinghof*, Staat, 11 u. 21 f.: Einführung des „dies solis“; Ersetzung des „invictus“ durch „victor“, aber: Fortbestand der adoratio, Fortbestand des Edelsteinornates und des Diadems; Innehabung des Amtes des Pontifex Maximus, Gestattung der Errichtung eines Tempels für die gens Flavia zu Hispellum; *Straub*, 140. Zur Unterstellung des Kaisers unter die Bischöfe schon bei Lucifer von Calaris dort, 136 f.

sie als Mitglied der Kirche nicht eigentlich vor. Seine Gottesdienerschaft und vor allem das Beispiel des bußfertigen Phillipus Arabs zeigen, dass die abschließende Bestimmung der kaiserlichen Stellung zu diesem Zeitpunkt noch offen ist.[641] Unverbrüchlich steht dagegen fest: Unter christlichen Kaisern werden Friede und Eintracht herrschen und dem Reich zu Wachstum verhelfen.[642] Eusebius gelingt es, in seiner Darstellung den Universalismus des Römischen Reiches zu bewahren und auf christlich fundierter Basis als gottgewollt zu stützen. Damit kommt er dem römischen Weltherrschaftsanspruch entgegen. Zugleich fundiert er das Christentum als universelle Glaubensgemeinschaft mit Wahrung des göttlichen Rechts durch den Kaiser. Dieser ist nicht Schöpfer des Rechts, sondern verwirklicht in allem die göttliche universelle Ordnung. Am Ende steht der Gleichklang von universellem Reich, Kaiserherrschaft und christlichem Wirken. Eusebius muss die Frage nach dem Vorrang einzelner Elemente nicht klar beantworten. Sein Schweigen hierzu mag dogmatisch wie ein Zurückbleiben hinter den Lehren des Laktanz anmuten, es ist aber vor dem Hintergrund der ideologischen Leistung Eusebs mit der Verankerung des Christentums im römischen Kaisertums zu würdigen. Dieser Zielsetzung wären entsprechend klar formulierte Äußerungen abträglich gewesen. Eine Apologetik der Verfolgerzeit – wie von Laktanz eingesetzt – musste Eusebius nicht betreiben. Wo er dies dennoch tut – etwa angesichts der Tyrannei der Verfolgerzeit – kann er dies gefahrlos betreiben, weil das an der Herausstellung des Fehlverhaltens der von Konstantin besiegten Verfolger auch dem Kaiser selbst gelegen war.

VI. Schlussbetrachtung

Der engen terminologischen Anlehnung christlicher Gemeinschaften an die Termini der römischen Staatsideologie – auch christliche Gemeinden bedürfen der *concordia*, um im Frieden zu leben, diese wird durch Wahrung der *iustitia* erreicht – steht gerade in der Frühzeit eine durch die christliche Heilslehre geprägte grundsätzliche Distanz zum irdischen Staatswesen gegenüber. Ausgangspunkt der christlichen Lehre ist Gott, dessen Gesetze christliche *iustitia* konstituieren und im Falle der Unvereinbarkeit mit dem Recht des Kaisers Vorrang für sich beanspruchen. Dadurch sind zwar die dogmatischen Ausgangspunkte heidnischer und christlicher Lehre identisch – der Mensch strebt gemäß seiner Natur mit Vernunft, er erkennt kraft seiner Vernunft die geoffenbarte göttliche Ordnung – sie unterscheiden sich aber in ihrer Zielrichtung grundsätzlich. Der christliche Friedenszustand dient

641 Zu dieser Frage auch *Winkelmann*, Euseb, 159.

642 *Straub*, 104. Darin enthalten ist die Identität von göttlichem Himmels- und Weltregiment, 123. *Setton*, 42 bezeichnet Eusebius auch als christlichen Panegyriker, merkt aber, 53 dazu weiter an, dass man der Panegyrik eines am Ende seines erfolgreichen Lebensweges im achten Lebensjahrzehnt stehenden Mannes kaum damit gerecht wird, ihn als „servilen Lobredner“ zu titulieren: „There ist nothing self-seeking about Eusebius flattery; he believed what he said, or at any rate he thought it well for his readers to believe it.“

im Gegensatz zum Römerfrieden nur mittelbar dem Wohlergehen der irdischen Gemeinschaft. Sein Zweck ist es vor allem, dem Einzelnen die Zuwendung auf Gott zu erlauben. Erst von dort aus wendet sich der Christ gemäß dem christlichen Ideal des demütigen Lebens (*humilitas*) nach Gottes Gebot dem Nächsten zu. Seine Handlungstugenden – Enthaltsamkeit, Gerechtigkeit, Nächstenliebe, Gewaltverzicht – verwirklicht er in christlicher Gemeinschaft. Von diesem Ausgangspunkt her waren Konflikte der Christen mit einem universellen römischen Kaisertum jedenfalls dann vorprogrammiert, wenn über die Betonung des Vorrangs des göttlichen Rechts vor dem irdischen Recht die kaiserliche Machtvollkommenheit angezweifelt wurde, entweder, weil das Handeln des Kaisers als im Gegensatz zum göttlichen Recht stehend angesehen wurde oder, weil der Kaiser sein Handeln ausschließlich christlichen Regeln unterwerfen sollte.

Aus der Verfolgungssituation stammt die Gewissheit, dass die Christen der irdischen Gewalt der Herrscher über irdische Gemeinwesen ausgesetzt sind. Daraus entspringt die Auseinandersetzung der apologetischen Literatur mit dem römischen Staat. Ausgehend von der Kritik am Urteil der Statthalter nach dem „bloßen Namen“ betonen die christlichen Apologeten, dass ihre Handlungstugenden in keiner Weise geeignet sind, die Ordnung des irdischen Gemeinwesens zu stören. Sie betonen, dass das einzige Gesetz der Christen das Gewaltverbot und das Gebot der Nächstenliebe ist. Die Christen sehen sich daher als die besten Untertanen der Kaiser an. Gerne erinnern sie diese daran, dass Gesetze, die Räuber schützen und friedliche Menschen ohne Untersuchung der Strafe unterwerfen, selbst vor dem Forum des heidnischen *iustitia*-Begriffes keinen Bestand haben können. Die Autoren heben aber zugleich hervor, dass sie nicht etwa an ein Fehlgehen der kaiserlichen Gewalt, sondern die falsche Ausübung derselben durch Statthalter für ihre Verfolgung verantwortlich machen. Dieser stellen sie sich im (gewaltlosen) Martyrium höchster Tugend entgegen. Der Hinweis auf den Zusammenhang zwischen der Begründung des römischen Weltreiches, der Geburt Christi und dem seither herrschenden Friedenszustand, stellt seit Melito von Sardes auch eine über die bloße „Unterworfenheit“ hinausgehende Verknüpfung mit dem römischen Staat her. Darin wird der Kaiser als Quelle der Tugenden (Güte, Milde, Frieden und Menschenliebe) angesehen. Der Christ hofft auf sein unparteiisches Urteil und seine Wahrheitsliebe. Das Bemühen der Apologeten, für ihren Glauben vor dem Forum des Kaisers Gehör zu finden, stellt damit zugleich den Versuch dar, die höchste irdische Gewalt, deren Selbstanspruch höchste Vernunft und höchste Tugend entspricht, für das Christentum einzunehmen. Im Idealfall sollen die Kaiser von der Wahrheit und dem Vorzug der christlichen Lehre überzeugt werden. Gerade die kaiserliche Gewalt, die ihre Herrschaft von Gott empfängt, muss sich den Christen zuwenden. Sie ist von Gott bestellt, auf Erden das Gericht auszuüben und die Verwaltung der irdischen Dinge wahrzunehmen. Schon früh verweist Theophilus von Antiochien darauf, dass der christliche Kaiser nicht mehr, aber auch nicht weniger, als ein von Gott eingesetzter Mensch ist. Zugleich betonen christliche Schriftsteller, etwa Minucius Felix, dass die Unterwerfung des Kaisers unter Gott nicht etwa mit einer Einbuße der kaiserlichen Stellung oder ihrer Wirkung als eines Tugendvorbildes verbunden ist. Der unter

Gott eingesetzte Kaiser verkörpert unmittelbar die einzig richtige Erkenntnis, das Ideal christlicher *virtus*, das die Handlungstugend der Christen ist. Mit der Ankündigung, die Christen distanzierten sich nicht per se vom Staat, sondern nur von den Geschäften, die nicht den Christentugenden entsprächen, ist der Gedankengang christlicher Teilhabe am irdischen Gemeinwesen formuliert, ohne dass damit eine Abkehr vom Inhalt der christlichen Lehre verbunden wäre. Ein gelebter christlicher Glaube stützt die Gedanken der Universalität besser als leerer heidnischer Ritus. Er schafft eine tatsächliche Grundlage der irdischen Kaiserherrschaft als Tugendherrschaft und für menschliche Handlungstugenden im Gemeinwesen. Die Einsetzung des Kaisers als Mensch unter den real existierenden Gott erhöht dessen Stellung. Die Gebote der *misericordia*, *abstinentia*, *modestia* bewahren den römischen Friedensraum in ruhiger Sicherheit. Nur durch christlichen Glauben kann der römische Staat seinen Anspruch umfassend und zuverlässig verwirklichen. Das Problem der Vereinbarkeit kaiserlicher Gerichtsgewalt mit dem Grundsatz des christlichen Gewaltverbotes hindert aber etwa Tertullian zunächst daran, ein christliches Kaisertum zu postulieren.

Dem öffentlichen christlichen Glaubensbekenntnis der frühen Apologetik, dessen Charakteristikum gerade die zur Verteidigung gegen konkrete Vorwürfe notwendige, offene Aufeinanderfolge einzelner Gedanken war, folgt zu Beginn des vierten Jahrhunderts der Versuch des Laktanz „das Ende aller Apologie“ in Institutionen des christlichen Rechts herbeizuführen. Wie seine Vorgänger rechtfertigt er die eine irdische und universelle Kaiserherrschaft aus der christlichen *pietas*. Der Kaiser ist „Erster“ unter Menschenbrüdern. Seine Pflicht ist väterliche Zuneigung durch Ausübung christlicher *iustitia* als *pietas* und *aequitas*. Geht er fehl, indem er seinen Gottesglauben leugnet und Rechtgläubige verfolgt, die *libertas* aufhebt und seine menschliche Natur verleugnet, trifft ihn das Gericht Gottes, seines *dominus* und Vaters, schon auf Erden. Die Eingliederung des Kaisers in den Christenglauben auch in seiner Funktion als *iudex* gelingt nun zwanglos. Die Rückführung der Schlechten auf den Weg des Rechten entspricht gerade dem göttlichen Gebot, wer aber im göttlichen Gebot steht, kann auch Christ zu sein. Das Idealbild vom Goldenen Zeitalter, das in Verknüpfung mit heidnischen, lasterhaften Menschengöttern fehlgeht, darf ein Kaiser, der christliche Gesetze erlässt und christliche Ordnung bewahrt, zu Recht für sich in Anspruch zu nehmen. Der Konflikt des göttlichen Rechts mit den Zivilgesetzen wird im Verhältnis des Kaisers zu Gott mit dem Vorrang der Gebote Gottes gelöst. Ihnen hat sich das *ius civile* und die Administration unterzuordnen. Das frühere Verhältnis *ius naturale*/*ius civile* wird im Sinne des absoluten Vorrangs des göttlichen Rechts gelöst.

Seine „Verheißung“ im Gegensatz zur „Aeneis“ Vergils empfängt das christliche Kaisertum in der „Kirchengeschichte“ des Eusebius. Die Parallelität von römischem Weltreich, Kaiserherrschaft und Leben Christi begründet die besondere Nähe des Kaisers zum verwirklichten christlichen *logos*. Das christliche Kaisertum hat seine Vorbilder in christlichen Gerechten (David, Moses) und Märtyrern. Es muss seine Macht im Sinne der durch das christliche Gebot gewährleisteten *libertas* ausüben. Das göttliche Gericht über Tyrannen auf Erden ist historische

Gewissheit. Tyrannenherrschaft ist als Lasterherrschaft von *avaritia, libido* und *dominatio*-Streben geprägt. Das christliche Bild des Tyrannen, der bürgerliche Rechte missachtet und Eigentum willkürlich entzieht, entspricht über weite Strecken dem römisch-heidnischen, wenngleich der Angriff auf die christliche Gemeinschaft Hauptauslöser des Gerichtes bleibt. Für Eusebius und Laktanz ist es Konstantin gleichermaßen, der die Forderung christlicher *pietas*, nach umfassendem Schutz von *pax*, *concordia* und *iustitia* im Reich und im Schutz christlicher Gemeinden nach dem Vorbild der Gottesherrschaft erfüllt. Dadurch wird Rom erhalten. Der Weg der Geschichtsschreibung sowie die vermeintliche Überlieferung von Worten des Kaisers ermöglichen es Eusebius, das Christentum auch dadurch zu legitimieren, dass er Konstantin gerade die Worte in den Mund legt, die seine Ausführungen bestätigen. Hierdurch gelingt der Schritt zu einem christlich universellen Kaisertum. Konstantin ist Vollstrecker des göttlichen Willens, gerade weil er christliche Tugendhaftigkeit zur Maxime seines Handelns erhebt.

E. Das lateinische Herrscherlob unter und nach Konstantin

Neben die christliche Apologetik treten in der Zeit unter und nach Konstantin eine Vielzahl überlieferter heidnischer Panegyriken, deren Inhalt ebenfalls den Blick auf die vom Kaisertum gepflegte Herrscherideologie, diesmal ganz überwiegend aus heidnischer Perspektive, eröffnet und daher den Vergleich mit der christlichen Terminologie insgesamt und den inneren Wandlungen der Gattung gestattet. Aufgrund der bis in das erste Drittel des vierten Jahrhunderts hineinreichenden Werke des Laktanz und Eusebius, ergibt sich insoweit auch eine zeitliche Überlappung, deren Inhalte im Folgenden ausgehend von dem Panegyrikus des Jahres 307 und den nachfolgenden Panegyriken dargestellt werden.

I. Panegyriken auf Konstantin

1. Panegyrikus Maximians und Konstantins (Anonymus (307))

Aus der Regierungszeit Konstantins sind insgesamt vier lateinische Panegyriken erhalten. Die Überlieferung setzt ein mit einem Panegyrikus auf Konstantin und Maximian, entstammt also der Umbruchzeit nach Auflösung der zweiten Tetrarchie[1] durch den Tod des Constantius. Der Ausrufung Konstantins zum Augustus durch die Truppen in Britannien (Juli 306) folgte die Anerkennung als Caesar durch Galerius, der anstelle Konstantins Severus in das Kolleg der Augusti aufnahm. Nahezu zeitgleich, im Oktober 306, erhoben die Prätorianer der Stadt Rom den Sohn des Maximianus, Maxentius, zum Kaiser. Aufgrund der zu erwartenden Reaktion der Augusti, v. a. des neu ernannten Augustus des Westens, Severus, legte auch Maximian erneut den Purpur an und reiste nach Gallien, um wenigstens das Wohlwollen Konstantins zu gewinnen. Der Panegyrikus des Jahres 307 setzt die Verheiratung Konstantins mit Fausta, der Tochter des Maximianus, sowie die erneute Erhebung Konstantins zum Augustus durch Maximianus voraus.[2] Der Zweck des 307 dargebrachten Lobpreises wird vom Panegyriker gleich zu Beginn der Darstellung umrissen. Herauszustellen sind Verdienste und Taten der Herrscher (*sacratissimi principes*) aber auch die Tugenden Maximians (*semper Augustus*) und Konstantins, des aufsteigenden Imperators.[3]

1 Constantius, Severus, Galerius, Maximinus Daia.

2 Vgl. *Nixon/Saylor Rodgers,* Pan. Lat., VII (VI), 178 f., dort 180 f. zur Diskussion um den Zeitpunkt des Panegyrikus (zwischen dem 31.3.307 und dem 25.12.307).

3 *Nixon/Saylor Rodgers,* Pan. Lat., VII (VI), 1, 1.

a) Die concordia der Herrscher

Besonders betont wird die Vereinigung der Herrscher im doppelten Sinne: Maximian erlangt seine Jugend durch den Adoptivsohn Konstantin zurück. Konstantin wird seinerseits durch den Namen des Augustus hervorgehoben. In der Heirat mit Fausta wird die Verschränkung der rechten Hände der Kaiser sichtbar. Sie äußert sich im gegenseitigen Blick beider in die Brust des anderen – in gleichen Gedanken und Gefühlen. Den Bund bestärkt die Tatsache, dass Konstantin als Sohn des Constantius faktisch Enkel, *de iure adoptionis* und auch im Rang der Sohn des Maximian ist.[4] Die *concordia principis* nimmt damit wie in allen Panegyriken nach den Wirren des dritten Jahrhunderts wesentlichen Raum ein. Der Panegyrikus des Jahres 307 unterscheidet sich darin nicht vom Herrscherlob der ersten Tetrarchie.

b) Die Begründung einer Dynastie der Herculii als Zeichen rechter pietas

In der Folge betont der Panegyriker vor allem die Legitimität der Herrschaft, weil Maximian und Konstantin der Absicherung ihrer Augustustitel bedurften. Dies galt für Maximian deshalb, weil er die gegenwärtige Herrschaftsmacht durch Usurpation erlangt hatte und nicht durch die Ernennung zum Augustus nach den Regeln der Tetrarchie, also durch Galerius. Da Konstantins Legimitation als Augustus auf der Ableitung des Titels von Maximian beruhte, war der Legitimationsaspekt für ihn von wenigstens ebenso großer Bedeutung. Der Panegyriker beantwortet die Legitimationsfrage mit dem doppelten Bund von dynastischem Element und rechter *pietas*, das zum Vorbild für das römische Staatswesen überhaupt ausgebaut wird. Sicherer als Ehelosigkeit – die ja im Übrigen zu Recht durch die römischen Gesetze bestraft werde –[5] ist zur Erhaltung des Staatswesens das Beispiel früher Ehe, das dem Kaisertum wie dem Einzelnen im römischen Staat den Erhalt des Gemeinwesens sichert. Die wahre *pietas* und das wahre Glück liegen darin, allen Völkern (*gentibus*) Kinder zu zeugen (*conseruandi generis humani*), und dadurch die Sukzession der Individuen zu ersetzen. Denn trotz der Sterblichkeit des Einzelnen wird die Existenz des Staates durch die Nachkommen aller gewährleistet. Das Kaisertum wird ewig währen, wenn es als das Haus der Augusti auf diesem Wege die Wurzeln

---

4 *Nixon/Saylor Rodgers,* Pan. Lat., VII (VI), 1, 5; 2, 1; 3, 3. Damit ist wohl auf eine Adoption des Constantius durch Maximian bei seiner Erhebung zum Caesar angespielt. Vgl. auch 7, 2 f.: Maximian übergibt die höchste Macht dem Sohn eines Mannes, der ihm schon lange durch Bande der Ehe verbunden war. Angespielt wird hiermit auf die Ehe zwischen Constantius und der Stieftochter Maximians. Zu der Wandlung von der brüderlichen Verbindung zur Vater-Sohn-Beziehung, *Straub,* 45 f.: „Maximian ist Konstantins auctor imperii, wie es Diokletian für ihn selbst gewesen war."; *Grünewald,* Constantinus, 26.

5 Angesprochen sind die Lex Iulia de maritandis ordinibus (18 v. Chr.) sowie die Lex Papia Poppaea (9 v. Chr.); *Nixon/Saylor Rodgers,* Pan. Lat., 192 Fn. 4; *Grünewald,* Constantinus, 28 f.

für kommende Generationen schafft.[6] Die doppelte programmatische Zielrichtung des Panegyrikus wird hier sichtbar. Durch Erhöhung der Geburtenzahl soll die Zahl der Soldaten in den Legionen erhöht werden. Das tetrarchische System wird durch den dynastischen Gedanken durchbrochen.[7] Die Herkulier Maximian und Konstantin bilden den Ausgangspunkt einer Dynastie künftiger, herkulischer Herrscher. Sie verhindern zugleich für künftige Zeiten die Schädigung des römischen Staates durch schlechte Herrscherpersönlichkeiten.[8]

c) Die Sukzession der Tugend nach dem Vater und Erhebung *divina mente*

Garant dafür ist eine vom Vater ererbte Tugendhaftigkeit Konstantins. Sie manifestiert sich in den vier himmlischen (Kardinal-)Tugenden der *continentia, fortitudo, iustitia* und *prudentia.*[9] Durch *iustitia* gepaart mit *pietas,* die gegen die Injurien vorgeht, die denjenigen wiederfahren sind, die sich zu Konstantin flüchten, erweist sich Konstantin als der wahre Legat seines Vaters.[10] Zur weiteren Legitimation der Person des Kaisers greift der Panegyriker zusätzlich darauf zurück, dass sich Konstantin trotz der dynastischen Sukzession nach seinem Vater zunächst mit dem Caesarenstatus begnügt habe. Es ist ein Ausdruck seiner *virtus,* dass er die Einsetzung zum Augustus dem Inhaber des höchsten Imperiums überlässt, der auch den Vater zum Augustus erhoben hatte.[11] Konstantin ist doppelt legitimiert – durch die Abstammung von seinem Vater und die Einsetzung durch den Inhaber des höchsten Imperiums. Gerade Letzteres ist nach der Abdankung Maximians im Jahre 305 begründungsbedürftig und wird im Folgenden begründet. Sowohl Konstantin, auf

6 *Nixon/Saylor Rodgers,* Pan. Lat., VII (VI), 2, 2–4. Zu dem damit verbundenen Entwurf eines Zukunftsprogrammes der Herrschaft *MacCormack,* Panegyrics, 163.

7 *Nixon/Saylor Rodgers,* Pan. VII (VI), 2, 3.

8 *Nixon/Saylor Rodgers,* Pan. Lat., VII (VI), 2, 5.; auch 2, 2 zu den Problemen der Adoption. Die Beziehung der Herkulii zueinander ist eng an die vormalige Beziehung Iovius-Herculius angelehnt, *Straub,* 46.

9 *Nixon/Saylor Rodgers,* Pan. Lat., VII (VI), 3, 3. Es folgen (4, 1–4) die üblichen panegyrischen Belege der continentia – sofortiger Eheschluss (mit Minervina, der Mutter des Crispus) nach Austritt aus dem Jugendalter, Meidung der Laster und Leidenschaften, fortitudo – Bewährung im Kampf gegen die Barbaren (Franken), in der Befreiung Britanniens und der Zähmung der Germanen sowie der iustitia und prudentia mit dem Vergleich zu Scipio Africanus und Pompeius. *Odahl,* Constantine, 88; *Grünewald,* Constantinus, 27.

10 *Nixon/Saylor Rodgers,* Pan. Lat., VII (VI), 5, 3.

11 *Nixon/Saylor Rodgers,* Pan. Lat., VII (VI), 5, 3: „Cuius tanta maturitas est ut, cum tibi pater imperium reliquisset, Caesaris tamen appellatione contentus exspectare malueris ut idem te qui illum declararet Augustum. Siquidem ipsum imperium hoc fore pulchrius iudicabas, si id non hereditarium ex successione creuisses, sed uirtutibus tuis debitum a summo imperatore meruisses."

dessen Antlitz sich die *divinitas* abzeichnet, als auch Maximian, der *divina mente* die Situation vorausgesehen hatte, sind von den Göttern gesegnet.[12]

d) Die Unverfügbarkeit des von den Göttern gegebenen Imperiums für den Kaiser

Damit bleibt alleine die Frage zu beantworten, ob Maximian die Kaisermacht im Jahre 305 gemeinsam mit Diokletian niederzulegen konnte, ob also die göttliche Segnung bei Fortleben des von den Göttern eingesetzten Augustus auf einen Nachfolger übergeht oder an der Person des Inhabers haftet.

aa) Der Fortbestand der Divinität auch nach Abdankung

Auch hier findet der Verfasser eine klare Antwort: So wie auch der Ozean der alle Wasser des Himmels und der Erde nährt und trotzdem stets vollständig ist, kann auch Maximian das Imperium zwar gewähren, niemals aber ohne Imperium sein.[13] Ein von der Gottheit *(a deo)* gewährtes Imperium, dessen Rechtmäßigkeit auf Erden durch Tugendtaten nachgewiesen ist, haftet an seinem Träger.[14] Die Niederlegung der Augustuswürde im Jahr 305 ist daher allenfalls darauf zurückzuführen, dass die Götter wie so häufig die menschlichen Dinge zu dieser Zeit vernachlässigt haben oder Maximian sich dem Wunsch des Diokletian nach Niederlegung seines Amtes aus brüderlicher Verbundenheit nicht hat versagen wollen.[15] Die Fortdauer der *divinitas* Maximians zeigt sich auch dadurch, dass Rom nach seiner Abdankung in große Unsicherheit gestürzt wurde, nun aber mit größerer Sicherheit wieder hergestellt ist.[16] Maximian ist gleichsam von Roma selbst zur Sicherung ihrer *libertas*

---

12 Göttliches Antlitz des Konstantin, Voraussicht des Maximian, Bewahrung der Güter Maximians trotz großzügigster liberalitas sind Zeichen der göttlichen Segnung; *Nixon/Saylor Rodgers,* Pan. Lat., VII (VI), 6, 5; 7, 1 f., 5.

13 *Nixon/Saylor Rodgers,* Pan. Lat., VII (VI), 7,6 „Vt enim ille qui omnes aquas caelo et terris praebet Oceanus semper tamen in motibus suis totus est, ita tu potes imperium, Maximiane, donare, non potes non habere." *Straub,* 85: „Wer die Strahlenkrone des ewigen Herrschertums getragen hat, kann nicht wieder im bürgerlichen Leben untertauchen, wer gleich einem Gott, ja als Gott verehrt worden ist, kann nicht wieder als Mensch unter Menschen wohnen und im Dunkel der Massen verschwinden." Auch die Münzprägung „quies Augustorum" zeigt, dass Aufgeben der Amtsgewalt nicht möglich ist. Der Kaiser ist „imperator aeternus". Er kann allenfalls diese Stellung ausüben oder ruhen lassen, so *Straub,* 89, 91.

14 *Nixon/Saylor Rodgers,* Pan. Lat., VII (VI), 8, 1–3. Es folgt die Schilderung der Rückgewinnung Galliens sowie der Überwindung der Germanen, die nunmehr friedlich seien, sich aber jedenfalls so verhielten, als gehorchten sie.

15 *Nixon/Saylor Rodgers,* Pan. Lat., VII (VI), 8, 8; 9, 1–3. Entscheidend ist auch die Herausstellung der Tatsache, dass sein Rücktritt nicht etwa aus Amtsmüdigkeit oder dem Wunsch, sich den Staatspflichten zu entziehen, erfolgte.

16 *Nixon/Saylor Rodgers,* Pan. Lat., VII (VI), 9, 3; 10, 1–4.

zur Fortführung der Herrschaft gedrängt worden. Er hat – als *imperator aeternus* von himmlischer *pietas* erfüllt –[17] dem Wunsch nachgegeben und sich Roma, die Herrin der Völker, zu Dank verpflichtet.[18] Die Möglichkeit einer ungestörten erneuten Aufnahme des Steuerruders des Staatswagens beweist seine göttliche Herkunft.[19]

bb) Die freiwillige Rückkehr zu pflichtgemäßer Herrschaft

Das Maximian aufgrund der Erfüllung seiner *divinitas* zugesprochene Lob lässt schließlich die Frage nach der „Wahlfreiheit" des Augustus in Ansehung des göttlichen Wunsches aufkommen. Faktisch ist diese bereits dadurch beantwortet, dass er in Kenntnis seiner Göttlichkeit und aufgrund der ihm zukommenden *providentia* nicht anders als getan handeln würde, wofür ihn der Panegyriker dennoch lobt. Im Herrscherlob wird so das Element bewusster Entscheidung für die Pflicht und gegen das ruhige Leben betont. Es mangelt Maximian an der Entscheidungsfreiheit hinsichtlich seiner *divinitas* selbst, nicht aber hinsichtlich der Frage der Übernahme der damit verbundenen Pflichten. Auf die bei der Amtsniederlegung 305 an Jupiter gerichtete Bitte: *Recipe, Iuppiter, quod commodasti*, erwidert dieser daher auch: *Non mutuum istud tibi tradidi sed aeternum; non recipio sed seruo.*[20] Darauf, dass die Weigerung für das Allgemeinwohl mit den größten Widrigkeiten verbunden wäre, deutet der Bericht für die Jahre von 305–307 hin, der das Reich in „schwerer See" sieht, während das Schiff mit dem Steuermann im Hafen liegt.[21]

e) Legitimation Konstantins

Die Erhebung Konstantins durch Maximian ist damit hinreichend begründet. Sie folgt dem Sukzessionsanspruch Konstantins sowie der Ernennung des in seiner Tugendhaftigkeit von der Göttlichkeit bereits gezeichneten Augustus durch Maximian, dessen Legitimität eigener, auch mit der Niederlegung der Kaiserwürde nicht erloschener *divinitas* entspringt. Konstantin ist *de lege lata* rechtmäßiger Nachfolger seines Vaters nach göttlichem Recht der Herculii.[22] Die Panegyrik schließt am Ausgangspunkt – mit dem Wunsch, dass Konstantin und Maximian als *sacratissimi principes*, Vater und Sohn, mit dem Willen der Götter, geleitet von *pietas*, lange in Harmonie zum Wohle des Staates regieren möchten.[23] Die Götter haben die Herrschaft wieder hergestellt. Gerade durch Konstantin, der allen anderen vergöttlichten

---

17 *Nixon/Saylor Rodgers*, Pan. Lat., VII (VI), 11, 1; *Grünewald*, Constantinus, 28 f.

18 *Nixon/Saylor Rodgers*, Pan. Lat., VII (VI), 11, 7.

19 *Nixon/Saylor Rodgers*, Pan. Lat., VII (VI), 12, 2 f., 5. Der Panegyriker spielt auf Phaeton, den Sohn des Helios an.

20 *Nixon/Saylor Rodgers*, Pan. Lat., VII (VI), 12, 6; zur providentia: 12, 1.

21 *Nixon/Saylor Rodgers*, Pan. Lat., VII (VI), 10; 3; 11, 4; 12, 8.

22 *Odahl*, Constantine, 88.

23 *Nixon/Saylor Rodgers*, Pan. Lat., VII (VI), 13, 3–5; 14, 3 f.: Konstantin wird auf dem Sonnenwagen zum Himmel geleitet.

Kaisern voraushabe, dass er in allen Dingen des Charakters und der Macht seinem Vater nahekomme, sei dem Staat die Begründung einer dauerhaften Linie von Nachkommen zu wünschen.[24]

f) Bewertung

Es ist bemerkenswert, dass der Panegyriker des Jahres 307 alleine die *concordia* Maximians und Konstantins zur Grundlage beständige Herrschaft erhebt und die regierenden Jovier mit keinem Wort erwähnt. Noch augenfälliger ist die Tatsache, dass das System der Tetrarchie Diokletians, das gerade die Sukzession „Individuen" betrieben und die Begründung von Dynastien zu vermeiden gesucht hatte, im vorliegenden Panegyrikus auf Ablehnung stößt. Vor dem Hintergrund des erneuten Aufstieges des Maximianus zur Augustuswürde und der Anfang 307 erfolgten Usurpation seines Sohnes Maxentius, sowie der Eheschließung Konstantins mit Fausta, der Tochter des Maximianus, wird die Haltung des Panegyrikers deutlich. Das dynastische Element unterstreicht den Anspruch des Maxentius auf Herrscherwürden ebenso wie denjenigen des Konstantin als Sohn des Constantius, Gatte der Fausta und Schwiegersohn des Maximian.

Die noch fehlende Legitimation der erneuten Erhebung Maximians zur Augustuswürde liefert die fortbestehende Divinität des vormaligen Augustus. Sie ist auch dogmatisch von Interesse, weil sie die grundsätzliche Unverfügbarkeit der göttlichen Erwählung für den Amtsinhaber hervorhebt. Die Aufgabe des kaiserlichen Amtes zum festgelegten Zeitpunkt, wie sie von Diokletian 305 betrieben worden war, ist damit abgelehnt. Sie ist ohne Aufhebung der pflichtgemäßen *pietas* gegenüber dem Göttlichen ausgeschlossen. Erfolgt sie dennoch, so nur zum Schaden der *libertas* des römischen Volkes und der Sicherheit des Reiches.

2. Der Panegyrikus des Jahres 310

Der in Trier zum *dies natalis* der Stadt, wohl im Spätsommer 310 vor Konstantin[25] dargebotene Lobpreis – kurz nach dem Tod des Maximianus und während der Belagerung von Marseille – trägt den Wandlungen des Zeitraums zwischen 307–310 Rechnung. Severus war bei dem Versuch, Maxentius aus Italien zu vertreiben, umgekommen. Galerius hatte sich in den Osten zurückziehen müssen. Die Bedrohung, gegen die das Bündnis Konstantin-Maximian gerichtet war, war beseitigt. Der Versuch Maximians, sich gegen den eigenen Sohn Maxentius in Italien durchzusetzen, endete mit seinem Rückzug nach Gallien und der Flucht zu Konstantin. Die zur Neuordnung der Tetrarchie durchgeführte Konferenz von Carnuntum stellte dem Augustus Galerius sowie den Caesaren Maximinus Daia und Konstantin, die sich

24 *Nixon/Saylor Rodgers,* Pan. Lat., VII (VI), 14, 5; zum dynastischen Gedanken *Grünewald,* Constantinus, 27.

25 *Nixon/Saylor Rodgers,* Pan. Lat., VI (VII), 1, 4.

jedoch bald danach Augusti nannten, Licinius als weiteren Augustus an die Seite. Dessen Herrschaft beschränkte sich allerdings wesentlich auf das Illyricum. Sie führte zur „zweiten" Abdankung Maximians, der anschließend nach Gallien zurückkehrte, sich aber spätestens im Frühsommer des Jahres 310 erneut gegen Konstantin erhob. Konstantin musste daher bis zur Eroberung von Marseille und dem Tod Maximians an zwei Fronten zugleich kämpfen.[26] Die wesentlichste und für den panegyrischen Lobpreis maßgebliche Veränderung vor den Ereignissen des Herbstes 311 besteht in dem Wegfall des Maximianus als Legitimationsfaktor der Herrschaft Konstantins.

a) Konstantin designatus – die Abstammung von Claudius Gothicus und Constantius

Wie nicht anders zu erwarten, setzt sich der Panegyriker nach der gebotenen Ehrerbietung,[27] unmittelbar mit der Legitimationsfrage auseinander. Er führt mit der Abstammung Konstantins von dem Germanenbezwinger Claudius Gothicus ein neues Element dynastischer Divinität in die Legitimationskette ein, das geeignet ist, den weggefallenen Bezug zur Familie der Herculii auszugleichen.[28] Die Abstammung Konstantins von einem *divus* ersetzt die Adoption durch Maximian und begründet unabhängig von einer solchen das göttliche Numen Konstantins. Zugleich drückt sie den Anspruch Konstantins als Barbarenbezwinger aus – war doch Claudius Gothicus der Erste, der die barbarischen Goten zurücktrieb und so zum *recreator hominum* aufstieg.[29] Konstantin ist also durch zwei Vorfahren, den Vater Constantius und Claudius Gothicus, zur Herrschaft ausersehen. Er ist ein „geborener Herrscher", dem die Erlangung des Purpurs nur eine von jeher innegehabte Position bestätigt. Wie schon im Panegyrikus des Jahres 310 wird Konstantins Herrschaft dynastisch und sakral begründet. Er ist rechtmäßiger Erbe des Vaters und Inhaber der von Claudius Gothicus ererbten Divinität. Lediglich die rechtliche Adoption durch die Herculii hat in der biologischen Abstammung von einem *divus* ihre Ersetzung gefunden. Der Verfasser wird daher nicht müde, den Vorzug der Geburt auch gegenüber den anderen Augusti gebührend herauszustellen und zu betonen, dass es eben nicht die Zufälle des Lebens, ungewisse menschliche Vereinbarungen, die Launen

26 Vgl. die Übersicht bei *Nixon/Saylor Rodgers,* Pan. Lat., 214.

27 Anrede als „sacratissime imperator, invictissimi princeps", Betonung des numens und der Größe der Aufgabe, vor dem römischen Volk eine angemessene Rede halten zu dürfen; *Nixon/Saylor Rodgers,* Pan. Lat., VI (VII), 1, 1 f.; 1, 4; vgl. *Müller-Rettig,* Panegyrikus des Jahres 310, 18.

28 *Nixon/Saylor Rodgers,* Pan. Lat., VI (VII), 2, 1. Rechtlich ist der Bezug „avita cognatio" kaum fassbar. Er drückt lediglich aus, dass beide durch gemeinsame Vorfahren verbunden sind; *Odahl,* Constantine, 94.

29 *Nixon/Saylor Rodgers,* Pan. Lat., VI, (VII), 2, 2; *Müller-Rettig,* Panegyrikus des Jahres 310, 19. Zur Abstammung von Claudius Gothicus vgl. den Beitrag von *Lippold,* Klio 74 (1992), v. a. 391–394.

der Fortuna oder die Leistungen Konstantins im Heeresdienst waren, durch die die Legitimität Konstantins erst künstlich herbeigeführt werden musste.[30] Konstantin ist nicht *candidatus imperii*, sondern von vorneherein als Erstgeborener seines damals noch jungen Vaters zur Herrschaft auserwählt *(designatus)*.

b) *Constantius pius*

Konstantin lässt es aufgrund seiner dem Vater gleichen *modestia* im Erröten und *iustitia* in der Rede nur schwer glaubhaft erscheinen, dass Constantius, *imperator in terris et in caelo deus* nicht mehr unter Menschen weilt.[31] Zur Verstärkung der in Constantius greifbaren Abstammungslinie führen die folgenden Abschnitte (5,1–7,1) die Taten des Constantius erneut vor Augen. Einen Schwerpunkt legt der Panegyriker auf die dem Wohl des Gemeinwesens dienenden Handlungen: Schonung der bei Bononia eingeschlossenen feindlichen Truppen dank der großen *clementia* (5, 2) des Kaisers; Umsiedlung der Frankenstämme aus dem Bataverland in römisches Territorium, durch räumliche Trennung von den übrigen Barbaren Sicherung der Pax Romana (5, 3; 6, 2); Wiedergewinnung Britanniens (5,4); *misericordia* gegenüber den Besiegten (6, 1); Gerechtigkeit bei der Rückgewähr der Güter an die Beraubten (6, 1); Wiederherstellung der *libertas* derjenigen Verbündeten, die in Sklaverei gefallen waren; Straflosigkeit gegen Schuldbewusste und Reuige (6, 1). Die Abstammung Konstantins von einem *Constantius pius*,[32] der von Jupiter selbst in den Tempel der Götter aufgenommen und mit Wissen und Wollen aller Götter zur Herrschaft ausersehen wurde, beseitigt auch den letzten Zweifel an seiner Legitimität.[33] Er ist *imperatoris igitur filius et tanti imperatoris*.[34] Erst im Anschluss an diese, immerhin ein Drittel des Gesamttextes einnehmende, dynastische Legitimierung des konstantinischen Herrschaftsanspruchs geht der Panegyrikus auf weitere Herrschertugenden ein.

---

30 *Nixon/Saylor Rodgers*, Pan. Lat., VI (VII), 2, 5 „Inter omnes, inquam, participes maiestatis tuae hoc habes, Constantine, praecipuum, quod imperator es [natus], tantaque est nobilitas originis tuae ut nihil tibi addiderit honoris imperium nec possit Fortuna numini tuo imputare quod tuum est, omisso ambitu et suffragatione."; 3, 1; 3, 4.

31 *Nixon/Saylor Rodgers*, Pan. Lat., VI (VII), 4, 1 f.; 5 f.

32 *Nixon/Saylor Rodgers*, Pan. Lat., VI, (VII), 7, 3. Das Moment des „Constantius pius" wird auch später 8, 2; 14, 4; 19, 4 dauerhaft aufgegriffen.

33 *Nixon/Saylor Rodgers*, Pan. Lat., VI, (VII), 7, 4 f. Wichtiges Element ist auch die Tatsache, dass Konstantin den Vater noch vor dem Tod erreicht hat; auch hierin 7, 5 ist göttliches Wohlwollen erkennbar; auch 8, 1.

34 *Nixon/Saylor Rodgers*, Pan. Lat., VI, (VII), 10, 1.

c) Die kaiserliche Herrschertugend

aa) Clementia trotz Eliminierung der Feinde

Dass *clementia* nicht zwingend Schonung der Feinde bedeuten muss, stellt der Panegyriker nachfolgend klar (Pan. Lat., VI (VII), 10, 2). An den Königen (*reges*) der Franken vollzieht Konstantin ein Exempel, weil sie während der Abwesenheit des Constantius den Frieden (*pax*) verletzt hatten. Der Rechtfertigung fähig ist dieses Vorgehen, weil es gerechter Strenge entspringt (*iustae severitatis*) und alle *clementia* aus Sicht des Verfassers zwar den Feind schonen, doch eher um sich selbst als um Nachsicht bemüht sein muss.[35] In Ansehung der *fortitudo* ist entscheidend, dass auch diejenigen, die den Kaiser nicht lieben, die Ruhe bewahren. Wahre Tugend kann auch darin bestehen, den vor Zorn Rasenden mit Füßen zu treten. Gerade durch Verhängung der Todesstrafe über die gefangen genommenen Anführer der Feinde hat Konstantin den Glanz früherer Zeiten wiederherstellt, welche die Tötung der Anführer nach Abschluss des Triumphes ebenfalls kannte. Nur dadurch wird deutlich, dass man die Gerechtigkeit Roms nicht ungestraft herausfordert.[36]

bb) Die Sicherung des Friedens durch den Schutz der Grenzen

Auch der Friede des Reiches, der darauf beruht, die Feinde in Furcht vor Rom vor den Grenzen des Reiches verharren zu lassen, die brüchigen natürlichen Grenzen also durch wirksame Abschreckung bewahrt, kann nur so gesichert werden.[37] Es ist der tägliche Sieg des Kaisers, wenn der Bauer in der Sicherheit römischer Kastelle seine Felder bestellen kann und die Grenzen dauerhaft sicher sind. Ein Sieg auf dem Schlachtfeld kann demgegenüber stets nur ein einziges Beispiel schaffen.[38] Die Kapitel 12 und 13 führen mit dem Feldzug gegen die Brukterer und dem Brückenbau bei Köln weitere Exempla hergestellter Sicherheit durch Abschreckung an.

d) Continentia und pietas gegenüber Maximian

Mit dem 14. Kapitel schließlich wendet sich der Verfasser äußerst behutsam dem Konflikt mit Maximianus zu, den er letztlich auf die geistige Verwirrung des hohen Alters und die hieraus resultierende Widerstandslosigkeit gegen Leidenschaften und Affekte zurückführt.[39] Die gescheiterte Bestechung der Truppen durch Maximianus

35 *Nixon/Saylor Rodgers,* Pan. Lat., VI, (VII), 10, 2–4.
36 *Nixon/Saylor Rodgers,* Pan. Lat., VI, (VII), 10, 5–7.
37 *Nixon/Saylor Rodgers,* Pan. Lat., VI (VII), 11, 1–3.
38 *Nixon/Saylor Rodgers,* Pan. Lat., VI, (VII), 11, 5.
39 *Nixon/Saylor Rodgers,* Pan. Lat., VI (VII), 14, 2 betont, dass er nicht gedenkt, sich trotz berechtigten Zornes in die Sohnesliebe Konstantins zu Maximian zu mischen; 15, 2 f. Kritisch äußert der Rhetor aber durchaus, dass Maximian nicht nur den Eid gegenüber Iuppiter Capitolinus, sondern auch gegenüber seinem Schwiegersohn gebrochen habe (15, 5 f.); 16,2. Ein typischer Tyrann, wie dies *MacCormack,* Panegyrics, 165 darstellt, ist Maximianus dadurch nicht.

bestätigt indes, dass Konstantin die Tugend der *continentia* nicht nur für sich selbst ausgeprägt, sondern auch an seine Truppen weitergegeben hat, weshalb er auch zu Recht die Bewunderung seiner Soldaten genießt.[40]

Entsprechend zurückhaltend, weil er zu Grausamkeit nicht fähig ist (14, 4), geht Konstantin gegen Marseille vor. Zwar hätten – so die in Ansehung der Beinahe-niederlage Konstantins glücklich gewählte Formulierung des Verfassers – kein Turm und keine Befestigung Konstantin am Sturm auf die Stadt hindern können, doch habe Konstantin als Zeichen seiner *pietas* den ersten Ansturm zunächst abgebrochen, um so vordergründig den abgefallenen Soldaten Gelegenheit zur Reue zu geben, tatsächlich aber Maximian zu schonen. Der *severitas* gegenüber den Feinden steht so die Güte des Herzens gegenüber den eigenen, wenngleich abtrünnig gewordenen Freunden gegenüber. Konstantin trifft am Tode des Maximian kein Vorwurf, die Götter rächen auch gegen den Willen des Kaisers.[41]

e) Das Apollon-Ereignis

Die Rückreise Konstantins an die germanische Grenze, die nur auf Furcht vor dem herannahenden Kaiser ruhig bleibt, wird begleitet von einem göttlichen Erlebnis. Konstantin erblickt einen Tempel und begibt sich zu dem dort anwesenden Gott, der ihm durch Lorbeerkränze eine lange Herrschaft verheißt. In Apoll, dem die Herrschaft über die gesamte Welt gebührt, (Pan. Lat., VI (VII), 21, 3–5), erkennt sich Konstantin wieder.[42] So wird der Schutzgott des Constantius nach Aussage des Panegyrikers (22, 2) zum Numen Konstantins als eines *deus praesentissimus.*

e) Bewertung

In Anbetracht der Auseinandersetzung mit Maximian findet die Idee eines Hauses der Herculii im Panegyrikus des Jahres 310 keinerlei Erwähnung mehr. Divinität verschafft Konstantin die postulierte Abstammung von Claudius Gothicus sowie von seinem Vater Constantius. Beide Abstammungslinien bringen Verpflichtungen mit sich. Die Nachfolge nach Constantius gemahnt Konstantin, das hier

40 *Nixon/Saylor Rodgers,* Pan. Lat., VI (VII), 16, 3; 17, 4; *Straub,* 105–108 zu Konstantins Suche nach göttlicher Anleitung.

41 *Nixon/Saylor Rodgers,* Pan. Lat., VI (VII), 19, 4–6; 20; zum Gebrauch der pietas hier *Grünewald,* Constantinus, 16–21; 20: pietas als Milde und Achtung vor dem Vater.

42 *Müller-Rettig,* Panegyrikus des Jahres 310, 276 „Solch persönliche Manifestation des Gottes erweist den sittlichen Rang des Auserwählten und ehrt ihn."; „Apollinem tuum: Das Possessivpronomen...signalisiert, dass zwischen Konstantin und diesem Gott eine besondere Affinität besteht, dass er in Apoll seinen persönlichen Schutzgott sieht, so wie dieser sich ihm in der Epiphanie offenbart." Im Hintergrund stehen demgegenüber die Götter der Tetrarchie. Zur Gleichsetzung Apolls mit Sol Invictus vgl. *Vittinghof,* Staat, 23; *Odahl,* Constantine, 95, *Straub,* 98; *Grünewald,* Constantinus, 50 u. 52: Apoll ist Schutzgottheit Konstantins, Herkules war niemals Schutzgottheit Konstantins; *Rosen,* Constantin, 855; 858.

ausgeformte Vorbild des Vaters zu übertreffen. Dessen vorrangige Herrschertugend ist *clementia*: gegenüber Feinden, in der Restitution von Gütern und in dem Verzicht auf Strafe gegenüber Reuigen. Gleichermaßen verpflichtet die Abstammung von Claudius Gothicus Konstantin zur Sicherung der Grenzen, um den Fortbestand des *pax*-Zustandes im Inneren des Reiches zu gewährleisten. Den Anforderungen beider Vorbilder genügt die Art, mit der er die Grenzsicherung betreibt. *Clementia* erfordert *severitas* im Falle der Vertragsbrüchigkeit, d. h. des wider besseren Wissens fortgesetzten Irrtums. Gleiches nötigt der Schutz des Reiches auf, der die Abschreckung der Gegner verlangt. Den Vorgaben der *clementia* entspricht auch das schonende Vorgehen gegen Maximian. Dessen Abfall entspringt nicht beharrlicher Verstocktheit, sondern dem Irrtum des Alters. Daher ist *clementia* hier eher angebracht, als *severitas*. Mit dem geschilderten Apollon-Ereignis wird schließlich der weggefallene Bezug zu Herkules kompensiert. Mit ihm steht Konstantin erneut unter dem Schutz einer Gottheit, die Herrschaft über den Erdkreis verkörpert.[43]

3. Rede des Dankes an Konstantin (Anonymus (311))

Die Frage der Beziehung Konstantins zu den göttlichen Mächten hat auch die anonyme, wohl im Jahre 311, zu den kommenden Quinquennalien Konstantins in Trier dargebotene Rede eines gallischen Rhetors im Blick. Sie setzt sich – der Rhetor entstammt der engen Umgebung Autuns – mit der der Stadt durch Konstantin zuteilgewordenen *clementia* näher auseinander und stattet hierbei zugleich den Dank für die der Stadt durch Konstantin veranlassten Steuerexemptionen ab.[44] Während das klassische Tugendlob – *providentia, clementia, beneficentia* – im Floskelhaften verharrt,[45] bietet der Rhetor jedenfalls für die göttliche Herrschaftslegitimation Konstantins neue Ansätze.

Das Lob der *divinitas* wird schon zu Beginn der Rede aufgegriffen, ihm folgt der Ausruf an die unsterblichen Götter nach.[46] Dass der Verfasser offenbar davon ausgeht, Konstantin, den er mehrfach als den Herrn der ganzen Welt anspricht,[47] genieße die Unterstützung eines höchsten göttlichen Geistes, deutet 10, 2 jedenfalls an: *Sic ingenui largique fontes ut ubique prosint ire festinant, sic celeriter in terras caelo missa perueniunt; sic denique diuina illa mens, quae totum mundum hunc gubernat, quidquid cogitauit ilico fecit.* Konstantin ist der *conservator* des Reiches, begleitet von einem beständigen *comes et socius* (14, 4). Wenngleich also jeder ausdrückliche Verweis auf Apollo, wie in dem vorangegangenen Panegyrikus fehlt, wird doch die Divinität als Teil der Herrschaftslegitimation noch deutlich stärker in den Mittelpunkt grückt, als in dem Panegyrikus, der dem Konflikt mit Maximian unmittelbar nachfolgt. Der formelle Ansatz herausgehobener kaiserlicher Divinität wird so

43 *MacCormack*, Panegyrics, 163 zum folgenden „Sol-Invictus"-Programm Konstantins.
44 V. a. *Nixon/Saylor Rodgers*, Pan. Lat., V (VIII.), 11–12.
45 *Nixon/Saylor Rodgers*, Pan. Lat., V (VIII.), 2, 2; 5, 4; 9, 2; 10, 2.
46 *Nixon/Saylor Rodgers*, Pan. Lat., V (VIII.), 1, 3, mit „sacratissime imperator"; 7, 6.
47 *Nixon/Saylor Rodgers*, Pan. Lat., V (VIII.), 9, 3; 10, 3.

bestätigt. Zwar haben die Götter Konstantin geschaffen,[48] doch kommuniziert dieser mit einem höchsten göttlichen Geist, steht also nicht mit den Gottheiten des gesamten Pantheons in Kontakt.

4. Panegyrik auf Konstantin (Anonymus (ca. 313))

Weniger die Herrschaftslegitimation als vielmehr die Herrschaftstugenden stehen demgegenüber im Mittelpunkt der wohl im Jahre 313 (ev. 314) zu Trier entstandenen Panegyrik auf den Maxentiusbezwinger Konstantin. Vom typisch panegyrischen Schema und der früheren Konstantinpanegyrik hebt sich der Panegyrikus alleine dadurch ab, dass der familiäre Hintergrund Konstantins zugunsten der Darstellung seiner Kampagne in Italien zurücktritt. Allein im Rahmen dieser militärischen Erfolge findet sich der Vergleich der Leistungen Konstantins mit denen des Vaters und wird auch der Beziehung Konstantins zur göttlichen Wesenheit – die im gesamten Panegyrikus nicht ausdrücklich benannt wird, gedacht.[49]

a) Konstantin als tapferer Restitutor der res publica gegen gierige Tyrannei

Dogmatisch öffnet diese Struktur den Blick auf das zentrale Element im Aufbau des Lobes, das die Auseinandersetzung des Konstantin mit Maxentius zum Konflikt um die Restitution der *res publica* stilisiert und anhand des Persönlichkeitsvergleiches das Tugendlob des Siegers ermöglicht.[50] Schon die Anbahnung des Konfliktes mit Maxentius nutzt der Panegyriker, die *fortitudo* Konstantins herauszuheben. Wohl mit Blick auf die gescheiterten Feldzüge des Severus und Galerius und darauf, dass der zu Carnuntum an Licinius ergangene Auftrag zur Beseitigung des Maxentius nach wie vor der Erfüllung harrte, hebt er die Leistung Konstantins heraus, als einziger Träger des Imperiums die Waffen gegen den Usurpator ergriffen zu haben. Den Lobpreis Konstantins steigert, dass es in dem Krieg mit Maxentius letztlich um nichts anderes als die Beseitigung eines offensichtlichen Usurpators geht, dessen Lasterhaftigkeit (*avaritia*) und Anhänglichkeit an alle möglichen Arten von Verbrechen offenkundig zutage tritt. Damit wird das Versagen der anderen Inhaber von Herrschaftsgewalt deutlich, die gegen offenkundige Unrechtsherrschaft nicht tätig werden.[51]

aa) Illa mente divina

In diesem Zusammenhang kommt der Lobredner, sieht man von der üblichen Anrede des Kaisers als *sacratissime imperator* (1,1) einmal ab, auch zum ersten Mal auf die Rolle des Göttlichen im Verhältnis zu Konstantin zu sprechen. Konstantins

48 *Nixon/Saylor Rodgers*, Pan. Lat., V (VIII.), 13, 1.
49 *Nixon/Saylor Rodgers*, Pan. Lat., XII (IX), S. 289–291.
50 *Nixon/Saylor Rodgers*, Pan. Lat., XII (IX), 1, 1; 1, 3.
51 *Nixon/Saylor Rodgers*, Pan. Lat., XII (IX), 2, 2–3.

Entschluss, trotz der Warnungen seiner Ratgeber und Weissager gegen Maxentius und für die Befreiung Roms und des Weltkreises zu streiten, muss unter der Leitung eines Gottes, ja des höchsten göttlichen Geistes stehen. Mit ihm teilt Konstantin seine Geheimnisse, zu ihm hat aus dem Kollegium der Herrscher nur er Zugang, während die Sorge für die Bevölkerung niederen Göttern zukommt.[52]

bb) Friedenswahrung und Kriegstugend in der Aufspaltung der Truppen

Gelobt wird zugleich, dass Konstantin trotz des Feldzuges nicht den Schutz der Außengrenzen Roms vernachlässigt und von Anfang an eher die *pax*, die *securitas* und das Heil des Volkes, als sein eigenes Heil befördert habe.[53] Nur als Ausdruck der *diligentia* ist die Aufteilung seiner Truppen vor dem Zug gegen Maxentius verständlich. Sie dient nicht so sehr der Abwehr von ohnehin in Furcht verharrenden Barbaren, sondern einem Gleichgewicht zwischen den Bewachern der *pax* und den zum Krieg rüstenden Soldaten.[54]

cc) Maxentius als latro und Feind der libertas

Dem über die Interessen seines Volkes wachenden Konstantin tritt in Maxentius ein Gegner gegenüber, der nicht nur die Absetzungsversuche des Severus, Galerius und sogar des eigenen Vaters überwunden hat, sondern sich auch als ein *monstrum* gegenüber Bürgern gebärdet. Er verschleudert römischen Reichtum, verübt Verbrechen gegenüber den eigenen Gesellschaftsgliedern (*civile latrocinium*) und lässt seine Räuberbanden nicht nur innerhalb der Stadt Rom, sondern im gesamten Gebiet Italiens gegen die *libertas* wüten.[55]

dd) Die auf providentia und iustitia gestützte Zuversicht der geringen Zahl

Die Siegeshoffnungen Konstantins trotz großer zahlenmäßiger Unterlegenheit sind daher einzig unter zwei miteinander verknüpften Gesichtspunkten erklärbar. Sie sind (1) Ausfluss der *providentia* eines Kaisers, der aufgrund der Anleitung eines göttlichen *numen* alles versteht und sieht und (2) in der Gewissheit handelt, dass

52 *Nixon/Saylor Rodgers*, Pan. Lat., XII (IX), 2, 2–5; „Quisnam te deus, quae tam praesens hortata [est] maiestas…“; „Habes profecto aliquod cum illa mente diuina, Constantine, secretum, quae delegata nostri diis minoribus cura uni se tibi dignatur ostendere.“ *Odahl*, Constantine, 122; *Straub*, 99: „Selbst bei den heidnischen Panegyrikern ist der Wandel zu spüren, der sich unter Konstantin vollzogen hat. […] Nirgends freilich ist des Christengottes gedacht.“

53 *Nixon/Saylor Rodgers*, Pan. Lat., XII (IX), 2, 6; *Rosen*, Constantin 855.

54 *Nixon/Saylor Rodgers*, Pan. Lat., XII (IX), 3,2. Danach hat Konstantin drei Viertel seiner Soldaten zum Schutz des Friedens zurückgelassen. Auch der Aspekt (3, 4) der Siegesgewissheit trotz geringer Mittel spielt hier eine Rolle.

55 *Nixon/Saylor Rodgers*, Pan. Lat., XII (IX), 3, 6 f.

sich die bessere Sache (*melior causa*) der *iustitia* auch gegenüber ungezählten Zahlen von Soldaten durchsetzen wird.[56]

Dem großgewachsenen, den Vater fromm verehrenden Sohn des Constantinus Pius, der in allen Dingen geleitet von *clementia*, *pudicitia* und göttlichem Ratschlag (*diuina praecepta*) gegen falsche Anschuldigungen, von Bürgern vorgebrachte Gerüchte und auch gegen die Verhängung der Todesstrafe selbst gegenüber Verbrechern vorgeht, tritt der kleinwüchsige, den Vater missachtende und von *crudelitas*, *libido* und schlechtem Aberglauben (*superstiosa malefica*) hingerissene Maxentius als Götterhasser, Schlächter des Senates und die Bedürfnisse der *plebs* missachtender Herrscher gegenüber.[57]

Für Konstantin zählt daher (*ratione diuino consilio*) nicht die Zahl der Feinde, sondern alleine die Verdienstlichkeit der eigenen Seite gegenüber der des Maxentius.[58] Die Idee des Tugendsieges trotz geringer Mittel wird im fünften Kapitel vertieft durch das Beispiel Alexanders des Großen, der selbst schon erkannt habe, dass jede 40.000 Mann übersteigende Armee mehr einen Mob als eine Streitmacht darstelle. Auch ein zahlenmäßig geringes Heer kann sich mit der *virtus* durchsetzen, die ihm Konstantin eingibt.[59]

ee) Die Bewährung der Tugend im Kampf um Italien

Dementsprechend tugendhaft verläuft der Feldzug in Italien. Die trotz der Anwesenheit Konstantins und dem Angebot ehrenvoller Übergabe (*clementia*) Widerstand leistende, stark befestigte Stadt Susa wird rasch eingenommen, nicht durch Belagerung, sondern durch Kampf Mann gegen Mann. Plünderungen bleiben dank der *clementia* Konstantins nahezu aus.[60] Die nur durch seine Führung gewonnene Schlacht vor Turin erweist die *providentia* des Kaisers. Die Niedermetzelung der Widerstand leistenden Soldaten nach gewonnener Schlacht vor den verschlossenen Toren der Stadt wird dagegen nicht Konstantin zugeschrieben, sondern als Folge ihrer Anhänglichkeit an das Monster Maxentius gewertet.[61] Die Wiederherstellung der *securitas*, v. a. der Frauen vor Übergriffen steht bei der Eroberung Mailands im Mittelpunkt. Der Kampf um Verona schließlich bietet Gelegenheit sowohl

56 *Nixon/Saylor Rodgers*, Pan. Lat., XII (IX), 4, 1–3.

57 *Rosen*, Constantin, 859 erkennt in der Gegenüberstellung von Tugend und Laster eine Annäherung an das christliche Bild. Die Abschaffung böswilliger Klagen und das Vorgehen gegen Delatoren entspreche gerade christlichen Forderungen. Ihm gegenüber stehe mit Maxentius ein „Tempelräuber".

58 *Nixon/Saylor Rodgers*, Pan. Lat., XII (IX), 4, 4–6.

59 *Nixon/Saylor Rodgers*, Pan. Lat., XII (IX), 5, 2; *Rosen*, Constantin, 860: geringere Truppenstärke als Zeichen göttlichen Beistandes.

60 *Nixon/Saylor Rodgers*, Pan. Lat., XII (IX), 5, 4; sie zahlt so den Preis ihrer dementia gegenüber der clementia des Kaisers.

61 Insofern ist den Soldaten Maxentius der Vorwurf zu machen, Konstantin überhaupt zu Blutvergießen und jenem bitteren Sieg gezwungen zu haben; *Nixon/Saylor Rodgers*, Pan. Lat., XII (IX), 7, 2 f.

providentia als auch *clementia* und damit die *virtus* des Kaisers überhaupt zu betonen und dadurch seine Bedeutung für das Staatsgefüge erneut herauszuheben.[62]

Wenn der Panegyriker zunächst mit Kritik ansetzt und den Vorwurf ausspricht, Konstantin habe sich, getrieben vom Impetus der Schlacht, trotz seiner Voraussicht in das Getümmel gestürzt und so die Erfüllung der Gebete des gesamten Menschengeschlechtes gefährdet, da die Sorge um den Kaiser schwerer wiege als die Freude über den Sieg, so wird damit die Rolle des römischen Kaisers stärker institutionalisiert, als dies noch unter Maximian/Diokletian der Fall war. Von Konstantin wird erwartet, dass er sich einem universellen Heil verpflichtet zeigt. Gefordert wird eine Vorbildfunktion, die zwar *providentia* am Ort des Geschehens durchaus noch von der Ferne eines Maxentius in Rom unterscheidet, die das mit der Stellung des Kaisers verbundene staatliche Heil aber über die persönlichen Leidenschaften des Herrschers stellt. Eine Selbstgefährdung, die eine Situation herbeiführt, in der das Leben alleine von *diuina uirtus* abhängt, ist zu verhindern.[63]

Im Gegensatz zur Härte Konstantins in Ansehung von Schlachten steht seine Milde nach Eroberung Norditaliens und der Wiederherstellung der *securitas*. Den Gegnern, die freiwillig die Waffen niederlegen, verzeiht der Kaiser. Er belässt ihnen nicht nur ihr schon verlorenes Leben, sondern auch ihre Güter. Wenn er sie in Ketten legen lässt, so nicht zur Bestrafung, sondern zu ihrem eigenen Schutz. Gerade die Tatsache, dass Konstantin die Schwerter der Gefangenen zu Ketten umschmieden lässt, bezeugt die überragende *virtus, clementia* und *humanitas* des Kaisers. Der Schutz der Gefangenen besteht darin, in Fesseln gelegt als Bittsteller in der Freiheit erhalten zu werden. Die Gefangennahme dient dem Erhalt des wertvollsten, des menschlichen Lebens, zu dessen Zweck leicht wiederbeschaffbares Eisen umgeschmiedet wird. Die Erwiderung Konstantins auf die Gefahr eines Abfalls der bereits besiegten Feinde wird so zugleich zum Ausdruck der Gottesnähe der konstantinischen Tugend. Wie der höchste Gott (*deus ille mundi creator et dominus*) seine Blitze zu jedwedem Zweck einsetzen kann, erfüllen auch Konstantins Schwerter je nach dem Willen ihres Herren die unterschiedlichen Zwecke der Eroberung und des Erhalts, des Zuschlagens und des Schützens im Falle kaiserlicher Vergebung. Das zu Ketten umgeschmiedete Schwert symbolisiert die wiederhergestellte *securitas* nach Zeiten großer Furcht.[64]

Freiheit und Sicherheit, so das Ergebnis dieses Abschnittes, werden am Besten weder durch bloße Unterwerfung, noch durch reine Vergebung, sondern dadurch geschützt, dass einerseits die Befreiten in ihrer Freiheit belassen, andererseits die

---

62 *Nixon/Saylor Rodgers*, Pan. Lat., XII (IX); 8, 3; 8, 4 „...animi magnitudo".

63 *Nixon/Saylor Rodgers*, Pan. Lat., XII (IX); 9, 4 „...cur salutem rei publicae in pericula tanta misisti"; 5 „...spem totius generis humani et uota deceperas"; 10, 2 „...grauiorque metus est periculi tui quam laetia uictoriae."; 10, 3.

64 *Nixon/Saylor Rodgers*, Pan. Lat., XII (IX); 11, 2–4; 12–13, 1; 13, 2 mit Gottesvergleich; 13, 4 über den Wert des menschlichen Lebens. Das zu Fesseln geschmiedete Schwert erscheint wie Schatten nach großer Hitze, wie Sicherheit nach Furcht. *Rosen*, Constantin, 861.

zur Besinnung gelangten Gegner der Freiheit durch den Befreier in Fesseln gelegt werden. Sie werden so zu ihrem eigenen Schutz in Schranken verwiesen. Nur solche *securitas* ist tugendhaft, die den Wert menschlichen Lebens nach Beendigung von Feindseligkeiten achtet, wo immer dies in irgendeiner Weise möglich erscheint.

Die Befreiung Roms von dem sich ängstlich hinter den Mauern verschanzenden Maxentius (*stultum et nequam animal*) stellt erneut den Kontrast zwischen dem Idealherrscher Konstantin und dem Tyrannen Maxentius heraus. Durch seine Untätigkeit will jener eine vermeintliche *securitas* herausstellen und sein Verharren in Untätigkeit verbergen.[65] Tatsächlich aber versucht er nur die Zeit seiner eigenen Ungerechtigkeit, der Plünderungs- und Zerstörungswut in der Stadt Rom, auszudehnen. Konstantins umso rascheres Erscheinen vor den Mauern Roms, dessen Zweck auch in der Vermeidung eines unnötig langen Bürgerkrieges liegt, ist ein Zeichen wohlüberlegter Weisheit. Es lässt trotz der durch Plünderung Afrikas und der Insel erreichten Bevorratung des Maxentius den Schlachtensieg Konstantins gegen den *vernula purpuratus* erwarten.[66] Rechten Umgang mit dem römischen Volk und seinen Feinden lehrt daher der Tiber, der Maxentius verschlingt und Rom, wie früher schon vor Feinden, jetzt vor Maxentius schützt. Auch er ersetzt zur Beseitigung der Feinde des Staates seine *quietas* durch die Gewalt der Waffen.[67]

b) Adventus in Rom und Ausgestaltung des Sieges

Sowohl die personifizierte Stadt Rom wie der Tiber selbst heißen Konstantin als Befreier willkommen. Die in diesem Zusammenhang anzutreffende Erwähnung, sehr zum Leidwesen des jubelnden Volkes habe Konstantin nach dem Sieg rasch den Palast aufgesucht, ist in der Literatur vielfach als Zeichen der christlichen Bekehrung und als Verzicht Konstantins auf den Gang zum Kapitol gewertet worden.[68] Für die Frage nach der Tugendherrschaft sind aber die verfassungsrechtlichen Konsequenzen des Sieges bedeutender. Der Gewaltherrschaft folgt die Wiederaufrichtung der senatorischen *auctoritas*, die nach dem Verfall der senatorischen Gewalt seit den Zeiten der Severerkaiser zunehmend ausgehöhlt worden war. Noch bedeutsamer ist die *clementia* Konstantins, dessen Sieg (*ciuili...uictoria*) die *felicitas* Roms dadurch wiederherstellt, dass er auf Gewaltmaßnahmen nach dem Beispiel Cinnas, Marius' oder Sullas verzichtet und den Feindschaften mit Einstellung der militärischen Auseinandersetzung ein Ende macht.[69]

Die durch den Verzicht auf einen Rückfall in die Zeiten des Bürgerkrieges gewonnenen Streitkräfte setzt er, ohne sich Ruhe zu gönnen, zur Verstärkung der

---

65 *Nixon/Saylor Rodgers*, Pan. Lat., XII (IX); 14, 6. Erstrebt wird der Eindruck, seine Soldaten kämpften für ihn erfolgreich an fernen Orten, weswegen er in der Stadt verbleiben könne.

66 *Nixon/Saylor Rodgers*, Pan. Lat., XII (IX), 15, 4–6; 16, 1–3.

67 *Nixon/Saylor Rodgers*, Pan. Lat., XII (IX), 18, 1–2.

68 Vgl. *Nixon/Saylor Rodgers*, Pan. Lat., XII (IX), S. 323.

69 *Nixon/Saylor Rodgers*, Pan. Lat., XII (IX), 20, 1; 20, 3–4.

Grenzen an Rhein und Donau und so zum Schutz vor Plünderungen der Grenzlande ein, während er selbst nach Germanien zurückeilt. Die aus der beständigen Aktivität abzulesende *divinitas* des Kaisers äußert sich in militärischen Feldzügen in Germanien, die der Abschreckung der Barbaren dienen und daher auch nach Auffassung des Rhetors mit größter Gewalttätigkeit und ohne Schonung des Gegners zu führen sind.[70] Den Vorrang Konstantins über die im Osten herrschenden Mitkaiser zeigt ein Germanensieg, der Siegen über Griechen oder Orientalen auch im Lob vorzuziehen ist, allemal.[71] Berechtigt erscheint es daher, von dem Schöpfergott (*summe rerum sator*), welchen Namens oder welcher Qualität er auch immer sei, zu erbitten, Konstantin zu erhalten, dessen *virtus* und *pietas* auf Erden das längst mögliche Leben verdienen.[72]

e) Bewertung

Der Panegyrikus des Jahres 313 stilisiert den Kampf Konstantin/Maxentius zur Auseinandersetzung von Tugendherrschaft und Tyrannei.[73] Konstantin kämpft mit göttlicher Hilfe gegen Unrechtsherrschaft an. Dem Laster des *latro* Maximian, gekennzeichnet durch *avaritia, crudelitas* und *libido* tritt mit Konstantin ein idealer Tugendherrscher entgegen, der *clementia* zum Hauptprinzip der Herrschaft erhebt und zur Wahrung von *pax* und *iustitia*, zur Sicherung von *virtus, felicitas* und senatorischer *auctoritas* streitet. Den Schutz der *securitas* über den eigenen stellend, reduziert er die Zahl seiner Soldaten dadurch, dass er trotz des Kampfes gegen Maxentius den Schutz der Reichsgrenzen nicht vernachlässigt.

Diesem faktischen Kräfteungleichgewicht setzt der Panegyriker zum einen die Tugend Konstantins entgegen, zum anderen aber auch den göttlichen Ratschlag. Wer die höchste Gottheit auf seiner Seite weiß und mit *providentia* handelt, bedarf nicht des vermeintlichen Schutzes der höheren Zahl. Die geringere Zahl der Tugendhaften setzt sich gegen das Laster durch. Kaiserliche *clementia* greift die doppelte Funktion des kaiserlichen Schwertes erneut auf. Mit aller nötigen Härte geht Konstantin gegen die Feinde des Staates vor, insofern dient es als Waffe. Die Gefangennahme gegnerischer Soldaten und das Umschmieden ihrer Schwerter zu Ketten demonstriert zugleich die zweite Funktion. Das kaiserliche Schwert dient nicht zuletzt dem Schutz der Untertanen. Es ist gegen die Feinde erhobene Waffe und zugleich Schutz der Unterworfenen. So ausgeübte kaiserliche Gewalt mag mit dem Einverständnis des höchsten Schöpfergottes[74] unversehrt erhalten werden,

---

70 *Nixon/Saylor Rodgers*, Pan. Lat., XII (IX), 22, 3; 22, 6; 23, 2 f.
71 *Nixon/Saylor Rodgers*, Pan. Lat., XII (IX), 25.
72 *Rosen*, Constantin, 859: pietas, clementia, humanitas würden auch bei Christen Zustimmung finden.
73 *Grünewald*, Constantinus, 64 zum Motiv, durch Gegenüberstellung die Tugenden Konstantins zu erhöhen.
74 *Wienand*, 251 f., sieht im Panegyrikus de Jahres 313 eine deutliche Steigerung der kosmischen Bezüge Konstantins zur Gottheit.

soweit der Kaiser sich die Bedeutung seiner Person für den Staat auch im Kampf vor Augen führt. Das göttliche *numen* des Herkules, 310 ersetzt durch die Apollon-Erfahrung, 311 weiter bezeichnet als „jener (höchste) göttliche Geist" ist 313 zum Schöpfergott konkretisiert. Ob damit der Christengott, wie es Laktanz und Eusebius später formulierten, oder lediglich jene höchste Gottheit der Heiden angesprochen ist, die das Pantheon schuf und die etwa Firmicus Maternus benennt, bleibt unbeantwortet.[75]

5. Der Nazariuspanegyrikus auf Crispus und Constantius des Jahres 321

Den Kreis der Konstantinpanegyrik beschließt der Nazariuspanegyrikus zu Ehren der Quinquennalien und des zweiten Konsulates der Konstantinsöhne Crispus sowie des noch vierjährigen, späteren Kaisers Constantius II. Da v. a. über die Taten des Letzteren – einmal davon abgesehen, dass er sich seines Konsulates bewusst ist – nur wenig ausgesagt werden kann und zugleich Konstantin nunmehr nach der Niederlage des Maxentius und der Verdrängung des Licinius aus den westlichen Provinzen unumschränkter Alleinherrscher ist, steht naturgemäß die Person des Kaisers stärker im Mittelpunkt des Herrscherlobes als die der Kaisersöhne.[76]

a) Konstantins virtus als Garant umfassender felicitas

Dementsprechend verleiht der Rhetor zu Beginn seines Lobpreises dem Wunsch Ausdruck, dass Konstantin als *maximus princeps* zum Wohle des Reiches jedenfalls die Vicennalien erleben werde. Seine Herrschaft ist nicht an menschlichen Maßstäben, sondern am Maßstab der Ewigkeit zu messen. Was die *felicitas* der Zeit angeht, so dürfen diejenigen, die über das Wesen der Göttlichkeit nachsinnen, in Ansehung Konstantins nicht an den Grenzen menschlichen Daseins verharren.[77]

Konkret drückt sich seine zur *felicitas* führende *virtus* in der Erziehung seiner Söhne aus. Sie lassen bereits in frühen Jahren deutliche Anzeichen der Tugendhaftigkeit erkennen, zur Freude des bestmöglichen Vaters und Kaisers, aber auch des ganzen Gemeinwesens. Die persönliche Erziehung durch den Kaiser garantiert den Erziehungserfolg, da die Anschauung eines verehrens- und liebenswerten Objektes selbst gute Taten und Liebe hervorbringt.[78] Ohne Abirrung beschreitet Konstantin

75 *Rosen*, Constantin, 858 zu den verschiedenen Bezeichnungen: „deus ille mundi creator et dominus"; „summus rerum sator", „rerum arbiter deus", „summa ille maiestas".

76 *Nixon/Saylor Rodgers*, Pan. Lat., IV (X), 3, 5. Zu Nazarius und seinem möglichen, christlichen Glauben, vgl. *MacCormack*, Panegyrics, 167.

77 *Nixon/Saylor Rodgers*, Pan. Lat., IV (X), 2, 5 f.. Dem folgt die typisch panegyrische Bekundung, dem Gegenstand des Herrscherlobes aufgrund seiner herausragenden Tugendhaftigkeit kaum gerecht werden zu können, 3, 2.

78 *Nixon/Saylor Rodgers*, Pan. Lat., IV (X), 4, 1–3.

den Pfad der Tugend.[79] Im Alltag ist Konstantin als Tugendvorbild für die Untertanen erreichbar. Er verzichtet auf einen Vorhang der Furcht und ist zugänglicher als seine Vorgänger. Ihm ist auch der gemeine Mann zu Dank verpflichtet.[80] Rom selbst ist von Konstantin zu altem Glanz zurückgeführt worden, obgleich es einst von dem Tyrannen Maxentius beherrscht wurde und daher mehr zur *misericordia* Anlass gab. Dies geschah nicht, indem Konstantin sich der Stadt erbarmt hätte, sondern weil ihm die Stadt auch in ihrem elenden Zustand noch immer ehrenwert erschien.[81]

b) Der göttliche Eingriff in die Welt – kaiserliche pietas Tugend

Wenngleich Konstantin für die Eroberung der Stadt mehr das Lob seiner *fortitudo* wegen der Beseitigung des Maxentius zukommt, als dass er für seine *pietas* gelobt wird, mit der er die *libertas* der Unterdrückten wiederherstellte, ist sein Erfolg der Unauftrennbarkeit tugendhaften Handelns zu danken. Es folgt nicht nur einer einzelnen Tugend und letztlich gottgewollt bzw. Ausdruck göttlicher Leitung. Im Gegensatz zur typischen Sprunghaftigkeit des Kriegsgottes Mars ist Konstantin nicht nur die Rückeroberung der Stadt, sondern die Rückeroberung ohne Blutvergießen gelungen. Sie bringt Strafe über die *impii*. Das Eroberungswerk ist eher Ausfluss der Gerechtigkeitspflege und nicht des rein militärischen Sieges. Siegt ein Tugendkaiser, ist *victoria* weniger ein Sieg der Tapferkeit und vielmehr ein Sieg der *integritas*.[82] An dieser nimmt Gott (*arbiter deus*), der Schöpfer des Menschen und Erschaffer der Güter, Anteil. Er greift zum Wohle des Rechtschaffenen in die Ordnung der Welt ein. Der Gewalt (*vis*) dieses zwischen Recht und Unrecht die Dinge abwägenden Gottes ist auch Konstantin unterworfen. Sie führte seine unbesiegbare Armee zum Sieg über den Tyrannen.[83] Der Panegyriker des Jahres 321 ersetzt also die klassische These,[84] der Kaiser stehe im Kontakt zu den Göttern, empfange von den Göttern seinen Ratschlag, durch den unmittelbaren göttlichen Eingriff zugunsten des Guten auf Erden. Er bestärkt so die Bedeutung individueller Tugendhaftigkeit des Menschen gegenüber der bloßen Anleitung zur Tugend durch göttliches Beispiel. Konstantin erfährt göttliche Hilfe nicht zu tugendhaftem Handeln, sondern weil er tugendhaft handelt.

c) Mäßigung und clementia zum Erhalt der concordia

Da Rom zurückgewonnen wurde, darf im Sieg auch der Hinweis auf die spezifisch kaiserliche *clementia* nicht fehlen. Konstantin kämpft trotz der Leichtigkeit des Sieges nur ungern. Er nimmt die Verirrungen des Maxentius infolge der zu großen

---

79 *Nixon/Saylor Rodgers*, Pan. Lat., IV (X), 5, 5 f.
80 *Nixon/Saylor Rodgers*, Pan. Lat., IV (X), 5, 1 f.
81 *Nixon/Saylor Rodgers*, Pan. Lat., IV (X), 6, 2 f.
82 *Nixon/Saylor Rodgers*, Pan. Lat., IV (X), 6, 5 f.; 7, 1 f.
83 *Nixon/Saylor Rodgers*, Pan. Lat., IV (X), v. a. 7, 3 f.
84 So noch der Panegyrikus des Jahres 313.

Bürde der erlangten Machtstellung lange hin. Setzt sich *felicitas* gegen *libido* durch, so gereicht es ihr umso stärker zum Lob, wenn sie sich im Sieg darauf beschränkt, die Wurzeln des Übels zu entfernen und mit Sorgfalt alleine gegen die *mali* vorgeht.[85] Die *clementia*-Tugend, die eher gar nicht als auch nur einmal zu Unrecht zu den Waffen greift, sucht auch angesichts offener Laster (*vitia*) stets das Band der *concordia* zu erhalten. Sie strebt in Ansehung eines kranken Gliedes nicht zuerst nach Amputation, sondern nach milderer Medizin.[86]

Dementsprechend hat auch Konstantin, angeleitet von *caelestis prudentia* – was der Panegyrikus des Jahres 313 mit keinem Wort erwähnt – zunächst im Rahmen einer Konferenz versucht, die Laster eines Maxentius mittels *modestia* zu mäßigen und so für ein Einvernehmen der Herrscher zu sorgen. Der Rhetor stellt klar, dass Konstantin damit nicht die Duldung von Tyrannenherrschaft bezweckte, sondern die Überwindung des Tyrannen durch das Beispiel der Tugend und einen Sieg ohne Waffen.[87] Unermüdlich war er darum bemüht, auch das Unvereinbare zu vereinen, um so mittels der *prudentia* und der damit verbundenen *pietas* die Segnungen der *concordia* zu erhalten. Eintracht ist die Basis und Wurzel jeder Zivilgesellschaft, jeder *quietas* und der *pax*. Erst wenn, wie im Falle des Maxentius, eine Rückführung auf den Weg der Tugend ausscheidet, kann der Tugendhafte den Frieden nicht bewahren, da jede Verständigung der Spaltung dienen würde.[88]

e) Die Eroberung Roms

Im nun folgenden Krieg streiten nicht nur die Tugenden, allen voran *prudentia*, für Konstantin, sondern auch Gott. Maxentius beschleunigt den eigenen Untergang dadurch, dass er die ehrenwerten Statuen Konstantins, des Lichtes der Welt (*lumen mundi*), umstößt und sich so noch tiefer in Lasterhaftigkeit begibt. Nicht nur der Tugend, sondern auch der verletzten Stadt Rom selbst hat Konstantin zu gerechter Vergeltung verholfen, da beide durch das Band der gleichen Offizien geeint werden.[89] Der Sieg Konstantins wird so zu einem Sieg der Tugend. Er ist deswegen verdient, weil er von Konstantin, der unter allen Umständen dem Frieden (*pax*) zustrebte, nicht gewünscht war. Die Erringung des Erfolges auch mit der Hilfe einer himmlischen Armee unter der Führung des verstorbenen Vaters bestärkt diese Tugendhaftigkeit, manifestiert sie doch die vorangegangene Behauptung göttlichen Beistandes für den Tugendhaften und belegt im kämpfenden Konstantinvater die Anwesenheit eines Tugendvorbildes.[90] Die Unterstützung durch überweltliche

---

85 *Nixon/Saylor Rodgers*, Pan. Lat., IV (X), 8, 2 f.; 8, 4 f.
86 *Nixon/Saylor Rodgers*, Pan. Lat., IV (X), 9, 1 f.
87 *Nixon/Saylor Rodgers*, Pan. Lat., IV (X), 9, 5.
88 *Nixon/Saylor Rodgers*, Pan. Lat., IV (X), 10, 2; 10, 4.
89 *Nixon/Saylor Rodgers*, Pan. Lat., IV (X), 12, 3; 13, 3.
90 *Nixon/Saylor Rodgers*, Pan. Lat., IV (X), 13, 4; 14; *Straub*, 102 f.; *Grünewald*, Constantinus, 64 ff.; *Rosen*, Constantin, 862: Es drängt sich ein Vergleich mit den Dioscuren auf, die die Römer am See Regillus unterstützt hatten.

Kräfte basiert auf der rechten *pietas* des Kaisers, die alle in der römischen Geschichte bislang existenten Tugendvorbilder übertrifft. Das Verhalten Konstantins wirkt zu Ehren der Göttlichkeit. Der Kampf des verstorbenen Vaters an Konstantins Seite verhilft auch diesem zu neuem Ansehen.[91] Es besteht kein Zweifel, dass es Gott (*deus*) ist, der Konstantins Glaube (*pietas*), nachgewiesen durch den Ausweis übermenschlicher Taten (*cum gloria tua humanum modum supergressa sit*), in dieser Weise zum Sieg verhilft.[92]

f) Der Auftrag der Konstantinsöhne

In gleicher Weise ist von Crispus und Constantius zu erwarten, dass auch sie der Tugend nachstreben und die Tugenden des Friedens und des Krieges zu ihrem Ruhm in sich vereinen werden. Hierzu gehört es selbstverständlich auch – und insofern gelten die für die *concordia* im Inneren gemachten Aussagen nicht nach außen gegenüber barbarischen Völkerschaften – dass die Barbaren zum Ruhme des Kaisers in Furcht vor Rom erhalten werden. Gegenüber feindlichen Königsherrschaften, Völkern und Nationen ist dies wünschenswert, selbst wenn der Kaiser von den Grenzen des Reiches weit entfernt sein sollte.[93]

g) Der Italienfeldzug als Beweis kaiserlicher Handlungstugenden

Erst das Gesamtbild der Handlungen – Befreiung Italiens, tugendhaftes Handeln auch in der Kriegsführung, Abwehr der Barbaren – berechtigt dazu, in Konstantin den besten aller Kaiser zu sehen, dessen Tapferkeit, Weisheit und *felicitas* dem Reich zum Besten gereichen.[94] Dem Charakterporträt der Konstantindynastie sowie des Maxentius schließt sich erst jetzt die Schilderung des Italien-Feldzuges an, die das zuvor aufgefundene Tugendbild bestätigt. Gegenüber der Stadt Segusio lässt Konstantin seine *pietas* walten und verhindert, dass nach dem Sieg seiner Soldaten Feuer und Chaos in der Stadt sich ausbreiten. Der kaum mit Verlusten verbundene

---

91 *Nixon/Saylor Rodgers*, Pan. Lat., IV (X), 14, 6: „Magnus hic quoque pietatis tuae fructus..." Ob Constantius, wie *Nixon/Saylor Rodgers*, ibid, S. 359 Fn. 63 annehmen, Christus substituiert, erscheint zweifelhaft. Alleine die Tatsache, dass ein von der Gottheit aus dem Jenseits entsandter, kämpfender Tugendkaiser an der Seite Konstantins steht, wirkt sowohl für Konstantin, wie auch seine Familie legitimierend, die der Rhetor hervorheben möchte. Einen Rückschluss darauf, der Rhetor habe seine christlichen Wurzeln in Rom verbergen wollen, lässt die angeführte Episode aber nicht zu.

92 *Nixon/Saylor Rodgers*, Pan. Lat., IV (X), 16, 1 f.

93 *Nixon/Saylor Rodgers*, Pan. Lat., IV (X), 17; 18, 3: „Tibi tamen incrementum laudis ex multiplicatione terroris est."

94 *Nixon/Saylor Rodgers*, Pan. Lat., IV (X), 19, 2 „His rebus semper e re publica gestis tanta ui tantoque successu ut numquam uirtus tua intremuerit, prudentia haeserit, felicitas claudicarit...".

Sieg vor Turin belegt die Unüberwindbarkeit des Kaisers, dessen göttlicher Beistand sich auch darin zeigt, dass er vor Verona persönlich und ohne Gefahr in der Schlacht selbst streiten kann. Auch die Tatsache, dass Maxentius sich vor den Mauern Roms zu einer aussichtslosen Schlacht stellt, ist letztlich der göttlichen Hilfe zu verdanken.[95] Zwar verweist auch Nazarius – wie schon der Panegyrikus des Jahres 313 – darauf, dass dem Kaiser an sich eher die Planung als der Kampf in der Schlacht selbst obliegt, doch verzichtet er darauf, das den Soldaten als Ansporn dienende Beispiel zu kritisieren. Der Tyrann Maxentius findet im Tiber den Tod, der seinen Lastern entspricht.[96]

h) Die durch den Sieg ermöglichte Vertreibung der Laster durch die Tugend

Der Einzug in die Stadt und die nachfolgende Gesetzgebung Konstantins geraten zum Beispiel für die Wiederherstellung der römischen Freiheit. Senat und römisches Volk werden aus dem Joch der Unterdrückung geführt. Konstantins Sieg besteht nicht darin, unterworfene Anführer vor sich herzutreiben oder Barbaren ins Gefängnis zu werfen, sondern in der Befreiung ehemaliger Konsuln aus widerrechtlicher Kerkerhaft. Nicht Menschen, sondern die Laster treibt der Kaiser vor sich her aus der Stadt: *Scelus, perfidia, audacia, furor, crudelitas, superbia, arrogantia, luxuria* und *libido*. Sein Sieg ist daher eher gottgefällig, als dass er dem Zeremoniell eines Triumphzuges entspricht.[97] Er ist Tugendsieg, getragen von *prudentia*, *benignitas* und *clementia*, durchgesetzt mit der unverbrüchlichen *fortitudo* des Kaisers, manifestiert in der Wiederherstellung rechtsgemäßer Vermögensverhältnisse, durch Rückgewähr widerrechtlich entzogenen Eigentums an die rechtmäßigen Eigentümer zum Wohle der Bürger und damit zum Wohle des gesamten Gemeinwesens.[98]

i) Konstantin als Garant der römischen Werteordnung

Daran alleine ist auch seine Regierung ausgerichtet. Sie ist Tugendvorbild sowohl in der leichten Zugänglichkeit des Kaisers, wie seiner vortrefflichen *patientia* im Zuhören, seiner *benignitas* im Antworten. Seine *liberalitas* verleiht Roma den ihr zustehenden Geltungsrang als Königin der Völker und der Erde; er spiegelt sich in dem zur gebührenden Ehre restituierten Senat wider. Dank des göttlichen Princeps ist auch die *pax* überwundener Barbaren erneut hergestellt.[99] Es trifft daher zu, Konstantin als größte Segnung des Staates zu bezeichnen und zum Vorteil des

95 *Nixon/Saylor Rodgers*, Pan. Lat., IV (X), v. a. 21, 1 f. (Segusio); 24 (Turin); 25 f. (Verona), v. a. 26, 1 „deo tectior"; 27 f. (Rom).

96 *Nixon/Saylor Rodgers*, Pan. Lat., IV (X), 29 f.

97 *Nixon/Saylor Rodgers*, Pan. Lat., IV (X), 30, 4; 31, 3: Rom hört auf, Kriegsbeute zu sein, *Grünewald*, Constantinus, 77.

98 *Nixon/Saylor Rodgers*, Pan. Lat., IV (X), 33, 1–3; 7; betont wird auch die neue Sicherheit der Frauen.

99 *Nixon/Saylor Rodgers*, Pan. Lat., IV (X), 33, 4; 35, 1 f.; 4.

Staates seinen Söhnen eine gute Herrschaft zu wünschen, da nun nicht nur die Barbaren überwunden, die Perser in Freundschaft vereint, die Ruhe hergestellt und der Reichtum der Äcker zurückgewonnen wurde. Er und seine Familie sind zudem Garanten einer veränderten Rechtsordnung, die mit *leges* gegen Laster und zum Besten der Moral streitet. Sie befördert *pudicitia*, bewahrt das Eigentum und schützt die Ehen. Betet unter Konstantin das Volk für die *felicitas*, so ist allenfalls an den Erhalt des bestehenden Zustandes, keinesfalls an seine Verbesserung zu denken.[100]

j) Bewertung

Nazarius weist in seinem Panegyrikus der *pietas* Tugend die herausragende Rolle in der Bewertung des Restitutionswerkes Konstantins zu. Ein Akt rechter *pietas*, die hier im Zusammenhang mit der *clementia* steht, ist die Schonung der Feinde. Der *pietas*-Tugend zugerechnet wird auch das Bestreben nach dem Erhalt der *libertas* und der *concordia* des römischen Staatswesens. In dem Bemühen um Aussöhnung auch mit Feinden tritt sie wiederum der *clementia* an die Seite.[101] In allem ist sie Ausdruck göttlicher Weisheit des Kaisers, die gegen die Laster vorgeht. Konstantins Sieg gegen Maxentius ist ein Sieg der Gerechtigkeit, rechter *pietas*. Sie sichert Konstantin die Unterstützung des Gottes, der Recht und Unrecht gegeneinander abwägt. Gott greift durch Entsendung des Constantius aktiv in den Kampf um die Stadt Rom auf Seiten Konstantins ein und schenkt dem Kaiser den Sieg. Nazarius konkretisiert die bereits 313 anklingende Unterstützung der Gottheit für die geringe Zahl der Tugendhaften zum aktiven göttlichen Eingriff in das Weltgeschehen. Ebenso wie ein gerechter Konstantin nimmt ein gerechter Gott Anteil an der irdischen Ordnung. Im Gegensatz zu dem Panegyrikus des Jahres 307 (Abdankung des Maximianus) kann keine Rede mehr davon sein, die Götter stünden den irdischen Dingen gleichgültig gegenüber. Recht geübte *pietas* gewährt Konstantin die Unterstützung seines Gottes, die Unterstützung Gottes gewährt dem Kaiser Konstantin den Sieg (*victoria*) und Ruhm (*gloria*). Die Früchte des Sieges, die Restitution der *concordia* und damit der Zivilgesellschaft als solcher, setzt Konstantin ein, um den wieder erreichten Friedenszustand (*pax*) mit *leges* vor dem Abgleiten in die Laster zu schützen. Er garantiert dadurch und durch die Abwehr der Feinde uneingeschränkten Genuss des Eigentums und bewahrt durch Förderung von Mäßigkeit und Bescheidenheit den Bestand der *felicitas* des Zeitalters.

---

100 *Nixon/Saylor Rodgers*, Pan. Lat., IV (X), 38, 3–6. Zur betonten Hervorhebung der liberalitas durch Wiederrichtung von Bauten auch *Mause*, 168.

101 *Wienand*, 179: pietas als kohärenter Teil des Herrschaftskonzepts; 251: „Constantins pietas zerfällt dabei im Wesentlichen in drei Felder: Die pietas gegenüber den Göttern, die parterna pietas gegenüber dem göttlichen Vater und die pietas victoris, die sich in der Milde des Siegers gegenüber den besiegten Gegnern und der Zivilbevölkerung ausdrückt."

6. Gesamtbewertung der Konstantinpanegyrik

Die Entwicklung der Panegyrik unter Konstantin vom Jahre 307 bis hin zum Jahre 321 ist geprägt von der zentralen Frage der Herrschaftslegitimation. Sie wird in den Panegyriken aufgespalten in dynastische Elemente – Ableitung der Gewalt von Constantius Pius, von Maximian oder Claudius Gothicus – sowie die Frage nach der göttlichen Bestimmung Konstantins zur Herrschaft. Letztere ist stets verknüpft mit der Herrschertugend Konstantins, manifestiert in dem Status als Restitutor und Konservator der *res publica* und durch die Tugendtermini: *pietas, clementia, libertas, pax, concordia, securitas, felicitas* (etc.). Ihr gegenübergestellt ist das klassische Beispiel des dem eigenen Laster frönenden tyrannischen Regiments Maximians. Der *clementia*-Tugend entsprechend, ab 313 verstärkt verknüpft mit dem *pietas*-Begriff, bemüht sich Konstantin stets um Herstellung der *concordia* ohne Einsatz des Schwertes als Waffe. Ist er zur Anwendung von Gewalt gezwungen, beendet er den Gewalteinsatz, nachdem die Gebote der *severitas* erfüllt sind. So vermeidet er es, dass die Befreiung Italiens zu einer zweiten Herrschaft Sullas gerät.

Deutlich verstärkt erscheint in den Panegyriken ab 310 das Bemühen um eine Legitimation der Herrschaft Konstantins aufgrund seiner besonderen Beziehung zu göttlichen Mächten. Ob mit Apoll, einem höchsten göttlichen Geist, oder dem höchsten Schöpfergott – Konstantin steht mit solchen Gottheiten des römischen Pantheons in Kontakt, die Herrschaft über den Erdkreis verheißen (Herkules, Apoll). Sie stehen dem Pantheon entweder als höchster Gott vor oder sind gar die einzige Gottheit.[102] In jedem Fall übersteigert die Auswahl durch das höchste Göttliche die irdische Herrschertugend. Die Ableitung der Gewalt von *divi*, etwa von Constantius oder Claudius Gothicus alleine genügt zwar dem Tugendvorbild, nicht aber schon den Anforderungen der göttlichen Auswahl. Zu bewusst ist sich auch die Panegyrik der Zeit, dass es sich bei diesen Gottheiten zwar um Gegenstände der Verehrung, aber doch um Menschen handelt. Das eigentlich neue Element der Herrscherpanegyrik unter Konstantin stellt der aktive Eingriff eines dauerhaft an den irdischen Dingen Anteil nehmenden höchsten Gottes in die irdischen Geschicke dar. Die Zuversicht der geringen Zahl der Tugendhaften, göttliche Unterstützung in übermenschlichen Fähigkeiten des Kaisers oder in der Zuwendung der Elemente auf den Kaiser waren – bedacht seien die Beispiele der Regenwunder – von jeher Teil der Legitimation von Herrschaft. Konstantin aber streitet im Einklang mit einem ebenso wie der Kaiser auf eine gerechte irdische Ordnung bedachten höchsten Gott gemeinsam auf dem Schlachtfeld gegen die Tyrannei. Gott selbst entsendet unbesiegbare Truppen der Tugend in die Schlacht und unterstützt so einen in Gemäßheit der *pietas* handelnden Herrscher. Er verhilft Konstantin so aktiv zum Sieg gegen einen zahlenmäßig überlegenen Feind. Konstantin dankt es ihm mit der Wahrung der Tugend auch im nachfolgenden Frieden. Die Verknüpfung zwischen Kaiser und Gottheit ist damit wesentlich enger gezogen als in der Herrscherpanegyrik der

102 Die letzte Frage lässt der Panegyrikus des Jahres 321 offen.

Tetrarchie. Durch den Kaiser wirkt die Gottheit selbst auf Erden. Die Frage, was geschieht, wenn sich der Kaiser gegen Gott die Tugend wendet, stellt sich aber die lateinische Panegyrik dieser Zeit ebenso wenig, wie sie von Laktanz und Eusebius für den Christengott befriedigend beantwortet wird.[103] Deutlich tritt demgegenüber die parallele Ausgestaltung des Tugendideals und der Tyrannenlaster in christlicher Literatur und heidnischer Panegyrik hervor. Beschränkt sich die Identität hinsichtlich der Tugend noch auf Begrifflichkeiten – der heidnische Lobredner verharrt auch, wenn er den *deus auctor* im aktiven Eingriff in das Weltgeschehen anerkennt, innerhalb des heidnischen Pantheons und sucht allenfalls in der Unbestimmtheit des Gottesbegriffes, nicht aber in der christlichen Botschaft, den Anknüpfungspunkt seines Lobes – so entsprechen sich heidnische und christliche Vorstellungen vom irdischen Laster weitgehend auch materiell. Gleich ob im Werk des Laktanz, Eusebius oder in den Reden der Lobredner, stets zielen Tyrannen auf irdische Güter, Triebbefriedigung und die Aufhebung der *res publica* durch Beschränkung der *libertas*, des Eigentums und der bürgerlichen und senatorischen Rechte ab. Die Lobreden waren daher, auch mit der Betonung von *clementia* und *pietas* durchaus mit christlichen Lebensidealen vereinbar, mit der Ausnahme der Frage der Ableitung der Herrschaft von heidnischen Göttergestalten. Vom christlichen Standpunkt ausgehend konnte unter der Voraussetzung der Ableitung der Herrschaft von Gott und bei Umdeutung der Tugendbegriffe gemäß den Schriftworten die mühsame Begründung der Herrschaft aus dynastischen Gesichtspunkten und einem konstruierten fiktiven Ursprung in Claudius Gothicus sogar entfallen. Ob diese „Offenheit" vor allem der späteren Reden des Jahres 313 und 321 einer betont gewollten Unbestimmtheit im Ausdruck zugunsten der *concordia* von heidnischer und christlicher Bevölkerung geschuldet war oder nur der Zuwendung Konstantins auf „die Gottheit" im Sinne eines monotheistischen Legitimationsansatzes hin, kann offen bleiben. Fest steht, dass die Wandlungen im panegyrischen Ausdruck die Ausdeutung der Reden sowohl in heidnischen als auch im christlichen Sinne zunehmend ermöglichten.

II. Claudius Mamertinus – Gratiarum Actio auf Julian

Mit der vor dem Senat von Konstantinopel gehaltenen *gratiarum actio* des Jahres 362 für den Kaiser Julian liegt nach dem Panegyrikus des Nazarius (321) das erste Werk nachkonstantinischer, lateinischer Beredsamkeit vor.[104] Wenngleich der

103 In der christlichen Überlieferung ist immerhin klar, dass Gott die Verfolger der Christen straft. Dass er zwingend gegen lasterhafte Kaiser einschreitet, ist damit ebenso wenig ausgesagt, wie dadurch die Frage beantwortet wird, in welchen Fällen – etwa bei dem Eingriff in die Autonomie der christlichen Kirche – der episcopus episcoporum die göttliche Hilfe verliert. Die Christen äußern sich kritisch erst zu den Nachfolgern Konstantins, etwa in den polemischen Schriften des Lucifer von Calaris sowie des Hosius von Corduba und Hilarius von Poitiers.

104 Nachdem Konstantin Gallien nach 328 endgültig verlassen hatte, waren dort bis hin zu Julian keine Kaiser mehr dauerhaft anwesend. Dadurch entsteht in der

Dank für die Verleihung des Konsulates desselben Jahres den Anlass zur Rede des Mamertinus bietet, steht vor allem die Legitimation der noch jungen Herrschaft Julians im Mittelpunkt der Rede. Betont wird die doppelte Restitutionsleistung, die in der Vertreibung der Barbaren und Wiederherstellung der *libertas* im Inneren liegt. Ob Mamertinus zu dem Verfasser der Panegyrici der Jahre 288 und 291 (vermeintlich *eiusdem magistri memet* = Mamertinus)[105] in einer verwandtschaftlichen Beziehung stand, ist nicht zu klären. Fest steht, dass er vor und nach Erlangung des Konsulates wichtige Staatsämter bekleidete (361 Comes sacrarum largitionum; später Praefectus Praetorio per Illyricum).[106] Die Tatsache, dass er den Vortrag vor dem Senat von Konstantinopel und vor einem Kaiser, der die griechische Sprache bevorzugte, im Latein des Westens hielt, weist ihn jedenfalls als einen Rhetor aus, der sich auch der westlichen panegyrischen Tradition verpflichtet sah. Im religiösen Bekenntnis scheint er eher dem Heidentum zuzuneigen, die Verteidigung der Philosophie und die Beschränkung der kaiserlich-göttlichen Bestimmung auf den üblichen Rahmen deuten dies an. Ob dies der eigenen Überzeugung des Rhetors oder den Gegebenheiten des Lobpreises vor dem bekennend heidnischen Julian geschuldet war, lässt der Panegyrikus nicht erkennen.

1. Doppelte Bedrohung der libertas durch barbarisches Vorgehen gegen die Nobilität und Raubtaten der Magistrate gegen die Bevölkerung

Anstelle einer umfassenden Lebensbeschreibung, insbesondere auf eine Darlegung zur Amtsführung Julians als Caesar und Augustus in Gallien (355–261) hat Mamertinus weitgehend verzichtet, wendet sich die Rede nach knapper Einleitung mit den üblichen rhetorischen Floskeln[107] unmittelbar dem Wirken Julians nach Erlangung der alleinigen Augustuswürde im November 361 zu. Das Reich, vor allem das römische Gallien aber auch die Regionen an der Donau, im Illyricum und in Thrakien sind vor Julians Herrschaftsantritt von zwei Grundleiden bedroht: (1) der Plünderung durch einfallende Barbaren[108] und (2) den Räubereien der Magistrate,

---

lateinischen Panegyrik eine vierzigjährige Überlieferungslücke, die allerdings von der umso stärkeren Auseinandersetzung zwischen Kaisertum und Kirche in den Werken des Laktanz, Eusebius, Firmicus Maternus, Hosius von Corduba, Lucifer von Calaris u.a. geprägt ist, vgl. *MacCormack*, Panegyrics 174.

105 Vgl. S. 152 Fn. 105.

106 *Nixon/Saylor Rodgers*, Pan. Lat., III (XI), S. 387.

107 *Nixon/Saylor Rodgers*, Pan. Lat., III (XI), I, 1–3: enormer Umfang der Aufgabe, Ungeeignetheit des Verfassers; III, 2 Betonung der Wahrhaftigkeit des Lobpreises.

108 *Nixon/Saylor Rodgers*, Pan. Lat., III (XI), I, 4–5. Zu den Zerstörungen die nach dem Tod des Constans im Jahr 350 Gallien heimsuchten, vgl. bei *Nixon/Salyor Rodgers*, S. 398, Fn. 24. Darauf gehen u. a. ein: Eutrop. 10, 14, 1; Amm. Marc, 15, 8, 1; 15, 8,6–7; 15, 8, 19; 16, 2, 12; sowie die griechischen Rhetoren Libanius (Or. 12, 44 u. 48; 18, 33–35), wie auch Sozomenos, Hist. Eccl. 5, 20, 2.

die in ihrer Schwere die durch die Barbarenüberfälle verursachten Übel jedenfalls erreichen.[109] Während die barbarische Bedrohung vor allem die Nobilität trifft – ihr droht die Überführung in die Sklaverei – sind es vor allem die Gouverneure, die als *latrones* zum noch größeren Leid der freien Bevölkerung Anlass geben. Ihre Herrschaft ist tyrannengleich, soweit sie Freigeborene der Folter unterwerfen und die Abwendung ihrer *crudelitas* nur durch entsprechende Geldleistungen erlauben.[110] Wenn freie Römer zu den (grausamen) Barbaren flüchten um dort lieber in Gefangenschaft als unter römischen Magistraten in Freiheit zu leben so ist die römische *libertas* aufgehoben. Ein Magistrat, der solchem Verhalten Vorschub leistet, kann schlechterdings keine legitime *potestas* in Händen halten.[111] Während Dank der *virtus* Julians und als Ausdruck seiner *gloria* die barbarischen Einfälle nach Gallien in einer einzigen Schlacht beendet werden können, bedarf die Besserung der Sitten und der rechtlichen Ordnung weiterer, aufwendigerer Maßnahmen.[112]

2. Militärische und zivile Tugend Julians

Den zivilen Tugenden des Kaisers stellen sich die Verbrecher entgegen, die durch weitere Verbrechen versuchen, ihre Verurteilung zu vermeiden, weil ihre Verteidigung gegenüber dem Gesetz aussichtslos erscheint. Von ihnen, nicht von Julian, wurde daher der Zwist mit Constantius II. ausgelöst. Sie schufen *discordia*, indem sie das Wiederherstellungswerk Julians und seine erfolgreichen Feldzüge gegen die Barbaren als dem Wiederherstellungswerk Constantius' II. überlegen darstellten. Dadurch, dass sie die Erfolge gegen die Barbaren und die Wiederherstellung zerstörter Städte durch Julian dem zivilen Wirken Constantius' II. vorzogen, säten sie Zwietracht mit der These Julian verbringe unermüdlich den Sommer auf Feldzügen, den Winter im Gericht. Mamertinus gelingt durch diese Darstellung ein Doppeltes: Julians Verantwortung für den Konflikt mit dem von ihm *post mortem* divinisierten Constantius II. wird ausgeschlossen. Zugleich erscheint er als der eigentliche *restitutor* der zivilen Rechte und als Vorkämpfer gegen Feinde und Laster (*aut contra hostem aut contra vitia*).[113]

---

109 Die Bedrückung durch die Magistrate wird in der Folge zum Gegenstand der Kritik, vgl. *Orosius*, Historiae, 7, 41, 7; *Salvian*, De gubernatione Dei, V, 5, 21 f; nach *Nixon/Saylor Rodgers*, Pan. Lat., III (XI), S. 394, Fn. 8.

110 *Nixon/Saylor Rodgers*, Pan. Lat., III (XI), IV, 1–2. Dieselben betonen S. 398, Fn. 26, dass keineswegs alle Freigeborenen von der Folter ausgenommen gewesen seien. Da Mamertinus die Folter aber offensichtlich zur Begründung der Abwanderung Freier zu den Barbaren und der Raubtaten der Gouverneure gebraucht, wird der Terminus hier lediglich im Sinne rechtswidriger Folter verwandt. Den Begriff der Tyrannenherrschaft hat Mamertinus in diesem Kontext selbst nicht gebraucht.

111 Zur Abwanderung zu den Barbaren vgl. *Nixon/Saylor Rodgers*, Pan. Lat., III (XI), IV, 2.

112 *Nixon/Saylor Rodgers*, Pan. Lat., III (XI), IV, 2–3.

113 *Nixon/Saylor Rodgers*, Pan. Lat., III (XI), IV, 6 f.

a) Verbot der Aufopferung der Tugend um der concordia willen

Zieht der so gekennzeichnete Tugendkaiser – mit Kriegs- und Friedenstugenden gleichermaßen versehen – gegen einen durch Tugendleistungen gereizten Gegner, ist aus Sicht des Mamertinus die *discordia* und damit der Konflikt unvermeidbar. Der Tugendherrscher kann nicht der Plünderung und den Verbrechen der Offizialen freie Hand geben, weil das ihm für seine Tugendtaten zuteilwerdende Lob Spannungen erzeugt.[114] Anders als der schöne und begehrenswerte Jüngling, der zur Abwehr seiner Verehrerinnen seine Wangen zerschneidet, gestattet es die *virtus* nicht, die Kardinaltugenden (*aequitas, temperantia, fortitudo, providentia*) zur Wahrung der Eintracht zu missachten.[115]

b) Restitution durch Barbarenabwehr und Garantie der libertas

Die Ziviltugend verlangt nach Verteidigung mit Waffen gegen innere und äußere Feinde. Damit kehrt Mamertinus zurück zu den Kämpfen gegen die Barbaren. Ihre Abwehr (in Gallien, an der Donau) dient unter dem tugendhaften Julian ganz der römischen Freiheit (*Romanae libertas*), womit Mamertinus jetzt auch ausdrücklich auf den von der stoischen Philosophie über die Prinzipatsideologie bis hin zu Konstantin fortbestehenden Kernbestand römischer Herrschertugend zurückgreift.[116] Der römische Kaiser hat seine gesamte übermenschliche Kraft in den Dienst der *res publica* zu stellen. Die *libertas* grenzt jene von den barbarischen Herrschaften und der Tyrannengewalt ab. Dem sich Rom nicht unterwerfenden Barbaren ist daher so zu begegnen, dass ihn die gebotene Furcht vor der römischen Herrschaftsmacht an Einfällen in das Römische Reich hindert. Kaisergewalt fungiert in der Doppelfunktion zur Besserung der Verfassung der Provinzen und aus dem gleichen Grunde zur Abschreckung der Barbaren.[117] Dementsprechend folgt auch an der Donau dem Sieg über die Barbaren die Wiederaufrichtung der Ordnung. Julian sucht die Städte auf, zeigt für Klagen der Bürger ein offenes Ohr und restituiert verlorene Güter. Nach Herstellung des Kräftegleichgewichts ist schließlich auch Raum dafür, „unzählbaren Barbaren" zu verzeihen und alle unter dem „Geschenk des Friedens" zu vereinen.[118] Besonders betonenswert erscheint Mamertinus auch, dass Julians Restitutionsbemühungen ohne rechtswidrige Enteignungen oder Plünderungen

---

114 *Nixon/Saylor Rodgers,* Pan. Lat., III (XI), V, 1–2.

115 *Nixon/Saylor Rodgers,* Pan. Lat., III (XI), V, 3–4.

116 So auch *Nixon/Saylor Rodgers,* Pan. Lat., III (XI), S. 407 mit Fn. 56.

117 *Nixon/Saylor Rodgers,* Pan. Lat., III (XI), VI, 1. Die Barbaren erheben die Waffen gegen den Verteidiger der libertas. Der unermüdliche Kaiser (VI, 2; 4) sucht zu allererst ihren Kampfgeist zu brechen und sie in Furcht vor der römischen Macht zu versetzen; dazu auch VIII, 4: Julian bringt den Städten Hoffnung, Freiheit und Reichtümer wieder und trägt den Schrecken in das Territorium der Barbaren.

118 *Nixon/Saylor Rodgers,* Pan. Lat., III (XI), VII, 3 „Omnes urbes quae Danuuium incolunt aditae, omnium audita decreta, leuati status instaurataeque fortunae innumerabilibus barbaris data uenia et munus pacis indultum."

auskommen. Die Wiederherstellung der *libertas* erfolgt, ohne Hand an Privatpersonen zu legen, aus dem öffentlichen Vermögen.[119] Die aufgrund der *providentia* Julians ausgeteilten Benefizien sind stets zum allgemeinen Nutzen, ohne an anderer Stelle Schaden zu stiften.[120]

c) *Liberalitas um der quietas der res publica willen bei kaiserlicher Enthaltsamkeit*

Die Anknüpfung an Augustus wird durch das Beispiel der Wiederaufrichtung von Nikopolis weiter verdeutlicht. Dass Julian auch Athen als Begründer der *artes* wiederherzustellen trachtet, deutet auf sein beständiges Bemühen hin, den Kernbestand römischer Werte und Kultur zu bewahren. Die gegenüber den öffentlichen Einrichtungen zutage tretende Fürsorge (Wiederherstellung der Infrastruktur) weist ihn als Herrscher „alten republikanischen Schlages aus", der seine Mittel nicht dazu einsetzt, selbst einen verschwenderischen Lebensstil zu finanzieren, sondern auch die eigenen Güter unter Verneinung jeglicher *cupiditas* in den Dienst des öffentlichen Nutzens (*in usus publicos*) stellt.[121] Anders als viele frühere Vorgänger, die Prachtentfaltung und die Höhe der getätigten Ausgaben als Hauptunterscheidungsmerkmal des Kaisertums vom Volk ansahen, verzichtet Julian auf die Annehmlichkeiten goldener Schlafzimmer und Unmassen von Dienern. Er versucht, seinem Volk durch *liberalitas* einen Zustand der Ruhe (*quietas*) zu verschaffen, indem er sich selbst zum fleißigsten Arbeiter für den Staat macht und unnütze Ausgaben vermeidet.[122] Durch dieses Kaisertum zum Vorteil der Bürger *(castam...sed hilarem)* unterscheidet sich der rechte Herrscher von den schlechten Vorbildern.

d) *Rechtsgemäßer Prinzipat als dienende Herrschaft*

Mamertinus nutzt die Gelegenheit zu einem durch Exempla belegten abstrakten Vergleich, um Julian von den Usurpatoren Nepotianus und Silvanus abzuheben.[123] Spätestens nach Vertreibung der *reges* habe es in Rom ein vielen immanentes

---

119 *Nixon/Saylor Rodgers,* Pan. Lat., III (XI), VIII, 3.

120 *Nixon/Saylor Rodgers,* Pan. Lat., III (XI), IX, 1.

121 *Nixon/Saylor Rodgers,* Pan. Lat., III (XI), IX, 2 f. (Nicopolis und Athen); X, 2 f. Dass Julian auf Steuererhöhungen verzichtet, weist ihn als tugendhaft aus; XXVI, 4: den gerechten Herrscher kennzeichnet die leichte Zugänglichkeit für die Belange der Bevölkerung.

122 *Nixon/Saylor Rodgers,* Pan. Lat., III (XI), XI, 1–4: „...ut nos quietis rebus agitemus..."; XII, 3.

123 Beide waren Usurpatoren. Nepotianus nahm nach dem Staatsstreich des Magnentius (350) Rom in Besitz und hielt es für vier Wochen. Er wurde von Generälen des Magnentius ermordet. Der magister peditum Silvanus ließ sich selbst zum Augustus ausrufen, herrschte aber ebenfalls nur für vier Wochen. Vgl. *Nixon/Saylor Rodgers,* Pan. Lat., III (XI), S. 412, Fn. 85.

Bedürfnis nach Herrschaft gegeben. Wer aber die Gier nach Herrschaft (*cupiditas*) in den Mittelpunkt dieses Strebens rücke, den würde Gott, so er denn mit ihm kommunizierte, vom Leben zum Tode befördern.[124] Mit feindlichem Schwert ist Herrschaft nicht zu erzwingen. Wahre *potestas regnandi* ist dienende Herrschaft, getragen von dem beständigen Bemühen, niemandem etwas wegzunehmen, zugleich aber freigiebig zum Nutzen anderer über die eigenen Güter zu verfügen. Da der Herrscher der *libertas* seiner Bürger dient, muss er sich aller Lasterhaftigkeit enthalten und beständig – in Frieden und Krieg – seine Fähigkeit dazu einsetzen, rasch und unparteiisch den Bürgern zur Hilfe zu sein. Er muss über die Fähigkeit verfügen, die die Herrschsüchtigen – so man sie ihnen abverlangte – rasch wieder in das Zivilleben zurückkehren ließe.[125] Eine gerechte Herrschaft (*iustus principatus*) zum Zwecke der *quietas* und *libertas* der Bürger ist für den Kaiser selbst mit *inquietas* und Zumutung verbunden.[126] Der Kaiser verleugnet seine natürlichen Bedürfnisse zum Nutzen der Allgemeinheit.[127]

e) Die Sorge um felicitas und das Wirken des göttlichen Geistes

Erscheint das Werk des Kaisers also auch bei Mamertinus als übermenschlich, so fehlt es auch nicht an der Anspielung auf die Teilhabe Julians am göttlichen Geist. Der Transport einer für Rom bestimmten Getreidelieferung aus Afrika in die Hauptstadt seines Gegners Constantius II., Konstantinopel, wird als Beitrag künftiger *felicitas* gewertet, ist der Tatsache seiner Verbindung mit dem göttlichen Geist und zum göttlichen Wissen zu danken.[128] Da er einer *divinitas* folgt, die seine Pläne anleitet, war das Wiederherstellungswerk (*re publica restituta*) schon kurz nach dem Tode Constantius II. von Erfolg gekrönt.[129] Sowohl die Errettung des Staates als auch das Glück der Zeit sind auf diesen göttlichen Beistand zurückzuführen.[130] Auch Mamertinus kann nicht darauf verzichten, den Beitrag übermenschlicher Kräfte zum Erfolg des Werkes Julians hervorzuheben, wenngleich auch er Anspielungen zur konkreten Art der Gottheit vermeidet.

124 *Nixon/Saylor Rodgers,* Pan. Lat., III (XI), 13, 3: „Si hos deus paulisper uitae redditos adloquatur..."
125 *Nixon/Saylor Rodgers,* Pan. Lat., III (XI), XIII, 1–3.
126 *Nixon/Saylor Rodgers,* Pan. Lat., III (XI), XIII, 3.
127 *Nixon/Saylor Rodgers,* Pan. Lat., III (XI), XIV, 1; 3. Würde man die Länge der Herrschaft nicht nach Jahren, sondern nach der Leistung bemessen, so müsste man Julian eine lange Herrschaft zusprechen (XIV, 4).
128 *Nixon/Saylor Rodgers,* Pan. Lat., III (XI), XIV, 6.
129 *Nixon/Saylor Rodgers,* Pan. Lat., III (XI), XV, 1–2.
130 *Nixon/Saylor Rodgers,* Pan. Lat., III (XI), XXVII, 2; 5; XXVIII, 3.

f) Ämtervergabe nach der Tugend

Mit seiner eigenen Ernennung zum Konsul im Zusammenhang stehen schließlich die im zweiten Drittel der *gratiarum actio* getätigten Aussagen zum Ämterwesen unter Julian. Anders als unter seinen Vorgängern üblich, bestimmt Julian die Amtsinhaber nicht mehr aufgrund seiner Gunst und hat sich gegen den Ämterkauf gewandt.[131] Als tugendhafter Herrscher, an *innocentia* und *virtus* allen voraus, misst er die Inhaber der Ämter an ihrer Qualifikation, also daran, inwiefern die Amtsinhaber sich in den Dienst des Staates stellen.[132] Während die vormalige Ämtervergabe der Kaiser durch Bestechung, Bandenunwesen und die Mehrheit schlechter Menschen zustande kam, ist es Julian gelungen, die Tugendhaftigkeit der Amtsführung wiederherzustellen und den fruchtlosen Drang nach Reichtum zurückzudrängen. Die Amtsinhaber orientieren sich wieder an *iustitia, fortitudo, temperantia* und *prudentia*.[133]

g) Wiederherstellung der Philosophie als Verhaltensideal

Es ist Folge dieser Werke der Tugend, dass die Philosophie unter Julian aus der Verbannung zurückgeführt und ihr der ihr zustehende Purpur wieder eingeräumt wurde. Durch sie wird der Blick des Menschen von der Erde zurück auf den Himmel gelenkt und das rechte Leben in Übereinstimmung mit der göttlichen Wissenschaft befördert. Sie alleine gibt den Menschen Orientierungspunkte für die Einrichtung ihres Verhaltens.[134] Daher verdient Julian die Verehrung der Bürger, deren Lebensmittelversorgung, Lebenssicherheit und *libertas* er gewährleistet ebenso wie die der Soldaten und der Senatoren, die unter ihm zu alter *dignitas* zurückgeführt wurden.[135] Der Kaiser wird so zu einem umfassenden Retter des Staates, zum Garanten der Ruhe eines Zeitalters, in Übereinstimmung mit dem göttlichen Willen.[136] Jede

---

131 *Nixon/Saylor Rodgers*, Pan. Lat., III (XI), XVI, 1; XVIII, 5; XIX, 3 f.; XXI, 1, die amicitia principis ist nicht mehr maßgeblich; XXV, 1 f. Anders als seine Vorgänger will er nicht seine Intelligenz durch Einstellung geistig beschränkterer Berater herausstellen.

132 *Nixon/Saylor Rodgers*, Pan. Lat., III (XI), XXI, 1–4; XXV, 3–5.

133 *Nixon/Saylor Rodgers*, Pan. Lat., III (XI), XIX, 1 f.; XXII, 1 – nicht Gold und Silber, sondern alleine die Werke der Tugend ermöglichen es den Äckern, mehrmals im Jahr Früchte zu tragen. Nur tugendhaftes Handeln ist erstrebenswertes Ideal; XXV, 5: nicht Nepotismus, sondern die Auswahl der Fähigsten bestimmen die Vergabe der Ämter in den Provinzen.

134 *Nixon/Saylor Rodgers*, Pan. Lat., III (XI), XXIII, 4. Der Lobpreis der Philosophie weist Mamertinus ausdrücklich als Nichtchristen aus; vgl. auch *Nixon/Saylor Rodgers*, Pan. Lat., III (XI), S. 425, Fn. 142.

135 *Nixon/Saylor Rodgers*, Pan. Lat., III (XI), XXIV, 3–7.

136 *Nixon/Saylor Rodgers*, Pan. Lat., III (XI), XXIX, 5. Seine Seele ist gegen die Last des Amtes unempfindlich (XXVII, 1) und wendet sich trotz der Bürde des Amtes nicht von dem Pfad der Tugend ab.

seiner Handlungen wird von der Wiederherstellung der *libertas* angeleitet und erfolgt *iuste, moderate, civiliter*, wodurch das Andenken Julians für die Ewigkeit bestimmt wird.[137]

h) Bewertung

Es ist die Leistung Julians, als unermüdlicher Tugendkaiser die barbarische Bedrohung abgewendet und so die *libertas* des römischen Friedensraumes nach außen gesichert zu haben. Sein gesamtes Streben ist zugleich darauf ausgerichtet, als Restitutor die privaten Rechte der Nobilität und Bürger gegen die Magistrate wieder aufzurichten. Letztere zwingen Römer dazu, ihre *libertas* außerhalb des römischen Friedensraumes bei den Barbaren zu suchen, weil sie sich wie *latrones* gebärden. Wie von jeher ist es das typische Bild der Tyrannei, die die bürgerlichen Rechte vor allem der Nobilität missachtet und privates Eigentum ungehemmt ausplündert, dem der Kaiser notfalls auch mit militärischer Gewalt zur Verteidigung der Tugenden entgegen zu treten hat. Den Versuch, sich auf das Gebot der Wahrung der *concordia* zu berufen, braucht ein Räubertum nicht zu unternehmen, das sich selbst nur durch immer weitere Räubereien eine falsche *potestas* erhält. Vor dem Forum eines Kaisers, der die Künste und Philosophie nach Rom zurückruft und sein eigenes Vermögen in den Dienst der Tugend und der zivilen Rechte stellt, kann nur bestehen, wer sich Tugendgesetzen unterwirft und vor dem Forum der tugendhaften Regierung seine Herrschsucht ablegt. *Civilitas, iustitia* und *moderatio* regieren das Bemühen des am göttlichen Geist teilhabenden Julian.

III. Die Kaiserreden des Quintus Aurelius Symmachus

Wenngleich der römische Rhetor, Politiker und Priester Quintus Aurelius Symmachus (* um 340, † kurz nach 402) eher für die Auseinandersetzung bekannt ist, die er in den 80er Jahren des vierten Jahrhunderts im Auftrag des Senates mit dem kaiserlichen Hof um die Wiederaufrichtung der Victoria Statue in der römischen *curia* führte,[138] sind doch auch von ihm mehrere panegyrische Reden auf die Kaiser Valentinian I. (369/70; Orationes 1 u. 2), den Kaisersohn Gratian (369/70; Oratio 3) sowie erneut Gratian (376, Gratiarum actio pro patre) erhalten geblieben. Sie leiten nochmals eine Blütezeit römisch-heidnischer Beredsamkeit zum Ausgang des vierten Jahrhunderts ein. Symmachus selbst, dessen Familie zur Spitze des Senatorenstandes gehörte, bildete zeitlebens den Wortführer derjenigen Gruppe von Senatoren, die der alten Religion zugewandt waren und die Aufrechterhaltung eines status quo von christlichem und heidnischem Bekenntnis erstrebten. Während seiner Laufbahn

---

137 *Nixon/Saylor Rodgers*, Pan. Lat., III (XI), XXX, 3; XXXI, 1.

138 Eine erste Delegationsreise im Namen des Senates unternahm er im Jahr 382 nach Trier. Als praefectus urbis Romae ersuchte er unter Valentinian II. im Jahr 384 erneut um deren Aufstellung. Beide Male scheiterte er an der Intervention des Ambrosius von Mailand.

war er selbst *pontifex maior* und Statthalter der Provinz Lucania et Bruttii. Als Auszeichnung für seine in Trier gehaltenen Panegyriken der Jahre 369/370 erhielt er das Ehrenprädikat eines *comes tertii ordinis.*[139] Seine enge Verbindung zum kaiserlichen Hof unterstreicht die ihm zugetragene Aufgabe, am 1. Januar 376 vor dem Senat die Rede zu verlesen, in der Gratian die Grundzüge seiner Politik niederlegte. Er blieb dem Kaiser auch danach verbunden. Für Valentinian II. wirkte er als *praefectus urbis Romae.* Im Jahr 387 stützte er den Gegenkaiser Maximus. 391 fand er sich dennoch im Gefolge des Theodosius als einer der Konsuln. Nach dem Jahr 395 zog er sich aus dem politischen Leben zurück.

1. Oratio 1: Laudatio in Valentinianum seniorem Augustum prior (368/369, wohl Trier)

Den Ausgangspunkt der Panegyriken des Symmachus bildet der erste Panegyrikus auf den Kaiser Valentinian I.[140] Wohl anlässlich der Quinquennalien im gallischen Trier übermittelt der Rhetor die Glückwünsche der römischen Kurie. Es geht ihm v. a. um die militärischen Leistungen und die Rechtsgrundlagen der Herrschaft Valentinians und seines Bruders Valens sowie die Betonung ihrer kriegerischen *virtus.*

a) Die Erhebung Valentinians und Valens zur Kaiserwürde

aa) Die überragende dignitas des Kaisers und das göttliche numen

Den Ausgangspunkt des überlieferten Teils der Rede – der Anfang fehlt – bildet das Charakterlob Valentinians I. Zur Herrschaft über die gesamte Welt war er von Anfang an deswegen ausersehen (*designatus*), weil er gottgleich (*similis est princeps deo*) schon vor Erlangung der Herrschaft alle Teile seines Herrschaftsbereiches bereist hatte und daher kraft eigener Natur zur umfassenden Regierung in der Lage war. Zutreffend lässt sich behaupten, dass die Prinzipatswürde aus seiner *dignitas* entspringt, die sich wiederum auf den übermenschlichen Fleiß (*industria*) des Kaisers gründet.[141] Dementsprechend unnötig, so Symmachus, sei es die Herrschergestalt Valentinians I. in poetischer Weise auf dem vierspännigen Wagen in den Himmel zu entrücken und so Geringes zu ihm nicht zukommender Größe zu erheben. Suche man unter Menschen eine unerschütterliche Geistes- und Gemütshaltung, so werde man zwar regelmäßig einzelne Personen ob ihrer Leistungen in bestimmten Situationen als preisungswürdig betrachten können – etwa aufgrund ihrer Taten im Frieden, Krieg, während der Bürgerkriege – doch finde sich

---

139 Zum Verhältnis des Symmachus zu Valentinian I., vgl. *Alföldi*, Conflict, 84: „Symmachus [...] delivered joyful panegyrics on the Emperor whom he hated for his severity."

140 Zum historischen Umfeld vgl. *Pabst*, in: Symmachus, Or., 3–14.

141 *Symmachus*, Or. 1; 1. Die Erziehung durch den Vater (Or. 3) gleichsam im „seminarium principatus" ist ein weiterer Beleg seiner Eignung.

unter all jenen kein Charakter, der Valentinian gleiche. Von den Kriegsgegnern gefürchtet, vom einsichtigen Urteil mit Bedacht handelnder Menschen geschätzt, ist er als einziger Mensch dem Zorn nicht zugänglich, wird also stets dort, wo Ratschlag herrscht, gewählt werden.[142] Gleichsam von göttlichem Licht angestrahlt tritt in ihm ein Kaiser aus der Privatheit hervor, der aufgrund seiner *dignitas* stets Kaiser gewesen ist. Auch bei Symmachus fehlt nicht der Hinweis auf das den Kaiser begleitende göttliche Numen. Stark ausgeprägt ist – trotz des Verzichts auf den „Sonnenwagen" – die Sonnensymbolik.[143] Die Tugend geht vom Vater auf den Sohn über, die Erhebung zur Herrschaft erfolgt *divina mente.*

bb) Die Einstimmigkeit der Wahlentscheidung durch das Heer

Die Nichtexistenz von Zweifeln im Hinblick auf die Erhebung Valentinians I. beweist der Wahlakt nach dem Tode Iovians. Vom Heer in Gestalt eines *castrensis senatus* wird er ohne Auseinandersetzung der *factiones* in wohlbedachter, von Freien getroffener und überlegter Entscheidung zum Kaiser proklamiert. Dass er selbst keine Eile zeigt, das Amt des Augustus an sich zu reißen, ist Zeichen seiner Qualifikation. Die ungewöhnliche Form der Erhebung durch mit Bedacht getroffene Wahlentscheidung rechtfertigt Symmachus mit Hinweis auf die klassischen Wahlen der Centuriat- und Tributcomitien. Anders als in Letzteren bestimmen mit dem Heer nicht Kost- und Müßiggänger den Herrscher.[144]

cc) Die Erhebung des Bruders zu gleichem Recht

Mit seinem Bruder Valens hat er sofort nach seiner Wahl einen zweiten Herrscher zu gleicher Würde eingesetzt und so von vorneherein die Gefahr neidvoller Auseinandersetzungen ausgeschlossen.[145]

b) Friedenstugend – liberalitas und Vorgehen gegen luxuria

Hinzu kommt, dass unverzüglich und vollständig gewährte Wohltaten (*perfectis benefeciis*) Valentinian I. als einen Kaiser kennzeichnen, der das Maß seiner *liberalitas* nicht an der Möglichkeit Lob zu gewinnen, sondern an den tatsächlichen Erfordernissen

---

142 *Symmachus*, Or. 1, 4–6 „ubi ira est, tu solus evadis, ubi consilium est, tu solis eligeris."

143 *Symmachus*, Or. 1, 13: die Brüder gleichen zwei Sonnen; 22; *Körner*, Symmachus, 339.

144 *Symmachus*, Or. 1, 8 f.; 10: der „semper invictus" zögert zur Freude des Gemeinwesens, diesen Sieg anzunehmen; *Pabst*, in: Symmachus, Or., S. 132 Anm. 54.; dazu *Straub*, 33 f.: „decernebant liberi, cui deberent esse subiecti", der darin den Übergang der Rechte vom Senat auf das Heer sieht; weiter auch zum Grundsatz, dass man sich nicht vordrängen dürfte, 63; *Alföldi*, Conflict, 106.

145 *Symmachus*, Or. 1; 12–14.

ausrichtet.[146] Die Wahl des Westens des Reiches zu seinem Aufgabengebiet belegt seinen Ordnungswillen gegenüber den von *luxuria* getriebenen *superiores* dieses Herrschaftsbereichs und illustriert die Fortdauer seines beständigen Fleißes. Er wählt sich nicht friedliche und prächtige Provinzen zur Herrschaft, sondern zeigt Einsatz, wo der Untergang des gesamten Gemeinwesens droht (*totius rei publicae ruina*).[147] *Quietas* im Sinne einer untätigen Ruhe – das Laster früherer Triumphatoren der republikanischen und frühen Prinzipatsszeit – kennt er nicht.[148]

c) Kriegstugend und Lobpreis der Clementia Caesaris

Einen das Charakterlob der Abschnitte 4–6 noch übertreffenden Lobpreis bietet schließlich der Bericht über die Kämpfe mit den Barbaren (Alemannen). Aus Sorge für die *res publica* wendet sich Valentinian I. von der Bekämpfung der den Reichskörper von außen bedrohenden Feinde auch dann nicht ab, als es im Befehlsbereich des Valens zu einer Usurpation kommt. Über den eigenen Nutzen und die seine *dignitas* betreffende persönliche Feindschaft stellt er den Nutzen des Reiches (v. a. für den Besitz der Untertanen) und verzichtet zunächst auf die Sanktionierung der ihn persönlichen treffenden Erhebung.[149] Die Bestrafung des *usurpator* (auch: *latro*) überlässt er dem Bruder.[150] Weder das Naturgesetz, dass zunächst die einen Menschen persönlich betreffenden Dinge Schmerz verursachen, noch die Regel, dass niemand ungestraft verletzt wird, der selbst Richter ist, finden auf ihn Anwendung. Wegen der sich darin zeigenden *clementia* wird er von den Untertanen geliebt.[151] Der Panegyrikus schließt mit der Feststellung, trotz des vielfachen Lobes militärischer Taten sei auch der Bereich des zivilen Lebens von Valentinian nicht vernachlässigt worden. Zum Ende hin stellt der Panegyriker darüber hinaus das Vorgehen Valentinians gegen den Ämterkauf und die Ämtererschleichung in den Mittelpunkt.[152]

---

146 *Symmachus*, Or. 1, 11.

147 *Symmachus*, Or. 1, 15.

148 *Symmachus*, Or. 1, 16; *Pabst*, in: Symmachus, Or., S. 134 Anm. 87 m. W. N. Er genießt eben nicht die imperii bona; muss sich nicht wie Scipio gegen den Vorwurf des Luxus verteidigen; gibt sich nicht wie Antonius der Liebe hin und zieht sich nicht wie Tiberius auf eine Insel zurück.

149 *Symmachus*, Or. 1, 18 f. „en animus maior imperio, sub quo maiestas neglegitur et erupotio vindicatur!"

150 *Symmachus*, Or. 1, 21 f.; *Pabst*, in: Symmachus, Or., S. 138, Anm. 111 verweist darauf, dass der Begriff „Usurpator" hier erstmals in der römischen Überlieferung gebraucht werde. Durch diese Geste Valentinians I. wird weniger Valens herabgewürdigt, als die Tugend des Ersteren noch stärker herausgestrichen.

151 *Symmachus*, Or. 1, 20. Der hier gebrauchte *clementia* Begriff entspricht dem Senecas darin, dass der Kaiser eigene Verletzungen durch Untertanen nicht straft.

152 *Symmachus*, Or. 1, 23.

d) *Bewertung*

Als Kernaufgabe des Lobpreises des Jahres 368 erscheint die Legitimation der Herrschaft Valentinians I. in einem klassischen Sinne. Ihren Ausgang nimmt sie mit der Göttlichkeit des Kaisers, die sich in unermüdlicher Reisetätigkeit zeigt. Diese ist es zugleich, die als Zeichen der unermüdlichen Sorge des Kaisertums (*industria*) die *dignitas* Valentinians I. hervortreten lässt. Seine Legitimation erfährt das Kaisertum zusätzlich im einstimmigen Wahlakt des Heeres, das nicht in *factiones* zerfällt, obgleich seine Wahlentscheidung nicht von Kostgängern des Kaisers bestimmt wird und damit frei zustande kommt.

Haupttugenden Valentinians sind *liberalitas* und *clementia*. Die Freigiebigkeit des Kaisers richtet sich an den tatsächlichen Bedürfnissen der Menschen aus, gewährt nicht etwa Güter, um hierdurch Lob zu erheischen. Überhaupt folgt die kaiserliche Tätigkeit den Bedürfnissen des Reiches. Valentinian I. macht den Westen des Reiches zum Tätigkeitsschwerpunkt, um dort gegen *superbia* und *luxuria* vorgehen zu können. In alledem drückt sich eine Geisteshaltung aus, die den Notwendigkeiten des Reiches Vorrang vor den Bedürfnissen der eigenen Person einräumt. Dementsprechend ist *clementia* die hervorragendste Herrschertugend des Kaisers, sie lässt ihn Verletzungen der eigenen Person ohne Vergeltungsaffekte dulden und bringt ihm die Liebe der Untertanen ein. Die Frage, ob ein solches selbstloses Handeln gegenüber den *latrones* den Bestand des Reiches dauerhaft sichern wird, bleibt bei Symmachus offen. Valentinians Einstellung zur Stellung der eigenen Person innerhalb des Reichskörpers scheint Symmachus allerdings (fast) schon dem Verstoß gegen eine Naturgesetzlichkeit gleichzukommen.

2. Der zweite Panegyrikus des Symmachus auf Valentinian I. (1.1.370)

Die Schwerpunktsetzung des ersten Panegyrikus, sich vor allem mit dem beständigen militärischen Bemühen Valentinians I. zum Schutz des Gemeinwesens auseinanderzusetzen, behält auch die nunmehr im Auftrag des Kaisers aus Anlass seines dritten Konsulates gehaltene Lobrede vom 1.1. 370 bei, der der Alemannensieg den hierzu passenden Anlass bot.

a) *Ungestörte Weltherrschaft durch den Sieger als Garant der felicitas*

Mit dem Konsulat dankt das römische Volk dem *invicte moderator* für die Wiederherstellung der *felicitas* der Zeit. Unter seiner Herrschaft schwebt das Beil der römischen Amtsgewalt wieder über dem Nacken der Völker, entscheidet ein römischer Kaiser wieder nach dem Recht des Siegers über die Besiegten und sind der *res publica* darin wieder dauerhafte Benefizien zuteilgeworden.[153]

153 *Symmachus*, Or. 2, 1 f.; als „consul invicta“ auch in 25.

b) Das Lob der kaiserlichen Amtsführung

aa) Rechte Auswahl der Beamten und rasche Kriegsführung

Entsprechend stark richtet sich das Tatenlob an dem „Germanensieg“ aus. Wer nach den Geheimnissen der Natur strebe, so Symmachus, müsse Valentinian in Richtung auf die Barbaren durch das Land folgen, das vor ihm unbewehrt daliege. Dank seiner Kriegserfahrung, der Auswahl verständiger Offiziere und der persönlichen Unterstützung des Feldzuges haben römische Waffen die Trägheit der Barbaren überwunden, hat sich römische Tapferkeit geleitet von göttlichem Ratschluss schließlich durchgesetzt.[154] Der Bedrohung durch die Germanen steht in Valentinian ein Kaiser gegenüber, der sich, begünstigt von der Schnelligkeit und der Tatsache, dass ihm selbst die Natur zuneigt, wieder zu offener Schlacht stellt.[155]

bb) Kaiserliche clementia gegen überwundene Barbaren

Eingenommene barbarische Dörfer plündert er nicht. Er zielt nur darauf ab geschlagene Barbaren mitsamt ihren Waffen in die Flucht zu schlagen. Er verdient sich so den sicheren Ruhm der *clementia*. Sein Vorgehen straft die Vertriebenen eher durch kaiserliche Gnade, als durch harte Plünderung.[156] Dadurch trägt er zugleich zum Wohlergehen Roms und der Barbaren bei. Die dem Schwert Entrissenen werden durch die Schmach der Flucht zum Wandel ihrer gegen Rom gerichteten kriegerischen Sitten veranlasst und der römischen Herrschaft hinzugefügt.[157]

c) Valentinian als Garant ruhigen Friedens

aa) Unterwerfung und Dank der Barbaren

Besonders deutlich zeigt sich dieser Erfolg jeglichen Verzichtes Valentinians I. auf Muße (*otium*) darin, dass nunmehr wieder Rom den unterwürfigen Barbaren die Voraussetzungen der *pax* diktiert.[158] Wenngleich zu schmählicher Flucht gezwungen, schulden auch die ehemaligen Feinde Rom dafür Dank, dass der Zustand der von Rom zurückgewonnen Territorien unter Kaiser Valentinian glücklicher ist

154 *Symmachus*, Or. 2, 3–8.

155 *Symmachus*, Or. 2, 9 f. Damit betont Symmachus zugleich die überweltlichen Fähigkeiten des Kaisers.

156 *Symmachus*, Or. 2, 11. Der durch den Sieg hervorgerufene Kriegsruhm ist gegenüber dem durch Milde erworbenen unsicherer.

157 *Symmachus*, Or. 2, 12 „Dicam quod nulla monumenta testator: tibi incola vivit Alammaniae; quos ferro subtrahis, addis imperio. Sat est quod mores gentium parcendo mutasti.“ Ihr Schamgefühl veranlasst sie, den Widerstand nach schimpflicher Flucht aufzugeben. Dazu *Körner*, Symmachus, 345 mit der Bemerkung, dass sich hierin das Bedürfnis Roms, alle Völker der Weltherrschaft hinzuzufügen, erneut ausdrückt.

158 *Symmachus*, Or. 2, 13; *Körner*, Symmachus, 343; *Wirth*, Symmachus, 283.

als im Widerstand. Sie leisten zuletzt den Römern in der Schmach der Niederlage freiwillig Dienste – auch zum Ausgleich früherer Verbrechen (*latrocinia*).[159] Richtet Valentinian römische Herrschaft auf, so betritt er fremdes Land, als kehre er in sein eigenes zurück. Weder verkauft sich fremde Herrschaft, noch wird das Geschick des Reiches auf der Waage eines Krämers abgewogen. Dank der militärischen Übermacht gelingt es, Habgier und Kühnheit der Feinde gleichermaßen im Zaum zu halten und den Barbaren die nach dem römischen Sieg belassene Existenz als Geschenk erscheinen zu lassen.[160] Das durch die Errichtung von Kastellen für die Ewigkeit gesicherte Siegeswerk ist Ausdruck der Verbundenheit des Kaisers mit den himmlischen Mächten. Die wieder gewonnene Pax Romana basiert auf der Unterwerfung der Barbaren und des Landes.[161]

bb) Restitution der Muße durch unablässige Tätigkeit

So erscheint auch die Feststellung berechtigt, dass es Valentinians Standhaftigkeit im Ertragen von Strapazen, d. h. seiner Arbeit (*labor*) zu verdanken ist, dass das Gemeinwesen selbst sich der Ruhe (*otium*) erfreuen kann.[162] Rom strebt wieder zu den Grenzen der Erde, ohne an den Grenzen der Völker haltzumachen.[163]

cc) Zivile Herrschertugend und Nutzen der Beredsamkeit

Wie schon im ersten Panegyrikus bleibt gegenüber dem Schlachtenlob nur wenig Raum für den Lobpreis der „Taten des Forums“, d. h. der zivilen Herrschaftstugenden. Symmachus beschränkt sich darauf, für die Wiederherstellung des Bildungswesens (der Beredsamkeit) Dank abzustatten und betont, dass gerade davon auch die Rechtspflege, die ohne ihre Unterstützung zu Willkür abgesunken sei, profitiere. Zuletzt schließlich nutzt Beredsamkeit der Tugend selbst, da sie es ermöglicht, die Taten des Kaisers, den Triumph des Friedens, unter der Reichsbevölkerung zu verbreiten und so das Wissen um wirksame Wächter (*custodes*) zu bestärken, deren göttergleiche Verehrung zugleich aufgrund der *frugalitas* der Kaiser weit weniger

159 *Symmachus*, Or. 2, 14 f.; dazu *Wirth*, Symmachus, 280.

160 *Symmachus*, Or. 2, 17. Unter Valentinian haben die Barbaren ihre libertas eingebüßt. Sie sind durch die Anlage der Kastelle in Sichtweite ihres Territoriums jedenfalls „oculis subiecta“. Den Römern werden von den Barbaren wieder Geiseln gestellt (22 f.). *Wirth*, Symmachus, 281 f: Gedanke des germanischen Servituts; distanziertes Barbarenbild.

161 *Symmachus*, Or. 2, 21 „caeli favore“; ebenso 23. Dort betont Symmachus auch, dass Neckar und Rhein sich Valentinian I. unterworfen hätten. Im Gegensatz zu dem Streben nach kurzfristigem Ruhm trachtet Valentinian I. trotz seiner Schnelligkeit danach, unterworfene Gebiete mit dauerhaft beständigen Festungswerken zu versehen und sie so für die Ewigkeit zu bestimmen.

162 *Symmachus*, Or. 2, 19. „quanto tibi labore constat rei publicae semper otia vindicata.“

163 *Symmachus*, Or. 2, 24.

aufwendig ist, als die der Götter des Pantheons. So erhält das Volk in der Verehrung des Herrscherpaares als eines Gottes den Beistand zweier Augusti gegen Feinde.[164]

d) Bewertung

Den Oberbegriff des zweiten Panegyrikus bildet die durch den *moderator* Valentinian I. erzeugte *felicitas.* Sie lässt sich – getreu dem Muster des augusteischen Herrscherlobes – aufteilen in den Rückerwerb des Rechtes des Sieges über andere Völker sowie dauerhafte Wohltaten gegenüber der *res publica.* Die Germanensiege Valentinians I. verdeutlichen, dass römische Waffen, römische Tapferkeit und göttlicher Ratschluss die Trägheit der Germanen in offener Feldschlacht überwinden können. Rom tritt seinen Gegnern mit Weltherrschaftsauftrag wieder „auf Augenhöhe" gegenüber. Anders als frühere Sieger handelt Valentinian I. nicht mit den Barbaren um den Frieden. Diese erkennen die römische *pax* auch aufgrund der *clementia* des Kaisers an. Im Sieg gewährt Rom ihnen *libertas.* Die mit der Niederlage verbundene Schonung durch Rom wandelt ihren kriegerischen Sinn. Rom erfüllt damit seine Aufgabe, die Welt römischen Gesetzen zu unterwerfen, d. h. barbarische Wildheit mit römischer Tugend zu bezähmen. Trotz Wandlung der barbarischen Natur ist der die Muße garantierende Sieg kaiserlicher Arbeitstugend ein solcher, der in der Anlage von Kastellen an den Reichsgrenzen auch römische Wachsamkeit fordert. Über sie und über das befriedete Reich wacht Valentinian I. wie der Augustus des Horaz als *custos* des Erdkreises.

3. Der Panegyrikus auf Gratian (wohl 369)[165]

Noch vor seinem zweiten Panegyrikus auf Valentinian I. hielt Symmachus im Auftrag der römischen Kurie wohl im Jahre 369 einen Panegyrikus auf den 367 im Alter von nur acht Jahren zum Mitkaiser ernannten Kaisersohn Gratian, dessen Lobpreis er vom Proömium an vor allem an der Erwartung künftiger Leistungen ausrichten musste.

a) Das Versprechen eines Goldenen Zeitalters

Den sich für das Lob eines Kinderkaisers anbietenden Rekurs auf die Verheißung eines Goldenen Zeitalters – topisch auf Horaz und Vergil zurückzuführen – führt Symmachus vor allem zu Beginn des Lobpreises durch. Gratian ist Hoffnung (*spes*) eines neuen *aureum saeculum,* Freude (*laetitia*) der jetzt Lebenden und Sicherheit (*securitas*) der später folgenden Generation. Dass der erste Kriegsdienst des von der

---

164 *Symmachus,* Or. 2, 29–32.

165 Zum Datierungssstreit vgl. *Pabst,* in: Symmachus, Or., S. 152 f. Termini post quem sind Gratians Augustat (367) und die Teilnahme des Kaisers an einem Feldzug (368); Termini ante quem sind der Tod Valentinians I. (375) und das Proconsualt des Symmachus (373).

res publica Genährten in der Kaiserwürde besteht, ist deswegen unschädlich, weil in Gratian der *sella curulis* ein neues Licht zuteilwurde. Von ihm ist tugendhaftes Verhalten, sind *clementia*, *virtus* (Tapferkeit) und *maiestas* zu erwarten.[166]

b) Die Erhebung Gratians zur Kaiserwürde

Symmachus feiert das aufkommende Zeitalter der Regierung Gratians bereits als ein Goldenes, da sich in Gratian das Licht künftiger rechter und von den Göttern begünstigter Regierung ankündigt.[167] Als von der *res publica* genährt, fällt diese Lichtmetaphorik auch auf das Volk zurück, durch dessen Wahlhandlung Gratian zuvor zum Konsul erhoben worden war – für Symmachus ein Wahlakt, der auch für die ein Jahr später folgende Ernennung zum Augustus Legitimationswirkung beanspruchen kann. Bereits zum Zeitpunkt des Panegyrikus sah sich Symmachus auch in der Lage auszusprechen, dass das *suffragium* der Soldaten, das sich alleine an der Hoffnung auf gute Herrschaft ausrichtete, durch die Leistungen Gratians als Konsul vollauf gerechtfertigt worden war.[168] Im Einvernehmen Valentinans I. und des Heeres drückt sich das Bild des gegenwärtigen, würdigen Zeitalters aus, das zu Amtswürden die Geeigneten eher als die Bereitwilligen gelangen lässt.[169]

c) Die Tugendaufgaben der Kaiserherrschaft

Das geringe Alter Gratians gleicht dieser durch Bewährung in der Amtsbürde aus. Der sich schon als Kind auszeichnende Augustus lässt in späteren Jahren umso größere *virtus* erwarten, je früher ein Amt sie ihm abverlangt.[170] Ähnlich wie der seines Vaters Valentinian wird daher der Aufgabenbereich des Sohnes beschaffen sein: Überwindung von Tyrannen durch Beständigkeit in der Pflichterfüllung; stetige Tätigkeit im Zeichen der alten Tugenden (*veterum signa virtutum*), Kriegsdienst und Förderung der Philosophie und Redekunst.[171] Der niemandem unterworfene Kaiser leistet so „Dienst vor sich selbst". Seine Pflichten erfüllt der Imperator vor keinem anderen *princeps* als sich selbst.[172] Mit Recht würde ein Rhetor daher Vergil mit Blick auf das neue, Goldene Zeitalter zitieren. Mit Gratian ist die *iustitia* vom Himmel zurückgekehrt, verspricht schon jetzt der junge Kaiser reiche Frucht. Die Leistungen

166 *Symmachus*, Or. 3, 1–2.
167 *Pabst*, in: Symmachus, Or. 3, S. 154 Anm. 5. verweist darauf, dass diese Art der Einleitung stark an die Begrüßung überirdischer Mächte durch Nominalepiklse erinnert.
168 *Symmachus*, Or. 3, 4 „Spe electus es, res probatus."
169 *Symmachus*, Or. 3, 5.
170 *Symmachus*, Or. 3, 6.
171 *Symmachus*, Or. 3, 7.
172 *Symmachus*, Or. 3, 8 nennt das Beispiel des Pompeius, der, vom Censor danach gefragt, unter welchem Imperator er Kriegsdienst geleistet habe, erwidert, dass er unter eigenem Prinzipat gedient habe.

Valentinians I., der den Rhein dem Tiber unterworfen hat, sind auch Leistungen des Sohnes. *Gloria* und *fortitudo* sind auch ihm zuzurechnen, weil er dem Vater Respekt für dessen Erziehungshandeln entgegen bringt. Die *felicitas* der väterlichen Zeit ist auch Leistung Gratians.[173] Gemeinsam mit Valentinian I. beherrscht er die vom Sonnenwagen umgrenzte Welt. Die eigentliche Leistung des sich ankündigen Goldenen Zeitalters steht noch bevor: Die geweissagte Unterwerfung aller Barbaren unter einen Herren, dem auch die Barbaren *cum toto orbe* zu Dienst verpflichtet sind. Das von jenen ausgehende, an Rom gerichtete Friedensersuchen (die Bitte nach *pax)* beinhaltet nichts anderes als die Erwartung künftiger Knechtschaft.

d) Bewertung

Der Kinderkaiser Gratian ist Garant der Verheißung eines *aurem saeculum*, das durch die bereits erfolgte Ankunft der *iustitia* auf Erden angekündigt wird. Von der *sella* des Kaisers ausgehend wird er den Gebrauch der Herrschertugenden (*clementia, virtus*) erlernen und so die *securitas* aber auch das Glück der Gegenwart bewahren. Seine Erhebung zur Kaiserwürde dankt er universellem Konsens – er ist durch das Volk, die Soldaten und das Votum Valentinians I. in Übereinstimmung (*concordia*) des gesamten Staates zu dem ihm von jeher zukommenden Amt erwählt worden. In Anbetracht der zu erwartenden Lernleistungen Gratians setzt sich Symmachus grundsätzlich mit den Offizien des Kaisertums auseinander. Seine Aufgabe ist es, die alten Tugenden zu erlernen und sich anschließend selbst dem Tugenddienst zu unterwerfen. Gegenüber dem Restitutionswerk Valentinians I. obliegt es Gratian die den Römern verheißene Weltherrschaft endgültig, durch abschließende Unterwerfung der Barbaren unter die *pax*, sicherzustellen.

4. Oratio 4: Gratiarum actio pro patre (376)

Nach dem Tod Valentinans I. und der Herrschaftsübernahme durch Gratian ist es die zum Dank für die Designierung des L. Aurelius Avianius Symmachus Phosphorius im Frühjahr 376 gehaltene Rede vor dem Senat in Rom, mit der Quintus Aurelius Symmachus erneut an das von ihm propagierte Ideal anknüpft.

a) Die Wiederherstellung der concordia des Staatskörpers

Die Wahl des Vaters gilt ihm als Musterbeispiel der *concordia* innerhalb des Senates. Sie ist in Auswahl des Fähigsten und beweist, dass im Senat der Gegenwart der Wille des Guten wieder mehr vermag als die zuvor vorherrschende Cliquenwirtschaft der *factiones* mit ihrer Ämtererschleichung. Die wiederaufgerichtete Wahl des sittlich besten Kandidaten (der *mores*) stellt sich so als Sieg der *virtus* dar.[174]

173 *Symmachus*, Or. 3, 10.

174 *Symmachus*, Or. 4, 2; 4. Zum Problem der Ämtererschleichung und den Grundsätzen der kaiserlichen Ämtervergabe auch *Körner*, Symmachus, 342 f.

Das zugleich zwischen Kaiser und Senat herrschende Einvernehmen belegt, dass die Zeiten, in denen nur die Allerschlechtesten noch zu Ehren gelangten, endgültig vorüber sind. Der Körper der *res publica* ist wiederhergestellt. Die Amtsvergabe erfolgt an geeignete Bewerber, die miteinander nicht mehr um Gunst, sondern um ihre Verdienste wetteifern.[175] Ganz im Sinne des unter Gratian eingekehrten Goldenen Zeitalters fällt daher der Vergleich mit der Vergangenheit aus. Das durch Freigelassene und die *plebs* verunreinigte Wahlverfahren vor den Comitien der Republik ist in „unserem guten Jahrhundert" durch ein Verfahren von Wahl und Bestätigung zwischen Senat und Kaiser abgelöst worden, das zugleich das Urteil der gesamten Welt zum Ausdruck bringt.[176] Das gedemütigte Konsulat des späteren Prinzipats ist ersetzt durch eine Verfahrensordnung, die den Senat wieder als politische Kraft akzeptiert, nicht den Reichtum an sich zum Verbrechen erklärt und Strafen bloß auf Verdacht ausspricht. Mit Recht kann man feststellen, dass guten, gesitteten Charakteren der Gegenwart die damit in der Vergangenheit stets einhergehende Furcht unbekannt ist. Senat und Kaiser werden wieder durch dieselbe *iustitia* gerechtfertigt.[177]

b) Kaiserliche Geduld und clementia

Das Zögern Gratians bei der Umgestaltung des Ämterwesens – ebenso wie im Umgang mit den Anmaßungen des Präfekten und Prinzenerziehers Maximinus – erklärt Symmachus mit dem stetigen Bemühen des Kaisers, durch das Vorbild seiner Regierung auch ruchlose Charaktere zu ändern. Der Kaiser versucht ihnen vor Augen zu führen, dass nicht Fehler des Saeculums, sondern alleine ihrer eigenen Person, für schlechte Amtsführung verantwortlich sind. Es ist Ausdruck seiner *patientia* und Zeichen der ausdrücklichen Anerkennung des Senates, dass er gegen Maximinus ein Ermittlungsverfahren des Senates abwartet.[178] In der bloß zurückhaltenden Berufung auf seine *maiestas* in jeder Art von Verfahren wird zugleich der Unterschied des *clementissime imperator* zu seinen Vorgängern deutlich. Nicht jede Andeutung einer Rechtsverletzung, sondern nur schwere Vergehen nimmt er überhaupt zum Anlass einer Sanktion.[179]

---

175 *Symmachus*, Or. 4, 5 f. Dort auch zur Übereinstimmung von Kaiser und Senat, vgl. *Körner*, Symmachus, 346: „Die Bedeutung, welche Symmachus dem Senat zuschreibt, entspringt einem stark ausgeprägten Standes- und Adelsbewusstsein."

176 *Symmachus*, Or. 4, 6 f.; *Körner*, Symmachus, 336; dort auch zur Bedeutung von vetustas, 348.

177 *Symmachus*, Or. 4, 8 f.

178 *Symmachus*, Or. 4, 11.

179 *Symmachus*, Or. 4, 12.

c) Die Rückkehr des Goldenen Zeitalters unverfälschter Gerechtigkeit

Seine Gesamtleistung besteht darin, den Schuldlosen den Frieden wiedergegeben zu haben und den barbarischen Charakteren die Macht zu schaden entzogen zu haben. Sein Kaisertum herrscht über Freie, weil es die Mächtigen unter die Gesetze zwingt.[180] Das schließt mit ein, dass aufgrund des väterlichen Wirkens des Kaisers in den Gerichten nicht mehr *iudicia sine iure, sine iure sententias* vorherrschen, sondern die Lage des Zeitalters völlig verkehrt worden ist zu der des Goldenen Zeitalters des alten Latium, in dem noch die Gerechtigkeit selbst unverfälscht durch die Zustände die Erde bewohnte.[181]

Unter Gratian sind die Bürger Kinder des Kaisers. Ihre Beurteilung erfolgt nicht anders als die eigener Söhne – der Liebenswürdige verdient den Vorzug, während der Missfallen erregende den Tadel, nicht aber den Tod fürchten muss. Dadurch, dass rechte *virtus* wieder den ihr zustehenden Lohn erfährt, wird die Feigheit eliminiert und eine moralische Läuterung der römischen Gesellschaft herbeigeführt.[182]

d) Bewertung

Es sind vor allem die zivilen Tugenden des Goldenen Zeitalters, die Symmachus zum Mittelpunkt der Rede des Jahres 376 macht. Die innere Ordnung der *res publica* ist – allerdings zunächst begrenzt auf die Ebenen des Senates und der kaiserlichen Verwaltung – zu einem Zustand der *concordia* zurückgekehrt, der sich auf die Herrschaft des Tugendbesten (*optimus*) gründet.[183] Dadurch herrscht Eintracht zwischen Kaiser und Senat – zwischen Kopf und Körper der *res publica.* Letzterer hat seine Funktion als Repräsentant der römischen Welt erneut eingenommen und ist nach den Reformen des Gratian nunmehr von *iustitia* geleitet. Durch *Clementia Caesaris* strebt Gratian danach, die Schlechten zu bessern. Die Durchführung ordnungsgemäßer Verfahren legt er in die Hände des Senates. Er beruft sich gegenüber Verbrechen nicht auf seine *maiestas.* Dadurch entsteht der doppelte Friede der Schuldlosen und der durch Gesetze gebesserten Verbrecher. Wie ein Vater herrscht Gratian als Tugendvorbild über das Volk.

180 *Symmachus*, Or. 4, 13: „Bene igitur aput vos locata est tutela rei publicae. Pacem innocentiae reddidistis, abrogata est externis moribus vis nocendi. Crevit principatus, quia liberis imperatis. Tantum potestatibus quantum legibus licet." *Körner*, Symmachus, 346.

181 *Symmachus*, Or. 4, 15; *Körner*, Symmachus, 340.

182 *Symmachus*, Or. 4, 15.

183 Dazu *MacCormack*, Panegyrics, 175 – die Nachricht lautet: „unum corpus rei publicae".

5. Gesamtbewertung

Die Herrschaftspanegyrik des Symmachus, die den zehnjährigen Zeitraum von 368–378 abdeckt, muss sich an ihrem Ausgangspunkt zunächst mit der Frage auseinandersetzen, wie die Herrschaftserlangung des Offiziers Valentinian – dem es an der Abstammung, der Designation und der zivilen Ämterlaufbahn fehlte – dogmatisch gerechtfertigt werden kann. Ihm gelingt dies, indem er zunächst bewusst solche Tugenden in den Vordergrund stellt, die von einem Offizier erwartet werden können. Valentinian I., der den Kaiser Julian auf seinem Feldzug gegen die Sassaniden begleitet hatte, ist ein Kaiser, der die Grenzen des Reiches bereist und dadurch den Beweis seiner *industria*-Tugend angetreten hat. Dafür legt das einstimmige Suffragium der Soldaten Zeugnis ab. Das Versprechen seiner Herrschaft ist zunächst ein Restitutionsversprechen. Der Fleiß veranlasst Valentinian I. im Westen des Reiches tätig zu werden – wo er im Inneren zunächst gegen *luxuria* und *superbia* vorgeht, stets unter Rücksichtnahme auf die Anforderungen der *clementia.* Auch innere Gegner (*latrones*) sucht er so zu „restituieren". Zugleich ist seine *liberalitas* zur Schutztugend ausgestaltet, die dort Menschen Hilfe zuteilt, wo diese ihr am nötigsten bedürfen.

Ähnlich wie der erste Panegyrikus der zivilen Tugend, widmet sich der zweite Panegyrikus auf Valentinian I. der Kriegstugend des Kaisers und der Sicherung des römischen Friedensraumes. Durch Siege in offener Feldschlacht hat der Kaiser die Barbaren überwunden. Durch die Errichtung von Kastellen sichert der an Augustus gemahnende *custos* den inneren Friedensraum vor Störungen von außen. In Beziehung zu dem ersten Panegyrikus auf Gratian steht die Erwähnung der gegenüber den besiegten Barbaren geübten, die Wildheit ihrer Sitten wandelnden *clementia.*[184] Hier deutet sich der Gegenstand der Verheißung des *aurem saeculum* unter Gratian an. Über die Leistungen seines Vaters hinaus wird sich unter Gratian der Weltherrschaftsauftrag Roms durch abschließende Überwindung der Barbaren erfüllen.[185] Im Mittelpunkt des zweiten Panegyrikus auf Gratian steht dann im Jahr 378 allerdings nicht die tatsächliche Erfüllung jener Verheißung, sondern vielmehr ein auf den römischen Binnenraum gerichtetes Goldenes Zeitalter, das in der Wiedereinsetzung des Senates in Gerichtsrechte und in der Milde gegenüber den Untertanen dem Kaiser den Ehrentitel des Vaters zuspricht.[186]

---

184 *Wirth*, Symmachus, 283: Symmachus verzichtet auf jeden Verweis auf germanische Zwischenstaatlichkeit, 288: Der römische Weltkreis ist für Symmachus ein Weltkreis von Siegern und Besiegten.

185 *Klein*, Romidee, 124–126.

186 *MacCormack*, Panegyrics, 175 sieht im Lob des Symmachus, vor allem des Jahres 369, den klassischen Lobpreis „by the book". Zum Wiedererstarken des Senates: *Klein*, Romidee, 121–123. Man darf Symmachus aufgrund seiner Vita und seines Werkes (auch der Relationen) unterstellen, dass er in der Hervorhebung der Bedeutung des Senates nicht bloß nach topischem Muster den Zustand der rechtsgemäß verfassten res publica in Abgrenzung zur Tyrannei hervorheben wollte.

Das Herrscherlob des Symmachus lehnt sich damit in allem – Ableitung der Herrschaft aus der Tugend, Bestimmung zur Herrschaft durch das Votum der Tugend, Kampf für zivile und kriegerische Staatstugend – an die klassischen Termini panegyrischer Topik an. Der Rhetor bleibt in seinem Lobpreis, einmal abgesehen von unabdingbaren Notwendigkeiten des Anlasses, stark der panegyrischen Anleitung verhaftet. Sein Kaiser ist Überwinder der Naturgewalten, Schutz der Grenzen gegen Barbaren, Garant des römischen Friedensraumes kraft höchster, alle vorherigen Herrscher übertreffender Tugend. Das Ziel der römischen Herrschaft ist die finale Überwindung aller Gegner durch Einbeziehung aller Reiche in den römischen Friedensraum.[187] Vor dem Hintergrund dieses Universalitätsgedankens im Restitutionswerk geht es vor allem um die Tugenden des Kaisers in seiner Tätigkeit. Weniger ausgeprägt ist das in der konstantinischen Zeit vordergründige Bemühen, die Legitimationsbasis deutlich herauszustellen. Von daher fällt auch die Auseinandersetzung mit den Gründen der Herrschaft knapp aus und bietet gegenüber christlichem Gedankengut in der Bezugnahme auf das tugendhafte Leben wenig Reibungspunkte. Die stärkste Betonung erfährt der Gedanke der Restitution rechter Amtsführung und das Vorgehen gegen Vetternwirtschaft zur Wiederherstellung des Goldenen Zeitalters.

IV. Die Gratiarum Actio des Ausonius auf Gratian (379)

Parallel zu den Kaiserreden und Relationen des Symmachus ist mit der *gratiarum actio* des Jahres 379 (vermutlich zu Trier) ein Panegyrikus des gallischen Rhetors Decimus Magnus Ausonius überliefert, der nicht die Leistungen einer Restitution der *res publica* zum Maßstab kaiserlichen Lobpreises macht, sondern sich vor allem dem Lob ziviler Tugenden Gratians verpflichtet sieht. Dies ist teilweise sicher der Verleihung des Konsulats, für die der Rhetor Dank abstattet, geschuldet – auch Symmachus hatte in seiner „Gratiarum actio pro patre" die Ziviltugenden gegenüber den vorangegangenen Panegyriken hervorgehoben.[188] Angesichts des Lobes der Ziviltugend ist aber auch die Frage aufgeworfen worden, inwieweit Ausonius Christ war.[189] Dass er mit dem christlichen Glauben vertraut war, lässt sich seinem Werk zwar entnehmen,[190] doch bedient er sich vielfach auch der Gottheiten des heidnischen Pantheons, so dass die Frage nach der Ernsthaftigkeit seines Bekenntnisses

---

187 *Rohr*, RHM 40 (1998), 38.

188 Zu seiner Vita vgl. *White*, Ausonius I, VIII–XII; *Hagith*, Klio 78 (1996), 205. Zur Anknüpfung an die konsularischen Reden seit Plinius: *Green*, Ausonius, 537.

189 Die Frage nach dem christlichen Glauben des Ausonius ist abschließend nicht beantwortet. Sein Werk (Versus Paschales, Ostergebet für Valentinian I. mit nicänischem Trinitätsbekenntnis) legt jedenfalls die Vermutung nahe, dass er dem christlichen Glauben angehörte.

190 V. a. den Osterversen (Versus Paschales) für Valentinian I.

im Raume steht.[191] Wie Symmachus ist auch Ausonius fest in der Ämterhierarchie des spätantiken Staates verwurzelt. Um 310 geboren blieb er nach seiner Ausbildung als *grammaticus* (ab 334), später als Professor für Rhetorik bis zu seiner Berufung als Prinzenerzieher (364) Gratians in Bordeaux tätig.[192] An der Expedition Valentinians I., die den Mittelpunkt der Panegyriken des Symmachus bildet, nahm er teil. Im Jahr 370 erhielt er den Titel eines *comes.* Mit dem Herrschaftsantritt Gratians begann 375 seine Ämterlaufbahn. Zunächst *quaestor sacri palatii*, erhielt er 378 das Amt des Praefectus Galliarum. Schließlich wurde ihm 379 die Würde des Konsulates zuteil. Auch Familienmitglieder des Ausonius gelangten nun verstärkt in Staatsämter. Der Vater wurde Praefectus per Illyricum, sein Sohn Prokonsul in Afrika. Mit Ende des Jahres 379 zog sich Ausonius nach dem Tod des Vaters auf die Familiengüter zurück. Die politische Laufbahn beendete die Usurpation des Maximus (383), dem es gelang nach dem Tod Gratians und der Vertreibung Valentinians II. aus Italien bis zu seiner Niederlage gegen Theodosius (388) selbständig die Herrschaft über das Westreich auszuüben.

1. Der Kaiser als Garant des wohlgeordneten Staatswesens

Als Anlass seines Panegyrikus bezeichnet Ausonius eine innerer Affektion entspringende Dankbarkeit für die ihm von dem mit wahrer *maiestas* versehenen Kaiser Gratian gewährte *beneficentia* des Konsulamtes.[193] In dieser bildet sich, stärker noch als in der überragenden geistigen Kraft des Kaisers, die Sorge darum ab, den Untertanen Benefizien zuteilwerden zu lassen. Diese Wohltaten, deren Lobpreis aus den Basiliken des Reiches widerschallt, bestehen v. a. in der Wiederherstellung der *securitas* des Senates, der öffentlichen Straßen und des Privatlebens. Das Idealbild des Kaisers im Zivilleben wird eng mit den klassischen Begriffen, die ein legitimes Kaisertum von der Tyrannis (Willkür gegenüber den Senatoren, Unsicherheit des rechtlichen Zustandes, Aufhebung des Privateigentums) abgrenzen, verknüpft. Wie Symmachus, geht auch Ausonius auf den Grund jener Leistungen

---

191 Z. B. in den Epigrammen, XXVI, 169 (De Augusto), Verweis auf Phoebus; auch die Parentalia sind eher heidnisch geprägt (Verweis auf das Pantheon), so: *White*, Ausonius I, XII ff.; dazu *Skeb*, Hermes 28 (2000), 346: Gott ist so tranzendental, dass dies auch für einen Heiden nicht anstößig gewesen wäre. Die Anrufung Gottes zum Ende des Panegyrikus hin lässt sich leicht mit der Anlehnung an das Vorbild des Trajanpanegyrikus erklären. Diese liegt umso näher, weil der Panegyrikus des Pacatus die erste Rede eines Konsuls auf den Kaiser seit diesem darstellt; vgl. auch *Mause*, 56 mit Verweis auf das Schema des Menander Rhetor.

192 Zur Verbindung der gallischen Schulen mit der panegyrischen Tradition durch Ausonius vgl. *Green*, Ausonius, XXIV–XXVIII. Darin zu Datum und Ort (S. 537) – Trier, Basilika, zweite Jahreshälfte 379; vgl. *Mause*, 34.

193 *Ausonius*, Gratiarum actio, I, 220; *MacCormack*, Panegyrics, 173, zu dieser Verbindung der Schulen Galliens mit dem römischen Hof; *Skeb*, Hermes 28 (2000), 346.

für das Gemeinwesen zurück. Er führt die *industria* des Kaisers zwar noch nicht ausdrücklich an – übertrifft das Lob jener menschlichen Tugend aber bereits durch die Darstellung, in Ansehung der Leistungen Gratians werde verständlich, warum man davon spreche, dass Gott in allen Dingen sei (*...omnia deo plena*).[194] Unter dem Aspekt der Gottesähnlichkeit sind die Leistungen der kaiserlichen *virtus* zu bewerten. Wie seinem Vorgänger Valentinian I. gelingt es Gratian, wenn nicht in einer Schlacht, so doch in einem Jahr, Rhein und Donau zu befrieden. Der Kaiser zeigt *liberalitas* gegenüber den Truppen, setzt seine *securitas* den menschlichen Fehlern entgegen und wirkt mit großer Hingabe und Pflichtbewusstsein (*consultissimo, piisimo*) in den Staatsgeschäften kraft der ihm zukommenden *indulgentia divina*.[195] Im Gegensatz zu Symmachus verzichtet Ausonius darauf, den Aspekt der Abschreckung der Feinde besonders herauszustellen. Neben dem Verweis auf die gesicherte *securitas* im Inneren spricht er Gratian die Ehrentitel Alamannicus und Gothicus wegen des Sieges zu. Er hebt aber zugleich den Aspekt der den Barbaren durch Gratian zuteilgewordenen Verzeihung für begangene Vertragsverletzungen hervor und enthält sich somit der Betonung der wiederhergestellten „Achtung" der Barbaren vor Rom (*terror, timor*). Insgesamt lässt sich feststellen, dass Gratian alle Verdienstlichkeiten der Tugend sein eigen nennt, seine Regierung daher zu Recht das Cognomen der *felicitas* für sich in Anspruch nehmen darf.[196]

2. Auswahl der Staatsbeamten

Mit Blick auf das Konsulat des Ausonius lässt sich vor allem der Aspekt der rechtmäßigen Besetzung höchster Staatsämter mit geeigneten Kandidaten hervorheben. Mit Ausonius wird ein Konsul Amtsinhaber, der nicht durch Schmeichelei, durch Freundschaften oder Geldgeschenke, sondern alleine nach seiner von dem Kaiser eingeschätzten Verdienstlichkeit zu Amtswürden gelangt.[197] Anders als in der Vergangenheit wird die Nobilität der Herkunft nicht irrtümlich mit den Meriten der *virtus* gleichgesetzt, die in Ansehung des Kaisers auf Gott und den Vater Valentinian zurückzuführen sind.[198] Verdienstlichkeit vor dem Kaiser heißt also: Verdienstlichkeit nach der Art Gottes, Zuwendung der Benefizien nach recht ausgeübtem

194 *Ausonius*, Gratiarum actio, I, 220; 222; zur securitas vgl. auch II, 222

195 *Ausonius*, Gratiarum actio, II, 224: „...testis est uno pacatus in anno et Danuvii limes et Rheni; liberalissimo: ostentat hoc dives exercitus, indulgentissimo: docet securitas erroris humani; consultissimo: probat hoc tali principe oriens ordinatus; piisimo."

196 *Ausonius*, Gratiarum actio, II, 225 „conecterem omnia merita virtutis et cognomina felicitates..."

197 *Ausonius*, Gratiarum actio, III, 226.

198 *Ausonius*, Gratiarum actio, IV, 228 „...quem deo et patri tibi debes." Zum Tugendadel durch Abstammung auch VIII, 238, 240.

Ermessen. Gratian ist darin Nachahmer der Hochherzigkeit Gottes, die ohne Rücksicht auf den eigenen Stolz ihre Tätigkeit versieht.[199] Die darin liegende *humanitas* berechtigt auch den Rhetor, *praeter regias virtutes* auf die vermeintlich „private Anrede" zurückzugreifen, um so den Wahrheitsgehalt des Tugendlobes weiter zu erhöhen. Ausonius verharrt gleichwohl zunächst im Lob der Amtsauswahl. Anders als Domitian, der von *invidia* dominiert gleich 17 Konsulate bekleidet habe, sei Gratian eine solche Art der *insolentia*, die zugleich Feind jeder *felicitas* ist, fremd geblieben. Der *imperator doctissimus* entkleidet eher sich der seiner Ehre gebührenden Ämter, um aufgrund seiner *moderatio* die damit verbundene Wohltat anderen zukommen zu lassen. Er erweist sich so als Freund Gottes.[200] Im Falle des Ausonius – dessen Erziehungsarbeit im Gegensatz zu der früherer Zeiten (Seneca) von Erfolg gekrönt war – gewährt der Kaiser also etwas, das eigentlich ihm selbst zustünde.

3. Die Ausübung umfassender Tugend mit Hilfe des göttlichen Geistes

Zwar verzichtet Ausonius darauf, in Ansehung Gratians wie Symmachus von einem Goldenen Zeitalter zu sprechen, doch wird auch bei ihm deutlich, dass Gratian in idealer Weise das Bild des Tugendherrschers verkörpert: *unus in ore omnium Gratianus, potestate imperator, virtute victor, Augustus sanctitate, pontifex religione, indulgentia pater, aetate filius, pietate utrumque.*[201] Beständige *benignitas* lässt Gratians Namen über jedes Geburtsrecht hinaus als verdient erscheinen. Seine Güte (*bonitas*) drückt sich in Werken der *pietas, liberalitas* und *fortitudo* aus, die der Augustus *venerabilis* mit gottgegebenem güldenen Geist (*mens aurea*) versieht.[202] Stärker als in jeder anderen Panegyrik (mit Ausnahme der des Eusebius) hebt Ausonius nun den göttlichen Ratschluss hervor, der Gratians Beschlüsse leitet: Als *Pontifex Maximus* hat er Teil am göttlichen Ratschluss (*deo participatus*). Seine Leitungsgewalt (*auctoritas*) folgt dem ihm zuteilgewordenen göttlichen *numen*, durch welches seine Entschlüsse gelenkt werden. Die Entscheidung zur Vergabe des Konsulats an Ausonius stellt sich nach eigener Aussage des Kaisers als Produkt göttlichen Ratschlusses (*dei consilium*) dar.[203]

---

199 *Ausonius*, Gratiarum actio, V, 230; 232. „Deus et qui deo proximus tacito munera dispertit arbitrio et beneficiorum suorum indignatus per homines stare iudicium..."; „seu magnanimitate caelesti ostentatione suppressa, dei munus imitaris."

200 *Ausonius*, Gratiarum actio, VI, 234.

201 *Ausonius*, Gratiarum actio, VI, 236.

202 *Ausonius*, Gratiarum actio, VIII, 240:„..tuaeque virtutes: bonitas, qua in omnes prolixus es, perpetuus in me; pietas, qua orbem tuum temperas, quam in ulciscendo patruo probas, tuendo in fratre cumulas, ornando in praeceptore multiplicas. Agat gratias clementia, quam humano generi impertis; liberalitas, qua dictas omnes; fortitudo, qua vincis, et mens ista aurea, quam de communi deo plus quam unus hausisti."; IX, 242; auch XV, 258.

203 *Ausonius*, Gratiarum actio, IX, 244; X, 246.

a) *Die Summe kaiserlicher Tugend*

Das im Rahmen des eigentlichen Dankes ausgeführte Tugendlob auf Gratian korrespondiert mit dem ab dem 15. Abschnitt eingefügten Tugendlob des Kaisers. Niemand ist schneller, stärker und zugleich bescheidener (*modestior*), niemand lobt beständiger Gott.[204] Wenngleich also kein Mensch existiert, der Gratian etwas vergeben müsste, so vergibt der Kaiser doch beständig seinen Feinden, wenn sie angesichts vergangenen Fehlverhaltens Reue zeigen.[205] Wo Xenophon die Tugend des Perserkönigs Cyrus des Großen lobte, erfüllt Gratian das damals bloß gewünschte Bild des Tugendherrschers, unter dessen Herrschaft alle Welt frei ist von der Furcht, der die Empfänger seiner Wohltaten durch seine *liberalitas* bereichert und der trotz des stets und ununterbrochen geübten Bemühens recht zu handeln dennoch offen zugänglich ist für die Sorgen seiner Untertanen.[206] Die Vergangenheit hätte, die Zukunft wird sich die *exempla* seiner *virtus* zum Tugendvorbild nehmen, das selbst einen Trajan übertrifft. Denn während Ersterer in seiner *pietas* kranken Freunden lediglich beistand, entwirft Gratian zugleich den Plan zur Heilung der Krankheit, überwacht seine Durchführung und trägt für seine Finanzierung Sorge.[207]

b) *Mit dem deus auctor geübte caritas, nicht fortuna als Garant irdischer Herrschaft*

Nicht der *fortuna*, sondern seiner *caritas* hat er die Dauer seiner glücklichen Herrschaft zu danken. Seine Tempel errichtet er in den Herzen der Verehrer seiner Taten, die letztlich einer auf den ewigen Gott zurückzuführenden Liebe zu den Dingen entspringen.[208] Den Abschluss der Rede bildet der angesichts dessen angebrachte Verweis auf die *industria* des Kaisers, die unmittelbar damit einhergeht, dass über seinem Imperium Gott als *auctor* der kaiserlichen Ratschlüsse wacht.[209]

4. Bewertung

Wie Symmachus vor Valentinian I., so betont auch Ausonius die *industria* des Kaisers Gratian und erhebt sie – zu Beginn und zum Ende des Panegyrikus – zum Ausdruck der beständigen Gegenwart Gottes. Mit dessen Hilfe gelingt Gratian die

---

204 *Ausonius*, Gratiarum actio, XIV, 254: „..adorato dei numine."; „...mente pura, immaculabili conscientia". Hinzu tritt das Lob der Zurückhaltung im Umgang mit Speisen und Getränken sowie des geschlechtlichen Umgangs mit Frauen (XIV, 256).

205 *Ausonius*, Gratiarum actio, XV, 258: „at tu numquam paenitenda fecisti et semper veniam paenitentibus obtulisti." Die Bedeutung der modestia hebt Ausonius v. a. für Emporkömmlinge niederer Herkunft in seinen Epigrammen II, 156 hervor.

206 *Ausonius*, Gratiarum actio, XV, 258, 260; XVI, 260. Es geht vor allem um den Schuldenerlass Gratians gegenüber den hoch verschuldeten Provinzialen.

207 *Ausonius*, Gratiarum actio, XVI, 264.

208 *Ausonius*, Gratiarum actio, XVI, 266.

209 *Ausonius*, Gratiarum actio, XVI, 266–268.

Restitution der *securitas*, die für Ausonius den republikanischen Zustand insgesamt umfasst – Sicherheit der Senatoren, des Eigentums und *iustitia* – und zugleich diejenige Tugend ist, die den Fehlern der Menschen entgegen wirkt.[210] Die Barbarensiege Gratians gemahnen an diejenigen des Vaters, drücken einerseits die Vergebungsbereitschaft gegenüber begangenen Rechtsverletzungen, andererseits auch die Konstituierung des Friedensraumes durch Abschreckung aus.

Betont hervorgehoben ist die *humanitas*-Tugend des Kaisertums. Sie umfasst die *moderatio*, also den betonten Verzicht des Kaisers auf Ämterwürden und gleichermaßen deren Grundvoraussetzungen: die Amtsführung durch den Kaiser ohne Rücksicht auf den eigenen Stolz. Diese Selbstbeschränkung des Kaisers in der Übernahme der Amtspflichten gilt Ausonius als sicheres Zeichen der Nähe Gottes, macht den Herrscher zum Freund Gottes. Äußerlich tritt die Teilhabe des Kaisers am göttlichen Ratschlag in der den Menschen zugewandten Tugend der *benignitas* hervor, die *pietas, liberalitas* und *fortitudo* mit umfasst. Die so errichtete Herrschaft im Einvernehmen mit Gott geübter Menschenliebe (*caritas*) ist sicherster Garant der Herrschaft und vor den Unbillen der Fortuna sicher.[211] Wenngleich auch der Panegyrikus des Ausonius nicht eindeutig christlich geprägt ist, lässt doch die Hervorhebung der „sich den Menschen zuwendenden Tugend" (*benignits, caritas, pietas, humanitas*) stärker als der von früheren Autoren eingesetzte Tugendbegriff der *clementia* christliche Anleihen auch im Panegyrikus des Ausonius vermuten. Der Kaiser wendet sich Gott und den Menschen zu – im Ziel des tugendhaften Lebens erstrebt er gleich einem Arzt die Heilung des gesamten Gemeinwesens. Letzteres ist, vor allem in Sinne der Restitution der *libertas*, wiederum römisch-heidnisches wie römisch-christliches Gemeingut. Auch die Rede des Ausonius ist daher vom christlichen oder heidnischen Standpunkt aus lesbar und von beiden Gruppen zugleich mittragbar.

V. Der Panegyrikus des Pacatus auf Theodosius I. (389)

Zum Zeitpunkt des Panegyrikus des Pacatus auf Theodosius hatte sich die Lage des Reiches gegenüber dem Goldenen Zeitalter Valentinians I., Gratians und Valentinians II. stark verändert. Nicht nur war das Westreich durch die Usurpation des Magnus Maximus in Britannien (383) seiner Kaiser Gratian und Valentinian II. beraubt worden, auch die vielgepriesenen Erfolge in der Abwehr der Barbaren hatten sich mit der Erhebung der 376 auf dem Balkan angesiedelten Goten und dem Tod des Ostkaisers Valens in der Schlacht bei Adrianopel (378) als kurzlebig erwiesen. Mit Theodosius, der 378 von Gratian zunächst zum *magister militum*,

210 Das Kaiserlob des Ausonius auf Gratian ist – die Niederlage von Adrianopel ein Jahr zuvor wird nicht erwähnt – stark personalisiert und hebt nahezu ausschließlich auf die Qualitäten Gratians als eines Staatsmannes ab, vgl. *Green*, Ausonius, 538.

211 *Green*, Ausonius, 538 spricht insoweit von einer „Aura der pietas", die den Kaiser umgebe.

379 zum Augustus befördert worden war, begann der Abwehrkampf gegen die aus Westgoten, Alanen und Hunnen bestehenden barbarischen Plünderer von neuem. Seinen Abschluss fand er für Theodosius schließlich 382 nicht in der militärischen Unterwerfung, sondern in einem Vertragsschluss, verbunden mit Ansiedlung der Gegner in Thrakien. Parallel stellte sich die Frage des Umgangs mit dem Usurpator Maximus und einem erneuten *bellum civile*, den Theodosius nach dem Einfall des Maximus in Italien (387) aufnahm. Latinus Pacatus Deprianus, der gallische Rhetor, der den vorliegenden Panegyrikus des Jahres 389 vor dem Kaiser und dem Senat von Rom darbot, sah sich selbst genötigt die gallischen Führungsschichten gegen den möglichen Vorwurf der Kooperation mit dem Usurpator in Schutz zu nehmen. Er genoss deshalb die Gunst des Kaisers, wurde 389 zugleich Prokonsul in Afrika. Entsprechend der Interessenlage bot sich dem gallischen Rhetor vor allem der Konflikt des Theodosius mit Maximus als Möglichkeit an, einerseits das Verhalten der Rhetoren gegenüber Maximus zu begründen – Symmachus hatte selbst einen (verlorenen) Panegyrikus auf den Usurpator verfasst – und zugleich die Tugendhaftigkeit des Theodosius herauszustellen. Auch des Problems der Integration von Barbaren in das römische Heer zur Überwindung des Maximus hat er sich angenommen.[212]

1. Die Restitutionsleistung des Kaisertums

Schon eingangs des Panegyrikus kommt Pacatus auf den zentralen Bestandteil des Herrscherlobes, die alle früheren Kaiser übertreffende *virtus* des Theodosius zu sprechen, die sich dieser gemäß dem klassischen Vorbild als Verteidiger der römischen *libertas* mit Waffen und als Erhöher der *dignitas* der Stadt verdient. Aufgrund seiner Tugend wird ihm und Rom so eine erhöhte *maiestas* zuteil.[213] Nicht nur die Freiheit, auch die Sicherheit (*securitas*) ist im Verbund mit dem Sieg des Theodosius zurückgekehrt. Er hat die *res publica* von der Vielzahl der sie bedrohenden Übel befreit. Die Menschen wenden sich ihm gleichsam wie Gott zu.[214]

212 Zu Pacatus vgl. *Nixon/Saylor Rodgers*, Pan. Lat., II (XII), S. 437–447; zum (verlorenen) Panegyrikus des Symmachus in Mailand (388) vgl. dort S. 449 Fn. 5. Pacatus erörtert in II, 3 dass die Weigerung, den Tyrannen zu preisen, dem Lobredner selbst die Anschuldigung der Förderung von Tyrannei eingebracht haben würde und daher unter Maximus die Freiheit der Entscheidung zu reden oder zu schweigen nicht bestand, während Theodosius diese aus dem Exil zurückgeführt habe.

213 *Nixon/Saylor Rodgers*, Pan. Lat., II (XII), I, 2; II, 1.

214 *Nixon/Saylor Rodgers*, Pan. Lat., II (XII), II, 3; III, 1 f. Die Menschen wenden sich in den Dingen Gottes dem Teil des Himmels zu, aus dem das Licht zuerst erscheint, also nach Osten. Ob Pacatus damit eine Präferenz des christlichen Gottes zum Ausdruck bringen suchte, ist zweifelhaft. Das Sonnenmotiv so unbestimmt, dass es jeden Anhänger der Verehrung eines höchsten Wesens ansprechen kann. Vgl. auch bei *Nixon/Salyor-Rodgers*, S. 450 Fn. 7 m. W. N. Mit Theodosius ist das Licht (III, 4) zurückgekehrt.

2. Der Ursprung der kaiserlichen Tugend

Die Frage, wem in der Situation der gerade überwundenen Übel der Bedrohung von außen und innen die Leitung des römischen Staatswesens überhaupt anvertraut werden konnte, führt Pacatus zu der Beschäftigung mit den natürlichen Tugenden des Kaisers.[215] Mit den Kriterien für das Votum der Vergangenheit und Gegenwart in Ansehung des idealen Kandidaten für das Kaiseramt gibt er die Richtung der nächsten Abschnitte seiner Rede vor. Erwählt wird derjenige, dessen Heimatland sich auszeichnet, dessen Abstammung ihn hervorhebt, dessen Erscheinungsbild göttlicher Natur und dessen Alter dem Amt gerade recht ist, wenn er in militärischen und zivilen Angelegenheiten mit der rechten Erfahrung zu Werke geht.[216] Dementsprechend ist zunächst die spanische Heimat des Theodosius hervorzuheben, jenes gottverwöhnte und glückliche Land, das harte Soldaten, erfahrene Generäle, redegewandte Oratoren, berühmte Poeten und Richter hervorbringt und zudem Mutter des Kaisers ist – aus dem mit Theodosius ein sichtbarer Gott hervortritt.[217] Hinzu tritt mit dem Vater ein ebenso gottgegebener General, der sich nicht nur durch seine Siege gegen die Barbaren auszeichnet, sondern auch durch seine umfassende *virtus* herausgehoben ist.[218] Nicht nur *fortitudo* und *sapientia*, sondern auch die Wohlgestalt des Körpers verbunden mit der *dignitas* hätten daher eigentlich schon den *comes* Theodosius zur Herrschaft bestimmt. Körperliche Schönheit kennzeichnet in besonderer Weise die große Seele, die stets ihren Sitz in einem ihr gemäßen Körper nimmt. Diese – die auch dem nach dem Vater geratenen gottbegleiteten (*cum deo consorte*) Sohn innewohnt – ist die Zierde der Tugend, durch die der Sohn Theodosius zum Imperium gelangt ist.[219]

---

215 *Nixon/Saylor Rodgers,* Pan. Lat., II (XII), VIII, 1. Pacatus knüpft damit eng an das Schema Menanders an, das zuerst den Lob der Herkunft des zu Preisenden vorschreibt.

216 *Nixon/Saylor Rodgers,* Pan. Lat., II (XII), III, 6.

217 *Nixon/Saylor Rodgers,* Pan. Lat., II (XII), IV, 2–5 „...deum dedit Hispania quem uidemus." Vorbildhafte Kaiser Spaniens sind Trajan und Hadrian. Die Vergöttlichung des Theodosius durch Pacatus spricht nicht gerade für einen christlichen Hintergrund des Panegyrikers, jedenfalls aber für seine Verleugnung; zur Herkunft aus Spanien, *Mause,* 65.

218 *Nixon/Saylor Rodgers,* Pan. Lat., II (XII), V, 2–4. Würden Sieges-Cognomina für Privatpersonen noch vergeben, so hätte sich der comes Theodosius diese verdient. Zur Tugendhaftigkeit v. a. V, 3: „...in quo uirtutes simul omnes uigerent quae singulae in omnibus praedicantur." Zur damit einhergehenden Begrenzung des römischen Herrschaftsraumes, *Asche,* 12: orbis terrarum und orbis romanus.

219 *Nixon/Saylor Rodgers,* Pan. Lat., II (XII), VI, 2 f., zur Begleitung durch Gott VI, 4; zur Erlangung des Reiches kraft der Tugend: VII; 1 „...virtus tua meruit imperium."

3. Die Erlangung kaiserlicher Würden gemäß der Tugend

a) Ablehnung von reinem Geburtsadel und Ämterkauf

Auch die Tatsache, dass die Auswahl zur Würde des Kaisertums im rechten Alter erfolgt, zeichnet Theodosius gegenüber früheren Imperienträgern und Magistraten aus, die zu ihrem Amt häufig nur aufgrund ihrer Nobilität, weil sie sich andere zu Dank verpflichteten oder bloß um des Geldes willen gelangten. Wenngleich auch dieser Mechanismus damals nicht Unrecht war, da auch der Tugendhafte Gefahr läuft den Pfad der Tugend zu verlieren, ist doch unter Theodosius die übertriebene Beachtung des Lasters des Reichtums (*luxuria*) überwunden worden, das die Tätigkeit früherer Herrscher (Sulla, Catulus, Scipio) stark beeinträchtigt hatte.[220]

b) Streben mit Hilfe der virtus im Gegensatz zum fatum

Großen Wert legt Pacatus darauf, die Leistungen des Theodosius nicht Fortuna oder dem *fatum*, sondern alleine der *virtus* des Herrschers zuzuschreiben. Von der Schicksalsgöttin kann man in Ansehung des Theodosius allenfalls behaupten, sie habe ihn mittels der vielen militärischen Auseinandersetzungen auf die Kaiserwürde vorbereiten wollen, keinesfalls aber deren Erlangung erleichtert.[221]

c) Der Nutzen der Muße zur Vervollkommnung der Tugend

Von größerer Bedeutung auf dem Weg der Tugend ist auch die Verbindung zwischen Theodosius und dem ihn begleitenden göttlichen Vater (*patre diuino*). Ihr entstammt auch die Fähigkeit des Kaisers, alle im auferlegten Härten standhaft zu ertragen.[222] Als der künftige Kaiser nach dem Tod des Vaters für eine Zeit zur Muße (*otium*) des zivilen Lebens gezwungen wird, nutzt er diese zur Vervollkommnung der eigenen, administrativen Fertigkeiten. Er erweist sich als guter Ratgeber und Helfer und versucht so der Gefahr, dass die Muße „Rost" an seiner Tugend ansetzt, zu begegnen.[223] Dass Pacatus an dieser Stelle den alten Topos vom Feldherren, der nach getaner Arbeit zur bäuerlichen Erde und zu einem Leben in Mäßigung fern des Purpurs zurückkehrt bemüht, liegt angesichts des damit verbundenen immanenten

---

220 *Nixon/Saylor Rodgers*, Pan. Lat., II (XII), VII, 2–4. Pacatus verweist darauf, dass zwar auch derjenige, der vom Laster ausgehend zur Herrschaft gelangt, den Hafen der Tugend auffinden kann, dass dieses aber zu häufig erst in einem Alter geschehe, indem die Ankunft mehr der eines Gestrandeten und Fortgetriebenen gleiche.

221 *Nixon/Saylor Rodgers*, Pan. Lat., II (XII), VIII, 1 f. Von Bedeutung ist es für Pacatus auch, darzutun, dass das nun kommende Tugendlob des Theodosius keinesfalls ein Produkt früher üblicher Übertreibung der Tugendhaftigkeit von Herrschern ist; vgl. VIII, 5.

222 *Nixon/Saylor Rodgers*, Pan. Lat., II (XII), VIII, 3.

223 *Nixon/Saylor Rodgers*, Pan. Lat., II (XII), IX, 2 f.

Tugendlobes – Abwesenheit des Strebens nach Herrschaft, Bescheidenheit, Mäßigung – nahe.[224]

Zugleich ermöglicht es dem Rhetor, das Verhältnis des Theodosius zu seiner Gottheit erneut hervorzuheben. So wie Gott in ständiger Bewegung steht, ist die Arbeit Theodosius zweite Natur. Der Sonne gleich ist er stets in Aktivität verstrickt, stets auf Pflichterfüllung – ob im Krieg oder im zivilen Leben – bedacht. Muße, im Sinne einer von Arbeit freien Zeit, ist ihm fremd.[225]

Bäuerliche Mäßigung zeigt sich auch im fehlenden Streben nach der Kaiserwürde. Der nach seinen Taten längst gleich einem Kaiser Lebende, lehnt die an ihn herangetragene Prinzipatswürde ab und erweist sich darin als standhafter als seine Vorgänger im Amt, die durch bloß scheinbare Ablehnung häufig nur das Streben nach Herrschaft (*ambitio*) verbergen wollten.[226] Während diese These vordergründig in Gegensatz zu der stoischen Auffassung tritt, der *optimus princeps* sei zur Herrschaft verpflichtet, knüpft sie doch sowohl an die ältere Tugendlehre – das Widerstreben kennzeichnet den rechten Herrscher – als auch an die schon bei Symmachus und Ausonius vorzufindende Auffassung an, die das Kaiseramt eher zu einer mit *industria* ausgefüllten Bürde ausgestaltet hatten.[227]

d) Die Vereinigung der Tugenden der Vorgänger in Theodosius

Gerade weil für Rom kein größeres Glück als dasjenige denkbar ist, von einem Kaiser regiert zu werden, der alle Vorgänger an Tugend übertrifft – Nerva an Geistesruhe, Titus an Menschenliebe, Antoninus an der Erkenntnis des Göttlichen, Augustus in der Sorge um die Sitten, Hadrian in der Sorge um das Recht, Trajan in der Sorge um die Grenzen des Reiches – muss der Bringer größten Glücks Charaktertugenden vorweisen, die diese Beispiele übertreffen.[228] Darum muss jedes Begehren der Herrschaft, das doch die falschen Herrscher vor allem ausweist, bei Theodosius ausgeschlossen sein. Nach der Kaiserwürde strebt schlechterdings nur, wer sich von ihrem Amtscharakter falsche Vorstellungen macht, also für sich Tyrannenherrschaft ohne Bindung an Gesetze, ohne Strafe für willkürliche Morde und ohne Achtung vor dem Eigentum der Untertanen wünscht, um dadurch die Tugendhaften zu verpesten.[229] Solche Prätendenten sind bereit, das Votum der Legionen zu kaufen, jede Gelegenheit zu nutzen, einen leeren Palast in Besitz zu

224 *Nixon/Saylor Rodgers,* Pan. Lat., II (XII), IX, 5–7.
225 *Nixon/Saylor Rodgers,* Pan. Lat., II (XII), X, 1–3.
226 *Nixon/Saylor Rodgers,* Pan. Lat., II (XII), X, 4; XI, 1; XII, 1 f.
227 Nicht anders ja auch schon *Seneca*, De clementia, 1, 7 f.
228 *Nixon/Saylor Rodgers,* Pan. Lat., II (XII), XI, 6.
229 *Nixon/Saylor Rodgers,* Pan. Lat., II (XII), XII, 4: „Illi enim, ille auide regna desiderent, quos soluta legibus uita delectat, quorum crudelitas indemnatos necandi, cupiditas priuata rapiendi, libido honesta foedandi ius atque impunitatem requirunt." Vgl. Auch XII, 5: Wer nach der Herrschaft strebt, muss allen Respekt vor der pudicitia verloren haben, darf sich vor Menschenblut nicht fürchten und ist vom Appetit

nehmen oder von persönlichen Verbindungen zur Erlangung der Macht Gebrauch zu machen.[230] Die Ausschaltung seiner Vorgänger aber kann man Theodosius im Hinblick auf den aus Italien geflüchteten Valentinian II. nicht zum Vorwurf machen, weil die *res publica* von Kindern nicht verteidigt werden konnte. Jeder Tag des Zögerns erhöhte den Schaden für das Staatswesen und damit auch den Aufwand der Restitutionsbemühungen des legitimen Kaisers Theodosius.[231]

Dem vorgetragenen Amtsverständnis entsprechend ist Theodosius ein Privatmann in kaiserlichen Amtswürden. Die erlangte Herrschaft fügt seiner Persönlichkeit weder etwas hinzu, noch nimmt sie ihr etwas weg. Als Kaiser lebt er dadurch in Übereinstimmung mit den eigenen Gesetzen.[232] Legitimität von Kaisergewalt wird so im Herrscherlob des Pacatus alleine aus einer Tugendlehre begründet, die zugleich jedes Streben nach der Herrschaft als untugendhaft und tyrannisch entlarvt. Sie lässt damit zwar einerseits den Kaiser im Falle des Tugendverlustes als austauschbar erscheinen, andererseits ist sie für den Tugendkaiser Theodosius ein wichtiges Argument für ein Vorgehen gegen den Tyrannen Maximus.[233]

4. Der rechte Einsatz kaiserlicher Macht

a) *Die correctio des Zeitalters durch Förderung tugendhafter Freundschaft*

Dass Theodosius auch als Kaiser keinesfalls der Gruppe der dem Laster zuneigenden Herrscher zugehört, ist sodann in einem Panegyrikus leicht darzutun. Die Tugend des Kaisers strebt nicht nur nach Selbstvervollkommnung, sondern setzt in Verbindung mit der Theodosius zuteilgewordenen Macht alles daran, die *vitia* innerhalb der römischen Gesellschaft mit *moderatio* – also gestützt auf die Überzeugung, dass das gute Vorbild eher als Zwang der Beseitigung der Laster dient – zu verringern.[234] Dem Hauptübel der römischen Gesellschaft, nämlich dem Laster des privaten Luxus (*luxuria*), tritt der Kaiser mit *frugalitas* entgegen und bedingt so die Wandlung zum Besseren (*correctio*).[235] Durch Berufung der Amtsträger nach dem Tugendvorbild,

---

nach dem Eigentum anderer geprägt. *Straub*, 62, der freilich zu einseitig die militärische virtus als Gegenstand der Bestimmung zur Herrschaft betont.

230 *Nixon/Saylor Rodgers*, Pan. Lat., II (XII), XII, 1: „Alios empta legionum suffragia, alios uacans aula, alios adfinitas regia imposuere rei publicae...“; dazu weiter XII, 2: gewaltsame Beseitigung des Vorgängers, Kauf des Thrones mit dem Preis des Blutes.

231 *Nixon/Saylor Rodgers*, Pan. Lat., II (XII), XI, 5.

232 *Nixon/Saylor Rodgers*, Pan. Lat., II (XII), XII, 5.

233 Darauf läuft auch die nachfolgende Gegenüberstellung des Tugendvorbildes Theodosius mit dem Typus des Tyrannen, Maximus, hinaus.

234 *Nixon/Saylor Rodgers*, Pan. Lat., II (XII), XIII, 1.

235 *Nixon/Saylor Rodgers*, Pan. Lat., II (XII), XIII, 2 f.; XIV, 1; 4.

d. h. durch Pflege von Freundschaften und Freigiebigkeit nicht in materiellen Schätzen, sondern durch Zuwendung mit dem Herzen in gegenseitigem Umgang, fördert er gute Männer und sucht so (wie der Vater) die *felicitas* des Zeitalters zu steigern.[236] Die Freundschaft wird von dem mit einer göttlichen Auffassungsgabe (*sacra mens*) gesegneten Geist des Theodosius in Purpur gewandet auf den Thron erhoben.[237] Die Fähigkeit, dabei stets mit gleichem Maß und niemanden übersehend vorzugehen, gibt Anlass zu der Frage, inwiefern der Verstand des Theodosius an einem göttlichen Wesen teilhat, also seine Hand und sein Gedächtnis durch Gott geführt werden.[238] Zum höchsten Lobpreis gereicht es dem Kaiser, dass seine Herrschaft *dignitas* und *libertas* des römischen Volkes wie kein Kaiser vor ihm durch *castitas, humanitas* und *moderatio* bewahrt hat und *superbia, libido* und *crudelitas* nun fern sind. Selbst der das Königtum verachtende Brutus würde dieser Art von königlicher Weltherrschaft zustimmen und einsehen, dass sein Zorn sich gerechterweise gegen Superbus, nicht aber gegen das Amt als solches richten darf.[239] Die Anknüpfung an alte republikanische Tugenden gilt auch für den *adventus* des Kaisers. Dem Betreten einer Stadt folgt der Gang zum Tempel der Hauptgottheit, dann zum Forum und sodann erst zu Gymnasien und Promenaden.[240] Von allgemeinem Nutzen ist die leichte Zugänglichkeit des Kaisers sowie die rechte Aufteilung der zivilen und kriegerischen Amtsgeschäfte.[241] Die Verteidigung der Reichsgrenzen führt zur Befriedung der Barbaren durch die Furcht vor dem kaiserlichen Namen (*nominis terrore*) – darüber hinaus aber auch schon zum Beitritt der sich einem bäuerlichen Leben zuwendenden Goten zum römischen Heer.[242]

b) Die Tyrannei des Maximus

Während sich Theodosius im Anschluss auch äußerlich auf einem Feldzug im Osten dem Ruheort der Sonne annähert, erwählt der Tyrann Maximus, geduldet von Fortuna, den Westen des Reiches zum Ruheort seiner Verbrechen.[243] Spiegelbildlich zu Theodosius, der den Typus des legitimen Herrschers verkörpert, führt

---

236 *Nixon/Saylor Rodgers,* Pan. Lat., II (XII), XV, 1; XVI, 1–2; XVII, 4; XVIII, 1.

237 XVI, 1 entspricht der Äußerung des Mamertinus in: *Nixon/Saylor Rodgers,* Pan. Lat., III (XI), XXIII, 4.

238 *Nixon/Saylor Rodgers,* Pan. Lat., II (XII), XVIII, 4.

239 *Nixon/Saylor Rodgers,* Pan. Lat., II (XII), XII, 1: XX, 5.

240 *Nixon/Saylor Rodgers,* Pan. Lat., II (XII), XXI, 1.

241 *Nixon/Saylor Rodgers,* Pan. Lat., II (XII), XXI, 2; 5; XXII, 1.

242 *Nixon/Saylor Rodgers,* Pan. Lat., II (XII), XXII, 1; 4. Theodosius, eigentlich von Gratian nach dem Tod des Valens zur Lösung des Gotenproblems auf dem Balkan eingesetzt, sah sich zu einer militärischen Überwindung der Bedrohung nicht in der Lage und beendete die kriegerischen Auseinandersetzungen schließlich 382 durch Vertragsschluss.

243 *Nixon/Saylor Rodgers,* Pan. Lat., II (XII), XXIII, 2. Verrat der Generäle, Überlaufen der Legionen.

die Tyrannis zur Vorherrschaft der Laster (*saevitia, cupiditas, crudelitas*). Die Bürger werden aus den Städten vertrieben, das Eigentum verdienstvoller Männer wird versteigert und die zivilen Rechte werden durch Proskriptionen aufgehoben, so dass nicht *felicitas*, sondern allgemeine Furcht den Zustand des Westens kennzeichnen.[244] Den Ausgangspunkt der Räubertaten des *latro* und *pirata* bildet das Streben nach Reichtum. Im Falle des Maximus ist es nicht einmal mehr auf den eigenen Nutzen gerichtet, sondern alleine auf die Innehabung von Vermögensgütern zum Zwecke des Ausschlusses ihrer rechtmäßigen Inhaber. Unter Maximus herrschen *avaritia* und *cupiditas* in pervertierter Form. Die Raubtaten (*rapina*) dienen nicht einmal dem Vorwand, zum Nutzen anderer begangen zu werden.[245] Der Usurpator sieht es vielmehr als größtes Glück an, anderen Schaden und Unheil zuzufügen, so dass die unter seiner Herrschaft lebenden Menschen teils willkürlich der Vernichtung anheimfallen (Merobaudes, Vallio). Sie bitten teilweise um die Armut, um der Exekution zuvor zu kommen.[246] Christlicher Glaube bringt schließlich der Häretikerin Euchrotia, der Ehefrau des Attius Tiro Delphidius, durch katholische Priester die Anklage wegen *maleficium* und den Tod ein.[247]

c) Die Ausschaltung der Fortuna durch tugendhafte Regierung

Weder in weltlichen, noch in geistlichen Dingen ist also der Westen des Reiches nach den Grundsätzen der rechten Regierung geordnet, deren *felicitas* doch darin bestehen sollte, Fortuna zu überwinden und den vom Schicksal benachteiligten Menschen ein neues *fatum* zu geben. Rechte Regierung muss daher darauf gerichtet sein, Güter zum eigenen Nutzen auszuteilen, da eine durch Ozeane begrenzte Welt schließlich alle rechten Werke wieder zum Kaiser zurückkehren lässt, der Nutzen der Untertanen also mit dem Nutzen des Kaisers identisch ist.[248]

d) Der Krieg der Tugend mit dem Laster – Theodosius und Maximus

Erst die Invasion des Maximus in Italien, die Pacatus einer dem Tyrannen durch Gott eingegebenen Geistesverwirrung zuschreibt, habe dann den Zustand herbeigeführt, der Theodosius zur Rückkehr aus dem Osten und zum militärischen Eingreifen in

244 *Nixon/Saylor Rodgers*, Pan. Lat., II (XII), XXIV, 2 f.; 6; XXV, 1 f.; 5.
245 *Nixon/Saylor Rodgers*, Pan. Lat., II (XII), XXV, 6, XXVI, 2 f.: „Numerari ubique pecuniae, fisci repleri, aera cumulari, uasa concidi, cuiuis ut intuenti non illud imperatoris domiciliium sed latronis receptaculum uideretur."
246 *Nixon/Saylor Rodgers*, Pan. Lat., II (XII), XXVIII, 1; 3 f.
247 *Nixon/Saylor Rodgers*, Pan. Lat., II (XII), XXVIII, 4 XXIX, 2 f. Die katholischen Priester bezeichnet Pacatus an dieser Stelle als Schlächter. Er wirft ihnen falsche Anschuldigung vor und die Tatsache, dass sie nach Übergabe ihres Opfers an die Gewalt der Liktoren zu ihren göttlichen Riten zurückkehren.
248 *Nixon/Saylor Rodgers*, Pan. Lat., II (XII), XXVII, 3–5.

Italien verpflichtet habe.[249] Obgleich die Räuber schon dem Antlitz des Theodosius ohne Ausrufung eines Feldzuges nicht standgehalten haben würden, kommt es zum Bürgerkrieg. Er ermöglicht Pacatus eine Gegenüberstellung der Charaktereigenschaften der beiden Herrscher.[250]

Mit Theodosius kämpft der Sohn eines erfolgreichen Generals und Erbe einer angesehenen römischen Familie gegen einen Klienten, der seinen eigenen Vater nicht kennt. Der weltverbannte Heimatflüchtling Maximus tritt gegen den Kommandanten von Legionen und Retter der *libertas* an. Dem übereinstimmenden Votum der Soldaten und Provinzen zur Herrschaft des Theodosius tritt ein ohne die Berücksichtigung irgendeiner menschlichen oder göttlichen Wahlentscheidung in irgendeinem Winkel (Britannien) selbst proklamierter Usurpator gegenüber. Den Tugenden der Loyalität, dem Recht und der Gerechtigkeit sind Verrat, Falschheit und Ungerechtigkeit entgegengesetzt. *Clementia* und *modestia* verbunden mit der Sorge für die religiösen Angelegenheiten bekämpfen *impietas, libido, crudelitas* und die schlimmsten vorstellbaren Verbrechen.[251]

Derjenige, der durch die Werke seiner Tugend sogar die Feinde Roms dazu gebracht hat, sich in den Dienst des Kaisers zu stellen und so die mit geringem Sold und karger Speise zufriedenen Barbaren nicht nur von Plünderungen abhält, sondern zum Schutze der *res publica* und der *libertas* einsetzt, bleibt in dieser Auseinandersetzung Sieger, die er trotz drückender Überlegenheit des Gegners führt.[252] Während die eigenen Soldaten also in allem dem Tugendvorbild des Theodosius nacheifern, vergibt jener den Feinden. Er lässt sich im Sieg weder vom Stolz noch Zorn hinreißen und übt gegenüber reuigen Feinden *liberalitas*. Dadurch führt er die Wiedervereinigung des römischen Staatswesens herbei.[253]

Wie später Orosius und Salvian in der christlichen Geschichtsschreibung führt auch Pacatus die Leistungen des Theodosius mit auf göttliche Sorge zurück, durch

249 *Nixon/Saylor Rodgers,* Pan. Lat., II (XII), XXX, 1–3; XXXVIII: Gott wendet den Menschen wieder sein Antlitz zu. Ob Pacatus damit die christliche Lehre vom göttlichen Zorn vertritt, oder von einer Göttlichkeit ausgeht, die nicht in beständiger Sorge um weltliche Angelegenheiten die Regierung der Erden den Menschen überlässt, bleibt unklar. Für eine Deutung i. S. der früheren christlichen Lehre spricht in diesem Kontext, dass Pacatus bislang im deus auctor, im göttlichen numen und der Geistesbrüderschaft des Kaisers mit Gott Ansichten vertreten hatte, die mit einer Erdabgewandtheit Gottes kaum vereinbar sind. Auf die Geistesverwirrung des Maximus verweisen auch *Ambrosius,* Ep. 40, 22 und *Gregor,* H.F., II, 9.

250 *Nixon/Saylor Rodgers,* Pan. Lat., II (XII), XXX, 5; XXXI, 1; XXXII, 1.

251 *Nixon/Saylor Rodgers,* Pan. Lat., II (XII), XXXI; vgl. *Hagith,* Klio 78 (1996), 206, auch zum Aspekt der recusatio imperii.

252 *Nixon/Saylor Rodgers,* Pan. Lat., II (XII), XXXII, 1, 3–5; XXXIII, 5; XXXIV, 3.

253 *Nixon/Saylor Rodgers,* Pan. Lat., II (XII), XXXVI, 4; XXXVII, 4. Auch die Nobilität wird von dem Tyrannen befreit; XL, 4. Mit den Waffen wird der Zorn niedergelegt; weder wird die libertas beeinträchtigt, noch die dignitas gegnerischer Generäle durch Amtsentsetzung aufgehoben, so dass das Gefühl erobert worden zu sein, gar nicht erst aufkommen kann.

die das Wohl des Staates befördert, und der Armee Flügel verliehen worden seien. Die Fähigkeiten des Kaisers in der Heerführung ermöglichen es dem Rhetor, Beständigkeit, Geduld, Weisheit und Tapferkeit des Kaisers lobend zu erwähnen.[254] Die Pacatus auferlegte Last, solche Tugendhaftigkeit am Beispiel eines Bürgerkrieges darzulegen, wird durch die Milde und Vergebungsbereitschaft (*misericordia*) des Kaisers fast aufgehoben. Einzig die Kreuzigung des an ihn ausgelieferten Leichnam des Tyrannen durch seine Soldaten vermag diese nicht zu verhindern.[255] Die Schrecken vergangener Bürgerkriege unter Cinna, Marius, Sulla und Caesar hat Theodosius durch friedfertiges Soldatentum vermieden. Infolge der Art des Sieges erschiene sogar die Anordnung eines Triumphzuges nicht als Unrecht. Der wahre Herrscher Theodosius wird so für alle Zeit zum Beispiel der *securitas* des Reiches. Das ewig bestehende Reich (*Romanum semper imperium*) wird in den Händen der Nachfolger seiner Dynastie um diese nicht fürchten müssen.[256]

5. Bewertung

Nach der Eingangsformel, die die *virtus* des Theodosius als Verteidiger der *libertas* und Garant der *securitas* preist, befasst sich Pacatus mit den Kriterien rechter Kaiserauswahl. Gemäß der panegyrischen Vorgabe betont er Geburtsort (Spanien), Abstammung (von Theodosius, dem General), Erscheinungsbild und jugendliches Alter des Kaisers, um sich dann den Tugenden zuzuwenden.

Mit *virtus* kann ein Herrscher das sonst die Geschicke bestimmende *fatum* lenken und die unbeständige *fortuna* beeinflussen, zumal sich Theodosius in Übereinstimmung mit der Tugend zugleich in Übereinstimmung mit seinem göttlichen Begleiter befindet. Ausdruck der Tugendhaftigkeit ist das zivile Leben des Kaisers. Eine erzwungene Abkehr von administrativer Tätigkeit nutzt der Tugendherrscher, um in der Muße an der Vervollkommnung seiner Tugend zu arbeiten. Wie im Panegyrikus des Pacatus ist *industria* – also ständige Bewegung – das sicherste Zeichen der Göttlichkeit des Kaisers. Der durch Notwendigkeiten bedingte freiwillige Rückzug aus der Administration ist zugleich Ausdruck einer Bescheidenheit und Mäßigung, die ein Kaisertum vom Laster der *ambitio* freispricht. Es kennzeichnet ein fehlendes Streben nach Herrschaftsmacht, das im Falle der Kaisererhebung eine ruhige, tugendgeleitete Herrschaft verspricht, die die Grenzen sichert und sich nach im Inneren dem Leben nach der göttlichen Ordnung und der Sittlichkeit verschreibt. Der Kaiser ist Privatmann in kaiserlichen Amtswürden. Den Anspruch dieses Ideals verwirklicht Theodosius: Mit *castitas, humanitas* und *moderatio* tritt er *superbia, libido* und *crudelitas* gegenüber. Mit rechtem Maß ersetzt er Luxus durch Enthaltsamkeit, ist leicht zugänglich und fördert die Verehrung der Götter. Den Begriff der *felicitas* verdient seine Regierung, da sie Amtsträger nach rechter Tugend auswählt

254 *Nixon/Saylor Rodgers,* Pan. Lat., II (XII), XXXIX, 4 f.; LX, 4.
255 *Nixon/Saylor Rodgers,* Pan. Lat., II (XII), XLIV.
256 *Nixon/Saylor Rodgers,* Pan. Lat., II (XII), XLV, 2.

und *liberalitas* an den Bedürfnissen ausrichtet. Der Kampf gegen Maximus gestattet es Pacatus, dem Tugendvorbild des Theodosius ein spiegelbildliches Gegenüber vorzuhalten. Dem Tyrannen Maximus fehlt es sowohl an den Voraussetzungen der Herkunft, des Votums als auch an jedweder Tugend. Den *latro* kennzeichnen *avaritia* und *cupiditas*. Ein neues *fatum* kann er, der sich alleine auf sich selbst ausrichtet, den Menschen nicht gewähren. Alleine Theodosius ist in der Lage die ewige Herrschaft Roms zu garantieren. Nur er genießt in seiner *misericordia*, die *liberalitas* auch gegenüber überwundenen Feinden übt, die göttliche Unterstützung.

Vor dem Hintergrund der heftigen Gegnerschaft des Theodosius gegenüber dem Heidentum – er verbot 392 alle heidnischen Opfer, erhob das Christentum damit faktisch zur alleinigen Staatsreligion, untersagte 394 die Olympischen Spiele und verhalf schon 381 während des ökumenischen Konzils von Konstantinopel der Lehre des Athanasius gegenüber der des Arius zum Ziel – überrascht die Unbestimmtheit der Äußerungen des Rhetors in Bezug auf den christlichen Glauben hier in besonderem Maße. Wer ein klares Bekenntnis zum Christengott erwartet hatte, wird sich durch den Panegyrikus enttäuscht wiederfinden, lässt doch die Bezugnahme auf „die Gottheit" einem möglichen christlichen Bezug wiederum verschwimmen. Dieser findet sich, wenn überhaupt, nur in den Tugendbegriffen und der stärker betonten Zuwendung auf die Untertanen angedeutet (*humanitas*), ohne eindeutig und klar abgrenzbar in Erscheinung zu treten. Der Panegyrikus lässt damit die Frage als gerechtfertigt erscheinen, warum das ideologische Fundament der Kaiserherrschaft nicht stärker den in den Werken der Kirchenlehrer entfalteten Grundlagen angenähert wurde und ob letztlich die rhetorisch vorausgesetzten Inhalte der Gattung eine konkrete Abwandlung zuließen. Für die Herrscherideologie steht Pacatus mit der Zuwendung auf die Schicksalhaftigkeit und gleichzeitig die klassisch-römische Tugendlehre dennoch in der Tradition der Panegyrik nach Konstantin, die immer wieder das Bild der wohlgeordneten Gesellschaft auf der Grundlage von *libertas, iustitia* und *clementia* zeichnet. Mit der Hervorhebung von *castitas, humanitas* und *moderatio* im kaiserlichen Handeln wird zugleich den Räubern ein Gegenbeispiel tugendhaften Handelns entgegengesetzt und der Eindruck vermittelt, die Restitution einer ruhigen Gesellschaftsordnung und eines dauerhaften Friedens könne von dem Kaiser weiterhin gewährleistet werden.

VI. Das Römische Kaisertum im Werk Claudians

Wenig ist bekannt über das Leben des „letzten" großen, klassischen Panegyrikers des weströmischen Kaisertums Claudius Claudianus (ca. 370–405).[257] Er stammt wohl aus Alexandria, also dem griechisch-lateinischen Kulturraum und betrat im Jahr 395 die politische Bühne Roms mit seiner Konsulatspanegyrik auf die Kinderkonsuln Olybrius und Probinus aus der gens Anicia. Dem dadurch hervorgerufenen Eindruck ist es vermutlich zu verdanken, dass Claudian bereits im folgenden Jahr

257 Zum geschichtlichen Hintergrund: *Taegert*, Panegyricus, 15–18.

auch die Konsulatspanegyrik zum dritten Konsulat des Honorius darbot. Ihr folgten zwei weitere Konsulatspanegriken auf Honorius in den Jahren 398 und 404 sowie zu den Konsulaten des christlich-neuplatonischen Philosophen Mallius Theodorius (399) und des Stilicho (400). Vor allem der politischen Rechtfertigung von Amtsstellung und Handlungen des Stilicho hat sich Claudian mit seinem Gesamtwerk verschrieben.[258] In der Zwischenzeit entstanden Schmähschriften gegen Flavius Rufinus, der seit dem Tod des Theodosius faktisch als Herrscher des Ostreiches dem Kinderkaiser Arcadius vorstand (396) sowie gegen den afrikanischen Comes Gildo (399). Mit einer Invektive wandte sich Claudian auch gegen den Eunuchenkonsul des östlichen Hofes, Eutrop (399). Nach dem Panegyrikus des Jahres 404 verliert sich die Spur des Dichters, dessen Werk auch die Gattung der Verspanegyrik des fünften Jahrhunderts begründete.[259]

1. Panegyrikus dictus Olybrio et Probino consulibus

a) Beständigkeit der Fortuna in der Abstammung der Konsuln

Hatten Ausonius und Pacatus in ihren Kaiserpanegyriken auf Gratian und Theodosius den Einfluss der Fortuna in Gegensatz zu den Leistungen der *virtus* dargestellt und die These der sich das Fatum schaffenden Tugendherrschaft propagiert, so lässt die erste Panegyrik des Claudius Claudianus auf die Kinderkonsuln des Jahres 395, Olybrius und Probinus, erkennen, dass Aspekte wie das Wohlwollen der Fortuna und die Abstammung aus der Nobilität jedenfalls zur Legitimation konsularischer Würden hilfsweise herangezogen werden konnten.[260] Mangels existierender eigener Leistungen der zu Konsuln Berufenen betont er die Unveränderlichkeit der Fortuna gegenüber ihrem Geschlecht und erklärt, dass alle Mitglieder der Familie schon aufgrund dieses Umstandes zu Konsuln berufen seien. Danach entspricht auch die Erlangung der Konsulatswürde dem der Familie von jeher Zustehenden.[261]

---

258 Die Einordnung der wissenschaftlichen Leistung sowie der Eigenständigkeit des Werkes Claudians ist in der Wissenschaft umstritten, dazu *Gnilka*, Gnomon 49 (1997), 26 f. und *Felgentreu*, Claudian, 80–104. Sie schwankt zwischen den Antipoden der bloß „dichtenden Hand" Stilichos bis hin zu seiner Anerkennung als größtem lateinischen Dichter des vierten Jahrhunderts. Dazu auch *Paschoud*, Roma Aeterna, 150.

259 Zu den weiteren Werken Claudians, die u. a. Festgedichte auf die Eheschließung des Honorius mit der zwölfjährigen Tochter Stilichos, Maria im Jahr 398 umfassen, vgl. *Hofmann*, Claudianus(2), Sp. 3–6; *Dewar*, Sex.Cons. Hon., XVII-XIX. Zur folgenden Verspanegyrik bei Sidonius, Merobaudes, Corippus *dort*, XXV.

260 Der Grund erschließt sich schon aus *Ciceros*, „De Imperio Cn. Pompei". Die auctoritas ist auf Seiten desjenigen, auf dessen Seiten die Götter stehen. Beständiges Fortuna-Glück aber ist sicheres Zeichen göttlicher Zuwendung.

261 *Claudianus*, Pan. Olybrio et Probino, 8–14, S. 62. Zur Auswahl dort *Taegert*, 19 f. u. 30 f.

b) *Der rechtmäßige Erwerb der Herrscherwürde nach väterlichem Tugendbeispiel*

Neben das Element dynastischer Legitimation aus der Gunst des Schicksals tritt aber zugleich das Lob der *virtus* – wenn schon nicht gestützt auf Tugenden der Konsuln selbst – so doch auf die Tugend des Vaters, des „alten Probinus". In diesem Zusammenhang entfaltet Claudian das bei Ausonius und Pacatus angesprochene Verhältnis der *virtus* zum Schicksal. Durch Tugendleistungen, d. h. durch die Freiheit vom Laster und den rechten Einsatz des Reichtums (*largitas*) zum Nutzen anderer, werden Herrscherwürden rechtmäßig erworben. Der Gebrauch des Reichtums zu rechten Zwecken steht im Gegensatz zur bloßen Ansammlung von Schätzen. Hinzu treten als Werke der Tugendtätigkeit die Wiederherstellung der Ordnung unter den Völkern sowie die rechte Ausübung der höchsten Gerichtsbarkeit.[262] Das Konsulat der Probinussöhne lässt sich so schließlich auf die *virtus* als geschuldete Anerkennung der väterlichen Tugendwerke zurückführen.[263] Dadurch, dass die Innehabung der höchsten Staatswürden in jungen Jahren zugleich das Machtstreben für die Zukunft zurückdrängt, erweist sich das Konsulat auch für die *virtus* der Söhne als förderlich.[264] Roma selbst stützt die Erlangung von Herrschaftswürden durch den Tugendhaften.[265]

c) *Lobpreis des Theodosius und Probus*

Der Auftritt der für die Probinussöhne bittenden Roma vor dem zum Jupiter stilisierten „blitzgewaltigen" Kaiser Theodosius ermöglicht schließlich dem Rhetor die Anerkennung der Leistungen des Kaisers selbst. Dank Theodosius ist die den Äther ewig regierende Roma wieder siegreich (*triumphatis*). Im Einklang mit der Schutzgöttin der ewigen Stadt ist der Kaiser Überwinder von Tyrannen (Maximus und Eugenius) und Wiederhersteller der römischen *libertas*.[266] Als *victor* dringt der Ruhm des marsgleichen Kaisers bis zu den Sternen, während das Bewusstsein der Tyrannen

262 *Claudianus*, Pan. Olybrio et Probino, 38, S. 64 (Lob der virtus), 38–43, S. 64 (Überwindung der Laster, Freigiebigkeit); 57 f.; 58 f. (Wiederherstellung der Ordnung: „in ordine gentes rexerit"; „ad summi fastigia iuris venerit"), vgl. auch 167, S. 72 (Probinus der Ältere als „iudex").

263 *Claudianus*, Pan. Olybrio et Probino, 75 ff, S. 66.

264 *Claudianus*, Pan. Olybrio et Probino, 64 f., S. 66. Dahinter steht der Gedanke, dass derjenige, dem höchste Macht bereits zuteil wurde, das Streben nach der höchsten Macht verliert.

265 *Claudianus*, Pan. Olybrio et Probino, 75 ff; S. 66; 138, S. 72. Theodosius ist Überwinder der Versklavung des römischen Volkes.

266 *Claudianus*, Pan. Olybrio et Probino, 75 ff., 83 f.; S. 66, 68; 109 ff., S. 68, 70. Dort auch *Taegert*, 32. Theodosius und Roma wirken einvernehmlich gegen die Tyrannen. Den Zugang durch die Alpen öffnet Roma für Theodosius. Zum Auftreten der Roma im Werk Claudians auch *Riedl*, Gymnasium 102 (1995), 538 u. 541: Roma sei so ohne Vorbild, mit Ausnahme ihres Auftretens in Symmachus zweiter Relation

durch die Abwesenheit göttlichen Beistandes eingetrübt wird.[267] Theodosius ist somit gleichermaßen durch Roma beschützter Schutzherr der Stadtgöttin Roms. Alleine hieraus wird die Bittrede der Roma an den *inclyte rector* verständlich.[268] Dem Lob der Roma für die Wiederherstellung der *libertas* als Tugendwerk des Theodosius steht der Lobpreis des älteren Probus zur Seite. Da aufgrund der Leistungen des Vaters auch von den Erben nicht zu erwarten steht, dass sie sich in Müßiggang (*otium*) ergehen und so die Zerstreuungen des Lebens Gewalt über ihren Charakter gewinnen, ist die Gewährung des Konsulats nach alter Gewohnheit gerechtfertigt. Ebenso versteht sich die Erhebung zu Konsuln im Einvernehmen der Roma mit dem Kaiser von selbst, zumal ihr Geist bereits dem erfahrener Greise entspricht.[269]

d) Bewertung

Mit seinem Panegyrikus auf Olybrius und Probinus betreibt Claudian in erster Linie den weitgehend topischen Lobpreis des älteren Probinus sowie des Kaisers Theodosius. In Anknüpfung an Ausonius und Pacatus betont er die Bedeutung des rechten Gebrauchs des Reichtums, der Ordnung der Völker und der *iustitia* für die Tugendherrschaft. An den römischen Weltherrschaftsauftrag gemahnt die Rede der *Roma triumphans* vor Theodosius, dem *victor*. Durch den Sieg vermag Roma den ihr gebührenden Platz in der Weltordnung erneut einzunehmen.

2. Panegyrikus zu Ehren des dritten Konsulats des Kaisers Honorius

Einen stärkeren Tugendbezug als die ein Jahr zuvor gehaltene Panegyrik auf die Konsuln Olybrius und Probinus gestattet der erste von drei Konsulatspanegyriken auf den am 9. 9. 384 geborenen Kinderkaiser Honorius in Mailand am 1. 1. 396.[270]

---

und im 18. Brief des Ambrosius noch nie selbst aufgetreten, v. a. nicht als Gottheit. *Duval*, Théodosc, 142 f.

267 *Claudianus*, Pan. Olybrio et Probino, 109 f.; S. 68.; 113, S. 70.

268 *Claudianus*, Pan. Olybrio et Probino, 135, S. 70 (Anrede der Roma); 126–135 (Anrede des Theodosius als Roma). Der Anerkennung des Kaisers durch Roma steht die Anerkennung der Roma durch den Kaiser zur Seite. Dazu *Straub*, 70: „Das Bild vom entrückten Gott, vom unsichtbar Wirkenden und unnahbar Heiligen, hatte das andere von dem die Welt kämpfend durcheilenden Krieger-Gott verdrängt."

269 *Claudianus*, Pan. Olybrio et Probino; 143; 151–155, S. 72. 231, S. 76 stellt zugleich das Einvernehmen der Konsuln heraus. Dank ihrer Einigkeit („unanimitas") wird ihnen die Herrschaft ungestört erhalten bleiben. *Riedl*, Gymnasium 102 (1995), 542: Erhebung der jungen Konsuln über die menschliche Ebene durch Roma.

270 Zum Umfeld vgl. *Polz*, GB 17 (1990), 225 f.: erstes Poem am Mailänder Hof; *Duval*, Théodose, 144.

a) *Göttliche Legitimation und Sonnensymoblik*

Wie schon anlässlich des Lobes der Kinderkonsuln setzt Claudian auch hier zunächst nicht in erster Linie mit der *virtus*, sondern mit dem dynastischen und göttlichen Legitimationsgedanken an. Die Einleitung über die Erziehung der „Adlerkinder" dient ihm zum Beleg eines königlichen (kaiserlichen) Geburtsadels. Die Aufzucht ihres Nachwuchses unternähmen Adler nämlich nur dann, wenn dieser in der Lage sei, ungeschützt dem Licht der Sonne standzuhalten, ohne den Blick abzuwenden. Nur wer vor dem Licht des Himmels besteht, ist „zum Erben des Blitzes" berufen und wird als König der Vögel erzogen.[271] Nicht nur mit Jupiter, sondern auch mit Sol, dem Himmelswagen, d. h., mit der Herrschaft über den (römischen) Erdkreis wird so die höchste Herrscherwürde verknüpft. Im Bilde bleibend schlägt Claudian zu Beginn des Panegyrikus auch den angesprochenen Bogen zur römischen Weltherrschaftsideologie. Der als König geborene Kaiser ist Schutzgott der Roma. Nicht er hat die *potestas* kaiserlicher Gewalt empfangen, sondern sie ihn.[272] Gemeinsam mit seinem Bruder im Amt Arcadius ist er Himmelswunsch und Hoffnung des Himmels, beide teilen die Herrschaft über die Welt und ordnen den Lauf der Sonne.[273]

b) *Voraussetzungen der Sukzession der Kaisergewalt*

Schon die Ankündigung kriegerischer Tapferkeit (*virtus*) in der Geburt des Honorius – die Barbaren an den Reichsgrenzen erzittern vor dem göttlichen *numen* – muss, ebenso wie der furchtlose Empfang des Vaters durch den Sohn nach erfolgreichem Feldzug – dem kriegerischen Tatenlob genügen.[274] Sie gestattet die Überleitung auf die Tugenden des Vaters und seine Ausprägung im Sukzessionsgedanken – Übergang der väterlichen Tugendhaftigkeit auf den Sohn.

aa) *Zuwendung auf die Arbeit bei gleichzeitiger Abwendung von der Muße*

Wie schon die Panegyrik seit Symmachus vor ihm entfaltet auch Claudian an dieser Stelle das Bild des „Arbeitskaisertums". Um den Sohn frühzeitig an das Amt und die damit verbundene unermüdliche Tätigkeit (*labor*) auch in widrigen Witterungsumständen zu gewöhnen, versagt ihm Theodosius jede Art des Luxus (*luxuria*) oder Muße (*otium*), wünscht, dass der Sohn sich nicht zeitverschwenderischer Tätigkeit hingibt.[275] Im Hinblick auf die unter Theodosius manifeste Bedrohung des Reiches durch äußere und innere Feinde spricht Claudian als Frucht der Erziehung zunächst

271 *Claudianus*, Pan. Tert. Cons. Hon., Praefatio, 1–13.

272 *Claudianus*, Pan. Tert. Cons. Hon., 13 f.: „Ardua privatos nescit Fortuna penates, et regnum cum luce dedit."; 16.

273 *Claudianus*, Pan. Tert. Cons. Hon., 8–13. *Polz*, GB 17 (1990), 226 zur Bedeutung der concordia.

274 *Claudianus*, Pan. Tert. Cons. Hon., 17–21; 22–38. Sie lässt die Erwartung zu, dass auch Honorius eines Tages seinem Vater an Kriegsruhm gleichkommen wird.

275 *Claudianus*, Pan. Tert. Cons. Hon., 40 f.; 42.

erneut die kriegerische *virtus* an, deren Entwicklung vom Bericht über die Triumphe des Vaters zehren solle.[276] Den Wunsch gegen innere Unruhe (*discordia*) mittels eines aus Truppen aller Erdteile bestehenden Heeres vorzugehen, hat Honorius jedenfalls nach der Usurpation des Arbogast und Eugenius bereits manifest geäußert.

bb) Die Verbindung von Kaisertum und Gottheit als Wurzel militärischer Siege

Nichtsdestotrotz führt Claudian den Abstieg des theodosianischen Heeres aus den Alpen und die siegreiche Schlacht gegen die Verbände des Eugenius und Arbogast im September 394 auf die göttlichen Auspicien des im Januar 393 durch den Vater zum Kaiser erhobenen Honorius zurück.[277] Das Wunder des gelungenen Alpenabstiegs – der Theodosius nach schweren Verlusten der föderierten gotischen Verbände durch einen in Richtung des Feindes ausbrechenden Sturm gelang – erklärt der Rhetor mit der Herrschaft des Kaisers über die Elemente, die seiner herausgehobenen Göttlichkeit entspricht.[278]

cc) Der Tugendsieg als Grundlage einer auf Friedensherrschaft gegründeten Sukzession

Der militärische Sieg gibt Gelegenheit, zugleich den Tugendsieg des Vaters hervorzuheben. Mit Theodosius siegt die *libertas*. Selbst der Feldherr Arbogast – also der Tyrann – stirbt nach der Niederlage in Kenntnis des eigenen Frevels durch die eigene zur Gerechtigkeit bekehrte Hand (*iusta manus*).[279] Obgleich die Natur kurz danach die Heimkehr des göttlichen Theodosius fordert, lässt dieser zuerst Honorius nach Italien rufen, um diesem den römischen Weltkreis nach außen und innen „befriedet" zu übergeben.[280] Der triumphale Einzug des Vaters mit dem nach Italien eilenden Sohn in Rom gleicht dem Einzug des Morgensternes, der aufgehenden Sonne, des Donnerschleuderers, in die Stadt.[281]

dd) Stilicho als Garant kaiserlicher Herrschaft

Die Frage, wem nach dem Verscheiden des Vaters die Aufgabe des Kaisererziehers zukommen solle, beantwortet Claudian ganz im Sinne des Protektors Stilicho. Dem *bellipotens* und zugleich im Frieden als treu erwiesenen (*pace probata fides*)

276 *Claudianus*, Pan. Tert. Cons. Hon., 51, 59.

277 *Claudianus*, Pan. Tert. Cons. Hon., 63 f.; 66; 68–74 f.; 88 f. In den Kontext des Geburtskaisertums lässt sich die im Zusammenhang mit der Erhebung des Honorius vorgebrachte Klage, der Sohn sei trotz jungen Alters erst spät zum Träger des Imperiums berufen worden, einordnen, vgl. 83–87.

278 *Claudianus*, Pan. Tert. Cons. Hon., 96.

279 *Claudianus*, Pan. Tert. Cons. Hon., 102–105.

280 *Claudianus*, Pan. Tert. Cons. Hon., 106–11 „...dum tibi pacatum praesenti traderet orbem."

281 *Claudianus*, Pan. Tert. Cons. Hon., 130–132.

Verwandten des Theodosius ist die Sorge für beide Söhne des Kaisers gleichermaßen anvertraut. Dank seiner sicheren Herrschaft kann Theodosius den Erdkreis verlassen, um am Himmel als neuer Stern zu erstrahlen.[282]

c) Tugend als Grundlage beständiger Herrschaft

Zum Ende des Panegyrikus kommt Claudian noch einmal kurz auf die zu erwartende Art der Herrschaft der Theodosiussöhne zu sprechen: Mit ruhigem Geist (*mente serena*), ohne Gier (*avaritia*) und stets unter Beachtung der *virtus* sollen sie die Völker (*gentes*) anleiten, von Reichtum und geistvergiftenden Geschenken stets Abstand halten, da alleine die Verbindung der Tugend mit der *potestas* von Dauer ist.[283]

d) Bewertung

Mit seinem Panegyrikus auf den Kaiser Honorius stellt Claudius Claudianus den konkreten Bezug der Herrscherideologie zum göttlichen Pantheon her, den Pacatus weitestgehend vermieden hatte. Honorius ist als „Erbe des Blitzes" in Beziehung zu Jupiter und den Sonnenwagen gesetzt und erscheint im Gewand klassisch heidnischen Lobpreises.[284] An den *inclyte rector* des vorangegangenen Panegyrikus knüpft die Bezugnahme auf den Kaiser als „Schutzgott der Roma" an. Wie im Herrscherlob des Pacatus empfängt die *potestas* den tugendhaften Kaiser. Der Kaiser strebt also nicht nach der Herrschaft. Wie Pacatus befasst sich auch Claudian mit den Grundlagen der Kaiserherrschaft. Das kaiserliche Amt erfordert (1) unermüdliche Tätigkeit und damit die Verachtung von *luxuria* und Muße, (2) kriegerische *virtus* zur Abwehr äußerer Feinde, (3) den Willen, die *discordia* im Inneren aufzuheben und (4) die Anleitung der Völker durch ruhigen Geist im Frieden. Ein entsprechend agierender Kaiser kann sich angesichts seines Tuns auf göttlichen Beistand stützen. Der Abstieg des Theodosius aus den Alpen war nicht aufgrund seiner Heeresstärke, sondern vor allem deshalb von Erfolg gekrönt, weil er die Vorgaben der Tugend beachtete. Der Tugendherrscher ist Verteidiger der Zivilgesellschaft, ihrer *libertas, iustitia* und *fides*.[285] Die Tugend ist Voraussetzung dafür, nach dem Sieg auch Barbaren vom erstrebten Friedenszustand zu überzeugen.

---

282 *Claudianus*, Pan. Tert. Cons. Hon., 144 f. „bellipotens"; „robur in armis"; 152 f.: „Tu curis succede meis, tu pignora solus nostra fove: geminos dextra tu protege fratres."; 154; 157; zu Theodosius vgl. 172: „novum sides"; 175: „decus aetherium, terrarum gloria"; 179 f. Schutzherr der Söhne vom Himmel aus. Es geht Claudian auch darum, Stilichos Interessen zu fördern, vgl. *Polz*, GB 17 (1990), 277.

283 *Claudianus*, Pan. Tert. Cons. Hon., 182–188.

284 *Duval*, Théodose, 145.

285 Das Verhältnis Stilicho/Honorius ist kollegial: Im Verhältnis zu Honorius gibt Theodosius die Beispiele der virtus vor, während Stilicho in Treue die Anweisungen des Kaisers umsetzt.

3. In Rufinum (ebenfalls 396)

Zum Vortrag einer regelrechten Tugendlehre findet Claudian nach den beiden Kaiserpanegyriken noch im Jahr 396 mit der Invektive „In Rufinum“ Gelegenheit. Die gezielt auf die Zerstörung Rufinus – er war seit 392 *praefectus praetorio* am oströmischen Hof und nach 395 selbst Vormund des Ostkaisers Arcadius – als einer moralischen Persönlichkeit ausgerichtete Schmähschrift stilisiert er in ihrem Kulminationspunkt (v. a. I, 297–300) zum Kampf der Tugend gegen das Laster. Der rechtmäßige Kaisererzieher Stilicho wird dem Tyrannen des östlichen Hofes, Rufinus, entgegengesetzt. Das eigentliche Herrschaftsideal des vorangegangenen Panegyrikus desselben Jahres fasst die Einleitung des ersten Buches zusammen. Unter der Ägide Stilichos regieren die Bruderkaiser den Weltkreis in Gerechtigkeit und Frieden und halten die Welt durch eilende Sorge im Falle des Krieges stabil.[286]

a) Ehrhebung des Schlechten durch das Göttliche zu tieferem Sturz

Trotz dieser glücklichen Herrschaft sieht sich Claudian veranlasst, zu Beginn des ersten Buches die Theodizeefrage zu stellen. Wenn es – was nach der Natur der Schöpfung (Jahreszeiten; Begrenztheit aller Dinge) naheliegt – einen höchsten schöpfenden und sorgenden Gott gibt, warum liegen dann die menschlichen Angelegenheiten im Nebel, sind die Schlechten häufig glücklich, während die Guten beständig in Nöten leben?[287]

Die Frage, hier rhetorisch formuliert, beantwortet das Schicksal Rufinus: Ein höchster Gott erhebt die Schlechten *ad culmina rerum* um sie sodann als *iniusti* noch tiefer hinabschleudern zu können.[288] Platonischem und neuplatonistischem Gedankengut folgend bekennt sich Claudian zu einer Sphärentheorie, die über den Göttern des Äthers einen außerhalb der irdischen und himmlischen Sphären stehenden Gottesherrscher als Ursprung der Dinge anerkennt. Ähnlich der christlichen Lehre fungiert jener als Richter des irdischen Lebens, teilt Lohn nach Tugend und Laster zu. Ist dem Schlechten auch das *fatum* günstig und steht Fortuna ihm in irdischen Dingen zur Seite, so wird er doch den Preis seiner Taten vor Gott – entweder als Gottesurteil auf Erden, jedenfalls aber nach dem irdischen Tod – mit Gewissheit entrichten müssen. Dies wiederum bedeutet: Tugendhaftes Leben auf Erden ist auch

286 *Claudianus*, In Rufinum, I, Praefatio, 17 f.: „...qui stabilem servans Augustis fratribus orbem iustitia pacem, viribus arma regit.“ Zum Ausnahmecharakter einmütiger, brüderlicher Regierung von Ost und West im Werk Claudians vgl. *Polz*, Philologus 134 (1990), 75.

287 *Claudianus*, In Rufinum, I, 1–7; 12 f. Claudianus gesteht ein, er habe aufgrund dieser Tatsache kurzzeitig den Epikureern, genauer der atomistischen Lehre zugeneigt. *Bar*, In Rufinum, 179: Zweifel durch den „triumph of evil“.

288 *Claudianus*, In Rufinum, I, 20–24: „...tolluntur in altum, ut lapsu graviore ruant.“ *Polz*, Philologus 134 (1990), 68: Die Unsicherheit, ob die Götter über das Schicksal walten, wird beseitigt durch das Ende Rufins; *Bar*, In Rufinum, 180: Zerstörung Rufins als Bestärkung des Glaubens.

für Claudian Ausdruck des Einklangs mit der höchsten Gottheit, während die Laster einem Wohlgefallen vor Gott entgegenstehen.

b) Der Kampf der Erinnyen gegen tugendhafte Muße

Beides – irdische und göttliche Strafe – haben die Erinnyen bereits erfahren. Von Jupiter aus dem Olymp, von Theodosius aus der Welt vertrieben, stacheln sie gemeinsam mit den Monstern der Hölle (*discordia; timor; audacia; luxuria; avaritia*) Rufinus zum Widerstand gegen Stilicho und dessen Anvertrauten Honorius an.[289] Gemäß ihrem Ziel, die *felicitas* des Goldenen Zeitalters auf Erden zu stören, verlassen sie die *tranquillitas* des Höllenreiches um gegen *concordia, virtus, fides, pietas* und allen voran gegen die das Goldene Zeitalter dominierende *iustitia* zu Felde zu ziehen – in dem die Herrschaft rechtmäßiger *leges* wiederhergestellt ist.[290] Während das Gute im einträchtigen und nach gerechten Gesetzen geordneten Leben unter Theodosius und seinen Nachfolgern die Segnungen eines glücklichen Zeitalters genießt und Muße in der Tugend findet, verlässt das Böse jene Muße nur, um Schaden zu stiften.[291]

c) Rufinus – lasterhaftes Streben als Verderbnis tugendhafter Freiheit

Sinnbild des Götterwerkzeuges ist der von Megaira, der Göttin des Fehlers und des neidischen Zorns, zu List, Verrat und Lust (*cupiditas*) erzogene Rufinus. Gleich den Göttinnen wird er von Megaira aus der sein Laster unbefriedigenden Muße (*otium*) gerufen und schlägt blind in das Angebot der *dominatio* über den Erdenkreis ein – *sequimur quocumque vocabis....*[292] Die Einführung des zu höchster *avaritia* angestachelten Rufinus in den oströmischen Hof gelingt. Die blinde *ambitio* des Rufinus bricht sich dort neben seiner Geburt Bahn.[293] Alle Gerechtigkeit ist aufgehoben. Geheimnisse und vom Kaiser erbettelte Ehren werden an den Meistbietenden

---

289 *Claudianus*, In Rufinum, I, 26–28; 30–39.

290 *Claudianus*, In Rufinum, I, 45 f. Die Zustandsbeschreibung des „Goldenen Zeitalters“ (aurea...aetas) (51) liefert 52–57: „Concordia, Virtus, eumque Fide Pietas alta cervice vagantur insignemque canunt nostra de plebe triumphum. pro dolor! ipsa mihi liquidas delapsa per auras Iustitia insultat vitiisque a stripe recisis elicit opressas tenebroso carcere leges.“ Zum Begriff des Goldenen Zeitalters bei Claudian auch *Polz*, GB 17 (1990), 229; *Polz*, Philologus 134 (1990), 68: Betonung des Strafgedankens durch Hervorhebung der iustitia.

291 *Claudianus*, In Rufinum, I, 60 f. Der Kampf gegen die *iustitia* ist Pflicht der Furien (60 f.); wenn schon im göttlichen Äther nicht mehr, so ist jedenfalls ein Wirken zum Schaden der Erde möglich, vgl. 86–88.

292 *Claudianus*, In Rufinum, I, 97–100; 140–143. *Bar*, In Rufinum, 180: Ziel des Bösen ist es, zu herrschen; *Duval*, Théodose, 152.

293 *Claudianus*, In Rufinum, I, 113; 164 f.; 178. *Polz*, GB 17 (1990), 230: avaritia ist gleichsam das „Kardinallaster“ bei Claudian. Es ist gerade die Gier, die durch das Goldene Zeitalter von der Oberwelt verbannt wurde.

verkauft; der Reichtum wird zum Untergang seines Inhabers; die Fruchtbarkeit zu dem des Ehegatten. Die Tyrannei des Privatmannes Rufinus führt das gesamte Volk aus der *libertas* in die Sklaverei.[294]

d) Cupiditas und die Tugenden rechter Güterverwendung

Das Bild des so erzeugten Unrechtszustandes nutzt Claudian dazu, lasterhaftes Verhalten und Tugendbeispiel erneut zu entfalten. *Cupiditas* führt alleine zu nicht satt machendem Erwerb. Die Gier fordert immer weitere Beute zur vermeintlichen Befriedigung eines in Wahrheit unstillbaren Verlangens.[295] Glück versprechen einzig *honestia* und *frugalitas*. Nur wer bescheiden lebt, in der römischen Terminologie bieten sich Exempla der auf dem heimischen Acker „am Pflug" stehenden Herrschergestalten an, erlangt wahren Reichtum. Im Gegensatz zur *luxuria* erfährt er Befriedigung aus dem Werk der eigenen Hände, das ein durch Geld erfolgter Erwerb niemals aufwiegen kann. Einzig sein Handeln stellt daher den rechten Gebrauch der natürlichen Güter dar, lässt das Glück aller Menschen zu.[296] Indes setzt sich Rufinus in seiner Gier über alle Grenzen menschlichen und göttlichen Rechts hinweg. Er missachtet Verträge nach Gutdünken, bricht nach Belieben die den Göttern geleisteten Eide, lässt sich weder vom Alter noch von der Jugend anrühren und versucht jeden Bürger des römischen Volkes zu vernichten.[297]

e) Der Gegensatz Stilicho – Rufinus als Gegensatz der Tugend und des Lasters

Dem Streben nach Vernichtung des Goldenen Zeitalters durch das Laster ist dessen Garant Stilicho gegenübergestellt. Dem *terror* des *rapax* tritt jener als *castra bonis* zum Wohle (*salus*) des römischen Volkes entgegen.[298] Beide Kontrahenten stehen sich in dem ungleichen Kampf von Tugend und Laster gegenüber. Wo Rufinus schaden will, hält Stilicho seine Hand zurück. Das den Reichen geraubte Gut erstattet er den Armen. Dem Streben nach gewaltsamer Überwindung stellt er das Bemühen nach Wiederherstellung gegenüber, von Rufinus begonnene Kriege beendet er.[299] Dem typisch tyrannischen Streben nach unrechter Herrschaft (*dominatio*) steht

---

294 *Claudianus*, In Rufinum, I, 178–180; 189–191; 194 f. *Polz*, GB 17 (1990), 231.

295 *Claudianus*, In Rufinum, I, 199 f. „numquam dives eris, numquam satiabere quaestu. Semper inops quicumque cupit."

296 *Claudianus*, In Rufinum, I, 201 f.; 205 f.; 215–217: „vivitur exiguo melius."; „simplice cultu"; „...natura beatis omnibus esse dedit, si quis cognoverit uti."

297 *Claudianus*, In Rufinum, I, 220–22; 228 f.: „iurata deorum maiestas teritur; nusquam reverentia mensae"; 233 f.: „exscindere cives funditus et nomen gentis delere laborat"; 245 f.

298 *Claudianus*, In Rufinum, I, 258–267; 276 f: Er ist ein „Willkommensstern" der verheißenen Herrschaft; 283. *Duval*, Théodose, 153.

299 *Claudianus*, In Rufinum, I, 297–300.

das Bemühen um die Wahrung der Ruhe, des Friedens und der Gerechtigkeit des Goldenen Zeitalters gegenüber.[300] Auf die Frage der die Iustitia mit den Wirren des Zeitalters konfrontierenden Megaira – ob sich so die Herrschaft der *quietas* verwirkliche – ist nur eine einzige Antwort möglich: Honorius wird, sobald er zum Mannesalter herangereift ist, die römische Friedensherrschaft über den gesamten Weltenkreis hinaus ausdehnen.[301] Das dann geschaffene Goldene Zeitalter wird die Güter der Welt in Gemeinschaftseigentum zurückführen, das Privateigentum beseitigen und so das Wohlergehen aller sichern.[302]

f) Das Werk Stilichos – unermüdliche Arbeit zum Erhalt des Friedens

Die Assoziation, dass sich das Werk des Willkommenssterns Stilicho von dem eines Kaisers kaum unterscheidet, bestärkt Claudianus eingangs des zweiten Buches. Ohne die großen, sich niemals Ruhe gönnenden Mühen Stilichos wäre die Erhaltung des unter Theodosius eingetretenen Zustandes unmöglich. Durch gleichzeitige Hervorhebung des Theodosius als wachsamer Stern, lässt sich diese Anlehnung des Feldherren an das Kaisertum allerdings auch aus dem Wohlwollen der Götter gegenüber seiner Aufgabe erklären.[303] Auch das Bild des Rufinus als grausam raubender Friedensstörer propagiert Claudian erneut.[304] Das durch die unermüdliche Arbeit (*labor*) vieler Hände gewonnene Imperium droht der Verwüstung durch einen, sich am Unglück erfreuenden Einzelnen, anheimzufallen.[305]

Lediglich dafür, Italien *sub pace* zu hinterlassen, kann Stilicho zunächst garantieren. Mit einer Armee, die Römer und vormals überwundene Barbaren einschließt, also die Einheit des in Frieden verbundenen *orbis romanus* ausdrückt, in dem sich der Sieger nicht über den Besiegten auflehnt und der Überwundene keinen Hass fühlt, zieht er gegen Rufinus.[306] Letzterem – mittlerweile in Ansehung der kommenden Niederlage selbst in Furcht begriffen und in Sorge über den kommenden Zustand

300 Bei dem Feldherren Stilicho äußert es sich v. a. darin, dass er furchtlos und mit Hilfe des Mars die von Rufinus aufgestachelten Barbaren überwindet, *Claudianus*, In Rufinum, I, 307–353.

301 *Claudianus*, In Rufinum, I, 368–380. Zu erobern sind noch die Reiche der Meder und der Inder – im Westen hat Rom die Grenzen der Erde mit Britannien bereits erreicht.

302 *Claudianus*, In Rufinum, I, 380 f.: „tum tellus communis erit, tum limite nullo discernetur ager...".

303 *Claudianus*, In Rufinum, II, Praefatio, 13 f.; II, 1–6.

304 *Claudianus*, In Rufinum, II, 7–40, v. a.: 7 ff. „Rufinus (neque enim patiuntur saeva quietem crimina pollutaeque negant arescere fauces) infandis iterum terras accendere bellis incohat et solito pacem vexare tumultu"; 16; 38–40.

305 *Claudianus*, In Rufinum, II, 51–53; vgl. 56 zum „terror" in Konstantinopel; 61 f. zur Freude des Rufinus über die 70 f. begangenen Verbrechen („crimine tante luxuriat."). Die Person entwürdigt v. a. II, 82–85: Rufinus kleidet sich nach der Art eines „captivus".

306 *Claudianus*, In Rufinum, II, 105–116: „...non odit victus victorve superbit."

des Friedens (*pace futura*) – gelingt es Arcadius gegen Stilicho einzunehmen und so vordergründig in letzter Sekunde den Abschluss des Feldzuges zu verhindern.[307]

g) Die Identität des Fortbestandes des Imperiums und des Fortbestandes der Menschheit vor dem Hintergrund der Beliebigkeit der Fortuna

Die Rüge über das zwischenzeitliche Wohlergehen des Rufinus, der aufgrund des Listensieges seine Raubtaten (*rapina*) bestätigt sieht und vermeintlich seine unrechten Eroberungen in *tranquillitas* genießt, verbindet Claudian mit grundsätzlicher Kritik an den Göttern des römischen Pantheons:[308] Allen voran macht er Fortuna für den Stilicho geraubten Sieg verantwortlich – die rasche Zustellung des Schreibens des Ostkaisers ließ jenem keine Wahl, als sich vom Schlachtfeld zurückzuziehen.[309] Darüber hinaus nutzt er die Gelegenheit auch zur Kritik an den über Rom wachenden Göttern, deren Verhalten nur dann erklärbar sei, wenn sie Rom und die Menschheit zu vernichten gedächten. Der Gete dürfe nicht von den *dissensiones* der Römer profitieren.[310] Ganz grundsätzlich und im Sinne Stilichos prangert er an, dass nicht der Westen unter seinem Rector *felicitas* genießen und gleichzeitig dabei zusehen könne, wie der Osten des Römischen Reiches in Elend liege.[311]

h) Die Restitution der Weltordnung durch den höchsten Gott

Dass Rufinus seinem Schicksal nicht entgeht, stellt schließlich das zu Beginn des ersten Buches bereits angekündigte Beispiel der Tätigkeit des höchsten Gottes dar. Aufgrund eigenen Zorns tötet das sich nach Konstantinopel begebende Ostheer schließlich den die Kaiserwürde begehrenden Tyrannen. Angeführt wird es von Gainas, einem von Stilicho ausgewähltem Goten. Erneut hat die *libertas* gesiegt und die Tyrannen überwunden. Dadurch ist Restitution eingetreten, die noch vor dem ersten Streich gegen Rufinus ein Geist (Theodosius) von oberhalb des Heeres befürwortet hatte.[312]

---

307 *Claudianus*, In Rufinum, II, 134–136; 138. All sein Reichtum und Luxus hilft ihm nicht gegen das Wiederherstellungsbemühen Stilichos. Die Botschaft des Kaisers Arcadius erreicht Stilicho, als er sein Heer bereits in Schlachtordnung aufgestellt hat. *Straub*, 72: Stilichos Aufgabe ist begrenzt; er untersteht seinem Dominus und hat sich dem Befehl des Arcadius nicht zu widersetzen. So weit geht seine Anhänglichkeit und Treue…".

308 *Claudianus*, In Rufinum, II, 157–160; 319 ff.

309 *Polz*, Philologus 134 (1990), 73: Während die Götter wegesehen, ist Stilicho der einzige, der es wagt, die Waffen zu erheben.

310 *Claudianus*, In Rufinum, II, 194; 201 f.; 206; 235 f. Wiederholt in II, 421–427: Fortuna kann das an Rom begangene Unrecht nicht mit dem Körper des toten Rufin wiedergutmachen.

311 *Claudianus*, In Rufinum, II, 264–277; 215 f. Stilicho ist Träger der Glücks; II, 268: „te sine dulce nihil."

312 *Claudianus*, In Rufinum, II, 386–389 Rede des Theodosius: „nobis etiam, deterrime, nobis sperasti famulas imponere posse catenas? unde redi nescis? patiarne audire

i) Bewertung

In der Situation des Jahres 396 wirft Claudian vor dem Hintergrund der Herrschaft des Rufinus über das Ostreich und dem ungelösten Problem der westgotischen Bedrohung die Frage nach der göttlichen Unterstützung der römischen Herrschaft auf. Wenn es auf Erden scheint, als würden die Schlechten von Fortuna und dem *fatum* in die Höhe erhoben, so ist dies alleine dadurch zu erklären, dass ein höchster Richtergott die *iniusti* zunächst erhöht, um sie anschließend entweder in der Gegenwart des irdischen Lebens – jedenfalls aber danach – umso tiefer hinabschleudern zu können. Zweifel an dem Wohlwollen der Fortuna gegenüber Rom – und damit an der Erfüllung des römischen Weltherrschaftsauftrages sind auf Erden dennoch angebracht. Mit Rufin beherrscht den Osten ein Musterbild des Lasters (*dominatio*-Streben, *avaritia, ambitio, iniustitia, luxuria,* Aufhebung der *libertas,* Ämterkauf, *cupiditas*), das jedes menschliche und göttliche Recht zunächst ungestraft missachtet und hierdurch das Goldene Zeitalter Roms zu vernichten droht.[313] Das Heil (*salus*) des römischen Volkes kann Stilicho vor dem Hintergrund der doppelten Bedrohung durch den Osten und die Barbaren einzig im Frieden Italiens sichern. Der Mechanismus von Verbrechen und Sanktion verschafft sich schließlich noch Geltung.[314] Darüber hinaus ist die Integrität des römischen Friedensraumes nicht gewährleistet. Diesen definiert Claudian umfassend als Imperium des Erdkreises, das alle Völker in Frieden, Gerechtigkeit und Eintracht unter römischer Herrschaft vereint.

Positiv erscheint, dass über die Panegyriken des Ausonius und Pacatus hinausgehend, überwundene Barbaren sich nunmehr der römischen Streitmacht anschließen. Die Furcht des Bösen vor künftigem Frieden ist durchaus weiterhin begründet. Einstweilen ist aber Kritik an Fortuna als beständiger Garantin der Römerherrschaft angebracht. Der von den Erinnyen zur Herrschaft gerufene Rufinus genießt im Schutze Fortunas ein ruhiges Leben. Die Schicksalsgöttin befördert so einzig den Weg, die Menschheit mit Lastern zu vernichten. Honorius ist daher gut beraten, sein Leben nach dem Vorbild des Theodosius, jenes „staatstragenden" Gottes auszurichten und sich des stets wachen Schöpfergottes zu erinnern, der jedenfalls am Ende des Lebensweges dem Guten zum Sieg verhilft und so in Opposition zum klassischen Götterhimmel tritt. Nicht auf die Hilfe der Götter, sondern alleine auf die Leistungen seiner unermüdlichen götterähnlichen Arbeit (*labor*) ist das Kaisertum angewiesen, will es den Zustand der *concordia* des einen römischen Weltreiches erhalten.[315] Der Begriff der Muße (*otium*) ist von daher im Verhältnis zur *virtus* negativ belegt, solange der Ruhezustand nicht durch Tugendwerke geschaffen ist. Die Muße des

satelles, qui leges aliis libertatemque reduxi?" Nach dem Tod Rufins ist die Erde befreit und können auch die Sterne wieder atmen (II, 454 f.). *Polz*, Philologus 134 (1990), 68: Die Tötung Rufins ist evidente Strafe der Lasterhaftigkeit.

313 *Polz*, Philologus 134 (1990), 71: „insatiabilis auri" und „legum venditor".

314 *Duval*, Théodose, 151.

315 *Polz*, Philologus 134 (1990), 75–77.: Der Kampf Stilicho- Rufin ist Kampf der concordia gegen discordia.

Tyrannen ist Sinnbild des rechtsfreien, lasterhaften Zustandes. Sie wird von diesem nur verlassen, um eventuelle Störungen des eigenen privaten Wohlergehens durch neue Verbrechen zu vereiteln. Vorbild tugendhafter Muße kann ausschließlich die durch eigene Leistung geschaffene Ruhe sein. Sie wird zum Friedenszustand des Menschengeschlechts, wenn die von Gott gewährten Güter der Erde allen Menschen gleichermaßen zur Verfügung stehen, setzt also die Abschaffung des nunmehr noch gegen Tyrannengewalt zu verteidigenden Privateigentums voraus.[316]

4. Panegyrikus auf das vierte Konsulat des Kaisers Honorius (398)

Der Begründung von Herrschertugend vor dem Hintergrund göttlicher Weltregierung stellt Claudian 398 mit dem Panegyrikus auf das vierte Konsulat des Kaisers Honorius nun auch außerhalb des polemischen Invektivenschrifttums eine systematische Darstellung der Kaisertugend an die Seite.

a) Das Haus der Theodosius

Die Kaiserherrschaft des theodosischen Hauses folgt der Herkunft des Honorius. Wie schon Trajan entstammen Theodosius der Ältere, Theodosius I. und Honorius spanischem Geschlecht, lässt also alleine die Herkunft des Kaiserhauses Wohltaten erwarten. Während der General Theodosius sich noch vor allem in der militärischen Tugend im Feld bewährt hatte, konnte sein Sohn die Herrschaft Roms bis an den Ozean ausdehnen und so den Himmel erneut zur Grenze des Reiches machen, obgleich die mannigfaltigen Bedrohungen des Reiches seinen Untergang befürchten ließen.[317]

b) Der tugendhafte Triumph der iustitia als Grundlage der potestas

Von ungleich größerer Bedeutung im Hinblick auf die Herrschaftsausübung des Kaisers ist, dass seine *potestas* weder durch Geschenke, noch durch Geburt, noch durch *ambitio*, sondern alleine *digna legi virtus* erlangt wurde, dass also nicht

316 *Claudianus*, In Rufinum, I, 297–300 spricht davon, dass Stilicho die den Reichen geraubten Güter den Armen zurückgibt. Nicht von einer Restitution des Güterzustandes – eigentlich ist die Besitzwahrung seit Ciceros „De officiis" das Paradebeispiel der die libertas gegenüber der Tyrannenherrschaft verteidigenden, rechtmäßigen Gewalt – sondern von einer Umverteilung geht also Claudians Tugendvorbild aus.

317 *Claudianus*, Pan. Quart. Cons. Hon., 18–23 (Spanien und Trajan); 24–40 (Theodosius der Ältere); 41–48 (Wiederaufrichtung der Grenzen durch Theodosius I.). Das Gesamtwerk des Theodosius bewertet 55–62: Mit Theodosius hat sich ein Mann alleine der Flut entgegenstellt, die Flammen gelöscht und so die Harmonie der himmlischen Ordnung erneut hergestellt. Zum Untergangsgedanken: 59: „nulla relicta foret Romani nominis umbra…". Zur Bedeutung des gens-Gedankens *Lehner*, Pan. 25.

Theodosius den Purpur, sondern der Purpur Theodosius suchte.[318] Den Gegensatz von rechtlicher und Tyrannenherrschaft entfaltet Claudian am Beispiel der Usurpationen des Maximus und Eugenius/Arbogast. Während die Tyrannen nicht davor zurückschrecken, ihre Hände mit dem kaiserlichen Blut (Gratian) zu beschmutzen, straft der siegreiche Theodosius als *iudex* Verbrecher.[319] Seine Herrschaft, das in den vorangehenden Panegyriken auch namentlich gepriesene Goldene Zeitalter, ist der Triumph der *iustitia.* Es ist zugleich Beweis dafür, dass Gerechtigkeit nicht vor feindseliger Tyrannei zurückschrecken muss und ihr schuldbeladener Feind keine Sicherheit erwarten darf.[320] Theodosius herrscht als Kaiser über Bürger. Er steht ihren Bitten offen gegenüber und übt Milde (*mitis*). In seiner *pietas* gibt er sich auch nach dem Sieg und der Wiederherstellung des Friedens nicht den Rachegelüsten des Zornes hin, übt im Gegenteil *largitas* gegenüber den Opfern der Tyrannei.[321] Spricht Claudian im Folgenden vom „Geburtsadel" des Honorius, so steht die hervorgehobene Göttergunst neben den gegenüber den Eltern aufgebauten positiven Affekten des Publikums.[322]

c) Die Rede des Theodosius

Die Grundsätze dauerhafter und stabiler Regierung auf der Basis der *virtus* entfaltet die Ansprache des um rechte Regierung stets besorgten Theodosius, die sowohl inhaltlich wie umfänglich durchaus den Charakter eines in den Panegyrikus eingewobenen eigenständigen Fürstenspiegels trägt.

---

318 *Claudianus*, Pan. Quart. Cons. Hon., 41–48: „...innumeris per se quaesita tropaeis, non generis dono, non ambitione potius. digna legi virtus. ultro se purpura supplex obtulit et solus meruit regnare rogatus." Das Bild entspricht, Pan. Tert. Cons. Hon., 13 f. Dazu *Lehner*, Pan. 22.

319 *Claudianus*, Pan. Quart. Cons. Hon., 69–76 (doppelte Rückgewinnung des Westens), 89 f. (Tod der Tyrannen): „...non hostes victore cadunt, sed iudice sontes". Zur Milde des Theodosius: *Klein*, Romidee, 128.

320 *Claudianus*, Pan. Quart. Cons. Hon., 99–101. *Lehner*, Pan. 26 u. 34 f.: Iustitia als Sieg über Ursurpatoren.

321 *Claudianus*, Pan. Quart. Cons. Hon., 110–116: „Nec tamen oblitus civem cedentibus atrox partibus infremuit; non insultare iacenti malebat: mitis precibus, pietatis abunans, poenae parcus erat; paci non intulit iram; post acies odiis idem qui terminus armis."; 116 f.: Aus der „larigtas" entspringt die Liebe seiner Truppen für ihn. *Duval*, Théodose, 157.

322 *Claudianus*, Pan. Quart. Cons. Hon., 122–150; das Lob der Mutter enthält 155–160; auf die Intervention des Himmels zugunsten des Honorius verweisen 171–176: Vertreibung der Wolken durch Phoebus; vgl. auch 197 f. Vergleich mit dem jungen Jupiter.

aa) Der Gegensatz von virtus/fortuna als Leitlinien der Herrschaft

Als Gegenpol römischer Herrschaft fungiert zunächst das Königtum der Parther. Ganz durch Fortuna erlangt, alleine sich auf die Abstammung stützend, ist es dem dortigen Herrscher möglich seine Königswürde selbst dann zu behaupten, wenn sein Lebenswandel vollständig von Luxus geprägt wird.[323] Die römische Herrschaft dagegen ist stets Tugendherrschaft. Sie zu behaupten setzt nicht Blutsadel, sondern *virtus* als angewandte Lebenstugend voraus.[324]

bb) Die Seelenruhe als Grundlage der Kontrolle der körperlichen Affekte

Ihre Grundlage liegt zuallererst in der menschlichen Seelenruhe. Platon folgend, scheidet Claudian den prometheusgeschaffenen Menschen in drei Seelenteile. Nur die höchste, rein göttliche und im Verstand befindliche Seele ist dazu berufen, die Arbeit des Körpers zu kontrollieren und den Tod des Leibes zu überdauern. Als befehlende Seele ist sie den unteren Seelen übergeordnet, die den aus dem Körper (Herzen) entspringenden Lastern ausgesetzt sind – v. a. *metus, cupiditas* und *avaritia.* Nur wenn es ihr gelingt, den dadurch ausgelösten *tumultus* im Inneren des Menschen zu überwinden, kann dieser zu reinem Seelengeist (*purae sacraria menti*) gelangen und so der Sklaverei der Laster entgehen.[325] Verweigert er ihr die Unterwerfung, so wird er dadurch keineswegs frei, sondern erst recht zum Sklaven seiner Gelüste und damit eines in ihm herrschenden tyrannischen Regiments. Nur wer über sich selbst herrscht, ist überhaupt befähigt, die Herrschaft über andere auszuüben, während derjenige, der sich von der *castitas* ab- und den Bedürfnissen des Körpers zuwendet zwar den leichteren, aber auch den schlechten Weg einschlägt.[326] Die eigentliche Leistung des Menschen besteht darin, die Wünsche des Körpers auch dann der Seele unterzuordnen, wenn ihm die Machtmittel zu Gebote stehen, die vom Körper gewünschte Sanktion durchzusetzen.

cc) Die Bedeutung der Affektkontrolle für das kaiserliche Vorbild

Für den Herrscher gilt: *ne tibi quid liceat, sed quid fecisse decebit occurat, mentemque domet respectus honesti* – nicht das Mögliche, sondern das rechte Sollen muss die Gewaltausübung bestimmen.[327] Dies gilt umso mehr, als die römische Kaisergewalt stets der Beobachtung aller Menschen unterworfen ist. Ihre Ruhmestaten sind

---

323 *Claudianus*, Pan. Quart. Cons. Hon., 212 ff.

324 *Claudianus*, Pan. Quart. Cons. Hon., 220–223. Virtus muss sich im Leben bewähren. Sie ist nicht bloß innere Tugend. Ein nicht gespannter Bogen, eine nicht gespielte Lyra, sind eben keine Exempla der Tugend.

325 *Claudianus,* Pan. Quart. Cons. Hon., 225–254.

326 *Claudianus,* Pan. Quart. Cons. Hon., 257–266.

327 *Claudianus,* Pan. Quart. Cons. Hon., 266–286. Zur Bedeutung der Seelenlehre: *Lehner,* Pan. 60. Sie ist dem östlichen Sassanidenreich entgegen gestellt.

ebenso sichtbar, wie die ihr innewohnenden Laster (*vitia*).[328] Da einem solchen Vorbild auch die Flucht in abgelegene Winkel nicht zur Tarnung des Lasters gereicht – an ihr scheiterte bereits Tiberius – und zudem schlechte Handlungen des Kaisers besonders hervortreten, ist es zentrale Herrschertugend, den Bürgern gegenüber in liebender *pietas* und *clementia* gegenüberzutreten, die alleine den Kaiser den Göttern annähert. Vermeidet der Kaiser es, sich mit falschen Beratern und Freunden zu umgeben, so wird ihm die Liebe und Dankbarkeit des Volkes sicher sein, die alleine sein Leben bewahrt.[329]

dd) Menschenliebe

Die geforderte Harmonie des Princeps mit den Herrschaftsunterworfenen kann nur durch Liebe, nicht durch Gewalt hergestellt werden. Diese zu gewinnen setzt voraus, dass Herrschaft sich innerhalb der ihr gezogenen Grenzen hält.[330] Während rechte Herrschaft also dem Wohlergehen der Staatsgemeinschaft – d. h. im Falle Roms der Weltgemeinschaft – in liebender Zuwendung verpflichtet ist, setzt tyrannische Herrschaft auf die Macht des *terror*. Von Neid (*invidia*) gegenüber den Ruhmestaten anderer zerfressen, ermordet sie die Tapfersten und zieht sich, stets selbst in Furcht, in ihre Festung zurück.[331] Die Selbstbezogenheit des Tyrannen schließt ihn im Gegensatz zum Tugendherrscher von der Gemeinschaft der Menschen aus. Erneut schärft Theodosius (Claudian) dem künftigen Kaiser die bereits zuvor aufgestellte Handlungsmaxime ein: *tu civem patremque geras, tu consule cunctis, non tibi, nec tua te moveant, sed publica vota*. Wie Theodosius muss der rechte Kaiser zugleich Bürger und Vater sein. Das bedeutet, die eigenen Wünsche dem öffentlichen Wohl unterzuordnen.[332]

ee) Die Unterwerfung des Kaisertums unter die eigenen Gesetze

Die so verfasste kaiserliche Gewalt hat sich zuerst den eigenen Gesetzen zu unterwerfen. *Aequitas* wird das Volk einer jeden Gesetzgebung nur dann zuschreiben, wenn der Kaiser mit dem Vorbild seiner *auctoritas* vorangeht. Nur dann wird es sich den Gesetzen auch selbst unterwerfen. Die Welt, jedenfalls aber die Masse, richtet sich nach der *vita regentis*.[333] Schlimmster Feind des römischen Kaisertums ist *superbia*. Die rechtliche Verfügungsmacht des Kaisertums darf nicht mit der persönlichen

---

328 *Claudianus*, Pan. Quart. Cons. Hon., 269–275.

329 *Claudianus*, Pan. Quart. Cons. Hon., 278; 283–286. Den schlechten Herrscher schützen auch seine Speere nicht: *Lehner*, Pan. 40.

330 *Claudianus*, Pan. Quart. Cons. Hon., 286 f., auch Phoebus überschreitet nicht die Grenzen seines Reiches.

331 *Claudianus*, Pan. Quart. Cons. Hon., 290–293: „qui terret, plus ipse timet; sors ista tryrannis convenit; invideant claris fortesque trucident, muniti gladiis vivant saeptique venenis, ancipites habeant arces trepidique minentur…".

332 *Claudianus*, Pan. Quart. Cons. Hon., 294 f.

333 *Claudianus*, Pan. Quart. Cons. Hon., 296–302.

Überhebung des Kaisers über die moralischen Personen seiner Untertanen einhergehen. Anderenfalls wäre nicht nur der Stolz eines Volkes, das die Welt beherrscht, leicht erregbar; es träte auch das Beispiel der Exzesse vergangener Herrscher von Tarquinius Superbus über die julisch-claudischen Kaiser Nero und Tiberius jedem vor Augen.[334] Mit dem Spanier Trajan ist allerdings zugleich das der theodosischen Dynastie nahestehendste Tugendvorbild zur Hand. Seine *gloria* wird deshalb bestehen bleiben, weil er sich dem Vaterland gegenüber stets gewogen gezeigt hat.[335]

ff) Die Anforderungen an jugendliche Kaiserherrschaft

Den Fürstenspiegel innerhalb des Panegyrikus unterbricht scheinbar der Einwurf des Honorius, er wünsche das vom Vater Geforderte, so ihm Gott helfe, in Ansehung seiner Reiche gemeinsam mit dem Bruder zu erfüllen. Das gleichzeitige Begehren, selbst gegen Tyrannen anzutreten, lehnt Theodosius aber mit dem Verweis auf das junge Alter des Princeps ab. Trotz der *virtus* des Vaters wird dem Sohn auch in der Zukunft – gleich Alexander – noch genug Verdienstvolles zu tun verbleiben.[336] Erneut lässt Claudian keinen Zweifel daran, dass Honorius sein *regnum* nicht etwa einem väterlichen *favor* verdankt, sondern Herrscher von Natur aus ist. Deshalb erbitten alle von ihm ihr Recht und folgen seinen *leges*.[337] Die Herrschaft römischer Gesetze über die Welt ist in den zurückgewonnenen Provinzen wieder hergestellt.[338]

In der gegenwärtigen Jugend, so der Vater, müsse aber Honorius einstweilen vor allem die Musen pflegen und sich mit den Vorbildern der Vergangenheit vertraut machen. Es solle am Beispiel des Brutus die alte republikanische *libertas* kennenlernen, an denen des Mettius und Torquatus Verrat und Härte, an dem der Decier schließlich höchste Opferbereitschaft für das Vaterland.[339] Dann werde er anhand des Regulus, Catos, Curius, Fabricius und Seranus mit der Erkenntnis der Schicksalsbeständigkeit der Tugend vertraut werden.[340]

Einstweilen ist es Stilicho – das Lob des Kaisererziehers fehlt auch 398 nicht – der als ein Stellvertreter den Ruf des Honorius verbreitet. Er bringt den Unterworfenen als Lohn ihrer Gebete Frieden (*pax*), stellt die Ruhe (*otium*) wieder her und unterwirft aufständische Barbaren.[341] Das Ergebnis seiner Bemühungen – die exakt

---

334 *Claudianus*, Pan. Quart. Cons. Hon., 309–315. Wie es *Seneca*, De clementia, I, 18, 3, ohne Zweifel an der Tugendhaftigkeit Neros angekündigt hatte, werden also tatsächlich die schlechten Taten der Kaiser „über Jahrhunderte erinnert."

335 *Claudianus*, Pan. Quart. Cons. Hon., 316–319. Erst im Anschluss geht Claudian auch auf die Kriegstugenden (320–351) ein.

336 *Claudianus*, Pan. Quart. Cons. Hon., 353 u. 352–368; 377–380. Honorius ist Vollender des Werkes des Theodosius, vgl. *Lehner*, Pan. 67 f. Die Passage beinhaltet auch eine Warnung vor verfrühtem Ruhm.

337 *Claudianus*, Pan. Quart. Cons. Hon., 380–383.

338 *Claudianus*, Pan. Quart. Cons. Hon., 392–395.

339 *Claudianus*, Pan. Quart. Cons. Hon., 396; 400 ff.

340 *Claudianus*, Pan. Quart. Cons. Hon., 409.

341 *Claudianus*, Pan. Quart. Cons. Hon., 432–454; 460–490.

dem von Vergil geforderten *parcere subiectis et debellare superbos* entsprechen – ist die Wiederherstellung des Goldenen Zeitalters. Rom lebt unter Romulus und Numa zugleich, genießt die *quietas* gemeinsam mit den Vorteilen des Friedens. Die Schwerter der Tyrannen und falscher Ankläger sind beseitigt, die Steuerlasten erträglich, Reichtum und Eigentum Privater werden nicht auf Kosten des Staatsschatzes geplündert. Stattdessen herrscht die *largitas* des Kaisers, sind Sitten und Recht wieder aufgerichtet, ist die Wahrheit in den Gerichtssaal zurückgeführt und wird die Regierung insgesamt von großer *pietas* und ruhiger Seele (*tranquillitas*) angeleitet.[342] Als erbetener junger Mars herrscht Honorius über die gesamte Welt, sammelt um sich die an Tugend Ausgezeichneten und sorgt unter der Herrschaft der *leges* für den Bestand der *libertas*. In ihm, dessen Auspizien den Sieg des Vaters über Eugenius ermöglichten, vereinen sich die Hoffnungen des Reiches. Wird er zum Autor des eigenen Erfolges, ist ihm eine langandauernde Herrschaft zu wünschen, mit der er Augustus übertrifft.[343]

d) Bewertung

Im Panegyrikus auf das vierte Konsulat des Honorius wendet sich Claudian teilweise dogmatisch der Frage nach den Grundlagen rechter Herrschaft im einzelnen Menschen zu. Ausgehend von der früheren Feststellung, dass Herrschaft nicht durch *ambitio* erworben wird, sieht er in der rechten Kaisergewalt den Richter über tyrannische Usurpatoren. Mit Milde und Großmut stellt der Kaiser im Frieden die Herrschaft sicher. Rechtmäßig verfasster Gewalt steht das Muster des parthischen Königtums gegenüber, das sich ganz im Luxus ergeht. Rechte Herrschaftsgewalt muss sich dagegen am Sollen, nicht an den Möglichkeiten der unbegrenzten *potestas* orientieren. Den Maßstab hierfür erfährt der Mensch in sich selbst. Denn schon, um wenigstens sich selbst beherrschen zu können, ist es notwendig, dass die höchste im Verstand befindliche Seele des Menschen die unteren (körperlichen) Seelen beherrscht. Nur dann vermeidet es der Mensch, zum Sklaven der eigenen Gelüste und ihres tyrannischen Regiments zu werden. Selbstbeschränkung gemäß den Geboten des Verstandes und damit gemäß dem rechten Sollen ist die Grundlage jeder Herrschaft. Sich darauf gründende Gewalt muss sich weiterhin ihres Vorbildcharakters für andere Menschen bewusst sein. Da der Kaiser sich dem Volk nicht entziehen kann, ist ein solches Beispiel nur mittels der Unterwerfung unter die eigenen Gesetze möglich (*aequitas*). Nur dann gewinnt das kaiserliche Beispiel an *auctoritas*. Diese aber ist nötig, um *pax*, *otium* und *tranquillitas* zu bestem Nutzen zu gestalten.

342 *Claudianus*, Pan. Quart. Cons. Hon., 489–517. Zum Tugendlob Stilichos vgl. *Lehner*, Pan. 81–84, zu den Tugenden generell 95 f.

343 *Claudianus*, Pan. Quart. Cons. Hon., 582 f.; 611–614; 620 f.

5. Panegyrik auf das Konsulat des Fl. Manlius Theodorus (399)

Die Konsulatspanegyrik des Jahres 399 leitet Claudian unmittelbar mit einem Grundlagenabschnitt über die Tugend ein.

a) Überwindung des Schicksals durch Tugend, die sich selbst der Lohn ist

Scheinbar im Gegensatz zu den vorangegangenen Aussagen über die Vervollkommnung der Seele zur Erlangung des Wohlwollens des höchsten Gottes steht der Satz, die Tugend sei sich selbst der Lohn. Claudian begründet ihn aus der stoischen Tradition. Es sei das Charakteristikum der Tugend, nicht nach Lob zu streben, das Lob des Mobs dulde sie nur widerwillig. Hierein fügen sich auch die Aussagen über die Abwesenheit der Affekte. Tugend strebt nicht nach Reichtum, bittet nicht um Preise und ist sich selbst ihr eigener Reichtum. Damit steht sie – wie schon im Werk Sallusts – über den Schicksalsschlägen der Welt, vor allem der von Claudian viel kritisierten Fortuna, die von der Tugend belächelt wird.[344] Beide Auffassungen Claudians – Tugend zur Gesunderhaltung der Seele, zur Vermeidung göttlicher Strafe und um ihrer selbst willen – stehen nicht unversöhnlich gegeneinander. Soweit der Tugendhafte unabhängig von den äußeren Umständen den rechten Weg verfolgt und auf der Erde Sicherheit gegenüber dem der unbeständigen Fortuna unterworfenen Laster gewinnt, ist Tugend sich selbst der Lohn. Der Tugendhafte ist, gerade weil er sich selbst genügt, von Unbillen befreit. Die vom Christentum stark empfundene Diskrepanz zwischen heidnischer und christlicher Tugendlehre – verwiesen sei nur auf die Ausführungen des Laktanz zur Tugendlehre Ciceros[345] – ist dem Heiden Claudian fremd.

b) Iustitia, Milde und griechische Philosophie als Anhalt des Ehrenhaften

Auch Fl. Manlius Theodorus war aufgrund seiner Tugend immer schon des kurulischen Stuhles würdig. In seiner Ämterlaufbahn ragen die Tugenden der Gerechtigkeitspflege (*iustitia*) gepaart mit Milde (*mitia*) hervor.[346] Besonderes Lob spricht ihm Claudian auch für die Beschäftigung mit der griechischen Philosophie aus – unter ihm sei die Akademie nach Latium gelangt. Die Philosophie lehrt Normen des rechten Lebens, definiert das Ehrenhafte (*honestum*), welche Tugend dem Laster entgegensteht, welcher Teil der Tugend die Ungerechtigkeit überwindet, welcher die Furcht und welcher die Lust.[347]

344 *Claudianus*, Pan. Manlio Theodoro Consuli, 1–6: „Ipsa quidem Virtus pretium sibi, solaque late Fortunae secura nitet nec fascibus ullis erigitur plausuve petit clarescere vulgi. Nil opis externae cupiens, nil indiga laudis, divitiis animosa suis immotaque cunctis casibus ex alta mortalia despicit arce."

345 *Lactantius*, Div. Inst. 3, 8, 32 f.

346 *Claudianus*, Pan. Manlio Theodoro Consuli, 10; 14–17; 21–32.

347 *Claudianus*, Pan. Manlio Theodoro Consuli, 112: „quae norma boni, qui limes honesti; quaenam membra sui virtus divisa domandis obiectet vitiis; quae pars iniusta recidat, quae vincat ratione metus, quae frenet amores."

c) Iustitia: Die Restitution des Goldenen Zeitalters durch tätige Römertugend

Seiner Gerechtigkeit entspricht, dass Manlius durch die Göttin der Gerechtigkeit (Iustitia) selbst zum Konsulat berufen wird. Sie eilt ihm mit der Friedensgöttin (*pax*) im Gefolge, nach Mailand entgegen und beweist durch ihre Anwesenheit auf Erden die Wiederkehr des Goldenen Zeitalters.[348] Ihre Rede an Theodorus rekapituliert das zuvor von Claudian Ausgesagte. Da er über alle Güter der Tugend verfügt, verlangt das Recht seine Rückkehr in den Staatsdienst. Mit vergangenen Leistungen kann sich Weisheit nicht abfinden.[349] Bezeichnend römisch sind die Aussagen im Hinblick auf die Erkenntnisse der Platonischen Akademie. Nicht das Studium ihrer Grundsätze hat Rom groß gemacht, sondern der Tatendrang. Theodorus mag daher zwar lernen, er darf aber nicht dem Beispiel des Pythagoras folgen, dessen Lehren die *luxuria* Tarents nicht überwinden konnten.[350] Den Römer kennzeichnet nicht das Studium der Tugend, sondern das tugendhafte Handeln. Die Rückkehr in den Staatsdienst fällt auch einem Bauern[351] unter solchen Kaisern und unter einem Erzieher wie Stilicho leicht, da die römische Staatsführung Tapferkeit und Weisheit vereint. Unter den bestehenden Umständen würden daher selbst die Gegner jeder Königsherrschaft Brutus, Fabricius und Cato der Jüngere *sub regno* leben wollen, da im römischen Staat die *pietas* über die *perfidia* herrscht und die Sterne von einer friedlichen Stadt zur anderen wandern.[352]

d) Theodorus: Modestia und temperantia zur Überwindung des Zornes

Die Antwort des Theodorus fällt entsprechend aus. Der personifizierten Gerechtigkeit nicht Folge zu leisten, wäre selbst ein Akt der Ungerechtigkeit. Nur ihr ist es zu verdanken, dass der Mensch die Art wilder Tiere abgelegt hat. Nachdem in allen vier Regionen des Westreiches die Gerechtigkeit unbeschränkt herrscht, ist ein Widerspruch ausgeschlossen. Mit Theodorus findet das römische Westreich einen Konsul, dessen ruhige, ausgeglichene Seele (*patiens animus*) sich in allem von *modestia* und *temperantia* leiten lässt. Ausbrüche der Affekte oder gar des Zorns gegen Verbrecher sind für seine Person nicht zu befürchten.[353] Diesen Lobpreis des Konsuls wendet Claudian nun ins Grundsätzliche. Dem Tugendhaften steht der Wilde gegenüber, der gerne straft, die Rache der Gesetze zur eigenen

348 *Claudianus*, Pan. Manlio Theodoro Consuli, 121–123.
349 *Claudianus*, Pan. Manlio Theodoro Consuli, 135 ff.
350 *Claudianus*, Pan. Manlio Theodoro Consuli, 147–152; 156 f.
351 *Claudianus*, Pan. Manlio Theodoro Consuli, 175. Damit wird wiederum auf die klassische römische Vorstellung des sich in den Dienst der res publica stellenden, im Übrigen aber bescheiden nach Sitte der Väter das Land bestellenden, Bürgers abgehoben.
352 *Claudianus*, Pan. Manlio Theodoro Consuli, 160–172.
353 *Claudianus*, Pan. Manlio Theodoro Consuli, 211–223.

macht, ständig dem Zorn unterworfen ist und nur zu verletzen sucht.[354] Gott nahe ist dagegen, wer sich nicht vom Zorn bewegen lässt und die ihm verliehene *potestas* ruhig gebraucht. Er ist taub gegenüber der *iniquitas* und gerechtem Begehren gegenüber stets großzügig (*largitas*). Jede *superbia* ist ihm fremd.[355] Als Musterbeispiel solcher Tugend erhält Theodorus verdienterweise die Konsulatswürde. Der Auftrag an ihn kann nur lauten, den Pfad der Tugend weiterzugehen – *crescant virtutes fecundaque floreat aetas.*[356]

e) Bewertung

Mit den spezifischen Elementen der Römertugend befasst sich Claudian in seiner Panegyrik auf das Konsulat des Fl. Manlius Theodorus. Wie von jeher ist es die Pflicht eines jeden zur Herrschaft Berufenen, sich bereits in der Jugend mit den Normen des rechten Lebens zu befassen und vor allem die griechische Philosophie zu verinnerlichen. Im Anschluss daran gebührt es sich für den Römer, nicht im reinen Wissen um die *iustitia* zu verharren, sondern durch aktives politisches Handeln ein Tugendbekenntnis abzulegen. Dem kann sich jedenfalls der Mensch nicht entziehen, der die geübte *iustitia* als diejenige Tugend anerkennt, die den Menschen alleine von den Tieren scheidet. Ob der Lohn der Tugend bereits auf Erden erfahren wird, ist für die Ausübung der Tugend von lediglich untergeordneter Bedeutung. Gegenüber den Schicksalsschlägen der Welt ist ein rechtes Tugendverständnis immun. In stoischer Manier ist sich die Tugend eigener Lohn.

6. De bello Gildonico Liber I (399)

Die Aussagen Claudians über Berufung Roms zur Weltherrschaft präzisiert das überlieferte erste Buch Claudians über den Krieg gegen Gildo.[357] Idealbild römischer Herrschaft der Gegenwart ist neben der *concordia fratrum* auch die Einigkeit in der Herrschaftsausübung der Brüder.

a) Die Fragilität der römischen Friedensherrschaft

Angesichts des Verlusts Afrikas und des Zusammenbruchs der Getreideversorgung Roms tritt Roma als Bittstellerin vor Jupiter und fordert ihn zum Mitleid mit der Herrscherin über die Erde und Gesetzgeberin der Menschheit auf.[358] Im Hinblick auf

354 *Claudianus*, Pan. Manlio Theodoro Consuli, 225–227: „Qui fruitur poena, ferus est, legumque videtur vindictam praestare sibi; cum viscera felle canduerint, ardet stimulis ferturque nocendi prodigus, ignarus causae...".

355 *Claudianus*, Pan. Manlio Theodoro Consuli, 227–229 „dis proximus ille, quem ratio, non ira movet, qui facta rependens consilio punire potest."; 239: „... peragit tranquilla potestas, quod violentia nequit..."; 242–244.

356 *Claudianus*, Pan. Manlio Theodoro Consuli, 261.

357 Zu den Entstehungsbedingungen: *Dewar*, CQ 40 (1990), 581.

358 *Claudianus*, De bello Gildonico, I, 4 f.; 45; 47 f.

die Nahrungsversorgung Roms hat sich die Pax Romana als *pacis servile/miserabile pacis* erwiesen. Rom ist in die Abhängigkeit von auswärtiger – afrikanischer oder ägyptischer – Hilfe geraten,[359] ohne Kontrolle über das afrikanische Getreide, da ein Teil der Welt in den Händen eines Räubers (Gildo) liegt. Herrscht ein Lasterhafter (*avaritia, luxuria, virginibus raptor, nulla quies, libido*) über diesen Teil des Reiches, kann Rom nicht fortbestehen.[360]

b) Die Überwindung der discordia der Reichsteile

Den Kernbestand der *discordia*-Problematik, nämlich den Konflikt der beiden Reichsteile als Ursache des Niedergangs, spricht Claudian in Form zweier fiktiver Reden Theodosius des Älteren und des Kaisers Theodosius I. an. Von Jupiter auf die Erde gesandt,[361] tritt der Kaiser Theodosius vor Arcadius, der Feldherr Theodosius der Ältere vor Honorius. Bereits diese Aufteilung – Theodosius als Kaiser ziviler und militärischer Tugend, sein Vater als Meister militärischer Tugend – zeigt, dass die für Sohn und Enkel notwendige Anleitung in unterschiedlicher weise Ziviltugend und militärische Tugend anmahnen muss.

Demgemäß ist es zunächst der Kaiser Theodosius, der vor Arcadius die *discordia* der beiden Reichsteile kritisiert, die nunmehr einem Verbrecher nützt.[362] Der Vorwurf, gegen den Bruder dürfe man nicht wie gegen einen Feind ziehen sowie die Warnung vor den Gefahren des *dissensus*, den nur die Anerkennung Stilichos als Nachfolger der *pietas* des Theodosius abwenden kann, deuten an, dass das eigentliche Ziel der Schrift die Legitimation Stilichos ist. Das Ideal – ein Bruder muss die Feinde des anderen bekämpfen helfen – kann dennoch allgemeine Geltung beanspruchen.[363] Die Antwort des Arcadius sich in allem dem Willen des Vaters zu unterwerfen, lässt daher auch nicht auf sich warten. Die Begegnung Theodosius des Älteren mit Honorius erfüllt demgegenüber nur den Zweck, den Kaiser zu kriegerischer *virtus* anzustacheln und so ein längeres – für Rom gefährliches – Zögern in der Angelegenheit zu vermeiden.[364]

359 *Claudianus*, De bello Gildonico, I, 48–51; 61–65; 73 f.; 76 – mit der Konsequenz, dass die Stadt sich dem Willen des jeweiligen afrikanischen Herrschers beugen muss. Auch Afrika tritt vor Jupiter auf und bittet um Beseitigung Gildos: 144 f., 161 f. Dazu auch *Riedl*, Gymnasium 102 (1995), 546: Dem miserablen Ist-Zustand Romas steht der Soll-Zustand ihres berechtigten Anspruchs auf die Weltherrschaft gegenüber.

360 *Claudianus*, De bello Gildonico, I, 162–200.

361 Die Götter verwirklichen ihren Willen auf Erden durch die Kaiser, dazu *Duval*, Théodose, 161.

362 *Claudianus*, De bello Gildonico, I, 235–240; 260–264.

363 *Claudianus*, De bello Gildonico, I, 277 f.; 300–303; 311 f. Die Minimalforderung lautet: Zusammenwirken bei der Bezwingung Gildos (314).

364 *Claudianus*, De bello Gildonico, I, 438–440. Honorius will nach der Rede selbst zu Felde ziehen, was Stilicho unter Berufung auf den zur Abwehr völlig genügenden

c) *Der Kampf Stilichos für die Eintracht*

Bemerkenswert weit ist der Auftrag Stilichos gefasst. Er lautet nicht, wie zu erwarten, auf Beseitigung Gildos, sondern allgemein auf Ausschaltung der zivilen Streitigkeiten. Der Gesamtherrschaftsanspruch, jedenfalls für den Westen, besteht in der Erhaltung des Reiches in seinen Grenzen, der Vermeidung einer Schrumpfung des Westreiches mit Sizilien als entferntester Provinz und Rückführung Afrikas unter römische *leges*.[365]

d) *Bewertung*

Nicht nur von den Wandlungen der Fortuna, auch von durchgängig geübter tugendhafter Herrschaft innerhalb sämtlicher beherrschter Reichsteile ist das römische Gemeinwesen abhängig, vor allem aber die Stadt Rom. An dem zur Erhaltung des Friedensraumes notwendigen Konsens von Ost und West aber fehlt es. Ohne die Eintracht der Herrscher kann das Römische Reich den Lastern kaum entgegen treten. Während der Westen des Reiches sich dieser Tatsache bewusst ist, bedarf Arcadius der Ermahnung durch den Tugendkaiser Theodosius. Für den Westen verbleibt alleine die Aufforderung zu tugendhaft-tapferer Durchführung der notwendigen militärischen Maßnahmen.

7. In Eutropium (399)

Seine wohl schärfste Invektive richtet Claudian im Jahre 399 gegen den Eunuchenkonsul des östlichen Hofes – Eutrop. Einmal abgesehen von der vielfach auf die fehlende Männlichkeit Eutrops abhebenden Polemik[366] enthält das Werk, das den Verfallszustand des östlichen Hofes aufdecken will, ebenso wie die vorangehende Invektive gegen Rufinus, Verweise auf die Tugendvorstellungen Claudians. Sie tragen zur weiteren Präzisierung des Herrschaftsideals bei, auch wenn sie nicht in vergleichbarer Weise wie die Polemik systematisch durchformuliert werden.

Klang des kaiserlichen Namens ablehnt. Stattdessen wird die Kriegsführung Macezel anvertraut: I, 349 f., 371–373, 379 f., 390 ff.

365 *Claudianus*, De bello Gildonico, I, 430; 451–460; 459 f. Der Auffassung, das Epos Claudians sei „überraschend pax-feindlich" (*Riedl*, Gymnasium 102 (1995), 546) ist vom Standpunkt des Restitutionsgedankens aus nicht zuzustimmen. Es geht um das Vorgehen gegen einen latro und um die Wiederherstellung des Friedensraumes durch das Schwert.

366 Dazu z. B. *Claudianus*, In Eutropium I, 1–7; 78–80; 98–100; 414–416; 420; 423 f.; 497–499.

a) *Die Verkehrung der menschlichen Ordnung durch die Götter im Konsulat Eutrops*

Bezeichnenderweise lässt Claudian den einleitenden Beschimpfungen Eutrops zuerst erneut eine Götterkritik – gerichtet gegen Fortuna – folgen. Im Konsulat Eutrops manifestiert sich zum wiederholten Mal das üble Spiel der Glücksgöttin mit der Menschheit. Sie lässt zu, dass ein hässlicher, treuloser, geldgieriger und wilder Kastrat den östlichen Hof beherrscht.[367] Mit Eutrop gestatten sich die Götter – und damit fällt die Verantwortung auch dem wie immer gearteten Herrscher des Olymps zu – die Verkehrung der menschlichen Ordnung. Ein schon von Privatleuten verschmähter Sklave herrscht am Gipfel der Macht.[368]

Nicht unerwartet ist Eutrops Scheitern an den Anforderungen der *iustitia*. Vorherzusehen war auch, dass er sich in seiner unersättlichen Raffgier zunächst gegen die Vornehmsten wenden, sie einkerkern und misshandeln lassen und schließlich die gesamte (östliche) Welt zum Gegenstand der auf seine Bereicherung gerichteten Raubzüge machen würde. Bezeichnenderweise sind dementsprechend auch politische Entscheidungen käuflich.[369] Die Götter haben einen Menschen zur Herrschaft erhoben, der als schlimmstmöglicher Herrscher die Völker des Reiches zum eigenen Nutzen gegen Geld verkauft.[370] Unter ihm geht die Gerechtigkeit zugrunde, das Kriegshandwerk wird entehrt und dem römischen Konsulat ein Schandmal aufgedrückt.[371] *Libertas* kann ein Sklave nicht gewähren, an ihr zeigt derjenige, der nur nach dem Höchsten strebt, allerdings auch kein Interesse.[372]

b) *Die friedliche Ordnung des Westens durch Stilicho*

Für den Westen des Reiches stellt sich angesichts der Verkehrung der Welt die Frage, ob ein Vorgehen überhaupt in Betracht gezogen werden kann. Im Dialog der personifizierten Roma mit dem Heermeister Stilicho wird sie bejaht. Während im Westen des Reiches das Recht herrscht und Stilicho den Germanen auf ihr Friedensbegehren antwortet, den Chaucern Gesetze und den Sueben eine Rechtsordnung gibt, fehlt es innerhalb des Gesamtreiches an vergleichbarer friedlicher Eintracht.[373]

---

367 *Claudianus*, In Eutropium I, 23–25: „Hoc regni, Fortuna, tenes? quaenam ista iocandi saevitia? humanis quantum bacchabere rebus?"; 119–121; 125–130; *Schweckendieck*, In Eutropium, 159.

368 *Claudianus*, In Eutropium I, 143 f.; 172.

369 *Claudianus*, In Eutropium I, 175; 181–185; 191; 193 f.; 195 f.; 205. Zur Darstellung des Ostens und zum Gegensatz Rom/Hellenismus: *Klein*, Romidee, 130.

370 *Claudianus*, In Eutropium I, 210–212: „Non pudet heu, superi, populos venire sub hasta? vendentis certe pudeat, quod iure sepultum mancipium tot regna tenet, tot distrahit urbes."

371 *Claudianus*, In Eutropium I, 230, 236, v. a. 284–287.

372 *Claudianus*, In Eutropium I, 310 f.; 359–364.

373 *Claudianus*, In Eutropium I, 377–380; 385; 391 f.; 398. *Riedl*, Gymnasium 102 (1995), 543: Nicht nur Stilicho ist entrüstet, auch die Götter sind es!

Gegen eine Gildo übertreffende Untreue und gegen eine Kreatur, die an einem römischen Hof allenfalls dann geduldet werden könnte, wenn persische Sittenverderbnis und asiatischer Hochmut auch in Rom Einzug hielten, besteht die Pflicht zum Widerstand, schon um die Exempla der römischen Vergangenheit zu ehren.[374] Kann ein Eunuch über Recht und Gesetz bestimmen, mag ebenso gut Amazonenwillkür zu herrschen.[375]

c) Der selbstverschuldete Untergang des Lasters

Von der Grundvoraussetzung des Falles Eutrops geht das zweite Buch der Invektive aus. Schon in der Praefatio wiederholt Claudian seine eingangs des ersten Buches geäußerte Götterkritik. Die blinde Sibylle sieht den eigenen Untergang nicht kommen.[376] Neben wiederholten Angriffen auf den Osten vergleicht Claudian den Zustand des Reiches unter Eutrop auch erneut mit Exempla der Vergangenheit und konstatiert, dass es weder unter Nero noch unter Tiberius zu einer vergleichbaren Verkehrung der Ordnung gekommen sei.

Das Grundübel des Lasters fasst er folgendermaßen zusammen: An den eigenen Fehlern hängend, schert es sich nicht um die Zukunft und stürzt sich ohne Sorge vor Schaden auf das Verbotene, da es einen kurzen Strafaufschub mit langfristigem Gewinn verwechselt.[377] Der Osten, offensichtlich unfähig die *quietas* zu seinem Besseren zu nutzen, vertraut die Friedenszeit einem Eunuchen an. Pflicht des Stilicho war es daher, im Einklang mit Mars und Bellona die Schande des östlichen Hofes zu tilgen.[378] Die Delegation dieser Pflicht an Barbaren trägt auch der untergeordneten Stellung eines Eunuchen innerhalb der Ämterordnung Rechnung. Für Stilicho werden die Goten tätig, die sich nur mit Duldung des östlichen Hofs überhaupt auf Reichgebiet befinden. Deshalb ist Stilicho mit dem Willen Romas beim Sturz Eutrops abwesend.[379]

Die Rede der Roma, die sich persönlich an den Goten Trabigilus wendet und ihm die Vorzüge eines Krieges unter dem Konsulat Eutrops schildert (der Plünderer wird im Osten zum Befehlshaber ernannt, wer mit Mord und Brand gegen Römer wütet,

374 *Claudianus*, In Eutropium I, 399, 414–416 (Das Persermotiv ersetzt hier das Parthermotiv); 429; 439–452; 486 (Aufforderung Romas Eutrop zu entfernen).

375 *Claudianus*, In Eutropium I, 497–499.

376 *Claudianus*, In Eutropium II, Praefatio, 37: „...ad propriam cladem caeca Sibylla taces."

377 *Claudianus*, In Eutropium II, 50–54: „sed quam caecus inest vitiis amor! omne futurum despicitur suadentque brevem praesentia fructum et ruit in vetitum damni secura libido, dum mora supplicii lucro serumque quod instat creditur"; 61; auch das Motiv der Verschwendung von Mitteln, die einem nicht zustehen, taucht hier auf, vgl. 84. *Schweckendieck*, In Eutropium, 167: Das Schlechte schädigt zuerst seine Urheber.

378 *Claudianus*, In Eutropium II, 120–123, 125–129.

379 *Claudianus*, In Eutropium II, 211–220. Gerne verweist Claudian auf die Schonung Alarichs; *Dewar*, CQ 40 (1990), 584: Durch das kürzeste Kommando wird Eutrop aus den Ämtern entfernt.

wird selbst zum Römer befördert, Ostrom ist nicht fähig ein Heer von „Männern“ aufzustellen)[380] führt schließlich den Abfall der Goten herbei. Es kommt zum vorhergesagten Untergang Phrygiens.[381] Eine effektive Kriegsführung gegen die Barbaren verhindern die Laster Eutrops. Er verkennt die Gefahr und glaubt, die Abwehr der Goten sei mehr Sache des Richters als des Feldherren. Nach dem Fehlgehen dieses Gedankens sucht er Zuflucht zur Bestechung und beruft schlussendlich einen Kriegsrat, der alle Freunde der Ausschweifung in sich versammelt.[382] Der schließlich ausgesandte, stark übergewichtige Feldherr, versagt mit dem infolge von Luxus verweichlichten Ostheer. Erst nach der Niederlage erkennen die Oströmer, dass sich nunmehr die Feindschaft der Götter gegen das Ostreich richtet.[383] Die Vernichtung der östlichen Armee und das Hilfegesuch Ostroms an Stilicho lässt erneut den Prinzenerzieher als einzigen Retter der einträchtigen Herrschaft der Brüderkaiser erscheinen, weist aber zugleich auf das Grundproblem der im Reich unkontrollierbar wütenden Goten hin.[384]

d) Schwerter zu Sicheln – Claudian in der Tradition Vergils

In Anspielung auf Vergil (Georgica I, 500–508) betont Roma, unter der Herrschaft Eutrops sei der rechte Zeitpunkt nicht gekommen, die Schwerter wegzuwerfen und sich zu den Sicheln zu begeben.[385] Eine ähnliche Bemerkung tätigt der Panegyriker auch vor dem Hintergrund der folgenden Konsulatsrede auf Stilicho (400): *in falcem curvet gladios* (dort I, 220–225). Erst ein Goldenes Zeitalter, ein Zustand beständiger Ruhe und *quietas* gestattet es, Schwerter zu Sicheln umzuschmieden und so in Frieden den Acker zu bestellen. Mit seiner Äußerung gerät Claudian in starke Nähe zur christlich-alttestamentalischen Überlieferung des Propheten Micha (4, 1–4),[386] der das Schmieden der Schwerter zu Pflugscharen als Bestandteil des göttlichen Endgerichtes beschreibt. Von Jerusalem aus richtet Gott über die Völker und weist die Heiden zurecht, die daraufhin ihrer Schwerter und Spieße zu Pflugscharen machen und so dauernden Frieden begründen. Die sich anschließende Formulierung, *et sedebit vir subtus vineam suam et subtus ficum suam et non erit qui deterreat quia os Domini exercituum locutum est* (Mi 4, 4), ist bei Claudian analog der Situation der Goten formuliert: *bene rura Gruthungus excolet et certo disponet*

380 *Claudianus*, In Eutropium II, 207–209; 211–220; 221 f.; 227 f., 235–237, 238–303.
381 *Schweckendieck*, In Eutropium, 201: Die Vergeltung kündigt sich an.
382 *Claudianus*, In Eutropium II, 304–309; 310–320; 323–325; 327–332; 340 f., 357. *Felgentreu*, Claudian, 82 f.: Teil der Tyrannentopik.
383 *Claudianus*, In Eutropium II, 376 f.; 379 f.; 412–415; 487; *Felgentreu*, Claudian, 84: General Leo als fetter Karrierist.
384 *Claudianus*, In Eutropium II, 502 f.; 535–542; 547–550; 576–578.
385 *Claudianus*, In Eutropium II, 194–197: „I nunc, devotus aratris scinde solum postioque tuos mucrone sodales ad rastros sudare doce.“
386 Der Wortlaut dort lautet: „...et concident gladios suos in vomeres et hastas suas in ligones.“

sidere vites. Die Verknüpfung macht deutlich, dass christliche und heidnische Auffassung zum Ausgang des vierten Jahrhunderts sich durchaus gegenseitig befruchten und ineinanderfließen konnten. Der Osten ist unter Eutrop nicht bereit für das Goldene Zeitalter und den Frieden, deswegen muss der Krieg dort fortgesetzt werden, während im Westen unter Stilicho schon der ewige Friede des römischen Weltherrschaftsanspruchs herrscht. Für Claudian ist allerdings nicht das christliche Endgericht, sondern ein gegenwärtiges römisches Gesamtreich Garant des ewigen Friedens. Seine Verwirklichung ist im Sinne seines Auftrages – *parcere subiectis et debellare superbos* – selbstverständlich mit Gewaltanwendung gegenüber seinen Gegnern herbeizuführen.[387] Sie steht im Kontext der römischen Prinzipatsideologie Vergils und ist Stilicho anvertraut.[388]

e) Bewertung

Die gegen Eutrop gerichtete Invektive Claudians verschärft nochmals die Fortuna- und Götterkritik des Panegyrikers. Durch die Eunuchenherrschaft Eutrops, die Muster der Lastherrschaft ist, wird jede menschliche Ordnung endgültig pervertiert und ein Sklave zum vermeintlichen Garanten der *libertas.*[389] Eutrop ist Monster in Menschengestalt, von tierischer Wildheit, Gier und Grausamkeit. Unter ihm endet alle *iustitia.*[390] Während der Westen trotz der Mühen der Zeiten den Barbaren Gesetze gibt, nutzt der Osten die relative *quietas* nicht einmal dazu, sich der gotischen Bedrohung anzunehmen. Erneut scheitert eine Befriedung des römischen Herrschaftsraumes an der mangelnden *concordia* der Reichsteile.

8. De consulatu Stilichonis (400)

Mit dem Lobpreis des Jahres 400 macht Claudius Claudianus schließlich das Beispiel gegenwärtiger Römertugend des westlichen Heermeisters selbst zum Gegenstand eines Panegyrikus. Der in drei Bücher zerfallende Lobpreis, der nach Claudians eigener Aussage im ersten Buch das Lob der Waffentugend, im zweiten das der Sittlichkeit zum Gegenstand hat,[391] muss gemäß der panegyrischen Tradition zwingend

387 Der Tod des Eunuchen ist Sühne für dessen Charakter, vgl. *Schweckendieck*, In Eutropium, 157 f. u. 179.

388 *Schweckendieck*, In Eutropium, 214; *Felgentreu*, Claudian, 90. Zur Anlehnung an Vergil auch *Felgentreu*, Claudian, 97, der daneben Cicero als Autorität für Claudian benennt (100 f.).

389 Claudians Invektive richtet sich gegen allgemeine Sittenlosigkeit, dazu: *Riedl*, Gymnasium 102 (1995), 546 f.

390 *Schweckendieck*, In Eutropium, v. a. 159, 167 f.; 173.

391 *Claudianus*, De cons. Stilichonis, II, 1–5.

die vorangegangenen Lobschriften in der Menge und Qualität des über Stilicho ausgegossenen Lobes übertreffen.[392]

Nach dem Hinweis auf die militärischen Leistungen benennt ein erster Tugendkatalog *iustitia* im Zivilleben und *gloria* im Kampf als hohe Tugenden. Die durch Tugendwerke erreichte Wiederherstellung des römischen Staatsgebietes – ein blühendes Latium, ein zurückgewonnenes Afrika, ein sicheres Gallien und Spanien – hebt aber sogleich die zivile Tugend wieder über die militärische.[393] Dem Tatenlob schließt sich das Lob der Sittlichkeit Stilichos an. Von äußerlicher Wohlgestalt vereinigt er von Jugend an alle Tugenden in sich.[394] Er wurde auch deshalb von dem *felix princeps* Theodosius im Wege einer an der Tugend ausgerichteten Entscheidung (*iudicium virtutis*) zum künftigen Schwiegersohn ausersehen.[395] Stets im Dienste des Friedens, seine erste Mission bestand darin, einen *pax* mit Assyrien auszuhandeln, versteckt er sich nicht hinter dessen Segnungen. Sein beständiges, unermüdliches Bemühen gilt nicht dem Luxus durch Muße (*otium*), sondern dem Ehrenhaften.[396] Hinsichtlich dieses Fleißes auch unter widrigen Umständen gleicht er dem Kaiser Theodosius, von dem er mit dessen Tod die Herrschaft übernahm.[397] Den ererbten Friedenszustand des Reiches hat er mit einer aus Bürgern aller Teile des Reiches zusammengesetzten Armee erhalten.[398]

a) Das Goldene Zeitalter Roms

Das Ergebnis ist ein Zeitalter des Friedens, das durch Furcht vor der Gerechtigkeit bewahrt wird. Es ist sichergestellt, dass nicht ein einziger Weinberg mehr durch Taten des Zornes und der Gewalt geplündert wird. Das Schwert ist in einem römischen Weltreich dem Gesetz unterworfen,[399] auf das es sich auch gegenüber den Barbaren berufen kann. Vormalige Feinde wie Franken und Sueben werden

392 Dies ist Claudian über weite Strecken der quantitativ umfangreichen, qualitativ die Entwicklung der Invektive gegen Eutrop fortschreibenden Schrift gelungen. V. a. die Zuschreibung in II, 449 – Stilicho sei aus allen Jahren der Weltzeitalter das „goldenste" zuteil geworden, lässt es nachvollziehbar erscheinen, warum eine Befassung mit der Panegyrik in Wissenschaftskreisen lange Zeit als verpönt galt. Zum Ort: *Mause*, 34, möglicherweise im Rahmen einer *adventus*-Zeremonie auf einem öffentlichen Platz. *Felgentreu*, Claudian, 94: Die drei Bücher über Stilicho sollen offenbar das Meisterstück Claudians sein.

393 *Claudianus*, De cons. Stilichonis, I, 1–14 (militär. Leistungen); 15–18 (Friedenstugenden).

394 *Claudianus*, De cons. Stilichonis, I, 24–35; 36; 38–50. In der Regel lobt man Menschen bereits, wenn sie eine der Tugenden verwirklichen. V. a. gibt sich Stilicho nicht im Frieden den Lastern hin.

395 *Claudianus*, De cons. Stilichonis, I, 69; 89 f.

396 *Claudianus*, De cons. Stilichonis, I, 50; 1–94.

397 *Claudianus*, De cons. Stilichonis, I, 95 ff.; 115 f.; 117–137; 140–143.

398 *Claudianus*, De cons. Stilichonis, I, 148–150; 152–160; 160 f.

399 *Claudianus*, De cons. Stilichonis, I, 160–169.

nicht mit Krieg, sondern durch Gesetzgebung überwunden. Stilichos Feldzug an den Rhein ist ein Siegeszug der *pax*. Mit *pietas* und *fides* übt er gegenüber den sich ihm unterwerfenden Barbaren *iustitia*. Er stützt seine Herrschaft auf die Liebe der Untertanen.[400]

Friede und Recht stehen in untrennbarer Verknüpfung. Das weit über die vorangehenden Panegyriken hinausgehende Idealbild Claudians hat auch den römischen Friedensbegriff transformiert. Der römische Friede ist Rechtsfriede, der auch gegenüber den Barbaren zur Anwendung kommt, und zwar nun – im Regelfall – aufgrund freiwilliger Unterwerfung unter das als richtig erkannte römische Gesetz. Nichtsdestotrotz leben Elemente des „Abschreckungsfriedens" gegenüber den Barbaren fort. Widrigkeiten beseitigt Stilicho mit der Kraft seiner Soldaten. Die Furcht der Feinde wird zum Ausgangspunkt des Friedens.[401] Das Motiv der ihre Schwerter zu Sicheln umschmiedenden Germanen taucht hier zum zweiten Mal nach der Invektive gegen Eutrop auf (I, 220–225). Der Sieg des Stilicho ist in der Regel ein Sieg ohne Blut. Er ist vollständig darin, dass die Besiegten ihre Waffen sogleich in den Dienst Roms stellen oder ein friedliches Bauernleben führen.[402] Im Sinne dieses vollständigen Anerkenntnisses der Friedensaufgabe Roms ist auch der Bericht Claudians zu werten, nun würden die Bäume, die von den Germanen einst als Götter verehrt worden seien, gefällt.[403] Wo Rom innerhalb des Friedens kriegerisch tätig wird, geschieht es zur Wahrung des Reiches; das gilt vor allem für den Kampf gegen Gildo in Afrika, der Stilicho als den wahren Steuermann des Staatswesens und Retter Roms ausweist.[404]

b) Clementia und Fides

Die sittlichen Vorgaben des Beispiels Stilichos formt das zweite Buch weiter aus. Hervorragendste Herrschertugend Stilichos ist *clementia*. Alleine ihre Erwähnung stellt den Feldherren in die Reihe der ihm an sich übergeordneten Tugendkaiser. Als das Chaos ordnende Tugend ist sie im Herzen des Menschen angesiedelt und nicht in den Tempeln oder Altären.[405] Das Handeln an ihr auszurichten bedeutet:

---

400 *Claudianus*, De cons. Stilichonis, I, 189–191; 200; 207–209: „nec fama fefellit iustitiae: videre pium, videre fidelem. quem veniens timuit, rediens Germanus amavit."; 210–214. Zur Anlehnung an die frühe Kaiserzeit *Riedl*, Gymnasium 102 (1995), 547.

401 *Claudianus*, De cons. Stilichonis, I, 170–180; 215 f.

402 *Claudianus*, De cons. Stilichonis, I, 218, 231. *Riedl*, Gymnasium 102 (1995), 547: Anlehnung an Augustus.

403 *Claudianus*, De cons. Stilichonis, I, 229 f.

404 *Claudianus*, De cons. Stilichonis, I, 245 ff., 269–280 (Kampf in Afrika); 281–290 (Steuermann); 305 ff. (Lob der Kornversorgung). Als Retter Roms wird Stilicho in 374–376 gepriesen. Der Hinweis, seine Leistungen seien bedeutender, als die der römischen Feldherren während der Kriege gegen Karthago (379–385), ist auch den vorangegangenen Lobpreisreden geschuldet.

405 *Claudianus*, De cons. Stilichonis, II, 6; 12 f.

(1) Verabscheuung des Leides anderer Menschen; (2) Kriegsführung nicht über das zur Beendigung des Konflikts erforderliche Maß hinaus; (3) Kontrolle auch des berechtigten Zorns; (4) Vergebungsbereitschaft gegenüber Bittenden; (5) Überwindung der Gegner, Schonung der Überwundenen.[406] Während sich im fünften Grundsatz der Satz Vergils, *parcere subiectis et debellare superbos* verbirgt, entsprechen die ersten drei Grundsätze den Merkmalen, die von jeher den Tugendherrscher vom Tyrannen unterscheiden. Nur ein Tyrann erfreut sich am Leid anderer Menschen, macht den Frieden zum Krieg und ist unfähig, den eigenen Zorn zu kontrollieren. Das vierte Merkmal schließlich ist Kernbestandteil der sich den Untertanen zuwendenden Menschenliebe.

Begleitet wird die *clementia* von ihrer Schwester *fides*, die sich als beständige Aufrichtigkeit definieren lässt und darin besteht, (1) keine falschen Aussagen zu tätigen, (2) Versprechen rasch zu erfüllen, (3) unvermeidbare Feindschaft offen zu üben und (4) vergangene Wohltaten im Gedächtnis zu bewahren sowie erlittenes Unrecht rasch zu vergessen.[407] Angesichts des durch Stilicho Erreichten versteht sich von selbst, dass sie zur Zurückhaltung gegenüber Gerüchten verpflichtet und darüber hinaus Liebe (*amor*) als Band des Vertrauens voraussetzt. Stilicho ist zugleich gerecht und treu, da er jedes Streben nach persönlichem Erwerb verneint und als Erbgut die Herrschaft über die beiden Hemisphären unter der Sonne treusorgend verwaltet, erst für Theodosius, nun für seine Söhne.[408]

c) *Herrschertugend und Untertanenliebe*

Ihnen gegenüber betätigt er sich als sorgender Vormund und Erzieher. Während er einerseits die Machtstellung des Honorius garantiert, die darin besteht, anderen Nationen Gesetze zu geben, erweist er sich zugleich als Pflichtenlehrer. Er trägt dafür Sorge, dass dem jungen Honorius *luxuria* fremd und *castitas* wohlbekannt ist. Gegenüber Arcadius vermeidet er jeden Zorn über Spaltungen innerhalb des Reichskörpers.[409]

Auch die Einzeltugenden seines Herzens werden benannt: (1) *iustitia*, die lehrt das Rechte dem Nützlichen vorzuziehen und den Gesetzen zu folgen; (2) *patientia*, die

406 *Claudianus*, De cons. Stilichonis, II, 14–23. Das im Krieg von Blut tropfende Schwert bleibt im Frieden ohne Flecken.

407 *Claudianus*, De cons. Stilichonis, II, 32–50: „haec docuit nullo livescere fuco, numquam falsa loqui, numquam promissa morari; invisos odisse palam, non virus in alto condere, non laetam speciem praemittere fraudi, sed certum mentique parem componere vultum; occulto saevire vetat, prodesse remittit. Haec et amicitias longo plus tempore firmat mansuroque adamante ligat; nec mobile mutat ingenium, parvae strepitu nec vincula noxae dissolvi patitur, nec fastidire priorem inlicitur veniente novo."

408 *Claudianus*, De cons. Stilichonis, II, 50–54; 55–62; *Duval*, Théodose, 168.

409 *Claudianus*, De cons. Stilichonis, II, 62–65 (allgemeine Aufgabe Roms); 74–77 (Sorge für Honorius); 78–99 (Sorge für Arcadius).

den Körper auf die Mühen der Arbeit vorbereitet; (3) *temperantia*, die zur Enthaltsamkeit führt; (4) *prudentia*, die die Voraussicht in sich schließt und (5) *constantia*, d. h. beständiges Verfolgen des als richtig Erkannten in starker Absicht.[410] Laster sind Stilicho fremd. Hierzu zählen (1) *avaritia*, die Mutter der Verbrechen und (2) *ambitio*, die die Gesetzesübertretung zur Regel erhebt und Korruption fördert.[411] Unter seiner Herrschaft sind auch die reichen Untertanen sicher vor Räubereien. Die Theodizeefrage stellt sich nicht, da er Ämter nach dem Charakter der Menschen vergibt, Belohnungen wieder dem Weg der Tugend folgen und so die *artes* wieder aufleben.[412] Auch *luxuria* (3), die von der mühsamen Pflicht zu befreien trachtet und *superbia* (4), die gerne der Leistung folgt, sind ihm fremd. An seinem Tisch herrscht Redefreiheit.[413]

Dank der sich so den Menschen zuwendenden Tugend und der Freiheit vom Laster empfängt er die höchste Herrscherwürde durch die Liebe seiner Untertanen. Für ihn beten die Menschen zum Himmel, wenngleich er – obwohl von seinem Donner grollenden Vater geschützt – sich selbst göttliche Ehrungen noch versagt hat.[414] Entscheidenderes Indiz des himmlischen *favor* ist auch, dass das Reich gesichert und den Menschen die Möglichkeit verschafft ist, sich ihren Äckern und Familien zu widmen.[415] Höchstes Zeichen seiner gesegneten Regierung sind die Ansprachen der Reichsteile. Gallien lobt ihn für die Leistung der *pax*; Britannia für den Schutz vor den Schotten; Afrika für den Sieg und Italien fordert von ihm die Annahme der Konsulatswürden, denen er sich zunächst versagt.[416] Die letzte Ansprache Romas im Namen aller Reichsteile stellt ihn schließlich in den Zusammenhang mit dem Überwinder des tarquinischen Königtums, Brutus. So wie dieser für Rom die *libertas* gewann, hat Stilicho sie vor der Knechtschaft verteidigt und die Herrschaft Roms über die ganze Welt wiederhergestellt. Sein Konsulat stammt vom Himmel, aus der Reihe der goldenen Jahre ist ihm das Beste bestimmt.[417]

410 *Claudianus*, De cons. Stilichonis, II, 103–109.
411 *Claudianus*, De cons. Stilichonis, II, 111–118.
412 *Claudianus*, De cons. Stilichonis, II, 119 f. (Sicherheit der Reichen); 120 f.: „non obruta virtus paupertate latet." (Tugendlohn); 121–126.
413 *Claudianus*, De cons. Stilichonis, II, 132–142 (luxuria); 157 ff. (superbia); 164 f.
414 *Claudianus*, De cons. Stilichonis, II, 26–29; 173–175; 179 f.
415 *Claudianus*, De cons. Stilichonis, II, 184–207. Das betrifft v. a. auch die Wiedergewinnung des Illyricum. Der himmlische Schutz besteht in der Vereinigung der Götter, um Schaden von Stilicho abzuwehren.
416 *Claudianus*, De cons. Stilichonis, II, 242–246; 247; 255 – wenngleich seine Amtsübernahme die *dignitas* des durch Eutrop erschütterten Amtes erhöhen würde; dazu 310.
417 *Claudianus*, De cons. Stilichonis, II, 322–235 (Brutus); 389; 420–423; 449. Zu Brutus auch *Vergil*, Aeneis, VI, 817–823. Zum Vergleich Stilicho-Scipio Africanus und Gildo-Hannibal vgl. *Dewar*, Mnemosyne 47 (1994), 350.

d) Verankerung der Tugendherrschaft im Prinzipatsgedanken

Der Tugendpreis des ersehnten Herrschers bildet zugleich den Mittelpunkt des dritten Buches, in dem Claudian vor allem die herausragende Stellung Stilichos innerhalb des römischen Staatswesens zu begründen sucht. Die Anpreisung verweist zunächst auf klassische Tugenden. Die Voraussicht seines Herzens sichert die Welt. Er ist Verteidiger des Reiches, Überwinder der Feinde, stets arbeitsam und über Neid erhaben.[418]

Der nun folgende Abschnitt versucht, das Konsulat Stilichos im Rahmen der geltenden Staatsverfassung weiter zu untermauern. Das Argument der *concordia* sowie die Abgrenzung vom Tyrannen wird durch den Hinweis auf die wunschgemäße Ausübung der Herrschaft eingeführt – Plebs, Equites und Senatoren grüßen ihn gleichermaßen. Als ein Herrscher der Welt wird er der rettende Vater Roms genannt. Seine Taten erweisen ihn als Heilsgaranten, dem Roma ihre wieder gewonnene Stärke schuldet.[419] Die Parallele zum Prinzipatsgedanken wird durch historische Argumentation weiter vertieft. Unter Stilicho als *dux* herrscht Rom wieder auf alte, römische Weise, erlangen die alten Tugenden wieder ihren Raum. Unter ihm erkennen die Menschen den Herrschaftsanspruch Roms wieder. Er sichert die *iustitia*, zeigt Gnade gegenüber Irrenden und Unschuldigen, die gesetzliche Härte gegen Schuldige und übt *clementia*.[420] Seine Konsulatswürde geht – wie jedes rechte Konsulat, auf Roma selbst zurück.[421] Dem Einwand, sein Prinzipat gerate mit der *libertas* des römischen Volkes in Konflikt und zwinge das römische Volk in die Knechtschaft, widerspricht Claudian. Die Herrschaft eines Zuneigung zeigenden Königs (*rex*) sei die Bestmögliche, zumal sich Stilicho wie der Kaiser auch in allem dem Gesetz (*iustitia*) unterwerfe.[422] Als bester Vater des Honorius – seine Erziehungsleistung durch Halt im Krieg, Rat im Frieden übertrifft die des Theodosius – ist er es, der jede Unordnung beseitigt und die *artes* wiederhergestellt hat.[423] Die vollständige

---

418 *Claudianus*, De cons. Stilichonis, III, 5–7; 9 f. „excipe magnanimum pectus, quo frena reguntur imperii, cuius libratur sensibus orbis."; 12–14 Lob der Arbeitsleistung: „felix bellator"; „defensor Libyae"; „Rheni pacator et Histri"; 39 f.: „Solus hic invidiae fines virtute reliquit humanumque modum."

419 *Claudianus*, De cons. Stilichonis, III, 48–50; 51; 65; 75–80. *Riedl*, Gymnasium 102 (1995), 543.

420 *Claudianus*, De cons. Stilichonis, III, 107–112: „Stilicho populumque vetusti culminis inmemorem dominandi rursus in usum excitat, ut magnos calcet metuendus honores, pendat iustitia crimen, pietate remittat, errorem purosque probet damnetque nocentes et patrias iterum clemens exerceat artes." Die Erinnerung an die Sicherung der Getreideversorgung (90–98) wird ebenfalls beschworen.

421 *Claudianus*, De cons. Stilichonis, III, 85–88; 89 f.

422 *Claudianus*, De cons. Stilichonis, III, 113 f.: „Fallitur egregio quisquis sub principe credit servitium. numquam libertas gratior extat quam sub rege pio."; 118 f.

423 *Claudianus*, De cons. Stilichonis, III, 122f. „verior Augusti genitor, fiducia belli, pacis consilium..."; 123 f. „squalore remoto".

Inanspruchnahme römischer Kaiserideologie vollendet die Verbindung mit der Götterwelt (*proxime dis consul*) sowie die Inanspruchnahme des Dominus-Titels.[424]

Mit ihm ist Rom, die Mutter des Rechts, aus großer Gefahr erneut zu größerem Ruhm aufgestiegen. Die *pax* ist wiederhergestellt. Das Reich ist wieder Heimstatt aller Römer.[425] Während alle anderen Königreiche an Lastern (*luxuria, superbia*) zugrunde gehen, übersteht Rom die Prüfung.[426] Mars und Victoria sind auf der Seite des freigiebigen Stilichos, der niemals Laster (*saevitia* und *superbia*) von seinen Feldzügen mit nach Hause brachte.[427]

e) Bewertung

Die Konsulatspanegyrik des Claudian auf Stilicho zerfällt – anders als die übrigen an den Kaiser Honorius selbst gerichteten Panegyriken – in drei Bücher. Kriegerische *virtus*, zivile Tugend und die Rechtfertigung der Auswahl Stilichos sind so auch inhaltlich voneinander geschieden. Das Lob der Waffentugend gerät dabei weniger zum Schlachtenlob als zur umfassenden Rechtfertigung der unter Stilicho erbrachten Restitutionsleistung. Den ererbten Friedenszustand des Reiches hat Stilicho durch einen mit *iustitia* gesicherten Frieden an den Reichsgrenzen erhalten. Mittels eines Heeres, das Bürger aller Teile des Reiches miteinschließt, unterwirft er das Schwert dem Gesetz. Überwundene Barbaren erkennen die Liebe des Feldherren für die Untertanen und identifizieren sich mit dem römischen Sieger. Ihre Waffen stellen sie entweder in den Dienst Roms oder gehen zu einem bäuerlichen Leben über, wodurch barbarische Wildheit umfassend überwunden zu werden vermag.

Das zweite Buch der Panegyrik nutzt Claudian zur Darstellung eines umfassenden Tugend und Lasterkataloges. Vor dem Hintergrund des Herrscherlobes definiert er den Begriff der *clementia* als der Tugend, die sowohl die Zufügung jeder Art von Leid über das Maß des Notwendigen hinaus verabscheut, als auch Schonung und Vergebungsbereitschaft gegenüber überwundenen Bittstellern fordert. *Fides* gebietet, eigene Versprechen sofort zu erfüllen – im Übrigen aber gleichermaßen Feindschaften und Unrecht rasch zu vergessen. Kardinaltugenden des menschlichen Herzens sind *iustitia, patientia, temperantia, prudentia* und *constantia.* Die Hauptlaster des menschlichen Körpers bestehen in *avaritia, ambitio, luxuria* und *superbia.* Durch ein an der Tugend ausgerichtetes Leben – wie es Stilicho führt – wird

---

424 *Claudianus*, De cons. Stilichonis, III, 130 f.; „Proxime dis consul, tantae qui prospicis urbi"; 185–195.

425 *Claudianus*, De cons. Stilichonis, III, 130–149. Der Wiederaufstiegsgedanke wird schließlich bei Sidonius Apollinaris (dazu sogleich) in der Zeit der Staatskrise zum Kerngedanken der Herrscherideologie erhoben.

426 *Claudianus*, De cons. Stilichonis, III, 159–161: „nec terminus umquam Romanae dicionis erit, nam cetera regna luxuries vitiis odiisque superbia vertit..." Durch Tugend erhält sich Rom im Idealzustand, *Riedl*, Gymnasium 102 (1995), 547.

427 *Claudianus*, De cons. Stilichonis, III, 203 f.; 211 f.; 215–222; 231 f.; zum victoria-Gedanken vgl. *Klein*, Romidee, 127.

die römische, auf *iustitia* und *clementia* gegründete Weltherrschaft, in *concordia* erhalten. Auch unter einem *rex* Stilicho ist *libertas* möglich.[428]

9. Der Panegyrikus auf das sechste Konsulat des Honorius (404) und das Werk über den Krieg gegen die Goten

a) Das sechste Konsulat des Honorius

Mit dem Panegyrikus auf das Konsulat des Stilicho ist der Zenit des claudianischen Herrscherlobes überschritten. Der dritte Kaiserpanegyrikus Claudians, der Lobpreis auf das sechste Konsulat des Honorius, greift über weite Strecken lediglich Tugendbegriffe der vorangegangenen Panegyriken auf, ohne noch eine eigenständige dogmatische Leistung zu enthalten.[429] So preist Claudian Honorius als Hoffnung der Zukunft Italiens, betont die unter seiner Regierung herrschende Sicherheit.[430] Das Beispiel des Vaters wird wiederum für die *modestia* bemüht und mit für das gute Verhältnis der Barbaren zu Rom sowie zu den eigenen Untertanen geltend gemacht, weswegen Theodosius als Vorbild der Bürger auch als Optimus unter den Gottheiten bezeichnet werden kann.[431] Ins Zentrum des Panegyrikus stellt Claudian die Frage nach der Bedeutung der Stadt Rom und den ersten Italienzug der Goten unter Alarich. Wieder wirft er die Frage auf, ob die Götter (Jupiter) die *quietas* des Reiches gegenüber der Bedrohung garantieren. Er beantwortet sie schließlich dahin gehend, dass das Rom der Gegenwart wohl eher aufgrund günstiger Vorsehung seiner Herrscher, denn aufgrund der Göttergunst fortbesteht.[432] Die Niederlage der Goten in Italien wertet er als Erfüllung eines Schicksals, das Alarichs Plänen unabhängig vom gewählten Ort des Kampfes entgegensteht.[433] Nach dem Sieg ist die Rückkehr des Honorius nach Rom Wunsch des Senates und des römischen Volkes, damit er von dort aus erneut die Welt regieren kann.[434] Bis dahin vertraut Rom auf seinen Beschützer Stilicho.[435]

---

428 *Riedl*, Gymnasium 102 (1995), 547: Claudian bestimmt die Bedeutung der virtus insgesamt nach altrömischen Kategorien.

429 Neben dem Panegyrikus auf das Konsulat Stilichos ist auch dieser möglicherweise an öffentlichem Ort vorgetragen worden, vgl. *Mause*, 35.

430 *Claudianus,* De sex. cons. Honorii, 15–17; 23; 39 f.

431 *Claudianus,* De sex. cons. Honorii, 53 ff., 59, 63 f., 117–122: Theodosius ist Wiederhersteller der Freiheit der gesamten Welt. Darin übertrifft er Augustus, der dazu Bürgerblut vergießen musste. Zum Verhältnis Theodosius-Augustus vgl. *Dewar,* CQ 40 (1990), 581: Der Sieg ist Symbol der libertas.

432 *Claudianus,* De sex. cons. Honorii, 146–151; 352 f.

433 *Claudianus,* De sex. cons. Honorii, zum Gotenzug 136–330; zum fatum Alarichs 207 f.; 305–307. Stilicho ist der Retter Roms, *Dewar,* Mnemosyne 47 (1994), 352.

434 *Claudianus,* De sex. cons. Honorii, 330–332; 352 f.; 361 ff.; 410 f. Zur Anlehnung des Honoriusideals an den Prinzipat vgl. *Klein*, Romidee, 131f.

435 *Claudianus,* De sex. cons. Honorii, 330–332; 361 ff.; 431 f.; 345–440 (Tatenlob Stilichos); 469–490 Tapferkeit Stilichos im Kampf.

b) Der Krieg gegen die Goten

Dessen Kriegstugend und die Rettung Roms stehen auch in dem Werk Claudians über den gotischen Krieg wieder im Mittelpunkt. Stilicho ist der Garant der Integrität des Reichskörpers, der Gesetze und der *iustitia.* Sein Werk vollbringt er angesichts der barbarischen Bedrohung vor allem durch Einung der Römer.[436] Den Sieg vor Augen, versichert sich Claudian diesmal auch des sicheren Beistandes der Götter. Rom braucht an der göttlichen *fides* nicht zu zweifeln, Jupiter möge verhüten, dass je ein Barbar seinen Fuß in römische Tempel setzt.[437]

In Vorwegnahme der Schilderung der Laster Roms durch christliche Geschichtsapologeten verweist aber auch Claudian bereits auf die Übel seiner Zeit. *Luxuria* hat die Römer zum Kämpfen ungeeignet werden lassen. Die Furcht vor einem Verlust in Kriegszeiten überwiegt die Tapferkeit früherer Zeiten. Die Reichen wünschen eher in Höhlen zu fliehen, als sich dem Feind entgegen zu stellen.[438] Ihre Furcht spiegelt sich in den Bewohnern der Stadt wider. Überall finden die in der *quietas* vernachlässigten Zeichen und Omen wieder Beachtung.[439] Als Hauptfeind der Römer erweisen sich nicht so sehr die Goten, als vielmehr der durch eigene *discordia* ermöglichte Übertritt durch die Alpen. Alarich kann sich ganz auf den Weg stützen, den die Usurpatoren Maximus und Eugenius gangbar gemacht haben. Dem eigenen Zwist verdanken die Römer die Gefahr ihres Unterganges.[440] Die Rettung Roms erfolgt schließlich nicht durch die stadtrömische Bevölkerung, sondern erneut durch das Bemühen Stilichos um barbarische Verbündete. Ihm gelingt es nicht nur, sämtliche Truppen von der Rheingrenze nach Italien zu überführen, sondern auch erneut größere barbarische Verbände von Plünderungen abzuhalten und für sich zu gewinnen.[441] Gegenüber steht ihm mit Alarich ein barbarischer Kriegsherr, der in seiner *vanitas* glaubt, sowohl die Warnungen seiner Älteren wie die ihm zuvor von Stilicho zugefügten Niederlagen ignorieren zu können.[442] Der Sieg Stilichos stellt schließlich in einer Schlacht den Weltfrieden (*mundo pacem*) wieder her.[443]

---

436 *Claudianus,* De bello Gothico, 37–43; 50 f.

437 *Claudianus,* De bello Gothico, 52 f.; 63 f.; 101–103; auch 508–512: Die Götter lassen nicht ihre eigene Heimstatt im Stich.

438 *Claudianus,* De bello Gothico, 160 f.; 223 f.

439 *Claudianus,* De bello Gothico, 238–240.

440 *Claudianus,* De bello Gothico, 288.

441 *Claudianus,* De bello Gothico, 362 f.: Das Heil (salus) Roms kommt aus den Alpenhütten der Barbaren; 381 f.; 418–422: Die Rheingrenze wird nach dem Abzug der Truppen nur noch von der Furcht (terror) vor dem römischen Namen bewacht. Über die Versuche, Rom in Abwesenheit Stilichos mit Bauern zu verteidigen, vgl. 463–468. Mit Stilicho steht zur Verteidigung Roms schließlich ein Abbild des Mars zur Verfügung.

442 *Claudianus,* De bello Gothico, 524–526; 533; 540 f.

443 *Claudianus,* De bello Gothico 573: „...haec mundo pacem victoria sancit."; 623–628. *Dewar,* Mnemosyne 47 (1994), 365: Harmonie von Rom und Senat.

10. Gesamtbewertung

Mit seinem Gesamtwerk von panegyrischen Reden und Invektiven stellt sich Claudius Claudianus zu der Zeit, als das christliche Werk des Ambrosius von Mailand in der Leichenrede für Theodosius gerade auch den Weg christlicher Panegyrik beschreitet, in die inhaltliche Tradition des heidnischen Herrscherlobes des vierten Jahrhunderts.[444] Für ihn bleibt der Kaiser Gott, ist Schutzgott der Elemente. Der Sieg des Theodosius gegen Eugenius aufgrund der Kraft eines wundersamen Sturmes ist ihm Zeichen der Göttlichkeit des Kaisers selbst, nicht christlicher Glaubensstärke. Seine Herrschaft erlangt der Kaiser von jeher durch göttliche Auswahl. Der zur Herrschaft Berufene ist Kaiser bereits vor Antritt des Amtes. Purpur und *potestas* empfangen den Kaiser, auf den sich die himmlische Hoffnung richtet.

Die *pax* eines römischen Weltreiches, über das der Kaiser als Sonne strahlt, manifestiert sich zunächst in kriegerischer *virtus* und durch die Gottheiten Bellona und Mars. Sie trägt Sorge dafür, dass die Feinde an den Grenzen verharren und nicht wie im Ostreich unter lasterhafter Herrschaft von Eunuchen persische Sitten und Amazonenwillkür bis zum Hof vordringen können.[445] Das Gegenteil ist im Westen der Fall. Im Sieg sichert der Kaiser (durch Stilicho) den römischen Friedensraum, schafft sich *gloria* und gibt den Barbaren römische Gesetze. Sein Leben ist beständiger Tugendkampf (*labor*-Gedanke) und hält für *luxuria* und *otium* keine Zeit bereit. Solches wird nur denjenigen zuteil, die ihr Handeln wie Rufin auf *discordia* ausrichten, indem sie in *cupiditas* und mit *ambitio* nach *dominatio* streben.[446]

Es ist das ständige Bemühen Claudians, den *concordia* Gedanken auch im Angesicht der geteilten Herrschaft der Söhne des Theodosius zur Ausprägung zu bringen. *Concordia* erstrebt der Kaiser gegen Tyrannenwillkür, zur Anleitung aller Völker und zur Vereinigung des Erdkreises.[447] Ohne sie ist die Pax Romana ein schlechter Frieden und öffnet Räubern Wege zur Herrschaft. Über den römischen Binnenraum hinaus richtet sich die *concordia* gemäß dem Weltherrschaftsgedanken stets nicht nur auf Befriedung, sondern auf Einbeziehung der Barbaren. Ein römischer Kaiser versucht als Weltherrscher stets umfassend das Schwert dem Gesetz zu unterwerfen, Schwerter zu Sicheln zu schmieden und so der Welt ein

444 *Schweckendieck*, In Eutropium, 181.

445 *Riedl*, Gymnasium 102 (1995), 552: Der gegenwärtige Verfall der Sitten gemahne an Sallust und Tacitus (Cat. 10 und Agr. 1–2), beinhalte aber auch eine positive Zukunftserwartung.

446 *Riedl*, Gymnasium 102 (1995), 548 f.: Propagiert wird der klassische römische Idealzustand des „imperium sine fine" in räumlicher und zeitlicher Hinsicht auch im Romgedanken Claudians. *Klein*, Romidee, 128: Rom ist Stifterin einer weltumspannenden Zivilisation, der Einheit des Erdkreises, von Friede und Freiheit. Zum Gedanken des Tugendkampfes vgl. *Paschoud*, Roma Aeterna, 150: Forderung sich selbst zu beherrschen, um andere zu beherrschen.

447 *Riedl*, Gymnasium 102 (1995), 548 f.: Urbs und orbis werden gleichgesetzt, das Menschenvolk ist civis.

Goldenes Zeitalter zu schaffen. Ihm gelingt dies, indem er die Völker mit Tugend in *libertas* ordnet. Stets ist es der Wunsch tugendhafter Kaiserherrschaft, durch die gesetzliche Ordnung Menschen in die *libertas* zu führen und gegenüber lasterhaftem Streben zu schützen.[448]

Nur schwerlich lassen sich im Tugendideal Claudians trotz der vorgegangenen Herrschaft des Theodosius christliche Überzeugungen verorten. Es ist vielmehr die feste und mit dem christlichen Glauben unvereinbare Überzeugung des Rhetors, dass Tugend sich selbst der Lohn ist, während das Laster stets kurzfristigen Gewinn erstrebt.[449] Immerhin gehört aber *clementia* zu den von Claudian am stärksten durchgeformten Tugenden des Werkes. Für Claudian wirkt auch Theodosius eindeutig als *iudex* gegen die Schlechten. Er lässt Milde gegen die Bürger und die Opfer von Tyrannei walten. Stets tritt er seinen Bürgern mit *modestia* und *temperantia* gegenüber, mäßigt den eigenen Zorn und sucht nicht Krieg, sondern *largitas* zu üben. Er verabscheut alles Leid, führt nur notwendige Kriege und beendet diese so rasch wie möglich mit höchstmöglicher Vergebungsbereitschaft. Nach Überwindung der Feinde schont er die Unterworfenen. Wenngleich damit Parallelen auch zur christlichen Einkleidung der *iustitia* in *misericordia* (etwa bei Ambrosius von Mailand) bestehen, ist die Ausformung kaiserlicher *clementia*-Tugend im Konnex des Goldenen Zeitalters doch dem Tugendlob des frühen Prinzipates verhaftet. Aus ihm lässt sich der schonende Umgang des Theodosius mit den besiegten Gegnern ebenso begründen.[450]

Obgleich Claudian unter den Panegyrikern des vierten Jahrhunderts der erste ist, der römische Göttergestalten aktiv in die Gestaltung seiner Reden eingreifen lässt, beruht sein Glaube wesentlich auf der Überzeugung des Wirkens eines göttlichen Demiurgen, der über dem Äther thront. In seiner Natur ist dieser zuteilende höchste Gott zugleich irdischer Richter des Menschen. Er hebt das Schlechte empor, um es umso tiefer zu stürzen. So eliminiert er mit Hilfe des Heeres den Usurpator Rufin. Zugleich richtet Claudian an die höchste Seele des Verstandes die Aufforderung zu irdischer Tugend. Nur wenn sie sich nicht dem Zorn aussetzt und *potestas* recht gebraucht, ist sie Gott nahe. Der Dichter stellt sich damit begrifflich in die Nähe des rechten Gebrauchs der *potestas* durch die Seelentugend des Glaubens im Werk des Ambrosius. Teilnahmslos erscheinen ihm dagegen die römischen Göttergestalten. Fortuna tut auf Erden, was sie will – eine Erkenntnis, die möglicherweise auch einer gewissen Hilflosigkeit gegenüber einer ständigen barbarischen Bedrohung mitgeschuldet ist. Das Spiel des von Fortuna geschaffenen Fatums wird einzig durch den höchsten Gott gelenkt und unterbunden.

---

448 *Riedl*, Gymnasium 102 (1995), 551: Moralischer und politischer Idealzustand, mit dem Rom sich der fata würdig erweist. Durchaus notwendig ist der Einsatz der Waffen, um die Grundlagen des Idealzustandes zu schaffen, vgl. *Klein*, Romidee, 128.

449 Zum Glauben Claudians *Gnilka*, Gnomon 49 (1997), 41. *Paschoud*, Roma Aeterna, 137: „Ce qui frappe d‘ emblée, c'est la grande liberté que Claudien prend à une cour toute chrétienne; le cadre des ouvres officielles est entièrement paien...".

450 *Riedl*, Gymnasium 102 (1995), 555: Claudian als „neuer Vergil".

Die größte Nähe zu den Lehren des Ambrosius weist der weitgehend geschlossene Katalog der Kaisertugend in der Rede des Theodosius auf (Pan. Quart. Cons. Hon., 212 ff.). Schon die Differenzierung, die römische Herrschaft sei von der früheren Herrschaft der Parther durch die Tugend unterschieden, birgt Assoziationen zur christlichen Geschichtsschreibung und ihrer Geschichtseschatologie. Der Tugendentwurf des Theodosius erinnert zudem stark an den Entwurf der Leichenrede des Ambrosius. Ihm fehlt als Hauptbestandteil des christlichen Ideals der *pietas*-Gedanke gegenüber Gott und den Geboten der Schrift. Tugend wird durch Seelenruhe in der Seele des Verstandes erlangt. Ein Herrscher hat *trotz* seiner *potestas* seine Triebe und Affekte zu kontrollieren. Zu seinen hervorragenden Tugenden gehören *pietas* und *clementia*, die sich den Untertanen in Liebe zuwenden. Der tugendhafte Kaiser ist stets Bürger und Vater, unterwirft sich den eigenen Gesetzen. Die Diskrepanz zum Werk des Kirchenlehrers tritt schließlich in der Rechtfertigung der Herrschaft der Theodosiussöhne als „Kinderkaiser" hervor. Ihre kaiserliche *potestas* legitimiert die von Natur bestehende Tugend, nicht der christliche Glaube.

VII. Schlussbetrachtung

An dem Restitutionsgedanken des Herrscherlobes der Tetrarchie halten die Panegyriken auf Konstantin ebenso fest wie an der Idee des Kaisers als des Garanten von *libertas, pax, concordia, securitas* und *felicitas* durch *pietas* und *clementia*. Zunehmend wird dabei die Rechtfertigung abgelöst, die sich auf die *concordia* der Herrscher gründete. An ihre Stelle treten dynastische Elemente, die Abstammung von Gottheiten sowie die Beziehung des Kaisers zur höchsten Gottheit, gleich ob diese im Sinne der augusteischen Tugend als Apoll oder eben als „jener höchste Geist" bezeichnet wird. Es ist diese Zuwendung auf die „eine" und möglicherweise – so jedenfalls der Panegyriker des Jahres 321 – auch einzige Gottheit, mit der Konstantin nicht nur den Boden der ideologischen Rechtfertigung der Tetrarchie, sondern auch des augusteischen Prinzipates verlässt. Die Ableitung der Herschaftsgewalt von Jupiter und die Vorstellung vom Kaiser als auf Erden verheißener „apollinischer Jüngling" steht noch mit klassischen Vorstellungen im Einkang. Jedenfalls die Berufung auf einen einzigen, höchsten Gott, stellt aber einen wesentlichen Schritt dar, den Weg aus dem heidnischen Pantheon zu beschreiten. Ob sich Konstantin damit dem platonischen Demiurgen oder dem einen Christengott unterstellt, ist panegyrisch nicht zu beantworten. In jedem Falle wirkt Konstantins Gott als aktiver Helfer in irdischen Schlachten. Er verwirklicht durch den Kaiser und durch eigene Tätigkeit seine Herrschaft. In der Ziviltugend steht der Herrscher demgegenüber ganz auf dem Boden der Prinzipats- und Weltherrschaftsideologie. Nichts unternimmt er, ohne dass der römische Friedensraum gesichert wäre. Nach seinen Siegen übt er *clementia* und versucht, auch vormalige Gegner bei dem Ihren zu erhalten. Sein Kampf gegen den Tyrannen Maxentius ist der Kampf der Tugend mit dem Laster.

Einen neuen Schwerpunkt findet die lateinische Panegyrik nach vierzigjähriger Überlieferungslücke im Lobpreis des Nazarius auf Julian. Dem unermüdlichen Tugendkaiser obliegt es, die Integrität des römischen Friedensraumes nicht alleine durch Barbarensiege, sondern auch durch Garantie der weltlichen Rechte gegen tyrannische Magistrate durchzusetzen. Letztere stören in klassischer Weise die *libertas* und den römischen Friedensraum sogar so weitgehend, dass römische Bürger aus diesem in die Knechtschaft von Barbaren fliehen, um frei zu sein. Gegen räuberische *potestas* muss ein auf das Recht und die Tugend gestütztes Kaisertum (*civilitas*) mit Gewalt einschreiten. Auch der Herrschaft soldatischer Kaiser, etwa Valentinians I., liegt das ständige Bemühen zugrunde, den römischen Friedensraum mit unermüdlichem Fleiß zu schützen und nach innen gegen lasterhafte *superbia*, *avaritia* und *luxuria* vorzugehen. An den Bedürfnissen der Menschen orientiert sich kaiserliche *liberalitas*. So schafft Valentinian I. die Voraussetzungen des unter Gratian verheißenen Goldenen Zeitalters. Es verspricht Rom die endgültige Überwindung der Barbaren und die Wiedereinsetzung des Senates in seine Rechte unter dem Kaiser, der als *pater patriae* fungiert.

Die gleichermaßen von Ausonius propagierte Darstellung Gratians als Schützer der Senatoren, des Eigentums und der *iustitia*, zeigt die Kontinuität der heidnischen Herrscherideologie. Angesichts der umfassenden Machtfülle des Kaisers, werden hier tugendhafte Selbstbeschränkung und sorgende Zuwendung auf die Menschen in den Mittelpunkt gestellt und betont, dass die sich den Menschen zuwendende Liebe des Kaisers im Einklang mit Gott geübt werde. Der Gedanke, auf diese Weise das Reich und die Person des Kaisers vor den Unbillen der Fortuna zu sichern, wird erneut aufgegriffen.

Mit dem Lobpreis des Theodosius knüpft auch Pacatus an den Panegyrikus des Plinius an. Nur Tugend vermag es, sich *fortuna* zu unterwerfen. Sie muss sich stets in Gegensatz zum nutzlosen *otium* setzen. Nur durch ständige Bewegung manifestiert der Kaiser seine von Jugend an göttliche Auswahl. Das Ideal des „Privatmannes in kaiserlichen Amtswürden" fördert die Vorstellung vom Kaiser als Tugendvorbild, das nicht um des Purpurs willen zu einem Amt greift, nur mit *castitas, humanitas* und *moderatio* gegen *superbia, libido* und *crudelitas* recht geübt wird und sich gegen das Böse durchsetzt. Letzteres richtet sich immer zugunsten eines kurzfristigen, vermeintlichen Nutzen selbst zugrunde.

Einen letzten Höhepunkt erreicht das heidnische Kaiserlob unter Claudius Claudianus. Wenngleich in der Vielzahl seiner Elemente von den Vorgaben des *genus* und der Panegyrik des vierten Jahrhunderts abhängig – der Purpur sucht den tugendhaftesten Kaiser, die *potestas* empfängt ihn, der Kaiser sichert die Grenzen durch unermüdlichen Einsatz, kämpft gegen Tyrannenwillkür und für *concordia* – vollendet Claudian die Panegyrik als eine literarische Gattung. Sein Barbarenbild ist darauf gerichtet, die Barbaren römischen *leges* zu unterwerfen und so zum Bestandteil des römischen Friedensraumes. Es geht über die bloße Abwehrhaltung des Symmachus hinaus und entspricht stärker der klassischen Weltherrschaftslehre. Von besonderer Bedeutung ist der Kampf Stilichos für den Erhalt der *concordia*. Claudians Schriften bilden stets den Kampf der Tugend gegen das Laster, rechtmäßiger Herrschaft gegen Tyrannenwillkür ab. Sie zielen darauf, in einem Goldenen Zeitalter unter römischen Gesetzen Schwerter zu Sicheln zu schmieden. Die Beschränkung der zur Restitution der Tugend geführten Kriege auf das Notwendige entspringt der

Idee des Friedenszeitalters. Von großem Einfluss auf das kommende Herrscherlob ist auch die Personifikation der Schutzgottheiten Roms, vor allem Romas selbst, die die Abhängigkeiten, denen ein dem Prinzipat unterliegender Staat unterworfen ist, aufdeckt. Kritisch distanziert zeigt sich Claudian gegenüber dem römischen Pantheon – viel zu häufig scheint es, als ließen die Götter *fortuna* walten, würden nicht am Ende stets die Schlechten durch den höchsten Gott gestürzt, wäre der Glaube an Götter nur mit Schwierigkeiten zu bewahren.

F. Orthodoxer Glaube und kaiserliche Gewalt – Christliche Tugendlehre bis Augustinus

I. Einleitung

Mit dem Tod Konstantins am 22. Mai des Jahres 337 ging die Herrschaft auf seine Söhne Constantin II., Constantius II. und Constans über, die im September 337 durch die Heere zu Augusti ausgerufen wurden.[1] Constantin II., ältester Sohn Konstantins, der im Rahmen der Erbauseinandersetzung des Jahres 338 den größten Teil des Westens mit Ausnahme Italiens, des Illyricums und Teilen Afrikas erhalten hatte, fand bereits im Jahr 340 in der Auseinandersetzung mit dem jüngsten Konstantinsohn Constans den Tod. Dieser beherrschte danach den lateinischen Westen des Reiches bis zum Jahr 350 unumschränkt. Constantius II. blieb Alleinherrscher im Ostteil des Reiches.

Abgesehen von der „Vita Constantini" des Eusebius, die noch auf den Zeitraum nach dem Tod des Kaisers eingeht, finden sich in der Literatur des lateinischen Westens kaum Äußerungen zum Herrscherideal der Zeit. In der Überlieferung der „Panegyrici Latini" klafft zwischen dem Panegyrikus des Nazarius auf Konstantin (321) und der Panegyrik des Claudius Mamertinus auf Julian (362) eine Lücke von mehr als vierzig Jahren. Zugleich wird im griechischen Osten die Gattung der Panegyrik unter den Rhetoren Themistios und Libanios zu ihrer Höhe geführt.[2] Kaum besser steht es mit Blick auf Werke christlicher Kirchenlehrer. Mit Hilarius von Poitiers und Lucifer von Calaris treten sie vor allem im Wege der gegen Constantius II. gerichteten Polemiken erneut in die Auseinandersetzung mit dem römischen Kaisertum ein. Das invektivenartige christliche Schrifttum bleibt aber von geringem dogmatischen Ertrag.[3]

Die Umbrüche der Zeit lassen sich so für den lateinischen Westen am besten noch am Werk des Firmicus Maternus darstellen. Er kam allerdings weder als Rhetor

---

1 *Bellen*, Grundzüge III, 52. Unmittelbar damit verknüpft war die Eliminierung der übrigen Thronprätendenten aus dem Familienumfeld Konstantins, mit Ausnahme des Gallus und Julian, die den Morden entgingen.

2 Zu Themistios vgl. *Wirth*, Staatsreden, 23; zu Libanios vgl. *Portmann*, Kaiserreden, 19, 22–29. Von dem griechischen Rhetor Themistios ist zumindest eine Rede zum Lobpreis Constantius II. (wohl aus dem Jahr 351) überliefert (or. 1). Auch die 59. Rede des Libanios fällt in den Zeitraum der 40er Jahre.

3 Zu Lucifer von Calaris vgl. *Walter Tietze*, L. von Calaris und die Kirchenpolitik des Constantius II., Tübingen 1976. Zum Konflikt zwischen dem Kaiser Constantius und der nicänisch-orthodoxen Opposition: *Marc Girardet*, Kaiser Constantius II. als „Episcopus episcoporum" und das Herrscherbild des kirchlichen Widerstandes (Ossius von Corduba und L. von Calaris), in: Historia 26 (1977), 95–128; zu Hilarius: *Ilona Opelt*, Hilarius von Poitiers als Polemiker, in: VigChr 27 (1973), 203–217.

noch als christlicher Dogmatiker mit dem römischen Kaisertum in Kontakt. Gleichwohl verarbeitete er in seinen beiden Schriften über die Astrologie (Matheseos Libri VIII, um 334–338) und vom Irrtum der heidnischen Religion (De errore profanarum religionum, ca. 348) sowohl den Übergang von der Kaiserherrschaft Konstantins zu derjenigen seiner Söhne, als auch den eigenen von der heidnischen zur christlichen Religion. Mit seiner Lehre von der Wirkmächtigkeit des Fatums im menschlichen Leben tritt er in direkten Gegensatz zu vorangegangen christlichen Autoren. Hierbei liefert er wichtige Grundlagen zum Verständnis des Fatumglaubens, gerade mit Blick auf dessen starke Betonung in der lateinischen Panegyrik des ausgehenden vierten Jahrhunderts.

II. Firmicus Maternus

Der Lebensweg des Julius Firmicus Maternus liegt weitgehend im Dunklen. Seine sizilianische Herkunft, jedenfalls ein längerer Aufenthalt dort, ist seinem Selbstzeugnis zu entnehmen.[4] Von sich selbst sagt er aus, über längere Zeit Juristerei betrieben zu haben. Davon sei er schließlich aufgrund der im Juristenberuf vorherrschenden schlechten Sitten abgekommen.[5] Die überlieferten Handschriften bezeichnen ihn als Senator, Vir Clarissimus und Vir Consularis. Förderung erfuhr er durch seinen Patron Lollianus Mavortius. Sein Werk über die Astrologie macht unmissverständlich klar, dass er der griechischen Sprache mächtig war. In dem Zeitraum zwischen den acht Büchern der „Mathesis“ und der Entstehung seiner Apologie muss er zum christlichen Glauben übergetreten sein.

1. De Matheseos libri octo

Mit seinen Lollianus zugeeigneten Büchern über die Astrologie widmet Firmicus Maternus dem Thema ein letztes Großwerk. Die heidnische Schrift verarbeitet auch Elemente der griechischen Philosophie, neo-platonistischen und stoischen Gedankengutes. Anders als die christlichen Werke des Laktanz und des Eusebius bedient sich der Autor offen des dogmatischen Ertrages der heidnischen Philosophie. Den eigenen Standpunkt zur Seelenlehre und Frage der Anteilnahme von Göttern am Weltengeschehen kann er gleichwohl noch nicht abschließend bestimmen.[6]

---

4 *Firmicus Maternus*, Matheseos, I, Proömium, 4; De errore, 7, 1 ff.

5 *Firmicus Maternus*, Matheseos, IV, Proömium, 1. zur Vita vgl. auch die Kurzeinführung von *Bram*, in: *Firmicus Maternus*, Matheseos, I f.

6 *Firmicus Maternus*, Matheseos, I, 1, 3–6.

a) *Die Apologie der Astrologie – die Macht der Fortuna*

aa) Heidnische Kritik an der Bedeutung der Astrologie

Im Mittelpunkt der Schrift steht zunächst die Verteidigung der Astrologie gegen die Anfeindungen ihrer Gegner. Deren Argumente zielen auf eine dreifache Demontage astrologischer Wissenschaftlichkeit ab, indem sie den Astrologen jedwede Tugendlehre und Götterglauben ab- und eine Feindseligkeit gegen staatliche Gesetze zusprechen. Zu ihrem zentralen Argument erheben sie den Einwand von der Sinnlosigkeit jeden Tugendstrebens vor dem Hintergrund des „Sternenschicksals". Tugenden – Bescheidenheit, Mut, Weisheit und Gerechtigkeit – seien unnütz, wenn der Grausamkeit und Verrat übende Mensch seine Laster stets den Planeten zuschreiben könne. Jedes Streben gegen Laster, jede stoische Verachtung von Schmerz und Tod, wäre dann vergebens. Der Vernunftgebrauch des Menschen wäre überhaupt aufzuheben.[7] Daneben tritt der schwerwiegende Einwand, die Astrologen seien Atheisten, da sie mit dem Sternenfatum zugleich den Götterglauben aufhöben, womit nichts anderes als eine staatsverneinende Haltung der Astrologen angesprochen ist. Wer Götterglauben negiert, bestreitet zugleich den göttlichen Herrschaftsauftrag Roms.[8] Mit dem dritten Argument, jedwede Strafgesetzgebung irdischer Herrschaft werde unter einem Sternenfatum überflüssig, werden beide Elemente, eigenverantwortungsfeindliche und staatsnegierende Haltung, bekräftigt. Wo Planeten das Verhalten lenken, kann ein dadurch handlungsunfähiger Mensch nicht mehr selbst fehlgehen.[9]

bb) Die Verteidigung der Astrologie – Mensch und göttlicher Weltgeist

Bereits an der Prämisse seiner Gegner, die Sterne hätten keinen Einfluss auf das menschliche Leben, setzt Firmicus Maternus seine Kritik an. Kein Richter kann sich ohne Tatsachenkenntnis ein gerechtes Urteil bilden.[10] Ausgangspunkt der Astrologie ist die Erkenntnis, dass alles Irdische der göttlichen Natur durch seine irdische Körperhaftigkeit fernsteht, da es dadurch der Bewegung des Göttlichen entzogen wird. Der unsterbliche Geist des Menschen allerdings bewahrt sich einen Teil des Wissens von seinem Ursprung. Er erkennt die ihm im Menschenkörper zukommende Herrschaft und wendet wegen des Erinnerungsvermögens der souveränen Seele den Blick auf die Planeten.[11] Darin sieht er den Teil des göttlichen Wesens, der von der höchsten Gottheit ausgehend den Planeten zuteil wurde. Er kann so als irdischer Körper mit göttlichem Geist an der besseren Gotteserkenntnis durch

7 *Firmicus Maternus*, Matheseos, I, 2, 5–7.
8 *Firmicus Maternus*, Matheseos, I, 2, 8 f. Der Einwand fehlenden Götterglaubens wiegt daher von den Zeiten der römischen Republik bis in die Spätantike schwer.
9 *Firmicus Maternus*, Matheseos, I, 2, 10–12.
10 *Firmicus Maternus*, Matheseos I, 3, 7.
11 *Firmicus Maternus*, Matheseos I, 4, 1–5.

den Lauf der Planeten teilhaben.[12] Weder führt die Achtung der Astrologie also zur Aufhebung der Götterverehrung, da sie die Anerkennung des göttlichen Prinzips beinhaltet, noch macht sich menschliche Gesetzgebung überflüssig. Sie steht vielmehr im Einklang mit der Göttlichkeit der menschlichen Seele, die in ihrer Teilhabe am göttlichen Wesen auch von dem Menschen fordert, den Teil seiner irdischen Verfassung mit Weisheit und Tugend zu überwinden. Menschliche Gesetze bestehen zu Recht. Sie helfen der auf der Erde im Körper gefangenen Seele, die Laster des Körpers zu überwinden und ihrer Teilhabe am göttlichen Geist zu entsprechen.[13]

cc) Die Macht des Fatums und der Fortuna

Der Macht des dem Menschen übergeordneten Fatums, das aus der Erkenntnis der Astrologie bestimmt werden kann, kann die auf Erden erkennbare Menschentugend allerdings nicht entgehen. Es entspricht der alltäglichen Erkenntnis, dass eher die aufrechten, tugendhaften und unschuldigen Menschen zu Tode kommen, als Bettler leben, von ihrer Familie getrennt werden und ihr Heil im Selbstmord suchen, als die Verbrecher.[14] Die vielfache Ehrung der Schlechten durch Ämter ist offenkundig.[15] Den Vorrang des Sternenfatums vor aller menschlichen Weisheit beweisen die Schicksale des Plotin und Pythagoras. Pythagoras erlitt Vertreibung, Plotin konnte in seinen späten Leiden trotz aller Tugendhaftigkeit Fortuna nicht überwinden, obwohl er sich von den Menschen distanzierte und Geldgier und Reichtümer verwarf.[16] In Rom kann sich ein Mann vom Charakter Sullas als *felix* bezeichnen. Er beherrscht trotz Grausamkeit und Lustgetriebenheit ohne göttlichen Eingriff das römische Weltreich und verbringt nach Niederlegung der Macht den Lebensabend in friedlicher *securitas*.[17] Die uneingeschränkte Herrschaft der Fortuna bestätigen die Schicksale des Scipio, Regulus und Cicero. Das Niedrige bringt das Gute zu Fall, Gerechtigkeit nützt nicht dem Gerechten. Alles liegt in der Macht des Fatums.[18]

b) Die Macht des Kaisertums über das Fatum – das Beispiel Konstantins

Erst im Anschluss an diese dogmatische Grundlegung zur Bedeutung der Fortuna im Leben der Menschen äußert sich Firmicus Maternus im zehnten Abschnitt des ersten Buches zur Kaiserherrschaft Konstantins. Er nimmt Stellung zu ihrer Legitimität vor dem Hintergrund der Astrologie. Als Kaiser des gesamten Erdkreises ist der fromme, glücksselige und vorausschauende Princeps von den Göttern dazu erwählt, die gesamte Welt von tyrannischer Herrschaft zu befreien. Ihm obliegt

12 *Firmicus Maternus*, Matheseos I, 5, 3–11.
13 *Firmicus Maternus*, Matheseos, I, 6, 1–4.
14 *Firmicus Maternus*, Matheseos, I, 7, 2–4.
15 *Firmicus Maternus*, Matheseos, I, 7, 5–9; I, 7, 13.
16 *Firmicus Maternus*, Matheseos, I, 7, 10 f.; 15–21.
17 *Firmicus Maternus*, Matheseos, I, 7, 25–36.
18 *Firmicus Maternus*, Matheseos, I, 7, 37–42; I, 9, 3.

es, gesellschaftliche Makel auszugleichen und dem römischen Volk die ihm eigene *libertas* zurückzugewähren. Er alleine wird nicht von der Macht des Schicksals betrogen und erhält die römische Welt durch die selbst auferlegte Mäßigung seiner allumfassenden Gewalt in glücklichem und beständigem Reichtum.[19] Als Princeps bestimmt er gemeinsam mit seiner Familie über das Schicksal und die *felicitas* der römischen Welt. Sein Haus ist der Garant glücklichen Gedeihens des Erdenkreises, worin er über den Planeten – vor allem Sonne und Mond – steht.[20] Das Schicksal des Kaisers unterliegt daher keinesfalls den Ausdeutungen der Astrologen. Als einziger Mensch auf Erden ist er dem Gang der Sterne nicht unterworfen. Sein Schicksal wird vielmehr vom höchsten göttlichen Wesen bestimmt – womit er unmittelbar in den Götterhimmel erhoben ist. Auf Erden ist daher das Kaisertum neben den Sternen Inhaber der größten Macht und daher dem göttlichen Prinzip in besonderer Weise verpflichtet. Ebenso, wie sich das Fatum des Menschen nach dem Gang der Gestirne bestimmt, wird es auch durch die Handlungen des Kaisers angeleitet.[21]

c) Die Aufgabe der Astrologie

Im Gegensatz zum Kaisertum, das selbst in besonderem Maße an der göttlichen Weltseele teilhat, handelt es sich bei den Astrologen um einfache Menschen. Ihnen obliegt aber die wichtige Aufgabe, das von den Göttern zugeteilte Schicksal durch die Himmelsschau zu erkennen. Jede Schau des Göttlichen setzt die eigene Tugend der schauenden Seele voraus. Ohne sie ist eine rechte Schau des Schicksals unmöglich. Der Astrologe ist daher verpflichtet, stets den Pfad der Tugend zu suchen, Streit zu vermeiden und Grausamkeit von sich zu weisen. Vom Irdischen muss er sich lossagen, um die Majestät seiner Seele zu stärken. Nur wenn er den Erwerb irdischer Ämter und Würden ablehnt und den Körper dem Geist unterwirft, kann er den richtigen Pfad deuten.[22]

d) Bewertung

In seinem Werk über die Astrologie äußert sich Firmicus Maternus zur grundsätzlichen Unterworfenheit des Menschen unter seine göttliche Natur. Auf zweierlei Weise kann der Mensch auf Erden die göttliche Natur schauen. Zum einen, indem er mit einer gereinigten, zum Göttlichen neigenden Seele zum Himmel aufblickt, um von dort aus das Schicksal zu deuten, zum anderen, indem er seinen Blick auf das römische Kaisertum Konstantins wendet, das selbst unmittelbar göttlicher Natur ist. So wie die Götterschau am Himmel Menschentugend erfordert um sich in Einklang mit der göttlichen Natur der Gestirne zu bringen, ist auch der irdische Kaiser ein Ausdruck des göttlichen Prinzips und von daher selbstredend tugendhaft. Die

---

19 *Firmicus Maternus*, Matheseos, I, 10, 13.
20 *Firmicus Maternus*, Matheseos, I, 10, 14.
21 *Firmicus Maternus*, Matheseos, II, 30, 4–6.
22 *Firmicus Maternus*, Matheseos, II, 30, 2; II, 30, 8–13; VIII, 1, 1–9.

Diskrepanz zwischen der Kaiserherrschaft Konstantins und sonst unumschränkter menschlicher Herrschaft (etwa Sullas) lässt Firmicus außer Betracht. Dem Kaiser in unmittelbarer Beziehung zum höchsten göttlichen Wesen obliegt es, die *felicitas* des Zeitalters auf Erden zu bewahren. Einzig die Dynastie Konstantins bietet hierfür die Gewähr. Der Kaiser garantiert *libertas*. Er erlässt die Gesetze und ordnet den irdischen Raum, leitet das sonst nur von den Gestirnen gelenkte Fatum durch die eigenen Tugenden an.

Die Unterworfenheit der Untertanen unter das von den Gestirnen vorbestimmte Schicksal ändert an dem Ziel der Ausrichtung des menschlichen Lebens auf die göttliche Natur der eigenen Seele und die Teilhabe am göttlichen Wesen nichts. Daher ist auch auf Erden für Werke der Tugend Raum – der Lohn eines ruhigen und sicheren Lebens ist hier aber nicht gewiss. Die dem göttlichen Prinzip entsprechenden Handlungstugenden werden von den Astrologen als Deutern des Fatums verkörpert. Nicht nur der Kaiser, sondern auch der Mensch hat daher darauf hinzuwirken, auf Erden das tugendhafte Leben zu schützen und zu gestalten. Das Argument der Gegner, der *Fatum*-Glaube lasse für menschliche Tugend überhaupt keinen Raum mehr und mache jede Gesetzgebung überflüssig, ist daher verfehlt.

2. De errore profanarum religionum

Ganz der christlichen Polemik verpflichtet, mit Zielrichtung gegen die Mysterienkulte, zeigt sich Firmicus gut zehn Jahre später in seiner Schrift über den Irrtum der heidnischen Religion. In deren Mittelpunkt steht die umfassende Widerlegung des Götterglaubens ebenso, wie die Forderung nach einer vom Kaiser zu schaffenden legalen Grundlage des Verbots des Götterglaubens. Sie soll dem Verbot der heidnischen Opfer nachfolgen (341 – Codex Theodosianus 16, 10, 2).

a) Heidnischer Irrglaube als Verehrung der körperlichen Laster

In den Göttern verehren die Menschen frühere menschliche Herrschergestalten und vernachlässigen so die durch Christus wieder in die Welt gebrachte Freiheit.[23] Anstatt sich dem rechten Glauben zu widmen und mittels einsichtiger Reue die göttliche Verzeihung für den lasterhaften Gegenstand ihrer Verehrung zu gewinnen, folgen sie ihrem Glauben an die Elemente der irdischen Welt, tote Menschen und vormalige Tyrannen.[24]

---

23 *Firmicus Maternus*, De errore, I, 3 f.: „...neglecto deo summo, qui omnia divina artifici moderatione conposuit, et spem tuam perdis et vitam, nec ostensi tibi luminis splendore corrigeris, nec recuperatae libertatis, quaeris insginia...".

24 *Firmicus Maternus*, De errore, IV, 4. Zur Tyranneneigenschaft der Götter (vgl. II, 3; VI, 6; VII, 4: Räuber; XV, 2; XVI, 3: Die Tempel sind nichts als Grabstätten von Menschen).

b) *Die Überwindung heidnischen Irrglaubens: Exempla des Lykurg und Postumus*

Den rechten Umgang mit dem heidnischen Irrglauben lehren die Beispiele Lykurgs und des römischen Konsuls Postumus noch zu Zeiten der römischen Republik. Der sich ganz körperlichen Begierden hingebende Liber wird aus Theben vertrieben und von Lykurg persönlich aus großer Höhe ins Meer hinabgestürzt. Der römische Konsul Postumus verhängt gegen die eigenen Bürger, die Anhänger des Bacchuskults geworden sind, die Todesstrafe und sichert durch diese tugendhafte Handlung die Unversehrtheit des Vaterlandes. Im Idealzustand des Staates kann die durch rechtsgemäße Untersuchung festgestellte Anhänglichkeit des Menschen an einen rein körperlichen (und damit lasterhaften Götterglauben) die Ausweisung und Tötung der Bürger nach sich ziehen.[25] Ihre Rechtfertigung findet die benannte Sanktion in der Weigerung, vom Irrtum abzulassen und sich der göttlichen Gnade zu unterstellen.[26] Wer sich dem falschen Glauben unterwirft – etwa an Jupiter, Herkules, Mars – billigt den Lebenswandel solcher Gottheiten. Er stellt sich hinter den Vatermord Jupiters, die Gier des Hercules nach fremdem Gut und den Massenmord von Menschen durch Mars. Schließlich unterstützt er den Verrat an Staat und Reich zur Befriedigung der Gier. Er verehrt diejenigen, die Saturn dem Sohn auslieferten.[27] Ihn erwartet im Falle fortgesetzten Irrtums mit dem Ende seines Lebens das Feuer des göttlichen Gerichts.[28]

c) *Die Inpflichtnahme der römischen Kaisergewalt*

aa) *Das Fehlgehen menschlicher Vernunft*

Dass der Weg des Menschen zu Gott zunächst über den individuellen Vernunftgebrauch und nicht über die kaiserliche Strafgewalt führt, stellt auch Firmicus nicht in Abrede. Erst, nachdem der Mensch sich von dem Glauben an die erdichteten Götter zu ihrer Verachtung und schließlich zur Zurückweisung bringen lässt, überwindet er die irdische Vergänglichkeit.[29] Voraussetzung jenes rechten Vernunftgebrauches aber ist die Erkenntnis der durch materiellen Reichtum hervorgerufenen Armut. Diese muss auch von demjenigen gefordert werden, der üblicherweise den Tempel in der Toga Praetexta aufsucht und im Purpur glänzt. Nur wenn der Mensch sich dem christlichen Gebot unterstellt und die geistigen Übel meidet,

---

25 *Firmicus Maternus*, De errore, VI, 8; VI, 9, in der Übersetzung des *Alfons Müller*, BKV 14, II, 30. Der Idealzustand besteht, wenn weder der Senat dem Konsul, noch die Gesetze der Republik, noch der Konsul den Gesetzen fehlt.

26 *Firmicus Maternus*, De errore, VIII, 3 f.

27 *Firmicus Maternus*, De errore, XII, 2–6.

28 *Firmicus Maternus*, De errore, XV, 4 f.

29 *Firmicus Maternus*, De errore, XVII, 4. Firmicus Maternus spielt damit möglicherweise auch auf den eigenen steinigen Weg der Bekehrung an. Ebenso XXVIII, 12 f.

wird er unsterblich.[30] Verweigert er sich dieser Erkenntnis auf Erden, spricht nichts dagegen, ihn im irdischen Tod mit der Strafe der Göttergesellschaft zu belegen, deren Gemeinschaft er teilt.[31] Es entspricht daher der Pflicht der von Gott eingesetzten kaiserlichen Regierung, die durch den heidnischen Glauben nach wie vor bestehende Wunde im christlichen Streben notfalls gegen den Willen der Heiden zu schließen. Es bedarf kaiserlicher Gesetze und Erlasse, um die heidnische Krankheit, soweit sie ohne Sinneswandel verharrt, dauerhaft zu beseitigen.[32]

bb) Das christliche Kaisertum als Garant des Sieges und der Glückseligkeit

Der Hinwendung Christi auf die Abstellung der geistigen Übel durch die christliche Lehre entspricht die Hinwendung der Augusti Constantius und Constans auf die Beseitigung der irdischen Übel. Ziel des kaiserlichen Handelns ist der christliche Sieg (*victoria*), der in der Vernichtung des Heidentums liegende Triumph, der durch den Kampf in Christi Namen die *felicitas* herbeiführt. Zu diesem Zweck sind die Kaiser Teilhaber der göttlichen Herrschergewalt, damit sie die vollständige Vernichtung der heidnischen Tempel betreiben können. Gott schenkt den Kaisern den Sieg über die äußeren und inneren Feinde Roms. Werden Erstere durch militärische Macht überwunden, so bedarf es nach innen der Gesetze gegen das Heidentum, damit dem göttlichen Willen durch die kaiserliche Gewalt in allem entsprochen wird.[33]

cc) Inhalt und Grund der Inpflichtnahme des Kaisertums

Himmlisches und irdisches Reich werden durch Christus und den christlichen Glauben erhalten. Dessen Gebote sind auf Erden formuliert als Gerechtigkeit, Gleichmut, Schamhaftigkeit, Barmherzigkeit, Geduld und Glaube.[34] Gott ist milde und gerecht. Das Zepter seines Reiches ist ein Zepter der Gerechtigkeit. Er liebt das Recht und hasst das Unrecht.[35] Darum stellen sich zunächst die Könige und Fürsten der Erde gegen Christus auf, der gesandt ist, auf Erden Gottes Gebote zu verbreiten.[36] Er ist es, der nach seiner Auffahrt in den Himmel auf Erden die göttliche Machtvollkommenheit ausübt. Von ihm kommt alle königliche Gewalt, ihm sind alle Könige untertan.[37]

Ganz gezielt fordert Firmicus von den Kaisern die Aufmerksamkeit für die Passage, die den Dienst Christi und daher auch die Rechtgläubigkeit der Kaiser erklärt. Der Sündenfall Adams durch das Holz des Baumes führte den Menschen in

30 *Firmicus Maternus*, De errore, XVIII, 6; XX, 7.

31 *Firmicus Maternus*, De errore, XXVI, 4; *Herrmann-Otto*, Ecclesia, 361: Alleinvertretungsanspruch der Christen.

32 *Firmicus Maternus*, De errore, XVI, 4 f.; dazu *Wlosok*, Gymnasium 96 (1989), 147.

33 *Firmicus Maternus*, De errore, XX, 7.

34 *Firmicus Maternus*, De errore, XXI, 6; auch XXIII, 1. Gott herrscht wegen seiner Kraft, wegen seiner Milde und seiner Gerechtigkeit.

35 *Firmicus Maternus*, De errore, XXIII, 2; vgl. Ps 44, 3–9.

36 *Firmicus Maternus*, De errore, XIII, 3 nach Ps 2, 1 f.

37 *Firmicus Maternus*, De errore, XXIV, 6 nach Dan. 7, 13 f.

die Sterblichkeit. Christus stellt durch seinen Tod am Holz des Kreuzes das Leben wieder her. Adam wandte sich von Gott ab. Christus folgte dem göttlichen Gebot und besiegt den Tod des Leibes. Durch seine Abstammung von Abraham erlöst er so das Menschengeschlecht in einem Bündnis von Gott und Mensch.[38] Durch die Aufhebung der Sterblichkeit des Menschen wurde zugleich die Grundlage des Götterglaubens, wie im Brief des Jeremias ausgesagt, beseitigt. Könige und Völker erkennen Unwirksamkeit und Lügengebäude des Götterglaubens.

Daher ist es für das römische Kaisertum auch ungefährlich und durch das göttliche Gebot gefordert, den Schmuck der Tempel aufzuheben und einzuschmelzen. Danach schreitet es in Gestalt des Constantius und Constans fort. Die Kaiser überwinden ihre Feinde und vergrößern das Reich. Durch ihre Anhänglichkeit an das göttliche Gebot steigern sie ihren Ruhm. In Verachtung der Jahreszeit unterwerfen sie sich den Ozean und gewinnen Britannien. Ihrem Mut halten die Elemente nicht stand.[39] Den Kaisern, deren Herrschaft durch das göttliche Gebot gedeiht, wird daher von Gott auferlegt, diejenigen, die gegen das göttliche Gebot verstoßen, zu züchtigen und strafen. Sie haben Untaten mit Strenge zu verfolgen. Weder Sohn noch Bruder und Freunde sind vor dem Schwert zu schonen. Die Einhaltung der göttlichen Forderungen verspricht einem Kaisertum, das sich noch am Beginn seines Weges in Gott befindet, weiteren Zuwachs und Gedeihen. Gott wird demjenigen, der seine Gebote befolgt, den Lohn der Mühen nicht versagen. Er wird ihn dabei unterstützen, Feinde und die Grausamkeit feindlicher und stolzer Völker zu überwinden. Den Kaisern winkt ein himmlischer Siegerkranz für die Werke des Glaubens.[40]

3. Bewertung

In aller Deutlichkeit appelliert Firmicus Maternus an die römische Kaisergewalt, gegen diejenigen, die im Irrtum des heidnischen Götterglaubens verharren und daher dem Tod unwiederbringlich verfallen, das Schwert der irdischen Strafgewalt einzusetzen. Die kaiserliche Gewalt kommt von Gott, der mit dem christlichen Gebot den Inhalt der Herrschertugend bestimmt. Die Einhaltung seiner Gebote ist die einzige Möglichkeit zur Überwindung des Todes und zum ewigen Leben. Die Opposition der Fürsten gegen das christliche Gebot war von der christlichen Überlieferung ebenso vorhergesagt, wie ihre Überwindung durch die Wirkung des christlichen Erlösungswerkes. Danach entspricht der Kaiserherrschaft vor allem die innere Zuwendung auf die Tugenden der göttlichen Gerechtigkeitsliebe.

Die Einhaltung der göttlichen Gebote verheißt dem Kaiser zudem in einem umfassenden Sinne *gloria*, den Sieg über die Feinde, die *felicitas* des Zeitalters und den Fortbestand seiner Dynastie. Das Glücksversprechen gilt umfassend, sowohl für die kaiserliche Seele selbst als auch für den äußeren Fortbestand und das Gedeihen des

38 *Firmicus Maternus*, De errore, XXV, 2 u. 4; an die Kaiser: XXV, 1.

39 *Firmicus Maternus*, De errore, XXVIII, 6; zu Jeremias ebd., 4 f.

40 *Firmicus Maternus*, De errore, XXIX, 1–4.

Reiches unter solchermaßen verfasster kaiserlicher Gewalt. Inhalt des göttlichen Gebotes aber ist nicht nur die Überwindung des Heidentums durch das Beispiel christlicher Lehre, sondern auch der Gebrauch des Schwertes gegen diejenigen, die im Irrtum des Götterglaubens beharren. Darin geht Firmicus über die Werke des Laktanz und Eusebius hinaus. Nicht *clementia*, sondern *severitas* fordert er gegenüber denjenigen, die den Irrtum des Götterglaubens nicht erkennen wollen. Er entspricht so zwar durchaus dem Rat Senecas, Gewalt nur gegen beharrlich Irrende einzusetzen; für das gerade noch der Verfolgung ausgesetzte Christentum ist diese Forderung nach einer über die Verschärfung der Gesetze hinausgehenden Härte aber neu. Bezeichnend ist, dass Firmicus Maternus sie dem der kaiserlichen Gewalt auferlegten Schwert abverlangt, die Gewalt also nach wie vor beim Kaisertum monopolisiert. Künftig soll der bloße Name heidnischen Glaubens genügen, um auch die in Bürgergemeinschaft stehenden Heiden und ihre Gottheiten schon einem irdischen Gericht zuzuführen, das das Feuer des himmlischen Gerichts nur vorwegnimmt. Im Falle heidnischen Glaubens erscheint diese Forderung gegenüber der kaiserlichen Gewalt auch berechtigt. Jeglicher heidnische Aberglaube steht für die Anhänglichkeit an irdische Laster und Verbrechen aller Art – im Verhältnis zur früheren Christenverfolgung sind die Rollen vertauscht.

Die Verknüpfung der kaiserlichen *felicitas* mit der Wahrnehmung der von Gott bestimmten Straffunktion lässt bereits erkennen, dass der Verlust der göttlichen Gnade nicht mehr erst – wie etwa bei Laktanz – dann auftritt, wenn der Kaiser zum Christenverfolger wird. Den himmlischen Siegeskranz erringt vielmehr nur der Herrscher, dessen Herrschaft im umfassenden Sinne auf dem Boden des christlichen Gebotes gegründet ist. Der den Gestirnen entzogene Kaiser der astrologischen Betrachtung desselben Autors, der noch unmittelbar am göttlichen Geist teilhatte, ist nun lediglich Teilhaber göttlichen Lohnes auf Erden, soweit er die Gebote der Schrift wahrt.

III. Die Ausformung des christlichen Kaisertums unter Ambrosius von Mailand

1. Christliche Kaiserherrschaft des lateinischen Westens nach Konstantin

Eusebius von Caesarea hatte in seiner „Vita Constantini" das Selbstverständnis eines Kaisertums mit grundsätzlich unbeschränktem Wirkungsbereich der Friedens- und Ordnungswahrung inner- und außerhalb der Kirche dogmatisch begründet. Nach seiner Vorstellung war der Kaiser in Fortführung der früheren Pontifex-Tradition der von Gott eingesetzte Vertreter Christi. Konstantin repräsentierte in seiner Person das weltliche und geistliche Oberhaupt der Christenheit.[41] Das solchermaßen

41 Hierauf verweist v. a. *v. Campenhausen,* Ambrosius, 2, der zutreffend von „Cäsaropapismus" spricht.

umfassende christliche Herrschaftsverständnis blieb nach seinem Tod und der Teilung des Imperiums unter seinen Söhnen nicht unbestritten. Vor allem die Frage nach der Befugnis der kaiserlichen Gewalt, im Binnenbereich der Kirche zu wirken, war Gegenstand kontroverser Auseinandersetzungen. Auch der selbst nach dem Konzil von Nicäa nicht verstummende Streit um die wahre Natur Christi war dazu geeignet, Konflikte der kirchlichen Leitungsgewalt mit der kaiserlichen Zentralgewalt zu schüren. Dies galt zumal, da sich die Grenzen des arianisch-nicänischen Bekenntnisses mit den Grenzen des griechischen Ostens in weitgehender Übereinstimmung befanden. Zwar war die Kirche zur Durchsetzung ihrer Interessen auf die Hilfe der weltlichen Gewalt angewiesen – die Synode von Antiochia nahm erstmalig die weltliche Gewalt gegen kirchliche Gegner in Anspruch, die als aufrührerische Menschen bezeichnet werden – doch erschien dem stärker nicänisch geprägten Westen des Reiches der 353 und 355 auf den Synoden von Arles und Mailand durch Constantius vertretene Anschluss des Bekenntnisses an den Osten unvertretbar.[42] So richteten die Bischöfe an den Kaiser die Aufforderung, „das Kirchenwesen nicht zu verwüsten und den römischen Staat mit der Ordnung der Kirche nicht zu mischen". Ein solches Vorgehen der kaiserlichen Gewalt wurde auch „im Namen des Friedens" ausgeschlossen.[43] Das Amt eines „Bischofs der Bischöfe", so christliche Autoren der Zeit, stehe dem Kaiser nicht zu. In Wirklichkeit habe er den Anordnungen der Bischöfe Folge zu leisten. Zwar stamme seine Macht von Gott, doch erstrecke sie sich nicht auf innerkirchliche Fragen.[44] Friedensschutz sei Kirchenschutz, nicht nur in äußerlicher Form. Auch die inneren Angelegenheiten der Kirche müsse die kaiserliche Gewalt unberührt lassen, dürfe sich nicht in kirchliche Dinge mischen. Ihr habe Gott die Herrschaft anvertraut, den Bischöfen aber die Angelegenheiten der Kirche. Wie derjenige, der dem Kaiser die Herrschaft entreiße, Gottes Ordnung widerspreche, so mache sich auch der Kaiser eines schweren Vergehens schuldig, wenn er versuche, das Kirchliche an sich zu ziehen.[45] Constantius, der aufgrund des Widerstandes des Klerus auf die Durchsetzung seiner einseitigen Ordnungsvorstellung verzichtete, versuchte schließlich mit der vierten sirmischen Formel das arianisch-nicänische Bekenntnis des Ostens mit dem des Westens in Ausgleich zu

42 *v. Campenhausen,* Ambrosius, 5.

43 *v. Campenhausen,* Ambrosius, 6; mit Verweis auf Hist. Arian. 33 sq. und Lucifer, De non conveniendo cum Haereticis, 3: „Deinde cum pacem semper habuerit domini ecclesia et uos atque omnium sectarum haereticos foras abiecerit, dixisti: ‚Pacem uolo firmari in meo imperio', cupiens uiolare in nobis pacem dominicam, scindere desiderans dei populum, procurans haeresi tuae, ad quam nos omnes facere sis optans transitum; sic mentitus es dei te fuisse hominem, quando hanc pacem facere te salutis nostrae causa dixisti, quomodo et ille pseudoprophetes qui dicebat: Redi mecum, quia et ego prophetes sum domini, et dixit mihi angelus. Sic, inquam, mentitus es, quando dixisti quo potuisses deo placere hoc te adgressum facere, siquidem tu singulos catholicos episcopos communioni iungere fueris laborans Arrianorum".

44 *v. Campenhausen,* Ambrosius, 6; Lucifer von Calaris und Hilarius von Poitiers.

45 *v. Campenhausen,* Ambrosius, 6 f.

bringen.[46] Das sog. „homöische Bekenntnis“ wurde auf der Synode von Konstantinopel (360) zum allgemeinen Bekenntnis erhoben. Die Regentschaft Julians des Apostaten (361–363) löste zwar das zwischen römischem Staatswesen und Christentum bestehende Band kurzfristig wieder auf, doch erklärte sich schon Valentinian I. bereits 364 zur Toleranz in allen religiösen Fragen. Die Kirche selbst blieb danach gespalten, in West und Ost (Valentinian I; Valens), in nicänisch-homöisches und arianisch-homöisches Bekenntnis. Die von Valentinian I. geübte Zurückhaltung in allen kirchlichen Fragen – dogmatische Streitigkeiten und Fragen der kirchlichen Stellenbesetzung sollte die Kirche alleine regeln –[47] führte zugleich dazu, dass die arianisierenden Bischöfe des Constantius in Amt und Würden blieben. Dementsprechend versuchten sie, auf das nicänische Bekenntnis des lateinischen Westens einzuwirken.[48] Auch dadurch blieb der wiederhergestellte Kirchenfrieden unsicher.[49] Die Nicäner unterließen es auch nach Einführung der nicänischen Staatskirche durch Theodosius und Gratian zunächst, den Streit um die Grenzen der kaiserlichen Amtsgewalt erneut aufzugreifen und suchten den kirchlichen Frieden im Staat zu wahren.[50] Dementsprechend verlagerte sich auch der ideologische Schwerpunkt nun wieder auf die Unantastbarkeit des von Gott eingesetzten und das Abbild Gottes darstellenden Herrschers. Hervorgehoben wurde, dass die Kirche sich im Staat, nicht aber der Staat in der Kirche befinde. Auch die Befugnis des Kaisers in kirchlichen Streitigkeiten als oberste Appellationsinstanz aufzutreten, blieb unangetastet.[51]

In diesem Spannungsfeld kirchlicher und kaiserlicher Gewalt wirkte Ambrosius, in Trier geborener Sohn des bereits 363 verstorbenen Praefectus praetorio Galliarum, in der kaiserlichen Residenzstadt Mailand. Nach rhetorischer und juristischer Ausbildung in Rom, am 7.12.374 in Mailand getauft, wurde er Nachfolger des arianisch-homöischen Auxentius im Bischofsamt der kaiserlichen Residenzstadt.[52]

2. De fide

Einen ersten Eindruck von der Konzeption des Kaisertums bei Ambrosius vermittelt – noch vor den viel zitierten Briefen – das 378 dem Kaiser Gratian zugeeignete Werk über den Glauben (De fide). Inhaltlich ist es vor allem Glaubensbekenntnis des Bischofs und Streitschrift gegen den Arianismus. Es soll es nach der Absicht des

---

46 *v. Campenhausen,* Ambrosius, 8: „Wir erklären aber, dass der Sohn dem Vater durchgehend in der Weise gleich sei, wie es die heiligen Schriften ausdrücken und lehren.“

47 *v. Campenhausen,* Ambrosius, 16: Niemand, hieß es, sollte sagen, „dass er vor der Macht des Königs, der diese Welt beherrscht zurückgewichen sei, statt auf den König zu achten, der die Vorschriften des ewigen Heils erlassen hat.“ (Kaiserbrief von 375).

48 *v. Campenhausen,* Ambrosius, 17: „Langsamer Sieg der Nicäner“.

49 *v. Campenhausen*, Ambrosius, 17.

50 *v. Campenhausen,* Ambrosius, 189.

51 *v. Campenhausen*, Ambrosius, 189 f.

52 Zur Vita des Ambrosius, vgl. *Dassmann*, Ambrosius, Sp. 362–386; *Groß-Albenhausen*, Imp. Christ., 29–32.

Verfassers auch dazu dienen, den im Krieg gegen die Goten von Mailand abwesenden Kaiser weitergehende Unterweisung im christlichen Glauben zu erteilen. Diese sei dem Kaiser überwiegend schon im Mutterleib durch den *deus auctor* eingegeben worden.[53] Damit ist gleich zu Beginn des Werkes die Ableitung der Herrschaft Gratians von Gott als Tatsache festgestellt.

a) Prämissen des kaiserlichen Dienstes „sub regno christi"

Dem folgt – in Ansehung des gerade von Gratian auf dem Balkan durchgeführten Feldzuges –ein Hinweis auf die christliche Herrschaftsauffassung. Den Sieg (*victoria*), so solle sich Gratian unter Anleitung des Beispiels Josuas (Jos. 6, 6–21) erinnern, erringe man auf dem Schlachtfeld eher durch den Glauben als durch die Tapferkeit der Soldaten. Dazu aber genüge nicht ein leidenschaftsloses Glauben. Der Zugang zum *regnum caelorum* werde vielmehr nur demjenigen eröffnet, der sich im rechten Glauben befinde.[54] Zu wünschen sei es, dass Gott Gratian den Wein des rechten Glaubens einverleibe und so dessen Ohren und Geist reinige. Dann werde der Kaiser, durch den Glauben wie Menschen durch Wein berauscht, den Frieden lieben, Unglauben nicht kennen, Geduld in der Nächstenliebe zeigen und so Christus nachfolgen.[55] In allem gliche er dann einem berauschten Menschen, der Ruhe (*quietas*) liebt, die Furcht vor dem Tod verliert, keine Ungerechtigkeiten (*iniuria*) begeht, nichts Fremdes sucht und der die eigenen Angelegenheiten vergisst.

Der Kaiser *sub regno christi* ist nur menschlicher Herrscher auf Erden. Wie alle Menschen folgt er der Knechtgestalt, ist der menschlichen Ordnung unterworfen.[56] Als Mensch ist er Diener Gottes in herausgehobener Stellung. Seinen Zugang zum himmlischen Reich muss er sich wie jeder andere durch seinem Rang entsprechende Werke sichern,[57] vor allem durch ein am christlichen Tugendmaßstab ausgerichtetes Leben.

---

53 *Ambrosius*, De fide, Liber I, 1, 1. In 1, 1, 4 zeigt Ambrosius dem Kaiser an, dass es ihm durchaus lieber wäre, zum Glauben zu mahnen, als mit dem Kaiser darüber zu debattieren, vgl. zur Motivation der Schrift: *Groß-Albenhausen*, Imp. Christ., 36 ff., dort auch zu den Anreden an den Kaiser (41), mit Betonung der besonderen Häufigkeit der Anrede „sancte imperator"; *Setton*, 117; *Straub*, Historia 1 (1950), 57.

54 *Ambrosius*, De fide, Liber I, 1, 2; I, 2, 12.

55 *Ambrosius*, De fide, Liber I, 20, 136: „Hoc igitur vino, domine meus, domini, aures augustae mentis emunda, ut sicut vino naturali homines inebriati quietem diligunt, timorem mortis expellunt, iniurias non sentiunt, aliena non quaerunt, suorum obliviscuntur, ita etiam vino tuo crapulatus pacem diligat et fidei exsultatione securus mortem infidelitatis ignoret, patientiam caritatis exhibeat, sacrilegia aliena non teneat, fidem etiam pignoribus suis praeferat, secundum quod scriptum est: ‚Relinque omnia tua,et veni, sequere me'."

56 *Ambrosius*, De fide, Liber V, 12, 152; 13, 158.

57 *Ambrosius*, De fide, Liber V, Prolog 8.

b) *Humanitas als Kernbestandteil des christlichen victoria-Gedankens*

Wenngleich der Sieg Gratians über die Goten durch Ezechiel als Sieg des sich gerade in Frieden niederlassenden jüdischen Volkes über die vom Norden kommende Schar der Gog vorhergesagt ist,[58] wird er nur als Sieg des mit dem Schild des Glaubens (*scutum fidei*) und dem Schwert des Geistes (*gladium spiritus*) gerüsteten Kaisers gelingen, in dem der christliche Glaube seine Kraft zeigt. Erforderlich ist hierzu, dass der Kaiser sich *moraliter* verhält, also gar nicht unterwerfen, sondern heilen will (*non vincere volumus, sed sanare*) und den Sieg mit den Mitteln der Menschlichkeit (*humantias*) erstrebt. Dadurch entspricht er dem Vorbild Christi unter den Räubern. Auch diese wurden mit Öl und Wein und nicht mit der Härte des Gesetzes oder prophetischer Strenge geheilt. Unter diesen Voraussetzungen ist auch der geführte Krieg gerecht und wird der Sieg die arianischen Goten durch Gottes Werkzeug in den Glauben zurückführen.[59]

c) *Der Weg christlicher Tugend*

Der Weg des Herrn ist der Pfad des guten Lebens (*bona vita*), der Weg der Tugend im keuschen, gläubigen und enthaltsamen Leben (*via castitas, via fides, via est abstinentia*). Er wendet sich von der Ungerechtigkeit ab und erstrebt in Armut, Geduld (*patientia*) und Demut (*humilitas*) Gerechtigkeit.[60] Wer nicht treu dem Frieden dient, dem bleibt der Zugang zum himmlischen Reich verschlossen. Gerade von dem von Gott eingesetzten Herrscher fordert Ambrosius die Einlösung des Psalmenwortes (Ps 24, 7): „Macht die Tore weit, eure Fürstlichkeiten." Er versteht darunter die Tore der Tugendhaftigkeit (Ps 118, 19; Ps 117, 19), der Gerechtigkeit, Schamhaftigkeit, des Mutes und der Weisheit.[61] Der Verweis auf die Auswahl des Petrus gerade zu dem Zweck, die Schwachen zu heilen und für die Gebrechlichen Sorge zu tragen, verdeutlicht den Herrschaftsauftrag des Kaisers auch inhaltlich.[62]

Selbst dem tugendhaftesten Kaiser, der den in der Nachfolge Christi begründeten Frieden liebt, bleibt aber das Attribut eines *iustus* versagt. Es steht alleine Gott und Christus selbst zu. Höchste Auszeichnung des Menschen ist es, Gerechtigkeit

---

58 *Ambrosius*, De fide, Liber II, 16, 136–138.

59 *Ambrosius*, De fide, Liber II, 11, 89; zum gerechten Krieg: *Swift*, TAPh.A 101 (1970), 534; *Inglebert*, Latomus 54 (1995), 33 f.

60 *Ambrosius*, De fide, Liber III, 7, 51 f., 53: Den Menschen ist Gottes Sohn gegeben, damit sie diese Art von Tugenden lernen.

61 *Ambrosius*, De fide, Liber IV, 2, 15; IV, 2, 19: „‚Tollite portas, principes vestri.' Quas portas? Illas utique, de quibus et alibi dicit ‚Aperite mihi portas iustitiae.' Aperi ergo Christo portas tuas, ut ingrediatur in te, aperi portas iustitiae, aperi portas pudicitiae, aperi portas fortitudines atque sapientiae."

62 *Ambrosius*, De fide, Liber V, Prolog 4: „...quod saneret infirmos, curaret invalidos".

zu üben und so zum Vorbild von Menschen zu werden. Für diese ist es dennoch besser, auf den Herrn zu vertrauen, „als auf Fürsten zu hoffen" (Ps 118, 9), womit Ambrosius zugleich eine Art Unterscheidung der Gewalten angesprochen haben will.[63] Gegenüber Gratian erkennt Ambrosius also die von Gott herausgehobene Stellung des Kaisers an und spricht ihm eine gegenüber den Menschen erhöhte, aber immer noch dienende Stellung zu. Der Dienst am Herren besteht im tugendhaften gerechten Leben, der Sieg im Krieg in der Sicherung der Ruhe und des Friedens, die dem Kaiser von Gott eingegeben werden mag.

d) Bewertung

Unter dem Eindruck der Bedrohungslage des Jahres 378 setzt sich Ambrosius vor allem mit der Frage auseinander, auf welche Weise ein christlicher Kaiser Siege erringen kann. Getreu der christlichen Tradition sieht er Gratian zwar in den Ratschlag des *deus auctor* eingebunden, stellt diesem aber dennoch den eigenen kirchlichen Rat zur Seite. Der römische *victoria*-Gedanke geht fehl, wenn er den Sieg zu einem Sieg kriegerischer Tapferkeit erhebt und auf die Unterwerfung der Gegner abzielt, anstatt die Heilung des Kriegszustandes zu erstreben. Voraussetzung des beständigen christlichen Sieges ist ein rechter Glaube, der gleich dem Rausch des Weines die Soldaten mit dem Schild des Glaubens und dem Schwert des christlichen Geistes ausstattet. Nötig ist die Verinnerlichung der Liebe zur *quietas* und das Streben nach *iustitia* und *pax*. Der so errungene Sieg richtet sich nicht mehr auf Überwindung der Gegner, sondern auf Heilung des Kriegszustandes.[64]

Gelingen wird er nur, wenn auch der Kaiser sich *moraliter* verhält. Er muss anerkennen, dass er sich selbst *sub regno Christi* auf Erden den Zugang zum Königreich des Himmels sichern muss. Hierzu bedarf es auch seinerseits eines offenbaren Strebens nach *humanitas* auf dem Weg des Herrn, der vor allem Tugenden der Mäßigung: *castitas, fides, abstinentia, iustitia, patientia, humilitas* vorschreibt. Wie Petrus muss der Kaiser die Tore der Gerechtigkeit aufstoßen, ohne zugleich sein Menschsein zu verleugnen. Er ist dann Vorbild der Menschen.

---

63 *Ambrosius*, De fide, Liber V, 3, 43: „Sed ubi ‚homo' dicitur, naturae interdum, ut supra diximus, communis inter omnes unitas significatur, ubi ‚principes', variarum quaedam differentia potestatum est…".

64 *Swift*, TAPh.A 101 (1970), 534 f.: Prämissen des gerechten Krieges sind Verteidigung, Einhaltung der Verträge, Absehen vom Streben nach unfairen Vorteilen und Gnade gegen Besiegte. Sind diese Voraussetzungen erfüllt, ist auch kriegerische fortitudo lobenswert.

3. De officiis

a) Bedeutung des Werkes für die Kaisertugend

Dem in „De fide" deutlich formulierte Bezug zwischen rechtem Handeln und christlicher Tugendlehre folgt im Werk von den Pflichten (De officiis) der erste umfassende abendländische Entwurf einer christlichen Tugendethik.[65] Die zwischen 387 und 390 entstandene Schrift richtet sich dem Inhalt nach zwar an Kirchendiener (worauf auch die später verwendete Langform: „De officiis ministrorum" zurückgeht), Ambrosius entwirft aber in enger Anlehnung an Cicero eine allgemeine Tugendlehre. Wenngleich seine Bedeutung für die spätere mittelalterliche Entwicklung eher als gering zu veranschlagen ist – die *regula pastoralis* Gregors des Großen verdrängte es aus der kirchlichen Pflichtenlehre –[66] so hat es doch in der mittelalterlichen Auseinandersetzung von Sacerdotium und Imperium eine Wiederaufnahme erfahren und u. a. auf die Auseinandersetzungen Heinrichs IV. mit der römischen Kurie eingewirkt.[67] Prägend ist es auch aufgrund der durchgängigen Ersetzung der heidnischen Exempla Ciceros durch Beispiele der Christentugend geworden.[68]

Zu einem geschlossenen Verständnis des von Ambrosius vertretenen Herrschafts- und Herrscherbildes ist es schon deswegen unverzichtbar, weil es die in den übrigen Werken immer wieder angesprochene christliche Tugendlehre weiter vertieft. Der enge Kontakt des Ambrosius zum kaiserlichen Hof und sein offenkundiges Ziel einer zukunftsgerichteten, allgemeinen Moraltheologie auf christlicher Basis, setzen die Schrift in Bezug zur Kaisergewalt. Sie verfügt vom Standpunkt der christlichen Heilsgeschichte aus ebenfalls über Amtscharakter – das Amt des *Pontifex Maximus* hatte Gratian erst wenige Jahre zuvor (382) abgelegt. Für den

---

65 Auch „De officiis ministrorum", *Testard*, De officiis, Introduction, VIII führt aus, dass der Titel „De officiis" den älteren Quellen entspricht, in denen insgesamt einhundertundeinmal die Kurzform verwendet werde. Die Langform, die sich vierundzwanzigmal finde, entstamme späterer Zeit und sei nicht haltbar. *Hiltbrunner*, Gymnasium 71 (1964), 175 nennt das Werk die „Gründungsurkunde der Moraltheologie." Die Intention des Ambrosius sei weniger zu lehren – dies könne nur Gott selbst – als vielmehr Gottes Gebote wiederzugeben, vgl. *Steidele*, Vig. Christ. 38 (1984), 22.

66 *Testard*, De officiis, Introduction, XIII f.: Die Bedeutung des Werks trete zurück hinter Gregor den Großen. Er sei deutlich spezifischer auf das klerikale Leben eingegangen und habe die philosophischen Probleme der antiken Welt und der klassischen Literatur eher an den Rand gedrängt. Zur Verdrängung des Ambrosius hätten auch Augustinus und Isidor von Sevilla (Sententiarum libri) beigetragen.

67 *Testard*, De officiis, Introduction, XVI f. verweist auf seinen Gebrauch bei Hinkmar von Reims (De regis persona) und in der politischen Literatur des 11. Jahrhunderts, etwa bei Gebhard von Salzburg (Epistula ad Herimannum Mettensen), Manegold von Lautenbach (Ad Gebhardum liber) und im „Liber canonum contra Heinricium quartum" sowie „De unitate ecclesiae conservanda".

68 *Hiltbrunner*, Gymnasium 71 (1964), 183. Das antike Gebäude von Tugendtermini wird mit christlichem Geist gefüllt; *Steidele*, Vig. Christ. 38 (1984), 18: interpretatio und imitatio.

Kaiser als Mensch und Teil der christlichen Gemeinde musste darüber hinaus eine christliche Tugendlehre nach dem Vorbild der Heiligen Schrift ebenso wie für jeden anderen Christen Gültigkeit beanspruchen.[69]

b) Die Tauglichkeit Ciceros für die christliche Tugendlehre

Ambrosius selbst beschreibt das Ziel des Werkes. Er beabsichtigt, die Frage zu beantworten, ob die Pflichtenlehre (Ciceros) nur philosophischer Schulausdruck – und damit für das Christentum unbrauchbar ist – oder ob sie in einer in den göttlichen Schriften ebenfalls anzutreffenden allgemeinen Tugendhaftigkeit verhaftet ist.[70] In Anlehnung an Cicero unterscheidet Ambrosius zunächst in klassischer Weise die Maßstäbe der Pflichten – das Gute, das Nützliche und das Bessere der beiden. Er führt aus, dass jedenfalls das Nützliche von Christen nur von der Seligkeit des ewigen Lebens her, nicht aus der Lust des Gegenwärtigen heraus bestimmt werden kann. Der christliche Maßstab unterscheidet sich dadurch von dem früherer Autoren, die irdische Güter durchaus für erstrebenswert hielten.[71]

Auch in der Differenzierung von vollkommenen und mittleren Pflichten folgt er dem Vorbild Ciceros. Mit der Heranziehung des Matthäusevangeliums (19,17–20) wird aber deutlich, dass die christliche Vollkommenheit vor allem in der Liebe zu den Armen und in der Barmherzigkeit der christlichen Seele besteht (*misericordia in pauperes*). Die Früchte der von Gott geschaffenen Erde sollen von Natur

---

69 Vgl. *Hiltbrunner*, Gymnasium 71 (1964), 175 f., 184 zum seelsorgerischen Ziel und den Grundbedingungen der Entstehung der Schrift unter der Kaiserherrschaft des Theodosius. Der Christ hat eigene, ältere maiores, auf deren Wirken alle Erkenntnis der Philosophie beruht; auch *Steidele*, Vig. Christ. 38 (1984), 20.

70 *Ambrosius*, De officiis, Liber I, VII. Schon aufgrund der christlichen Grundlage der Tugendethik bleibt nur die „Fassade" von Ciceros Werk erhalten, vgl. *Hiltbrunner*, Gymnasium 71 (1964), 177 f.: *Hiltbrunner* sieht methodisch eindeutig den Juristen und Verwaltungsmann Ambrosius am Werk (180), dort auch 187 zum Problem des Terminus „officium" für den christlichen Autor. Dazu auch *Steidele*, Vig. Christ. 38 (1984), 27 sowie *Davidson*, Vig. Christ. 49 (1995), 320. Die von letzterem angesprochene „Synthese von heidnischer Tugendethik und christlicher Lehre" besteht einzig darin, die heidnischen Termini der christlichen Lehre brauchbar zu machen, die stets ihren Inhalt vorgibt. Trotz der Erkenntnissplitter, die auch Ambrosius der heidnischen Philosophie Ciceros zuspricht, ist sein Ansatz daher nicht auf Synthese gerichtet.

71 *Ambrosius*, De officiis, I, IX, 27–29. Irdische Güter zu fliehen und vom Reichtum abzustehen, ist immer wieder Gegenstand der Erörterung. Der Gerechte ist glücklich, auch wenn er keine irdischen Güter sein eigen nennt. Der Herr trägt Sorge für den Gerechten (I, XII, 40). Wer nur nach Genuss, Völlerei, Erpressung und Erwerb strebt, wird nicht in das Himmelsreich eingehen (I, XVI, 61). Das gilt vor allem für die Mächtigen (I, XVI, 63), deren Reichtum von Gott gewährt wurde um den Armen Hilfe zu leisten und Recht zu schaffen. Erst durch die Anmaßung des Einzelnen seien private Güter geschaffen worden. Die Erde selbst habe ursprünglich in öffentlichem Besitz gestanden (I, XXVIII, 132).

her allen Menschen gleichermaßen offen stehen. Durch Mildtätigkeit gegenüber den Armen werden diese zum *debitor salutis*, zum Zeugen der an ihnen dadurch zuteilgewordenen *iustitia*. Die Verbindung der *misericordia* mit dem rechtlichen Schutz der Schwachen, vor allem der Witwen und Waisen (*oprhanis et viduae*), ist vor allem Handlungsauftrag an denjenigen, der von Gott mit irdischen Reichtümern ausgestattet worden ist. *Ideo te feci potentem ut non inferres uiolentiam sed repelleres*, umreißt Ambrosius die den Mächtigen zukommende Aufgabe.[72]

c) Christliche Handlungstugend

Erst im Anschluss wendet er sich dem eigentlichen Tugendkatalog der Kardinaltugenden zu – *prudentia, iustitia, fortitudo* und *temperantia* – welche keineswegs auf die heidnische Philosophie, sondern vielmehr auf die biblische Überlieferung zurückzuführen seien.[73] Die Klugheit besteht in der Erkenntnis des Wahren, also Gottes.

aa) Die Existenz des Menschen um des Menschen willen

Ein Kernbestandteil dieser Kenntnis ist das Wissen darum, dass der Mensch um des Menschen willen geboren ist.[74] Gerade die Gerechtigkeit, die sich auf das gesellschaftliche Leben des Menschen bezieht, hat dem Rechnung zu tragen. Der gerechte Christ muss erkennen, dass persönlicher Reichtum und Macht in Wirklichkeit keine Güter sind, vielmehr sein Eigentum nur in allgemeinen Gütern bestehen kann. Diese macht er sich dadurch zu eigen, dass er den Armen gibt, Erbarmen übt, sich selbst vor anderen anklagt und sich zum Lobe Gottes nicht schont.[75] Da Gott will, dass die Menschen sich gegenseitig unterstützen, in Gefälligkeiten wetteifern und alles Nutzbare zum Erhalt der Gemeinschaft zur allgemeinen Verfügung stellen, kann niemand gerecht sein, der sich diesem Auftrag durch Machtgelüste und Verlangen nach Besitz entzieht.[76]

---

72 *Ambrosius*, De officiis, I, XVI, 63. Dazu *Hiltbrunner*, Gymnasium 71 (1964), 185. Auch der Mensch kann insofern perfekt werden, vgl. *Steidele*, Vig. Christ. 38 (1984), 33.

73 Zu einem ähnlichen Ergebnis gelangt Laktanz im sechsten Buch der Institutionen. Den Begriff der Kardinaltugenden hat Laktanz geprägt.

74 *Ambrosius*, De officiis, I, XXVIII, 134 „Hominem quoque hominis causa generatum esse in libris Moysi repperimus…". Diese iustitia-Erkenntnis, den Anspruch erhebt Ambrosius in I, XLIII, ist älter als alle Philosophie; *Steidele*, Vig. Christ. 38 (1984), 29 f.

75 *Ambrosius*, De officiis, I, XXV, 118 „…deinde iustitiam spectare ad societatem generis humani; denique Dauid ait: Dispersit, dedit pauperibus, iustitia eius manet in aeternum; iustus miseretur, iustus commodat. Sapienti et iusto totus mundus diuitiarum est: Iustus communia pro suis habet, sua pro communibus. Iustus se ipsum priusquam alios accusat; ille enim iustus qui nec sibi parcit et occulta sua latere non patitur. Vide quam iustus Abraham: Susceperat in senectute filium per repromissionem; resposcenti Domino negandum ad sacrificium, quamuis unicum, non putauit."

76 *Ambrosius*, De officiis, I, XXVIII, 137 f.

bb) Iustitia-Tugend als strenge Gerechtigkeitspflege und beneficentia

Die Gerechtigkeit zerfällt – auch darin bleibt Ambrosius dem klassischen Vorbild verhaftet – in die strenge *iustitia* im engen Sinne – sowie *beneficentia.* Sie ist die Wohltätigkeit, die als Freigiebigkeit (*liberalitas*) und Wohlwollen (*benignitas*) gekennzeichnet werden kann.[77]

Gerechtigkeitspflege im engeren Sinne besteht zuerst in der Pflicht, niemandem Injurien zuzufügen. Im Gegensatz zur Lehre Ciceros gilt dies ausnahmslos auch für den Fall, dass der Täter zuvor durch ein Unrecht zu der Tat gereizt worden ist.[78] Darüber hinaus erfordert *iustitia* nach geschehener Unrechtstat die gerechte Vergeltung. In Abgrenzung zur *beneficentia* hält sie sich dabei an die Strenge.[79] Ihre Anwendung ist zwingend. Sie kennt keine Ausnahme – *ne locis nec personis.* Selbst Feinden wird sie zuteil, gilt aber auch hier in Verbindung mit dem Vergeltungsverbot – fügt also besonders grimmigen Feinden entsprechende Schäden zu.[80] Gilt sie aber im Krieg, so muss sie erst recht im Frieden gehalten werden.[81]

Freigiebigkeit und Wohlwollen determinieren dagegen vor allem die Frage, wem – und aus welchem Motiv heraus – Güter zugeteilt werden sollen. Stets stehen sie unter der Prämisse der Wiederherstellung des Guten. Vor allem *liberalitas* als manifest gewordenes Wohlwollen hat auch für den Christen Bedeutung. Sie ist aber nur dann selbst tugendhaft, wenn nicht zuvor die gewährten Gaben anderen abgepresst wurden und nicht nur in der Absicht gewährt werden, dem anderen zu schaden. Stets darf auch der eigenen Angehörigen gedacht werden.[82] Entscheidend für tugendhafte Freigiebigkeit ist, dass sie aus *misericordia* und nicht aus falsch verstandener Eitelkeit oder Prahlerei erfolgt. Die Barmherzigkeit wird damit zu einer der höchsten Tugenden der *iustitia* in einem weiten Sinne. Der gleichzeitige Bezug auf das Königtum Salomons, das in guten Werken und nicht in Speisen bestanden habe, zeigt auch ihre Bedeutung für die christliche Herrschaft auf.[83]

Der Gerechtigkeitspflege lassen sich damit vor allem zwei Grundgedanken zuordnen. Zum einen der Vergeltungsgedanke der strengen *iustitia*, dominierender und

---

77 *Ambrosius*, De officiis, I, XXVIII, 129, 130. Die von Cicero zugelassene Ausnahme einer erlaubte Schadenszufügung nach erlittenem Unrecht, lässt die christliche Lehre nicht gelten: „...uult enim Scriptura ut sit in nobis spiritus filii hominis qui uenit conferre gratiam, non inferre iniuriam."

78 Dies unterscheidet Ambrosius von *Cicero*, De officiis, I, 20. *Swift*, TAPh.A 101 (1970), 537: Jede Notwehr zerstört christliche pietas.

79 *Ambrosius*, De officiis, I, XXVIII, 129–131 „...et secundum mensuram reddere, sit iustitiae...".

80 *Ambrosius*, De officiis, I, XXVIII, 139.

81 *Ambrosius*, De officiis, I, XXVIII, 140 „Si ergo etiam in bello iustitia ualet, quanto magis in pace seruanda est!"

82 *Ambrosius* bildet hier (De officiis, I, XXX, 144, 150) Beispiele. So soll dem Alkoholiker nicht gegeben werden. Gleiches gilt für denjenigen, der Witwen und Waisen verklagen will.

83 *Ambrosius*, De officiis, I, XXX, 163.

weit vordergründiger aber das christliche Gebot der Nächstenliebe, das die Pflicht, niemandem Injurien zuzufügen mit der Hilfspflicht der *beneficentia* verbindet.[84] Das Gute zu bewahren und wiederherzustellen, ist Aufgabe des Gerechten und vor allem des mit materiellen Gütern gesegneten Mächtigen. Sich dabei von *misericordia* leiten zu lassen, ist höchste Christenpflicht. Tapferkeit und Mäßigung sind dagegen zu Hilfstugenden der Gerechtigkeit geworden. Gerade Erstere ist ohne Gerechtigkeit nur ein Hebel zum Bösen und zur Unterdrückung der Schwächeren.[85] König David, so Ambrosius, habe niemals einen Krieg geführt, ohne dazu gereizt worden zu sein. Tapferkeit bedeutet auf den einzelnen Menschen bezogen, die höchsten Güter klar ins Auge zu fassen und solange zu erstreben, bis sie erreicht worden sind. Nach außen besteht sie in der Abwehr jeden Unrechts, vor allem von den Schwachen und Freunden. Jede mögliche und unterlassene Hilfe ist ungerecht.[86] Beständige Mäßigung (*tranquillitas*) ermöglicht außerdem die Selbstbeherrschung des Menschen. Sie fördert so die Ruhe der Seele und verhindert Ausbrüche der menschlichen Natur, die trotz aller Tugendhaftigkeit Zorn und Rachsucht nicht gänzlich von sich weisen kann.[87]

d) Die Bestimmung des „Nützlichen" alleine nach der Gerechtigkeit

Dem so ausgeformten christlichen Tugendideal, dem „Guten", kann kein „Nützliches" entgegengestellt werden. Nützlich ist dem Christen der Nutzen der Allgemeinheit. Dieser ist in dem Tugendideal des Guten vollständig beschrieben. Ein wie immer gearteter persönlicher Nutzen – Reichtümer, Macht, Einfluss, Beliebtheit – geht im Gebot der Nächstenliebe vollkommen auf.[88] Selbst für den König, den Beliebtheit ziert, kann diese nur ein Produkt der Güte sein, eines freundlichen Wesens der Mäßigkeit und Geduld, gemäß dem Beispiel König Davids. Im Mittelpunkt des christlichen Tugendideals aber steht die Gerechtigkeit. Die Weisheit (*quis magis sapiens quam ille, quem docuit deus?)* kann ohne sie keinen nützlichen Rat erteilen. Tapferkeit ist ohne sie Gewalt, Mäßigung selbst tugendlos.[89] Kein König

84 Das verdeutlicht auch die an Theodosius gerichtete Forderung nach Vergebung für die Unterstützer des Usurpators Eugenius, *Ambrosius*, Ep. 2 (Maur. 61), 7; *Steidele*, Vig. Christ. 39 (1985), 286.

85 *Ambrosius*, De officiis, I, XXXVI, 176 f.

86 *Ambrosius*, De officiis, I, XXVII, 129; XXXVI, 179, 182.

87 *Ambrosius*, De officiis, I, XLIII, 210; *Ambrosius*, Ep. 14 (Maur. 63), 60.

88 *Ambrosius*, De officiis, III, II, 13–14: Der Gerechte lebt nicht nach sich, sondern nach anderen. Dazu: *Steidele*, Vig. Christ. 39 (1985), 281 f.: Abweisung jeden säkularen Nutzenbegriffs.

89 *Ambrosius*, De officiis, I, XXVI, 123; II, VII, 28–34 (David); II, VIII, 44 (Salomon); II, XIV, 66. Die biblischen Exempla (Abraham, Jacob, Isaak) ersetzen die schlechten heidnischen Vorbilder durch Beispiele christlicher Tugend, *Steidele*, Vig. Christ. 38 (1984), 34; *MacCormack*, Panegyrics, 172.

kann ohne Gerechtigkeit sein Reich auf Dauer festigen,[90] da Ungerechtigkeit nicht einmal eine Familie zusammenhält. Das herrlichste Licht fällt auf den Dienst derjenigen Brüder der Kirche, die sich der unerträglichen Unterdrückung der Schwachen, Witwen und Waisen durch den Mächtigen entgegen stellen, während derjenige, der nur seinen eigenen Vorteil zu Lasten Dritter erstrebt, damit gegen die Gesetze Gottes, der Natur und des Staates verstößt.[91] Da jede unterlassene Abwehr von Unrecht selbst Unrecht ist, kommt dem Klerus gegenüber jedermann, auch gegenüber dem Kaiser, die Aufgabe zu, ungerechten Anordnungen den Gehorsam zu verweigern, stets aber auch zur Erkenntnis richtigen Handelns anzuleiten.[92]

e) Bewertung

In formaler Anlehnung an Cicero entfaltet Ambrosius von Mailand die christliche Tugendethik, scheidet das Gute, Nützliche und Bessere sowie die vollkommenen und mittleren Pflichten. Den Mittelpunkt der Schrift bildet allerdings einzig die erste Kategorie des Guten. Das höchste Gut des Christen ist die *vita aeterna*.[93] Er darf für sich in Anspruch nehmen, den klassischen Tugendkatalog (*prudentia, iustitia, fortitudo, temperantia*), der sich auch gegen die christlichen Tugenden in 1 Kor 13, 13 behauptet, inhaltlich neu zu bestimmen, weil dieser in Wirklichkeit einen von jeher christlichen Tugendkatalog vorstellt.[94] Am Ausgangspunkt der Tugenden steht *prudentia* als Tugend der Gotteserkenntnis. Aus dem daraus gewonnen Glauben (*fides*) folgt die Einordnung unter das göttliche Gebot und die Erkenntnis der Existenz des Menschen „für den anderen Menschen". Kardinaltugenden und vollkommene Pflichten richten sich auf den natürlichen Zustand der Welt, in dem die gottgegebenen Früchte der Erde allen gleichermaßen offen stehen. Zugleich werden Machtstreben und Besitzgier (*avaritia*) als falsch erkannt und Demut (*humilitas*) gelehrt.[95]

Zentrales Element christlichen Handelns ist die *iustitia*-Tugend, die vor dem Hintergrund der *prudentia* gerade von den *potentes* zu üben ist.[96] Sie zerfällt

90 *Ambrosius*, De officiis, II, XIX, 95 verwendet hier den Begriff aequitas, ohne dass ein sachlicher Unterschied zur iustitia erkennbar würde: „Claret ergo quoniam aequitas imperia confirmet, et iniustitia dissoluat".

91 *Ambrosius*, De officiis, III, II, 21.

92 *Ambrosius*, De officiis, III, XXIX, 150 beklagt, dass die Kirchen häufig Übergriffen der Regierung ausgesetzt gewesen seien und selbst Kaiser, z. B. im Fall der Kirche von Ticinum, manchmal nur mit Schwierigkeiten zu der Erkenntnis des Vernünftigen anzuleiten waren.

93 *Steidele*, Vig. Christ. 38 (1984), 32.

94 *Hiltbrunner*, Gymnasium 71 (1964), 183 zur Prägung der Kardinaltugenden durch Ambrosius.

95 *Steidele*, Vig. Christ. 38 (1984), 26 mit Verweis auf avaritia als Wurzel allen Übels; *MacCormack*, Panegyrics, 172.

96 *Steidele*, Vig. Christ. 39 (1985), 284:. keine sapientia ohne Gotteserkenntnis und ohne iustitia im Handeln.

(1) in die strenge *iustitia* (im engeren Sinne) und in (2) *beneficentia*, in vergeltende und den Nächsten liebende *iustitia*-Tugend. In ihrem ersten Sinne verbietet sie (a) die Zufügung von Injurien als Handlungen gegen die Erkenntnis und gebietet (b) die gerechte, d. h. nach dem rechten Maß strenge und unumstößliche Vergeltung geschehenen Unrechts in Frieden und Krieg. Als *beneficentia* ist sie Güter zuteilende Tugend. Mit *misericordia* wird die Herstellung des Zustandes einer gleicheren Verteilung der allen Menschen von Gott verliehenen Güter erstrebt. Ihr Vorbild ist Salomon. Die Tapferkeit als dritte Kardinaltugend ist derivative Tugend gegenüber *prudentia* und *iustitia*. Sie existiert nur dort, wo sie auf höchste Güter gerichtet wird. Ihre Pflichten spielen sich vor allem im Menschen ab: Mäßigung, Seelenruhe, Abwendung von Affekten. Ein von der Nächstenliebe zu trennendes „Nützliches" ist auch für das Königtum nicht zu bestimmen. Beliebtheit als Grundlage dauerhafter Herrschaft kann auch ein König nur durch Handeln gemäß den Vorgaben der Gerechtigkeit erlangen. Dazu muss er das Unrecht und die Affekte abwehren.[97]

4. Der christliche Herrscher in Korrespondenz und Herrscherlob des Ambrosius

Wie Eusebius und Laktanz vor ihm hat auch Ambrosius den Kontakt zu den in Mailand oder Sirmium residierenden Kaisern niemals abreißen lassen. Gratian widmete er, wie bereits ausgeführt, seine Schrift über den Glauben. Mit Valentinian II. und Theodosius pflegte er Korrespondenz; er hielt darüber hinaus nach ihrem Tod Leichenreden. Die auf uns gekommene Überlieferung von 91 Briefen des Ambrosius lässt es zu, die Umsetzung der dogmatischen Ansichten des Ambrosius in der Tätigkeit als eines Beraters, Freundes und Widersachers römischer Kaiser zu prüfen. Ihre Adressaten waren zu einem nicht unerheblichen Teil die kaiserlichen Majestäten. Gleichzeitig kann das von ihm abstrakt umrissene Tugendideal in seiner praktischen Wirkung nachvollzogen werden.

a) Die Auseinandersetzung um die Wiederaufrichtung der Victoriastatue

Die erste umfassendere Darlegung seiner Herrschaftsauffassung gegenüber einem römischen Kaiser entstammt der Korrespondenz des Jahres 384. Der römische Senat, vertreten durch den Rhetor Symmachus, Präfekt der Stadt,[98] erbat in einer Relation die Wiederaufrichtung der unter Gratian bereits zum zweiten Mal aus dem Senat entfernten Victoriastatue.[99] Ambrosius, der hiervon erfuhr, sprach sich in zwei

97 Zur Umdeutung der Tugenden auch *Hiltbrunner*, Gymnasium 71 (1964), 183. Zur Affektabwehr: *Steidele*, Vig. Christ. 38 (1984), 34. Zum Katalog der Herrschaftstugenden in „De officiis" auch *Steidele*, Vig. Christ. 39 (1985), 286 f.: humilitas, aequitas, benignitas, benevolentia, beneficentia.

98 Es handelt sich hierbei um den Verfasser der Panegyriken auf die Kaiser Gratian und Valentinian I.

99 Zum Hintergrund des Streits: *Groß-Albenhausen*, Imp. Christ., 63 f.

Briefen – vor und nach Kenntnisnahme von dem Inhalt des Bittgesuchs – strikt gegen das Begehren aus und begründete seine Ablehnung mit Inhalt und Grenzen der kaiserlichen Machtbefugnis.

aa) Der Kaiser als Soldat Gottes

Ohne die bereits in den dogmatischen Schriften und auch der früheren Korrespondenz mit Gratian anklingende Ableitung der kaiserlichen Herrschaftsgewalt von Gott in Zweifel zu ziehen – Gratian gegenüber hatte Ambrosius von der göttlichen Erwählung gesprochen und die Tugendhaftigkeit des Kaisers betont, die ihm ein Leben in Ruhe und Frieden gestatte –[100] betont er die dienende Stellung Kaiser Valentinians II. im Verhältnis zu seinem göttlichen Vater. Der Kaiser ist Soldat Gottes. Die ihm von Gott gewährte herausgehobene Stellung erfordert von ihm besonderen Eifer, Sorge und Hingabe in der Erfüllung des göttlichen Gebotes. Mit der Betonung dieses vorwiegend dienenden Herrschaftsaspekts, nicht mit der göttlichen Erwählung, setzt das Schreiben an. So wie die Menschen dem Kaiser dienen, steht dieser im Dienste Gottes und der Verbreitung des christlichen Glaubens.[101]

bb) Die Unmöglichkeit, zwei Herren zu dienen

Lehnt er es ab, den wahren Glauben zu verteidigen, etwa indem er Christen zwingt, im römischen Senat vor dem Altar eines falschen Gottes die Wahrhaftigkeit ihrer Aussagen zu beschwören, so fühlen sich diese zu Recht verfolgt. Das Kaisertum zeigt hierdurch, dass es zwei Herren dient. Dementsprechend deutlich fällt das Urteil des Ambrosius in der Sache aus. Gelangt der Kaiser zu einer anderen als abschlägigen Entscheidung, mag es ihm zwar weiterhin gefallen, sich in eine Kirche zu begeben, doch wird er dort entweder gar keinen Priester finden, oder nur einen solchen, der ihm Widerstand leistet.[102]

---

100 Insofern bleibt es bei den Grundsätzen von De fide, I, 1, 1 und De officiis, I, XVI, 63; vgl. ferner den ersten Brief aus dem Jahre 379 an Gratian – *Ambrosius*, Ep. 12 (Maur. 1), 2; 10 sowie Ep. 4 (Maur. 10), 1. Dort auch zur Bedeutung des Kaisers für die Ruhe der Kirche und humilitas, *Groß-Albenhausen*, Imp. Christ., 43.

101 Beachtenswert ist die Abfolge der Darstellung; *Ambrosius*, Ep. 72 (Maur. 17), 1: Dienerschaft; 2: Soldat des Glaubens, 3: Schuldigkeit des Kaisers mit Sorge und Hingabe den Glauben zu verteidigen; *Groß-Albenhausen*, Imp. Christ., 56 f.; 65 f. u. Ep. 9 (Maur. 13).

102 *Ambrosius*, Ep. 72 (Maur. 17), 6; 9, 12, 14 und v. a. 13: „Certe si aliud statuitur, episcopi hoc aequo animo pati et dissimulare non possumus, licebit tibi ad ecclesiam convenire, sed illic non invenies sacerdotem aut invenies resistentem." Zur Ableitung der Herrschaft von Gott schon Ep. 4 (Maur. 10); vgl. *Groß-Albenhausen*, Imp. Christ., 53 f.; *Setton*, 117.

cc) Die römische Weltherrschaft als Sieg der Legionen

Die nachfolgende Erwiderung des Ambrosius auf die Relation des Symmachus führt stärker noch als das erste Schreiben auf das eigentliche Problem der Götterverehrung hin.[103] Die Berufung auf die Tradition, die unter dem Altar der Victoria errungene Weltherrschaft der Roma und die durch die Wiederrichtung des Altars erstarkende *concordia,*[104] weist er nicht nur als heidnischen Aberglauben zurück, sondern betont auch in Anwendung des dargelegten Tugendkataloges, dass der Sieg selbst kein Ausdruck von Religiosität ist, sondern der bloß irdischen Machtentfaltung. Es siegen die Legionen. Für den Christen verbietet es sich, diesem irdischen Streben nachzueifern. Er kämpft für ein höheres Ziel, nicht für irdischen Reichtum, sondern für den Glauben und die Unterstützung der Armen, den Ertrag guter Werke.[105] Die Heiden erbitten den Frieden ihrer Götter aus kaiserlicher Hand. Die Christen aber bitten für den Frieden des Kaisers von der Hand Christi.[106]

dd) Die schlichte Unterwerfung des Kaisers unter das göttliche Gebot

Der Kaiser als Soldat Christi (*miles*) dient Gott. Die Verwendung des Verbs *servire*[107] bringt seine vollständige Unterwerfung unter die Gesetze Gottes zum Ausdruck. Valentinian II. hat die Aura der Unantastbarkeit, des von Gott eingesetzten, ihm stets zuverlässig als Werkzeug dienenden Bischofs verloren. Der Kaiser ist nicht „dem göttlichen Gebot unterworfen, im göttlichen Gebot erhaben", sondern schlicht unterworfen. Vom Geist der göttlichen Sendung Konstantins ist nur die göttliche Einsetzung verblieben. Im Übrigen ist er Mensch und mit allen menschlichen Unzulänglichkeiten versehen, die ihn vom Pfad der Tugend, die er vor allen anderen wahren muss, abweichen lassen.

ee) Der Kaiser als Mitglied der irdischen Kirchengemeinde

In der Androhung, den Kaiser von jedem priesterlichen Beistand auszuschließen, sollte er einen heidnischen Brauch unterstützen, wird zugleich die Mitgliedschaft des Kaisers in der Kirche als eines Gläubigen angesprochen. Ohne ihm seine von Gott gewollte, hervorragende Position auf Erden abzusprechen, wird er in die christliche Gemeinde als ein „Erster von Gleichen" eingegliedert.[108] Ihm obliegt wie jedem

---

103 Diese ist der Briefsammlung als Ep. 72a (Maur. 17a) beigefügt.

104 Relatio Symm., in: *Ambrosius,* Ep. 72a (Maur. 17a), 1–5, 9 v. a. 5: „Illa ara concordiam tenet omnium, illa ara fidem convenit singulorum".

105 *Ambrosius,* Ep. 73 (Maur. 18), 7; 13; 17; 31 f., der daneben mit den üblichen Argumenten den Götterglauben zu widerlegen sucht.

106 *Ambrosius,* Ep. 73 (Maur. 18), 8: „...vos pacem diis vestris ab imperatoribus obsecratis, nos ipsis imperatoribus a Christo pacem rogamus...".

107 Allerdings nur im Bibelzitat! *Ambrosius,* Ep. 72 (Maur. 17), 14 und 1; *Straub,* 139.

108 Der Kaiser ist „Erster", weil es ihm aufgrund der ihm von Gott verliehenen Machtfülle vor allem obliegt, nach der göttlichen Tugend zu leben. Vgl. nur *Ambrosius,* Ep. extra coll. 1 (Maur. 41), 26: „Ergo, imperator, ut iam non solum de te sed ad te etiam verba convertam, quoniam advertis quam graviter dominus convenire

Christen die gleiche Pflicht zur Einhaltung des göttlichen Gebotes tugendhaften Lebens. Fällt er vom Glauben ab, wird er also zum *lapsus*, so wird er wie dieser vom Gottesdienst ausgeschlossen, bis er in die Gemeinde zurückfindet. Aus dem Bischof Konstantin ist ein weltlicher Gewalthaber christlichen Glaubens geworden.

b) Der Streit um die Basilika Portiana

Dass der Kaiser damit zugleich seine (jedenfalls begrenzte) Leitungsgewalt in Glaubensfragen eingebüßt hat und jeder Angriff auf Kirchengut als Friedensbruch zu verstehen ist, verdeutlicht die im darauffolgenden Jahr (385) geführte Auseinandersetzung des Ambrosius als eines nicänischen Bischofs mit Valentinian II. um die Neue und die Torbasilika. Justina, die Kaiserinmutter, selbst Anhängerin des arianischen Bekenntnisses, ließ unmittelbar vor dem Osterfest durch ihren Sohn an Ambrosius die Bitte richten, die Basilika Portiana dem Kaiser zur Verfügung zu stellen. Während die einzelnen Ereignisse – Inanspruchnahme des Gotteshauses durch kaiserliche Truppen, Beistand der christlichen Gemeinde zugunsten des Bischofs Ambrosius – weniger von Belang sind, zeigen die von Ambrosius in einem Brief an seine Schwester Marcellina dargelegten Erwägungen, dass sich der Bischof für eine strikte Trennung der Sphären geistlicher und weltlicher Gewalt in Glaubensangelegenheiten aussprach.[109]

aa) Quae dei deo, quae Caesaris Caesari – Grenzen kaiserlicher Jurisdiktion

Das kaiserliche Begehren nach Aushändigung der Kirche, das sich auf die absolute kaiserliche Gewalt beruft,[110] weist er als unrechtmäßig zurück. Ginge es alleine um sein Eigen oder seine Person, so stehe er dem Kaiser darin jederzeit zur Verfügung, obwohl auch eine solche Inanspruchnahme nur in Missachtung staatlichen Rechts geschehen könne. Die Herausgabe des Hauses Gottes aber stehe dem Kaiser nicht zu. Nicht umsonst heiße es in der Heiligen Schrift: „Gebt Gott, was Gottes ist, und dem Kaiser, was des Kaisers ist".[111] Die Kirchen aber gehörten den Bischöfen. Sie

---

soleat, quo gloriosior factus es eo amplius auctori tuo deferendum noveris; und Ep. extra coll. 14 (Maur. 63), 12: „Isti igitur magis sibi debent attendere qui habent quod possint amittere quam qui non habent...". Er ist „Gleicher", weil auch er in der Kirche nur ein Mensch ist, vgl. *Ambrosius*, Ep. 11 (Maur. 51), 7, 11. Damit kann die Entscheidung im Victoria-Streit nur zu Lasten der Petenten ausfallen, vgl. *Groß-Albenhausen*, Imp. Christ., 67.

109 *Groß-Albenhausen*, Imp. Christ., 79–93.

110 *Ambrosius*, Ep. 76 (Maur. 20), 8: „...dicentibus imperatorem iure suo uti, eo quod in potestate eius essent omnia...".

111 *Ambrosius*, Ep. 76 (Maur. 20), 2; 8; 19: „Mandatur denique: ‚Trade basiliciam'. Respondeo: ‚Nec mihi fas est tradere nec tibi accipere, imperator, expedit. Domum privati nullo potes iure temerare, domum dei existimas auferendam?' Allegatur imperatori licere omnia, ipsius esse universa. Respondeo: ‚Noli te gravare, imperator, ut putes te in ea quae divina sunt imperiale aliquod ius habere.' ‚Noli te extollere sed si vis diutius imperare esto deo subditus; scriptum est: Quae dei deo,

seien heilige Gebäude, über die sich die Jurisdiktion des Kaisers nicht erstrecke. Der Kaiser, der sie dennoch herausverlangt, verstößt gegen das göttliche Gebot und das von alters her geltende Recht zugleich. Denn die Kirche strebt nicht nach staatlicher Macht.

bb) *Die Pflicht des Kaisertums zum Schutz des Friedens der christlichen Gemeinde*

Schützt die staatliche Gewalt aber Gott nicht mehr, so versteht es Ambrosius als seine Pflicht, sich mit der Schwäche des Priesters, der Stärke des ihm möglichen Martyriums, dem Kaiser entgegenzustellen.[112] Dessen gotische Soldaten wirft er die Störung des Friedens (*pertubationis publicae*) vor. Nichts aber wünschten sich Christen mehr, als den Frieden, nämlich die Festigkeit des Glaubens nicht durch Todesgefahren bedroht zu sehen.[113] Neben der negativen Begrenzung der kaiserlichen Gewalt spricht Ambrosius einmal mehr den Friedensschutz der christlichen Gemeinde als die vornehmste Aufgabe des Staates an. Nimmt er diese nicht mehr wahr, so verbleibt dem Klerus nur Selbstschutz. Der Kaiser ist der Schutzherr der Kirche, nicht ihr Eigentümer.[114]

c) *Der Streit um die Wiedererrichtung der Synagoge von Callinicum*

Diesem Grundgedanken folgt der Bischof auch, als im Jahre 388 Kaiser Theodosius der christlichen Gemeinde von Callinicum, die die dortige Synagoge in Brand gesetzt hatte, den Wiederaufbau derselben auf Kosten der Kirchengemeinde anbefiehlt. Er selbst, so sein Brief an den Kaiser, wolle ebenfalls Brandstifter der Synagoge

---

quae Caesaris Caesari. Ad imperatorem palatia pertinent, ad sacerdotem ecclesiae. Publicorum tibi moenium ius commissum est, non sacrorum.' Iterum dicitur mandasse imperatorem: ‚Debeo et ego unam basiliciam habere'. Respondeo: ‚Non tibi licet, illam habere, quid tibi cum adultera? Adultera est enim quae non est legitimo Christi coniugio copulata.'" *Setton*, 110 u. 112: „The pagan view, that the Emperor was ‚living law' (lex animate), which was of ancient origin but in Ambrose's own day was being pronounced by the pagan Themistius, finds absolutely no acceptance in the works throughout Ambrose."

112 *Ambrosius*, Ep. 76 (Maur. 20), 23; *Setton*, 113 f.: ehrliche Pflichterfüllung eines Priesters der dem Kaiser humilitas entgegenbringt.

113 *Ambrosius*, Ep. 76 (Maur 20), 9: „Propterea vos possessio Romana suscepit ut pertubationis publicae vos praebeatis ministros? Quo transibitis, si haec deleta fuerint?"; 14: „Hoc Christianos decet, ut et tranquilitas pacis optetur et fidei veritatisque constantia nec mortis revocetur periculo."

114 Die Auseinandersetzung mit Valentinian II., in der der Kaiser schließlich nachgab, hat Ambrosius nicht davon abgehalten, gegenüber Theodosius von ihm als einem gottesfürchtigen Menschen zu sprechen, Ep. 25 (Maur. 53), 2. Dies belegt, dass Ambrosius bei aller Abgrenzung der Kirche gegenüber dem Kaisertum sich doch eher als ein Lehrer, der den Kaiser auf den Weg der Tugend zurückführen sollte, denn als ein Widersacher des Kaisers verstanden hat.

sein, sollte dem Judentum durch Wiedererrichtung des Gebäudes oder Bestrafung der Täter einen Triumph über Gott verschafft werden.[115]

d) *Thessalonica und der Friedensgedanke*

Vollends als Mitglied der Kirchengemeinde erscheint Theodosius schließlich auch in einem Brief des Jahres 390, der dem Massaker von Thessalonica folgt. Gleich zw eimal verweist der Bischof darauf, dass es die Pflicht des Kaisers als Mensch ist, für die begangene Sündentat Abbitte vor Gott zu leisten.[116] Auch in diesem Kontext erfolgt der Rückgriff auf den Friedensgedanken. Von Gott ist zu wünschen, dass er dem Herrscher Frieden (*pax*) schenkt und der Kirche Herrscher, die gnädig sind und sie in Glauben und Ruhe (*tranquillitas*) erhalten.[117] Schwerpunkt des Friedensbegriffes ist der innerkirchliche Friede, eine Forderung, die nach den Auseinandersetzungen mit dem arianischen Bekenntnis, an dessen Zurückdrängung Ambrosius als Protagonist aktiv beteiligt war, nur allzu verständlich erscheint.[118] Friedensschutz verspricht sich Ambrosius von den Maßnahmen der Synoden und Konzilien. Dadurch erhofft er sich Ruhe (*quietas*) und Sicherheit (*securitas*).[119] Beides ist zugleich unabdingbare Voraussetzung für ein Wirken der Kirche im Gemeinwesen.

e) *Der Sieg über Eugenius – der Kaiser als Garant des Kirchenfriedens*

Als so verstandene Grundlage kirchlichen Handelns findet sich der Friedensbegriff in einem Brief an Theodosius nach dem Sieg über den Usurpator Eugenius. Der Kaiser erscheint kraft seiner *pietas* und der Hilfe Gottes als Retter des Reiches vor der Grausamkeit eines barbarischen Räubers. Durch seine Gottesfurcht – von der zuvor erhobenen Kritik an Theodosius ist nichts mehr zu erkennen – hebt er sich von früheren Kaisern ab, indem er nicht Siegesbögen errichten, sondern Dankgebete christlicher Priester an Gott richten lässt.[120]

---

115 *Ambrosius*, Ep. extra coll. 1a (Maur. 40), 3; 8; 11. Dazu *Swift*, TAPh.A 101 (1970), 536: Dem ius civile geht der orthodoxe Glaube ohne Möglichkeit des Zugeständnisses vor. *Groß-Albenhausen*, Imp. Christ., 99–112; *Girardet*, Gymnasium 98 (1991), 548; *Setton*, 119.

116 *Ambrosius*, Ep. 11 (Maur. 51), 7, 11: „Homo es, et tibi venit temptatio, vice eam." *Groß-Albenhausen*, Imp. Christ., 113–119; *Setton*, 126 ff.: Theodosius muss gleichsam wie David Buße leisten.

117 *Ambrosius*, Ep. 11 (Maur. 51), 14: „pacem vobis imperantibus"; „fides ecclesiae et tranquillitas"; „cui prodest Christianos et pios esse imperatores".

118 Letztlich geht es dabei um concordia, *Ambrosius*, Ep. extra coll. 6 (Maur. 12), 2: „pax et concordia".

119 *Ambrosius*, Ep. 70 (Maur. 56), 6; 7: „...ita pacis et quietis securitas...".

120 *Ambrosius*, Ep. extra coll. 2 (Maur. 61), 1: „..quo Romanum imperium a barbari latronis immanitate et ab usurpatoris indigni solio vindicares."; 4: „Alii imperatores in exordio victoriae arcus triumphales parari iubent aut alia insignia triumphorum, clementia tua hostiam domino parat, oblationem et gratiarum actionem per

Seine Tugendhaftigkeit (*pietas, clementia*) sichert der Kirche einen ruhigen Frieden (*innocentium pace et tranquillitate*).[121] Dieser ist notwendig, weil nur dort wo dem Glauben an Christus Raum gegeben wird, auch Raum für Friede und Gerechtigkeit ist: *Ubi enim pax, ibi Christus, quia pax Christus; ubi iustitia ibi Christus, quia Christus iustitia.*[122] Da ohne den Glauben eine Friedens- und Rechtsordnung nicht vorstellbar ist, muss die Kirche als eine Jungfrau darauf achthaben, dass sie von Bedürfnissen und Zerwürfnissen der diesseitigen Welt verschont bleibt.[123]

f) Bewertung

Im Mittelpunkt der Briefe des Ambrosius an die Kaiser Valentinian II. und Theodosius steht die Frage nach dem Verhältnis von kirchlicher und kaiserlicher Gewalt stets vor dem Hintergrund von Funktion und Amtsbefugnissen des kaiserlichen Amtes.

aa) Die einzige christliche Kaisergewalt

Bereits der Streit um den Victoriaaltar (384) verdeutlicht, dass christlich-römische Kaiserherrschaft von römisch-heidnischer Kaiserherrschaft streng zu unterscheiden ist, was eine doppelte Inpflichtnahme des Kaisertums nach heidnischen und christlichen Grundsätzen ausschließt. Der heidnische Kaiser ist Weltherrscher kraft des Sieges der Legionen und damit kraft eines Sieges rein weltlicher Stärke. Für die Heiden steht er an der Spitze der universalen Ordnung. Sie erbitten den Frieden ihrer Götter aus der Hand des Kaisers. Christliche Kaiserherrschaft dagegen erkennt mit Gott einen höheren Herrn an und reduziert zugleich die kaiserliche Leitungsgewalt auf Erden auf den Bereich staatlichen Handelns. Der Kaiser ist Diener Gottes und Teil der irdischen Kirchengemeinschaft. Er ist *filius ecclesiae, intra et non supra ecclesiam.*[124]

---

sacerdotes celebrari domino desiderat."; 6: „Vere dominus propitius est imperio Romano, quandoquidem talem principem et parentem principum elegit, cuius virtus et potestas in tanto imperii triumphalis constituta culmine, tanta sit humilitate subnixa, ut virtute imperatores, humilitate sacerdotes vicerit. Quid exoptem quidve desiderem? Omnia habes, ex tuis itaque summam votorum capessam, pius es imperator, clementiam habes maximam." Dazu *Groß-Albenhausen*, Imp. Christ., 120–124. Zu den Zweifeln, die die Auffassung der Identität von Christentum und Sieg nach dem Fall Roms aufwerfen musste, vgl. *Lippold*, Philologus 113 (1969), 93; *Tanz*, Klio 65 (1983), 388.

121 *Ambrosius*, Ep. extra coll. 2 (Maur. 61), 7.

122 Brief an die Kirche von Vercellae, *Ambrosius*, Ep. 14 (Maur. 63), 4 f.

123 *Ambrosius*, Ep. extra coll. 14 (Maur. 63), 37: „...ut nullis instantis saeculi turbetur necessitatibus, nulla illuvie coinquinetur, nullis exagitetur procelis."

124 *Girardet*, Gymnasium 98 (1991), 549.

bb) Der Dualismus von kaiserlicher und kirchlicher Gewalt

Der grundlegende Unterschied heidnischer und christlicher Herrschaft dominiert die im folgenden Jahr geführte Auseinandersetzung um die Basilika Portiana. Eine absolute kaiserliche Gewalt auf Erden (*...eo quod in potestate eius essent omnia...*) existiert nicht. Ein christlicher Kaiser muss sich zunächst dem Gebot: „Gebt Gott, was Gottes ist und dem Kaiser, was des Kaisers ist" fügen, also den Dualismus von kirchlicher und kaiserlicher Gewalt anerkennen. Missachtet er seine Funktion als Schutzherr der Kirche, so ist er Störer des öffentlichen Friedens. Dann kommt der Christ nicht umher, sich ihm mit der einzigen ihm zu Gebote stehenden Waffe des Martyriums entgegen zu stellen. Selbst in dem ihm zustehenden irdischen Herrschaftsraum aber ist der Kaiser als Diener Gottes nicht befugt, gegenüber seinen Untertanen umfassende Gewalt anzuwenden. Die menschliche Natur der Kaiserherrschaft und der Inhalt der doppelten Herrschaft von Kaiser und Kirche auf Erden beleuchtet schließlich der aus Anlass des Massakers von Thessalonica im Jahr 390 an Theodosius gerichtete Brief. Der Kaiser muss für seine irdischen Sünden vor Gott als Mensch Abbitte leisten. Zugleich ist es Aufgabe der Kirche, auf Erden den Frieden (*quietas, securitas*) des Herrschers und der christlichen Gemeinde mit Gebeten und Synoden zu befördern. Eine personale Einheit von *imperium* und *sacerdotium* in der Gestalt des Kaisers besteht nicht.[125]

cc) Prämissen rechter Kaisergewalt

In der rechten Ordnung befindlich, ist der Kaiser kraft seiner *pietas* dagegen nicht nur Verteidiger des Reiches gegen Räuber, sondern auch Schutzherr des Kirchenfriedens. Dieser wiederum ist Voraussetzung des Friedens und der Gerechtigkeit auf Erden. Nur in christlichen Kirchen können die Grundgebote christlichen Glaubens entfaltet werden. Innerer und äußerer Friede der Kirche und der der Welt dadurch verschaffte Friedens- und Rechtszustand sind die Kernpunkte der Tugendlehre des Ambrosius. Die irdische Kaisergewalt schafft durch ihr Tugendvorbild im Glauben den Friedensrahmen. In diesem kann die Kirche ihr Werk der Anleitung zum göttlichen Gebot ohne innere und äußere Bedrohung verwirklichen. Ambrosius hat weder von Gratian noch von Valentinian II. oder Theodosius verlangt, dass sie an der Durchsetzung der innerhalb der Kirche gefassten Konzilsbeschlüsse keinen Anteil nehmen sollen. Er ist im Gegenteil davon ausgegangen, dass der Kaiser als Inhaber der *potestas* seinen Verwaltungsapparat dazu zur Verfügung stellt.[126]

---

125 *Girardet*, Gymnasium 98 (1991), 549.

126 Er bestreitet nicht das Recht des Kaisers, Konzilien einzuberufen. *Ambrosius*, Ep. extra coll.4 (Maur. 10). Ep. extra coll. 5 (Maur. 11), 6 nimmt die kaiserliche Gewalt zur Durchsetzung der Konzilsbeschlüsse und Absetzung von Bischöfen, in Anspruch. Ep. 6 (Maur. 12), 2 spricht sogar davon, dass Gratian den Kirchenfrieden („nobis pax et concordia") wieder hergestellt habe. Der Kaiser darf die Welt nicht in Unruhe versetzen, dazu: *Groß-Albenhausen*, Imp. Christ., 55; *Girardet*, Gymnasium 98 (1991), 549.

Nur der Zugriff auf innerkirchliche Angelegenheiten, seien es Sachentscheidungen, sei es der Vermögensbestand der Kirche als Grundlage der Verbreitung kirchlicher Lehren,[127] muss dem Kaiser im Einklang mit der biblischen Überlieferung entzogen bleiben. Wenn Ambrosius der weltlichen Gewalt im Hinblick auf die kirchliche Leitungsgewalt – also auch mit Blick auf die traditionelle *pontifex*-Funktion des Herrschers – in scharfer Weise entgegentritt, so geschieht dies nicht in der Absicht einer Erniedrigung der weltlichen Herrschaft, sondern in dem besten Willen, die göttliche Ordnung zu erhalten.[128] Seine Tätigkeit versteht er niemals als Dienst an Gott gegen den Kaiser, sondern stets zugleich als zum Besten beider.[129] Die Lehre der Kirche von der Gerechtigkeit selbst lässt sich in einem Satz zusammenfassen: *Ad summam convertimi omnes ad dominum Iesum.*[130] Erst durch Christus hat Gott dem Menschen sein Recht in Gänze offenbart. Böses mit Bösem zu vergelten, kann nicht Aufgabe des Menschen sein. Die Rache steht Gott alleine zu. Der Mensch muss sich vielmehr bewusst werden, dass all sein Streben auf die jenseitige Welt gerichtet ist. Dritte muss er in dem Bewusstsein behandeln, dass diese von derselben Natur sind, wie er selbst.[131] Die Gesetze des Mose sind unvollkommen. Sie hat Gott nur gegeben, damit der Mensch nicht eine Entschuldigung dafür finden kann, Gottes Gebote nicht gekannt zu haben. Das wahre Gesetz Gottes braucht keine Steintafeln. Es bedarf auch nicht der Schärfe des Schwertes zur Abschreckung wenig perfekter Menschen, sondern lebt als Gebot der Vergebung im Herzen des Menschen selbst. Das schriftliche Gesetz kann dagegen dem Menschen nur das Wissen um die Sünde, nicht aber Vergebung schaffen. Aufgabe der Kirche ist es damit, das jedem Menschen im Herzen eingegebene Gesetz zu erwecken und zur Entfaltung zu bringen. Darin besteht die Gerechtigkeit, denn Christus urteilt nur nach dem, was der Mensch sich selbst durch Überschreitung der ihm eingegebenen Rechts zugezogen hat.[132] Perfekt ist der Mensch, der im Recht ausgebildet ist und durch das Evangelium gestärkt wurde. Auch der Kaiser kann daher nur als Vorbild der Frömmigkeit und der Demut

---

127 Aufgrund der Anfechtungen der Verfolgungszeit und gefördert durch die Häresien (Novatianer, Arianer, athanasianische Irrlehre) musste der Kirche an der Sicherheit ihres Vermögens besonders gelegen sein. Schon Eusebius hatte dessen Restituierung durch Konstantin besonders hervorgehoben.

128 *Ambrosius*, Ep. 76 (Maur. 20), 19, 22 betont, er habe nichts verlangt, das der Kirche mehr zuspreche, als ihr zustehe; *Girardet*, Gymnasium 98 (1991), 553: Der Träger des „salus imperii“ hat gewechselt.

129 Vgl. dazu nur die oben schon besprochene Passage: *Ambrosius*, Ep. 73 (Maur. 18), 8; auch: *Ambrosius*, Ep. extra coll.11 (Maur. 51), 14. Nur der Herrscher dem Gott Friede schenkt ist auch ein guter Herrscher der Kirche.

130 *Ambrosius*, Ep. extra coll.14 (Maur. 63), 113.

131 *Ambrosius*, Ep. extra coll.14 (Maur. 63), 83 f., 92, 112. Das gilt insbesondere von den Herrn gegenüber ihren Sklaven.

132 *Ambrosius*, Ep. 20 (Maur. 77), 11.

im Glauben gegenüber Gott seinem Amt gerecht werden. Tut er dies nicht, vermag Gott das Reich ins Unglück zu stürzen.[133]

5. Die Trauerreden auf Valentinian und Theodosius

Die in den Briefen dargelegte christliche Tugendlehre hat Ambrosius auch in seinen Grabreden auf die römischen Kaiser Valentinian II. und Theodosius konsequent weiterverfolgt. Wenngleich Elemente der Topik auch hier unübersehbar sind, lassen beide Reden eine Konkretisierung des von Ambrosius nach außen hin geltend gemachten Tugendideals deutlich erkennen und nehmen damit direkten Bezug auf die christliche Gerechtigkeitsvorstellung.[134] Angesichts der Tatsache, dass der ebenfalls von Paulinus von Nola verfasste Panegyrikus für Theodosius bis auf wenige Angaben zu seinem Inhalt verloren ist, bietet die Trauerrede auf Theodosius das einzige Beispiel eindeutig christlicher „Panegyrik" des vierten Jahrhunderts.[135]

a) Die Rede für Valentinian II.

Dominierendes Element der Rede für Valentinian II. ist die Betonung der trotz seiner Jugend hohen Tugendhaftigkeit des Kaisers. Wenngleich typischer Bestandteil panegyrischen Herrscherlobes – die frühe Tugend ziert den Herrscher – wird das Tugendlob mit der Umkehrleistung und Umkehrbereitschaft des jungen Kaisers, der darin David gleicht, zum Element des Preises eines frommen Christen und treuen Freundes der Kirche (*fidelis imperator, pius princeps*).[136] Exempla christlichen Lebens – Verzicht auf Zirkusspiele und grausame Strafen an kirchlichen Festtagen, Einhaltung von Fastenübungen, besondere Rücksicht auf die Sittlichkeit der Frauen – bestärken den Eindruck eines in der Kirche verhafteten Herrschers, dessen *temperantia* den Altersgenossen zum Vorbild dient.[137] Erst mit dem Preis der Schönheit des Körpers des Toten wendet sich Ambrosius auch der Gerechtigkeitsliebe des Verstorbenen zu. Valentinian II. habe sich trotz der Liebe zu seinen Geschwistern niemals dazu verleiten lassen, *iustitia* der *pietas* gegenüber Verwandten unterzuordnen, vielmehr einen einmal auftretenden Konfliktfall an den öffentlichen Richter verwiesen, um beide Tugenden nicht zu verletzen.[138] Seine außenpolitischen

---

133 *Groß-Albenhausen*, Imp. Christ., 134 f (Demut); 136 f. (Frömmigkeit); *Girardet*, Gymnasium 98 (1991), 554.

134 Eine umfassende Untersuchung beider Reden hat *Martin Biermann*, Leichenreden, 87–103 (Valentinian II) und 103–119 (Theodosius) unternommen; vgl. daneben *Schmitt*, Ambrosius von Mailand und Kaiser Valentinian II, Trier 1991.

135 Zu Paulinus von Nola vgl. aber: *MacCormack*, Panegyrics, 170 mit Verweis auf Ep. 28, 6: „non tamen imperatorem quam Christi servum, non dominandi superbia sed humilitate famulandi patentum, nec regno sed fide principem."

136 *Ambrosius*, De obitu Valentiniani, 6; 13 f.; 15–18Auch *Biermann*, Leichenreden, 89 betont dies ausdrücklich.

137 *Ambrosius*, De obitu Valentiniani, 15–18.

138 *Ambrosius*, De obitu Valentiniani, 37.

Erfolge – die Befriedung gallischer, die Abwehr nach Italien eindringender Feinde – und den Sieg (*victoria*), verdanke man seiner *moderatio*. Dadurch seien Ruhe und Frieden (*tranquillitate pacifica*) geschaffen worden.[139] So nimmt Ambrosius im Lob Valentinians II. zwar nicht unmittelbar auf den Kirchenschutz Bezug, doch stehen die Erfolge des Kaisers im Zeichen der für sein Alter ungewöhnlichen Umkehrleistung, die ihn zu einem guten christlichen Kaiser hat werden lassen. Die Rede belegt, wenngleich es – anlassbezogen – an einer den dogmatischen Schriften oder Briefen vergleichbaren Geschlossenheit fehlt, dass Ambrosius sich auch als Rhetor dem in „De officiis" vorgetragenen Idealbild verpflichtet fühlte.

b) De obitu Theodosii

In den Gesamtzusammenhang der erkennbaren Vermenschlichung römischer Kaiser durch christliche Tugendethik fällt schließlich die im Jahre 395 nach dem Tod des Kaisers Theodosius verfasste und als *laudatio funebris* anlässlich des Gedächtnisses des 40. Tages vorgetragene Rede des Bischofs. Sie bildet nicht nur den „ersten christlichen Panegyrikus" der (lateinischen) Tradition, sondern prägt zugleich auch das Bild des christlichen Kaisertums vor dem Hintergrund christlicher Herrschertugend in umfassender Weise.

aa) Das christliche Kaisertum

Mit Theodosius, so Ambrosius, sei ein Herrscher von der Welt gegangen, der schwere Zeiten dadurch gemildert habe, dass er Verbrechen nicht durch Strafe, sondern durch Verzeihung unterband.[140] Seine Königsherrschaft habe er nicht niedergelegt, sondern gewandelt. Er sei nun in der *civitas dei* aufgenommen. Er gleiche dem biblischen König (Lukas 19, 12), der in ein fernes Land ziehe.[141] Seine Söhne (Honorius und Arcadius) haben mit dem Tod des Vaters zwar einen irdischen Vater verloren, doch sind sie Erben der *pietas* des Theodosius, der christlichen Gnade und der *fides* des Heeres. Gerade dem Heer hat dieser vor Augen geführt, dass *pietas* vom Herren stets gesegnet wird.[142] Es ist dieser – im Folgenden nahezu „dynastische" Erbeintritt der Theodosiussöhne in die durch *venia* umschrieben *pietas* des Vaters – der im Mittelpunkt des Eingangs der Rede steht. In der Totenfeier für Theodosius ehrt Joseph (Honorius) den verstorbenen Jakob. Wie dem Sohn in der Bibel, so ist Honorius der väterliche Segen verheißen (*Adiuuet te deus meus et benedicat te benedictione terrae habentis omnia...pii patris suboles bona*).[143]

Dem Hinweis auf das biblische Vorbild folgt das Tugendlob des Vaters. Es fungiert zugleich als Vorbild für das Leben des guten Sohnes. Theodosius hat sich dem

---

139 *Ambrosius*, De obitu Valentiniani, 68.
140 *Ambrosius*, De obitu Theodosii, 1.
141 Und schließlich zurückkehrt!
142 *Ambrosius*, De obitu Theodosii, 2; *Setton*, 137.
143 *Ambrosius*, De obitu Theodosii, 3.

Unglauben irdischer Tyrannen mit Erfolg entgegen gestellt. Durch sein Verbot heidnischer Opfer wurden die falschen Götterbilder der Heiden vergraben. Der Kaiser hat stets bedauert, dass der von ihm gewährte Straferlass nicht gegen alle Schuldigen zur Anwendung gelangen konnte. Wenngleich Ambrosius damit die Ereignisse um die Verzeihung gegenüber den Amtsträgern der Usurpatoren (v. a. Eugenius) als spezifischen Bestandteil noch von den Erben durchzusetzender kaiserlicher Regelungen aus der Erbmasse herausgreift, ist doch zugleich allgemein der Auftrag des Honorius umrissen: (1) Bekämpfung irdischer Tyrannenmacht, (2) Bekämpfung irdischen Irrglaubens und (3) Verzeihung und Milde im Gericht gegenüber reuigen Gegnern. Er wird so unmittelbar in den Konnex christlicher *pietas* gestellt. In der Tat werden die Kaisersöhne daher die Wiedereinsetzung der Amtsträger des Eugenius in ihre Ämterwürden nicht verweigern,[144] gerade auch, weil Ambrosius die Verzeihung als eine letztwillige Verfügung des Kaisers von Todeswegen ausformt und sie mit der Übertragung der Amtsgewalt auf die Söhne verknüpft. Schon zu Lebzeiten habe der Kaiser seine Gewalt auch auf die Söhne übertragen (*regnum, potestatem, nomen Augusti*). In dem Wunsch nach Vergebung wende sich der Vater im Letzten Willen nunmehr auch den Untertanen zu.[145]

Mit dem Problem der Absicherung der Nachfolge – Honorius war im Zeitpunkt des Todes des Vaters gerade einmal 10 Jahre, Arcadius etwa 18 Jahre alt – hat sich Ambrosius im folgenden Teil der Rede befasst. Seine Ausführungen wendet er wieder ins christlich grundsätzliche. Theodosius' Rückzug aus der Welt ist nicht vollständig, da er in seinen Kindern erkannt und bewahrt wird (*Nec moveat aetas!).* Deren notwendige Altersreife wird geschaffen durch die Treue eines mit perfekter *virtus* ausgestatteten Heeres. Sie stützt sich auf den Glauben des Kaisers (*fides*).[146] *Virtus* ist dem christlichen Heer nur zuzusprechen, wenn es seinen Dienst auf einen im christlichen Glauben befindlichen Kaiser gründet. Ein Kaiser ohne rechten Glauben kann sich weder der *virtus* der Soldaten noch ihrer *fides* sicher sein. Das Verständnis von der Beziehung des christlichen Kaisers zu seinen Soldaten und ihrer Leistungsfähigkeit, wenn sie im Dienste des Glaubens kämpfen, ist ein praktisches. Dies zeigen die Siege des Theodosius, auf die Ambrosius nun zu sprechen kommt.

Theodosius ist durch *fides triumphans.* Mit seinem Glauben und Christus stellt er sich in seinen Schlachten – etwa gegen Eugenius – der Überzahl der Feinde entgegen und siegt. *Theodosii ergo fides fuit uestra victoria: uestra fides filiorum eius fortitudo sit. Fides ergo auget aetatem.*[147] Den Sieg erringt das Heer kraft des Glaubens

---

144 *Ambrosius,* De obitu Theodosii, 4: „Sed non negabunt filii, quod donauit pater...".

145 *Ambrosius,* De obitu Theodosii, 5. *Steidele,* Vig.Christ. 32 (1978), 103: Die anstehende Vergebung steht im Kontext der Bewährung der fides des Theodosius für den göttlichen Schutz. *Straub,* Historia 1 (1950), 56: Durch die Autorität des Theodosius wird der Reichsverband bewahrt.

146 *Ambrosius,* De obitu Theodosii, 6: „Fides militum imperatoris perfecta aetas est; est enim perfecta aetas, ubi perfecta est uirtus. Reciproca haec, quia et fides imperatoris militum uirtus est."

147 *Ambrosius,* De obitu Theodosii, 7.

des Kaisers. Der Glaube ist nicht bloß die Substanz der erhofften Dinge, sondern erst recht der sichtbaren Dinge. Wer guten Glaubens lebt, ist gerecht (*iustus*) und wird, wie Abraham, Isaak und Jakob durch den Glauben gerechtfertigt.[148] Materiell bedeutet dies: während die Feinde im Irrglauben mit Blindheit geschlagen sind, potenzieren sich die Kräfte eines christlichen Heeres durch den Glauben. Es wird zu einem siegreichen Heer der Engel.[149] Mit Recht fordert daher Ambrosius allgemein die Zuneigung für Honorius ein, die einst der Vater genoss.[150]

Neben die Verheißung christlicher Siege tritt zugleich das Versprechen der väterlichen Tugend. Die Tugenden des Theodosius (*pietas, misericordia, fides*) gehen auf die Söhne über. Stets herrscht ein christlicher König mit *misericordia*. Er gebraucht die ihm gewährte *potestas* nicht zum Strafen, sondern mäßigt sie kraft seiner Frömmigkeit. Der Gedanke des Glaubenssieges und der Stärke im Glauben, die gerade darin besteht, die inneren Affekte zu mäßigen – im Falle der unumschränkten *potestas* gerade *superbia* – wird von Ambrosius mit einem Zitat Salomons unterstrichen. Christliche Größe ist es, herrschaftliche Gnade anstelle von sündigem Hochmut zu beweisen.[151] Es ist bezeichnend, wenn Theodosius umso mehr zu *venia* neigt, je stärker ihn der Zorn befällt. Der christliche Kaiser sucht *aequitas*. Er will darum eher Vater des gewandelten und nunmehr verständigen Verbrechers und Untertanen sein, als Richter. Er wünscht seine Gegner nicht geschlagen zu sehen, sondern durch Glauben überwunden und trachtet danach, nicht durch menschliche Furcht (*timor*) sondern durch Glauben (*religio*) zu verpflichten.[152] Es genügt ihm daher gerade in Zeiten des Aufruhrs, durch *clementia* Lob zu ernten. Zornesregungen weist er von sich.[153]

Zum dogmatischen Nachweis einer auf *fides* gegründeten Tugend lassen sich Exempla der Heiligen Schrift in beliebiger Zahl anführen. Stets errang den Sieg, wer trotz schwacher Leibeskraft und Heeresstärke auf Gott vertraute,[154] wer selbst *misericordia* übte. *Agnoscit enim se esse hominem.*[155] Durch seine *pietas* in menschlichen Dingen sorgt der Kaiser in liebevoller Zuwendung für das Wohlergehen der Menschen, heilt die eigenen Wunden und ahmt so Christus nach, der selbst eher *redemptor* denn *iudex* sein wollte.[156] Er erkennt zugleich an, dass er ein Mensch und wie alle Menschen fehlerbehaftet ist.

Mit der rechtmäßigen Liebe hat Theodosius sich selbst erhöht. Berechtigt spricht er sein *dilexi* aus, das ihn als *non mediocris, sed perfecti in lege,* auszeichnet, und

---

148 *Ambrosius*, De obitu Theodosii, 8 f.
149 *Ambrosius*, De obitu Theodosii, 10 f.
150 *Ambrosius*, De obitu Theodosii, 11.
151 *Ambrosius*, De obitu Theodosii, 12. Dazu *Steidele*, Vig.Christ. 32 (1978), 104.
152 *Ambrosius*, De obitu Theodosii, 13.
153 *Ambrosius*, De obitu Theodosii, 14: „Satis est in indignatio laudem clementiae repperire quam ira in ultionem excitari."
154 *Ambrosius*, De obitu Theodosii, 15.
155 *Ambrosius*, De obitu Theodosii, 16.
156 *Ambrosius*, De obitu Theodosii, 16.

damit letztlich doch – rekurriert man auf Ambrosius Werk von den Pflichten – vom Menschsein in die Nähe Gottes rückt.[157] Theodosius hat seine Pflichten mehr als erfüllt. Er hat Feinden gedient, Gegner geliebt und selbst denen verziehen, die nach dem Königtum strebten. Vor allem anderen aber hat er Gott geliebt (Rom. 13, 10), sich damit in den Dienst der Vollendung des christlichen Gesetzes gestellt und sich ganz Gott anvertraut.[158] Dadurch errang er nach vollendetem Leben den Sieg und die *corona iustitiae*, hat höhere Barmherzigkeit erlangt.[159]

Um ihr Leben zur gleichen Vollendung zu führen, müssen auch die Theodosiussöhne alle Tage ihres Lebens den Kampf des Vaters kämpfen und sich bewusst bleiben, dass außerhalb des durch den Glauben erlangten Gutes kein Gut existiert.[160] Den Begriff römischer, auch mit *virtus* erlangter *victoria* kann Ambrosius an dieser Stelle vernachlässigen. Sie ist der Sieg des Elenden.[161] Der christliche Sieg ist der Sieg Gottes, der Sieg des Menschen, der im Glauben seine Vollendung und höchste *felicitas* erfährt.

Dass alle Anforderungen der christlichen *misericordia* nicht von den Pflichten der *iustitia* entbinden, stellt Ambrosius im 25. Abschnitt klar. Die *iustitia* Gottes steht aufgrund der vielfachen Sündenbefangenheit der Menschen in dem doppelten Rahmen der *misericordia.* Er kennzeichnet zugleich die überreichliche Tugend des Herrn und auch die Tatsache, dass *iustitia* niemals ohne *misericordia* geübt werden kann.[162] *Iustitia* und *misericordia* stehen nicht in einem Konflikt miteinander, vielmehr ist *misericordia* – wie bei Seneca die *clementia* – Teil der *iustitia*-Tugend. In der *misericordia*, d. h. der Zuwendung auf Schwache und Arme, erfüllt der Christ die Anforderungen der *iustitia.* Anders als die *clementia* Senecas entspringt sie nicht aus der *potestas*, sondern aus dem allumfassenden göttlichen Gebot. Die Aufforderung zur *misericordia* richtet sich an jeden Menschen und an Herrscher in besonderer Weise.[163]

---

157 Die „perfekte" Tugend kommt im Christentum einzig Gott, nicht dem Menschen zu.

158 *Ambrosius*, De obitu Theodosii, 18 f. Mit dem „dilexi" wird der Mensch vor Gott gerechtfertigt.

159 Theodosius gleicht damit den christlichen Märtyrern; 2 Tim 4, 7 f: „Ich habe den guten Kampf gekämpft, den Lauf vollendet, den Glauben bewahrt; im Übrigen ist mir die Krone der Gerechtigkeit hinterlegt."

160 *Ambrosius*, De obitu Theodosii, 22 f.

161 *Ambrosius*, De obitu Theodosii, 24.

162 *Ambrosius*, De obitu Theodosii, 25.

163 *Ambrosius*, De obitu Theodosii, 26. Vgl. *Biermann*, Leichenreden, 107–109, v. a. 109 „Diese Gleichsetzung von Gerechtigkeit und Barmherzigkeit ist nur vor dem Hintergrund der biblischen Bedeutung der Begriffe verständlich. Die Gerechtigkeit Gottes ist hier einerseits ‚richtende Gerechtigkeit' und sein ‚königlich-richterliches Walten'. Außerdem bekommt sie die Bedeutung von Hilfe und Heil. Nach jüdischen Traditionen können Barmherzigkeit wie Gerechtigkeit synonym im eschatologischen Sinn die Heilstat des Messias beschreiben."

Durch die Summe dieser schweren Pflichterfüllung zeigt auch ein Kaiser, dass aus der Gefahr des Menschseins nur *humilitas* errettet. Mit seiner Krone stellt er sich nicht wie seine Vorgänger neben Gott, sondern unterstellt sich und seine Herrschaft ganz Gott und erreicht so das erstrebte Heil (*salus*).[164] Wenngleich Ambrosius wieder gemäß dem abstrakten göttlichen Gebot argumentiert, tritt in diesem und dem folgenden Teil der Rede, der sich nach dem Massaker von Thessalonica der Kirchenbuße unterwerfende Kaiser, als Muster irdischer Herrschaft hervor. Wer durch Sünden den Weg des Heiles verlässt, dem steht in einer christlichen Kirche und auch vor dem Gericht des christlichen Kaisers die Buße in *humilitas* offen. Erbringt der Sünder – Kaiser oder Untertan – die Buße vor Gott, findet er für seine Seele am Ende des Weges der Arbeit (*labor*) die Ruhe Gottes.[165] Für Rom und seine Herrscher bedeutet dies: *Si fides nostra maneat, manet et sponsio.* Bleibt ihr christlicher Glaube erhalten, gilt das Versprechen von Gott verheißener Herrschaft fort. Wer sich dagegen von irdischer *possessio* nicht löst, wird keine Ruhe finden.[166] Dem Kaiser, der dem Beispiel des Theodosius folgt, ist der christliche Sieg verheißen, der zugleich die höchste zu erlangende *gloria* des Menschen darstellt und im Himmel zu größtem Frieden führt.[167]

Mit seiner *conclusio* (33–40) rekapituliert Ambrosius das Gesagte: Der Idealkaiser Theodosius wird von ihm und allen geliebt. Er hat allen Schmuck des kaiserlichen Amtes der Kirche unterstellt, sich selbst als reuiger Sünder in die christliche Gemeinde als ihr Vorbild eingefügt (34). Stets hat er sich mehr um die Kirche als um Gefahr gesorgt (35). Nach seinem Tod bleibt einzig die Hoffnung, dass auch die Söhne sich in den Dienst des christlichen Heils stellen werden (36) und die Vergeltung der Liebe erfahren (37 f.). Es ist schließlich die himmlische Gemeinschaft frommer Herrscher, die in der Gegenwart des Todes Trost spendet. Mit Gratian und Konstantin vereint, genießt Theodosius die Früchte der Frömmigkeit und des Mitleids im göttlichen Licht. Die sich gegen den verstorbenen Kaiser mit Waffengewalt erhebenden gottlosen Tyrannen (Eugenius und Maximus) sind nicht mehr.[168]

bb) Die Helenalegende: Krone und Zaum christlicher Kaiserherrschaft

Aus der stark eschatologisch geprägten *laudatio funebris* leitet Ambrosius schließlich zur Legende der Helena (40–56) über, die sich aufgrund ihres Umfanges von nahezu einem Drittel der Rede, kaum mehr in den Rahmen der Leichenrede einfassen lässt.[169] Ausgehend von der Reise der Kaiserinmutter nach Jerusalem und

---

164 *Ambrosius*, De obitu Theodosii, 27: „Bene hoc dicit, qui regnum suum deo subiecit et paenitentiam gessit et peccatum suum confessus ueniam postulauit."

165 *Ambrosius*, De obitu Theodosii, 28.

166 *Ambrosius*, De obitu Theodosii, 29.

167 *Ambrosius*, De obitu Theodosii, 31 f.

168 *Ambrosius*, De obitu Theodosii, 39: „non erat inpius".

169 Daher ist auch bis zum heutigen Tage nicht völlig geklärt, ob sie der ursprünglichen Rede angehörte. Zum Konstantinlob an dieser Stelle vgl. *Steidele*, Vig.Christ. 32 (1978), 96.

der Auffindung des Kreuzes – gerade die Auswahl einer Stallwirtin ist Beleg des Psalmes, dass der Herr das Kleine und Arme zur Größe erhebt (Ps 112,7) –[170] nutzt Ambrosius noch einmal die Gelegenheit, das Schwert Christi dem teuflischen Werk entgegenzusetzen. Die von Helena geschaffenen Weihegaben für den Kaiser: ein Zaumzeug und das christliche Diadem mit dem Kreuzesnagel, werden mit der Ingebrauchnahme durch Konstantin zum Sinnbild christlicher Kaiserherrschaft.[171] Das Haupt des Weltherrschers ziert das Kreuz Christi. Es erinnert daran, dass Könige um des Kreuzes willen die Verehrung ihrer Herrschaft genießen (*...ut Christi crux in regibus adoretur*). Nagel und Zaumzeug bestimmen den christlichen Kaiser zum Prediger, nicht länger zum Verfolger. Zugleich ist die Krone leuchtendes Beispiel des Glaubens (*fides*), der Zügel das Zeichen, herrschender *potestas*. Letztere ist definiert als *iusta moderatio, non iniusta praeceptio*.[172]

Das christliche Kaisertum ist dazu bestimmt, sich gegen Könige zu behaupten, die sich schlussendlich vor dem Nagel des Kreuzes verneigen. Durch christlichen Glauben wird die *insolentia* früherer kaiserlicher Herrschaft beseitigt, die nur der eigenen Gier (*libido*) und tyrannischem, viehischen Leben, nicht aber Christus verpflichtet war.[173] Nicht länger können Kaiser und Könige leugnen, dass ihre Funktion in der Anleitung ihrer Untertanen nach dem Beispiel des Himmels, nicht in viehischer Lust besteht.[174] Alle römischen Kaiser nach Konstantin, mit Ausnahme Julians, wandeln so zur eigenen *gloria* im Licht Christi (Jes 60, 3). Sie erlangen durch harte Arbeit (*labor*) im Dienste des Glaubens die größte Ruhe in Gott. Für die Möglichkeit solchen Dienstes auf Erden gibt das Leben und Sterben des Theodosius das Beispiel. Trotz Vatermordes, barbarischer Bedrohung und tyrannischer Erhebung blieb er stets im Glauben standhaft und wurde so erhöht.[175] Es ist Honorius auferlegt, diesem Beispiel aller Kaiser Folge zu leisten. Er ist Kaiser im Glauben, vom Vater zum Kaiser gemacht, um aller Menschen Herrscher zu sein.[176]

c) Bewertung

Ausgehend von der Tatsache, dass Theodosius kraft seines Glaubens den Weg in die *civitas dei* erfolgreich bestritten hat, stilisiert Ambrosius den verstorbenen Kaiser zum Vorbild der Regierung seiner Erben und aller nachfolgenden christlichen Kaiser. Haben Konstantin, Gratian und Theodosius es vermocht, das Königreich des Himmels zu gewinnen, so ist dies auch den Söhnen als Erben der *pietas* des Vaters

---

170 *Ambrosius*, De obitu Theodosii, 42.
171 *Ambrosius*, De obitu Theodosii, 47.
172 *Ambrosius*, De obitu Theodosii, 48.
173 *Ambrosius*, De obitu Theodosii, 49 f. *Steidele*, Vig.Christ. 32 (1978), sieht hier eine Mahnung an Honorius.
174 *Ambrosius*, De obitu Theodosii, 51.
175 *Ambrosius*, De obitu Theodosii, 52 f.
176 *Ambrosius*, De obitu Theodosii, 55.

möglich.[177] Vom praktischen Beispiel der den reuigen Amtsträgern des Eugenius gewährten *venia/misericordia* ausgehend, erörtert Ambrosius die Inhalte kaiserlicher Berufung. *Iustitia* im doppelten Band der *misericordia* hat der irdische Herrscher zu üben. Nur so berücksichtigt er die Sündhaftigkeit der Menschen, zeigt zugleich das Überwiegen der Tugend an und bringt Vergebungsbereitschaft gegenüber reuigen Sündern zum Ausdruck. Materiell bedeutet der Tugendkampf vor allem die äußere Verteidigung der Herrschaft gegen Kaisermörder, Barbaren und Tyrannen, die Schaffung der Voraussetzungen zur Verbreitung des christlichen Bekenntnisses und die Milde in der Ausübung der dem Kaiser eingeräumten *potestas. Fides* schafft Herrschaft. Mit diesem Bekenntnis fordert Ambrosius die Treue der Soldaten des Theodosius für Honorius ein. Nur aus der *pietas* des Kaisers und seiner *humilitas* gegenüber Gott beziehen die Legionen ihre Kraft, übermächtige Feinde zu überwinden. Nur sie bindet zugleich die Soldaten in *fides* auch an einen Kinderkaiser, dessen Alter vor der Rechtfertigung durch den christlichen Glauben nicht mehr zählt.[178]

Theodosius ist selbst das Beispiel des Ergebnisses beständiger Rechtgläubigkeit. Durch seinen Glauben ist er vor Gott gerechtfertigt worden, genießt höchste *gloria* und den höchsten Triumph als *iustus* im himmlischen Reich. Seine Liebe gegen Feinde, vor allem solche, die nach der Herrschaft streben, hat ihm das christliche Bewusstsein erhalten, dass er Teil der christlichen Gemeinde ist, sich als Mensch trotz seines Amtes in *humilitas* zu üben und alle seine Handlungen und Werke auf Gott auszurichten hat.

Die alleinige Rechtfertigung des christlichen Kaisertums im Glauben ist zugleich Gegenstand der Helena Legende. Das Schwert des christlichen Sieges ist das Schwert des Glaubens. Die Nagelkrone erinnert den Herrscher daran, dass er um des Glaubens willen herrscht und verehrt wird. Sie beinhaltet die ständige Ermahnung, die gewährte Weltherrschaft und die einhergehende *potestas* alleine nach den Geboten des Glaubens auszuüben, sich in *misericordia* und *moderatio*, vor allem aber in Liebe zu üben und durch solche Werke *gloria* und den Sieg zu erlangen.

6. Gesamtbewertung

Mit hoher dogmatischer und praktischer Stringenz entwickelt und bewährt der Bischof von Mailand sein christliches Tugend- und Kaiserideal. Bereits in seiner Schrift „De fide" an Gratian entfaltet er den Gedanken des Bedürfnisses kaiserlicher Unterrichtung im göttlichen Gebot. Er stellt dem *deus auctor* des Kaisers den christlichen „Sprecher" der göttlichen Worte an die Seite. Schon im Streit um den Victoriaaltar präzisiert Ambrosius die Natur der kaiserlichen Gewalt als Dienst an Gott. Der Kaiser ist Gott so unterworfen, wie die Untertanen dem Kaiser unterworfen sind. Auf Erden manifestiert sich diese Unterwerfung in der Pflicht des Kaisers zum Schutz

177 Pietas und fides sind von Anfang an Grundmotive der Rede, *Steidele*, Vig.Christ. 32 (1978), 104.

178 *Steidele*, Vig.Christ. 32 (1978): Die Treue des Heeres folgt der Seelengröße des Theodosius; *Straub*, 140.

der Kirchen. Er ist wie jeder Mensch Mitglied der irdischen Kirchengemeinde und in der Auslegung der Schrift von der Interpretation der Heilslehre durch die Kirche abhängig. Eine „absolute" kaiserliche Gewalt besteht weder als irdische, noch als geistliche Gewalt. Auch auf Erden darf ein Kaiser, der sich rechtmäßigerweise nicht als Tyrann tituliert, das Eigentum der Untertanen nicht willkürlich antasten. In Glaubensfragen untersteht er Gott und der christlichen Kirche auf Erden, als deren Teil. Seine Funktion besteht vor allem darin, das Reich nach außen und innen gegen Räuber zu schützen. Sie wollen seinen Bestand und den dadurch gewährleisteten ruhigen Kirchenfrieden gefährden.

Den militärischen Sieg, wie die Befriedung im Inneren, erreicht er am besten durch *pietas*. Das auf dieser Grundlage der Gotteserkenntnis und der Notwendigkeit der Sorge des Menschen für den Menschen ausgeformte Tugendideal hat Ambrosius in „De officiis" in die Form der moralphilosophischen Unterweisung des berühmten Werkes Ciceros gegossen. Seine eigentliche Leistung besteht nicht so sehr in der Anlehnung an die Form des Staatsphilosophen, als vielmehr darin, dass er ausgehend von der Frage: „Was taugt Cicero für den christlichen Glauben?"[179] eine allgemeine Moraltheologie außerhalb der Heiligen Schrift entwirft. Er nimmt damit für sich in Anspruch, wie Cicero Vorbildcharakter einzunehmen. Vor diesem beansprucht er historischen und materiellen Vorrang in Gestalt des christlichen Gebotes der Feindesliebe. Höchstes Ziel des Christen ist das ewige Leben. Nützlich ist, was ihm diesem Ziel näher bringt. Dieses aber ist *misericordia* des Starken gegenüber dem Schwachen, des Reichen gegenüber dem Armen. Auf der Basis einer aus dem Glauben gespeisten, liebevollen Zuwendung auf den anderen entfalten sich die Kardinaltugenden (den Begriff führt Ambrosius ein). Gerechtigkeit (*iustitia*) ist es, dem Nächsten kein Unrecht zuzufügen, sich mit *beneficentia* stets den Bedürftigen zuzuwenden und Unrecht gerecht zu vergelten. Klassische Römertugenden, etwa *fortitudo* und *castitas* stehen im Dienste christlicher Handlungstugenden. Zwar fordert auch Ambrosius strenge und gerechte Vergeltung für erlittenes Unrecht, doch stets unter der Prämisse der Vereinbarkeit mit dem Gedanken der Nächstenliebe. Er warnt vor dem Zerfall jeden Reiches, das christliche *iustitia* nicht übt.

Auch der christliche Sieg – im Gegensatz zum klassischen Streben nach Siegen zur Erlangung von *gloria* – ist zunächst ein Sieg des Individuums in sich selbst. Durch rechten Glauben gelangt es zur *quietas, iustitia* und Nächstenliebe und erlangt Zugang zum Himmel. Mit Hilfe der Legionen im Dienste der Rechtgläubigkeit erringt der Kaiser den Sieg in der Schlacht gegen Tyrannen und *latrones*. Er kämpft nicht zu dem Zweck „zu siegen", sondern, um zu heilen. Beispiele christlicher Tugenden und Siege sind nicht die alten Exempla Ciceros – aufgrund ihres höheren Alters und der Anlehnung aller heidnischen Philosophie an die Bibel sind

179 Seine dogmatische Konzeption erinnert an die der „unterrichtenden Unterweisung" des Laktanz, obgleich Ambrosius' Auseinandersetzung mit der christlichen Kaisergewalt sehr viel unmittelbarer vor Augen steht, als sich dies aus den durchgehend dogmatischen Schriften des Laktanz erschließt.

sie vielmehr der Heiligen Schrift selbst zu entnehmen. Die „Gerechten“ des „Alten Bundes“, Jakob, Abraham, Joseph und David werden so zu unmittelbaren Vorbildern christlicher Königsherrschaft, deren Erhalt jedoch strikt an die Verhaftung der Herrscher in dem so entwickelten *pietas*-Ideal zu knüpfen ist.

Mit seiner Trauerrede auf Theodosius bekräftigt Ambrosius im Jahre 395 die so vorgetragene Herrscherideologie auch im Wege der *laudatio funebris*, die sich – in Anlehnung an die Elogien der Scipionen – in besonderer Weise gegenüber Römern zur Entfaltung des christlichen Herrschaftsideals eignet. Theodosius schreibt er *pietas* zu, die ihn die Kirchen schützen und im Inneren *iustitia* üben lässt; letztere im doppelten Band der *misericordia* nach Maßgabe des Gebotes der Nächstenliebe. Der christliche Glaube ist zugleich Voraussetzung von Siegen gegen übermächtige Gegner. Er trägt dem unermüdlichen Arbeitseinsatz des Kaisers in Demut gegenüber Gott Rechnung. Nicht das Schwert des irdischen *dominatio*-Krieges, sondern göttlichen Glaubens führt Theodosius. Der *superbia* tyrannischer Herrschaft setzt er *humilitas* gegenüber Gott entgegen. Er erringt so den umfassenden christlichen Sieg und *felicitas* für das Reich und für sich in der *civitas dei*.

IV. Die Vita S. Martini des Sulpicius Severus

Mit dem Tod des Ambrosius kommt zwar die Auseinandersetzung des Christentums mit dem römischen Staat nicht zum Stillstand, bis zum Auftreten des Kirchenvaters Augustinus fehlt es aber an größeren dogmatischen Schriften, die sich mit der Frage der Stellung und Funktion weltlicher Herrschaft in Gottes Schöpfungswerk befassen. Verstärkt werden innerkirchliche Tugendvorbilder zu Impulsgebern der lateinischen Literatur, die sich in Heiligenvita und Märtyrerlob mit ihnen auseinandersetzt. Zu den ersten, auch für die Entwicklung des Merowingerreiches bedeutenden Autoren dieser Zeit, gehört der aus Aquitanien stammende Zeitgenosse des Augustinus, Sulpicius Severus (ca. 360–425). Wie viele der älteren Kirchenväter hatte auch er Rechtswissenschaft studiert und war zunächst einer Anwaltstätigkeit nachgegangen. Nach dem Tod seiner Gattin im Jahr 390 zog er sich, wie sein Freund Paulinus von Nola, in das klösterliche Leben zurück. Zum prominentesten Werk des Weggefährten des heiligen Martin wurde die von ihm verfasste „Vita sancti Martini“ (nach 397) nebst der darauf Bezug nehmenden Briefe. Seine nach 403 publizierte Weltchronik hat sich demgegenüber nur in einem einzigen Exemplar des 11. Jahrhunderts bis auf den heutigen Tag erhalten. Für das Tugend- und Herrscherideal ist das Werk trotz der inhaltlichen Dominanz der Wundertaten des heiligen Martin von Relevanz, zumal der Verfasser immer wieder auf grundlegende Menschentugend Bezug nimmt. Im Gastmahl Martins an der Tafel des Usurpators Maximus, der Gratian getötet und seinen Nachfolger in die Flucht getrieben hatte, steht schließlich auch die Rolle des Kaisertums im Mittelpunkt. Von Bedeutung sind darüber hinaus die allgemeinen Aussagen Martins zur Deutungshoheit in Fragen des Tugendlobes in der Praefatio und dem ersten Kapitel des Werkes.

1. Christliches Tugendlob als Lob des frommen Lebens

Bereits in der Vorrede betont Sulpicius Severus die Übereinstimmung des einfachen christlichen Stils mit dem göttlichen Willen, da auch die Botschaft des Heiles nicht von Oratoren, sondern von Fischern verbreitet worden sei.[180] Dem schließt sich die Kritik der von den Oratoren gewählten Vorbilder im ersten Kapitel an. Zu viele Menschen dienen alleine irdischem Ruhm (*gloria saecularis*). Sie vertrauen auf das Lob ihres Namens wegen ihres irdischen Ruhms. Dadurch setzen sie auf einen Lobpreis, der zugleich mit der Welt und den weltlichen Dingen vergehen wird.[181] Vorbilder weltlicher Tugend – Hektor als Krieger, Sokrates als ein Philosoph – sind daher nutzlos. Ihnen anzuhängen zeugt zugleich von Irrtum und irdischem Wahnsinn. Wer das Leben und seine Umstände nur nach dem gegenwärtigen Handeln bewertet, setzt seine Hoffnung in Fabeln. Er verurteilt seine Seele zum Grab. Er mag auf Erden wegen seiner Kämpfertugend oder seiner Fähigkeiten als Philosoph verehrt werden, wird aber bei Fehlen der auf Gott gerichteten und einzig erstrebenswerten *pietas* mit der Erde zugrunde gehen.[182]

Zur Erbauung in der Tugend bedarf es der Heiligenvita, um den Menschen ein gottgefälliges Beispiel rechten Verhaltens vor Augen zu führen, das alleine auf die Belohnung vor Gott abzielt und Nachahmung verlangt.[183] Damit kündigt Sulpicius Severus zugleich eine Strömung an, die auch bei Paulinus von Nola und auch seinem Zeitgenossen Prudentius hervortritt. Das Lob des heiligen Lebens und der Märtyrertaten verdrängt das Lob irdischer Gewalt. Die christliche Kirche wendet sich vom Lobpreis der Märtyrertaten während der Verfolgung durch die Kaiser (so noch bei Eusebius und Laktanz) eigenständigen Tugendvorbildern zu. Sie beanspruchen unabhängig von der Auseinandersetzung mit der weltlichen Gewalt als Inhaber geistlicher Ämter für sich Vorbildcharakter.[184]

---

180 *Sulp. Severus*, Vita S. Martini, Praefatio, 4.

181 *Sulp. Severus*, Vita S. Martini, I, 1; 3: „Plerique mortales, studio et gloriae saeculari inaniter dediti, exinde perennem, ut putabant, memoriam nominis sui quaesierunt, si uitas clarorum uirorum stilo inlustrassent."; „Quid enim aut ipsis occasura cum saeculo scriptorum suorum gloria profuit?"

182 *Sulp. Severus*, Vita S. Martini, I, 1, 3 f.: „Siquidem ad solam hominum memoriam se perpetuandos crediderunt, cum hominis officium sit perennem potius uitam quam perennem memoriam quaerere, non scribendo aut pugnando uel philosophando, sed pie sancte religioseque uiuendo."

183 *Sulp. Severus*, Vita S. Martini, I, 1, 6 f.: „Unde facturus mihi operae pretium uideor, si uitam sanctissimi uiri, exemplo aliis mox futuram, perscripsero, quo utique ad ueram sapientiam et caelestem militiam diuinamque uirtutem legentes incitabuntur."; I, 1, 7: Martin sucht eben nicht das Vorbild menschlichen Lobes.

184 Zu Prudentius etwa *Inglebert*, Latomus 54 (1995), 36–39, v. a. „Gegen Symmachus": göttliche Weltenlenkung, Indienststellung der Herrschaft für den Frieden, Wille Gottes zur Tugend und zur concordia gegen Bürgerkriege, imperium sine fine; dazu auch *Straub*, Historia 1 (1950), 63: Christus bringt Rom den Sieg gegen getische Tyrannen.

2. Christliche Tugend in römischen Diensten, Frieden durch Gottvertrauen

Die eigentliche Lebensbeschreibung Martins beginnt im zweiten Kapitel mit einem Beispiel christlichen Lebens noch während seines Dienstes für den weltlichen, römischen Staat. Unfreiwillig, aufgrund Edikts unter Konstantin und Julian zur Soldatenpflicht herangezogen, ist Martin auch in weltlichen Dingen ein Vorbild christlicher Tugend. Den ihm zugewiesenen Diener nimmt er zur Reinigung der eigenen Schuhe nicht in Anspruch. Während der gemeinsamen Mahlzeiten erweist sich eher Martin als Diener seines Dieners.[185] Typische Soldatenlaster vermeidet er. Beständig übt er sich in *benignitas, caritas, patientia* und *humilitas*, lebt selbst *frugaliter*, wodurch er schon im Feldlager die Liebe seiner Kampfgefährten gewinnt und eher für einen Angehörigen des Klerus gehalten wird.[186] Das Teilen des (letzten) Mantels mit dem Bettler wird so zum Beispiel christlicher Tugend. Dessen Wirkung bei den Umstehenden belegt, dass christliches Leben vor allem zu den Herzen der Menschen vordringen will. Während Teile der Menge den heiligen Martin verlachen, wenden sich andere erschrocken über die eigene Unfähigkeit zur Hilfe bei Innehabung großer Mengen weltlicher Güter ab.[187] Eine kurz vor seiner Taufe erfahrene Christusvision erhebt den Heiligen daher auch nicht zu irdischem Ruhm, sondern schafft ihm das Bewusstsein, nunmehr erst recht dem Wohle Gottes dienen zu wollen.[188]

Die Wirkung festen christlichen Glaubens auch in weltlichen Dingen illustriert Martins Austritt aus dem Militärdienst. Anlässlich der kurz vor einer Schlacht erfolgenden Verleihung eines Donativs durch den römischen Kaiser Julian bittet Martin um Entlassung. Mit seinem *Christo ego miles sum: pugnare mihi non licet* erregt er den Zorn des Tyrannen und handelt sich den Vorwurf ein, nicht aus Glauben, sondern aus Furcht vor dem Feind zurückzuweichen.[189] Sein vorläufiges Wohlergehen kann er nur durch das Versprechen sichern, sich am nächsten Tag ungeschützt vor der Schlachtlinie aufstellen lassen zu wollen. Die Folge grenzenlosen Gottvertrauens ist das Ausbleiben der Schlacht, das durch den Legaten der Feinde vorgebrachte Flehen um Frieden (*legatus de pace miserunt*).[190] Der Glaube Martins

185 *Sulp. Severus*, Vita S. Martini, II, 2; 5.

186 *Sulp. Severus*, Vita S. Martini, II, 6 f. Er hilft den in Not geratenen, Bedürftigen, kleidet die Nackten, behält den Sold nicht für sich; vgl. II, 8.

187 *Sulp. Severus*, Vita S. Martini, III, 2.

188 *Sulp. Severus*, Vita S. Martini, III, 5: „...non in gloriam est elatus humanam, sed bonitatem Dei in suo opere cognoscens...".

189 *Sulp. Severus*, Vita S. Martini, IV, 3.

190 Der Vergleich zum Panegyrikus des Pacatus (389) drängt sich auf. Wenngleich die Episode dem christlichen Kaisertum des Theodosius weit vorangeht, Martin stand nachweislich nur bis 355 in römischen Diensten, folgt ihre Überlieferung durch

erreicht so in einer gerade für Gallien höchst unsicheren Zeit einen Frieden ohne Blutvergießen auf Geheiß des Glaubens. Christliches Gottvertrauen, nicht das zur Schlacht angetretene römische Heer, bewahrt den Frieden.[191]

3. Die Bekehrung des Räubers

Zum friedlichen Leben gemahnt auch eine sich anschließende Episode nach Entlassung Martins aus dem Militärdienst. Von Räubern in eine Höhle entführt und von einer bereits über seinem Haupt schwebenden Axt bedroht, bekräftigt Martin seine Standhaftigkeit mit der Aussage, er habe sich nie sicherer gefühlt, als in der Mitte von Räubern. Durch diesen Beweis seines Glaubens gelingt es ihm, mit den Räubern ins Gespräch zu kommen und ihnen vor Augen zu führen, dass Raubtaten (*latrocinia*) auf keine Weise christliche Gnade (*misericordia*) erfahren können und daher das Räuberleben bei gleichzeitiger Bekehrung zum christlichen Glauben aufzugeben ist.[192] Erneut sichert christliche Standhaftigkeit – diesmal dem Umland – Ruhe und Frieden, gelingt es dem Glauben, dem in Gallien um sich greifenden Räuberunwesen Einhalt zu gebieten.

4. Die Handlungstugenden des kirchlichen Amtes – Martin als Bischof

An die Erhebung Martins zum Bischof durch das Volk schließt Sulpicius Severus schließlich einen Tugendkatalog rechten christlichen Verhaltens an. Er gilt für alle mit christlichen Ämtern Betrauten und daher auch für das Kaisertum, das seine Gewalt von Gott ableitet. Klassischem Tugendlob entspricht die Aussage, Martins Charakter sei durch die Erhebung zu neuen Würden unverändert geblieben. Sie belegt die Standhaftigkeit und Unveränderlichkeit der tugendhaften Seele. Die Betonung von Menschenliebe, Dignität und Großzügigkeit bereitet Sulpicius auch durch den Hinweis auf die Mönchstugenden vor. Unter Aufgabe des Eigentums und der Handelsgeschäfte widmet sich das klösterliche Leben dem Gebet. Allenfalls die Jüngeren befassen sich mit der Transkription von Texten.[193] Martin wird so zum Vorbild der Nachfolge Christi. Seine *virtus* zieht klerikale und weltliche Gäste gleichermaßen an. Er ist *vir beatus*, der niemanden verurteilt oder verdammt und niemandem ob des zugefügten Unrechts mit Unrecht vergilt, sondern stets

---

Sulpitius Severus zeitlich den Feldzügen des Theodosius und dem Panegyrikus des Pacatus (389) nach.

191 *Sulp. Severus*, Vita S. Martini, IV, 7 u. 9: „Neque enim aliam pro milite suo Christus debuit praestare uictoriam, quam ut, subactis sine sanguine hostibus, nemo moreretur."

192 *Sulp. Severus*, Vita S. Martini, V, 5.

193 *Sulp. Severus*, Vita S. Martini, X, 1–6.

mit Geduld und in der Nachfolge Christi in beständiger *caritas* für die Nöte der Menschen Sorge trägt.[194] Die Affekte ausschließend, sorgt er sich alleine um *pietas*, *pax* und *misericordia*.[195]

5. Der Primat des geistlichen Amtes – Martin und der Usurpator Maximus

Das Verhältnis des so gefassten klerikalen, allgemein christlichen Lebensideals, zur kaiserlichen Gewalt, stellt innerhalb der Vielzahl überlieferter Episoden heiligmäßiger Taten des Bischofs die Begegnung mit dem Usurpator Maximus her.[196] Schon die Porträtierung des Usurpators versieht dessen Kaisertum ausschließlich mit weltlichen Tugenden. Den Charakter des Maximus prägt kämpferische Leidenschaft (*ferocitas*). Er ist Sieger des Bürgerkrieges (*victor*), umgeben von einer schmeichelnden Dienerschaft, die auch den in seinem Gefolge befindlichen Klerus umfasst.[197]

Der Schmeichelei und Anbindung des Kirchlichen an den Usurpator entzieht sich Martin konsequent mit der Aussage, er könne nicht den Tisch mit jemandem teilen, der dem einen Kaiser das Reich und dem anderen das Leben genommen habe.[198] Erst durch die Verteidigung des Maximus im persönlichen Gespräch – er habe das Reich nur auf göttlichen Wunsch (*divino nutu*) hin verteidigen wollen, nicht aufgrund eigenen Entschlusses das Imperium an sich zu reißen erstrebt und zudem seine Siege, die in offener Feldschlacht zur Tötung Gratians geführt hätten, nur mit göttlicher Hilfe errungen – kann Martin bewegt werden, dem kaiserlichen Bankett beizuwohnen.[199]

Das Verhältnis von weltlicher und geistlicher Gewalt, zugleich das Verhältnis des Lasters zur Tugend, beleuchtet Martins Verhalten anlässlich des von Maximus gereichten Trinkkruges. Mit der Wahl versehen, den Krug entweder dem gerechten (*iustus*) Präfekten Evodius, zwei nach höchster *potestas* strebenden Höflingen – dem Bruder und Onkel des Kaisers – oder dem Kaiser selbst als Nächstem zum Trank zu überreichen, gibt Martin das Gefäß entgegen der Hoffnung des Kaisers an den ihn begleitenden Priester weiter. Zur Begründung führt er aus, dass keine diesen an

194 *Sulp. Severus*, Vita S. Martini, XXV, 1–4; XXVI, 1.

195 *Sulp. Severus*, Vita S. Martini, XXVII, 1 f. Zur Bewährung der Handlungstugenden christlicher Märtyrer allgemein und der des heiligen Martin im Besonderen vgl. auch den Brief des Sulp. Severus an Eusebius (Vita S. Martini, Ep. 1).

196 Zerstörung heidnischer Kultplätze (XIII.), Zerstörung von Horten christlichen Irrglaubens (XI.), Wundertaten (XVI.; XVIII.), Vertreibung von Teufeln (XVII.).

197 *Sulp. Severus*, Vita S. Martini, XX, 1.

198 *Sulp. Severus*, Vita S. Martini, XX, 2: „Et a conuiuio eius frequenter rogatus abstinuit, dicens se mensae eius participem esse non posse, qui imperatores unum regno, alterum uita expulisset."

199 *Sulp. Severus*, Vita S. Martini, XX, 3.

dignitas überragende Person dem Gastmahl beiwohne.[200] Das Amt eines einfachen Priesters begreift so nach Auffassung Martins weltliches Laster (Bruder und Onkel des Kaisers), weltliche Tugend (in Gestalt des Evodius) aber auch gottgegebenes römisches Kaisertum unter sich. Der nun folgende Abschnitt beweist auch, dass das entsprechende Verhalten nicht etwa die Stellung des Maximus als eines Usurpators berührt. Der Kaiser bewundert das ihn herabsetzende Verhalten Martins, der wagt, was bislang kein Bischof während der Bankette der niedrigsten weltlichen Richter zu tun unternommen hat.[201] Wäre es dem Autor um eine Abwertung des Kaisertums des Maximus als Tyrannei gegangen, so hätte Martin (1) auf das Gastmahl und das die Kaisergewalt legitimierende Privatgespräch mit Maximus verzichten; (2) den Krug jedenfalls dem Präfekten Evodius reichen können und (3) auch des Vergleichs mit der weltlichen Richtergewalt nicht bedurft.

Wie weitgehend alles Irdische für Sulpicius Severus der kirchlichen Aufgabe untergeordnet ist, führt die Begegnung Martins mit dem Teufel vor Augen. Er erscheint als falscher Christus – bekleidet mit einem Purpurmantel und dem Diadem, also den Insignien der weltlichen Gewalt – vor Martin und wird vom Bischof deswegen als „falscher Christus" zurückgewiesen.[202]

6. Bewertung

Sulpicius Severus lässt eine weit über die Ansätze des Ambrosius hinausgehende Zuwendung des christlichen Tugendideals auf das Mönchtum und damit auf die Tugenden heiligmäßigen Lebens erkennen. Höchster Garant der Tugend (*virtus*), des Friedens (*pax*) und der Mildtätigkeit (*misericordia*) ist christliche Frömmigkeit. Das zuvor bei Eusebius und Laktanz entfaltete Vorbild christlichen Märtyrertums und heiligmäßigen Lebens wird von der Auseinandersetzung mit dem Weltlichen abgelöst und zum sich selbst genügenden Tugendideal erhoben. Das Idealbild des heiligen Martin – Frieden durch den Glauben, nicht durch römische Waffen, Bekehrung der Räuber – muss gerade dem durch Barbareneinfälle und Usurpationen gebeutelten Gallien Hoffnung auf Besserung verliehen haben, das nach dem Tod Gratians auch unter Misswirtschaft der weltlichen Gewalten gelitten hatte.[203] Das Tugendideal einer vielfach auf weltliche *gloria* bezogenen, im irdischen

---

200 *Sulp. Severus*, Vita S. Martini, XX, 4: „...praefectus idemque consul Euodius, uir quo nihil umquam iustius fuit, comites duo summa potestate praediti, frater regis et patruus. Medius inter hos Martini presbyter accubuerat, ipse autem in sellula iuxta regem posita consederat."; 6: „Sed Martinus ubi ebibit, pateram presbytero suo tradidit, nullum scilicet existimans digniorem qui post se prior biberet, nec integrum sibi fore si aut regem ipsum aut eos, qui a rege erant proximi, presbytero praetulisset."

201 *Sulp. Severus*, Vita S. Martini, XX, 7.

202 *Sulp. Severus*, Vita S. Martini, XXIV.

203 Vgl. nur die Aussagen des Sidonius Apollinaris über die Verfassung in Gallien nach dem Tod Gratians in den Kaiserpanegyriken.

verharrenden kaiserlichen Reichsgewalt, die sich mit schmeichelnden Lobrednern umgibt, tritt hinter den Klerus zurück. Selbst die gottgegebene irdische Kaisergewalt muss sich der geistlichen Tugend unterordnen.

V. Schlussbetrachtung

In seiner Doppelstellung zwischen heidnischer und christlicher Staatsideologie drückt das Werk des Firmicus Maternus den Zwiespalt der heidnisch und christlich-römischen Welt in der Mitte des vierten Jahrhunderts aus. Sein Werk über die Astrologie setzt sich damit auseinander, warum der Mensch trotz der Vorausbestimmung seines Fatums ein tugendhaftes Leben zu führen hat. Er legt dar, warum Götterglaube und kaiserliche Gesetzgebung auch unter der Prämisse der Herrschaft der Fortuna, die sich im alltäglichen Leben häufig im Wohlergehen der Schlechten zeigt, ihre Berechtigung besitzen. Die Forderung nach Seelentugend zum Erhalt der Göttlichkeit der menschlichen Seele gegenüber den Lastern des Körpers als individuelles Tugendideal wird ergänzt durch ein Kaiserideal, das den Herrscher in der göttlichen Auswahl über das Sternenschicksal erhebt und ihm dadurch eine einzigartige Stellung in der menschlichen Ordnung verleiht. Nur wenige Jahre später stützt derselbe Autor Kaiser- und Menschentugend zur Überwindung des Todes auf das eine göttliche Gebot. Er rechtfertigt das Kaisertum als Teil des christlichen Erlösungswerkes und fordert zum Erhalt der *felicitas* die Durchsetzung des christlichen Gebotes mit dem Schwert (*severitas*) gegenüber verstockten Heiden als Teil des irdischen Gerichtes auf Erden. Weigert sich die Seele trotz Möglichkeit der Erkenntnis, ihr Heil im christlichen Glauben wahrzunehmen, spricht sie ihr eigenes Urteil schon auf Erden. Zum Nebeneinander der „Glaubensfreiheit" unter Konstantin, der zwar in der christlichen Lehre ebenfalls der unbedingte Vorrang des christlichen Glaubens zugrunde lag, tritt die Forderung hinzu, jenen geistigen Vorrang mit Mitteln der staatlichen Gewalt durchzusetzen.

Die eigentliche dogmatische Durchdringung, den Entwurf des christlichen Kaisertums nach Konstantin, vor allem aber den Gedanken des Dualismus von Kaisertum und Kirche, unternimmt der Mailänder Bischof Ambrosius unter den Kaisern Gratian, Valentinian II. und Theodosius I. Schon durch die Inanspruchnahme bislang exklusiv heidnischer Literaturgattungen (Ciceros Pflichtenethik, Totenreden) unterstreicht er den Anspruch des Christentums, das staatliche Leben insgesamt zu vereinnahmen. Über die „Vollendung der Apologetik" als spezifisch christlicher Gattung bei Laktanz – der sich in den Institutionen ebenfalls auf Augenhöhe mit der römischen Rechtswissenschaft sah – geht er dadurch noch hinaus. Seine Briefe erfassen die „Kristallisationspunkte" des Verhältnisses christlicher und kaiserlicher Gewalt in der Lebenswirklichkeit der Zeit. Im Verhältnis zu den Göttern erneuert und untermauert er die ältere Feststellung von der menschlichen Natur des Kaisers und seiner Unterwerfung unter christliche Buße im Fall des Fehlgehens. Gegenüber den Lehren des Eusebius und Laktanz stellt er deutlicher die Nichtexistenz absoluter kaiserlicher Gewalt heraus und betont ihre Einbindung in den Dienst des christlichen Glaubens. Dadurch ist das Kaisertum im Wesentlichen den

Grundsätzen verpflichtet, die auch nach römischer Tradition Tugendherrschaft von Tyrannei unterscheiden. Die Anforderungen des christlichen Glaubens unterwerfen typisch heidnische Attribute kaiserlicher Amtstugenden (*clementia, liberalitas*) der christlichen Auslegung. Das Christentum verlangt *pietas* als Gotteserkenntnis, die Einhaltung des göttlichen Gebotes und die Einkleidung der *iustitia* in *misericordia* ebenso wie die Bestimmung der bisherigen *liberalitas* als christliche *beneficentia. Fortitudo* ist nicht mehr nur Standhaftigkeit im Streben mit Vernunft, sondern im christlichen Glauben. Wie schon unter Eusebius steht damit das christliche Kaisertum in der Tradition der biblischen Gerechten. Das Nebeneinander von Christen und Heiden in der Ausübung der kaiserlichen Gewalt wird durch bloße Tolerierung bei Verbot jedweder Förderung der heidnischen Kulte abgelöst. Die Parität mit ideologischem Vorrang der christlichen Lehre unter Konstantin wird aufgehoben. An die Stelle des Beispieles Konstantins als Vorreiter des christlichen Glaubens tritt zum Ende der Amtszeit des Ambrosius von Mailand der Kaiser Theodosius I. Die *laudatio funebris* des Bischofs verherrlicht das Ideal des christlichen Kaisertums. In allen seinen Werken sieht sich Ambrosius lediglich als eine Art „Mund" des göttlichen Wortes. Er unterstreicht damit, dass seine Auffassung nicht bloß Bischofs-, sondern Gotteswort ist.

Der Vorrang des christlichen Glaubens drückt sich schließlich etwa im Umgang des heiligen Martin mit dem Usurpator Maximus aus: Die Dignität eines Priesters übersteigt die des Kaisers. Nicht der Lobpreis des kaiserlichen Amtes, sondern die Heiligenvita soll gegenwärtiges Vorbild rechten Lebens sein. Sie ist der *gloria saeculari* entgegen gestellt. Propagiert werden *benignitas, caritas, patientia* und *humilitas,* also die Tugenden der Zuwendung der Seele auf Gott, die sich auch schon im Lobpreis des Ambrosius auf Theodosius finden. Der Christ versteht sich zuerst als *miles* Gottes und tritt damit dem Soldaten auf den Schlachtfeldern irdischen Ruhms gegenüber.

G. Das christliche Kaisertum in der Literatur des fünften Jahrhunderts

I. Einleitung

Die schrittweise Anerkennung des Christentums im Imperium Romanum ließ die Frage nach dem Verhältnis der Pax Romana zum biblischen Friedensverständnis zunehmend zu einer Kernfrage der christlichen Glaubensgemeinschaft werden. Insoweit leitete das unter Kaiser Galerius erlassene Toleranzedikt von Nikomedia (30. 4. 311) sowie das im Jahre 313 von Konstantin I. und Licinius erlassene Mailänder Toleranzedikt[1] und das sich damit abzeichnende Ende der letzten Christenverfolgung, die nachfolgende Integration der Christen in den römischen Staat ein. War die Auseinandersetzung der Christen mit dem römischen Staat – soweit sie überhaupt stattfand – zuvor und auch während der „Konstantinischen Wende" – vor allem auf die Person des Kaisers ausgerichtet, entstanden ab dem Beginn des fünften Jahrhunderts zunehmend solche Schriften, die das römische Staatswesen als Ganzes in den Blick nahmen.

Die erste große und systematische Auseinandersetzung des fünften nachchristlichen Jahrhunderts mit dem römischen Staat stellt das Werk des Bischofs von Hippo „De civitate Dei" dar, das unter dem Eindruck der Eroberung Roms durch die Westgoten am 24. August 410 begonnen und in den Jahren 413–426/7 zu Ende geführt wurde.[2] Das Verhältnis von Kirchen- und Staatsfriede und die heilsgeschichtliche Bedeutung des Römischen Reiches waren zwar zuvor bereits mehrfach Gegenstand der christlichen Apologetik gewesen,[3] doch widmet Augustinus erstmalig dieser

---

1 Beide enthalten in der „Kirchengeschichte" des Eusebius von Caesarea: VIII, 17 und IX, 9.

2 Zum bewegten Leben des Augustinus vgl.: *Schindler*, Augustin, 646–656: Geboren am 13. 11. 354 in Thagaste, Vater Angehöriger der lokalen Curia; späte christliche Taufe, Mutter Christin; Studium in Karthago und Hortensius-Erlebnis (im 19. Lebensjahr), danach neun Jahre in der Gemeinschaft der Manichäer, 375 Rückkehr nach Thagaste, 376 in Karthago. Nach Enttäuschung durch den Manichäerbischof Faustus Übersiedlung nach Rom (383). Durch Vermittlung des praefectus urbi Symmachus Stellung als Magister Rhetoricae in Mailand, Zuwendung auf die Predigten des Ambrosius, ab 386 Kampf um den weiteren Lebensweg, Berufung durch die göttliche Stimme „tolle lege" und Lektüre von Röm 13, 13. Taufe in der Osternacht 387, Abreise nach Afrika, Rückzug nach Thagaste, Priesterweihe 390, Bischofsweihe um 396, ab 396/97 alleiniger Bischof von Hippo Regius, 24. August 410: Fall Roms.

3 *Huber*, „Frieden", LTRE Bd. XI erwähnt Sakrophaginschriften der ersten christlichen Jahrhunderte, die den Frieden als Heilsgut in den Vordergrund stellen sowie die entsprechenden Passagen in Anlehnung an Mi 34, 3; Jes 2, 4; Mt 5, 44–46; *Justin*, Erste Apologie, 12; Melito von Sardes (Apologie) – Zusammenhang Christus Jesus, *Eusebius*, Kirchengeschichte, IV, 26, 7.

Problematik den wesentlichen Teil eines Werkes. Ausgehend vom Fall der Stadt der Apostel Petrus und Paulus, die für viele nach wie vor das irdische *imperium sine fine*, die Herrschaft Roms über den Weltkreis verkörpert, greift Augustinus darin seine früher entwickelte Auffassung von der Existenz der beiden Staaten – der *civitas dei* des Gottesvolkes und der *civitas diaboli* erneut auf.[4] Das Werk, das vor allem aber in den ersten fünf Büchern eine Apologie des Christentums gegenüber dem Anspruch des römischen Staates auf irdische Herrschaft darstellt, dient zunächst der Verteidigung der Christen gegen die Anschuldigung, den Fall der Stadt Rom aufgrund des Glaubens mitverantwortet zu haben.[5] Es muss die Frage beantworten, warum Rom der Plünderung gerade zu einem Zeitpunkt zum Opfer fallen konnte, zu dem die Römer sich vom alten Götterglauben ab- und dem Christentum zugewandt hatten. In Auseinandersetzung damit äußert sich Augustinus zunächst in grundsätzlicher Weise zu den Ursachen des Falles der Stadt sowie zum falschen Streben des römischen Staates, dem Fehlgehen seiner Tugenden, seinem *civitas*-Charakter, den Grundlagen seiner falschen Verfassung, den Bestandteilen der rechten christlichen Verfassung und schließlich seiner Geschichte vor dem Hintergrund dieser Erkenntnisse (Bücher I–V).[6] Die Schrift ist dadurch zu allererst auch Rechtfertigung der christlichen Glaubenslehre. Von besonderer Bedeutung gerade im Hinblick auf das mittelalterliche Tugend- und Friedensideal ist das XIX. Buch des Werkes. Es bietet mit seiner Gegenüberstellung von Heiliger Schrift und Pax Romana, christlicher

---

4 Die beiden Staaten sind derjenige, der in superbia Befangenen, die potestas lieben, und derjenige der Gerechten, die zu Gott in Demut streben. Auf Erden sind sie dem Fleische nach gemischt, dem Geiste nach geschieden. Im Jüngsten Gericht werden sie auch dem Fleische nach geschieden werden, so: *Trapé*, Augustinus, 176 f. Zur Grundkonzeption ferner *Dassmann*, Agustinus, 140 und *Augustinus*, De civitate Dei, XIII, 14, 869: „Gott, der Urheber der Naturen und mitnichten der Gebrechen, hat den Menschen nämlich recht erschaffen. Aber der Mensch, durch eigene Schuld verdorben und gerechtweise verdammt, hat Verdorbene und Verdammte gezeugt. Denn wir alle waren in jedem Einen, der in Sünde gefallen ist durch das Weib, das aus dem einen geschaffen worden ist. […] So hat das fortgezeugte Unheil seinen Ausgang vom Missbrauch des freien Willens genommen, und führt nun das Menschengeschlecht mit seinem gleich einer beschädigten Wurzel verdorbenen Anfang in einer Kette von Elend und Leid in den Untergang des zweiten Todes, der kein Ende hat, von dem nur jene ausgenommen sind, die durch die Gnade erlöst werden."

5 *Straub*, Historia 1 (1950), 60 mit Verweis auf Hieronymus, Ep. 123, 16, 4: „Si Roma perit, quid salvum est?" Dazu einführend etwa *Kranz*, Augustinus, 123 f.; *Herrmann-Otto*, Ecclesia, 361.

6 Vgl. dazu *Rist*, Augustine, 216 f. Das Werk des Augustinus geht im Ansatz von der klaren Strukturierung der Weltgeschichte auf die logos-Erkenntnis hin aus, die etwa das Werk des Eusebius prägt. Er verfasst keine Geschichtstheologie im Sinne des von ihm beauftragten Orosius. Wenn Geschichtstheologie im Sinne einer Zuwendung des Geschichtlichen auf das Heil existiert, dann stets in der doppelten Existenz des Guten und Bösen auf Erden, die erst durch das Gericht aufgehoben wird; *Kreuzer*, Augustinus, 124.

Heilserwartung und römischem Siegfrieden, die Grundlegung des über weite Strecken des Mittelalters maßgeblichen Friedensverständnisses.[7] Mit ihm haben sich zuletzt die philologische Untersuchung von Fuchs[8] und – dessen Ergebnisse kritisch prüfend – die von Laufs[9] befasst. Als „der Theologe des Abendlandes in der Zeit der alten Kirche"[10] beansprucht Augustinus gleichermaßen den hervorragendsten Platz in der Reihe der Kirchenväter. Für das Verständnis königlicher Friedenswahrung im Mittelalter ist er schon deswegen nicht hinwegzudenken, weil sein „Gottesstaat" auch dem römischen Staat und damit vor allem dem römischen Kaisertum als Anweisung zu rechtem Handeln dienen wollte. Die Schrift war damit gerade auch für das ideologisch daran anknüpfende Kaisertum des Heiligen Römischen Reichs von besonderer Bedeutung.

II. Aurelius Augustinus – De civitate Dei

1. Das erste Buch des Gottesstaates

a) Die christliche Gemeinschaft als civitas

Die einschränkende Präzisierung der *civitas dei* auf jene, die *inter impios* als Peregrinen auf der Erde wandeln bestätigt, dass Augustinus nicht nur eine theoretische Betrachtung der Vorzüge des Gottesglaubens beabsichtigt. Ihm geht es um die Besserung des Zustandes der diesseitigen Welt. Es sind die Mitglieder der tatsächlich existierenden Gemeinschaft der Gläubigen auf Erden, die in Geduld (*patientia*) die *stabilitias* des ewigen Wohnsitzes erwarten. Sie wird erst erreicht sein, wenn das Gericht sich zur Gerechtigkeit wendet und den höchsten Sieg (*victoria ultima*) und vollkommenen Frieden (*pax perfecta*) herbeiführt.[11] Gegenstand des Werks ist die Verteidigung des diesseitigen christlichen Glaubens, dessen letztes Ziel – himmlischer Friede und Gerechtigkeit – im Jenseits liegt. Augustinus verwendet die typischen Begriffe des auch vom irdischen, Römischen Reich, vordergründig erstrebten Rechtszustandes – *victoria, pax, iustitia, stabilitas.* In Ansehung des erstrebten Endzustandes sind sie zu Superlativen erhoben. Sie bezeichnen

---

7 Die Bücher V–X befassen sich demgegenüber ausschließlich mit den Irrtümern der Götterverehrung und sind daher für die vorliegende Darstellung nicht von Belang, ebenso wie die Bücher X–XVIII, die sich mit der Entstehung der beiden Staaten in der Schöpfung auseinandersetzen.

8 Augustin und der antike Friedensgedanke, Berlin 1926.

9 Der Friedensgedanke bei Augustinus, Wiesbaden 1973.

10 *Bautz*, Augustinus, Sp. 273.

11 *Augustinus*, De civitate Dei, I, Praefatio, S. 2:„Gloriosissimam civitatem Dei sive in hoc temporum cursu, cum inter impios peregrinatur ex fide vivens, sive in illa stabilitate sedis aeternae, quam nunc expectat per patientiam, quoadusque iustitia convertatur in iudicium, deinceps adeptura per excellentiam victoria ultima et pace perfecta, hoc opere instituto et mea ad te promissione debito defendere..."; *Kreuzer*, Augustinus, 133: „... civitas peregrina in peregrinatio."

den bestmöglichen Zustand der auf Erden wandelnden *civitas dei*. Die christliche Lebensordnung ist Gemeinwesen (*civitas*), dessen Bürger die auf Erden wandelnden Christen sind. Als rechtlich verfasste, geordnete Gemeinschaft von Bürgern erhebt es ebenso wie jedes irdische Gemeinwesen – mindestens zu gleichem, tatsächlich zu besserem Recht – den Anspruch mittels seiner Handlungsgebote den erstrebten (End)Zustand des Gemeinwesens herbeizuführen.[12]

b) Irdischer und göttlicher Staat: Antipoden göttlicher und temporaler Ordnung

In dieser Verfasstheit wendet sich der christliche Glaube an seine Gegner, die dem christlichen Schöpfergott ihre eigenen Götter voranstellen und doch zugleich in der *superbia* der irdischen, zeitlichen Welt gefangen sind. Sie von der temporalen *superbia* hin zur ewig bestehenden *virtus humilitatis* zu führen, ist das ausdrückliche Ziel der Arbeit.[13] Das Mittel hierzu ist die Heilige Schrift, die die Gebote (*divinae legis*) des Königs und Schöpfers der *civitas dei* enthält (*rex...et conditor civitatis huius*). Diese Gebote stoßen den von *superbia* Angeleiteten zurück und versprechen den Demütigen die Gnade Gottes.[14]

aa) Die vordergründige Identität der Staaten: parcere subiectis et debellare supberos

Augustinus verspricht den Anspruch der in Hochmut befangenen *civitas terrena* zu erfüllen (*parcere subiectis et debellare superbos*).[15] Schon deswegen zielt die Befassung mit dem Gottesstaat zugleich auch auf den irdischen Staat. Hauptkennzeichen des

---

12 Zum civitas Begriff bei Augustinus *Horn*, Augustinus, 112: „Er kann (a) für die Gemeinschaft der Bürger gebraucht werden, (b) für die Stadt, den Ort dieser Gemeinschaft, (c) für die Staatsförmigkeit dieser Stadt und (d) für den Bürgerstatus einer Person. Bei Augustinus überwiegt der Aspekt (a)...".

13 *Augustinus*, De civitate Dei, I, Praefatio, S. 2; IV, 1, S. 216. Augustinus wendet sich gegen die von irdischen Freuden („terrena gaudia") und flüchtigen Dingen Getriebenen. Damit ist der Grundirrtum des irdischen Staatswesens angesprochen, der es der civitas diaboli ähnlich erscheinen lässt: das falsche Verständnis von Liebe, das den Menschen nicht auf Gott, sondern zu irdischen Gütern (Macht, Reichtum) treibt. *Rist*, Augustine, 217.

14 *Augustinus*, De civitate Dei, I, Praefatio, S. 2 „Deus superbis resistit, humilibus autem dat gratiam." vgl. Jac. 4, 7. Der römische Staat ist nur frei von superbia anerkennenswert. *Deisner*, AAnt.Hung. 11 (1963), 99.

15 *Augustinus*, De civitate Dei, I, Praefatio, S. 2, wieder aufgegriffen als vordergründige Behauptung zur Rechtfertigung des Strebens nach dominatio in I, 7, S. 12 in Ansehung römischer Eroberungen. Die Stelle ist entlehnt bei *Vergil*, Aeneis, VI, 847 ff.; vgl. V, 12, S. 320. Dazu *Rist*, Augustine, 218: „The ‚proud' and the ‚conquered' are in fact any other people, who have stood in the way of the Imperial city...", „Rome, and thus the spokesman for ancient and particularly Roman values, attributes a godlike role to the secular city...".

Letzteren ist, dass er für sich nicht nichts, als zu herrschen (*quae cum dominari*) erstrebt. Dieses Ziel verfolgt er, getrieben von *libido*, selbst dann noch weiter, wenn sich ihm längst alle Völker unterworfen haben.[16] Göttlicher und irdischer Staat bilden in der Verfassung des römischen Weltreichs Antipoden ewiger und temporaler Ordnung. Gegenüber stehen sich die rechte, tugendhafte und die von Lastern getriebene Ordnung. Der Anspruch beider Staaten ist vordergründig gleich. Die Anhänger der rechten Ordnung werden aufgenommen – die Hochmütigen zurückgestoßen – und doch unterscheiden sie sich grundlegend hinsichtlich ihrer Grundlage, ihrer Ziele und der zur Zielerreichung eingesetzten Mittel.

bb) Der materielle Gegensatz: Herrschaftsstreben und Gier gegen christliche humilitas

Dem Ziel der ewigen, stabilen Friedensordnung des Gottesstaates steht die irdische Herrschaft gegenüber, deren einziges Streben auf *dominatio* gerichtet ist. Sie verfolgt über den Willen zur Herrschaft hinaus keinerlei positiven Zweck. Während der göttliche Friedenszustand der *humilitas* folgt, also der Zuwendung des Menschen auf das göttliche Gebot, ist der irdische alleine vom Laster, dem Urgrund aller Sünden, der *libido* bestimmt. Irdischer und göttlicher Staat sind allenfalls begrifflich identisch, materiell jedoch streng zu unterscheiden.[17] Der Etablierung der göttlichen *civitas* folgt der Nachweis, dass sie als Ordnung des Gemeinwesens jeder irdischen Gemeinschaft überlegen und daher vorzuziehen ist. Die Entscheidung für das göttliche Gemeinwesen ist zudem ungleich einfacher als die Erlangung des Bürgerrechts in irdischen Staaten. Zum *cives* des Gottesstaates wird, wer sich von den Fehlern der *impietas* abwendet und fortan dem göttlichen Gebot folgt.[18]

c) Die Singularität des Falles Roms vor dem Hintergrund göttlicher providentia

aa) Die Wirkmächtigkeit christlicher misericordia im Feindrecht

Hervorgetreten ist die Wirkmächtigkeit der Ordnung der *civitas dei* auf Erden angesichts der Plünderung Roms durch den Gotenkönig Alarich im Jahre 410. Die *libido* der gotischen Feinde endet spätestens an den Schwellen der Stätten der Apostel Paulus und Petrus. Feinde, die bereits von *misericordia* angetrieben werden, schonen auch außerhalb solcher Orte Menschen vor *inmanitas* und *captivandi cupiditas* und führen sie zum Schutz vor jenen, die nicht die gleiche Tugendhaftigkeit aufbringen,

---

16 *Rist*, Augustine, 218 f.: „In the writing of ancient historians and philosophers alike, there is a tendency to think of the love of domination only as a love of the excesses which such domination can bring."

17 Der hier angesprochene Staat besteht „in jedem Einzelnen". Er erinnert an das Goldene Zeitalter in der Brust des Menschen bei Laktanz, vgl. *Dassmann*, Augustinus, 141.

18 *Augustinus,* De civitate Dei, I, 1, S. 2. Nach diesem Ergebnis kann Rom mit dem Gottesstaat nicht konkurrieren, *Straub*, Historia 1 (1950), 68.

sogar zu den Kirchen hin. Entgegen dem Kriegsrecht werden christliche Stätten von Plünderung verschont. Durch den bloßen Namen Christi (*propter nomen Christi*) werden auch viele Heiden vor dem Untergang bewahrt.[19] Wieder stehen die Pilger des Gottesstaates den Glaubenslosen (*impii*) gegenüber, die sich weiterhin von Lastern (*libido, cupiditas, inmanitas*) leiten lassen und anlässlich des Falles Roms durch doppelte christliche *misericordia* gerettet werden. Durch Berufung auf den Namen Christi und Zuflucht in christlichen Kirchen werden sie von christlichen Barbaren verschont.[20] Der Fall Roms ist damit auch für Augustinus ein singuläres Ereignis, allerdings eines, das die Wirkung christlichen Glaubens eher belegt als untergräbt. Gerade die Heiden, die jahrhundertelang Christen um des bloßen Namens willen verfolgen ließen, erfahren jetzt Schonung aufgrund bloßer Lippenbekenntnisse. Schon das Wort eines Bürgers der *civitas terrena,* Christ zu sein, verspricht zu Beginn des fünften Jahrhunderts den Schutz der *civitas dei.*

bb) Der Irrtum des fatum-Glaubens und göttliche providentia

Beklagenswert ist demgegenüber, dass die Heiden die göttliche Handlungsanweisung nicht anerkennen, obgleich der Fall der Stadt Rom die *providentia dei* offenbart hat. Sie nehmen die göttlichen Gaben (*bona*) nicht wahr und führen ihr Leiden auf das bloße Schicksal (*fatum*) zurück. Damit ignorieren sie die Tatsache, dass Gott die Sitten (*mores*) der Menschen durch Kriege bessern und die Gerechten (*iusti*) hierdurch auf die Probe stellen will. Sie verharren trotz der von Gott durch die Barbaren erwiesenen *misericordia* in *ingrata superbia atque impiisima insania.*[21] In doppelter Weise wirkt das göttliche Gemeinwesen auf Erden. Es ist unbedingt bindende Handlungsanweisung an den Einzelnen, die selbst den Zustand barbarischer Plünderer, also sogar gänzlich unkultivierter Menschen, unmittelbar im Sinne der *misericordia* bessert. Daneben ist es göttliche *providentia,* die auf Erden die noch nicht Gläubigen zum rechten Leben hin und die Christen im rechten Leben entlang führen will.[22]

---

19 *Augustinus,* De civitate Dei, I, 1, S. 2, 4; *Kranz,* Augustinus, 124.

20 *Augustinus,* De civitate Dei, I, 1, S. 4; I, 4, S. 10 a. E. verweist auf jene Schonung als Ausnahmefall; vgl. I, 5, S. 10. Durch die in Sallust (Cat., 51) überlieferte Senatsrede Catos wird belegt, dass die Schonung der Tempel in der Regel nicht Sache der Sieger war; auch I, 6, S. 10, 12. Es ist bezeichnend für christliche und heidnische Tugend, dass Heiden, die früher die Christen aufgrund ihres Namens verfolgten, nunmehr durch Führung des christlichen Namens gerettet werden.

21 *Augustinus,* De civitate Dei, I, 1, S. 4.

22 *Augustinus,* De civitate Dei, I, 4, S. 10: „postremo illud Iunonis templum sibi elegerat avaritia et superbia levium Graeculorum, istas Christi basilicas misericordia et humilitas etiam inmanium barbarorum." Auch die Römer kennen kein Beispiel solcher pietas, obgleich sie behaupten im Zuge von Eroberungen die Unterjochten zu verschonen und nur die Stolzen niederzukämpfen; vgl. I, 7, 12.

cc) Schutz der libertas in christlichen Kirchen – die Nichtexistenz der Götter

Die Ziele – endgültiger Sieg, Frieden und Gerechtigkeit – sind damit keinesfalls so unerreichbar, wie der vordergründige Anschein des Falles der Stadt Rom nahezulegen scheint. Kein Krieg in historischer Zeit ist bekannt, in dem jemals eine Stadt von Feinden geschont wurde, schon gar nicht von Barbaren oder ihren *duces*. Göttertempel haben flüchtende Menschen niemals geschützt, da dort die Menschen nur ihre Götterbilder, nicht aber die Götter die Menschen schützen.[23] Tatsächlich sind sie eher zum Sinnbild des Verlustes der *libertas* durch Feinde geworden, da die im Falle eines Angriffs sich dorthin zurückziehenden Menschen leicht gefangen zu nehmen waren. Die christlichen Kirchen Roms aber haben nicht nur den Flüchtlingen die *libertas* bewahrt, sondern fungieren dank christlicher Goten, die ihre Gefangenen dort ablieferten, sogar als Orte der Erlangung von Freiheit.[24]

Der *providentia* des einzigen Schöpfergottes stehen Gottheiten gegenüber, denen man weder den Schutz des Vaterlandes noch seiner *cives* anvertrauen darf, weil sie nicht einmal in der Lage sind, die eigenen Wächter zu schützen.[25] Nur die *civitas dei* des einen Schöpfergottes ist das auf Erden wirksame, göttliche Gemeinwesen mit der Fähigkeit, sich gegen die *civitas terrena* durchzusetzen. Die vermeintlichen Schutzgötter der Stadt Rom existieren nicht. Sie waren von Anfang an Besiegte, in die das Vertrauen als Beschützer nicht angebracht war.[26] Von daher ist auch die *perversitas* der sittlichen Ordnung der Stadt nicht den Christen als Abfall von rechter Gottesverehrung zuzuschreiben. Die göttlichen Übel, die sich daran anschließen, sind in ein Verhältnis zu den zuteilgewordenen Wohltaten zu setzen.[27]

dd) Christliche Religion als rechte pietas und clementia

Keines der kultivierten Völker, weder Griechen (I, 3–4) noch Römer (I, 5–6) hat je in vergleichbarer Weise wie das christianisierte Volk der Goten *misericordia* im Falle des Sieges geübt oder die Götter des Besiegten verschont. Insofern erscheint das Römerlob – *parcere subiectis et debellare superbos* – als leere Worthülse. Keine der Städte, die die Römer zur Erringung der Weltherrschaft eingenommen haben, kann für sich geltend machen, dass dort zu den Tempeln strebende Flüchtlinge geschont worden sind.[28]

---

23 *Augustinus*, De civitate Dei, I, 2, S. 4, 6. Das belegt die Plünderung Trojas (*Vergil*, Aeneis, II, 501): „Neque enim homines a simulacro, sed simulacrum ab hominibus servabatur."; auch I, 4, S. 8.

24 *Augustinus*, De civitate Dei, I, 4, S. 10.

25 *Augustinus*, De civitate Dei, I, 2, S. 6: „..non valuit custodire custodes?"

26 *Augustinus*, De civitate Dei, I, 3, S. 8: „Immo vero victos deos tamquam praesides ac defensores colere, quid est aliud quam tenere non numina bona, sed nomina mala."

27 *Augustinus*, De civitate Dei, I, 4, S. 8.

28 *Augustinus*, De civitate Dei, I, 6, S. 12.

Zwar loben die Römer *pietas* und *clementia* ihrer Feldherren und führen doch keine Abmilderung der Kriegsgewohnheiten herbei.[29] Gegenüber dem durch die Römer also auch aufgrund konsequenter Anwendung römischen Rechts verwirkten Übel der Besiegten nimmt sich die gefürchtete *inmanitas barbara* geradezu als Milde aus. Sie enthält seitens der christianisierten Barbaren Elemente christlicher Schonung (*misericordia*), seitens der Übrigen jedenfalls die Duldung des Schutzes, womit letztlich beide Gruppen gegenüber geübter römischer Rechtspraxis begünstigt werden.[30]

ee) Gründe für die gleichmäßige Schonung von Christen und Heiden

Einzig berechtigt erscheint allenfalls die Frage, warum die göttliche *misericordia* selbst den nicht Gottgläubigen zuteilwurde, warum also Gott sich auch an die Schlechten wendet, obgleich sie vielfach Güte und Langmut Gottes verachten und sich vor dem Gericht eher den Zorn Gottes, denn göttliches Wohlwollen sichern.[31] Neben dem Satz, dass die Sonne über Guten und Schlechten gleichermaßen aufgeht (Mt 5, 45), dient materiell die *patientia* Gottes als rechtfertigender Grund dieser umfassenden Schonung. Gott fördert die Guten und prüft ihre *patientia.* Gleichzeitig trifft seine *severitas* die Bösen, um sie zu strafen. Doch straft Gott nicht unverhältnismäßig. Er lädt auch die Bösen aktiv zur Bekehrung zu rechtem Verhalten ein.[32] Irdische Sanktionen sind daher Ausdruck der auf Erden wirkenden *providentia dei*, die die künftigen Güter der Guten ankündigt und durch dieselbe Handlung den Schlechten Übel verheißt. Sie sind eher Zeichen der *misericordia* eines sorgenden und mahnenden, als eines strafenden Gottes.[33]

ff) Die Bedeutung der Temporalien für den Christen

Dass Güterverlust (Plünderung der Stadt Rom) und Schutz (sichere Bewahrung der Kirchen) Heiden und Christen gleichermaßen betreffen, führt aber nicht zur Identität des göttlichen Eingriffs gegenüber Christen und Heiden. Zwar sind die Temporalien zwischen Guten und Bösen gleich verteilt, doch trifft dieselbe göttliche Maßregelung beide Inhaber der Güter auf verschiedene Weise. Der gute Mensch hängt, auch weil er den Gebrauch irdischer Güter bei den Bösen verfolgen kann, sein Herz nicht an irdische Güter. Er wird durch ihre Inhaberschaft weder übermütig, noch durch die göttliche Strafe entmutigt. Der Böse erfährt dagegen die Sanktion

---

29 *Augustinus*, De civitate Dei, I, 6, S. 12; I, 7, S. 12.

30 *Augustinus*, De civitate Dei, I, 7, S. 12, 14: „...quisquis non videt, caecus, quisquis videt nec laudat, ingratus, quisquis laudanti reluctatur, insanus est."

31 *Augustinus*, De civitate Dei, I, 8, S. 14 mit Verweis auf Röm 2, 4.

32 *Augustinus*, De civitate Dei, I, 8, S. 14.

33 *Augustinus*, De civitate Dei, IV, 1, S. 216. Dieses sorgenden Gottes darf der Mensch sich sicher sein. Keinesfalls aber darf er Gott als Garant irdischer Güter begreifen; *Dassmann*, Augustinus, 135.

als Unglück, weil er seine irdischen Güter zum Gegenstand falschen Glücks hat werden lassen und durch irdisches Glück verdorben wurde.[34]

Die äußerlich gleiche Betroffenheit Guter und Schlechter durch göttliche Strafen bzw. Segnungen, ist daher nur Ausdruck der *divina providentia.* Würde Gott jedes unrechte Verhalten schon auf Erden bestrafen, so bliebe kein Raum für das Jüngste Gericht. Würde er jede Gerechtigkeit schon auf Erden mit Gütern vergelten, so hätte seine *largitas* zur Folge, dass sich ihm viele Menschen zugunsten von *cupiditas* und *avaritia* zuwenden würden.[35] Gute und Schlechte sind nur vordergründig gleichermaßen denselben Handlungen Gottes ausgesetzt, da ihre Wirkung nach dem *usus* der Güter höchst unterschiedlich ausfällt. Den Gott Zugewandten schmerzt der Verlust irdischer Güter kaum, während er den von Lastern verführten Bösen zutiefst trifft. Auch bei äußerlicher Gleichheit der Leiden besteht nach der Art des Leidenden ein entscheidender Unterschied, ist die göttliche Maßregelung die Prüfung des Rechtgläubigen, die Strafe des Bösen.[36]

gg) Der Fall Roms als Strafsanktion christlicher und heidnischer Laster

Hinsichtlich der über Rom ausgeschütteten Leiden lässt sich dieser Doppelcharakter göttlicher Strafen unzweifelhaft bejahen. Bereits die eigenen Sünden der christlichen Gemeinde genügen, um zeitliche Übel zu verwirken. Auch die Verworfenheit der Gottlosen aber ist in diesem Falle Grund des über Christen kommenden Strafübels. Wenngleich Gott die Unmäßigkeit der Heiden (*superbia, luxuria, avaritia, iniquitas* und *impietas*) strafen wollte, so ist doch auch allen Christen der Vorwurf zu machen, dass sie Laster nicht konsequent von sich gewiesen haben.[37] Sie haben zu selten versucht, Heiden zu belehren oder Störungen zu monieren. Auch sie haben letztlich um der *temporalia* willen kritische Worte gegen Heiden vermieden, wollten ihren eigenen irdischen Gütern nicht schaden.[38] Tadel aber verdient, wer trotz erkannter Möglichkeit eines Hinweises auf Fehlverhalten jenen deswegen unterlässt, weil er nicht Unwillen erregen will und fürchtet, die während der Pilgerschaft auf Erden notwendigen Güter zu verlieren.[39] Er zeigt damit, dass er als *peregrinus* begieriger nach irdischen Gütern, als nach dem göttlichen Vaterland strebt.

---

34 *Augustinus,* De civitate Dei, I, 8, S. 14: „Nam bonus temporalibus nec bonis extollitur nec malis frangitur: malus autem ideo huiusce modi infelicitate punitur, quia felicitate corrumpitur." *Kranz,* Augustinus, 124. Das Gute triumphiert nicht in irdischen Gütern, sondern in der Gnade Gottes, *Dassmann,* Augustinus, 143.

35 *Augustinus,* De civitate Dei, I, 8, S. 16.

36 *Augustinus,* De civitate Dei, I, 8, S. 16.

37 *Augustinus,* De civitate Dei, I, 9, S. 16, 18.

38 *Augustinus,* De civitate Dei, I, 9, 18 mit dem Fazit, es geschehe auch den Christen recht, mit den Heiden bedrängt zu werden, wenn sie um der Süße des temporalen Lebens willen den Sündern nicht bitter sein wollten.

39 *Augustinus,* De civitate Dei, I, 10, S. 18. Kritiklos kommt derjenige davon, der lediglich den geeigneten Moment für seine Rüge abzuwarten sucht, um die Erfolgsaussichten

d) Die besondere Bedeutung der Tugend für die praepositi der Völker

Civitas dei und *civitas terrena* sind durch *pietas* klar voneinander geschieden, d. h. durch den Glauben an den rechten Gott und das danach auszurichtende rechte (tugendhafte) Verhalten. Besonders tadelnswert ist Fehlverhalten aber nicht bei den Schwachen – Ehefrauen, Kindern und Knechten – sondern bei jenen, die durch eine höhere Lebensstufe (*superiorem vitae gradum*) sich über die dadurch bedingten Bande erheben – und es dennoch mit Rücksicht auf ihren Ruf oder ihr Wohlergehen unterlassen, Tadel auszuüben. In diesem Fall sind es *infirmitas* und *cupiditas* die eine Erfüllung der *officia caritatis* verhindern. Das Streben nach schmeichelndem Lob ist dann stärker.[40] Auch die Guten führen in diesem Falle ein schlechtes Leben, weil sie das temporale Leben zu sehr lieben. Sie werden daher berechtigterweise ebenso wie die Bösen bestraft. Die Aufforderung des Augustinus zur Vermeidung künftiger Übel lautet also: Zuführung der Bösen zu rechter *pietas* und tugendhaftem Leben und konsequente Ausrichtung des irdischen Lebens auf das ewige Leben durch die bereits Gläubigen. Sein Werk richtet er ganz gezielt auch an die *praepositi*, die *speculatores* über die Völker. Er schärft ihnen die Rüge der Sünde als Bestandteil rechten Verhaltens in besonderem Maße ein.[41] Erst nachrangig erscheint der Faktor der Glaubensbewährung (Ijob) als Grund der auch Christen auferlegten Übel, zumal ihnen alle Dinge letztlich zum Guten gereichen (Röm. 8, 28) – auch der Verlust sämtlicher temporaler Güter. Denn den Glauben (*fides*) und die Frömmigkeit (*pietas*), sowie alle *interioris hominis bona* entzieht Gott nicht. So hat der Mensch, der aus der Welt heraus nichts als diese mitnimmt, nichts verloren, sondern die *avaritia*, die Wurzel allen Übels überwunden.[42]

e) Irdische cupiditas als Wurzel der superbia und der Reichtum der guten Werke

Der Christ tadelt nicht den Reichtum, sondern die Gier nach irdischen Reichtümern. Sie führt vom rechten Glauben zu lasterhafter *superbia*.[43] Wahrer Reichtum besteht in der Ansammlung guter Werke (*operis bonis*). Dadurch wird das Fundament aller künftigen Wohltaten begründet.[44] Am sichersten bleibt, wer sich nicht um irdische Schätze sorgt, sondern seine Schätze in Form guter Werke im Himmel angelegt hat, wo kein barbarischer Plünderer, auch nicht unter Folter, sie ihm wieder nehmen

einer solchen in Ansehung des anderen nicht zu unterminieren. Das darin liegende Motiv der caritas erkennt Augustinus ausdrücklich an.

40 *Augustinus*, De civitate Dei, I, 10, S. 20.

41 *Augustinus*, De civitate Dei, I, 10, S. 20 mit dem Ezechielwort 33, 6: „Jener wird in seiner Sünde sterben, aber sein Blut werde ich von der Hand des Wächters fordern."

42 *Augustinus*, De civitate Dei, I, 10, S. 22. Sie haben das Wort 1 Kor. 7, 31 erfüllt und die Welt genossen, als genössen sie dieselbe nicht.

43 *Augustinus*, De civitate Dei, I, 10, S. 22.

44 *Augustinus*, De civitate Dei, I, 10, S. 22, mit den bekannten Bibelstellen: 1 Tim 6, 17–19 sowie Mt 6, 19–21.

kann.[45] Dementsprechend findet sich bei Augustinus auch kein Mitleid mit den durch Hunger gestorbenen Christen, denn es scheidet niemand aus dem Leben, der nicht ohnehin hätte sterben müssen.[46] Dieselbe Gleichgültigkeit ist auch in Ansehung der aus Not fehlenden Begräbnisse angebracht.[47] Dass auch Gefangenschaft und dabei erlittene Schändungen die Berechtigung tugendhaften Glaubens nicht unterminieren,[48] beweist das heidnische Beispiel des Regulus. Getreu dem den Göttern geleisteten Eid, kehrte er freiwillig nach Karthago und damit in den Tod zurück, nachdem der Senat den von ihm vorgeschlagenen Gefangenenaustausch abgelehnt hatte.[49]

f) Die Bedeutungslosigkeit diesseitiger Güter auch nach heidnischem Götterglauben

Das Regulusbeispiel dient Augustinus zugleich dazu, mit dem Irrtum aufzuräumen, dass der Götterglaube dem Menschen größere, diesseitige Güter schaffe. Erstens entspreche es wohl kaum dieser Auffassung, dann den besonders Treuen und Tugendhaften auf die schärfste Weise zu strafen und so für die Bestrafung schlimmster Eidbrüchiger keine härtere Sanktion mehr vorsehen zu können;[50] zweitens zeige sich darin, dass rechte Götterverehrung keineswegs ein auf Erden greifbares materielles Wohl, sondern offenbar jenseitige Güter im Auge gehabt habe, da ansonsten Regulus im Angesicht des sicheren Todes nicht standhaft geblieben wäre.[51] Wenn aber selbst die heidnische Überlieferung anerkennt, dass die Götter dem Einzelnen in Ansehung des irdischen Wohlergehens nichts leisten, so muss dies erst recht für die *civitas*, also den irdischen Staat gelten. Denn da dieser nichts anderes als die *concordia* einer Menge von Menschen darstellt, sind die für den einzelnen Menschen geltenden Grundsätze übertragbar.[52] Daher ist offensichtlich, dass auch die Götter nicht das irdische Wohl garantieren. Die Auffassung der Heiden, das diesseitige Leben sei erst durch die Christen schlechter geworden, ist widerlegt.

---

45 Die Guten brauchen daher vor Folter keine Furcht zu leiden. *Augustinus*, De civitate Dei, I, 10, S. 24: „Illi vero nec prodere nec perdere potuerunt bonum, quo ipsi boni erant."

46 *Augustinus*, De civitate Dei, I, 11, S. 26 „Finis autem vitae tam longam quam brevem vitam hoc idem facit."

47 *Augustinus*, De civitate Dei, I, 12, S. 30. Purpur und ein prächtiges Begräbnis haben in den Augen Gottes noch niemandem genützt; dennoch spricht sich Augustinus für die Begräbnispflicht aus (I, 13, S. 30).

48 *Augustinus*, De civitate Dei, I, 14–19.

49 *Augustinus*, De civitate Dei, I, 15, S. 32–36.

50 *Augustinus*, De civitate Dei, I, 15, S. 34.

51 *Augustinus*, De civitate Dei, I, 15, S. 34.

52 *Augustinus*, De civitate Dei, I, 15, S. 34: „Si autem deorum cultus post hanc vitam velut mercedem reddit felicitatem, cur calumniantur temporibus Christianis, ideo dicentes Urbi accidisse illam calamitatem, quia deos suos colere destitit, cum potuerit etiam illos diligentissime colens tam infelix fieri, quam ille Regulus fuit?"

g) Der Vorrang der Seelentugend für den Maßstab diesseitigen Wohls

Zugleich – ins Positive gewandt – ist aber das Verhalten des Regulus als *virtus* der Seele allgemein anerkannt. Damit ist dargetan, dass eine *beata civitas* sich nicht am diesseitigen Wohl, sondern offenbar an der menschlichen Handlungstugend auszurichten hat, da auch die *civitas* durch nichts anderes glücklich werden kann als der Mensch.[53] Richtigerweise kann man weder aus christlicher noch aus heidnischer Sicht den christlichen Glauben deswegen schelten, weil Gott die Gefangennahme seiner Gläubigen zugelassen hat, die sich doch ohnehin nur als „Durchreisende" auf Erden verstehen. Auch die Qualen und Foltern – die Schändungen die Christen während der Gefangenschaft zu erleiden haben – sprechen nicht gegen den christlichen Glauben. Die das *recte vivere* determinierende Seelentugend des Einzelnen kann durch Handlungen Dritter ohnehin nicht beeinträchtigt werden, zumal es dem Christen verwehrt ist, ohne Sünde hiergegen vorzugehen.[54] Nur gegen die Einwilligung des eigenen Geistes in solche Taten muss der Christ ankämpfen. Kann er die Tat nicht abwehren, ohne selbst Unrecht zu begehen – muss er also entweder gegen das Verbot verstoßen, nicht ohne Vorliegen eines Gesetzes aus *privata potestas* heraus einen Verbrecher zu töten, oder gar das Verbrechen an sich selbst begehen, um das Unrecht zu vermeiden – so büßt er hierdurch nicht an Tugend ein.[55]

h) Das Recht der Strafsanktion und das christliche Vergeltungsverbot

Die Ausführungen zur Verhängung göttlicher Strafübel führen Augustinus zu der zweiten Frage, die Apologeten seit frühester Zeit beschäftigt hatte: Unter welchen Voraussetzungen ist die Verhängung staatlicher Strafübel, insbesondere der Tötung eines Menschen, zulässig?

aa) Die Monopolisierung des Tötungsrechts bei der höchsten Staatsgewalt

Grundsätzlich spricht er (I, 20, S. 46, 48) dem göttlichen Gebot umfassenden Charakter, sowohl in Ansehung der Selbsttötung als auch der Tötung Dritter zu, schließt aber nur vernunftbegabte Wesen in das Tötungsverbot mit ein.[56] Darüber hinaus rechtfertigt Augustinus aber in weitestem Umfang staatliche Strafmaßnahmen. In bestimmten Fällen nämlich befehle Gott zu töten, entweder durch gegebenes Gesetz (*sive data lege*) oder in Ansehung einer bestimmten Person zu einer bestimmten Zeit. In diesen Fällen sei nicht derjenige, der das Schwert führe, der Tötende – sondern er übe lediglich ein *ministerium* gegenüber seinem Dienstherren aus. Wer also der

53 *Augustinus*, De civitate Dei, I, 15, S. 36: „Neque enim aliunde beata civitas, aliunde homo, cum aliud civitas non sit quam concors hominum multitudo."

54 *Augustinus*, De civitate Dei, I, 16, S. 36, 38.

55 *Augustinus*, De civitate Dei, I, 17, S. 38; I, 18, S. 40. Könnte durch von einem Dritten vorgenommene Handlungen die pudicitia des Menschen verloren gehen, wäre jene keine Tugend der Seele mehr, sondern ein irdisches Gut.

56 Dazu *Rist*, Augustine, 233.

göttlichen Anordnung zu einem Krieg folge leistet, oder als Inhaber von *publica potestas*, *secundum legem* und nach *iustissimae rationis imperium* Verbrecher mit dem Tod bestraft, verstößt nicht gegen das Tötungsverbot.[57] Verboten bleibt aber – auch darin folgt Augustinus Laktanz – die Notwehr gegen rechtswidrige Angriffe. Denn abgesehen von den Fällen, in denen durch allgemeines, gerechtes Gesetz (*lex iusta genraliter*) oder durch Gott, die Quelle der Gerechtigkeit (*fons iustitiae*), eine Tötung ausdrücklich angeordnet ist, gilt das umfassende Tötungsverbot fort, ist der Tötende des Mordverbrechens schuldig.[58]

Augustinus monopolisiert so das Tötungsrecht bei der höchsten Staatsgewalt, spricht aber die Tötungsbefugnis dem Inhaber der Staatsgewalt nur als eine derivative, dem göttlichen Gesetz Folgende, zu. Das Hoheitsrecht, über Leben und Tod zu entscheiden, ist nur in Ansehung schriftgemäßer Handhabung überhaupt vorhanden, dann aber als nicht tatbestandsmäßige, legale Handlung. Jeder abweichende Gebrauch kann sich nicht auf rechtliche Befugnis stützen, sondern begründet unmittelbar den Vorwurf des Mordes. Daher ist der Soldat, der verpflichtet ist der Obrigkeit (*...sub qualibet legitime constitutus est...*) im Befehl zur Tötung eines Menschen zu gehorchen, nach keinem Gesetz ein Mörder.[59]

bb) Die Festigkeit des christlichen Glaubens gegen fremde Begierde im Übrigen

Die vorab angesprochenen Grundsätze gelten in besonderer Weise für die Selbsttötung (I, 22, S. 50). Sie ist ein Zeichen mangelnder Fähigkeit, Leiden des Leibes ertragen zu können und lässt daher Tugendhaftigkeit (*patientia, constantia*) vermissen.[60] Niemand – auch nicht ein Befehlshaber von Heeren – ist zu irgendeinem Zeitpunkt berufen, den Leib dem irdischem Unglück hinzugeben. Selbst die Heiden, die nach dem Recht ihres Krieges besiegte Feinde ungestraft töten durften, haben in Ansehung von Leiden nicht das Recht der Selbsttötung für sich in Anspruch genommen, sondern sind standhaft geblieben.[61] Damit aber ist ein Grundsatz christlichen Verhaltens ausgedrückt, nämlich die Festigkeit im Glauben und in der Wahrung des göttlichen Gebotes gegen alle fremde Begierde.[62] Eine mögliche ferne Sünde (Fleischeslust) durch eine andere Sünde (Tötung) zu substituieren, beseitigt die Abwägung zwischen guten und schlechten Handlungen und bringt den Menschen

57 *Augustinus*, De civitate Dei, I, 21, S. 48.

58 *Augustinus*, De civitate Dei, I, 21, S. 48. Die Fälle ausdrücklicher Anordnung sind selten und I, 26, S. 56 einer Analogie nicht zugänglich.

59 *Augustinus*, De civitate Dei, I, 26, S. 56; *Rist*, Augustine, 232.

60 *Augustinus*, De civitate Dei, I, 24, S. 52 bringt das Beispiel Jobs, das dem des Selbstmörders Cato (I, 23, S. 52) vorzuziehen ist. Für die christliche Haltung des Erduldens körperlicher Leiden tritt Regulus ein, der nicht seine *patientia* und *constantia* durch sein Leiden bewies.

61 *Augustinus*, De civitate Dei, I, 24, S. 54.

62 *Augustinus*, De civitate Dei, I, 25, S. 54.

auf einen Weg, der nur noch verschiedenartige Sünden gegeneinander abwägt.[63] In diesem Fall – Begehung einer Sünde zur Abwendung der anderen – wäre es geboten, sich schon mit der Geburt dem Leben zu entziehen, da nur so die Sündhaftigkeit des Menschen vermieden werden könnte.[64] Die Familie Gottes aber bezieht ihren Trost nicht aus der Hoffnung auf unbeständige irdische Dinge, sondern wird auf Erden durch Herausforderungen für das künftige Leben geschult. Der christliche *peregrinus* erduldet für seinen Glauben die Übel der temporalen Welt.[65] Die christliche Tugendordnung ist absolut und duldet keine Ausnahmen, nicht einmal, indem sich der Tugendhafte zur Erlangung der ewigen Güter im Augenblick der Sündenfreiheit vom Leben zum Tode befördert. Der Christ erstrebt das Leben um der Tugend willen. Es ist darum auch im Falle des Fehlens irdischer Güter kein schlechtes oder vertanes Leben, das etwa vom Tugendhaften fordert, die Leiden der Gegenwart so rasch wie möglich zu fliehen.[66]

cc) Der grundlegende Gegensatz christlicher und heidnischer Klage

Damit ist zugleich der Gegensatz von Christen und Heiden umschrieben. Der Christ versucht nicht dem irdischen Leben zu entfliehen, weil er dort arm, missbraucht oder gefangen ist, denn er weiß, dass ein gottgemäßes Leben im ewige Güter verschaffen wird. Demgegenüber beklagen sich Heiden über christliche Zeiten nur, um *luxuria, cupiditas* und Sittenverlust umso ungestörter nachgehen zu können. Während die Christen auch in größtem Elend die Tugend bedenken, wünschen die Heiden die *pax* nicht zum Zwecke tugendhaften Gütergebrauchs, also um *modestia, sobrietas, temperantia* und *pietas* zu üben, sondern alleine um ihre unbegrenzten Verschwendungen und Lustbarkeiten nachgehen zu können. Sie schaden sich somit mehr als der übelste Feind je schaden könnte.[67]

i) Zur Pax Romana

aa) Feindesfurcht als alleinige Grenze römischer libido

Pax alleine kann also das römische Weltreich nicht zusammenhalten. Vielmehr war dessen *concordia* – wie schon Cato der Ältere treffend feststellte – alleine der Furcht vor dem Feind Karthago zu danken.[68] Dementsprechend rasch verfiel die Ordnung

---

63 *Augustinus*, De civitate Dei, I, 25, S. 56, konkret in Abwägung der Sünde der Fleischeslust.

64 *Augustinus*, De civitate Dei, I, 27, S. 58.

65 *Augustinus*, De civitate Dei, I, 29, S. 64. Gott als verlässliche Größe zu irdischem Reichtum existiert nicht. Vgl. auch *Dassmann*, Augustinus, 137.

66 Damit hat Augustinus zugleich die stoische Auffassung, nach der es dem Tugendhaften im Diesseits häufig schlecht ergeht und er daher das Diesseits fliehen soll, widerlegt.

67 *Augustinus*, De civitate Dei, I, 30, S. 64.

68 *Augustinus*, De civitate Dei, I, 30, S. 64, 66: „...timens infirmis animis hostem securitatem et tamquam pupillis civibus idoneum tutorem necessarium videns esse terrorem."

des Gemeinwesens mit dem Wegfall der Bedrohung, setzte sich die reine Lust (*libido*) nach der *dominatio* einiger Weniger über alle Grundsätze der gesellschaftlichen Organisation hinweg. Die Bürger hatten mehr von ihren Mitbürgern zu erdulden, als ihnen von den Feinden je gedroht hätte.[69] Nach Beseitigung des Feindes, d. h. des größten, stärksten und reichsten feindlichen Staates, war eine Ausbreitung von *luxuria* und *avaritia* nicht mehr zu verhindern. Nur dadurch, dass den Lastern in der Bedrohung ein Riegel vorgeschoben wurde, konnte der römische Staat sein Blühen und Gedeihen, die Tugend seiner Freiheit (*libertas*) bewahren.[70] Im Anschluss an den Verlust dieser Feindesfurcht war dagegen kein *quiescere* der *superbia* zu erwarten, bis diese selbst entweder zur *regia potestas* gelangen, oder das Volk sich von den Lastern (*avaritia, luxuria*) abwenden würde.[71]

bb) Die unablässige Gier der Römer nach Luxus als Ursache des Elends

Mit gleicher Vehemenz tritt Augustinus den Theater- und Zirkusspielen entgegen. Sie seien wie der Fortfall des Feindes geeignet, die Pestilenz der Seele zu fördern und ihre innere Haltung zu verformen.[72] Nicht umsonst sind die Großen Roms – allen voran Scipio Nasica, als ehemaliger *pontifex* – der Zerstörung Karthagos ebenso entgegengetreten, wie dem Theaterbau.[73] Das Übel der Spiele, ursprünglich von den Göttern selbst angeordnet um eine rein körperliche Pestilenz fernzuhalten, hat sich so auf die dem Körper vorzuziehende Seele übertragen und zur Aufhebung jeder *probitas* und *honestia* geführt.[74] Bereits durch die Beseitigung der Feinde und Einführung der Spiele war das Verdikt über ein Volk gesprochen, das nicht fähig war von der eigenen *prosperitas* rechten Gebrauch zu machen. Es konnte ohne Feinde in *securitas* nicht die *pax* innerhalb der *res publica* bewahren, sondern nur nach *luxuria* streben.

Bis zum Ende – also selbst mit Eintreffen der neuen Feinde – haben die Römer von diesem Streben nicht abgelassen und dadurch letztlich das eigene Elend noch weiter gesteigert. Im Ergebnis erdulden sie daher die ihnen aufgeladenen Leiden zu

69 *Augustinus*, De civitate Dei, I, 30, S. 66.

70 *Augustinus*, De civitate Dei, I, 31, S. 66: „Avarus vero luxuriosusque populus secundis rebus effectus est, quas Nasica ille providentissime cavendas esse censebat, quando civitatem hostium maximam fortissimam opulentissimam nolebat auferri, ut timore libido premeretur; libido pressa non luxuriaretur luxuriaque cohibita nec avaritia grassaretur; quibus vitiis obseratis civitati utilis virtus floreret et cresceret eique virtuti libertas congrua permaneret."

71 *Augustinus*, De civitate Dei, I, 31, S. 66.

72 *Augustinus*, De civitate Dei, I, 31–33, v. a. 31, S. 66: „Graecam luxuriam"; 32, S. 68: „...ludi scaenici, spectacula turpitudinum et licentia vanitatum..." u. 33, S. 70.

73 *Augustinus*, De civitate Dei, I, 31, S. 66; von den Großen Roms spricht er auch in II, 2, S. 78; vgl. II, 18, S. 108.

74 *Augustinus*, De civitate Dei, I, 32, S. 68. Selbst die nach dem Falle Roms in Karthago eintreffenden Flüchtlinge verlangen nach Spielen; I, 33, S. 70.

Recht. Auch schützende Mauern können die *felicitas* eines Gemeinwesens dauerhaft nicht bewahren, wenn die Sitten untergehen.[75] Wenn also Zweifel angebracht sind, dann nicht an Gott, der die Heiden beim Fall der Stadt an die Goten dennoch schont und auch nicht an den Christen, die viele Heiden in ihren Heiligen Stätten retten, sondern an den Göttern und dem eigenen Lebenswandel, zu dessen Umkehr das Strafgericht auffordert.[76]

cc) Die Durchmischung der civitates auf Erden

Auch Augustinus ist sich allerdings bewusst, dass sich seine Kritik nicht nur an heidnische Römer, sondern auch an zweifelnde Christen zu wenden hat. Auf Erden ist eine klare Trennung der beiden *civitates* ausgeschlossen. Beide sind stets durchmischt *(permixtae)*. Christlich gesinnte Heiden und heidnisch gesinnte Christen existieren gleichermaßen.[77]

j) Bewertung des ersten Buches

Für Tertullian konnte der Kaiser aufgrund seiner Strafgewalt nicht Christ sein. Für Laktanz und Eusebius war er gerade mit dieser Strafgewalt Vorbild des christlichen Glaubens und christlicher Tugend auf Erden. Ambrosius schließlich schränkte zwar nicht das Tugendvorbild kaiserlicher Frömmigkeit gegenüber Gott ein, betonte aber wohl die strikte Trennung des kirchlichen Aufgabenkreises auf Erden von demjenigen des Kaisers. So suchten die Christen vor allem, den in Gestalt des gottgegebenen Kaisertums verkörperten Auftrag Roms zur Weltherrschaft durch Formulierung der Anforderungen an die kaiserliche Herrschaft umzuprägen. Dieses mühsame Ringen um ein im ursprünglichen Sinne römisches Kaisertum im christlichen Gewand beendet Augustinus bereits in der Praefatio des Gottesstaates mit einer dogmatischen Konstruktion, die das Christentum als Gemeinschaft des rechten Glaubens an die Stelle jedes irdischen Staatswesens und jeder Weltreichstheorie treten lässt. Die christliche Gemeinschaft ist *civitas.* Sie kann für sich die Behandlung ihrer Ziele „zu gleichem Rechte" wie die irdischen Gemeinwesen in Anspruch nehmen. Aus Letzteren ragt Rom mit dem von Vergil formulierten Weltherrschaftsauftrag *parcere subiectis et debellare superbos* heraus. Eben jenen Anspruch, die Unterworfenen zur *victoria ultima* und *pax perfecta* zu führen, bestimmt auch das Christentum sich selbst zur Aufgabe, womit römisches und christliches Gemeinwesen vermeintlich in direkte Konkurrenz geraten.

---

75 *Augustinus*, De civitate Dei, I, 33, S. 70: „Neque enim in vestra securitate pacatam rem publicam, sed luxuriam quaeritis inpunitam, qui depravati rebus prosperis nec corrigi potuistis adversis." Erneut auch in II, 2, S. 78.

76 *Augustinus*, De civitate Dei, I, 34, S. 70.

77 *Augustinus*, De civitate Dei, I, 35, S. 72.

So wie der heidnisch-römische Staat das römische Bürgerrecht kennt, bekennt sich der christliche zum Bürgerrecht aufgrund notwendiger, aber auch ausreichender, rechter *pietas*. Stehen den römischen Bürgern die Nichtrömer als weitestgehend homogene Gruppe gegenüber, so knüpft das Christentum alleine an das (zuerst einmal innerliche) Bekenntnis des Menschen zum christlichen Glauben an. Es ist grundsätzlich offen für Mitglieder innerhalb und außerhalb des römischen Weltherrschaftskreises.

Ohne die Entsprechung der Einheit von irdisch-römischem Kaisertum und der Einheit göttlicher Himmelsherrschaft aufzugeben, löst sich Augustinus von dem seit Konstantin latenten Gedanken der römischen Weltherrschaft auf Basis des christlichen Bekenntnisses, der gedachten Identität von *Imperium Romanum* und *Imperium Christianum*. Der christliche Glaube in der Brust des Einzelnen, von Laktanz als letzter Überrest des Goldenen Zeitalters bezeichnet, ist Träger und Kennzeichen der *civitas* der Christen, die vor dem Hintergrund der auf dem Boden der römischen Weltreichsideologie geschaffenen *civitas* als einzig legitimes Gemeinwesen erscheint.

Grundlegend unterscheidet beide Staaten der Zielpunkt ihres Strebens. Da der christliche Staat nicht durch irdische Grenzen bestimmt wird, sondern als Staat der rechten Frömmigkeit vor allem in der Seele existiert, gewinnt er seine Verfassung nicht durch irdische Siege gegen Barbaren, sondern durch die Überwindung der Laster der Seele im Glauben an die Gesetze seiner *conditores*. Von der irdischen *superbia* zur *pax* der *humilitas* – so liest sich der Weltherrschaftsauftrag Vergils im göttlichen Gebot. Anders die Lesart einer rein irdisch verstandenen Weltreichsideologie: Sie will nur herrschen. Gemäß diesem Anspruch stellt sie das *dominatio*-Streben an die Spitze der Güter, weil sie ihre *libido* auf irdische Dinge richtet. In Gegensatz zur christlichen Lehre gerät nicht das Römerreich an sich, weil sein Auftrag im Einklang mit der christlichen Lehre steht, wohl aber wohl aber das fehlerhafte Verständnis, das diesen Auftrag auf irdische Herrschaft ausrichtet und das göttliche Gebot missachtet.

Um sich gegenüber dem heidnischen Aberglauben der *impii* durchzusetzen, muss der christliche Staat den Nachweis führen, als *civitas* auf Erden Wirksamkeit zu entfalten. Vor diesem Hintergrund fungiert der Fall Roms an Alarich als notwendiges Beispiel christlicher *misericordia*. Es sind christliche Barbaren (!), im *ductus* des Augustinus damit Bürger des christlichen Staates, die als Sieger Menschen um des bloßen christlichen Namens willen schonen und heilige Stätten nicht anrühren. Ganz in Gegensatz hierzu tritt die vielgepriesene *pietas* und *clementia* römischer und damit vermeintlich tugendhafter Feldherren. Sie macht weder vor Tempeln halt, noch vor den Besiegten.

Die Frage, ob denn nicht möglicherweise ein Fatum-Glaube die Plünderung Roms ebenso erklären könnte und ob nicht die stärkere Verehrung heidnischer Götter zu mehr irdischem Wohlergehen beitragen könnte, ist leicht zu verneinen. Wer sich Schutz vor feindlicher Plünderung erhofft, darf dies nicht vor dem Angesicht barbarischer Götter tun, die selbst Ausdruck dieser Plünderung sind. Nur dank römischer Siege und Missachtung der Tempel konnten sie nach Rom gelangen. Sie sind selbst Besiegte. Einzig die Überzeugung und der Glaube an die *providentia dei* versprechen den Römern *libertas.* Im Übrigen sind auch die Exempla der Römertugend – etwa Regulus – ein Musterbeispiel dafür, dass heidnischer Götterglaube selbst nicht irdisches Wohlergehen als höchstes Gut verspricht. Warum sonst sollte ein Römer sein Leben opfern.

Klagen die Heiden gegen die Christen, so zielt ihre Klage einzig darauf, ungestört dem Laster zur Erlangung des Luxus nachgehen zu können. Sie halten damit an einem Grundübel ihrer Gesellschaft fest, die die Pax Romana im Inneren nicht zusammenzuhalten vermag. Gegenüber dem *dominatio*-Streben und der *superbia* gibt es nur zwei Mittel: die Furcht vor stärkeren irdischen Feinden oder rechte *pietas*, die das *superbia*-Streben als „erstrebenswert" verneint. Fruchten beide nicht, wird der Stolz solange gedeihen, bis er selbst zur höchsten Herrschaft im irdischen Staat gelangt.

Der Einwand, die Wirkung göttlicher *providentia* auf Erden sei wenigstens vor dem Hintergrund der Tatsache zweifelhaft, dass vielfach Schlechte mit Gütern gesegnet seien, während gläubige Christen in Armut lebten, lässt sich leicht entkräften. Das irdische Leben mit seinen äußeren Leiden und Versuchungen ist eine Prüfung der Sittlichkeit der Gerechten. Nimmt Gott auch dem guten Christen irdische Güter, so trifft dies einen Menschen nicht, der als *peregrinus* ohnehin nach dem ewigen Frieden des göttlichen Reiches strebt. Jedwede Plünderung irdischer Güter ist für die Heiden Ausdruck göttlicher *severitas*, für den Christen der *providentia dei.* Würde Gott die Gläubigen auf Erden für ihren Glauben in planmäßiger Weise mit Gütern segnen, er würde sie vom Gehorsam gegenüber dem göttlichen Gebot zu *cupiditas* und *avaritia* führen. Ein Missverständnis wäre es allerdings von denjenigen Christen, die auf Erden mit Güterreichtum ausgestattet sind, gleichsam die vollständige Aufgabe irdischer Reichtümer zu fordern. *Superbia, libido, cupiditas,* die häufig mit Reichtum einhergehen, muss christliche Tugend überwinden. Sie muss sich, im Falle der Gefangenschaft und des Hungers, gleichsam zur Gleichgültigkeit diesen gegenüber verstehen. Wie das Regulusbeispiel zeigt, ist das Ziel rechter Tugend nach dem Maßstab der *virtus* der Seele zu bestimmen. Es fordert vom Christen, nach dem göttlichen Gebot recht zu leben. Wie schon Laktanz, so betont auch Augustinus, die Notwendigkeit des christlichen Gewaltverzichts, den jedes rechte Leben auf Erden erfordert. Wie dieser erkennt er aber auch ein Tötungsrecht der irdischen Strafgewalt gegenüber Verbrechern an, das die *severitas* als Teil der *iustitia* einräumt. Gleiches gilt für den gerechten Krieg. Das Elend auf Erden wird andauern, solange die Heiden den Lastern der verruchten Seele frönen, solange Christen in ihrem Inneren doch um den Verlust irdischer Güter fürchten und daher gute Werke um des materiellen Wohlstandes willen unterlassen. Solange wird auch die Freiheit von barbarischer Plünderung für einen Staat bedeutungslos sein, der keine inneren Sitten kennt.

2. Das zweite Buch des Gottesstaates

Auch im zweiten Buch des Gottesstaates hält Augustinus an der sachlich-kritischen Auseinandersetzung mit der römischen Staatsgewalt fest. Er will darlegen, (1) wie viele Übel der Staat trotz der Götzenopfer erlitten, (2) wie sehr er in seiner Machtentfaltung von Gottes Hilfe, dem alle Reiche unterworfen sind, profitiert hat und, (3) dass auch Götterverehrung mit dem Ziel eines Nutzens in einem jenseitigen Leben nicht zielführend ist. Gezeigt werden soll, dass auch die Philosophen irren, die die Unsterblichkeit der Seele oder die Vorsehung eines wahren Gottes anerkennen.[78] Das zweite Buch ist so zunächst vor allem der Apologie verpflichtet. Es hat die Schwere der bereits unter der Götterherrschaft erlittenen Schicksalsschläge darzutun und so zu belegen, dass nicht das Christentum für die Rom befallenden Übel verantwortlich ist.[79]

a) Die Abwesenheit eines römischen Tugendideals

Mit der Frage, auf welchen ideologischen Grundlagen sich der römisch-heidnische Weltstaat in seinen Fundamenten gründet, wendet sich Augustinus gleichsam der „Achillesverse“ zu, die von jeher das Einfallstor christlicher Apologetik gebildet hatte.

aa) Das Fehlen einer Tugendlehre im heidnischen Götterglauben

Ist die Erringung der römischen Weltherrschaft auf die für die Römer sorgenden Götter zurückzuführen, so müssen Vorgaben für die Sittlichkeit (*mores*) der Anbetenden existieren. Gesetze in Ansehung des rechten Lebens (*ad bene vivendum*) sucht der den Göttern opfernde Mensch im heidnischen Götterglauben allerdings vergebens, da sie nicht existieren.[80] Mögliche Gründe ihres Fehlens weist Augustinus zurück. Er lässt weder den Einwand gelten, wonach es innerhalb der Göttertempel an einem Einvernehmen darüber fehlt, was dem Menschen von den Göttern auferlegt wird, noch akzeptiert er den Einwand, dass der Mensch aufgrund der Willensfreiheit nicht unbedingt an göttliche Gebote gebunden werden kann. Die Abwesenheit bestehender göttlicher Gebote wird vor dem Hintergrund der Lebenswirklichkeit zur Gewissheit der Schlechtigkeit der Götter. Sie haben die sie verehrenden Völker vom Niedergang nicht verschont, vielmehr zugelassen, dass auch diese Übel erleiden.[81] Ihr Versagen manifestiert sich in dreifacher Weise. Sie konnten den Schutz materieller Güter nicht gewährleisten (Äcker, Weinberge, Gebäude, Vermögen) und die der Seele unterworfenen Güter des Körpers – die körperliche Unversehrtheit der Menschen – nicht bewahren. Drittens fehlt es an Geboten gegen Mängel der menschlichen Seele. Ohne Tugendlehre neigt sich diese leicht zu *avaritia* und *luxuria*.

---

78 *Augustinus*, De civitate Dei, I, 36, S. 72.
79 *Augustinus*, De civitate Dei, II, 3 f., S. 80.
80 *Augustinus*, De civitate Dei, II, 4, S. 80.
81 *Augustinus*, De civitate Dei, II, 6, S. 84.

Der für das irdische Leben der Menschen einschneidenste Makel liegt im Fehlen einer umfassenden Pflichtenlehre begründet, deren notwendigen Grundinhalt Augustinus an dieser Stelle umreißt. Jedwede Pflichtenethik muss Aussagen darüber treffen, (1) welches die Gründe der Dinge sind, (2) wozu der Mensch existiert, (3) welcher Weg zum Ziel des menschlichen Lebens führt, (4) welches Maß der Güter dem Menschen zu Besitz geziemt, (5) was der Nutzen der Güter und die Schuld gegenüber dem Vaterland bedeuten, (6) was man den Verwandten schuldet und wie man nach göttlichem Willen sein soll und (7) wo sich der Ort des Menschen in der Welt befindet. Aussagen hierüber kann nur die christliche Kirche treffen,[82] da das Heidentum nicht einmal der Form nach, also etwa im Glaubenskultus, zu Aussagen darüber gelangt, wann Sünder zu tadeln, Übeltäter zu strafen und Rechtschaffenen Belohnungen zuzusprechen sind.[83]

bb) Das Scheitern der Erkenntnis durch menschliche Philosophie

Soweit dem heidnischen Staat Vorgaben rechten Lebens bekannt sind, entstammen diese allenfalls dem Streben von Menschen, die Natur der Dinge gemäß der menschlichen Vernunft und damit auch das Tugendhandeln zu bestimmen. Auch die Leistungen der Philosophie bleiben aber hinter den Anforderungen der geforderten Tugendlehre zurück. Ihr Streben stößt zugleich mit dem menschlichen Erkenntnisvermögen an seine Grenzen. Es ist nach innen zugleich durch die Mängel der menschlichen Natur begrenzt. Häufig waren es gerade die Philosophen, die in *superbia* verfielen. Ihnen fehlte zur *pietas* als Ausgangspunkt des rechten Strebens, die grundlegende Tugend der *humilitas*. Daher versagte ihnen die *providentia divina* die Erkenntnis auch nur von Splittern des göttlichen Gesetzes.[84] Weitere äußere Schwächen der Vermittlung menschlicher Erkenntnisse kommen hinzu. Erstens fehlt es menschlicher Erkenntnis an jedweder göttlichen Autorität und zweitens bezieht sie ihren Ertrag vorwiegend aus den Lehren der griechischen Philosophie. Sie kann sich nicht einmal durch den Vorzug römischen Ursprungs auszeichnen.

---

82 *Augustinus*, De civitate Dei, II, 6, S. 86 zitiert Persius, Sat. 3, 66–72: „Discite, o miseri, et causas cognoscite rerum, / Quid sumus et quidnam victuri gignimur, ordo / Quis datus aut metae qua mollis flexus et unde, / Quis modus argento, quid fas optare, quid asper / Utile nummus habet, patriae carisque propinquis / Quantum elargiri deceat, quem te Deus esse / Iussit et humana qua parte locatus es in re."; vergleichbar II, 16, S. 104: „Mala igitur animi, mala vitae, mala morum, quae ita magna sunt, ut his doctissimi eorum viri etiam stantibus urbibus res publicas perire confirment, dii eorum, ne suis cultoribus acciderent, minime curarunt...".

83 *Augustinus*, De civitate Dei, II, 4, S. 82.

84 *Augustinus*, De civitate Dei, II, 7, S. 86.

cc) Die Verunglimpfung jedweder Tugendbeispiele in der Erziehung der Jugend

Anstatt nun wenigstens der unvollkommenen menschlichen Philosophie nachzueifern und den von Grund auf falschen Götterglauben zurückzustoßen, werden der römischen Jugend zur Ausprägung ihrer Tugend alleine zwei Typen von Exempla geboten. Zum einen sind es die Beispiele heidnischer Götter – also der *libidio* eines Jupiter und der *crudelitas* einer Kybele; zum anderen ist es die Erinnerung an die Einrichtungen der Vorfahren (*instituta maiorum*). Beide haben nicht die Wirkung einer Erziehung zur Tugend, die nur durch gottgegegeben Gesetze (*leges deorum*) herbeigeführt werden kann.[85] Durch das Beispiel der Götter wird auch der Weg der Philosophie verschlossen. Der Mensch folgt eher der *auctoritas* von Göttern, die auf ihr Geheiß Zirkusspiele anordnen und zulassen, als sich den menschlichen Regeln der Philosophen zu unterwerfen.[86] Daher übernimmt er auch bereitwillig jede Verunglimpfung der Götter oder auch Menschen, die ihm in der falschen Lehre dargeboten wird. Werden aber die Vorbilder des Staatswesens, wird ein Perikles, ein Gnaeus Scipio oder ein Marcus Cato Gegenstand von Hohn und Spott, so wird schließlich das menschliche Leben der Einbildungskraft der Poeten unterstellt. Gerechte Verhandlungen durch Magistrate, die dem Einzelnen die Möglichkeit einräumen sich gegen solcherlei Vorwürfe zu verteidigen, finden kein Gehör mehr.[87]

Wenngleich die Römer die Verspottung führender Staatsmänner im Theater meiden, ist dies kein Zeichen von Einsicht in die Schädlichkeit der Aufführungen. Denn schon die dort unbestritten gestattete Übertreibung göttlicher Laster zeigt, dass hier menschliche *superbia* einen Menschen schont, wo ein Gott verlacht wird.[88] Selbst wenn man unterstellt, dass über die Götter, wie behauptet, nur Lügengeschichten vorgetragen werden, so wird doch dadurch die *pietas* aufgehoben. Vergleichbare Lästerung würde in Ansehung römischer Staatsmänner niemals zugelassen werden. Wenn also die Götter dies dulden und sogar fördern, ist auch der Weg des Menschen vorgezeichnet. Weder die Übel der Seele noch die Übel der Sitten sind der Besserung zugänglich, wenn die Götter selbst das Laster säen.[89]

b) Die menschlichen Gesetze der Römer

Mangels göttlicher Gesetzgebung waren also die Römer darauf angewiesen, zur Ordnung ihres Staatswesens auf die Gesetze Solons zurückzugreifen. Ihre eigene Gesetzgebung – u. a. unter Numa Pompilius – reichte dagegen alleine zur Regierung

85 *Augustinus*, De civitate Dei, II, 7, S. 86, 88.
86 *Augustinus*, De civitate Dei, II, 8, 88. Zumal wenn jene Götter die (entstellenden) Aufführungen ihrer Laster sanktionslos hinnehmen.
87 *Augustinus*, De civitate Dei, II, 9, 90.
88 *Augustinus*, De civitate Dei, II, 9, 92; dazu erneut II, 12, S. 94, 96.
89 *Augustinus*, De civitate Dei, II, 12, S. 94; II, 14, S. 102. Daher verhallt auch die Kritik solcher Männer wie Cicero ungehört; so auch II, 16, S. 104; II, 19, S. 110, 112; II, 23, S. 124. Dazu *Straub*, Historia 1 (1950), 65: Verdikt gegen Rom.

eines Staatswesens nicht aus. Dem Fehlen göttlicher Gesetzgebung folgt der Zwang, menschliche Gesetze zu übernehmen.

Das Unterlassen der Götter, den Römern gute Gesetze zu geben, könnte allenfalls noch im Anschluss an die Geschichtsschreibung des Sallust dadurch gerechtfertigt werden, dass die Römer in Ansehung des Rechten und Guten durch Gesetze nicht hätten gebessert werden können.[90] Jenen immanenten Sinn für das Rechte und Gute sieht Augustinus aber bereits alleine durch das Beispiel des Raubes der Sabinerinnen widerlegt.[91] Wenn Sallust also vom Gerechtigkeitssinn der Römer spreche, so beziehe sich dies allenfalls auf die Zeit unmittelbar nach Vertreibung der Könige – betreffe also den kurzen Zeitraum bis hin zu den *dissensiones* des römischen Staatswesens in den Ständekämpfen.[92] Soweit danach, etwa in der Zeit zwischen dem zweiten und dem letzten Punischen Krieg, die *concordia* des Staatswesens von Bestand gewesen sei, sei dies eher aus Furcht um den ungewissen Frieden (*metum pacis infidae*), denn aus Liebe zur Gerechtigkeit (*amorem iustitiae*) der Fall gewesen. Dies habe Sallust in Ansehung der danach herrschenden Zustände auch eingeräumt (*discordia et avaritia atque ambitio et cetera secundis rebus oriri sueta mala*).[93] Ein an *aequitas* und *modestia* orientiertes Recht hat also allenfalls innerhalb eines kurzen Zeitraumes geherrscht und war in jedem Falle die Folge ständiger Bedrohung und der Furcht vor Krieg und Königtum. Entfielen diese, etwa nach dem Tod des Tarquinius oder der Zerstörung Karthagos, kam es im unmittelbaren Anschluss zur Machtanmaßung der Patrizier, die sich in Ansehung der Plebs als Inhaber des Imperiums und damit unumgrenzter Gewalt ansahen. Unterdrückung und *discordia* haben das römische Staatswesen in Abwesenheit der Kriege bestimmt.[94] Den raschsten und nachhaltigsten Sittenverfall hat schließlich der Fall Karthagos hervorgerufen, in dessen Anschluss die *discordia* sich bis hin zu den Bürgerkriegen steigerte.[95]

---

90 *Augustinus*, De civitate Dei, II, 17, S. 104 verweist auf Sallust (Cat. 9): „...ius bonumque apud eos non legibus magis quam natura valebat".

91 *Augustinus*, De civitate Dei, II, 17, S. 104: „Ex hoc iure ac bono credo raptas Sabinas. Quid enim iustius et melius quam filias alienas fraude spectaculi inductas...". Als weitere Exempel fungieren (S. 106) die willkürliche Absetzung des Konsuls Lucius Tarquinius Collatinus sowie die gegenüber dem erfolgreichen Feldherren Marcus Camillus zutage tretende Feindseligkeit.

92 *Augustinus*, De civitate Dei, II, 18, S. 106. Dieser Zeitraum ist, vgl. S. 108, nur gering zu veranschlagen.

93 *Augustinus*, De civitate Dei, II, 18, S. 108.

94 *Augustinus*, De civitate Dei, II, 18, S. 108.

95 *Augustinus*, De civitate Dei, II, 19, S. 110.

c) Der universelle und unbedingte Tugendcharakter des christlichen Gebotes

Anders verhält es sich mit dem Christentum. Es tritt der menschlichen *cupiditas „divina auctoritate"* entgegen und strebt nicht nach dem Beifall von Eitelkeit, sondern dem Urteil der Wahrheit.[96] Die christlichen Gebote, niedergeschrieben in den Worten der Propheten und den Evangelien der Apostel, verwahren sich gegen jede Form von *avaritia* und *luxuria.* Wenn der römische Staat durch *luxuria* und *avaritia* in Verfall gerät, dann jedenfalls nicht durch die Christen, die *superbia* von Anfang an zu unterbinden versuchten. Hinzu kommt, dass sich das christliche Gebot unumschränkt an alle Menschen richtet. Die Regeln für das rechte Handeln sind auf die *reges terrae* ebenso anwendbar, wie auf alle Völker, ihre *principes* und auch auf alle *iudices, iuvenes, virgines, seniores cum iunioribus.*[97] Befolgte man diese umfassend, wäre das irdische Leben mit der *felicitas* des Gemeinwesens gekrönt und würde schließlich dem ewigen Leben zustreben.[98] Da aber der Mensch eher zu den Lastern als den Tugenden neigt, dulden und erdulden die Diener Christi (*famuli*) – vom König über Fürsten und Richter bis hin zu den Sklaven – auch das schlechteste Gemeinwesen, um sich durch ihre *tolerantia* schließlich im himmlischen Staat (*caelestique re publica*) unter Gottes Gesetz (*ubi Dei voluntas lex est*) ihren Platz zu bereiten.[99]

d) Die Prämissen des heidnischen Staatswesens und der Begriff der civitas

Auch die letzte der heidnischen Einwendungen gegen den Befund des Augustinus – dass nämlich das so verfasste heidnische Staatswesen jedenfalls dem Einzelnen die Befriedigung seiner Begierden verschaffen könne und so jedenfalls dem irdischen Güterreichtum seiner Bewohner diene – weist Augustinus zurück.

aa) Der heidnische Staat als Garant irdischen Wohlergehens?

Die heidnische Prämisse hierzu lautet: „Solange also der Staat besteht, wenn er gedeiht, siegreich ist und glücklicher noch, durch Frieden sicher, solange können wir zufrieden sein, da in diesem Fall jeder in die Lage versetzt wird, seinen Reichtum ständig zu mehren, die Armen auszunutzen, um die träge Ruhe im Dienste des Hochmutes zu erhalten." Ein solcher Staat verlangt nicht nach Zustimmung wegen des Nutzens für die Allgemeinheit, sondern zur allgemeinen Verprassung der Mittel. Der König sorgt sich nicht um die Tugenden seiner Untertanen, sondern um deren Unterwürfigkeit. Seine Herrschaft ist *dominatio.* Er ist nicht Rektor der Sitten,

---

96 *Augustinus*, De civitate Dei, II, 18, S. 110.

97 *Augustinus*, De civitate Dei, II, 19, S. 112.

98 *Augustinus*, De civitate Dei, II, 19, S. 112: „...et terras vitae praesentis ornaret sua felicitate res publica, et vitae aeternae culmen beatissime regnatura conscenderet."

99 *Augustinus*, De civitate Dei, II, 19, S. 112.

sondern verfügt über die Güter seiner Untertanen zur Befriedigung der eigenen Lust. Nicht *sinceritas*, sondern knechtische Gesinnung ist lobenswert.[100] Die Gesetze verurteilen nur denjenigen, der sich an fremdem Gut vergeht, nicht den, der eigenen Gütern Schaden zufügt. Mit diesem – auch den eigenen Leuten – kann er tun und lassen was er will, wozu auch die Gestaltung eines ausschweifenden Lebens gehört. Wer sich diesem Ziel versperrt, der wird zum Feind des Volkes erklärt und vernichtet.[101]

bb) Der civitas-Charakter eines am Laster ausgerichteten Staatswesens

Den sich im Grunde aufdrängenden Gedankengang – ist ein Gemeinwesen, das sich ausschließlich dem Ziel der individuellen Laster hingibt, terminologisch überhaupt noch als ein Gemeinwesen anzusehen, widmet Augustinus das anschließende Kapitel.

(1) Concordia: iustitia als iuris consensus

Die Behauptung, es sei völlig gleich in dem schändlichsten Staat zu leben, solange er jedenfalls als Staat bestehen bliebe, ist irrig. Schon Cicero (*De re publica* 2, 42, 69) hat erkannt, dass es für die Existenz des Staates wie für das Musizieren auf den Einklang der unterschiedlichsten Stimmen ankommt. Fehlt es aber an *moderatio*, zerbricht die Harmonie der Musik. Gleiches gilt für den Staat, wenn *concordia* fehlt. Da aber *concordia* ohne *iustitia* unmöglich herzustellen ist, weil es einen Vertrag ohne Gerechtigkeit nicht geben kann, ist ein auf der Ausübung von Lastern gegründetes Staatswesen keines mehr, das den Namen verdient.[102] Dies gilt auch dann, wenn seine Mauern noch Jahrhunderte fortbestehen.

Die *res publica* ist nichts als die Sache des Volkes. Das Volk aber ist nicht irgendeine Vielzahl von Menschen, sondern nur die durch *iuris consensus* und *utilitatis communione* vereinigte Menge. Gleich ob monarchische, aristokratische oder demokratische Regierungsformen vorherrschen bleibt doch der Staat nur dann Sache des Volkes, wenn er gut und gerecht (*bene ac iuste*) regiert wird. Hebt hingegen der

---

100 *Augustinus*, De civitate Dei, II, 20, S. 112, 114: „Tantum stet, inquiunt, tantum floreat copiis referta, victoriis gloriosa, vel, quod est felicius, pace secura sit. Et quid ad nos? Immo id ad nos magis pertinet, si divitias quisque augeat semper, quae cotidianis effusionibus suppetant, per quas sibi etiam infirmiores subdat quisque potentior. Obsequantur divitibus pauperes causa saturitatis atque ut eorum patrociniis quieta inertia perfruantur, divites pauperibus ad clientelas et ad ministerium sui fastus abutantur. Populi plaudant non consultoribus utilitatum suarum, sed largitoribus voluptatem. Non dura iubeantur, non prohibeantur impura. Reges non curent quam bonis, sed quam subditis regnent. Provinciae regibus non tamquam rectoribus morum, sed tamquem rerum dominatoribus et deliciarum suarum provisoribus serviant, eosque non sinceriter honorent, sed serviliter timeant."

101 *Augustinus*, De civitate Dei, II, 20, S. 114.

102 *Augustinus*, De civitate Dei, II, 21, S. 116; *Rist*, Augustine, 219.

Träger der Staatsgewalt den Gerechtigkeitskonnex auf – weil der König den Staat zu seiner Sache, die Aristokratie den Staat zur Sache ihrer Partei oder das Volk den Staat zur Sache jedes Individuums macht – so gibt es keinen Staat mehr. Wird das Volk ungerecht, weil jeder nur noch eigene Zwecke verfolgt, so fehlt es an jeder gesellschaftlichen Gemeinschaft und ist der Staat aufgelöst.[103] Wenn also das ererbte Sittengemälde der Römer verblasst, weil die Laster vorherrschen, verbleibt nur der Name des Staates, nicht aber die Substanz.[104] So geben dem Grunde nach die Römer selbst zu, dass ihr Staat – wenn überhaupt – dann nur für einen kurzen Zeitraum existiert hat.

(2) Das Idealbild des christlichen Staates

Legt man gar eine noch strengere Definition des Staatsbegriffes zugrunde – spricht man also von der *vera iustitia,* so wird man Staat nur das Gebilde nennen können, dessen Gründer und Leiter Jesus Christus ist. In diesem Falle wäre also das römische Staatswesen zu keinem Zeitpunkt ein Staat gewesen.[105]

(3) Ergebnis

Nach allen Auffassungen ist jedenfalls der heidnische Staat längst an dem eigenen Sittenverlust zugrunde gegangen, haben die Götter beim Schutz des Staatswesens durch Regeln zur rechten Lebensführung vollständig versagt.[106] Wozu soll man Gottheiten loben, die anstatt sich um die Seelentugend und ein rechtschaffenes Leben zu kümmern, das Gegenteil gefördert haben; wozu diejenigen verehren, die den Zerfall des Staatswesens nicht durch Besserung der Sitten aufgehalten haben; wozu ihnen etwas abgewinnen, wo sie doch Sulla nicht an den schändlichsten Verbrechen gegen die Bürger gehindert haben?[107] Solche Gottheiten, die die Bürgerkriege und den Brudermord fördern, sind üble Geister, Dämonen, die im Wege der Schandtaten die Sitten zugrunde zu richten trachten.[108] Demgegenüber verspricht alleine das Christentum *honestas*, rechtes Leben (*vita beata*) und rechte *quietas.*[109] Auch wahre Freiheit (*vera libertas*) ist nur auf der Basis christlichen Gottesglaubens möglich. Nur die der Erde entrückte *civitas* verspricht den Sieg, der dort mit der

---

103 *Augustinus*, De civitate Dei, II, 21, S. 118. Es bedarf also wenigstens eines Minimalkonsenses, der gemeinsamen Zweckverfolgung, vgl. *Horn*, Augustinus, 121.

104 *Augustinus*, De civitate Dei, II, 21, S. 120.

105 *Augustinus*, De civitate Dei, II, 21, S. 120. Augustinus macht also, was den iustitia-Begriff betrifft, von vorneherein eine Konzession, wenn er von der Gerechtigkeit in irdischen Staaten spricht, vgl. *Horn*, Augustinus, 119.

106 *Augustinus*, De civitate Dei, II, 22, S. 122.

107 *Augustinus*, De civitate Dei, II, 23, S. 124, 126; II, 24, S. 128.

108 *Augustinus*, De civitate Dei, II, 25, S. 132; ebenso II, 26, S. 134.

109 *Augustinus*, De civitate Dei, II, 29, S. 140; dazu *Straub*, Historia 1 (1950), 65.

Wahrheit gleichzusetzen ist. Nur sie verspricht *dignitas*, die Heiligkeit bedeutet, und einen Frieden, der *felicitas* miteinschließt.[110]

e) Bewertung

Hatte Augustinus im ersten Buch im Kern betont, dass das christliche Gemeinwesen den Status einer *civitas* auf Erden für sich in Anspruch nehmen kann, deren Herrscher (Gott) auf Erden aktiv in das Weltgeschehen eingreift, so gerät mit dem zweiten Buch das römisch-heidnische Gemeinwesen in das Zentrum der Darstellung. Die zentrale Frage lautet: Inwiefern kann sich das (1) heidnische und (2) römische Gemeinwesen auf einen Begriff der *civitas* gründen, dessen Grundbedingung die innere Übereinstimmung der Bürger (*concordia*) als eine rechtliche (*iuris consensus*) darstellt.

Als Ausgangspunkt der Antwort dient Augustinus die römische Weltherrschaftsideologie. Rom behauptet, die Weltherrschaft auch mit Hilfe der heidnischen Götter errungen und erhalten zu haben. Trifft gerade das Zweite zu, so muss eine innere Lebensordnung des römischen Gemeinwesens existieren, deren Grundlage jedenfalls auch in Geboten der Götter ihren Niederschlag findet. Gerade daran aber fehlt es in der Vielfalt des Götterhimmels. Auch der heidnische Rekurs auf die Willensfreiheit jedes einzelnen Menschen erklärt nicht, warum keine Verfassung für das Gemeinwesen existiert. Letztere müsste in ihrem Kern jedenfalls Aussagen über tadelns- und strafenswertes sowie über lobenswertes Verhalten treffen. Damit aber fehlt das wesentlichste Element der Götterherrschaft – die Erfüllung der Pflicht, den Menschen vor Schaden zu bewahren. Der höchste Bestandteil dieser Pflicht wiederum ist, durch Verhaltensgebote Schaden von der menschlichen Seele abzuwenden.

Da im Götterhimmel die Grundlage eines *iuris consensus* der *res publica* nicht auszumachen ist, verbleibt nur der Rekurs auf menschliche Tugendgebote. Hierfür bietet der Römerstaat drei mögliche Anhaltspunkte: (1) Das Erkenntnisstreben der menschlichen Philosophen, (2) die Tugendexempla römischer Vergangenheit und (3) die These des Sallust, die Gesetze hätten den Römern von vorneherein die bestmögliche Verfassung gewährleistet.

Den zuerst genannten Lehren menschlicher Philosophen – also vor allem griechischer und nicht römischer – fehlt es aber an Wirkmächtigkeit innerhalb des römischen Gemeinwesens. Weder existiert eine einheitliche menschliche philosophische Erkenntnis, noch hat sie die Durchsetzungskraft göttlicher Gebote. Außerdem geht sie nicht auf Menschen zurück, die selbst tugendhaft gelebt hätten. Menschliche und noch dazu nicht römische Erkenntnis, die selbst in *superbia* verhaftet ist und die *providentia divina* nicht kennt, kann aber zur Anleitung eines Gemeinwesens als Beispiel dienen. Menschliche Beispiele der Römertugend aber, also etwa dasjenige des Regulus, setzen sich ebenso wie gute Beispiele der Philosophie in einer Jugend nicht durch, der stets das Beispiel lasterhaftem göttlichen

110 *Augustinus*, De civitate Dei, II, 29, S. 142: „Incomparabiliter superna est civitas clarior, ubi victoria veritas, ubi dignitas sanctitas, ubi pax felicitas, ubi vita aeternis."

Handelns, etwa des Jupiter, vor Augen geführt wird. Wenn zudem zwar nicht die Tugendvorbilder selbst, wohl aber die Tugenden, innerhalb der Spiele zum Gegenstand von Hohn und Spott werden, muss die Anlehnung auch an diese scheitern.

Verbleibt also alleine die These des Sallust, die aber vor dem Hintergrund der Geschichte des römischen Staatswesens rasch an Glaubhaftigkeit einbüßt. Dass Rom von Anbeginn an unter *dissensiones* litt und die ungebremste Ausübung des individuellen Strebens der Gier nach Luxus nur durch die Furcht vor den Feinden zurückhielt, ist nicht zu bestreiten. Dem Fall Karthagos folgt der Bürgerkrieg. Abwegig ist vor diesem Hintergrund und dem universellen Inhalt christlicher Handlungsgebote auch die These, die Christen hätten zum Sittenverfall beigetragen.

Im Ergebnis steht fest: Der heidnisch-römische Weltstaat in Gestalt des gegenwärtigen Gemeinwesens verdient es nicht, als *civitas* und *res publica* bezeichnet zu werden. Für Ersteres fehlt das Band der *concordia*, dessen Grundvoraussetzung *iustitia* wäre. Schon das Minimum derselben, nämlich jedenfalls Gebote für das irdische Leben, ist nicht existent. Für Letzteres fehlt es an jeder Art *iuris consensus* über dasjenige Streben, das mit guter und gerechter Regierung zu verwirklichen ist. Eine Lehre individueller Befriedigung von Begierden verbindet Menschen nicht zu einem „Volk" und führt am Ende direkt in den Bürgerkrieg.[111] Vom Idealstatus der christlichen *civitas*, die in ihren Geboten für das rechte Leben *quietas, securitas, libertas* verheißt, den Sieg verspricht und einen Frieden wahrer *felicitas*, ist die römische Masse der Individuen weit entfernt.

3. Das dritte Buch des Gottesstaates

Handelten so das erste und zweite Buch vom sittlich rechten Leben und von den Übeln der menschlichen Laster, so will Augustinus im dritten Buch die Auseinandersetzung um die Übel führen, die den Menschen nicht schlecht machen, vom Menschen aber als schlecht angesehen werden. Hierzu gehören Natureinflüsse ebenso wie menschengemachtes Unheil – Hunger, Krankheit, Krieg, Plünderung, Gefangenschaft und Niedermetzelung.[112]

a) Die Ursachen der äußeren Übel: Missachtung der iustitia – das Beispiel Trojas

Schon das erste historische Beispiel hierfür, der Fall Trojas, zeigt den Urgrund jener Übel: die Verehrung falscher Götter und die Nichtachtung der *iustitia* innerhalb des Staates. Die Götter, die sich zur Errichtung der Mauern Trojas in den Dienst des Laomedon gestellt haben – allen voran der hellsichtige Apoll – waren nicht fähig, dessen Absicht zum Eidbruch vorherzusehen. Den erfolgten Eidbruch vergelten sie dann aber nicht am Täter, sondern an dessen Sohn Priamos. Im Gegensatz dazu

111 *Rist*, Augustine, 217.

112 *Augustinus*, De civitate Dei, III, 1, S. 144: „...qualia sunt fames morbus, bellum exspoliatio, captivitas, trucidatio, et si qua similia...".

stören sie sich in Rom nicht an der Verschwörung Catilinas, nicht an den Sünden der Bürger auf den Volksversammlungen oder an bestechlichen Senatoren und falschen Eiden in den Gerichtshöfen.[113] Gleichermaßen sollen sie in Troja den Ehebruch der Paris geahndet haben, während sie den Ehebruch Aphrodite ungesühnt ließen, aus dem der Gründer der Stadt Rom, Aeneas hervorging.[114] Auch haben sie die Stadt Rom nicht für den Mord des Romulus an Remus mit ihrem Zorn gestraft, wenngleich Troja aufgrund vergleichbarer Untaten des Paris dem Schwert überantwortet wurde.[115] Zuletzt, wenn also die Götter offenbar an Rom größeren Gefallen finden als an Troja, haben sie doch die erneute Zerstörung Trojas durch Gaius Flavius Fimbria zugelassen, wenngleich die Stadt sich in den Auseinandersetzungen der sullanischen Zeit auf die Seite der Stadt Rom geschlagen hatte.[116]

b) Die falsche Erhebung menschlicher fortitudo zu Gottheiten

Offensichtlich sind die Göttererzählungen perplex.[117] So mussten selbst die Römer, allen voran Varro, einräumen, dass man Menschen deswegen zu Göttern erhebt, weil es der *utilitas* dient. Die These der Römer lautet, dass durch die Erhebung menschlicher Stärke (*fortitudo*) unter die Götter der menschliche Geist zu größeren Dingen angeleitet wird und diese mit größerer Stärke und zum Ausgang glücklicherer Sicherheit (*securitas*) betreibt.[118] Wenn also die äußeren Übel des dritten Buches eintreten, dann offenbar nicht durch die Hand der Götter oder jedenfalls nach vollkommen willkürlichem, göttlichen Verhalten. In beiden Fällen aber sind die Götter nicht verehrenswert.

c) Die Ursachen der Römerherrschaft

aa) Der Römerfriede unter Numa – Rechtfertigungen des Krieges

Dogmatisch von größerem Interesse, vor allem in Ansehung der Termini, die in Rom zur Beschreibung eines glücklichen Gemeinwesens angeführt werden, ist die nachfolgende Darstellung des Friedenszustandes unter Numa Pompilius. Zwar genießt Rom unter seiner Herrschaft jedenfalls 39 Jahre lang Frieden, doch ist dieser Friedenszustand aus christlicher Sicht schon deswegen nicht als glücklich zu bezeichnen, weil ihn Numa nicht für heilbringende Dinge (*rebus salubribus*)

---

113 *Augustinus*, De civitate Dei, III, 2, S. 146, mit erneutem Verweis auf den Sittenverfall: „...corruptissimis moribus...".

114 *Augustinus*, De civitate Dei, III, 3, S. 148.

115 *Augustinus*, De civitate Dei, III, 6, S. 150.

116 *Augustinus*, De civitate Dei, III, 7, S. 152 mit der Frage, welch größere fides, welch größere honestia denkbar sei, als die der Stadt Troja in den Bürgerkriegen.

117 Vgl. auch *Augustinus*, De civitate Dei, III, 8, S. 154 mit der provokanten Frage, ob denn die Götter während der zweiten Zerstörung Trojas vielleicht in Rom und während des Galliersturms vielleicht in Troja gewesen seien.

118 *Augustinus*, De civitate Dei, III, 4, S. 148.

eingesetzt hat. Anstatt *pietas* gegenüber dem wahren Gott zu üben, hat er die Muße (*otium*) seiner Zeit falschen Dingen gewidmet und versucht, sich alle Gottheiten zu verbünden, obwohl die Götter offensichtlich den Friedenszustand trotz Verehrung nicht genutzt hatten und deswegen falsch sein mussten.[119]

Den Einwand, Rom habe die Größe der Ausdehnung seines Reiches, seine *gloria* mit dem Opfer der *quietas* erkauft, weist er scharf zurück.[120] Wenn schon für den Menschenkörper das rechte Maß am gesündesten ist, wäre es auch für Rom nicht schädlich gewesen, wenn die von Sallust beschriebenen Zeiten angedauert hätten, in denen es zwar *reges* (im Sinne einer Bezeichnung ihrer Herrschaftsmacht, des *imperium*) gab und doch die Menschen sich noch mit dem Ihrem zufriedengaben und nicht von *cupiditas* erfüllt waren.[121] Denn die stetige Vergrößerung Roms war begleitet von stets wachsender Gewinnsucht.

Entgegnet man weiter, Rom habe den Krieg nicht vermeiden können, da seine Größe Neider hervorgebracht hatte (*invidia ex opulentia*), gegen die die Stadt ihr Heil und die Freiheit (*salutis et libertatis*) des Vaterlandes mit Waffengewalt verteidigen musste, so stellt sich die Frage, warum ausgerechnet mit Numa der Friede einkehrte, obgleich doch wohl die Neider die Waffen nicht niedergelegt haben dürften. Demnach muss es Numa gelungen sein, die Erwiderung von Waffengewalt mit Waffengewalt während eines neununddreißigjährigen Zeitraumes zu vermeiden. Vor diesem Hintergrund stellt sich die Frage, warum Rom später niemals in Frieden gelebt hat.

In jedem Falle steht fest: haben menschliche Neider Rom den Krieg aufgezwungen, so handelt es sich um menschliche Kriege, angezettelt von Neidern, aber auch erwidert von Rom, in denen für die Götter kein Raum ist.[122] Gerade auf die für die Römer entscheidenden Merkmale der *felicitas* der Zeit, auf die *pax* und den Sieg im Krieg, haben die Götter keinerlei Einfluss.[123]

bb) Das Heil der falschen Götter

Numa Pompilius, der Stifter des Götterglaubens, hat dies vermutlich auch deswegen übersehen, weil er nicht daran glaubte, dass ein allmächtiger Gott (*omnipotentem summum Deum*) sich um die Dinge der Welt sorge. Er vertraute daher auch nicht ihm, sondern vermeintlichen Göttern das Wohlergehen (*salus*) der Stadt Rom und

---

119 *Augustinus*, De civitate Dei, III, 9, S. 156.

120 Einmal abgesehen von der Frage, welcher Art dieser Tausch ist, werden pax und quietas letztlich eingetauscht gegen überaus blutigen, von Lastern begleiteten und auch noch i. e. geringen Landgewinn. Vgl. *Augustinus*, De civitate Dei, III, 16, S. 176.

121 *Augustinus*, De civitate Dei, III, 10, S. 156: „Ut magnum esset imperium, cur esse deberet inquietum?“ mit Verweis auf Sallust, Cat. 2.

122 *Augustinus*, De civitate Dei, III, 10, S. 158: „Sed regnante Numa, ut tam longa pax esset, utrum inruebant inprobi belloque temptabant, an nihil eorum fiebat, ut posset pax illa persistere.“ *Straub*, Historia 1 (1950), 70.

123 *Augustinus*, De civitate Dei, III, 10, S. 158.

die römische Herrschaft an.[124] Das römische Gemeinwesen leidet also von seiner Spitze her. Die höchste Gewalt unterstellt sich falschen Göttern, sie folgt damit einer falschen Grundkonzeption des Staates. Das Gemeinwesen legt, sehr zum Zorne Gottes, diese Auffassung auch nach unzähligen Niederlagen nicht ab.[125]

cc) Die Grundlegung der römischen Herrschaft in Brudermord und Raub

Dadurch gründet sich der römische Staat auf den von den Göttern nicht gesühnten Brudermord und auf den durch List und Raub errungenen Sieg gegen die Sabiner. Er ist zugleich Sinnbild der Art des römischen Sieges (*victoria*) in welchem, nach dem Raub der Sabinerinnen, nun Schwiegervater und Schwiegersohn, also Familienangehörige, gegenseitig ihr Blut vergießen.[126]

dd) Kriegsführung durch Muße und Gier

Dass ein Staatswesen, das sich Göttern unterstellt, die dem menschlichen Leben keine Gebote an die Hand geben, schließlich auch des Friedens aufgrund der langen Dauer überdrüssig wird, liegt für Augustinus auf der Hand. Die Feststellung hilft, die Antwort auf die Frage nach dem dauernden Kriegszustand der Römer noch zu präzisieren.[127] Rom, das seine Natur unter dem Namen der *victoria* versteckt, bricht den Frieden Numas aus Trägheit, aus dem Wunsch danach, wieder Triumphe feiern zu können. Der Staat gibt sich dem schlimmen Frevel des Krieges letztlich aus überbordender, nutzlos erscheinender Muße hin. Die einzige Kriegsursache ist die *libido* des römischen Volkes, die Gier nach *dominatio,* nach dem „größten Reich". Darin alleine besteht die *gloria,* von der Rom spricht.[128] Rom ist der Sünder (Ps 9, 23), der die Laster seiner Seele mit heuchlerischer Hülle zu verstecken sucht.

Niemand darf sich in Wahrheit *magnus* schimpfen, nur weil er gekämpft und den Sieg errungen hat. Weit besser wäre es gewesen, die Römer hätten, wenn sie schon nicht zum rechten Gottesglauben fanden, weiter in träger Ruhe verharrt, als das Ergebnis solcher Kämpfe unter den Begriff der *gloria* zu subsumieren.[129] So führen

---

124 *Augustinus,* De civitate Dei, III, 11, S. 160.

125 *Augustinus,* De civitate Dei, III, 12, S. 162: „...magnis et horrendis cladibus...".

126 *Augustinus,* De civitate Dei, III, 13, S. 164.

127 *Augustinus,* De civitate Dei, III, 14, S. 166: „Quanto malo non solum suo, sed etiam Romanorum in bellum Albani provocati sunt, quia videlicet pax Numae tam longa viluerat!"

128 *Augustinus,* De civitate Dei, III, 14, S. 168; vgl. *Vergil,* Aeneis, VI, 814: „Tullus in arma viros ut iam desueta triumphis Agmina"; „Libido ista dominandi magnis malis agitat et conterit humanum genus. Hac libidine Roma tunc victa Albam se vicisse triumphabat et sui sceleris laudem gloriam nominabat."

129 *Augustinus,* De civitate Dei, III, 14, S. 170: „Nemo mihi dicat: Magnus ille atque ille, quia cum illo et illo pugnavit et vicit. Pugnant etiam gladiatores, vincunt et ipsi, habet praemia laudis et illa crudelitas; sed puto esse satius cuiuslibet inertiae poenas luere quam illorum armorum quaerere gloriam." Die Argumentation erinnert

die römischen *reges* Kriege trotz bestehender Friedensschlüsse, ohne jemals zu einer Friedenszeit zu gelangen.[130] Daher wird auch das Ende des Mörders Romulus während einer Sonnenfinsternis als Aufstieg zu den Göttern zum Ruhme seiner Tüchtigkeit (*virtutis gloria*) gedeutet, obgleich seine Lasterhaftigkeit bekannt ist.[131] Auch hier ist ein einheitlicher Umgang mit der Königsherrschaft nicht erkennbar. Tarquinius Superbus wird für die Sünden des Sohnes aus der Stadt vertrieben, für die eigenen Sünden (Ermordung des eigenen Schwiegervaters) aber nicht getadelt.[132]

d) Die römische Verfassung nach der Überwindung der Königsherrschaft

Augustinus fragt weiter, ob denn wenigstens für die Phase nach Aufhebung der Königsherrschaft, also für den Zeitraum, in dem nach Sallust angeblich *aequo et modesto iure* verfahren worden sei, von einer besseren Herrschaft gesprochen werden könne.[133]

Auch hier fehlt es aber letztlich an ruhmwürdiger römischer Tugend, da der Rechtszustand der Gesellschaft zunächst einzig durch die Furcht vor einer erneuten Usurpation des Tarquinius Superbus aufrechterhalten und nicht von der Einsicht in die Notwendigkeit der *iustitia* selbst bestimmt wird.[134] Die neue Verfassungsordnung hindert den ersten Konsul der Stadt, Junius Brutus, nicht daran, seinen Kollegen Lucius Tarquinius Collatinus bloß wegen des Namens aus dem Amt zu vertreiben und auch diese Tat mit dem Terminus der *gloria* zu belegen.[135]

Der mit dem Tod des Tarquinius Superbus und dem Nachlassen der Bedrohung sofort eintretende Zerfall dieser Ordnung, deutet gleichermaßen darauf hin, dass es dem römischen Staatswesen an innerer Struktur mangelt und *aequitas, iustitia* und *modestia* ausschließlich heteronom bestimmt sind. Im Inneren des römischen Staatswesens herrscht das Streben der Patrizier nach dem Imperium vor. Die Plebs wird jedenfalls bis zur nächsten äußeren Bedrohung durch Karthago unterdrückt. Prägend für den römischen Staat ist innere *discordia*, verbunden mit der durch die Kriege von außen her erzeugten *inquietas*. Jeder Sieg bringt keine *beatitudo* mit sich, sondern ist allenfalls ein Trostmittel der Unglücklichen. Der Sieg ist gleichzeitig für

---

an die Ablehnung der Verehrung der Herculier in Laktanz' Institutionen. Durch sie setzt sich Augustinus zugleich in Gegensatz zu der Auffassung Sallusts, dass es im Römischen Reich einen Idealzustand gegeben habe, vgl. *Rist*, Augustine, 221.

130 *Augustinus*, De civitate Dei, III, 14, S. 172.

131 *Augustinus* beruft sich auf Cicero, De civitate Dei, III, 15, S. 174, verweist auf dessen 3. Rede gegen Catilina und den Dialog Hortensius, um die gegenläufige Auffassung des gleichen Autors darzustellen.

132 *Augustinus*, De civitate Dei, III, 15, S. 176.

133 Auf diesen Satz des Sallust greift Augustinus in den folgenden Kapiteln stets zurück, wenn er die Laster der Stadt Rom darstellt. Zuerst, De civitate Dei, III, 16, S. 176; dann wieder III, 16, 178 a. E. u. III, 17, S. 180.

134 *Augustinus*, De civitate Dei, III, 16, S. 176.

135 *Augustinus*, De civitate Dei, III, 16, S. 178.

die Ruhelosen erneuter Antrieb zu weiterem Unglück.[136] *Turbationes* und *seditiones* des römischen Staatswesens sind dementsprechend u. a. bei Sallust überliefert.

Die römische Ordnung versieht das Streben nach *dominatio* mit der Bezeichnung von *honestia*, gleich, ob es von Plebejern oder Patriziern ausgeht. Gut und schlecht werden ausschließlich nach dem Umfang des Vermögens bemessen, wo nach der Verworfenheit der Einzelpersonen keine Unterschiede mehr existieren.[137] Von den römischen Göttern fehlt auch in dieser Zeit jede Anleitung zu rechtem Verhalten, was die Exempla des siebzehnten Kapitels plastisch vor Augen führen. Die römische Gesellschaft selbst unterliegt infolge ihres mangelnden inneren Halts einer immer stärker werdenden Militarisierung, die schließlich auch die *proletarii*, also jene die eigentlich für den Nachwuchs sorgen sollten, erfasst. Zugleich gehen die Göttertempel in private Hände über. Jede Götterverehrung erlischt – bis Naturkatastrophen und Seuchen die Römer erneut zu Akten leerer Verehrung veranlassen.[138] So wird die römische *victoria* mit Niederlagen erkauft – Zerstörung auch unbeteiligter *civitates*, Verwüstung der Weltregionen, schwankendes Kriegsglück, Vernichtung von Menschenleben und Schiffen. Der römische Sieger gleicht eher einem Besiegten.[139] Das beste Beispiel römischer Tugendhaftigkeit bietet allenfalls noch Regulus. Er darf zu Recht als *magnus* bezeichnet werden und unterlag doch dem römischen Fehler, den Karthagern im Sieg zu harte Friedensbedingungen zur Befriedigung des Strebens nach *gloria* aufzuerlegen.[140] Wenn ausnahmsweise einmal der Schutz der Staatsgötter benötigt würde, so um die Treue (*fides*) der Stadt Sagunt auszugleichen, sind diese nicht zur Stelle. Sie erfüllen die an sie gerichtete Forderung, das Glück der vergänglichen Dinge zu gewährleisten, nicht.

Beide Beispiele, Regulus und Sagunt, zeigen, dass die Bewahrung der Treue von den Göttern nicht gedankt wird. Dann aber wird das irdische Ziel der Götterverehrung verfehlt, oder aber die Götterverehrung richtet sich nicht auf die *felicitas* auf Erden.[141] Nicht einmal zur Zeit größter Sittsamkeit und höchster *concordia* des Staatswesens, also zwischen dem Ende des Zweiten und dem Beginn des Dritten Punischen Krieges, erstattet der römische Staat seinem Beschützer Scipio, dessen *virtus* er alleine seine *libertas* verdankt, den ihm gebührenden Dank. Mit seinem Tod setzt sich vielmehr asiatische *luxuria* in Rom durch. Auch hier halten die Götter demjenigen nicht die Treue, der das Vaterland befreit hat.[142]

---

136 *Augustinus*, De civitate Dei, III, 17, S. 180.

137 *Augustinus*, De civitate Dei, III, 17, S. 180.

138 *Augustinus*, De civitate Dei, III, 17, S. 184, 186. Am Ende werden auch die Verbrecher rekrutiert, III, 19, S. 192.

139 *Augustinus*, De civitate Dei, III, 18, S. 186, 188; III, 19, S. 190 „...similor victo fuerit ille qui vicit...".

140 *Augustinus*, De civitate Dei, III, 18, S. 188.

141 *Augustinus*, De civitate Dei, III, 20, S. 194, 196.

142 *Augustinus*, De civitate Dei, III, 21, S. 196.

e) Rom nach dem Sieg über Karthago

Wenn also der Zustand des römischen Staates in dieser Zeit als besser umschrieben wird, dann einzig deswegen, weil die Siege nach außen nicht zugleich von der *discordia* im Inneren begleitet wurden. Mit der endgültigen Sicherung der Freiheit durch den Fall Karthagos wird aber auch das Ende innerer Eintracht besiegelt. Bis zu den Zeiten des Augustus erweist sie sich nur noch als schwach und unheilbringend. Erst Augustus gelingt die Erneuerung des Staatswesens in einer Restauration, faktisch in der Wiederherstellung der alten Königsgewalt.[143] Bundesgenossen-, Sklaven- und Bürgerkriege zerreißen in der Zwischenzeit das Reich im Inneren. Die *discordiae civiles*, treffender als *discordiae inciviles* bezeichnet, lassen über Meinungsverschiedenheiten alleine das Eisen entscheiden. Ausgehend von den Ackergesetzen der Gracchen, die scheitern mussten, weil sie eine lange etablierte *iniquitas* beseitigen wollten, kam es zum gesellschaftlichen Bruch. In diesem entscheiden nicht mehr *leges*, sondern ausschließlich bewaffnete Konflikte. Der im Staatswesen herrschenden *discordia* suchen die Römer schließlich durch die Errichtung eines Tempels der *concordia* vorzubeugen, der tatsächlich als taugliches Hindernis gegen Aufruhr angesehen wird.[144]

Im Sieg Sullas in der Auseinandersetzung mit den Anhängern des Marius zeigt sich auch die Unwirksamkeit dieses Vorhabens. Sein Sieg demonstriert, dass der römische Sieg mit so vielen Menschenleben erkauft wird, dass man kaum mehr zwischen den Verlusten zur Erringung und aufgrund der Erringung des Sieges unterscheiden kann. Die nun hergestellte Art des Friedens, *ipsa pace saeviente*, ist nicht nur leer und trostlos, sondern unterscheidet sich in nichts mehr vom Kriegszustand. *Pax cum bello de crudelitate certavit et vicit. Illud enim prostravit armatos, ista nudatos. Bellum erat, ut qui feriebatur, si posset, feriret; pax autem, non ut qui evaserat viveret, sed ut moriens non repugnaret.*[145]

Nicht einmal die *saevitia barbaroum* lässt sich mit dem Sieg der Bürger über die eigenen Bürger vergleichen. Die Bürgerkriege schmerzen mehr als jede Auseinandersetzung mit den Feinden.[146] Gelingt einmal ein Sieg, der von *clementia* begleitet wird, so nachdem sich Caesar gegen Pompeius durchsetzt, wird der Sieger um der *libertas* willen ermordet. Kämpft ein Mann wie Cicero im Namen des Augustus um die *libertas*, unterwirft sich dieser die Freiheit zum eigenen Nutzen.[147]

---

143 *Augustinus*, De civitate Dei, III, 21, S. 198. Damit ist letztlich der letzte Grund der Verteidigung des Staates, die durch die staatliche Ordnung Roms gewährleistete libertas, aufgehoben.

144 *Augustinus*, De civitate Dei, III, 23 f., S. 200; III, 25 f., S. 202, 204.

145 *Augustinus*, De civitate Dei, III, 28, S. 208.

146 *Augustinus*, De civitate Dei, III, 29, S. 208; III, 30, S. 210.

147 *Augustinus*, De civitate Dei, III, 30, S. 210, 212.

f) Bewertung

Im dritten Buch versucht Augustinus die Ursachen für die äußeren Leiden der Menschen, also vor allem des römischen Staatswesens zu ergründen, denen der Einzelne häufig schutzlos ausgesetzt ist. Der römischen Weltherrschaftsideologie folgend, untersucht er zunächst, inwiefern die Götter äußere Übel zugunsten der von ihnen beherrschten Gemeinwesen verhindert haben. Sein Urteil ist ebenso vernichtend, wie dasjenige des zweiten Buches über den Götterglauben in Ansehung der menschlichen Tugend. Die Ausgangsthese Vergils,[148] Rom sei das neu und tugendhafter errichtete Troja, findet keine Entsprechung in der Wirklichkeit. Weder war Troja so lasterhaft, dass es die Zerstörung durch die Götter verdient hätte, noch ist Rom so tugendhaft, dass es über Troja erhoben werden kann. Die Götter haben vielmehr in der Verhängung der Strafübel über beide Gemeinwesen ohne erkennbaren Plan gehandelt. Sie schonen Rom, wo sie Troja verurteilten. Das Fehlen jedweden Systems im göttlichen Handeln erbringt Beweis dafür, dass in den Göttern menschliche *fortitudo* zur Göttlichkeit erhoben wurde, die Tugend alleine als Ausdruck von Körperstärke und ausgelebtem Begehrungsvermögen ansieht, zumal mit Romulus ein Brudermörder Gründer der Stadt ist.[149] Diese Gründung rückt Rom in die Nähe der *civitas diaboli* in ihrer irdischen Gestalt. Ausgehend von der Wahlfreiheit Adams zur Sünde (De civitate Dei, XIII, 1; XIV, 10) kam das Böse in die Welt. Mit Kain und Abel standen sich beide *civitates* auf Erden erstmals gegenüber. Wie Kain (Gen 4, 17) der Gründer der ersten Städte ist, so ist auch der Brudermörder Romulus der Gründer Roms (XV, 1, 2). Bis zur konstantinischen Wende ist das Leben außerhalb des christlichen Bundes daher ganz von der *civitas diaboli* beherrscht.

Das Römerreich ist von Kriegen, Krankheiten und Plünderungen überzogen, weil es Zeit seiner Geschichte nichts als das *gloria*-Streben, menschliche *cupiditas, libido, avaritia* und *luxuria*, verehrt hat. Der neununddreißigjährige Friede des Numa Pompilius blieb inhaltsleere Muße. Alleine aus träger Langeweile schlägt Rom gegen Nachbarvölker aus. Die Rechtfertigungsmechanismen der Römer – man habe die *gloria* mit dem Opfer der *quietas* erkaufen, die *libertas* gegen Neider verteidigen müssen – dienen alleine der Verschleierung dieses Befundes. Gleichzeitig entlarven sie, dass sich römische Weltherrschaft eben nicht auf die Anleitung der Götter gründet. Kriege gegen Neider sind Menschenkriege. Ihre Siege sind nicht Ausdruck göttlicher Verheißung, sondern rein menschlicher Stärke, weshalb *pax* und *felicitas* auch keine göttlichen Gebote kennen. Den Frieden recht zu nutzen,

---

148 Den Autor benennt Augustinus nicht. Sein Vergleich Rom-Troja zielt aber auf das Zentrum des Herrschaftsauftrags des römischen Gemeinwesens.

149 Vgl. *Schindler*, Augustin, 680 f.; *Trapé*, Augustinus, 180 u. 182: Der irdische Staat entspricht als politischer Staat dem Streben des Menschen nach societas und ist der civitas diaboli nicht gleich zu setzen; *Horn*, Augustinus, 115; *Kranz*, Augustinus 130 f.; *Herrmann-Otto*, Ecclesia, 363: „Trotz der Parallelisierung von Romulus und Remus mit Kain und Abel intendiert Augustus keine dämonisierende Abwertung dieses konkreten Staates zugunsten eines eschatologischen Gottesreiches."

hat Numa nicht verstanden, vielmehr durch die Rückführung auf die Götter den künftigen Krieg befördert.

Zweifel an dem Tatbestand der Selbstverschuldung äußerer Leiden sind auch vor dem Hintergrund der römischen Geschichte ausgeschlossen. Das römische Gemeinwesen nennt den Brudermord des Romulus *gloria* und erhebt den Mörder zu den Göttern. Die früheste *res publica* wahrt *aequitas* und *iustitia* aus Furcht vor den Tarquiniern, ohne im Inneren das falsche *gloria*-Streben aufzugeben. Der ungehemmte Wunsch der Patrizier, später auch der Plebejer, nach einer *gloria*, die sich am materiellen Reichtum des Einzelnen ausrichtet, wird bis zum Fall Karthagos gehemmt. Danach erhält das *dominatio*-Streben den Anschein von *honestia*. Rom wird endgültig zum Zerstörer irdischer Gemeinwesen. Die wenigen Beispiele römischer Sittentugend – Regulus und Scipio Africanus – werden vor dem ideologischen Hintergrund des Bereicherungsstrebens mit ihrem Tod rasch vergessen. Höhepunkte des lasterhaften Strebens bilden der Friede Sullas (*pax*), der sich in nichts mehr vom Krieg unterscheidet, sowie die Ermordung Caesars. Erst Augustus gelingt es, das römische Gemeinwesen zur ursprünglichen Königsgewalt zurückzuführen, die historisch vor der Phase des ausufernden *cupiditas*-Strebens im vermeintlich republikanischen Gemeinwesen anzusiedeln ist.

Weder ist Rom nach dem dritten Buch ein Gemeinwesen, noch eine Menge von Menschen, die sich von Begriffen der *pax, victoria, gloria, fortitudo* überhaupt eine Vorstellung machen könnte. Den „Römerstaat" – in seiner inneren Verkommenheit und äußeren Anfälligkeit – kennzeichnet die äußere Hülle irdischer Mauern und Grenzen. Sie verbergen die innere Leere nur unzureichend.

4. Das vierte Buch des Gottesstaates – die Ursachen der Übel der römischen Weltherrschaft

Alle sich auf den Leib des Menschen beziehenden Übel entspringen also letztlich Übeln der Seele und der inneren Verfassung der in der römischen Gesellschaft handelnden Menschen. Lediglich ihre Folgen äußern sich in den Leiden des Körpers und in denen der äußerlichen Dinge (*externarumque rerum*). Als Übel sind also nicht jene Wirkungen, die man erduldet, sondern die freiwillig in Angriff genommenen Irrwege der menschlichen Seele zu verstehen, durch die der Mensch selbst schlecht wird.[150] Wenn Augustinus auf eine eingehendere Darstellung der Plagen Roms verzichtet hat, dann auch deswegen, weil weitere Nachweise in dieser Richtung nicht zielführend sind, da sie nur Wirkungen von Ursachen darstellen, die er zu erklären trachtet. Erkennt man die geistige Leere der Menschen im römischen Gemeinwesen als Ursache der äußeren Leiden an, so stellt sich die Frage, warum Gott das Wachstum Roms zuließ, in dessen Gewalt nunmehr alle *regna* stehen.[151]

---

150 *Augustinus*, De civitate Dei, IV, 2, S. 218.

151 *Augustinus*, De civitate Dei, IV, 2, S. 220: „Promiseram etiam me demonstraturum, quos eorum mores et quam ob causam Deus verus ad augendum imperium adiuvare dignatus est, in cuius potestate sunt regna omnia...".

Eingeleitet wird dieses Problem mit dem knappen Hinweis, dass Gott durch die christlichen Barbaren entgegen allem Kriegsbrauch während der Plünderung Roms Gute und Böse gleichermaßen schützte, dass er also über beiden gleichermaßen die Sonne aufgehen und es regnen lässt.[152] Rückbezogen auf die zuvor gemachten Aussagen über äußerliche Wirkungen schließt sich die Frage an, ob es überhaupt tunlich ist, Größe und Ausdehnung der römischen Macht zu glorifizieren, wenn die *felicitas* der Menschen in nichts anderem besteht, als darin, permanent dem Blutvergießen der Kriege ausgesetzt zu sein, also Menschen zu töten und in Furcht zu leben.[153]

a) Die Leiden der Reichen – das Wohlergehen der Armen

Das Staatswesen lässt sich zu diesem Zweck auf eine Gegenüberstellung zweier Menschen reduzieren, die die *elementa civitatis et regni* bilden, ganz gleich, über welches Territorium sie herrschen und wie weit sich ihre Herrschaft ausdehnt. Es sind dies ein Bettler und ein Reicher. Typische Leiden des Reichen sind Furcht, Kummer und Begierde (*timor, maeror, cupiditas*). Ihn kennzeichnet eine ständige *inquietas*, da er niemals *securitas* genießt und in dauernde Feindschaften und Streitigkeiten verstrickt ist. Mit dem Wachstum des Vermögens wachsen auch seine Sorgen ins Unermessliche. Der Bettler dagegen, dem seine bescheidene Habe genügt, wird von den Seinen geliebt (*carissimum suis*), befindet sich mit seinen Verwandten und Nachbarn im süßesten Frieden (*dulcissima pace*), ist gottesfürchtig (*pie*), wachen Verstandes und kräftigen Körpers. Er lebt sparsam und keusch in den Sitten und ruhigen Gewissens (*vita parcum, moribus castum, conscientia securum*). Evident erscheint auf der Ebene des einzelnen Menschen, wem der Vorzug zu geben ist. Abstrahiert man von dort zurück auf Familien, Völker und *regna*, so ist leicht einzusehen, wo *vantias* und wo *felicitas* zu finden ist.[154]

b) Pietas als Ausgangspunkt des rechten Lebens

Das Ergebnis lautet: Rechte Gottesverehrung mit wahren Opfern (*sacris veracibus*) und guten Sitten (*bonis moribus*) ist nützlich (*utile*), wenn auch die Regierung in den Händen guter Menschen liegt, weil dies auch denjenigen nützt, die regiert werden. *Pietas* und *probitas*, also die von Gott gegebenen Fähigkeiten des Menschen, führen zum rechten Glück (*veram felicitiatem*), weil nur in diesem Fall das irdische Leben des Menschen gut verbracht wird und schließlich in das ewige einmündet.

---

152 *Augustinus*, De civitate Dei, IV, 2, S. 220.

153 *Augustinus*, De civitate Dei, IV, 3, S. 220: „Quamquam vellem prius paululum inquirere, quae sit ratio, quae prudentia, cum hominum felicitatem non possis ostendere, semper in bellicis cladibus et in sanguine civili vel hostili, tamen humano cum tenebroso timore et cruenta cupiditate versantium, ut vitrea laetitia comparentur fragiliter splendida, cui timeatur horribilius ne repente frangatur, de imperii latitudine ad magnitudine velle gloriari."

154 *Augustinus*, De civitate Dei, IV, 3, S. 220, 222.

Die Herrschaft der Guten (*regnum bonorum*) wirkt daher in aller Regel auf die menschlichen Angelegenheiten positiv, während die Herrschaft der Schlechten (*malorum...regnum*) die Seelen zerstört, in allererster Linie die der Herrschenden selbst. Wer aber in Knechtschaft lebt, der kann sich alleine selbst Schaden zufügen. Die Gerechten (*iusti*) dulden die Übel ihrer Herren, da diese auf den Zustand ihrer Seele jedenfalls keine negativen Auswirkungen haben und allenfalls als Prüfungen angesehen werden könnten. Der Gute ist frei, wenn er dient. Der Schlechte dient, selbst wenn er herrscht, seinen Lastern, die es beherrschen.[155]

c) „Remota...iustitia, quid sunt regna nisi magna latrocinia?"

Ein Reich, das diese Form der Gerechtigkeit nicht kennt, stellt nichts dar als eine große Räuberbande – *Remota...iustitia, quid sunt regna nisi magna latrocinia*? Es ist eine durch Gesellschaftsvertrag zusammengehaltene Verbindung von Menschen unter einem Anführer mit Beuteteilungsabrede.[156] Lediglich die Größe der Bande, also die Frage, ob sie auch Gebiete besetzt, Niederlassungen gründet, Staaten erobert und Völker unterwirft, unterscheidet sie noch vom Namen eines Reiches (*regnum*). Die Verfasstheit als Staat gestattet es schließlich, der *cupiditas* öffentlich und straflos nachzugehen.[157] Zu nichts anderem ist Rom geworden. Die Räuberbande des Romulus, die es verabsäumte sich eine innere Ordnung zu geben und sich friedlicher auf menschliche Verhältnisse einzustellen, ist zu einem Weltreich angewachsen, das nur durch den Schutz Gottes vor der Gewalt Dritter (etwa der Gladiatorenaufstände) Bestand hat.[158] Wird einmal das fragilste Mittel der Herrschaftssicherung, die reine Macht überwunden, endet ein alleine auf ihrer Grundlage geschaffenes und administriertes Reich.

d) Das Königtum des Ninus als Maßstab der römischen Herrschaft

Anstatt sich an Justin zu orientieren, der bereits die Herrschaft zu Beginn der Geschichte der Völker beschrieben hat – Regierung der durch *moderatio inter bonos* sich auszeichnenden *reges*, Beschränkung des Lebens nur durch das Wort des *rex*, nicht durch *leges*, reine Verteidigung der Grenzen anstelle der Ausdehnung von Herrschaft – nimmt Rom sich offenbar Ninus und das große Streben nach *dominatio*

---

155 *Augustinus*, De civitate Dei, IV, 3, S. 222: „Proinde bonus etiamsi serviat, liber est; malus autem, etiamsi regnet, servus est, nec unius hominis, sed, quod est gravius, tot dominorum, quot vitiorum."

156 *Augustinus*, De civitate Dei, IV, 4, S. 222: „quia et latrocinia quid sunt nisi parva regna? Manus et ipsa hominum est, imperio principis regitur, pacto societatis astringitur, placiti lege praeda dividitur."; *Kreuzer*, Augustinus, 129.

157 *Augustinus*, De civitate Dei, IV, 4, S. 222, 224.

158 *Augustinus*, De civitate Dei, IV, 5, S. 224, 226.

zum Vorbild. Darin ist jeder Sieg nur der Auftakt zum Nächsten. Die Grenzen des Reiches dehnen sich beständig aus.[159]

e) Der Irrtum der römischen Götterverehrung

Will man dies den Göttern als Glanztat zuschreiben, so wird man schon für Ninus die Frage stellen müssen, warum diese die Überwindung von Völkern gestatten sollen, die den gleichen Göttern anhängen. Offensichtlich kennen sie einen sehr eingeschränkten Begriff der *fides*, wenn sie nicht ohnehin ganz lasterhaft oder unbedeutend sind.[160] Wie widersprüchlich das römische Pantheon in sich ist, zeigt Jupiter, der angeblich alles erfüllt und dem doch eine Gattin (Juno) und ein Göttervater, Saturn, beigeordnet sind.[161] Lässt sich also widerlegen, dass der höchste Gott, der die römische Herrschaft begründet hat, Jupiter ist und zugleich belegen, dass es sich um den Christengott handeln muss, der alleine herrscht, wird der Irrtum der römischen Staatsverfassung offenbar.[162]

Welche Götter aber verehren die Römer neben Jupiter? Zuerst Victoria, obgleich doch eigentlich das *regnum* selbst ein Gott sein müsste. Die Unterlassung wäre einzig damit zu erklären, dass es den Guten offenbar missfällt, ungerechte Kriege zu führen und ruhige Nachbarn mit der Gewalt des Krieges zu überziehen.[163] Insofern ist die Frage zu stellen, ob gute Menschen sich über die Ausdehnung des Reiches überhaupt je freuen können. Die Römer stützen sich daher zur Rechtfertigung ihrer Expansion auch auf die *iniquitas* der Nachbarn und betonen, Rom wäre sicherlich klein geblieben, wenn nicht die Nachbarn *quietas* und *iustitia* missachtet und Kriege provoziert hätten. Ohne die Injurien anderer Reiche wären so alle Staaten auf der Welt klein geblieben. Es hätte in den Angelegenheiten der Menschen durch *concordia* größere *felicitas* geherrscht. Zur *felicitas* des Menschengeschlechtes ist also die Ausdehnung eines Reiches jedenfalls dem Grunde nach nicht erforderlich. Daher kann sie richtigerweise im Falle unrechtmäßiger Bedrohung auch nur als *necessitas* bezeichnet werden. Wenn in diesem Zusammenhang der Begriff der *felicitas* gebraucht werden kann, dann nur um auszusagen, dass jedenfalls am Ende nicht die *dominatio* der *iniuriosi*, sondern eine Herrschaft der Gerechten steht und, dass die Störung der *concordia* kleiner Reiche daher unvermeidlich war.[164] Verdächtig macht die Römer jedenfalls, dass sie nicht die fremde Schlechtigkeit neben der Victoria als Göttin in ihr Pantheon aufnehmen und *quietas* nur außerhalb der Porta Collina verehren.[165]

---

159 *Augustinus*, De civitate Dei, IV, 6, S. 226.
160 *Augustinus*, De civitate Dei, IV, 7 f., S. 228, 230, 232; *Inglebert*, Latomus 54 (1995), 44.
161 *Augustinus*, De civitate Dei, IV, 9 f., S. 232, 234.
162 *Augustinus*, De civitate Dei, IV, 13, S. 242.
163 *Augustinus*, De civitate Dei, IV, 14, S. 242, 244.
164 *Augustinus*, De civitate Dei, IV, 15, S. 244. *Chadwick*, Augustin, 107 deutet die Stelle dahin aus, dass Augustinus eine Herrschaft kleiner Reiche für die bessere halte.
165 *Augustinus*, De civitate Dei, IV, 15 f.; S. 244, 246.

Aber auch der Felicitas haben die Römer Göttertempel geweiht, ihr jedoch sogleich Fortuna an die Seite gestellt. Und obgleich alle Götter nur gut sein können, bezeichnet doch die Felicitas das durch Verdienste erworbene Glück und teilt die Fortuna ihre Gaben ohne Prüfung der Verdienste Guten wie Schlechten zu, verhält sich also offenbar willkürlich.[166] Schließlich existieren Tempel der Virtus und Fides, obgleich doch die Treue als Teil der Gerechtigkeit in den Tugenden – *prudentia, iustitia, fortitudo, temperantia* – bereits mit enthalten ist. Wenn man also überhaupt Tugendgötter verehrte, so wären diese zutreffender als *virtus* und *felicitas* verehrt, die alles Handeln und alles Begehren und damit alles Menschliche in sich einschließen.

f) Felicitas und virtus als Basis rechter Götterverehrung

Da aber auch die Römer anerkennen, dass die *felicitas* eine Gabe des höchsten Gottes (Jupiters) ist, müsste sich konsequenterweise die Verehrung auf den höchsten Gott beschränken. Verehrt man Tugend und Glück, so bedarf es keines weiteren Gottes mehr, weil kein Bereich des menschlichen Lebens verbleibt, der davon nicht umschlossen ist.[167] Wenn also der Mensch schon auf die Götter als Lehrer angewiesen ist, damit er sich um seines Glückes willen an den für ihn zuständigen Inhaber der *potestas* wendet, so ist doch evident, dass dies dem Reich, das zwar stets größer, nicht aber glücklicher wurde, nicht gelungen ist. Der Gedanke, die *felicitas* anzubeten, die alle Menschen erstreben, ist so nicht ganz von der Hand zu weisen, weil damit immerhin deutlich wird, dass alle übrigen Gottheiten letztlich überflüssig sind.[168]

Trotzdem ist damit der grundlegende Irrtum nicht beseitigt. In der *felicitas* wird ein von Gott verliehenes Gut angebetet, nicht ein Gott selbst.[169] Der wahre *auctor et dator* des Glücks, Gott alleine, gewährt den irdischen Reichen selbst Wohltaten und Übel. Er handelt dabei nicht willkürlich, sondern gemäß der Ordnung der Dinge in der Welt, deren Lenkung Gott zusteht.[170]

Daher ist die *felicitas* alleine ein den Guten schon auf Erden zukommendes Gut, wenngleich sie auf Erden nicht vollständig sein kann. Für die Beantwortung der Frage nach dem Wirken Gottes kommt es also gar nicht darauf an, wie Gott die irdischen Güter verteilt, denn das größte Geschenk, die *felicitas*, orientiert sich alleine am guten Leben des Menschen. Es kommt hierfür nicht darauf an, ob er Herrscher oder Diener ist. Gott teilt also durchaus nur den Guten das Gute, den Schlechten aber das Schlechte zu. Der Mensch erkennt dies nur häufig deswegen nicht, weil er stärker auf sein irdisches (materielles) Wohlergehen achtet und die

---

166 *Augustinus*, De civitate Dei, IV, 18, S. 248.
167 *Augustinus*, De civitate Dei, IV, 21, S. 252.
168 *Augustinus*, De civitate Dei, IV, 22, S. 256; IV, 23, S. 256; IV, 25, S. 262.
169 *Augustinus*, De civitate Dei, IV, 24, S. 262; IV, 27, S. 266.
170 Allerdings auch nicht nach einem Zusammenhang des „do ut des", vgl. *Inglebert*, Latomus 54 (1995), 46. Zu dieser heidnischen Vorstellung auch *Tanz*, Klio 65 (1983), 343.

rechte *felicitas* der Seele missachtet.[171] So beschränkt sich der Mensch darauf, die Ausdehnung des Reiches zu loben. Er erfährt niemals wahre *pax, iustitia, quietas* oder rechte *securitas*, weil er all sein Streben darauf richtet, Gaben der Götter in Göttergestalt zu verehren. Er erkennt nicht, dass die rechte *felicitas* nur durch *pietas* als ein Gut der Seele und nicht des Güterreichtums erlangt werden kann. Wären die Römer dem gefolgt, wäre ihr Reich zwar nicht zu gleicher Ausdehnung, wohl aber zu höherem Glück gelangt.[172]

g) Bewertung

Alles menschliche Übel ist durch das falsche Begehren der menschlichen Seele verursacht. Dieses Fazit verklammert die Erkenntnis des falschen menschlichen Strebens im zweiten und die Ursachen der menschlichen äußeren Übel im dritten Buch. Mit Rom herrscht die Manifestation dieser These über den Weltenkreis der irdischen Reiche. Die Frage: Warum macht ein auf Erden herrschender Gott Rom groß, wenn er doch das Böse nicht will, drängt sich vor diesem Hintergrund regelmäßig auf.

Ihre Beantwortung betreibt Augustinus vor dem Hintergrund des Gedankens, dass Gott über Gute und Schlechte gleichermaßen herrscht. Viel entscheidender aber ist, dass die irdisch-räumliche Ausdehnung der Herrschaft letztlich kein Maßstab von „Größe“ ist, die sich einzig an der *felicitas* der menschlichen Seele auszurichten hat. So lässt sich jedes Gemeinwesen letztlich in seine einzelnen Elemente – die die *civitas* konstituierenden Menschen zerlegen. Dies sind Reiche und Arme. Wenngleich vordergründig der Arme größte materielle Not leidet, während der Reiche in der Menge der Güter schwelgt, ist die reiche Seele notleidend, die des Armen reich. Irdischer Reichtum fördert Unruhe und Furcht und jede Art von menschlicher Gier. Die Armut eines gottesfürchtigen Lebens schafft Frieden, Einträchtigkeit mit Verwandten und Nachbarn, einen wachen Verstand, einen kräftigen Körper und ein reines Gewissen. Der geistige Reichtum des Armen ist Grundlage seiner *felicitas*, der irdische Reichtum des Reichen Ausgangspunkt all seiner Laster und Sorgen.

Nicht von der äußeren Ausdehnung, sondern von der Bestimmung dieser inneren Seelentugend des einzelnen Menschen her ist der Zustand der Glückseligkeit zu bestimmen. Dies gilt für alle Ebenen der gesellschaftlichen Ordnung in Familie, Volk und Königreich. Staatswesen und Königreiche werden dieses Zustandes teilhaftig, wenn sie diesem Muster folgen. Verweigern sie sich der Seelentugend, wie das römische Gemeinwesen, so sind sie Räuberbanden mit Beuteteilungsabrede. Das Anerkenntnis der menschlichen Seelentugend beinhaltet zugleich die Anerkennung Gottes als ihres Schöpfers. Die Verehrung irdischer Tugendbeispiele alleine ohne Anerkenntnis Gottes ist dagegen sinnlos. Sie setzt die Prämisse voraus, dass Dinge wie der Sieg, das Glück oder das Schicksal aus sich heraus verehrenswert wären.

---

171 *Augustinus*, De civitate Dei, IV, 33, S. 280.
172 *Augustinus*, De civitate Dei, IV, 34, S. 282.

Soweit dies etwa am Beispiel der *victoria* geschieht, ist aber offenbar, dass die Verehrung in Wirklichkeit nur Stellvertreterfunktion für andere Dinge hat. Sie erfolgt bestenfalls um der Glückseligkeit (*felicitas*) und Tugend der Zeiten (*virtus*) willen. Für beide ist die Ausdehnung des Reiches und damit der irdische Sieg, gänzlich irrelevant. *Felicitas* und *virtus* sind nur vor dem Hintergrund der Frömmigkeit der Seele verständlich zu machen. Diese beruht auf der Erkenntnis ihres göttlichen Schöpfers (*auctor*) und seines Wirkens.

Einzig christliche Seelentugend, die Gott als Herrscher anerkennt und ihr Handeln an seinen Geboten ausrichtet, kann für sich in Anspruch nehmen, die Grundlage der Staaten und ihrer irdischen Herrschaften zu bilden.

5. Das fünfte Buch des Gottesstaates

Die am Ausgangspunkt des vierten Buches aufgeworfene kritische Frage, warum Gott ausgerechnet Rom zur Größe erhebt, lässt sich also zu Beginn des fünften Buches darauf präzisieren, warum Gott Rom eine solche räumliche Ausdehnung und Dauer hat zukommen lassen.

a) Das Problem des göttlichen Vorauswissens

Erneut tritt Augustinus nach den Ausführungen des ersten Buches der Auffassung entgegen, dass Reiche nicht durch *divina providentia,* sondern durch bloßes Schicksal, das *fatum* errichtet werden.[173] Die Vorstellung, am Himmel finde sich eine Art von Sternensenat, ausgestattet mit einer von der *summa potestas* des höchsten Gottes entnommenen *potestas,* irdische Dinge (Gute und Schlechte) zu beschließen, lehnt er aus zwei Gründen ab. Zuerst wäre jeder menschliche Staat, der Entscheidungen über die Begehung schlechter Taten träfe sofort zu stürzen, zudem bliebe nichts mehr dem Gericht überlassen, wenn man geltend machen könnte, dass hinter den Taten der Menschen ein himmlischer Zwang, also Gott selbst, stünde.[174] Damit kollidiert im Übrigen die gleichermaßen gebräuchliche Auffassung, der Mensch könne seine Sterne selbst bestimmen, etwa in dem er nur zu Zeiten bestimmter Konstellationen sich vermähle, Kinder zeuge etc.[175] Die einzige, mit der christlichen Lehre einigermaßen zu vereinbarende, Auffassung besteht in den Anschauungen Senecas, der das *fatum* als Verknüpfung von Ursache und Wirkung verstand und dadurch die Existenz eines höchsten göttlichen Wesens anerkannt hat, das alles weiß, noch bevor es geschieht. Leider hat Cicero jede wie auch immer geartete *praedicatio* des Menschen und auch das göttliche Vorwissen (*praescientiam*) bestritten. Er ist

173 *Augustinus,* De civitate Dei, V, Praefatio, S. 284; V, 1, S. 284.
174 *Augustinus,* De civitate Dei, V, 2, S. 286.
175 *Augustinus,* De civitate Dei, V, 7, S. 298.

daher in noch weiterem Maße fehlgegangen als diejenigen, die zwar nicht mit Sternenschicksalen, aber jedenfalls mit einer Lehre der existierenden Voraussicht argumentieren.[176]

aa) Die Vereinbarkeit höchsten Vorauswissens und menschlicher Freiheit

Den Ansatz Ciceros, wenn ein höchstes Vorauswissen existiere, durch das die Ordnung der Dinge vorentschieden sei, so befinde sich nichts mehr in der Macht des Menschen (*nihil est in nostra potestate*) und dann gebe es auch keinen Willensentschluss mehr – womit Gesetze, Lob, Tadel, Ermahnung und jede Art der *iustitia* gegen Gute und Böse vergeblich seien – lehnt Augustinus ab. Weder spricht das Vorhandensein der göttlichen *praescientia* gegen die menschliche Willensfreiheit, noch führt bestehende Willensfreiheit zwingend zur Negation Gottes.[177] Gott ist allwissend, und dennoch handelt der Mensch nach eigener *voluntas.*

Zwar sind die Ursachen bei Gott entschieden, doch gehört auch der menschliche Wille in die Ordnung der Ursachen, die Gott in sein Allwissen aufgenommen hat. Die Ursachen des Willens des Menschen gehen auf Gott zurück, werden vermittelt durch ihn selbst, die Engel oder andere Menschen. Alle Ursachen entspringen daher einer Quelle, einem umgeschaffenen Geist. Gott ist der Geber aller *potestas,* doch nicht aller Willen. Er hat allen Willen die Macht zugeteilt, als Wille zu bestehen. Daher vermag der menschliche Wille nicht mehr, als Gott vorausweiß. Gott bleibt die Ursache aller Dinge, die wirken. Als mit Willen ausgestattete, vernunftbegabte Geschöpfe wirken aber Engel und Menschen selbst. Sie werden ausgehend von der ersten Ursache zur „geschaffenen Ursache". Der menschliche Wille ist daher nicht vom *fatum* bestimmt – es sei denn, man wollte den Willen des Stärkeren das Fatum des Schwächeren nennen.[178] Der Mensch kann vieles tun, was er nicht tun würde, wenn er nicht wollte. Bestandteil des Willens ist es auch, sich von Gott abzuwenden und das Böse zu tun, das nicht von Gott stammt. Trotzdem bleibt Gott allwissend und -voraussehend.[179]

bb) Die Bedeutung der Willensfreiheit für die christliche Handlungslehre

Die Bedeutung, die der menschlichen Willensfreiheit im Entwurf Augustinus zukommt, lässt sich der Tatsache entnehmen, dass er der Gegenüberstellung von menschlichem Willen und himmlischen *fatum* ein gutes Drittel des fünften Buches widmet. Nur die Vereinbarkeit von göttlicher Allmacht und menschlicher Willensfreiheit lässt das Ziel der Darstellung – die Pilgerschaft des Gottesstaates auf Erden zu umschreiben – überhaupt sinnhaft werden. Existiert keine Willensfreiheit, so ist es nutzlos dem Menschen Vorschriften darüber zu machen, wie sie recht leben

---

176 *Augustinus,* De civitate Dei, V, 8, S. 302; V, 9, S. 304.
177 *Augustinus,* De civitate Dei, V, 9, S. 306.
178 *Augustinus,* De civitate Dei, V, 9–11.
179 *Augustinus,* De civitate Dei, V, 11, S. 314; *Inglebert,* Latomus 54 (1995), 44.

sollen. Existiert andererseits zwar Willensfreiheit, lässt sie sich aber mit göttlichem Vorauswissen nicht in Einklang bringen, ist rechte Gottesverehrung sinnlos. Dann verlöre die *civitas dei* ihren behaupteten Alleinanspruch auf Innehabung der Wahrheit. Sie würde zu einer der vielen menschlichen Lehren vom rechten Verhalten. Nur wenn Willensfreiheit und allumfassendes Vorauswissen miteinander vereinbar sind, lassen sich Vorschriften über den rechten Glauben und damit über das rechte Leben des Menschen aufstellen. Dann sind die Ersteren zugleich Handlungsanweisungen zum rechten Leben.[180]

cc) Felicitas als Teilhabe am göttlichen Gebot

Der Abschluss des elften Kapitels fasst das christliche Credo zusammen, den eigentlichen Ausgangspunkt jeder christlichen Lehre und jeden christlichen Systems. Gott ist der Schöpfer jeder Seele und jedes Körpers. Der Mensch, der sich Gott zuwendet, hat daher an der wahren *felicitas* teil. Der allmächtige Gott, der sich nicht von den Menschen abwendet, lässt weder zu, dass ihre Sünden ungestraft bleiben, noch lässt er sie ohne seine *misericordia*. Seine Schöpfung ist sinnhaft, alle Glieder sind in einer Ordnung der *concordia* geschaffen. Jedes vernunftlose Wesen verfügt über Gedächtnis, Sinn und Lust, jedes vernünftige darüber hinaus über Geist, Verstand und Willen (*mens, intellegentia, voluntas*). Kein Teil der Schöpfung ist ohne eine Art von Frieden. Kein Reich der Menschen, keine Herrschaft (*dominatio*) und keine Knechtschaft stehen außerhalb der Gesetze des göttlichen Vorherwissens.[181]

b) Die Ursachen der Erhebung Roms: das Problem des gloria-Strebens

Da also die Götter und auch ein wie immer geartetes *fatum* als Quelle der römischen Vormachtstellung ausscheiden, kann nur der Wille Gottes für die Größe des Römischen Reiches maßgeblich geworden sein. Es lohnt aus Sicht des Augustinus zu untersuchen, aufgrund welcher Sitten und Gründe er Rom zur Weltherrschaft erhoben hat.[182] Er postuliert für die „alten" Römer – trotz falscher Götterverehrung – vier Grundeigenschaften: (1) Das Streben nach Lob, (2) freigiebige Verwendung erlangten Vermögens (*liberalitas*), (3) Streben nach Ruhm (*gloria*) und (4) nach ehrlichem Reichtum (*divitias honestas*).

---

180 *Augustinus*, De civitate die V, 11, S. 314: „...utrumque fideliter et veraciter confitemur; illud, ut bene credamus; hoc, ut bene vivamus. Male autem vivitur, si de Deo non bene creditur. Unde absit a nobis eius negare praescientiam, ut libere velimus, quo adiuvante sumus liberi vel erimus."

181 *Augustinus*, De civitate Dei, V, 11, S. 316.

182 *Augustinus*, De civitate Dei, V, 12, S. 316: „Proinde videamus, quos Romanorum mores et quam ob causam Deus verus ad augendum imperium adiuvare dignatus est."

aa) Römisches Ruhmesstreben

Unter diesen hervorragend ist die Gier (*cupiditas*) nach Ruhm. Sie richtet sich auf die Erlangung der Herrschaft (*dominare/imperare*) und verschmäht Untertänigkeit.[183] Darauf sei auch zurückzuführen, dass die alten Römer die Könige (*reges*) zugunsten des doppelten Imperiums der Konsuln (von *consulere* – Rat erteilen) vertrieben hätten, da der Begriff des *rex* von den Römern stets mit *regnare/dominare* gleichgesetzt worden sei, obgleich man diesen richtigerweise von „*regnum*" hätte ableiten müssen. Der römischen Interpretation von Königsgewalt liegt so ein Fehlverständnis zugrunde, das die *benevolentia consulentis* der Könige fälschlicherweise als *superbia dominantis* interpretiert und daher ihren Sturz bedingt.[184]

Die Gier nach Ruhm wünscht sich zunächst die *libertas* des Vaterlandes. Ist diese erreicht richtet sie sich auf die Herrschaft (*dominatio*) mit den schon durch Sallust (Cat. 7) beschriebenen Folgen. Der *libertas* folgt die *cupiditas* nach der *gloria* und dadurch das rasche Anwachsen des römischen Staatswesens durch dem Volk lobens- und rühmenswert erscheinende Taten.[185] Als besonders tüchtig und tugendhaft gilt der Herrscher, dem es gelingt, andere Völker in blutige Kriege zu verwickeln und diese siegreich zu bestehen. Er erlangt sowohl Herrschaft, als auch Ruhm und wird daher als glücklich gepriesen.

bb) Der falsche Begriff der Freiheit: parcere subiectis et debellare superbos

Die Freiheit des römischen Volkes besteht in nichts anderem, als der Gier nach Ruhm ungehindert nachgehen zu können. Sie alleine genügt dem Volk nicht, das *post libertatem* den Herrschaftsgedanken in den Vordergrund drängt.[186] Leitsatz des römischen Handelns ist die Niederringung anderer Völker, um selbst zu herrschen (*...regnandi atque imperandi et subiugandi ac debellandi populos...*). Die römische Auffassung von der *virtus* lässt sich am treffendsten mit Vergil (Aeneis, VI, 847 ff.) ausdrücken: *Tu regere imperio populos, Romane, memento / (Hae tibi erunt artes) pacique imponere morem / Parcere subiectis et debellare superbos.*[187] Nun wäre – auch hierin stimmt Augustinus Sallust (Cat. 11, 1) zu – zwar das von Vergil beschriebene und von *avaritia* geleitete Streben nach *gloria* und *imperium* lasterhaft. Es sähe sich aber dennoch nur geringer Kritik ausgesetzt, wenn Rom tatsächlich die rechten Künste zur Bestärkung der Sitten der Völker eingesetzt hätte.[188]

Das Grundproblem des römischen Staates liegt darin, dass der rechte Weg zum erstrebten Ziel verlorenging und durch Falschheit, durch List und Betrug ersetzt

---

183 *Augustinus*, De civitate Dei, V, 12, S. 316, 318; *Inglebert*, Latomus 54 (1995), 46.

184 Augustinus, De civitate Dei, V, 12, S. 318: „...sed fastus regius non disciplina putata est regentis vel benevolentia consulentis, sed superbia dominantis."

185 *Augustinus*, De civitate Dei, V, 12, S. 318, *Inglebert*, Latomus 54 (1995), 46.

186 *Augustinus*, De civitate Dei, V, 12, S. 320.

187 *Augustinus*, De civitate Dei, V, 12, S. 320.

188 Zu dieser Auseinandersetzung mit der klassischen, römischen Ideologie vgl. *Rist*, Augustine, 218.

wurde. Die Römer haben ihre Zielvorstellungen nicht auf dem Weg der Tugend (*virtus*) verwirklicht, obgleich sie von Anfang an der Tugend und auch der Ehrenhaftigkeit Tempel widmeten.[189] Auch die Römer verehrten also das rechte, tugendhafte Leben – mit der Ehre als erstrebtem Gut.

Diese Zuwendung auf eine erstrebte äußerlich irdische Ehrung war der Tugend abträglich, weil Ehre gemeinhin nicht nur von dem Tugendhaften erstrebt wird, sondern auch von dem Schlechten, dann unter Einsatz der angesprochen Falschheit. Das Ruhmesstreben der Römer in Verkennung des rechten Ehrbegriffes hat die *via vera* verlassen. Zwar haben die Römer in Ansätzen durchaus das Apostelwort (2. Kor. 1, 12), wonach das Zeugnis des Gewissens den Ruhm des Menschen bildet, erkannt und wussten, dass der Ruhm im Menschen selbst und nicht im Lobpreis des anderen erstrebt werden muss. Dennoch ist ihnen die Verknüpfung von *gloria, honos* und *imperium* mit der wahren Tugend (*vera virtus*) insgesamt fremd geblieben. Wo aber nicht das Gut der Tugend vom Menschen in sich selbst erstrebt wird, da setzt sich Schlechtigkeit durch. Es kommt, wenn der erstrebte Ruhm in der Herrschaft besteht, zur Herrschaft der Schlechten, also zu schlechter Herrschaft.[190] Ruhm, Ehre und Herrschaft sind daher nicht als äußere Güter zu erstreben, sondern haften der Tugend als immanente Frucht an.[191]

Cato, der selbst weniger als andere nach dem Urteil der Menschen über seine Taten strebte, fungiert Augustinus als Exponent dieser Auffassung. Auch nach seiner Ansicht sind es nicht Waffen, die eine *res publica* gedeihen lassen, sondern ihr immanente Tugendhaftigkeit, die sich nach innen im Fleiß, nach außen in gerechter Herrschaft *(iustum imperium)* manifestiert und im Rat den freien Sinn gestattet. Lasterhafte Leidenschaftlichkeit (*avaritia, luxuria, opulentia*) entblößt dagegen den Staat von seinen Verteidigern (Sallust, Cat. 52, 19).[192] Sie unterscheidet nicht zwischen Guten und Schlechten und räumt dem Ehrgeiz den ersten Platz vor der

189 *Augustinus*, De civitate Dei, V, 12, S. 320: „Hae sunt illae bonae artes, per virtutem scilicet, non per fallacem ambitionem ad honorem et gloriam et imperium pervenire; quae tamen bonus et ignavus aeque sibi exoptant; sed ille, id est bonus, vera via nititur. Via virtus est, qua nititur tamquam ad possesionis finem, id est ad gloriam honorem imperium. Hoc insitum habuisse Romanos etiam deorum apud illos aedes indicant, quas coniunctissimas constituerunt, Virtutis et Honoris...".

190 *Augustinus*, De civitate Dei, V, 12, S. 322.

191 Das römische Ruhmesstreben geht von seinem Ausgangspunkt fehl, da Ruhm um seiner selbst willen erstrebt wird, vgl. *Rist*, Augustine, 218 f.

192 *Augustinus*, De civitate Dei, V, 12, S. 322, 324: „Nolite, inquit, existimare maiores nostros armis rem publicam ex parva magnam fecisse... Sed alia fuere quae illos magnos fecerunt, quae nobis nulla sunt: domi industria, foris iustum imperium, animus in consulendo liber, neque delicto neque libidini obnoxius. Pro his nos habemus luxuriam atque avaritiam, publice egestatem, privatim opulentiam; laudamus divitias, sequimur inertiam; inter bonos et malos discrimen nullum; omnia virtutis praemia ambitio possidet." Cato der Jüngere bildet freilich das Gegenbeispiel. Indem er sich selbst entleibt und Caesar die Möglichkeit zur Gnade nimmt, zeigt sich höchste Selbstliebe, vgl. *Rist*, Augustine, 222 (De civitate Dei, I, 23).

Tugend ein, die sich also nur auf persönliches Wohlergehen, auf Gelderwerb und Gunstbuhlerei richtet.

cc) Zwischenbewertung

Es ist nicht das Streben nach *libertas*, das von Augustinus kritisiert wird, sondern die Ausfüllung der einmal erlangten Freiheit durch die Zuwendung der *virtus* auf äußere Ehrenhaftigkeit. Denn da jeder Mensch nach der Anerkennung des anderen strebt, wird auch der Schlechte, wenn Äußerlichkeiten zum Anknüpfungspunkt von Lob gemacht werden mit falschen Mitteln versuchen dorthin zu gelangen, um sich so den Anschein jener Verknüpfung von Tugend und Ehre zu verschaffen. Vorzuwerfen ist den Römern, dass es ihnen nicht gelungen ist, die Ziele ihres Handelns – Ruhm, Ehre und Herrschaft – im Menschen selbst und in der menschlichen Seele zu verankern. Dadurch konnte sich lasterhaftes Streben gegenüber der rechten Tugend durchsetzen. Die *vera virtus,* die alleine rechten Fleiß und ein gerechtes Staatswesen garantieren kann, wird abgelöst von der Trägheit des Einzelnen, der die Freiheit nutzt, um sich selbst hemmungslos zu bereichern und dabei nach rein äußerlichem Lob zu heischen.

Auf diese Art und Weise sind weder gerechte Anführer (Caesar), noch ist hierdurch ein gerechtes Staatswesen zu erwarten, das fähig (und wert) ist, sich gegen äußere Angreifer zu verteidigen. Billiges und ehrbares Recht (*aequo et modeste iure*) kann so stets nur während ganz geringer Zeiträume herrschen, solange die Furcht vor äußeren Feinden eine gewisse innere Einheit schafft.[193] Danach, in Ansehung Roms nach dem Tod des Tarquinius Superbus und dem Fortfall der etruskischen Bedrohung, bricht sich das Streben der Einzelnen Bahn. Die von dem Gemeinwesen einheitlich erworbene *libertas* wird erneut zur Spaltung der Gesellschaft in Patrizier – die ihre Macht nach Art von Königen (*regio more*) ausüben – und Plebejer eingesetzt. Das Gemeinwesen zerfällt bis zum Wiederaufleben der Furcht im zweiten Punischen Krieg in durch das Streben nach *dominatio* bedingte *discordia.*[194]

c) Die Ursachen der Größe Roms – das rechte Verhalten einzelner Männer

aa) Das rechte Streben Einzelner

Der Ausspruch Catos, nicht die Waffen hätten Rom groß gemacht, trifft dennoch zu. Der *providentia* weniger guter, den Staat anführender Männer, ist zunächst die Ausdehnung Roms zu verdanken. Nur dadurch haben die Römer mächtigere und reichere Feinde überwunden, ist ein Volk groß geworden, das ursprünglich arm und gering an Zahl war.[195] Ihr ist es aber auch zu danken, dass das römische Staatswesen wenigstens zu diesem Zeitpunkt als tugendgeleitet bezeichnet werden kann. Durch *virtus* Einzelner angeleitet, widersteht der gewachsene Staat später den Lastern

---

193 *Augustinus,* De civitate Dei, V, 12, S. 324.
194 *Augustinus,* De civitate Dei, V, 12, S. 324.
195 *Augustinus,* De civitate Dei, V, 12, S. 324. Gott erhebt das Schwache zur Herrschaft.

seiner Generäle und Magistrate, nachdem Rom bereits zu einer *civitas corrupta* herabgesunken ist. Die Größe Roms geht auf diejenigen zurück, die im Inneren mit Fleiß ans Werk gingen und so die Staatskasse dem Privatvermögen gegenüber stärkten.[196] Der göttliche Wille, der alleine dafür verantwortlich war, dass Rom als ein Reich des Okzidents den älteren Reichen des Orients entgegengesetzt wurde, ist von Heerführern durchgesetzt worden. Sie strebten nach Ehre, Lob und Ruhm für ihr Vaterland und stellten in dieser Lasterhaftigkeit die Geldgier und die übrigen Laster (*pecuniae cupiditatem et multa alia vitia*) zurück. Nur durch ihr Streben nach Beifall, also dem Wunsch das Ansehen der Tugend bei anderen durch tugendhaftes Handeln zu gewinnen, ist Rom zur Größe gelangt.

bb) Die Zweischneidigkeit des Ruhmesstrebens

Das Streben nach Ruhm bleibt also ein zweischneidiges Schwert. Erfolgt es auf dem Weg jener Heerführer, ist der Forderung Ciceros, zu erziehende *principes* sollten mit Ruhm genährt werden, nicht allzu viel entgegenzusetzen. Kontrolliert nämlich das Streben nach der Anerkennung anderer die übrigen menschlichen Laster, erweist es sich als eine Art von „minderem Übel".[197] Ein Laster bleibt es dennoch, da jede starke Betonung des Ruhmes den Weg der Tugend in den Hintergrund drängt, so dass schließlich das Endziel (*gloria/honos*) auf jedem erdenklichen Wege erstrebt wird.[198] Das Grundübel der Ruhmbegierde liegt in einem doppelten Fehler: (1) einmal, der Gefahr, dass der Mensch, dessen Handeln sich am menschlichen Ruhm ausrichtet, das Lob der Menschen über die Wahrheitsliebe stellt und damit die *iustitia* geringachtet,[199] (2) zum andern darin, dass überbordende Gier nach menschlichem Ruhm die Gottesliebe aufhebt. Zwar ist das Streben nach der Anerkennung von Menschen jedem menschlichen Wesen immanent, doch darf es nicht dazu führen, dass das wahre Ziel menschlichen Handelns überdeckt wird und dadurch die *pietas fidei* gegenüber Gott hinter einem bloß irdischen Lobpreis zurücktritt.

d) Das christliche Gebot des Ruhmes vor Gott

Gottesgläubigkeit ist dort nicht möglich, wo der Mensch seinen Ruhm alleine vor Menschen erringen will (Joh 5, 44). Christi Nachfolge fordert gerade die Verkündigung des Glaubens nicht nur dort, wo diese Ruhm einbringt, sondern darüber hinaus auch dort, wo der Name Christi Abscheu erweckt. Demgemäß unterscheidet sich der Ruhm der Apostel und der Christen grundlegend von dem römischen Ruhmesbegriff. Der Christ begeht seine Handlungen zum Ruhme Gottes. Er übt Gerechtigkeit nicht, um von den Menschen gesehen zu werden, sondern um vor Gott zu gefallen (Mt 6, 1). Dies bedeutet nicht, dass die guten Taten des Christen nicht

196 *Augustinus*, De civitate Dei, V, 12, S. 326.
197 *Augustinus*, De civitate Dei, V, 13, S. 326.
198 *Augustinus*, De civitate Dei, V, 13, S. 326 mit Verweis auf Cicero.
199 *Augustinus*, De civitate Dei, V, 14, S. 328.

auch in der Öffentlichkeit und zum Ruhmpreis durch Menschen wirken sollen. Ihr Ziel aber ist, die Menschen zur Nachfolge Christi anzuregen und dadurch Gott zu gefallen, nicht eigene Anhänger zu gewinnen.[200]

Die wahre Tugend (*virtus vera*) und Gotteserkenntnis (*pietas vera*) der Christen, ihr Ruhm, der darin besteht gotterfüllt zu leben und den Frieden der Gerechtigkeit zurückzurufen (*introducta pace iustitiae*) stellt alle römischen Vorbilder – Scaevola, Curtius und Decius – in den Schatten. Diese erstreben im Lob der Menschen ihr Königreich nicht im Himmel, sondern auf Erden. Sie setzten ein vergängliches Lob von Menschen, das Einzige, was ihnen nach ihrem Tode verbleibt, über die rechte Gottesverehrung. Ihnen verbleibt also letztlich nichts als eben die für den Pfad der Tugend gefährliche Liebe zum Ruhm um jeden Preis.[201] Zum ewigen Leben in der Gesellschaft des Himmels führt nur *pietas vera*, rechte Gotteserkenntnis und ein Leben nach diesem Maßstab, als Dienst am wahren Gott.

e) Römische Weltherrschaft als göttlicher Dank rechten Tugendstrebens Einzelner

Unabhängig davon erkennt Augustinus in Anlehnung an Mt 6, 2[202] das Streben nach irdischem Ruhm also durchaus in all den Fällen an, in denen es dem rechten Pfad folgt, also mit guter Kunst geübt wird. Die römische Weltherrschaft erklärt sich als Dank Gottes für die Anwendung der rechten Künste, des tugendhaften Strebens, wenngleich dieses auf ein falsches Ziel gerichtet wurde. Anerkennenswert bleibt das Opfer des Privateigentums zum Wohle der Allgemeinheit, der Widerstand gegen *avaritia*, der sünden- und leidenschaftslose Dienst am Vaterland und den Gesetzen mit freiem Rat.[203] Von daher erlangt Rom die Herrschaft über Völker, mit Willen und Einverständnis Gottes. Es kann sich über mangelnde Gerechtigkeit nicht beklagen.

f) Durch rechtes Streben erlangter irdischer Ruhm als Vorbild der Christen

Ein Weiteres kommt hinzu, dass nämlich der dem römischen Imperium aufgrund rechten Tugendgebrauchs verliehene Ruhm den Christen zum Vorbild werde. Denn wenn schon die *civitas terrena* um des Ruhmes der Menschen willen von ihren Bürgern geliebt wird, so muss auch die *civitas aeterna*, die als ewiger Staat der *vera*

---

200 *Augustinus*, De civitate Dei, V, 14, S. 330: „Lucceant...opera vestra coram hominibus, ut videant bona facta vestra est glorificent patrem vestrum, qui in caelis est." (Mt 5, 16), Augustinus schließt an: „Non ergo ut videamini ab eis...".

201 *Augustinus*, De civitate Dei, V, 14, S. 330.

202 *Augustinus*, De civitate Dei, V, 15, S. 330: „Amen dico vobis, perceperunt mercedem suam."

203 *Augustinus*, De civitate Dei, V, 15, S. 330.

et plena felicitas um so vieles erstrebenswerter ist als der Ruhm von Menschen, in vergleichbarer Weise geliebt werden.[204]

Daher duldet der Christ das Leben auf der Erde. Er interessiert sich nicht für die durch falsche Ruhmsucht eingeführte Unterscheidung zwischen Siegern und Besiegten, wenn nicht die irdische Herrschaft ihn zu *impietas* oder *iniquitas* zwingt.

Tatsächlich ist der Gewinn Roms durch die gewaltsame Unterwerfung gering. Lässt man die kriegerischen Verwüstungen außer Acht, ist die römische Herrschaft Rechtsherrschaft. Die Römer haben anderen Völkern ihre Gesetze auferlegt, ja schließlich alle Staatsangehörigen zu römischen Bürgern erhoben. Die Ruhmbegierde alleine, die Kriege entfachte und die *concordia* der Völker aufhob, ist in sich ohne Lohn, nicht einmal eine Privilegierung der urrömischen Bevölkerung in rechtlicher oder sozialer Hinsicht gegenüber den unterworfenen Völkern führt sie auf Dauer herbei. Bei aller kriegerischen Unterwerfung bleibt der Mensch stets Mensch (*Tolle iactantiam, et omnes homines quid sunt nisi homines*). Gegenüber dem himmlischen Reich ist sein Ruhm nichts als Rauch.[205]

Im Verhältnis zu den für den irdischen Staat von tugendhaften Römern erbrachten Opfern verlangt der umso erstrebenswertere himmlische Staat nur geringen Dienst. Von Christen wird nicht gefordert, ihre Söhne oder sich selbst für den Ruhm zu opfern. Lediglich ihr Vermögen sollen sie aus *caritas* den Armen hingeben, wenn *fides* oder *iustitia* solches verlangen. Der Christ erstrebt *vera libertas*, d. h. die endgültige Erlösung aus den Fesseln irdischer *iniquitas* und Sterblichkeit. Erlangt er diese um des geringen Opfers seines Vermögens, weil er den Armen als seinen Bruder anerkennt und ihn fördert, so ist sein Verhalten als Dienst an seiner Seele höher zu bewerten, als jeder irdische Dienst. Den Kernbegriffen römischer Staatsethik – *libertas* und Ruhmsucht (*cupiditas*) – setzt der Christ auf Erden so ein Handeln entgegen, das auf die Wahrung der *fides*, damit der *iustitia* und der ewigen Freiheit (*vera libertas*) gerichtet ist.[206] So wie die Größe und Dauer des Römischen Reiches den Lohn für die Tugendhaftigkeit seiner Anführer darstellt, seine Herrscher also die Tugend um der Anerkennung der *civitas terrena* willen erstrebt haben, ist auch der Christ aufgefordert, schon auf Erden zum Ruhme seines ewigen himmlischen Reiches tätig zu sein.[207]

---

204 *Augustinus*, De civitate Dei, V, 16. Dorthin nämlich gelangen nur die Guten, über die eine Sonne der Gerechtigkeit herrscht, ihnen alleine wird von Gott wahres Glück zuteil; vgl. auch V, 17, S. 334.

205 *Augustinus*, De civitate Dei, V, 17, S. 334; *Straub*, Historia 1 (1950), 72: Grundsätzliche Anerkennung der Vereinigung des Volkes von Rom.

206 *Augustinus*, De civitate Dei, V, 17, S. 336: „Haec sunt duo illa, libertas et cupiditas laudis humanae, quae ad facta compulit miranda Romanos."; V, 18 mit den Exempla römischer Tugend.

207 *Augustinus*, De civitate Dei, V, 18, S. 342.

g) *Römisches Ruhmesstreben nach Tugend und Laster und christliches gloria-Streben*

Erst jetzt, also nachdem das von *cupiditas* geleitete Streben nach *gloria*, trotz seines lasterhaften Charakters, durchaus als Vorbild christlichen Handelns dargestellt wurde, befasst sich Augustinus auch mit seiner Perversion, dem Streben nach *dominatio*.

Zwar strebt auch die *gloria* der *dominatio* zu, aber auf einem rechten Weg. Menschen, die nach rechtem Lob streben, bemühen sich, anderen mit richtigem Urteil nicht zu missfallen. Sie versuchen, recht zu leben, um dadurch den Ruhm der Menge zu gewinnen. Diese wiederum, wenngleich nicht gleichermaßen tugendhaft, ist jedenfalls im Grundsatz fähig, das Tugendbeispiel zu erkennen und als richtig zu bewerten. Wenn also von einem Streben nach Ruhm und Herrschaft (*gloria et imperium*) die Rede ist, so ist ein Streben mit guter Sittlichkeit angesprochen. Die römische Ruhmessucht in ihrer ursprünglichen Form kennt die Scheu davor, richtig Urteilenden zu missfallen. Sie versucht daher, wenigstens den Anschein des rechten Weges eines guten Menschen zu bewahren. Das Streben nach *dominatio* hingegen kennt eine solche Scheu nicht mehr und schreckt daher auch vor offenkundigen Verbrechen nicht zurück.[208]

Gegenüber beiden Haltungen hebt sich der Christ hervor, der nicht einmal *gloria* vor den Menschen, sondern alleine vor Gott erlangen will. Sein auf Gott gerichtetes Leben wird, selbst wenn sein Ziel offenkundig ist, stets dem Argwohn der Menschen begegnen. Diesen aber nimmt der Christ, wenn er das Streben nach menschlichem Ruhm abgelegt hat, nicht zum Anlass, das Volk zu verachten. Sein Handeln, das seine Tugenden aus dem Geiste Gottes bezieht, wird *iustitia* auch gegenüber den Feinden walten lassen. Wenn ihm von Menschen wegen dieses Handelns Lob zukommt, so wird er es nicht verbieten, aber darauf bedacht sein, dass es den richtigen Adressaten (Gott) erreicht.[209] Der rechte, christliche Weg des Glaubens fordert von dem Christen Nächstenliebe. Er verlangt die Wahrung der Gerechtigkeit und Verachtung des Ruhmes, um alles menschliche Tun auf Gott zu lenken. Die römische Sucht nach *gloria* verlangt, richtig verstanden, alles zu tun, um das Lob der Menschen zu erlangen. Besteht dieses, wie im Regelfall darin, dass Menschen den Tugendhaften verehren, so ähneln sich die auf unterschiedliche Staaten bezogenen Lebensmodelle auf Erden.[210]

Zum Gegenmodell beider Entwürfe wird daher das Streben nach *dominatio*, das alle Laster in sich vereint – *crudelitas, luxuria, avaritia*. Es wird am treffendsten illustriert in dem römischen Kaiser Nero. Dass Gott auch solche Herrschergewalt zulässt, erklärt Augustinus damit, dass die *divina providentia* den Menschen stets die Herrscher zukommen lasse, derer sie würdig seien. Er belegt dies mit den Bibelworten

---

208 *Augustinus*, De civitate Dei, V, 19, S. 342; erneut verweist er auf *Sallust*, Cat. 11, 1: „Sed ille vera via nititur." *Rist*, Augustine, 222.

209 *Augustinus*, De civitate Dei, V, 19, S. 344.

210 Herrschaft kann segensreich im christlichen Sinne geübt werden. *Straub*, Historia 1 (1950), 72; Gott gewährt die Herrschaft aber auch den Schlechten.

Spr 8, 15; Ijob 34, 30.[211] Schlechte Herrscher sind ein Ausdruck der Schlechtigkeit des Volkes; jedes Volk erlangt den Herrscher, den es verdient.

h) Das Endziel menschlichen Handelns

Konsequenterweise ist also die nach Ruhm strebende Herrschaft der Römer, jedenfalls in Form des Strebens nach Lob durch Tugend, gegenüber dem Streben nach *dominatio* die bessere Herrschaft, wenn man den Maßstab der *civitas terrena* anlegt.[212] Wahre Tugend ist ohne rechte Gottesverehrung, ohne wahre *pietas*, dennoch nicht möglich. Von daher kann auch die dem Ruhm dienende Tugendhaftigkeit der Herrscher nicht das Endziel des irdischen Staatswesens sein. Dieses muss vielmehr darin bestehen, solche Menschen, die von wahrer Frömmigkeit angeleitet ein gutes Leben führen und über die Kenntnis, Völker zu regieren verfügen, zur Macht gelangen zu lassen. Denn nur diese schreiben Gott die Gnade ihrer Tugenden zu und erkennen ihre Unvollkommenheit in Ansehung der *iustitia*, die sie in der himmlischen Gemeinschaft benötigen werden.[213]

Tugenden im Dienste eines menschlichen Ruhmes aber sind ebenso wenig in ihrer rechten Verfassung, wie wenn sie – wie ja in der Philosophie der Epikureer vertreten – im Dienste der Lust stünden. Wenn *providentia, iustitia, fortitudo* und *temperantia* alleine auf Menschenlob ausgerichtet sind, werden ihre Schranken verfälscht, bleibt die Voraussicht blind für das Wahre, teilt die Gerechtigkeit nichts zu, erträgt die Tapferkeit nichts und beschränkt die Mäßigkeit das menschliche Leben nur, wenn damit dem Lobpreis gedient wird.[214] Gleiches aber gilt auch in Ansehung der Schulen der Philosophie, die zwar nicht auf das Menschenlob ausgehen, aber jedenfalls sich selbst und damit auch wieder Menschen gefallen möchten. Rechte Tugend kann nur rechter Frömmigkeit folgen, wenn der Mensch ein Doppeltes beachtet, nämlich (1) das, worin er sich selbst gefällt, alleine der *misericordia dei* zuzuschreiben und (2) den eigenen Blick auf das richtet, worin er sich selbst missfällt.[215]

Gott verleiht alleine die mit dem *imperium* oder dem *regnum* verbundene *potestas*, an *piis* und *impiis*, an die Weltreiche und auch an den einzelnen Menschen innerhalb des Reiches. Er bestimmt über die Abfolge der Kriege und ihre Dauer. Er hat den Sieg über den heidnisch-gotischen Heerführer Radagaisus, der bereits vor den

---

211 *Augustinus*, De civitate Dei, V, 19, S. 344: „Etiam talibus tamen dominandi potestas non datur nisi summi Dei providentia, quando res humanas iudicat talibus dominis dignas."; Spr 8, 15: „Per me reges regnant et tyranni per me tenent terram"; Ijob 34, 30: „Quia regnare facit hominem hypocritam propter perversitatem populi."

212 *Augustinus*, De civitate Dei, V, 20, S. 346.

213 *Augustinus*, De civitate Dei, V, 20, S. 346.

214 Ein typisches Beispiel hierfür nennt Augustinus, De civitate Dei, 5, 22, S. 352: Rom bricht den Friedensvertrag mit den Samniten und missachtet iustitia um des Ruhmes willen.

215 *Augustinus*, De civitate Dei, V, 20, S. 348.

Mauern Roms stand, veranlasst und Rom entgegen allen Kriegsbräuchen vor den schlimmsten Plünderungen bewahrt.[216]

i) *Voraussetzungen der zur felicitas führenden Herrschaft*

Wenn ein Christ einen christlichen Kaiser glücklich nennt, dann nicht wegen der Dauer der Regierung, oder weil ein friedlicher Tod des Kaisers den Übergang der Herrschaft auf Söhne ermöglichte, nicht wegen der Siege über Feinde oder der Unterdrückung von Bürgeraufständen. All dies kann auch ein heidnischer Kaiser leisten.

Garant der *felicitas* ist vielmehr nur gerechte Herrschaft (*si iuste imperant*), die sich nicht am Lob der Menschen ausrichtet und stattdessen Gott und das Reich Gottes mehr liebt, fürchtet und verehrt als das eigene Reich. Glücklich ist der Herrscher zu nennen, der in Kenntnis der Tatsache seines Menschseins, d. h. in Kenntnis der eigenen Vergänglichkeit auf Erden, allen Anpreisungen menschlichen Lobes widersteht und die innegehabte *potestas* in den Dienst Gottes stellt, um so dessen *maiestas* zu verehren. Als gelebte Tugend äußert sich diese rechte Gottesverehrung in der Aufgabe der Anhänglichkeit an die Macht. Die Furcht davor, die eigene *potestas* zu teilen, muss enden.

Vor allem aber in Ansehung der hervorragendsten kaiserlichen Gewalt, der Justizgewalt, die sich manifest in der Strafgewalt äußert, gelten christliche Gebote. Der Christ straft nur zögernd und verzeiht gerne. Er setzt die Strafgewalt *pro necessitate regendae...rei publicae* ein, nicht *pro saturandis inimicitiarum odiis*. Sein Verzeihen und seine Nachsicht haben das Ziel der Besserung des Menschen vor Augen (*spem correctionis*). Gnade wird nicht willkürlich (*ad inpunitatem iniquitatis*) zuteil. Harte Entscheidungen sind mit der Milde der *misericordia* und durch freigiebige Wohltaten (*beneficiis*) zu mildern. Da ihm das Ruhmesstreben fernliegt, ist einem christlichen Kaiser eher daran gelegen, die eigenen Begierden, als fremde Völker zu beherrschen. Sein gesamtes Handeln leitet die Liebe zum ewigen Glück. Gegenüber Gott bekennt er seine Sündhaftigkeit und sucht in der Demut und im Gebet seinen inneren Zustand zu bessern.[217]

Das Beispiel Konstantins belegt, dass christliche Herrschaft in ihren Erfolgen der guten heidnischen durchaus ähnelt. Auch er herrscht lange und alleine über den gesamten römischen Erdkreis, auch er wird auf seinen Feldzügen durch Siege begünstigt, wirft Tyrannen nieder und hinterlässt das Reich nach einem durch Altersschwäche herbeigeführten Tod seinen Söhnen.[218] Der frühe Tod Jovians, die Regierung des heidnischen Julian und die Tötung Gratians durch barbarische Hand symbolisieren den Wunsch Gottes, menschliche Überhebung christlicher Kaiser zu vermeiden.[219] Innerhalb der christlichen Kaiserherrschaft findet sich dann auch

216 *Augustinus*, De civitate Dei, V, 23, S. 354.
217 *Augustinus*, De civitate Dei, V, 24, S. 356.
218 *Augustinus*, De civitate Dei, V, 25, S. 356, 358.
219 *Augustinus*, De civitate Dei, V, 25, S. 358.

die den Römern verlorene *fides* wieder, hinter der auch dynastische Erwägungen zurücktreten. So macht Gratian nicht seinen jüngeren Bruder, sondern Theodosius zum Mitkaiser, der wiederum treu zu dem jungen Valentinian II. steht und ihn wie ein Vater aufnimmt. Die *cupiditas* nach der Herrschaft wird bei christlichen Kaisern zugunsten einer wohltätigen *caritas* verdrängt. Streiten sie mit Waffengewalt, so begeben sie sich mehr in Gottes Hände, als sich auf die Macht ihrer Soldaten zu verlassen. Auf diese Weise alleine konnte sich Theodosius gegen seine Widersacher, die Usurpatoren Maximus und Eugenius durchsetzen.

Den Sieg setzt ein christlicher Kaiser nicht ein, um Rache an seinen Feinden zu nehmen, sondern, um sie zu Christen zu machen. Anstelle des Schwertes steht christliche Nächstenliebe, anstelle der Vermögenskonfiskation die Mehrung der Ehren. Bürgerkriege, wie unter Cinna, Marius und Sulla üblich, werden unterbunden. Dem Willen, nach Einstellung der Feindlichkeiten den Feinden weiterhin zu schaden, steht die Trauer über den überhaupt geführten Krieg entgegen. Ausdruck dieser neuen kaiserlichen *iustitia* und *misericordia* sind die zugunsten der Kirche gegen die Häretiker erlassenen Gesetze. Sie illustrieren die Einbindung des Kaisers in die irdische Kirche, deren Bedeutung die der irdischen Herrschaft übersteigt. Der Kaiser selbst ist nur ein Büßer in der Kirche, die Buße des Theodosius Buße nach dem Massaker von Thessalonika liefert hierfür das Beispiel. Eben dadurch erhebt sich der christliche Kaiser über das Zeitliche, zu höchster menschlicher Größe und sichert sich das von Gott kommende ewige Glück (*felicitas*).[220]

j) Zwischenbewertung

Das fünfte Buch des Gottesstaates richtet Augustinus insgesamt an der Frage nach der rechten Herrschaft aus. Ausgehend von der nach dem vierten Buch lediglich anerkannten räumlichen Größe Roms untersucht er die Ursachen der gegenwärtigen räumlichen Ausdehnung. Er gelangt zu dem Ergebnis, dass sie trotz der Lasterhaftigkeit des römischen Staatswesens insgesamt der alten Römertugend zu danken ist, insbesondere dem Streben Einzelner nach *gloria*. Dieses, auf das Wohlgefallen der Menge gerichtete Streben, ist in sich *tota terrena*. Es wird durch *cupiditas* zur *dominatio* angeleitet. Gottes Wohlgefallen gegenüber der Menge der Schlechten fand es in der Zeit vor Christi Geburt dennoch, wenn es auf Lobpreis kraft tugendhaften Handelns gerichtet war. Dies war der Fall, wenn der einzelne Imperienträger seine Handlungen nach dem Maßstab des ihm bekannten Gemeinwohls auszurichten versuchte und dafür bereit war, auch die eigenen privaten Güter einzusetzen. Zwar fehlte es auch diesem Handeln an einem rechten Verständnis der Begriffe

---

220 *Augustinus*, De civitate Dei, V, 26, S. 360. Dadurch unterscheidet sich (S. 362) die christliche von jeder anderen Herrschaft: Licht, Luft, Erde, Wasser, Früchte, Leib und Seele, Verstand und Leben, aber auch das Imperium, sind Guten wie Schlechten gleichermaßen gegeben. Ob sie ihm zur felicitas gereichen, entscheidet alleine die rechte Gottesverehrung, die sich in der kaiserlichen iustitia äußert; dazu *Rist*, Augustine, 227.

der Tugend und Gerechtigkeit – welches alleine durch die *pietas* zustande kommt – doch stand es jedenfalls in größerer Nähe zu dem *libertas*-Streben der Römer, als seiner Perversion im reinen *dominatio*-Streben.[221] Dessen Anlage in der römischen Gesellschaft ist bedingt durch die Aufhebung des Königtums als herrschender und beratender Instanz aufgrund eines falschen Verständnisses der Römer vom Begriff des *rex* als eines Gewaltherrschers. Von Beginn an steht fest, dass die (vermeintlich) erlangte *libertas* durch Aufteilung der Staatsgewalt auf Konsuln gegenüber dem *gloria*-Streben der Römer auf Dauer nicht von Bestand sein kann. Ist dies bereits in ihrer Ursache angelegt, dem Sturz des Königtums zur Erlangung der Freiheit lag der Irrtum zugrunde, unter der Herrschaft eines Königs könne Freiheit nicht erlangt werden, so wird es durch das *gloria*-Streben zu Gewissheit.

Jeder nach Ruhm strebende Mensch versucht höchsten Ruhm zu erlangen, entweder, indem der Tugendhafteste sich schließlich zum alleinigen Herrscher des Gemeinwesens erhebt,[222] oder indem das falsche *gloria*-Streben zu tyrannischer Alleinherrschaft führt. Die Grundprämisse römischer *gloria*, sich vor den Augen der Menge auszeichnen zu wollen, trägt den Keim des Unterganges in sich. Äußerlich auszuzeichnen kann sich hier auch, wer den bloßen Anschein der Tugend erweckt, also etwa wenigen Menschen ihre Güter nimmt, um sie der Masse in verschwenderischer Weise zuzuwenden. So führt das *gloria*-Streben schließlich und spätestens mit Wegfall der Bedrohung der römischen Weltherrschaft in die Sackgasse einer Regierung, die nicht einmal mehr die Grundsätze menschlicher Gemeinschaft überhaupt beachtet und mündet im Kampf um die höchste Macht in die Bürgerkriege.

Erbringer der Restitutionsleistung für das römische Gemeinwesen ist christliche *pietas*. Seine Rettung erfolgt zu Zeiten Christi durch das Auftreten des Augustus nach Maßgabe der *divina providentia*, der jedenfalls in tugendhaftem *gloria*-Streben der Welt Frieden schafft und sie unter der Herrschaft Roms zur Verbreitung der christlichen Lehre vereint. Zur *felicitas* kann Kaiserherrschaft wie Feldherrenherrschaft allerdings nur dann führen, wenn sie sich in allem an den Geboten der *pietas* ausrichtet und den Geboten der *civitas aeterna* auf Erden folgt.[223] Dazu gehört die Ablegung jeden äußerlichen *gloria*-Strebens. Vor Gott ist auch irdische Herrschergewalt bedeutungslos. Der Kaiser muss sich innerer Frömmigkeit zuwenden. Eine an ihr orientierte Herrschaft versucht mit *misericordia* und *beneficentia* die Welt in

221 *Trapé*, Augustinus, 180.

222 Und damit faktisch zur Sicherung der Freiheit das Königtum wieder einführt.

223 Dazu *Schindler*, Augustin, 682: „Gibt es einen christlichen Staat? Ja, sofern darunter ein Herscher zu verstehen ist, der selbst Christ ist und im Sinne des Fürstenspiegels von De civ.dei V, 24 antike Herrschertugenden mit dem Schutz der wahren Religion und der Verfolgung der Heiden und Zurückdrängung der Ketzer verbindet. Nein, sofern damit eine Angleichung von Staat und Gesellschaft an die Ordnung des Gottesreiches gemeint sein sollte. Die Kirche und in ihr ganz besonders die klösterlichen Gemeinschaften, treten an die Stelle von Reformen oder Staatsutopien.“; *Trapé*, Augustinus, 180. Jede nicht auf Gott bezogene Herrschaft geht zwingend fehl; *Horn*, Augustinus, 121.

Frieden und Gerechtigkeit zu ordnen. Sie kämpft für *fides* und *caritas* und gegen Tyrannenherrschaft und stellt sich in allem in den Dienst der Herrschaft Gottes. Der römische *victoria*-Begriff kennzeichnet nicht mehr den militärischen Sieg, sondern die Zuführung der Menschen auf den Glauben hin, die den höchsten Dienst des Kaisertums ausmacht und alleine zur *vera libertas* und *felicitas* führen kann.

6. Bewertung

Der Verwirklichung des göttlichen Gebotes stellt Augustinus in den ersten fünf Büchern die Herrschaftspraxis des römischen Staates gegenüber, die dem Inhalt nach der *civitas terrena* – dem in der Praefatio angesprochenen *parcere subiectis et debellare superbos* – nur in Form des irdischen *dominatio*-Strebens entspricht. Die über die Plünderung der Tempel vorgetragenen Klagen beschreiben ein Symptom falschen Strebens, dem es in Wirklichkeit nicht um Ruhe und wahren Frieden geht, sondern um die bloße Mehrung irdischer Güter und des eigenen Luxus. Ein weiteres Symptom ist die Anhänglichkeit an falsche Götter. Sie lassen nicht nur Richtlinien für das irdische Leben vermissen, sondern beschleunigen durch die Beförderung des römischen Herrschaftsgedankens den Zerfall der Gesellschaft weiter, die dem an Leib und Gliedern unmäßigen Menschen entspricht. Die erstrebte Bewahrung der alten Ordnung (*concordia, libertas, securitas*) schafft in der Pax Romana einen nach innen wie außen unsicheren Zustand. Die vermeintliche *libertas* ist eingebildet. Der nach materiellem Gewinn strebende Mensch ist Sklave des eigenen Strebens nach Überlegenheit. *Superbia* verhindert wahre *concordia*, die Übel der falschen Grundsätze vervielfältigen sich durch den steigenden Luxus und den durch das Fehlen einer Anleitung zu rechter Ordnung unvermeidlichen Verfall der Sitten. Die Berufung auf *pietas* geht in einem Streben fehl, das in den Göttern nur die Gier des Einzelnen verehrt.[224] Der zum Schutze der Reichtümer geführte Krieg vergrößert die Unmäßigkeit des Staatswesens. Die *concordia* ist in Wirklichkeit *pactum societatis* einer Räuberbande, die nach materiellem Wohlstand (Beute) strebt und durch die Güterteilungsabrede zusammengehalten wird, die letztlich durch die Macht des Stärkeren bestimmt ist. Ihr Anführer ist meist dasjenige Individuum mit der größten Machtgier. Es kann sich nur durch Zusicherung materiellen Wohlstandes im Besitz der Macht erhalten. Da in einer so verfassten Gesellschaft das Streben nach Mehrung der Güter ein Streben nach Mehrung der eigenen Macht ist, also auch der im Besitz der Herrschaft Befindliche darauf bedacht sein muss, durch weitere Steigerung seiner Macht seine Ausschaltung von derselben zu vermeiden, muss der Staat – will er zumindest den Eindruck innerer Ordnung wahren – Kriege führen. Hierdurch entfernt er sich immer weiter vom gesunden Verhältnis der Glieder, die innere Ordnung erodiert umso schneller. Der Mensch bleibt zeitlebens Sklave der

224 *Horn*, Augustinus, 114; *Herrmann-Otto*, Ecclesia, 364 zitiert Straub: „Die Tatsache seiner pervertierten Staatsethik dem Römer überzeugend einsichtig zu machen, darauf geht also das Bestreben Augustins."

Furcht vor der Stärke der anderen.[225] Der Gedanke eines ewigen Roms *sine fine* ist unter diesen Prämissen erst recht nicht denkbar.[226]

Demgegenüber steht der an Gliedern und Leib gesunde Mensch. Er strebt nicht nach irdischen Gütern, sondern in demütiger Gottesfurcht (*pietas*) nach jenseitigem Heil und fügt sich in die ihm von Gott gewiesenen Aufgaben. Durch die Abwesenheit des Stolzes und des Strebens nach Mehrung der Güter (der Habgier) lebt er mit Gott und seinen Freunden und Nachbarn in Frieden. Die Aufgabe des Herrschers besteht darin, das gottgemäße Leben zu schützen. Er spricht die notwendigen Strafen gegenüber den Übertretern der Ordnung aus. Seine Gerechtigkeit liegt darin, dass er hierbei nicht nach Rache strebt, sondern in Demut vor Gott und seinem Gebot nur dort straft, wo dies zum Schutze und der Leitung des so geordneten Zustandes erforderlich ist. Hierzu gehört es auch, Nachsicht und Verzeihung zu üben, wo die Härte der Strafen unangebracht wäre. Die in solcher Ordnung befindliche Gesellschaft verwirklicht, indem sie nicht nach irdischem Wohlergehen strebt, die Freiheit des Einzelnen auch dann, wenn seine Rolle auf Erden in der des Knechtes besteht.[227]

7. Der christliche Friede im 19. Buch

Zur positiven und systematischen Bestimmung des christlichen Friedensbegriffs setzt Augustinus schließlich im neunzehnten Buch des Gottesstaates an. Er ist für ihn gerade deshalb von Bedeutung, weil nur durch Frieden irdische Glückseligkeit (*felicitas*) zu erlangen ist. Daher haben alle Staaten ihr Streben daran auszurichten.[228]

a) Das allumfassende Streben nach Frieden

Umfassenden und gesicherten Frieden kann der Mensch auf Erden nicht erlangen. Er wird sich bereits glücklich (*beatus*) nennen, wenn er den Frieden erreicht, der bei einem guten Leben (*vita bona*) möglich ist. Auch dieses irdische Glück aber ist, verglichen mit der letzten Glückseligkeit (*beatitudo finalis*) lediglich Elend (*miseria*).

---

225 Die Schilderung des römischen Staates als der „civitas terrena“ führt zur vermeintlichen Gleichsetzung derselben mit der „civitas diaboli“. Die Falschheit dieses Rückschlusses erschließt sich zum einen aus dem Gebrauch des „civitas“ Begriffes für irdische Herrschaftsverbände (auch II, 21), denen stets – auch als Räuberbande – ein Rest des göttlichen Gebotes immanent ist. Dazu: *Schindler*, Augustin, 680 u. 682. Die civitas diaboli ist die ausschließlich von superbia bestimmte civitas; die civitas die die Summe der vernunftbegabten Wesen, die Gott über alles und alles andere um seinetwillen lieben. Daher kann der irdische Staat nicht civitas diaboli sein.

226 *Straub*, Historia 1 (1950), 67 zu den Sermones 105, 9 und 10, 11.

227 Sie ist dennoch nicht civitas dei sondern durch den Einzelnen und seine Zuwendung auf Gott definiert. Daher ist es jederzeit möglich, dass etwa auch die Zeiten der Christenverfolgung wiederkehren. *Rist*, Augustine, 228. Dazu *Horn*, Augustinus, 111.

228 *Augustinus*, De civitate Dei, XIX, 10, S. 462 f.

Auf Erden ist ein Zustand, in dem die Tugenden nicht alle Laster und Schlechtigkeiten (*non contra ulla vitia vel mala*) bekämpfen müssen, nicht möglich. Der Idealzustand von *pax* und *securitas* ist dem ewigen Leben vorbehalten.[229] Der Mensch kann nur ein Leben nach der wirklichen Tugend (*vera virtus*) führen, wenn er alle Güter – des irdischen Friedens oder auch der Übel, die er erleidet – mit dem Ziel des göttlichen Friedens in Beziehung setzt und so recht gebraucht.

Zum Nachweis dieser These setzt Augustinus zunächst bei allen Menschen an. Er postuliert, dass Friede das Endziel jedes menschlichen Handelns ist. Das heißt, dass auch diejenigen Menschen Frieden erstreben, die den Krieg wünschen (*sicut enim nemo est qui gaudere nolit, ita nemo est qui pacem habere nolit*). Jeder Krieg hat den Sieg (*victoria*) über den Widersacher zum Ziel. Dieser besteht in der Unterwerfung der Widersacher. Ist diese erreicht, herrscht Frieden.[230] Wer auch immer Krieg erstrebt, wünscht so zumindest stets auch eine seiner Vorstellung entsprechende Friedensordnung.[231] Auch Räuber erstreben den Frieden mit ihren Genossen. Haben sie keine Kampfgefährten, wollen sie jedenfalls den Frieden mit Frau, Kindern und dem eigenen Haus. Sie wünschen zudem eine Friedensordnung, die bei einer Störung den Frieden durch Schelte, Strafe oder Gewalt wiederherstellt. Augustinus nennt etwa das Beispiel des Ungehorsams der Ehefrau. Gleichermaßen streben auch irdische Reiche, selbst wenn sie Räuber zu Königen ernennen, nach dem Frieden. Sie ordnen sich dem räuberischen Willen unter und trachten danach, ihren Feinden die Regeln ihres Friedens aufzuzwingen (*leges suae pacis imponere*). Das Wollen des Menschen kann daher nicht anders, als auf Frieden gerichtet sein. Das Streben des Räubers ist es, alles zu dem Seinigen zu machen. Ihm steht das Streben nach dem ewigen Leben als ewigem Frieden entgegen. Im Übrigen bleibt die qualitative Bestimmung des Friedensbegriffs den nun folgenden Kapiteln vorbehalten.

In dem von Vergil entlehnten Cacus-Vergleich manifestiert sich der Minimalbestand eines Friedens der Wesenheit.[232] Auch Cacus, ein Fabelwesen, das von jeher ohne Gesellschaft in einer Höhle lebt, will jedenfalls den Frieden mit den Gliedern seines Leibes und die Ruhe in seiner Höhle.[233] Ein dergestalt innerkreatürliches Friedensstreben (*iniquam pacem*), das eine zweite Kreatur als Bezugsobjekt nicht kennt, ist widernatürlich und kann auf Erden nicht existieren, da selbst die wildesten

---

229 *Augustinus*, De civitate Dei, XIX, 11, S. 464. Ewiges Leben und Frieden sind austauschbare Begriffe. „Sed quoniam pacis nomen etiam in his rebus mortalibus ferquentatur, ubi utique non est vita aeterna, propterea finem civitatis huius, ubi erit summum bonum eius, aeternam vitam maluimus commemorare quam pacem."

230 *Augustinus*, De civitate Dei, XIX, 12, S. 466: „Nam quid est aliud victoria nisi subiectio repugnatium? Quod cum factum fuerit, pax erit."; dazu *Laufs*, Friedensgedanke, 8.

231 *Augustinus*, De civitate Dei, XIX, 12, S. 466: „Nam et illi qui pacem, in qua sunt, perturbari volunt, non pacem oderunt, sed ut ea sit quam volunt."

232 *Vergil*, Aeneis, VIII, 267.

233 *Augustinus*, De civitate Dei, XIX, 12, S. 468.

Raubtiere innerhalb ihrer Gattung eine Art von Frieden halten (*proprium quadam pace*). Zu Recht wird aus der Perspektive des Augustinus Cacus daher als Fantasterei und *semihomo* bezeichnet.

b) Ausrichtung des Menschenfriedens auf societas

Über den Frieden des Cacus geht selbst der ungerechteste Friede der Menschen hinaus. (*Cum etiam mali pro suorum pace belligerent omnesque, si possint, suos facere velint, ut uni cuncti et cuncta deserviant; quo pacto, nisi in eius pacem vel amando vel timendo consentiant?*) Auch der Mensch kann ausschließlich den von ihm gewünschten Frieden (*iniquam pacem suam*) erstreben und den Gottesfrieden (*iustam pacem dei*), der in der Gleichheit mit den Mitmenschen besteht, hassen. Doch ist sein Friede jedenfalls auf *societas* ausgerichtet.[234] Auch das Verkehrte (*perversum*) muss in einem Frieden leben, da seine Existenz anders nicht denkbar ist und es *contra naturam* wäre, gar keinen Frieden zu wollen.[235] Belegt wird die Existenz einer solchen natürlichen Ordnung am Beispiel des verkehrt herum aufgehängten Menschen. Hierdurch ist der Friede des Leibes (*carnis pacem*) gestört, der in der rechten Ordnung von oben und unten besteht und es entsteht Beschwernis. Doch bleibt die Seele jedenfalls für eine Weile noch mit dem Leib in Frieden. Selbst der tote Körper lässt nicht ab von der natürlichen Ordnung. Seine Glieder halten, z. B. im Fall der Einbalsamierung, noch dauerhaft miteinander Frieden. Sie streben ansonsten gemeinsam nach der befriedeten Erde. Augustinus sieht damit den umfassenden Nachweis als

---

234 *Laufs*, Friedensgedanke, 17 f. verweist mit Blick auf XII, 23 darauf, dass der Friede der wilden Tiere mit ihren Artgenossen der societas domestica des latro vorzuziehen sei. Aus XIX, 12 ergibt sich dies jedenfalls nicht unmittelbar, denn danach wird jeder Mensch um vieles mehr als die wilden Tiere Geselligkeit suchen. Auch der Böse will alle zu den Seinigen machen, damit sie in seinen Frieden einwilligen.

235 *Augustinus*, De civitate Dei, XIX, 12, S. 470, 472: „Nullius quippe vitium ita contra naturam est, ut naturae deleat etiam extrema vestigia." Eine umfassende Begründung des natura-Begriffs unternimmt *Laufs*, Friedensgedanke, 3–7: Die Natur des Menschen ist auf Gemeinschaft gerichtet. Der erste von Gott geschaffene Mensch enthält unus ac singulus die gesamte Menschheit in sich. Er trägt daher das Verlangen nach unitas societatis und concordia in sich selbst. Concordia aber gründet auf pax (XIV, 1). Das „pacem habere velle" folgt daher aus der natura des Menschen (4). Der Mensch, der sich aus superbia selbst zum Urgrund erhob, verkehrte seine Natur zum Schlechteren (natura vitiata) die in den mali wirksam ist. Superbia erstrebt nach wie vor den Frieden, nun geordnet nach der eigenen Vorstellung (5). Die Erlösung durch Christus wiederum führte zur Erneuerung der ursprünglichen natura durch Gott. Das Verhältnis von societas und pax kann in dem auf die pax aeterna gerichteten Leben des Menschen wieder wirksam werden durch die Gnade Gottes (gratia) (XV, 2; XII, 23). Demnach gibt es ein in der natura des cives civitates terrenae begründetes Streben nach pax iniquam, während die Bürger der civitas Dei dank der göttlichen Gnade nach pax iusta und leges streben (7). Dazu *Horn*, Augustinus, 124 f.

erbracht an, dass auch die *latrones* nicht ohne Frieden sein können und in jedem Menschen die Natur der göttlichen Ordnung am Werk ist. Er verweist aber darauf, dass eine genaue Definition des Friedens noch fehlt, der durch den Menschen auf der Erde bei Unterwerfung unter den göttlichen Willen erreichbar ist.[236]

c) Die Bestimmung des erreichbaren irdischen Friedens – die Friedenstafel

Zu einer solchen hebt Augustinus im dreizehnten Kapitel des neunzehnten Buches in Gestalt einer Friedenstafel an. Der Friede der vernünftigen (also der menschlichen) Seele ist demnach die geordnete Übereinstimmung von Erkenntnis und Handlung. Der Friede des Menschen mit Gott ist der durch den Glauben geordnete Gehorsam gegenüber dem ewigen Gesetz. Der Friede unter den Menschen besteht in geordneter Eintracht, die sich auf Erden in Familie und Staat als Eintracht in Befehlen und Gehorchen äußert. Der höchste Friede schließlich ist der Friede des himmlischen Staates, also die völlig einträchtige Gemeinschaft des Gottgenusses und des gegenseitigen Genusses in Gott. Er bildet das auf Erden nicht erreichbare Ziel menschlichen Handelns.

d) Leibesfriede

Die Erörterung des Verhältnisses der Friedensbegriffe zueinander sowie ihres Inhaltes findet sich im vierzehnten Kapitel. Die ersten Stufen des Friedens begegnen auch in unvernünftigen Wesen, die ihren Leib gesund erhalten und ihre Triebe befriedigen, um so Leib und Seele in Einklang zu bringen.[237] Sie sind der Friede des Leibes und der Friede der vernunftlosen Seele, sowie der Friede zwischen Leib und Seele.

e) Seelenfriede und Friede mit Gott

Von ihnen unterscheidet sich der Mensch dadurch, dass ihm eine vernünftige Seele (*rationalis anima*) innewohnt. Dank dieser ist er zur Erkenntnis fähig und auch dazu, seine Handlungen nach dieser Erkenntnis auszurichten. Frieden erlangt die vernünftige Seele durch den Einklang von Erkenntnis und Handlung (*ordinata cognitionis actionisque consensio*). Ihr Friede ist keineswegs identisch mit demjenigen des unvernünftigen Tieres, da sie zusätzlich fähig ist, Trieben und Verlangen auch anders als durch Triebbefriedigung entgegenzutreten.[238] Sie wünscht die Erkenntnis

---

236 *Augustinus*, De civitate Dei, XIX, 12, S. 472. Zu ordo und pax auch *Laufs*, Friedensgedanke, 33.

237 *Laufs*, Friedensgedanke, 90, 92: die ersten drei pax-Verhältnisse: pax corporis, pax animae inrationalis, pax corporis et animae, sind begründet in den leges summi ordinatoris und nicht in der Unterordnung unter das göttliche Gesetz.

238 *Augustinus*, De civitate Dei, XIX, 14, S. 478; XIX, 25, S. 510. *Trapé*, Augustinus, 181.

derjenigen Handlungen, die ihr nützen, also weder von Schmerz belästigt (*nec dolore molestari*) noch von Leidenschaften gestört (*nec desiderio perturbari*) und zugleich – nicht vom Tode aufgelöst zu werden (*nec morte dissolvi*).

Da aber der menschliche Verstand nicht unfehlbar ist, bedarf er der Sicherheit göttlicher Unterweisung und Anleitung. Diese ist, da der Mensch auf Erden Gott nicht schauen kann, nur durch den Glauben möglich. Der Mensch wandelt *per fidem, non per speciem*. Der Glaube aber besteht in der Unterwerfung unter das Gesetz Gottes.[239] Wer die *pax animae rationalis* herzustellen gedenkt, kann diese nur in der Achtung des göttlichen Gebotes finden.

g) *Friede unter den Menschen*

Von ihr kann wiederum nur dann gesprochen werden, wenn die Handlungen des Menschen den Inhalt des Gebotes nach allen Richtungen des *ordo* umsetzen.[240] Hierzu gehören nach Augustinus vor allem Gottes- und die Nächsten- und damit auch die Selbstliebe des Menschen, denn er soll den Nächsten lieben wie sich selbst. Diese Art der Selbstliebe, die in Gott ihren Bezug nimmt, ist anders als die sich selbst zum Bezug nehmende *superbia* unschädlich. Gleichermaßen darf der so lebende Mensch die gleiche Art der Liebe auch von seinem Nächsten erwarten. Durch dieses Handeln nach der Erkenntnis des göttlichen Gebotes entsteht die *ordinata concordia* der Menschen. Der nach dem göttlichen Gebot handelnde Mensch befindet sich mit jedem Menschen in Frieden, da ihm die Ordnung gebietet, niemandem zu schaden und sogar jedem, soweit er kann, zu nützen. Die beste Möglichkeit Menschen zu nützen aber hat er in der eigenen Familie. So entsteht die *pax domestica* als *ordinata concordia* im Befehlen und Gehorchen unter den Familienmitgliedern. Befehlen und Gehorchen bedeutet hier dienende Hilfe und nicht – wie bei den Räubern (*latrones*) – die Unterordnung der Familienmitglieder unter den eigenen Willen. Der Befehlende selbst handelt aus der Unterordnung unter das göttliche Gebot. Er vermittelt die Handlungsanweisungen des göttlichen Gebotes und dient damit denjenigen, denen er scheinbar gebietet. Auf diese Weise erreicht er den Frieden, der im sterblichen Leben möglich ist als Wohlergehen (*salus*) und Unversehrtheit in der Gemeinschaft mit seinesgleichen.[241]

Der entscheidende Unterschied zum *latro* besteht darin, dass der in *ordo* und *pax* befindliche Mensch nicht aus *superbia*, sondern aus *misericordia* handelt. Der beschriebene Zustand entspricht der natürlichen Schöpfungsordnung.[242] In ihr

---

239 Hierdurch unterscheidet sich der civis civitatis Dei vom civis civitatis terrena; *Laufs*, Friedensgedanke, 93 f.

240 Der ordo der vernünftigen Seele zwischen Erkenntnis und Handeln ist der zentrale Begriff der Friedenstafel. Ihm müssen sich die Ordnungen der unvernünftigen Seele unterwerfen. Zugleich ist er Voraussetzung der nachfolgenden ordo-Begriffe, vgl. auch *Laufs*, Friedensgedanke, 97.

241 *Trapé*, Augustinus, 182.

242 *Augustinus*, De civitate Dei, XIX, 15, S. 480.

herrscht Ruhe, die gleichermaßen allen Dingen den Frieden bringt. *Pax ominum rerum tranquillitas ordinis* – Friede ist die ruhige Ordnung aller Dinge, so führt auch Augustinus aus und präzisiert den *ordo*-Begriff als die Verteilung der gleichen und ungleichen Dinge, die jedem das seine (seinen Platz) zuweist (*sua cuique loca tribuens*).[243]

h) Das Problem der Herrschaft

Vor dem Hintergrund der Ablegung des *superbia*-Strebens und der Menschenliebe erscheint die Begründung der Herrschaft über Menschen in Gestalt des Königtums und der Sklaverei, also generell des Über- und Unterordnungsverhältnisses, zweifelhaft. Gottgewollt ist offensichtlich nur Herrschaft *non hominem homini, sed hominem pecori.* Daher sind auch die ersten Gerechten (*iusti*) Viehhirten und nicht Herren über Menschen gewesen, die im Gegensatz zu den stolzen Herren über die Tugend der *humilitas* verfügten.[244]

Als Begründungsansatz dient Augustinus daher auch die göttliche Strafgewalt. Der Verstoß gegen den *ordo naturalis*, die Sünde des Menschen, bedingt die göttliche Strafe und führt ihn in die Knechtschaft. Noah (selbst *iustus*) bestrafte die Sünde seines Sohnes (Gen 9, 25). Derjenige, der in einem gerechten Krieg (*iustum bellum*) gefangen genommen wird, hat als Gegner des Gerechten für die Sünde gekämpft und wird für seine Schuld (*culpa*) mit der Sklaverei bestraft. Auch demjenigen, der von *mali* gefangen genommen wird, kann dies Strafe für eine Sünde sein, wie das Beispiel Daniels belegt (Dan 9, 5–19). Demnach widerspricht die Tatsache, dass auch in den Haushalten der *iusti* Sklaven existieren, nicht dem *ordo.*[245]

Überhaupt erkennt Augustinus die Gewalt des Hausvaters über die Familienmitglieder an, die zwar wie beschrieben helfende Sorge ist, (XIX, 14) aber erlaubte Strafen bei Ungehorsam (XIX, 17) mit einschließt. Bestrafungen sind notwendig, damit sich der Abweichler in den Frieden wieder einfügt und andere von der Sünde abgeschreckt werden.[246] Die Bestrafung der Sünder ist Pflicht des *iustus.*[247]

243 *Augustinus*, De civitate Dei, XIX, 13 f., S. 474, 476; *Chadwick*, Augustin, 109.

244 *Augustinus*, De civitate Dei, XIX, 15, S. 482.

245 *Augustinus*, De civitate Dei, XIX, 16, S. 482 schränkt aber ein: Der Hausvater ist verpflichtet, alle Glieder des Hauses in der Verehrung Gottes mit gleicher Liebe anzuleiten. Die Unterscheidung zwischen Sklaven und Freien ist nur hinsichtlich der temporalia bona, nicht der aeterna bona gerechtfertigt; vgl. *Trapé*, Augustinus, 181.

246 *Augustinus*, De civitate Dei, XIX, 14; 17. Sie ist damit auch als notwendig gekennzeichnet, *Horn*, Augustinus, 121.

247 *Augustinus*, De civitate Dei, XIX, 16, S. 484.

i) Der Friede des Staates

aa) Unterordnung unter das staatliche Recht

Erst an dieser Stelle kommt auch die vorletzte Stufe des irdischen Friedens zur Sprache – die *pax civitatis*, die in der *ordinata imperandi atque oboediendi concordia civium* begründet liegt. Den *leges civitatis* muss sich der Hausvater dahin gehend unterwerfen, dass er sein Haus nicht gegen sie regiert. Dies Unterordnung unter die Gesetze des Weltstaates ist erforderlich, obwohl ein Teil des irdischen Staates nicht *ex fide* lebt, nur nach *terrenam pacem* strebt und die Eintracht der Bürger in Bezug auf Befehlen und Gehorchen nur als Willensübereinkunft über zum sterblichen Leben gehörende Dinge herstellt. Augustinus selbst räumt ein, dass die *civitas caelestis* kaum darum herumkommt, sich in diesen beschränkten Frieden (*ista pace*) einzuordnen. Dies gilt nach seiner Auffassung jedenfalls für denjenigen Teil, der noch auf Erden wandelt und dort *ex fide* lebt.[248] Als *peregrinus* auf dem Weg zum ewigen Frieden gehorcht der Christ Gesetzen des Weltstaates (*terrenae civitatis*) im Hinblick auf die zur Erhaltung des sterblichen Lebens notwendigen Güter, nicht aber im Hinblick auf die Religionsgesetze.[249] Richtet er so sein Leben in der Hoffnung auf Gott aus, kann er schon auf Erden *beatus* genannt werden.[250] Dies ist auch der Grund, warum die *civitas terrenae* die *civitas caelestis* fürchtet, die nicht um die Differenzen in Sitten, Gesetzen und Einrichtungen kümmert, die den irdischen Frieden aufrechterhalten, solange die Religion dadurch nicht beeinträchtigt wird und dadurch Menschen verschiedenster Sprachen und Völker anzieht.

bb) Der Staatsbegriff

Zum Erweis der Voraussetzungen, unter denen eine Ansammlung von Menschen überhaupt als Staat bezeichnet zu werden vermag, nimmt Augustinus Rückgriff bei Cicero und konstatiert, dass Rom nach der dort von Scipio angewandten Definition nie als Staatswesen zu bezeichnen war.[251] Grund ist die von Scipio vorgetragene Definition des Staates, die auf dem Begriff des Volkes beruht, also der Versammlung einer Menge von Menschen, die sich *iuris consensu* und zum gemeinsamen Nutzen vereinigt hat. Rechtskonsens aber kann nur über die *iustitia vera* bestehen.

---

248 *Augustinus*, De civitate Dei, XIX, 17, S. 484, 486: „Civitas autem caelestis vel potius pars eius, quae in hac mortalitate peregrinatur et vivit ex fide, etiam ista pace necesse est utatur, donec ipsa, cui talis pax necessaria est, mortailitas transeat…"; „Utitur ergo etiam caelestis civitas in hac sua peregrinatione pace terrena …". *Schindler*, Augustin, 682: „Der Friede und die Ordnung im Staate haben nur zeitlich-diesseitige, also subsidiäre Bedeutung für den Frieden und die Ordnung der Kirche."

249 *Augustinus*, De civitate Dei, XIX, 17, S. 486: „…factum est, ut religionis leges cum terrena civitate non posset habere communes…".

250 *Augustinus*, De civitate Dei, XIX, 20, S. 492.

251 *Augustinus*, De civitate Dei, XIX, 21, S. 492. Auf Erden gibt es die wahre res publica nicht; *Kreuzer*, Augustinus, 128.

Wo sie nicht existiert, gibt es auch kein Recht. Wirkliche Gerechtigkeit besteht in der Tugend (*virtus*), die jedem das Seine zuteilt (*quae sua cuique distribuit*). Danach kann eine Gesellschaft, die den *ordo* Gottes nicht kennt und sich Gott selbst verschließt, wirkliche Gerechtigkeit nicht kennen.[252] Die Erkenntnis ihrer Vernunft geht fehl. Sie weiß nicht, was jedem zusteht. Daher ist die Menschenmenge nicht rechtlich (*iuris consensu*) vereinigt und kennt genau genommen auch überhaupt keinen gemeinsamen Nutzen. Damit aber ist sie kein Volk im Sinne der Definition Ciceros und die *res publica* kein Staat.[253] Als Staat kann sich die *civitas terrena* als Verbindung der Menschen, die nicht dem göttlichen Gebot folgen, also nur dann bezeichnen, wenn man zu der Verbindung die Zusammenkunft einer Menge vernünftiger Menschen genügen lässt, die durch einträchtige Einschätzung der Dinge geeint sind.[254] Dann wäre auch das römische Volk ein Volk. Die Festlegung seiner Sitten bliebe allerdings in der Weise brüchig, wie in den ersten fünf Büchern von Augustinus beschrieben und es würde ihm weiterhin an wahrer Gerechtigkeit (*iustitia vera*) mangeln, da seine Tugenden eher Laster (*vitia*) wären. Wahres Recht setzt stets die Ausrichtung auf den göttlichen *ordo, sub aeterna lege,* voraus.[255] Der Staat, der seinen Namen mit Recht führt, also Teil der *civitas Dei* ist, richtet seine Gesetze danach ein. Gleich dem Hausvater, der über seine Hausgenossen dienend herrscht, herrscht er so über die Häuser seines Volkes.[256]

j) Der Krieg als Irrtum der Sünde

Die Unvermeidbarkeit irdischer Kriege auch für die *civitas Dei,* folgt aus der Sündhaftigkeit des Menschen. Aus dem Fehlgehen des Menschen entsteht Krieg innerhalb der Häuser und innerhalb des Gemeinwesens.[257] Deshalb herrscht nicht nur der Hausvater über seine Hausgenossen, sondern ebenso der Staat über die Hausväter.[258] Da auf dem Erdkreis zudem mehrere Staatengebilde existieren, kann

---

252 So auch *Augustinus*, De civitate Dei, II, 21; *Mayer*, Legitimation, 16. Damit ist zugleich ausgesagt, dass Ciceros Staat kein Staat ist, vgl. *Trapé*, Augustinus, 181.

253 *Augustinus*, De civitate Dei, XIX, 21, 494, 496.; *Mayer*, Legitimation, 16. Zur Romkritik auch *Herrmann-Otto*, Ecclesia, 362.

254 *Augustinus*, De civitate Dei, XIX, 24, S. 508: „Populus est coetus multitudinis rationalis rerum quas diligit concordi communione sociatus." *Herrmann-Otto*, Ecclesia, 363: „Die ciceronianische Definition der res publica trifft auf keinen der vergangenen und gegenwärtigen Staaten zu und ist auch in der Zukunft nur schwer zu erreichen."

255 *Augustinus*, De civitate Dei, XIX, 14, S. 478, 480; *Mayer*, Legitimation, 18; *Trapé*, Augustinus, 181.

256 Zum Dienst christlicher Herrschaft, *Horn*, Augustinus, 123.

257 *Augustinus*, De civitate Dei, XIX, 5, S. 452, 454.

258 *Augustinus*, De civitate Dei, XIX, 13, S. 472.

auch der auswärtige Krieg selbst eines Staates, in dem der *ordo* verwirklicht ist, dann gerecht sein, wenn er der Wiederherstellung des Friedens dient.[259]

k) Bewertung

So sehr sich die Handlungsanweisungen für ein Leben im göttlichen *ordo* und damit in *pax* im Werk des Augustinus auch an den einzelnen Menschen richten, so sehr sind sie zugleich mit dem Staatswesen verknüpft. Die *civitas Dei* auf Erden hält die Gesetze der *civitas terrena* ein. Sie beansprucht aber die ungestörte Ausübung des Glaubens für sich. Die *civitas terrena* bleibt letztlich aufgrund der Abwesenheit Gottes nicht nur tugendlos, sondern begleitet nur die *civitas Dei* auf ihrer irdischen Pilgerschaft, da ihr die Erkenntnis im Hinblick auf den wahren Frieden, das ewige Leben in Gott, vollständig verschlossen ist. Die Unterordnung des im *ordo* befindlichen Menschen unter diesen Staat ist vorläufig. Sie ändert nichts an der Tatsache, dass der nicht im *ordo* befindliche Staat kein wirklicher Staat ist.

Die höchste auf Erden zu verwirklichende Stufe der *civitas Dei* besteht im Erreichen des im Imperium Romanum abwesenden Staatsfriedens. Er ist die geordnete Eintracht der Bürger in Bezug auf Befehlen und Gehorchen. Die Parallelität der Herrschaft in Haus und Staat[260] legt es nahe, eine Einpersonenherrschaft auch für das irdische Staatswesen der *civitas Dei* zugrunde zu legen; denn Augustinus nimmt an, dass auch das Haus der dienenden Befehlsgewalt des Hausvaters, also einer Person unterworfen ist. Hierdurch eignet sich die seine Darstellung, die selbst nur allgemein vom Staat (*civitas*) spricht, auch als Anknüpfungspunkt für die Grundsätze der Einpersonenherrschaft, des Königtums.

Der König regiert gleich dem Hausvater über die Bürger. Wie dieser leitet er die Bürger nach dem göttlichen Gebot an und straft sie im Falle der Abweichung. Das Maß der Strafe entspricht dem Maß der Sünde. Sie dient der Besserung und Abschreckung. Herrschen *(imperare)* ist Dienen (*servare)* im Hinblick auf die Unterworfenen. Die Aufgabe des Herrschers ist die Bewahrung des Friedens (im *ordo*). Damit schließt die Friedensgewalt auf der Ebene des Staates selbstverständlich und vor allem das Vorgehen gegen die *latrones* ein. Sie betreiben innerhalb des Staatswesens die Abkehr vom göttlichen *ordo* und wollen, soweit ihrer eigenen Vorstellung von Frieden nachstreben. *Latronicitas* – Räubertum, wird von Augustinus als eine Form der *pertubatio* des Friedens begriffen, die sich hinsichtlich des staatlichen *ordo* als *inoboedientia* darstellt und den Staat berechtigt und verpflichtet zur erlaubten Strafe

---

259 *Augustinus*, De civitate Dei, XIX, 7, S. 458. Er wird allerdings selbst dann von den Weisen betrauert werden. Dazu, dass gerade auch der Christ effektiv Krieg führen kann: *Kranz*, Augustinus, 139 f. m. w. N. aus dem Briefwechsel des Augustinus mit dem Staatsmann Volusianus; *Chadwick*, Augustin, 110.

260 Insofern herrscht Begriffsgleichheit, *Augustinus*, De civitate Dei, XIX, 13, S. 472: „pax domus ordinata imperandi atque oboediendi concordia cohabitantium; pax civitiatis ordinata imperandi atque oboediendi concordica civium."

(*poena*) zu greifen, um den Frieden unter Wiedereingliederung des Täters wiederherzustellen.[261]

An dieser Aufgabe der Friedenswahrung, der Wahrung des göttlichen *ordo,* richten sich alle staatlichen Handlungen aus. Den *ordo* zu wahren bedeutet, jedem das Seine zukommen zu lassen. Der Grundsatz des *suum cuique tribuere* wird von Augustinus in Bezug auf die Unterordnung des menschlichen Lebens unter Gott angesprochen. Diese Unterordnung verlangt, das göttliche Gebot so umzusetzen, dass der Mensch niemand anderem schadet und dem Nächsten nützt, soweit dies möglich ist. Auf der Ebene des Staates heißt dies, dass die Kriegsführung nur gestattet ist, wenn dies der Rückführung in den Frieden dient. Staatliche Gesetze sind nur dann gerecht, wenn sie sich an der *lex aeterna* ausrichten, also ebenfalls den *ordo* und damit die *pax* wahren. Der schon in der Bibel anzutreffende Konnex von Friede und Recht in Hinordnung auf das göttliche Gebot wiederholt sich hier für alle Bereiche menschlichen Lebens – den Einzelnen, sein Haus und den Staat. Der *civitas Dei* ist es darüber hinaus auch gestattet, sich in die unvollkommene Ordnung der Gesetze im Staat einzufügen, sofern sie in Religionsangelegenheiten ungestört bleibt (XIX, 17, 19, 26). Erstrebt wird allerdings – bei allem Realitätsbezug, den Augustinus durchaus auch mit Blick auf die ersten fünf Bücher beweist – die weitestgehende Verwirklichung der wahren Gerechtigkeit (XIX, 25) schon auf Erden. Durch ein Leben nach dem Maßstab des *ordo* wird Frieden geschaffen, der Gerechtigkeit ist. Die ideale Friedensordnung kann aber tatsächlich niemals erreicht werden, solange der Mensch noch Mensch und damit Leidenschaften unterworfen und sündhaft ist (XIX, 27).[262]

III. Paulus Orosius – Historiae adversus paganos

Parallel zum Werk des Augustinus über den Gottesstaat entstand mit der Schrift des Paulus Orosius gegen die Heiden ein weiteres christliches Geschichtswerk. Es war maßgebliche Grundlage der christlichen Geschichtsschreibung dere Antike während des gesamten Mittelalters und ist in seiner Wirkung für das Herrscherideal daher nicht zu unterschätzen.[263] Paulus Orosius war als Vandalenflüchtling gegen 414 in Hippo Regius eingetroffen und hatte im Auftrag des Kirchenvaters Augustinus die Arbeit in Angriff genommen und durchgeführt. Auch sein Werk setzt sich mit den Anforderungen an irdische Herrschaft, vor allem an die Herrschaft der Römer auseinander. Es steht damit in der Tradition der ersten fünf Bücher

261 *Augustinus*, De civitate Dei, XIX, 12, S. 466; 16, S. 484; *Deisner*, AAnt.Hung. 11 (1963), 101: „Der Auftrag des Reiches ist Erhaltung und Sicherung des Friedens."

262 *Horn*, Augustinus, 124 f. Gleichzeitig ist aber der Friede auch niemals verloren, da der Minimalfriede des Räubers und des Cacus stets notwendig ist, damit Leib und Seele miteinander bestehen. *Kreuzer*, Augustinus, 129: „Ordnung in der Not". Die Garantie irdischen Wohlergehens kann pietas nicht sichern. *Dassmann*, Augustinus, 135: Ablehnung des spätantiken „do ut des"-Denkens in Religionsfragen.

263 *Formisano, 153:* „The Historiae were destined to have a tremendous impact".

des Gottesstaates und der inhaltlichen Ausführungen des Augustinus hierzu. Das Werk enstand in dem Zeitraum von 416–418, nach Abschluss der ersten 10 Bücher des Gottesstaates.[264]

1. Divina providentia, menschliche Freiheit und Frömmigkeit

Orosius stellt zu Beginn des Werkes den Arbeitsauftrag des Augustinus dar: Er soll nach den Schrecknissen und Lasterhaftigkeiten vergangener Zeiten Ausschau halten, um in der Gegenwart der Behauptung der Heiden zu widerlegen, dass die Christen alleine für das Elend der Zeiten verantwortlich sind.[265] Damit übernimmt Orosius inhaltlich den Teil der Darstellung, die Augustinus (De civitate Dei, IV, 2, S. 220) in seinem Gottesstaat zurückgestellt hatte. Der Kirchenvater hatte hierauf verzichtet, weil es ihm unmittelbar um die Leiden der menschlichen Seele und die Möglichkeiten rechten, tugendhaften Verhaltens und weniger um die Darstellung der Wirkungen des Lasters ging.[266]

a) *Inhalt der Geschichtstheologie: Fortschritt der Zeiten zum Jüngsten Gericht*

Gemäß diesem Auftrag, so Orosius, sei er nach Art eines „treuen Hundes“ verfahren und schließlich zu dem Ergebnis gelangt, dass die vergangenen Zeiten tatsächlich umso schlimmer gewesen seien, je weiter sie vom Heilmittel der wahren Religion und der daraus folgenden *felicitas* entfernt waren.[267] Dem Rückgriff des Heidentums auf „bessere Zeiten“ setzt das Christentum so eine Geschichtsapologetik entgegen, die – zugleich Geschichtseschatologie – nicht nur die vorgebrachten Anschuldigungen widerlegt, sondern auch den Anspruch des christlichen Glaubens auf Ordnung des Gemeinwesens unterstreicht. Die Geschichte schreitet von gottfernen Zeiten zu immer weiter zunehmender Gottesnähe voran. Dadurch werden Gewalttätigkeiten solange zurückdrängt, bis im Jüngsten Gericht die Rechtgläubigen ihre Rechtfertigung,

---

264 Dazu und zur Struktur des Werkes vgl. *Nuñez*, WS 106 (1993), 199; *Nuñez*, Latomus 54 (1995), 357; *Lippold*, Philologus 113 (1969), 95: in 1 ½ bis 2 Jahren nach 415; *Formisano,* 153.

265 *Orosius*, Historiae, 1 Prol., 11; zum Zeitpunkt auch: *Winkelmann*, JOeB 42 (1992), 21.

266 *Nuñez*, Latomus 54 (1995), 357.

267 *Orosius*, Historiae, 1 Prol., 1, 8, 9, 14; zum felicitas-Begriff bei Orosius, *Winkelmann*, JOeB 42 (1992), 20. Aus der Zwecksetzung folgt es auch, dass Orosius der Darstellung von Niederlagen den Vorzug vor der Darstellung von Siegen und Feldherrentugend gibt; *Lippold*, Rh.M. 97 (1954), 284. *Goetz*, Orosius, 117: Felicitas ist Schlüsselbegriff im Werk des Orosius.

die Gottlosen ihre Bestrafung erfahren.[268] Geschichtsapologetisch ist daher auch die von Orosius gewählte Strukturierung der Weltgeschichte bestimmt.[269]

b) Die Wirksamkeit göttlicher providentia in der Menschheitsgeschichte

Entgegen dem klassischen Modell der Geschichtsschreibung, das mit dem Königtum Ninus des Großen, König der Assyrer und Begründer des irdischen Königtums beginnt, muss der Christ die frühesten Zeiten – von der Erschaffung des ersten Menschen an – miteinbeziehen. Orosius versucht damit den Nachweis zu führen, dass die Welt von den ersten Zeiten an durch gute und gerechte *divina providentia* gelenkt wurde. Die Erfassung der Zeit vor Ninus soll zeigen, dass der Mensch als schwaches und widerspenstiges Wesen, aber ausgestattet mit Freiheit (*libertas*), der göttlichen Anleitung bedarf. Der richtige Gebrauch der Freiheit setzt die von *pietas* getragene Herrschaft über den Menschen sowie gerechte Härte voraus.[270] Gut und Böse entspringen dieser Freiheit. Daher haben auch die Sünde und die Strafen für Sünde ihren Ursprung in den ersten Menschen und nicht erst im Königtum des Ninus.

c) Die Struktur des Werkes

Die Gliederung des Werkes ergibt sich von diesem Ausgangspunkt aus unter Anerkennung der *providentia dei* gleichsam von selbst. Zu sprechen ist über den Zeitraum von der Schaffung der Welt bis zur Gründung der Stadt Rom, von der Gründung der Stadt bis zum Prinzipat des Caesar Augustus, genauer bis zur Schließung der Januspforten im 42. Regierungsjahr desselben und sodann von der Geschichte bis in die Gegenwart.[271] Orosius' Geschichtsschreibung ist dadurch auch Geschichte der Königsherrschaft. Ihre strukturellen Leitlinien bezieht sie aus den maßgebenden Daten für die christliche *logos*-Herrschaft. Dadurch ist Orosius auch die Möglichkeit eröffnet, den heidnischen Einwänden zu begegnen, die behaupten, dass alle

---

268 *Orosius*, Historiae, 1 Prol., 15, 16.

269 Dadurch unterscheidet sich die Geschichtsschreibung des Orosius grundlegend von der an der logos-Verwirklichung orientierten Geschichte des Eusebius. *Goetz*, Historia 29 (1980), 366.

270 *Orosius*, Historiae, 1, 1, 9: „Primum quia si divina providentia, quae sicut bona ita et iusta est, agitur mundus et homo, hominem autem, qui convertibilitate naturae et libertate licentiae et infirmus et contumax est, sicut pie gubernari egenum opis oportet ita iuste corripi immoderatum libertatis necesse est." Zwar ist der Mensch fehlerfrei und unbefleckt geschaffen, doch wird er zum Opfer seiner Begierden und leidet aufgrund ungerechter Zügellosigkeit seither gerechte Strafe, vgl. 1, 3, 1 f. Beleg ist die Sintflut, deren Zeichen sich in Muschelschalen auch auf Bergen noch finden.

271 *Orosius*, Historiae, 1, 1, 14.

frühere Herrschaft (1), jedenfalls aber die römische (2), jedenfalls die römische nach Augustus (3) besser gewesen sei als die gegenwärtige.[272]

2. Überhebung und Bestrafung menschlicher Herrschaftsgewalt

a) Das Königtum des Ninus

Das erste Beispiel der Königsherrschaft bildet daher auch für Orosius der assyrische König Ninus, der 1300 Jahre vor Gründung der Stadt Rom zur Herrschaft gelangt ist. Als erster König überhaupt ist er von der christlichen Herrschaft am weitesten entfernt. Er fällt dementsprechend ausschließlich durch seine Anhänglichkeit an irdische Herrschaft *(dominatio)* und die Gier nach dauerndem Krieg auf.[273] Durch ihn lernen die Skythen, die bis dahin friedlich und unschuldig (*inbellem et innocentem)* waren, den Geschmack menschlichen Blutes und die Gewalt kennen. Seine Gemahlin Samiramis führt nach seinem Tod das Mordwerk ihres Mannes fort, das Blutvergießen unter den Völkern zur Mehrung des Herrschaftsgebietes. Beide trifft daher der Vorwurf, durch *crudelitas* den Frieden unter den Völkern zur persönlichen Bereicherung aufgehoben zu haben. Erstmals führen Völker Kriege nach außen hin und orientieren die innere Ordnung nach den Leidenschaften.[274] Durch den Hinweis, Samiramis habe auch gelehrt, dass der menschlichen Natur (*natura*) in den Beziehungen von Mann und Frau, Eltern und Kindern keinerlei Rücksicht zu zollen sei,[275] ist die Herrschaft des ersten Königspaares als „unmenschlich" gegeißelt. Größte Gottesferne zieht schlimmstmögliche Herrschaft nach sich.

b) Das Gericht über Sodom und Gomorrha

Der Überhebung der ersten Könige folgt diejenige der ersten Städte, Sodom und Gomorrha. Ihr Beispiel zeigt zugleich, dass Gott die Erhebung des Menschen nicht teilnahmslos hinnimmt, sondern mit göttlichem Zorn straft. Dem Segen des fruchtbaren Bodens in Jordannähe folgt der Überfluss, dem Überfluss der Luxus, dem Luxus hässliche menschliche Begierden. Als ein für die Zukunft sichtbares *iudicium*

---

272 Zugleich handelt es sich um eine Geschichte zunehmender Gottesnähe: (1) früheste Zeiten (2) von der Gründung der Stadt Rom bis zur pax Augusti und Geburt Christi, (3) Entwicklung des Christentums bis in die Gegenwart.

273 Zur Person des Ninus (kriegerische Politik) bei Pompeius Trogus vgl. *Nuñez*, WS 106 (1993), 202 f. Die Herrschaft des Ninus fällt mit der Geburt Abrahams zusammen, wie die Herrschaft des Augustus mit der Geburt Christi zusammenfällt.

274 *Orosius*, Historiae, 1, 4, 1 f.; 4–6: „Quod eo tempore ideo crudelius graviusque erat quam nunc est, persequi et trucidare populos in pace viventes, quia tunc apud illos nec foris erant ulla incendia bellorum, nec domi tanta exercitia cupiditatum." Es sind die Leidenschaften, die die Vielheit der Königsherrschaften schaffen; vgl. *Winkelmann*, JOeB 42 (1992), 20.

275 *Orosius*, Historiae, 1, 4, 8.

trifft Gottes Zorn jene Städte, um den falschen Gebrauch der Güter zu tadeln.[276] Auch die gegenwärtige Verwüstung Roms durch die Goten ist ein göttlicher Fingerzeig. Gott tadelt die im Dunkeln gegen die Christen predigenden Römer. Zu mehr als einer leichten Beunruhigung des Reiches kommt es durch die milde göttliche Mahnung nicht.[277]

c) *Die Abwendung göttlicher Strafen am Beispiel Ägyptens*

Nicht immer zieht schlechte heidnische Herrschaft göttliche Strafen nach sich. Dies gilt jedenfalls dann, wenn sie dem christlichen Bekenntnis Gehör schenkt. Orosius benennt zum Beleg das Beispiel Ägypten. Das Reich des Pharao wird dank der Hilfe des Moses geschützt.[278] Die falschen ägyptischen Priester, die sowohl den Zorn als auch die *misericordia* Gottes nicht anerkennen, entgehen der Strafe Gottes für falsche Gottesverehrung und verschwendungssüchtiges Leben, weil ihr König dem Ratschlag des gerechten und weisen Joseph folgt. Joseph kennt göttliches und menschliches Recht und versucht daher, die Schöpfung Gottes zu bewahren.[279] Nur durch seine Vorratshaltung wird Ägypten vor den Folgen der siebenjährigen Missernten bewahrt. Orosius nutzt die Gelegenheit, um den Begriff „christlicher Verwaltung“ näher zu definieren. Joseph erwarb für den Pharao Geld, für Gott aber den Ruhm. Er hat Steuer dem, dem Steuer gebührt und Ehre dem, dem Ehre gebührt, zukommen lassen.[280] Auch, dass er das dem König gegen Gaben übertragene Land erneut an die Bauern ausgab und Abgaben auf 1/5 der Erträge beschränkte, wird ihm zugunsten angerechnet (1, 8, 9; 12).

Dass die Mahnung Gottes die Ägypter nicht erreicht, die – vor dem Hunger bewahrt – die Anhänglichkeit an falsche Götter fortsetzen und sogar das Volk Israel versklaven, ist aus der Sicht des Orosius der Tatsache geschuldet, dass falschen Göttern anhängende Menschen nur durch Schmerz lernen. Die Ägypter gleichen darin den Römern der Gegenwart, die ebenfalls, nachdem die gröbste Bedrohung von der Stadt abgewendet scheint, nicht nur den Namen Christi nicht mehr kennen

---

276 *Orosius*, Historiae, 1, 5, 8; 9; 11. Dass Tacitus (1, 5, 2) als Zeuge der Ereignisse herhält, entspricht apologetischer Argumentation, die das Zeugnis heidnischer Autoren gegen die Heiden selbst wendet.

277 *Orosius*, Historiae, 1, 6. Gott ist mit den Römern in Ansehung ihrer eigenen Laster so milde verfahren, dass nach herrschender Auffassung in Rom das durch die Goten verursachte Übel schon durch bloße Wiedereinführung der Spiele getilgt sein würde.

278 Wieder, wie auch im Folgenden, zieht Orosius römische Autoren, Justin und Pompeius zum Beleg seiner Auffassung heran, vgl. 1, 8, 1; 1, 10, 2.

279 *Orosius*, Historiae, 1, 8,1: Joseph ist „vir iustus et sapiens“; 3: „nihilque divini iuris humanique ei incognitum videbatur“; 8: „...nostri Ioseph, qui fuit veri dei servus...“.

280 *Orosius*, Historiae, 1, 8, 12: „Adquisivit universam Pharaoni pecuniam et Deo gloriam, reddens dispensatione iustissima cui vectigal, vectigal, cui honorem, honorem.“; vgl. Rom. 13, 1–7.

wollen, sondern ihn verspotten.[281] Mit dem Verlust des Ratgebers lebt der göttliche Zorn gegen die Ägypter wieder auf, weil sie die Anhänglichkeit an die alten Laster fortsetzen und zusätzlich die Herrenmacht grausam ausüben. Dem Widerstand gegen die göttliche Forderung nach *libertas* für das Volk Israel folgen die sieben himmlischen Plagen und schließlich die Vernichtung des pharaonischen Heeres. Wer Gott nicht die nötige Furcht entgegenbringt und sich dem Studium der göttlichen Religion entzieht, lernt durch göttliche Zornesstrafe.[282]

d) Der Völkerkrieg tyrannischer Herrschaft

aa) Tyrannenkriege

Die berechtigte Ächtung ungerechter Königsherrschaft mit dem Namen der Tyrannei wird durch das Beispiel des ägyptischen Königs Busiris bewiesen, der das Blut unschuldiger Gäste den Göttern angeboten haben soll. Die vorchristliche Weltgeschichte ist so für Orosius die Geschichte ständiger Kriege. Sie sind nur unterbrochen durch das Bedürfnis, im Erzeugen von Nachwuchs für die Erhaltung des eigenen Volkes sorgen zu müssen.[283] Paradebeispiel des nicht endenden Völkerkrieges sind die aus einem Teil der Skythen hervorgegangenen Amazonen. Ihr mit Waffengewalt erreichter Friede durch Unterwerfung Asiens und Europas wird abermals durch Waffengewalt des Herakles aufgehoben.[284]

bb) Die Pax Romana als Muster des beständigen Völkerfriedens

Durchbrochen wird dieser Kreislauf der Gewalt erst in der christlichen Gegenwart. Das gotische Volk, selbst Nachfahr der Skythen, hat zwar Rom ebenso mit Waffengewalt überwunden wie vormals die Amazonen und doch sucht es die *societas* und *foedera* mit dem römischen Volk. Es erstrebt trotz der durch den Sieg verliehenen unbegrenzten Gewalt lediglich eine wenig ausgedehnte Ansiedlung zum Schutze,

---

281 *Orosius*, Historiae, 1, 8, 8; 14.

282 *Orosius*, Historiae, 1, 10, 9; 13: „...qui iubenti Deo non cesserant cessere punienti...“; 15.

283 *Orosius*, Historiae, 1, 14, 4. Den Feldzug der Skythen, die sich Asien unterwerfen und dort ohne Frieden fünfzehn Jahre lang verweilen, stoppt nur der Wunsch ihrer Frauen nach Nachwuchs. Das spätere Beispiel der Spartaner (1, 21, 4) zeigt, dass nicht einmal dadurch die Kriegslust noch unterbrochen werden konnte. Zu Busiris 1, 11, 2 u. 1, 12 f.

284 *Orosius*, Historiae, 1, 15. Die Geschichte der Amazonen illustriert die Gewalttätigkeit vergangener Zeiten – Plynos und Solopetius, zwei skythische Jünglinge von königlichem Blut, lassen sich nach ihrer Vertreibung gemeinsam mit ihrem Gefolge in Kappadokien nieder und beginnen, die Nachbarn auszuplündern. Diese schlagen zurück und töten die männlichen Krieger. Daraufhin ergreifen die Frauen die Waffen und rächen ihre Ehemänner. Es folgt ein bewaffneter Frieden, der die Amazonen sorglos werden lässt, so dass sie schließlich durch Herkules – wiederum mit Gewalt – überwunden werden.

nicht zur Zerstörung des Römischen Reiches.[285] Gerade die Tatsache, dass das von den unbesiegten Römern meistgefürchtete Volk der Goten – dessen Frauen vormals die Erde zerstört und verwüstet haben – bereit ist, sich trotz des Sieges der römischen Gewalt zu beugen, beweist für Orosius nachdrücklich den Sieg der *fides Romanorum* und der Wohltaten der alle Völker einenden christlichen Religion über frühere Gewalttätigkeit.[286] Die christlichen Goten folgen trotz nachgewiesen höherer Waffenstärke um des Friedens willen den Römern. Sie setzen sogar ihr Leben zur Erhaltung des römischen Friedens (*pro Romanorum pace*) ein.[287] Aus wertloser heidnischer Völkergewaltherrschaft und dem hierdurch herbeigeführten erschlaffenden Frieden ist eine alle Völker einende Herrschaft des christlichen Glaubens geworden. Sie wird in der Pax Romana verkörpert.

cc) Die Aufhebung der Tyrannenherrschaft durch ein christliches Kaisertum

Mit dem neuen Glauben geht neben dem Völkerfrieden auch die Befreiung von der Tyrannenherrschaft einher. Den Exempla assyrischer, medischer und lateinischer Gewaltherrschaft[288] treten die römischen Kaiser der christlichen Zeit gegenüber, die nicht nur zur Einigung der Religion, sondern zum Wohle des Gemeinwesens auch zur Vertreibung der Tyrannen beigetragen haben – ohne zugleich die Tyrannen persönlich zur Rechenschaft zu ziehen.[289] Die Einigung der Völker unter einem Glauben hat also sowohl das Übel der Völker- wie Königsgewaltherrschaft beseitigt. Verglichen mit den Kriegen der Spartaner, sind die Störungen der gegenwärtigen *tranquillitas*, der an sich beständig herrschenden *pax*, vernachlässigbar.[290]

e) Bewertung

Im Gegensatz zu Augustinus gibt Orosius bereits mit seinem ersten Buch zu erkennen, dass es ihm gleichermaßen um die *libertas* des Menschen wie um ihre rechte Lenkung durch christliche Herrschaft zu tun ist. Der Rückgriff auf Beispiele von Fehlverhalten und vorbildhaftem Verhalten dient unmittelbar zur Illustration richtigen Handelns. Anders als Augustinus setzt er die Offenlegung der

---

285 *Orosius*, Historiae, 1, 16, 2 f.

286 *Orosius*, Historiae, 1, 16, 4: „Et tamen caeca gentilitas cum haec Romana virtute gesta non videat, fide Romanorum inpetrata non credit nec adquiescit, cum intellegat, confiteri, beneficio Christianae religionis – quae cognatam per omnes populos fidem iungit – eos viros sine proelio sibi esse subiectos, quorum feminae maiorem terrarum partem inmensis caedibus deleverunt."

287 *Orosius*, Historiae, 1, 17, 3.

288 *Orosius*, Historiae, 1, 19, 20 beschreibt beide Aspekte falscher Herrschaft – zum einen das nach außen gerichtete, beständige Streben nach Krieg (19), zum anderen die gewaltsame Unterdrückung der Unschuldigen durch Missachtung allen Rechtes im Inneren (20).

289 *Orosius*, Historiae, 1, 20, 6; *Goetz*, Orosius, 91.

290 *Orosius*, Historiae, 1, 21, 17–19.

Fehler irdischer Herrschaft nicht überwiegend zur apologetischen Verteidigung gegen den heidnischen Götterglauben ein. Seine Darstellungsweise schafft keinen dogmatischen Entwurf des christlichen Handlungsideals. Orosius stellt christliche Tugend in der Lebenspraxis vor. Mit dem Selbstbewusstsein des zur staatstragenden Religion aufgestiegenen Christentums setzt er wie Augustinus mit dem Urgrund aller Staaten, dem einzelnen Menschen an. Dessen göttliche Willensfreiheit beinhaltet die Fähigkeit, *libertas* zum Guten wie zum Schlechten zu nutzen. Er nutzt sie – wenn er in seinem Verhalten recht tut – in der Zuwendung auf rechte christliche *pietas.*

Es folgt das Ausgangspostulat, mit dem der historische Nachweis der Richtigkeit augustinischer Lehre zu führen ist. Die Herrschaft auf Erden war umso mehr von der rechten *pietas* entfernt, je weiter sie von der Ankunft des christlichen Erlösers und dem göttlichen Weltgericht entfernt war. Die Geschichte zerfällt in die drei Phasen der Herrschaft bis zur Gründung Roms, von der Gründung Roms bis zu Augustus und von Augustus bis in die Gegenwart.

Mit dem (ersten) Königtum des Ninus und der Samiramis legt Orosius folglich den Gegenentwurf des christlichen Herrscherideals vor. Es war eine von *dominatio*-Streben und Gier getragene Herrschaft. Sie wurde nur ausgeübt zur Befriedigung persönlicher Leidenschaften und in Bereicherungsabsicht. Grausamkeit zum Verderben des Volkes ist ihr Merkmal. Sie trachtet danach, auch andere Völker mit Gewalt zu unterwerfen und wendet sich damit gegen die spezifisch menschliche Natur. Das Gericht über Sodom und Gomorrha hebt den Aspekt menschlichen Luxusstrebens hervor und die Tatsache, dass die *providentia dei* im göttlichen Zorn jedenfalls die schlimmsten Auswüchse menschlicher Verworfenheit überwindet.[291] Die Parallelität christlicher *pietas* und heidnischen Götterglaubens lässt sich am Beispiel Ägyptens aufzeigen. Unter christlicher Anleitung gelingt auch einem heidnischen Herrscher eine zeitweilig gute Herrschaft, die ihr *gloria*-Streben – wie von Augustinus gefordert – auf Gott ausrichtet und die Armen (Bauern) vor erdrückenden (Steuer-)lasten schützt. Mit dem Wegfall des christlichen Rates (damit der christlichen *pietas*) und der Wendung gegen die *libertas* des Gottesvolkes Israel reißen die Laster des ersten Königtums allerdings wieder ein. Sie führen in den göttlichen Plagen zur erneuten Zornesstrafe.

Die Herrschaft der Amazonen bildet schließlich das Beispiel für den falschen Friedensbegriff. Der Heidenfriede ist Gewaltfriede, der durch stärkere Gewalt überwunden wird. Gerade die Goten – selbst Nachfolger des am früheesten und stärksten verdorbenen Volkes – werden daher in der Gegenwart zum Beweis der Wahrheit christlicher Lehre. Ihr Sieg über Rom ist zwar mit Waffengewalt errungen, durch den christlichen Glauben ist aber *pietas* gegenüber dem Streben nach individueller Bereicherung wirksam geworden. Die Kernforderung der Goten richtet sich daher nicht mehr auf Herrschaft, sondern auf *societas (foedus).* Sie streben nicht nach Überwindung, sondern wollen die Verbindung des römischen und gotischen Volkes

291 *Inglebert*, Latomus 54 (1995), 42: Geschichte ist hier eine Geschichte der regna.

in einer Gemeinschaft der Völker. Christliche Gotenherrschaft erkennt christliche *fides Romanorum* an. Sie kämpft *pro Romanorum pace* und eine die Völker einende Pax Romana , die dem Glauben die nötige *tranquillitas* schafft.

Jedenfalls für die Römerherrschaft und die römischen Staatszielbestimmungen teilt Orosius damit nicht die skeptische Einschätzung der gegenwärtigen Zustände durch Augustinus. Ideologisch sind die Begriffe *fides* und *pax* in der römischen Herrschaftspraxis bereits so sehr christianisiert, dass der neue christliche Gehalt der Römerherrschaft anderen Völkern zum Vorbild wird. Die christliche Kaiserherrschaft der Gegenwart setzt sich so in Gegensatz zur heidnischen Tyrannenherrschaft der Vergangenheit.

3. Grundsätze der Ordnung irdischer Königsherrschaft bis zu Augustus

a) *Göttlicher Ursprung der Königsherrschaften und Weltreichslehre*

Da es niemandem verborgen sein kann, dass Gott den Menschen geschaffen hat und ihn für die Sünden schon auf Erden straft, muss der Mensch sich der Herrschaft seines Schöpfers unterstellen. Er kann dies berechtigterweise tun, weil die Liebe des Schöpfers nicht übertroffen werden kann. Daher wird auch niemand so weise und tapfer wie Gott das irdische Geschehen lenken und ordnen.[292] Die Ordnung der Welt ist durch Gott gesetzt. Die Ableitung aller irdischen *regna* und jeder hiervon abgeleiteten *potestas* von Gott folgt schon aus der Natur und nicht erst aus der Schrift (Rom 13, 1–7). Orosius propagiert aber zunächst nicht die Parallelität von Gottesherrschaft und irdischer Herrschaft. Der höchsten Macht eines Gottes korrespondiert eine Zahl von Königsherrschaften. Die Einheit von Herrschaft wird auf Erden faktisch dadurch hergestellt, dass die *regna* untereinander uneins sind und daher versuchen, sich eine universelle Gewalt (*potestas universa*) zu verschaffen.[293] Die Bildung größerer Reiche wird durch den göttlichen Ratschluss in den vier Weltreichen angeleitet: Babylon, Karthago, Makedonien und Rom.[294]

292 *Orosius*, Historiae, 2, 1, 1 f. – da Gott über umfassende providentia verfügt.
293 *Orosius*, Historiae, 2, 1, 3 f.
294 *Orosius*, Historiae, 2, 2 zeigt das Wirken Gottes im parallelen Verfall von babylonischer und dem Aufstieg der römischen Herrschaftsmacht. Zur Weltherrschaftslehre *Nuñez*, WS 106 (1993), 200 mit Verweis auf das Vorbild des Pompeius Trogus und die große Bedeutung der Zahl 7 innerhalb der Abfolge der Weltreiche bei Orosius; *Deisner*, AAnt.Hung. 11 (1963), 92: Ausgangspunkt ist die Weissagung Daniels von den vier Weltreichen; *Lippold*, Chiron 1 (1971), 438: Die Weltreiche dienen dem Zweck, das Eingreifen Gottes begreiflich zu machen. Eine „Weltreichstafel“ bietet *Goetz*, Orosius, 73.

b) *Die Rechtfertigung der fortdauernden Existenz Roms im christlichen Glauben*

Erklärungsbedürftig ist daher allenfalls, warum Babylon nach 1163 Jahren unterging, Rom aber, obwohl auch es 1163 Jahre nach seiner Gründung durch die Goten überwunden wurde, weiter fortbesteht. Für Orosius steht sicher fest: Nur den christlichen Imperatoren verdankt Rom seine Existenz. Die *clementia* und *misericordia* Gottes erhält es am Leben, wenn auch – aufgrund der allgemeinen Zügellosigkeit (*intemperantia*) der Menschen – in elendem Zustand. Der Unterschied zwischen Babylon und Rom liegt also zum Teil in der Person des Herrschers begründet. Er besteht aber auch darin, dass in Rom Christen die *aequitas* wahren, während Babylon weder der Religion die gebotene Ehrerbietung erwies, noch den allgemein zügellosen Lebenswandel bändigte. Insgesamt also ist der Fortbestand Roms dem mäßigenden Einfluss des Christenglaubens zu verdanken.[295] Er äußert sich im christlichen Kaisertum und christlichem Leben eines Teils der Bevölkerung.

c) *Herrschaft und Friede und das Problem des Tyrannenmordes*

Es folgt die Darstellung der römischen Geschichte – durchsetzt mit Exkursen über die Perserkriege und diejenigen der griechischen Stadtstaaten – zum Beleg, dass auch die Zeit von der Gründung der Stadt Rom bis hin zum Galliersturm nur Kriege und Gewalt kannte. Die Gegenwart kann sich daher trotz des erlittenen Unheils noch glücklich schätzen.[296]

Kernaussage der Kapitel 4–19 ist zunächst, dass dauerhafter Friede nicht unter einer Herrschaft erreichbar ist, die sich von Gott abwendet und nur auf menschlichem Geltungsstreben beruht. Orosius legt dar, die stets kriegerischen Römer hätten Armut und Hunger fürchten müssen, wenn sie je zu Ruhe und Frieden gelangt wären (*...si umquam paci adquievissent*). Der Zustand der Gottesferne führte ferner dazu, dass selbst die wenigen Friedensjahre angefüllt waren mit göttlichen Strafen in Form von Seuchen, Krankheiten und Naturkatastrophen.[297] Das Fazit des Orosius angesichts des mit Krieg und Gewalt angefüllten Zeitalters lautet: Jeder, der sein Denkvermögen gebraucht, muss erkennen, dass Gott erzürnt und von der Welt

---

295 *Orosius*, Historiae, 3, 3–4: Rom herrscht ungeschmälert dank des christlichen Kaisers; 6: Die Gebrechen Roms unterscheiden sich nicht grundlegend von denen Babylons; 7: In Babylon wird am Kaiser die Schändlichkeit der Lüste bestraft; in Rom ist der Kaiser durch die Christen sicher. Zu Babylon: *Deisner*, AAnt.Hung. 11 (1963), 96 f. u. *Goetz*, Orosius, 74.

296 *Orosius*, Historiae, 2, 4 f. nimmt Bezug auf die mit der Gründung der Stadt Rom verbundenen Schandtaten und stellt den dauernden Kriegszustand des römischen Volkes dar – Brudermord des Romulus, Raub der Sabinerinnen, Tötung des als Mitherrscher aufgenommenen Königs der Sabiner, Albanerkriege, Grausamkeit des Tarquinius.

297 *Orosius*, Historiae, 2, 4, 8; vgl. 2, 5, 6; 2, 13, 11.

abgewandt war. In der Gegenwart hat er demgegenüber sein Antlitz den Menschen zugewandt und hält in gnädiger Gesinnung seine Hand über das römische Volk.[298] Die Toten der Vergangenheit, alleine 1,9 Millionen infolge der Perserkriege, lassen die gegenwärtigen Verluste durch die Goten äußerst gering erscheinen.

Bereits im zweiten Buch ist ferner angedeutet (2, 4, 13–15), dass die Vertreibung des Tarquinius Superbus, also die Beendigung einer auf *dominatio* abzielenden Königsherrschaft, nicht zu grundlegenden Einwänden gegen die Institution des Königtums an sich führt. Vielmehr legt Orosius dar, dass die Römer selbst erneut einen König eingesetzt haben würden, wenn nicht die gesamte Sippe der Tarquinier eine jenem ähnliche Gesinnung aufgewiesen hätte.[299]

Deutlich ablehnend steht Orosius dagegen der Erhebung der Plebs gegen Marcus Valerius gegenüber. Er war der erste Inhaber des zur Abwehr der etruskischen Bedrohung neugeschaffenen Diktatorenamtes. Der Presbyter legt dar, trotz der von dem Diktator begangenen Injurien habe der Körper des römischen Volkes nicht das Recht gehabt, sich gegen seinen Kopf, durch den er selbst lebt, zu erheben und so mit der Vernichtung der inneren Ordnung den Staat selbst beinahe in die Vernichtung zu treiben.[300] *Concordia* im Inneren erscheint hier als zentraler Garant für den Bestand eines Volkes, jedenfalls, wenn die Herrschaftsmacht rechtlich verfasst ist. Gewährleistet wird sie durch Ausschaltung des Hasses nach innen und durch Vermeidung der Kriege nach außen.[301] Anders als Tyrannengewalt ist das Diktatorenamt rechtlich verfasste Inhaberschaft der zuvor den Konsuln zukommenden *potestas.*

Während gegen den Diktator die Auflehnung ausgeschlossen ist, sanktioniert Orosius das Eintreten des römischen Volkes für seine *libertas* durch Aufstand gegen die Tyrannei der ihre Gewalt missbrauchenden Decemviri. In diesem Falle sei die ursprünglich durch die attischen Gesetze auf zehn Personen verteilte Gesamtgewalt von jedem einzelnen Inhaber der Herrschaftszeichen (*fasces)* insgesamt und zum eigenen Nutzen in Anspruch genommen worden.[302] Die rechtliche Verfassung sei dadurch in Tyrannei übergegangen und habe damit einhergehend zur Herrschaft

298 *Orosius*, Historiae, 2, 18, 5. Das zeigt schon der Vergleich der Niederlage gegen die Goten mit der Niederlage gegen die Gallier. Während die Gallier hemmungslos plünderten und mordeten, haben die Goten den senatorischen Adel weitestgehend geschont. Die eigentliche Einbuße (Brand des Kapitols) ist dem göttlichen Zorn, nicht dem menschlichen, zu danken.

299 *Goetz*, Orosius, 90.

300 *Orosius*, Historiae, 2, 5, 5.

301 *Orosius*, Historiae, 2, 17, 17. Deshalb solle im Staatswesen unabhängig von der sich rasch wandelnden geistigen Verfasstheit, stets an den Beschlüssen festgehalten werden, die man nach einer Katastrophe gefasst habe.

302 *Orosius*, Historiae, 2, 13, 2–7, in 3 heißt es, Appius Claudius habe sich als Erster das Imperium angemaßt, obwohl doch die potestas bei allen, nur die Zeichen des Imperiums bei den einzelnen Decemviri gelegen hätten.

von Begierden, Hass und zur Aufhebung der Freiheit geführt.[303] In vergleichbarer Weise – Kampf für die *libertas* und gegen die Tyrannei – rechtfertigt Orosius auch die Rückgewinnung Athens durch den Feldherren Thrasybulos nach der Herrschaft der 30 Tyrannen.[304] Die Tötung der Gewaltherrscher erscheint hier als Opfer für den Sieg des Friedens. Ausdrücklich begrüßt Orosius dagegen die im Übrigen erlassene generelle Amnestie, die leider gegen Sokrates nicht konsequent gebraucht worden sei.[305]

d) Der menschliche Ermattungsfriede – Griechenland

Insgesamt steht alle Geschichtsschreibung auch nach der Gründung der Stadt Rom ganz im Zeichen unberechtigter Kriege und ihrer schlimmen Folgen.[306] So befriedigt Orosius auch nicht der im 364. Jahr nach der Gründung der Stadt durch Artaxerxes in Griechenland verkündete Friede. Zwar erhebt er gegen die Anordnung Artaxerxes: *… discedere ab armis et quiescere in pace universam Graeciam* keine prinzipiellen Einwände, doch kommt auch in diesem Fall der Frieden nur deswegen zustande, weil die Griechen vom Krieg erschöpft die Waffen niederlegen und sich als freie Männer dem Befehl eines weit entfernten, oft besiegten Gegners unterwerfen. Der Friedenszustand beruht nicht auf christlicher Einsicht, sondern lediglich auf der Ermattung vergangener Konflikte. Er bestätigt damit nur, unter welch elenden Bedingungen zuvor die Waffen ergriffen worden waren: aus *cupiditas* und um der *dominatio* über mehr als die innegehabten Güter willen.[307] Nur wegen der nach dem gescheiterten

---

303 *Orosius*, Historiae, 2, 13, 6 belegt durch die Schändung der Jungfrau Verginia durch Appius Claudius, vgl. 2, 14, 1: So wie die Kyklopen am Menschenfleisch ergötzen sich die Tyrannen an der Folter der Bürger; auch 2, 16, 2. Die Tyrannen sind von Leidenschaften übermannt. Zur Darstellung der Griechen bei Orosius vgl. *Lippold*, Chiron 1 (1971), 447 f., der etwa in der Aufforderung des Spartanerkönigs Leonidas an die Athener „sich für bessere Zeiten aufzubewahren" eine Anspielung auf die kommenden tempora Christiana sieht und eine Neigung des Orosius zugunsten der Lakedaimonier finden will. Da es in Orosius Darstellung aber auch hier noch um den Völkerkrieg geht, dem auch die Griechen unterliegen, steht diese positive Bewertung auf den tönernen Füßen der vorchristlichen dominatio-Kriege. Zum dominatio-Problem aber auch *ibid*, 448 f. Bedeutend ist *Lippolds* Feststellung, dass Orosius Beispiele für Heroismus unterschlägt und damit auch die griechische Geschichte selektiv wahrnimmt, auch den Verlust der Freiheit als Katastrophe geißelt: *ibid*, 450 f. Dazu auch *Lippold*, Rh.M. 97 (1954), 284; *Goetz*, Orosius, 98.

304 *Orosius*, Historiae, 2, 17, 8–10. Auch hier herrschten unter den Tyrannen Mord- und Raublust in der Stadt, 2, 17, 5–7.

305 *Orosius*, Historiae, 2, 17, 15 f.; *Lippold*, Chiron 1 (1971), 447.

306 *Orosius*, Historiae, 3, Praefatio, 1.

307 *Orosius*, Historiae, 3, 1, 1–4, 5. Die positive Bewertung des griechischen Friedens gegenüber der Perserherrschaft konterkariert von der Natur des erreichten Friedenszustandes. *Lippold*, Chiron 1 (1971), 447 ist daher nur beschränkt darin zu folgen, wenn er ausführt: „Die Griechen, freie und tapfere Männer, mussten sich

Feldzug gegen Artaxerxes drohenden Gefahr der Verknechtung geben die Spartaner ihre diesbezüglichen Pläne auf, um darin von Athenern und Thebanern abgelöst zu werden, die die spartanische Niederlage zum eigenen Vorteil zu nutzen suchen. Auch sie scheitern schließlich und unterwerfen sich erst danach in beständiger Angst vor Verknechtung dem Befehl des Artaxerxes.[308]

Auch die Motive des Artaxerxes für den Friedensschluss, sich für den anstehenden Krieg gegen Ägypten den Rücken freihalten zu wollen, zeugen vom fortbestehenden Kampfeswillen. So entspricht die träge und erschlaffende Ruhe (*quietas* und *otium*) in Griechenland nicht der Vorstellung des Orosius von rechtem Frieden. Die Zorneswut Gottes kann hierdurch nicht besänftigt werden.[309]

Erneut zieht Orosius den Vergleich zur Gegenwart: Während Gott damals die Griechen durch ein Erdbeben vernichtete, wird heute Konstantinopel aufgrund der Gebete des Kaisers Arcadius und des römischen Volkes vor größeren Naturkatastrophen verschont. Gott ist Bewahrer der Demütigen und Bestrafer der Schlechten.[310] Die mangelnde Anerkennung dieser Tatsache durch die Heiden zeigt sich auch darin, dass sie sich gegen die Strafen Gottes, die Pest und andere Krankheiten des Körpers, mit einer Intensivierung der Leiden der Seele zu schützen suchen – so durch Einführung von Spielen – und doch damit nur weiteres Leid hervorrufen.[311]

e) Philipp II. und Alexander der Große – Exempla unrechter Herrschaft

Beispiele allen Kriegsübels sind für Orosius Alexander der Große und der karthagische Staat. Schon der Vater Alexanders, Philipp von Makedonien, ist ein Symbol der Unrechtsherrschaft. Nicht nur, dass er die Völker mit Krieg überzieht – ihm ist bewusst daran gelegen, auch Streitigkeiten und Kriege anderer Völker seiner eigenen Macht, seinem Streben nach *dominatio* nutzbar zu machen. Er macht schließlich auch vor den Bundesgenossen nicht halt und löst so alle Bande menschlicher *societas*.[312] Nach vollständiger militärischer Unterwerfung der äußeren Gegner führt er nach innen ein tyrannisches Regime, das die Grundlagen der griechischen

das Friedensdiktat von einem Gegner gefallen lassen, den sie oft besiegt hatten, nur weil sie aus Erschöpfung und durch fortdauernden Krieg nicht mehr anders konnten."

308 *Orosius*, Historiae, 3, 1, 5–11 Feldzug der Spartaner gegen die Perser; 16–19 Streben Athens und Thebens nach Herrschaft, 20 Scheitern.

309 *Orosius*, Historiae, 3, 1, 25, auch 3, 2, 1. Die Kriegswütigkeit der Zeit illustriert die Tatsache, dass die Lakedämonier schließlich nur noch 100 Greise und Kinder zur Verteidigung der Heimat aufbieten können (3, 2, 12).

310 *Orosius*, Historiae, 3, 3, 3.

311 *Orosius*, Historiae, 3, 4, 4.

312 Die Kriege Philipps schildert *Orosius*, Historiae, 3, 12, 4–13; zur Beförderung der griechischen Streitigkeiten 3, 12, 11; zum Verlust der Menschlichkeit, 3, 12, 17 und 19. Er ist Mörder, Brandstifter und Plünderer; zur dominatio: 3, 12, 12 u. 24; *Lippold*, Chiron 1 (1971), 449; *Lippold*, Philologus 113 (1969), 98; *Goetz*, Orosius, 100.

libertas für alle Zukunft dauerhaft vernichtet und sich selbst als Tugendherrschaft preist.[313] Die vollkommene Überhebung des Menschen zeigen schließlich die Feldzüge seines Sohnes Alexander, der für sich nicht weniger als die Herrschaft über den gesamten Erdkreis erstrebt und in seiner unersättlichen Gier nach menschlichem Blut weder vor den Feinden, noch vor den Bundesgenossen haltmacht.[314] Viel stärker als die Bedrohung durch die Barbaren, vor allem durch die Vandalen in Spanien, in denen Orosius im Vergleich mit Alexander nichts als einen flüchtigen Räuber (*latro*) erblickt, wirkt dessen Herrschaftsgewalt über die ganze Welt.[315]

f) Rechtfertigung von Herrschaft durch Ordnung des Eroberten

Wohl im Hinblick auf die These des Augustinus, dass jeder Mensch wenigstens einen Frieden nach seiner Vorstellung erstrebt, richtet sich die Kritik des Orosius daher auch nicht gegen die Herrschaftsgewalt der Makedonen oder die Herrschaft von Barbaren als solche. Zwar erscheint ihm die Antwort auf die Frage nach der Lobwürdigkeit der Zeiten Alexanders eindeutig: *Virtus*, durch die der gesamte Erdkreis zugrunde gerichtet wird, ist nicht lobenswert. Die durch Herrschaft generell aufgeworfene Problemstellung wird dadurch aber nicht positiv gelöst. So treten die Barbaren zwar gegenwärtig als Feinde Roms auf, doch stellt sich zuerst die Frage, warum gerade Römer über Barbaren herrschen sollten, worin also ihre Herrschaft der anderer Völker überlegen ist. Denn ebenso wie die Barbaren – das hat die vorangehende Darstellung bewiesen – haben auch die Römer sich die Herrschaft über die Welt mit Gewalt verschafft.

Orosius versucht auch dem Einwand zu begegnen, die Barbaren strebten nicht nach Herrschaft, sondern nach bloßer Zerstörung, während die Römer danach gestrebt hätten, das Eroberte zu behaupten. Diese Differenz erscheint ihm mit Blick auf die Frage rechtmäßiger Erlangung von Herrschaft grundsätzlich vernachlässigbar – *seperata sunt hostis excidia et iudicia victoris*.[316] Auch die gewaltsamen Makedonen haben schließlich das Eroberte geordnet und den unterworfenen Völkern nachher

313 *Orosius*, Historiae, 3, 12, 29 f., v. a. 30: „Miseranda ubique facies et atrocissimum miseriarum genus obversabatur, perpeti excidium sine inruptione, sine bello captivitatem, sine crimine exilium, sine victore dominatum.", zur libertas 3, 13, 33; 3, 14, 11; vgl. auch 3, 14, 10: „Per viginti et quinque annos incendia civitatum, excidia bellorum, subiectiones provinciarum, caedes hominum, opum rapinas, praedas pecorum, mortuorum venditiones captivitatesque vivorum unius regis fraus ferocia et dominatus agitavit". Zum Selbstlob Philipps, das von tugendhafter Friedensherrschaft spricht, vgl. 3, 14, 5.

314 *Orosius*, Historiae, 3, 18, 8; 18, 10; 23, 6; zur gegensätzlichen Darstellung Alexanders in der heidnischen Literatur des vierten Jahrhunderts: *Lippold*, Chiron 1 (1971), 452.

315 *Orosius*, Historiae, 3, 20, 9. Und selbst diese wird von den Menschen vergessen! Um wie viel schneller werden also die Barbaren vergessen sein; *Goetz*, Historia 29 (1980), 360. Zur „Bagatellisierung" der Barbarengefahr vgl. *Deisner*, AAnt.Hung. 11 (1963), 97.

316 *Orosius*, Historiae, 3, 20, 10 f.

ihre Gesetze gebracht. Gleiches aber wäre auch in Ansehung der Barbaren denkbar, falls sie jemals *regna* schaffen würden. Im Urteil späterer Generationen erschienen dann diejenigen als *magni reges*, die man heute als *saevissimi hostes* verurteile.[317]

Die Ordnung des Eroberten beantwortet so zunächst lediglich die in Ciceros Werk „De legibus" aufgeworfene Frage, ob nicht die Römer das mit Gewalt erworbene Reich zur Wiederherstellung irgendeines Rechtszustandes erst einmal zurückgewähren müssten. Die Bewertung der ausgeübten Herrschaft richtet sich im Hinblick auf Rückgewährpflichten nach dem Verhalten des Siegers, nicht nach dem Sieg selbst. Wer den Eroberten das Recht bringt, kann Herrschaft zumindest mit gewissem Recht für sich beanspruchen.[318] Die dadurch bedingte, im Ansatz positive Bewertung gegenwärtiger, christlicher Barbarenherrschaft durch den Vandalenflüchtling Orosius, deutet so der Abschluss des dritten Buches an.[319] Dass Orosius andererseits den Eroberungen Alexanders keinesfalls, wie man angesichts der ambivalenten Bewertung vermuten könnte, „Friedensfunktion" zuspricht, belegen die Diadochenkriege ebenso,[320] wie die vor Einleitung der Passage über Philipp eingeschobenen Anmerkungen über den Friedenszustand der Welt vor dem Zeitalter des Augustus. Dort lässt Orosius nicht den geringsten Zweifel daran, dass Krieg, Mord, Ruin und alle Arten der Todesfälle auf der ganzen Welt niemals, bis hin zum Zeitalter des Caesar Augustus, aufgehört haben.

Erst Augustus habe, nach dem Frieden mit den Parthern, nach Niederlegung der Waffen und Abschaffung der Streitigkeiten, die gesamte Welt in allgemeinem Frieden und neuer Ruhe nach römischen Gesetzen geordnet, das römische Recht den Waffen vorgezogen und überall *iudices* eingesetzt. Das Ergebnis war ein allgemeiner Friede der Völker, Provinzen, Städte und Stämme, getragen von der Freiheitsliebe der Völker und dem Wunsch, das Gemeinsame zu bedenken. Augustus vollbrachte dank göttlicher Hilfe für den gesamten Weltkreis das, was früher selbst die Athener nur im Falle äußerster Bedrohung erreichten. Dieser Weltfriede (*pacem...totius mundi*) war Gott geschuldet, nicht der Größe Caesars, sondern der *potestas* Christi, der zu dieser Zeit erschien. Er war nicht Werk des Herrschers einer Stadt (*nec unius urbis imperatori*), sondern des Schöpfers des Universums (*sed creatori orbis universi*).[321]

---

317 *Orosius*, Historiae, 3, 20, 13; *Straub*, Historia 1 (1950), 74: Geben die Römer den Unterworfenen später Gesetze, muss man diese Möglichkeit auch den Goten zubilligen.

318 Das gilt, wenn schon für die heidnischen Makedonen, dann erst recht für die christliche Herrschaft!

319 *Orosius*, Historiae, 3, 23, 67.

320 *Orosius*, Historiae, 3, 23, 7–67.

321 *Orosius*, Historiae, 3, 8, 5–8: „(5) At vero, si indubitatissime constat sub Augusto primum Caesare post Parthicam pacem universum terrarum orbem positis armis abolitisque discordiis generali pace et nova quiete conpositum Romanis paruisse legibus, Romana iura quam propria arma maluisse spretisque ducibus suis iudices elegisse Romanos. (6) postremo omnibus gentibus, cunctis provinciis, innumeris civitatibus, infinitis populis, totis terris unam fuisse voluntatem libero honestoque

g) Bewertung

Vor dem Ausgangspunkt der These, dass alle *potestas*, also auch alle Königsherrschaft von Gott stammt, setzt sich Orosius mit der Lehre der vier Weltreiche auseinander, deren Existenz letztlich auf das Bestreben Gottes zurückgeht, alle irdischen Gewalten gemäß dem Vorbild der göttlichen universellen Gewalt zur *potestas universa* zu vereinigen. Aus diesen ragt Rom durch seinen langen Bestand heraus. Den Fortbestand der Römerherrschaft auch nach der Plünderung der Stadt Rom durch die Goten verdankt das Reich allerdings einzig den Christen und christlichen Kaisern, die die *aequitas* wahren. Das Elend der Gegenwart ist der allgemeinen Zügellosigkeit der Bevölkerung geschuldet. Sie beschwört den göttlichen Zorn herauf, der vor dem Hintergrund der Durchmischung christlicher und heidnischer Elemente *clementia* und *misericordia* gegenüber der Stadt übt. Dadurch unterscheidet sich der römische Staat von den frühsten Zeiten, als *quietas* und *pax* aufgrund des *dominatio*-Strebens der Römer unerreichbar schienen.

Die Überwindung der Königsgewalt der Tarquinier ist alleine aufgrund der Ausschließlichkeit dieses Strebens auch staatsrechtlich zu rechtfertigen. Wären nicht alle Tarquinier verdorben gewesen, so hätte ein neuer König eingesetzt werden müssen. „Tyrannenmord" setzt die Abwesenheit rechtlicher verfasster *potestas* voraus. Nur die Erhebung gegen den Herrscher, der die *concordia* der Gemeinschaft durch sein lasterhaftes Streben aufhebt und dadurch zum Tyrannen wird, kann ausnahmsweise gestattet sein, um den Frieden herzustellen. Verboten ist aber das Vorgehen gegen das Amt des Diktators nur aufgrund der damit verbundenen Machtfülle, weil das Amt rechtsgemäß ist. Auch im Falle der Auflehnung gegen Tyrannenherrschaft ist *clementia* zu üben, das göttliche Strafgericht gibt das Beispiel.

Mit dem dritten Buch kommt Orosius erneut auf die Fehler des früheren Heidenfriedens zu sprechen: Wenn frühere Herrscher *quietas* und *pax* betonen, ist damit alleine der Erschöpfungsfriede angesprochen. Die Völker legen bei Ermattung der Kräfte die Waffen nieder und ergehen sich in Muße (*otium*), um den nächsten Waffengang zu planen und vorzubereiten. Ein solcher Friedenszustand ist inhaltsleer,

---

studio inservire paci atque in commune consulere – quod prius ne una quidem civitas unusve populus civium vel, quod maius est, una domus fratrum iugiter habere potuisset-; (7) quodsi etiam, cum imperante Caesare ista provenerint, in ipso imperio Caesaris inluxisse ortum in hoc mundo Domini nostri Iesu Christi liquidissima probatione manifestum est: (8) inviti licet illi, quos in blasphemiam urguebat invidia, cognoscere faterique cogentur, pacem istam totius mundi et tranquillissimam, serenitatem non magnitudine Caesaris sed potestate filii Dei, qui in diebus Caesaris apparuit, exstitisse nec unius urbis imperatori sed creatori orbis universi orbem ipsum generali cognitione paruisse, qui, sicut sol oriens diem luce perfundit, ita adveniens misericorditer extenta mundum pace vestierit."; *Nuñez*, WS 106 (1993), 207; 210: Die Geburt Christi ist Ausgangspunkt eines radikalen Umbruchs in der Geschichtsschreibung. Von diesem Zeitpunkt an herrscht die von Gott gegebene pax Augusta. Augustus steht damit innerhalb des göttlichen Heilsplanes, vgl. *Goetz*, Orosius, 90.

verdient nicht den Begriff des Friedens. Mit dem gegenwärtigen Zustand Roms unter christlichen Kaisern hat er nichts gemein. Neben Ninus treten mit Philipp von Makedonien und seinem Sohn Alexander weitere Herrscher, die die gesamte Welt zum Gegenstand ihrer Raubtaten machen, nicht davor zurückschrecken, Verbündete zu täuschen und zu verraten und dies als *libertas*-Tugend ausgeben. Die von ihnen geschaffenen Reiche, denen es an jeder inneren Ordnung ermangelt, zerfallen mit dem Tod ihres Gewaltherrschers.

Vom Makel rechtswidriger Erlangung der Macht über andere Völker ist auch Rom nicht frei. Dessen frühere Kriege und Friedensschlüsse entsprechen dem Muster des Heidenkrieges. Die Frage – wodurch vermag Rom seine rechtswidrig erlangte Herrschaft über die Welt gegenüber den barbarischen Eroberern zu rechtfertigen – ist daher nur vor dem Hintergrund des christlichen Bekenntnisses zu beantworten. Eroberung verschafft sich eine gewisse Legitimität dadurch, nachträglich eine gesetzmäßige Ordnung aufgerichtet zu haben. Anfechtbar bleibt diese Argumentation aber vor dem Hintergrund, dass möglicherweise auch die barbarische Waffenstärke nach dem Sieg Königsherrschaften gemäß dem Vorbild des Rechts aufrichtet. Damit kann letztlich jedes Reich, das zumindest auch auf die Ordnung des Eroberten abzielt, die Rechtmäßigkeit der Eroberung für sich in Anspruch.

Zur Bewertung der Rechtmäßigkeit der Herrschaftsordnung nach Eroberung ist das christliche Beispiel maßgeblich. Auch Augustus ist Eroberer, seine Eroberung aber bringt durch Einsetzung der *iudices* ein Recht über die Völker, das nicht der Willkür des Siegers, sondern dem Bestreben entspringt, das Gemeinsame zu bedenken. Die geübte *iustitia* ist nicht Manifestation einer raffgierigen Eroberung. Der aufgerichtete Friedenszustand ist durch die *potestas* Christi bedingt und damit darauf bedacht, einseitige Dominanz zugunsten des gemeinsamen Bandes zu vermeiden. Auf diesen christlichen Frieden kann der römische Herrschaftsanspruch alleine gegründet werden.

4. Das vierte Buch: das göttliche Strafgericht über falsche Herrschaft

Das vierte Buch setzt die Geschichtsschreibung mit den punischen Kriegen fort und bestätigt erneut das Elend vergangener Zeiten, aber auch das Wirken Gottes in der Weltordnung. Gott greift durch das Verhalten der Völker aktiv in das Weltgeschehen ein. Als Auslöser des Zornes fungieren entweder kriegerische Grausamkeiten, die Überhebung des Einzelnen oder Fehler der inneren Verfassung der Staaten.

Schon der Pyrrhoskrieg, ausgelöst durch die Kaperung einer römischen Flotte, bringt beiderseitige Grausamkeiten hervor. So verwüsten die Römer das Gebiet der Tarentiner über Gebühr. Auch Pyrrhos ist darauf aus, zu Lande und zu Wasser Schrecken zu verbreiten.[322] Begleiterscheinungen dieses Fehlverhaltens sind

322 *Orosius,* Historiae, 4, 1, 4; 6. Weitere Exempla des vierten Buches sind: 4, 3, 4: Tötung der Einwohner von Regium durch die achte Legion; 4, 7, 9: Tötung einer um Frieden ersuchenden römischen Gesandtschaft durch Hannibal den Älteren.

Unwetter, Krankheiten und Seuchen, die das römische Volk nach dem Willen Gottes im Inneren heimsuchen.[323] Der Verweis auf kriegerische Grausamkeit findet sich ferner angesichts des Feldzuges des Karthagers Hamilkar gegen Numidien und Mauretanien.[324] Die Überheblichkeit einzelner Menschen spiegelt sich zuerst in Pyrrhos, dessen Herrschaftsstreben ihm schließlich den Tod bringt[325] und dann in den Sklaven der Volsinier wieder (dazu sogleich).

Gleiches gilt auch für die karthagischen Feldherren. Zuerst ist es Mazeus, der nach seiner Verbannung im ersten Punischen Krieg nach Herrschaft (*dominatio*) über das karthagische Volk strebt,[326] dann der aufstrebende Hanno, der sich aufgrund seiner hohen privaten Mittel in *cupiditas* nach *dominatio* verzehrt. Mängel der inneren Verfassung stellt Orosius zunächst anhand der Volsinier dar, die in ihrem Streben nach *luxuria* ihre Sklaven freilassen, die sich dann *ambitu dominationis* gegen eben jene erheben und sie vertreiben.[327] In Ansehung der Laster Karthagos schließlich versagen Orosius (4, 6, 4) die Worte. Nicht genug, dass es ihrem Gemeinwesen an jeder inneren *concordia* fehlt, vielmehr *discordia* und Streitigkeiten vorherrschen, die weder nach außen noch innen ruhige Zeiten jemals zulassen, vergehen sich die Karthager gegen jedes Recht und opfern den Göttern ihre Kinder.[328]

Die römische Feststellung, die mit dem Sieg über die Karthager abgeschlossenen Feldzüge der Römer hätten dem Reich schließlich in der Schließung der Januspforten den Frieden gebracht, weist Orosius scharf zurück. Erstens habe es 440 Jahre gedauert, bis Rom zum ersten Mal Frieden gefunden habe. Zweitens habe der Friede gerade einmal ein Jahr lang geherrscht und drittens wohl eher die Glut künftiger Kriege angestachelt, als heilsame Wirkung auf das römische Volk ausgeübt. Jeden Menschen würde man unter solchen Umständen unglücklich heißen. Das eigentliche Unglück der Römer besteht aber darin, dass sie den erreichten Frieden als Beweis vorangegangener *virtus* werten und daher die erreichte *quietas* gerade einmal für ein Jahr bewahren.[329] Tatsächlich ist nicht römische Tugend, sondern alleine

---

323 *Orosius,* Historiae, 4, 1, 17; 4, 2, 1; 4, 4: Zerstörung des Salus Tempels durch Blitzschlag nach der Tat von Regium und der Tötung der Legion; offene Erdspalten; 4, 5, 1: Blut aus Erde, Wolken und Milch; 4, 5, 6–8 hier verweist Orosius auch auf die göttliche Vergeltung.

324 *Orosius,* Historiae, 4, 4, 9.

325 *Orosius,* Historiae, 4, 2, 7.

326 *Orosius,* Historiae, 4, 6, 9.

327 *Orosius,* Historiae, 4, 5, 4.

328 *Orosius,* Historiae, 4, 6, 2. Folge ist, 4, 6, 6; 10–13 der göttliche Zorn. Karthago steht Orosius daher von vorneherein ablehnend gegenüber. Zwar verweist er immer wieder darauf, dass auch die Römer den Karthagern während der Kriege unangemessene Friedensbedingungen stellten (4, 7, 3; 4, 9, 2; 4, 11, 2), den Dritten Punischen Krieg sogar offensichtlich ohne jeden rechtfertigenden Grund begonnen hätten (4, 23, 8), sieht aber dennoch in der Zerstörung der Stadt die Beseitigung eines Übels.

329 *Orosius,* Historiae, 4, 12, 6–13, kritisch v. a. 8, 10, 13.

Gott (*divina miseratio*) für den Fortbestand der Stadt verantwortlich. Er alleine hat durch Unwetter den Verlust der Stadt an Hannibal während des Zweiten Punischen Krieges verhindert.[330] Die Zerstörung Karthagos legt nahe, dass die Römer den Krieg jedenfalls zu einem guten Teil nur um des Krieges willen führen. Sie wird innerhalb des Senates von der starken Skepsis begleitet, dass die durch Kriege geschulte römische Tapferkeit in langanhaltender Ruhe (*securitas, otium*) verlorengehen könnte.[331] Bezogen auf die gegenwärtigen Zustände scheinen Orosius die Klagen seiner heidnischen Landsleute daher verfehlt. Wird Rom heute gezüchtigt, so nicht wegen des christlichen Glaubens, sondern wegen der Laster der ungläubigen Bevölkerung.[332] Die Gegenwart mit den sanften Warnungen durch Gott ist gemessen an der Vergangenheit nicht zu fürchten.[333]

Dass die Fehler des Heidenkrieges und Friedens in voraugusteischer Zeit auch im römischen Staatswesen vollständig ausgeprägt sind, beweist die grausame Kriegsführung der Römer gegen Pyrrhos. Die Schließung der Januspforten nach dem Sieg über Karthago stellt das typische Beispiel falschen Friedens dar, in dem der Sieger den erlangten Frieden als Zeichen der vergangenen kriegerischen *virtus* betrachtet und nach weiterer Eroberung strebt. Tatsächlich ist solchermaßen verfasste Muße alleine von der Gier nach Herrschaft und Luxus getragen. Sie will die Aufhebung jeder *concordia.*

5. Das fünfte Buch: die Vorzüge des gegenwärtigen Friedenszustandes

Selbst wenn man aber die vergangenen Siege Roms über Völker, Könige und Städte als „jene glücklichen Zeiten" feiert, in denen Triumphe, Siegesfeiern, Beute und Festzüge nicht enden wollten, sind in die Bewertung auch die von den Besiegten zu erduldenden Laster einzustellen. Zur berücksichtigen ist auch, dass viele Feldzüge außer dem Verlust von Menschenleben gar keinen Gewinn hervorgebracht haben.[334]

a) Die gegenwärtige, christliche Verfassung: rechter Friede und Tribute an Barbaren

Erst in diesem Zusammenhang legt Orosius auch ausdrücklich dar, dass die vor dem Hintergrund der Plünderung der Stadt Rom durch die Heiden geführte Debatte um die Übel der Gegenwart für den Christen allenfalls von nachrangiger Bedeutung ist. Während die Heiden das Übel der Gegenwart alleine mit dem vergangenen

330 *Orosius*, Historiae, 4, 17, 5–9. Zur divina miseratio auch *Goetz*, Orosius, 80 f.: Darin, dass Rom von Anfang an von Gott auserwählt sei, gehe Orosius selbst über Eusebius hinaus.

331 *Orosius*, Historiae, 4, 23, 9 f.

332 *Orosius*, Historiae, 4, 17, 1.

333 *Orosius*, Historiae, 4, 6, 39–42.

334 *Orosius*, Historiae, 5, 1–2.

Glanz der Stadt begründen, richtet der Christ seinen Blick auf die Verfassung des Erdkreises zur Zeit des materiellen Güterreichtums Roms. Er vergleicht diese Zeiten mit der Gegenwart. Eine solch umfassende Gegenüberstellung setzt voraus, jedem Teil des erarbeiteten römischen Glücks das damit verbundene Unglück des gesamten Erdkreises (*totius orbis*) gegenüberzustellen.[335]

aa) Die Tribute Roms zum Erhalt des Friedens

Zwar leistet Rom gegenwärtig Barbaren Tribute, während früher die Barbaren Rom Tributzahlungen darbrachten, dennoch ist die Gegenwartsverfassung der früheren Zeit überlegen. Wurden früher Tribute um des Friedens willen immer dann gewährt, wenn kämpfende Völker vom Krieg erschöpft die Ruhe gesucht haben, also als „Preis für den Frieden" in einer dauerhaft kriegerischen Welt, so hat die Herrschaft des Augustus diese Lage grundlegend gewandelt. Die Römer der Gegenwart zahlen nicht Tribut, um einen sie erschöpfenden Krieg zu beenden, sondern um den seit Augustus bestehenden Zustand der Ruhe zu erhalten.[336] Die Geldleistung erfolgt nicht, um sich vor den Stürmen der Zeit in einen sicheren Hafen zu flüchten, sondern um den bestehenden Zustand des sicheren Ankerns im Hafen dauerhaft zu erhalten.[337] Aus dem letztmöglichen Mittel zur Bewahrung der Gemeinschaft und Vermeidung der Knechtschaft nach erschöpfendem Krieg, ist ein freiwilliger Beitrag zur Verteidigung des bestehenden Friedenszustandes geworden.[338]

bb) Das Vaterland des Erdkreises

Noch ein weiteres grundlegendes Merkmal unterscheidet die Gegenwart in positiver Hinsicht von der Vergangenheit. Das gegenwärtige Rom setzt, was es früher für das eigene Streben nach Luxus aufwandte, jetzt zum Nutzen des gesamten Gemeinwesens ein.[339] So kann der Mensch, konkret Orosius, sich beim ersten Anzeichen von Wirren überall in Sicherheit bringen, da Rom es vermocht hat die ganze Welt zum Vaterland zu machen, so dass überall römisches Recht und römische Religion herrschen.[340] Der Verfassungszustand früherer Zeiten, der in jeder Provinz eigene Könige, Gesetze und Sitten und keine Gemeinsamkeit im Empfinden vor dem Hintergrund unterschiedlicher Gewalten und Religionen kannte, ist überwunden. Das

---

335 *Orosius*, Historiae, 5, 1, 4. Jeder römische Sieg ist die Niederlage eines anderen Volkes. Die reiche Beute des Eroberers ist der Verlust des Besiegten. Orosius fordert (4 ff.) man müsse auch Spanien, Afrika oder gar Italien über das Glück vergangener Zeiten sprechen lassen.

336 *Orosius*, Historiae, 5, 1, 10–12.

337 *Orosius*, Historiae, 5, 1, 11. *Straub*, Historia 1 (1950), 76: Damit glaubt Orosius nicht an ein Ende des Reiches; *Tanz*, Klio 65 (1983), 342.

338 *Orosius*, Historiae, 5, 1, 12: „...quod illis erat debita pensio servitutis nobis est libera conlatio defensionis."

339 *Orosius*, Historiae, 5, 1, 13; 14.

340 *Orosius*, Historiae, 5, 2, 1.

beste Beispiel für jene Veränderung ist für Orosius Afrika, das ihn als spanischen Flüchtling in den Frieden und das gemeinsame Recht aufgenommen hat, obgleich es früher für seine schroffe Zurückweisung auswärtiger Anlandungsversuche bekannt war.[341] Der Römer, ganz besonders aber der christliche Römer, fühlt sich auf der gesamten Welt zu Hause und ist im Gegensatz zu früheren Zeiten nirgendwo fremd.[342] *Inter Romanos, ut dixi, Romanus, inter Christianos Christianus, inter homines homo legibus inploro rempublicam, religione conscientiam, communione naturam.*[343] Es gibt ein staatliches Recht, einen Glauben und eine menschliche Gemeinschaft.

cc) Die Besserung der Welt als Ergebnis des Lebens nach christlichen Gesetzen

Grundlegender Dank für den gegenwärtigen Zustand gebührt vor allem dem Glauben. Die Einheit des Reiches geht wesentlich auf den einen Gott zurück, dessen Gesetze universelle Geltung beanspruchen.[344] Dass es also überhaupt zu jener dreifachen Übereinkunft von (1) Staat, (2) Glauben und (3) gemeinsamer Zuneigung (*adfectio*) unter den Menschen kam, ist Gott zu danken. Nur dadurch kann der Mensch der Gegenwart den Krieg vermeiden und ihm ausweichen.[345]

b) Der fehlerhafte Tugendanspruch des republikanischen Roms

Das voraugusteische Rom dagegen nimmt Tugendhaftigkeit fälschlicherweise für sich in Anspruch und schmückt sich zu Unrecht mit den Termini von *iustitia, fides, fortitudo* und *misericordia.*

aa) Das Beispiel des Krieges gegen Numantia

Eindringlichster Beleg fehlender römischer Treue ist der Krieg der Römer gegen die Numantianer. Die unglückliche Kriegsführung des Feldherren Mancinus zwang jenen, wie zuvor schon Pompeius, zum Friedensschluss, woraufhin die Numantianer die gefangen genommenen Römer (offenbar eine große Zahl) herausgaben, nicht zuletzt, da der Senat sowohl zur Frage des dauerhaften Friedens wie zur Frage der Rückgewähr der Soldaten schwieg. Während die Numantianer mit der Auslieferung ihren Friedenspflichten nachkamen, verweigerte der römische Senat zuletzt trotz des vorangegangenen Schweigens dem Frieden die Zustimmung und bot die

341 *Orosius*, Historiae, 5, 2, 2.

342 *Orosius*, Historiae, 5, 2, 3 f.

343 *Orosius*, Historiae, 5, 2, 6. Dazu *Goetz*, Orosius, 88.

344 *Orosius*, Historiae, 5, 2, 5: „...unus Deus, qui temporibus, quibus ipse innotescere voluit, hanc regni statuit unitatem, ab omnibus et diligitur et timetur; eaedem leges, quae uni Deo subiectae sunt, ubique dominantur; ubicumque ignotus accessero, repentinam vim tamquam destitutus non pertimesco."

345 *Orosius*, Historiae, 5, 2, 8 – Gerade wegen des Fehlens dieser Gemeinschaft waren die Vorfahren zu Kriegen gezwungen. Zur Gemeinschaft der Gegenwart: *Inglebert*, Latomus 54 (1995), 42.

Auslieferung des Mancinus an, den Numantia allerdings nicht für den Fehler des Senates büßen lassen mochte.[346] Durch überlanges Schweigen des Senates und die Zurückweisung des Mancinus steht für Orosius fest: Die Römer können in diesem Krieg keinerlei Tugend für sich in Anspruch nehmen. Ihre Kriege sind keinesfalls die eines tugendhaftem Volkes, sondern in Qualität und Ausmaß schlimmer als alles, was die Kriege des Ostens je hervorgebracht haben. Sie zwingen sogar andere Völker, wie die Spanier, zum Erhalt ihres Friedens ein ruhiges Leben aufzugeben und sich dem Kampf zu stellen.[347]

bb) Der Sieg Roms gegen die Parteiungen und discordia seiner Gegner

Die Frage, warum die Gemeinwesen letztlich doch den Römern anheimfallen, beantworten spanische Stammesangehörige mit dem Ausspruch: *concordia invicta, discordia exitio fuit.*[348] Orosius greift also erneut – nach dem athenischen und karthagischen Beispiel, den *concordia*-Gedanken als Grundlage des Überlebens aller Gemeinwesen heraus. Er bleibt für den Rest des Buches, das die römische Geschichte bis hin zu den Auseinandersetzungen nach Sulla fortführt, in dogmatischer Hinsicht dominant. So warnt schon der numidische König Jugurtha, eindringlich vor den Folgen der *discordia* für das römische Gemeinwesen, nachdem er dem römischen Feldherr und Konsul Calpurnius durch Bestechung demütigende Friedensbedingungen auferlegt hat und auch in Rom selbst durch erfolgreiche Bestechungen *seditiones* und *dissensiones* herbeiführen konnte.[349] Das Machtstreben (*invidia* und *contentio*) römischer Konsuln ist es auch, das unter C. Manlius und Q. Caepio zur Aufteilung der römischen Provinzen und zur Niederlage gegen Kimbern und Teutonen führt.[350] Dennoch könne man, so Orosius, den Zustand des römischen Imperiums bis zum 6. Konsulat des Marius noch als *iure conseruatus* bewerten.[351] War bis dahin jedenfalls in der Anschauung der Römer die rechtliche Ordnung gewahrt, so zeigt die nachfolgende Darstellung der Bürgerkriege die Folgen des Verlustes jeder rechtlichen Bindung und der im Gemeinwesen wütenden *discordia* mit größtem Nachdruck auf.

---

346 *Orosius*, Historiae, 5, 5, 1–6.

347 *Orosius*, Historiae, 5, 5, 15; dem numatianischen Beispiel folgt das spanische, 5, 5, 12–16. 5, 7, 17: Die vollständige Vernichtung Numatiens bringt den Römern nichts als securitas vor einem Volk ein, das nun nicht mehr existiert.

348 *Orosius*, Historiae, 5, 8, 1.

349 *Orosius*, Historiae, 5, 15, 5: „O urbem uenalem et mature perituram, si emptorem inuenerit!". Auch in diesem Falle siegen die Römer schließlich nicht durch die Macht der Waffen, sondern durch ein vom Himmel her aufkommendes Unwetter, das Jugurthas Schlachtplan zu Fall bringt (5, 15).

350 *Orosius*, Historiae, 5, 16, 1 f.

351 *Orosius*, Historiae, 5, 17, 1 lässt offen, ob er sich diese Auffassung selbst zu eigen macht.

cc) Der Zerfall der römischen Gesellschaft hin zum bellum civile

Den Anfang bilden die Auseinandersetzungen des L. Apuleius Saturninus mit Q. Caecilius Metellus Numidicus, während derer zum ersten Mal der bewaffnete Kampf zweier Parteien in den Straßen Roms ausgetragen wird. Die Verschwörung des Marius mit Saturninus und Glaucia führt zur Verbannung des Metellus durch voreingenommene Richter. Der gegen Metellus erfolgreiche Marius schließlich wird, nachdem er während einer privaten Versammlung von seinen Anhängern als *rex* und *imperator* tituliert wurde, durch den Konsul Sulla verfolgt und getötet. Die blutige Auseinandersetzung macht hierbei auch vor den Räumen des Senates nicht halt. Nach Konfiskation des Eigentums der Getöteten herrscht zunächst wieder so etwas wie Ruhe in der Stadt. Der Fall des Rutilus zeigt aber, dass insbesondere die Gerichtshöfe zur Verbannung unliebsamer Gegner instrumentalisiert werden.[352]

Den Konflikten einzelner Männer folgt der Zerfall des römischen Bundesverbandes im Bundesgenossenkrieg (*sociale bellum*), der zur Erlangung der *libertas* der Verbündeten vom Volkstribun Livius Drusus angestoßen wird[353] und nach blutigen Auseinandersetzungen schließlich dazu führt, dass Rom die Beute der vorangegangenen Feldzüge gegen andere Völker dazu einsetzen muss, um den eigenen Krieg zu finanzieren. So lässt der römische Staat anderen nichts zurück und bleibt am Ende doch besitzlos (*nihil relinquens, nihil habebat*).[354]

Die Eskalation der Gewalt mündet schließlich ein in den ersten Bürgerkrieg (*bellum civile*). Dessen Darstellung nutzt Orosius, um die Folgen von *discordia* nochmals verstärkt darzulegen. Aus der langen Reihe der geschilderten exzessiven Gewaltanwendung ragt das Beispiel eines der Soldaten des Pompeius heraus, der nach einer Schlacht den eigenen, von ihm selbst getöteten Bruder auffindet und sich daraufhin entleibt.[355] Es dient Orosius zur Mahnung, dass der Bürgerkrieg gegen alle *pietas* und die Natur aller Lebewesen streitet. Bewiesen ist dies alleine dadurch, dass das Lob der beteiligten Parteien sich schließlich alleine an Größe und Umfang der begangenen Verbrechen ausrichtet.[356]

---

352 *Orosius*, Historiae, 5, 17, 3–13. Auslöser ist Saturninus (3), der sich des bewaffneten Mobs bedient; die Verschwörung des Marius mit Glaucia und Saturninus den Metellus „...quacumque vi agere" zu vertreiben, hebt die Auseinandersetzung auf ein neues Niveau. Zur Bezeichnung des Saturninus als rex und imperator vgl. (5); erst nach dessen Vertreibung ist die quietas erneut erreicht (10).

353 *Orosius*, Historiae, 5, 18, 1 f. Zur Qualität der Auseinandersetzung: Selbst die Tiere 5, 18, 9 verlassen die Städte und fliehen in die Wälder.

354 Zur Bewertung: *Orosius*, Historiae, 5, 18, 27–29. Nur beiläufig wird auch erwähnt, dass Rom zuerst das Vermögen der Tempel (!) einzieht. Dasselbe Beispiel findet sich in 5, 22, 4.

355 *Orosius*, Historiae, 5, 19, 12.

356 *Orosius*, Historiae, 5, 19, 14 f. Die Glaubhaftigkeit seiner Darstellung sucht Orosius auch dadurch zu bestärken, indem er (5, 19, 20–22) erklärt, er habe auf die Darstellung der schlimmsten Auswüchse der Bürgerkriege bewusst verzichtet.

c) *Das falsche Streben römischer Feldherren*

Nicht die *res publica*, sondern persönliche Interessen bilden den Mittelpunkt des durch Laster angeleiteten Strebens der Feldherren. Marius begeht nach der Eroberung Ostias alle Taten, welche *libido, avaritia* und *crudelitas* hervorbringen können. Er schreckt auch nicht davor zurück die flüchtigen Sklaven, derer er sich zur Rückgewinnung Roms bedient hatte, in dem Augenblick töten zu lassen, in dem diese die Bereitschaft zur Teilung der durch Plünderung erlangten Güter mit den Konsuln aufgeben.[357] Sulla, von den vor diesen Gewalttaten nach Griechenland flüchtenden Senatoren zur Hilfe gerufen, vergeht sich seinerseits gegen alles göttliche Recht (*fas*) und die *fides*, indem er nach Eroberung der Stadt Rom die Gegner niedermachen lässt, obgleich sie sich ihm selbst ausliefern. Er macht während des Blutbades auch vor der Vernichtung eigener Anhänger nicht halt.[358] Seine Gewaltherrschaft tarnt schließlich der Ehrenrang des Diktators. So verdeckt der Titel das Streben nach *dominatio* und die Leidenschaft für Grausamkeit.[359] Keine Zeiten waren danach schlimmer als diejenigen der Bürgerkriege, die jede Art der rechtlichen Bindung zwischen den Menschen aufgehoben haben – zunächst jene des römischen Staatsrechtes, dann diejenigen der natürlichen Ordnung und damit einhergehend diejenigen des Feindesrechts.

d) *Bewertung der Bürgerkriege vor dem Hintergrund christlicher clementia*

Wie schon Laktanz in Ansehung der Christenverfolger operiert Orosius in Darstellung der Bürgerkriege mit klassischen Termini des heidnischen Roms. Im Konflikt stehen *libertas, quietas* und *securitas* – deren Voraussetzung die *concordia* ist – mit dem leidenschaftsbehafteten Streben des Einzelnen nach *dominatio*, der Anhänglichkeit an Laster die alle Arten von Grausamkeiten hervorbringen. Dementsprechend muss er dartun, dass die christliche Gegenwart diesem Streben des Einzelnen stärker entgegentritt und so eher als jene früheren Zeiten lobenswert ist.

Dazu dient einmal ein rein quantitativer Vergleich. Kein „Bürgerkrieg" der Gegenwart habe so lange angedauert und sei auch nur annähernd so blutig gewesen, wie die Konflikte innerhalb der späten Republik.[360] Hauptargument aber ist, dass

357 *Orosius*, Historiae, 5, 19, 17: „Igitur Marius coloniam Ostiensem ui ingressus omnia ibi genera libidinis auaritiae et crudelitatis exercuit."; 5, 19, 24.

358 *Orosius*, Historiae, 5, 21, 1. Symptomatisch ist der Ausspruch des Catulus: „cum quibus tandem uicturi sumus, si in bello armatos, in pace inermes occidimus." Unter den Taten Sullas erwähnt Orosius sodann die Proskription, die sich schließlich auch über das ius hostium hinwegsetzt, indem selbst tote Feinde noch einer entehrenden Behandlung unterworfen werden. Vgl. 5, 21, 5 f.

359 *Orosius*, Historiae, 5, 21, 12: „Sulla dictator creatus est ut dominationis et crudelitatis libido honesti praecipuique nominis reuerentia et armaretur et uelaretur."

360 *Orosius*, Historiae, 5, 22, 12.

der christliche Glaube die Rachegelüste zurückgedrängt hat, dass es also in der Gegenwart an einer vergleichbaren Gewaltbereitschaft der Sieger fehlt. Jedenfalls die Zustände der sullanischen Proskription, die letztlich dem Frieden einen schlimmeren Inhalt als dem Krieg aufgezwungen haben, sind dauerhaft überwunden.[361] Würde gegenwärtig ein Tyrann im Streben nach der Herrschaft über den Körper des Römischen Reiches ungerechterweise zu den Waffen greifen oder den Staat zwingen, gerechterweise gegen ihn die Waffen zu erheben, so wäre der siegreiche christliche Staat gewiss weniger von *invidia* gegen den Besiegten zerfressen, als dies in vorchristlicher Zeit der Fall gewesen ist.[362]

Greifen Christen nach Scheitern der Konfliktvermeidung zu den Waffen, so sind sie getrieben von *clementia*, besitzen die Fähigkeit zur Mäßigung gegenüber den Verbündeten, die sich erheben.[363] Daher sind die Ursachen, Schlachten und Siege mehr von der Notwendigkeit denn von Scham getrieben – sei es um die *insolentia* eines Tyrannen zu überwinden, den Abfall Verbündeter zu unterbinden oder ein Strafexempel zu statuieren.[364] Im Gegensatz zu früheren Zeiten sind nunmehr Besiegte und Sieger in einem Frieden (*pax*) zusammengefasst. Unter demselben sicheren Wohl (*salus, securitas)*, werden nur wenige in gerechter Vergeltung gegen den Willen der Sieger verurteilt.[365] So verdienen die Konflikte innerhalb des christlichen Reiches allenfalls den Namen des „Bundesgenossenkrieges", nicht aber den des Bürgerkrieges, mit dem sie ebenso wenig vergleichbar sind wie mit auswärtigen Konflikten.[366] Die Gegenwart hebt sich dadurch von der früheren Zeit, die gleichzeitig Bundesgenossen-, Bürgerkriege und Sklavenaufstände sah, in kaum vergleichbarer Weise positiv ab.[367]

361 *Orosius*, Historiae, 5, 22, 13: „Quis illam, quam explicare longum est, optimorum atque inlustrium uirorum multitudinem trucidari in pace cognoverit?"

362 *Orosius*, Historiae, 5, 22, 7; 9.

363 *Orosius*, Historiae, 5, 22, 11.

364 *Orosius*, Historiae, 5, 22, 10: „Verum tamen cum in hisce temporibus omnia plus necessitatis adferant et minus pudoris, hoc est causa pugna uictoria uel pro extingeuenda insolentia tyrannorum, uel pro cohibendo sociorum defectu, uel pro inurendo ultionis exemplo."

365 *Orosius*, Historiae, 5, 22, 14. Zur Qualität der securitas innerhalb des Bürgerkrieges vgl. 5, 23, 16. Sie existiert allenfalls einmal, nachdem kurzfristig alle Gegner durch Gewaltanwendung eliminiert sind, so nach der Ermordung des Sertorius in Spanien, die Pompeius den Sieg bringt. Die Spanier dienen Orosius an selber Stelle als Beleg für ein Volk, das dem Reich die besten Herrscher gegeben habe, ohne je einen Tyrannen hervorzubringen und das zugleich niemals zugelassen hat, dass ein widerrechtlicher Angreifer das Land verlässt.

366 *Orosius*, Historiae, 5, 22, 5 f.

367 *Orosius*, Historiae, 5, 24, 9.

e) Bewertung

Mit der Frage des Krieges und der *felicitas* des gegenwärtigen römischen Gemeinwesens setzt sich Orosius auch im fünften Buch seines Werkes auseinander. Die zentrale Problemstellung vor dem Hintergrund der barbarischen Plünderung lautet: Waren die früheren Zeiten der Triumphe und des erworbenen Reichtums tatsächlich die glücklichen Zeiten Roms? In seiner Antwort lehnt sich Orosius zunächst an Augustinus an. Der Erwerb materieller Güter sagt wenig über den Glückszustand des Einzelnen und des Gemeinwesens aus. Sollte hierauf überhaupt eine Bewertung der vergangenen Zeiten gestützt werden, so müsste eine Betrachtung notwendig universalen Charakter haben. Es wäre also zu prüfen, ob dem zeitweiligen römischen Glück nicht ein entsprechender Verlust anderer Völker gegenüberstand. Wie Augustinus verweigert auch der Christ Orosius eine Betrachtung der Welt, die das vormalige römische Gemeinwesen zum alleinigen Maßstab der Verfassung der Welt erhebt.

Daher sind auch die gegenwärtig von Rom an die Barbaren entrichteten Tribute in einer Gesamtbetrachtung nicht als negativ zu bewerten. Rom hat es in der Nachfolge des Augustus einen Frieden auf Erden aufgerichtet, der dem Typus des den Krieg überwindenden universellen Völkerfriedens der Christen entspricht. Die Vielheit der Herrschaft ist überwunden. Die römische Bürgerwürde ist nicht mehr diejenige eines Volkes, sondern einer Weltgemeinschaft des Menschenvolkes. Damit aber überragt die Wertigkeit des dauernden Friedenszustandes des Menschenvolkes – die christliche Übereinstimmung von Staat, Glauben und Zuneigung der Menschen – jeden vorläufigen Völkerfrieden früherer Zeiten.

Orosius teilt nicht uneingeschränkt die These des Augustinus, dass es der römischen *res publica* vom Anbeginn an an einer Übereinkunft (*iuris consensus*) gefehlt hat. Die frühen Siege der Römer wurden jedenfalls durch eine anderen Gemeinwesen überlegene *concordia* erst möglich. Letztlich hat allerdings auch hier das Streben des Einzelnen die Spaltung der Gesellschaft herbeigeführt. Den schlechtesten Staat der Bürgerkriege kennzeichnet die Abwesenheit allen göttlichen und menschlichen Rechts. *Iustitia* weicht voreingenommenen Richtern. Im Streben der Generäle nach dem Königtum heben Vermögenskonfiskationen jedwede Gemeinschaft des römischen Volkes auf. Die vermeintlich wertvolle Beute früherer Kriege finanziert einzig den gegenwärtigen Krieg.

Als Gemeinwesen steht die christliche Ordnung der Gegenwart, gekleidet in die Begriffe *pax, quietas, securitas, libertas, concordia, iustitia, clementia* dem Streben des Einzelnen diametral gegenüber. Der Wunsch nach Herrschaft über andere kann weder Frieden noch Ruhe und Sicherheit dulden. Er ist gerade auf die Aufhebung der Freiheit gerichtet, versucht die Eintracht zu zerstören und verbreitet Grausamkeit unter dem Deckmantel der Gerechtigkeitstugend. Er ist dauernder Kriegszustand und orientiert sich nicht wie die Kriegsführung der christlichen Gegenwart an der Tugend christlicher *clementia.* Sie lässt den Krieg gegen Tyrannen, Verräter und als Strafexempel zu, fordert zugleich aber die Wahrung der Gemeinschaft von Sieger und Besiegtem in der *pax* fordert.

6. Das sechste Buch

Auch das sechste Buch des Geschichtswerkes verharrt über weite Strecken in der Darstellung der Schrecknisse der römischen Kriege – seien es auswärtige Konflikte, wie der Kampf gegen Mithridates oder Makedonen und Gallier – seien es die Bürgerkriege um die Herrschaft über das Reich (6, 2–6, 20). Neben der reinen Tatsachendarstellung, insbesondere des Gallischen Krieges, finden sich nur wenige bewertende Anmerkungen des Orosius. Der Autor lässt die Tatsachen für sich sprechen.

a) Die friedensstiftende Wirkung der concordia

Den *concordia*-Gedanken des fünften Buches greift Orosius kurz in Ansehung des Krieges gegen Mithridates auf. Er hebt hervor, dass jener auswärtige Konflikt rascher hätte beendet werden können, wenn der römische Feldherr L. Lucullus das Wohl des Staats gefördert und sich nicht der nach innen vorherrschenden *discordia* verschrieben hätte.[368] Den gleichen Grundgedanken führt er auch in der Auseinandersetzung des Caesar mit Pompeius fort.[369] Der Mangel an Eintracht des Staatswesens ist es, ebenso wie der Mangel des rechten Glaubens, der für die vierzigjährige Zeit der über alles erträgliche Maß hinausgehenden Konflikte und Unsicherheit verantwortlich ist.[370]

b) Der Tod als Gottesstrafe bei Missachtung christlicher Lehren

Der Konflikt mit Mithridates illustriert die Folgen falschen Götterglaubens und daraus folgenden falschen Verhaltens. Hätte Ersterer den rechten, über den Menschen stehenden Gott erkannt und nicht an nicht existierenden Gottheiten festgehalten und hätte er sodann im rechten Glauben dessen Gebote beachtet, so wäre ihm wohl die Art seines Todes – vom eigenen Sohn und der eigenen, übergelaufenen Armee belagert, die Kehle schließlich einem gallischen Soldaten darbietend – erspart geblieben. Orosius nutzt das Schicksal des Mithridates daher, um auf die Folgen für diejenigen hinzuweisen, die in der Gegenwart trotz nunmehr bestehender Möglichkeit der Gotteserkenntnis den Übertritt zum christlichen Glauben verweigern.[371]

---

368 *Orosius*, Historiae, 6, 2, 10: „...si Lucius Lucullus ciuilibus discordiis curam reipublicae praetulisset eumque mari coartare obiecta classe uoluisset."

369 *Orosius*, Historiae, 6, 16, 15: „Videre ibi et gemere erat contractas Romanorum uires in campis Pharsalicis ad occisionem mutuam constitisse, quas si concordia rexisset, nulli populi, nulli reges ferre potuissent."

370 *Orosius*, Historiae, 6, 5, 11; auch 6, 12, 1 f. über den Zustand Galliens nach dem Sieg Caesars; 6, 14, 1 über den Roms.

371 *Orosius*, Historiae, 6, 5, 8–10; vgl. auch 6, 15, 13–17 mit stark apologetischer Prägung.

c) Die Ermordung Caesars als Ausdruck römischen dominatio-Strebens

Eine den Bürgerkriegen nachfolgende Ordnung der Zustände durch den Sieger Caesar verhindern die Messer der Verschwörer, die selbst kleinere, im Gegensatz zu seinen Vorgängern von ihm mit *clementia* vorgenommene Modifikationen an der republikanischen Verfassung, nicht dulden wollen. Für Orosius wird so der Sieger des Bürgerkrieges von den Bürgern hingemordet. Rom zeigt im eigenen Unglück zugleich, welcher Natur seine Siege gegenüber anderen Nationen waren. Lediglich der Anspruch, Herrschaft kraft *dominatio* gegenüber den unterworfenen Völkern auszuüben, wird so bestärkt.[372] Dieser resultiert zuerst aus dem Stolz (*superbia*), der Bürgerkriege hervorbringt, die sich durch die in ihnen angelegte Saat von selbst nähren und ausbreiten. Der Tod derjenigen, die das Unrecht hervorbrachten, ist daher nicht ungerecht, wenn die Rivalität ihres Strebens zugleich durch sie und in ihnen bestraft wird, wenn sie die Kollegialität nicht anerkennen wollen und stattdessen, unfähig sich einem anderen unterzuordnen, nur nach Herrschaft für sich selbst streben. Wer nicht fähig ist den Dominat eines anderen über sich, die Inhaberschaft der höchsten Herrschaftsgewalt (*summum imperium*) einer Person anzuerkennen, sich also in *humilitas* zu üben und nicht hartnäckig dagegen vorzugehen, der wird stets das immer gleiche Schicksal der Teilnehmer der Bürgerkriege erleiden.[373]

d) Das in Christus gelebte Gebot als Beispiel der humilitas

Um allerdings zur Einsicht der *humilitas* zu gelangen, das gesteht Orosius, bedarf es eines Lehrmeisters (Magisters). Diesen hat Gott in Christus auf die Erde gesandt, während zu Zeiten des Augustus das Beispiel der Strafe für *superbia* noch allen vor Augen stand.[374] Tatsächlich ist jeder Mensch – so Orosius schon im ersten Kapitel des sechsten Buches – aufgrund des ihm innewohnenden natürlich Guten befähigt, Rücksicht auf die *prudentia* zu nehmen, also das vernünftige Urteil vorzuziehen. Wenngleich der Mensch das körperliche Vergnügen häufig dieser Erkenntnis vorzieht, so steht doch die Seele, wenn sie durch *ratio* angeleitet wird, inmitten der Tugenden. Sie weiß unabhängig vom äußeren Verhalten um das rechte Handeln und sieht Gott jedenfalls in der Ferne vor sich.[375] Ihn gar nicht zu erkennen, ist dem Menschen nicht möglich. Daher haben auch die Philosophen Gott erkannt

---

372 *Orosius*, Historiae, 6, 17, 1; 4; 5: „Percensuit latitudinem regni sui Roma cladibus suis atque in suam conuersa caedem singulas quasque gentes ibidem, ubi domuit, unidicauit."; in 7, 2, 14 bezeichnet Orosius Caesar eher als eine Art Aufseher über das Imperium, denn als Kaiser selbst. *Goetz*, Orosius, 90.

373 *Orosius*, Historiae, 5, 17, 9. Zum superbia-Gedanken bei Orosius auch *Tanz*, Klio 65 (1983), 345; *Goetz*, Orosius, 91.

374 *Orosius*, Historiae, 6, 17, 4.

375 *Orosius*, Historiae, 6, 1, 1.

und verehren die Heiden häufig einen höchsten Gott neben mehreren Dienern.[376] Der Erkenntnis des Menschen ist somit die Erkenntnis Gottes zugänglich. Darüber hinaus ist er auf den Glauben angewiesen, um über diesen und seine Gebote Aussagen treffen zu können.[377]

e) Die göttliche Auswahl Roms vor dem Hintergrund der Augustusherrschaft

Hier endlich klärt Orosius auch die Frage, warum unter allen Reichen ausgerechnet das Römische zur Herrschaft gelangt ist. Gott habe dasjenige, was schwach ist in der Welt erwählt (1. Kor. 1, 25), das Starke zu Boden zu treten und so einer Hirtensiedlung am Tiber zur Herrschaft über den gesamten Erdkreis verholfen.[378]

aa) Der Augustusfriede: libertas in beständiger Ruhe des Erdkreises

Erst danach – also mit Augustus – hat er diesem Reich über alle Erdteile (Europa, Afrika und Asien) einen Imperator vorangestellt, der mit *fortitudo* und *clementia* den Erdkreis beherrscht.[379] Tatsächlich ist auch Augustus nur das Werkzeug Gottes, denn seine Herrschaft bereitet die Ankunft Christi vor, durch den Gott allen Menschen die Quelle rechter Gotteserkenntnis offenbart. Nur die unter Augustus bestehende Ruhe und der weit um sich greifende Friede (*pace latissima*) schufen die *libertas*, die zur ungehinderten Verbreitung des Namens Christi, sowie seiner Lehre durch die Jünger erforderlich waren.[380]

Der augusteische Friede ist also Ausdruck einer verborgenen göttlichen Weltordnung.[381] Er unterscheidet sich von allen vorangehenden Ermattungsfrieden dadurch, dass er eine universelle, positiv bestimmte Friedensordnung unter allen Völkern begründet und nicht nur einen vorübergehenden Waffenstillstand.[382] Gott hat die Völker scharenweise entweder zum Krieg gegen Rom bewegt, damit sie als Besiegte die Bedingungen des Friedens auf sich nehmen – oder aber zur Entscheidung für den Bund mit Rom veranlasst – so dass sie als Sieger den Nutzen von *quietas* und

376 *Orosius,* Historiae, 6, 1, 2 f.

377 *Orosius,* Historiae, 6, 1, 4.

378 *Goetz,* Orosius, 80 zieht daraus den Schluss: Gott entzieht die Herrschaft den Sündigen und gibt sie den Schwachen.

379 *Orosius,* Historiae, 6, 1, 5 f.: „Hoc per reges et consules diu prouectum postquam Asiae Africae atque Europae potitum est, ad unum imperatorem eundemque fortissimum et clementissimum cuncta sui ordinatione congessit."; deutlich auch in 6, 22, 7 f.: Der Herr selbst lässt sich im römischen Census als ein Römer erfassen. Er will die Herrschaft der Stadt Rom über die Welt; vgl. 7, 2, 16.

380 *Orosius,* Hisotriarum, 6, 1, 8.

381 *Orosius,* Historiae, 6, 20, 8.

382 *Orosius,* Historiae, 7, 2, 16: „...toto terrarum orbe una pax omnium non cessatione sed abolitione bellorum..."; „...exturpatis bellorum radicibus...".

libertas genießen können.[383] Mit Augustus existiert zudem erstmals ein Inhaber der umfassenden Herrschaftsmacht, des gesamten Imperiums. Umfassender Friede und einheitliches Imperium korrespondieren und ergänzen einander.[384] Orosius greift damit zugleich den von ihm schon früher angesprochenen Gedanken wieder auf, dass es zwar viele Herrschaften geben könne, aber doch die Herrschaft eines Einzelnen dann angebracht sei, wenn es unter diesen nur zu Konflikten komme.

bb) Der gerechte Krieg: Verteidigung der libertas

An der Legitimität des augusteischen Regiments und der von ihm geführten Kriege hegt Orosius keinen Zweifel. Sowohl der folgende Krieg gegen Cantabrier und Asturier in Spanien, als auch der des Drusus in Germanien, ist gerechtfertigt, weil die Spanier nicht nur nach ihrer eigenen *libertas*, sondern auch danach streben, die ihrer Nachbarn gewaltsam zu nehmen und die Germanen Rom ihrer eigenen Friedensordnung zu unterwerfen trachten.[385] Dass die Herrschaft des Augustus ferner auch tatsächlich Weltherrschaft ist, bestätigen die Tribute ferner Völker ebenso, wie die Erstellung von Censuslisten für alle Provinzen und Bürger.[386] Augustus hat einen universellen Frieden geschaffen (*ab oriente in occidentem, a septentrione in meridiem ac per totum Oceani circulum cunctis gentibus una pace conpositis*). Die Januspforten bleiben zwölf Jahre lang geschlossen.[387]

---

383 *Orosius*, Historiae, 6, 21, 12f.: „Nam tunc, ueluti ad constitutum pacis diem festinarent, ita omnes ad experientiam belli decisionemue foederis undatim gentes commouebantur aut suscepturae condiciones pacis, si uincerentur, aut usurae quieta libertate, si uincerent."; vgl. 7, 3, 4; 10. Rom genießt daher eine besondere göttliche Auswahl, *Goetz*, Orosius, 77.

384 *Orosius*, Historiae, 6, 20, 8: „...concurrentibus ad tantam manifestationem pace, nomine dei...". Augustus ist gleichsam ein Bruchpunkt in der Geschichte der Königreiche, unter ihm werden tempora christiana und pax Augusta verknüpft, vgl. *Winkelmann*, JOeB 42 (1992), 21; *Goetz*, Orosius, 71: Gott wirkt „mutans regna", Orosius vertritt eine Dreistufung von potestas-regnum-regnum maximum; 82 f.: Augustus ist „fortissimus et clementissimus imperator", seine Herrschaft wird durch Zeichen die die Sendung verheißen und gestützt: Kreis um die Sonne; Sprudeln einer Ölquelle, Schließung des Janusbogens.

385 *Orosius*, Historiae, 6, 21, 3; 13.

386 *Orosius*, Historiae, 6, 21, 19: Skythen und Inder; 20: Spanier und Gallier. Orient und Okzident treffen sich. Die skythische und indische Delegation erreichen Augustus in Spanien, die gallische und spanische Delegation sehen ihn in Babylon; 6, 21, 29: Sogar die Parther leisten Tribute. Zur Erstellung der Censuslisten 6, 22, 6 f. Zum Census-Gedanken schon Augustinus, vgl. *Straub*, Historia 1 (1950): *Augustinus*, De civitate Dei, VI, 22, 8; VII, 3, 4; VII, 2, 16; *Goetz*, Orosius, 81: Christus als „civis Romanus".

387 *Orosius*, Historiae, 6, 22, 1; zur Bedeutung *Herrmann-Otto*, Ecclesia, 358 f.: Verkettung von Romanitas und Christianitas.

cc) Ausgestaltung der neuen societas – Ordnung unter Augustus

Im Gegensatz zu den früheren Frieden nach langen Kriegen betreibt Augustus in der Folge die positive Ausgestaltung der Friedensordnung. So habe er versucht, den durch Krieg gewonnenen Staat im Frieden zu bilden, indem er eine Menge von Gesetzen erließ, durch die das Menschengeschlecht aus freier Ehrerbietung heraus die Sittenordnung beachten sollte.[388] Auch der augusteische Census, der erstmals alle Völker unter einem einheitlichen Herrscher erfasst, ist für Orosius ein zentraler Bestandteil der Friedensordnung. Er nimmt die vormals Einzelnen erstmals als *societas* wahr.[389] Der Friede des Augustus also ist sicher und wahrhaftig. Er beseitigt nicht nur den Kriegszustand, sondern auch die Wurzeln des Krieges.[390]

dd) Zwischenbewertung

Zentrales Element des augusteischen Zeitalters ist für Orosius die Beseitigung des Ursprungs der Kriege. Dadurch kommt es zu *tranquillitas/quietas* und *libertas.* Die neu begründete Gemeinschaft (*societas*) wird durch den Census gefestigt. Im Gegensatz zu früheren Königen – im Übrigen auch im Gegensatz zu seiner tatsächlichen Stellung – lehnt Augustus den an ihn herangetragenen Titel eines *dominus* ab. Denn zu einer Zeit, in der Christus – der Herr – auf der Erde weilt, möchte er nicht nach römischem Herkommen als „Herr" bezeichnet werden.[391] Die Darstellung durch Orosius könnte also an dieser Stelle, mit der allerruhigsten Königsherrschaft (... *regnumque Caesari tranquillissimum...*) enden, wenn nicht die Menschen sündigten und für ihre Sünden durch Gott weiterhin bestraft würden.[392]

d) Bewertung

Die mühsame Überwindung des umfassenden Bruderkrieges der späten Republik kennzeichnet die voraugusteische Zeit. Einen Herrscher, der den Brudermord zum Ideal seiner Kriege erhebt, darf die eigene Ermordung durch den Bruder nicht verwundern. In der Ermordung Caesars manifestiert sich der Konflikt einer auf *clementia* gegründeten Staatsordnung mit der nach wie vor fortbestehenden Kraft des in den Bürgerkriegen zum Höhepunkt geführten *dominatio*-Strebens. Menschliche

---

388 *Orosius*, Historiae, 6, 22, 3: „Clausis igitur Iani portis rempublicam quam bello quaesiuerat pace enutrire atque amplificare studens, leges plurimas statuit per quas humanum genus libera reuerentia disciplinae morem gereret."

389 *Orosius*, Historiae; 6, 22, 7; 7, 2, 16; 3, 4.

390 *Orosius*, Historiae, 6, 22, 5. Christus wird geboren „...id est eo anno quo firmissimam uerissimamque pacem ordinatione Dei Caesar conposuit."; 7, 2, 16. Darauf, dass Kriegshandlungen nicht nur vorübergehend eingestellt, sondern tatsächlich aufgehoben sind, verweist Orosius an dieser Stelle gleich zweimal. 7, 3, 4 und 10 verweisen erneut auf die tranquillitas des Friedens. Zur Verchristlichung des Augustusfriedens *Goetz*, Orosius, 107.

391 *Orosius*, Historiae, 6, 22, 3; 5.

392 *Orosius*, Historiae, 6, 22, 10 f.

superbia kann nur überwunden zu werden, wenn der Mensch zur grundsätzlichen Einsicht der *humilitas* gelangt. Das lehrt das Beispiel Caesars. Diese Tugend setzt den Einsatz des vernunftgemäßen Begehrens der Seele und damit jedenfalls Gottesschau aus der Ferne menschlicher Philosophie voraus. Sie ist den Konflikten der Bürgerkriege fremd.

Erst mit dem Augustusfrieden findet die Welt zu einer Ordnung, in der Rom selbst aufgrund der Auswahl durch Gott zum Wahrer eines neuen, christlichen Friedens einer Welt von Brüdern wird. Zur Zeit der Gegenwart Christi auf Erden hat Rom alle Völker überwunden – um sie nunmehr unter seiner Herrschaft zur Menschengemeinschaft zu vereinen. Noch fortdauernde Kriege unter Augustus wollen die noch vorhandenen Impulse des *dominatio*-Strebens einzelner Völker überwinden. Mit *clementia* wird nach dem Willen Gottes eine neue, auf Sittengesetze gestützte Weltordnung geschaffen, die sich am Band der *societas* des Menschen orientiert und so die Ursachen der Kriege beseitigt. Wahre *libertas* existiert nicht als Tugend einer Völker überwindenden römischen *res publica*, sondern durch die völkervereinende *Clementia Caesaris*, die von Gott selbst stammt und durch Orosius als christlich vereinnahmt wird.[393]

7. Das siebte Buch: römische Kaiserherrschaft im Spiegel christlicher Tugend

Wenngleich Orosius ankündigt, im siebten Buch von den Verfolgungen gegenüber den Christen und den von Gott verhängten Sündenstrafen zu handeln, gerät doch die Darstellung durch die chronologisch erfolgende Aneinanderreihung und Bewertung einzelner Kaisergestalten zu einer Aufarbeitung und Bewertung der kaiserlichen Tätigkeit und Tugend überhaupt. Sie verdeutlicht so die methodische Differenz zwischen christlicher Apologetik bzw. Glaubenslehre und Geschichtsschreibung.

a) Theodizee – menschliche libertas als Wahlfreiheit und göttliches Strafgericht

In dogmatischer Weise setzt sich allerdings noch das erste Kapitel mit der Frage nach der Theodizee auseinander, die den vieltausendjährigen Kriegs- und Katastrophenzustand der Welt erklären muss.[394] Orosius Antwort auf sie ist ähnlich klar, wie die der vorangehenden Apologeten. Sie gründet sich letztlich auf der Wahlfreiheit des Menschen. Gott hat ursprünglich das Menschengeschlecht geschaffen, damit es in Unterordnung unter die Gebote der Religion in Frieden und ohne Arbeit die Früchte des Gehorsams erntet. Doch hat der Mensch die gottgegebene *libertas* dazu

---

393 *Winkelmann*, JOeB 42 (1992), 24: Der Schlüssel zur Weltgeschichte liegt alleine bei Gott.

394 *Orosius*, Historiae, 7, 1, 2.

missbraucht, ungehorsam zu werden und in gottvergessener Willkür zu handeln. Insofern ist Gott selbst gerecht. Wenngleich er die von ihm abgefallenen Menschen verachtet, so vernichtet er nicht dasjenige, dessen er sich hat erbarmen wollen.[395] Die Weltreichstheorie erweist Gottes leitende Kontrolle der Angelegenheiten der Menschen. In der Abfolge der Weltreiche, verbunden durch die Siebenzahl, ist die göttliche Ordnung der Welt sichtbar.[396]

b) Christliche Fügsamkeit gegenüber irdischen Störungen der Ruhe

Die historische Darstellung selbst fährt zunächst fort mit Christi Geburt. Durch den Richter Christus (*iudex omnium*) werden die Guten erlöst (*salvator bonorum*), die Schlechten bestraft (*malorum punitor*). So steht nach dem Wirken Christi fest, dass die ruhige Regierung der Welt einen Gnadenerweis Gottes für die Gläubigen darstellt und die gefährliche Beunruhigung derselben Sanktion der Gottlosigkeit ist. Für denjenigen, der einem christlichen Lebenswandel folgt, sind beide Arten von Zuständen gleichermaßen erträglich. Wird er gut regiert, so genießt er einen Teil der ewigen *quietas* und *securitas* schon auf Erden, wird er schlecht regiert, so kann er sich doch des vorübergehenden Charakters der Störung gegenüber dem ewigen Leben gewiss sein.[397] Orosius hält es also im Gegensatz zu Augustinus für möglich, dass der Christ Frieden und Ruhe schon auf Erden findet.

c) Der Augustusfriede unter der Herrschaft des julisch-claudischen Hauses

aa) Die Ambivalenz der Tiberiusherrschaft

So scheint auch zunächst unter dem Kaiser Tiberius der nur gegen Ende der Regierungszeit des Augustus kurzfristig gefährdete Friedenszustand anzudauern.[398] Orosius berichtet, dieser habe selbst keine und durch seine Generäle jedenfalls keine ernsthaften kriegerischen Auseinandersetzungen vornehmen lassen. Zu loben sei daher seine *modestia*, die ihn zu einem guten Hirten seiner Schafe gemacht habe – so gut, dass die Provinzgouverneure selbst um Steuererhöhungen ersuchten.[399] Auch habe er zunächst versucht, Christus durch den Senat zum *deus* erheben zu lassen, nachdem ihn ein Bericht des Pilatus über dessen Wundertaten erreicht hatte.

---

395 *Orosius*, Historiae, 7, 1, 1–4. Dem heidnischen Einwand warum Gott, wenn er wirklich Interesse an der Größe Roms und an dem die Welt ordnenden Frieden hatte, nicht früher das römische Volk zur Herrschaft berufen hat, begegnet Orosius mit der Gegenfrage, warum denn die Götter – auf deren Wirken doch die Größe Roms ebenso zurückgehen solle – dies ebenfalls nicht getan haben. Entscheidend ist auch hier der Gedanke, dass Sünde stets zu Zucht und Strafe führt, vgl. *Winkelmann*, JOeB 42 (1992), 24.

396 *Orosius*, Historiae, 7, 2.

397 *Orosius*, Historiae, 7, 4, 3.

398 *Orosius*, Historiae, 7, 3, 9 ff.

399 *Orosius*, Historiae, 7, 4, 4.

Letztlich sei er damit nur aus formalen Gründen gescheitert. Der Senat habe der Bitte nicht zustimmen wollen, weil sie zuerst an den Kaiser und nicht an ihn selbst gerichtet worden war. Schließlich verteidigte Tiberius zunächst auch die Christen der Stadt Rom gegen den Ausweisungsbeschluss des Senates, doch wandelte sich seine lobenswerte *modestia* unter dem Eindruck beständiger senatorischer Opposition zu tierischer Boshaftigkeit (*saeuissima bestia*).[400] Neben Proskriptionen, den aus Sicht des Orosius schlimmsten Auswüchsen der Bürgerkriege – die gewissermaßen das Gegenteil der *pax Augusti* darin bilden, dass sie selbst den Frieden in einen kriegsgleichen Zustand verwandeln – schreckt er vor der Tötung der eigenen Söhne nicht zurück und wird von Leidenschaft und Grausamkeit angetrieben.[401] Der Tatsache, dass zur Zeit des Erlösers Christi Menschen in Amphitheatern sterben, korrespondiert der Einsturz des Amphitheaters von Fidenae bei Rom durch göttlichen Willen. Schwerer noch wiegen die göttlichen Zeichen beim Tode Christi im 17. Regierungsjahr des Tiberius.[402]

bb) Caligula als Strafübel der Tötung Christi

Von den letzten Jahren des Tiberius setzt sich Caligula nochmals negativ ab. Im Werk des Orosius tritt er als ein Strafübel hervor, dass Römern und Juden in Folge der Tötung Christi auferlegt wird. Auch bei ihm werden nach seinem Tod Proskriptionslisten gefunden, auch er lässt Familienmitglieder ermorden. Dennoch gelingt es ihm, entgegen seiner lasterhaften Triebhaftigkeit nicht, den durch die Christen beständig gehaltenen Frieden zu zerstören. Er lenkt Gott seinen Zorn noch alleine auf die Heiden.[403]

cc) Claudius – Verhinderung des Bürgerkrieges zum Schutz der christlichen Gemeinde in Rom

Insgesamt positiver bewertet Orosius die vierzehnjährige Regierung des Kaisers Claudius, was allerdings offensichtlich damit zusammenhängt, dass dank Petrus gleich zu Beginn von dessen Regierungszeit eine christliche Gemeinde innerhalb der Stadt Rom etabliert werden kann und Gott daher der Stadt Wohltaten zuspricht. Nur deswegen ist der Herrschaftsantritt des Claudius nicht überschattet von einem Massaker an Senatoren, die nach dem Tod des Caligula die alte republikanische Ordnung wiederherzustellen suchen. Claudius lässt *clementia* walten und paart die alte athenische Amnestie so mit der höchsten Herrschertugend. Den Versuch des Scribonianus, in Dalmatien einen erneuten Bürgerkrieg anzuzetteln, erstickt er erfolgreich im Keim – für Orosius ein sicheres Zeichen göttlichen Wirkens im

---

400 *Orosius*, Historiae, 7, 4, 8.
401 *Orosius*, Historiae, 7, 4, 10 nennt libido und crudelitas.
402 *Orosius*, Historiae, 7, 4, 11; 15.
403 *Orosius*, Historiae, 7, 5, 1: er ist eine Geißel Gottes; 2 f.: Betonung der crudelitas; 4: nichts kann die quietas stören; 9: libido.

Handeln des Claudius. Gott lässt Bürgerkrieg und Tyrannei zur Zeit einer starken christlichen Gemeinde in Rom erstmals (!) nicht zu. Leicht gelingt dem Kaiser auch die Eroberung Britanniens, durch die er danach trachtet, sich als siegreicher Princeps hervorzutun. Beschützt durch göttliche *providentia,* ist jener Krieg mit den früher um die Provinz geführten nicht zu vergleichen.[404]

Auch Claudius verliert den rechten Pfad, als er sich in der irrtümlichen Annahme, sich durch Siege beweisen zu müssen, nach Britannien begibt. Zwar schützt Gott um der Christen in Rom willen den Feldzug, doch kommt es schon im gleichen Jahr zu einer Hungersnot in Syrien und im selben Jahr zu einer Massenpanik in Jerusalem. Der Sieg selbst ist gegenüber dem durch das Christentum geschaffenen sicheren Frieden wertlos. Er stört sogar den Friedenszustand des Reiches.[405] Im neunten Jahr seiner Herrschaft vertreibt Claudius die Juden aus Rom, vermutlich um die Christen zu treffen, wie Orosius ausführt. Die Konsequenz ist eine große Hungersnot in der Stadt im folgenden Jahr. Auch Claudius endet schließlich als Mörder von Senatoren und Rittern (*equites*).[406]

dd) Nero als Muster des Lasters

In der Lasterhaftigkeit ist schließlich Nero allen vorangehenden Herrschern überlegen. In seiner Person zeigen sich alle schweren Laster (*libido, luxuria, avaritia, crudelitas*) in voller Ausprägung. Seine Lüsternheit macht vor Mutter und Schwester nicht halt. Sein Streben nach Wohlstand lässt ihn in Gold baden und mit goldenen Netzen fischen. Seine Gier veranlasst ihn, Geldzahlungen des Staates an sich selbst zu veranlassen, das Eigentum von Senatoren an sich zu ziehen und willkürlich unter Senatoren und Rittern (*equites*) zu morden und zu foltern – selbst wenn Familienmitglieder betroffen sind.[407] Durch die Verfolgung der Christen und die Tötung der Apostel Petrus und Paulus zieht er sich den göttlichen Zorn zu. Die Stadt Rom befällt eine Seuche und es kommt in allen Erdteilen zu Aufständen. Zum Feind des Staates erklärt, begeht Nero Selbstmord.[408] An diesen Zuständen ändert sich auch unter seinem Nachfolger Galba, dem ersten Kaiser der nicht dem julisch-claudischen Haus entstammt, nur wenig. Auch er ist von *avaritia* und *saeuitia* angeleitet und wird bereits nach sieben Monaten von Otho erschlagen.[409]

---

404 *Orosius,* Historiae, 7, 6, 1: göttliche Benefizien für die Stadt Rom in Ansehung der christlichen Gemeinde; 4 f.: doppelte clementia Caesaris; 6–8: Verhinderung des bellum civile; 9: Britannien.

405 Mit dem Feldzug nach Britannien beginnt auch der Abfall des Claudius zum Schlechten, anschließend folgen auch wieder göttliche Strafen, die in den ersten Regierungsjahren ausblieben.

406 *Orosius,* Historiae, 7, 6, 12–18.

407 *Orosius,* Historiae, 7, 7, 1; 2: libido; 3: luxuria; 7–8: avaritia, 9: crudelitas.

408 *Orosius,* Historiae, 7, 7, 10 f.

409 *Orosius,* Historiae, 7, 8, 1.

ee) Bewertung

Der Frieden des Augustus und das Erscheinen Christi auf Erden begünstigten erstmals seit dem Königtum des Ninus einen Weltzustand, der den Menschen eine eindeutige Handlungsanweisung zur Aufrichtung dauerhaften Friedens auf Erden an die Hand gibt. Das christliche Erlösungsversprechen, verbunden mit der Ankündigung der Bestrafung der Schlechten, lässt die Folgen guter Regierung – *quietas* und *securitas* – auf Erden eindeutiger hervortreten, als es die früheren Strafgerichte Gottes in einer Welt des Missbrauchs der Willensfreiheit vermochten.

Das heidnische Kaisertum des julisch-claudischen Hauses schwankt in Gestalt einzelner Kaiser häufig zwischen Elementen rechten Friedensstrebens (*modestia, clementia*) und den Ausbrüchen der Tyrannenherrschaft (Ermordung der Senatoren, Proskription, *dominatio*-Streben durch Kriege). Dem anfänglichen Bemühen um den rechten Pfad folgt häufig die kaiserliche Überhebung, ihr schließlich die göttliche Strafe nach dem Muster der Tyrannenherrschaft – vor allem, wenn das Kaisertum Christen verfolgt. So sieht auch das im achten Kapitel von Orosius selbst eingezogene Zwischenfazit in diesen göttlichen Strafsanktionen den Preis für die Verletzung von Christen. Das Vierkaiserjahr mit dem nachfolgenden Bürgerkrieg ist die Folge der Abwendung Gottes vom Römischen Reich. Es drückt mit seinem Unheil die Folgen sich von der Erde abwendender göttlicher *potentia* und *clementia* aus.[410] Erneut geht selbst das letzte Recht der Feinde verloren, als Vitellius von den Anhängern Vespasians nicht nur zu Tode gefoltert, sondern auch ohne Begräbnis in den Tiber geworfen wird.[411]

d) Das römische Kaisertum von Vespasian bis Commodus

aa) Vespasian – Restitution des Friedenszustandes und Erweiterung des Reiches

Erst nach Beseitigung der Störung durch die Tyrannen kehrt unter Vespasian wieder *tranquilla...serenitas* ein, unterbrochen nur durch den Aufstand der Juden und die Zerstörung des nun nicht mehr benötigten Tempels in Jerusalem. Nach dessen Niederschlagung ist der Friede des Erdkreises wiederhergestellt, können die Tore des Janus erneut geschlossen werden.[412] Die mit dem rechten Frieden einhergehende Erweiterung des Staatsgebietes besteht erneut darin, dass weitere Völker sich den römischen Richtern und Gesetzen unterwerfen.[413] Wiederum bekräftigt Orosius den

---

410 *Orosius*, Historiae, 7, 8, 4.

411 *Orosius*, Historiae, 7, 8, 8.

412 *Orosius*, Historiae, 7, 9, 1; 9: „Qui continuo, omnibus bellis ac tumultibus domi forisque conpressis, pacem totius orbis pronuntiauerunt...".

413 *Orosius*, Historiae, 7, 9, 10. Es sind dies: Achaia, Lycia, Rhodus, Byzantium, Samus, Trachia, Cilicia und Commagene.

Zusammenhang von rechtem Frieden und Ordnung durch das Recht. Den Friedenszustand erhält auch der Sohn Titus bis zu seinem Tod aufrecht.[414]

bb) Domitian als Muster grausamer Überhebung von Herrschaft

Sein Nachfolger Domitian wird von Orosius als erster systematischer Christenverfolger nach Nero geschildert, dessen *crudelitas* und *superbia* sich in der Forderung nach einer Anrede als *dominus et deus* niederschlagen.[415] Auch er lässt Senatoren töten und vertreiben und gibt seinen Gelüsten den allergrößten Freiraum. Seine Bautätigkeit in Rom erkauft er mit dem Eigentum römischer Bürger. Auch die Kriege an den Reichsgrenzen nimmt er wieder auf. Sein Leben endet, wie schon das des Verfolgers Nero, gewaltsam.[416]

cc) Trajan und Hadrian – Ordnung des Reiches und Restitution der Grenzen

Unter Nerva schließlich zeigt sich erstmals wieder göttliche Voraussicht in der Adoption Trajans.[417] Der spanische Kaiser, wie ihn Orosius nennt, ist der Erste, der die Reichsgrenzen wiederherstellt. Über die unter ihm durchgeführte Christenverfolgung urteilt Orosius ungewöhnlich milde. Trajan sei darin ein Irrtum des Urteils unterlaufen. Nach dem Hinweis des Plinius, dass die Christen keine Gesetze verletzten, habe er entsprechende Edikte sofort abgemildert.[418] Auch sein Neffe Hadrian zählt zu den Friedenskaisern, da er belehrt durch Quadratus und Aristides von Athen, Christenverfolgungen nur gegen den Nachweis eines Verbrechens zuließ. Wie Augustus wurde ihm vom Senat der Titel eines *pater patriae* zugesprochen. Auch seine Frau trug den Namen des Kaisers – Augusta. Dementsprechend betont Orosius die Bildung Hadrians und das stetige Bemühen des Kaisers, den Staat durch gerechteste Gesetze zu ordnen.[419] Berechtigterweise hat er auch erneute jüdische Aufstände unterdrückt und so die *pertubationes* innerhalb der Provinzen Palästinas abgestellt.[420]

dd) Zwischenbewertung: die Restitution als Zeichen göttlichen Wohlwollens

Es ist augenfällig, dass Orosius die Wiederherstellung oder gar Erweiterung des Reichsgebietes unter Friedenskaisern, die ihre Herrschaft mit gerechten Gesetzen versehen, als legitim ansieht und nicht unter die Termini von Tyrannei und *pertubationes* fasst. Weder die Eroberungen Vespasians noch Trajans oder Hadrians

---

414 *Orosius*, Historiae, 7, 9, 13. Beide – Vespasian und Titus – erleiden allerdings durch Krankheit den Tod.

415 *Orosius*, Historiae, 7, 10, 2; 5.

416 *Orosius*, Historiae, 7, 10, 2; 3.

417 *Orosius*, Historiae, 7, 11.

418 *Orosius*, Historiae, 7, 12, 3: „errore deceptus“; *Goetz*, Orosius, 96: Erfolgreichen Imperatoren wird auch die Christenverfolgung verziehen.

419 *Orosius*, Historiae, 7, 13, 1; 3: „iustissimis legibus ordinauit“.

420 *Orosius*, Historiae, 7, 13, 4.

unterfallen diesem Verdikt, das der Auflehnung gegen legitime Gewalt, so im Vierkaiserjahr oder durch die Aufstände der Juden, vorbehalten ist.[421] Störungen der *tranquillitas, quietas* und *pax* erfolgen immer nur gegen legitime Gewalt, niemals durch legitime Gewalt – es sei denn Orosius versucht einen charakterlichen Bruch in der Person des Herrschers darzustellen, wie im Falle des Tiberius oder Claudius. Der ordnende Eingriff gegen Störungen ist dagegen als dem Frieden dienlich gerechtfertigt. Orosius sanktioniert damit selbst unter heidnischen Kaisern die Festigung der römischen Machtposition als Rechtsherrschaft, wenngleich ihr eine widerrechtliche Eroberung vorangeht. Er bestärkt so den Herrschaftsanspruch rechtlich verfasster römischer Kaisergewalt.

ee) Marcus Antonius Verus – Christenverfolgung und Barbareneinfälle

Auch Antoninus Pius nennt man zu Recht *pater patriae*, weil er das Reich *tranquille et sancte* regiert hat und der Apologie des Justin aufgeschlossen gegenüberstand.[422] Im positiven Urteil des Orosius über Marcus Antoninus Verus (Marc Aurel), Annius Antoninus Verus und Commodus zeigt sich zugleich die Aufgeschlossenheit des Autors auch gegenüber Herrschaftsteilungen. Die Doppelherrschaft schützt das Gemeinwesen *aeque iure*. Anerkennung erfahren die von beiden geführten Feldzüge gegen die Parther (*admirabili uirtute et felicitate*).[423] Durch die erneute Christenverfolgung in Asien und Gallien gerät das Reich aber selbst unter Marc Aurel an den Rand des Untergangs. So kommt es in mehreren Provinzen zu Pestausbrüchen und Erhebungen grausamer germanischer Stämme gegen das Reich. Den Sieg über die Germanen verdankt der Kaiser daher auch mehr der *providentia dei* als dem militärischen Schlachtenglück. Gott sendet den bereits eingeschlossenen und dann zu ihm betenden Legionen Regen.[424] Weniger begünstigt ist die Alleinherrschaft seines Sohnes Commodus, der sich zu den Gladiatoren herablässt, die Ermordung von Senatsmitgliedern wieder aufnimmt und daraufhin, nach göttlichen Strafen der Stadt Rom, als *hostis generis humani*, als *Commodus, cunctis incommodus*, stranguliert und ermordet wird.[425]

e) Die Severerkaiser

Mit Severus, der sich den Namen seines Mordopfers und Vorgängers Pertinax zulegt, gelangt erneut ein von Natur aus wilder, doch arbeitsamer Herrscher an die Macht. Die Niederschlagung der Tyrannenherrschaft des Pescennius Niger in Ägypten,

---

421 Im Falle des Spaniers Trajan lässt sich dies auch damit begründen, dass Orosius an der These des sechsten Buches, aus Spanien seien keine Tyrannen hervorgegangen, unbedingt festzuhalten sucht.

422 *Orosius*, Historiae, 7, 14, 1 f.

423 *Orosius*, Historiae, 7, 15, 1; 2.

424 *Orosius*, Historiae, 7, 15, 4–9. Nur hierdurch wird Marc Aurel der Sieg geschenkt.

425 *Orosius*, Historiae, 7, 16, 3: „Flagitia regis poena Urbis insequitur...“; 4.

sowie von Aufständen der Juden, Sarmaten und auch Parther erkennt Orosius durchaus an. Erst als sich Severus zum fünften Christenverfolger aufschwingt, wird er in einen erneuten Bürgerkrieg verwickelt.[426] Sein Sohn Bassianus, der Kaiser Caracalla, ist demgegenüber wieder ein unzweifelhaftes Beispiel für die Anhänglichkeit an Lüste, nicht besser als sein Nachfolger Heliogabalus (Elagabal). Achtung in den Augen Orosius verdient erst wieder Severus Alexander. Orosius hebt dessen militärische Erfolge hervor, aber auch *moderatio* in Angelegenheiten des Staates, ausgedrückt durch die Berufung Ulpians zum Berater.[427]

f) Die Zeit der Soldatenkaiser

Das Zeitalter der Soldatenkaiser bietet dagegen für Fürstenspiegel nur wenig Raum. Philippus Arabs (244–249) gilt Orosius als erster christlicher Kaiser zum eintausendjährigen Bestand der Stadt Rom.[428] Das Urteil über Decius, der den Bürgerkrieg gefördert hat und die Christen der siebten Verfolgung nach den Tagen Neros unterwarf, fällt ebenso kurz wie eindeutig aus – er erleidet den Tod von der Hand der Barbaren.[429] Auch seine Nachfolger Gallus, Hostilianus und Volusianus gehen schließlich im Bürgerkrieg zugrunde, der das während der Verfolgung von Seuchen geplagte Reich heimsucht.[430] Letzter Christenverfolger in dieser Reihe ist Valerian, der hierfür die persische Gefangenschaft erleidet. Sein Mitkaiser, Gallienus stellt zwar den Frieden der Kirchen wieder her, doch genügt alleine die Gefangenschaft des Valerian nicht zum Ausgleich der durch die Christen erlittenen Rechtsverletzungen.[431] Gott schickt daher die Völkerschaften auf Wanderung und löst Bürgerkriege aus – bricht dann aber die vollständige Vollstreckung der Strafe als genügende Mahnung ab.[432] Im Chaos jener Zeit findet selbst der gallische Usurpator Postumus die Anerkennung des Autors. Immerhin habe er das Reich zehn Jahre lang mit großer *virtus* und *moderatio* verwaltet und verlorene Provinzen in den Reichskörper zurückgeführt.[433] Auch Claudius (268–270) und Aurelian (270–275) erfahren aufgrund ihrer militärischen Leistungen bei der Zurückdrängung eine positive Bewertung des Orosius, wenngleich Aurelian nach Ausrufung einer erneuten Christenverfolgung rasch zu Tode kommt.[434]

---

426 *Orosius*, Historiae, 7, 17, 2; 3; 4 f.
427 *Orosius*, Historiae, 7, 18, 6–8. Seine Mutter war nach Angaben des Orosius Christin.
428 *Orosius*, Historiae, 7, 20, 1 f.; 28, 1 – er war wohl nur zu diesem Zweck eingesetzt.
429 *Orosius*, Historiae, 7, 21, 1–3.
430 *Orosius*, Historiae, 7, 21, 4–6.
431 *Orosius*, Historiae, 7, 22, 5: „pacem ecclesiis satisfactione trepida restituit".
432 *Orosius*, Historiae, 7, 22, 5; 9.
433 *Orosius*, Historiae, 7, 22, 10.
434 *Orosius*, Historiae, 7, 23, 1 Claudius; 3 Aurelian: „uir industria militari excellentissimus".

g) Die Tetrarchie und die Herrschaft Konstantins

Längst nicht mit dem gleichen Impetus wie die ersten Verfolger werden die Augusti und Caesaren der ersten Tetrarchie von Orosius bewertet. Während der Alleinherrschaft des Diokletian und Maximian ist es Carausius, der Usurpator Britanniens, der auf Ablehnung stößt, weil er – obgleich er gegen fränkische und sächsische Piraten vorgeht – das zurückgewonnene Gut nicht zur Restituierung der Bevölkerung einsetzt.[435] Die Aufrichtung der Tetrarchie selbst wird von Orosius dagegen nicht kommentiert. Die Viererherrschaft scheint aber in Ansehung der plötzlich an allen Reichsgrenzen auftauchenden Bedrohungen sachgerecht. Diokletian rückt der Sieg in Alexandrien, jene *inmoderata uictoria*, die die Plünderung Alexandrias zur Folge hat, in ein negatives Licht.[436]

Nach Anordnung der Christenverfolgung durch die Augusti – nach Aussage des Orosius der schlimmsten je durchgeführten – ist es allerdings alleine Constantius, der mit dem Sieg über die Alemannen und der Rückgewinnung Britanniens positiv gezeichnet wird (*Augustus summae mansuetudinis et ciuilitatis*).[437] Mit seinem Sohn Konstantin, der 31 Jahre lang auf glücklichste Weise geherrscht habe, beginnt ein neues Kapitel christlicher Herrschaft.

aa) Das göttliche Strafgericht über die Heiden – das Verschwinden der Tempel

Orosius verteidigt sich zunächst gegen die heidnischen Einwände, 10 Jahre lang habe Gott unter heidnischen Kaisern die Verfolgung der Kirche zugelassen, ohne dass es zu Kriegen, Seuchen oder Störungen der *concordia* unter den Herrschern gekommen sei, vielmehr hätten gar Diokletian und Maximian friedlich in den Ruhestand gehen können.[438] Er führt aus, faktisch wiege die Vergeltung Gottes (die zehnte Rache) wesentlich schwerer als die vorangehenden. Denn unter ihr seien heidnische Tempel durch christliche Kirchen ersetzt worden. Wenngleich sie äußerlich weniger sichtbar sei, bedeute sie doch die schärfste Sanktion gegen das Heidentum.[439]

---

435 *Orosius*, Historiae, 7, 25, 3.

436 *Orosius*, Historiae, 7, 25, 4, 8.

437 *Orosius*, Historiae, 7, 25, 16.

438 *Orosius*, Historiae, 7, 26, 1–10. Diokletian und Maximian werden gelobt für die tranquillitas des Zeitalters (5), die „concordia potestasque communis“ (6) und dafür, dass sie in quietas ein gutes Leben geführt haben. Dazu *Straub*, 36: Bewunderung der diokletianischen Herrschaftsordnung.

439 *Orosius*, Historiae, 7, 27, 10; 26, 9. Orosius macht diese Aussage ohne Häme (cura pietatis). Das gesamte 27. Kapitel vergleicht die zehn Strafen Roms mit denen der Ägypter. Die zehnte Strafe besteht für Rom darin, dass die falschen Götterbilder zerstört werden. Wie schon die Ägypter nach der zehnten Strafe das Volk Gottes ziehen ließen und niemals wieder das jüdische Volk in Gefangenschaft zurückführten, werden auch in Rom niemals wieder die Christen gezwungen sein, falschen Götzen zu opfern. Stattdessen machen die heidnischen Tempel nun Platz für christliche Kirchen.

bb) *Konstantin als primus imperator Christianus und die Todesarten der Verfolger*

Erst das 28. Kapitel widmet sich Konstantin. Er ist *primus imperatorum Christianus, excepto Philippo.* Nach ihm waren alle Kaiser Christen mit Ausnahme Julians.[440] Wie schon Laktanz, so verspricht auch Orosius, auf die Todesarten der Verfolger einzugehen. Severus stirbt bei dem Versuch, den Usurpator Maxentius aus Rom zu vertreiben. Maximianus wird gezwungen, vor dem eigenen Sohn nach Gallien zu fliehen, versucht Konstantin zu täuschen und stirbt in Marseille. Galerius verfault bei lebendigem Leib, widerruft zwar noch die Edikte gegen die Christen, stirbt aber dennoch an der Strafe Gottes.

Einzig von Konstantin sagt Orosius ausdrücklich, er habe den Frieden der Kirche wiederhergestellt. Die Frage nach der Verantwortung für den Bürgerkrieg zwischen Konstantin und Maxentius klärt er nicht. Für ihn ist Konstantin christlicher Kaiser von Anfang an, nach dem Sieg über Licinius schließlich Alleinherrscher.[441] Offen bleibt auch, warum Konstantin seinen Sohn Crispus und seinen Neffen Licinius töten ließ und gleichzeitig zu einem Krieg gegen viele Stämme aufbrach, warum er also das eigentlich gegen die *impii* zu richtende Schwert gegen das eigene Blut richtete.[442] Besonderes Lob erfahren demgegenüber Wandlungen der Rechtsordnung, die unter Konstantin in christlichem Sinne erfolgt seien. So habe jener die überaus gerechte und von *pietas* angeleitete Anordnung getroffen, heidnische Tempel ohne Blutvergießen zu schließen und insgesamt den Staat vor seinem friedlichen Tod in guter Ordnung für die Söhne hinterlassen.[443]

h) Die Nachfolger Konstantins

Nach Konstantin liegt die *summa regia potestas* in den Händen christlicher Imperatoren – Constantius II., Konstantin II. und Constans. Dadurch wird zwar die Herrschaft des Heidenglaubens aufgehoben, die Gefahren für die christliche Religion, insbesondere durch Häresien gerade jener christlichen Kaiser, bestehen aber fort.[444] So wird Constantius II. zum Muster des Herrschers, der zwar durch das Hauptportal vom Irrtum des heidnischen Glaubens zum christlichen hingeführt wird, dann aber durch einen Seitenausgang wieder in fehlerhaften Glauben zurückgleitet. Die von ihm ausgeübte *potestas* ist erneut pervertiert. Der Kaiser fällt im Namen der vermeintlich rechten *pietas* in das Laster der Verfolgung zurück.[445] Auch Constans

---

440 *Orosius*, Historiae, 7, 28, 1; *Goetz*, Orosius, 86.

441 Zum Ende der Verfolger vgl. v. a. *Orosius*, Historiae, 7, 28, 5–14. Den Kirchenfrieden Konstantins erwähnt 7, 28, 15.

442 *Orosius*, Historiae, 7, 28, 26 lässt die Antwort offen.

443 *Orosius*, Historiae, 7, 28, 28, 31. Auch die Errichtung Konstantinopels rechnet Orosius Konstantin hoch an (27), ebenso die Gotensiege (29).

444 *Orosius*, Historiae, 7, 29, 2–3.

445 *Orosius*, Historiae, 7, 29, 4, mit der Folge eines schweren Erdbebens im Osten des Reiches.

selbst bleibt glücklos und verfällt nach gescheiterten Feldzügen im Osten einem lasterhaften Leben.[446] Den Usurpatoren, nach der Erhebung des Magnentius im Westen noch Vetranio im Illyricum und Nepotian in Rom, fehlt das „Handwerkzeug" zu rechtem Kaisertum. Orosius verweist insbesondere darauf, dass Vetranio nicht einmal über eine grundlegende Bildung verfügt und daher das ihm übertragene Amt zusammen mit allen Versuchen, eine solche zu erlangen, bei erstem Anfordern des Constantius niedergelegt habe.[447] Constantius selbst bleibt nach Übernahme des falschen Bekenntnisses glücklos. Der von ihm eingesetzte Gallus entpuppt sich als grausamer Tyrann, den er schließlich selbst beseitigen muss.

Auch sein General Julian, der zunächst die Ordnung in Gallien wiederherstellt, indem er die Barbaren zurücktreibt, wird schließlich selbst zum Usurpator gegen seinen Ziehvater Constantius. In christlicher Ausdeutung sieht Orosius auch hier die Ereigniskette – Anhänglichkeit an ein falsches Bekenntnis, d. h. Aufhebung von *pax* und *unitas fidei catholicae* mit der Folge des Bürgerkrieges am Werk.[448] Heidnischer und christlicher Irrglaube stehen auf derselben Stufe. Nur ein im rechten christlichen Glauben befindlicher Kaiser ist befähigt, vor Gott im Stande der Gnade zu bleiben und damit die Friedensordnung auf Erden zu erhalten. Das vollständige Scheitern des christlichen Werkes auf Erden lässt Gott allerdings nicht mehr zu. Die Pläne Julians, die Christen zunächst von allen Lehrämtern auszuschließen und anschließend hinrichten zu lassen, werden durch die göttliche *misericordia* verhindert.[449]

Der nächste christliche Kaiser, dem Orosius Achtung entgegenbringt, ist Valentinian I. Der Herrschaftsantritt des vormaligen Offiziers im Heere Julians erscheint ihm deswegen als legitim, weil Valens das von Julian geforderte Götteropfer verweigert habe, daher aus der Armee ausgeschlossen und nunmehr nach Christi Willen wegen dieses Vorganges zum Kaiser erhoben worden sei.[450] Ihm alleine ist es zu verdanken, dass sein Bruder und Mitkaiser Valens trotz arianischer Taufe nicht in der Lage war, dem arianischen Bekenntnis wesentliche Impulse zu verschaffen.

---

446 *Orosius,* Historiae, 7, 29, 6 f., v. a. indem er sich die Unterstützung der Soldaten durch Unterdrückung der Provinzialen sichert.

447 *Orosius,* Historiae, 7, 29, 9 f. zu Vetranio: „vir simplex"; „palatium simul scholamque dimisit"; zu Nepotian 7, 30, 11. Über den Charakter des Magnentius sagt er nichts aus.

448 *Orosius,* Historiae, 7, 29, 18: „Ita ille qui discissa pace et unitate fidei catholicae Christianos aduersus Christianos armans ciuili, ut ita dicam bello Ecclesiae membra dilacerauerat, totum inquieti tempus imperii molestissimumque spatium uitae suae bellis ciuilibus etiam per propinquos et consanguineos excitatis exercuit, exegit, expendit."

449 *Orosius,* Historiae, 7, 30, v. a. 6.

450 *Orosius,* Historiae, 7, 32, 2 f.

Ein wahrhaft im Glauben befindlicher Kaiser verfügt also über ausreichende Gewalt, das rechte christliche Reich selbst gegen einen falschgläubigen Kaiser zu erhalten.[451]

i) Zwischenbewertung

In ihrer Charaktertugend sind für Orosius die kaiserlichen Herrscher des zweiten Jahrhunderts wesentlich eindeutiger zu beurteilen, als das julisch-claudische Haus. Den Wert des durch Gott geschaffenen *societas*-Friedens bringt das Ersuchen barbarischer Völker unter Vespasian zum Ausdruck. Sie wollen freiwillig dem römischen Herrschaftsverband beitreten. Im Übrigen gelten ihm vor allem diejenigen Kaiser trotz Verfolgungsmaßnahmen als positiv, die letztlich die christlichen Apologien (Quadratus, Aristides, Justin) wohlwollend aufnehmen und ihre Irrtümer erkennen. Sie verdienen den Titel eines *pater patriae*, da sie zugleich versuchen, den Staat durch gerechte Gesetze zu stärken und Spaltungen zu vermeiden. Die römischen Feldzüge der Zeit stehen so im Dienste von *tranquillitas, pietas* und *pax*, fördern *felicitas* und *virtus*. Auch die unter Marc Aurel geübte Doppelherrschaft trägt zur gleichmäßigen Ausübung der *iustitia* im Reich bei.

Mit Commodus und Domitian stehen der rechtmäßigen Herrschaft nunmehr eindeutige Beispiele beständiger Tyrannenherrschaft gegenüber. Ihr Regiment verläuft stets nach demselben Muster. Der Proskription und den Eigentumsverletzungen folgt in der göttlichen Strafe das gewaltsame Ende gemäß dem eigenen Beispiel.

Ambivalent bleibt die Bewertung der Severerdynastie durch Orosius. Während vor allem das Arbeitsethos im Dienste des Staates dann lobenswert erscheint, wenn es mit *moderatio* gepaart wird, birgt die ihnen innewohnende Wildheit auch stets die Gefahr des Rückfalls in das altrömische Herrschaftsstreben mit Christenverfolgung und Bürgerkrieg. Auch aus der Zeit der Soldatenkaiser bleibt kein positives Beispiel. Die hier systematisch durchgeführte Christenverfolgung lässt Gott in der Aussendung der Barbaren zum großen Strafgericht über Rom ansetzen. Die frühesten Augusti der Tetrarchie, Maximian und Diokletian, lässt Orosius abgesehen von der positiven Bewertung der Mehrkaiserherrschaft weitgehend außer Acht.

Positiv hervor tritt in dieser Zeit der Vater Konstantins, Constantius (*mansuetudo, civilitas*).

Die Frage – warum hat Gott unter der Herrschaft der Herculii und Jovier erstmals unter heidnischen Kaisern die Christen verfolgenden glückliche Zeiten heidnischer Herrschaft wieder zugelassen – findet in Konstantin ihre Antwort. Mit ihm als erstem christlichen Kaiser vollzieht sich das größte göttliche Strafgericht über die Verfolger durch Restitution des Kirchengutes und endgültigen Fall der heidnischen Tempel. Christlicher *pietas*, der Friedens- und Rechtswahrung, steht allerdings der Schatten der Ermordung des Crispus gegenüber.

---

451 So *Orosius*, Historiae, 7, 32, 7. Erst nach dem Tod Valentinians kann Valens seiner impietas nachgehen und lässt die Christen v. a. in Ägypten verfolgen – 7, 33, 1 f.

Auf dem wohlbereiteten Boden des Reiches misslingt den Söhnen Konstantins die Einhaltung des rechten Glaubens. Constantius II. und Constans gleiten trotz des väterlichen Beispiels in lasterhaftes Leben und falsch verstandene *pietas* ab. Unter Julian kommt es schließlich erneut zur vollständigen Aufhebung der *pax* und Glaubensgemeinschaft. Mit Valentinian I. schließt die weitgehend holzschnittartige Darstellung römischer Kaiserherrschaft.

j) Die Integration der Barbaren als Leistung christlicher Tugend

Dass Orosius, trotz des beständigen Bemühens der christlichen Kaiser, die Barbaren von den Grenzen des Reiches fernzuhalten, deren Aufnahme in das Reichsgebilde ausdrücklich befürwortet, ist Ausdruck des umfassenden *societas*-Begriffes, der das christliche Staatswesen bei ihm und Augustinus trägt. Gotische Flüchtlinge, die vor der Verfolgung durch den König Athanarich in das Reichsgebiet flüchten, gelten ihm wegen ihres christlichen Glaubens ausdrücklich nicht als Feindflüchtlinge, sondern als *fratres ... pro Christi confessione.*[452] Auch die Burgunder sind ihm als dem Klerus gehorsame, ruhige und auch der gallischen Bevölkerung nichts Schlechtes tuende Brüder im Glauben willkommen.[453] Ursprünglich neue Feinde werden so durch die *prouidentia dei* dem katholischen Glauben zugeführt.

Während also im Westen unter Gratian die Integration der Barbaren gelingt, scheitert sie unter dem Christenverfolger Valens. Zwar weist auch dieser die vor den Hunnen flüchtenden Goten nicht an den Reichsgrenzen zurück, doch verzichtet er bei Aufnahme in das Reichsgebiet sowohl auf den Abschluss eines *foedus*-Vertrages, als auch auf die Übergabe der Waffen an Rom. Nachfolgende Injurien durch den von *avaritia* getriebenen General Maximus sowie Hunger durch unzureichende Versorgung treiben die Goten schließlich in den bewaffneten Konflikt gegen Rom, in dem Valens durch göttlichen Zorn den Feuertod findet.[454]

Auch in Zeiten christlicher Herrscher (*temporibus et regibus Christianis*) kann also das Reich an den Rand des Untergangs gelangen – durch Verfall der Provinzen, Zerstörung der Armee und Feuertod des Kaisers. Ein Zeichen für die Richtigkeit des Heidenglaubens ist dies dennoch nicht, da mit Valens in Wahrheit ein Verfolger des Glaubens den Tod findet.[455] Gerechter wird dessen Strafe noch dadurch, dass der Kaiser gerade von der Hand derjenigen den Tod erleidet, die aufgrund ihres

---

452 *Orosius*, Historiae, 7, 32, 9.

453 *Orosius*, Historiae, 7, 32, 13: „quamuis prouidentia Dei Chrisitani omnes modo facti catholica fide, nostrisque clericis quibus oboedirent receptis blande, mansuete, innocenterque uiuant, non quasi cum subiectis Gallis, sed uere cum fratribus Christianis."; *Goetz*, Historia 29 (1980), 359 f.: Die gemeinschaftsbildende Kraft des Christentums macht ein Leben auch mit Fremden möglich.

454 *Orosius*, Historiae, 7, 33, 10 f. Zum Werturteil des Orosius über die Möglichkeit, im säkularen Leben durchaus zu gloria zu gelangen vgl. *Lippold*, Philologus 113 (1969), 97. Zur Kritik des Valens: *Tanz*, Klio 65 (1983), 343.

455 *Orosius*, Historiae, 7, 33, 16 f.

arianischen Irrglaubens selbst in den Feuern der Hölle brennen werden. Der Kaiser wird so für die Aussendung arianischer Missionare bestraft.[456] Rechte und glückliche Herrschaft ist also nur im rechten Glauben möglich. Ein heidnischer oder irrgläubiger Kaiser ist ein Feind der Kirche und muss daher die göttliche Strafe erleiden: *Unus Deus unam fidem tradidit, unam ecclesiam toto Orbe diffudit: hanc aspicit, hanc diligit, hanc defendit; quolibet se quisquis nomine tegat, si huic non sociatur, alienus, si hanc inpugnat, inimicus est.*[457]

k) Theodosius als Vorbild christlicher Tugend

Die Rettung des Reiches muss daher ein zweites Mal einem Spanier überlassen bleiben. Wie das Verhältnis von Nerva und Trajan erscheint Orosius das zwischen Gratian und Theodosius, womit Valens zugleich in die Rolle Domitians gedrängt ist.[458]

aa) Christliche Legitimation der Kaiserherrschaft

Theodosius wird zur Wiederherstellung des Gemeinwesens mit Hilfe der *misericordia Dei* eingesetzt.[459] Wie einst Trajan vor ihm, so verfügt auch er über die höchste Tugend in menschlichen Angelegenheiten. Er überflügelt den Christenverfolger aber im Glauben und der Achtung vor der christlichen Religion.[460] Dadurch wird zugleich seine Dynastie gestützt und mit einer Vielzahl von Nachfahren gesegnet.[461] Nur aufgrund des Glaubens gelingt ihm der Sieg über Skythen, Alanen, Hunnen und Goten. Sie unterwerfen sich zuletzt der römischen Herrschaft. Wie schon zu Zeiten des Augustus ersucht schließlich eine Gesandtschaft des persischen Ostens von sich aus als Bittsteller um Frieden. Im Gegensatz zu seinen Vorgängern kennzeichnet Theodosius auch, dass er die Herrschaftsrechte anderer wahrt. So teilt er die Herrschaft mit seinem Sohn Arcadius und setzt den von dem Usurpator Maximus vertriebenen Bruder Gratians erneut in die Herrschaft über Italien ein.

bb) Die Überwindung des Sieges der Waffen durch den Sieg des Gottvertrauens

Typisch für den mit Gottvertrauen kämpfenden Kaiser ist die Erringung des Siegs in nahezu aussichtslos erscheinenden Situationen mit nur geringem Blutvergießen. Die Vorstellung vom christlich geführten und beendeten Bürgerkrieg führt Orosius gleich in doppelter, paralleler Weise, vor. Sich mehr auf sein Gottvertrauen als auf die Macht der Waffen stützend, wendet sich Theodosius gegen den Usurpator

---

456 *Orosius*, Historiae, 7, 33, 19.
457 *Orosius*, Historiae, 7, 33, 17.
458 *Lippold*, Philologus 113 (1969), 97.
459 *Orosius*, Historiae, 7, 34, 5: „Itaque Theodosius adflictam rempublicam ira Dei reparandam credidit misericordia Dei."; auch 7, 34, 2: „per quem respublica reparata est".*Goetz*, Orosius, 97.
460 *Orosius*, Historiae, 7, 34, 3.
461 Zum dynastischen Gedanken 7, 34, 4.

Maximus in Italien. Er gelangt ohne Blutvergießen an den Truppen des Generals Andragathius vorbei, bis zum Sitz des Maximus in Aquileia – der dort gefangen genommen und getötet wird. Dem christlichen Kaiser gelingt die Beendigung eines auch in christlichen Zeiten unvermeidlichen Bürgerkrieges ohne Einsatz des Schwertes und der Soldaten, nur durch Gottes Willen.[462] Auf die gleiche Weise beendet er den Konflikt mit Arbogast und dem Usurpator Eugenius, indem er, von allen Truppen verlassen, nach Gebet alleine gegen die feindliche Kampflinie anstürmt, dort unerwartet die Unterstützung des feindlichen *comes* Arbitio findet und die Usurpatoren dank eines göttlichen Sturmes ohne Blutvergießen überwindet.[463] Der christliche Sieg erfolgt in einem nur *pia necessitate* geführten, unvermeidlichen Krieg, ohne schwere Kämpfe oder rachsüchtige Siege, nur durch von *clementia* angetriebenen Wohlwollen.[464] Der Mensch, der anstatt auf Menschen auf Gott alleine vertraut, wird stets den Menschen überwinden, der sich in seiner Arroganz Götterbildern zuwendet. Besser als eine Armee von Soldaten ist es, stets Gott auf der eigenen Seite zu haben – eine Erkenntnis, die Orosius sogar in dem Panegyrikus des heidnischen Claudian auf Honorius ausgedrückt sieht.[465] Ihm folgen stets *tranquillitas* und *pax*. Erst danach entschläft ein christlicher Kaiser wie Theodosius friedlich in seinem Haus.[466]

cc) Das Vorbild des Theodosius für den Sieg über Gildo

Mit dem 36. Kapitel des siebten Buches erreicht die Weltgeschichte die Gegenwart zunächst unter Arcadius und Honorius, später Honorius und Theodosius. Die neue Art des von Theodosius an den Tag gelegten Gottvertrauens schlägt sich auch in der Auseinandersetzung der Brüder Mascezel und Gildo um Afrika nieder. Gildo, in der

---

462 *Orosius*, Historiae, 7, 35, 2: Theodosius kämpft alleine auf den Glauben gestützt; 6: „Ecce regibus et temporibus Christianis qualiter bella ciuilia, cum uitari nequeunt, transiguntur: ad uictoriam peruentum est, inrupta est ciuitas, correptus tyrannus; et hoc parum est: ecce parte alia uictus hostilis exercitus atque ipso tyranno truculentior comes tyranni ad mortem coactus, tantae dissolutae elusaeque insidiae, tanti appartus exinaniti sunt; 7: et tamen nullos dolos instruxit, nullus aciem disposuit, postremo nullus, si dici licet, gladium de uagina extulit. Formidulosissimum bellum sine sanguine usque ad uictoriam et in uictoria duorum morte confectum est." Zum Sieg kraft Gottvertrauens auch *Lippold*, Philologus 113 (1969), 98 f. Dem christlichen Herrscher kann ein Bürgerkrieg nicht zugeschrieben werden, da dieser Topos für tyrannische Herrschaft steht. Daher verneint Orosius hier das Vorliegen eines Bürgerkrieges; *Goetz*, Orosius, 95 u. 96: Der Glaube ist Krönung der Menschentugend.

463 *Orosius*, Historiae, 7, 35, 11–19, v. a. 14 ff. Die 10.000 getöteten Goten zählt Orosius nicht zu den Opfern des Bürgerkrieges.

464 *Orosius*, Historiae, 7, 35, 20; auch schon 7, 35, 9.

465 *Orosius*, Historiae, 7, 35, 22; verweist auf den Panegyrikus des Claudian aus Anlass des dritten Konsulats des Honorius.

466 *Orosius*, Historiae, 7, 35, 23; auch schon 7, 35, 10.

alten Überzeugung verharrend, dass nach dem Tod des Arcadius wohl keiner der Kaiserbrüder das Mannesalter erleben werde, versucht Afrika für sich zu gewinnen. Ihm tritt sein Bruder Mascezel gegenüber, der sich wie Theodosius alleine auf Gottvertrauen stützt. Auch er erreicht nach Gebeten, durch Fasten und Psalmengesang den Sieg über Gildo, gewinnt den Krieg ohne Blutvergießen und gelangt zur Rache ohne blutiges Gemetzel. Sein Widersacher Gildo lässt demgegenüber die in Afrika zurückgebliebenen Söhne Mascezels ermorden.[467]

l) Das Herrschaftsstreben der Heerführer – Stilicho, Rufinus und Radagaisus

So erscheinen sind auch die Generäle der gegenwärtigen Zeit Verkörperungen selbstsüchtigen Strebens. Beiden Kaiservormündern, Stilicho im Westen und Rufinus im Osten, wirft Orosius vor, ihre Ämter aus bloß eigennützigen Interessen ausgeübt zu haben – entweder um selbst die Kaiserwürde zu erstreben (Rufinus) oder sie für den Sohn zu gewinnen (Stilicho). Zu diesem Zweck erstreben beide eine Störung der Zustände (*turbatio*), indem sie den Zug barbarischer Stämme in das Reichsgebiet zulassen und fördern.[468] Auch von einer christlichen Kriegsführung kann nun nicht mehr die Rede sein. Bei Pollentia lässt Stilicho 402 die christlichen Westgoten unter Alarich am Tag des Osterfestes von einem heidnischen General angreifen und zieht damit sich und Italien den Rechtsspruch Gottes zu. Zwar wird Alarich vorläufig überwunden, doch zieht kurze Zeit später der gotisch-heidnische Heerführer Radagaisus mit seinen Truppen nach Italien. Als Barbar und Heide verkörpert dieser alle Laster, die christlicher Herrscherideologie entgegenstehen. Orosius beschreibt ihn als Mann von unbezwingbarem Mut, aber auch als Skythen. Seinen Göttern habe er nichts Geringeres als das Blut des gesamten römischen Volkes versprochen.[469] Dennoch, so Orosius, strebten ihm, der den heidnischen Göttern opferte, die heidnischen Bewohner Roms zu – nicht nur weil seines Heeresstärke unüberwindbar erschien – sondern gerade wegen des heidnischen Glaubens. Die heidnische römische Bevölkerung verfällt also angesichts des nahenden Feindes in den doppelten Irrtum der Schwäche des christlichen Gottes und der Unüberwindbarkeit zahlenmäßig überlegener Streitkräfte. Sie vergisst damit die Lehren aus den Erfolgen der christlichen Kaiser, allen voran des stets mit Gott gegen Stärkere kämpfenden Theodosius. Erst damit und nicht so sehr durch das Verhalten des

---

467 *Orosius,* Historiae, 7, 36, 2–11. Der Sieg erfolgt gegen eine Streitmacht von 70.000 Soldaten nach einer Vision, in der Mascezel der kürzlich verstorbene Ambrosius von Mailand erschienen war.

468 *Orosius,* Historiae, 7, 36, 1 f.

469 *Orosius,* Historiae, 7, 37, 5: „...paganus et Scytha erat, qui, ut mos est barbaris huiusmodi gentibus, omnem Romani generis sanguinem diis suis propinare deuouerat."

Stilicho, ist von Gottes Seite aus das Verdikt über die Stadt Rom gesprochen. Diese soll nach Art ihrer Sünden (durch Eroberung) gestraft werden.[470]

m) Das göttliche Strafgericht über Rom

aa) Der Maßstab göttlicher Strafvollstreckung

Im Gegensatz zu früheren Zeiten bedingt das Zusammenleben von Christen und Heiden in Rom, das auch das göttliche Strafgericht zwischen den rechtgläubigen (*piis*) und den Heiden (*impii*) unterscheiden muss. Erstere verdienen die Gnade (*gratia*), Letztere die Strafe (*poena*) des Richters.[471] Als Vollstreckungsinstrument bedient sich Gott, wie im Falle des Valens, der Barbaren. Er nutzt hierzu den Stamm der Goten, der zu diesem Zeitpunkt gleich mit zwei Gruppen – der des christlichen Alarich und der des Skythen Radagaisus – Italien verheert. Die direkte Gegenüberstellung beider Stammesführer, die Orosius hier betreibt, zeichnet den grundsätzlichen Unterschied christlicher und heidnischer Herrschaft, der in den vorherigen Büchern entfaltet wurde, nochmals nach.

bb) Der Typus der barbarischen Bedrohung: Radagaisus und Alarich

Radagaisus ist gleichsam der „Prototyp“ des heidnischen Barbaren, der fern von jedweder *societas* nur danach strebt, seinen Lastern nachgehen zu können. Bei den Skythen ist dieses Streben am deutlichen ausgeprägt. Radagaisus übt nur *crudelitas* und sucht das Blutvergießen um seiner selbst willen. Ruhmesstreben oder Gier nach Beute kennt er nicht.[472] Er entspricht damit dem Stammesführer (König) vom Schlage des Ninus, jenes ersten Königs, der Ruhe und Frieden aufgehoben und um der Herrschaft willen andauernden Krieg über die Völker gebracht hat. Ihm gegenüber steht mit Alarich ein gottesfürchtiger, christlicher Anführer, der einem Römer sehr nahe kommt und in der Gier nach Blut bereits besänftigt ist. Sein Naturell entspricht eher den Barbaren vom Typ der Burgunder, die nach Ablegung der barbarischen Wildheit bereit sind, sich als Christen in die *societas* des Reiches einzugliedern.[473]

cc) Das Strafgericht durch Alarich

Hätte Gott Radagaisus die Bestrafung der stadtrömischen Bevölkerung überlassen, so wäre er nicht als *iustus dispensator humani generis* aufgetreten, denn er hätte erstens den Glauben an die heidnischen Opfer bestärkt und zweitens weiteres

470 *Orosius*, Historiae, 7, 37, 8.

471 *Orosius*, Historiae, 7, 37, 8.

472 *Orosius*, Historiae, 7, 37, 9 zu Radagaisus: „...barbarus et uere Scytha, qui non tantum gloriam aut praedam quantum inexsaturabili crudelitate ipsam caedem amaret in caede, et hic iam sinu receptus Italiae Romam e proximo trementem terror quassabat.“

473 *Orosius*, Historiae, 7, 37, 8 zu Alarich: „quorum unus Christianus propiorque Romano et, ut res docuit, timore Dei mitis in caede...“.

Blutvergießen und Gefahren für die christliche Gemeinde befördert. Daher entschied er, den heidnischen Feind untergehen und den christlichen obsiegen zu lassen, um so die Heiden zu verwirren und zu strafen.[474]

Orosius erwähnt, dass an dieser Milderung der Strafe Roms durch göttliche *misericordia* zu einem nicht geringen Anteil auch die *continentia* des Honorius Anteil gehabt hat. Er bestärkt damit nochmals sein Lob der Rechtgläubigkeit.[475] Die Ausübung der Strafgewalt durch Gott erfolgt gemäß dem Unrecht der falschen Götterverehrung im Angesicht des Feindes und der durch den Feldherren Stilicho begangenen Missetaten. Sie wird durch berechtigte Gnade gegenüber der christlichen Gemeinde und *misericordia* gegenüber dem christlichen Kaiser gemildert. Die Plünderung der Stadt Rom, die hierdurch bereits zu einem gemilderten Übel herabgestuft ist, erfolgt also nicht wegen des falschen christlichen, sondern aufgrund des heidnischen Irrglaubens.

dd) Die Durchführung des Strafgerichts

Der vorangehenden Gegenüberstellung von Radagaisus und Alarich entspricht die konkrete Schilderung der nun folgenden Ereignisse, des Untergangs des Ersteren und der Plünderung der Stadt Rom.

Der Untergang des Radagaisus erfolgt gemäß dem göttlichen Plan nicht durch barbarische Verfolger, etwa die Hunnen, obgleich durch ein dermaßen geübtes Strafgericht immerhin die Aussage von der fehlenden *societas* der Barbaren bestärkt worden wäre.[476] Vielmehr versucht Gott es zu vermeiden, dass die Feinde Roms in den Genuss gelangen, sich göttlicher *uirtus* rühmen zu können. So geht das Heer des Radagaisus, verfolgt weniger durch die Römer, als durch göttlichen Willen, im Gebirge zugrunde. Orosius kann so diesen „Sieg" als einen christlichen werten. Wie zu Zeiten des Kaisers Theodosius wurde weder ein ungewisser Kampf begonnen, noch Blut vergossen und die Verluste der Schlacht durch die *felicitas* des Sieges mehr als ausgeglichen.[477] Während der Sieg über Radagaisus also das Zeichen der göttlichen *misericordia* darstellt, nicht aber etwa ein Zeichen der vollständigen Vergebung ist, bereitet sie zugleich die aufgrund der mangelnden Gottesverehrung verwirkte Strafe des göttlichen Zornes vor.[478]

---

474 *Orosius*, Historiae, 7, 37, 10–11. *Goetz*, Orosius, 102.

475 *Orosius*, Historiae, 7, 37, 11. *Goetz*, Orosius, 96 f.

476 *Orosius* schildert die Binnenstreitigkeiten der Stämme bereits Historiae, 7, 37, 3 – Goten, Alanen und Hunnen bekämpfen sich – zerfallend in unterschiedliche Formationen der eigenen Stämme – gegenseitig. Eine Vernichtung Radagaisus durch jene Stämme wäre daher, wenn Gott seinen Untergang von Menschenhand beschlossen hätte, überaus plausibel gewesen; vgl. 7, 37, 12.

477 *Orosius*, Historiae, 7, 37, 13–16 berichtet von der großen Anzahl gotischer Gefangener, die die Preise auf dem Sklavenmarkt ins bodenlose fallen ließen.

478 *Orosius*, Historiae, 7, 37, 17.

Die Chance, nach der Vernichtung des Radagaisus wenigstens mit Alarich zu einem Friedensschluss zu gelangen und so das Strafgericht abzuwenden, vereitelt der Reichsverweser Stilicho, ganz im Sinne seiner gegen die *societas* gerichteten Herkunft aus dem Volk der Vandalen (*perfidae et dolosae gentis*). Um dem eigenen Sohn und Christenverfolger Eucherius zur Macht zu verhelfen, verweigert er das von Alarich erbetene Siedlungsland und damit den erbetenen Friedenszustand (*pace optima*) zugunsten eines Geheimvertrages, der die Goten öffentlich im Schwebezustand zwischen Krieg und Frieden belässt.[479]

Wieder stehen zwei Barbaren einander gegenüber – der verschlagene Stilicho, der gemäß seiner vandalischen Herkunft seinen Lastern, vor allem der Gier nach Ruhm und Ehre nachhängt – und der christliche Alarich, der für sein Volk nichts will als den Frieden und einen Zustand der Rechtsklarheit im Verhältnis zum Römischen Reich.

Stilicho wird es schließlich zum Verhängnis, dass er das Eindringen der Barbaren (Vandalen, Alanen, Sueben und auch der wieder zu den Waffen greifenden Burgunder) nach Gallien nicht verhindert. Seine Herrschaftspläne führen zu seiner Ermordung, nachdem sie von Honorius und dem Heer aufgedeckt wurden. Erneut bilden also die Laster eines Heerführers, in diesem Falle Machtgier, die äußerste Grenze menschlicher Leidenschaft ab.[480]

Erst im Anschluss an diese Episode wendet sich Orosius dem Fall Roms an die Westgoten zu. Anknüpfend an die vorherige, positive Darstellung Alarichs, betont er, der gotische Heerführer habe beim Fall der Stadt angeordnet, diejenigen zu schützen, die an heiligen Orten, v. a. innerhalb der Basiliken der Apostel Petrus und Paulus Zuflucht suchten. Er habe dadurch die Beute- und Blutgier der eigenen Männer zurückgehalten. Auch die Männer des Gotenkönigs erkennen Gott als Herren an, rühren selbst werthaltige sakrale Gegenstände nicht an, sondern schützen sie. Als sie die Gefäße des Apostels Petrus erblicken, stimmen sie sogar gemeinsam mit den Christen einen Lobgesang auf Gott an, während ringsherum die Stadt geplündert wird. Der gemeinsame *hymnus*, die *tuba salutis,* ist für Orosius mehr als alles andere Zeichen des göttlichen Wirkens während des Falls der Stadt.[481] Als Beweis der Milde gegenwärtiger Gottesstrafen dient allemal auch der Abzug der Goten aus der Stadt nach nur dreitägiger Besetzung aus eigenem Willen. Ein Vergleich mit den Exzessen Neros oder mit der Gallierkatastrophe ist dadurch ausgeschlossen.[482] So erscheint aufgrund der nur geringen Verwüstungen bereits dem Römer der Gegenwart die Plünderung der Stadt kaum noch glaubhaft.

---

479 *Orosius*, Historiae, 7, 38, 2.

480 *Orosius*, Historiae, 7, 38, 5. Die Ermordung des Eucherius ist demgegenüber Ausdruck der wiederhergestellten libertas der Kirchen, die hierdurch revindiziert wird, vgl. 7, 38, 6.

481 *Orosius,* Historiae, 7, 39, 1; 3–8; 9–13.

482 *Orosius*, Historiae, 7, 39, 15–19. Die Strafe erfolgt in dieser Milde gegen superbia und eine lasciva et blasphema civitas; *Lippold*, Philologus 113 (1969), 100.

n) Der Fall Spaniens

Das Vordringen der Barbaren durch Gallien bis nach Spanien ist erneut dem menschlichen Laster, diesmal des Usurpators Konstantin, zu verdanken. Er weist den Anführern der Stämme den Weg nach Spanien und bleibt gegen die weitgehend privat finanzierte Auflehnung der Brüder Didymus und Verinianus in Spanien ohne Erfolg. Die zunächst nach Spanien ziehenden Barbaren plündern dort erfolgreich und lassen daher die Pyrenäenpässe unbewacht – ursprünglich nach größerer Freiheit für ihre eigenen Plünderungen strebend. Sie eröffnen so durch ihre Gier für die zuvor Gallien verwüstenden Stämme den Weg nach Spanien.[483]

Auch in diesem Beispiel verweist Orosius auf die relative Milde der Zeit. Nur zwei Jahre lang muss das spanische Volk die Plünderung durch Barbaren über sich ergehen lassen, nachdem es früher 200 Jahre lang durch Rom unterdrückt worden ist. Hinzu kommt, dass die Barbaren ihre Dienste durchaus auch zur Verteidigung privater Güter anbieten. Sie sind keineswegs die reinen Plünderer, als die sie dargestellt werden. Orosius erscheint daher derjenige billigerweise überwältigt, der entweder nicht an Gottes Gebote glaubt, oder an seine Gebote glaubt, aber dem göttlichen Zorn keinen Raum einräumt.[484] Die durch christliche Barbaren zugefügten Übel sind so gegenüber früheren als gering zu veranschlagen und treffen auch nur diejenigen Christen, die sich nicht in der Lage sehen, der Verfolgung dadurch entgegenzutreten, dass sie das göttliche Gebot halten und den Ort wechseln.

Im Übrigen entspricht auch das Leben unter den Barbaren keineswegs der Vorstellung beständiger Bedrückung. Viele Römer leben gerne in ärmlicher Freiheit (*libertas*) unter Invasoren, die rasch das Schwert mit dem Pflug vertauschen. Insofern stellt sich die Situation unter den Barbaren als besser dar, als unter den finanziellen Lasten der Römerherrschaft bei beständiger Furcht.[485]

Käme schließlich noch hinzu, dass der Einfall der Barbaren in das römische Territorium auch dazu erfolgt ist, damit Barbaren aller Stämme (Hunnen, Sueben, Vandalen, Burgunder) christliche Kirchen füllen, also dem Wort Gottes zugeführt werden, so wäre das Barbarenübel gleichsam zu einem Akt der *misericordia Dei* geworden, da nur hierdurch jenen Völkern überhaupt die Chance eröffnet werden konnte, zum rechten Glauben zu finden.[486] Für den Christen ist angesichts der

---

483 *Orosius*, Historiae, 7, 40.

484 *Orosius*, Historiae, 7, 41, 3 f., 6. Sein Gebot lautet: „cum uos persecuti fuerint in una ciuitate, fugite in aliam."

485 *Orosius*, Historiae, 7, 41, 7. Zum Problem der Möglichkeit der Barbarenherrschaft bei Orosius vgl. *Goetz*, Historia 29 (1980), 356; *Deisner*, AAnt.Hung. 11 (1963), 98: „Orosius sieht, dass die Barbaren sich schließlich mehr um Gerechtigkeit und Frieden bemühen als die römische Regierung...".

486 *Orosius*, Historiae, 7, 41, 8. Zur Christianisierung vgl. *Goetz*, Historia 29 (1980), 358: „Wenn Gott es will, wäre selbst eine Schwächung des Römerreiches für die Christianisierung der Barbaren tragbar."; *Straub*, Historia 1 (1950), 77: Optimismus der Bekehrung.

Heilserwartung ohnehin gleich, wann genau er in das ewige Leben abberufen wird. Heiden dagegen, sind ohnehin todgeweiht.[487] Orosius reagiert mit der Christianiserungshoffnung auf die tatsächlichen Verhältnisse. Er passt diesen auch den Anspruch an, den er an den christlichen Herrscher stellt.

o) Honorius

Das Lob der Leistungen des Honorius beschränkt sich darauf, dass er in Kenntnis der Tatsache, nichts gegen die Barbaren ausrichten zu können, römische Tyrannen vertrieben hat. Positiv wird auch hervorgehoben, dass er sich dazu im Gegensatz zu seinen Vorgängern erstmals wieder eines römischen Generals (Constantius) bediente. Alleine wegen dieser Erfolge ist er als *felix* zu bezeichnen. Zu verdanken hat er seine Erfolge letztlich seinem rechten Glauben (*religio*), der mit dazu beigetragen hat, innerhalb der gesamten afrikanischen Kirche *pax* und *unitas* zu stiften und diese insgesamt aus dem Schisma zur rechten Gottesverehrung zurückzuführen.[488] Die Ziele christlicher Herrschaft sind also herabgesetzt. Da die Herstellung des Friedens innerhalb des gesamten Reichskörpers ausgeschlossen ist, bleibt nur das Lob der Beseitigung der schlimmsten Übel. Sie bestehen in den Usurpationen, die die *concordia* des Staates zerreißen, sowie in der zerbrochenen Kircheneinheit.

p) Barbarenherrschaft nach dem Vorbild des Augustus?

Die Schwäche des Staates überdeckt, dass sich vor allem in den Gotenkönigen eine Anpassung an die römische Verfassungswirklichkeit andeutet, die ein militärisches Vorgehen gegen die Barbarenvölker als unnötig erscheinen lässt.

aa) Barbarisches Wirken „pro defendenda Romana republica"

Schon bei Athaulf, dem Nachfolger Alarichs, ist der Einfluss des christlichen Glaubens auf die barbarische Wildheit so ausgeprägt, dass Orosius ihn als Friedenssucher (*sectator pacis*) darstellt, der seine Kräfte *pro defendenda Romana republica* einsetzt.[489] Das gotische Königtum ist damit aus Sicht des Orosius der Entwicklung seines Volkes weit voraus. Es hat eine doppelte Anpassung an den römischen Staatsgedanken durchgemacht. Deren erster Teil zeigt sich darin, dass Athaulf zunächst danach strebte, ein gotisches Reich nach dem Vorbild der Romania zu errichten, also einer Herrschaft nach dem Vorbild des Caesar Augustus. Aus barbarischer Wildheit, dem christlich gemäßigten Streben nach Blut bei Alarich, ist eine Adaption römischen Staatsdenkens hervorgegangen. Sie ist deswegen bemerkenswert, weil

---

487 *Orosius*, Historiae, 7, 41, 9.

488 *Orosius*, Historiae, 7, 42, 15 f.

489 *Orosius*, Historiae, 7, 43, 3. Die Goten sind Werkzeuge der göttlichen Vorsehung und wirken zum Erhalt Roms, dazu: *Nuñez*, WS 106 (1993), 210. So auch *Lippold*, Philologus 113 (1969), 102.

sie sich nicht an der lasterhaften Tyrannenherrschaft, sondern gerade an Augustus ausrichtet, der zuerst dem Römischen Reich die Herrschaft von Friede und Recht gebracht hatte. Die römische Ordnung will Athaulf zwar überwinden, aber nur zu dem Zweck, eine vergleichbare gotische an ihre Stelle zu setzen.[490]

bb) Grundsätzliche Anerkennung des societas-Gedankens

Damit aber ist der Weg beschritten von barbarischer *crudelitas,* die sich allenfalls an den eigenen Interessen ausrichtet, hin zur rechtlich gefassten *societas* des römischen Staatsverbandes. Im Folgenden geht es nur noch um die Frage, ob Rom selbst, oder ein barbarischer Stamm zum künftigen Träger der Ordnung wird. Athaulf entscheidet diese Frage letztlich zugunsten Roms, da sein Volk in keiner Weise in der Lage sei, die römischen *leges* zu befolgen. Da aber das Gemeinwesen ohne Gesetze kein Gemeinwesen ist, stellt er sich in einem zweiten Schritt in den Dienst Roms, um den römischen Namen mit Hilfe der Goten zu erneuern.[491] Das Streben nach rechtlich geordneter Gemeinschaft (*res publica*) überwiegt also nicht nur die ursprüngliche Anhänglichkeit des einzelnen Königs an Laster, sondern auch das Streben danach, Herrschaft für sich selbst zu wollen. Athaulf stellt sein Verlangen nach *gloria* in den Dienst der *res publica,* in dem Wissen damit nicht den Ruhm des gotischen, sondern den des römischen Namens zu mehren.

Begründet ist dieser Sinneswandel, wie schon im Falle des Alarich, im beständigen Einfluss der christlichen Religion, vor allem in seiner gläubigen Frau Placidia, dank der das Friedensstreben alle Handlungen Athaulfs bestimmt.[492] Auch hier wird so der Friedensbegriff positiv determiniert. Athaulfs Friedenswunsch richtet sich nicht nur auf Einstellung militärischer Feindseligkeiten mit Rom, oder auf Ansiedlung und Ruhe für sein Volk (wie noch unter Alarich), sondern wird positiv durch das Eintreten zum Schutz des römischen Staatswesens bestimmt.[493] Die rechtliche Ordnung des Gemeinwesens durch *leges* bei gleichzeitig beständigem Vorgehen gegen rechtswidrige, die *res publica* auflösende Kriegsführung aufgrund der Laster Einzelner, kennzeichnet den Friedensbegriff. Bezeichnenderweise wird Athaulf

---

490 *Orosius,* Historiae, 7, 43, 5 „se inprimis ardenter inhiasse, ut, oblitterato Romano nomine, Romanum omne solum Gothorum imperium et faceret et uocaret, essetque, ut uulgariter loquar, Gothia quod Romania fuisset: fieret nunc Ataulfus quos quondam Caesar Augustus.“ *Herrmann-Otto,* Ecclesia, 366: Vorläufig bleibt dies ein Gedankenspiel. *Goetz,* Historia 29 (1980), 360: Es ist ein Beweis der felicitas, dass die Barbaren den Römern immer ähnlicher werden. *Koch-Peters,* Orosius, 183–205.

491 *Orosius,* Historiae, 7, 43, 6.

492 *Orosius,* Historiae, 7, 43, 7.

493 *Goetz,* Historia 29 (1980), 370: Im Scheitern des gotischen Weltreiches und der Zuwendung auf Rom liegt die Notwendigkeit des Reiches begründet. Eine Herrschaft der Barbaren alleine ist unmöglich, *Lippold,* Philologus 113 (1969), 102. *Goetz,* Orosius, 78: In der Idee der vier Reiche und der vier Himmelsrichtungen bei Orosius stellt Rom das letzte der Reiche dar. Zum Bestand Roms *ibid,* 87; *Koch-Peters,* Orosius, 206–224.

aufgrund dieses Friedensstrebens ebenso ermordet, wie sein Nachfolger Segeric, der nach dem Urteil Gottes ebenso dem Frieden zuneigte. König Wallia schließlich wird durch die Goten (*electus a Gothis*) gezielt dazu eingesetzt, den Frieden zu verletzen (*ut pacem infringeret*), bleibt aber von Gott dazu ausersehen, Frieden zu schaffen (*ordinatus a Deo, ut pacem confirmaret*). Er wird durch das Scheitern der Invasion Afrikas durch Gott dahin gelenkt. Auch er kämpft schließlich für die *securitas* des Reiches.[494]

Wie viel fortgeschrittener die gotische Denkweise gegenüber der der übrigen Stämme ist, zeigen die im Namen Roms geführten Auseinandersetzungen Wallias mit den in Spanien eingefallenen Barbaren. Wenngleich auch diese schließlich um Frieden mit Rom ersuchen, geschieht dies doch deswegen, weil sie einerseits durch Wallia bekämpft und überwunden werden, andererseits untereinander in Auseinandersetzungen verfallen.[495] Neben der Einsicht in das Band der *res publica* fehlt es ihnen also auch an innerer *concordia*. Ihr Vertragsschluss mit Rom – für Rom zu siegen und doch zum unsterblichen Ruhme Roms beizutragen, sollten sie dabei zugrunde gehen – ist letztlich der Erschöpfung im Krieg mit Wallia zu verdanken. Ob auch christliche Einsicht dahinter steht, bleibt offen.[496] Für Orosius ist auch entscheidender, damit den letzten Schritt in der Entwicklung hin zur Gegenwart getan und aufgezeigt zu haben, dass wiederum die Usurpatoren überwunden und die Barbaren abgewehrt, ja teilweise sogar in den römischen Staatsverband integriert worden sind. Damit ist ihm das göttliche Wirken bis in die Gegenwart durchgängig nachgewiesen, kann das Geschichtswerk beschlossen werden.

q) Bewertung

Der Gegenwartsgeschichte – einschließlich des Falles Roms – gilt der zweite Teil des siebten Buches des Geschichtswerkes des Orosius, das mit Theodosius erstmals ein Tugendbeispiel christlicher Kaiserherrschaft umfassend beleuchtet. Es ist im Übrigen von der Auseinandersetzung mit der Natur der barbarischen Bedrohung, vor allem des gotischen Königtums, geprägt.

Mit Valens erscheint zunächst ein römischer Kaiser auf der Bildfläche, dessen *avaritia* den christlichen Goten die erstrebte Sicherheit verweigert. Ihre Ansiedlung auf dem Boden des Römischen Reiches scheitert, weil das *foedus* von ihm abgelehnt wird. Weil er den Goten die Waffen lässt und zugleich versucht, sie auszuhungern,

---

494 *Orosius*, Historiae, 7, 43, 10; 12 f.; *Deisner*, AAnt.Hung. 11 (1963), 48: Koexistenz ist denkbar.

495 *Orosius*, Historiae, 7, 43, 13 f. Rom kämpft gegen Barbaren, die sich zu integrieren beginnen. *Goetz*, Historia 29 (1980), 360.

496 *Orosius*, Historiae, 7, 43, 14. Das Friedensangebot an Honorius lautet: „Tu cum omnibus pacem habe omniumque obsides accipe: nos nobis confligimus, nobis perimus, tibi uincimus, immortali uero quaestu reipublicae tuae, si utrique pereamus." Nach Frieden innerhalb der Stämme strebt Wallia zum Zeitpunkt der Abfassung des Werkes noch.

bereitet sich der lasterhafte Kaiser selbst den Scheiterhaufen. Im Westen ist ihm mit Theodosius ein Spanier gegenübergesetzt, der im Gegensatz dazu die rechte Gotteserkenntnis (*pietas*) der christlichen Religion zu seinem Herrscherideal erhebt und seine Herrschaft alleine auf Gottvertrauen stützt. Der Achtung des rechten Glaubens entspricht die Art der Herrschaftsausübung, die nicht auf die Erlangung von Macht gerichtet ist und auch gegenüber Feinden *clementia* übt. Dementsprechend gibt sich Theodosius auch nicht durch sein Verhalten selbst in die Gewalt seiner Feinde, sondern erlangt den Sieg ohne Blutvergießen alleine durch Gottes Hilfe. Der Unruhe des Gotenkonfliktes unter Valens korrespondiert die Zeit der Ruhe und Friedens (*tranquillitas* und *pax*) unter Theodosius. Dem gewaltsamen Tod des Ersteren steht das friedliche Einschlafen des Letzteren in Abwesenheit allen Blutvergießens und Bürgerkrieges gegenüber. In dem Konflikt zwischen Gildo und Mascezel – auch Letzterer siegt mit Gebeten, Fasten und Psalmengesang gegen die Gier des Ersteren – bestätigen sich Voraussetzungen und Folgen christlicher Frömmigkeit und heidnischer Herrschaftsgier für Herrscher und Reich.[497]

Analog der Römerherrschaft, stehen sich auch im Herrschaftsbereich der Goten mit Radagaisus und Alarich zwei Heerführer gegenüber, von denen der heidnische Radagaisus letztmalig den Typus des auf menschliche Gier gestützten Königtums verkörpert. Den Bezug zum ersten Königtum des Ninus stellt die Abkunft des Gotenstammes aus dem Skythenvolk her. Die für die Verhältnisse der Gegenwart weit zurückgreifende Stilisierung des Radagaisus zum Muster der Gewaltherrschaft ist letztlich daraus zu erklären, dass die Rom durch den göttlichen Schutz zuteilgewordene Milderung der Übel nach Augustus für das gotische Volk nicht gilt. Außerhalb der römischen Reichsgrenzen herrscht die Wildheit der Menge der Barbaren bis zum Zeitpunkt ihrer Christianisierung unumschränkt in der Form der ursprünglichen Gewaltherrschaft. Dem heidnischen Radagaisus ist jede Art von *societas* fremd. Grausamkeit gegenüber Menschen erstrebt er im Bewusstsein der Zahl seiner Soldaten mutig um ihrer selbst willen. Mit dem christlichen Alarich steht ihm bereits der Typus des neuen Barbaren gegenüber, der das christliche *societas*-Streben teilt und – seinem Volk zunächst nur zum Vorbild – die barbarische Gier nach Blut und Grausamkeit abgelegt hat. In der Eindeutigkeit christlicher Frömmigkeit (Streben nach Frieden und Recht) überragt er bereits die Feldherren der Römer (Stilicho/Rufinus), die in ihrer Gier nach Ruhm, Ehre und Herrschaft ihren Willen zur *societas* zweifelhaft erscheinen lassen und letztlich in der Herbeirufung der Barbaren die Aufhebung des Friedens durch die Gewalt des Krieges bloß zum eigenen Nutzen erstreben.

Das göttliche Strafgericht über Rom ist daher zu einem guten Teil der Gier seiner Herrscher geschuldet. Valens vereitelt das Band der *societas* mit den Goten; Stilicho versucht, zum Zweck des persönlichen Fortkommens den Frieden zu verhindern.

497 *Goetz*, Historia 29 (1980), 369: Rom bleibt unter einem tugendhaften Kaiser Garant des Friedens. Zum Inhalt der guten Herrschaft auch *Straub*, Historia 1 (1950), 77: „societas nominis“; „communio iuris“; „unitas religionis“.

Weil er Heiden am Tag des Osterfestes Krieg führen lässt, löst er göttlichen Zorn aus. Das Vertrauen auf die Macht der Waffen ist Zeichen mangelnder Frömmigkeit der Römer. Sie fürchten trotz der Beispiele des Theodosius und Honorius und ihres Bemühens um die christliche Frömmigkeit der Bevölkerung, die Macht der Schwerter und der Zahl der Soldaten mehr, als dass sie auf die Stärke der Frömmigkeit und des Glaubens vertrauen.[498] Die in der Niederlage des Radagaisus offenbar werdende Zuwendung Gottes zum christlichen Rom – die göttliche *misericordia* ist bedingt durch die Frömmigkeit des Honorius – stellt auch Stilicho das Muster des christlichen Sieges vor Augen. Zum Verhängnis Roms verweigert er sich den daraus hervorgehenden Schlussfolgerungen. Anders als im Werk des Augustinus sind nicht die im Glauben schwachen Christen, sondern alleine heidnische Feldherren und fehlgläubige Heiden für den Fall der Stadt an Alarich verantwortlich. Die barbarische Milde schon Rom vor der Schärfe des göttlichen Zorns.

Die Frage nach der Behandlung der nicht nur in Rom, sondern auch in Spanien siegreichen Barbaren, bildet den dritten Schwerpunkt des siebten Buches. Die barbarische Wildheit des Gotenvolkes ist noch nicht vollständig dem *societas*-Streben gewichen; es hat auch in der barbarischen Ausprägung noch nicht das Niveau der römischen Gesellschaft erreicht. Sicher lässt sich aber aussagen, dass in den Barbarenvölkern eine Wandlung der Sitten durch christlichen Glauben vor sich geht. Das erste Beispiel für den Konnex christlicher Frömmigkeit, des *societas*-Strebens und der Integration in den römischen Friedensraum stellen die Burgunder dar. Ähnlich verhalten sich die christlichen Goten nach dem Fall der Stadt Rom. Innerhalb des römisch-christlichen Herrschaftsbereiches übernehmen die Gotenkönige zunächst die Idee der universellen Herrschaft des Gotenvolkes, die aber nicht am Vorbild des Ninus, sondern am Vorbild des Augustus orientiert eine Friedensherrschaft durch Gesetze erstrebt. In Kenntnis der Wildheit des Volkes und seiner Unfähigkeit, sich Gesetzen zu unterwerfen, verzichten sie in ihrer Frömmigkeit auf Durchsetzung dieses Herrschaftsstrebens und stellen sich in den Dienst der römisch-christlichen Herrschaftsvorstellung. Die herausragende Stellung Roms und seiner Gesetze wird damit anerkannt.[499] Den Rückfall der Könige in heidnische Wildheit verhindert Gott. Auch in Spanien zeigen die eingefallenen Barbaren ihr Streben nach Siedlungsland an, in dem sich ihr Wille zum Krieg weitestgehend erschöpft. Tritt ihnen Rom nicht mit Waffengewalt entgegen, sind sie gerne bereit, den Christenstaat zu stärken.[500]

---

498 *Nuñez*, WS 106 (1993): Insofern ist die Darstellung des Orosius durchaus romfreundlich.

499 *Goetz*, Historia 29 (1980), 368: Orosius stellt die Frage: „Ist es denkbar, dass Römertum und Christentum doch nicht völlig übereinstimmen müssen?" Zur Bedeutung der Gesetze bei Orosius: *Goetz*, Orosius, 89. Im Ideal sind christliche Moral und staatliche Gesetzgebung identisch.

500 *Goetz*, Historia 29 (1980), 360 geht dagegen davon aus, dass auch der christliche Barbar dem Römer zwar näher stehe als der Heide, aber hostis bleibe. Diese Bewertung ist angesichts der eindeutig positiven Charakterisierung all der Barbaren, die zur societas und zum Frieden streben und vor dem Hintergrund der

8. Gesamtbewertung

Mit seiner christlichen „Weltgeschichte“ unternimmt der spanische Presbyter Orosius nach dem Vorbild des Augustinus einen geschichtsapologetischen Erklärungsversuch für die vermeintliche Verursachung des gegenwärtigen Elends der Barbareninvasion durch den christlichen Glauben. Seine mehrgliedrige Antwort wird in den ersten sechs Büchern durch das Beispiel vergangener Zeiten, im siebten Buch innerhalb der Geschichte der Gegenwart untermauert. Orosius belegt zunächst die Existenz Gottes. Sein Werk soll aber auch den Beweis erbringen, dass die *providentia dei* die Geschicke der Welt und Königreiche nach dem Maßstab der Gerechtigkeit lenkte und lenkt. Gottes Lenkung richtet sich danach, ob der Mensch die ihm verliehene Freiheit (*libertas*) richtig gebraucht und gemäß dem rechten Glauben ein diesem gemäßes Leben führt. Die Widerlegung der Behauptung, dass irgendeine Zeit besser gewesen ist, als die Gegenwart christlicher Kaiserherrschaft bildet den Mittelpunkt des Werkes. Es ist als Geschichte der Königsherrschaften zugleich Geschichte der Herrschertugend.

Ausgehend von der Ordnung der Welt auf zunehmende Gotteserkenntnis in der christlichen Gegenwart hin, zeigt Orosius im ersten Buch die Exempla der von Gott am weitesten entfernten irdischen Königsherrschaft auf. Dort herrschen *dominatio*-Streben, *crudelitas* und *luxuria*. Das Gottesvolk wird unterdrückt. Jede Herrschaft wird nur mit Waffen ausgedehnt. Der Friede wird mit dem *societas*- und *foedus*-Gedanken überhaupt abgelehnt. Die ersten Könige wollen nur auf Erden unumschränkt herrschen. Vom Ausgangspunkt des Königtums des Ninus (*nulla societas*) und der Skythenherrschaft wandert der Blick zum Ende des ersten Buches zurück in die römische Gegenwart, in der auch die Goten (Skythen) Teil des römischen Völkerfriedens und *societas*-Gedankens geworden sind.

Zu den Anfängen Roms führt das zweite Buch zurück. Das römische Weltreich der Gegenwart besteht, wegen seiner christlichen Kaiser und der *aequitas* der in Rom lebenden Christen kraft der *clementia* und *misericordia* Gottes. Es verkörpert das letzte der vier Weltreiche, das in sich die *potestas universa* auf Erden vereint. An seinem Ausgangspunkt war es demgegenüber ein Königreich unter vielen, ohne dauerhaften Frieden und selbst vom *dominatio*-Streben der Tarquinierkönige geprägt. Das Volk durfte die der Gier verfallene Königsfamilie ablösen, ohne damit einen Angriff gegen die Institution des Königtums zu führen. Gegen tyrannische Gewalt darf sich der Mensch um seiner *libertas* willen wenden, nicht aber

zum Heil führenden Geschichtsstruktur des Orosius zweifelhaft. Auch *Goetz*, 362 spricht allerdings vom Zielgeleitetheit der auf Milde aufbauenden Darstellung der Barbaren zum Zwecke der moralischen Erneuerung Roms. Treffender erfasst *Tanz*, Klio 65 (1983), 340 u. 344 das differenzierte Barbarenbild des Orosius im Zusammenhang der Auflösung der Formel Romanitas = Christianitas. Sie betont aber auch, dass Orosius sich nicht recht vom alten Ideal des dauernden Imperiums, das jüngst erst Claudian hervorgehoben hatte, habe trennen können.

gegen rechtlich verfasste, umfassende Gewalt.[501] Trotz seiner kriegerischen Erfolge konnte Rom in Ferne der Gotteserkenntnis keinen dauerhaften Frieden erlangen. Die interne Gier nach Reichtum förderte den Völkerkrieg, der immer wieder zur Bereicherung und Überhebung der Könige geführt wurde (Artaxerxes, Philipp v. Makedonien, Alexander). Friede und *societas*-Streben waren zwar vorhanden, wurden aber als Instrumente der Machterweiterung gebraucht. Die frühe Königsherrschaft weltweit gleicht so einer großen Räuberbande mit Beuteteilungsabrede. Roms gegenwärtiger Anspruch, das Eroberte nachträglich durch Gesetze geordnet zu haben, legitimiert den Fortbestand der Römerherrschaft zwar dogmatisch. Allerdings kann auch jeder Eroberer auf diesen Gedanken zurückgreifen und als künftige Absicht ankündigen, er wolle das Eroberte nur ordnen. Der Gedanke steht daher auch den Barbaren der Gegenwart zur Begründung ihres Eroberungsstrebens zur Verfügung. Wenngleich das Rom der Vergangenheit zusätzlich darauf verweisen kann, die *concordia* seiner Gemeinschaft sei immerhin größer gewesen, als diejenige der barbarischen Herrschaften, weshalb es diese schließlich überwunden habe, bilden doch die Römerkriege nach dem Fall Karthagos und die Leiden der Bürgerkriege einen Verfassungszustand ab, in dem sich das *dominatio*-Streben Einzelner ungehemmt auf Kosten der Gemeinschaft verwirklicht.

Die Geburt Christi und die von Gott gewollte Herrschaft des Augustus zu derselben Zeit, bilden den eigentlichen Umbruch der Weltgeschichte. Zur Verbreitung des christlichen Gebotes herrscht erstmals ein alle Völker umspannender Friede unter römischer Weltherrschaft. Er ist nicht Ermattungsfriede und beruht auf dem erkannten Vorzug des Rechts über Waffengewalt. Getragen wird er von dem Wunsch, das Gemeinsame zu bedenken. Durch den Census des Augustus werden alle Völker zu einer *societas* vereinigt. Sie empfangen so das eine göttliche Gebot an alle Menschen. Zur Bewahrung dieses dauernden, sicheren „Vaterlandes des Erdkreises“ sind demgemäß auch Tributleistungen an Barbaren berechtigt. In der Erkenntnis Gottes und einem dementsprechenden Handeln verwirklicht der Mensch die Eigenart seiner mit *ratio* ausgestatteten Seele. Er wahrt so *quietas* und *libertas*. Die Herrschaft des Augustus kann durch die Anleitung Gottes daran gehen, den Friedensraum durch sittliche Gesetzgebung zu ordnen.

Der menschlichen Natur zu sündigen entspricht der Abfall auch römischer Kaiser vom Idealzustand des Augustusfriedens. Als Vertreter früheren *dominatio*-Strebens stellen sie Beispiele gegenwärtiger menschlicher Überhebung und daraus folgender Gottesstrafen vor. Christliche Kaiserherrschaft, etwa des Theodosius, ist demgegenüber siegreich, langandauernd, mit Erben und friedlichem Tod gesegnet. Das göttliche Gericht in Gestalt des christlichen Alarich zieht sich Rom denn auch nicht aufgrund seiner Kaiser, sondern aufgrund der heidnischen Lasterhaftigkeit und des falschen Strebens seines Feldherren Stilicho zu. Es ist wegen des Verlustes bloß irdischer Güter vor allem ein Strafgericht für die Heiden, das Christen schont. Im Fall des Radagaisus manifestiert sich die Unumkehrbarkeit der christlichen

501 Dies ist der Unterschied zwischen Tyrann und Diktator.

Erkenntnis. Skythische *crudelitas* und menschliche Gemeinschaft verachtende Herrschaft findet keinen Raum. Bezeichnend ist, dass die Barbaren Brüder im Glauben sind oder es durch die Ansiedlung auf römischem Territorium werden. Sie stellen sich zuletzt in den Dienst des römischen Staates, der fortdauern wird.

IV. Salvian von Marseille –De gubernatione Dei

Mit dem Schriftencorpus des Presbyters Salvian von Marseille – „Ad Ecclesiam" (Adversus Avaritiam lib. IV., wohl 435–439); „De gubernatione Dei libri octo" (auch: De Praesenti iudicio lib. V, wohl 439) sowie neun überlieferten Briefen – tritt die christliche Literatur stärker noch als mit Augustinus und Orosius in die Umbruchphase der Völkerwanderungszeit ein. Wie Orosius ist Salvian unmittelbarer Zeuge der großen Wanderbewegungen des 4. Jahrhunderts, die letztlich in den Untergang des Weströmischen Reiches einmünden. Um die Jahrhundertwende des vierten zum fünften Jahrhundert wohl in Trier oder Köln geboren, genoss er eine juristische Bildung und heiratete die Heidin Palladia. Beide kamen nach Geburt der gemeinsamen Tochter überein, ihr Leben fortan in christlicher Enthaltsamkeit fortzuführen. Ab 426 findet sich Salvian in der Mönchsgemeinschaft in Lerin (Südfrankreich); 429 war er Priester in Marseille.[502] Insbesondere in seiner Schrift von der göttlichen Weltregierung (439)[503] hat er sich mit dem römischen Staat seiner Zeit und dem Verhältnis der christlichen Religion hierzu auseinandergesetzt. Er steht damit in der Nachfolge des Orosius und Augustinus und erstrebt, die Probleme der Zeit „zu heilen". Dieses Ziel seiner Schrift von der göttlichen Weltregierung benennt Salvian bereits in der Praefatio des ersten Buches. Eine Schrift, die sich mit den Offizien der menschlichen Kultur befasst, darf sich nicht bloß an der Form ausrichten, sondern muss die heilsame Sache selbst in den Vordergrund stellen – ohne aus persönlich-irdischen Motiven für gelehrt gelten zu wollen. Nur dadurch ist die Heilung des kranken Gemüts der Menschen möglich und die Tätigkeit des Schriftstellers fruchtbringend.[504]

1. Gegenwärtiges göttliches Weltgericht und Menschentugend

Den Kern der Schrift bildet die Ausgangsfrage, warum Gott die Guten nicht schützt und den Bösen nicht wenigstens Einhalt gebietet, ob also Gott die gegenwärtige Welt vernachlässigt. Es erscheint nämlich so, als ob auf der Welt die Guten meist

---

502 Zur Vita vgl. *Gruber*, AU 21 (1978), 60 f.; zur Struktur des Werkes *Maas*, Salvian, 277.

503 Die Zitierung erfolgt im Folgenden nach der Ausgabe der Monumenta Germaniae Historica (MGH), 1961 unter Angabe von Buch, Kapitel und Randindexierung. Eine Deutsche Übersetzung findet sich bei *Mayer*, Des Presbyters Salvianus von Massilia erhaltene Schriften – Von der Weltregierung Gottes, München 1935.

504 *Salvian,* De gubernatione Dei, Praefatio. Die Absichtsbekundung, sich nicht in rhetorischen Floskeln ergehen zu wollen, ist charakteristisch für die Abgrenzung der christlichen Literatur im Verhältnis zur heidnischen Rhetorik, vgl. nur den Konstantinpangeyrikus des *Eusebius.*

als *miseri*, die Schlechten aber als *beati* zu bezeichnen sind. Im Anschluss stellt sich die Frage, wie Gottes Weltregierung gestaltet ist. In ihrem Rahmen ist das Problem der menschlichen Tugend zu erörtern. Salvian stellt sich damit in den Kontext der christlichen Geschichtsapologetik seiner Vorgänger Augustinus (jedenfalls in den ersten fünf Büchern des Gottesstaates) und Orosius. Deren methodischen Ansatz christlicher Geschichtsschreibung greift er aber nicht auf. Obwohl seine Arbeit mit historischen Beispielen reich versehen ist, ist ihm wie Laktanz eher daran gelegen, durch Demonstration der Laster und Darlegung der christlichen Lehre in dogmatischer Weise einen Wandel der christlichen Lebenshaltung herbeizuführen. Er richtet sich gezielt an die christianisierte, römische Reichsbevölkerung.[505]

a) *Gott als navigans gubernator, das von Gott ausgehende Band der pietas*

In seiner Erörterung will Salvian zunächst nachweisen, dass Gott als Steuermann des Weltgeschehens fungiert.[506] Dazu lassen sich auch Zeugnisse der griechischen und römischen Philosophie – Pythagoras, Platon, die Schule der Stoa – fruchtbar machen, wenn auch jedem Christen das Schriftenwort genügen müsste.[507] Alleine in der Bezeichnung Gottes als *navigans gubernator* spiegelt sich bereits die beständige, der Welt in *indulgentia*, *benignitas* und *pietas* zugewandte Sorge Gottes um die Ordnung der diesseitigen Welt wieder. Schon dadurch wird die Behauptung widerlegt, die die christlichen Leiden der Gegenwart auf einen die Welt geringschätzenden Gott zurückführt.

b) *Beatitudo christlichen Lebens, humilitas und Ablehnung des Ehrgeizes*

Auch die These von der Benachteiligung der Guten, vom Überfluss und der Freude der Schlechten, ist fehlerhaft.[508] Trauer über die Leiden ruchloser und boshafter Christen ist unangemessen, wenn sich der Böse nur des christlichen Namens zur Verschleierung seiner Boshaftigkeit bedient. Die Anschauung vom Unglück der heiligmäßig lebenden Christen ist unmaßgeblich für die Bewertung ihres Gemütszustandes. Das Wohlergehen bemisst sich nicht nach dem äußeren Ansehen,

---

505 Der Adressatenkreis Salvians erschließt sich aus De gubernatione Dei, I, 1, 1 sowie III, 1, 5; dazu und zum Ansatz des Werkes *Gruber*, AU 21 (1978), 62 f.

506 *Salvian*, De gubernatione Dei, 1, 1, 3 f. Salvian nimmt damit v. a. die stoische Lehre eines die Welt durchdringenden „Weltenlenkers“ in Bezug, vgl. *Mayer*, Weltregierung, 40, Fn. 3.

507 *Mayer*, Weltregierung, 40 Fn. 1 verweist auf die Parallelen zu *Lactantius*, Div. Inst. 1, 5, 17 und 1, 11, 27.

508 *Salvian*, De gubernatione Dei, 1, 2, 6 „bonos quippe esse in paupertate, malos in abundantia, bonos in infirmitate, malos in fortitudine, bonos semper in luctu, malos semper in gaudio, bonos in miseria et abiectione, malos in prosperitate et dignitate.“

sondern alleine nach der inneren Überzeugung. Niemand ist glücklicher als der, der nach seinem eigenen Willen handelt.[509] Die vermeintliche Schwäche der Christen entpuppt sich so als Mutter der Tugend. Der Christ ist in der Schwäche stark. Sie ermöglicht es ihm, nach dem inneren Willen in Armut *humilitas* zu üben, jeden Ehrgeiz und jede Ehrbezeugung von sich zu weisen.[510] In der Regel lässt sich vermeintlich christliches Leiden als *beatitudo* fassen, wenn Armut zum Zwecke der Tugend selbst gewählt ist. Das wahre Glück besteht im Gebrauch der Willensfreiheit zum rechten Zweck. Eine Selbstbewertung des Gemütszustandes dessen, der sich nach freiem Willen für das Böse entscheidet als „glücklich", ist also ausgeschlossen – weil der Gegenstand des Wollens, also die Tugend, das Verdikt über die Bewertung des freien Willens spricht.[511]

Die Frage nach dem Glück bemisst sich nicht an der Fülle der irdischen Schatztruhen, sondern alleine danach, inwiefern sich der Mensch zum Wohle der Gemeinschaft betätigt und dem Wohlergehen der Menschheit seine privaten, materiellen Schätze aufopfert. Beispiele der römischen und griechischen Geschichte, Fabius, Fabricius, Cincinnatus, bestätigen dies.[512] Verwirft man diese Auffassung und macht *cupiditas* und das Streben nach *potestas* zum Mittelpunkt der menschlichen Betätigung im Staat, so wird zwar der persönliche Reichtum wachsen, nicht aber das Wohlergehen des Staates vermehrt. Gleiches gilt analog für das Verhältnis des Christen zu Gott.[513] Wenn die Heiligen der Christen zu Lebzeiten trotz der göttlichen Weltregierung körperlich schwach waren, dann, weil sie der Schwachheit um des heiligmäßigen Lebens bedurften, da alleine in einem schwachen Körper die Seele über die körperlichen Begierden triumphiert.[514]

c) Göttlicher Richterspruch bei Störung von tranquillitas und quietas

Salvian versucht sodann nachzuweisen, dass die Lenkertätigkeit Gottes – also das „Gericht" (*iudicio*) – nicht nur das Jüngste Gericht umfasst, sondern der göttliche Richterspruch im gesamten Weltengeschehen wirksam ist. In einem Vernunftbeweis gilt dies zuerst für den Menschen selbst. Seine Schöpfung und Herrschaft über die Welt, alle Reiche, Provinzen, das Staats- und Militärwesen sowie über die

---

509 *Salvian*, De gubernatione Dei, I, 2, 8: „...nemo enim aliorum sensu miser est, sed suo."

510 *Salvian*, De gubernatione Dei, I, 2, 8 f.; mit Zitat aus 2. Kor 12, 9 f.; *Gruber*, AU 21 (1978), 65. Der wahre Christ handelt ex sententia und ex voto und kann so die beatitudo mit der virtus gleichsetzen.

511 *Salvian*, De gubernatione Dei, I, 2, 9; vgl. 12 zur Anschauung der Griechen: „Tantam virtutis vim esse voluerunt, ut non possit esse umquam vir bonus non beatus."

512 *Salvian*, De gubernatione Dei, I, 2, 9 f.

513 *Salvian*, De gubernatione Dei, I, 2, 10 f. Der Christ, der allem anderen voran den persönlichen Reichtum erstrebt, handelt also weder zum Wohle des irdischen Staatswesens, noch zum Wohle des himmlischen. *Gruber*, AU 21 (1978), 63.

514 *Salvian*, De gubernatione Dei, I, 3.

privaten Gemeinschaften und das Vieh ist gottgewollt. Er soll die Welt kraft seiner *intelligentia* gemäß dem göttlichen Richterspruch leiten.[515] Alle menschliche Herrschaft auf Erden kommt von Gott. Sie dient der vernünftigen, gottgemäßen Ordnung der Welt, auch im Diesseits. Richtet der Mensch seine Gebete mit dem Ziel von *tranquillitas* und *quietas* an Gott, besteht Hoffnung auf gegenwärtige Erhörung durch den Weltenlenker und Richter, wenn damit ein bescheidenes, gottgemäßes Leben erstrebt wird.[516]

Zu diesem Zweck greift Gott in die Welt ein. Schon der Übertretung des göttlichen Gebotes im Paradies folgt der Richterspruch mit nachfolgender Strafe. Anlässlich des Brudermords des Kain zeigt sich, dass Gott die *iniquitas* schon im Herzen des Menschen erkennt und über das Unrecht zum Besten des Menschen richtet, auch wenn dieser in seiner Beschränktheit die höchste Gerechtigkeit Gottes nicht stets nachvollziehen kann.[517] So führen Fehltritte des Menschen (*iniquitas*) den Zorn Gottes (*ira divinitatis*) herbei. Er lässt den Guten gerechte Vergeltung zuteilwerden und straft die Schlechten mit der *severitas* des gerechten Richterspruches.[518]

Das irdische Wirken Gottes ist Anleitung des Menschen, Sorge, Schutz, Prüfung, Erhöhung und Bestrafung zugleich. Gott sucht den Besseren, geleitet ihn und verheißt ihm das zukünftige Wohl. Er schützt ihn unter wilden Völkern und bereichert ihn, prüft ihn durch die Versuchungen des Unglücks, rächt sich an seinen Feinden und straft sie durch sein Gericht.[519] Alle diese Handlungen, auch das Gericht, sind angeleitet von seiner *misericordia*, die stets den Frommen zu schonen sucht und verdiente Strafen so lange hinausschiebt, bis ohne Verlust der *iustitia* die Strafe nicht unterbleiben kann.[520] Bis zum Gericht hin, das die Unbelehrbaren vernichtet, ist Gottes Handeln geleitet von *patientia* und *moderatio*. Er versucht, zunächst mahnend, zur Erziehung des Menschengeschlechts auf die Schlechten einzuwirken.[521]

---

515 *Salvian*, De gubernatione Dei, I, 4, 19 f.: „Et haec omnia sine dubio voluntate ac iudicio summi dei: scilicet ut eo exemplo omne humanum genus particulas rerum et membra regeret, quo ipse summam totius mundani corporis gubernaret."

516 *Salvian*, De gubernatione Dei, I, 5, 26: „...si autem non despicit, regit: si autem regit, hoc ipso quod regit iudicat, quia regimen esse non potest, nisi fuerit iugiter in rectore iudicium."

517 *Salvian*, De gubernatione Dei, I, 6; v. a. 29 f.

518 *Salvian*, De gubernatione Dei, I, 7, 33 f.: „...nam et dum servat bonos, pium se retributorem, et dum condemnat malos, severum iudicem comprobavit."

519 *Salvian*, De gubernatione Dei, I, 8, 36.: „...inspector et invitator et ductor et solicitus et sponsor et protector et munerator et probator et sublimator et ultor et iudex?"

520 *Salvian*, De gubernatione Dei, I, 8, 38 f. mit dem Beispiel Sodoms und Gomorrhas: „Quod enim poenam eorum tam diu distulit, misericordia fuit, iustitiae, quod aliquando punivit."

521 *Salvian*, De gubernatione Dei, I, 9, 41. Das ägyptische Volk wird durch den Richterspruch Gottes mehrfach gemahnt, das Volk Israel ziehen zu lassen. Der in Ansehung dieser Mahnungen die Israeliten dennoch verfolgende Pharao wird schließlich mit dem Tode gerichtet. Die mahnenden Rechtssprüche bezeichnet Salvian als Akte der patientia; erst der Letztere erscheint als iudicium im engeren Sinne.

An dieser mahnenden und lehrenden Beziehung zum Menschen hält Gott auch dann fest, wenn der Mensch in seiner Lasterhaftigkeit mehr erstrebt, als er hat und trotz der Fülle der materiellen Güter in der Gegenwart Gottes Wirken verleugnet.[522]

Sogar wenn sein gesamtes Volk der Sünde verfällt, verhängt Gott zwar die verdiente Strafe, beschränkt sie aber auf einen Teil der Sünder, um durch das Beispiel der Bestrafung die Übrigen zu bessern (*corrigere*). Dies gilt etwa für den Sündenfall des jüdischen Volkes am Berg Sinai. Wenngleich der Rechtsbruch zum *iudicium* und damit zur *severitas* zwingt, ist sein Handeln von *pietas* angeleitet. Er räumt auch in diesem Falle der *misericordia* in größtmöglichem Umfang den Vorrang neben der durch das Recht gebotenen *severitas* ein. Die Vernichtung eines ganzen Volkes bleibt daher die Ausnahme.[523]

Der von Salvian durchgeführte Vergleich von irdischem und göttlichem Richteramt dient der Bestätigung der These, dass sich der Ablauf der göttlichen Richtertätigkeit auch sonst nicht von der irdischen unterscheidet. Gott straft rechtsgemäß durch seine *iustitia*. Sie alleine, nicht *potestas* ist der Ausgangspunkt des Gerichts. Von daher sind Verdächtige zu ergreifen, dem Gericht zuzuführen, dort anzuschuldigen, in den Kerker zu werfen und schließlich nach Anhörung der Zeugen durch mit göttlicher Autorität erlassenes Urteil zu bestrafen. Gott gewährt auch den von ihm Beschuldigten ein rechtsgemäßes Verfahren.[524] Wird der Mensch bestraft, so geschieht dies rechtsgemäß (*more iudicii*).[525] Gott schafft als *rector* die Gebote der Welt. Er sanktioniert als *iudex* ihre Übertretung und schont als gerechter und frommer Herr (*iustus et pius*) die Unschuldigen. Seine Haupttätigkeit besteht im Gericht. Als Richter führt er Klage, als Richter herrscht er, spricht den Urteilsspruch, verdirbt die Schuldigen und belohnt die Unschuldigen.[526]

---

522 *Salvian*, De gubernatione Dei, I, 10, 46 f.

523 *Salvian*, De gubernatione Dei, I, 11, 48: „Quia pius scilicet dominus partem percussit sententiae suae gladio, ut partem corrigeret exemplo praeberetque omnibus simul et coercendo censuram et indulgendo pietatem. Censura enim fuit, quod castigavit, pietas, quod pepercit, quamvis utrumque impari modo: plus siquidem tunc pietati datum est quam severitati." In gleicher Weise stellt I, 12, 58 das Strafgericht über das gegen Moses aufbegehrende Volk Israel dar. Iustitia, misericordia und pietas werden von Gott der severitas vorgezogen, um die Gesamtheit der Menschen zu bessern. Erst wenn trotz geübter misericordia keine Besserung des Zustandes herbeigeführt werden kann, folgt die volle Strafe in der Vernichtung eines ganzen Volkes. Die Belegstelle zeigt zugleich, dass Gott angesichts der Erhebung des Menschen wieder ihn zwischen dem Volk und seinen Fürsten (principes viri) nicht unterscheidet (ibid, 56).

524 *Salvian*, De gubernatione Dei, I, 11, 50: „...comprehensus est, secundo quasi ad tribunal adductus, tertio accusatus, deinde in carcerem missus, postremo caelestis iudicii auctoritate punitus: porro autem non punitus tantum, sed punitus sub testimonio, ut damnare scilicet videretur reum iustitia, non potestas...".

525 *Salvian*, De gubernatione Dei, I, 11, 53.

526 *Salvian*, De gubernatione Dei, I, 12, 60.

Wenngleich Salvian im ersten Buch nur in der Frage des Prozessgangs auf die Ausübung irdischer Herrschaftsgewalt direkt eingeht, kann doch diese Anleitung unmittelbar auch für die irdische Herrschaft herangezogen werden. Da dem Christen unzweifelhaft ist, dass Gott auf Erden gegenwärtig das Gericht ausübt, wird jeder Christ aus freier Willensentscheidung den Geboten des Herrn folgen und ein daran ausgerichtetes, tugendhaftes Leben in *tranquillitas* und *pietas* erstreben. Da die Herrschaft des Menschen über alles Irdische, d. h. über Menschen, Tiere und Gegenstände, vernunftgemäße Herrschaft ist und auf der Einsetzung durch Gott beruht, bezieht menschliche *potestas* ihre Legitimität ausschließlich von Gott. Der Mensch ordnet den Weltenraum nach Gottes Gebot. Macht ist daher gottgemäß auszuüben. Hervorragendste Herrschergewalt ist daher tugendhaft. Sie stellt sich in den Dienst der göttlichen Verheißung und bezieht ihre Anleitung von dem göttlichen Lehrer. Analog den Beispielen der römischen Geschichte erhebt sie das Wohlergehen des Nächsten (d. h. des Staatswesens) über den materiellen Wohlstand. Sie entspringt nicht dem Laster der Machtgier, sondern ist an der *iustitia* ausgerichtete, rechtsgemäße Herrschaft. Zur Gerechtigkeit bedient sie sich auch der *severitas.* Im Übrigen richtet sie ihre Handlungen vor allem an der *misericordia* aus. Diese ist zugleich die Kardinaltugend, die christliche Gewaltausübung insgesamt determiniert und als deren Derivate *pietas, modestia* und *patientia* hervortreten. Als von Gott legitimierte Herrschaft ist sie Gott gegenüber Rechenschaft schuldig und muss – wie die *principes* des jüdischen Volkes – das Gottesurteil dann fürchten, wenn sie sich, angeleitet von menschlicher *cupiditas*, über das göttliche Gebot erhebt.

Den Beweis umfassender göttlicher Gegenwart, Voraussetzung jeder Lenker- und Richtertätigkeit, präzisiert das zweite Buch. Gottes Ohr ist den Bitten der Gerechten stets geneigt. Ihnen begegnet Gott schon auf Erden mit *benignitas*, indem er sich dem Gerechten als Gewährsmann verpflichtet. Den Schlechten aber tritt er als derjenige gegenüber, der ihr Andenken von der Erde zu tilgen trachtet.[527] Entsprechend gestaltet ist seine Regierung. Je nach den Verdiensten des Menschen richtet sich seine Führung. Er liebt Einsicht und Ordnung und ordnet, da er selbst gerecht ist, alles in Gerechtigkeit und mit großer Sorgfalt.[528]

d) Das irdische Königtum vor dem Gericht Gottes

Sein Richterat übt Gott ausschließlich anhand der Beweggründe menschlicher Handlungen und ohne Ansehung der Person aus:[529] Dies zeigt sich anlässlich der Tötung Urias des Hethiters, also eines Barbaren, infolge der Befehle König Davids. Selbst David, der zuvor in allen Dingen seines Lebens und seiner Herrschaft in der

527 *Salvian*, De gubernatione Dei, II, 1, 3; 5. Für den Guten wie den Schlechten gilt die allumfassende göttliche Leitung des menschlichen Lebens, vgl. II, 2.

528 *Salvian*, De gubernatione Dei, II, 2, 8: „Cum sis ergo, inquit, iustus, iuste omnia disponis et cum magna reverentia disponis nos."; vgl. Weish. 12, 15.

529 *Salvian*, De gubernatione Dei, II, 4, 15: „...censuram suam et examen sacrum non tam personis praestare quam causis."

Gnade Gottes stand, verfällt dem Strafgericht aufgrund dieser widerrechtlichen Tötung.[530]

Auch ein König, ausgezeichnet durch *sanctitas* mehr als durch *potestas*, entgeht also der göttlichen Strafe nicht, wenn er gegen das göttliche Gebot handelt. Dies gilt selbst dann, wenn er vor Gott die Insignien seiner Macht ablegt und ihm als reumütiger Flüchtling gegenübertritt.[531] Nach der Tötung eines Unschuldigen verliert auch er die Herrschaft und muss in Schande die Flucht ergreifen, sich von den eigenen Knechten beschimpfen und von ihrer *misericordia* leiten lassen.[532] Wer also Gott um die Bestrafung von Sündern bittet, bittet weder für das künftige Reich noch um die Gnade Gottes. Er fordert von Gott die Gerechtigkeit des Gerichtes ein, das auf Erden mit Gerechtigkeit richtet.[533] Vor diesem irdischen Gericht ist auch der am meisten auf die Einhaltung der göttlichen Gebote bedachte König dann nicht sicher, wenn er unrechtmäßig handelt. Auch Könige sind Knechte Gottes (*servus suus*) und der göttlichen Richtergewalt unterworfen.[534] Wie schon Eusebius stellt Salvian die weltliche Gewalt in einen doppelten Zusammenhang zu Gott. Alle irdische Gewalt stammt von Gott. Sie ist Ausgestaltung der Weltenlenkungsfunktion Gottes und daher schon in ihrem Kern Ausprägung der Allgegenwart Gottes. Aufgrund dieses Ursprungs in Gott muss sich der von Gott eingesetzte Herrscher vor Gott verantworten, sogar wenn er wie David göttliche Zuwendung bei Erlangung der Herrschaft erhielt. Er ist den göttlichen Geboten bei der Durchführung des Herrschaftsauftrags unterworfen. Damit belegt auch das zweite Buch die Berechtigung des Rückschlusses von der Weltregierung Gottes auf die Grundsätze irdischer Tugendherrschaft.

2. Die Ursachen des gegenwärtigen Zustandes des Reiches

Mit dem zweiten Buch beendet Salvian seine Grundlegung und wendet sich den drängenden Problemen der Gegenwart zu. Er stellt die Frage, warum die Lage der Barbaren im Römischen Reich so viel glücklicher ist, als die der römischen Reichsbevölkerung. Daran schließt sich die Frage danach an, warum das Los der Guten in der römischen Reichsbevölkerung schlechter ist als das Los der Bösen – wieso also die tatsächlich Rechtschaffenen darniederliegen, während *inquietas* und bloße *potestas* herrschen. Salvian räumt ein, dass seine erste Antwort unbefriedigend ist. Aufgrund menschlicher Unvollkommenheit lassen sich die Gründe dafür nicht sicher bestimmen. Jedenfalls ist aber vor christlicher Überheblichkeit zu warnen.

---

530 Vgl. 2 Sam 11, 12 ff.
531 *Salvian*, De gubernatione Dei, II, 4, 19.
532 *Salvian*, De gubernatione Dei, II, 5, 23.
533 *Salvian*, De gubernatione Dei, II, 6, 24.
534 *Salvian*, De gubernatione Dei, II, 4, 15.

a) Grundirrtum der Christen: Christlicher Glaube führt zur Herrschaft über andere

Das tugendhafte Leben der Christen ist auf Erden häufig mit Leiden verbunden. Der Glaube der meisten Christen, hervorragende Religiosität führe auch zu herausgehobener Stärke, ist ein Irrglaube. Es gibt keinen Satz des Inhalts, dass der Lohn des Glaubens das christliche Volk zur Herrschaft über andere beruft.[535] Die christliche Pflicht, Gottes Gebote treu zu beobachten und die von Gott gewährten Güter recht zu gebrauchen, wird dadurch ignoriert. Gottes Gebote bestehen in den Büchern der Heiligen Schrift (Gesetz, Propheten, Evangelium, apostolische Schriften), dem Geschenk der Wiedergeburt, sowie der Taufe und Salbung mit göttlichem Chrisam. Nur wer für sich bejahen kann, diese Gebote zu beachten, kann aufgrund seiner hervorragenden Gläubigkeit eine Vorrangstellung angesichts der Berufung in den Himmel beanspruchen. Durch die Salbung mit Chrisam wurden auch innerhalb des Volkes Gottes nach Übergang des Richteramtes in das Königtum von jeher diejenigen zu Königen (*reges*) berufen, die sich in besonderer Weise bewährt und ausgezeichnet hatten.[536]

b) Die Missachtung der durch Nächstenliebe geschaffenen pax durch invidia und libido

Feststellbar ist, dass der Mensch der Gegenwart sich außerstande sieht, auch nur die geringsten Gebote Gottes zu achten. Er tritt zusätzlich noch mit der Anmaßung auf, er sei trotz dieser Übertretung gut und heiligmäßig.[537] Weder folgt er in seinen Handlungen Christus – dem die *corona iustitiae* gebührt – noch dem Tugendvorbild der Apostel. Dadurch wird sein ganzes Leben zu einem einzigen Schiffbruch.[538] Dabei verlangt die Gegenwart, die die heidnischen Fürsten (*pagani principes*) und tyrannischen Verfolger (*tyranni persecutores*) überwunden hat, von dem Christen nicht mehr, als dass er reine Taten und ein makelloses Leben in den Dienst der *pax* stellt.[539]

535 *Salvian*, De gubernatione Dei, III, 2, 6.

536 *Salvian*, De gubernatione Dei, III, 2, 6–8.

537 Erst recht werden die höchsten Gebote nicht eingehalten: (1) Gottvertrauen darin, nicht über den Tag hinaus zu planen; (2) Zufriedenheit mit einem Rock; (3) Verzicht auf Schuhwerk; (4) das Gebot der Nächsten- und Feindesliebe; vgl. *Salvian*, De gubernatione Dei, III, 2, 9 ff.; v. a. 12: „...etiam bonos nos et sanctos esse credamus." Selbst diejenigen, die die amores saeculares verwerfen und dem Laster abschwören, verzichten nicht so auf ihre Güter, dass sie der Verlust schmerzen würde, oder aber verzichten in der Weise, dass ihr Verzicht ihnen von Menschen zugunsten ihrer eigenen Dignität angerechnet wird; III, 3, 15.

538 *Salvian*, De gubernatione Dei, III, 4, 18 f.

539 *Salvian*, De gubernatione Dei, III, 5, 20: „...non enim sunt pagani principes, non tyranni persecutores..."; „Contentus est deus noster, ut ei pax nostra serviat, ut sola ei immaculatorum actuum puritate et vitae incontaminabilis sanctitate placeamus."

Doch fehlt es bereits an der grundlegenden *oboedientia* gegenüber dem göttlichen Gebot der Nächstenliebe. Der Mensch ist vielmehr darauf aus, zu seinen eigenen Gunsten den Reichtum des anderen notfalls auch gewaltsam zu erlangen. Er nimmt sich nur den ersten Satzteil des Christuswortes – *quae vultis, ut faciant vobis homines, eadem et vos facite illis similiter* – zum Handlungsideal.[540] Vor allem der Neid (*invidia*) veranlasst solche Menschen, in deren Macht es nicht steht, anderen unmittelbar zu schaden, zur Lästerung anderer über alle Grenzen möglicher *libido* hinaus. Der Mensch lässt sich in aller Regel ganz vom Schlechten regieren.[541] Der Tugendhafte, der seine Feinde liebt, seinen Verfolgern mit Wohltaten begegnet, dem Räuber sein Eigentum hingibt und versucht, das Schlechte im Tun des Guten zu übertreffen, ist in der Gegenwart nicht anzutreffen.[542] Der Mensch ignoriert die Gebote der *caritas* zugunsten gegenseitiger Anfeindungen. Er strebt nach dem eigenen Reichtum und Eigentum und missachtet die Pflicht, seinen Nächsten im Auge zu behalten. Selbst der christliche Gottesdienst bleibt von den Lastern nicht verschont. Der Christ erweist stärkere Achtung dem geringsten Richter der Muncipien als vor Gott.[543]

Da sie alle göttlichen Gebote nicht beachten, haben die Menschen der Gegenwart kein Recht, sich über Gott zu beklagen. Dass Gott dies Christen nicht erhört, stellt unter solchen Umständen lediglich eine milde Sanktion der menschlichen Lasterhaftigkeit dar.[544] Zurückzuweisen ist auch die Behauptung, dieses Fehlverhalten betreffe lediglich die Sklaven, allenfalls aber noch Geschäftsleute, Kurialen, Offizialen und Soldaten, aber nicht den Adel. Die *nobilitas* ist nur in der Lage, die eigene Lasterhaftigkeit besser zu verdecken. Die Behauptung kann auch nicht als Rettungsanker für die Menschheit fungieren. Denn das göttliche Gebot richtet sich an den Einzelnen. Er kann nur durch die eigene Tugend gerettet werden.[545]

---

540 *Salvian*, De gubernatione Dei, III, 6, 23; 25.

541 *Salvian*, De gubernatione Dei, III, 8, 30, 33.

542 *Salvian*, De gubernatione Dei, III, 9, 40.

543 *Salvian*, De gubernatione Dei, III, 9, 44 nennt nicht nur die Laster beim Namen „Quotum enim qemque invenies in ecclesia non aut ebriosum aut helluonem aut adulterum aut fornicatorem aut raptorem aut ganeonem aut latronem aut homicidam"; vgl. 46; 49; auch IV, 9, 40; IV, 11, 52.

544 *Salvian*, De gubernatione Dei, III, 9, 42. Kein menschlicher Herr, so Salvian, würde sich damit begnügen dem Ungehorsam seiner Diener nur damit zu begegnen, dass er jenen nun auch nicht mehr gehorsam sei.

545 *Salvian*, De gubernatione Dei, III, 11, 60. Wer sich mit seinen Lastern in Widerspruch (discordia) zum göttlichen Gebot setzt, kann keine Schonung aufgrund des Wohlverhaltens anderer erwarten, nicht einmal aufgrund des Wohlverhaltens der eigenen Familienangehörigen.

3. Der Niedergang der res publica Romana

a) Missachtung der besonderen Inpflichtnahme durch Nobilität und Magistrate

Die herausragende Bedeutung der dem Adel auferlegten Pflichten gegenüber den für die christlich-romanische Reichsbevölkerung und die Sklaven geltenden allgemeinen Pflichten, macht Salvian im vierten Buch zum Hauptgegenstand der Darstellung. Die These, das christliche Rom müsse aufgrund seiner *fides* anderen Völkern überlegen sein, hat sich vor dem Hintergrund der Lasterhaftigkeit bereits als falsch erwiesen. Der christliche Name ist ohne dazugehörige Pflichterfüllung, d. h. ohne gute Werke, wertlos.[546] Salvian betont, dass mit dem christlichen Rom nicht das erste Volk in dem Augenblick seinem Untergang gegenübersteht, indem seine Meriten verblassen.[547] Gott ist durchaus bereit den Untergang eines Staatswesens zu dulden, wenn Rechtgläubigkeit fehlt. Der Glaube alleine, der im Übrigen auch den Dämonen nicht fehlt, ist ohne Gottesfurcht wertlos. Er schützt den Menschen nicht davor, in die Hand seiner Feinde, in Gefangenschaft und Knechtschaft zu fallen und die Herrschaft zu verlieren.[548] Trotz der bereits wahrnehmbaren Folgen des Ungehorsams hat aber die *misericordia* Gottes noch darauf verzichtet, die Sünden der Christen mit dem eigentlich verdienten Tod zu strafen. Doch zwingt die nach wie vor bestehende Uneinsichtigkeit der Christen Gott zur Ausübung der Gerichtsgewalt.[549] Wenn dagegen erneut geltend gemacht wird, viele der Sünden würden nur von Sklaven begangen, aber nicht von ihren gottgemäß lebenden Herren, so ist dem entgegen zu halten, dass die Ausschweifungen und Laster der Sklaven Nachsicht verdienen. Sie entspringen häufig dem Mangel und werden von der Furcht vor den Mitsklaven oder den Herren ausgelöst.[550]

Nobilität und Reichtum, also der Überfluss an Gütern (*bonis*; *beneficiis*), führen zur stärkeren Inpflichtnahme der Herren vor Gott.[551] Gerade hier setzt die Kritik Salvians am christlichen Lebenswandel an. Anstatt Mittel zur Tugend zu fördern, entpuppt sich der Reichtum als ein Mittel, Diebstähle und Räubereien (*furta, latrocinia*) zu begehen.

---

546 Salvian, De gubernatione Dei, IV, 1, 1: „...nomen enim sine acto atque officio suo nihil est."; auch schon III, 11, „...perdamus vim tanti nominis vitio pravitatis."; IV, 18, 86.

547 *Salvian*, De gubernatione Dei, IV, 1, 3.

548 *Salvian*, De gubernatione Dei, IV, 2, 9 f.

549 *Salvian*, De gubernatione Dei, IV, 2, 12: „In eodem crimine punimus alios, nos absolvimus: intolerabilis prosus et incontumaciae et praesumptionis. Nec agnoscere in nobis volumes reatum et audemus de aliis usurpare iudicium. Quid esse iniustius nobis aut quid perversius potest."

550 *Salvian*, De gubernatione Dei, IV, 3, 13–16.

551 *Salvian*, De gubernatione Dei, IV, 3, 17; ebenso IV, 12, 57 f: „...criminosior enim culpa est, ubi honestior status. Si honoratior est persona peccantis, peccati quoque maior invidia. Furtum in omni quidem est homine malum facinus, sed damnabilius absque dubio, si senator furatur aliqua quam infama persona."

Es existiert kein Armer, der neben einem Reichen seiner Güter noch sicher sein könnte. Der Reiche tritt dem Armen in Gestalt der *pervasores* gegenüber. Er erstrebt, seinen Besitz auf Kosten der Güter des Armen zu mehren und wird so zum Tyrannen.[552] Gleiches gilt auch für die Inhaber von Ehrenstellen und Präfekturen, die ihre *potestas* dazu missbrauchen, Arme auszuplündern. An die Stelle der Nächstenliebe ist zum Schaden der Welt das übersteigerte Streben nach Ehre getreten. Es kann durch die *integritas* einiger Menschen nicht kompensiert werden. Das Leben der Sklaven und die Heiligkeit der Ehe sind der Wertlosigkeit preisgegeben, da die Herren keine Strafe fürchten.[553] Vor allem *superbia* gepaart mit der Verachtung der Armut sind es, die den Schild des Adels beflecken und so die größte *iniustitia* herbeiführen.[554]

b) Niedergang der res publica Romana durch libido und cupiditas

Der Niedergang der *res publica Romana*, die ohnehin bereits kurz davor steht den Geist auszuhauchen, wird durch die Last räuberischer Tribute und die ungeminderte Auspressung der Armen durch Raubtaten erst recht unbezweifelbar. Auch die Geringschätzung des Klerus durch die weltliche Nobilität trägt dazu bei, den Zorn Gottes herauszufordern. Zunehmend trifft der Satz zu: *saeculum totum in malo positum est.*[555] Jegliches Bemühen Gottes, gegenüber den menschlichen Lastern und Ungerechtigkeiten *misericordia* walten zu lassen, wird von den Menschen zurückgewiesen. Sie ziehen zuletzt auch die Allgegenwart Gottes in Zweifel.[556] Die Pflicht des Menschen, die Hingabe des einzigen Sohnes Gottes zu seiner Errettung wenigstens mit Gottesliebe zu vergelten, wird missachtet. An ihre Stelle tritt die Lasterhaftigkeit in Gestalt des Sittenverfalls, des Unrechts, der *libido* und *cupiditas.*[557]

c) Verwerflichkeit christlicher und barbarischer Laster

Die Einrede, die Römer seien allemal noch weniger sündenbeladen als die Barbaren und verdienten es deshalb nicht, die Herrschaft zu verlieren, weist Salvian im Folgenden scharf zurück. Zwar seien die Barbaren entweder Häretiker oder Heiden, die Römer daher in der Kenntnis der *lex divina* überlegen, doch wendet sich eben diese Erkenntnis zugleich gegen das römische Staatswesen. Wer wie es über die *lex bona* und ihre Gebote zu einem Leben in *pietas* und *castitas* verfügt, ihre Vorschriften aber geringachtet, dem nützt die Güte des Gesetzes wenig, wenn er

552 *Salvian*, De gubernatione Dei, IV, 4, 20.
553 *Salvian*, De gubernatione Dei, IV, 4, 21: „unius honor orbis excidium est."; V, 23.
554 *Salvian*, De gubernatione Dei, IV, 4, 21; VI, 27, 31. Daher war es (30) nur zu berechtigt, die Reichen gegenüber den Armen umso härter zu bestrafen.
555 *Salvian*, De gubernatione Dei, IV, 6, 30; VII, 32.
556 *Salvian*, De gubernatione Dei, IV, 9, 39.
557 *Salvian*, De gubernatione Dei, IV, 11, 52.

sich als ein schlechter Hüter erweist.[558] Sind daher die den Barbaren vorgeworfenen Laster – *iniustitia, avaritia, infidelitas, cupiditas, impudicitia, improbitas, impuritas* – in der römischen Bevölkerung ähnlich ausgeprägt, so sind doch die der Letzteren von höherem Gewicht.[559] Wer wie das römische Volk den Namen Gottes daher nur als Lippenbekenntnis führt, ja ihn sogar benützt, um in seinem Namen Raubtaten zu begehen, steht auf niedrigerer Stufe als derjenige, der als Häretiker oder Heide ihm unbekannte Gebote nicht einhält.[560] Gerade in Ansehung der Häresien und des Heidentums muss das Christentum seinen Vorbildcharakter durch tugendhaftes Leben dartun. Wer in dieser Situation sündigt, verfällt nicht nur selbst der Strafe wegen der Tat, sondern schärft sie dadurch, dass er den Gegnern Anlass zur Verunglimpfung des christlichen Glaubens bietet. Dies gilt insbesondere auch für das Königtum. An erster Stelle war schon König David, dessen Beispiel Salvian hier zum zweiten Male bemüht, unfähig seine Sünde, durch die er den Heiden Anlass zur Lästerung des Glaubens gewährte, vor Gott auszugleichen.[561] Wer Gutes lernt, das Wort Gottes bekennt und es dennoch durch die Tat verleugnet, zeugt gegen sich selbst durch den ihm bekannten Namen der Rechtschaffenheit.[562]

d) Zwischenergebnis

Salvians Tugendlehre fordert vom Christen nach dem Ende der Verfolgung nicht mehr als die Einhaltung der *pax*. Er muss in Kenntnis der Gottesliebe und in der Achtung (Furcht) vor dem göttlichen Gebot die Vorschriften der Nächstenliebe wahren. Adressat der Gebote sind alle Menschen, vor allem aber jene, die Gott mit Gütern und Ehren reich ausgestattet hat. Während ihre Erfüllung allen Menschen gleichermaßen obliegt, wirkt ihre Übertretung durch die Nobilität schwerer. Gerade Letztere missachtet die Gebote der *caritas* und missbraucht die ihr als Gut von Gott eingeräumte *potestas* dazu, Diebstähle und Raubtaten zu begehen. Sie gibt so zusätzlich zur eigenen Lasterhaftigkeit den Heiden noch ein schlechtes Vorbild christlichen Lebens. Wenngleich aufgrund der Lasterhaftigkeit daher die Römer

---

558 *Salvian*, De gubernatione Dei, IV, 13, 64; IV, 17, 82: „ubi sunt pietatis et castitatis praecepta...“; Unkenntnis des Gesetzes verhindert die Sanktion für seine Übertretung – IV, 19, 95.

559 *Salvian*, De gubernatione Dei, IV, 14, 68 ergänzt den Katalog der Laster mit Bezeichnung der Völker: „...gens Saxonum fera est, Francorum infidelis, Gepidarum inhumana, Chunorum impudica...“; dazu auch wieder IV, 17, 82 „Ubi est lex catholica, quam credunt.“

560 Dazu *Salvian*, De gubernatione Dei, IV, 15 und 16, 76, 79: „...ubi non est lex, nec praevaricatio.“ In Ansehung der Laster ist es dann auch nicht mehr verwunderlich, wenn der Heide dem Christen die Kindestötung und weitere Verbrechen unterstellt, IV, 17 und IV, 18, 86; *Gruber*, AU 21 (1978), 65.

561 *Salvian*, De gubernatione Dei, IV, 18.

562 *Salvian*, De gubernatione Dei, IV, 19, 91.

bereits den Untergang verdient hätten, hat Gottes *misericordia* Rom bislang verschont. Unvermeidlich wird der Untergang Roms aber folgen, wenn die Laster nicht abgelegt werden.

An der Spitze der Tugendpyramide steht der Herrscher selbst. Daran lässt die aufsteigende Ordnung geforderter Tugendhaftigkeit ebenso wie das Beispiel der jüdischen Königswahl keinen Zweifel. Weil die *lex divina* allgemeine Gültigkeit beansprucht und der Untergang des Reiches durch das Fehlverhalten jedes Einzelnen, nicht eines Einzigen, herbeigeführt wird, hat Salvian den Herrscher aber nicht in den Mittelpunkt gerückt. Das Argument, auch die Barbaren hingen Lastern an, jeden Stamm kennzeichne gar ein bestimmtes, dominantes Laster, kann den in Kenntnis des göttlichen Sittengesetzes Handelnden nicht entlasten. Es verschärft die Last seiner Sündhaftigkeit. Der bloße Name Christi ist ohne tugendhaftes Leben, d. h. ohne Unterwerfung jedes Menschen unter das göttliche Gebot, ohne Wert. Er bleibt bloßes Lippenbekenntnis und lässt die von Gott geforderte Leistung tugendhaften Lebens vermissen.

4. Scientes enim bona non bene agimus

Mit dem fünften Buch versucht Salvian einen Scheinwiderspruch auflösen, der darin liegt, dass mit den Römern ein Volk in Kenntnis von Gott schlechter handelt, als barbarische Völker ohne Kenntnis von Gott. Das Verhängnis Roms bedarf vor diesem Hintergrund der Erklärung. Salvian setzt hierzu an, indem er darauf hinweist, dass die Verantwortung des Verfalls nicht dem göttlichen Gebot zugeschrieben werden kann. Verderblich für den Wissenden ist nie die Kenntnis vom göttlichen Gebot, sondern stets das Laster, das im Gebot mit ausgedrückt wird. Das Gesetz Gottes richtet sich niemals gegen die *boni*, da es „nicht für sie gegeben ist." Wer ein tugendhaftes Leben führt, kann dem Gesetz Gottes nicht zuwiderhandeln, da er nicht der Adressat des Gesetzes ist.[563] Wer aber Ungerechtigkeit übt und in Übertretung der göttlichen Gebote sündigt, der handelt nicht nur gegen das Gesetz, sondern auch gegen sich selbst. Auch in diesem Falle versucht Gott, ihm durch das Gesetz zu nützen.[564]

Dem weiteren Einwand, dass auch einige der arianischen Häresie anhängende Barbarenvölker des Gesetzes „kundig" sind und es daher nicht nachvollziehbar ist, warum es Rom schlechter ergeht als diesen Völkern, hält Salvian entgegen, dass die Barbaren des Lesens unkundig seien. Sie läsen aufgrund ihrer Irrlehre die identische Textüberlieferung anders als die Rechtgläubigen.[565] Obgleich sie dadurch im Gegensatz zu den Römern ohne Gesetz sind, richten sie wenigstens ihr Handeln an dem

---

563 *Salvian*, De gubernatione Dei, V, 1, 1 f.; vgl. 1 Tim 1, 8 f.

564 *Salvian*, De gubernatione Dei, V, 1, 3: „Immo illa pro te est, tu contra illam."; 4: „Et nobis itaque lex est antidotum, sed vitiositas venenum."

565 *Salvian*, De gubernatione Dei, V, 2, 7. Ein verfälschtes göttliches Gesetz steht der Abwesenheit jeden Gesetzes somit gleich.

vermeintlich Richtigen aus. Sie sind darin den Römern überlegen, die in Kenntnis des Rechten doch dem Verkehrten anhängen.[566]

Gerade darin besteht der Kernvorwurf gegen Rom. Es handelt in der Kenntnis des Guten nicht gut (*scientes enim bona non bene agimus*). Dementsprechend kann ein Volk, das sich auf diese Weise über Gott stellt, von Gott nicht zugleich die Gewährung von Gütern erwarten.[567] Sicher ist unter solchen Umständen nur, dass Gottes Reaktion trotz aller Übertretung von *iustitia* geleitet sein wird. Er züchtigt das Laster und lässt seine *patientia* denjenigen zuteilwerden, die er unter diesen Umständen der Schonung und der Anschauung der göttlichen Wahrheit für wert erachtet.[568] Addiert man zu der römischen Lasterhaftigkeit noch jene Teile der Reichsbevölkerung hinzu, die in Ansehung des katholischen Glaubens als *infideles* zu betrachten sind, so ist der Vergleich zwischen häretischen, aber gutmütigen Barbaren und Römern – entweder rechtgläubig und lasterbehaftet, oder ungläubig – entschieden, das zu erwartende Schicksal bestimmbar.[569]

a) Quod curiales tot tyranni: Flucht aus der Sklaverei der römischen libertas

Eine Betrachtung einzelner Laster, der sich Salvian nun zuwendet, muss zuerst die Rüge fehlender Nächstenliebe (*caritas, affectus*) erheben. Denn während sie innerhalb der einzelnen barbarischen Stämme (*qui modo sunt unius gentis et regis*) verwirklicht ist, treibt die Römer beim Anblick des Wohlergehens der Nachbarn der Neid an. Wer neidisch ist, sieht im Unglück seiner Nachbarn das eigene Glück.[570] Allem voran sind es die Proskriptionen römischer Staatsbeamter, die die Masse der Bevölkerung durch *latrocinii* ungehemmt ausplündern. Sie setzen anschließend die zugunsten des Staates erhobenen Steuern oder das proskribierte Vermögen zur Mehrung des eigenen Vermögens ein. *Quod curiales – tot tyranni,* mit diesem Ausspruch kennzeichnet Salvian das Grundübel seiner Zeit, für dessen Existenz er Kurialen und *iudices,* also die Prinzipalen jeder Gemeinde, in der alleinigen Verantwortung sieht. Ein christlicher Staat wird so – allen voran die Armen, Witwen und Waisen und die Gottgeweihten, mit Ausnahme der höchsten Amtsträger – zum Plündergut von Räubern, die rechtlich seinem Wohlergehen verpflichtet sind.[571]

---

566 *Salvian,* De gubernatione Dei, V, 2, 10: „Errant ergo, sed bono animo errant, non odio, sed affectu dei, honorare se dominum atque amare credentes."; *Maas,* Salvian, 280.

567 *Salvian,* De gubernatione Dei, V, 3, 13: „Et post haec volumus, ut bona a deo accipiamus, cum malis mala semper addamus."; „Quasi superiors nos deo agimus."

568 *Salvian,* De gubernatione Dei, V, 3, 13.

569 *Salvian,* De gubernatione Dei, V, 3, 14.

570 *Salvian,* De gubernatione Dei, V, 4, 17: „...parum alicui est, si ipse sit felix, nisi alter fuerit infelix."

571 *Salvian,* De gubernatione Dei, V, 4, 17–19; *Gruber,* AU 21 (1978), 64.

Da auch durch den Klerus den Gewalttätigkeiten zu häufig mit Schweigen und Nichtstun begegnet wird, ist es nicht verwunderlich, dass die Reichsbevölkerung vor der *inhumanitas* der Römer zur *humanitas* der Barbaren ihre Zuflucht nimm. Sie kehrt der *iniustitia* den Rücken, selbst unter dem Opfer gewohnter Lebensumstände.[572] Lieber wollen Römer als Gefangene frei leben, als unter römischer Freiheit (*libertas*) wie Gefangene gehalten zu werden.[573]

Das gegenüber den Barbaren vorgezogene römische Bürgerrecht ist entwertet, *iniquitas* und *crudelitas* der Römer lassen große Teile der Bevölkerung den Wunsch verspüren, keine Römer mehr sein zu wollen.[574] Das römische Staatswesen, das seinen Anspruch auf Herrschaft stets der Überlegenheit des römischen Friedens (*pax, otium*) und der römischen Freiheit zuschreibt, hat unter diesen Umständen den Vorrang gegenüber den Barbaren verloren. Es unternimmt auch im Inneren alles Nötige, diejenigen, die sich den Räubereien der Richter und Beamten verweigern wollen, durch ungerechte Proskription und Vermögenskonfiskation aus Not in das Verbrechertum (das sog. Bagaudenunwesen) zu treiben. Der römische Staat regiert nicht die Untertanen – er verschlingt sie in Gestalt der sich zum eigenen Vorteil bereichernden verbrecherischen Provinzialen (*latrones*). Der Römer wird zum Barbar, weil es ihm nicht zugestanden wird, weiterhin Römer zu bleiben.[575] Milder sind die Feinde gegen den Römer, als die Steuereinnehmer. Der römische Bürger ist gezwungen, aufgrund des staatlichen Druckes selbst nach *libertas* zu streben und wird eben dadurch, dass sein Hort der Freiheit zum Übeltäter geworden ist, an der Verwirklichung dieses Strebens gehindert.[576]

Im Gegensatz zum christlichen Gebot werden die Ärmsten gezwungen, zusätzlich zu den ihnen selbst auferlegten Steuerlasten noch diejenigen der Reichen mitzutragen. Sie sind in doppelter Weise Opfer des Neides der Reichen und der eigenen Armut.[577] Die Obrigkeit zu ehren, ist unmöglich, weil jede Bereitschaft der Reichen fehlt, *liberalitas* zu üben, oder sich auch nur angemessen an den Steuerlasten zu

---

572 *Salvian*, De gubernatione Dei, V, 5, 21 f.

573 *Salvian*, De gubernatione Dei, V, 5, 22: „...malunt enim sub specie captivitatis vivere liberi quam sub specie libertatis esse captivi."

574 *Salvian*, De gubernatione Dei, V, 5, 23: „...quos per universum Romanum orbem fecit Romana iniquitas iam non esse Romanos."

575 *Salvian*, De gubernatione Dei, V, 6, 24 f. Der Begriff der Bagauden (die „Streitbaren") entstammt der Erhebung gallischer Bauern zu Zeiten des Kaisers Carinus (283/284). Mit dem Verfall der römischen Herrschaftsmacht über Gallien im 5. Jahrhundert lebt das „Bagaudenunwesen" in Gallien wieder auf. Salvian führt es darauf zurück, dass der römische Staat durch seine Ungerechtigkeiten die Menschen dazu zwingt, Verbrecher zu werden; vgl. *Mayer*, Weltregierung, 159, Fn. 2.

576 *Salvian*, De gubernatione Dei, V, 7, 27: „Vis summa exigit, ut adspirare in libertatem velint, sed eadem vis posse non sinit, quae velle compellit."

577 *Salvian*, De gubernatione Dei, V, 7, 29: „Invidia enim est in solutione, egestas in facultate."; 30 „Decernunt potentes quod solvant pauperes, decernit gratia divitum, quod pendat turba miserorum."

beteiligen. Während sie sich von den Steuerlasten befreien, machen sie die Armen zu Alleinschuldnern.[578] Gewährt der römische Staat aber einmal Ausgleichszahlungen für infolge von Plünderzügen erlittene Einbußen, verhindert die gleiche *iniquitas*, die übermäßige Lasten auferlegt, die Gewährung der Unterstützung an die Armen. *Iustitia* und *humanitas* sind verloren, das Streben der *potentes* nach Reichtum stürzt alle anderen ins Unglück.[579] *Iniquitas* in der Lastenverteilung bleibt auch im Falle einmal gewährter Steuererleichterungen bestehen. Im Tragen der Lasten sind die Armen stets die Ersten, in der Gewährung der Erleichterungen stets die Letzten.[580] Der an die Römer gerichtete Vorwurf Salvians lautet: Keines der barbarischen Völker ist so ungerecht wie der römische Staat. Wie aber kann ein Staatswesen, das an Gott glaubt, erwarten, dass bei eigener Ungerechtigkeit nicht die göttliche Gerechtigkeit korrigierend eingreifen wird.[581] Muss nicht bei den Armen der natürliche Wunsch auftreten, entweder unter Barbarenherrschaft zu bleiben, oder der römischen Herrschaft zu entkommen?[582]

b) Fehlende Sorge auch der Privaten

Den Nachweis, dass die das römische Staatswesen prägenden Makel nicht nur vorwiegend solche der *potentes*, sondern eben der privaten Lebenseinstellung und des Bekenntnisses des Einzelnen zu Gott sind, erbringt für Salvian der Kolonat. Viele Arme liefern sich und ihre Güter dem Schutz der *maiores* aus, die aber leider nicht etwa aus *humanitas* oder liebevoller Zuwendung, sondern alleine aus Geldgier (*cupiditas*) handeln.[583] Es ist ein unchristliches Geschäft, bei dem der Verkäufer nichts aufgibt und alles empfängt, der Käufer nichts empfängt und alles vollständig verliert.[584] Zum Leid des privaten Eingriffs tritt der staatliche hinzu. Obgleich die

---

578 *Salvian*, De gubernatione Dei, V, 7, 32. Die Reichen streben danach, bei den Mächtigen zu Ansehen zu gelangen. Daher übernehmen sie auch untragbare Verpflichtungen, ohne sie sodann aus den eigenen Mitteln begleichen zu wollen. Dieses Verfahren der Lastenverteilung wird sowohl dem Modus (nur wenige entscheiden über die Lasten vieler) als auch dem Inhalt nach (31: „...quid tam iustum, quid tam humanum“) von Salvian angegriffen.

579 *Salvian*, De gubernatione Dei, V, 7, 30 f.

580 *Salvian*, De gubernatione Dei, V, 8, 34 f.: „Nam sicut sunt in adgravatione pauperes primi, ita in relevatione postremi.“

581 *Salvian*, De gubernatione Dei, V, 8, 36: „Et putamus, quod poena divinae severitatis indigni simus, cum sic nos semper pauperes puniamus, aut credimus, cum iniqui nos iugiter simus, quod deus iustus in nos omnino esse non debeat? Ubi enim aut in quibus sunt nisi in Romanis tantum haec mala? Quorum iniustitia tante nisi nostra?“

582 *Salvian*, De gubernatione Dei, V, 8 37: „Itaque non solum transfugere ab eis ad nos fratres nostri omnino nolunt, sed ut ad eos confugiant, nos relinquunt.

583 *Salvian*, De gubernatione Dei, V, 8, 39 f.: „Ecce quae sunt auxilia ac patrocinia maiorum: nihil susceptis tribuunt, sed sibi.“

584 *Salvian*, De gubernatione Dei, V, 8, 41.

Eltern ihr Eigentum mit dem Todesfall auf den Schutzherren übertragen, besteht die Steuerpflicht aus demselben für die Kinder fort. Durch private Gier wird dem Menschen seine Habe genommen, durch staatliche Abgaben wird er völlig vernichtet. *Proprietas* und *libertas* sind aufgehoben.[585] Die private Unterordnung ob vertrauensvollen Schutzes wird so schließlich zur Sklaverei degradiert. Unter Römern ist der Arme ebenso gefangen wie unter Barbaren.[586] Die Einfälle der Barbaren sind es daher, die nun zusätzlich das Werk der eigenen Hände, die Knechtschaft, auch den Reichen aufbürden, ohne dass diese in ihrer *superbia* das Erfordernis der inneren Umkehr erkennen würden.[587]

c) Christentugend vor dem Hintergrund römischen und barbarischen Handelns

Für Salvian steht in Ansehung des römischen Staates fest, dass der Mensch offenbar eher vom Leben als von der *iniquitas* lassen kann:[588] *Non debetis esse amici criminum, qui dicitis vos adfectatores esse virtutum.* Wenngleich der Christ sich an sich stets durch Tugend auszeichnen muss, reduziert Salvian die göttliche Forderung. Zureichend wäre es bereits, wenn der Mensch als Verfolger der Menge, wenigstens die Seinigen oder wenigstens den Teil der Angehörigen schonen würde,[589] wie dies den Goten beständig gelingt.[590] Sein vermeintliches Ziel auf Erden, alles zu verfolgen und alles vom Nächsten an sich zu reißen, kann der Schlechte nicht erreichen. Stets wird es einen Nachbarn geben. Salvian erscheint es vor dem Hintergrund der Möglichkeit des Lernens von den Barbaren unerklärlich, dass ein Mensch also erstreben sollte, sich selbst verdammungswürdig zu machen, nur *iniustitia* zu üben, keinen Freund zu kennen und *avaritia* und Raubtaten ohne Nächstenliebe zu üben. Wer immer nach Weisheit strebte, würde diese Art des Lebens aufgeben und sich selbst verstoßen, um zu Christus zu finden.[591]

d) Das Laster des Einzelnen vermag den Vielen zu schaden

Von Gewicht ist für Salvian zur Begründung der Gottesstrafe auch die Frage, inwiefern die Laster eines Einzelnen der gesamten christlichen Gemeinde die Strafe Gottes aufbürden. Während er zunächst anhand von Schriftbeispielen den

585 *Salvian*, De gubernatione Dei, V, 8, 43 f.
586 *Salvian*, De gubernatione Dei, V, 9, 46.
587 *Salvian*, De gubernatione Dei, V, 9, 48 f. Tatsächlich übt Gott stets auch misericordia.
588 *Salvian*, De gubernatione Dei, V, 10, 51.
589 *Salvian*, De gubernatione Dei, V, 10, 55 f.
590 *Salvian*, De gubernatione Dei, V, 11, 57: „Quid ergo simile apud barbaros Gothos? Quis eorum amantibus nocet, quis diligentem insequitur, quis cari sui mucrone iugulatur?“
591 *Salvian*, De gubernatione Dei, V, 11, 60 f.

Nachweis für den Satz zu erbringen sucht, dass ein wenig Sauerteig die gesamte Masse durchsäuert (1. Kor 5, 6), also die Sünden des Einzelnen durchaus zum Gegenstand einer Gesamtstrafe Gottes werden können,[592] betont er doch zugleich, dass eine solche Argumentation in Ansehung der Römer und ihrer zuvor beschriebenen Sünden zur Begründung der Leiden der Gegenwart nicht erforderlich wäre. Aus der Sicht Salvians hat sich die Verfassung der christlichen Gemeinden seit den Zeiten des Paulus, als noch ein einziger Sünder als Gefahr für die Gesamtgemeinde angesehen wurde (1. Kor. 5, 6), beständig verschlechtert. In der Gegenwart würde schon bei gleicher Zahl von Guten und Bösen Zufriedenheit herrschen. Das Problem liegt im schlechten Vorbild des Bösen begründet. So wie der Gute täglich besser wird, wird der Schlechte täglich schlechter. Er versucht die Siegespalme nicht in der Tugend, sondern im Verbrechen zu erringen.[593] Den Hauptgegenstand zum Nachweis der Verbrechen aller Menschen bilden ihm im Folgenden die Schau- und Zirkusspiele, die in ihrer Verletzung des Nächsten das Hauptgebot der christlichen Lehre missachten.[594] Die Forderung Gottes (Tit 2, 11–14), gut zu sein, ist vergessen. Sie verlangt die Meidung von *impietas* – von dem irdischen Begehren (*saecularia desideria*) – und *sobrietas*, *iustitia* und *pietas* und ruhige Erwartung der göttlichen Herrlichkeit gegen alle *iniquitas*.[595] Den Grundgedanken – die Sünden Weniger genügen, um Gott aufzubringen – ergänzt Salvian um die Überlegung, dass auch geringe Taten bereits ausreichen, Gott zu beleidigen.[596] Mit Gott recht umzugehen bedeutet, ihn im Falle seines Zornes zu versöhnen und im Falle der Gnade nicht zu verletzen. Beides aber misslingt dem Menschen aufgrund der Spiele, die sowohl gegen den Menschen wie gegen Gott wirken.[597]

5. Die Missachtung des christlichen Friedens durch Rom

a) Die Rechtfertigung der Sündenstrafe im Missbrauch der pax

Nach der Rechtfertigung der Strafen bleibt infolge ihrer langen Dauer zudem die Frage zu behandeln, inwiefern jedenfalls diejenigen, welche die *pax longa* hat unmäßig werden lassen, nunmehr durch *turbatio* zur *moderatio* zurückgeführt werden können. Für Salvian sind die in *tranquillitas* und *abundantia* entstandenen Laster der Römer keineswegs ausgeräumt. Weder hat feindliche Plünderung die Trunkenheit beseitigt, noch die Eroberung der Stadt die Gotteslästerung.[598] Die Segnungen der

592 Die genannten Beispiele sind: Der Diebstahl des Achan, König David; der Tod von 185.000 Israeliten. Ebenso in *Salvian*, De gubernatione Dei, VII, 19.
593 *Salvian*, De gubernatione Dei, VI, 1, 2; 4; 7.
594 *Salvian*, De gubernatione Dei, VI, 2, 13.
595 *Salvian*, De gubernatione Dei, VI, 5, 24.
596 *Salvian*, De gubernatione Dei, VI, 10.
597 *Salvian*, De gubernatione Dei, VI, 10 u. 11.
598 *Salvian*, De gubernatione Dei, VI, 12, 66 f.

göttlichen *misericordia* – *pax, tranquillitas*, Reichtum und Überfluss – haben die Römer nicht recht genutzt. Das Apostelwort, dass der Mensch im Glauben ein Leben in Ruhe und Frieden führen möge und, dass ihm die *pietas* auch *quietas* beschert, nutzt der Römer, um sich selbst zum Laster von Trunkenheit, Ausschweifung, Raub und Verbrechen zu führen. Er tut gerade so, als sei der Friede ein Freibrief zu sündigen (*quasi vero beneficium datae pacis vacatio sit probrositatis et ad hoc inducias tranquillitatis deo donante capiamus, ut licentius securiusque peccemus*).[599] Wer aber den Frieden als Basis der guten Werke zur Begehung der Laster missbraucht, darf sich über die Sündenstrafe nicht ereifern, da sich zudem der Satz, dass die Sündenstrafe dazu geeignet ist, die Sünden abzustellen, gerade bei den Römern nicht bestätigt.

Gotteslästerung, Schamlosigkeiten, Trunkenheit und Plünderung nehmen nun erst recht ihren Aufstieg. Die Führer des Staates ergehen sich in umso opulenteren Gastmählern, wahnsinnige Gier und Schwelgerei greifen um sich.[600] Die damit verbundene Schläfrigkeit des römischen Volkes erscheint Salvian wie das Menetekel noch kommenden Unheils.[601] Zum Muster der ausbleibenden Rückbesinnung wird ihm Trier, das trotz vierfacher Plünderung nun gerade Spiele veranstaltet und so in der Trauer erneut die Ausschweifung sucht.[602] Die Schärfe der Anschuldigung des Kirchenhistorikers drückt sich in der Aussage aus, er habe zwar gewusst, dass die Trierer ihre irdischen Güter verloren hätten, sei aber nicht davon ausgegangen, dass damit zugleich der Verlust der geistigen Güter, allem voran der Verstandeskraft, einhergehe.[603]

Sein Fazit lautet: Die göttliche Wiedervergeltung hat zur Besserung des römischen Volkes ebenso wenig beigetragen, wie die zuvor dem Volk reichhaltig zuteilgewordenen Geschenke.[604] Sie bestanden in der *pax* und in der *tranquillitas* und sind nicht in der ihnen gebührenden Weise durch *pietas* vergolten worden.[605] Keiner hat durch Aufopferung seines alten, irdischen Selbst vor Gott ein neues Leben erstrebt. Vom früheren Frieden und der Erhabenheit des römischen Volkes ist in den Verbrechen der Gegenwart kein Rest geblieben. Macht und Würde der alten Römer sind vergangen. An ihre Stelle ist die Furcht des römischen Staates vor Barbaren getreten. Der Staat muss sich den Genuss des Lichtes, die Freiheit, von den Barbaren zu erkaufen. Die so erkaufte Freiheit wird im römischen Staat aber nicht gelebt.[606] Rom steht außerhalb der *felicitas*.

---

599 *Salvian*, De gubernatione Dei, VI, 11, 63 f.

600 *Salvian*, De gubernatione Dei, VI, 12 ff.

601 *Salvian*, De gubernatione Dei, VI, 14, 81.

602 *Salvian*, De gubernatione Dei, VI, 15.

603 *Salvian*, De gubernatione Dei, VI, 15, 87: „Putabam enim vos in excidiis rem tantum atque substantiam, nesciebam etiam sensum atque intelligentiam perdidisse."

604 *Salvian*, De gubernatione Dei, VI, 16, 90.

605 *Salvian*, De gubernatione Dei, VI, 17, 93: „Munera autem dei et blandimenta quaenam sunt? Quae scilicet nisi pax nostra et quies nostra et famulantes votis ac voluntatibus nostris rerum secundarum tranquillitates?"

606 *Salvian*, De gubernatione Dei, VI, 17, 98 f.: „Ubi namque sunt antiquae Romanorum opes ac dignitates? Fortissimi quondam Romani erant, nunc sine viribus: timebantur

b) *Die Gerechtigkeit der göttlichen Strenge vor dem Hintergrund früherer Gunst*

Auch gegenüber der möglichen kritischen Nachfrage – warum haben die Römer früher gesiegt und geherrscht, als sie heidnisch waren[607] – verteidigt sich Salvian. Neben der Wiederholung der Auffassung, dass Sünden in Kenntnis des göttlichen Gebotes schwerer wiegen, als die in seiner Unkenntnis begangenen Taten, geht es ihm auch um die Beantwortung der Frage, ob möglicherweise die Laster natürliche Folge des langen Friedens und gesicherten Wohlstandes sind und ob sie mit *pax, securitas* und *felicitas* stets einhergehen. Die Antwort erfolgt in doppelter Weise. Bereits dogmatisch ist es ausgeschlossen, dass *felicitas* und Laster nebeneinander bestehen. Wo Laster herrschen, gibt es kein rechtes Glück (*vera felicitas*). Hinzu kommt die Tatsache, dass offensichtlich die Laster jedenfalls im Römischen Reich andauern, obgleich die *felicitas* früherer Zeitalter längst verschwunden ist.[608] Die Möglichkeit einem glücksseligen Zustand die Laster zuzurechnen scheidet daher aus. Verantwortlich für die Laster bleibt die gesamte römische Welt – in den Zirkusspielen von den Armen bis hin zum Reichen: *Sardonicis quodammodo herbis omnem Romanum populum putes esse saturatum: moritur et ridet.* Rom stirbt und lacht.[609]

Die Strafe, welche die Barbaren in den Besitz der besten römischen Ländereien versetzt, ist somit alleine auf den falschen Umgang Roms mit den Gütern seiner *felicitas* zurückzuführen. Am Beispiel des klimatisch besonders begünstigten Aquitaniens führt Salvian aus: Nicht viel habe Gott von den mit Überfluss und Benefizien überreichlich ausgestatteten Untertanen gefordert; Frömmigkeit durch Bereitschaft für das

---

Romani veteres, nos timemus: vectigalia illis solvebant populi barbarorum, nos vectigales barbaris sumus. Vendunt nobis hostes lucis usuram, tota admodum salus nostra commericum est. O infelicitates nostras! ad quid devenimus! Et pro hoc gratias barbaris agimus, a quibus nos ipsos pretio comparamus. Quid potest esse nobis vel abiectius vel miserius? Et vivere nos post ista credimus, quibus vita sic consistat! Insuper etiam ridiculos ipsi esse nos faciamus: aurum, quod pendimus, munera vocamus. Dicimus donum esse, quod pretium est, et quidem pretium condicionis durissimae ac miserrimae. Omnes quippe captivi, cum semel redempti fuerint, libertate potiuntur: nos semper redimimur, et numquam liberi sumus."

607 *Salvian*, De gubernatione Dei, VII, 1, 1.

608 *Salvian*, De gubernatione Dei, VII, 1, 5: „Esto enim sint vitia ista felicium (quamvis nemo idem et probrosus esse possit et felix, quia ubi non est vera honestas, non est vera felicitas), sed tamen, ut supra dixi, esto sint vitia ista et longae pacis et opulentae securitatis. Cur, quaeso, illic sunt, ubi iam nulla pax, ubi nulla securitas? In omni enim ferme orbe Romano et pax et securitas non sunt. Cur sola tantum vitia perdurant?"

609 *Salvian*, De gubernatione Dei, VII, 1, 6. Der Ausspruch bezieht sich auf die Schau- und Zirkusspiele und das dadurch begründete Laster, vgl. nur VI, 8; VI, 11: Die Toren lachen bei der Begehung ihrer Schandtaten. Die Antwort Gottes an gleicher Stelle ist ebenso eindeutig: „Vae vobis, qui ridetis, quoniam flebitis." (Luk. 6, 25). *Straub*, Historia 1 (1950), 80.

Gebot des gnädigen Gottes zur Ruhe der Seelen (Mt 11, 28 ff.) und die Bereitschaft zu einem Leben in *fides, castitas, humilitas, sobrietas, misericordia* und *sanctitas.*[610] Stattdessen leben die Menschen im Schmutz der Lüste. Die schlechte Lebensführung zieht immer mehr in ihre Verderbnis. Die Gegenwart sinkt gegenüber der Vergangenheit durch beharrliches Festhalten am Verbrechen immer tiefer herab.[611]

c) Überlegenheit der barbarischen Frömmigkeit trotz arianischen Irrglaubens

Den entscheidenden Aspekt, der ihre Glückseligkeit rechtfertigen würde, missachten die Römer. Sie ignorieren die Tatsache, dass der Mensch stets vor allem Gott, nicht dem Menschen gefallen soll und sich selbst nicht als bewirkende Kraft ansehen darf.[612] Anstatt unkeuschen Barbaren in der Tugend voranzuschreiten, erregt Rom selbst in der Niederlage durch seine eigene Unkeuschheit den Zorn keuscher Barbaren. Gerade diesen und unter ihnen dem schwächsten Volk, den Vandalen, gibt Gott Spanien in die Hände. Er zeigt damit, dass die Römer unrein und ungerecht (Ezechiel 39, 24) sind.[613] Rom hat dem eigenen Herrscherideal, das mit Konstantin und Theodosius christlichen Kaisern gerade aufgrund der an Gott gerichteten Gebete den Sieg schenkte, den Rücken zugewandt. Weder sprechen die Römer die von ihnen erlangten Güter Gott zu, noch beten sie zu Gott im Angesicht der Schlacht.

Nicht auf die Kraft Gottes, sondern alleine auf die Macht der Waffen verlässt sich Rom. Gleichzeitig zelebrieren die barbarischen Feinde, etwa Vandalen und Goten, im Angesicht der Schlacht Gebete. Auf Rom passt das Lukaswort: *quoniam qui se exaltat humiliabitur, et qui se humiliat exaltabitur.*[614] Was groß ist in der Welt, wird erniedrigt. Die Tatsache, dass nur *humilitas* und Gottvertrauen den Weg zu Siegen ebnen, ist den Römern abhandengekommen. Während die Könige der Feinde beten – Salvian verweist auf den Westgotenkönig Theoderich, der vom Gebet zur Schlacht gezogen sei[615] – rühmen die Römer sich ihrer eigenen *sapientia*, ihrer eigenen *fortitudo* und nicht der Gotteserkenntnis. Römische Schlachten werden wieder im Streben nach menschlicher *gloria* geschlagen.[616] Rom missachtet das Angebot der *pax* von den Barbaren, missachtet ihre und die eigenen Bischöfe und Priester.[617]

---

610 *Salvian*, De gubernatione Dei, VII, 2, 10.
611 *Salvian*, De gubernatione Dei, VII, 4 f.
612 *Salvian*, De gubernatione Dei, VII, 6, 23: „placeamus deo per honestatem".
613 *Salvian*, De gubernatione Dei, VII, 7, 28.
614 *Salvian*, De gubernatione Dei, VII, 9, 39.
615 *Salvian*, De gubernatione Dei, VII, 10, 44.
616 *Salvian*, De gubernatione Dei, VII, 11, 45; Jer. 9, 23: „Non glorietur sapiens in sapientia sua nec fortis in fortitudine sua, sed in hoc glorietur qui gloriatur, scire et nosse me, quia ego sum dominus."
617 *Salvian*, De gubernatione Dei, VII, 9, 39.

Die darin liegende *superbia* muss zwingend zur Gottesstrafe führen. Gott wird die Überhebung beenden, die Selbstüberheblichkeit stürzen.[618]

Damit ist keineswegs behauptet, dass die Barbaren ohne Laster sind, im Verhältnis zu denen der Römer, oder etwa zu denen des von den Vandalen auf ausdrücklichen göttlichen Befehl hin eroberten Afrikas, erscheinen diese aber vernachlässigbar.[619] Gerade Letzteres ermöglicht Salvian, am Beispiel Karthagos, ein letztes Mal auf den Fall großer Staatswesen in Ansehung ihrer Laster einzugehen. Für ihn ist die alte Verfassung Karthagos die eines Modellstaates. Alle öffentlichen Ämter, Schulen der freien Künste und der Philosophie, des Sprachstudiums und der Lebensführung, alle militärische, behördliche und gerichtliche Gewalt war dort vereint.[620] Und doch ist gerade Afrika das Beispiel des Lasters. Betrug, Falschheit und Meineidigkeit herrschen in den Rechtsgeschäften. *Cupiditas, avaritia, superbia*, Trunksucht und alle anderen den Römern bekannten Laster sind dort an der Tagesordnung.[621]

Während Afrika also prinzipiell gerade den Römern zur Anschauung der Konsequenzen des Lasters hätte dienen können – Rom selbst hat den ersten karthagischen Staat zerstört – muss jedenfalls nun die Eroberung durch die Vandalen zur Illustration rechten Verhaltens dienen. Wie alle Sieger sind auch sie durch den Sieg zu *superbia* gereizt, durch die Reichtümer und den Überfluss überwältigt, in einem Lande aus Milch und Honig angekommen.[622] Dennoch haben sie den Verlockungen des afrikanischen Luxus widerstanden.[623]

d) Die Barbaren als Vorbilder im Leben nach den Zivilgesetzen

Ins Mark des römischen Weltherrschaftsanspruches trifft schließlich auch Salvians Kritik an der römischen Rechtspraxis. Schon die einfachsten Gebote, so das Verbot zu stehlen, werden unter Römern nicht eingehalten. Ein Richter straft den Dieb, obwohl er selbst Diebstähle begeht.[624] Im öffentlichen wie im privaten Leben lässt der römische Magistrat es am Gesetzesgehorsam fehlen. Während der Niedrige zum

618 *Salvian*, De gubernatione Dei, VII, 11, 45.

619 *Salvian*, De gubernatione Dei, VII, 16 nennt für die Goten Treulosigkeit, für die Alanen Unzucht, für die Franken die Lüge, für die Sachsen Wildheit und Grausamkeit als bezeichnende Laster. Ihnen stehen jedoch entsprechende Tugenden gegenüber. Der göttliche Befehl in VII, 13, 54 lautet: „Ascende ad terram hanc et demolire eam."

620 *Salvian*, De gubernatione Dei, VII, 16.

621 *Salvian*, De gubernatione Dei, VII, 15, 62.

622 *Salvian*, De gubernatione Dei, VII, 20, 85.

623 Damit stehen sie im Gegensatz zu den Römern früherer Tage, die Salvian im 21. Kapitel erwähnt. Dort stellt er klar, dass das Übel der Unkeuschheit bei den Römern jedenfalls seit der späten Republik bestand. Er stellt damit auf die Sittengemälde Sallusts und Ciceros ab. Die Barbaren sind jenen Römern nach dem Sieg über Karthago, als der Verfall des römischen Staatswesens begann, offensichtlich überlegen.

624 *Salvian*, De gubernatione Dei, VII, 21, 91: „Punit enim iudex in alio peculationem, cum sit ipse peculator, punit rapinam, cum ipse sit raptor, punit sicarium, cum

Gehorsam gezwungen wird, steht der Reiche über den Verordnungen.[625] Zum Muster des Gesetzesgehorsams und einer an der Moral orientierten Gesetzgebung werden so die Vandalen, trotz ihres Sieges und ihrer Ausgelassenheit.[626] Sie schrecken vor der Berührung mit den afrikanischen Lastern zurück und missachten solche Lehren wie diejenige des Sokrates von der Weibergemeinschaft zu Recht.[627]

e) Zwischenbewertung

Salvians Fazit des achten Buches lautet: Der Mensch erleidet die Leiden der barbarischen Invasion zu Recht. Wer die Gebote Gottes missachtet und sich der Trägheit hingibt, anstatt Gerechtigkeit zu üben, wer trotz erkennbarer Strafe im Irrglauben verharrt, erleidet das gerechte richterliche Urteil Gottes. Ein jeder bleibt in den Schlingen seiner Sünde verstrickt. Das gilt für den Einzelnen ebenso wie für die Geistlichkeit, die Herren und Könige.[628]

6. Bewertung

Mit seiner Schrift von der Weltregierung Gottes greift Salvian die zu seiner Zeit viel gehörte Klage auf, dass Gott vor dem Hintergrund des Fanals der barbarischen Invasion die Christen in ihren Gütern nicht schütze. In einigen grundsätzlichen Erwägungen legt er zunächst die Existenz Gottes und seine Zuwendung auf die gegenwärtige Welt dar, um gleichzeitig darauf hinzuweisen, dass gerade materielle Leiden einem Christen, der sich freiwillig für das Seelenglück entschieden hat, nicht zum Unglück führen. Hinzu kommt die christliche Erkenntnis, dass auch für das Wohlergehen des Staates und seiner Verfassung nicht Güterreichtum, sondern christlicher Dienst das einzig maßgebliche Merkmal darstellt.[629] Der Zweck des Menschen auf Erden bestand von Anfang an auch darin, nach Maßgabe des göttlichen Gebotes die Lenkertätigkeit auf Erden auszuüben, also eine Ordnung in *pietas* als Ordnung des Friedens und der Ruhe zu schaffen *(pax, tranquillitas, quietas).* Da er hierin seit Kain fehlging, blieb ihm das göttliche Strafgericht nicht erspart, mit dem ein guter Gott als gerechter *iudex* die Menschen durch Strafe in einem rechtsgemäßen Verfahren (*more iudicii*) zur Besserung anzuleiten suchte. Ohne

ipse sit gladiator, punit effractores claustrorum et ostiorum, cum sit ipse eversor urbium, punit expoliatores domorum, cum sit ipse expoliator provinciarum."

625 *Salvian*, De gubernatione Dei, VII, 21, 91.

626 *Salvian*, De gubernatione Dei, VII, 21 u. 22.

627 *Salvian*, De gubernatione Dei, VII, 23; *Maas*, Salvian, 278 verweist gegenüber diesem positiven Barbarenbild auf andere Darstellungen der Zeit mit gegenteiligem Charakter.

628 *Salvian*, De gubernatione Dei, VIII, 3, 5 mit Verweis auf Gal 6, 8. Der Mensch erntet, was er sät.

629 *Maas*, Salvian, 277.

Ansehung der Person zieht Gott den Menschen für seine Handlungen zur Verantwortung, wenn dieser beständig schlecht handelt. Dadurch liegen zugleich auch die Gebote einer analog ausgestalteten irdischen Herrschaftsordnung vor Augen. Auf der Basis göttlicher Legitimität darf sie friedensgerichtet ihre *iustitia* nur zum Zweck der Besserung und nur unter Beachtung der sich Menschen zuwendenden *misericordia* ausüben.

Es ist ein Grundirrtum derjenigen, die sich Christen nennen, anzunehmen sie seien aufgrund ihres Namens vor Strafe sicher und auf Erden zur Herrschaft berufen. Das Gegenteil ist der Fall. Vor Strafe schützt nur der rechte Gebrauch der Güter. Dieser aber richtet sich gerade nicht auf Herrschaft, Reichtum oder Macht. Höchster Maßstab rechten Tugendgebrauchs ist Nächstenliebe. Sie liegt in der Gegenwart trotz des Sieges des christlichen Glaubens darnieder. Anhand der Verfassung der *res publica Romana* erörtert Salvian, woran das dem Untergang entgegen gehende römische Gemeinwesen krankt. Römische *fides* ist ein leeres Wort; von den reichen Grundbesitzern bis hin zur Nobilität herrschen Raub- und Diebstahlstaten vor. Die Inhaber von *potestas* streben zu allererst nicht nach Nächstenliebe, sondern nach Ehre. Sie vergessen darüber *integritas* und *iustitia*. Der Satz *saeculum totum in malo positum est* kennzeichnet die Herrschaft von *cupiditas* und *libido*, welche die Grundsätze der *lex divina* zu einem Leben in *pietas* und *castitas* ignoriert und das, obgleich sie die Gebote der *iustitia* kennt.[630]

Die These – Gott könne lasterhafte christliche Römerherrschaft niemals zugunsten lasterfreier heidnischer Barbarenherrschaft stürzen – ist unzutreffend.[631] Schlimmer fehlt, wer in Kenntnis des Gebotes dessen Grenzen bewusst übertritt. In dieser Hinsicht aber muss sich Rom seine Kultur, die jedem die Kenntnis des Wortes der Gebote ermöglicht, entgegen halten lassen. Das Ergebnis der Untugend ist für das römische Gemeinwesen verheerend und rüttelt an den Grundlagen der römischen Gesellschaftsordnung schlechthin. Ausgehend von den Lastern römischer Herrschaft betont Salvian die Abwesenheit der *libertas* im römischen Staatswesen, die unter Barbaren größer sei als dort. Auch die römische Zivilgesetzgebung ist, in Ansehung der Tugenden, der barbarischen unterlegen. In beständiger *iniustitia* knechtet Rom seine Bürger, deren Bürgerrecht wertlos erscheint. Römische Rechtfertigungsmechanismen, einem langen Frieden folge die Muße und mit der Muße folgten die Laster, versagen vor dem Hintergrund der allen bekannten und eindeutigen christlichen Lehre und ihrer Inhalte. Das Christentum erteilt dem Menschen für den Frieden die klare Handlungsanweisung zur *pietas* und *misericordia*. Dass Gott sein Strafgericht durch Barbaren vornimmt, spricht eine deutliche Sprache im Hinblick auf die in Anspruch genommene christliche Römertugend. Gegenüber frommen Barbaren verlassen sich die Römer alleine auf die Macht der Waffen – das Bild des christlichen Barbarensiegers (etwa Theodosius) ist so in der Gegenwart in sein Gegenteil verkehrt. Aufgrund seiner Laster fällt Rom: *quoniam qui se exaltat*

---

630 *Stroheker*, 68.

631 *Maas*, Salvian, 282: Man muss kein guter Römer sein, um ein guter Christ zu sein.

humiliabitur. Im Sturz verlacht es Ausmaß und Gründe des eigenen Untergangs in Circusspielen. *Moritur et ridet.*

V. Sidonius Apollinaris

Mit dem gallischen Rhetor, Schriftsteller und späteren Bischof von Clermont-Ferrand Sidonius Apollinaris (*5.11.431 Lyon, † um 486) findet die (überlieferte) Kaiserpanegyrik des lateinischen Westens ihren Abschluss. Anders als Claudian und sein späterer Nachfolger Venantius Fortunatus war Sidonius kein „wandering poet", sondern entstammte einer hohen Familie der gallischen Senatsaristokratie. Die Familie bekannte sich bereits seit zwei Generationen zum christlichen Glauben. Vater und Großvater waren Inhaber der Prätorianerpräfektur gewesen. Die Heirat mit Papianilla, der Tochter des späteren Kaisers Avitus, um das Jahr 450 entsprach dem familiären Status. Über den Schwiegervater fand Avitus auch Zugang zum westgotischen Königshof. Das Porträt des Westgotenkönigs Theoderichs II. (Ep. 1, 2, ca. 454) gehört zu den bekanntesten seiner Briefe.[632] Den ersten Panegyrikus hielt er am 1. Januar 456 auf den im Juli 455 mit westgotischer Duldung zum Kaiser erhobenen Schwiegervater in Rom, der ihm die Rede mit der Errichtung einer Bronzestatue dankte. Bereits im Herbst des Jahres 457 wurde indes Avitus unter maßgeblicher Beteiligung des von ihm selbst ernannten *Magister militum* Flavius Ricimer als Kaiser abgesetzt und durch Maiorianus ausgetauscht. Trotz der Ermordung des Schwiegervaters im selben Jahr verstand sich Sidonius bereits Ende des Jahres 457 zu einem Panegyrikus auf den neuen Kaiser und war auch danach als *comes* für den neuen Herrscher tätig. Nachdem auch Maiorian im Jahre 461 durch den Patricius Ricimer abgesetzt und ermordet worden war, zog sich Sidonius auf seine gallischen Güter zurück, wo er möglicherweise seine Berufung zum christlichen Glauben erfuhr. Am 1.1.468 rückte ihn der Panegyrikus auf den Kaiser Anthemius, der 467 auf Veranlassung Ricimers vom oströmischen Kaiser Leo I. im Westreich eingesetzt worden war, noch einmal in das Licht der Öffentlichkeit. Im gleichen Jahr wirkte er als Stadtpräfekt Roms. Der wegen Verschwörung angestrengte Prozess gegen seinen Freund Arvandus veranlasste ihn um 469/470 zur Rückkehr auf seine gallischen Güter. Um dieselbe Zeit wurde er zum Bischof von Clermont-Ferrand gewählt und damit zum geistlich-politischen Oberhaupt der Auvergne. Zwischen 471 und 474 unterhielt er dort eine eigenständige Truppe von Soldaten, mit deren Hilfe er sich der westgotischen Eroberung der Auvergne entgegenstellte. Der Friedensschluss des Eurich mit Julius Nepos zwang Sidonius in die Verbannung. Bereits 476 erreichte er aber die Aussöhnung mit dem Westgotenkönig Eurich, dem er im selben Jahr zu Bordeaux einen (leider verlorenen) Panegyrikus darbot. Nach der Publikation seiner umfangreichen Briefesammlung (477 und 482) starb Sidonius Apollinaris.[633]

632 Dazu *Sivan*, Hermes 117 (1989), 85.
633 Zu Leben und Werk vgl. *Mathisen*, TAPh.A 109 (1979), 165–167.

1. Der Panegyrikus des Sidonius auf Avitus (455)

Mit Eparchius Avitus folgte dem erst im März 455 zum Kaiser erhobenen und bereits im Mai ermordeten Petronius Maximus im Juli desselben Jahres der Schwiegervater des Sidonius auf den weströmischen Kaiserthron. Der zu seinen Ehren verfasste Panegyrikus des Jahres 455 bietet nach den Panegyriken Claudians (bis 404) erstmals wieder ein lateinisches Herrscherlob. Es weicht allerdings aufgrund der zeitlichen Zäsur und der inzwischen völlig veränderten politischen Lage des Westreiches – Ermordung Stilichos, Invasion germanischer Stämme mit eigenen Reichsgründungen in Spanien, Gallien und Afrika – von dem des Claudian ab. Dies gilt insbesondere für die Schwerpunktsetzung zwischen ziviler und militärischer Tugend.

Schon zu Beginn sorgt in Ansehung der christlichen Herkunft des Panegyrikers die Aussage, dass Phoebus (Apoll) in Avitus ein gleichwertiges irdisches Licht gefunden habe, also seine Strahlen nun wieder auf den Himmel beschränken könne, für Irritation.[634] Man wird sie aber wohl weniger dem fehlenden christlichen Bekenntnis des Sidonius Apollinaris, als vielmehr der konsequenten Anknüpfung an die rhetorisch-panegyrische Tradition sowie den römischen Weltherrschaftsgedanken, vorgetragen in Gestalt der alten Göttermystik zuzurechnen haben.[635] Die folgende Ankündigung, Avitus sei berufen das durch Unglücksfälle geplagte Rom zurück zu alter Größe zu führen, gibt zugleich das Programm des Panegyrikus vor. Es ist der Restitutionsgedanke im Gewand der veränderten Umstände.[636]

a) Roma vor Jupiter – die Macht des Fatums

aa) Der Niedergang der Macht Romas nach dem Ausgang der Republik

Die Schilderung des gegenwärtigen Zustandes des Westreichs wird von dem Verfasser in Gestalt einer einer Götterersammlung vor dem Himmelsvater Jupiter konzipiert. Alleine die Tatsache, dass die Götter der Welt den Blick zuwenden, ist Erweis der göttlichen Anteilnahme und Garantie einer Besserung ihrer künftigen Verfassung.

Der Auftritt Romas vor dem Thron des Göttervaters deckt schonungslos die gesamte Problematik der weströmischen Situation auf: Roma tritt gesenkten Hauptes, mit schleifendem Schritt und hängendem Schild vor den Kreis der Versammelten.[637]

---

634 *Sidonius*, Carm. VI, 35; Carm. VII, 1 f.

635 Die Berufung auf Vorbilder in der lateinischen Panegyrik fällt nichtsdestotrotz nicht leicht. V. a. die Götterreden der drei Panegyriken sind in der lateinischen Panegyrik in dieser Konsequenz ohne Vorbild. Offensichtlich ist aber, dass Sidonius die „alten" Bilder verwendet, um Ansprüche der Roma und die Verknüpfung Roms mit dem Götterhimmel, darzutun.

636 *Sidonius*, Carm. VII, 5–15.

637 *Sidonius*, Carm. VII, 16–39; zu Roma: 46–49: „...curvato cernua collo ora ferens; pendent crines de vertice, tecti pulvere, non galea, clipeusque impingitur aegris gressibus, et pondus, non terror, fertur in hasta." Zur Roma-Darstellung vgl. *Riedl*,

Ihre Rede an Jupiter beklagt zunächst die Macht des Fatums, die ihr Schicksal zum Schlechteren bestimmt habe, seit ihren Händen das Schwert entwunden worden sei.[638] Die ihr unter republikanischen Imperienträgern zukommende Fähigkeit, von anderen Königreichen die *pax* zu fordern, mit der unter Caesar die römische Gewalt bis an die Grenzen der Natur (Britannien) ausgedehnt werden konnte, ist abhandengekommen. Rom, früher bis an die Grenzen der Welt reichend, hat sich gegenüber den Vandalen nicht einmal mehr als sich selbst genügende Grenze erwiesen. Es ist nicht länger *sine fine*.[639]

bb) Die Auslieferung Romas an die Kaiser

Der Umschwung, der mit dem Ausschluss des Volkes vom Recht (*excusso populi iure*), d. h. mit dem Übergang der Herrschaft vom Senat auf den Prinzipat seinen Anfang nahm, hat Roma zum Eigentum der Kaiser gemacht und ihr Königtum zum Spielball der Cäsaren werden lassen.[640] Den damit verbundenen Makel des Verfassungszustandes unterstreicht Sidonius mit Exempla von Kaisern der julisch-claudischen und flavischen Dynastie. Roma ist Tiberius, Gaius, Claudius und Nero ausgeliefert. Erst mit Nerva findet sie ihre *tranquillitas* wieder. Ausdrücklich erwünscht ist dagegen Kaiser Trajan, der nicht im Wege der Erbfolge, sondern aufgrund seiner Tugenden (*fortitudo, pietas, integritas*) zu Herrscherwürden gelangt. Nach seinen Nachfolgern sehnt sich Rom zu jeder Zeit.[641] Sidonius lässt so bereits im einleitenden Teil seines Herrscherlobes die Zäsur erkennen, die zwischen der republikanischen Verfassung und der Einpersonenherrschaft der Kaiserwürde, aber auch zwischen tugendhafter Führung des kaiserlichen Amtes und Willkürherrschaft besteht. Seine Bewertung der frühen Kaiserdynastien deutet an, dass jedenfalls in der Regel eine dynastisch legitimierte Kaiserwürde nicht tugendhaftes Handeln nach sich zieht.[642] Auf eine weitere Ausprägung des Gedankens verzichtet er an dieser Stelle allerdings ebenso, wie auf eine Ausformung des Tugendideals. Die Antwort

---

Gymnasium 102 (1995), 539: Schild/Helm/Schwert und Lanze rücken Roma in die Nähe zu Mars und Minerva, regelmäßig amazonenhafte Gestalt, Impetus und Metus im Gefolge; *Klein*, Romidee, 128.

638 *Sidonius*, Carm. VII, 58–60; 61–71. Das Motiv „Roma vor Jupiter“ findet sich so schon zum Eingang von Claudians Bello Gildonico mit ähnlicher Konnotation angesichts des Verlustes Afrikas.

639 *Sidonius*, Carm. VII, 79–95; 96–100. *Rigobert*, Apoll. Sid., 655: Die pessimistische Einschätzung Roms als eines Schattenreiches vergangenen Glanzes teilt Jupiter.

640 *Sidonius*, Carm. VII, 100; 102–104: „sum tota in principe, tota principis, et fio lacerum de Caesare regnum, quae quondam regina fui.“

641 *Sidonius*, Carm. VII, 104–106; 115 f. Einzig ein Kaiser wie Trajan ist ein rechter Wächter der Gefangenschaft. Zum Wunsch nach Tugendherrschaft auch *Harris*, Sidonius, 55, der diesen v. a. auch darauf zurückführt, dass seit den Zeiten des Honorius einzig Heerführer geherrscht hätten. Avitus steht dagegen in der Nachfolge Trajans, vgl. *Reydellet*, 54.

642 *Reydellet*, 55.

Jupiters bietet ebenso wenig eine Lösung des Dilemmas an, wie der Rückgriff auf die Exempla römischer Stärke in der Vergangenheit. Der Göttervater äußert nur, auch er sei machtlos gegenüber dem Schicksal. Er wisse nur, dass dasjenige, was den höchsten Punkt seiner Bahn erreicht habe, notwendigerweise heimgesucht werden müsse und, dass Fortuna gegen die seinem Schutz unterstehende Macht von jeher Groll hege.[643]

b) Avitus: Jugend und Erziehung

Einzig der Rekurs Jupiters auf den Kaiser weist den Weg: Aus dem gallischen Averner-land stammt die Hoffnung der Welt in Gestalt des Avitus, der vor Waffen keine Furcht hat.[644] Der Verweis auf seinen familiären Hintergrund – seine Vorfahren haben kurulische Ämter ausgeübt und waren Präfekten – fehlt nicht, wird aber übertroffen vom Tatenlob.[645] Schon als Kind zum Herrscher ausersehen, hat sein Vater unter den Augen der Welt sichergestellt, dass Avitus schon früh mit widrigen Witterungsverhältnissen, den Musen und den Taten vergangener Anführer in Kontakt kam.[646] Gelegenheit die erworbene, herkulesgleiche *fortitudo,* unter Beweis zu stellen bot ihm die siegreiche Auseinandersetzung mit einer Wölfin.[647] Für den weiteren Lebensweg als mindestens ebenso entscheidend haben sich aber seine diplomatischen Fähigkeiten erwiesen, Avitus erfolgreiche Bitte um Steuererleichterungen für Gallien vor Constantius III. stellt seine Erstlingstat im Dienste Roms (Galliens) dar.[648]

c) Avitus im Dienste Roms

Ihr schließt sich der Aufenthalt des Avitus am Hofe des Westgotenkönigs Theoderichs I. an. Durch seinen Einsatz für die römische Geisel Theodorus (*pietas*) und seine Treue gegenüber dem Gotenkönig (*fides*) gewinnt er dessen Freundschaft.

---

643 *Sidonius*, Carm. VII, 123–126: „Fatum, quo cuncta reguntur quoque ego, non licuit frangi. sat celsa laborant semper, et elatas nostro de munere vires invidit Fortuna sibi…"; 127–135: Exempla der Bedrohung sind Porsenna, Brennus, Hannibal. Die Ausführungen Jupiters (136–138), Roma könne eventuell aus dem Gesagten bereits erahnen, was er vorzuschlagen gedenke, beziehen sich jeweils auf die Abwehr der Gefahrensituation – Porsenna wurde von Scaevola vertrieben; Brennus konnte das Kapitol nicht einnehmen; Hannibal wurde durch Scipio Africanus dazu gezwungen, seine Unternehmungen in Italien aufzugeben. In der Regel ist Rom also durch einen Mann gerettet worden.

644 *Sidonius*, Carm. VII, 127–135; 148–150: „spes unica rerum, hanc, Averne, colens nulli pede cedis in armis quosvis vincis equo."

645 *Sidonius*, Carm. VII, 148–159.

646 *Sidonius*, Carm. VII, 169 f.; 171–77. Mit anderen Worten: Avitus erhielt eine klassische Bildung.

647 *Sidonius*, Carm. VII, 177–186.

648 *Sidonius*, Carm. VII, 207–213. Sidonius belegt zugleich, dass die Äußerungen des Orosius und Salvian betreffend die Zustände in Gallien nicht übertrieben sind.

Seine Unempfänglichkeit für Bestechungen verstärkt die erworbene Achtung – Avitus weigert sich, seine römische Herkunft zu verleugnen. Sidonius vergleicht ihn mit Fabricius, der den Goldgeschenken des Pyrrhos widerstand.[649]

Seine Tapferkeit im Kampf beweist er im Dienste des Aetius. Als künftigen Kaiser weist ihn bereits aus, dass zwar Aetius keine Handlung ohne ihn durchführt, er aber häufig ohne Aetius handelt.[650] Dass auch ein Römer den fragilen Frieden Galliens stören kann, zeigt der Feldzug des Litorius gegen die Westgoten. Obwohl sie auf der Seite Roms kämpfen, brandschatzen die skythischen Verbündeten römisches Territorium.[651] Nach der Ermordung eines Dieners des Avitus durch umherstreichende Plünderer nimmt dieser die Verfolgung des Mörders auf, stellt und tötet ihn. Das Aufeinandertreffen der Gegner „*...hic ira tremit, ille metu...*" demonstriert, dass Sidonius anders als Claudian nicht die These von der beständigen Mäßigung der Affekte durch die Tugend vertritt. Ihm genügt zum Tugendlob, dass Avitus dem hinterlistigen Mörder überhaupt die Gelegenheit eines offenen Kampfes zubilligt.[652]

Die 439 erlangte Präfektur bietet für Sidonius die Gelegenheit, auf die dem Recht gemäße Amtsführung des Kaisers zu verweisen. Aufgewertet wird dieses offenbar gemäßigt ausfallende Tugendlob der Amtstätigkeit erst durch die Kenntnis der etwa zeitgleichen Kritik Salvians an der Amtsführung der Provinzialen. Entscheidender aber ist wiederum, dass es Avitus gelingt, den Frieden mit den Goten in dem Augenblick zu erhalten, als Aetius durch beständige Kämpfe geschwächt ist und daher die Bedrohung weder durch Bestechung noch durch Soldaten und Gebete abwenden kann. Den Zorn Theoderichs I. über den von Hunnen unterstützten Feldzug des Litorius besänftigt Avitus durch Befestigung eines *foedus*. Seine Rede allein löst Probleme der Welt, die auf keine andere Weise behebbar erschienen.[653]

Als Kaiser nunmehr selbst *auctor* römischer Gesetze, war er es, der dadurch die Einhaltung römischen Rechts sichergestellt hat.[654] Die Treue des Avitus gegenüber dem römischen Staat ist also nicht nur Treue gegenüber seinen Bürgern (Theodorus), sondern manifestiert sich als aktive Durchsetzung römischer Gesetze auch in einer potentiell feindlichen und übermächtigen Umgebung. Der zukünftige Kaiser erweist sich dadurch als regierungstauglich, dass er sich selbst in allem dem Recht

---

649 *Sidonius*, Carm. VII, 215 f.; 217–222: „res mira et digna relatu, quod fueris blandus regi placuisse feroci."; zum Bestechungsversuch vgl. 223–229.

650 *Sidonius*, Carm. VII, 230–243, v. a. 232.

651 *Sidonius*, Carm. VII, 246–250: „Litorius Scythicos equites tum forte subacto celsus Aremorico Geticum rapiebat in agmen per terras, Arverne, tuas; qui proxima quaeque discursu, flammis, ferro, feritate, rapinis delebant, pacis fallentes nomen inane."

652 *Sidonius*, Carm. VII, 251–269; 280–284; das Zitat in 287.

653 *Sidonius*, Carm. VII, 295 f. zu seinen Leistungen als Präfekt, 299; zu Aetius; 302–308: „foedus Avite, novas; saevum tua pagina regem lecta domat." Zum Verhältnis Avitus/Theoderich I. u. II. vgl. *Sivan*, Hermes 117 (1989), 87.

654 *Sidonius*, Carm. VII, 312 f.: „littera Romani cassat quod, barbare, vincis. iura igitur rexit; namque hoc quoque par fuit, ut tum assertor fieret legum qui nunc erit auctor...".

verpflichtet fühlt. Sidonius folgt damit nicht der Auffassung Claudians, der auch den Kaiser an die von ihm erlassenen Gesetze band. Er hebt aber ebenso wie dieser die zentrale Bedeutung des Rechtsgedankens für die Beurteilung der Qualifikation des Tugendkaisers hervor.

Ganz im Sinne der tradierten römischen Auffassung steht Sidonius dann wieder, als er den Rückzug des Avitus aus der Präfektur auf seine Güter schildert. Auch auf dem Land gibt er sich nicht der Muße hin (*otium*), sondern widmet sich der Verbesserung vor allem seiner Waffentugenden.[655] Als schließlich etwa ein Jahrzehnt später „die gesamte barbarische Welt" gemeinsam mit den Hunnen in Gallien einfällt, steht er Aetius bei dem Unternehmen zur Seite, die Unterstützung der Westgoten zu gewinnen.[656]

Der Umfang der Abhängigkeit Roms von einem *privatus* lässt sich an den ihm zugesprochenen Attributen ablesen. Sidonius bezeichnet den Schwiegervater als *limes* des Reiches, Heil der Welt (*orbis salus/spes orbis*) und Garant des Friedens mit den Goten. Mehr noch verdankt ihm das Reich, dass Goten hinter römischen Kriegstrompeten gemeinsam mit Römern in die Schlacht ziehen.[657] Seine Fähigkeiten bestätigt er erneut nach der Ermordung des Aetius und der Erhebung des Petronius Maximus auf den Thron.[658] Dieser befördert Avitus vom Feld aus in den Rang eines Magister militum, zu einer Zeit, in der die Goten sich bereits als die neuen Herren Roms sehen und dazu übergehen, die Beute ihres kommenden Feldzuges zu zerteilen.[659]

Die Waffen des neuen Heermeisters bestehen weniger in militärischer Stärke, als in dem durch seinen Namen gebotenen Respekt: Alemannen, Sachsen und Chatten stellen ihre Plünderungen nach Erhalt der Nachricht von seiner Erhebung ein. Seine Stilisierung zu einem „Heermeister des Friedens" besorgt Sidonius schließlich mit der erneuten Schilderung seines kurz darauf in Angriff genommenen Besuchs am

655 *Sidonius*, Carm. VII, 317–319.

656 *Sidonius*, Carm. VII. 319–321; 328 ff.; 334 ff. Seine Leistung wird dadurch gesteigert, dass Sidonius den ursprünglichen Entschluss der Westgoten, lediglich ihr Land zu verteidigen, hervorhebt. Zum otium bei Sidonius Apollinaris vgl. *Harris*, Sidonius, 103.

657 *Sidonius*, Carm. VII, 339–344. Er ist die Hoffnung der Gebete des Aetius, 344–347; auch 352: „spes orbis".

658 Die Ermordung des Aetius auf Veranlassung Valentinians III. beschwor eine Reihe von Unruhen unter den barbarischen Stämmen herauf, da die mit Rom abgeschlossenen Verträge zumeist unter seiner persönlichen Vermittlung zustande gekommen und in ihrer Gültigkeit für die Barbaren unmittelbar mit dem „Charisma" des Heerführers verknüpft waren.

659 *Sidonius*, Carm. VII, 359–378 zur gotischen Bedrohung; 379 ff.: Berufung des Avitus. Es fehlt nicht der Verweis (384) auf Cincinnatus. Mit dem Bild der „Zwölf Geier", (Carm. VII, 357), die den zwölf Rom verheißenen saecula entsprechen, kündet der Panegyrikus vom möglichen Ende Roms, dazu *Rigobert*, Apoll. Sid., 654 f.

gotischen Hof, der inzwischen unter der Herrschaft Theoderichs II. steht. Wie schon die übrigen Völker befällt auch die gotischen Großen (*duces*) beim Herannahen des Avitus Furcht.[660]

d) Schwerter zu Sicheln – die Frieden schaffende Treue

Nicht die Begegnung mit ihnen, sondern mit einem einfachen gotischen Bauern macht Sidonius zum maßgebenden Beispiel des Friedensstrebens. Im Rekurs auf Vergil, möglicherweise auch das biblische Motiv Michas (4, 3) und nachdem die Szene bereits von Claudian aufgegriffen worden war, trifft Avitus ihn gerade im Moment des Umschmiedens seiner Sichel zu einem Schwert an.[661] Die Überraschung des Goten über das Erscheinen des Avitus, die sich zunächst in dem Ausruf: *periit bellum, date rursus aratra!* Bahn bricht, paart Sidonius mit der Erinnerung an frühere, durch Avitus vermittelte Friedensschlüsse. Von dem Goten handelt sich Avitus den Vorwurf ein, nur aufgrund der durch die *fides* des Heermeisters begründeten Bindung würden die Goten stets von den Göttern zur Aufgabe ihrer Kriegspläne gezwungen.

Otium und *quietas* fließen aus der *fides* eines Mannes. Durch ihn sind die Goten nicht nur zur Gewährung der Vorteile des Friedens an die Römer verpflichtet, sondern werden in Ansehung des ihnen zuteilwerdenden Friedens selbst zu Schuldnern des Avitus. Gegenüber ihm, der den Frieden aufrichtig liebt (*pacem fortis amas*), beugen sich auch die gotischen *reges*. Der gotische Zorn vergeht.[662] Der Bauer unterstellt sich am Ende selbst römischen Waffen, um so wenigstens kämpfen zu können.[663]

Die Schilderung der Zusammenkunft am gotischen Hof in Toulouse baut auch den Treuegedanken weiter aus. Während in Gallien die Burgunder, in Italien die Vandalen einfallen, spricht Avitus vor dem Ältestenrat.[664] Dem freimütigen Bekenntnis, dass auch er lieber in der *quietas* des eigenen Landgutes verharrt hätte, als sich erneut in die Pflicht zu begeben, folgt die als Bitte gestaltete Ermahnung an das alte, mit Theoderich I. vereinbarte, *foedus*. Avitus bekennt, dass Fortuna sich mit dem Tod des alten Herrschers offenbar den Chancen eines friedlichen Ausgleichs als

660 *Sidonius*, Carm. VII, 404 f. Zur Bedeutung der Verknüpfung des Avitus mit den Goten vgl. *Harris*, Sidonius, 70.

661 *Sidonius*, Carm. VII, 411 f. „Hic aliquis tum forte Getes, dum falce recocta ictibus informat saxoque cacuminat ensem...".

662 Sidonius, Carm. VII: 416–421: „otia si replico priscae bene nota quietis, non semel iste mihi ferrum tulit. o pudor! o di! tantum posse fidem! quid foedera lenta minaris, in damnum mihi fide meum? compendia pacis et praestare ibues nos et debere. quis umquam crederet?"; 422–425: „en Getici reges, parere volentes, inferius regnasse putant! nec dicere saltim desidiae obtentu possum te proelia nolle: pacem fortis amas."

663 *Sidonius*, Carm. VII, 429 f.

664 *Sidonius*, Carm. VII, 431–458 zu den Umständen des Treffens.

nicht gewogen erwiesen habe. Er verweist aber auf das Beispiel Theoderichs I. und die Liebe und Treue, die in mit dem gotischen Hof verbinde. Sein abschließendes Plädoyer: *Si tibi nulla fides, nulla est reverentia patris, i durus pacemque nega*, fordert die Antwort der Versammlung heraus. Es soll Frieden herrschen: *proelia damnans seditiosa ciet concordem turba tumultum.*[665]

Erst jetzt tritt der Gotenkönig Theoderich II. persönlich auf. Seine Rede, die sich der Sache nach dem Votum des Rates anschließt, gemahnt auch an die vorangegangene Begegnung des Avitus mit dem Bauern. Früher – d. h. zu Zeiten der Regierung Theoderichs I. – hat der *rex* Avitus im Geiste dafür verurteilt, den Frieden zu begehren. Es erschien ihm nicht nachvollziehbar, dass ein *dux* den Frieden suchen sollte, obwohl er die Macht zur Durchsetzung seiner Interessen auf militärischem Wege im Waffendienst der Völker hat und daher seinen Gegner in die Knechtschaft zwingen kann. Erst dank seiner Erziehung, angeleitet durch Avitus, habe er Gefallen an römischen Gesetzen gefunden. Vergil habe ihm eingegeben, dass die Goten ihre *mores* lockern sollten. Avitus selbst habe ihn gelehrt, stets den Frieden zu begehren.[666]

Die Konsequenz daraus – ein Friedensstreben der Goten gegenüber Avitus – lässt Rom zum Nutznießer des Treueverhältnisses werden. Das frühere fehlende Verständnis für die Friedensgewährung des Stärkeren hat sich zum unbedingten Gehorsam gegenüber dem Frieden auch mit einem nunmehr Schwächeren gewandelt.[667] Einzig eine letzte Voraussetzung der gotischen Gefolgschaft die im doppelten Verhältnis von Freundschaft und Heeresdienst besteht (*te duce amicus, principe te miles*) ist noch zu erfüllen. Avitus selbst soll sich zum Augustus des vakanten Kaiserthrones ausrufen lassen.[668]

e) Die Zuwendung der Goten auf Frieden und römische Gesetze als Leistung des Avitus

Die letzte Gesandtschaftsreise des Avitus an den gotischen Hof schließlich ermöglicht es Sidonius, sowohl die Herrschaft des Avitus zu legitimieren, als auch die Wandlungen des gotischen Volkes im Verhältnis zur römischen Rechts- und Friedensordnung herauszustellen und zugleich das Verhältnis Roms zu den Barbaren auf neue Grundlagen zu stellen. Die Prinzipatswürde wird Avitus als einem

---

665 *Sidonius*, Carm. VII, 431–458; 460–469; zum fortuna-Gedanken 473 f.; 485–488.

666 *Sidonius*, Carm. VII, 489–492: „dudum, dux inclite, culpo poscere te pacem nostram, cum cogere possis servitium, trahere ac populos in bella sequaces."; 495–499: „mihi Romula dudum per te iura placent, parvumque ediscere iussit ad tua verba pater docili quo prisca Maronis carmine molliret Scythicos mihi pagina mores; iam pacem tum velle doces." *Sivan*, Hermes 117 (1989), 85 f.

667 *Sidonius*, Carm. VII, 493–495; 504 ff.

668 *Sidonius*, Carm. VII, 508–512. *Sivan*, Hermes 117 (1989), 88 f.: Hervorhebung der gemeinsamen Wurzeln von Goten und Römern; gänzlich neues Bild eines Barbarenkönigs.

Tugendkaiser zuteil, der vor allem durch *fides* herausragt. Dank dieser ist er auch zum Tugendvorbild der Goten avanciert. Seiner Unterrichtung ist zu danken, dass die Goten nunmehr römischen Gesetzen und dem Frieden mehr abgewinnen können, als einer Stärke, die sich auf Heeresmacht stützt. Damit aber ist zugleich die Art des Gefolgschaftsverhältnisses der Goten zu Avitus umrissen. Es wird personal bestimmt als Treueverhältnis und äußert sich materiell im Dienst am *princeps* und damit im Kampf für die römischen Gesetze. Zur Augustuswürde gelangt Avitus auf Wunsch der Goten. Aufgrund der ihm eigenen Bescheidenheit ist ihm das Streben nach Herrschaft fremd. Er steht damit in der Reihe vorangehender Tugendkaiser. Zum Usurpator taugt er ohnehin nicht; die Augustuswürde war, wie Theoderich II. zutreffend festhält, nach dem Tod des Petronius Maximus vakant. So wird er durch die Goten für den Prinzipat gewonnen. Er ist aber zugleich Tugendvorbild der sich ihm unterstellenden Goten und damit nicht Kaiser „von Gnaden der Goten", sondern Kaiser kraft eigener Tugend.

f) Der Umbruch des Königtums von affektiver Gewaltherrschaft zur Friedensherrschaft

Wie schon Salvian von Marseille, so hat auch Sidonius die Tatsache der Wandlung des gotischen Volkes von der kriegerischen Wanderschar zum sesshaften Bauerntum im Dienste Roms bewegt. Nach wie vor gerne durch Affekte wie den Zorn zum Krieg gereizt, schmiedet das gotische Volk zwar tatsächlich noch gerne Sicheln zu Schwertern, im Geiste und in der täglichen Arbeit jedoch bereits Schwerter zu Sicheln. Die Kenntnis römischer Gesetze und römischer Sittlichkeit wandelt das den Goten immanente Bewusstsein von der kriegerischen Interessendurchsetzung des Stärkeren zum Wunsch nach Frieden, der in dem Beispiel des Bauern die Affekte überwindet. Zu diesem Frieden treibt die Westgoten die Treue des Avitus einerseits als eine Art Gewalt. Das mit ihm begründete Treueverhältnis vermögen sie gegen ihn nicht zu brechen. Andererseits vermittelt Treue ihnen in der Kenntnis der römischen Gesetze den Frieden als einen rechtlichen und moralischen Wert. Sie werden so selbst „zu Schuldnern des Friedens" gegenüber Avitus. Durch das Band der Treue gebunden, sind die Goten gezwungen, sich mit der Überwindung der Affekte auseinanderzusetzen. Ihre Integration in den römischen Friedensraum ist für Sidonius jedenfalls teilweise durch ein in personaler Weise auftretendes Rom fremdbestimmt.

Der hier durch Sidonius propagierte Friedensbegriff unterscheidet sich zudem deutlich von dem üblichen Schema der Pax Romana. Die Tatsache, dass sich mit Goten, Vandalen und Burgundern Barbarenvölker fest im Römischen Reich angesiedelt haben, führt auch von römischer Seite her zum Umdenken. Erkennen die Barbaren die römische Rechtsordnung an, orientieren sie sich an römischen Werten, so kommen sie nicht nur als Föderaten oder für den Armeedienst in Betracht, sondern sind Partner Roms. Der Friede des Avitus mit den Goten besteht in einem synallagmatischen Gegenseitigkeitsverhältnis. In Zeiten größerer römischer Heeresmacht hat Avitus von römischer Seite aus den Goten den Frieden geboten, obgleich sie zum Frieden in ihrer geistigen Entwicklung nicht fähig waren. Nunmehr halten die Goten Rom gegenüber den Frieden für erwiesene Treue. Das Friedensverhältnis erinnert so an die frühesten Friedensschlüsse der republikanischen Zeit (*fides*-Gedanke). Es trägt Elemente des von Sallust propagierten Friedensideals in sich.[669]

g) Die Ablehnung des dynastischen Kaisertums

Das so durch Treue und Frieden bestimmte Kaisertum des Avitus lässt sich weiter abgrenzen von der dynastischen Regierung. Auf massive Kritik stößt bei Sidonius vor allem der letzte Vertreter der theodosianischen Dynastie, Valentinian III. Der Bericht des Galliers über seine Regierung (424–455) knüpft nahtlos an die Feststellungen Salvians an. Die Grausamkeit der Fortuna ließ das Leben schlimmer erscheinen als den Tod, zumal auch die Plünderung Roms durch die Vandalen die letzte Konsequenz seiner Amtsführung bildet.[670] Zu lange ist Gallien daher der Ordnung der Laster eines alten Hauses gegen Vernunft und Recht gefolgt.[671] Die von Avitus einberufene Wahlversammlung unterstreicht die Notwendigkeit, Rom selbst nun nicht mehr von einem Feigling regieren zu lassen. Wie zu Zeiten der Galliergefahr und der punischen Bedrohung ist es notwendig, den Feldherren auszutauschen. Geschieht dies wie im Falle des Avitus durch unbestechliches Urteil der Welt (*suffragia mundi nullus emit*), so wird stets ein Mann ausgewählt werden, der aufgrund seiner Verdienste (*meritis*) legitimer Träger von Kaisergewalt ist.[672] So fehlt nicht der Verweis auf die unter ihm sichergestellte *libertas*.[673] Unter dem so durch Jupiter gewährten Kaiser wird Rom gegenüber den Vandalen Libyen zurückgewinnen, wird Pannonien wieder zum Reich gehören und Roma ihre Jugend zurückerlangen – kurz: Das Goldene Zeitalter Roms wird neu begründet werden.[674]

h) Bewertung

Der Panegyrikus des Sidonius auf Avitus lässt in der Funktion des Tugendkaisertums als göttergleiches Licht der Welt sowie im Schema der Rede – Abstammung, Tugenderwerb in der Jugend, Bewährung der *fortitudo* im Feld, rechtsgemäße Amtsführung, Nutzung der Muße zur Vervollkommnung der Tugend – die Anlehnung

669 Auch Sallust hatte den Frieden der Völker mit Rom auf die Treue gestützt. Das Treueverhältnis vernichtet hat das römische Streben nach Herrschaft, d. h. das Laster.

670 *Sidonius*, Carm. VII, 532, 535–537.

671 *Sidonius*, Carm. VII, 538–543.

672 *Sidonius*, Carm. VII, 549 f.; 552–554; 556–558; 568 f.: „pauper legeris; quod sufficit unum, es meritis dives." Dass der Kopf des Reiches künftig seinen Sitz in Toulouse nimmt, ist begrüßenswerte Nebenfolge dieser Entscheidung. Mit der Wahl durch die gesamte Welt zielt Sidonius nicht so sehr auf die offenbar recht eilig einberufene Wahlversammlung ab, sondern auf das Lob der Tugend, die den Kaiser überall auszeichnet.

673 *Sidonius*, Carm. VII, 571: „si dominus fis, liber ero."

674 *Sidonius*, Carm. VII, 584 ff., 601 f.; dazu *Harris*, Sidonius, 80.

an den klassischen Katalog panegyrischer Topoi deutlich erkennen. Spätestens seit Claudian gehört auch die Einbeziehung personifizierter Gottheiten (vor allem der Roma!) zum Kernbestandteil des lateinischen Herrscherlobes. Das Aufeinandertreffen Romas und Jupiters schaltet dem eigentlichen Panegyrikus eine resignative Grundstimmung vor. Avitus schreibt sie zu Beginn und zum Ende des Panegyrikus der Ablösung des Volkes bei der Auswahl der Herrscher, also dem dynastischen Kaisertum zu.

Nicht Abstammung, sondern das Votum des Volkes, im Falle Roms der ganzen Welt, bestimmt den rechten Inhaber der kaiserlichen Gewalt.[675] Es fällt zwingend demjenigen zu, der sich durch höchste Tugend auszeichnet. Nur er kann dem Fatum – in diesem Falle dem drohenden Untergang – etwas entgegen stellen.[676] Ein dynastisches Kaisertum dagegen setzt Rom – zusätzlich zu den ohnehin vorhandenen Unbillen des Fatums und der Fortuna gegenüber dem Großen – auch der Willkür des Herrschers aus.

Die Restitution einer Roma, die sich nicht einmal mehr imstande zeigt die eigenen Mauern zu schützen, ist Aufgabe des Avitus. Ihm ist bestimmt, als Lichtbringer und Hoffnung der Welt das Goldenene Zeitalter im Einklang mit dem Senat als guter Vater zurückzurufen.[677] Die Hoffnung, dieses Werk verwirklichen zu können, richtet sich auf ihn als personalisierten Träger der römischen Friedensordnung. Seiner Treue (*fides*) und seinem Pflichtgefühl (*pietas*) ist einzig die Bindung der Westgoten an Rom zu danken. Gegenüber den übrigen Barbaren ist er in klassischer Tradition der Limes des Reiches. Durch Tugend lebt er das Beispiel der Durchsetzung und Einhaltung römischer Gesetze in einer feindlichen Umwelt. Die Goten, die sich für Sidonius wie für Salvian in einem Prozess des Umbruchs von barbarischer Wildheit zu römischer Friedensliebe befinden, bewahrt er durch das personale Band der Treue vor der Aufhebung des mit Rom von alters her begründeten Rechtsstatus. Rom wird so auch durch die Person des Avitus zu ihrem Lehrmeister des Friedens. Begierig nehmen die früheren Barbaren die Lehren Vergils und die Bedeutung der römischen Gesetze in sich auf.[678]

2. Der Panegyrikus des Sidonius auf Maiorian (458)

Die Wunschvorstellungen des Sidonius vom Goldenen Zeitalter unter der Herrschaft des Schwiegervaters zerschlugen sich bereits ein Jahr nach dessen Regierungsantritt. Zwar gelangen dem von ihm ernannten Magister Militum Ricimer Siege

---

675 Die Auswahlentscheidung bleibt insofern abstrakt, als Avitus keineswegs eine – auch faktisch nicht mögliche – Wahl durch das gesamte Volk erstrebt. In Ansehung des Kaisers ist aber entscheidend, dass von ihm gesagt werden kann, dass auf ihn eine solche Wahl sicher gefallen wäre. Dies ist dann der Fall, wenn der Kaiser Träger der höchsten Tugend ist.

676 *Rigobert*, Apoll. Sid., 655 f.

677 *Rigobert*, Apoll. Sid., 655: Gallien sendet Rom den Retter.

678 Zur Integration der Westgoten: *Harris*, Sidonius, 54.

gegen die Vandalen, auch erfüllten die Westgoten ihre Pflichten gegenüber dem Reich; doch kam es weder zu der von Sidonius gewünschten unmittelbaren Wahrnehmung der Heerespflichten durch den Kaiser selbst, noch gelang es ihm, die Brotversorgung Roms dauerhaft sicherzustellen. Die Entlassung gotischer Verbündeter führte schließlich zu seiner Absetzung durch Ricimer und zur Erhebung Maiorians auf den Kaiserthron, 457 auch zum Tod des Avitus. Dass Sidonius dennoch im Dezember 458 einen Panegyrikus auf den neuen Kaiser verfasst hat, unterstreicht sein Bedürfnis nach Aussöhnung mit dem Kaiserhof,[679] möglicherweise auch weitere politische Ambition, jedenfalls aber, dass es für Sidonius als panegyrischen Rhetor der Zeit offenbar keinen vergleichbaren Ersatz gab.

a) Vergleich der Herrschaft Maiorians mit der Geiserichs

Hatte im Panegyrikus auf Avitus noch der Programmentwurf die einleitenden Sätze geprägt, so wendet sich Sidonius Maiorian sofort mit der Betonung der Legitimität seiner Herrschaft zu. *Non luxu sed lege* und nur widerstrebend habe dieser die Herrschaft übernommen.[680] Wie schon im Panegyrikus auf Avitus bemüht Sidonius auch hier die römische Mythologie. Tugendlob und Herrscherlegitimation des Panegyrikus erfolgen auf einer Versammlung der Provinzen vor dem Stuhl der kriegerischen Roma.[681]

Entscheidendes Anliegen bleibt für Sidonius aber weiterhin die Rückgewinnung Afrikas. Nicht Roma, sondern Afrika trägt daher das Tugendlob Maiorians vor. Zunächst richtet sich der Blick aber auf den Vandalenkönig Geiserich. Als Typus des Barbaren ist er der *famulus* auf dem Thron eines Drittels der römischen Welt, hat die Nobilität vertrieben und zeigt nur gegenüber dem Wahnsinn Liebe.[682] Wie Claudian interpretiert auch Sidonius den römischen Weltherrschaftsanspruch restriktiv im Sinne der klassischen Weltherrschaftsideologie. Seine im Lobpreis des Avitus gegen

679 Dies fördert v. a. die Praefatio, *Sidonius*, Carm. IV, zutage. Sidonius verweist darauf, dass auch der Zorn Caesars gegenüber dem reuigen Angreifer Vergil nicht fortbestanden habe. Im Gegenzug für die Zügelung kaiserlichen Zorns habe Vergil den Kaiser zum Gott gemacht, vgl. 8: „Fecereat hic dominum, fecit ille deum." Die selbst hergestellte Beziehung zu Vergil stellt ihn in die Tradition der großen römischen Dichter des Goldenen Zeitalters, rückt ihn aber auch in die Nähe etwa Claudians. Zum Ort: *Mause*, 35 – vermutlich öffentlich! Zur Nichterwähnung des Avitus auch *Mathisen*, TAPh.A 109 (1979), 166; zum Aussöhnungsgedanken vgl. *Harris*, Sidonius, 87.

680 *Sidonius*, Carm. V, 4; 10–12.

681 *Sidonius*, Carm. V, 40–53. Die Aufzählung aller Provinzen unterstreicht formal den fortbestehenden Weltherrschaftsanspruch Roms.

682 *Sidonius*, Carm. V, 53–64. Die Vertreibung der Nobilität, also v. a. des Geburtsadels, trägt auch bei Sidonius zur Entwertung der Herrschaft Geiserichs bei. Falsch wäre also eine Interpretation, die Sidonius ein ausschließlich an der Tugend ausgerichtetes Herrschaftsverständnis unterstellte. *Harris*, Sidonius, 88.

das dynastische Prinzip vorgebrachte Kritik reicht aber jedenfalls nicht so weit, dass man die Vertreibung des Geburtsadels nicht mehr als Beispiel von Tyrannei anführen könnte. Erneut greift er auch zur Beschreibung der gegenwärtigen Verfassung Roms auf Exempla der römischen Vergangenheit (Brennus, Schlachten an der Trebia und bei Cannae) zurück.[683]

b) Der Gegensatz von ziviler Tugend und lasterhafter Herrschaftsgier

Dank Maiorian ist der Kampf Roms in Afrika aussichtsreich. Seine Familie hat stets treue Heerdienste geleistet, ohne nach Ämtern zu streben. Dies gilt für den Großvater ebenso wie für den Vater, der Aetius als Freund folgte und sich aufgrund seiner *fides* auch gegenüber dem Versuch des Hofes, ihn dem Feldherren zu entreißen, als resistent erwiesen hat.[684]

Die Vertreibung Maiorians aus dem Heer des Aetius in der Jugendzeit des Kaisers ist somit nicht mangelnder Treue geschuldet, sondern vielmehr auf die Intervention der Gattin des Heerführers zurückzuführen. Sie entfaltet die *ambitio* nach Herrschaft, die Aetius vermissen lässt. Auch sie erkennt allerdings im Sternenfatum die Berufung des Maiorian. Über *cupiditas* erhaben folgt er stets und beständig seinen Plänen. Aetius dient er nicht als Soldat, sondern als ein Lernender. Seine Fähigkeit alle Strapazen zu ertragen, lässt die Erringung zukünftiger Herrschaft durch ihn erwarten.[685] Der Widerstand des Aetius gegen die Pläne seiner Frau – er betont, er werde Maiorian nur dann mit dem Schwert angreifen, wenn die Sonne bei Nacht scheine – dient auch dem Tugendlob des Heerführers. Er verhindert aber nicht die Entfernung des Maiorian aus dem Heeresdienst und die daraus für diesen folgende Notwendigkeit, zu den eigenen Landgütern zurückzukehren.

Die so erzwungene Zeit der Muße erweist sich im Nachhinein als Wohltat für die Ziviltugenden Maiorians. Künftige Herren im Frieden (*pax*) auf ihre Güter zu schicken, ist auch für Sidonius bezeichnend für die Verheißung tugendhafter Herrschaft.[686]

683 *Sidonius*, Carm. V, 80–87.

684 *Sidonius*, Carm. V, 107 ff.; 117–125. Dem Vater vertraut Aetius die Verwaltung der Kriegskasse an; zur fides *Reydellet*, 52–55. Maiorian rückt damit zugleich in die Tradition der Kaiser, die sich an die Spitze ihrer Heere stellen, vgl. *Reydellet*, 56.

685 *Sidonius*, Carm. V, 143: Vorwurf an Aetius: „secure iaces, oblite tuorum, o piger: et mundo princeps Maiorianis erit...“; ähnlich 203 f.: Aetius opfere seine Königsherrschaft, ziehe sich selbst den Rivalen heran; 235–258. Es steht zu erwarten, dass Aetius schließlich Siege für Maiorian, anstatt für sich selbst erringt. Dazwischen eingeflochten ist das Tugendlob des Maiorian: 147 f.; 149 f.; 197 f.; 207–210. Am Ende steht die Vorhersage seiner siegreichen Herrschaft: „ut regnet victurus erit?“

686 *Sidonius*, Carm. V, 277–280; 290–296; 300–304.

c) *Ferri malo criminia ferro solvit – wer zum Eisen greift, kommt durch Eisen um.*

Erst nach der Ermordung des Aetius gelangt Maiorian in den römischen Staatsdienst zurück. Sein Förderer, Valentinian III. verliert allerdings binnen kurzer Zeit aufgrund der ihm zugeschriebenen Mordtat die Herrschaft. Wer Blut vergießt und nur die Menge, nicht aber die Seele des Volkes an sich bindet, schafft sich selbst die Quelle seines Unterganges. An christliche Tradition gemahnt der Satz, dass derjenige, der seine Verbrechen mit dem Schwert begeht, auch durch jenes umkommen wird.[687]

d) *Der Erwerb des Fatums durch unermüdlichen Einsatz und Verdienstlichkeit*

Die Person des Maiorian schützt das durch die unermüdliche Tätigkeit (*labor*) erworbene *fatum*. Den Thron erlangt er schließlich alleine aufgrund seiner Meriten und nicht durch Erbschaft. Das Prinzip der dynastischen Erbfolge verwirft Sidonius erneut. Nur die Adoptivkaiser Nerva und Trajan, davor einzig Vespasian, finden seine Zustimmung. Wie Maiorian sind auch sie durch ihre Verdienste und ihren Einsatz zur Kaiserwürde gelangt.[688]

e) *Der Gegensatz von Geiserich und Maiorian*

Noch unterhalb der dynastischen Kaiserwürde steht Geiserich als ein *latro*, dessen Eroberungswerk sich als Sieg der *vitia* über *virtus* erweist. Wie stets in solchen Fällen kann der Sieg des Lasters aber auf Dauer nicht von Bestand sein. *Luxuria* vertreibt die Stärke der Armut, das Eisen weicht dem Gold, durch Nachahmung des Herrschers geht schließlich das Volk mit zugrunde.[689] Die als Antwort auf die Rede Afrikas geäußerte Hoffnung Romas, Maiorian werde sich als im Namen Gottes eingesetzter Rächer (*vindex ... nomine divum)* erweisen, ist also berechtigt.[690] Gerade seine militärischen Tugenden – die Integration verschiedenster Völker in ein römisches Heer, die den Feldzug möglich macht; die über die Leidensfähigkeit der Skythen hinausgehende Gabe, auch unter härtesten Witterungsbedingungen seine

---

687 *Sidonius*, Carm. V, 308–311: „numerum collegerat ergo, non animum populi"; „ferri mala crimina ferro solvit, et in vestram plus concidit ille ruinam." Zur Ablehnung der theodosianischen Dynastie bei Sidonius Apollinaris vgl. Reydellet, 55–58.

688 *Sidonius*, Carm. V, 314–316. Was für Maiorian, Trajan und Nerva unmittelbar zutrifft, ist mittelbar auch auf Vespasian anwendbar („similque labore"). Wieder sind die Kaiser des julisch-claudischen Hauses Negativbeispiele. Der „fatum" Gedanke wird von Sidonius Apollinaris nun gegen das Reich Geiserichs gewandt, vgl. *Rigobert*, Apoll. Sid., 656.

689 *Sidonius*, Carm. V, 327–342.

690 *Sidonius*, Carm. V, 345–349; 352 f.; ebenso 367 f. „pervenit et vincit".

Arbeit (*labor*) zu versehen; sowie das durch ihn gelebte Tugendvorbild – lassen den Sieg möglich erscheinen.[691]

Unter ihm kämpft wieder der Stahl, nicht mehr das Gold für Rom. Er schafft Freiheit von Furcht, indem er sich der *avaritia* seines Gegenspielers gegenüber als immun erweist.[692] Wie schon Avitus ist auch Maiorian Vorbild. Selbstverständlich achtet er als Gesetzgeber die eigenen Gesetze.[693] Bedeutender für Gallien, dessen Vernachlässigung durch frühere Kaiser Sidonius in vielen Worten herausstellt, ist allerdings die Einsetzung tugendhafter Magistrate.[694] So durch Tugend ausgezeichnet, ist es wiederum das Votum des Reiches – von Bürgern, Senat, Armee und Kollegen – durch das Maiorian rechtmäßig zur Herrschaft berufen wird.[695]

f) Bewertung

Gegenüber dem Panegyrikus des Avitus weist den Lobpreis auf Maiorian der stärkere Rückgriff auf klassische römische Weltherrschaftsideologie aus. Die partnerschaftliche Rolle der Goten spielt für das afrikanische Unternehmen keine Rolle. Die Diplomatie genießt ihren Raum nur zur Gewinnung von Verbündeten für den anstehenden Zug gegen Geiserich. Die Rückkehr der Herrschaft des Eisens über das Gold unterstreicht die Legitimität des Gewaltgebrauchs zur Verteidigung der Tugendordnung gegen die Laster. Rom „herrscht" wieder über die Barbaren. Das gilt insbesondere für Geiserich, den Sidonius zum Typus des Tyrannen ausgestaltet, aber auch für die Goten, denen Rom nun wieder seine Gesetze diktiert. Die völkerverbindende *fides* findet sich lediglich noch im Verhältnis Maiorians zu Aetius. Sie ist jetzt innerrömische Treue als schlichte Herrschertugend. Der Restitutionsgedanke ist zurückgeführt auf Rückgewinnung der Alleinherrschaft über den westlichen Reichsteil.[696] Barbarische Partizipation an römischer Herrschaft, ob von Sidonius vormals als Ideal oder dem Zwang der Zeit folgend propagiert, existiert nicht mehr. Die Begründung der Kaiserwürde bleibt allerdings identisch. Zur Herrschaft ausersehen ist die Tugend, wobei nun weniger *fides* und vielmehr wieder stärker der

---

691 *Sidonius*, Carm. V, 364–368; 375–378; 388–435; 471–483; 511–529; v. a. 534–538: (Rede des Skythen): „cum classica regis Arctoi sequerer, Romani principis arma Caesareumque larem luxu torpere perenni audieram: dominos nil prodest isse priores si rex hic quoque fortis erat." Besonders schlagkräftig ist auch die Antwort Maiorians (543): Die Kälte entspringt zu großer Muße!

692 *Sidonius*, Carm. V, 461–464; dem wird der Luxus Afrikas gegenübergestellt (466, 468 f.); 479–483.

693 *Sidonius*, Carm. V, 551 f.: „...tum cetera paret turba libens, servit propriis cum legibus auctor."

694 *Sidonius*, Carm. V, 356; 359 f.; 361–364 – seit Gratian, so Sidonius, sei Gallien nicht mehr ordentlich regiert worden. Zur Verwaltung: 555; 559; 562 – Maiorian diktiert sogar den Goten Gesetze. *Mathisen*, TAPh.A 109 (1979), 166.

695 *Sidonius*, Carm. V, 387 f.

696 Daran entscheidet sich das Schicksal Roms, *Rigobert*, Apoll. Sid., 656.

unermüdliche Arbeitseinsatz der Kaiser im Mittelpunkt steht. Konkreter Legitimationsakt ist das Votum des gesamten Staatswesens, das – die Versammlung zur Wahl des Avitus hatte es gezeigt – vor allem ein „Votum im Geiste“ zugunsten der Tugend darstellt. Der Tugendhafte schafft sich das zur Kaiserwürde führende *fatum* selbst, bindet sich selbst an die eigenen Gesetze.[697] Einzig neu ist, dass in das Tugendlob nun mit Blick auf Gallien auch die Sorge für gute Administration mit aufgenommen wird.

3. Der Panegyrikus des Sidonius auf Anthemius (467)

Den Abschluss der Reihe der von Sidonius vorgetragenen Panegyriken bildet schließlich, fast ein Jahrzehnt nach dem Lob des Maiorian, der Lobpreis des Anthemius. Nachdem seit 465 für zwei Jahre bereits der oströmische Kaiser Leo I. die Herrschaft über das verbliebene weströmische Reichsgebiet ausgeübt hatte, wurde mit Anthemius zum letzten Mal ein Westkaiser eingesetzt, der mit gleichzeitiger Billigung Ricimers und Leos I. auch über die Fähigkeit verfügte, gegen die nach wie vor fortbestehende Bedrohung durch die Vandalen einzuschreiten. Er musste sich zugleich mit den Goten auseinandersetzen, die unter Eurich das unter Theoderich II. (453–466) bestehende *foedus* gelöst hatten.[698]

a) Die Vereinigung des Ostens und des Westens in concordia

Den Lobpreis des Sidonius prägt daher auch das mit dem Osten neu erzielte Einvernehmen nebst der dadurch begründeten Hoffnung für Rom. Anthemius ist die aus dem Osten kommende Sonne des Westens.[699] Wie schon im Panegyrikus auf Maiorian kommt er unmittelbar auf dessen Legitimation zu sprechen. Anthemius wird als erbetenem Herrscher die Liebe Roms anvertraut. Erwartet wird, dass er sich als würdiger Steuermann eines zerbrochenen Staatswesens erweist.[700] Auch er ist aufgrund des Votums der Welt eingesetzt.[701] Besonders aber zeichnet ihn aus, dass er dem Westen durch den Ostkaiser Leo I. gewährt wurde und, dass dank ihm das Lob des Westens und des Ostens sich erneut vereinen, da die Trennung der Reiche nunmehr durch *concordia* aufgehoben wurde.[702]

---

697 Damit ist das ohne Tugend unvermeidliche „Schicksal“, welches vom Ende der römischen Herrschaft kündet, dauerhaft abgewendet, dazu *Rigobert*, Apoll. Sid., 657; *Reydellet*, 61.

698 *Rigobert*, Apoll. Sid., 657; *Reydellet*, 81 f.

699 *Sidonius*, Carm. II, 12.

700 *Sidonius*, Carm. II, 13–17; *Reydellet*, 51 f. Zum resignativen Ton vgl. *Rigobert*, Apoll. Sid., 657. Rom vermag nur fortzubestehen, wenn die Welt selbst sich erneuert.

701 *Sidonius*, Carm. II, dies wiederholt Sidonius sogar doppelt, 18–22: „...suffragia tot sunt quanta legit mundus“ und 23 f.: „voto publica vota tuo“.

702 *Sidonius*, Carm. II, 30–34: „Salve, sceptrorum columen, regina Orientis, orbis Roma tui, rerum mihi principe misso iam non Eoo solum veneranda Quiriti, imperii

b) Legitimität nach Abstammung und Tugend

Trotz der entscheidenden Legitimation durch Wahl folgt Sidonius weiterhin dem klassisch panegyrischen Schema und hebt auch die Abstammung des Anthemius hervor. Schon die Gattin seines Vaters hatte einen Konsul zum Vater, den zum Purpur berufenen Nachfahren eilte Fortuna stets mit dem Purpurmantel hinterher.[703]

Würde alleine diese Auswahl schon die Hoffnung auf ein Goldenes Zeitalter begründen und hat Anthemius auch durch die Natur selbst seine besondere Bestimmung zur Herrschaft erfahren, so sind es in der täglichen Bewährung doch wiederum seine Kriegs- und Ziviltugenden, die ihn zum Herrscher qualifizieren.[704] Die Pflege der Musen in jungen Jahren hat ihn mit der Tugend der Philosophie vertraut gemacht. Die dadurch erworbene Fähigkeit zu tugendhaftem Leben hat auch bedingt, dass er vom Ostkaiser Marcian (450–457) schließlich zum Ehemann der einzigen Tochter erwählt wurde.[705] Wenngleich Anthemius also nach seiner Verwandtschaft zum Purpur berufen ist – sein Schwiegervater Marcian rangiert als *divus* unter Göttern[706] – ist es die Tugend, die ihn letztlich dazu bestimmt. Er hat sich als sicherer Purpurträger nicht dem Luxus und der Muße hingegeben, sich nicht auf den Werken des Vaters ausgeruht, sondern sich zur Vorbereitung künftiger ziviler Aufgaben zunächst dem Kriegsdienst gewidmet.[707] Die von Fortuna verliehene Kaiserwürde hat er nicht als Erbprinz, sondern durch Wahl erlangt. Nicht die Ehe mit der Tochter eines Kaisers hat ihn geadelt, sondern seine Tugend adelte die königliche Braut.[708] Gerade seine Kriegstugend gegen die jeder Tugend spottenden Hunnen ist bewundernswert, zumal sein Kampf ohne sichere Zuflucht hinter Armeen in der Heimat geführt werden muss.

---

sedes, sed plus pretiosa quod exstas imperii genetrix."; 65 f.: „...valeat divisio regni. Concordant lancis patres...". Zur Legitimation: *Rigobert*, Apoll. Sid., 658.

703 *Sidonius*, Carm. II, 75–79: „purpureos Fortuna viros cum murice semper prosequitur; solum hoc tantum mutatur in illis, ut regnet qui consul erat."

704 *Sidonius*, Carm. II, 102–104; 113 f.

705 *Sidonius*, Carm. II, 156–192, die Vertrautheit mit der Philosophie macht (193 f.) einen guten Menschen aus ihm.

706 Die Divinisierung war auch im 5. Jahrhundert im Römischen Reich noch gebräuchlich. Letzte Divi des Westens sind Theodosius und Honorius, auch der unmittelbare Vorgänger des Anthemius, Libius Severus (461–465), wurde in den Rang eines Divus erhoben.

707 *Sidonius*, Carm. II, 196–200; 203, 206.

708 *Sidonius*, Carm. II, 213–222.

c) *Anthemius als letzte Hoffnung des Sieges*

Den Sieg über die zornigen und gewalttätigen Räuber bringt das Diktat des Friedens um den Preis des Lebens ihres Anführers. Für den Frieden Roms führt Anthemius seine Kriege.[709] Der Sieg über die Hunnen rückt zugleich das nach wie vor dringendste Problem wieder in den Blick. Weil sich die Vandalen dem *invictus Ricimer* entgegenstellen, kann dieser als ein Mann (*unus homo*) zwar das drohende Übel verzögern, den Sieg gegen einen Feind, der sich weder der Schlacht, noch dem Frieden stellt, kann er aber alleine nicht erringen.[710]

Ohne einen Kaiser, der nicht durch das Rad der Fortuna seine Herrschaft wieder unmittelbar verliert, ist ein Sieg ausgeschlossen.[711] Da ein solcher Kaiser aber im Westen nicht zu finden und Roma selbst zu stolz ist, sich an Aurora zu wenden, ist es Italia, die als Roma verkleidet die Aussöhnung mit dem Osten sucht. Mit Anthemius wird dort zugleich der Kaiser gefunden, der sowohl in seiner Ablehnung der Muße ein vom Westen erbetener Herrscher, wie auch ein Garant der *concordia* beider Reichsteile ist.[712]

d) *Bewertung*

Stärker als die beiden späteren Panegyriken stellt Sidonius' Rede auf seinen Schwiegervater den Programmentwurf eines römischen Kaisertums vor, das in der vorgegebenen Lage der barbarischen Föderaten und Plünderer auf römischem Boden seine Vorstellung des Goldenen Zeitalters entsprechend der neuen Lage modifiziert. Das Herrschaftsverständnis des Avitus ist strikt personal am Votum des Volkes ausgerichtet, welches sich wiederum im Falle einer umfassenden Wahlentscheidung an der Tugend ausrichten würde. In Erinnerung des Verfalls des Rechts unter Valentinian III. ist Sidonius' Herrscherlob sowohl in der Auswahl des Avitus wie in der Rede Romas vor Jupiter nicht dynastisch geprägt. Es richtet sich darauf darzulegen, auf welche Weise die düsteren Ahnungen des Fatum-Glaubens, die nicht einmal Jupiter gegenüber der angeschlagenen Roma auszuräumen vermag, überwunden werden können.

---

709 *Sidonius*, Carm. II, 239–271 (Beschreibung der Hunnen); 293–296 (Tapferkeit), 316 (Frieden).

710 *Sidonius*, Carm. II, 348–356: „quis sufferat hostem qui pacem pugnamque negat? nam foedera nulla cum Ricimere iacit."; 381–386: „sed tamen unus homo est nec tanta pericula solus tollere, sed differe potest: modo principe nobis est opus armato, veterum qui more parentum non mandet sed bella gerat, quem signa moventem terra vel unda tremant, ut tandem iure recepto Romula desuetas moderentur calssica classes."

711 *Sidonius*, Carm. II, 346 f.

712 *Sidonius*, Carm. II, 478 ff.; 522. Das Band von West und Ost wird durch die Heirat Ricimers mit der Tochter Leos enger geflochten, 484.

Die Hoffnung auf Avitus stützt sich auf die *fides*, die Avitus mit den Goten verbindet, und seinen unermüdlichen Arbeitseinsatz (*labor*). Er ist der tapfere und tugendhafte Feldherr, der selbst den *limes* des Reiches konstituiert. Den Frieden mit den Barbaren, vor allem den Westgoten in Gallien, dankt Rom der *fides* des Avitus und damit der ältesten Römertugend im Umgang mit Bundesgenossen. Seine Treue schafft den Goten ein Verständnis des Römerfriedens. Sie hindert sie, zu den Waffen zu greifen. Sie flößt ihnen die Achtung römischer Gesetze ein, lässt sie die Waffen gegen Römer zur Seite legen und schließlich für die römische Rechtsordnung kämpfen. Der Wille des Kaisers, Gesetze auch gegen sich selbst gelten zu lassen, restituiert *iustitia*. Das Goldene Zeitalter des Avitus ist die umfassende Wiederaufrichtung der Pax Romana, gleichermaßen geprägt von der Herrschaft des tugendhaftesten Kaisers über Römer und der einträchtigen Verbundenheit mit den Goten.[713]

Die topischen Elemente des Herrscherlobes – Betonung der Ausbildung in den Künsten, Lob der kriegerischen Tapferkeit, Nutzung des *otium* zur Tugend, finden dagegen in den Panegyriken auf Maiorian und Anthemius stärkere Verwendung. Der Gedanke der Tugendherrschaft gegenüber dem dynastischen Prinzip besteht fort. Die Hoffnungen richten sich nunmehr, gegenüber den Vandalen in Afrika, vor allem auf den Sieg des tugendhaften Roms über barbarische Gier nach Gold. Geiserich stellt den Typus des die *libertas* missachtenden Tyrannen dar. Das Fatum des drohenden Unterganges der Römerherrschaft kann nur durch tugendhaften Einsatz aller Kräfte überwunden werden. Im Gegensatz zum Lobpreis des Jahres 467 bietet dieser Einsatz reale Aussicht auf Erfolg. Die Hoffnung auf einen Rom bewahrenden Herrscher schwingt zwar auch im Tugendlob des Anthemius noch mit, wird aber von der Erkenntnis der Grenzen des Menschenmöglichen getrübt. Nur die lange Dauer einer Tugendherrschaft könnte Rom noch retten.

4. Gesamtbetrachtung

Es ist die Hoffnung des Sidonius, ein am Maßstab der Tugend ausgerichtetes Idealkaisertum könne das Ende Roms nach den vorhergesagten zwölf *saecula* der Herrschaft abwenden. Von Anbeginn an – auch aufgrund der gallischen Herkunft – mit barbarischen Königsherrschaften auf römischem Boden konfrontiert und unter dem Eindruck der Plünderung Roms durch die Vandalen stehend, sucht er das Ideal des *imperium sine fine* in der sich selbst das Fatum schaffenden Tugend zu erhalten. Durch Menschentugend kann auch die Restitution des Staatswesens gelingen. Nicht durch ein auf Abstammung gegründetes dynastisches Kaisertum, sondern einzig durch das Tugendbeispiel des mit *virtus* agierenden Kaisers ist der römische Staat zu

713 *Reydellet*, 61 spricht sogar davon, dass Sidonius bewusst jede Anspielung auf die tempora christiana unterschlagen und an ihre Stelle den Traum von der klassischen Pax Romana im Ideal des Plinius gesetzt habe. Die literarische Tradition der lateinischen Panegyrik lässt indes eine solche Bewertung kaum zu. Christliches Gedankengut ist dort von jeher mit Ausnahme der Totenreden des Ambrosius von Mailand kaum vorhanden.

retten. Das Idealbild der Kaiserherrschaft des Avitus ist klassisch im Sinne der frühen Prinzipatsideologie – *fides* und *pietas* sichern die gute Ordnung des Gemeinwesens. Durch unermüdlichen Einsatz stellt der Kaiser die Grenzen wieder her.

Die Einbeziehung der Westgoten in den römischen Friedensraum durch ein *foedus* ist personal an Avitus geknüpft. Der Kaiser selbst garantiert durch sein beständiges Wirken ihre sich entwickelnde Achtung vor den Vorzügen tugendhafter, römischer Gesetze. Das Gotenreich in Gallien wird schließlich – und insofern folgt auch Sidonius Apollinaris der Tendenz christlicher Autoren des fünften Jahrhunderts (Orosius, Salvian) – zum Teil des römischen Friedensraumes, indem sich Goten römischen Gesetzen unterwerfen und Schwerter zu Sicheln (pax!) schmieden. Diese Unterwerfung kraft autonomer Einsicht in die Vorzüge römischer *leges* durch eine vom Königshof ausgehende, das Volk erfassende Ablegung der barbarischen Wildheit, geht über den Gedanken der „Befriedung“ barbarischer Völker durch Unterwerfung hinaus. Diese Wandlung bleibt aber vorläufig in der Person des Avitus personal gebunden und entspricht nicht etwa einer allgemeinen Anschauung des Sidonius Apollinaris, wie die folgenden Panegyriken belegen.

Auch aufgrund des anstehenden Feldzuges gegen Geiserich besteht die angekündigte Restitutionsleistung Maiorians vor allem in der Wiederherstellung der territorialen Integrität des Reiches durch kriegerische Tugend. Durch ständige Arbeit schafft ein von allen Schichten der römischen Gesellschaft anerkannter Kaiser Rom ein neues Fatum. Stärker noch als Avitus werden Maiorian und Anthemius zum personalen *limes* des Reiches. Zur einzigen Hoffnung des Goldenen Zeitalters und des Fortbestandes Roms wird im letzten Panegyrikus die Hoffnung auch einer dauerhaften Tugendherrschaft, die sich nicht erfüllte.[714]

VI. Schlussbetrachtung

Auf den Kern des römischen Staatsverständnisses seit Vergil zielt Augustinus mit seinem Werk über den Gottesstaat. Er äußert sich direkt zum Weltherrschaftsauftrag Roms (*parcere subiectis et debellare superbos*), sowie zu dessen Anspruch, diesen Auftrag mit Tugend zu verwirklichen, die Völker unter der Herrschaft Roms durch *iustitia* in *concordia* zu vereinen und so *pax* und *securitas* sicherzustellen. Anlässlich des Falles Roms an die Westgoten konstatiert er das Fehlgehen des römischen Weltherrschaftsanspruchs in dessen falscher Ausrichtung auf irdische Befriedung nur durch *dominatio*-Streben des Einzelnen. Die Kritik an der christlichen Lehre, die sich darauf stützt, die Christen hätten einen Zusammenhang zwischen der Annahme des christlichen Bekenntnisses und dem Wohlergehen des Staates hergestellt,

---

714 *Rigobert*, Apoll. Sid., 660: „Apollinaris Sidonius war einer der Sprecher dieses (aristokratischen) Kreises. In seinen drei Kaiserpanegyriken verkündete er dreimal die Hoffnung, dass sich Roms Schicksal zum besseren wenden werde. Aber es war eine dreifach enttäuschte Hoffnung. Danach resignierte der Dichter. Die geschichtlichen Tatsachen trugen seine Hoffnungen zu Grabe.

weist er zurück. Wenn jeder Staatsbürger nur nach dem Ziel des irdischen Luxus, der Reichtümer und der Macht handele, sei dieses Streben stets exklusiv und nicht gemeinschaftsbildend. *Concordia, libertas, securitas* und *pax* sind dann rein propagandistische Begriffe eines in Wirklichkeit individuellen Strebens. Der Rechtskonsens der römischen *civitas* ist so nichts als die Beuteteilungsabrede einer Räuberbande, in der jeder auf Kosten des anderen strebt und nach dem rein irdischen Ziel seines Strebens stets streben muss, um sich gegenüber diesem zu behaupten. Die römische Götterverehrung spiegelt die Anbetung dieses Götzen lasterhaft irdischen Strebens wieder. Das Jammern über den Fall Roms ist die Klage über verlorene irdische Güter. Den Anspruch Roms, die Unterworfenen zu befrieden und das Stolze niederzudrücken, kann nur die *civitas dei* als Gemeinschaft christlichen Lebens auf Erden erfüllen. Nur sie ist im eigentlichen Sinne „Staat“, weil ihr Ideal nicht auf *dominatio* gerichtet ist. Sie strebt in der Nächstenliebe auf Erden auf ihrem Pilgerweg Gott zu. Einzig Nächstenliebe kann *concordia, libertas, securitas* und *pax* sicherstellen. Sie hebt den Gegensatz der Menschen auf. Das christliche Staatsideal ist das Ideal der Demut vor Gott, der Sorge für Arme, Schwache und Kranke auf Erden. Es ist sich selbst der Grenzen seiner Verwirklichung auf Erden bewusst. Das Staatsideal des Augustinus orientiert sich dementsprechend am Gedanken des göttlichen *ordo*, der geordneten Eintracht der Bürger im Befehlen und Gehorchen. In diesem ist der König Vater der Bürger. Er tut Dienst am Staate, indem er Störungen des Friedens durch Räuber abwehrt. Im Dienste der *pax* christlicher Ordnung stehen alle Handlungen des Königtums – Strafen, Gesetzgebungsakte, Kriege. Würde dieses Ideal verwirklicht, herrschte auf Erden *iustitia vera*, ein Idealzustand, der nie zu erreichen ist und nur durch christliches Leben erstrebt werden kann. Der Kausalkonnex von der Identität christlichen Glaubens im irdischen Staat mit der Wohlordnung und dem Wohlergehen im materiellen irdischen Leben existiert so nicht.

Gerade in dem zuletzt dargelegten Punkt weicht Orosius als Auftragnehmer des Augustinus von seinem Vorbild ab und bleibt scheinbar vor allem hinter den Ergebnissen des neunzehnten Buches des Gottesstaates zurück. Tatsächlich stellt er sich mit seiner These von der Besserung der Zeiten dank christlicher *logos*-Erkenntnis und christlicher Königsherrschaft aber konsequent in die Nachfolge des Eusebius von Caesarea. Er erfüllt seinen von Augustinus persönlich erhaltenen Auftrag in Übereinstimmung auch mit den ihm vorliegenden ersten zehn Büchern des Gottesstaates. Der Fall Roms bedingt zunächst das Wiederaufgreifen des apologetischen Gottesbeweises. Als Geschichte der Königreiche und des Fehlgehens bzw. der Rechtgläubigkeit ihrer Herrscher zeichnet Orosius die Weltgeschichte von ihren Anfängen bis in die Gegenwart nach. Er versucht zu belegen, dass die Leiden der Gegenwart geringer sind, als diejenigen der Vergangenheit. Innerhalb dieser umfassenden Entwicklung der Königsherrschaften auf Gott hin sind es die Gegensätze von Vergangenheit- und Gegenwart, die auch die ideologische Grundlegung christlicher Königsherrschaft prägen. Das früheste Königtum in Gottesferne ist *dominatio*-Streben des Einzelnen (nach irdischen Gütern). Es kennt *nulla societas, nulla pax*, kein rechtes *foedus*. Seine äußeren Erkennungszeichen sind der fortwährende Völkerkrieg sowie die Abwesenheit jedes über die Beuteteilungsabrede der Räuberbande hinausgehenden Gerechtigkeitsbegriffes. Seine Exempla bilden Skythen, Amazonen, Perser aber auch Beispiele individuellen Fehlgehens (etwa Alexander). Ein vorübergehendes Abflachen der Kämpfe durch Ermattung der Kräfte verdient es nicht, *pax* genannt zu werden. In der Gegenwart steht dem *dominatio*-Streben das Beispiel christlicher Herrschaft nach dem Gebot Gottes entgegen. In einem vierten und letzten Weltreich vereinigt Gott alle Völker zum rechten Gebrauch ihrer gottgegebenen *libertas* in einem Staat, der dauerhaften Frieden nach Maßgabe der christlichen Gebote in *iustitia* ordnet und dessen Königtum sich selbst in den Dienst des christlichen Gebotes der Nächstenliebe stellt. Wenngleich das Fehlgehen der Königsherrschaft auch gegenwärtig nicht ausgeschlossen ist, genießt die christliche Weltgemeinschaft doch den göttlichen Schutz. Die Antipoden von Gottesferne und gegenwärtiger Gottesnähe spiegeln sich im Volk der Goten (Skythen). War es früher Ausdruck höchster Wildheit und Gottesferne, neigt es nunmehr dazu sich in die römisch-christliche *societas*-Ordnung einzufügen. Im Zentrum der Entwicklung aber steht Rom selbst, das in der Vergangenheit nach dem Punischen Krieg ganz im Lager der *dominatio*-Herrschaft stand. Dann schuf Rom durch Gott in Augustus den völkervereinenden Frieden, der die Verbreitung der christlichen Botschaft auf Erden ermöglichte und schließlich zum christlichen Römerreich der Gegenwart führte. Sein Wohlergehen hängt wesentlich vom rechten christlichen Glauben und Leben seiner Herrscher ab. Die Entscheidung für das Königtum des Ninus oder die christliche Kaiserherrschaft fällt in der Seele des einzelnen Menschen ebenso wie in derjenigen des einzelnen Herrschaftsträgers. Sie bestimmt maßgeblich das irdische Wohlergehen der Untertanen, aber auch den Fortbestand der Königsherrschaft selbst. Einen Rückfall in die barbarischen Zeiten ausschließlicher *dominatio*-Herrschaft auf Erden verhindert das geoffenbarte göttliche Gebot. Trotz aller Leiden ist daher die Verfassung der christlichen Gegenwart besser, als jede heidnische der Vergangenheit.

Dem Grundgedanken des Einhergehens christlicher Herrschaft auch mit irdischem Wohlergehen schließt sich Salvian von Marseille ebenso an wie der These des Augustinus, dem Christen dürfe es auf materielle Güter gar nicht ankommen, daher ergehe es ihm auch nicht schlecht, wenn ihm diese fehlten. Der göttliche Güterschutz dient der Wohlerhaltung der menschlichen Seele. Er zielt nicht auf irdischen Reichtum und Abwesenheit irdischer Leiden ab. Dennoch gilt, dass irdische Herrschaft, vor allem die *res publica Romana*, auf irdisches Wohlergehen nur dann hoffen darf, wenn die Staatsleitung im christlichen Sinne, d. h. mit *pietas* um *pax, tranquillitas* und *iustitia* geübt wird. Geht sie fehl, wird das Reich durch Gott dafür zur Verantwortung gezogen. In allem Irdischen gilt daher der Satz, dass nichts um des christlichen Namens selbst besteht. Es zählen alleine die Handlungen gemäß den christlichen Geboten. Gerade an Letzterem fehlt es den römischen Amtsträgern der Gegenwart. Sie schützen nicht christliche *libertas*, sondern vor allem und zuerst ihr irdisches Wohlergehen und ihre Güter zulasten der Bürger. Die Forderung nach Erhaltung des römischen Gemeinwesens als „eines christlichen“ geht vor dem Hintergrund dieses *venire contra factum proprium* fehl. Tugend im Munde des lasterhaften Lebens bewahrt nichts.

Den Gegebenheiten des sichtbaren Verfallszustandes des Reiches trägt im Ausgang der lateinischen Panegyrik auch Sidonius Apollinaris Rechnung. Weiterhin auf die Restitution des Goldenen Zeitalters hoffend, ahnt er wie Salvian den möglichen Untergang Roms voraus und fordert zu seiner Abwehr ein starkes Arbeitskaisertum, das sich der klassischen Kaisertugend verschreibt. *Labor in negotiis, fides*, Barbarenabwehr und Wiederherstellung der *iustitia* vor allem auch in Gallien sind notwendige Mindestvoraussetzungen einer Bewahrung der Pax Romana. Ihr Ziel ist die Überwindung barbarischer Wildheit durch tugendhaftes, entschlossenes Handeln des Kaisers als des personalen *limes* des Reiches. Der grundsätzlich personalen Forderung der Christen an Untertanen, Nobilität und Machthaber innerhalb des Reiches, ihr Verhalten nach der Tugend einzurichten und dadurch seinen Erhalt zu sichern, fügt Sidonius die Forderung an den Kaiser bei, durch sein Tugendvorbild die menschenunmögliche Restitutionsleistung doch noch zu erbringen. Auch in der Panegyrik weicht das Verlangen nach einem Aufbruch durch dauernde Handlungstugend schließlich aber der resignativen Grundstimmung, die bereits das Werk des Salvian geprägt hatte. Die Tugend eines Menschen – auch des Kaisers – vermag alles für das eigene Seelenheil; gegen das Überwiegen des Schlechten in der temporalen Ordnung kann aber selbst ein römisches Weltherrschaftskaisertum auf Dauer nicht bestehen.

H. Das römisch-christliche Tugendideal in den germanischen regna

I. Einleitung

Die gewaltsame Ermordung des Anthemius durch den *magister militum* Ricimer im Sommer 472 und dessen krankheitsbedingter Tod nur zwei Monate später beendeten den Traum des Sidonius Apollinaris von einer Restitution des Römischen Reiches im Westen endgültig. Nachdem auch der Nachfolger im kaiserlichen Amt, Olybrius, bereits 472 verstarb, blieb der Kaiserstuhl bis zur Ausrufung des Glycerius durch Gundobad im März 473 vakant. Dem im Gegenzug von dem oströmischen Kaiser zum Kaiser erklärten Julius Nepos beugte sich Glyericus im Jahre 474. Auch Ersterer war aber schon 475 gezwungen, Italien wieder zu verlassen, nachdem sein Heermeister Orestes gegen ihn usurpiert hatte. Der von Orestes zum Kaiser eingesetzte Romulus Augustulus wurde nach dem Tod des Orestes infolge der Rebellion Odoakers im August 476 abgesetzt. Der kaiserliche Ornat wurde dem oströmischen Hof übersandt. Dem selbsternannten *rex Italiae* Odoaker, der schon Anthemius gedient hatte, gelang die Rückgewinnung Siziliens und Dalmatiens. Ab 489 wurde er jedoch von dem Ostgotenheer Theoderichs, der auch die Unterstützung der erst 488 von Odoaker besiegten Rugier genoss, zum Rückzug nach Ravenna gezwungen. Dort riss Theoderich wenige Tage nach dem Vergleich vom 27. Februar 493 die alleinige Königsherrschaft über Italien an sich, die er bis zu seinem Tod am 30. August 526 bewahrte.

Dieser Zeit der Blüte der ostgotischen Herrschaft ist es zu danken, dass in den Werken des katholischen Bischofs Magnus Felix Ennodius (473/74–521), des Philosophen Boethius (480–524/26) sowie des Staatsbeamten Flavius Magnus Aurelius Cassiodorus Senator (485–580) eine reichhaltige Überlieferung die umfassende Bewertung der ideologischen Grundlagen der ostgotischen Königsherrschaft gestattet. Für die zweite frühe Staatsgründung der Germanen, das Burgunderreich des Gundobad und Sigismund in Gallien, ermöglicht dasselbe die Briefesammlung des Bischofs Avitus von Vienne (bis 518).

II. Avitus von Vienne

Gut eine Generation nach Sidonius Apollinaris liegt mit der Briefesammlung des Bischofs Alcimus Ecdicius Avitus von Vienne[1] die erste umfangreiche literarische Auseinandersetzung eines Mitglieds des gallisch-senatorischen Adels mit der

---

1 Sein vollständiger Name erschließt sich nur aus dem Prolog zum Schöpfungsgedicht, *Burckhardt*, Briefesammlung, 27. Briefesammlung und Werke des Avitus werden zitiert nach der Ausgabe der Monumenta Germaniae Historica, Auctorum Antiquissimorum, Tomi VI pars posterior, Berlin 1883 nach jeweiligem Brief, Seite und Zeile.

Königsherrschaft eines Barbarenvolkes vor. Als Bischof von Vienne war Avitus seinem Vater Iscius um 490 nachgefolgt. Das Amt, das er bis zu seinem Tod im Jahr 518 ausgeübt hat,[2] fügt sich damit in die Tradition seiner Familie ein.[3] Seine Unterweisung in geistlichen Dingen verdankt er Mamertus von Vienne, dem Vorgänger seines Vaters im Bischofsamt von Vienne (um 461–477) und Bruder des Philosophen Claudianus Mamertus.[4] Im Gegensatz zu Sidonius steht er fest auf dem Boden katholischer Lehre, wenngleich seine Kenntnis aktueller Vorgänge der Kirchenpolitik,[5] kirchlicher Lehrmeinungen[6] und Bibelstellen[7] durchaus Lücken aufweist. Von seinem bischöflichen Wirken anlässlich der Freilassung von Gefangenen berichtet erstmals Ennodius in der Vita des Bischofs Epiphanius von Pavia.[8] Briefe aus der Feder des Avitus sind danach nicht vor dem Jahr 500 überliefert, sieht man von dem Streit um die Frage der Datierung des Chlodwigbriefes (Ep. 46) einmal ab. Aufgrund des breiten Spektrums der in ihnen diskutierten Fragen rechten politischen Handelns stellen die Briefe eine für den Übergangsbereich rö mischer Kaiserherrschaft zur Königsherrschaft des frühen Mittelalters unverzichtbare Quellenbasis dar. Wenngleich im Verhältnis zu den Briefen Cassiodors häufig weniger formalisiert und umfangreich, kommt darin neben dem Verhältnis der

2 Vgl. *Nodes*, Avitus, Sp. 1320. 517 hatte er noch das Konzil von Epao geleitet. Sein Todesdatum erschließt sich daraus, dass auf dem später folgenden Konzil von Lyon bereits Julianus als Bischof von Vienne auftritt, dazu: *Burckhardt*, Briefesammlung, 30.

3 *Burckhardt*, Briefesammlung, 28. Auch Onkel, Bruder und eine Schwester des Avitus haben den geistlichen Stand erwählt.

4 *Burckhardt*, Briefesammlung, 28; zu Mamertus vgl. *Kasper*, Mamertus, Sp. 1256. Mit Mamertus hatte Sidonius noch Briefkontakt gepflegt; Kasper verweist auf *Sidonius*, Ep. 5, 14; 7, 1. Auch sein Bruder Claudianus Mamertus, dessen um 470 verfasstes Werk „De statu animae" auch auf Cassiodors „De anima" großen Einfluss ausübte, schrieb an Sidonius, vgl. *Grünbeck*, Mamertus, Sp. 1214 f.

5 Vgl. *Avitus*, Ep. 39: Erkundigungsschreiben an den Bischof Senarius über den Stand der Verhandlungen mit Ostrom über das Kirchenschisma.

6 Eine Anfrage Gundobads über den Wert guter Werke, zu deren Begründung der König sich auf das Werk des Bischofs Faustus von Riez beruft, glaubt Avitus dem Werk des Faustus von Milevis zurechnen zu müssen, vgl. *Avitus*, Ep. 4. Zu seiner Verteidigung wird man allerdings anführen müssen, dass er die Position der Semipelagianer verwirft (Erlösung durch gute Werke, nicht alleine durch den Glauben und die göttliche Gnade), und damit Augustinus folgt. Insofern lag es nicht fern, Faustus von Riez als Gegner des Augustinus zu kennzeichnen und dafür den Verweis auf den zu Augustinus Zeiten lebenden Gegenspieler und Namensvetter Faustus von Milevis zu nutzen. Vgl. *Gessel*, Faustus, Sp. 1199; *Kasper*, Faustus, Sp. 1199 f.

7 *Avitus*, Ep. 21 verwechselt die von Gundobad in Anlehnung an Mischa, 4, 3 an ihn gerichtete Frage über die Bedeutung des Wortes „Schwerter zu Pflugscharen" mit Jesaja 2, 3–4 u. 2. Kön 18, 1. Auch in diesem Falle lässt die Ähnlichkeit der Textstellen die Verwechslung verzeihlich erscheinen.

8 Bis 494 liegen also keinerlei Nachrichten über Avitus vor, vgl. *Shanzer/Wood*, Avitus, 7.

Gewalten (burgundisches Königtum, orthodoxe Kirche, römische Kaisergewalt) vor allem die Konstituierung germanischer Königsgewalt auf christlicher Grundlage zur Sprache. Auch das Verhältnis zu älteren Gepflogenheiten der Burgrunder wird thematisiert.[9] Die Briefe des Avitus tragen so dazu bei, die Lücke zwischen der Panegyrik des Sidonius Apollinaris und den Sammlungen Cassiodors zu schließen.

1. Das Verhältnis des burgundischen regnums zur römischen Kaisergewalt

a) Rechtgläubigkeit und christliche Treue als Grundlage des Friedensbundes

Während die bei Avitus überlieferten Briefe Sigismunds und Gundobads an den Ostkaiser allesamt aus der Zeit nach 515, d. h. nach der sich abzeichnenden Beendigung des Akakianischen Schismas datieren, liefert Avitus bereits im ersten Teil seines Werkes „Gegen die Häresie des Eutyches“ (512/513) einen Einblick in seine Konzeption vom Verhältnis kaiserlicher und königlicher Gewalt in Angelegenheiten des rechten Glaubens (*pietas*).

aa) Pietas als Grundlage des mit Ostrom herrschenden Friedensbundes

Vorbild der Rechtgläubigkeit ist ihm Gundobad, dessen Regierung (*gloriosissimi principatus*) sich durch die Gnade des Herrn beständig und mit besonderer Sorgfalt der Sorge um das katholische Bekenntnis zugewandt habe.[10] *Pietas* prägt auch das Verhältnis zum griechischen Ostkaiser und dessen Reich. Entgegen der landläufigen Übung, Frieden zwischen Reichen nur aufgrund der Bequemlichkeit politischen Friedens zu halten (*ad commodum mundanae pacis)*, wendet sich der fromme Gundobad Anastasius I. in *benignitas* zu. Der Friedensbund zwischen Burgundern und Römern ist ein Liebes- und Freundschaftsbund um des gemeinsamen Bekenntnisses willen. Der Ostherrscher steht ihm darin nahe (*carum vobis*).

Es entspricht daher auch der Pflicht des *rex*, den *caesar* daran zu hindern durch Irrglauben zu sündigen. Dessen Lob im Übrigen wird dadurch nicht vermindert.[11] Anastasius I. soll vor Gott, nicht vor Gundobad, in den Stand der Gnade zurückfinden. Zwischen den Herrschern, so der Wunsch des Avitus, möge die *fides*

9 Zur Situation des Reiches, *Reydellet*, 88–90 u. 92; dort auch zur hervorgehobenen Bedeutung des Burgunderreiches dank Avitus.

10 *Avitus*, Contra Eutychinam haeresim I, S. 15, Z. 10–12: „...ut inter regias ordinationes gloriosissimi principatus vestri principaliter de tuenda catholicae partis veritate curetis. De cuius studii pietate processit...“.

11 *Avitus*, Contra Eutychinam haeresim I, S. 15, Z. 17–29: „...ut abunde sufficit benignitatis vestrae praeceptum , cum devincti vobis imperatoris patriam personamque non , ut regibus ceteris moris est , tantummodo ad commodum mundanae pacis amatis : sed dum carum vobis praeveniri timetis errore , omnem quae inter vos est amicitiam in eo illi vultis prodesse , ne peccet.“

fortbestehen. Gundobad möge auch gegenüber dem Caesar Graecorum weiterhin als ehrenhaft angesehen werden können.[12] Die Frage nach der kaiserlichen Gewalt in geistlichen Dingen ist für Avitus entschieden. Nicht der Kaiser, sondern alleine die orthodoxe, römische Kirche, das katholische Bekenntnis, bestimmt über die Rechtgläubigkeit. Verwunderlich erscheint es vor diesem Hintergrund, dass mit Gundobad ausgerechnet ein arianischer König, also ein Häretiker, zum Vertreter rechter *pietas* erhoben wird. Unabhängig von der Beantwortung der Frage nach einer „inneren" Bekehrung des Burgunderkönigs zum katholischen Bekenntnis, ist diese Auffassung jedenfalls der Tatsache zuzuschreiben, dass Gundobad im Werk des Avitus gegen Eutyches als Unterstützer des Bemühens der Repräsentanten der Orthodoxie auftritt. Er steht auf der Seite derjenigen, die versuchen, den Ostkaiser zum rechten katholischen Glauben zurückzuführen.[13]

bb) Der Staatenfriede als Teil der ordinata concordia und das Band der fides

Von größerer Bedeutung für die Inhalte des Herrschaftsverständnisses des Avitus sind allerdings die Ausführungen über die Art des Friedensbandes. Nicht ein irdischer Staatenfriede verbindet Burgund und Konstantinopel, sondern ein durch den Glauben geschaffenes Treueband. Damit gibt Avitus letztlich auch den augustinischen Friedensgedanken wieder. Jedenfalls in Glaubensfragen besteht zwischen Ost und West nicht der übliche menschliche Friede im Befehlen und Gehorchen, sondern ein Friede nach dem von Augustinus beschriebenen irdischen Idealfrieden, der *ordinata concordia*. Beide Herrscher verbindet das Band des Glaubens in gegenseitiger Zuwendung und Liebe. Das Treueband, das Sidonius im Panegyrikus auf Avitus noch zur einzigen Voraussetzung des Friedens zwischen Römern und Westgoten konstituiert hatte, ist in der Herrschaftspraxis des Avitus christlich geformt. *Fides* folgt auch hier einem gegenseitigen Wohlverhalten. Es beruht allerdings auf der Grundlage wennschon nicht gleichen Bekenntnisses, so doch gleichen Strebens, nämlich auf *pietas* und dem Willen der Herrscher, die Verhältnisse ihrer irdischen Herrschaft und der von ihnen regierten Völker nach dem göttlichen Gebot einzurichten. Beides ist gerade im Hinblick auf das kommende Jüngste Gericht von Bedeutung. Christus ist Richter über Menschen und Könige nach dem Verdienst ihrer Werke, also auch Richter des Kaisers der Griechen.[14]

---

12 *Avitus*, Contra Eutychinam haeresim I, S. 15, Z. 22 – S. 16, Z. 2: „Ego tamen deum pro viribus quaeso, ut is ipse, de quo loquimur, Caesar Graecorum, si fidelis vobis, etiam nobis honorabilis, persuadeatur a principe nostro, quod suadeat populo suo."

13 Ob das Werk für den Osten bestimmt war, bleibt unklar. Die Verweisungen auf das Schisma legen einen solchen Konnex aber nahe. Vgl. *Shanzer/Wood*, Avitus, S. 95 Fn. 1. Auch im zweiten Buch verwendet Avitus für Gundobad das pietas-Attribut: *Avitus*, Contra Eutychinam haeresim II, S. 22, Z. 20: „pietati vestrae". *Reydellet*, 118 geht davon aus, dass das Lob auf Gundobad auch der Notwendigkeit entspringt.

14 *Avitus*, Contra Eutychinam haeresim I, S. 20, Z. 32–36. Die positive Grundhaltung des Avitus gegenüber dem Ostkaiser steht in scharfem Gegensatz zu dem Brief

b) Päpstlicher Primat und doppelte Leitungsgewalt von Kirche und weltlicher Regierung

aa) Königtum und christlicher Glaube

Ein Brief des Avitus an den *vir illustris* und Botschafter Theoderichs, den Bischof Senarius, in der Endphase des Schismas (515/516), verdeutlicht die Verflechtung von kirchlicher und staatlicher Gewalt. Rechtes christliches Verhalten ist allgemeine Pflicht nicht nur des Klerus, sondern auch der weltlichen Gewalt. Die Verfassung der Kirche zu wahren, ist nicht bloße Aufgabe der Bischöfe, sondern der gemeinschaftlichen Sorge aller Gläubigen anvertraut. Damit sind die Versuche Gundobads, Anastasius I. zum rechten Glauben zurückzuführen ebenso legitimiert, wie das darauf ausgerichtete Unternehmen der Kirche selbst.[15] Die Frage nach „dem rechten Glauben" zu beantworten obliegt grundsätzlich den Synoden. Betrifft ein Problem aber die Kirche in ihrer Gesamtheit, ist Rekurs zum Haupt der römischen Kirche, also zum Bischof von Rom zu nehmen.[16] Die infolge des akakianischen Schismas von Gelasius entworfene Trennung von kirchlichem und weltlichem Verantwortungsbereich hält Avitus nur gut 15 Jahre später bereits konsequent durch und erkennt darüber hinaus auch den Primat des Bischofs von Rom ohne Zögern an.[17]

Als aufschlussreich erweist sich im Zusammenhang mit der Reichweite weltlicher Machtbefugnis schließlich der Brief, den Avitus anlässlich des laurentianischen Schismas bereits sechzehn Jahre zuvor nach Rom gesandt hatte. Die nach der umstrittenen Wahl des Jahres 498/499 aufgetretene Spaltung der römischen Kurie und die Doppelwahl der Päpste Symmachus und Laurentius sollte 502 auf Betreiben Theoderichs von einer Synode beseitigt werden. Sie entschied zugunsten Symmachus, der an der harten Linie der Westkirche gegenüber dem Schisma des Akakius festhielt. Die Beschlüsse der Synode kritisiert Avitus als mit der Heiligen Schrift unvereinbar. Gott befehle dem Klerus, vor den irdischen Gewalten, Königen

des Papstes Hormisdas an Avitus (Ep. 42). Diesem zufolge verkünden die Griechen mit den Mündern den Frieden, während sie mit dem Herzen belegen, dass sie unwillig sind, den Vorgaben des Friedens Folge zu leisten. Kritisiert wird auch das Bemühen des Ostens, andere ebenfalls zu falschem Bekenntnis anzuleiten. *Avitus*, Ep. 42, S. 71, Z. 1–4; 27–29, 31 f.

15 Zugleich enthält das Schreiben, das bereits den zweiten Versuch des Avitus darstellt, von der päpstlichen Autorität einer Antwort betreffs des Standes der Verhandlungen zwischen West und Ost zu erlangen, eine versteckte Spitze gegen die ostgotische Herrschaft: Briefe des Burgunderreiches in Glaubensangelegenheiten weiterzuleiten ist Bestandteil der Christenpflicht: vgl. *Avitus*, Ep. 39, S. 68, Z. 12–15: „Non ad solos sacerdotes ecclesiae pertinet status: cunctis fidelibus sollcitudo ista communis est. Quicumque vel quocumque videmur ecclesiam regere, vestram in catholica religione rem gerimus."

16 *Avitus*, Ep. 39, S. 68, Z. 2–5.

17 *Avitus*, Ep. 25 spricht den Primatsgedanken zudem im Zusammenhang mit dem Bischof von Konstantinopel an.

und Fürsten zu erscheinen, wie immer die Anklage laute (Mt 10, 18; Mk 13,9). Eine Verhandlung vor weltlichen Gerichten (*si saeculo primum fuerat accussatus*) sei daher noch hinnehmbar, doch sei es nach dem Schriftwort ganz ausgeschlossen, dass „die Herde über den Hirten", Niederrangige über Höherrangige urteilten.[18] Vor dem Gericht des Kaisers hat sich der Bischof von Rom jedenfalls in weltlichen Angelegenheiten einzufinden. Innerhalb der Kirche aber ist er der Gerichtsbarkeit entzogen. Sein geistliches Amt ist ohne einen irdischen, auch kaiserlichen, Richter.

bb) Übereinstimmung von weltlicher Regierung und Papsttum als Voraussetzung der christlichen Weltordnung

Von größerer Tragweite für die Herrscherideologie sind die daraus abzuleitenden Konsequenzen. Die Größe des römischen Namens in einer zerbrechenden Welt erfordere, dass auch den römischen Senatoren, die den Ostrom freundlich gesinnten Laurentius gefördert hatten, die Verfassung der Kirche nicht unwichtiger sei als diejenige der ihnen unterstehenden *res publica*. Dem Petrusstuhl und dem Gipfel der Welt in der Stadt Rom gebühren die gleichen Würden. Dadurch wird das Wohlergehen der Zeit sichergestellt. Wird die Stellung des Papstes in Zweifel gezogen, wird das gesamte Episkopat als schwankend angesehen werden. Seine Leitungsfunktion wäre in Frage gestellt. Das alte römische Beispiel des Staatenlenkers als Steuermann wird hier auch für die Leitungsfunktion und die innere *concordia* der einen Kirche bemüht.[19] Gleichsam mit Gelasius geht auch Avitus von der prinzipiellen Gleichrangigkeit geistlicher und weltlicher Lenkungsgewalt aus. Er erhebt Rom zum doppelten Sitz der Steuermänner des Staats- und des Kirchenschiffes. So wie der Kaiser zur Förderung des christlichen Glaubens, ist die Kirche dazu verpflichtet, in ihrem Binnenbereich selbst für Eintracht und Friede (*concordia* und *pax*) als Mindestvoraussetzung jeder Leitung Sorge zu tragen. Der Rückgriff auf die „weltlichen" Gerichte in der Verknüpfung mit der Erscheinenspflicht erinnert vielfach an die frühe Apologetik, die vor allem in Fällen der Märtyrerprozesse ebenfalls ein Erscheinen vor dem weltlichen Richter angeordnet, zugleich aber eine Gehorsamspflicht gegenüber schriftwidrigen Anordnungen ausgeschlossen hatte.[20]

cc) Quietas als Erfolg rechter concordia

Aufschluss über die Reichweite des Staatenfriedens und die doppelte Leitungsgewalt von Kirche und weltlichem Staatswesen bietet auch ein nach Beendigung des akakianischen Schismas dem Patriarchen von Rom übersandter Brief. Gleichsam,

---

18 *Avitus*, Ep. 34, S. 64, Z. 16–18; 19–23. Avitus weist zugleich darauf hin, dass im Falle eines säkularen Prozesses eine Verteidigung des Papstes durch die Bischöfe möglich geworden wäre, so dass dadurch die Kirche insgesamt ein Bild von Eintracht erweckt hätte.

19 *Avitus*, Ep. 34, S. 64, Z. 27–31; vgl. auch S. 65, Z. 4 f., 8 f.; *Stroheker*, 102.

20 *Amory*, Klio 76 (1994), 441: Die Würde des römischen Namens und die Dignität des Heiligen Stuhles sind gleichermaßen bewahrenswert.

wie – nunmehr bereits im Namen Sigismunds (515) – der weltliche König eine Gesandtschaft an den oströmischen Kaiser entsendet, verhandelt Avitus als Bischof von Vienne mit dem „Papst von Konstantinopel“. Anders aber als für den weltlichen Bereich seines Königreiches, dem er den Frieden mit Ostrom trotz des Schismas zugesprochen hatte, lobt er für den geistlichen Bereich die Beseitigung des Schismas, die Aufhebung der Lügen und die Wiederherstellung von Ruhe (*quietas*), Eintracht und Frieden für den Bereich der kirchlichen Lehre. Frieden vereint nunmehr auch die Häupter der Kirche, Peter und Andreas, wieder miteinander.[21] Ebenso wie die Kaiser nach einem auf der Frömmigkeit gegründeten christlichen Frieden zum Seelenheil ihrer Völker streben, streben auch die geistlichen Gewalten nach Eintracht, um gleichermaßen dem Volk ein Beispiel der *caritas* gewähren zu können.[22] Neben die Aufgabe der weltlichen Gewalten, ihren Untertanen als christliche Tugendvorbilder voranzugehen, ist eine den gleichen Anspruch erhebende christliche Kirche getreten. Der Kaiser des Römischen Reiches und die ihm verbundenen Königsgewalten sind Tugendvorbilder ebenso, wie die institutionalisierte römische Kirche für das Volk der Christen.

c) Die Briefe Sigismunds an den oströmischen Kaiser

Das Ideal der weltlichen Herrschaft von Königen und Kaisern nehmen schließlich die Briefe im Zusammenhang mit der Aussöhnung von Ost und West in den Blick, die in den Jahren 515–517 im Namen Sigismunds an den oströmischen Hof gesandt wurden. In ihrem Mittelpunkt steht deutlich der mit panegyrischen Topoi versehene Lobpreis der Weltherrschaft des Griechenkaisers. Schon 515 (Ep. 46a) verweist wohl Sigismund[23] darauf, dass der Ostkaiser kein Vaterland als seinen Sitz bezeichnen möge. Mit dem Sonnentopos wird der Anspruch auf universelle Herrschaft weiter abgestützt.[24] Die besondere Situation der nicht unter unmittelbarer kaiserlicher Macht stehenden Germanenreiche wird als bloße Reduktion des Strahlens der Sonne gedeutet. Das kaiserliche Diadem scheint seiner Umgebung, seine Majestät seinen fernen Untertanen. Sein Sieg ist auch der Sieg der Burgunder, sein Glück die *felicitas* des Burgunderreiches.[25]

---

21 *Avitus*, Ep. 9, S. 43, Z. 10–15.

22 *Avitus*, Ep. 9, S. 43, Z. 18–20. In einem Körper, dessen Kopf wankt, kann es keine Stabilität geben (Z. 20 – S. 44 Z. 1).

23 Die Urheberschaft des Briefes ist unklar. Geht man mit Ep. 9 davon aus, dass die Gesandtschaften an den oströmischen Kaiser bereits im Jahre 515 im Namen Sigismunds erfolgten, erscheint die Annahme seiner Urheberschaft auch im Hinblick auf den Inhalt der Nachfolgenden, eindeutig ihm zugeschriebene Briefe, jedenfalls naheliegend, dazu: *Shanzer/Wood*, Avitus, S. 137.

24 *Avitus*, Ep. 46a, S. 76, Z. 15 f.: „Nulla igitur patria quasi speciali sede sibi vos vindicet.“

25 *Avitus*, Ep. 46a, S. 76, Z. 16–18: „Uno solis iubare omnia perfruuntur; vicina quidem plus gaudent lumine, sed non carent remotiora fulgore.“, und Z. 18–20.

Die Frage nach dem Ursprung dieser Verehrung wird nur unzureichend geklärt. Anastasius ist in der klassischen Tradition als Kaiser der Vater aller. Das Rangverhältnis Gundobad/Anastasius wird so bestimmt, dass Gundobad als Herr Sigismunds zwar *rex* seines Stammes (*suae quidem gentis regem*), aber Soldat des Ostkaisers (*militem vestrum*) ist und sich in allem dessen Befehlen unterwirft. Ideologisch begründet wird lediglich der Teil des Vorrangs, der sich aus der mildtätigen Sorge um die Angelegenheiten der katholischen Religion ergibt und dem Kaiser die Heiligkeit (*sanctitas*) verleiht, die seiner *potestas* gleichsteht.[26] Auch die nachfolgenden Briefe (Ep. 47, 48) Sigismunds und Avitus' an die oströmischen Senatoren Vitalinus und Celerus (nach März 515), sowie der Brief des Avitus an den Patriarchen von Konstantinopel (Ep. 78), offenbaren wiederum die enge Verzahnung von römischer und burgundischer Herrschaft. Wer wie Gundobad von den Römern Ämter empfängt – hier offenbar die Würde eines Patricius – darf auch als Römer angesehen werden. Auch sie geben aber keine weitere Auskunft über das der Anerkennung römischer Oberhoheit zugrundeliegende Verhältnis.[27]

Erst mit Panegyrikus des 93. Briefes werden die Grundlagen der Oberhoheit neu beleuchtet. Da der oströmische Kaiser sein Reich nach den Bedürfnissen seiner Untertanen und nicht nach Maßgabe des Zeitgeistes lenkt, kann auch das Burgunderreich auf die durch ihn geschaffene Sicherheit (*securitas*) vertrauen und daher trotz körperlicher Abwesenheit im Geiste dem Ostkaiser als ein Famulus beipflichten.[28] Die Bindung an Ostrom erfolgt aufgrund der durch den Kaiser gewährten Sicherheit. Die beständige Sorge des Ostkaisers um das Heil aller Menschen (*illic pro salute omnium curatis*) vermittelt dem Westen das Licht einer Kaiserherrschaft, die von Gott gewährt ist. Aufgrund dessen aber ist der Bereich ihrer rechtlichen Wirksamkeit nicht durch Provinzgrenzen beschränkt. Die kaiserliche *maiestas* wird so auch dann nicht reduziert, wenn nicht alle Untertanen unmittelbar der kaiserlichen Herrschaft dienen können und die Verehrung des Kaisers daher von den jeweiligen

---

26 *Avitus*, Ep. 46a, S. 76, Z. 21 f.: „Inter haec tamen catholicae religionis affectu fervet in vobis cura miserendi: et in apice rerum omnium gubernacula continente non minus eminet sanctitas quam potestas."

27 *Avitus*, Ep. 47, S. 76, Z. 29 f. Wiederholt wird auch, dass die räumliche Trennung nicht schade, wenn räumlich Abwesende durch ihre Ämter repräsentiert seien. Der oströmische Kaiser wird ferner als clementissimus bezeichnet, S. 77, Z. 1. Erneut verweist Sigismund auch auf die jederzeitige Bereitschaft zu pflichtgemäßem Verhalten, S. 76, Z. 32. Der 48. Brief an den Senator Celerus greift das Motiv des 47. Briefes wieder auf. Ep. 79 wiederholt das Motiv des Dienstes (S. 93, Z. 2–4); die Sonnen- und Lichtsymbolik sowie den felicitas-Gedanken auch außerhalb der Grenzen des oströmischen Machtbereichs. Ebenso: S. 100, Z. 14: „patria noster vester orbis est."

28 *Avitus*, Ep. 93, S. 100, Z. 2 f.: „Notum est omnibus celsitudinem vestram non impedimenta temporum sed subiectorum vota metiri. Sub cuius fiduciae securitate atque laetitia gloriosissimo principi nostro qui corpore absumus, animo praesentamur." Die Panegyrik gipfelt in dem Satz: S. 100, Z. 6 f.: „Vester quidem est populus meus, et plus me servire vobis quam illi praeesse delectat"; dazu *Amory*, Klio 76 (1994), 447.

Sitzen (*sedes*) seiner Untertanen aus erfolgt.[29] Eine tugendhafte Regierung des Ostens wird so grundsätzlich unterstellt.[30]

Erstrebenswertes Ideal bleibt die Weltherrschaft. Sigismund wünscht dem Ostkaiser, dass er auch die Völker des Ostens (bis hin zum Indus!) und Südens römischen Gesetzen unterwerfe, damit die *crudelitas* durch römische Gesetze (*leges*) aufgehoben und die „Brände" der südlichen Völker durch die ihm gebührende Ehre gemildert würden.[31] Der Kaiser mag dadurch Frieden schaffen. Erst dadurch gelangt er zum Kern des Idealbildes. Die Ausdehnung des Reiches soll, wie die Ausübung des kaiserlichen Amtes, dem Zweck dienen, andere Völker zur Wahrheit des christlichen Glaubens (*potestate religio, veritas*) zu führen und ihnen dadurch die *libertas* verschaffen, aufgrund derer auch das Burgunderreich dem Ostkaiser dient.[32] Die panegyrische Verehrung des oströmischen Kaisers ist einzig auf einen Weltherrschaftsgedanken zurückzuführen, der ganz der göttlichen Gnade des kaiserlichen Amtes verpflichtet ist. Die Verehrung des Kaisers erfolgt für das Heil, Glück und die Sicherheit des Zeitalters in einem christlichen Frieden. Der Kaiser nimmt für sich in Anspruch, die gesamte Menschheit in den Wirkungsbereich römischer Herrschaft einzubeziehen, um so die christliche Glaubenswahrheit und die Gesetze der Religion zu vermitteln. Rom herrscht wie von jeher aufgrund seiner *leges* über ursprünglich lasterhafte Völker. Es erfüllt so den ursprünglichen Sendungsauftrag der Pax Romana, die in den Herrschaftsbereich Einbezogenen zu befrieden und zu rechtem Verhalten anzuleiten. Dank der christlichen Religion ist das Element der Abwehr – das vormals die germanischen Stämme an den Reichsgrenzen aufgrund ihrer vermeintlich nicht Gesetzen zu unterwerfenden Wildheit vom römischen Friedensbereich ausschloss – aber aufgehoben. Den ganzen Westen – die Germanenreiche sieht Sigismund als Teil des römischen Herrschaftsbereiches an[33] – und Norden beherrschend, soll römische Herrschaft nunmehr den Süden und Osten für sich einnehmen. Der auch in der vorhergehenden Panegyrik des vierten Jahrhunderts stark akzentuierte Weltherrschaftsgedanke dient in letzter Konsequenz nunmehr ausschließlich der Erhellung der gesamten Welt durch das Licht des christlichen Glaubens. Der römische Kaiser ist ein Vollstrecker göttlichen Willens, ein von allen geachteter Inhaber göttlicher Gnade, weil er allen Völkern im christlichen Glauben *libertas* verschafft. Seine Stellung ist nicht in der Überlegenheit römischer *leges* über

29 *Avitus*, Ep. 93, S. 100, Z. 17–20.

30 *Avitus*, Ep. 93, S. 100, Z. 21: „Virtute orbi eo, felicitate regnatis occiduo."; Z. 24: „...ut sic virtutis vestrae decora nostra sint."

31 *Avitus*, Ep. 93, S. 100, Z. 29–32: „...propter quae si pacis commodo in Romani imperii gaudeat iura transire."

32 *Avitus*, Ep. 93, S. 100, Z. 35 – S. 101 Z. 4: „Prorogetur per vos non minus potestate religio, quae famulantibus populis ad caelestia pariter terrenaque veneranda et veritatem adstruat et porrigat libertatem: qua mediante vobis cultui aeternae salutis innisis non humano tantum ordine, verum etiam divino amore longum servire nos deceat."

33 Eine Rücküberstellung des westlichen Herrschaftsbereichs unter unmittelbar römische Oberhoheit ist daher nicht erforderlich.

barbarische Tyrannei begründet, sondern in der damit verbundenen immanenten Aufgabe der Wahrung und Verbreitung des rechten Christenglaubens. In Verbindung mit der Deutungshoheit der Kirche in Fragen der katholischen Lehre, d. h. dem Primat des Heiligen Stuhles, ist damit bereits das Kernproblem des Mittelalters aufgeworfen. Es die Frage nach dem Verhältnis kaiserlicher und kirchlicher Gewalt und gleichermaßen nach der Untertanenpflicht gegenüber einem Kaiser, der vom Pfad des rechten Glaubens abkommt.

Dieser Verpflichtung des Ostkaisers folgend, lässt sich (Ep. 94) auch der in Ep. 39 angesprochene Gedanke vom Gegenseitigkeitsverhältnis Ostroms und der barbarischen Königsherrschaften weiter vertiefen. Nach dem Tod König Gundobads war die Übernahme der Herrschaft durch Sigismund vom Ostkaiser noch nicht bestätigt worden. Avitus verweist in dem Brief daher auf das gerechte (christliche) Urteil des Kaisers gegenüber seinen Untertanen, das sich nicht von der Unbeständigkeit und dem bloßen Wandel der Zeiten beeinflussen lasse. Da somit ein bloßer Wechsel in der Person der Diener für das kaiserliche Urteil unmaßgeblich ist, kommt es auch nicht darauf an, ob die kaiserliche Bestätigung Sigismunds Erhebung vorangeht oder ihr nachfolgt.[34] Entscheidender ist, dass barbarische Könige ihm als treue Diener zueilen. Nur auf diese Weise war es Gundobad mit göttlichem Beistand möglich, unter ihm als Herrn der Völker (*dominus nationum*) das selten erstrebte Ziel eines gedeihenden Gemeinwesens zu verwirklichen.[35] Ausgeschlossen ist nach diesem Verständnis oströmischer Herrschaft zugleich eine Rechtfertigung des Verhaltens Theoderichs, der eine vorangehende Gesandtschaft der Burgunder in Italien aufhalten lässt. Wer die treue Pflichterfüllung der Untertanen verhindert, erweckt den Anschein, selbst pflichtvergessen zu sein.[36] Wenngleich die Äußerungen Sigismunds vor dem Hintergrund des politischen Tagesgeschäfts zu sehen sind, wahrt Sigismund die ideologische Geschlossenheit. Solange der oströmische Kaiser dem rechten Glauben folgt, unparteiisch richtet und darüber hinaus freigiebig für seine armen und bedürftigen Diener Sorge trägt, sind ihm alle *regna* zur Gefolgschaft verpflichtet. Dadurch ist der, der den Austausch von Nachrichten zur Erfüllung dieses christlichen Auftrages verhindert, ein Störer der gottgegebenen Ordnung.[37]

---

34 *Avitus*, Ep. 94, S. 101 Z. 6–9; 15. Sigismund verweist weiter auf die ihm bereits durch Ostrom zuteil gewordenen Amtswürden (Erhebung zum patricius, später auch zum Magister utriusque militae), vgl. *Shanzer/Wood*, Avitus, S. 149.

35 *Avitus*, Ep. 94, S. 101, Z. 19 f.

36 *Avitus*, Ep. 94, S. 101, Z. 31 f. Die offene Kritik an Theoderich schwächt Sigismund zunächst mit der Äußerung ab, dass vor Gott nicht schuldig sei, wer reinen Gewissens gehandelt habe. Der nachfolgende Satz, es sei daher nachvollziehbar, dass Theoderich beständig darauf verweise, den Auftrag der burgundischen Gesandtschaft nicht gekannt zu haben, wenngleich er sie um dieses Auftrages willen doch aufzuhalten versucht habe, belegt, dass die guten Intentionen des Ostgoten Sigismund überaus zweifelhaft erscheinen. *Reydellet*, 132 f.

37 *Avitus*, Ep. 94, S. 102, Z. 3–12 zur Armenpflege.

2. Der Briefwechsel des Avitus mit Gundobad, Sigismund und der Brief an Chlodwig

Eine andere Schwerpunktsetzung, die weniger stark vom Verhältnis institutionalisierter weltlicher und geistlicher Herrschaft zehrt und stärker die inneren Konflikte des Burgunderreichs in den Blick nimmt, begegnet in den Briefen des Avitus an den Burgunderkönig Gundobad sowie an dessen Sohn Sigismund. Während mit Gundobad ein arianischer König bis zu seinem Tode im Jahre 516 die Geschicke des Burgunderreiches führte, trat sein Sohn Sigismund – der ab 516 bis zum Untergang des Burgunderreiches die Regierungsgeschäfte übernahm – noch vor dem Jahr 507 zum katholischen Bekenntnis über. Die beider Herrschaft betreffenden Briefe sind daher sowohl für die Frage des Verhältnisses der katholischen Kirche zur arianischen Häresie der Barbaren, wie auch für den an das christliche Königtum im allgemeinen angelegten Anspruch von Relevanz, zumal der nach seiner Ermordung durch Chlodomer schließlich in dem von ihm gegründeten Kloster St. Maurice d'Agaune zur Ruhe gebettete Sigismund in späterer Zeit als Märtyrer und Heiliger verehrt wurde und damit als Vorbild christlicher Tugend fungierte.[38]

a) Briefe an Gundobad

aa) Tugend nur ex fide und kraft vollbrachter Tugendwerke

Besondere Aufmerksamkeit aus der Reihe der an Gundobad gerichteten Briefe über den christlichen Glauben verdient ein nach 500 verfasster (früher) Brief, der die auf Thesen des Faustus von Riez beruhende Frage des Königs aufgreift, ob das Heil (*salus*) des Menschen alleine durch den Glauben, oder auch aufgrund guter Taten erlangt werden könne. Eng angelehnt an die Lehre des Augustinus – Heil wird nur durch rechten Glauben vermittelt – verwirft Avitus zunächst die These des Faustus. Sie könne eher von dem Gegenspieler des Augustins, Faustus von Milevis, als von Faustus von Riez selbst stammen. Bezug nehmend auf die *pietas* des arianischen(!) Burgunderkönigs[39] ist aber vor allem die nun folgende Antwort beachtenswert. Die göttliche *clementia* richtet den Menschen alleine nach der Qualität des Glaubens im Zeitpunkt des Todes.[40]

Der Rückschluss – allein der Glaube, nicht die Tugend, sei daher generell für die Frage des ewigen Heiles maßgeblich – erweist sich aber wie schon bei Salvian von Marseille als trügerisch. Zwar ist auch der mit Christus gekreuzigte Verbrecher in

38 1354 erbat Kaiser Karl IV. in Einsiedeln und 1365 in Agaune Reliquien. Vgl. hierzu *Richard*, Sigismund [1], LexMA VII, Sp. 1885, sowie *Krüger*, Sigismund [2], ibid.

39 *Avitus*, Ep. 4, S. 29, Z. 24; zu Faustus von *Milevis*, S. 39, Z. 27–30.

40 *Avitus*, Ep. 4, S. 30, Z. 8–10; 11 f.: „Sed totum apud caelestem clementiam fidei qualitate pensatur." Mit Verweis auf Mt 20, 1–16: Diejenigen, die spät zur Arbeit kamen, erhielten denselben Lohn wie diejenigen, die früh erschienen; ebenso verweist Avitus im Weiteren auf Abraham (Röm 4, 3), die Hure Raab (Jos 2, 1) und die Kanaaniter (Mt 15, 26 f.).

den Himmel aufgefahren, doch erfordert das im Angesicht des Todes geleistete Versprechen der Rechtgläubigkeit jedenfalls die Bekräftigung durch Werke der Tugend, wenn der Mensch danach weiterlebt. Ist der unter dem Versprechen der Buße durch Gott von der Krankheit Errettete dazu nicht bereit, so hat sein Bußversprechen zur Vermeidung schärfster göttlicher Strafe insgesamt zu unterbleiben.[41]

So gilt zwar der Satz, dass Tugenden (Weisheit, Ärmlichkeit, Verachtung des Reichtums) ohne Glauben wertlos sind, nicht aber umgekehrt der Satz, dass *spiritualia* alleine durch den Glauben und ohne Tugend erworben werden könnten.[42] Avitus verdeutlicht den Zusammenhang mit dem Bild des Gebäudes, das ohne Fundamente errichtet wird. Nur mit dem Glauben als Basis[43] können gute Werke Früchte tragen. *Virtus* existiert alleine *ex fide. Sine fide* ist sie wertlos. Damit kann es zwar Werke ohne Glauben geben, sie sind aber in der Regel sündenbehaftet. Demgegenüber ist Glaube ohne gute Werke nicht möglich: *Sic fit, ut cum opera sine fide possint esse, fides sine operibus esse non possit.*[44] Während also das Bekenntnis zum Heil (*salus*) dem menschlichen Mund obliegt, folgt der Glaube an die *iustitia* selbst direkt aus dem Herzen. Die gute Tat manifestiert sich erst in einem von Herzen kommenden Glauben.[45]

bb) Gottglaube und Verachtung der Welt als Weg des Königtums zum Heil

Mit Blick auf das Burgunderreich konkretisiert Ep. 6 (um 500) diese Vorgaben im Hinblick auf das Almosengeben, den Einsatz materieller Güter zu Glaubenszwecken und den Übertritt zum katholischen Bekenntnis. Die Generosität des Almosengebers bemisst sich nach Maßgabe der Schrift (Lk 21, 2–3) nicht nach der Menge des Gewährten, sondern alleine nach der inneren Überzeugung (*...non quantitas..., sed studii*).[46] Rechter Glaube erfordert die Bereitschaft sich zugunsten des Heiles auch mit nahestehenden Verwandten zu entzweien. Höchsten Ruhm erlangen die

---

41 *Avitus*, Ep. 4, S. 30, Z. 22–24; 27 f.: „Melius est autem...non vovere, quam vovere et non reddere." (vgl. Eccl. 5, 4.

42 *Avitus*, Ep. 4, S. 31, Z. 17. Die Erlösung erfolgt: „sola fide"; vgl. auch Z. 19.

43 *Avitus*, Ep. 4, S. 31, Z. 12 f.: „Fidem esse omnium bonorum spiritalium fundamentum..."; auch 20 f.

44 *Avitus*, Ep. 4, S. 32, Z. 4 f.; 6 f. Zur Sündhaftigkeit der Werke ohne Glauben vgl. S. 31, Z. 29 f.: „quicquid non est ex fide, peccatum est."

45 *Avitus*, Ep. 4, S. 32, Z. 5–8. Der Vergleich von Tugenden mit Bestandteilen der Architektur begegnet später auch wieder bei Venantius Fortunatus.

46 *Avitus*, Ep. 6, S. 33, Z. 19–23. Im Schriftbeispiel erlangt daher die Witwe, die mit ihren zwei Münzen zugleich ihr gesamtes weltliches Vermögen aufgibt nicht wegen des materiellen Umfangs ihrer Gabe, sondern alleine deshalb himmlischen Lohn, weil damit zugleich die innere Aufgabe dieser Welt zugunsten des Königreichs des Himmels einhergeht. Maßgeblich ist nicht, dass etwas dem Lippenbekenntnis nach „in Christi Namen" gegeben wird, sondern dass es „für Christi Namen" gegeben wird, d. h., dass der Almosengeber in innerer Nachfolge Christi handelt, vgl. auch Z. 29 f.: „...non quae tribuuntur Christi nomine, sed quae pro Christi nomine relinquuntur."

Märtyrer.[47] Schon im Rahmen dieser allgemeinen Regel für Tugendwerke ist aber zu beachten, dass vor Gott das Almosen keinen Gefallen finden kann, das in der Sorge um die Seele den eigenen Lebenskreis (Ehegatten, Nachbarn) vernachlässigt.[48] Unmittelbar gilt dies auch für den von Gott eingesetzten König (*...quae regnum divinis nutibus administrat...*). Auch wer sich auf Erden in hoher Stellung befindet oder über Reichtum verfügt, kann Zugang zum Königreich des Himmels erlangen. Erforderlich dazu ist nicht die vollständige Aufgabe der Position oder des Reichtums. Sie entspräche vielfach einer Vernachlässigung des eigenen Lebensumfeldes. Entscheidend kommt es vielmehr auf die erkennbare Verachtung der Welt (*contemptus mundi*) durch Einsatz des Vermögens zu guten Werken an. Dadurch werden der Reichtum „in Christus" und das Heil möglich.[49]

Dem Arianer Gundobad bliebe es ferner unbenommen, zu höchstem eigenen Ruhm rechtmäßigerweise Verwandte, Brüder und Schwester beiseitezuschieben und wie Abraham die Gewohnheit des Irrglaubens aufzugeben. Dadurch würde er zu nahezu märtyrergleichem Rang aufsteigen.[50]

cc) Gloria des Königtums als Ergebnis des lasterfreien Lebens in Gott

Eng damit zusammenhängen dürfte ein bei Abogard von Lyon als Teil der verlorenen Dialoge des Avitus überliefertes Fragment über den Ruhm (*gloria*) des Königtums stehen.[51] Während der Ruhm Gottes und der Engel jeweils sein Maß kennt, erlangt ihn der König alleine durch ein hervorragendes Leben ohne Laster (*regum sine vitio*). Auch der ruhmreichste König – selbst Salomon – steht darin aber stets unterhalb des Ruhmes der Heiligen.

---

47 Daraus erklärt sich zugleich das Vordringen der Heiligenviten und Märtyrererzählungen seit dem Ausgang des 4. Jahrhunderts auch bei Sulpicius Severus und Prudentius.

48 *Avitus*. Ep. 6, S. 34, Z. 14 ff.

49 *Avitus*, Ep. 6, S. 34, Z. 23–31. Angesprochen wird der rechte Einsatz des Geldes und der Landgüter.

50 *Avitus*, Ep. 6; Z. 32–35; *Reydellet*, 115, 120: Was Avitus will, ist nicht die Bekehrung, sondern das Bekenntnis Gundobads zum christlichen Glauben.

51 Überliefert ist die Passage aus Abogard von Lyon, Liber de Imaginibus Sanctorum, 9; hier zitiert nach der Ausgabe in *Shanzer/Wood*, Avitus, S. 188, Fr. 2.: „Est quippe divinae, est angelicae, est etiam humanae gloriae modus, quem in multis Scripturarum locis invenimus, et sanctorum meritis, et apicibus regum sine vitio assentationis ascribi. Quae enim inter homines prima gloria, haec est omnibus sanctis eius; et in Evangelio Dominus dicit, quod nec Salomon in omni gloria sua sic vestitus est sicut lilii flosculus specie naturali."

dd) Bewertung: Der Vorrang der Märtyrer und Heiligen als Vorbilder christlicher Tugend

Mit der vorliegenden Überlieferung hat Avitus den Rahmen des königlichen Handelns nach zwei Seiten hin eng umrissen. Will der König zu höchstem, märtyrergleichen Ruhm gelangen, so muss er sich zum rechten katholischen Glauben bekehren. Alleine die damit verbundene Umkehrleistung wird ihm, der für Gott gegen seine Verwandten streitet, als Gerechtigkeit angerechnet werden.[52] Die Überhöhung der Leistung des Übertritts im sechsten Brief, die der rechten Verwendung der Güter überlegen ist, stellt zugleich den Bezug zum Dialogfragment und zur Nennung Salomons her. Trotz seiner Tugendwerke hat Salomon nicht den Ruhm der Heiligen erlangt. Ein märtyrergleicher Gundobad, dessen Übertritt die höchste christliche Tugend des Märtyrertodes nachbildet, würde den alttestamentarischen König darin übertreffen. Der zweite Weg das Königreich des Himmels zu erlangen, besteht in Werken der Tugend aus echtem christlichen Glauben, also aus der Nachfolge Christi heraus. Dazu gehört der rechte Einsatz der Güter, vorgelagert aber jedenfalls eine rechte Glaubensgesinnung. Avitus vermeidet den expliziten Verweis auf die katholische Religion tunlichst und verbindet die Gesinnung des arianischen Königs mit *pietas* und *sanctitas*.[53] Die durch den vierten Brief aufgeworfene Frage, ob nur rechtes katholisches Bekenntnis als Grundlage der Tugend zu fungieren kann, bleibt dort unbeantwortet. Da der sechste Brief Gundobad aber unabhängig von einem Übertritt die Erlangung himmlischer Güter durch rechten Einsatz der gottgegebenen irdischen Gewalt verspricht, ist offensichtlich, dass Avitus den Burgunderkönig auch ohne Konversion nicht vom himmlischen Heil hat ausnehmen wollen. Die durch den biblischen König Salomon ausgesprochene Warnung vor der Gefahr eines Rückfalls in Laster nach dem Versprechen eines christlichen Lebenswandels (Ep. IV, S. 30, Rn. 23), führt zudem den Übergang von römischen Vorbildern hin zu biblischen Amtsträgern – Königen, Richtern, Propheten und Priestern – erneut vor Augen. Sie werden zur Illustration christlicher gewandelter Tugendbegriffe, hier der *gloria*, eher als römische Tugendkaiser herangezogen werden. Auch das Vorbild der Märtyrer und Heiligen gewinnt dadurch weiter an Bedeutung.[54]

ee) Gegenwärtige gottgeleitete Weltregierung durch Eingriff in das Herrschergeschlecht

Den aktiven Eingriff Gottes als Weltenlenker in die Geschicke des burgundischen Königshauses sucht Avitus anhand eines Konsolationsbriefes an Gundobad zu belegen, den er angesichts des Todes der noch unverheirateten Tochter des Burgunderkönigs

52 Der Verweis des Avitus (Ep. 6, S. 34, Z. 36) auf Abraham bestätigt dies. Dieser findet sich auch in Ep. 4, S. 31, Z. 24 f.: „Abraham quod solo credidit deo, reputatum est illi ad iustitiam."

53 *Avitus*, Ep. 6, S. 29, Z. 24; S. 30, Z. 4.

54 Der Definition christlicher Handlungstugenden bei Laktanz, Ambrosius, Augustinus, Salvian und Orosius folgt nun die Verankerung von Vorbildern der Schrift auch im christlichen Herrscherideal.

verfasste. Da unter einer gottgeleiteten Regierung – im vorliegenden Fall derjenigen Gundobads – schlechterdings nichts geschieht, was sich nicht zum Besten ereignet, ist der Tod der Tochter als Gottesurteil zu bewerten. Die *felicitas* der Burgunderherrschaft führt dazu, dass nur diejenigen Personen überleben, die zur Herrschaft vom Standpunkt der katholischen Wahrheit her benötigt werden.[55] Gleiches gilt von demjenigen, den Gundobad stets als Vater betrachtet hat. Auch ihn hat der König zunächst mit Gütern versehen, was einen Abfall aber nicht vermeiden konnte. Zur Furcht der Menschen und Gefahr für das Land geworden, wandte sich schließlich doch alles zugunsten des künftigen Friedens, wurde das damals gegenwärtige Unheil ausgeglichen.[56] Entsprechend gilt: Solange Gundobad der Kirche Schutz gewährt, ist seine *res publica* ohne Gefahr.[57] Verharrt er im Schutz des Glaubens, wird ebenso wie das Mitgefühl der Geistlichkeit sein *imperium* und seine *potestas* an jedem Ort gleichermaßen wirksam bleiben.[58] Konsequent führt Avitus den Gedanken der von *pietas* geleiteten Königsherrschaft Gundobads fort. Solange die Königsherrschaft den rechten Glauben unterstützt, erhält sie Gott durch seinen ordnenden Eingriff in einem Zustand, der ihr universellen Anspruch verleiht. Widersacher und solche Personen, die rechter christlicher Lehre nicht dienen, werden von Gott trotz der an den König gerichteten Forderung nach Milde und Gemütsruhe ausgeschaltet.

ff) Der Mensch als vindex göttlichen Rechts – über Zweikämpfe und Ordale

An sich konsequent in den Kontext einer göttlichen Weltregierung hat Gundobad offenbar auch die Frage über die Zulässigkeit der Zweikämpfe eingeordnet, die lediglich in einem weiteren Fragment der verlorenen antiarianischen Dialoge auftaucht.[59] Die Idee des Gottesurteils (*divino iudicio*), das den Sieger zum Inhaber des behaupteten Rechts bestimmt (*cui iustitia competit, victoria succedit*) verwirft Avitus. *Dissipa gentes quae bella volunt* heißt es in den Psalmen (67, 31), zugleich im Römerbrief: *Mihi vindictam, ego retribuam, dicit Dominus* (Rom 12, 19). Vergeltung zu üben und Krieg zu fördern, entspricht daher nicht den Anforderungen der *aequitas*. Durch Waffengewalt begibt sich der Gerechte in Gefahr. Er geht allzu häufig selbst unter oder erleidet jedenfalls schwerste Verletzungen, so dass am Ende des Kampfes häufig der Kräftigere als Sieger verbleibt. Gleiches gilt für alle Arten

---

55 *Avitus*, Ep. 5, S. 32, Z. 29–31: „Repositum est illic, quicquid prosperum fuit catholicae veritati."

56 *Avitus*, Ep. 5, S. 32, Z. 33 – S. 33, Z. 2. Fraglich ist, ob Avitus hier auf den Bruder Gundobads, Godesigel anspielt, den dieser 501 in Vienne einschloss und schließlich tötete.

57 *Avitus*, Ep. 5, S. 33, Z. 12 f.: „...quia numquam vestra respublica orphanitatis incurrit perniciem, quamdiu sustentantibus vobis mater ecclesia non sensit orbitatem."

58 *Avitus*, Ep. 44, S. 73, Z. 20–22: „Si quidem in omnibus locis sanctis sicut ministerio nostro eadem caritas, ita imperium vestrum atque potestas est."

59 Sie ist in der Vita Aviti und bei Agobard von Lyon überliefert. Das hier verwandte Fragment aus Agobards Liber adversus legem Gundobadi bieten *Shanzer/Wood*, Avitus, S. 189 Fr. 3a.

der Ordale. Was verborgen ist, kann nicht durch Feuer, Eisen oder Wasser entdeckt werden. Wäre es anders, würden die Geheimnisse Gottes durch dem Menschen an die Hand gegebene Gegenstände offenbar werden können.[60] So wie sich der Bischof offen zum göttlichen Eingriff auf Erden bekennt, lehnt er es doch ab, den göttlichen Willen menschlichen Mitteln zugänglich zu machen. Er verwirft den Zweikampf als Mittel der Erkenntnis göttlichen Willens in Rechtsstreitigkeiten, schließt aber nicht den Gedanken aus, dass der Wille Gottes mit dem rechtmäßigen König, etwa in Kriegen oder in der Verwaltung des Friedens streitet. Beide Fälle sind unterschiedlich gelagert. Im ersten Fall maßt der Mensch sich an, den Willen Gottes erkennen zu können, im zweiten Fall wird der Wille Gottes nach erfolgtem Sieg oder Bewahrung des Königtums erst nachträglich offenbar. Der Mensch ist so niemals selbst kraft eigenen Vorauswissens als *vindex* tätig. Er kann allenfalls als Werkzeug Gottes die Rechte des Herrn vindizieren.

gg) Schwerter zu Pflugscharen

Nicht unbedeutend ist vor dem Hintergrund der früheren Panegyriken Claudians und des Sidonius Apollinaris auch die zwischen Avitus und dem Burgunderkönig geführte Diskussion um die Bedeutung des Schriftenwortes „Schwerter zu Pflugscharen".[61] Anders als Claudian und Sidonus Apollinaris unterlässt es Avitus nämlich zunächst, die entsprechende Passage politisch auszudeuten. Der Frage Gundobads, ob die in dem Abschnitt angesprochene Zeit in der Vergangenheit oder in der Zukunft zu verorten sei, ist für ihn eindeutig zu beantworten. Die Passage predigt das Wort des Vaters und des christlichen Rechts. Zu den Zeiten des irdischen Lebens Christi wurden die Schwerter der Völker zu Pflugscharen umgeschmiedet, d. h., es herrschte unbegrenzter Friede (*quietas; pax floruit*) auf der Welt.[62] Offensichtlich gilt das Wort darüber hinaus für die Gläubigen Christen. Nur die erste Geburt – der geborene aber nicht getaufte Mensch – nutzt das Schwert zur Zerstörung der Menschen. Die zweite Geburt, der in Christus getaufte Mensch, ist verpflichtet es zur Erlösung und Pflege der lebenden Dinge umzuschmieden – zumal vor dem Hintergrund des in derselben Stelle angekündigten Weltenendes.[63] Zwar hat die Gegenwart nicht den zu Christi Lebzeiten herrschenden Frieden, dafür aber steht ihr die „zweite Geburt" und damit die Möglichkeit eines Lebens nach den Lehren Christi zur Verfügung. Dessen Gestaltung ist insgesamt nicht auf Zerstörung, sondern auf

---

60 *Shanzer/Wood*, Avitus, S. 191 Fr. 3b. Aufgrund jenes Fragmentes kann die von *Shanzer/Wood*, Avitus, S. 192 aufgeworfene Frage, ob Gundobad möglicherweise der Salomo Avitus gewesen sei, nicht beantwortet werden, vgl. dort S. 192.

61 *Avitus*, Ep. 22, S. 54, Z. 33 verwechselt allerdings Jesaja (2, 3–4) mit 2 Köm 18, 1.

62 *Avitus*, Ep. 22, S. 54, Z. 34.

63 *Avitus*, Ep. 22, S. 54, Z. 36. Avitus bietet (S. 55, Z. 2–4) zudem die wörtliche Deutungsvariante an, verweist aber darauf, dass es nach dem Tag des Jüngsten Gerichts und dem Ende der zeitlichen Welt wohl kaum noch eine andere Funktion für das „umschmieden" geben könne.

die Pflege alles Lebenden vor dem Hintergrund des künftigen Gerichts und der Prüfung der Seele auszurichten. Der von Sidonius und Claudian angesprochene Kontext der „Befriedung“ – des Übergangs von der barbarischen Wildheit zu einer Lebensweise bäuerlicher Sesshaftigkeit, die die barbarische Natur ablegt – steht hier nicht so sehr im Mittelpunkt, wie die durch die Taufe bewirkte Neubestimmung der Lebensziele. Schwerter werden nicht alleine durch Sesshaftigkeit, sondern durch rechtes christliches Bekenntnis verwandelt. Es bedeutet ein Leben nach den Geboten Gottes zum Heil der Seele.

b) Briefe an Sigismund

Mit kurzen Stellungnahmen zum Verhältnis von Kirche und Herrschaft hat Avitus auch die Briefe an Sigismund versehen. So enthält etwa ein Brief, der die Auseinandersetzung des Avitus mit dem arianischen Bekenntnis Gundobads zum Gegenstand hat, die Aufforderung an den Königssohn, seine gottgegebene Stellung zu nutzen, um gegen die durch den arianischen Irrglauben hervorgerufene *discordia* und die dadurch bedingten bürgerkriegsähnlichen Zustände vorzugehen.[64] Anlässlich eines Feldzuges Sigismunds bezeichnet Avitus den jungen König als Sitz des Glaubens. Es sei normal, dass alle Menschen das erstrebten, was seiner Verehrung angemessen sei – zumal ihm die Liebe zum katholischen Glauben offenbar eingepflanzt sei. Den Feldzug werde er mit Hilfe von Gebeten, weniger von Waffen, siegreich überstehen.[65] In Händen des christlichen Königs liegt das Wohlergehen der Untertanen.[66] Den christlichen König im Felde als Verteidiger der Sicherheit schützt Christus.[67] Dank des Schutzes Gottes erringt er Frieden und Sieg weniger durch die Macht der Waffen als durch seine Gebete.[68]

c) Die Bekehrung Chlodwigs

Mit zu den deutlichsten Bekenntnissen des Avitus in Ansehung des Herrscherideals zählt sein anlässlich der Taufe des Frankenkönigs Chlodwig verfasster Brief.[69] Das Bekenntnis Chlodwigs für sich und sein Volk ist Zuwendung auf *veritas* und *fides.* Für die katholische Kirche, den Stamm der Franken und die Christen gilt: *vestra*

64 *Avitus*, Ep. 23, S. 56, Z. 7–9; ähnlich Ep. 31, S. 62.
65 *Avitus*, Ep. 45, S. 74, Z. 14; 25.
66 *Avitus*, Ep. 79, S, 93, Z. 20.
67 *Avitus*, Ep. 91, S. 99, Z. 13 f.
68 *Avitus*, Ep. 92, S. 99, Z. 21 f. auch Ep. 76, S. 92, Z. 15 mit der Bezeichnung des Avitus als princeps Christianus; dazu *Reydellet*, 133f. mit Verweis auf die Homilie XXIIII, in der das pax-Streben des christlichen Königs als Voraussetzung der felicitas in den Mittelpunkt gestellt wird sowie auf die sechste Homilie, in der der Grundsatz des princeps Christianus intra ecclesiam ausgebreitet ist.
69 *Avitus*, Ep. 46, S. 75, Z. 1 ff.

fides nostra victoria est.[70] Mit Chlodwigs Wahl sind die Streitigkeiten der christlichen Häresien für das bestehende Zeitalter überwunden. Die Konversion führt Chlodwig von der legendären göttlichen Abstammung zur einzigen Nobilität des christlichen Glaubens.[71] Durch die Bekehrung übertrifft Chlodwig seine Vorfahren, die lediglich irdische Herrscher waren und bereitet sich und seinem Volk die Herrschaft im Himmel.[72] Zugleich gewinnt das Licht der *gloria* griechischen Glaubens, die als *gloria* der wahren Religion stets höchste *gloria* des Königtums ist, mit Chlodwig ein neues Licht im Glauben.[73] In eine ähnliche Richtung weist der achte Brief der Briefesammlung, der eine Bitte um Reliquien anlässlich der kürzlich erfolgten Bekehrung eines Königs (Sigismund oder Chlodwig) enthält. Darin betont Avitus nicht nur die Sorge, mit der die Kirche zuvor dem Irrglauben des Königs begegnete, sondern auch die künftige Funktion der Königsherrschaft nach abgelegtem christlichem Bekenntnis. Der christliche König ist Träger der christlichen Standarte. Er trägt sie selbst seinem Volk als Beispiel her. Ohne jemanden durch *potestas* zur Konvertierung zu zwingen, überzeugt sein Beispiel alleine viele Menschen und Völker zur Nachahmung.[74]

3. Bewertung

Im Zentrum der bischöflichen Briefe des Avitus steht das Verhältnis von königlicher Gewalt und Kirche, daneben dasjenige der königlichen Gewalt zur höchsten irdischen Gewalt des Griechenkaisers. Ganz im Sinne des augustinischen Staatenfriedens sind barbarische *regna* und Ostkaisertum durch das Band der *pietas* in gegenseitiger Zuneigung (*caritas*) einander verbunden. Der herrschende Staatenfriede wird durch das Treueband (*fides*) christlichen Glaubens bekräftigt. Dieses führt dazu, dass ein christlicher *rex* den im Glauben fehlgehenden Kaiser zu rechtem christlichen Bekenntnis ermahnen kann.

Die Anerkennung des Ostkaisertums als des Trägers universaler Herrschaft auf Erden besteht nominal fort. Avitus bekennt sich klar zum Reichsgedanken eines römischen Imperiums. Weder kennt der Ostkaiser ein Vaterland, noch beschränkt sich das Licht seiner Regierung auf einen Erdteil. Siege des Ostkaisers tragen unmittelbar zur *securitas* und *felicitas* der Königsherrschaften des Westens bei, deren Könige sich selbst als Soldaten im Dienste des Ostkaisers sehen. Der erwünschte Sieg des

---

70 *Avitus*, Ep. 46, S. 75, Z. 5–7. *Reydellet*, 99: Konstituierung einer antiarianischen Front, Bekehrung Chlodwigs als entscheidende Verschiebung des Gleichgewichts, 101 f.

71 *Avitus*, Ep. 46, S. 75, Z. 13 f.: „Vos de toto priscae originis stemmate sola nobilitate contentus…".

72 *Avitus*, Ep. 46, S. 75, Z. 15 f.: „Habetis bonorum auctores, voluistis esse meliorum. Respondetis proavis, quod regnatis in saeculo; instituistis posteris, ut regnetis in caelo." Dazu *Reydellet*, 107.

73 *Avitus*, Ep. 46, S. 75, Z. 17 ff. Zur Frage des Verhältnisses zum griechischen Kaisertum auch *Reydellet*, 109.

74 *Avitus*, Ep. 8, S. 40, Z. 5 f.; *Reydellet*, 103, 124 f.: Chlodwig als „Apostel". Der vormalige Barbarenglaube ist Irrglaube, *Amory*, Klio 76 (1994), 440.

griechischen Kaisertums ist der Sieg der gesamten Christenheit über barbarische Völker zur Vereinigung der gesamten Welt in christlicher *pietas* und *libertas*. Die Einung im Glauben berechtigt zugleich die Königsherrschaft Burgund dazu, ihre Sukzession selbständig zu regeln und lediglich dem Ostkaiser zur Kenntnis zu bringen, da seine christliche Zustimmung aufgrund der verbindenden *fides* nicht zweifelhaft sein kann.

Von einer grundsätzlichen Position her lässt sich auch das Verhältnis aller weltlichen und geistlichen Gewalt bestimmen. Der weltlichen Gewalt ist die Sorge für die rechte Verfassung der Kirche auferlegt. Sie hat daher auf Missstände im Glauben anderer Herrschaften hinzuweisen. Hinsichtlich weltlicher Rechte untersteht auch der Bischof von Rom dem kaiserlichen Gericht, hinsichtlich der geistlichen Rechte ist er vom Gericht frei. In Rom befindet sich so der Mittelpunkt der geistlichen Welt wie das Zentrum der irdisch-weltlichen Herrschaft. Spannungsfragen sind in unbedingter Übereinstimmung von Petrusstuhl und höchster weltlicher Gewalt zu lösen. Christliches Streben ist aber stets auf Wahrung der *quietas* der Kirche zur Verbreitung des rechten Glaubens zum Seelenheil der Völker auszurichten.

Auch individuell erlangt der Herrscher *gloria* vor allem aus Rechtgläubigkeit und daran anknüpfenden guten Werken. Tugend ohne Glauben kann ihn weder zur Erlösung führen, noch zu einem tugendhaften Herrscher in einem christlichen Sinne machen. Tritt der Herrscher so für den Glauben ein, kann er sich des Erhaltes der Herrschaft durch Christi Hilfe gewiss sein. Stets aber muss er danach streben, das christliche Leben auf Erden im frommen Glauben (Schwerter zu Pflugscharen) zu fördern, um so seinem Dasein Sinn zu verleihen. Im Übrigen gilt: Dem christlichen Herrscher schenkt Gott den Sieg und christlichen Frieden und bewahrt ihn in der Schlacht. Die Übernahme der Rechtgläubigkeit bringt ihm höchste *gloria* für sich, sein Volk und seine Nachfahren.

III. Ennodius von Pavia

Den Schriften des Avitus von Vienne korrespondieren im Bereich der Ostgotenherrschaft die Werke des Ennodius von Pavia. Neben die Äußerungen des Bischofs zur Herrschaft Theoderichs treten nahezu zeitgleich die Briefesammlung Cassiodors und die philosophischen Schriften des Boethius. Im Gegensatz zum Werk Cassiodors, der bis auf die Endphase seines Lebens stets am Hofe Theoderichs weilte, gestatten die Schriften des Magnus Felix Ennodius (473/474–521) den Blick auf die Herrscherideologie des Ostgotenreichs aus bischöflicher Perspektive. Von den Arbeiten des Hofbeamten heben sich Letztere zudem dadurch ab, dass Ennodius den größten Teil seines Lebens nicht in Ravenna, sondern am Bischofssitz von Pavia verbracht hat. Der Sohn wohlhabender Eltern aus dem gallischen Arles,[75] erfuhr seine klassische Ausbildung (*artes*) wohl zu einem großen Teil bei einer Tante in Ligurien, die bis zu ihrem Tod (489/490) seine Erziehung förderte. Danach führte er zunächst ein

75 So *Rohr*, Theoderich-Panegyrikus, 2. Das Elternhaus ist nicht sicher bestimmbar.

profanes Leben und ehelichte die Tochter der Familie, die ihm nach dem Verscheiden seiner Tante Aufnahme gewährt hatte. Um 493 muss sich schließlich sein Übertritt zum geistlichen Stand vollzogen haben. Während seine Frau sich ins Kloster zurückzog, wurde Ennodius 493 vom Bischof der Stadt, dem hl. Epiphanius (Bf. 466–496), zum Diakon geweiht. Das Amt bekleidete er jedenfalls bis einschließlich 512. Schon 494 nahm er an dessen Gesandtschaftsreise zum Burgunderkönig Gundobad teil. Das laurentianische Schisma erlebte er im Gegensatz zu seinem Amtskollegen Avitus von Vienne aus nächster Nähe. Die Positionen beider zur Frage der Absetzbarkeit von Inhabern des Stuhles Petri durch eine Bischofssynode gleichen sich. Die von Theoderich einberufene Palmensynode (23. 10. 501) hat auf ihrer vierten Sitzung den Papst schon deswegen zu Recht nicht gerichtet, weil dieses Urteil alleine Gott vorbehalten ist und zudem die Tugenden des Apostelfürsten sittliche Mängel der Nachfolger aufwiegen.[76] Etwa um 514 wurde Ennodius schließlich selbst zum Bischof von Pavia berufen, zwei Gesandtschaften führten ihn 515 und 517 während der Bemühungen um die Beilegung des akakianischen Schismas nach Konstantinopel zu Kaiser Anastasios I.[77]

Das von ihm überlieferte Werk gleicht in vielem der typischen Struktur, die bei den Autoren des ausgehenden vierten, beginnenden fünften Jahrhunderts zu finden ist. Wie von Sidonius Apollinaris und Avitus von Vienne ist auch von Ennodius eine Briefesammlung in neun Büchern überliefert, die vorwiegend der Zeit um 495–499 entstammen und vor allem der *ars dictaminis* verpflichtet sind.[78] Hinzu treten zehn weitere Opuskula, darunter der Panegyrikus auf Theoderich (507, Opusc. 1) sowie die „Vita S. Epiphanii" (Opusc. 3).[79] Der Heilige Ennodius ist damit sowohl Vertreter weltlicher Panegyrik wie der christlich-hagiographischen Tradition und wurde im Mittelalter als christliche Autorität zitiert.[80] Er nimmt aber im Gegensatz zu früheren Autoren innerhalb der Heiligenvita auch die weltliche Gewalt stärker in den Blick. Die dabei festzustellende Anlehnung an klassische Vorbilder – Rohr verweist auf seine „Lieblingsautoren" Cicero, Sallust und Vergil sowie auf Ähnlichkeiten zu den Werken des Ambrosius, Sidonius und des Symmachus (auf Valentinian) – stellt ihn in die Tradition der Fürstenspiegelliteratur.[81] Sein Blick auf die Ostgotenherrschaft in Italien sowie auf irdische Königsherrschaft insgesamt gestattet für die Zeit Theoderichs den interessanten Vergleich dreier Herrschaftsdarstellungen: der des hochstehenden

76 Wie Avitus verteidigt auch Ennodius Symmachus.

77 Zur Vita auch weiter *Rohr*, Theoderich-Panegyrikus, 1–3; *Näf*, Historia 39 (1990), 104; *Rohr*, RHM 40 (1998), 29 f.

78 Stärker noch als bei Sidonius steht hier nicht der Inhalt, sondern die Form im Vordergrund, vgl. *Rohr*, Theoderich-Panegyrikus, S. 5.

79 Weitere Werke sind die Vita Antonii monachi Lerinensis (506); das Eucharisticum de vita sua, eine Anleitung zum Erwerb höherer Bildung sowie die dem Klerus gewidmeten Schriften der Opusc. 7–10.

80 *Schröder*, Bianca-Jeanette, Bildung und Briefe im 6. Jahrhundert, Studien zum Mailänder Diakon Magnus Felix Ennodius, Berlin-New York 2007, 1: „Im Mittelalter wurde er als Heiliger verehrt und als Autorität zitiert."

81 *Rohr*, Theoderich-Panegyrikus, 28 f. Bibelzitate sind nur selten verwertet.

christlichen Hofbeamten Cassiodor, dessen Zeugnis den Kernzeitraum der Ostgotenherrschaft in Italien umspannt, der des in der spätantiken philosophischen Tradition stark verwurzelten Boethius sowie schließlich der des christlichen Bischofs Ennodius.

1. Das Leben des heiligen Epiphanius

Mit seiner „Vita S. Epiphanii" (ca. 502–504)[82] nimmt Ennodius den Gesamtzeitraum des Episkopates des heiligen Epiphanius in den Blick. Aus der Sicht des Diakons, der nur während der letzten drei der insgesamt dreißigjährigen Bischofsherrschaft des Epiphanius an dessen Seite gestanden hatte, schließt die – wohl nur fünf bis acht Jahre nach dem Tod des Bischofs entstandene –[83] hagiographische Darstellung das gesamte Leben des Epiphanius ein. Zeitgeschichtlich überschneidet sich die Hagiographie des Ennodius also mit dem Werk des Sidonius Apollinaris. Die Leistungen des Epiphanius als Bischof, die nach der umfassenden Schilderung seiner Jugend und Laufbahn mit dem Jahr 466 ansetzen, führen zeitlich über das Ende der Panegyrik des Sidonius (467) hinaus, wenngleich Ennodius frühestens ab dem Ausgang des achten Jahrzehnts des fünften Jahrhunderts als Zeitzeuge gelten kann. In typisch panegyrischer Tradition hat Ennodius keine durchgängige Darstellung des bischöflichen Lebens verfasst, sondern sich auf die Gegenstände beschränkt, die ihm als Verfasser als besonders lobenswert erscheinen.[84] Hilfreich für die Erfassung der Ereignisse ist die Strukturierung des Werkes nach chronologischen Gesichtspunkten.[85]

a) Hagiographie zwischen Tatsachenbericht und Panegyrikus

Von Bedeutung ist vor dem Hintergrund der wissenschaftlichen Auseinandersetzung um den Wahrheitsgehalt panegyrischer Reden und für den Anspruch des Ennodius in Ansehung „seiner" Heiligenvita die Einführung (c. 1–6) in Zweck und Art der

---

82 *Arnold*, 15.

83 Der genaue Zeitpunkt der Abfassung ist nicht zu klären. Vgl. dazu *Cook*, Life, 6, m. W. N, die als Terminus post quem die Jahre 501/502, den Tod des Bischofs Rusticius von Lyon (c. 151) benennt und den Terminus ante quem, 504, nach der Aussage bestimmt, Theoderich habe nach der Tötung Odoakers nicht mehr das Schwert gezogen (c. 120); *Reydellet*, 147 f. Zur Datierung auch *Näf*, Historia 39 (1990), 117.

84 *Cook*, Life, 7 mit der Aussage, der Hagiograph sei „ein Panegyriker". Jedenfalls für die früheren Heiligenviten (vgl. Sulpitius Severus) wäre dem allerdings hinzuzufügen, dass sich die Hagiographie im Gegensatz zur Kaiserpanegyrik weniger politisch-weltlichen Idealbildern, als vielmehr alleine dem christlichen Lebensideal, also der Zuwendung des Menschen auf Gott und damit auf das Jenseits, widmet und daher grundlegend von der weltlich-panegyrischen Tradition geschieden ist. *Näf*, Historia 39 (1990), 104; *Arnold*, 15.

85 *Cook*, Life, 9. Die gröbste Gliederung umfasst das Leben des Epiphanius vor Erlangung der Bischofswürde (c. 1–41) sowie die nachfolgende Zeit.

Hagiographie. Der Verfasser sieht sich zwischen Wahrheitsanspruch und lobender Verklärung. Während die Menschen einerseits ein allzu aufgeblasenes Lob beklagen, schenken sie andererseits einer reinen Tatsachendarstellung kaum Beachtung. Beide Aspekte sind daher bei der Abfassung einer Lebensbeschreibung zu berücksichtigen. Übertriebener Lobpreis senkt die Glaubwürdigkeit des Geschilderten. Er lenkt von dem Kern der guten Taten ab und führt letztlich zur Werteinbuße der Darstellung, da diese nur noch aus Lügen besteht. Darüber hinaus wird er seinem Gegenstand nicht gerecht.[86] Will der Verfasser also dem selbst und durch die Gattung bestimmten Ziel entsprechen, über erwähnenswerte Taten nicht hinwegzugehen und durch die Darstellung zugleich Zeugnis vom Leben seines Protagonisten als eines Tugendbeispiels für andere abzulegen, so muss er versuchen, zwischen Tatsachendarstellung und lobender Überhebung das rechte Maß einzuhalten.[87] Weder darf er als ein Lügner erscheinen, noch durch ein Übermaß bloßer Fakten langweilen. Die lobende Heiligenvita muss zu allererst nicht einem literarischen Typus entsprechen, sondern dem Zweck genügen, ein Beispiel an Tugend vorzugeben. Die typische Beteuerung der christlichen Schriftsteller der früheren Jahrhunderte – im Gegensatz zu den Heiden – in reiner Wahrheit einfacher Sprache ihre Zuflucht zu nehmen, die ein Jahrhundert zuvor etwa in der „Vita S. Martini" des Sulpicius Severus ihren Niederschlag gefunden hatte, ist nunmehr mit dem Einfluss klassischer-rhetorischer Bildung verknüpft und so umgewandelt worden.[88]

b) *Epiphanius vor der Bischofserhebung: Freiheit von Affekten durch ein Leben in der Nachfolge Moses und der Apostel*

Ganz in die rhetorische Tradition der epideiktischen Rede stellt sich Ennodius mit der Schilderung der Jugend des Epiphanius.[89] Kurzen Angaben zu Geburtsort und Familie folgt die Berufung in den kirchlichen Dienst als Lektor im Alter von acht

86 *Ennodius*, Vita S. Epiphanii, c. 1; 3: „...et illa (haud) iusto liberior laudatio tantum decerpit gloriae quantum falsitatis adiecerit. Fit vero plerumque ut fide carens cumulus minuat probe facta multorum et sit vana narratio quae crescit ex mendaciis, intempestiva et mendica nimium quae non pertransit ad terminum."

87 *Enndoius*, Vita S. Epiphanii, c. 5 f.

88 Die Ursache hierfür dürfte mit dem Untergang des römischen Staatsgebildes und der Strömung einhergehen, deren typische Vertreter Sidonius Apollinaris und Ennodius von Pavia ebenso sind, wie Cassiodorus Senator. Die „Flucht" des provinzialen Adels in kirchliche Ämter und Würden, aus dem temporalen zum geistlichen Leben, bereichert nun auch die katholische Kirche im Westen. Der früheren Rezeption neuplatonischen Gedankengutes bei den griechischen Vätern tritt im Westen die klassisch-rhetorische Bildungstradition an die Seite. Das kritische Bemühen der Apologeten um Abgrenzung von der „heidnischen" Rhetorik verliert an Schärfe. Dazu, dass die so geschaffene Verknüpfung zugleich den Untergang der klassischen Bildung im 7. und 8. Jahrhundert mit befördert vgl. *Manitius*, Geschichte, S. 3 f.

89 *Arnold*, 16.

Jahren aufgrund himmlischen Zeichens. Der göttliche *favor* schlägt sich auch in der Jugend nieder. Epiphanius übertrifft alle Gleichaltrigen in seiner Verstandesgabe sowie in der Bescheidenheit (*verecundia*), die Ennodius als Mutter der Tugenden propagiert.[90] Respekt vor dem Alter und die Korrektur von Fehlern der Jugend ohne Selbstüberhebung (*nulli se praeferens*) kennzeichnen sein täglich lobenswertes Leben. Er ragt heraus, ohne nach Lob zu heischen.[91] Auch an der Hervorhebung der die Tugend begleitenden körperlichen Wohlgestalt lässt es Ennodius nicht fehlen (c. 13–16). Mit dem 17. Abschnitt folgt der Einschnitt des klerikalen Lebens. Zunächst Subdiakon, lässt Epiphanius sich in Auseinandersetzungen nicht auf Gewalt und Rache ein. Den im Zuge von Streitigkeiten um Grenzen des Kirchengutes erlittenen körperlichen Angriff durch den Anspruchsgegner vergilt er nicht. Vielmehr erfolgt der Ausgleich mit dem Täter im Gespräch, ebenso wie die Besänftigung der Gemeinde (c. 21–25). Ein Zeichen seiner besonderen Bewährung ist es, dass ihm bereits als Diakon von der Gemeinde der Rang eines Heilszeichens (*salutis signum*) zugesprochen wird. Darüber hinaus sind ihm durch den Bischof Crispinus die Verwaltung des Kirchenschatzes und der Mittel zur Armenpflege anvertraut worden.[92]

Die in der Jugend an den Tag gelegten Tugenden konstituieren sich als *castitas* und *continentia*. Auch der Einklang mit sich selbst durch Lektüre der Heiligen Schrift bestimmt sein Leben.[93] Deutlich verweist Ennodius auf den Gedanken, dass Taten gemäß dem Apostelwort – ein Leben nach dem Vorbild Moses – den Weg zur inneren Ruhe als Voraussetzung der Tugend darstellen.[94] Ausgangspunkt aller Tugend ist das Leben nach dem Wort Gottes. Mit diesem Fazit leitet Ennodius nach dem Tod des Bischofs Crispinus (c. 36–39) zur Bischofserhebung über.

c) *Bischöflicher Dienst und Kaisertum – Epiphanius Rede zur Bischofserhebung und die Rede vor Anthemius*

aa) *Kirchliche Amtstugend*

Vom Amtsverständnis des künftigen Bischofs kündet die Rede anlässlich der Bischofserhebung. Nicht zu befehlen, sondern zu dienen, entspricht dem Verlangen des Epiphanius. Die für den Binnenbereich der Kirche vor Priestern und Diakonen

90 *Ennodius*, Vita S. Epiphanii, c. 10: „Vernabat in illo prae ceteris mater bonorum operum verecundia."

91 *Ennodius*, Vita S. Epiphanii, c. 11 f.

92 Bereits *Sidonius*, Carm. V, 107 ff.; 117–125 hatte die Verwaltung der Kriegskasse in seinem Panegyrikus auf Maiorian als besonderes aussagekräftig zur Bewährung der Tugend angesehen. Avaritia und der sorgsame Umgang mit anvertrauten Reichtümern schließen sich gegenseitig aus.

93 *Ennodius*, Vita S. Epiphanii, c. 29 f.

94 *Ennodius*, Vita S. Epiphanii, c. 30, 31. Maßgeblich für die Freiheit von Affekten ist die Nachfolge nach Christus, die Lektüre der Heiligen Schrift verbunden mit der Anwendung des Gotteswortes im täglichen Leben. Epiphanius übertrifft darin alle anderen in Ticinum anwesenden Mönche, c. 35.

verlautbarte Forderung richtet sich auf Eintracht und Frieden. Von nichts anderem als einem Angriff auf Gott fühlt sich der Tugendhafte angegriffen. *Humilitas* ist sein zentraler Grundsatz in allen Dingen.[95] Gelegen ist ihm vor allem an der Verteidigung der Armen gegenüber jeder Verletzung, die er sich selbst aus Nachlässigkeit zuschreibt.[96]

bb) Epiphanius vor Anthemius: Vorzug von pietas, pax und concordia vor ira und superbia

Das politische Wirken des Bischofs und damit die Gelegenheit auch die Grundlagen irdischer Herrschaftsgewalt in den Blick zu nehmen, bietet Ennodius erstmals die Auseinandersetzung zwischen dem *magister militum* Ricimer und dem Kaiser Anthemius im Jahre 471. Der erste Verweis auf die politische Zeitgeschichte setzt dort an, wo die Panegyrik des Sidonius (467) endet. Ausgangspunkt des weltlichen Streites zwischen Kaiser und Feldherr ist der Neid um Herrschaftsmacht und mit dem Amt einhergehender *dignitas.* Er ruft innerhalb der eng verschränkten Gewalten beider *discordia* hervor und gibt schließlich zu Kriegsvorbereitungen Anlass.[97] Das Bemühen der Noblen Liguriens vor Ricimer um Wahrung der *pax* und Wiederherstellung der *concordia* nachzusuchen, ist aber 471 noch von Erfolg gekrönt.[98] Ricimer gibt nach und bestellt auf Anraten der Nobilität Epiphanius zum Überbringer der Friedensbotschaft an den Kaiser, da jener sich bereits des Wohlwollens anderer versichere, bevor er um etwas bitte.[99]

Die bischöfliche Rede vor Anthemius zeigt, dass der Anspruch christlicher Handlungstugend nach wie vor für Klerus und Kaisertum kaum unterscheidbar ist. Legitimität bezieht das Kaisertum von Gott. Durch Gott ist ein im rechten katholischen Glauben befindlicher Kaiser eingesetzt, der gleichermaßen in Gott den Schöpfer und Liebhaber der Barmherzigkeit (*pietas*) erblickt. Die Einsetzung durch Gott und die Anerkennung Gottes bedingen das Kaisertum. Auszuzeichnen vermag es sich dadurch, dass es zugleich den Vorrang der *pax* vor dem Zorn des Krieges nach Gottes Gebot anerkennt und *concordia* stets der *superbia* vorzieht.[100]

---

95 *Ennodius*, Vita S. Epiphanii, c. 44: „Estote pacifici, estote unianimes; onus meum mecum dividite. Fit enim ad portandum facilis sarcina quam multorum colla sustentant. Meam vobis communionem servanda m cum omni humilitate polliceor, neque futurum esse quenquam, qui me, nisi cum deo nostro, possit offendere."; c. 47 listet die Regeln auf, denen Epiphanius sein Leben unterwirft.

96 *Ennodius*, Vita S. Epiphanii, c. 50.

97 *Ennodius*, Vita S. Epiphanii, c. 51: „Nam imperatore Romae posito seminarium inter eos iecit scandali illa quae dominantes sequestrat invidia et par dignitas causa discordiae".

98 *Ennodius*, Vita S. Epiphanii, c. 52.

99 *Ennodius*, Vita S. Epiphanii, c. 54 u. 57. Die Bescheidenheit des Epiphanius, der betont, sich der Aufgabe kaum gewachsen zu fühlen, ist selbstverständlich.

100 *Reydellet*, 156: Die potestas hat ihre Möglichkeiten hinter dem Friedensbedürfnis zurückzustellen.

Den Grundgedanken der Kaiserherrschaft als einer christlichen Friedensherrschaft belegt Ennodius mit dem Beispiel Davids. Dessen Ruhm stützt sich auf Vergebungsbereitschaft. Sie bedeutet den Verzicht auf strenge *intentio vindicandi.* Eine Herrschaft, die für sich das Attribut des Makellosen (*perfectus*) in Anspruch nimmt, muss ihr Imperium mit *pietas* ergänzen, um so Gott gleich werden zu können.[101] Göttliche Einsetzung verlangt nach Kaiserherrschaft als *imitatio dei.* Die notwendige Katholizität des Kaisertums ergibt sich schon aus der Ableitung der Herrschaftsgewalt von Gott selbst und ist nicht bezweifelbar. Die Mahnung des Ennodius reicht darüber hinaus. Wer von Gott eingesetzt Gott wahrhaft anerkennt, ist zur Nachahmung der göttlichen Regierung verpflichtet. Er muss daher göttliche Tugendgrundsätze beachten.

Pietas, verstanden als aus der Gotteserkenntnis folgende Nachsicht, tritt nun in die Rolle früherer *clementia* ein. Nicht Waffengewalt überwindet den Feind. Der wahre Sieg wird ohne Blutvergießen errungen. *Fortitudo* beweist sich in Standhaftigkeit gegenüber dem eigenen Zorn (*ira*), zumal, wenn es selbst dem Barbaren Ricimer gelingt, an den Kaiser die Bitte um Frieden zu richten.[102] Christliche Herrschaft gewinnt ihren Ruhm, ihre Siege und ihre Tapferkeit in der Auseinandersetzung mit der eigenen Seele. Äußere Feinde sind nicht mit Gewalt, sondern mit Mitteln des Glaubens, d. h. *pietas* zu „bekämpfen". Die daraus resultierende Nachgiebigkeit und Freundlichkeit überwindet – hier stimmt Ennodius mit Seneca überein – die Feinde durch Beschämung. Senecas Ausführungen über die *clementia* ähnelt auch der letzte Gedanke der Rede: Führt Anthemius Krieg, verliert er notwendig Teile des Reiches. Hält er den Frieden, gehört auch der von Ricimer verwaltete Teil beständig zu seinem Reich. Wer Frieden wahrt, verwaltet daher stets auch die eigenen Angelegenheiten zum Besten.[103] Göttliche Legitimität, römische Überlegenheit gegenüber dem gotischen Wesen und Anforderungen der Staatsräson bestimmen die bischöfliche Bitte vor dem Kaiser.

cc) Anthemius: Wahrung der pax im Zusammenwirken mit der geistlichen Gewalt

Dem Anfordern des Bischofs korrespondiert die Antwort des Kaisers. Milde gegenüber dem Goten Ricimer hat Anthemius von jeher geübt. Zu den vielen diesem gewährten Benefizien gehörte – um der Liebe zur *res publica* willen und aufgrund der Achtung vor der *quietas* – gar die Hingabe der eigenen Tochter, die jede einem

101 *Ennodius,* Vita S. Epiphanii, c. 63.

102 *Ennodius,* Vita S. Epiphanii, c. 64.

103 *Ennodius,* Vita S. Epiphanii, c. 65. Die Argumentation entspricht gedanklich der *Senecas,* der in „De clementia" ebenfalls darauf verweist, dass severitas und Beseitigung der Feinde in der Regel den größeren Verlust auch für den Herrscher nach sich ziehe, da er nicht nur das Opfer des Konfliktes, sondern zugleich auch dessen Anhang und damit einen Teil des Körpers der res publica selbst verliere.

Goten je zuteilgewordene Ehrung übertrifft.[104] Da es sich bei den Ricimer gewährten Gaben also tatsächlich um Akte kaiserlicher Großzügigkeit handelt und diese nicht etwa der Furcht geschuldet sind – da, wer für das Gemeinwohl (*salutis ominum*) die Sorge übernimmt, nicht für sich selbst fürchten darf – erscheint die Drohung mit Krieg durch den Goten umso unverständlicher. Für Anthemius entsteht der Eindruck *quotiens a nobis maioribus donis cumulatus est Ricimer, totiens gravior inimicus apparuit*, dass Ricimer trotz der ihm gewährten Gaben sich mit Krieg gegen die *res publica* wendet und den Zorn (*furor*) der Menschen anzustacheln versucht.[105]

Wird das Band der *concordia* zerschnitten, so beruht der Konflikt vorwiegend auf Ricimer, der unter dem Mantel der Freundschaft und trotz der Bande der Verwandtschaft nicht zum Frieden bereit ist.[106] Dass Anthemius das Friedensangebot Ricimers schließlich annimmt, schreibt die Kaiserrede vor allem dem Epiphanius entgegengebrachten Wohlwollen zu. Es entspreche den Interessen des Kaisertums selbst, in der Unsicherheit der eigenen Lage das Steuer des Staatsschiffes unter die Leitung eines erfahrenen Kapitäns zu stellen.[107] Letztendlich empfiehlt der Kaiser so die Bewertung der zur Wahrung des Friedens erforderlichen *pietas* einem geistlichen Bischof an. Er unterstellt seine Amtsführung dem Urteil der Geistlichkeit und vertraut mit Epiphanius dem bewährten Diener Gottes in diesem kritischen Moment die Leitung des Staatsschiffes an.

Kirche und Staat wirken zur gegenseitigen Bereicherung zusammen. Einen Primat der Kirche gegenüber der Staatsgewalt in Fragen weltlicher Kriegsführung hat Ennodius damit nicht konstituiert. Das gegenüber Epiphanius geäußerte Vertrauen des Kaisers trägt vielmehr auch hagiographischen Elementen Rechnung. Die „Vita S. Epiphanii" dient nicht zuerst der Verherrlichung des Kaisertums, sondern derjenigen des Epiphanius. Auf der anderen Seite wird so der Gedanke der Übereinstimmung göttlicher und weltlicher Leitungsgewalt wieder aufgegriffen. Indem er sein Handeln nach dem Ratschlag des Bischofs bestimmt, bestätigt der Kaiser die Gottgeleitetheit seiner Regierung. Der vom Vater erlangte Frieden (*pax*) bestimmt seinen Geist. Als *vicarius* Gottes übt er seine *potestas* nach göttlichem Vorbild aus.[108] Der Jubel der Provinzen, der Epiphanius bei seiner Rückkehr nach Ticinum empfängt, ist auch Ausdruck gemeinschaftlich manifestierter, sowohl kaiserlicher als auch geistlicher Friedensliebe. Der Wert der *concordia* steigt in den Augen der Menschen stets dann, wenn der Friede bereits verloren geglaubt wurde.[109]

104 *Ennodius*, Vita S. Epiphanii, c. 67.
105 *Ennodius*, Vita S. Epihanii, c. 68.
106 *Ennodius*, Vita S. Epiphanii, c. 69: „Hunc intestinum sub indumento amicitiarum inimicum sustinebimus, quem ad foedus concordiae nec adfinitatis vincula tenuerunt?"
107 *Ennodius*, Vita S. Epiphanii, c. 70, 71.
108 *Ennodius*, Vita S. Epiphanii, c. 71.
109 *Ennodius*, Vita S. Epiphanii, c. 74.

d) *Julius Nepos und Eurich – Widerruf göttlicher Einsetzung bei Missachtung des Friedensauftrags*

Von der Auseinandersetzung zwischen Ricimer und Anthemius der Motivlage nach kaum zu unterscheiden ist schließlich der nächste Schwerpunkt der Vita – der Konflikt des Kaisers Julius Nepos mit dem „kraft des Eisens" (*dominatio*) herrschenden Westgotenkönig Eurich. Da dieser mit seinen Angriffen auf Italien die engen Grenzen missachtet, die Gott der Herrschaft des Nepos gesetzt hat, ist jedenfalls die Frage nach der Verantwortlichkeit für den Konflikt in diesem Falle rasch geklärt.[110]

Nichtsdestotrotz fordert Ennodius auch hier gegenseitiges Einvernehmen. Nur wenn die Gier nach der Überwindung des Gegners und dem Sieg (*tumorem vincendi*) abgelegt werden kann, ist *discordi*a vermeidbar. Anders als in der vorherigen Auseinandersetzung ist es nun der Kaiser selbst, der Verhandlungen zur Beendigung des Konfliktes anstrengt, damit zwischen Königen *caritas* jedenfalls dasjenige erhält, was Waffen verteidigen können.[111] Die Idee einer Wiederbelebung der Republik (*reipublica status reviviscere*) bestimmt wiederum Epiphanius zum Gesandten Gottes (*christi miles*).[112]

Am Hofe des Gotenkönigs in Toulouse äußert er sich zu den Grenzen der irdischen Herrschaftsgewalt. Ein irdischer Fürst (*terrarum princeps*) mag über einen furchtbaren Ruf und über Schwerter gebieten, mit denen er seine Nachbarn verwüstet, doch wird kein Kriegszorn (*ira bellandi*) noch Eisen seine Herrschaft schützen, sollte er den Herrn beleidigen.[113] Jede irdische Gewalt muss bedenken, dass sie selbst einen König über sich hat, der seit der Berufung des Menschen in den Himmel seinen Jüngern Frieden (*pax*) als Erbschaft auferlegt hat. Wer immer diesem Gebot entgegen die Herrschaft des Zornes über sich selbst zulässt, missachtet diese Wächterfunktion und den Satz, dass niemand seine Güter besser verteidigt, als wenn er die eines anderen nicht angreift.[114]

Die Bitte des von Gott zur Herrschaft über Italien eingesetzten Julius Nepos nach Wiederherstellung der *fides* und der Vereinigung der Lande nach dem Recht der Liebe, ist die Minimalforderung eines Herrschers, der bereits die erhebliche Reduktion seines Reichsgebietes durch neue Herrscher (*aliarum rectores*) erdulden musste und dem Rang nach zu Recht eher *dominus* als *amicus* genannt zu werden

---

110 *Ennodius*, Vita S. Epiphanii, c. 79 f.

111 *Ennodius*, Vita S. Epiphanii, c. 81.

112 *Ennodius*, Vita S. Epiphanii, c. 82.

113 *Ennodius*, Vita S. Epiphanii, c. 86: „Quamvis te, stupende terrarum princeps, multorum auribus reddat virtutis fama terribilem, et gladii, quibus finitimos continua vastitate premis, segetem quandam inimici germinis metant, nullam tibi tamen superni gratiam numinis dira bellandi praestat ambitio nec ferrum fines tuetur imperii si caelestis dominus offendatur." *Reydellet*, 156.

114 *Ennodius*, Vita S. Epiphanii, c. 87.

verdient.[115] Die Aussage des Ennodius ist auch hier klar formuliert. Alle Herrschaftsgewalt stammt von Gott. Sie ist mit dem Auftrag der Friedenswahrung eingesetzt und kann – verfehlt sie das göttliche Ziel – sich selbst dem Zorn und der Strafe Gottes ausgesetzt sehen. Nur wer die göttlichen Gebote wahrt, wahrt seinen Herrschaftsanspruch.[116]

Dass Eurich der Argumentation im Ergebnis – Frieden mit Nepos – nicht aber in der Sache folgt, weist auf die fortbestehende tiefe Kluft zwischen gottgeleitetem Kaiser und der durch Gewalt bestimmten arianischen Barbarenherrschaft hin, die bei Ennodius aufklafft. Lediglich aufgrund des rhetorischen Geschicks sieht sich der Westgotenkönig veranlasst, Epiphanius Folge zu leisten: Die Rede des Bischofs wende Menschen auch dann um, wenn sie gegen das Recht streite (*si contra iustitiam postularet*).[117] Die Worte des Bischofs überwänden den beständig getragenen Kürass, das Bronzeschwert in der Hand und das Schutzschwert an der Seite. Den Römern gelinge es, die Barbaren durch ihre Redekunst das tun zu lassen, wonach sie streben.[118]

e) Der Konflikt zwischen Orestes und Odoaker: der Schatz des Menschen im Himmel

Die Ereignisse um die Erhebung Odoakers gegen den seit 475 gegen Julius Nepos sich auflehnenden Feldherren Orestes (im August 476) stellt Ennodius in den dogmatischen Kontext der vorangehenden Darstellung. Feindseligkeit und böser Vorsatz haben sich durchgesetzt. Im Staat herrscht *discordia*, angestachelt durch das Streben Odoakers nach der Herrschaft.[119] Der Fall Pavias, wohin sich Orestes vor den Nachstellungen seiner Feinde zurückgezogen hatte, deckt zum einen die Folgen der Wirnisse[120] zum anderen aber auch den grundlegenden Fehler barbarischen Strebens auf. Übermannt von dem Wunsch zu plündern eilen die Sieger zum Hause des Bischofs, dessen Großzügigkeit gegenüber den Armen sie große Schätze erwarten lässt – *thesauros cruda barbaries quaerebat in terra quos ille ad cealestia secreta transmiserat.* Dass der Schatz des Menschen im Himmel, nicht auf Erden zu finden ist, kommt

---

115 *Ennodius*, Vita S. Epiphanii, c. 88. Angespielt hat Ennodius damit wohl v. a. auf die erheblichen Raumgewinne Eurichs selbst, der nach 468 Gallien, später auch Spanien seiner Herrschaft hinzufügte.

116 Der christliche Herrschaftsgedanke beseitigt insofern die Differenzierung zwischen barbarischem Rex und römischem Kaiser, *Reydellet*, 157.

117 *Ennodius*, Vita S. Epiphanii, c. 89. Arianische Priester zwingen Epiphanius zur raschen Abreise vom Hof des Westgotenkönigs.

118 *Ennodius*, Vita S. Epiphanii, c. 90.

119 *Ennodius*, Vita S. Epiphanii, c. 95. Odoaker selbst erlangt zumindest in c. 106 dadurch eine teilweise Rehabilitation, dass er der geplünderten Stadt eine fünfjährige Steuerbefreiung zubilligt.

120 *Ennodius*, Vita S. Epiphanii, c. 96: Gefahr der Konfiskation des Kirchenvermögens, Brandschatzung, Auflehnung gegen die Herren.

ihnen nicht in den Sinn.[121] Bezeichnenderweise führt Ennodius diesen angesichts der Geisteshaltung von Plünderern entwickelten Gedanken im Zusammenhang mit dem Wiederaufbau der während der Plünderungen abgebrannten Kirchen fort. Wer das Königreich Gottes erstrebt, braucht sich nicht vor Armut zu fürchten, die aus der Abhängigkeit von Almosen folgt. Er kann für die Errichtung des Hauses Gottes auch noch nicht vorhandene Mittel aufwenden, da er sich des Schutzes Gottes gewiss zu sein vermag.[122] Wer Gott folgt, wird weder irdisches Gut erstreben, noch sich um die sichere Innehabung irdischer Reichtümer sorgen.

f) Theoderich und Odoaker: christliche Friedensliebe und Wiedervergeltungsverbot

Die durch Odoakers Besatzung erfahrenen Plünderungen hindern Epiphanius nicht daran, nach dem Einfall Theoderichs in Italien und dem Aufstand Tufas zugunsten Odoakers, dem vormaligen Feind ebenfalls Unterkunft in Pavia zu gewähren:[123] Seine *quietas* stören äußere Kriege nicht. Er stellt auch gegenüber vormaligen *raptores* Versorgung und Schutz sicher.[124]

Gleiches gilt für die nach dem Sieg Theoderichs in Pavia einziehenden Rugier: *hominibus omni feritate immanibus, quos atrox et acerba vis animorum ad cotidiana scelera sollicitatbat. Diem putabant perisse, qui illos sine facinore casu aliquo interveniente fugisset.* Ihre Grausamkeit und Verbrechensliebe wandelt Epiphanius während der zweijährigen Besetzung Pavias zu christlicherem Lebenswandel.[125] Jedenfalls für die geistlichen Diener Gottes hat das absolute Vergeltungsverbot Gottes uneingeschränkte Geltung. Der innere, im Hinblick auf die jenseitige Welt erlangte Friede, wird von äußerlichen Lässlichkeiten nicht beeinflusst. Für den geistlichen Würdenträger gilt es, auch widrige Umstände dazu zu nutzen, Barbaren zu einem christlichen Leben anzuhalten und ihre barbarische Natur zu verwandeln. Dass dies jedenfalls im Falle der Rugier gelingt, bricht bereits hier mit der bisherigen Charakterisierung der Barbaren (Ricimer, Eurich, Odoaker) als herrschaftsgierige und Gott fernstehende Kriegerkönige.[126]

---

121 *Ennodius*, Vita S. Epiphanii, c. 97.

122 *Ennodius*, Vita S. Epiphanii, c. 101 f.

123 *Ennodius*, Vita S. Epiphanii, c. 111.

124 *Ennodius*, Vita S. Epiphanii, c. 114: „Ille fuit, circa quem concordiam et pugnantes servarent et cuius quietem bella non laedarent."; c. 115: „Iam si ad illud veniamus, quod cotidiana et ipsos pascebat humanitate raptores et illis intra civitatem sumptuum necessaria minstrabat, qui foris praedia illius continua vastitate deleverant."

125 *Ennodius*, Vita S. Epiphanii, c. 118.

126 *Cook*, Life, 12 spricht dagegen nur vom Zeugnis des herausragenden Mutes des Bischofs.

g) *Theodericus rex als von Gott eingesetzter Tugendherrscher*

Im Charakterporträt Theoderichs schließlich zeigt sich, dass Ennodius einem Barbarenherrscher nicht nur Sympathie entgegen bringen konnte, sondern ihn auch im Stile römischer Kaiser zu verherrlichen wusste. Der durch Epiphanius in Mailand noch vor dem Aufstand Tufas vorgetragene Lobpreis, stellt den Barbarenkönig in die Tugendtradition des Kaisertums. Auch ihm steht der göttliche Ratschluss zur Seite (*dispositione caelestis imperii*). Theoderich gilt ihm als hervorragender König, als Inhaber jeder *virtus* und von ausgezeichneter *integritas.*[127] Als solcher erscheint er als Garant der *securitas* der Menschen auch in Notzeiten.[128]

aa) Rede des Epiphanius vor Theoderich gegen die Exemtion von zivilen Rechten

Die von Theoderich nach der endgültigen Überwindung Odoakers getroffenen Anordnungen zeigen aber, dass auch ein solcher Herrscher zuweilen fehlzugehen droht. Während Ennodius die Ermordung des Letzteren schweigend übergeht, äußert er sich doch zu der zunächst zweifelhaften Gerechtigkeitspflege (*lamentabili iustitia*) Theoderichs, die sich aus dem Wunsch des Herrschers ergibt, den vormaligen Feinden sämtliche Privilegien des römischen Rechts, die Testierfreiheit sowie die Fähigkeit zur Eigentumsübertragung, abzusprechen.[129] Durch einen gemeinsamen Auftritt in Ravenna versuchen sowohl Epiphanius wie Laurentius, Bischof von Mailand, den König umzustimmen.

(1) Das Königtum Theoderichs als Gabe Gottes

Zum zentralen Argument der Rede des Epiphanius vor dem *rex invictus* wird der beständige Verweis auf die göttliche Gunst und damit die Gottgeleitetheit der Regierung Theoderichs. Gott hat durch unzählige Siege den Reichtum Theoderichs genährt. Seine Gunsterweise haben alles übertroffen, was der König je zu erbitten wagen durfte. Theoderich herrscht nun unbestritten über seine Untertanen.[130] Die Feinde wurden ihm in die Hände gegeben. Seine Truppen siegten nicht aufgrund ihrer Zahl, sondern weil die himmlische Tugend (*caelitus invisibli virtute*) auf ihrer Seite stand, während der Feind nur die Zahl seiner Gegner, nicht aber die Art des Gegners bemaß.[131]

Wie schon für frühere gottgeleitete Kaiser – Marcus Aurelius, Theodosius, Honorius – so kämpfen auch für Theoderich die Elemente, stützen Luft und Regen seine Truppen, während seine Feinde sich gegenseitig vernichten.[132] Theoderich steht daher in der Schuld Christi.[133]

---

127 *Ennodius*, Vita S. Epiphanii, c. 109.
128 *Ennodius*, Vita S. Epiphanii, c. 110; vgl. wieder c. 122.
129 *Ennodius*, Vita S. Epiphanii, c. 122.
130 *Ennodius*, Vita S. Epiphanii, c. 125.
131 *Ennodius*, Vita S. Epiphanii, c. 126 f.
132 *Ennodius*, Vita S. Epiphanii, c. 128.
133 *Ennodius*, Vita S. Epiphanii, c. 126.

(2) Pietas auf Erden als Ausdruck der Anerkennung der Schuld

Den Anforderungen dieser gottgegebenen Herrschaft kann Theoderich nur entsprechen, wenn er unter den Menschen *pietas* wiederherstellt. Ihr Inhalt aber besteht nicht darin, die Bitten der Supplikanten zurückzuweisen. Sinnt der König darüber nach, welcher Art von Königen er zum Nachfolger bestimmt wurde und orientiert er sich an dem Satz: *Ruina praecedentium posteros docet: cautio est semper in reliquum lapsus anterior*, so wird er feststellen, dass er zum Überwinder böser Taten eingesetzt wurde.[134] Seine erste Herrschaftspflicht besteht daher darin, *misericordia* zu üben. Ausschließlich gegenüber Gefolgsleuten und Unschuldigen gewährte Mildtätigkeit findet vor Gott nur karge Gnade, da derjenige, der sich der Herrschaft nicht entgegenstellte, der Vergebung nicht bedarf. Will Theoderich seine Schuld vor Gott abtragen, so muss auch er sich zu eigen machen: *Culpas dimittere caeleste est, vindicare terrenum.*[135]

bb) Antwort Theoderichs

So wie schon Eurich sich gegenüber den Argumenten des Bischofs mit der Berufung auf Schwert und Schild als Schutz seiner Herrschaft verteidigt hatte, verteidigt auch Theoderich die Härte der Herrschaft mit den sich aus der Herrschaftsgewalt ergebenden Grundbedürfnissen. Ihm ist es gelungen die Wirren der Zeit in *tranquillitas* zurückzuverwandeln (*tranquillitate revocata*). Dennoch verbieten es die Notwendigkeiten des Regierens (*regnandi tamen necessitas*) in solcher Situation Zuflucht zur *misericordia* zu nehmen. Die Schwierigkeiten der Geburt eines neuen Reiches lassen für *pietas* inmitten der sich daraus ergebenden Notwendigkeiten (*utilitas*) häufig keinen Platz.[136]

Der Zurückweisung der Bitte unter bloßer Berufung auf die Staatsräson, folgt nun der Rückgriff Theoderichs auf die Heilige Schrift. Auch dort habe einst ein Princeps gegen das Recht verstoßen, als er sich entschlossen habe, einen ihm in die Hände gegebenen Feind vor dem Tod zu bewahren. Auch dort habe Nachgiebigkeit (*lenitas*) die göttliche Strafe heraufbeschworen. Wer daher vergesse Rache zu nehmen, mache sich selbst zu ihrem Objekt. Wer den in seiner Gewalt Befindlichen vergebe, künde

---

134 *Ennodius*, Vita S. Epiphanii, c. 129: „His ergo donis caelestibus vicissitudinem inpensa circa homines pietate restitue. Mysticae oblationis holocausta sunt supplicantum lacrimas non sperni. Illud certe perpende, qualibus in regno successeris. Quos si, ut liquet, malitia expulit, casus illorum necesse est ut sequentes informet. Ruina praecedentium posteros docet: cautio est semper in reliquum lapsus anterior. Non sine exemplo militat qui respicit, qua causa decessor eiectus est."

135 *Ennodius*, Vita S. Epiphanii, c. 130.

136 *Ennodius*, Vita S. Epiphanii, c. 131: „Quamvis te, venerabilis episcope, pro meritorum tuorum luce suspiciam et multa apud me confusionis tempore reposuisses beneficia, quibus frui te convenit tranquillitate revocata, regnandi tamen necessitas qua concludimur misericordiae quam suades non ubique pandit accessum, et inter res duras nascentis imperii pietatis dulcedinem censurae pellit utilitas."

damit entweder davon, dass er Gottes Gesetze nicht ernst nehme, oder sie schlicht missachte.[137] Der *iustitia* würden zudem nur diejenigen zugeführt, die sich ohnehin außerhalb der göttlichen Gnade (*gratia*) befänden. Wer die Schuld von Verbrechern vergibt, verschiebt nach Auffassung Theoderichs das Laster nur auf die Zukunft. *Patientia* wird von Gott gegenüber denen gezeigt, die in Übereinstimmung auch mit der Härte des Gesetzes befinden. Wer vor einem Arzt die Heilung seiner Krankheit erhofft, muss daher auch wollen, dass der Arzt notwendigerweise auch das tief im Inneren verborgene, kranke Fleisch wegschneidet. Wer den Schuldigen ungestraft davon kommen lässt, gibt daher dem Unschuldigen ein Beispiel des Verbrechens und hält ihn zur Nachahmung an.[138]

Wie schon Eurich folgt Theoderich der Argumentation des Bischofs von Ticinum letztlich dennoch. Zur Rechtfertigung beruft er sich aber nicht wie der Westgotenkönig auf die rhetorische Kunst des Bischofs, die das Recht überwinde. Theoderich handelt vielmehr trotz der vorgebrachten Argumente in Übereinstimmung mit dem göttlichen Willen im konkreten Fall. Die Erde kann sich nicht gegen den Himmel auflehnen. Von Bestrafung kann zudem auch deswegen abgesehen werden, weil Epiphanius Rhetorik bewirkt, dass schuldige Seelen ihre üblen Wege aufgeben. Lediglich die Verbannung einiger weniger Aufrührer will Theoderich daher zur Vermeidung künftiger Kriege noch durchsetzen.[139]

cc) Bewertung

Es ist offensichtlich, dass Theoderich der Argumentation des Epiphanius, wonach sich aus der göttlichen Einsetzung zur Herrschaft zwingend die Pflicht zur Vergebung (*pietas/misericordia*) von Verbrechen und Schuld ergibt, als einem allgemeinen Grundsatz nicht folgt. Einzig Epiphanius, der ihm als Garant dafür gilt, dass in seinem Falle Vergebung das probate Mittel ist, überzeugt ihn vom Gegenteil.[140] Wie schon Eurich fehlt es also auch Theoderich an einem Verständnis des Grundzusammenhanges von Gottesgnadentum und daraus sich ergebender Schuldigkeit

---

137 *Ennodius*, Vita S. Epiphanii, c. 132: „Exemplorum caelestium testimonio assertio mea nititur. Offendisse legimus principem, qui caelitus destinatum neci inimicum subduxit exitio. Poenam meruit lenitas, quam potuit intulisse districtio. Ultionem suscipit qui detractat inferre: vim divini iudicii aut adtenuat aut contemnit qui hosti suo, cum potitur, indulget."

138 *Ennodius*, Vita S. Epiphanii, c. 133: „Iustitia coercendi sunt, quos constat gratiam non secutos. Vitia transmittit ad posteros qui praesentibus culpis ignoscit. Nam quod de redemptoris nostri patientia loqueris, illos vere amplectitur lac gratiae, quos austeritas legis informat. Nunquam a medico ad plenissimam curationem aeger adducutus est, nisi ab illo, qui primum putria ferro membra desecuit et latentem penitus e sinu viscerum produxit inluviem."

139 *Ennodius*, Vita S. Epiphanii, c. 134. Es kommt zu einer Generalamnestie, c. 135.

140 Auch dies fügt sich in die hagiographische und panegyrische Tradition: Epiphanius ragt so als Garant der göttlichen Ordnung auf Erden hervor.

des Herrschers. Ganz in barbarischer Tradition vertritt er trotz der ihm zuteilgewordenen göttlichen Zeichen die Auffassung, dass die Herrschaft nur durch das Schwert verteidigt werden kann und, dass Gerechtigkeit zwingend Vergeltung erfordert. Die Berufung auf die Heilige Schrift zur Begründung dieses Gebotes öffnet aber anders als im Falle Eurichs das barbarische Denken jedenfalls der argumentativen Auseinandersetzung mit den Dienern der Kirche. Der Grundgedanke, dass die Wirren im Zuge der Gründung eines Staatswesens eine „harte Hand" erforderten, muss dem gebildeten, christlichen Römer vor dem Hintergrund der Schriften der Kirchenväter und Senecas „De clementia" überwindbar erscheinen. Gleiches gilt für die heraufbeschworene Gefahr, den Untertanen ein schlechtes Vorbild zu sein. Dass diese sich nicht bewahrheitet, hat Ennodius durch das Beispiel der Aufnahme Odoakers durch Epiphanius, der Verwandlung der Rugier und auch der Vergebung gegenüber den Grundherren bereits klargestellt. Die von Theoderich erstrebte Heilung durch ärztlichen Eingriff[141] kann also auch durch Milde gelingen.

h) Epiphanius vor Gundobad – Die Auslösung der gotischen Gefangenen

Als Zeitzeuge und Teilnehmer der Gesandtschaft zum Burgunderkönig Gundobad hat Ennodius schließlich die Ereignisse um den Freikauf der gotischen Gefangenen von den Burgundern selbst miterlebt.

aa) Prinzipielles Bekenntnis Theoderichs zur Überwindung der Feinde ohne Blut

Ein sich unmittelbar an die erteilte Generalamnestie anschließendes Gespräch Epiphanius mit Theoderich offenbart, dass die christliche Botschaft des Gewaltverzichts jedenfalls zum Teil auf fruchtbaren Boden gestoßen ist. Der Ostgotenherrscher bejaht seine Verpflichtung, das verwüstete Land wiederherzustellen. Dazu ist es unabdingbar, alle Untertanen dem Reichsverband einzugliedern, d. h. auch die dazugehörigen und durch widerrechtliche Einmischung der Burgunder verschleppten Goten zu befreien. Anstatt wie zuvor gegen Odoaker Gewalt einzusetzen, verkündet Theoderich im vorliegenden Fall die Macht des Geldes anstelle der des Schwertes einsetzen zu wollen: Ein Feind werde überwunden, wenn man ihm dasjenige zur Verfügung stelle, das sein Herz überwinde.[142] Einen Angreifer ohne Blutvergießen zu überwinden, berge das Versprechen himmlischen Lohnes und werde zudem zum Tatenlob des Herrschers auf Erden beitragen.[143]

---

141 Der Topos der ärztlichen Heilung findet sich so schon etwa bei Seneca und Eusebius.

142 *Ennodius*, Vita S. Epiphanii, c. 139; *Reydellet*, 159.

143 *Ennodius*, Vita S. Epiphanii, c. 140: „Suscipe ergo Christo adiuvante huius laboris sarcinam, ex qua communem habeamus in caelesti repromissione mercedem, quia novus iste propriis insignibus titulus laudis adcrescit, per manus tuas de oppugnatoribus nostris sine sanguine triumphare." *Reydellet*, 150: Mit Epiphanius tritt das christliche Friedensideal vor Königen auf. Auf S. 160 vertritt Reydellet ferner die These, die christlichen Könige seien zwar allesamt optimi im Sinne des panegyrischen Ideals des Plinius, der christliche Glaube differenziere sie aber nach

Geradezu konträr zu der skeptischen Haltung des Bischofs gegenüber dem Ostgotenherrscher angesichts der Amnestieverhandlungen, lobt Epiphanius nun *iustitia*, Kriegskunst und *pietas* des Königs und widerlegt zugleich die von Theoderich aufgestellte Behauptung, dass durch Könige erteilte Vergebung zum Untergang beitrage. Dadurch, dass David das Leben Sauls schonte, als er diesen in seiner Gewalt hatte, hat er vor Gott Lohn erfahren. Ebenso wird Theoderich, wenn er die Leben der Vielen rettet, vor Gott belohnt werden.[144]

bb) Epiphanius vor Gundobad – clementia und misericordia

Das diplomatische Bestreben des Epiphanius tritt schließlich an keiner Stelle deutlicher hervor, als in der nun durchgeführten Verhandlung vor Gundobad: Erstens muss zwischen zwei „besten Königen" (*duos optimos reges*) zum Zwecke himmlischen Lohns gelten, dass dasjenige, was der eine in *misericordia* vorschlägt, der andere mit *clementia* gewährt. Dadurch wird der von Gott versprochene Lohn in gleiche Teile geteilt. Jeder wird vor Gott einen Zuwachs erfahren, keiner aber einen Verlust hinnehmen müssen. Beide unbesiegten Herrscher übertreffen sich so gegenseitig in der Übereinstimmung mit dem göttlichen Gebot. Sie erringen die Palme des Sieges, ohne einen Verlierer zu hinterlassen.[145] Vor Gott werden hierdurch die Sorge Theoderichs wie die Mildtätigkeit Gundobads gleichermaßen Anerkennung finden.

Epiphanius betont auch, dass der Verzicht auf Lösegeld Grundobad auch irdischen Lohn einbringe, während die Annahme ihm schade. Muss Theoderich Lösegeld zahlen, wird er als derjenige erscheinen, der zum Nutzen seines Volkes den eigenen Wohlstand einsetzt. Zugleich wird Gundobad als gierig und geistig arm erscheinen. Verschmäht Gundobad dagegen das Lösegeld, verliert Theoderich doppelten Profit. Nun erscheint der Burgunderkönig als Menschenfreund. Denn schon das Ansinnen Theoderichs, überhaupt Lösegeld angeboten zu haben, wird gegenüber einem solchen König als anrüchig erscheinen.[146] Ein dritter Appell des Epiphanius begründet sich schließlich aus der hohen Achtung, die der Burgunderkönig wegen seiner *clementia* in Italien genieße. Die Gefangenen, einfache Bauern und an ein einfaches Leben gewöhnt, vertrauen daher auf seine Milde. Irdischer Lobpreis und göttlicher Lohn stünden ihm zu Gebote, würde er sich zur Freilassung

---

ihren christlichen Werken. Die These ist deshalb zweifelhaft, weil ein Vergleich heidnisch-panegryrischen Lobes und christlichen Herrscherlobes in dieser Form aufgrund der immanenten Begriffsverschiedenheit römischer und christlich-biblischer Inhalte nicht Erfolg versprechend sein kann.

144 *Ennodius*, Vita S. Epiphanii, c. 143 f.: „Deus bone, in quanta remuneratione huius factum suscipis pro tot milium poressorum libertate tractantis, qui illum pro unius servati hominis sanguine sublimasti!"

145 *Ennodius*, Vita S. Epiphanii, c. 155: „Inter duos optimos reges testimonium in caelestibius dicturus adhibeor, si quod ille misericorditer postulat, tu clementer adcommodes."

146 *Ennodius*, Vita S. Epiphanii, c. 156.

durchringen.[147] Schließlich folgt auch der Hinweis auf die Verwandtschaftsbeziehung mit dem Gotenkönig und den Segen, den diese Verbindung durch Milde erhielte.[148]

Clementia- und *misericordia*-Begriff des Ennodius treten hier deutlich hervor. *Misericordia* stellt die Sorge Theoderichs um seine Untertanen dar, auch um einen erforderlichenfalls hohen Preis. *Clementia* ist der Verzicht Gundobads auf das ihm eigentlich zustehende Recht auf Lösegeld. Beide Tugenden zieren den Herrscher, da sie letztlich der Forderung entsprechen, dass von Gott eingesetzte Könige dem göttlichen Gebot genüge tun müssen. Dieses aber fordert, für das Wohlergehen der Herrschaftsunterworfenen zu sorgen und auch gegenüber solchen Menschen, die Verbrechen begangen haben, Milde walten zu lassen. Für einfache Bauern muss der Grundsatz der *clementia* daher erst recht gelten. Die Scheidung Senecas – *misericordia* als unverdientes Mitleid im Angesicht des Verbrechens anzusehen –hat die christliche Lehre nicht beibehalten, da Mildtätigkeit zur Besserung auch des Bösen stets angebracht ist.

cc) Rede Gundobads: Krieg als Instrument der Gerechtigkeitspflege

Wie schon von Eurich und Theoderich handelt sich Epiphanius auch mit der vorliegenden Rede die Kritik des Burgunderkönigs ein. Als *pacis suasor* seien ihm die Rechte des Krieges (*belli iura*) offensichtlich unbekannt. Als Schöpfer der *concordia* stütze er sich nicht auf Gewalt (*condiciones gladio decisas*). Mit dem Hinweis auf das Recht des Krieges, dessen Funktion es sei, dasjenige gerecht zu machen, was sonst nicht gerecht wäre, weist Gundobad Epiphanius zurück.[149] Niemand könne im Krieg die von Epiphanius geforderte *temperantia* aufbringen. Wer unter kriegerischen Umständen einem Feind nicht schade, schade sich selbst. Allenfalls im Zustand der *quietas* könne gegebenenfalls das von Epiphanius Vorgeschlagene zur Grundlage genommen werden.[150] Nur in Anerkennung des bestehenden Friedens (*foedus*) zwischen Goten und Burgundern ist daher die geforderte Mildtätigkeit möglich. Nur deshalb bewilligt Gundobad schließlich die Auslieferung der Gefangenen, die mit Hilfe des Bischofs Avitus von Vienne wieder in Ligurien angesiedelt werden.[151] Es folgt der von Eurich und Theoderich bereits bekannte Ausspruch, dass Epiphanius erneut mit der Macht der Worte das Schwert derjenigen überwunden

---

147 *Ennodius*, Vita S. Epiphanii, c. 157–161; durchaus mit der Mahnung: „Videte, ne ante pium regem quae facitis excusetis et illa urbanorum consuetudine crimina subprimatis."

148 *Ennodius*, Vita S. Epiphanii, c. 163. Gemeint ist die Verbindung der Theoderichtochter Ostrogotho mit dem burgundischen Thronfolger Sigismund.

149 *Ennodius*, Vita S. Epiphanii, c. 165 f. „Lex est certantium quem putas errorem."

150 *Ennodius*, Vita Epiphanii, c. 166: „Statuta sunt dimicantium quicquid non licet tunc licere."

151 *Ennodius*, Vita Epiphanii, c. 167; 173.

habe, deren Brust niemals ungeschützt sei, sowie der Hinweis auf die Restitution der Gefangenen in ihre Güter auch kraft der Güte des würdigen Theoderichs, des *eminentissimus rex*.[152]

i) Die Befreiung der Ligurer von Steuerlasten

Letztmalig und zugleich zum Abschluss der Heiligenvita folgt schließlich erneut eine Auseinandersetzung des Epiphanius mit Theoderich. Sie betrifft diesmal die Frage der den Ligurern auferlegten, bedrückenden Steuerlasten.[153] Bevor er auch hier zur Darlegung der Grundprinzipien gut verfasster Königsgewalt ausholt, lobt Epiphanius ausdrücklich den Charakter des Königs, seinen ruhigen Verstand (*mentis tranquillitate*), seine Mildtätigkeit (*Lex tua est, ductor invicte, misereri iugiter*) und seine Offenheit für Supplikationen.[154] Der gute König erstrebt seinen Lohn aus der Tugend und verwaltet das Reich so, als würde es den Nachfahren seiner Familie künftig gehören. Die Herrschaft des starken Herrschers gewinnt durch die Gaben, die er gewährt, hinzu. Der Schwache erfreut sich nur an erlangtem Besitz. Nur wenn die Landbesitzer nicht von Steuerlasten erdrückt werden, kann Theoderich seinen Lohn – den dreifachen Zins des Ertrags des Getreides, der ohne Verletzung der *iustitia* erzeugt wird – tatsächlich erhalten. Einzig *clementia* als Gabe gegenüber den Landbesitzern vermag den Reichtum des Herrschers zu sichern.[155] Die Antwort Theoderichs, auch die von ihm zur Sicherung der *quietas* beständig getätigten Ausgaben müssten bei der Frage der Steuerbemessung Berücksichtigung finden, zeigt, dass der König die Forderung nach *clementia* innerhalb seines Herrschaftsbereiches nun durchaus ernst nimmt.

j) Gesamtbetrachtung

Gemäß der von ihm angekündigten Zielsetzung, eine Darstellung des Lebens des heiligen Epiphanius zum Gefallen der Leser und zugleich auf Basis der Tatsachen zu liefern, betont Ennodius zunächst die klerikalen Tugenden. Der göttliche *favor* in Epiphanius führt zur Überwindung der Affekte. *Castitias* und *continentia* bestimmen das Leben des jungen Heiligen. Innerhalb wie außerhalb der Kirche bleibt der Frieden das höchste Ziel. Daher richtet sich alles Streben des jungen Bischofs

---

152 *Ennodius*, Vita Epiphanii, c. 177; 178, zum Theoderichlob vgl. c. 182; 184.

153 *Ennodius*, Vita Epiphanii, c. 183.

154 *Ennodius*, Vita Epiphanii, c. 185.

155 *Ennodius*, Vita Epiphanii, c. 186: „Boni principis mos est cum virtutibus amare famam et regnum ita ordinare, tamquam ad stirpis suae posteros transiturum. Nutantes domini haec tantum quae accipiunt diligunt, frimissimi illa potius quae dimittunt. Sic terris semina parva commitimus, ut multiplicata capiamus: fenus sine crimine fit triplicatum. Boni imperatoris est posssessoris opulentia. Concede immunitatem anni praesentis Liguriae, qui eos ab externis, qui supplicant, reduxisti. Quam uberem praesentem nativitatem habuerimus, clementia vestra adstantes interroget."

gegen *discordia.* Zwietracht folgt aus dem Streben nach Macht und dem Neid der Menschen. Die Vermittlung des Bischofs in der Auseinandersetzung von Ricimer und Anthemius verdeutlicht diesen Zusammenhang. Christliche Kaiserherrschaft muss *pax* vor Krieg und Zorn, *concordia* vor *superbia* stellen. Ausdruck der Achtung des Friedens ist geübte *pietas*, die auf strenge Vindikation der Rechte verzichtet. Nur durch sie – niemals durch Krieg – kann von *fortitudo, gloria* oder *victoria*, und damit von einem tugendhaften Königtum gesprochen werden.

Vor dem römischen Kaiser erfährt diese Argumentation prinzipielle Anerkennung. Will er sie für Ricimer nicht gelten lassen, so folgt dies einzig daraus, dass er im Einzelfall die Grenzen der *pietas* für erreicht hält.[156] Das Zusammenwirken des Epiphanius mit Anthemius zur Beilegung der Krise wird so zum Musterbeispiel christlicher Herrschaft. Der abweichende Wille des Kaisers unterwirft sich dem Vertrauen auf das Urteil des geistlichen Bischofs in dem Bewusstsein, als *vicarius* zur Einhaltung der göttlichen Gebote verpflichtet zu sein. Schon diese grundsätzliche Anerkennung des göttlichen Gebotes lässt Eurich vermissen. Gegenüber dem Friedensstreben des Heiligen setzt er auf das Schwert und betont, dass er sich allenfalls der Macht der Worte und *contra iustitiam* beuge. Dem Argument des Epiphanius, kein irdischer König werde sich vor Gott schützen können, wenn er an die Stelle des Friedens (*pax*) den Kriegszorn setze und seine Verhältnisse zu Dritten nicht nach der *fides* bestimme, folgt Eurich nicht.

Den Nachweis, dass die in jedem Falle geforderte Friedensliebe den Anforderungen der Praxis standhält und grundsätzlich als Handlungsmaxime taugt, erbringt Epiphanius während der Auseinandersetzung zwischen Odoaker und Orestes sowie Theoderich und Odoaker. Den Plünderern, die aufgrund der Affekte nach irdischem Reichtum streben, stellt er sein Bemühen um die Soldaten Odoakers sowie die Rugier gegenüber, das Affekte beseitigt und den Geist auf die rechten Güter lenkt.

Erst in Theoderich sieht Ennodius wieder einen von Gott eingesetzten Herrscher, gegen den sich wie gegen Anthemius die Forderung nach *virtus* und *integritas* zur allgemeinen *securitas* richtet. Die aus der Einsetzung gegenüber Gott bestehende Gehorsamspflicht wird nun konkretisiert. Wer zum König eingesetzt ist, hat als Mensch von Gott mehr erlangt, als er für sich erhoffen durfte. Er hat vor Gott Gnade gefunden und steht in der Schuld Gottes, die er durch *pietas* und *misericordia* gemäß dem göttlichen Gebot gerade gegenüber Feinden zu erfüllen suchen muss. Die praktischen Einwände Theoderichs (*necessitas, utilitas*) sind entweder bereits durch die Tätigkeit des Bischofs widerlegt oder werden es durch das Beispiel der Schonung Sauls durch David (so die Annahme Theoderichs, nur durch gebotene Härte finde man Gnade vor Gott ebenso, wie die allgemeine Annahme, Verbrecher

---

156 *Näf*, Historia 39 (1990), 102: Anerkennung des Romgedankens und des römischen Kaisertums. Dort, 118 zu dem Problem der Präferenz Ricimer-Anthemius bei Ennodius. Dazu auch *Rohr*, Legitimität, 230.

stünden außerhalb der göttlichen Gnade).[157] Wenngleich also in der Sache noch Dissens besteht, vertraut sich Theoderich anders als Eurich dem Urteil des Epiphanius an. Er sieht in ihm den mit dem Segen Gottes handelnden Bischof. In der Frage der Auslösung der gotischen Geiseln von Gundobad deutet sich, auch durch das Wirken des Bischofs bedingt, schließlich ein selbständiger Meinungsumschwung Theoderichs an. Der König akzeptiert den grundsätzlichen Vorrang der Konfliktlösung ohne Blutvergießen als sowohl himmlischen wie irdischen Lohn bringend. Er verwirft also das zuvor alleine auf irdische Herrschaftssicherung gerichtete Denken.

Für die grundsätzlichen Bedenken barbarischer Herrschaft gegenüber dem christlichen Wiedervergeltungsver- und Friedensgebot steht schließlich der Burgunderkönig Gundobad: Wie Eurich und Theoderich sieht er den Krieg als Mittel der Rechtsdurchsetzung an und rückt von der Ablehnung der *clementia* als einer Kriegstugend auch nicht ab. Der Schluss, durch *clementia* könne unter allen Umständen *quietas* erlangt werden, erscheint ihm befremdlich. Einzig die Tatsache, dass er die Burgunder mit den Ostgoten als nicht mehr im Krieg befindlich betrachtet, sichert die Freilassung der Gefangenen. Die den Schluss der Darstellung bildende Teilbefreiung Liguriens von Abgaben deutet schließlich darauf hin, dass Theoderich den Grundzusammenhang – Streben des Königtums nach Lohn vor Gott, daher Güte als Herrschertugend, die im Himmel wie auf Erden Ertrag bringt – nunmehr anzuerkennen bereit ist. Der sich durch das gesamte Werk ziehende Gegensatz der barbarischen Auffassung (1) vor allem auf Erden Anerkennung zu suchen, d. h. nach irdischen Gütern zu streben und (2) den Krieg in Verkennung des göttlichen Friedensgebotes als Mittel der Rechtsgewährpflicht des Königtums zu betrachten, scheint in Theoderich überwunden zu werden.

Die „Vita S. Epiphanii" erfüllt von daher eine unverzichtbare Funktion in der Bewertung barbarischer Königsherrschaft, weil sie die geistige Kluft zwischen römischem Herrschaftsanspruch und barbarischer Herrschaft aufdeckt.[158] Das Vorbild des Anthemius im Anerkenntnis des Wiedervergeltungsver- und Friedensgebotes und die vertrauensvolle Zuwendung auf die Kirche im Zweifelsfall wird von keinem der Barbarenherrscher erreicht. Ihr Denken, das stark auf den Erhalt der eigenen Macht gerichtet ist und daher irdische Zweckmäßigkeitserwägungen ebenso, wie die rechtliche Pflicht zur Vergeltung als Geltungsgrund des Kriegszornes anführt, kann auch von Epiphanius gar nicht (Eurich) oder nur schrittweise (Theoderich, Gundobad) überwunden werden. In einem sich wandelnden Theoderich offenbaren sich die Mühen der Kirche, auch hier den Blick auf den vor Gott zu erlangenden Lohn zu lenken. So kann die Ermordung Odoakers, die Ennodius während des gesamten Werkes nicht anspricht, durchaus noch als Ausdruck einer

157 Zum Vergleich des Königtums und der Bischofsherrschaft mit David/Salomon, vgl. *Cook*, Life, 25–28.

158 *Reydellet*, 148 f. umschreibt die Rolle des Epiphanius als eines Vermittlers und Lehrers von Königen, als Symbol der „Romanität", das gleich früheren Oratoren vor Königen die Verteidigung des Volkes übernimmt.

barbarischen Geisteshaltung Theoderichs gewertet werden. Das Werk des Ennodius beweist gerade, dass der Umgestaltungsprozess des Königtums der ganzen Überzeugungskraft eines herausragenden christlichen Bischofs – nicht etwa eines heidnischen Rhetors(!) – bedurfte und auch dann nur schleppend vorankam. Im Hinblick auf die „Variae" Cassiodors und die später verfasste Panegyrik auf Theoderich ist der Blick der Vita auf die Barbarenherrschaft verhältnismäßig unverstellt. Die Schrift bleibt so, vor dem Hintergrund der Unmittelbarkeit nicht nur des Zeit-, sondern auch des Ereigniszeugen, bei gleichzeitiger Schwerpunktsetzung auf die Verherrlichung des Bischofs, nicht irdischer Herrschaft, einzigartig.[159]

2. Panegvricus dictus clementissimo regi Theoderico

a) Theoderich als von Gott eingesetzter Garant der römischen Weltherrschaftsideologie

Im Gegensatz zu dem hagiographischen Werk auf Epiphanius hält sich der Panegyrikus des Jahres 507 mit der Frage nach dem Darstellungszweck nicht auf – die literarische Gattung gibt ihn vor. Zu loben ist mit Theoderich der *princeps venerabilis*. Seinen Waffen gegenüber ist die Freiheit (*libertas*) verpflichtet.[160] Mit dem *libertas*-Begriff ist unmittelbar eine Grundvoraussetzung jeder Herrschaftsordnung seit klassisch-römischer Zeit in den Raum geworfen. Die zweite, damit im

159 Das Lob des Epiphanius gestattet es, den Ausführungen über das Königtum einen gegenüber der Panegyrik erhöhten Wahrheitsgehalt zu unterstellen, da es Ennodius jedenfalls in der Hauptsache nicht um dessen Verherrlichung, sondern um die Leistungen des Epiphanius zu tun war. Die „kritische Distanz" gegenüber der Königsgewalt ist wiederum vor dem Hintergrund der zum Zeitpunkt der Abfassung des Werks bereits verfestigten Herrschaft Theoderichs zu sehen, in dessen Umkreis Ennodius vorgestoßen war. Der Bischof dürfte kaum den Zorn des Königs zu erregen getrachtet haben. Zu berücksichtigen ist weiter, dass ein Fehlverhalten der irdischen Könige zur Betonung der herausragenden Leistungen des Bischofs Epiphanius unerlässlich war. Vgl. dazu auch *Cook*, Life, 12, die die fehlende positive Äußerungen über Odoaker auf Ennodius' Unterstützung für Theoderich zurückführt: „Ennodius was a loyal supporter of Theoderic." Die Reden des Epiphanius vor den Barbarenkönigen sieht sie als Bewährungsmöglichkeit der panegyrischen Fähigkeiten Ennodius an, 25–28.

160 *Ennodius*, Pan. Theod., § 1. Die Zitierung erfolgt nach der Ausgabe Christian Rohrs, Der Theoderich-Panegyricus des Ennodius, Hannover 1995 gemäß den dort in Klammern angegebenen Abschnitten. Zur besseren Auffindbarkeit der Zitate wurde zusätzlich die Seitenzahl und Zeil angegeben. zum Panegyrikus *Reydellet*, 146; zur Frage seiner Intention und dazu, ob das Werk je zum Vortrag gelangte, vgl. *Näf*, Historia 39 (1990), 108 u. 122: „Man preist nun einen barbarischen Fürsten, ohne daran etwas Paradoxes zu finden."

Zusammenhang stehende Thematik von *pax, otium, quietas, securitas* greift der zweite Abschnitt auf. Theoderich schafft Ruhe (*quietas*) vor allem zu dem Zweck dasjenige zu tun, was Ruhm bringend ist.[161]

Mit dem Begriff des Ruhmes, den Ennodius in der „Vita S. Epiphanii" unmittelbar mit dem aus der *pietas* folgenden Friedensstreben und der Kontrolle der Affekte in Zusammenhang gebracht hatte, verbindet sich auch hier das grundlegende Element der Gotteserkenntnis, freilich in einem doppelten Sinne. Der Schöpfer fordert von dem Menschen, dass er erkennt, auf welchen Urheber seine Erkenntnis zurückzuführen ist. Ennodius ergänzt: Benefizien werden durch die Erkenntnis der Tatsache, dass ihr Spender Gott besonders nahe steht, zurückerstattet. Alles, was von oben (*a superis*) zum Menschen herabsteigt, kann vom Menschen einzig durch Lobpreis erstattet werden. Alleine dadurch lässt sich der Schöpfer zu weiteren Gaben einladen. Wie zum Dank schmeichelt die Zunge ihrem *opifex*.[162] Ennodius fordert nichts als die Erkenntnis des Menschen, dass sein Verstand – der ihn vor allen Lebewesen auszeichnet – von Gott gewährt ist und auf dieser Grundlage Gottesverehrung durch Lobpreis.

Durchaus mit Bezug auf Theoderich kann der Satz über die Rückerstattung von Benefizien an die Gott Nahestehenden verstanden werden. *Quietas* und *libertas* sind, hält man an der These von der Herrschaftsgewalt von Gottes Gnaden fest, als von einem Vertreter Gottes gewährte Benefizien anzusehen. Der dafür geschuldete Dank wird in der Erkenntnis ihres Ursprungs in Gott zugleich Theoderich erstattet. Auch der nachfolgende Abschnitt lässt diese Deutung zu. Das Lob des Herrschers müsse aus reinem Herzen hervorquellen, das göttliche *numen* erfordere die Rede aus reinem Gewissen (*bono... conscientiae*).[163]

Die tatsächliche Ansprache an Theoderich findet sich erst nach diesem kurzen Abschnitt, der bereits auf Kernthesen Ennodius verweist und zugleich die Pflicht des Herrscherlobes umreißt. Erst dem fünften Abschnitt ist die Anrede Theoderichs mit doppeltem Gruß vorbehalten. Ennodius' *Salve nunc, regum maxime ... Salve status reipublicae* erstattet den Dank für die Rettung der *res publica* und rühmt Theoderich dafür, auch dem römischen Adel eine neues Vorbild zur Seite gestellt zu haben.[164]

Es folgt die zum Beweis der göttlichen Einsetzung unverzichtbare Inbezugnahme von Exempla des Gerühmten. Die Tapferkeit der Feinde befördert stets nur den

---

161 *Ennodius*, Pan. Theod., § 2.

162 *Ennodius*, Pan. Theod., § 3, S. 196, Z. 17–19; Z. 3: „Nihil amplius caelestis dispensator arcani ab humanis poscit ingeniis, nisi ut intellegant, quo veniat auctore quod sapiunt. Inter deo proximos agnovisse qui praestitit reddidisse est beneficium. Quod descendit a superis, sola hymnorum licet mercede taxari. Fabricator mundi ad potiora munera modulatis invitatur eloquiis. Dicite si non praemii loco opifici suo lingua blanditur."

163 *Ennodius*, Pan. Theod., § 4, S. 198, Z. 3–8. Die Berufung auf das göttliche numen entspricht der Tradition der Panegyrik. Zur Einsetzung Theoderichs durch Gott auch *Reydellet*, 153 f.

164 *Ennodius*, Pan. Theod., § 5, S. 198, Z. 11–14. *Rohr*, RHM 40 (1998), 33.

Aufstieg Theoderichs.[165] Seine Schlachten gewinnt er, als ob die Feinde nicht fähig wären, ihm zu schaden.[166] Er besteht Kämpfe gegen die Hitze und Kälte, verfügt über die Kenntnis aller Weltgegenden, ist unbesiegbar.[167] Zivile und kriegerische Tugend vereinigt der König gleichermaßen. Wer ihn in der Schlacht erblickt, wird besiegt, wer im Frieden (*pax*), hat nichts zu fürchten. Dem Elan des Krieges steht die Zuverlässigkeit der im Frieden gegebenen Versprechen zur Seite.[168] So wie er im Krieg diejenigen verwüstet, die die Unterwerfung verweigern, ist im Frieden auch die Zurschaustellung von Reichtümern sicher. In Streitigkeiten seiner Untertanen fordert er *humilitas*. Sein Ansehen gewinnt, wer sich nicht scheut, um etwas zu bitten.[169] Die mit Topik angefüllte Passage, die erneut die römische Weltherrschaftsideologie des *parcere subiectis et debellare superbos* in den Blick nimmt und Theoderich als Garant einer Friedensordnung, in der Reichtum keine Furcht verursacht, hervorhebt, ist so indirekt erneut auf den *libertas*-Begriff bezogen. Freiheit setzt auch die Freiheit zur ungestörten Zurschaustellung der Güter voraus. Bereits Cicero hatte dies gegenüber den vorangegangenen Proskriptionen Sullas betont.

Während die Forderung nach *humilitas* und die Bevorzugung der Bittsteller mit Blick auf den Lobpreis des Epiphanius leicht eingängig erscheint, wirkt die römische *libertas*-Terminologie mit ihrer Forderung nach Überwindung, d. h. in der Regel Vertreibung oder Vernichtung der Feinde, zunächst wie ein Fremdkörper im System christlicher *pietas*. Gleiches gilt für die Zurschaustellung der Reichtümer, die mit dem christlichen Ideal der austeilenden *pietas* kaum vereinbar erscheint. Dass beides der Verherrlichung Theoderichs im Sinne der römischen Kaiserideologie geschuldet ist,[170] offenbart der neunte Abschnitt. Der König wirkt in seiner Kenntnis der Welt wie ein Herr aus einer anderen Welt (*alterius possessor orbis*).[171] Größer als der Mensch ist, wer sich zur Herrschaft über die Welt (*ad mundi gubernacula*) rüstet.[172]

In aller Klarheit repräsentiert der hier gepriesene Theoderich den Romgedanken, seine Herrschaft die Prinzipatsideologie. Jedenfalls für die Zeit, die Theoderich am Hofe zu Konstantinopel verbracht hat, ist sie auch mit ihren typischen Problemen versehen. Die dort (unter einem oströmischen Kaiser) gewährte *securitas* ist zwar

---

165 *Ennodius*, Pan. Theod, § 5, S. 198, Z. 14 – § 5, S. 200, Z. 1.

166 *Ennodius*, Pan. Theod., § 6, S. 200, Z. 6.

167 *Ennodius*, Pan. Theod., § 7, S. 200; c. 9, S. 200, Z. 21.

168 *Ennodius*, Pan. Theod., § 6, S. 200, Z. 1–3.

169 *Ennodius*, Pan. Theod., § 8, S. 200, Z. 18–20: „In possessione tuae positus sine formidine divitias indicavit, nec rebellem iuvit, si pauper innotuit: nemo indignationi tuae nisi humilitate subtractus est, cum in sociorum profecisset numero qui rogavit."

170 Dazu *Rohr*, Theoderich Panegyrikus, 199 Fn. 5: „Ennodius reiht in §§ 5–10 panegyrische Topoi aneinander, die sich auch in vielen anderen Lobreden aus der Spätantike befinden." Der Anknüpfungspunkt derselben ist freilich bereits spätrepublikanisch bzw. dem frühen Prinzipat entlehnt (Princeps-Ideologie).

171 *Ennodius*, Pan. Theod., § 9, S. 200, Z. 21.

172 *Ennodius*, Pan. Theod., § 9, S. 202, Z. 1–3.

durch die *libertas* positiv bestimmt, der rechte Gebrauch der Gaben, d. h. die Mehrung der *gloria* des Princeps durch gottgemäßes Leben, will sich aber in dieser Ordnung nicht recht einstellen. Wieder führen Sicherheit und Muße zu der für das römische Staatswesen typischen Nachlässigkeit (*laxitis in otio animis vivunt*), zersetzt die lange Friedenszeit die Gesinnung der Menschen.[173]

b) Usurpation des Basilicus und die Bewahrung des Staates durch Amalerblut

Die Konsequenz des untätigen *otium* folgt auf dem Fuße. Mit dem Usurpator Basilicus tritt ein Tyrann auf den Plan, dem es an jeder Legitimation durch edles Blut fehlt und der nach Erlangung der Herrschaft über den Hof und der Ausübung von Terror jede Art der Regierungstätigkeit vermissen lässt.[174] Nur aufgrund des auf die Seele Theoderichs fallenden natürlichen Lichts (*lux naturae*) kann die Ordnung wiederhergestellt werden. Theoderich vergilt so die ihm zuteilgewordenen Benefizien der Friedenszeit (*pax*).[175] Die Wiederherstellung rechtmäßiger Kaiserherrschaft trägt zugleich den Lobpreis für die Zurückweisung von *ambitio* in sich. Mit der Rückgabe der dem Usurpator entrissenen Herrschergewalt verzichtet Theoderich freiwillig auf das Erlangte, obgleich er ohne öffentliche Missbilligung die erhaltene Gewalt selbst hätte weitergebrauchen können.[176] Sein Diadem und den Schutz desselben verdankt der oströmische Kaiser Theoderich, der dadurch zugleich zum Garanten der Herrschaftsmacht und Gläubiger des kaiserlichen Dankes aufsteigt.[177]

Sein Lohn ist die Ausübung des Konsulates. Der *sella curulis* und *toga palmata* fügt er allerdings seine Tugend, sein Pflichtbewusstsein – als Ausdruck von *civilitas* – und seine Autorität hinzu. Zum ersten Mal spricht Ennodius mit der *civilitas* damit einen Kernbegriff des Herrschaftsverständnisses Theoderichs an. Sie besteht in der Überwindung des Affektes zugunsten der Verfassung der *res publica*. Daran, dass Theoderich aufgrund seiner Taten und seiner Abstammung Anspruch auf die Kaiserwürde hätte, lässt Ennodius allerdings keinen Zweifel.[178]

---

173 *Ennodius*, Pan. Theod., § 8, S. 200, Z. 14; § 11, S. 202, Z. 15 f.: „et clementia tuae ruptis vinculis furor emicuit et evisceratas diuturna quiete mentes occasionis pabulo subiugavit."; dazu *Näf*, Historia 39 (1990), 102.

174 *Ennodius*, Pan. Theod., § 12, S. 204, Z. 1–2: „nullo adscitus sanguine tyrannus"; Z. 3.

175 *Ennodius*, Pan. Theod., § 12, S. 204, Z. 4–6: „…cum animos tuos sine annorum suffragio inpulit lux naturae, ne aut causa melior te coram posito subiaceret, aut non beneficium necessitatis tempore redderes, quod pacis acceperas."

176 *Ennodius*, Pan. Theod., § 13, S. 206, Z. 2–4.

177 *Ennodius*, Pan. Theod., § 14.

178 *Rohr*, Theoderich Panegyrikus, 205, Fn. 12 stellt hierzu zutreffend fest: „Als ‚rex gentium' ist Theoderich von seiner Herkunft und dem ‚splendor generis' her (§ 88) zur Herrschaft geboren. Dennoch hat er sich in den Dienst eines auf ihn angewiesenen römischen Kaisers gestellt." Der von *Rohr* angesprochene Gedanke der „doppelten Legitimation" kraft Blutes und Dienstes tritt so in den Vordergrund.

Das Amalergeschlecht ist *ab ipsa mundi infantia* bewährt. Theoderich muss daher an sich nicht als Bittsteller des Imperatorentitels auftreten, tut dies aber dennoch aufgrund seiner gerühmten *civilitas.*[179] Als Schutzgarant des Imperiums bewährt er die zurückgewonnene *libertas* auch im Krieg gegen die Bulgaren.[180]

c) Odoaker

aa) Der Gegensatz Theoderich – Odoaker: Tyrannengewalt gegen Tugendherrschaft

Der im Osten erwiesenen Tugendhaftigkeit Theoderichs als Bewahrer der *res publica* in Krieg und Frieden, der offenbar himmlischen Gunst (*caelestis favor*), entsprach es, dass Theoderich in der Folge den Blick nicht alleine auf den Osten beschränkte. Auch im Westen stand es mit der *quietas* nicht zum Besten, führten Misswirtschaft und Verschwendungssucht der Mächtigen dazu, dass der Reichtum des Landes falsch genutzt wurde.

Dem Verfall ziviler Tugend folgte schließlich auch dort der Untergang der *pax* durch die Taten Odoakers: Nicht durch rechtmäßige Steuern, sondern durch offene Raubtaten (*rapina*) habe jener einen verschwenderischen Lebenswandel finanziert und Korruption gefördert. Durch rechtswidrige Einziehung des Eigentums, nicht zugunsten der *res publica,* sondern der privaten Genusssucht – eines Strebens das schließlich zur Verarmung des Herrschers führt und ihm den Hass der Menschen einbringt – stellt Odoaker so das Muster des antiken Tyrannen dar,[181] der privates Gut nicht achtet, nur die eigene Gier (*avaritia*) befriedigen will und dem es an jeder menschlichen Mitleidsfähigkeit fehlt.[182] Die Konsequenzen entsprechen schließlich denen der Tyrannei. Odoaker muss die eigenen Heere fürchten. Er misstraut in Kenntnis der Widerrechtlichkeit seiner Gewalt und seiner niedrigen Herkunft jedem Gehorsam und lebt in beständiger Furcht vor der selbst gesäten Angst.[183] Odoaker

---

Zugleich erfolgt die Abwertung der oströmischen Kaisergewalt; *Maier*, 92 m. w. Nw. zum Inhalt des Gedankens.

179 *Ennodius*, Pan. Theod., § 16, S. 206, Z. 16–20; § 17; § 18, S. 208, Z. 7–9.

180 *Ennodius*, Pan. Theod., § 19, S. 208, Z. 12: „libertatem dextera tua adserente";§ 19, S. 210 Z. 18: „..nunc illam sibi tantum orbis partem interclusam aestimant, quam tueris" – auch der Vertreibungsgedanke ist bezeichnend „römisch".

181 Vgl. nur bei *Seneca*, De clementia, I, 12.

182 *Ennodius*, Pan. Theod., § 23, S. 212, Z. 1–8: „Inter vitae tirocinia et triumphorum maturitatem pectori sacro affectum nostri caelestis favor infudit. Iam diuturnae quietis dispendio per gubernantium vilitatem potens terra consenuerat, iam attulerat publicis opibus pax intemerata defectum, cum apud nos cottidianae depraedationis auctus successibus intestinus populator egeret, qui suorum prodigus incrementa aerarii non tam poscebat surgere vectigalibus quam rapinis. Saeviente ambitu pauper dominus odia effusione contraxerat, sed nec defrudatis viribus quod minuebat opulentiae iungebatur affectui."

183 *Ennodius*, Pan. Theod., § 24, S. 212, Z. 10–15.

und Theoderich stehen sich so als Antipoden gegenüber. Theoderich ist von edler Abstammung. Ihn treibt beständig die Sorge um die *res publica* an. Er weist jede *ambitio* von sich. Die *discordia* der in Italien ins Werk gesetzten verdorbenen Seelen (*perduelles animos*) mit dem Herren der Tugend ist so vorprogrammiert. Begründet wird der Italienzug Theoderichs schließlich auch nicht etwa mit einem Auftrag Zenons, sondern mit dem Vorgehen Odoakers gegen die wehrlosen Rugier und damit verbundenen Mordtaten gegen die Verwandten Theoderichs.[184]

Wie schon anlässlich der Wiederherstellung der Herrschaft Zenons handelt er aufgrund der Tugend. Als *clementissime domine* und *venerabilis* herbeigesehnt, fordert ihn schließlich auch Roma selbst zur Wiederherstellung des ihr zugehörigen Status auf: *te orbis domina ad status sui reparationem Roma poscebat.*[185] Mit der für einen Tugendherrscher gebotenen kriegerischen Tapferkeit (*fortitudo*), in beständiger Sorge um das Wohlergehen des Staates (*reipublicae fortuna*), macht er sich mitsamt des Volkes auf den Weg nach Italien, wo ihn der *orbis concussor* erwartet.[186]

bb) Der Amalerkönig als Schöpfer des eigenen Schicksals – Schlacht an der Etsch

Erscheint der Erfolg schon aufgrund der Tugend ausgemacht, stützt Ennodius den Sieg gegen Odoaker auch auf den Geltungsrang des Amalergeschlechts. Durch eigene Taten muss der Gotenkönig den Glanz und Ruhm der Ahnen bestätigen, mit Waffengewalt ist er zu erhalten. Ein Amalerkönig wird in der Schlacht nicht vom Schicksal getrieben, sondern ist dazu berufen, sich durch Manifestation seiner Stärke ein eigenes Schicksal zu schaffen. Nicht die Furcht vor schlechten Omen, sondern der Mut, sich selbst gute Omen zu schaffen, entspricht dem durch das Geschlecht gebotenen Verhalten und der Pflicht, sich der Vorfahren würdig zu erweisen.[187] Erst danach folgt der Hinweis auf die zuteilgewordene göttliche Unterstützung, manifestiert auch durch die Hilfe der Natur in Gestalt des Flusses Etsch.[188]

---

184 *Ennodius*, Pan. Theod., § 25, S. 212, Z. 15; S. 214, Z. 1–3.

185 *Ennodius*, Pan. Theod., § 29, S. 218, Z. 3 u. § 30, S. 220, Z. 1 f.; § 33, S. 220, Z. 17. *Näf*, Historia 39 (1990), 109: Idee der sich selbst verjüngenden Roma.

186 *Ennodius*, Pan. Theod., § 36, S. 222, Z. 7. Beachtenswert v. a. § 30, S. 218, Z. 16, Ennodius vergleicht Theoderichs Leistung mit der des M. Porcius Cato Uticensis und seinem Zug durch die libyschen Syrten; weiter § 40, S. 224, Z. 12.

187 *Ennodius*, Pan. Theod., § 43, S. 226, Z. 15f.: „Hoc oportet duce contendi, qui omnia incerta non timuit, sed ipse sibi secunda conscivit"; vgl. *Vitiello*, Hermes 133 (2005), 101–104: Unmittelbare Verknüpfung der Imitation der Ahnen mit der *virtus*.

188 *Ennodius*, Pan. Theod., § 45, S. 228, Z. 6; § 46, S. 228, Z. 13 f. Theoderich ist auch rex gentium, vgl. *Reydellet*, 166 f. Er bewährt seine Abstammung durch Verdienstlichkeit.

cc) Clementia, venia und die Vernichtung der Verräter in göttlichem Auftrag

Bereits in diesem Sieg sieht Ennodius auch die *clementia* Theoderichs am Werk. Als künftiger *dominus* Romas hat er die Stadt selbst vor den Gefahren des Krieges geschont, gewährt der zitternden Göttin einzig den Geschmack des Triumphes.[189] Gleiches gilt angesichts der Kapitulation der Truppen Odoakers. Da die Seele des Tugendherrschers stets zur Gnade neigt, vertraut er auf die Möglichkeit auch mit denjenigen, die von jeher keine Treue kennen, ein Treueverhältnis (*fides*) einzugehen.[190] Die beschworene Treue, die Theoderich veranlasste, die unter dem vormaligen Feldherren Odoakers neu gewonnen Kontingente zur Belagerung Odoakers in Ravenna einzusetzen, war allerdings nicht von langer Dauer. Noch während der Belagerung fielen die Bündner von dem eben eingegangenen Bündnis ab.[191]

Der Vertrauensbruch, den Theoderich dank der ihn stets begleitenden *providentia* rasch aufdeckt, rechtfertigt nun blutige Rache im Namen Gottes.[192] Er legitimiert die Verfolgung der Eidbrüchigen bis in die entferntesten Provinzen.[193] Theoderich als dem Vollstrecker des göttlichen Willens wird es so ermöglicht, das gesamte Unheil des Römertums in einem einzigen Schlag zu beseitigen, Anmaßung und Betrügerei zu überwinden.[194] *Egit causas longae quietis tuae furor alienus* – den Friedenszustand schafft die endgültige Vernichtung der Feinde.[195]

Das Befremden, das mit dieser Art des Rachegerichts vor dem Hintergrund der Wiederherstellung des inneren Friedens vom Standpunkt der klassischen Autoren her verbunden ist – ein legitimer *princeps* würde nach Überwindung der Feinde trotz ihrer Verbrechen stets *clementia* üben und sie nicht weiter proskribieren[196] – wird verständlich vor dem Hintergrund der christlichen Geschichtsschreibung seit Laktanz und Eusebius. Ganz gezielt stellt Ennodius Theoderich als *vindex* dar, der mit göttlichem Auftrag die Strafe an den Eidbrüchigen vollstreckt. Ihr fortgesetztes, lasterhaftes Verhalten lässt sich dem Gedanken der Vollstreckung des göttlichen Zornes[197] durch ein menschliches Werkzeug ohne Weiteres subsumieren, zumal

---

189 *Ennodius*, Pan. Theod., § 48, S. 230, Z. 8–10.

190 *Ennodius*, Pan. Theod., § 49, S. 232, Z. 1–4: „Flexus est animus tuus pronus semper ad veniam: credidisti, quod fidem adsuescerent magisterio neccessitatis, quam numquam exhibuerant studio conciliante principibus."

191 *Ennodius*, Pan. Theod., § 50; *Rohr*, Theoderich-Panegyrikus, 233, Fn. 46: „Das Lob Theoderichs besteht darin, dass er jedem eine zweite Chance gegeben habe."

192 *Ennodius*, Pan. Theod., § 50, S. 232, Z. 6: „Gratias tibi, mundi arbiter deus."

193 *Ennodius*, Pan. Theod., § 51, S. 232.

194 *Ennodius*, Pan. Theod., § 52, S. 232, Z. 16–18; S. 234, Z. 1–3.

195 *Ennodius*, Pan. Theod., § 53, S. 234, Z. 5.

196 Vor diesem Hintergrund wird man Ennodius aber auch so deuten können, dass ein Friedenszustand vor Beseitigung der Gegner ausgeschlossen war.

197 Der ordnende Eingriff Gottes auch unter den Feinden Theoderichs selbst steht im Mittelpunkt der §§ 54, 55. Durch göttliche Fügung verfallen die Eidbrüchigen in gegenseitigen Streit; *Ennodius*, Pan. Theod., S. 236, Z. 3–6: „Adsit divinitas et beneficia sua in aevum producat, qua disponente votiva inter reos evenere

anschließend ein beständiger irdischer Friedenszustand (*pax*) hergestellt ist.[198] Schon einmal war mit Alarich 410 ein Gote Vollstrecker des göttlichen Willens in Italien gewesen. Die von Augustinus, Orosius und Salvian propagierte göttliche Strafe durch Barbarenhand muss auch dem am oströmischen Hof wirkenden Theoderich bekannt gewesen sein. Den Gedanken des „barbarischen" Vollstreckers allerdings substituiert Ennodius durch das Ideal der Tugendherrschaft und mit der Berufung auf die amalische Abkunft des Königs. Theoderich entspricht damit eher dem Vorbild eines neuen Konstantin als dem Alarichs.[199]

d) Der Frieden Theoderichs: das Ideal der republikanischen libertas

Vollständig mit der spätantiken Vorstellung vom rechtmäßigen Prinzipat ist schließlich die Gestaltung der errichteten Friedensordnung selbst vereinbar. Im Vordergrund des Lobpreises steht zunächst das Wirken zur Restitution der staatlichen Ordnung. Die Wiederaufrichtung von Gebäuden trägt zum Gedeihen der Städte bei, verjüngt Roma und übertrifft so den Ruhm früherer Bauherren.[200] Entscheidender für die Prinzipatstugenden ist freilich, dass Theoderich die Ehrenämter nicht durch Bestechung, sondern nach rechter Auswahl besetzen lässt und so als Vorbild guter Menschen fungiert.[201] Dem Ideal der wohlgeordneten *res publica* entspricht erneut, dass privater Reichtum ohne Sorge der Proskription öffentlich zur Schau gestellt werden kann und zugleich den Staat bereichert. Schließlich erfüllt der Gotenkönig auch die Pflichten der Justizgewähr durch rechtmäßige Erlasse und Entscheidungen. Wie die spätantiken Herrscher garantiert er durch beständige Fürsorge und Arbeit die Ruhe seiner Untertanen (*otium*). Er sichert die Grenzen durch Festungsbau, verfügt über die Tugenden eines selbstsicheren und furchtsamen Herrschers gleichermaßen und manifestiert so in der Fülle der Tugend die göttliche Einsetzung.[202]

---

litigia. Nam Fridiricus, postquam tibi de adversariis tuis peregit triumphum, de se praebuit."

198 In § 54 fehlt allerdings nicht der Verweis auf den Missbrauch der inneritalischen Auseinandersetzungen durch die Burgunder, die während der Kämpfe Theoderichs gegen Tufa Ligurien plünderten und dort ansässige Goten verschleppten. Die Tat ist Ausgangspunkt der Gesandtschaft Epiphanius und Ennodius zum Gotenkönig Gundobad, von der Ennodius in der „Vita S. Epiphanii" berichtet; dazu *Rohr*, Theoderich-Panegyrikus, 235, Fn. 51.

199 Eine Rolle mag auch der Auftrag der Amaler gespielt haben, sich ihr Schicksal selbst zu schaffen, d. h. auch ihre Reiche selbst zu suchen. Dies würde durch *Ennodius*, Pan. Theod., § 61, S. 240, Z. 7 f., § 61 im Zusammenhang der Rückgewinnung Sirmiums gestützt. Nach Auffassung Theoderichs verkleinert sich ein Reich, wenn es nicht territorial wächst: „Minui aestimas quod non crescit imperium."

200 *Ennodius*, Pan. Theod., § 56, S. 236, Z. 7. Wertvoller ist es, den Verfall aufgehalten zu haben, als den Anfang zu ermöglichen.

201 *Ennodius*, Pan. Theod., § 57, S. 236, Z. 15 – S. 238, Z. 1; so auch § 58.

202 *Ennodius*, Pan. Theod., § 58 f., S. 238, Z. 1–11; *Näf*, Historia 39 (1990), 109 f.: Rom erhält seine politische Funktion zurück.

e) *Der Sieg gotischer Feldherren in Pannonien als Ausdruck der Wohltaten Theoderichs*

Das Ende der ungestörten Friedenszeit (*quietas*) an den Grenzen des Reiches läutet schließlich das seit 504 einsetzende Bemühen Theoderichs um die Rückgewinnung Pannoniens ein. Zunächst gegen die Gepiden siegreich, deren Nachlässigkeit dem Gotenkönig in die Hände spielt, kommt es zum Schutz des Kleinkönigreiches Mundos unter dem ostgotischen Feldherren Pitzia zur Auseinandersetzung mit „den Griechen".[203] Großen Wert legt Ennodius auf die Feststellung, trotz der physischen Abwesenheit Theoderichs dürfe niemand den König für tatsächlich abwesend halten. Das gesamte gotische Volk tut, was von Theoderich herrührt. Nicht einer einzigen Person ist daher zuzuschreiben, was durch den König auf seinen Stamm übertragen wurde.[204] Eine besondere Spitze gegen Ostrom liegt darin, dass Ennodius nach dem von Gott gewährten Sieg über die mit Ostrom verbündeten Bulgaren davon spricht, der Sieg über die Griechen habe die Grenzen des römischen Königreiches wiederhergestellt (*ad limitem suum Romana regna remearunt*).[205] Die Anknüpfung an die Weltreichsideolgie der Spätantike mit ihrer Unterteilung in einen westlichen und östlichen Herrschaftsbereich wird so wieder aufgenommen. In ihren Kontext fügt sich auch, dass fremde Völker – hier die Vandalen – die Freundschaft Theoderichs kraft seiner überragenden *sapientia* zu erwerben suchen, dass so Bündnisse ohne Blutvergießen geschlossen werden können, während diejenigen Könige, die die Unterwerfung verweigern, in Furcht verharren.[206]

f) *Zivile Herrschertugend*

aa) *Milde und Geistesruhe*

Die göttliche Segnung auch im zivilen Herrschaftsbereich steht schließlich im Mittelpunkt der §§ 71 ff. *Deo inspirante* übt Theoderich beständige Milde (*mansuetudo*). Er erstrebt eher durch Liebe, als durch Furcht zu herrschen.[207] Dazu trägt bei, dass ihm auch die Freiheit von Affekten, die notwendige *tranquillitas* des Geistes zukommt, die sowohl dem stoischen wie dem christlichen Ideal der Heiligenviten entspricht.

---

203 Vgl. hierzu *Rohr*, Theoderich-Panegyrikus, 242 f., Fn. 60. Die Oströmer werden so absichtlich abgewertet.

204 *Ennodius*, Pan. Theod., § 65, S. 242, Z. 9–10; § 65, S. 244, Z. 5–7. Ob damit zugleich auf ein durch Taten geschaffenes „Königsheil" angespielt ist, muss offen bleiben, da der Quellentext selbst eine weitergehende Bewertung aufgrund seiner Kürze nicht zulässt.

205 *Ennodius*, Pan. Theod., § 69, S. 246, Z. 10.

206 *Ennodius*, Pan. Theod., § 70, S. 246, Z. 12–15. Zur Furcht der übrigen Könige vgl. § 71, S. 248, Z. 3–6 in der übernächsten Fußnote.

207 *Ennodius*, Pan. Theod., § 71, S. 248, Z. 1 f.

Durch beides gewinnt er die Liebe des Volkes.[208] Die gelungene Ansiedlung der von den Franken aus ihren Stammsitzen vertriebenen Alemannen gilt gleichermaßen als Zeugnis der königlichen Milde. Einem ehemaligen Feind bringt die Flucht aus der Heimat glücklichen Ausgang. Italien nutzt die Ansiedlung der Flüchtlinge auf gutem Ackerboden an den Grenzen des lateinischen Reiches zum eigenen Schutz.[209]

bb) Belohnung von Verdienstlichkeit; Bestrafung nur der Missetäter selbst

Der königlichen Milde im Bereich der Rechtspflege entspricht die beständige Förderung der Unschuld (*innocentia*). Vor dem feinfühligen Theoderich (*subtilis arbiter*) zählen einzig die Taten der Menschen, nach denen sich die Ämtervergabe richtet.[210] Stammt der Anwärter eines Amtes aus angesehener Familie, spricht Theoderich den Lohn für den Gehorsam der Vorfahren zu. War seine Familie an Taten gegen die Herrschaft beteiligt, führt er dies nicht zum Nachteil eines unschuldigen Bewerbers an.[211] Eine Sanktionierung der gesamten Sippe gestattet die Herrschaftsauffassung Theoderichs nicht.

cc) Lob der Wissenschaftlichkeit

Erstmals seit den Lobreden des Symmachus auf Valentinian und Julian und dem noch älteren Panegyrikus „Pro instaurandis scholis“ tritt im Ennodius-Panegyrikus auf Theoderich auch das Lob der Wissenschaften (*studia*) wieder deutlich hervor. Wissen und *virtus* sind untrennbar miteinander verbunden, gerechte Tribunale schließlich ohne Rednerkunst unvorstellbar. Rechtswahrung alleine beim Abschluss von Rechtsgeschäften ist ohne rechte Bildung undenkbar.[212] Ein Reichtum der Zeit ist es daher, dass nun nicht mehr nur auf den Foren, sondern auch aus den Kirchen heraus Lobredner auftreten.[213]

---

208 *Ennodius*, Pan. Theod., § 71, S. 248, Z. 3–6: „Excellentia bona sunt gloriae tuae inserta monumentis, ut eum te reges metuant, ament famuli. ... O regem omni tranquillitate conpositum, qui devotioni nostrae imputat quod inpendimus servituti!“

209 *Ennodius*, Pan. Theod., § 72 f.

210 *Ennodius*, Pan. Theod., § 74, S. 250, Z. 9–11: „Magistratum...exigit qui meretur“; „...dum, subtilis arbiter, non placaris voce sed actibus.“

211 *Ennodius*, Pan. Theod., § 75, S. 250, Z. 14–15: „Habemus de maiorum obsequiis fructum, et tamen de excessibus supplicia non timemus. Finitur indignatio moderata cum homine, cum propter retributionem quaerat tua pietas successorem.“

212 *Ennodius*, Pan. Theod., § 76 u. 77.

213 Ob Ennodius damit auf sich selbst anspielt, ist ungewiss. Das „nunc ecclesia dirigit laudatorem“ in *Ennodius*, Pan. Theod., § 77, S. 252, Z. 9 f. mag auch darauf zurückzuführen sein, dass der Bildungsreichtum der Zeit Theoderichs gebührend herausgestrichen werden soll, der neben den Rednern des Forums auch solche der Kirche kennt. In diesem Sinne *Rohr*, Theoderich-Panegyrikus, 252 f., Fn. 72.

dd) Vergleich mit Alexander dem Großen und der christliche Herrschaftsauftrag

In Anerkennung der Leistungen Theoderichs greift Ennodius schließlich auch auf einen immer wieder bedienten Topos des Herrscherlobes zurück: den Vergleich mit Alexander dem Großen. Dass Theoderich diesen nicht zu scheuen braucht, ergibt sich aus dem Vorsprung, den er aufgrund seines Glaubens vor Alexander genießt. Hinzu kommt, dass die Taten Alexanders durch vielfache Überlieferung verfälscht und irrtümlich erhöht wurden, während die Meriten Theoderichs nicht bezweifelt werden können.[214] Damit verbunden ist zugleich der Anspruch des Panegyrikers, sein Herrscherlob entspreche im Gegensatz zu demjenigen früherer Zeiten der Wahrheit.

Die schlichte Anpassung der katholischen Kirche an die Realität arianischer Königsherrschaft, die sich im Lob der Frömmigkeit Theoderichs andeutet, formt Ennodius – selbst ein Mann des katholischen Klerus, der Epiphanius noch eilig vom Hofe des arianischen Königs Gundobad hatte davonziehen lassen – in den nachfolgenden Abschnitten weiter aus. Theoderich hat von Jugendbeinen an die lebensspendende Unterweisung im wahren Glauben erfahren, er ist einer der wahren Verehrer des höchsten Gottes.[215] Von daher ist ihm auch der Ausgangspunkt seiner Herrschaft bekannt. Theoderich weiß, dass er sein Amt im Dienste Gottes ausübt, dass ihm die Sorge um die Ausfüllung eines Amtes zukommt, während die Macht bei Gott verbleibt. Er erkennt die Pflicht zur rechten Regierung aufgrund der von Gott gewährten Güter an. Deren Verdienste schreibt er alleine Gott und nicht sich selbst zu: *Exhibes robore, vigilantia, prosperitate principem, mansuetudine sacerdotem.*[216] Auf die Titel früherer Herrscher, die Götter als ihre Herren anriefen, kann Theoderich so verzichten. Der Titel eines „Alamannicus", den er verdiente – den aber tatsächlich der oströmische Kaiser in Anspruch nimmt – ist ihm als Diener Gottes wertlos. Ein in Gott ruhiger Geist bedarf solchen Lobes nicht, zumal wenn die Wahrheit offenkundig ist.[217] Vor dem göttlichen Glanz (*divino splendori*) Theoderichs weicht der Mensch – und auch der Redner – auch ohne irdisch-äußerlichen Anschein zurück.[218] Erst hier äußert Ennodius also explizit die schon in der „Vita S. Epiphanii" vertretene Rechtfertigung der Herrschaft nach christlichem Gebot, wird das spezifisch christliche Element der Herrscherideologie greifbar. Während sich die Siege Theoderichs mit der Hilfe Gottes in die klassisch-römische Herrscherideologie einordnen

---

214 *Ennodius*, Pan. Theod., § 78 f., S. 252, Z. 13 – S. 254, Z. 2.

215 Man beachte den Gegensatz zu Salvian von Marseille, der den arianischen Glauben als schlimmer als den Nichtglauben ansah und daraus das Maß der Sünden der Römer, die durch Gott von Arianern gestraft wurden, ableitete.

216 *Ennodius*, Pan. Theod., § 80, S. 254, Z. 7–12: „Illum verae religionis ignarum obtinuit erroris mater inscitia: te summi dei cultorem ab ipso lucis limine instructio vitalis instituit. Numquam applicas laboribus tuis, quod eventus dexter obtulerit: scis in te curam, penes deum perfectionis esse substantiam. Agis ut prospera merearis adipisci, sed potius universa adscribis auctori."

217 *Ennodius*, Pan. Theod., § 81, S. 254, Z. 13–18.

218 *Ennodius*, Pan. Theod., § 82, S. 256, Z. 3.

lassen, ist die im Bewusstsein des Amtscharakters gebotene Zurückhaltung des Königs Produkt der christlichen Transformation der ideologischen Grundlagen der Herrschaft. Sie entspricht den Anforderungen, die bei Ambrosius von Mailand und auch im Lobpreis des Theodosius formuliert werden und die nachfolgend auch in den christlichen Heiligenviten ihre Ausprägung fanden. Das kaiserliche Amt ist auch ein Dienst vor Gott.

ee) Die Sorge Theoderichs um die Stärke der Goten und ihren Gesetzesgehorsam

Einer der typischen Folgen der Ruhe (*otium, tranquillitas*), dem Verfall der Heeresstärke, beugt Theoderich vor. Schon während des Friedens trainiert die Jugend in Scheingefechten den Krieg.[219] Ist einmal die tatsächliche Durchführung eines Feldzuges erforderlich, so gelingt dem Gotenkönig, was seinen westgotischen Vorfahren verwehrt blieb: Seine Männer unterwerfen sich nach Abschluss der Feindseligkeiten freiwillig den Gesetzen (*leges*). Sie lassen sich vom Recht beherrschen, wo früher nur das Schwert herrschte.[220] Diese, eher am Rande gemachte Bemerkung des Panegyrikers Ennodius, führt seine Ausführungen zu den Barbarenkönigen in der „Vita S. Epiphanii" fort. Theoderich ist der erste König, der das Schwert nur dann als Mittel der Rechtsdurchsetzung betrachtet, wenn er mit dem göttlichen Auftrag nach vorangegangener Milde gegen seine Widersacher vorgeht. Die Diskrepanz zu der in barbarischen Kreisen durchgängig als legitim angesehenen Gewalt der Waffenstärke des Eurich, des frühen Theoderichs und zu Gundobad, liegt klar zutage. Dass trotz dieser barbarenatypischen Beschränkung der Waffengewalt ein gutes Verhältnis zwischen Theoderich und seinen Soldaten herrscht, ermöglicht Ennodius zum einen auf die Funktionalität des neuen Modells zu verweisen und zum zweiten wiederum an die Legitimation der Prinzipatsgewalt anzuschließen.[221]

g) Abschließende Bewertung der Tugendherrschaft Theoderichs

Zum Abschluss seines Panegyrikus hin blickt Ennodius ein weiteres Mal auf die Familientradition der Amaler zurück. Zwar hat die Herkunft Theoderich zur Herrschaft bestimmt, erlangt worden wäre sie aber auch alleine durch den Charakter Theoderichs. Zu bewahren vermag sie ohnehin nur die Tugend.[222] Über den Verweis auf das äußere Erscheinungsbild erinnert er zugleich an das Gerechtigkeitsideal und die göttliche Ableitung der Herrschaft. Durch seine Hände bringt Theoderich den

---

219 *Ennodius*, Pan. Theod., § 83, S. 256, Z. 6; § 84, S. 256, Z. 14 f. Ganz christlicher Tradition entspricht es dann, wenn Ennodius die von Rutilius und Manilius eingeführten Gladiatorenspiele ablehnt. Was in Grausamkeit seine Wurzel habe und tatsächlich nicht zur Steigerung der Kampfkraft, sondern nur zur Furcht beitrage, sei abzulehnen, vgl. § 85.

220 *Ennodius*, Pan. Theod., § 87, S. 258, Z. 16 – S. 260, Z. 4.

221 Dazu auch *Rohr*, Theoderich-Panegyrikus, 261 mit Fn. 80.

222 *Ennodius*, Pan. Theod., § 89, S. 260, Z. 7.

Widersachern Verderben, den Untergebenen aber Auszeichnung. Nicht das Diadem, sondern alleine der Gehorsam gegenüber Gott, der ihm alleine das Diadem schafft, erhält seine Herrschaft.[223]

Nochmals hebt Ennodius aber auch die Grenzen der königlichen *clementia* hervor: *Italiae rector in amicitiam colligit duo diversissima, ut sit in ira sine conparatione fulmineus, in laetitia sine nube formosus. Feriato ore legatis gentium aut pacem blanda promittit, effigies aut bella terribilis.* Wie die Freundschaft, so zeichnet sich auch der Zorn des Königs auf seinem Antlitz ab.[224] Die Frage, inwiefern königlicher Zorn mit der grundsätzlich betonten Freiheit der Affekte zu vereinbaren ist, lässt Ennodius offen. Rohr begründet sie mit dem *parcere subiectis et debellare superbos* aus Vergils „Aeneis" (Aeneis, VI, 853).[225] Treffender dürfte indes der Rückgriff auf die christliche Herrschaftslegitimation sein, die – wie schon Augustinus zeigt – mit dem christlichen Anspruch durchaus vereinbar ist. In seiner Gottesdienerschaft ist Theoderich Vollstrecker berechtigten, göttlichen Zorns gegen die Widersacher der Tugend. Er ist in dieser Funktion derjenige, der den Raum römischer Freiheit wiederherstellt, indem er den Lasterhaften den Tod bringt. Sind Milde, Affektlosigkeit und liebevolle Zuwendung auf den Menschen gepaart mit beinahe unversöhnlichem Zorn im Falle der Übertretung der Gebote schon mit der göttlichen Natur vereinbar, dann auch mit einer auf die *imitatio* Gottes ausgerichteten, menschlichen Herrschaft. Die Betonung des Zornes im vorletzten Abschnitt des Panegyrikus ist kein Verweis auf die barbarische Natur des Gotenkönigs, sondern vielmehr die Bestätigung seiner göttlichen Sendung für den Zuhörer. Theoderich ist Diener und Vollstrecker des göttlichen Willens.

h) Bewertung des Panegyrikus

Naturgemäß sind es nicht die Mönchstugenden der *castitas* und *continentia*, mit denen Ennodius den Panegyrikus auf Theoderich eröffnet. Bedeutender für die Tradition der Prinzipatsideologie, die Ennodius während des gesamten Lobpreises nicht aus den Augen verliert, ist es, Theoderich als Wiederhersteller der *libertas* und als Garanten der Ruhe (*quietas, tranquillitas, otium*) zu verankern. Schon die Zueignung eines Panegyrikus selbst an den Gotenkönig drückt dies aus.[226] Seine Unterordnung unter einen göttlichen Auftrag und damit die Anerkennung der schon in der „Vita S. Epiphanii" gegenüber Gott angesprochenen Schuld beweist zuerst seine innere Gemütsruhe. Sein gesamtes Handeln ist auf *civilitas* gerichtet. Er bleibt von falschem Herrschaftsstreben frei, lässt sich schon im griechischen Osten nicht von seiner *ambitio* leiten.

---

223 *Ennodius*, Pan. Theod., § 90, S. 260, Z. 16: „Dignae manus quae exitia rebellibus tribuant, honorum vota subiectis…"; § 91, S. 262, Z. 2 f: : „hoc in rege meo operata est deo fabricante natura".

224 *Ennodius*, Pan. Theod., § 93, S. 262, Z. 5–8.

225 Vgl. *Rohr*, Theoderich-Panegyrikus, 262, Fn. 83.

226 *Rohr*, Legitimität, 230.

Ist ihm so rechte Tugend schon von seiner *gens* her eingegeben, bekräftigt er sie im Schutz der die Ruhe (*quietas*) zum Laster nutzenden Griechen. Die Bewährung des Geburtsadels auch zum Ruhme der Väter ist Pflicht eines Gotenkönigs, der sich im Bewusstsein der himmlischen Gunst und durch weise Voraussicht sein eigenes Schicksal schafft.[227] Der Krieg gegen Odoaker ist der Krieg der Tugend gegen das Laster. Theoderich fungiert als Werkzeug Gottes bei der Beseitigung all der durch Menschen geschaffenen Widrigkeiten, die einer rechten *quietas* im Wege stehen. Auf diese Weise lässt sich zugleich der römische *libertas*-Gedanke mit dem christlichen Ideal milder Kaiserherrschaft vereinen. Auch der christliche König muss seinen Untertanen Frieden, seinen Feinden Vernichtung bringen. Feind des Königs ist, wer trotz der durch die Milde gewährten Gelegenheit zur Umkehr im Irrtum falschen Handelns verharrt. Ihn gilt es mit Hilfe des königlichen Zornes zu beseitigen. Die Aussage der Vita, der König müsse *pax* vor Krieg und Zorn, *concordia* vor *superbia* stellen, wird dadurch nicht widerlegt. So wie Gott in den Werken des Laktanz und Eusebius häufig selbst, manchmal vermittelt durch Konstantin, später bei Salvian und Orosius vermittelt durch die Barbaren, den Menschen für seine Überhebung im Laster straft, wirkt Theoderich als *vindex dei*.

Das arianische Bekenntnis des Ostgotenkönigs hindert Ennodius nicht am Lob seiner Rechtgläubigkeit. Der Grundsatz der Gebotenheit des Zornes im Angesicht der Verstocktheit steht in Übereinstimmung mit der gleich zu Beginn der Panegyrikus an die Untertanen gerichteten Forderung nach *humilitas*. Mit dem Anspruch des Prinzipatsideals, nach Ende der kriegerischen Auseinandersetzung auch die Widersacher zu schonen, ist sie ebenfalls vereinbar. Theoderich führt lediglich diejenigen, die sich beständig durch ihre Lasterhaftigkeit gegen seinen göttlichen Auftrag wenden, der verdienten Strafe zu. Er beseitigt die „Elemente“, die der Schaffung des von Gott gewünschten Friedensraumes, in dem sich Tugend entfalten kann, entgegenstehen. Im Übrigen lebt die republikanische Freiheit auf. Sicherheit vor Proskription, Möglichkeit der Zurschaustellung des Eigentums bei gleichzeitiger Mehrung des Staatswohles und Verteidigung der Grenzen durch Bauprojekte, Ansiedlungen und beständiges Training der Truppen sind Ausdruck des Friedens.

Den Frieden im „lateinischen“ Teil des Römischen Reiches stellt Ennodius gezielt den „Griechen“ gegenüber. Ihr Friede ist beständig durch Herrscherlaster bedroht. Die Niederlage oströmischer Feldherren gegen den Goten Pitzia in Pannonien zeigt, dass der Frieden seines Reiches dem Römerfrieden in Konstantinopel überlegen ist. Im Gegensatz zur *quietas* der Griechen gelingt es Theoderich als Tugendvorbild eines christlichen Herrschers in die Funktion eines kaiserlichen Tugendvorbildes einzutreten, ist seine wachsame Ruhe in der Tugend sicher. Die Zuschreibung des Ruhmes und der Tapferkeit durch Ennodius erfolgt so tatsächlich nur aufgrund der

227 Sie fügt sich trotz ihres gentilen Ursprungs in die römische Herrscherideologie auch deswegen nahtlos ein, weil etwa Panegyriker wie Sidonius Apollinaris gerade ein solches Kaisertum, das Rom und sich selbst das Fatum schafft, propagierten. Zu Theoderich als Gentilkönig auch *Rohr*, Legitimität, 228.

christlichen Restitutionsleistung. Dass sie sich zugleich zwanglos in das klassische Herrscherideal fügt, lässt dem Zuhörer die Möglichkeit ihrer Identifikation mit der weströmischen Kaisertugend, die durch die Betonung der beständigen Sorge Theoderichs um die rechte Verfassung – auch durch Förderung des Bildungswesens – stets erkennbar bleibt.

3. Gesamtbetrachtung

Als Heiligenvita stellt die „Vita S Epiphanii" zu Recht die christlichen Mönchstugenden und das beständige Wirken des Epiphanius für dieselben in den Mittelpunkt. Die Gesandtschaftsreisen des Mönches sind geprägt von dem Wunsch nach Schaffung einer christlichen *concordia* unter barbarischen Königen. *Pietas* wird als einziger Weg zum höchsten Ruhm anerkannt. Mit Ausnahme des Römerkaisers Anthemius, der diesen Grundzusammenhang von Anfang an grundsätzlich akzeptiert, muss Epiphanius vor barbarischen Königen und Feldherren – Eurich und Gundobad – mühsame Überzeugungsarbeit leisten. Den *iustitia*-Begriff fassen diese Herrscher durchgängig im Sinne einer „Herrschaft durch das Schwert" auf. Die christliche Überzeugung vom Dienstcharakter des herrschaftlichen Amtes muss ihnen erst vermittelt werden. Auch der Ostgotenkönig Theoderich, den Epiphanius als von Gott eingesetzten Tugendherrscher einführt, unterscheidet sich zunächst kaum von seinen barbarischen Vorbildern. Die Vernichtung der Feinde gebieten *utilitas* und *necessitas*. Seine strikte Auffassung von der königlichen Vergeltung leitet dieser aber immerhin auch aus der Schrift ab. Er öffnet sich so für die unter anderem auf das biblische Königtum Davids gestützten Argumente des Bischofs, die in der *misericordia* gegen Feinde gerade nicht das drohende Ende der Herrschaft sehen. Schlussendlich steht Theoderich als christlicher König fest auf dem Boden einer an den christlichen Geboten orientierten Herrschertugend, deren Lehrer Epiphanius als Träger des geistlichen Amtes ist.

Mit diesem Theoderichbild der Vita scheint der Panegyrikus auf Theoderich zunächst nur schwer zu vereinbaren. Zwar betont Ennodius auch hier die göttliche Einsetzung Theoderichs, doch tritt dieser in der Verteidigung der *libertas* vorwiegend als *vindex* des christlichen Glaubens auf, der die Gottesstrafe für erwiesene Treulosigkeit und tyrannische Gesinnung an seinen Feinden vollstreckt und so die *libertas* der Befreiten wiederherstellt. Während Avitus in seinem Brief zur Taufe Chlodwigs die Bedeutung der *gens* und Abstammung gegenüber dem Bekenntnis zum christlichen Glauben in den Hintergrund treten ließ, hebt Ennodius gerade diese Abstammung lobend hervor. Weniger die Betonung christlicher Tugenden, als die Restitutionsleistung zur Wiederaufrichtung von *quietas, tranquillitas* und *otium* in Form der Einhaltung der Gesetze, der Sicherheit des Eigentums und der Freiheit der staatstragenden Schichten vor Verfolgung – sowie der Wiederherstellung und Verteidigung des so geschaffenen Friedensraumes – bestimmen das Theoderichlob. Gezielt gestaltet Ennodius so den christlichen *vindex* zum römischen Princeps aus, der neben dem Rechtszustand auch die Grenzen des römischen Herrschaftsraumes im Westen wiederherstellt und zugleich dank seiner *virtus* den Tugendnutzen des *otium* im Gegensatz zum griechischen Osten sicherstellt. Seine *civilitas* ist manifester Beweis der für gute Herrschaft notwendigen Abwesenheit des *ambitio*-Strebens. Die endgültige und vernichtende Niederwerfung der Stolzen, Bestandteil des heidnisch-römischen Herrscherideals, lässt sich aus der christlichen Lehre heraus mit der *vindex*-Funktion begründen: Theoderich ist Vollstrecker des göttlichen Strafgerichtes. Auf diesem Wege werden Vita und Panegyrikus miteinander verwoben. Nach Überwindung der Feinde ist Theoderich römischer Princeps in Form des christlichen Tugendherrschers. Er stützt die seine Herrschaft auf den Gottesglauben und die Lehren der Kirche. Das Fatum Roms ist erneuert, ein Goldenes Zeitalter wiedererschaffen.[228] Theoderich hat sich der *virtus* seiner germanischen Vorfahren als würdig erwiesen.[229]

IV. Boethius

1. Einleitung

Gegenüber dem christlich begründeten Tugendideal des Ennodius von Pavia verköpert Anicius Manlius Severinus Boethius einen Autor, der vor allem der antiken philosophischen Tradition verhaftet ist. Auch er ist, wie Ennodius und Cassiodor, mit der Staatspraxis des Ostgotenreiches bestens vertraut. Boethius, der 480 in eine adelige Römerfamilie hineingeboren wurde, ist politisch erstmals im Jahr 507 fassbar. Zu diesem Zeitpunkt führte er – damals im Rang eines Patricius – eine Gesandtschaft nach Burgund und in das Frankenreich. Er war in Athen ausgebildet worden und dort mit neoplatonistischen, aristotelischen und stoischen Einflüssen in Kontakt gekommen. Im Alter von etwa 35 Jahren war er unter Theoderich Konsul des Jahres 510. 522 wurden auch seine Söhne zu gemeinsamen Konsuln erhoben. Aus diesem Anlass hielt er auch eine (verlorene) Lobrede auf Theoderich.[230] Er wurde schließlich vor Theoderich wegen Hochverrats angeklagt und hingerichtet. Die gegen ihn erhobenen Anklagepunkte lauteten *ambitus* (Amtserschleichung), *maleficium* (Zauberei) und *crimen maiestatis* (Hochverrat).[231] Die Hintergründe dieser Anklage hat er in seiner *Consolatio* verarbeitet. Der „Trost der Philosophie" setzt sich dabei auch mit der Herrschaft Theoderichs auseinander.

---

228 *Näf*, Historia 39 (1990), 110 f., dort auch 112 f.: Theoderich handelt, als ob er wünschte, ihn unter die Kaiser zu rechnen. Er ist zwar nicht „Imperator", gibt aber Rom durch sein Handeln die Macht zu leben. *Rohr*, RHM 40 (1998), 33: Theoderich ist Retter Italiens, gleichsam wie Aeneas; 46 f.: „Verjüngung Romas."

229 *Vitiello*, Hermes 133 (2005), 104.

230 *Boethius*, Cons. I, 4.

231 Zu Leben und Werk vgl. *Kakridi*, 259; *Classen*, Boethius, 48 f.; *Chadwick*, Boethius, 802 f. Zur Entstehungssituation auch *Glei, Reinhold F.*, In carcere et vinculis? Fiktion und Realität in der Consolatio Philosophiae des Boethius, WJA 22 (1998), 199–213.

2. Das erste Buch: Grundleiden menschlicher Irrtümer

a) Die Lethargie der zur Erde herabsinkenden Seele

Mit einer Elegie auf den miserablen Zustand seines gegenwärtigen Lebens beginnt Boethius den „Trost der Philosophie".[232] Er beschreibt seinen Sturz als nicht gänzlich unverschuldet, weil das wandelbare Schicksal (*fortuna*) ihm flüchtige Güter entziehen konnte. Damit wurde er aus dem Zustand der *felicitas* gerissen, was aus seiner Sicht belegt, dass sein Leben von Anfang an nicht auf sicheren Füßen stand.[233] Die ihm verbliebene Vernunft drohen die ihn tröstenden Musen durch Anregung der Affekte zu überwinden, indem sie den Geist sanft an Krankheit gewöhnen.[234] Das zweite Gedicht fordert daher die zur Erde niedersinkende Seele auf, sich wieder an das ihr eigene Licht zu erinnern. Es erscheint in Gestalt der Philosophie vor Boethius und weist ihn darauf hin, dass sein Zustand auch dadurch bedingt ist, dass er die Waffen der Geisteskraft und der dadurch geschaffenen Festigkeit von sich gewiesen hat.[235] Lethargie und Unsicherheit sind vor allem der Zuwendung auf sterbliche Dinge zuzuschreiben.[236] Der Erkenntnis der Philosophie folgt mit dem dritten Gedicht ihr sonnengleicher Aufgang als Meisterin aller Tugenden und Schützerin des Unschuldigen.[237] Mit der Frage, ob etwa auch die Philosophie mit ihm angeklagt werde, tritt Boethius in die dogmatische Auseinandersetzung des Werkes ein.

b) Die Anfeindungen der Philosophie und die Wirkungen rechten Lebens

Stets ist die Philosophie von denjenigen verfolgt worden, deren Sittenverderbnis Weisheit nicht dulden wollte. Sie hat Opfer (etwa Sokrates und Seneca) zu erdulden, weil sie beim Schlechten Missfallen erregen muss.[238] Zu einer Niederlage der Philosophie führen die unberechtigten Anschuldigungen nicht. Gegenüber der im Irrtum befindlichen Menge schafft sie eine sichere Burg (*securitas*). Ohne Anführer (*dux*) kann das Böse lediglich außerhalb ihrer Festung plündern und seinen Übermut (*tumultus*) an unnützen Dingen auslassen.[239]

---

232 Zur Komposition des Werkes vgl. *Ralfs*, 353 f.; dazu auch *Baltes*, Consolatio, 325, der angesichts des Ausgangszustandes des Boethius von der Ausgeschlossenheit aus der civitas der Seelen spricht. Der innere Kern ist freilich bei Boethius nach wie vor vorhanden.

233 *Boethius*, Cons. I, 1.c., 17–22.

234 *Boethius*, Cons. I, 1.p., 31–34.

235 *Boethius*, Cons. I, 2.c., 1–5; 2.p., 1–7.

236 *Boethius*, Cons. I, 2.p., 14–17.

237 *Chadwick*, Boethius, 809: „...as the work proceeds Boethius himself fades to become a secondary and background figure...".

238 *Boethius*, Cons. I, 3.p., 31–39.

239 *Boethius*, Cons. I, 3.p., 40–49.

Eine sichere Ordnung des Lebens unterwirft sich das Fatum, dies unterstreicht das vierte Gedicht. Wer Fortuna fest in den Blick nimmt und sich nicht den Affekten hingibt, wird auch den Wirkungen der Affekte anderer nicht ausgesetzt sein. Die Bewunderung tyrannischer Herrscher ist sinnlos. Sie sind zwar von wildem Sinn, aber in ihrem Wüten auch kraftlos.[240] Mit Gewissheit ist tyrannische, affektbetonte Lebensweise niemals „eigenen Rechts" (*non sit stabilis suique iuris*).[241] Der in aller Klarheit ausgesprochene Grundgedanke lautet: Wer der Philosophie folgt, ist den Anfechtungen des Fatums und der Fortuna nicht unterworfen. Er trägt aber zunächst nicht zur Besserung des Zustandes des Boethius bei. Kritisch zweifelt er daran, ob die Abwendung der Fortuna von seinem Schicksal der gerechte Lohn seinen Gehorsam sei.[242]

c) Die Aufgabe des Philosophen in Ansehung der Staatsleitung

Das Staatsideal des Boethius verdeutlicht die folgende vierte Prosa. Es ist das der Philosophenherrschaft.[243] Den Philosophen ist es aufgrund ihrer Befähigung zur Erkenntnis des Rechten auferlegt, sich zum Schutz der Bürger vor Gewaltherrschaft an der Staatsleitung zu beteiligen. Ihre Muße haben sie auf die Vervollkommnung dieser Fähigkeit zu richten. Der Preis hierfür ist der Konflikt mit den Mächtigen. Er ist in Kauf zu nehmen, um das Recht und die *libertas* zu verteidigen. Dazu verpflichtet auch das Gewissen vor Gott.[244]

Zum Inhalt der staatsleitenden Philosophentugend äußert sich Boethius im folgenden Abschnitt. Sie dient der Verteidigung des Vermögens Unschuldiger gegen rechtswidrige Angriffe von Beamten; der Verhinderung von Injurien gegenüber den Armen und der Verhinderung der Mehrung des Privat- und Staatsvermögens infolge von *avaritia* angeleiteter Untaten. Notwendig gehört hierzu auch die Auseinandersetzung mit dem *rex*, dem Prätorianerpräfekten und den Höflingen.[245]

d) Die Aufhebung des tugendhaften Lebens durch die Herrschaft der Bösen

Die Anschuldigungen gegen ihn – vor allem die Ehre des Senates verteidigt und die römische Freiheit erhofft zu haben – führen Boethius zur grundsätzlichen Auseinandersetzung mit dem Begriff der *libertas*. Herrschen tugendlose Angeber, ist in

240 *Boethius*, Cons. I, 4.c., 10 f.: „Quid tantum miseri saevos tyrannos mirantur sine viribus furentes?"

241 *Boethius*, Cons. I, 4.c., 16–18.

242 *Boethius*, Cons. I, 4.p., 6; 15.

243 *Boethius*, Cons. I, 4.p., 16–22: „‚Beatas fore res publicas, si eas vel studiosi sapientiae regerent vel earum rectores studere sapientiae contigisset.' Tu eiusdem viri ore hanc sapientibus capessendae rei publicae neccessariam causam esse monuisti, ne improbis falgitiosisque civibus urbium relicta gubernacula pestem bonis ac perniciem ferrent."

244 *Boethius*, Cons. I, 4.p., 25–30.

245 *Boethius*, Cons. I, 4.p., 30–35; 40 f.

der Tat an die Verteidigung der *libertas* nicht zu denken, weil unter solcher Herrschaft Freiheit nicht existiert.[246] Der Lohn der Tugend wurde Boethius durch das Begehren des Bösen nach dem Verderben genommen. Der Zorn des Königtums über ein vermeintliches Majestätsverbrechen (*maiestatis crimen*), gepaart mit unberechtigter *severitas*, hat seine missliche Situation ausgelöst,[247] obwohl ihm nie der Sinn (*cupiditas*) nach irdischen Dingen stand.[248] Mit Boethius fällt dasjenige, was Gott nahe steht. Seine Gefangenschaft belegt, dass gerade der Fall der Unglücklichen bei den Menschen den Eindruck erweckt, dass dieser sein Schicksal auch verdient hat. Tatsächlich bringt seine Gefangennahme die Guten zu Fall. Die Schlechten können den Terror für sich in Anspruch nehmen, den ungestrafte Straftaten und daraus resultierende Belohnungen schaffen. Den Unschuldigen wird dadurch nicht nur die *securitas*, sondern auch die Verteidigung genommen.[249]

Es ist das Produkt der von Gott nur dem Menschen zugesprochenen Willensfreiheit, das dem Menschen solches Wüten gestattet und die Unsicherheit der *fortuna* für die Unschuldigen mit sich bringt. Zu häufig erheben sich die Bösen zum Thron: *At perversi resident celso / Mores solio sanctaque calcant / Iniusta vice colla nocentes. / Latet obscuris condita virtus / Clara tenebris iustusque tulit / Crimen iniqui!*[250] Infolge ihrer ungebundenen Handlungen unterwerfen sie sich Könige, zur Furcht der Völker. Unverhohlen kritisiert Boethius, dass Gott sich mittels der Willensfreiheit von der Menschheit abgewandt und sie dem Wüten der Bösen überlassen habe.[251]

e) Zur Verfassung des Boethius

Der Klage des unglücklichen Boethius nimmt sich die Philosophie zuerst in der fünften Prosa an. Wer dem Vaterland Gottes und der Philosophie untersteht, wird nicht von der Herrschaft der Menge (*multitudinis imperio*) regiert. Er kennt nur einen König (*basileús*). Dessen höchstes Ziel ist die Zahl der Bürger zu mehren. Die Anleitung seiner Bürger durch seine *iustitia* schafft höchste *libertas*. Nur durch Abfall von der Philosophie droht er sein Bürgerrecht zu verlieren.[252] Mit linder Arznei kann die Philosophie gegenüber der Forderung des Boethius nach der himmlischen *pax* auf Erden darauf verweisen, dass der Weg des Lasters und des Bösen unter der Leitung Gottes stets in den sicheren Abgrund führt.[253]

In fünf Fragen sucht sie den Zustand des Gefangenen in Bezug auf die Verfassung der Welt zu ergründen. Die erste und vierte Frage – ob in der Welt eine

---

246 *Boethius*, Cons. I, 4.p., 85–93. Boethius richtet sich vor allem gegen Cyprian als delator, dessen cupiditas zur Anklage gegen ihn geführt habe.

247 *Boethius*, Cons. I, 4.p., 103–106; 109 f.; 117 f.

248 *Boethius*, Cons. I, 4.p., 134–137.

249 *Boethius*, Cons. I, 4.p., 164–168

250 *Boethius*, Cons. I, 5.c., 32–36.

251 *Boethius*, Cons. I, 5.c., 40 f.

252 *Boethius*, Cons. I, 5.p., 9–14.

253 *Boethius*, Cons. I, 5.c., 20–22.

Vernunft wirkt und von woher alles seinen Ursprung nimmt – kann Boethius mit der Berufung auf Gott den Schöpfer unmittelbar beantworten. Er veranlasst dadurch die Philosophie zu der kurzen Aussage, dass damit jedenfalls feststeht, dass auch die Menschen unter göttlicher Sorge stehen. Die zweite Frage nach den Mitteln der Weltregierung bleibt dem kranken Boethius zunächst unverständlich. Ebenso wenig kann er sich zur grundlegenden Frage des Zieles der Handlungen äußern. Er weiß aber, dass er ein vernünftiges und sterbliches Lebewesen ist.[254]

Durch diese Antworten des Boethius wird auch die Art seiner Krankheit klar. Weil er den Zweck der Dinge nicht kennt, hält er die Lasterhaften für mächtig (*potentes*) und glücklich (*felices*). Da er auch die Mittel der Weltregierung nicht kennt, sieht er sich *fortuna* ausgeliefert, obgleich er die göttliche Vernunft akzeptiert.[255] Aufgabe der Philosophie ist es daher, ihn aus dem Dunkel der Leidenschaften und Affekte zurück zum Licht der Seele zu führen.[256]

f) Bewertung

Die Philosophie versucht zunächst dem Eindruck des Boethius zu begegnen, alles sei dem Walten der Fortuna unterworfen und die *felicitas* sei schwankend. Sie stellt klar, dass das Leben der Bösen kein sicheres Leben ist. Tyrannische Gewalt kennt keinen *dux*. Sie kann niemals für sich *securitas* erreichen. Da den Affekten die Grundsätze des rechten Lebens verborgen bleiben, sind sie stets unvorhersehbaren Wandlungen des Zustandes ihrer Welt ausgesetzt, niemals eigenen Rechts, wie der in sich festgefügte Philosoph. Hierdurch betreiben sie den eigenen Untergang.

Trotz der positiven Bestimmung der Philosophie in Bezug auf die Staatsleitung, der Philosoph muss – auch und trotz der Anfeindung der Mächtigen – herrschen wollen, um durch die in der durch Muße erreichten Vervollkommnung der Tugend das Recht und vor allem die Freiheit zu verteidigen, sieht sich Boethius zu Unrecht der Schärfe des königlichen Urteils ausgesetzt. Es macht ihm eben diese Verteidigung des Rechts zum Vorwurf. Seinen unglücklichen Zustand schreibt er dem Schicksal zu. Der gottgegebenen Willensfreiheit des Menschen folgt notwendig die Herrschaft eines an die Tugend nicht gebundenen Bösen über die Throne der Welt. Sie macht die Herrscher zu Unterdrückern der Völker.

Der zugrundeliegende Irrtum – trotz der Herrschaft Gottes über die Welt und in Kenntnis der durch seine Gebote geschaffenen *iustitia* und *libertas* an der Möglichkeit des Glücks (*felicitas*) zu zweifeln – führt schließlich auf den Kern der Leiden des Boethius. Er irrt, wenn er sich die Aufhebung der menschlichen Handlungsfreiheit wünscht und damit göttlichen Frieden (*pax*) auch auf Erden fordert. Denn diese Auffassung verliert die Art der göttlichen Weltregierung und das Ziel des menschlichen

254 *Boethius*, Cons. I, 6.p., ab 6–44.

255 *Boethius*, Cons. I, 6.p., 50–58.

256 *Boethius*, Cons. I, 6.p., 67; 7.c., 25–31: „Gaudia pelle, / Pelle timorem / Spemque fugato / Nec dolor adsit./ Nubila mens est / Vinctaque frenis, / Haec ubi regnant." Zum Gebrauch des Lichtes und der Sonnen vgl. *Ralfs*, 357.

Handelns aus den Augen. Nur die affektfreie Betrachtung kann deren Grundsätze erneut hervorheben und den Irrtum beseitigen, alles sei Fortuna unterworfen.

3. Das zweite Buch: Grundlegung der Natur der felicitas

a) Die Natur der Fortuna

Ihre Natur ist Gegenstand der Diagnose der Philosophie eingangs des zweiten Buches. Irrtümlich strebt Boethius, geblendet von ihrem Glanz, nach der Wiederherstellung früherer *fortuna*, deren Veränderung er seinen Zustand zuschreibt.[257] Doch schon die Vorstellung, Fortuna habe sich gewandelt, ist ein Irrtum, da die Wandlungsfähigkeit des Glücks von jeher Gegenstand seiner janusköpfigen Verfassung ist. *Securitas* und *felicitas* sind für keinen Menschen in der Anhängigkeit an Fortuna zu erlangen. Wer sich den Sitten einer solchen Herrin anvertraut, unterwirft sich dem Zufall. Alleine *prudentia* kann in der Erkenntnis des Ausgangs der Dinge Beständigkeit schaffen. Gegenüber Fortuna wird dadurch die Gleichmütigkeit der Seele erreicht.[258]

Keines der irdischen Güter, die man von ihr erhofft – etwa Würden (*dignitates*) oder Besitz –ist von Bestand. Nackt tritt der Mensch in eine Welt, deren Güter alleine Fortuna gehören; alles was sie ihm daraus gewährt, vermag sie zu entziehen.[259] Gerade der Mensch, in unbegrenzter *cupiditas* selbst unbeständig, fordert vom Rad der Fortuna *constantia.* Seine Gier nach Reichtümern aber könnte selbst die beständigste Fortuna nicht stillen.[260] Mit der ihr eigenen Beliebigkeit erhebt Fortuna Könige und tritt sie gleichsam wieder in den Staub.[261] Es ist ihre typische Weise, an Macht furchtbare Könige zu erniedrigen und vermeintlich den Flammen des Scheiterhaufens zu überantworten, um sie dann durch einen vom Himmel gesandten Regen doch noch zu retten.[262]

b) Der Ort und Gegenstand der rechten Felicitas

Sofern der Mensch seine Glückseligkeit überhaupt auf irdische Güter stützen kann, sind es eigene Leistungen. Im Falle des Boethius stehen diese vor Augen. Er selbst genießt das Ohr des Königs; seine beiden Söhne gelangen zum Amt des Konsulates; mit seiner Lobrede auf den König Theoderich erwarb er sich den Ruhm der

---

257 *Boethius*, Cons. II, 1.p., 3–6.

258 *Boethius*, Cons. II, 1.p., 28–31; 38–61; *Rand*, Composition, 258: „What was he to expect? Fortune's slave must follow Fortune's will."

259 *Boethius*, Cons. II, 2.p., 5–8; ebenso 16–18: „Nulla tibi a nobis est allata violentia. Opes, honores ceteraque talium mei sunt iuris."

260 *Boethius*, Cons. II, 2.p., 28–32; II, 2.c., 9–13; 19 f.

261 *Boethius*, Cons. II, 1.c., 3f.; *Classen*, Boethius, 52.

262 *Boethius*, Cons. II, 2.p., 34–37; zur Fortuna-Darstellung im Mittelalter und der frühen Neuzeit in Anlehnung an Boethius vgl. *Classen*, Boethius, 51 f.

Redekunst.[263] Insofern trifft jedenfalls die Einschätzung des Boethius, mit Fortuna sei auch die *felicitas* gewichen, nicht zu.[264] Wenn er weiter dem Verlust zufälligen Glückes beklagt, so ist ihm auch die menschliche Natur entgegenzuhalten, die in der Beschaffenheit des irdischen Zustandes ein solcherweise vollkommenes Glück nicht erlangen kann.[265]

Rechte Glückseligkeit (*beatitudo*) ist einzig innerhalb der vernunftbegabten Natur des Menschen (*intra vos*) zu suchen. Nichts ist ein höchstes Gut, das dem Menschen so willkürlich wie die irdischen Güter entrissen werden kann und spätestens mit dem irdischen Tod des sterblichen Körpers endet.[266] Beständigkeit erlangt nur, wer sein Haus auf Felsen errichtet.

c) Der Irrtum des auf Reichtümer, Macht oder Amtswürden gerichteten Strebens

Das Leben auf Fortuna auszurichten, ist nicht nur aufgrund ihrer Unbeständigkeit, sondern auch aufgrund der dadurch erstrebten Güter unnütz.[267] Reichtum erfreut nur durch seine Masse. Er glänzt einzig beim Ausgeben, da *avaritia* stets verhasst ist, *largitas* aber stets das Lob der Menge gewinnt. Nicht der Besitz des Reichtums, sondern allenfalls seine Übertragung ist daher lobenswert. Die dazu erforderliche Anhäufung ist bereits nicht erstrebenswert, weil die Anhäufung von Reichtümern andere arm macht.[268] Zudem ist nichts, was der Harmonie der Seele entbehrt, aus sich heraus verehrungswürdig. Das Tragen schöner Kleider macht ihren Träger nicht bewundernswert. Die Tugend der Diener macht ihren Herren nicht tugendhaft.[269] So kennzeichnet Überfluss häufig den Mangel der Seele. Reichtum wird oft zum Zeichen größter Bedürftigkeit in der Auffindung der wahren Güter der Seele, während Armut das Zeichen eines an der Natur ausgerichteten Lebens ist.

Der Mensch als *rationis animal*, im Geiste Gott ähnlich, sucht sich häufig die niedrigsten Dinge zur Zierde seiner Natur. Er verleugnet so die ihm von Gott zugewiesene Stellung, aufgrund seiner *dignitas* über alles Irdische hinaus zu ragen. Dadurch ordnet er sich letztlich den niederen Dingen unter. Er sinkt aufgrund seines Lasters noch unter den Rang der Tiere und muss plötzlich den *latro* fürchten, wo zuvor der sichere Lebenspfad vor ihm lag.[270]

---

263 *Boethius*, Cons. II, 3.p., 15 ff.; *Classen*, Boethius, 54.

264 *Boethius*, Cons. II, 3.p., 39–42.

265 *Boethius*, Cons. II, 4.p., 8–10; 39–43, dazu weiter 4.p., 56–70; *Rand*, Composition, 257.

266 *Boethius*, Cons. II, 4.p., 78–83; 90–96; *Baltes*, Consolatio, 327.

267 *Rand*, Composition, 258.

268 *Boethius*, Cons. II, 5.p., 7–18; *Classen*, Boethius, 53.

269 *Boethius*, Cons. II, 5.p., 48–57.

270 *Boethius*, Cons. II, 5.p., 65–74; 74–77: „Sic rerum versa condicio est, ut divinum merito rationis animal non aliter sibi splendere nisi inanimatae supellectilis possessione videatur."; 81–83: „Ille genus humanum terrenis omnibus praestare voluit, vos dignitatem vestram infra infima quaeque detruditis."; ebenso 85–91;

Auch Würden und Macht (*dignitatis ac poetatis*) sind kein Ausdruck menschlichen Glücks. Macht üben auch Schurken aus. Die römische Geschichte liefert den anschaulichen Beweis. Die Ablösung des Königtums durch konsularische Ämter zum Schutze der Freiheit hat letztlich die gleiche *superbia* hervorgebracht, die zuvor das Königtum zierte.[271] Nicht *dignitas* ist Garant für *virtus*, vielmehr gilt das Umgekehrte.[272] Menschliche Herrschaft zu erstreben, um irdische Ehrung zu erlangen, erscheint aufgrund des Ranges irdischer Güter als lächerlich. Keine Gewalt vermag mehr als auf den Körper des Menschen einzuwirken, oder – geringer noch – auf die von *fortuna* gewährten Güter. Auf die Freiheit der menschlichen Seele (*libertas*) kann auch Tyrannengewalt keinen Einfluss nehmen. In den Martern des Körpers glaubt der Tyrann seine Grausamkeit auszuleben (*crudelitas*). Die Tugend des Weisen berührt er dadurch nicht einmal.[273] Im Übrigen entspricht es der Erfahrung, dass sowohl Ehrenstellen als auch irdische Gewalten häufig von denen ausgeübt werden, die den Schlechten zugehören. Seiner Natur nach aber ist dasjenige nicht gut, was häufig dem Schlechten anhaftet. Rechte *potestas* kann derjenige, der seine lasterhafte Gier auf Ämter und Herrschaft richtet, ohnehin nicht erlangen. Durch seine Erhöhung tritt er als Muster der Schurkerei erst recht hervor.[274] Das Musterbeispiel lasterhafter Herrschaft – Nero – steht im Mittelpunkt des sechsten Gedichtes. Der Macht nach vermochte er es Rom zu verbrennen, den Bruder zu morden und über Menschen zu richten – mit seinem Zepter herrschte er über die Völker. Obgleich Nero zur höchsten Macht gelangte, hat diese seinen Geist nicht verändert.[275] Soweit Herrschaft erstrebenswert scheint, geschieht dies allzu häufig, weil Gewaltherrscher ihr Wüten als Macht, Reichtum und Würde bezeichnen, ohne überhaupt eine rechte Vorstellung solcher Begriffe zu haben.[276] Gerne gehen daher auch solche Geister fehl, die sich ihrer Natur nach auf dem Pfad der Tugend befinden, dann aber durch die Hoffnung auf *gloria* und Meriten in ihrer Gier nach dem Ruf der Verdienstlichkeit für den Staat von der Tugend abgelenkt werden.[277]

In ihrer Verblendung versuchen sie in einem Teil der Erde, die selbst nur einen Punkt des Universums darstellt, zu Ruhm zu gelangen und ignorieren dabei, dass jede irdische *gloria* vor dem Hintergrund der Verschiedenheit der Reiche und Völker erneut verblassen muss – ja das dort, wo nicht einmal der Name des römischen

---

102–104. Es ist daher die Pflicht des Menschen, sich in seinem Verhalten diese Gottähnlichkeit zu erhalten, vgl. *Baltes*, Consolatio, 327.

271 *Boethius*, Cons. II, 6.p., 5–9: „Certe, uti meminisse te arbitror, consulare imperium, quod libertatis principium fuerat, ob superbiam consulum vestri veteres abolere cupiverunt, qui ob eandem superbiam prius regium de civitate nomen abstulerant."

272 *Boethius*, Cons. II, 6.p., 11–13: „Ita fit, ut non virtutibus ex dignitate, sed ex virtute dignitatibus honor accedat."

273 *Boethius*, Cons. II, 6.p., 14–31.

274 *Boethius*, Cons. II, 6.p., 57–62.

275 *Boethius*, Cons. II, 6.c., 9; 14–17.

276 *Boethius*, Cons. II, 6.p., 62–70.

277 *Boethius*, Cons. II, 7.p., 5–9.

Imperiums bekannt ist, auch der Name seiner Amtsträger unbekannt sein muss.[278] Hinzu kommt, dass jeder noch so große Ruhm vor dem Hintergrund der endlosen Zeit verschwindet.[279] Sich also der Macht und den Amtswürden zu und von dem Gewissen und der wahren Tugend abzuwenden, nur um die Ruhmseligkeit des *superbia*-Strebens zu ernten, kann den Menschen nicht zum Ziel zu führen. Alleine durch Macht wird er nicht zum Philosophenherrscher. Seine wahre Natur offenbart allzu rasch die Unfähigkeit, Injurien der eigenen Person zu erdulden.[280]

d) Liebe zur Eintracht mit himmlischer Ordnung

Der vorzügliche Mensch, der durch *virtus* zur *gloria* zu gelangen versucht, interessiert sich nicht für den irdischen Nachruhm. Er ist sich des Ranges des Geistes bewusst und wird daher stets danach streben, im Himmel glücklich des Irdischen ledig zu sein.[281] Mit der durch den Tod stets unabänderlich geschaffenen irdischen Gleichheit der Menschen befasst sich das anschließende siebte Gedicht: Das Streben nach dem Hauch des irdischen Namens lässt allzu häufig dem irdischen auch den zweiten Tod der Seele folgen.[282] Auf dem Weg zur Tugend und zur Glückseligkeit nützt daher dem Menschen eher ein ungünstiges Geschick, das nicht durch Schmeichelei die Tugend auf den falschen Pfad des Lasters führt.[283] Erstrebenswert ist, dass der Mensch dem Vorbild der göttlichen Natur folgt, indem er versucht dem der gesamten Erde obwaltenden Ordnungsprinzip zu entsprechen, welches in der Liebe zu finden ist. Sie erhält die Welt mit beständiger Treue, die *concordia* ihrer Glieder auch in Zeiten des Umbruchs und sorgt so dafür, dass alle unbelebte Natur der Ordnung folgt. Lockert sie ihre Zügel, folgen Kriege und der Zerfall jeder Ordnung. Der Mensch tut daher gut daran, den Bund der Liebe, der auch die Völker vereinigt hält, die Treue der Freundschaften und die Heiligkeit der Ehe nach dem Vorbild des Himmels festzuhalten.[284]

e) Bewertung

In den Mittelpunkt des zweiten Buches stellt Boethius den Beweis, dass durch die Anhänglichkeit an bloße irdische Güter der Mensch weder Glückseligkeit zu erlangen, noch ein seiner vernunftgemäßen Natur entsprechendes Leben führen kann. Der Wunsch danach, durch das Glück den sicheren Bestand von Reichtümern, Würden oder Macht zu erlangen, ist auf das falsche Ziel gerichtet. Wenn der Mensch

---

278 *Boethius*, Cons. II, 7.p., 21–23; 35 f.: „Videsne igitur, quam sit angusta, quam compressa gloria, quam dilatare ac propagare laboratis?"
279 *Boethius*, Cons. II, 7.p., 61–63.
280 *Boethius*, Cons. II, 7.p., 64–73.
281 *Boethius*, Cons. II, 7.p., 78–87.
282 *Boethius*, Cons. II, 7.c., 25 f.
283 *Boethius*, Cons. II, 8.p., 10–20.
284 *Boethius*, Cons. II, 8.c.

sich dazu an Fortuna wendet, wählt er den falschen Adressaten für seine Wünsche, weil Fortuna gerade keine Beständigkeit bringt. Soweit er sich auf die Suche nach der Glückseligkeit begibt, ist es also an ihm, sich demjenigen zuzuwenden, was ihn vor allen anderen Lebewesen auszeichnet, nämlich die Trägerschaft der Vernunft.

Zum Philosophen, also zu demjenigen, der mit rechten Mitteln nach dem rechten Ziel innerhalb der erkannten Ordnung strebt, wird auch der Herrscher nicht durch Macht und Amtswürden. Sie sind viel zu häufig Ausdruck einer tyrannischen Gewalt, die die *libertas* der menschlichen Seele unterdrücken will. Gegenüber dem Philosophen muss darin alle *potestas* fehlgehen. Auch tyrannische Grausamkeit kann nur den irdischen Tod des menschlichen Körpers herbeiführen. Durch die Erhebung des Menschen zur Herrschaft (Nero!) treten allzu häufig die Laster einer Seele hervor, die auch berechtigte Kritik nicht duldet. Mit dem Ziel der *gloria* nach Herrschaft zu streben, ist daher eher für die eigene Seele, als für die der Unterworfenen gefährlich. Ein solches Streben führt auch den Tugendhaften leicht vom rechten Pfad der Tugend ab. Es verschreibt sich menschlicher *gloria*, die vor dem Hintergrund der unbegrenzten Schöpfung ohne jede Bedeutung ist.

Rechte *gloria* kann der Mensch alleine durch das auf die Seele gerichtete Streben erlangen, das sich an dem Muster der offen vor ihm liegenden Schöpfung orientiert. Darin findet er, dass einzig Liebe als das der Schöpfung zugrundeliegende Prinzip in der Lage ist, die Welt in *concordia* zu ordnen und das jedes Abgehen von diesem die Schöpfung ordnenden Pfad unweigerlich die Aufhebung der Treue und den dauernden Völkerkrieg bedeutet. Nicht zuletzt auch die irdischen Machthaber trifft daher Boethius' Kritik falschen Herrschaftsstrebens des Menschen.

4. Das dritte Buch: Die wahre Glückseligkeit

a) Der Weg zur wahren felicitas

Durch die Rede der Philosophie jedenfalls teilweise genesen, bekundet Boethius, nunmehr den Einflüssen des Schicksals gewachsen zu sein und verlangt, mit stärkerer Medizin zur Kenntnis der wahren Glückseligkeit (*ad veram felicitatem*) geführt zu werden.[285] Jener Zustand, so betont zunächst die Philosophie, sei nur zu erreichen, wenn der Mensch von den falschen Gütern sich abwendend seinen Geist auf *veritas* richte, sich also dem einen Ziel zuwende, das als Gut vollkommen sei.[286] Die berechtigte Hoffnung seiner Erkenntnis folgt aus der natürlichen Begierde des Menschen nach dem wahren Guten. Nur in Missachtung dieser Natur geht der Mensch vom wahrem Pfade ab.

---

285 *Boethius*, Cons. III, 1.p., 3–7.

286 *Boethius*, Cons. III, 2.p., 2–5; 10 f.: „Liquet igitur esse beatitudinem statum bonorum omnium congregatione perfectum.“ Das Streben nach Glück ist ein inneres Streben, nicht äußerlich, *Classen*, Boethius, 55.

b) *Die auf Erden anzutreffenden Ziele menschlichen Handelns*

aa) *Die Vielzahl des auf das Ziel des Guten gerichteten menschlichen Strebens*

Wie schon im zweiten Buch[287] hebt die Philosophie auch nunmehr wiederum mit den möglichen Zielen des menschlichen Strebens an, wobei die Gegenstände desselben nunmehr einer systematisierenden Betrachtung unterzogen werden. Aus der Vielfalt menschlicher Ziele ist zuerst das Streben nach Reichtum zu nennen, sodann dasjenige nach Achtung und Ehrungen, schließlich dasjenige nach der höchsten Macht (*summa potentia*). Sichtbar hervor tritt weiterhin das Streben nach *gloria*, in klassischer Weise strukturiert in kriegerischen und zivilen (friedlichen) Ruhm. Mit dem Streben nach Freude und Heiterkeit und Vergnügungen ist zudem die Lehre Epikurs angesprochen.[288]

Es ist der Irrtum des menschlichen Geistes, das *nobilitas* oder jedenfalls Popularität eine Art Glanz verbreiten. Subsidiär erstrebt der Mensch stets die Güter des Körpers (Stärke, Größe, Schönheit, Behändigkeit, Gesundheit), häufig hält er das jeweilige Ziel seines Strebens zugleich für das höchste Gut.[289] Anerkennenswert ist hieran jedenfalls, dass menschliches Streben, sofern es Reichtum, Herrschaft, Ruhm oder Lust begehrt, immer auf vermeintlich höchste Güter – Genügen, Ansehen, Macht, Berühmtheit oder Freude – gerichtet ist, dass also die Menschen jedenfalls nach dem Guten trachten.[290]

bb) *Die Unmöglichkeit der Herren, dauerhaft gegen die Natur zu zwingen*

Mit dem platonistischen Gedanken des dem Menschen von Natur aus eingegebenen Vorauswissens geht Boethius im zweiten Gedicht auf den Ausgang des zweiten Buches zurück. Es ist die Natur, die mit Gesetzen vorausschauend den Weltenkreis bewahrt. Ihr ist alles und dauerhaft unterworfen. Zwar mögen Herren auch Löwen in Ketten legen und mit der Peitsche zur Feigheit treiben, indes kehrt mit dem Geschmack des Blutes auch der zornige Mut der Löwennatur zurück, deren erstes Opfer der Herr wird.[291] So kennt jedes Geschöpf seine wahre Bestimmung und strebt in Gedanken zum wahren Guten, wenngleich der Mensch häufig einen falschen Schein von *beatitudo* erreicht.[292]

---

287 *Rand*, Composition, 260: „The various goods are again examined, with more detail...".
288 *Boethius*, Cons. III, 2.p., 15–29; vgl. 46–48: „Habes igitur ante oculos propositam fere formam felicitatis humane: opes, honores, potentiam, gloriam, voluptates."
289 *Boethius*, Cons. III, 2.p., 30–44.
290 *Boethius*, Cons. III, 2.p., 72–80.
291 *Boethius*, Cons. III., 2.c., 7–16.
292 *Boethius*, Cons. III, 3.p., 7–15.

cc) Die Verfehlung des Guten im Erstreben vermeintlicher Güter

Dies gilt zuallererst für den Reichtum, der auch nicht alle menschlichen Sorgen vertreibt und daher selbst Ausdruck eines bestehenden Ungenügens ist. Allzu häufig wird er dadurch erworben, Vermögensgüter anderen widerrechtlich zu entreißen. Dadurch bedingt ist zugleich, dass Geld stets des Schutzes bedarf. Auch menschliche Bedürfnisse kann Geld alleine nicht stillen, stets ist es nur Mittel zum Zweck, niemals genügt es der *avaritia.*[293]

Auch die Innehabung staatlicher Würden ist keinesfalls Ausweis der Tugend und Garant des Ausbleibens von Lastern.[294] Wie bereits im zweiten Buch erwähnt, führen sie vor allem zur Sichtbarkeit des Lasters und damit zur Vergrößerung der Schande des Schlechten.[295] Nur weil er eine Ehrenstelle innehat, wird kein Unwürdiger für ehrenvoll gehalten.[296] Auch Amtswürde wird unabhängig von der Innehabung eines Amtes einzig durch Tugend erlangt, etwa durch die dem Amtsinhaber zukommende *sapientia.* Träger der *dignitas* ist stets der das Amt bekleidende Mensch, nicht aber das von ihm ausgeübte Amt selbst, entstamme es auch dem Volk.[297] Alle Amtswürde geht verloren, wenn sie durch schlechte Träger ausgeübt ist.[298] Häufig besteht zudem der Irrtum, ein Amt sei insgesamt ehrwürdig, obgleich (1) die römische Prätur zeigt, dass Ämter mit der Zeit ihren Charakter vollständig wandeln und (2) barbarischen Völkern römische Ämter häufig nicht einmal bekannt sind, und daher auch keine Ehrerbietung erfahren.[299] Boethius Ergebnis lautet: Ein Ziel, das weder verehrungswürdig macht, noch dem Wandel der Zeiten standhält und außerdem in der Meinung anderer Völker wertlos ist, ja durch schlechte Amtsträger entwertet wird, kann niemals Gegenstand des Zieles menschlicher Existenz sein.[300] Wieder gilt es, das Beispiel Neros zu vergegenwärtigen: Stolzer Purpur und prahlend hergezeigter Luxus ersparen ihrem lasterhaften Träger doch nicht den Hass der Menschen aufgrund seiner Taten. Die Vergabe untergeordneter Staatsämter durch Nero vereitelt zudem, dass sich die Inhaber solcher Ehrungen selbst für glücklich halten könnten.[301]

---

293 *Boethius,* Cons. III, 3.p., 16–3.c., 6.

294 *Boethius,* Cons. III, 4.p., 1–4: „Num vis ea est magistratibus, ut utentium mentibus virtutes inserant, vitia depellant?"

295 *Boethius,* Cons. III, 4.p., 24–30; ebenso 9 f.

296 *Boethius,* Cons. III, 4.p., 13–16.

297 *Boethius,* Cons. III, 4.p., 20: „Inest enim dignitas propria virtuti, quam protinus in eos, quibus fuerit adiuncta, transfundit. Quod quia populares facere nequeunt honores, liquet eos propriam dignitatis pulchritudinem non habere."

298 *Boethius,* Cons. III, 4.p., 28–30.

299 *Boethius,* Cons. III, 4.p., 31–49.

300 *Boethius,* Cons. III, 4.p., 50–54.

301 *Boethius,* Cons. III, 4.c.

dd) Königswürde als Garant der Glückseligkeit?

Von den staatlichen Würden schließlich steigt die Darstellung des Boethius auf zur Innehabung der Königswürde selbst oder jedenfalls der Königsfreundschaft. Auch hier lehrt die Geschichte, dass höchste Machtfülle keineswegs Garant höchster *felicitas* ist. Zu viele Könige fallen durch das eigene Fehlgehen. Im Übrigen ist jede Königsgewalt notwendig beschränkt. Kein Königtum fasst alle Völker der Menschen unter sich. Schließlich verbleiben auch Völker, die gar keine Könige kennen.[302] Vor allem für tyrannisch verfasste Königsherrschaft ist dauernde Furcht (*metus*) ein ständiger Begleiter. Stets hängt über ihrem Scheitel das Schwert. Die Macht sorglosen Lebens (*securitas*) ist also auch dem Königtum nicht gegeben, obgleich es sich seiner *potestas* rühmt.[303] Nicht weniger mit Sorgen belastet ist – wie das Beispiel Senecas zeigt – wer Vertrauter des Königs wird.[304]

Mit dem fünften Gedicht mahnt Boethius die Mächtigen: Wer immer nach Macht strebt, muss sich den eigenen wilden Sinn beugen, darf sich niemals den Lastern unterwerfen. Jede andere Macht – bis an die Grenzen Indiens und Thules und darüber hinaus, ist stets sorgenbehaftet und daher nicht als *potentia* im eigentlichen Sinne zu bezeichnen.[305]

ee) Gloria und angeborener Adel

Es bleibt das Streben nach *gloria*, das umso gefährlicher ist, da es die Neigung des Menschen zur eigenen Überhebung weckt und zudem zu häufig an der bloßen Meinung der Menge orientiert ist. Der verdienstliche Inhaber von Meriten bedarf nicht der *gloria*. Ihm verschafft Weisheit genügende Erkenntnis seiner Güter. Auf das Gerede des Volkes ist er gegenüber dem Zeugnis des Gewissens nicht angewiesen. In nichts unterscheiden sich auch die Grenzen des Ruhmes bei den Völkern von denen der Macht.[306] Beruft sich der Mensch darüber hinaus auf angeborenen Adel, so räumt er bereits ein, nicht eigene, sondern Vorfahrentugend und somit fremden Glanz für sich in Anspruch zu nehmen.[307] Berechtigt setzt er sich, dazu äußert sich das sechste Gedicht, auch der Kritik aus, seine Abstammung nicht von dem einen Vater der Dinge (*unus enim rerum pater est...*) abzuleiten, der doch aller Vorfahr ist und niemanden unedel geschaffen hat. Nach der gemeinsamen Herkunft sind die

---

302 *Boethius*, Cons. III, 5.p., 5–7: „O praeclara potentia, quae ne ad conservationem quidem sui satis efficax invenitur!"

303 *Boethius*, Cons. III, 5.p., 21–23.

304 *Boethius*, Cons. III, 5.p., 27–37.

305 *Boethius*, Cons. III, 5.c.: „Qui se volet esse potentem,/ Animos domet ille feroces/ Nec victa libidine colla/ Foedis summittat habenis./ Etenim licet Indica longe/ Tellus tua iura tremescat/ Et serviat ultima Thyle,/ Tamen atras pellere curas/ Miserasque fugare querelas/ Non posse potentia non est."

306 *Boethius*, Cons. III, 6.p., 1f.; 5–11. Volksgunst ist auch deswegen zu misstrauen, weil ihr weder ein vernünftiges Urteil noch zuverlässige Dauer zugrunde liegt.

307 *Boethius*, Cons. III, 6.p., 22–25.

Menschen gleichermaßen edel – erst die Laster trennen sie von ihrem Ursprung.[308] Die Zurückweisung der epikureischen Lehre vom Streben nach Lust durch Boethius hängt mit der grundsätzlichen – auch von Laktanz geäußerten – Kritik zusammen, dass das Endziel des Menschen sich an der menschlichen Natur auszurichten habe. In der Lust aber unterscheidet sich der Mensch in keiner Weise vom Vieh.[309]

ff) Bewertung

Alle Bemühungen, ohne Heranziehung der dem Menschsein innewohnenden Vernunft zur Glückseligkeit zu gelangen, sind daher letztlich zum Scheitern verurteilt. In Unwissenheit den Blick alleine auf die Erde wendend, findet der Mensch hierdurch weder Wege zum Glück, noch das Glück selbst.[310]

c) Das Erkennen der wahren Glückseligkeit

Will er die wahre Glückseligkeit schauen – zu dieser Schau setzt Boethius in der neunten Prosa an – so muss er sich vergegenwärtigen, dass die Güter des Genügens, der Macht, der Ehrwürdigkeit, des Glanzes und der Freude, nicht aus Besitz, Herrschaft, Ämtern, Ruhm oder Wollust herrühren. Schon gar nicht lassen sie sich in dieser Weise aufteilen.[311] Sicher steht fest, dass alle erstrebten Einzelgüter ihrer Substanz nach identisch sein müssen, da höchste Glückseligkeit nur unter Einschluss ihrer sämtlichen Inhalte denkbar ist.[312] Umso schwerer wiegt daher das Fehlgehen des Menschen, das durch die Aufteilung der Güter nicht nur zu Teilen strebt, die als Güter gar nicht existieren, sondern so auch das ganze Selbst verfehlt.[313] Der aus Furcht vor Armut angehäufte Reichtum zwingt allzu häufig zum Verzicht auf jedes Ansehen. Wer Macht wünscht, verschwendet Reichtümer, schätzt Ruhm ohne Macht gering – wer eines der Güter erstrebt, erreicht keines.[314]

Nur durch Anrufung des Schöpfervaters und in der Schau seines Schöpfungswerkes kann der Mensch den Sitz des höchsten Gutes finden. *Pietas* vertreibt den Nebel des Irdischen.[315] Was folgt, ist der Beweis der Existenz des einen Guten als Vollkommenen. Alles nicht Vollkommene ist nicht höchstes Gut. Dem angeschlossen ist seine Verortung bei Gott, da Gott schon begrifflich das vollkommene Gute mit einschließt und daher auch die höchste Glückseligkeit (*beatitudo*) dort aufzufinden ist.[316]

---

308 *Boethius*, Cons. III, 6.c.
309 *Boethius*, Cons. III, 7.p.
310 *Boethius*, Cons. III, 8.p., 32–35; 8.c. 15–18; ebenso 9.p., 4–6; *Rand*, Composition, 261.
311 *Boethius*, Cons. III, 9.p., 3–7.
312 *Boethius*, Cons. III, 9.p., 37 f.
313 *Boethius*, Cons. III, 9.p., 51–54.
314 *Boethius*, Cons. III, 9.p., 71 f.
315 *Boethius*, Cons. III, 9.p., 114; 9.c., va. 22–28; *Rand*, Composition, 263.
316 *Boethius*, Cons. III, 10.p., 23–38.

Das vollkommen Gute erreicht der Mensch, wenn er die höchste Glückseligkeit erlangt und selbst an dem einen, natürlichen Gott, teilhat.[317] Zur Bestimmung Gottes im zehnten Kapitel als Vereinigung der fünf wahren Güter, die nicht einzeln gedacht werden können, fügt Boethius im elften Kapitel die Einheit Gottes hinzu. Nichts vermag sich außerhalb seiner Einheit der Naturanlage zu erhalten. Alles Streben der Lebewesen ist daher auf die Erhaltung der Naturanlage gerichtet und damit auf Gott. Wahrheit erschließt sich dem Menschen nur in der inneren Wiedererinnerung und nicht in dem Streben nach äußeren Gütern.[318]

d) Die Weltregierung Gottes

Die Frage nach der Weltregierung ist damit eindeutig zu beantworten: Gott fügt aus Gegensätzen die Einheit der Welt zusammen und hält sie zusammen. Er regiert, da er sich selbst genügt, die Welt ohne äußere Hilfe. Da er gut ist, wird ihm alles aus freiem Willen gehorsam sein, kann kein Wesen gegen ihn aufbegehren.[319] Aus der so definierten Allgütigkeit folgt zugleich die Unmöglichkeit, Schlechtes hervorzubringen. Da Gott aber allmächtig ist, gibt es nichts, was er nicht hervorzubringen kann. Zwingend muss daher das Schlechte Nichts sein.[320]

e) Bewertung

Nach dem Nachweis des Fehlgehens des Strebens nach irdischen Reichtümern, Würden oder Macht im Hinblick auf die Glückseligkeit, setzt sich das dritte Buch nun dogmatisch mit der Frage auseinander, wie der Mensch zur wahren Glückseligkeit gelangen kann, wann also sein Streben tatsächlich auf *veritas* ausgerichtet ist. Es sind zunächst die Postulate, dass alle menschliche Begierde auf das Gute gerichtet ist und, dass dem Menschen ein inneres Vorauswissen um die Ordnung der Welt zukommt, die Boethius' Hoffnung darauf bestärken, dass die Menschen das höchste Gute erkennen möchten.

Gerade angesichts des Vorauswissens aber stellt sich die Frage, ob die vom Menschen vielfach erstrebten Ziele – Reichtum, Achtung, Ehrungen, höchste Macht, *gloria* oder Freude – überhaupt das höchste Gut erreichen können. Systematisch befasst sich Boethius danach mit den Zielen menschlichen Strebens. Reichtum alleine macht den Menschen weder satt noch glücklich, stets lebt er in Furcht. Auch die Achtung der Menge (*gloria*) für kriegerische oder administrative Taten ist trügerisch – gerne wird sie auch demjenigen zuteil, der Leistungen nicht auf dem Tugendwege erreicht – stets ist sie räumlich und zeitlich beschränkt. Gerade für

317 *Boethius*, Cons. III, 10.p., 85 ff.
318 *Boethius*, Cons. III, 11.p., 11.c.; dazu auch 12.c.
319 *Boethius*, Cons. III, 12.p., 1–78.
320 *Boethius*, Cons. III, 12.p., 79 ff; *Hoffmann*, 281; *Gegenschatz*, 333; *Classen*, Boethius, 58: Alle bösen Taten führen zur Entfernung vom Ziel. Zur Natur Gottes in der Consolatio: *Baltes*, Consolatio, 316–320.

diejenigen, die nach höherer Macht und Amtswürden streben, sind die weiteren Ausführungen des Boethius zu Amtswürden und Königtum von Bedeutung. Einzig die öffentliche Sichtbarkeit eines Menschen und seines seelischen Zustandes wird mit der Erlangung von Ämterwürden erhöht.

Kein leerer Titel kann dem Lasterhaften Tugend verschaffen. Allenfalls kurzfristig erhöht er sein Ansehen bei dem Volk und erlangt so den Schein der Tugend. Die Dignität eines jeden Amtes folgt alleine der Tugend (*sapientia*) seines Trägers – nicht umgekehrt. Dies gilt erst recht für den Inhaber der höchsten *potestas*, das Königtum. Nur wer sich nicht den Lastern unterwirft, sichert als Herrscher dauerhaft seine Herrschaft so, dass auch er selbst *securitas* genießt und nicht in ständiger Furcht vor dem eigenen Fall lebt. Nutzt er das Königtum zur Befriedigung der eigenen Laster geriert er sich als ein Nero, so wird es ihm letztlich nicht anders ergehen als dem Herrn mit seinem Löwen. Er wird das erste Opfer wiedererkannter Freiheit (*libertas*) seiner Untertanen.

Steht damit fest, dass jedes der genannten Ziele menschlichen Handelns nur mit Tugend zu verwirklichen ist, so schließt sich die Frage an, ob sich tugendhaftes Streben tatsächlich auf die genannten Einzelgüter ausrichten würde. Boethius verneint sie. Das höchste Gut schließt alle erstrebenswerten Einzelgüter (sich genügen, Macht, Ehrwürdigkeit, Glanz und Freude) mit ein. Ein aufgespaltenes höchstes Gut existiert ebenso wenig, wie ein auf die Einzelgüter gerichtetes Streben tugendhaft ist. Den Ort des so vollkommenen Gutes trifft der Mensch alleine in dem Träger der Vollkommenheit – Gott – an. Rechtes Streben nach der *felicitas, beatitudo* ist also auf die Teilhabe an der Einheit Gottes gerichtet, der zugleich durch seine Weltregierung die vorausgewusste Ordnung beständig erhält.

5. Das vierte Buch: Nichtexistenz der Macht des Schlechten und göttliche Weltregierung

a) Das Elend tyrannischer Herrschaft

Mit der ersten Prosa des vierten Buches kehrt Boethius zu der bereits im ersten Buch aufgeworfenen Frage zurück, wieso in einer von Gott gelenkten Welt so häufig das Schlechte triumphiert, während das Gute verfolgt wird.[321] Gemäß der im dritten Buch dargelegten Grundsätze folgt die Antwort der Philosophie. Stets sind die Guten die Stärkeren, die Schlechten die Schwächeren, stets findet das Gute Lohn, das Schlechte Bestrafung, stets geht den Guten alles zum Glück, den Schlechten alles zum Unglück aus. Steigt der Geist von der Erde in den Himmel auf, vereinigt er sich mit dem Weltenlenker Gott, dem Beherrscher aller Könige.[322] Wendet er von dort den Blick zurück auf die Erde, sieht er das Elend tyrannischer Herrscher, die in ihrer

---

321 *Boethius*, Cons. IV, 1.p.; dahinter verbirgt sich das Bild des gefolterten Gerechten in *Platons* Staat (Politeia, 361a-362c), vgl. dazu auch *Lactantius*, Div. Inst. 5, 12, 5–6.

322 *Boethius*, Cons. IV, 1.c., 19 f.

bloß irdischen Beschränktheit selbst ohne Heimat bleiben und lediglich irdische Völker schrecken.[323] Gott selbst ist in der Einheit des Guten Herr über Könige. Im tyrannischen Regiment aber bricht sich der Gedanke der Aufspaltung des Guten in Form des Machtstrebens Bahn. Dadurch erniedrigt sich der tyrannische Herrscher, hier zum Symbol einer irdischen, nicht auf das Gute gerichteten Ordnung erhoben, selbst zu irdischer Nichtigkeit.

b) Die zwingende Ausrichtung aller cupiditas auf das Gute

aa) Die innere Gefangenschaft tyrannischer, affektiver Herrschaft

Eine wie auch immer geartete „Macht des Schlechten" existiert nicht, da alle Macht bereits in dem einen Guten eingeschlossen ist. Eine Fähigkeit des Schlechten, etwa zur Macht, besteht nicht, weil das Schlechte sich gegen die Natur wendet. Jeder naturwidrige Gebrauch der Anlagen des Menschen ist aber schlechterdings nur Ausdruck von Unfähigkeit.[324] Nichts kann der Schlechte durch sein Handeln erlangen. Da alles Handeln des Menschen auf seine Natur und damit auf das Gute gerichtet ist, würde sonst das Schlechte schließlich das Ziel des Guten erreichen und damit nicht mehr als schlecht zu bezeichnen sein.[325] Daher geht die *cupiditas* des Schlechten, gleich, auf welches der Einzelgüter sie sich richtet, stets fehl. Wer Macht erstrebt, muss das eine Gute erstreben. Die Möglichkeit schlecht zu handeln ist nicht Macht, sondern Schwäche. Nur die Weisen (*sapientes*) verwirklichen ihren Willen. Den Bösen kommt so zwar auf Erden die größere Handlungsfreiheit zu, sie können aber niemals erfüllen, was sie wünschen.[326]

Gerade für das Königtum gilt: Erhebt es sich auch in Stolz zu hohem Thron, hüllt sich in Purpur, umgibt sich mit Waffen und zeigt ein drohendes Antlitz und zorniges Herz, verfehlt es das Gute. In seiner königlichen *superbia* ist das Innere derartiger Könige in eiserne Ketten gelegt, da sie den Begierden (*libido*) und dem Zorn (*ira*) ausgeliefert sind.[327] Mit den letzten beiden Versen des zweiten Gedichtes stellt Boethius klar, dass mit der Tyrannei nicht bloß irdische Herrscher angesprochen sind, sondern auch von der Tyrannei innerhalb des menschlichen Körpers – also von den Lastern – die Rede ist, die die Zuwendung auf die menschliche Natur vereiteln.[328]

---

323 *Boethius*, Cons. IV, 1.c., 27–30: „Quodsi terrarum placeat tibi/ Noctem relictam visere,/ Quos miseri torvos populi timent,/ Cernes tyrannos exsules."

324 *Boethius*, Cons. IV, 2.p., 4–7

325 *Boethius*, Cons. IV, 2.p., 32–46.

326 *Boethius*, Cons. IV, 2.p., 153–161. *Chadwick*, Boethius, 809: Auch bei Boethius ist Tugend sich selbst der Lohn.

327 *Boethius*, Cons. IV, 2.c., 1–8.

328 *Boethius*, Cons. IV, 2.c., 9 f.

bb) Die Gier als Ursache des Verlustes des Menschseins

Zu Recht kann daher davon gesprochen werden, dass das Schlechte in der Verfehlung des Guten sich selbst Strafe ist. Durch Schlechtigkeit – ob durch Irrtum oder Absicht hervorgerufen – macht sich der Mensch selbst zum Tier und sinkt so von seiner Gottähnlichkeit zur Tierähnlichkeit herab. *Avaritia* macht den Menschen zum Wolf. Wer die Tugend verlässt, hört auf ein Mensch zu sein.[329] Dauernde Schlechtigkeit ist, auch wenn ihr vermeintlich Handlungsfreiheit zuteilwird, Zeichen der fortdauernden Aufgabe der menschlichen Natur und daher sich selbst mit fortschreitender Dauer umso ärgere Strafe.[330] Gerade die Ungestraftheit des Bösen verhindert die Rückführung seiner Seele ins Menschsein durch die Strafe.[331] In der beharrlichen Kritik des Boethius – faktisch ginge es den Bösen besser als den Guten – spiegelt sich die allgemeine Blindheit der Menschen in Ansehung der Frage wieder. Stets ist es besser, das Schlechte zu Leiden als selbst Unrecht zu tun.[332]

Kurz rekapituliert das vierte Gedicht die Motive der vierten Prosa. Das Böse führt sich selbst das Fatum des Todes auf Erden herbei. Wer alles bedroht, begibt sich selbst unter das Schwert, schafft *iniustitia* und Kriege und sich selbst alleine tierische Wildheit. Rechtes Handeln verlangt einen anderen Weg: *Vis aptam meritis vicem referre? Dilige iure bonos et miseresce malis.*[333]

c) Die Beschaffenheit der göttlichen Weltenlenkung

Obwohl also die tatsächliche Herrschaft des Bösen auf Erden bloß eine vermeintliche darstellt, verbleibt Boethius die Frage, warum die offenkundige Ordnung des Irdischen unter der anerkannten Leitung des *deus rector* vielfach verkehrt und dem Zufall überlassen erscheint. Jedenfalls zum Teil müsste auch das Weise auf Erden herrschen, da auch Weisheit Güter, Ehren und Macht erstrebt, um ihre Pflicht (*officium*) als Regentin, den Völkern zum Vorbild glückseliger Herrschaft zu werden, zu erfüllen.[334] Die Frage nach der Beschaffenheit der göttlichen Weltenordnung und -lenkung bestimmt ab der sechsten Prosa des vierten Buches den Rest des Werkes. Der Zweifel des Boethius ist Teil eines allgemeinen Irrtums des Menschenvolkes (*publicus error*) betreffend die Ordnung der Welt, der von diesem unterhalten wird

---

329 *Boethius*, Cons. IV, 3.p., 2–4; 44–70. Der Gedanke, dass derjenige, der das seiner Natur Gemäße verfehlt, zum Tier herabsinkt, stammt schon von Platon.

330 *Boethius*, Cons. VI, 4.p., 7–35.

331 *Boethius*, Cons. IV, 4.p., 41–79; vgl. *Gigon*, in: *Boethius*, Cons., S. 298 u. 356, der hierin auch einen Ansatz zur Erklärung des vielfach grausam erscheinenden, mittelalterlichen Strafrechts erblickt. Das Gute muss sich dermaßen bemitleidenswertem Bösen zuwenden, Cons. IV, 4.p., 159–166.

332 *Boethius*, Cons. IV, 4.p., 97–119; 120–159.

333 *Boethius*, Cons. IV, 4.c., 1–12, v. a. 11 f.

334 *Boethius*, Cons. IV, 5.p., 4–13.

und zu den Menschenkriegen beiträgt.[335] Aufklärung vermag nur eine Auseinandersetzung mit der Einfachheit der *providentia*, dem Fatum, der göttlichen Erkenntnis und Prädestination sowie der menschlichen Willensfreiheit (*libertas*) zu schaffen.[336]

aa) Abgrenzung von fatum und providentia

Mit der Aussage, dass alles Bewegte einen Beweger, eine *causa* voraussetzt und dieser Beweger im göttlichen Geist (*divina mens*) anzutreffen ist, setzt die Philosophie an. Im göttlichen Geist befindet sich die *providentia* an einem Punkt. Sie ordnet alle Bewegung der Dinge, die auf immer weiter entfernten Bahnen um sie herumkreisen. Für den Menschen stellt sich die konkrete Bewegung der einzelnen Objekte, da er ihren Standpunkt teilt, als Fatum dar, wenngleich sie von der allumfassenden göttlichen *providentia* angeleitet wird.[337] Der Einfluss des Fatums erscheint dabei umso bestimmender, je weiter sich das vom göttlichen Geist abweichende Objekt vom Zentrum der Dinge entfernt befindet.[338]

bb) Der Gegenstand göttlicher Vorsehung – das Gute

Alle göttliche Vorhersehung aber ist auf das Gute (*ad bonum*) gerichtet. Es alleine ist Bezugsobjekt der Lenkung durch den göttlichen Geist.[339] Wenn der Mensch glaubt, dass das Böse herrscht, so befindet er sich im Irrtum des Bewegten, dem die göttliche Fähigkeit fehlt, andere Seelen und die Ursachen ihrer Bewegung zu schauen.[340]

So wird die oberste Herrschergewalt (*summa rerum regenda*) durchaus häufig den Guten übertragen, um das Schlechte zurückzustoßen.[341] Das göttliche Ziel der Anleitung der Seele zum Guten vermag aber ebenso den ruhmvollen Tod wie die Martern zu erklären, wodurch sowohl die Tugend des Einzelnen auf die Probe gestellt, wie der Welt das Beispiel der Unbesiegbarkeit der Tugend durch das Böse vor Augen geführt wird.[342] Auch das Schlechte ist Teil der zum Guten anleitenden Ordnung. Wo es Strafe erfährt, geschieht dies zur Besserung des Gestraften, aber auch zur Verhinderung der Übrigen am Verbrechen.[343] Erlangt das Böse Strafgewalt, dient dies dazu, die Guten in der Tugend zu üben, und die Schlechten zu quälen. Auch

---

335 *Boethius*, Cons. IV, 5.c., 11 f.: „Commovet gentes publicus error, / lassantque crebris pulsibus aera."; *Gegenschatz*, 328.

336 *Boethius*, Cons. IV, 6.p., 10–14.

337 *Boethius*, Cons. IV, 6.p., 21–42; 61 f.; *Hoffmann*, 282; *Gegenschatz*, 330 u. 334: „Alles, was dem fatum unterworfen ist, unterliegt auch der providentia […] nicht aber umgekehrt."

338 *Boethius*, Cons. IV, 6.p., 74–77.

339 *Boethius*, Cons. IV, 6.p., 97 f.; Gott ist „servator bonorum vel malorum depulsor.", 120 f.

340 *Boethius*, Cons. IV, 6.p., 103–113. Dies nennt der Mensch „fatum".

341 *Boethius*, Cons. IV, 6.p., 149 f.

342 *Boethius*, Cons. IV, 6.p., 157–161.

343 *Boethius*, Cons. IV, 6.p., 166–168.

daraus kann alleine das Gute erwachsen, da niemals die Laster (*vitia*) mit fremder Lasterhaftigkeit in Übereinstimmung geraten. Häufig wird daher der Schlechte, der selbst zum Opfer fremder Schlechtigkeit wird, zum Guten zurückkehren.[344]

Wenn dem Menschen auf Erden das Schlechte zur herrschen scheint, so geschieht dies aufgrund des mangelnden Einblicks in die die Seelen anleitende göttliche *providentia*.[345] Gott ordnet als Schöpfer die Ordnung der Dinge, er ist *conditor, rex, dominus, lex et sapiens arbiter aequi*. Mit der Schöpfung verbindet ihn das Band gegenseitiger Liebe (*amor*). Alleine die Zuwendung hierauf kann den Menschen in der Schau des Ursprunges in der sicheren Ordnung erhalten. Alle sich darauf gründende Ordnung ist gerecht und nützlich.[346] So erfährt der Gute auf Erden entweder ein gutes Geschick, oder ist einem aus seiner Sicht schlechten Schicksal unterworfen, das sich aber bei Anerkennung der göttlichen *providentia* entweder als zur Übung oder Besserung der Tugend angeordnet erweist und daher selbst ebenfalls gut ist.[347]

cc) Der Irrtum der Menge in Ansehung des göttlichen Gerichts

Es ist der Irrtum der Menge, nur das offenkundig günstige Schicksal des Guten auf Erden für gut zu halten und das offenkundig schlechte Schicksal des Schlechten für wahrhaft schlecht. In Wahrheit ist das Schicksal des Guten stets gut, das des Schlechten stets schlecht – unabhängig von irdischen Gütern und Machtfülle.[348] In jedem Falle ist das Schicksal jeder Tugend stets ein solches des Kampfes. Ihre *gloria* erlangen *sapientia* und *fortitudo* nur in der Auseinandersetzung mit den ihnen entgegenstehenden Widrigkeiten: *Ex quo etiam virtus vocatur, quod virtus suis viribus nitens non superetur adversis*.[349] In der Mitte der Ordnung zu stehen, bedarf stets des Kampfes gegen die von dort wegführenden Kräfte.

d) Bewertung

Mit Notwendigkeit schließt sich der Feststellung vom göttlichen Erhalt der Ordnung des Guten im dritten Buch die Theodizeefrage an. Boethius' Antwort – stets sind die Guten die Starken, erfahren sie Lohn, geht ihnen alles zum Glück aus – befriedigt vor dem Hintergrund der irdischen Güterverteilung zunächst nur eingeschränkt. Mit einer Himmelsschau führt Boethius auf die Lösung hin. Für den Menschen, der sich mit Gott vereinigt, stellt sich selbst die höchst erhobene Schlechtigkeit,

---

344 *Boethius*, Cons. IV, 6.p., 180–192.

345 *Boethius*, Cons. IV, 6.p., 207–209; diese unterstreicht das sechste Gedicht; *Gegenschatz*, 331: „Alles steht unter einer Ordnung, und diese wiederum geht auf die providentia und damit auf Gott zurück."

346 *Boethius*, Cons. IV, 6.c., 34–38; 45–48; 7.p., 6–9.

347 *Boethius*, Cons. IV., 7.p., 22–26.

348 *Boethius*, Cons. IV, 7.p., 32–47.

349 *Boethius*, Cons. IV, 7.p., 50–56.

die tyrannische Königsmacht auf Erden, als tiefste Erniedrigung des Menschen dar. In der Tyrannei zeigt sich das ganze Ausmaß der Vergessenheit menschlichen Vorauswissens und des Falles des Menschen zum irdischen Nichts. In seiner irdischen Erhöhung bietet der Tyrann das weithin sichtbare Beispiel dafür, dass sich das Böse in nichts genügt. In seiner Ausrichtung gegen die Natur des Menschen stellt er selbst das Beispiel menschlichen Unvermögens dar, das in nichts seinen Willen durchsetzt. Die Insignien der Macht – Thron, Purpur, herrschaftlicher Stolz – täuschen nicht darüber hinweg, dass ungehemmte *superbia* den Herrscher alleine den Affekten ausliefert und ihn seine Natur vollkommen vergessen lässt. Gleiches gilt für die Anhänglichkeit an menschliche Gier (*avaritia*). Jeder Mensch in solcher Verfassung schafft sich nicht Frieden, sondern Krieg, nicht Gerechtigkeit, sondern Unrecht. Er leugnet zugleich, etwas anderes als ein wildes Tier zu sein. Auch seine irdische Ordnung ist nicht sicher, stets ist Furcht sein Begleiter. Sein Verhalten schafft Kriege und Ungerechtigkeiten, durch die er schließlich mit den eigenen Mitteln zu Fall kommt.

Das Handeln des Schlechten spielt sich jenseits der Gemeinschaft der Guten ab. Sie begegnen der Schlechtigkeit mit Mitleid und dem Willen, sie auf den rechten Pfad zurückzuführen. Sicher darf der Mensch auf göttliche *providentia* vertrauen, auch wenn sie ihm häufig als *fatum* erscheint. Alles Handeln Gottes ist auf das Gute und die Anleitung der Seelen zum Guten gerichtet. Herrscht der Schlechte und fällt er, so dient dies den Guten zum Beispiel. Lässt er die Guten verfolgen, gereicht dies ihnen im Martyrium zur Bewährung der Tugend. Niemals aber wird das Schlechte in der Nichtigkeit seines Daseins zum Vorbild des Schlechten, weil Gier und Laster in anderen allenfalls dieselbe Lasterhaftigkeit hervorrufen. Diese ist aber immer auf *discordia* gegenüber dem lasterhaften Vorbild gerichtet.

6. Das fünfte Buch: der Konflikt von menschlicher libertas und göttlicher providentia

Weil die *providentia* Gottes die gesamte Ordnung umfasst, ist für den Zufall im Sinne einer ursachenfreien Bewegung kein Raum. Stets folgen die Ereignisse einer Kette von Ursachen, die häufig dem Menschen verborgen bleibt.[350] Trotzdem existiert die Freiheit menschlichen Willens, der zu vernunftgemäßen Urteilen imstande und also in der Lage ist, Entscheidungen aus sich selbst heraus zu treffen.[351] Am stärksten ausgeprägt ist sie bei denjenigen Menschen, die sich dem göttlichen Geist zuwenden und nicht zu den Körpern hingleiten. Am geringsten ist die *libertas* desjenigen, der sich den Lastern (*vitia*) hingibt. Sein Zustand ist als Knechtschaft (*servitus*) zu bezeichnen. Ein solcher Mensch ist stets getrieben und steht dem Licht fern.[352]

---

350 *Boethius*, Cons. V, 1.p., 18–24; 55 f.; dazu auch 2.c.
351 *Boethius*, Cons. V, 1.p., 6–10.
352 *Boethius*, Cons. V, 2.p., 16–28.

Das Problem göttlicher *providentia* und menschlicher *libertas* löst Boethius von der Natur des Göttlichen aus. Es besteht in der Frage, ob Tugend und Laster überhaupt existieren und daher Lohn oder Strafe berechtigt sind, ob also eine *aequitas* in den menschlichen Urteilen auf Erden besteht.[353] Boethius sieht in der Frage nach der menschlichen Willensfreiheit vor dem Hintergrund der *providentia* Gottes kein grundsätzliches Problem. Der menschlichen Freiheit und dem göttlichen Vorauswissen liegen aber zwei grundsätzlich verschiedene Ausgangspunkte zugrunde, weshalb der Konflikt ein Scheinkonflikt ist. Denn im Gegensatz zu dem Menschen ist Gott ewig und ewig gegenwärtig. Daher ist alles Wissen Gottes ein vollkommenes Wissen in Gleichzeitigkeit. Gott kennt alle Urgründe der menschlichen Handlungen, alle Alternativen, die der Mensch bei sich erwägt und diejenigen, für die er sich entscheidet und nicht entscheidet. Das Problem von Vorauswissen und Freiheit stellt sich daher nur in der Erkenntnisfähigkeit des Menschen, weil sein Erkenntnisvermögen rein zeitlich eingerichtet ist.[354] Alleine das ewige Allwissen kann daher nicht ein künftiges Geschehen in ein notwendiges verwandeln.[355] Von daher strebt der Mensch zu Recht nach der Vereinigung mit dem Göttlichen in der Tugend, durch Belohnungen und Strafen und im dauernden Gebet.[356] Boethius abschließender Rat an den Menschen lautet: *Aversamini igitur vitia, colite virtutes, ad rectas spes animum sublevate, humiles preces in excelsa porrigite. Magna vobis est, si dissimulare non vultis, necessitas indicta probitatis, cum ante oculos agitis iudicis cuncta cernentis.*[357]

7. Gesamtbetrachtung

Es sind kritische Fragen, die die Philosophie sich in Ansehung der irdischen Ordnung von Boethius zunächst gefallen lassen muss: Warum stellt sich für den Menschen, der doch in allem nach Weisheit und Tugend strebt, das Glück der irdischen Güter als so wechselhaft heraus? Entzieht nicht Fortuna ihm die *felicitas*? Warum scheint tyrannische Machtausübung in der Innehabung irdischer Güter soviel mehr Sicherheit (*securitas*) zu erfahren? Warum wird der Philosoph – der doch seit Platon der Erkenntnis sicher ist, zum Thron streben zu müssen, damit die Welt weise und mit *iustitia* regiert wird – zum Opfer der Herrschaft, die er verteidigt? Ist es nicht die menschliche Willensfreiheit (*libertas*), die den ungehemmt handelnden Bösen die Throne der Welt verschafft? Diese Fragen beantwortet Boethius in der Situation irdischer Verzweiflung und Gefangenschaft – im Gefängnis des Philosophen, das er mit Sokrates und Seneca teilt. Dass ihm die Antwort zugunsten der sich Gott

---

353 Dazu *Boethius*, Cons. V, 3.p., 89–97. *Ralfs*, 354.

354 *Boethius*, Cons. V, 5.p., 22–39; *Rand*, Composition, 268, die Fragen des Verhältnisses von providentia und fatum harren noch der Lösung; *Gegenschatz*, 332.

355 *Boethius*, Cons. V, 4.p., 17–72.

356 *Boethius*, Cons. V, 3.p., 105–113. Die Verbindung mit Gott ist möglich, die Gottesschau ist aber zu Lebzeiten schwierig, dazu *Baltes*, Consolatio, 330; *Boethius*, Cons. V, 6.p., 171–179.

357 *Boethius*, Cons. V., 7.p., 179-Ende.

zuwendenden *pietas* gelingt und er dabei gleichzeitig an der Güte der sich dem Menschen zuwendenden göttlichen Weltordnung festhält, dürfte für die Ausstrahlungswirkung des Werkes in den kommenden Jahrhunderten nicht ohne Bedeutung gewesen sein.[358]

Dem inneren Zweifel des Boethius, der symbolisch für den menschlichen Zweifel in Ansehung von Unrecht und Gewalt steht, setzt die Philosophie eindeutige Antworten entgegen, die ebenso wie der Zweifel im Menschen angelegt sind. Dem Menschen mag das Fatum wechselhaft erscheinen, weil er die göttliche *providentia* nicht vollständig schaut. Von Fortuna umhergetrieben sind auf Erden aber allenfalls die lasterhaften und tyrannischen Herrscher. Ihr ganz auf ihre Affekte und Triebe ausgerichtetes Handeln ist in keiner Weise Ausdruck menschlicher *libertas*, sondern bestenfalls tierischer Wildheit, leugnet ihr Menschsein. Den Entzug irdischer Güter – der für den Tugendhaften bedeutungslos ist, da er ihm die Gemeinschaft mit Gott (*felicitas*) nicht nehmen kann – fürchten diejenigen am meisten, die ihr gesamtes Handeln alleine darauf stützen und dadurch die Erkenntnis des höchsten Gutes notwendig verfehlen.

Das von Boethius zuerst behauptete Glück, besitzen sie auch als Inhaber höchster *potestas* nicht. Sie können es sich in ihrem Streben nach *gloria* oder Reichtümern nicht verschaffen. Ämter, Purpur, Throne – ausgefüllt werden sie einzig durch den menschlichen Träger der Insignien – ob mit oder ohne Tugend entscheidet dessen Person. Stets lebt derjenige, der falschen, irdischen Gütern nachjagt (*cupiditas, avaritia*), in beständiger Furcht. In der exponierten Stellung höchster Macht, höchsten Ruhmes und höchster Ämter wird seine Lasterhaftigkeit allen offenbar. Er wird höchstens Vorbild weiterer Lasterhafter, die ihn zu vernichten drohen, da auch ihr Laster gemäß dem Vorbild auf die Aufhebung jeder *concordia* und auf den Krieg gerichtet ist. Auch die Tugendhaften sind ihm ständige Bedrohung. Stets muss er *libertas* unterdrücken, damit nicht die ihm unterworfenen Untertanen in der Erkenntnis des wahren Guten auch ihm gegenüber *iustitia* walten lassen. So wird der tyrannische Herrscher schließlich selbst zum Unterworfenen der eigenen Lasterhaftigkeit, zum *servus* der Leidenschaften. Wenngleich Boethius Mitleid mit den Schlechten fordert, so ist es doch die gerechte Strafe, mit der er auch sie selbst auf den Pfad der Tugend zurückzuführen will.

In der mit dem Beginn des dritten Buches unternommenen positiven Suche nach der höchsten Glückseligkeit verwirft Boethius das menschliche Streben nach irdischen Einzelgütern. Vollkommen macht den Menschen nicht das Streben nach einzelnen Gütern – *gloria, potestas, nobilitas*, Reichtum – sondern einzig der Gebrauch der ihm spezifisch gottgegebenen *libertas*. Nur in der „Einheit" des Strebens, das sich auf Gott als den guten Weltenlenker richtet, wird *felicitas* auch auf Erden bestehen. Damit werden zugleich alle vom Menschen erstrebten Güter erreicht: *Concordia, securitas*, rechte *potestas*, umfassende *libertas*. Angesichts der aber offenkundigen Schwere, das irdische Geschick zu begreifen, verbindet er seine Forderung nach

358 *Rand*, Composition, 254.

beständiger Verfolgung des Tugendzieles mit der Mahnung, sich trotz Unbillen nicht nach öffentlichen Anschauungen und dem Dafürhalten der Menge zu richten. Zwar besteht die einzige Fähigkeit des Menschen im Streben nach dem Guten – da jedes andere Streben ein Nichts wäre – allzu häufig geht aber schon das Dafürhalten des einzelnen Menschen, erst recht dasjenige der Menge fehl. Wer der *felicitas* teilhaftig ist, bedarf nicht der Insignien der Macht. Seine Tugend bewährt er in ständiger Übung – entweder sich den Menschen zuwendend oder gegenüber Tyrannengewalt standhaft bleibend. In der Gewissheit, dass Gott durch seine Hand die Guten schützend anleitet, hofft und betet die Tugend stets berechtigt. So ist auch Boethius zuletzt beruhigt, obwohl gefangen, kann sein Schicksal in der Erkenntnis der *pietas* nicht als schlecht bezeichnet werden. Im Gegenteil überwindet die sichere Gotteserkenntnis die Ängste des *fatum*-Glaubens. Zugleich entwirft Boethius in der Befassung mit der eigenen Situation gleichsam als „Nebenprodukt" eine Handlungsanleitung für das Verhalten auch der irdischen Herrscher, wenn sie *concordia*, *libertas* und *securitas* erhalten wollen. Zwar herrschen faktisch häufig gierige, nur auf Güter und Ruhm bedachte Herrscher, doch ist ihre Macht wegen des fehlenden Bezugs auf die *pietas* in Wirklichkeit nichts. Ein guter Herrscher wird sich daher der *pietas* zuwenden und dadurch seine Gesellschaft in *concordia* und *libertas* erhalten, auch wenn der Erhalt solcher Herrschaft auf Erden häufig schwerfallen wird.

V. Cassiodor

Dem Werk des Flavius Magnus Aurelius Cassiodorus Senator (ca. 485–580) ist es zu verdanken, dass nicht nur die Zeit der Ostgotenherrschaft in Italien mit dem damit verbundenen Herrscherideal noch heute zugänglich ist, sondern auch, dass wesentliche Werke zur gotischen und zur Kirchengeschichte dem Mittelalter überliefert wurden. Aus der Vielzahl seiner allesamt gegen Ende seiner Ämterlaufbahn[359] nach 537 publizierten Schriften[360] bieten v. a. die Variae, eine Sammlung von Briefen

359 *Cassiodor* wurde durch Förderung seines Vaters, Cassiodor d.Ä. zum consiliarius erhoben. Er fungierte später als Quästor und Geheimsekretär am gotischen Hof. Bereits im Jahr 500 entstand ein Panegyrikus für Theoderich, der aber verloren ist. Im Jahr 514 übte er das Amt eines consul ordinarius aus, später war er magister officiorum, ab 533 schließlich Praefectus praetorio und patricius. Nach 540 zog er sich aus dem Staatsdienst in das selbst errichtete Kloster Vivarium zurück. Von dort aus hat er danach die Vielzahl seiner Werke verfasst. Vgl. auch *MacCormack*, Panegyrics, 187. Zum Leben auch *Meyer-Flügel*, 29–33 sowie 34–41 zur politischen Laufbahn. Die Lebensdaten Cassiodors anhand der Quellen rekonstruiert *Krautschick*, 7; daneben 12–14 (Zeittafel); *Hafner*, 9–12, 79–86, dort auch zur Leistung Cassiodors für die Bewahrung der antiken Kultur; *Reydellet*, 185–188.

360 Von Bedeutung sind daneben v. a. seine Historia Gothorum (533–551), die nur in der Bearbeitung des Jordanes überliefert ist und das kleinere Werk De anima (538), dessen Publikation in unmittelbarem Zusammenhang mit der der „Variae" steht. Der Zeit nach Niederlegung der Ämter entstammen seine Institutiones

der Ostgotenherrscher (Theoderich, Athalarich, Amalasuintha, Theodahad und Witichis), einen umfassenden Einblick in die Struktur und das Ideal der ostgotischen Königsherrschaft vom Jahr 507–537.[361] Die Panegyriken, auf die Cassiodor in der Einleitung der „Variae" verweist, sind dagegen nicht überliefert.[362] Die Auswertung der „Variae" in dieser Arbeit beschränkt sich – auch im Hinblick auf die Überlieferung der Werke des Ennodius und Boethius – auf die Aspekte der rechtmäßigen Ausübung gotischer Königsherrschaft.[363] Sie nimmt dazu sowohl die in der Sammlung enthaltenen Briefe der ersten fünf Bücher, wie die in den Büchern VI und VII enthaltenen Urkundenformulare in den Blick. Im Mittelpunkt stehen Briefe an die germanischen *reges*, den Ostkaiser sowie Ernennungsschreiben an Amtsträger und Senat von Rom.[364]

1. Die Variae – Zweck der Sammlung

Zum Zweck der um 537 herausgegebenen Sammlung der Briefe und Formeln (Bücher I–IX der Variae) hat sich Cassiodor in einem kurzen, einleitenden Abschnitt selbst geäußert.[365] Er hält fest, es gehe ihm nicht um literarische Kunstfertigkeit in den Augen der Leser – zumal die Briefe häufig schon aufgrund von Zeitnot und aufgrund des geringen Bildungsstandes ihrer Empfänger geeignet seien, das Missfallen solcher Leser hervorzurufen.[366] Mit dem Hinweis auf Horaz, der vor Übereilung

divinarum et saecularium litterarum ebenso wie das Werk De orthographia und ein Psalmenkommentar (Expositio in psalterium). Im Mittelalter viel übersetzt und gelesen war auch die von ihm veranlasste Edition der Historia ecclesiastica tripartita. Sie enthält Auszüge der Werke der Kirchenhistoriker Sozomenos, Socrates Scholasticus und Theodorets v. Kyrrhos in neuer Zusammenstellung.

361 Vgl. *Cassiodor*, Variae, Praefatio, 6.

362 Vgl. *Cassiodor*, Variae, Praefatio, 11.

363 Dem Schwerpunkt nach hat sich *Kakridi* zur Bewertung des Verhältnisses Theoderichs zur Kirche sowie zur römischen Aristokratie mit den Büchern VIII–XII auseinandergesetzt.

364 Die Auswahl der vorliegenden Briefe orientiert sich an der Darstellung von *S. J. B. Barnish* (The Variae of Magnus Aurelius Cassiodorus Senator, Liverpool 1992), der 1992 eine Vielzahl von Schreiben aus dem Corpus der „Variae" publiziert und in die englische Sprache übersetzt hat um die „Apologie" der Gotenherrschaft und römischen Aristokratie zu erfassen (dort Einleitung XIV f.). Daneben wurden weitere Schreiben berücksichtigt, die vor allem die Einsetzung der Amtsträger zum Gegenstand haben, weil sie vielfach Tugendkataloge enthalten.

365 Zum Gesamtbestand vgl. *Kakridi*, 4: 12 Bücher, 468 Briefe, Edikte und Formulare im Zeitraum zwischen 506 u. 536 unter den Herrschern Theoderich, Athalarich, Amalasuintha, Theodahad und Witichis.

366 *Cassiodor*, Variae, Praefatio 1–5. Die Sorgen der Bürger betreffen weniger das Wohlergehen ihrer Ohren, als das ihres Bauches. Zur Wahl des Titels „Variae" dort 13–17. Es handelt sich um Briefe, die während der Tätigkeit Cassiodors in verschiedensten Ämtern entstanden sind, die sich an eine Vielzahl unterschiedlichster

warnte, bekundet Cassiodor vielmehr, dass er sich selbst im Kontext der antiken Dichtung und Geschichtsschreibung sieht.[367] Ihm steht vor Augen, der Nachwelt das zur Ausbildung der Beamten in Alltagsgeschäften notwendige Wissen vorzustellen und dabei der künftigen Leserschaft das Beispiel des Wohles der Königsherrschaft vor Augen zu führen. Cassiodor sieht sich hierzu aufgrund der eigenen Ämterlaufbahn bis zur Prätorianerpräfektur als befähigt an.[368] Von besonderer Bedeutung ist für ihn auch die Ansicht seiner Freunde, die „Variae" könnten Vorbild zum Wohle der Sitten (*mores*) sein, indem sie königliche *auctoritas* zur Besserung der Menschen, zur Wiederherstellung der Furcht vor den Gesetzen und zur Überwindung der Gesetzesbrecher vor Augen führen.[369] Tugenden, aber auch die Vermittlung von politischer Legitimität stehen daher im Mittelpunkt des Werkes. Wenn auch Theoderichs italische Eroberung in den Jahren 488–493 durch Übersendung der 476 nach Konstantinopel gesandten *ornamenta palatii* an den *rex Gothorum* formal ab 498

Personen richten, unterschiedliche Intensität der Redekunst voraussetzen und unter sich änderndem, zeitlichen Druck verfasst wurden.

367 *Cassiodor*, Variae, Praefatio, 4; *Kakridi*, 17.

368 *Cassiodor*, Variae, Praefatio, 9: Der Lobpreis der Könige in der Literatur überwindet den Tod; vgl. schon *Tacitus*, Agricola, I, 1; XLVI, 4. Zur Interpretation des Werkes in der Forschung ist auf *Kakridi*, 8–10 zu verweisen. Die Minimalinterpretation lautet, die „Variae" dienten der Vermittlung des Sprachstiles westlicher Kanzleien. Sie seien das Werk eines abgehobenen Beamten zur Vermittlung an künftige Beamte. Andere sehen das Werk als Auftragsarbeit Theoderichs an, bzw. als politisches Projekt Cassiodors, in dem dieser sich das Konzept Theoderichs, ohne es ersonnen zu haben, zu eigen macht. Dazu *Kakridi*, 15: „Es scheint jedoch, dass die „Variae" Elemente einer politischen Ideologie und einer literarischen Ästhetik enthalten, die eine über ihren rein historisch-antiquarischen Informationswert hinausgehende Bedeutung haben...". Anzumerken ist dazu, dass Cassiodor unter anderem in der Praefatio, 10 darauf hinweist, seine Freunde hätten ihn gedrängt, nicht den Spiegel seines Geistes (speculum mentis) verborgen zu halten. Dort wird auch das Verhältnis Cassiodors zu den „Variae" als Verhältnis Vater-Sohn beschrieben. *Reydellet*, 189 f. würdigt die „Variae" als Sammlung von pädagogischem und moralischem Wert zur Bewahrung des Andenkens Cassiodors. Auch seien sie historischem Interesse geschuldet.

369 *Cassiodor*, Variae, Praefatio, 10: „Deinde mores pravos regis auctoritate recorrigis, excedentis audaciam frangis, timorem legibus reddis." Insofern enthalten die „Variae" auch Eigenlob. Zutreffend verweist *Kakridi*, 16 f., 19, 24–26 darauf, dass Tugendkataloge in den „Variae" nicht nur als Allgemeinplätze dienen. Inhaltliche Klarheit und ständige Wiederholung sind auch Voraussetzung der Wirksamkeit von Tugendkatalogen mit Vorbildcharakter. Zum geringen historischen Wert der „Variae" wird dort ausgeführt, dass diese gerade die Reduktion der unübersichtlichen historischen Kontigenz auf einige wenige, sinntragende Elemente beabsichtigten. Zur Zahlenmystik in den „Variae" als Bestandteil der Vermittlung ihrer moralischen Botschaft auch innerhalb der christlichen Heilslehre, *ibid*, 116; *Meyer-Flügel*, 47 f.

abgesichert war, zeugte bereits die militärische Auseinandersetzung mit Ostrom auf dem Balkan im Jahre 504 davon, dass das Bedürfnis Theoderichs nach Legitimation auch über den erfolgten Formalakt hinaus fortbestand.[370]

2. Die Briefe Theoderichs an Träger der Herrschaft

Den ersten und zugleich umfassendsten Teil der Briefesammlung Cassiodors stellen die zwischen 506 und 526 verfassten Schreiben des Ostgotenkönigs Theoderich dar. Sie bestehen vorwiegend aus Bestallungsurkunden zur Einsetzung in Ämter. Diese wurden den Amtsträgern häufig persönlich übergeben und auch zur Schau gestellt.[371] Sie prägt der viergliedrige Aufbau nach *prooemium, narratio, dispositio* und *conclusio*, die jeweils Motive der königlichen Politik (*prooemium*), Gründe der Auswahl (*narratio*), Ernennung und konkret geforderte Amtstugenden (*dispositio*) und die Einschärfung der Einhaltung derselben (*conclusio*) enthalten können. Gegebenenfalls wird hiermit eine *laudatio* des künftigen Amtsträgers verbunden.[372] Voran- und hintangestellt sind den jeweiligen Büchern Briefe an Träger der Herrschaft, die ohne sich dem chronologischen Schema unterzuordnen, häufig politische Programmvorstellungen des Ostgotenkönigs wiedergeben.[373]

---

370 Ab 498 wurden wieder Konsuln eingesetzt. Die Schlacht von Horreum Margi, in der die Ostgoten mit Hilfe hunnisch-gepidischer Kräfte den oströmischen General Mundo besiegten, hat Cassiodor auch in der Chronik beschönigt, dazu *Kakridi*, 162 f.

371 *Kakridi*, 27, auch zu der Verbreitung von Königsurkunden durch Verlesung am Hofe oder Vorlesung im privaten Kreis. Jedenfalls Cassiodor hat sich nach der Praefatio und Variae, IX, 24, 6 auf diese Schreibertätigkeit viel zugutegehalten. Zur Struktur der Urkunden *dort*, 101: Chronologisches Prinzip – Buch I: Urkunden des Jahres 508; Buch II: 509; Buch III: 510; Buch IV: 511; Buch V: 523–527; vgl. auch *Krautschick*, 73–77 zu den ersten fünf Büchern der Variae, 107–117 zum Gliederungsprinzip.

372 *Kakridi*, 37; 40. An das Schema hat sich Cassiodor nicht sklavisch gehalten.

373 Für das erste Buch sind dies zuerst der Brief an den oströmischen Kaiser Anastasius (I, 1) sowie ein Schreiben an Boethius. Für das zweite Buch ist es die Ernennung des Felix zum Konsul sowie ein Brief an den Burgunderkönig Gundobad und den Frankenkönig Chlodwig. Das dritte Buch hebt mit dem westgotisch-fränkischen Konflikt des Jahres 508 an und schließt mit Schreiben an viri illustres. Das vierte Buch beginnt mit der Eheschließung des Thüringerkönigs Herminafrid mit der Nichte Theoderichs Amalaberga und der adoptio in armis des Herulerkönigs. Es schließt mit Schreiben an den Prätorianerpräfekten Faustus sowie den Schwiegervater des Boethius, Symmachus. Dem fünften Buch sind schließlich Briefe an weitere barbarische Könige vorangestellt. Es endet mit dem Brief an den Vandalenkönig Thrasamund.

a) Die Briefe an den oströmischen Kaiser Anastasius

aa) Variae I, 1 – über die Eintracht und das Band des Friedens

Den Ausgangspunkt der Sammlung der Briefe Theoderichs bildet ein um 508 verfasstes Schreiben des Ostgotenkönigs an den oströmischen Kaiser. Es entstand noch während des akakianischen Schismas und nach der Niederlage der Westgoten gegen die Franken. Der Brief nimmt vorwiegend Grundlagen der Legitimität der ostgotischen Herrschaft in Italien in den Blick.[374] Im seinem Mittelpunkt steht die Betonung des guten Einvernehmens mit dem Osten, des Strebens nach Frieden (*pax*), das in Abwesenheit von Zornesgründen zum Wohle der Völker, Künste und Sitten die Staaten in Ruhe (*tranquillitas*) zu ordnen sucht.[375] Ruhe zu erstreben, ist Aufgabe jedes guten Königtums.[376] Die Übereinstimmung (*concordia*) der Reiche ist dadurch Zierde der herausgehobenen Machtstellung und der Ehren des Ostkaisers (*clementissimus, piissimus*), der zum Heil (*salus*) der Erde allen Königreichen voransteht und von diesen als Vorbild verehrt wird.

Da die Herrschaft Theoderichs die *res publica* des Kaisers zum Gegenstand hat, richtet sie sich an dem im oströmischen Herrschaftsbereich erlernten Grundsatz der Achtung der *aequitas* aus. Als *imitatio* folgt sie dem Muster des oströmischen Beispiels.[377] Als Kernbestandteile seiner Herrscherideologie nennt Theoderich die Liebe gegenüber dem Senat, Achtung vor den *leges* früherer Principes und die Vereinigung der Glieder Italiens. Die *pax Augusta* ist bereits sicher, wenn sich die Sitten in West und Ost gleichen. Sie wird noch besser dadurch gesichert, dass Theoderich auch nach der Vereinigung mit der Stadt Rom strebt, die die Voraussetzung jeder Einheit der *res publica* bildet.[378] Aufgrund dieser Vereinigung von Recht und Sitten darf auch zwischen den beiden Staatswesen des Westens (Italien) und des Ostens *discordia*

---

374 Dazu *Meyer-Flügel*, 154–156 auch zum Problem der Datierung.

375 Das Ideal wird sehr deutlich, wenn die Ereignisse des Vorjahres in die Betrachtung mit einbezogen werden. Das Oströmische Reich hatte im gotisch-fränkischen Konflikt des Jahres 507 offen Stellung für Chlodwig bezogen, indem es durch Angriffe auf die Südküste Italiens ein Abziehen des ostgotischen Heeres zur Stützung Alarichs verhinderte. Dieser verlor in der Schlacht von Vouillé sein Leben, Chlodwig wurde dagegen für den Sieg der Ehrenkonsulat von Ostrom verliehen; *Kakridi*, 165; *Meyer-Flügel*, 210–213.

376 *Cassiodor*, Variae, I, 1, 1: „Oportet nos, clementissime imperator, pacem quaerere, qui causas iracundiae cognoscimur non habere: quando ille moribus iam tenetur obnoxius, qui ad iusta deprehenditur imparatus. omni quippe regno desiderabilis debet esse tranquillitas, in qua et populi proficiunt et utilitas gentium custoditur. haec est enim bonarum artium decora mater, haec mortalium genus reparabili successione multiplicans facultates protendit, mores excolit: et tantarum rerum ignarus agnoscitur qui eam minime quaesisse sentitur."

377 *Cassiodor*, Variae, I, 1, 2 und weiter I, 1, 3: „Regnum nostrum imitatio vestra est, forma boni propositi, unici exemplar imperii..."; *Reydellet*, 210 f. zur imitatio oströmischer Herrschaft.

378 *Cassiodor*, Variae, I, 1, 3.

keinen Bestand haben. Beide müssen stets als ein römischer Staat mit einer Stimme sprechen und sich als ein Staatskörper in allen Dingen beistehen.[379] Ähnlich wie schon Claudius Claudianus und Sidonius Apollinaris 467 versucht auch Cassiodor die Einheit des römischen Staatswesens zu betonen. Die ostgotische Herrschaft über Italien ist zwar von der oströmischen Gewalt abgeleitet, sie ist zugleich aber die von göttlichem Beistand begünstigte Herrschaft über einen der beiden Teile der *res publica* und damit besonderen Verpflichtungen in Ansehung des Rechts unterworfen. In der Bindung des Königtums an die Gesetze römischer Kaiser und die Wahrung der Einheit Italiens im Einvernehmen mit dem Senat und der Stadt Rom spiegeln sich die Faktoren wieder, die die Besonderheiten der ostgotischen Herrschaft über Italien gegenüber allen anderen germanischen Königsherrschaften kennzeichnen.

Den Nachfolgegedanken, der Theoderich gegenüber den Herrschern der übrigen *regna* unmittelbar in die Tradition römischer Kaiser stellt, belegt auch ein vermutlich derselben Zeit entstammender Brief an den Thüringerkönig Herminafrid (IV, 1, 1 f.). Durch die Heirat der Nichte Theoderichs mit dem Thüringerkönig verbindet sich das königliche Blut der Thüringer mit dem Glanz kaiserlichen Amalerblutes.[380] Hinsichtlich seiner rechtlichen Position – Theoderich ist mit Italien in besonderer Weise die Sorge um den Westen aufgetragen – überragt er die übrigen Königreiche. Er ist nicht nur *miles*, wie die Könige des Burgunderreiches, sondern darüber hinaus unmittelbarer Teilhaber an der römischen Gesamtgewalt. Als *rex* an Macht und Ehren dem Ostkaiser unterlegen, herrscht er über einen der beiden Teile der *res publica romana.*[381] Dass dem ersten Brief an Kaiser Anastasius mit dem Brief an Theon, einen Hersteller von Purpurfarbstoffen, ausgerechnet eine Klage über das Ausbleiben teuersten purpurnen Gewandstoffes folgt, (I, 2) macht diesen Anspruch noch einmal unmissverständlich klar.[382]

bb) Variae II, 1 – Anzeige der Aufnahme eines Galliers in den Senat

Dem Bemühen um Aussöhnung mit dem oströmischen Kaiser in Ansehung des bereits seit 504 schwelenden Konfliktes mit Ostrom um die Grenze des ostgotischen Machtbereichs im Illyricum ist der zweite und letzte überlieferte Brief Theoderichs des Großen an Anastasius I. geschuldet. Dem zweiten Buch der „Variae" erneut als erstes Schreiben angegliedert ist die Anzeige der Vergabe des ersten Konsulates des Jahres 511 an den Gallier Arcadius Placidus Magnus Felix. Dessen Aufnahme in den römischen Senat begründet Theoderich v. a. mit der Verdienstlichkeit seiner Amtsführung bereits in jungen Jahren. Es erscheint rechtens denjenigen, der durch *virtus* dem Beispiel Roms als Mutter der Tugend folgt, großzügig zu fördern, zumal Felix die *cupiditas* unterworfen, das Laster des Stolzes überwunden

379 *Cassiodor*, Variae, I, 1, 4 f.

380 Zur Bedeutung der Verschwägerung *Meyer-Flügel*, 186 f.

381 Dementsprechend fehlt bei Cassiodor auch die Abwertung des Ostkaisers zum „imperator graecorum", die bei Avitus zu finden ist.

382 *Kakridi*, 168.

und falsche Überhebung (*superbia*) trotz jungen Alters unterdrückt habe.[383] Es ist Aufgabe Theoderichs, das durch Werke sichtbare Tugendvorbild zu fördern, weil dies dem Wohlergehen der *res publica* (*prosperitas, libertas*) nützt. Die Billigung solcher Entscheidung durch den für beide Republiken verantwortlichen Kaiser des Ostens ist daher sicher zu erwarten.[384] Inhaltlich zeigt der Brief damit wiederum die enge Anlehnung Theoderichs an die Ideale der Kaiserherrschaft. Seine Herrschaft beseitigt die viel geklagten Missstände des fünften Jahrhunderts (Salvian, Orosius, Sidonius). Dass mit Felix ein Tugendvorbild gerade aus dem gallischen Bereich zum Vorbild Italiens avanciert, spricht dafür, dass Theoderich sich nach der Auseinandersetzung mit den Franken im Süden Galliens auch die Befriedung des gallischen Binnenraumes im Sinne der Pax Romana zuzuschreiben gedachte.

b) Korrespondenz mit den Königen der germanischen regna

aa) Die Übersendung einer Wasseruhr an Gundobad

Der erste, das Verhältnis der italischen Ostgotenherrschaft zu den germanischen *regna* berührende Briefwechsel, betrifft 506 die Übersendung einer Wasseruhr durch Theoderich an den Burgunderkönig Gundobad. Darin wird der von Theoderich beanspruchte zivilisatorische Vorrang Italiens und des ostgotischen Reiches deutlich. Er zeigt sich in der Übernahme antiker Bildung und alter Weisheit, sowohl in der Übertragung griechischer Literatur in die lateinische Sprache als auch in dem Erwerb materieller Güter alter Zivilisation. Als Beispiel führt der Brief den Philosophen Boethius an.[385]

Der Empfang der im Burgunderreich unbekannten Instrumente der Zeitmessung durch Gundobad von Händen Theoderichs hebt zugleich den Gedanken der Übernahme des Vorbildes der *civitas Romana* in der Person Gundobads hervor. Italien kann eine Wasseruhr leicht entbehren, im Burgunderreich ist sie einzigartig. Das burgundische Königtum verhält sich vorbildlich und klug (*prudentia*), weil es mit dem Erwerb von Instrumenten der Zeitmessung aus dem Ostgotenreich zeigt, dass die burgundische *gens* von den alten Stammesriten zur Imitation römischer Vorbilder übergeht.

Die Bestimmung der Zeit nach dem Lauf der Gestirne manifestiert für Theoderich auch den Übergang von der tierischen Natur zur der den Menschen kennzeichnenden Einteilung des Lebens nicht nach den Bedürfnissen des Körpers, sondern nach

---

383 *Cassiodor*, Variae, II, 1, 2 f. vgl. Auch *Meyer-Flügel*, 432–438 zu Aufnahmegrundsätzen, sowie zum Tugendvorbild des Senates.

384 *Cassiodor*, Variae, II, 1, 4.

385 *Cassiodor*, Variae, I, 45, 1–4. Dazu, dass Cassiodor den Hingerichteten dennoch erwähnt: *Kakridi*, 272. Steht der Brief, wie *Meyer-Flügel*, 206–208 unterstellt, direkt im Kontext des westgotisch-fränkischen Konfliktes, wäre die Übersendung der Wasseruhr als Möglichkeit zum Erhalt des Friedens durch Teilhabe an gotischer Zivilisation zu deuten.

der Ordnung der menschlichen Dinge.[386] Die Darstellung Gundobads, der um die Besserung der Sitten seines Volkes nach römischem Vorbild bemüht ist, erinnert dabei stark an die Darstellung der Westgotenherrschaft durch Orosius (7, 43). Das Königtum geht dem Volk als Vorbild in der Übernahme römischer Herrschaftsgrundsätze voran.

bb) Der westgotisch- fränkische Konflikt des Jahres 507

Von manifest politischen Interessen, nämlich der Wahrung des Friedens zwischen den Germanenreichen, ist schließlich der Briefwechsel Theoderichs mit den Königen der germanischen *regna* im Zuge des sich anbahnenden westgotisch-fränkischen Konfliktes bestimmt.

(1) Die Übersendung eines Harfenspielers an Chlodwig – Forderung nach Mäßigung

Bereits im letzten Brief des zweiten Buches der „Variae" hatte Cassiodor zuvor die Person Chlodwigs vorgestellt:[387] Angesichts der Siege der Franken über die Alemannen sieht er den Nachweis fränkischer *virtus* erbracht. Mit ihnen hat ein bereits sesshaftes Volk erneut kriegerische *gloria* erlangt. Zugleich warnt Cassiodor den Frankenkönig. Trotz der Siege gelte der Grundsatz, dass Verbrechen nur gegenüber ihren Verursachern gesühnt werden dürften. Daher hat Chlodwig kein Recht, Alemannen zu verfolgen, die nach der Niederlage ihres Königs in den ostgotischen Herrschaftsbereich flüchten. Chlodwig kann nicht mehr als *vindex* fungieren, nachdem er den in *superbia* befangenen König der Alemannen besiegt

---

386 *Cassiodor*, Variae, I, 46, 2 f.

387 Der Zeitpunkt der Abfassung des Briefs ist umstritten. Systematisch ist er nach einem Brief des Jahres 506 und vor einem Brief des Jahres 507 eingeordnet. Eine Gleichsetzung mit dem in der Historia Francorum Gregors v. Tours erwähnten Alemannensieg, der die Taufe Chlodwigs zur Folge hatte, wäre nur möglich, wenn der Taufzeitpunkt des Frankenkönigs in das Jahr 506 verlegt würde, da eine Vorverlegung auf das Jahr 496 als ausgeschlossen angesehen werden kann. Das Schreiben Cassiodors stünde dann singulär zeitlich weit vor den übrigen Briefen. Es wäre zudem zeitlich vor Antritt der Quästur durch Cassiodor und damit deutlich vor dem vom Verfasser der „Variae" in der Praefatio selbst genannten frühesten Zeitpunkt überlieferter Briefe anzusiedeln. Es könnte dann allenfalls ideologisch noch in den durch Variae, I, 45 und II, 1 gebildeten Kontext eingefügt werden. Daher muss entweder von einem zweiten Krieg Chlodwigs gegen die Alemannen ausgegangen werden, die Angabe Gregors als unzuverlässig angesehen, oder die Taufe Chlodwigs auf das Jahr 506 verlegt werden. Letzter Auffassung neigen *Shanzer/Wood*, Avitus, S. 362–369 zu. Zur Begründung wird ausgeführt, dass in dem Brief des Bischofs Avitus zur Taufe Chlodwigs ein Verweis darauf fehlt, der Frankenkönig sei der erste zum Katholizismus übergetretene barbarische Herrscher. Hinzu kommt die Frage der Deutung von *Avitus*, Ep. 8 (dort S. 220–222). Zu dem hier nur am Rande interessierenden Streitstand, vgl. auch *Ewig*, Chlodwig, 1864 f.

hat, weil die Schuld *(culpa)* einer Person nicht den verbliebenen Alemannen zur Last gelegt werden darf. Zur Sühne von Verbrechen dürfen nur ihre Verursacher herangezogen werden.[388] Ein Königtum, das im Sieg *moderatio* zeigt und dem Teil der im Konflikt überwundenen Feinde den unterworfenen Teil hinzufügt, ist eher Garant der *felicitas* des Sieges, als eines, das die Überwundenen für nicht begangene Verbrechen straft.[389]

Vor dem Hintergrund der Aufforderung zur Mäßigung des Frankenkönigs sind auch die Äußerungen Theoderichs in einem 506 an den Patrizier Boethius übersandten Schreiben nachvollziehbar. Die Frage nach den Wirkungen der Musik auf die Tugend des Gemüts, die von Cassiodor im Zusammenhang mit dem Wunsch Chlodwigs nach Übersendung eines Harfenspielers angeführt wird, steht offenbar mit dem in Brief 41 ausgedrückten charakterlichen Defizit Chlodwigs in Zusammenhang.[390] So ist Musik geeignet, die Laster des Zorns, des Blutdurstes, der Faulheit und Schlaflosigkeit sowie der Korruption zu mindern und so die Eintracht der Natur in der *virtus* wiederherzustellen. Dies gelingt durch ihre Lust zur Moralität und zur Schlichtheit (*castitas*). Sie befreit die Seele von Leidenschaften.[391] Der Musik kommt, ähnlich wie der Rede der Oratoren, die Aufgabe zu, die Tugend zu bestärken, belastete Seelen von ihren Lasten zu befreien und zur Einigkeit (*unitas*) anzuhalten. Sie ist Instrument der Zähmung wilder, barbarischer Herzen.[392]

(2) Der Brief an den Westgotenkönig Alarich

Dem Lob der kriegerischen Tapferkeit der Franken entspricht die im Jahr 507 an die Westgoten gerichtete Warnung, trotz zahlenmäßiger Überlegenheit nicht mit einem durch langen Frieden in Kriegskünsten verweichlichten Volk gegen die Franken in den Krieg zu ziehen. Theoderich fordert von Alarich, seine Handlungen nicht durch Affekte zu bestimmen. *Moderatio* und *providentia* sind die Zier des Königs. Er muss den Zorn (*furor*) meiden. Ein Streit um Worte mit einem fremden Herrscher berechtigt nicht zu Kriegshandlungen.[393]

---

388 *Cassiodor*, Variae, II, 41, 1 f.

389 *Cassiodor*, Variae, II, 41, 2: „...illa mihi feliciter bella provenerunt, quae moderato fine peracta sunt."

390 Es erscheint kaum sinnvoll, den Wunsch Chlodwigs im Zusammenhang mit Brief 41 als Ausdruck des Wunsches nach Bestätigung seiner Tugend im Gesang des Harfenspiels zu deuten. Zu berücksichtigen ist allerdings, dass Theoderich zugleich den Zweck verfolgt haben dürfte, die Sorge des Boethius um die Wirkung der Musik zu bekräftigen. Dass Boethius in der Kunst der Musik ausgewiesen war, bestätigt das Schreiben ebenso, wie sein Werk über die Musik (De institutione musica).

391 *Cassiodor*, Variae, I, 40, 2–4.

392 *Cassiodor*, Variae, I, 40, 8; 13; 17. *Kakridi*, 173 f. Schreiben an barbarische Herrscher erheben den Ostgotenkönig auf die höhere Stufe moralischen und kulturellen Vorrangs, vgl. *Meyer-Flügel*, 54–65: Vorrang in Zivilisation, Bildung und Ethik.

393 *Cassiodor*, Variae, III, 1, 1–3; *Meyer-Flügel*, 203 f.

Ein militärischer Konflikt darf nur dann ins Auge gefasst werden, wenn keine Hoffnung auf eine im Wege der *iustitia* vorgenommene Vermittlung mit dem Gegner besteht. Eine solche gerechte Vermittlung, die Zierde des Königtums, bietet Theoderich zur Vermeidung von Kriegshandlungen an.[394] Deutlich betont der Ostgotenkönig, dass aus seiner Sicht das gegenwärtige Verhältnis von Franken und Westgoten einen Krieg nicht rechtfertigen kann. Ein dennoch begonnener Konflikt wäre daher als *iniquitas* zu bewerten, die mit der Hilfe des Göttlichen vermieden werden müsste.[395] Der darüber hinausgehende Appell, einen Konflikt innerhalb des Familienkreises zu vermeiden – Theoderich selbst war zu dem Zeitpunkt mit der Schwester Chlodwigs, Alarich mit der Tochter Theoderichs verheiratet – verweist zugleich auf ein in den nun folgenden Briefen weiter gebrauchtes Kernelement des Friedensstrebens. Es dient auch der Sicherung des neuen, zwischen den *regna* bestehenden Friedensbandes.[396]

(3) Der zweite Brief Theoderichs an den Burgunderkönig Gundobad

Auf den Rechtsgedanken ebenso wie auf die Verwandtschaftsbeziehungen der *regna* untereinander weist auch der an den Burgunderkönig Gundobad gerichtete zweite Brief zur Vermeidung des Konflikts hin. Das durch das bloße Aufeinandertreffen zweier entgegengesetzter Willen zu befürchtende Unrecht muss durch mäßigenden Einfluss (*moderatio*) der Könige auf die *cupiditas* der Kontrahenten vermieden werden.[397] Angesichts der schwierigen Situation können nur harte Elternworte den Ausbruch der für Könige ungehörigen Feindseligkeiten vermeiden, die beide Parteien schließlich bereuen würden und die zudem zugleich auch den Burgunder- und Ostgotenkönig verletzten.[398] Mit Gottes Hilfe muss weise brüderliche Arbeit die Kontrahenten zur *concordia* zurückführen, damit nicht der Eindruck entstehen kann, Ostgoten und Burgunder seien mit dem rechtswidrigen Konflikt einverstanden gewesen.[399]

---

394 *Cassiodor*, Variae, III, 1, 2: „moderatio provida est, quae gentes servat: furor autem instantia plerumque praecipitat et tunc utile solum est ad arma concurrere, cum locum apud adversarium iustitia non potest invenire." *Meyer-Flügel*, 83.

395 *Cassiodor*, Variae, III, 1, 4: „avertant enim divina, ut supra vos iniquitas illa praevaleat." Dennoch sagt er Alarich seine Unterstützung für den Fall des Ausbruchs von Feindseligkeiten zu.

396 *Cassiodor*, Variae, III, 1, 3.

397 *Cassiodor*, Variae, III, 2, 1 f.: „Nostrum est regios iuvenes obiecta ratione moderari, quia illi, si nobis vere sentiunt displicere quod male cupiunt, audaciam suae voluntatis retinere non possunt."

398 *Cassiodor*, Variae, III, 2, 2 f: „Decet enim nos aspera verba dicere, ne affines nostri ad extremum debeant pervenire."

399 *Cassiodor*, Variae, III, 2, 4.

(4) Der Brief Theoderichs an die Könige der Thüringer, Heruler und der Warnen

In einem weiteren auf Vermittlung gerichteten Schreiben greift Theoderich schließlich den im ersten Brief an Chlodwig gerichteten Gedanken der Überwindung von *superbia* wieder auf. Wer absichtlich *iniquitas* erstrebt, setzt sich dem Vorwurf aus, auch in allen anderen Dingen nicht nach *iustitia* zu streben. Lässt man ihn gewähren und erringt er am Ende gar den Sieg, wird die erfolgreiche Geringschätzung der Wahrheit bei ihm zu der Überzeugung führen, dass er allem anderen vorsteht.[400] Im Gegensatz zu den beiden an den Westgotenkönig und Gundobad gerichteten Schreiben, bezeichnet Theoderich hier ausdrücklich Chlodwig als Aggressor. Verweigert der Frankenkönig einer Gesandschaft der von *virtus* angetriebenen *reges* die Gefolgschaft, missachtet er also die Regeln des Rechts zwischen den Reichen (hier: *lex gentium*) und die *aequitas*, so wird er sich dem Angriff aller ausgesetzt sehen, deren Urteil er ignoriert: *Qui sine lege vult agere, cunctorum disponit regna quassare.*[401] Erneut betont Theoderich, dass die Duldung eines rechtswidrigen Krieges durch die Reiche zugleich eine Erschütterung derselben bedeutet. Mahnend fordert er die Thüringer auf, sich an die Förderung durch den vormaligen Westgotenkönig Eurich zu erinnen.

(5) Der zweite Brief an König Chlodwig

Den Abschluss der an die Könige gerichteten Korrespondenz des Jahres 507 bildet schließlich ein zweites Schreiben Theoderichs an Chlodwig. Es greift den Gedanken der durch Schwägerschaft und den Austausch von Geiseln gesicherten Friedensordnung wieder auf. Die Verwandtschaft der Könige steht im Dienst der *quietas*. Sie wird als heilige Ordnung erstrebt.[402] Wird ihr und der durch Geiseln gewährten Sicherheit zuwider entgegen aller *fides* ein Krieg vom Zaun gebrochen, ist das Ideal einer durch Familienbande erzeugten Eintracht zum gemeinsamen Ruhm der Nationen aufgehoben.[403] Setzt sich der Neid (*invidia*) halsstarriger Charaktäre in geringen Dingen durch, werden beide Königreiche, das der Franken und der Westgoten, in ihrem Ansehen Schaden erleiden. Die Affekte werden sich als Katastrophe

400 *Cassiodor*, Variae, III, 3, 1: „Superbiam divinitati semper exosam persequi debet generalitatis assensus. nam qui vult opinabilem gentem voluntaria iniquitate subvertere, non disponit ceteris iusta servare. pessima consuetudo est despicere veritatem. credit sibi omnia cedere, si elatum contigerit in abominabili certamine superare." *Meyer-Flügel*, 209 f.

401 *Cassiodor*, Variae, III, 3, 2.

402 *Cassiodor*, Variae, III, 4, 1: „Ideo inter reges affinitatis iura divina coalescere voluerunt, ut per eorum placabilem animum proveniat quies optata populorum. hoc enim sacrum est, quod nulla permittitur commotione violari. nam quibus obsidibus habeatur fides, si non credatur affectibus?"

403 *Cassiodor*, Variae, III, 4, 1–3; *Meyer-Flügel*, 204 f.

der Völker erweisen.[404] Dementsprechend scharf ist die Nachricht Theoderichs formuliert. Chlodwig wird aufgefordert, vom Stahl zu lassen, will er nicht auch dem Ostgotenkönig durch seinen Kampf entgegentreten.[405] Theoderich verbietet – als Vater und Freund – den Ausbruch von Feindseligkeiten, betont aber weiterhin die Notwendigkeit der Vermittlung.[406]

(6) Ergebnis

Der Austausch der Briefe der Jahre 506/507 stellt Theoderichs Aufgabe als Garant des Friedens in den Nachfolgestaaten des römischen Reiches in den Mittelpunkt. Drei Faktoren bestimmen aus seiner Sicht den Friedenszustand: (1) Die Einbindung der germanischen Königreiche in ein System der *concordia*. Es basiert auf einer durch Verwandtschaft und Schwägerschaft erzeugten Treue; (2) dem Austausch von Geiseln und der dadurch bedingten Garantien des Friedens und (3) der Achtung der *iustitia* aufgrund der Herrschertugend. *Iustitia* schafft auch eine völkerrechtlich bindende Grenze für den Ausbruch von Feindseligkeiten. Die beiden ersten Faktoren können unproblematisch der römischen Herrscherideologie in ihrer Ausprägung etwa bei Sidonius Apollinaris zugeordent werden. Letzterer hatte schon in seiner Panegyrik auf Avitus das Treueverhältnis von Römern und Westgoten betont. Die persönliche Verbundenheit von Kaisern und Königsherrschaften kam bereits hier zu Ausdruck. Auch der Austausch von Geiseln war gängige römische Praxis. Das zusätzliche Problem der Absicherung von Treue durch Verwandschaft innerhalb der *regna* hatte sich dem römischen Westreich noch nicht gestellt. Auch der dritte Punkt entspricht aber der älteren römischen Herrschaftslehre. Krieg darf nur geführt werden, wenn zuvor die Wiedherstellung der Ordnung mit den Mitteln der *iustitia* scheitert. Er zielt auf die Wiederherstellung der Ordnung ab. Darauf hatte bereits Sallust verwiesen. Der Gedanke findet sich in der christlichen Prägung aber bei Augustinus, der den Krieg nur zur Erreichung des Friedens erlaubt.

Die Vorstellung von einer dem Friedenzustand innewohnenden Heiligkeit lässt sich sowohl mit dem Tugendideal des Neuplatonismus, wie mit dem christlichen Friedensgedanken begründen. Das sich im Frieden äußernde *concordia*-Streben ist den Tugenden der Seele und damit dem Göttlichen zuzuordnen. Es ist nicht Teil der irdischen Triebe. Zugleich entspricht es in Verbindung mit der Verwandtschaft dem christlichen Brüderlichkeitsgedanken. Die Sorge für den Frieden, die in den vielfachen Gesandtschaften Theoderichs ihren Ausdruck findet, ist dagegen ebenso der politischen Konvention zu verdanken wie der Pflicht eines Herrschers des Westreiches, den Frieden sicherzustellen. Der Friedensraum ist als Raum innerhalb der Grenzen römischer Herrschaft bestimmt. Letztere erstreckt sich auf die durch Familienbande verbundenen *regna*.

---

404 *Cassiodor*, Variae, III, 4, 2.

405 *Cassiodor*, Variae, III, 4, 3: „Abicite ferrum, qui in meum pugnare vultis opprobrium."

406 *Cassiodor*, Variae, III, 4, 4.

Theoderich obliegt die Friedenssicherung in diesem Raum. Er herrscht – im Sinne des älteren römischen Friedensgedankens – in seinem Herrschaftsgebiet aufgrund einheitlich geltender römischer Gesetze und Sitten. Anlässlich der Schenkungen an Chlodwig und Gundobad stellt Theoderich klar, dass er davon ausgeht, dass auch diese Könige diesem Maßstab folgen. Die Barbarenvölker (Westgoten aber auch Franken) sind, zumindest im Grundsatz, sesshaft geworden und daher der zivilen Tugend verpflichtet. Neu ist, dass der römische Friendensraum nicht mehr nur der Sicheung nach außen – gegen Barbaren – bedarf, sondern auch im Inneren gegen Störungen durch die Herrschaftsträger geschützt werden muss. Zu diesem Zweck bemüht Theoderich nicht nur Verwandtschaft, Tugend und Treue, sondern auch das *ius gentium.* Der Bruch des Friedens zwischen zwei Königsherrschaften ist eine Verletzung des zwischen ihnen geltenden Rechts, aber auch des römischen Friedensraumes. Weil der römische Friedensraum verletzt wird, ist ein solcher Krieg *iniquitas* gegenüber allen *regna.* Er berührt Theoderich unmittelbar, da ihm als Beherrscher der Stadt Rom, des Senates und des Volkes von Rom eine besondere Stellung zur Sicherung dieses Raumes zukommt. Theoderich schreibt sich dabei selbst die Rolle des römischen *pater patriae* zu, der zur Anleitung verpflichtet ist und dem damit sogar die Befugnis zukommt einem König wie Chlodwig die Führung eines Krieges zu verbieten. Seine Briefe bringen darin zum Ausdruck, dass er sich selbst in der Tradition des Prinzipatsgedankens sieht.

cc) Die Schreiben Theoderichs an den König der Heruler und den Vandalenkönig Thrasamund

Die besondere Stellung, die Theoderich unter den Germanenkönigen in Anspruch nimmt, manifestiert sich neben dem bereits zitierten Brief an den Thüringerkönig Herminafried (Variae, IV, 1) auch in dem diesem folgenden Schreiben Theoderichs an den König der Heruler. Angesichts der mit diesem eingegangene Waffenbrüderschaft (Aufnahme als *filius per arma*) betont Theoderich, dass derjenige, der nach seinem Rechtsspruch für gut befunden werde, zugleich zu höchstem Rang unter den Völkern erhoben sei (*summus enim inter gentes esse crederis*).[407]

Welche Bedeutung Theoderich dem durch Adoption, Heirat und Verwandtschaft geschaffenen Bündnissystem zumisst, verdeutlicht auch der Briefwechsel mit dem Vandalenkönig Thrasamund im Jahre 511.[408] Thrasamund hatte nach der Niederlage der Westgoten gegen die Franken Gesalech, den Sohn des getöteten Westgotenkönigs Alarich II., bei sich aufgenommen. Während Theoderich die unmittelbare Herrschaft über die verbliebenen westgotischen Gebiete in Gallien und Hispanien übernahm, stattete Thrasamund den Westgotenkönig mit finanziellen Mitteln (Theoderich spricht von Reichtümern) aus. Gesalech unternahm schließlich den Versuch, die Herrschaft über die Westgoten gegen Theoderich wieder zu erlangen. Dementsprechend deutlich fällt die Kritik Theoderichs aus. Thrasamund hat trotz der

---

407 *Cassiodor*, Variae, IV, 2.

408 Zur Datierung, *Kakridi*, 103; zum Konflikt auch *Meyer-Flügel*, 192–195.

ehelichen Verbindung mit Theoderichs Schwester Amalafrida durch sein Verhalten gegen das von Theoderich gefestigte Band der *concordia* verstoßen. Sein Verhalten ist auch als *misericordia* nicht mehr nachvollziehbar, weil er die mit göttlichem Ratschluss erfolgte Hingabe von Amalerblut nicht zum Anlass genommen hat, sein Verhalten gegenüber Theoderich kritisch zu hinterfragen.[409] Theoderich stellt klar, dass Thrasamund, wenn er den durch *affinitas* geschaffenen Frieden mit seiner Sünde stört, auch von ihm nicht länger die Aufrechterhaltung des Friedensbandes erwarten kann.[410]

Bereits der nachfolgende Brief schlägt nach der Aussöhnung der Könige wieder mildere Töne an und beschreibt Thrasamund als von der Tugend geleiteten Herrscher, der durch *prudentia*, und *sapientia* den Irrtum eingesehen und sich vom Laster abgewandt hat. Schon durch diesen Wandel zum Besseren habe sich Thrasamund Theoderich erneut verpflichtet.[411] Damit es nicht so erscheint, als sei der Ausgleich mit Gold erkauft worden, weist Theoderich die von dem Vandalenkönig überbrachten Geschenke zurück. Er betont, der Ausgleich sei das Ergebnis das Streben Thrasamunds nach *iustitia* und nicht etwa tyrannischer *cupiditas*.[412]

Beide Taten, das Streben Theoderichs nach *iustitia*, sowie die im Umdenken Thrasamunds liegende Umkehrleistung hin zu Tugend und zum Erhalt des Bandes mit dem Ostgotenkönig, sind für sich alleine als Vorbilder des Königtums lobenswert.[413]

Als durch Geschenke erhaltenes Freundschaftsband erscheint schließlich auch die Beziehung Theoderichs zum König der Warnen. Die Übersendung qualitativ hochwertiger Schwerter zeigt, dass auch dieser König sich den Gütern des Friedens verpflichtet fühlt. Sie bestärkt die Hoffnung darauf, dass Gott auch die Völker der Könige miteinander verbinden und in gegenseitiger Pflicht in Zuneigung (*concordia*) erhalten wird.[414]

In allen oben genannten Fällen geriert sich Theoderich als Richter der Tugend. Er sieht gegenüber den Vandalen sogar die Befugnis, nicht nur über die Frage von Recht und Unrecht, sondern auch über die Problematik der Sünde und der zu ihrer Beseitigung erforderlichen Umkehrleistung zu urteilen. Die durch ihn geknüpften Familienbande müssen jedermann von besonderem Wert sein. Wer sich mit seinen Feinden verbündet, ist, da Theoderich selbst nach den Grundsätzen der Gerechtigkeit handelt, ein Feind von Eintracht, Frieden und damit der Gerechtigkeit. Er muss durch den ostgotischen König zur Ordnung gerufen werden.

---

409 *Cassiodor*, Variae, V, 43, 1.
410 *Cassiodor*, Variae, V, 43, 3 f. Zur Eheschließung *Kakridi*, 172.
411 *Cassiodor*, Variae, V, 44, 1.
412 *Cassiodor*, Variae, V, 44, 3.
413 *Cassiodor*, Variae, V, 44, 4.
414 *Cassiodor*, Variae, V, 1, 3.

c) *Der Krieg in Gallien*

Theoderichs Aufforderung an die Goten, angesichts der in Gallien trotz der unternommenen Vermittlungsversuche ausgebrochenen Feindseligkeiten zu den Waffen zu greifen, lassen erkennen, dass auch der Gedanke der Erlangung von *gloria* durch kriegerische Taten unter christlicher Herrschaft fortbestehen kann. Zieht Theoderich in einem christlichen Krieg und in Gottes Namen gegen die Feinde, so bestärkt das gotische Volk den Ruf rechter kriegerischer *fortitudo* und kriegerischer *gloria*. Dass Theoderich jedenfalls den *fortitudo*-Begriff nicht im christlichen Sinne als Standhaftigkeit der Seele gegen Laster des Friedenszustandes verwendet, zeigt der Satz, *fortitudo* sei in Zeiten der Muße nicht zu finden; das Licht aller Verdienstlichkeit bleibe im Frieden verborgen.[415] Tatsächlich taucht der *fortitudo*-Begriff in den „Variae" auch nicht im Zusammenhang mit administrativen Tugenden auf. Kriegerische Tapferkeit ist an das Erfordernis des *dei nomine* geführten Krieges geknüpft. Die Voraussetzungen des Krieges werden aus dem aktuellen Anlass genauer dargelegt: Erforderlich ist die *superbia* des Feindes. Er muss gegen alle Seelentugend und entgegen der Pflichten der *concordia* nach Herrschaft streben. Alle Versuche, Feindseligkeiten abzuwenden, müssen gescheitert sein. Nur ein solcher Krieg verschafft den Ostgoten der Gegenwart noch die Möglichkeit, ihre frühere Kampfestugend erneut zu erproben und die Jungen an die Taten des Krieges zu gewöhnen.[416]

Festzuhalten bleibt: kriegerische *fortitudo* ist Tugend des christlichen Krieges. Die Erlangung der *gloria* durch Tapferkeit in Waffen ist parallel zu den Friedenstugenden ausgestaltet. Sie gilt ihnen gegenüber aber nicht als *aliud* oder als Ziel minderen Ranges, sondern als im christlichen Kriege gleichwertig. Die Gleichbehandlung von kriegerischer und ziviler Tugend rechtfertigt sich zudem daraus, dass den Goten die Aufgabe übertragen wurde, die Römer Italiens zu verteidigen. Sie befinden sich daher aus der Sicht Theoderichs in der einmaligen Sonderrolle, zugleich im Gesetzesgehorsam und in den Künsten des Krieges bewandert zu sein.[417]

---

415 *Cassiodor*, Variae, I, 24, 1.

416 *Cassiodor*, Variae, I, 24, 2 f. Interessant ist im Hinblick auf die Panegyriken Claudians die Anmerkung, dass das Adlerjunge, das dem Licht der Sonne nicht standhalte, von den Eltern aus dem Nest entfernt werde. Zur Lichtmetaphorik und dem „splendor-imperii" vgl. *Kakridi*, 354 f.

417 *Cassiodor*, Variae, VII, 25, 2: „Nostra enim laus est, si vos militia Romana comitetur, quando talibus ministris potestis agere, quod videtur priscis sanctionibus convenire. sic enim Gothos nostros deo iuvante produximus, ut et armis sint instructi et aequitate compositi. hoc est, quod reliquae gentes habere non possunt: hoc est, quod vos efficit singulares, si assueti bellis videamini legibus vivere cum Romanis." Vgl. dazu auch VII, 3, 3.

3. Grundsätze von Administration und Ämtervergabe; Tugendlob und Rolle des Senates

Neben den an *reges* und den oströmischen Hof gerichteten Schreiben beinhalten die „Variae" eine Vielzahl von Briefen Cassiodors anlässlich der Vergabe höchster Staatsämter innerhalb des ostgotischen Herrschaftsbereichs. Auch sie enthalten überwiegend Tugendlob, verdeutlichen aber auch die Anforderungen an die Ausübung höchster Staatsämter. Sie entsprechen damit der Zielsetzung Cassiodors, die Anforderungen an die Ausübung der Ämter darlegen zu wollen. Das sechste und siebte Buch der „Variae" ist den hierfür gebräuchlichen Formeln gewidmet. Die Briefe der ersten fünf Bücher richten sich an bestimmte Amtsträger und modifizieren das Tugendlob in Ansehung des jeweiligen Adressaten. Die Darstellung erfolgt häufig nach der Art eines Panegyrikus, weil Topoi auf konkrete Sachvehalte übertragen werden.[418]

a) Die Formeln des sechsten und siebten Buches

aa) Das Konsulat: Königsgewalt als umfassender Garant der felicitas

Das erste Urkundenfomular betrifft das Amt des Konsuls. Es lässt erkennen, dass die ostgotische Königsherrschaft Theoderichs sich in der Aufgabe der Staatsleitung in der Nachfolge der alten römischen Kaiser sah und daher nicht bereit war dem Konsulat, das nach dem Zerfall der Kaisergewalt im Westen mit der vermeintlich höchsten Amtsgewalt ausgestattet war, mehr als nur eine repräsentative Rolle zuzubilligen.[419] Ausgangspunkt des Urkundenformulars ist die Erinnerung an die Ursprünge und den Inhalt der konsularischen Gewalt. Cassiodor weist darauf hin, dass die Qualität des Amtsträgers für die Erlangung maßgeblich gewesen sei. Weil er als Garant der Verfassung der *res publica* und der *libertas* fungiert habe und ihm auch die militärische Sorge anvertraut gewesen sei, habe das Amt von jeher im unmittelbaren Bezug zum allgemeinen Wohlergehen (*gaudere*) gestanden.[420] Die äußeren Symbole (Palmenrobe, Rutenbündel) hätten diese Verfügungsgewalt über römische Bürger ausgedrückt. Der Name des Konsuls habe deshalb auch das Jahr seines Konsulates geschmückt.[421] Der Gedanke der Sorge um das Heil des Volkes (*salus*) sei mit einer dem Konsulat eigentümlichen Freigiebigkeit (*largitas*) verknüpft gewesen. Sie habe zur Abschreckung der Feinde das Wohlergehen der Mitglieder der eigenen *civitas* zur Steigerung ihrer *gloria* zeigen sollen.[422]

---

418 Dazu *Kakridi*, 108; Ernennungsschreiben finden sich häufig auf den Positionen 11–17 der Bücher.
419 Zum Konsulat *Meyer-Flügel*, 444–446.
420 *Cassiodor*, Variae, VI, 1, 1 f.
421 *Cassiodor*, Variae, VI, 1, 1.
422 *Cassiodor*, Variae, VI, 1, 3 f.

Von der Vielzahl der in der Konsulatsgewalt begründeten Pflichten sei in der gegenwärtigen Königsherrschaft Theoderichs nur jene letztere erhalten. Es entspreche der besonderen *felicitas* des Zeitalters, dass der Konsul frei von den Mühen der Arbeit alleine seinen zivilen Verpflichtungen nachgehen könne. Die Pflicht, das Wohlergehen der *res publica* dadurch sicherzustellen, dass durch Siege an den Grenzen die *pax* gesichert und *securitas* für das römische Volk hergestellt ist, hat nach Cassiodors Auffassung das Königtum Theoderichs übernommen.[423] Dem Konsulat bleibt in der Gegenwart, die Früchte des Sieges (*otium*) zu genießen, die die arbeitsreiche, mit Gottes Willen geführte Regierung Theoderichs einfährt.[424] Der Konsul genießt die *felicitas* eines Princeps und ist von den Pflichten des Regierens frei.[425] Diese Verteilung der Gewalten, die das Konsulat zum vermeintlichen Gewinner des königlichen Schutzes erklärt, entwertet zugleich die klassichen Bestandteile der Amtsgewalt. Die in den Fasces ausgedrückte Verfügungsgewalt der Konsuln wird nicht länger gebraucht. Glückliche Amtsführung, die aller Pflichten entkleidet ist, besticht einzig durch zivile Tugend, d. h. durch *largitas*. Für das Amt des Konsulates ist demnach neben der Herkunft des Bewerbers auch die Fähigkeit entscheidend, die damit verbundenen finanziellen Verpflichtungen zu schultern.[426] Die konsularische Würde ist bloß repräsentative Würde. Sie dient der Mehrung des Ansehens der Regierung in den Augen des Volkes und hat Vorbildfunktion als Zeichen der durch Theoderich gesicherten Ordnung.

bb) Formulae VI, 3: Die Prätorianerpräfektur – tugendgeleitete irdische potestas und göttlicher Amtscharakter

Von weitaus größerer Bedeutung, als das ausschließlich mit symbolischer Macht ausgestattete Amt des Konsulats, ist das des Prätorianerpräfekten, dessen Amtsgewalt nach dem vorliegenden Urkundenformular der Theoderichs nach dem Umfang der Amtsgeschäfte nur wenig nachstand. Aus der Gruppe aller anderen Ämter hebt den Prätorianerpräfekten heraus, dass er die Begründung seiner Amtsstellung von einem Priester, dem biblischen Joseph, ableiten kann, der dem ägyptischen Pharao mit seiner *providentia* beistand. Der Prätorianerpräfekt erlangt die *gloria* seines Amtes von Gott, um durch *sapientia* dem Volk zusätzlich dasjenige zu gewähren, was die *potentia* des Herrschers faktisch nicht vermag. Er wird deshalb wie der König selbst als *pater* angesprochen.[427]

---

423 Cassiodor, Variae, VI, 1, 5: „Sed nunc sumitis ista felicius, quando nos habemus labores consulum et vos gaudia dignitatum. palmatae siquidem vestrae nostrae probantur esse victoriae et prosperrimae condicionis eventu vos in pace ingenuitatem ceditis famulis, cum nos securitatem demus per bella Romanis. atque ideo per illam indictionem consulatus te decoramus insignibus."

424 *Cassiodor,* Variae, VI, 1, 6.

425 *Cassiodor,* Variae, VI, 1, 7.

426 *Cassiodor,* Variae, VI, 1, 8.

427 *Cassiodor,* Variae, VI 3, 2; zur Weisheit (sapientia und prudentia) vgl. *Meyer-Flügel,* 358–361.

Der umfassenden Amtsgewalt und königsähnlichen Dignität[428] der Amtsstellung entspricht das Anforderungsprofil. Vom Prätorianerpräfekten wird nicht weniger verlangt, als dass seine *prudentia* die ihm zuteil gewordene Amtswürde rechtfertigt und so anderen zum Vorbild dient.[429] Wie dem König kommt ihm umfassende Gerichtsgewalt in allen Teilen des Reiches nebst höchster Strafgewalt auch über die Inhaber provinzialer Ämter zu, dazu die Verteilung der Gelder des Fiskus nach seinem Ermessen (*largitas*). Seine Urteile kann er von der Appellation ausnehmen, sein Wort hat fast Gesetzeskraft.[430] Das Verhältnis zum Königtum ist daher von besondere Nähe geprägt. Der Prätorianerpräfekt kann als Vertreter des Königs sprechen. Seine Gewalt richtet sich ohne Ausnahme gegen alle Herrschaftsunterworfenen.[431] Die Unterstellung unter die Königsgewalt drückt sich lediglich im Prüfungs- und Bestätigungsrecht des Königs aus. Der Dignität des Amtes entsprechend lässt das Urkundenformular keine Zweifel aufkommen, dass dieses Bestätigungsrecht stets im Sinne des Prätorianerpräfekten ausgeübt werden wird.

Der Prätorianerpräfekt ist Stütze einer mit *aequitas* und *moderatio* geübten Königsherrschaft.[432] Ausgewählt durch Gott zum Vorbild des Volkes und der Ämter, als *pater* der Dignität des Königs nahestehend, werden daher auch die Anforderungen der Amtstugend von Cassiodor, der das Amt selbst lange Zeit bekleidet hatte, herausgestellt. Das Amt erfordert *virtus* und *fides* gleichermaßen: *Et ideo tantum lumen gloriae sit actionibus vestris, ut et palatio nostro fulgeat et in provinciarum longinquitate reluceat. par tibi sit cum potestate prudentia: conscientiae tuae quadrifaria virtus assideat.*[433] Die vier Tugenden müssen ein Amt tragen, dessen Inhaber in erster Linie eine Verstrickung in durch Laster bestimmte Delikte sowie den Anschein des *otium* vermeiden muss. Die Nähe zur sakralen Amtswürde erfordert beständiges Wirken zur Rechtfertigung der Vorbildfunktion.[434]

Wie in den Urkunden der ersten fünf Bücher wird auch in der Prätorianerpräfektur das Herrscherideal Theoderichs deutlich. Hauptaufgabe der höchsten staatlichen Leitungsgewalt ist die Rechtspflege (*aequitas*) die über Verbrechen jeder Art Urteile spricht, die staatliche Amtsführung im gesamten Reichsgebiet kontrolliert und durch mit *moderatio* geübte beständige Tätigkeit ein positives Tugendvorbild der königlichen Regierung bietet. Der nahezu sakrale Amtscharakter – die Konsulatsformel hat mit der Berufung Theoderichs auf die göttliche Gnade den sakralen Amtscharakter des Königtums selbst bestätigt – erinnert daran, dass als Tugendvorbilder staatlicher

---

428 *Cassiodor*, Variae, VI, 3, 2; 4: „Potestate igitur nulla dignitas est aequalis.", *Meyer-Flügel*, 447–448.

429 *Cassiodor*, Variae, VI, 3, 1: „...tali auctore praefectura praetoriana gloriatur, qui et mundo prudentissimus et divinitati maxime probatur acceptus."

430 *Cassiodor*, Variae, VI, 3, 3. Sein Amt gestattet Tätigkeiten, deren Ausführung durch andere einem Verrat gleichkäme, vgl. 4.

431 *Cassiodor*, Variae, VI, 3, 4.

432 *Cassiodor*, Variae, VI, 3, 5; 6. Zum rechten Maß *Meyer-Flügel*, 362–364.

433 *Cassiodor*, Variae, VI, 3, 8.

434 *Cassiodor*, Variae, VI, 3, 9.

Herrschaft nunmehr auch Träger kirchlicher Amtswürden fungieren. Eine irdische Leitungsgewalt, die neben ihrer irdische *potestas* den göttlichen Amtscharakter ihrer Tätigkeit betont, beruft sich auf biblische Vorbilder. Der Salomon-Vergleich bei Avitus von Vienne[435] zeigt, dass es sich bei den vorsichtig formulierten Anleihen Theoderichs keineswegs um eine singuläre Ausnahmeerscheinung der Gotenherrschaft handelt. Das Element beständiger Arbeitstätigkeit, der Abwesenheit von *otium*, ist zum Ausdruck der Verpflichtung der sakral legitimierten Leitungsgewalt umformuliert. Es fungiert nicht mehr als Zeichen kaiserlicher Göttlichkeit (als übermenschliche Unermüdlichkeit), sondern ist Auszeichnung des Herrschers vor Gott.

cc) VI, 5 – Das Amt des Quästors als Mund des Königtums

Der Dignität nach steht der Prätorianerpräfektur das Amt des Quästors, das Cassiodor ebenfalls selbst (507–511) lange Jahre bekleidet hatte, kaum nach. Zwar fehlt hier an dem Verweis auf die göttliche Ableitung der Amtsgewalt. Zur Begründung der *dignitas* der Quästur ist dieser aber auch nicht nötig. Denn das Königtum spricht durch die Quästur. Der Quästor ist Ratgeber und Sprachrohr des Königtums in einer Person.[436] Er klärt mit dem König Zweifelsfragen als *thesaurus famae publicae, armarium legum* in eigener Person und vermittelt dem Volk nach außen die Worte des Königtums zusammen mit der Botschaft, das Rechte stets zu lieben, das Falsche zu verbannen, das Gute ohne Unterlass zu preisen und das Böse stets abzulehnen. Seine Pflicht ist es, die Sitten Dritter zu korrigieren und daher selbst die notwendige persönliche Integrität niemals abzulegen.[437] Entscheidend ist, dass er nicht „falsch" spricht. So müssen einerseits rhetorische Bildung und eine in der *iustitia* liegende Stärke der Seele die Vermittlung des königlichen Willens garantieren, während andererseits aufgrund der Anfragen des Königs die sicherere Kenntnis des Rechts unverzichtbar ist. Der Quaestor kann aufgrund der Unmittelbarkeit seiner Beziehung zum königlichen Geist zur Prüfung der Richtigkeit seiner Entscheidungen nicht auf Dritte zurückgreifen. Seine Aufgabe ist der unmittelbare, richtige Ratschluss, den die Einsetzungsformel wiederspiegelt.[438] Das Amt des Quästors ist Garant der *civilitas*, wie kein anderes Sitz der Tugend. Der Quästor muss die Herrschaft selbst repräsentieren. Er ist unmittelbarer Empfänger der Petitionen der Provinzen und des Senates, unmittelbarer Adressat königlicher Anfragen und hat die Pflicht, in wichtigen Dingen die Antworten selbst zu verfassen. Er muss alle Laster – *invidia*;

---

435 Vgl. *Shanzer/Wood*, Avitus, S. 188, Fr. 2.

436 *Cassiodor*, Variae, VI, 5, 1 f. Der Quästor ersetzt den König; *Kakridi*, 32; *Meyer-Flügel*, 449.

437 *Cassiodor*, Variae, VI, 5, 3.

438 *Cassiodor*, Variae, VI, 5, 4 f. „Atque ideo prudentiae vel eloquentiae tuae fama provocati quaesturam tibi, gloriam litterarum, civilitatis templum, genetricem omnium dignitatum, continentiae domicilium, virtutum omnium sedem, per illam indictionem deo praestante concedimus, ut sic agas, quemadmodum te parem rebus praedictis esse contendas."

Gefallen am Leid Dritter – von sich weisen und sich mit dem Königtum stets in geistiger Übereinstimmung befinden: *...quia quod odiosum est principi, non potest convenire quaestori.*[439] Er übt als Unterworfener die *potestas* des Princeps selbst aus, steht dem durch die Königsgewalt zu Verurteilenden ebenso, wie dem ob seiner tugendhaften *gloria* zu Lobenden, unmittelbar wie der König gegenüber.[440] Die so ausgestaltete Präfektur ist Beispiel königlicher Pflichterfüllung. Das Quästorenamt hat Doppelfunktion. Der Quästor handelt für den König durch sinngemäße Entscheidung gemäß dem Herrscherideal. Zugleich handelt stets auch der König durch den Quästor, wenngleich die königliche Entscheidung sich wiederum ausschließlich auf den Ratschlag der Quästur stützten mag. Zur Verwirklichung des Staatszweckes – das Königtum ist Musterbeispiel der Gerechtigkeit und der alten Sittenhaftigkeit und Vorbild der *civilitas* – ist zwar Personenidentität nicht möglich, wohl aber Übereistimmung im Geiste unverzichtbar.

dd) Gleiche Gerechtigkeit gegenüber Goten und Romanen, der comes Gothorum

Das Gesamtkonzept der an der *iustitia* und *civilitas* ausgerichteten Regierung Theoderichs stellt das im siebten Buch vorgestellte Formular der Ernennung des *Comes Gothorum*, des einzig spezifisch gotischen Amtes dar. Es stellt zunächst klar, dass Konflikte von Goten und Römern oder der Römer untereinander im Wege der *iustitia* auszutragen sind, die Goten in Streitigkeiten der Römer untereinander den Prozess aber den römischen *cognitoren* überlassen. Der Wunsch Theoderichs, dass *sub diversitate iudicum una iustitia* herrschen soll, leitet zum allgemeinen Wunsch des Königs für die Gesellschaftsordnung über. Innerhalb eines gemeinsamen Friedens (*pax*) sollen Römer und Goten als zwei Nationen gemeinsam die Segnungen der Muße (*otium*) genießen.[441] Das Gegenseitigkeitsverhältnis beider bestärkt die Tatsache, dass alle Untertanen Theoderich gleich lieb sind. Er schließt diejenigen mehr in sein Herz, die sich dem Recht unterwerfen. Wer sich dem verweigert und sich trotz der Möglichkeit vor den Gerichten sein Recht zu finden *incivile* verhält, muss aufgrund seiner *superbia* damit rechnen, aus der königlichen *pietas* ausgeschlossen zu werden. Die Ämter des Reiches Theoderichs sind geschaffen, damit Zorn zwischen den Völkern vermieden werden kann.[442] Nicht Gewalt, sondern das Recht muss Streitigkeiten beherrschen (*in causa possint iura, non brachia)*, da dort, wo Gerechtigkeit herrscht, kein Grund für Gewalt existiert.

---

439 *Cassiodor*, Variae, VI, 5, 6.

440 *Cassiodor*, Variae, VI, 5, 6: „Exerce potestatem principis condicione subiecti."

441 *Maier*, 92: Civilitas bedeutet die Wiederanknüpfung an die „Romanitas" als römische Rechtsstaatlichkeit, d.h. die Einhaltung der Gesetze, staatsrechtliche Kontinuität und Sicherung von Ruhe und Frieden sowie der Eintracht.

442 *Cassiodor*, Variae, VII, 3, 1 f.

b) *Das Königtum in den übrigen Formeln*

Die hohe Achtung der Gerechtigkeit durch Theoderich drückt sich auch in den Formeln immer wieder darin aus, dass diejenigen, die mit der Durchsetzung der Gerechtigkeit als Stellvertreter Theoderichs betraut werden, beständig zur Wahrung ihrer Amtspflichten gemahnt oder gegen falsche Anschuldigungen in Schutz genommen werden. Dazu gehören allgemeine Ermahnungen zur moralischen Amtsführung ebenso, wie die Warnung vor Bestechlichkeit oder die Aufforderung zu leichter Zugänglichkeit.[443]

aa) Rechtsdurchsetzung: Schutz vor Verfolgung durch die Verurteilten

Die Durchsetzung des Rechts durch den an den Gerichtshöfen hierfür zuständigen Offizier (Comitiacus) erfährt auch in den Urkundenformularen eine besondere Würdigung. Der König erkennt an, dass die Aufgabe ein Urteil durchzusetzen, also *superbia* mit der durch *aequitas* sichergestellten *modestia* zu mäßigen, den ausführenden Beamten mehr als den Richter dem Zorn des Verurteilten aussetzt. Zu den ohnehin mit der Rechtsdurchsetzung einhergehenden Gefahren bei der Verfolgung von Tätern gesellen sich die Klagen von Kläger und Beklagtem hinzu, wenn sie nicht mit der gebotenen oder mit zu hoher Intensität erfolgt.[444] Durch die Einrichtung des Ranges eines Magister Scrinii versucht der König daher diejenigen, denen die schwierige Aufgabe der Rechtswahrung zukommt, vor den Nachstellungen der Verurteilten zu schützen, da diese dem Richter bereits in dem auf die Verurteilung folgenden Jahr wieder vorgesetzt sein können. Nur so ist die Effektivität der Rechtspflege zu gewährleisten.[445]

bb) Stellvertreterfunktion der Konsulare und Rectoren

Tugend ist darüber hinaus all denjenigen einzuschärfen, die in der Gerichtsgewalt mit der unmittelbaren Vertretung des Königs betraut sind. So spricht der Vicarius der Stadt Rom, obgleich er dem Praefectus Urbi unterstellt ist, die Urteile im Namen des Princeps. Er übt als Wächter des Rechts (*iura custodis*) die Pflichten aus, die mit dem Ruhm der Präfektur gemeinhin verbunden werden, und ist daher zu besonderer *modestia* und Gewissenhaftigkeit verpflichtet.[446] Tugendkataloge gelten darüber hinaus für die Inhaber von Ämtern innerhalb der Provinzverwaltung. Besondere

---

443 *Cassiodor*, Variae, VI, 4, 2; VI, 6; VI, 11: Hier verweist Theoderich zudem darauf, dass er die Ernennung zu Ämtern auch mit dem Ziel einer Besserung der Tugend vornimmt.

444 *Cassiodor*, Variae, VI, 13, 2.

445 *Cassiodor*, Variae, VI, 13, 4. Zugleich ermöglicht ihnen rechte Amtsführung den Aufstieg zum Hort der libertas, dem Senat der Stadt Rom. Die Reaktion Theoderichs im Falle einer Gefährdung der civilitas durch den Rückgriff auf Gewalt nimmt VII, 39 in den Blick: Theoderich gewährt Schutz durch Aufnahme in seine tuitio.

446 *Cassiodor*, Variae, VI, 15, 1 f.

Charaktertugend wird den Konsularen und Rectoren der Provinzen eingeschärft. Als Vertreter des Konsuls muss sich der Konsular bewusst machen, dass er nicht bloß höchste Gerichtsgewalt ausübt, sondern durch sein Tun auch zu der seinem Herren entgegengebrachten Ehrerbietung beiträgt. Seine *clementia* fällt auf den Konsul zurück. Seine Amtsführung stärkt die Ehrfurcht vor dem Königtum.[447] Er muss sich daher in besonderer Weise vor *cupditias* schützen und *moderatio* üben. Beides wird ihm am Besten dann gelingen, wenn er sich stets die durch ihn verfolgten Verbrechen vor Augen führt und im Übrigen Freigiebigkeit (*largitas*) pflegt.[448] Ihm ist darüber hinaus aufgegeben, reinen Gewissens den Schutz des Eigentums sicherzustellen.[449]

Für den Rector einer Provinz gelten im Wesentlichen dieselben Einschränkungen. Da der König die Gerichtsgewalt nicht im gesamten Reich selbst ausüben kann, braucht die königliche Gewalt von alters her Stellvertreter in den Provinzen, um *latrocinia* rasch aburteilen zu können.[450] Wem dieses Amt der Stellvertretung anvertraut ist, der muss schon alleine deswegen für seine Sittlichkeit, d. h. seine Gerechtigkeit und Reinlichkeit der Seele sorgen, weil seine Amtsführung zugleich von der Art der unter dem König herrschenden Zeiten kündet. Wer andere verurteilt, muss zuerst sich selbst beherrschen.[451] Der Rector wird aufgrund der damit vebundenen herausgehobenen Stellung vom Princeps als Bruder (*frater*) angesprochen.

cc) Provinzverwaltung als letzte Instanz der Gerechtigkeitspflege

Dass eine Ausübung der provinzialen Ämter durch Tugend zum Lobpreis des Zeitalters Theoderichs umso wichtiger ist, je mehr die geograpische Entfernung zum Zentrum der gotischen Herrschaft wächst, lässt sich dem Formular der Ernennung des Comes für die Stadt Syracus entnehmen. Mit größer werdender räumlicher Distanz zum Herrschaftssitz muss die königliche Gewalt umso mehr dafür sorgen, dass nur solche Gouverneure eingesetzt werden, die wenig Anlass zu Zweifeln an ihrer Amtsführung geben. Appellationen aus weit entfernten Regionen an den Hof des Königs werden nur selten erfolgen. Wird dort durch Vertreter des Königs das Recht gebrochen, so besteht stets die Gefahr, dass die Gerechtigkeit ganz aufgehoben

---

447 *Cassiodor*, Variae, VI, 20, 1 f. *Meyer-Flügel*, 333 f.

448 *Cassiodor*, Variae, VI, 20, 2: „Certe foedissimae contrarietatis vitium est studere furtis et habere vocabulum largitatis."

449 *Cassiodor*, Variae, VI, 20, 4.

450 *Cassiodor*, Variae, VI, 21, 1: „Omnino provide decrevit antiquitas iudices ad provinciam mitti, ne possit ad nos veniendo mediocritas ingravari. quis enim latronum ferret audaciam, si longe positam cognoscerent disciplinam?"

451 *Cassiodor*, Variae, VI, 21, 4: „Additur, quod a principe frater vocaris, ut nobilitate pretiosi nominis a vilitate criminum tollereris. cogita tantorum hominum tibi commissas esse fortunas. fama erunt nostri temporis tui mores. esto in te continens, ut possis in alios esse iudex."

wird, da der König den Untertanen von dort aus nur schwer zugänglich ist.[452] Umso stenger fallen daher die Einschärfungen zu rechter Amtsführung aus. Eine erfolgte Appellation alleine würde aufgrund der geographischen Entfernung schon Zweifel an der Amtsführung nahelegen. Die mangelnde Kontrolldichte veranlasst Theoderich darüber hinaus zu dem Hinweis, dass der Comes zum Schutz (*securitas*) der Untertanen eingesetzt sei, also ihre Rechte auch in Ansehung des Eigentums und der daraus an seine Soldaten zu entrichtenden Steuern zu wahren habe.[453]

dd) Amtsgewalt als Last der Verbrecher

Die Zielsetzung der Wiederherstellung der rechtsgemäßen Ordnung in den Provinzen durch Theoderich spricht auch ein an die Stadt Neapel gerichtetes Urkundenformular an. Es betrifft die Einsetzung eines Grafen für den Stadtbereich und die Umgebung der Stadt. Seine Entsendung erfolgt zu Ehren der Stadt, zu Freuden Theoderichs, um sie vor Angriffen zu schützen und durch die Wahrung des Rechts (*leges*) *quietas* zu sichern und so das ganze Volk durch das Vorbild rechter Sittlichkeit zur Einhaltung der *aequitas* anzuregen.[454]

Auch hier bestehen freilich Grenzen: So ist zwar die Amtsgewalt des über eine Provinz eingesetzten Grafen mit kriegerischem Schwert und Gewaltrecht versehen, doch darf dieses nur *pro salute multorum* und zum Schrecken der Verbrecher eingesetzt werden. So soll ebenso wie der Private, auch die königliche Gewalt nicht durch ihre Vertreter leicht zu Waffen greifen. Besonders deutlich wird dies dadurch, dass Theoderich zusätzlich einschärft, in der Verhängung von Todesstrafen Vorsicht walten zu lassen. Da der Tod irreversibel sei, könnten Fehler dort nicht mehr korrigiert werden.[455] Unnützes Blutvergießen im Rahmen der Strafverfolgung ist daher unbedingt zu vermeiden.[456] Auf die Besonderheiten der mit dem Schwert versehenen Gewalt geht der König auch anlässlich der Ernennung eines *dux* für die Provinz Raetien ein. Wer immer an den Grenzen des Reiches dient, unterliegt

---

452 *Cassiodor*, Variae, VI, 22, 1 f. Dass Königsgewalt in weit entfernten Provinzen überhaupt erforderlich ist, bestätigt VII, 16. Es ist nicht erstrebenswert, dass die Untertanen vollkommen nach ihrem freien Willen leben.

453 *Cassiodor*, Variae, VI, 22, 2 f.: „Inde autem ultro requirimus, unde ad nos difficile veniri posse sentimus. habes quae te decorare debeant, si tu tamen ibi conscientia defaecatus adveneris."

454 *Cassiodor*, Variae, VI, 24, 1: „Erit nostrum gaudium vestra quies."; 2: „Atque ideo illi nos comitivam Neapolitanae civitatis per illam indictionem dedisse declaramus, ut vestra gubernatione laudatus alteram mereatur de nostro iudicio dignitatem. cui vos convenit prudenter oboedire, quia utrumque laudabile est, ut bonus populus iudicem benignum faciat et mansuetus iudex gravissimum populum aequabili ratione componat." Zu welcher Art von Problemen es in Neapel zuvor gekommen ist, bleibt unklar.

455 *Cassiodor*, Variae, VII, 1, 1–3; 2: „Scito puniendi remedium datum tibi pro salute multorum. arma ista iuris sunt, non furoris."; vgl. auch VII, 7.

456 *Cassiodor*, Variae, VII, 8; Ernennung eines Praefectus Vigilum Urbis Ravennatis.

besonderen Amtspflichten, da er von dem Schwert gegenüber Feinden Gebrauch machen muss und dieser Gebrauch besondere Verantwortung mit sich bringt.[457]

ee) Schutz der Armen

Wert legt Theoderich schließlich auch darauf, klarzustellen, dass *iustitia* in allen Fällen, in denen Arme betroffen sind, mit besonderer Sorgfalt geübt werden muss, da Urteile hier in der Regel einen schwereren Eingriff in die Lebensführung bedeuteten.[458]

ff) Besondere aus der Nähe zum Königtum folgende Amtspflichten

Für alle Amtsträger, die ähnlich dem Quästor stets in unmittelbarer Nähe des Königtums stehen, gelten die Aussagen über die Charaktertugenden des Quästors gleichermaßen. Wer als Notarius die Geheimnisse des Königs empfängt, muss sich durch besondere Treue (*fides*) auszeichnen. Denn auch wenn die Handlungen des Königs sich vor der Öffentlichkeit abspielen, kommt es nur wenigen zu, den Beschlüssen des Königtums beizustehen. *Innocentia* im Ratschlag ist daher ebenso unverzichtbar wie die beständige Auszeichnung durch hohe Sittlichkeit (*moribus*).[459] Die Forderung nach gleicher Reinigung des Gewissens gilt für *Referendarii*, denen die Aufgabe zukommt im Königsgericht die Worte der Kläger und Beklagten sowie des Königs in rechtlich korrekter Weise ohne Verfälschung ihres Inhaltes zu fassen. Gleich dem Quästor müssen sie über umfassende Bildung in der Redekunst verfügen. Sie dürfen den Worten des Königs weder fälschlich etwas beifügen, noch sie verdunkeln.[460] Auch die Verwalter von Königsgut werden ermahnt, sich nicht aufgrund ihres Amtes über ihre Umgebung zu erheben.[461]

c) Administrative Pflichten in den Ernenungsurkunden Theoderichs

Gegenüber den abstrakt benannten Anforderungen der Formulare an die Tugendhaftigkeit der Amtsinhaber erlauben die Briefe des I–IV Buches auch die Betrachtung der Ansprüche des Königs an konkrete Tugenden einzelner Persönlichkeiten. Der Verlust des Theoderich-Panegyrikus des Cassiodor ist durch die hier erfolgte Verknüpfung abstrakter Anforderungen mit den konkreten Trägern der Herrschaftsgewalt verkraftbar.

---

457 *Cassiodor*, Variae, VII, 4. Dementsprechend schärft Theoderich an dieser Stelle immer wieder zugleich mit ein, dass die Schwertgewalt nicht gegen die Provinzialen eingesetzt werden dürfe.

458 *Cassiodor*, Variae, VII, 14, 3.

459 *Cassiodor*, Variae, VI, 16, 1: „Publicum est quidem omne quod agimus: sed multa non sunt ante scienda, nisi cum fuerint deo auxiliante perfecta"; 2 f.

460 *Cassiodor*, Variae, VI, 17, 3 f.

461 *Cassiodor*, Variae, VI, 9.

aa) Das Lob des Cassiodorus Senior (I, 2 u. I, 3) und das Herrscherideal des Prinzipats

Schon die Ernennung Cassiodors des Älteren, Vater Cassiodors, zum Patrizier bildet im zweiten und dritten Brief des ersten Buches einen echten Panegyrikus, der der Frage des Verhältnisses zum oströmischen Kaiserhof unmittelbar nachgestellt ist. In Abwandlung von der eigentlichen Idealvorgabe hat Theoderich dem Lob des Präfekten nicht den Lobpreis der Abstammung vorangestellt. Er setzt unmittelbar mit grundsätzlichen Erwägungen zum Lohn der Tugend, also zur individuellen Tugendhaftigkeit an, die seit den Kaiserpanegyriken Claudians und Sidonius Apollinaris den Kern des römischen Tugendlobes gebildet hatte. Im zunächst abstrakt gehaltenen Proömium betont der König, dass das natürlich Preisenswerte keines weiteren Lobes bedarf. Er schließt sich damit der stoischen und neuplatonistischen Auffassung an, dass die Tugend (*virtus*) ihren Lohn bereits in sich trägt.[462]

Gleichzeitig wird mit dem vom König aufgeworfenen Gedanken, Beförderungen ausschließlich an der Tugend auszurichten, schon das Ideal des Königtums als Tugendvorbild, d. h. die gerechte Amtsvergabe nach der Verdienstlichkeit seines Trägers hervorgehoben. Die durch Tugendtaten bezeugte Loyalität veranlasst die königliche Seele (*animus domini*) alleine nach der Verdienstlichkeit zur Ämtervergabe zu schreiten. Schmeichelei ist wirkungslos.[463] Ganz in panegyrischer Tradition steht die Betonung, Cassiodor der Ältere habe nicht nur über eine Einzeltugend, sondern über eine Vielzahl lob- und ehrenwerter Tugenden verfügt. Konkret benannt werden *aequitas, iustitia, temperantia* und *moderatio.*

Den abstrakten Grundsätzen folgt das Tatenlob. Schon in der Verwaltung Siziliens hat Cassiodor den Tugendnachweis erbracht. Er hat den Abfall der Provinz nicht im Wege der Rache, sondern durch heilende Überzeugung verhindert und damit die Notwendigkeit von Strafe vermieden. Er war Wächter des Zivilrechts (*civilia iura custodiens*), ein Richter ohne *avaritia,* der in rechter Weise öffentliche und private Güter gegeneinander abzuwägen verstand, ohne selbst Reichtümer zu erstreben.[464] Das Lob rechter, öffentlicher Verwaltungstätigkeit, das in scharfem Gegensatz zu der noch von Salvian kritisierten Gier der Provinzialen nach persönlicher Bereicherung

---

462 *Cassiodor,* Variae, I, 3, 1: „...omnia siquidem bona suis sunt iuncta cum fructibus, nec credi potest virtus quae sequestratur a praemio tamen iudicii nostri culmen excelsum est: quoniam qui a nobis provehitur, praecipuis plenus meritis aestimatur."

463 *Cassiodor,* Variae, I, 3, 2 f.: „...regnantis quippe sententia iudicium de solis actibus sumit, nec blandiri dignatur animus domini potestate munitus." *Meyer-Flügel,* 337–339.

464 *Cassiodor,* Variae, I, 3, 4: „...ubi sub praecinctu Martio civilia iura custodiens publica privataque commoda inavarus arbiter aestimabas et proprio censu neglecto sine invidia lucri morum divitias retulisti...".

tritt, erstreckt sich auch auf die Justizpflege. Sie hebt Theoderichs Recht von der Rechtsdurchsetzung im Wege privater Auseinandersetzungen ab.[465]

Die *iustitia* ist es auch, die im Mittelpunkt des Lobes der Verwaltung Lucaniens und Bruttiums (491–505) steht. Die Magistratur nur nach dem Recht, frei von Irrtümern und Neid auszuüben, zeugt alleine von durch Tugend erlangter *gloria*. Gleiches gilt für die sich anschließende italische Präfektur.[466]

Die dem Schreiben folgende Anzeige der Verleihung patrizischer Würden an den Senat der Stadt Rom konkretisiert wiederum im Proömium die Erwartungen an diese Körperschaft. Der Geist der *libertas* erfordert einen gut besetzten Senat zur Wahrung der *dignitas* des Reiches und zur Zierde seines Herrschers. Zu Mitgliedern sind durch königliche *clementia* Männer guten Charakters zu ernennen. Dies sind solche, die durch das Tugendvorbild der von ihnen geführten Amtsgeschäfte anderen zum Vorbild wurden.[467] Mit der Betonung von *continentia*, *aequitas* und Milde, der Herausstellung als *innocens iudex*, der Freigiebigkeit und der Verachtung der Verbrechen, wird Cassiodor erneut zum Vorbild der Sittlichkeit (*mores*) erhoben.[468]

Dem so kreierten Tugendvorbild stellt Theoderich nun die von *avaritia* geleitete Führung der Amtsgeschäfte gegenüber. Wer Korruption beseitigen soll, obwohl er selbst korrupt ist, wer die Einhaltung der Gesetze überwacht, obwohl er selbst ungerecht ist, mag im Einzelfall zu gerechten Urteilen gelangen. Es fehlt ihm aber die zur Administration notwendigen Fähigkeit, Kraft der Autorität seines freien Gewissens ein Vorbild rechten Geistes der Regierung abzugeben und dadurch den Antrieb zum Laster aufzuheben.[469] Rechte Verfassung der Seele und rechtes Handeln bilden die untrennbare Einheit des Tugendvorbildes. Die Konsequenz dieser Verbindung ist eine Ämtervergabe nach der durch Tugend erlangten *gloria* der Seele. Damit wird der *favor* der Fortuna zugunsten der individuellen Gerechtigkeit (*aequitas*) ausgeschlossen. Die Feststellungen Cassiodors nehmen den Grundgedanken der ersten beiden Bücher der „Consolatio Philosophiae" des Boethius vorweg und lösen das vieldiskutierte römische Problem eines sich gegenüber dem Staatswesen

---

465 *Cassiodor*, Variae, I, 3, 4: „...excludens vel querelis aditum vel derogationibus locum: et unde vix solet reportari patientiae silentium, voces tibi militavere laudantium. novimus enim testante Tullio...".

466 *Cassiodor*, Variae, I, 3, 5 f.

467 *Cassiodor*, Variae, I, 4, 1–3.

468 *Cassiodor*, Variae, I, 4, 5: „vixit tanta continentia, ut aequitatem et institueret monitis et doceret exemplis. facilis enim recti persuasor est innocens iudex, sub cuius praedicabili conversatione pudet mores probabiles non habere."; weiter Variae, I, 4, 8: „fuit itaque, ut scitis, militibus verendus, provincialibus mitis, dandi avidus, accipiendi fastidiosus, detestator criminis, amator aequitatis."

469 *Cassiodor*, Variae, I, 4, 5: „...auctoritatem libera conscientia non ministrat...".

wandelnden Schicksals.[470] Die unbesiegte Seele erwirbt sich selbst den Lohn guten Rufes.[471]

Erst jetzt folgt der Lobpreis der Familie der Cassidori, ihrer zivilen und militärischen Tugenden, der Verbindung der des Vaters und Großvaters mit der römischen Staatsgewalt. Wie bei Sidonius bleibt das Vorbild der Verbindung zum Feldherren Aetius lobenswürdig. Gleichermaßen wird der unermüdliche Arbeitseinsatz (*labor*) für die *res publica* hervorgehoben. Dazu gehört die Teilnahme des Vaters Cassiodors des Älteren an einer Gesandtschaftsreise zu dem nach der Weltherrschaft strebenden Attila. Sie mündete in der Überwindung der *superbia* Attilas und brachte dem Vater das von ihm abgelehnte Angebot der Erhebung in den Adelsstand ein.[472] Ähnlichen Rang genießt die Leistung des Großvaters Cassiodors des Älteren, der Italien Bruttium und Sizilien vor den Vandalen bewahrte.[473]

Dem Vorbild der Vorfahren ehrt auch Cassiodor der Ältere das Recht und schafft Sicherheit (*securitas*). Er gewinnt durch Freigiebigkeit gegenüber den Armen dieselben Seelen für sich, deren *libertas* bereits die Vorfahren vor Unterdrückung geschützt haben.[474] Erst die *conclusio* fördert den Hauptzweck des Tugendlobes zutage: Die Teile der Senatorenschaft, die mit der Gotenherrschaft noch nicht ausgesöhnt sind, sollen erkennen, dass ein Leben nach dem Vorbild der Tugend auch den Ruhm ihrer Geschlechter wiederherstellen kann.

Sein Verdienst hat das Lob Cassiodors des Älteren also nicht nur gegenüber dem Gepriesenen, sondern v. a. gegenüber dem Senat der Stadt Rom – dem auch die umfangreichere Anzeige zugeht. Theoderich stellt sich als Garant des Rechts (*iustitia, aequitas*) und der römischen Freiheit (*libertas*) in den Kontext des Prinzipatideals. Er setzt durch, dass die Verwaltung der Provinzen durch Tugendvorbilder erfolgt, bestimmt seine Dienerschaft nicht nach der Fortuna, sondern nach dem Vorbild der *virtus*. Nicht durch eigensinniges, lasterhaftes Gewinnstreben, sondern durch vorbildhafte Amtsführung wird *gloria* erworben. Die mit den Exempla des Vaters und Großvaters verbundenen Assoziationen weisen ihn als Feind des Strebens nach widerrechtlicher *dominatio* aus. Sie stellen ihn zugleich als Garanten der *securitas* und der Sorge um die Bedürftigen und Notleidenden dar, der beständigen Arbeitseinsatz (*labor*) für die *res publica* mit höchsten Würden adelt. Durch die Anknüpfung der Ämtervergabe nur an die Tugend wird die Aussöhnung mit der römischen Gesellschaft ermöglicht. Stets wird der Einzelne – die Frage nach der familiären

470 *Cassiodor*, Variae, I, 4, 7 f: „Sensit tunc res publica ex illo coetu Romuleo innocentiae virum, qui licet se moderando gloriosum fecerit, hoc tamen maius contulit, quod bonae actionis exemplum sequentibus dereliquit."

471 *Cassiodor*, Variae, I, 4, 8: „Quod non fuit illi custodire difficile, qui se a rebus alienis decreverat abstinere. est enim invicti animi signum famae diligere commodum et lucra potius odisse causarum."

472 *Cassiodor*, Variae, I, 4, 9–11.

473 *Cassiodor*, Variae, I, 4, 13 f.

474 *Cassiodor*, Variae, I, 4, 16 f.

Herkunft steht am Ende des Lobes Cassiodors des Älteren – an dem Beispiel seiner Leistung, nicht nach seiner Vorgeschichte, bemessen.

bb) Die Ernennungen Eugenius zum Magister Officiorum (I, 12; I, 13) sowie der Marcellus zum Advocatus Fisci

(1) Pietas principis – Gerechtigkeitswahrung als heilige Pflicht

Die Anforderungen des von Theoderich erwarteten Dienstes präzisieren zwei anlässlich der Ernennung des Eugenius zum Magister Officiorum verfasste Schreiben. Wieder betont Theoderich, die eigene Ämtervergabe nur am Maßstab der Verdienstlichkeit auszurichten. In Ansehung des Eugenius präzisiert ein umfangreicher Pflichtenkatalog die Forderung. Durch das Beispiel seiner Arbeit, durch seine Rechtssprüche, soll sich Eugenius einen Namen erwerben. Unter Theoderich erfährt *innocentia*, erfahren gute Taten (*bonis actibus*) Lob. Daher muss auch der Rechtsspruch der Dienerschaft das Tugendvorbild Theoderich nachahmen und ein Tempel der Unschuld, ein Heiligtum der Geduld und ein Triumphbogen der Gerechtigkeit sein.[475] Die Erfüllung der Pflicht gegenüber einem als *pius* bezeichneten *princeps* erfordert die Verbannung alles Profanen aus dem Geist des Urteils.[476] Wieder verlangt Theoderich den Einsatz der ganzen Kraft zum Wohle der *res publica*. Er fordert den Senat auf, „die Blume der Menschheit", d. h. die Tugend in besonderem Maße bei sich zu verankern.[477]

(2) Königliche largitas in Steuersachen

Mit der königlichen Tugend der Freigiebigkeit im Zusammenhang mit der Erhebung von Steuern setzt sich schließlich ein Schreiben auseinander, das die Beförderung des Marcellus zum Advocatus Fisci ankündigt.[478] Da das sicherste Lob des Königtums in der Freigiebigkeit besteht, ist es zur Wahrung der *iustitia* angebracht, die Steuern von solchen Personen eintreiben zu lassen, die in der Lage sind zu erkennen, ob ein Steuerschuldner Güter vor der öffentlichen Hand verbirgt.[479] Zugleich verlangt *iustitia* in Steuerstreitigkeiten *moderatio*, damit nicht die Eingaben Unschuldiger missachtet und gerechte Bitten zurückhaltender Menschen leichtfertig verworfen werden.[480] Die vom Fiskus auferlegten Lasten dürfen die Leistungsfähigkeit des Schuldners nicht übersteigen. Der *advocatus fisci* wird nicht nach der erzielten Summe, sondern nach Art und Weise ihrer Beibringung als verdienstlich

---

475 *Cassiodor*, Variae, I, 12, 4: „...innocentiae templum, temperantiae sacrum, ara iustitiae."

476 *Cassiodor*, Variae, I, 12, 4: „absit a iudiciariis mentibus aliquid profanum. pio principi sub quodam sacerdotio serviatur."

477 *Cassiodor*, Variae, I, 13, 1 f.

478 Zum Steuerwesen *Meyer-Flügel*, 499–501.

479 *Cassiodor*, Variae, I, 22, 1 f.

480 *Cassiodor*, Variae, I, 22, 3.

angesehen.[481] Kaiserlicher *aequitas* entspricht es eher, dass zum Lobe der Herrschaft dem Fiskus etwas verloren geht, als das die Gerechtigkeit Missachtung erfährt.[482] Wie kein römischer Kaiser des fünften Jahrhunderts vor ihm – kann man dem Urteil von Orosius, Salvian und Sidonius vertrauen – ist Theoderich als König bestrebt, *iustitia* auch in der Finanzverwaltung durchzusetzen. Ihr Ausdruck, und zugleich der *largitas* ist es, wenn in Steuerfällen die zuvor so viel beklagte erdrückende Steuerlast vermieden wird. Großzügigkeit auch in Ansehung berechtigter fiskalischer Interessen dient dem Princeps in höherem Maße, als eine strenge Hand.[483]

cc) Die Ernennung des Artemidorus zum Präfekten der Stadt Rom

Wie in allen den Senat berührenden Angelegenheiten folgt Theoderich auch anlässlich der Beförderung des Patriziers Artemidorus zum Präfekten dem Schema doppelten Tugendlobes. Dem Schreiben an den Beförderten selbst folgt die Anzeige an den Senat. Das Schreiben an Artemidorus bringt kaum neue Gedanken. Den gerechten Lohn für verdienstlichen Einsatz zuzubilligen ist Aufgabe jeder Herrschaft (*imperium*). Artemidorus hat sich dessen in jeder Hinsicht (Heimat, Herkunft, Lebensführung) als würdig erwiesen. Er wird deshalb mit der Erhebung zum Praefectus urbi in eines der höchsten Staatsämter berufen.[484] Erst das an den Senat gerichtete Bestätigungsschreiben hebt wieder die mit der Erhebung verfolgte doppelte Absicht Theoderichs hervor. Mit Artemidorus gelangt ein Mann zu höchsten Amtswürden, der die Möglichkeit ausgeschlagen hat, am Hofe des Ostkaisers Dienst zu tun. Er hat sich dadurch mit dem Schicksal Theoderichs verbunden. Er gab sich so mit dem Amt der Beaufsichtigung der Zirkusspiele zufrieden und versah zuverlässig seinen Dienst, obgleich ihm im Osten eine glänzende Karriere offen gestanden hätte.[485] Die Botschaft an den Senat, dem Beispiel Artemidorus zu folgen, setzt die in dem Ernenungsschreiben Cassiodors des Älteren erkennbare Tendenz der Aussöhnung von römischer Nobilität und gotischer Herrschaft konsequent fort. Die Übernahme von Goten in den Senat lässt sich durch ihre Tugend in den Angelegenheiten der *res publica* gut begründen. Die Stelle zeigt auch, dass die Herrschaft Theoderichs als Rechtsherrschaft der des Kaisers nicht nachsteht. Sie wird trotz geringerer Aufstiegsschancen von den Tugenhaften gegenüber den Annehmlichkeiten des Ostens vorgezogen.

---

481 *Cassiodor*, Variae, I, 22, 3: „illa enim lucra vera iudicamus, quae integritate suffragante percipimus. non ergo quotiens superes, sed quemadmodum vincas, inquirimus."

482 *Cassiodor*, Variae, I, 22, 4.

483 Damit unmittelbar verknüpft ist die Frage der Landverteilung zwischen Goten und Romanen, vgl. *Kakridi*, 174–176.

484 *Cassiodor*, Variae, I, 42; *Meyer-Flügel*, 319 f.

485 *Cassiodor*, Variae, I, 43, 2 f.

dd) Das Konsulat des Galliers Felix (Variae II, 1–3)

Weitere legitimatorische Wirkung entfaltet auch die bereits angesprochene und sogar dem oströmischen Kaiser angezeigte Ernennung des Galliers Felix zum Konsul primus des Jahres 511. Rom gewinnt dadurch vormalige Besitztümer zurück (*alumnos proprios ad ubera sua Roma recolligat*), und zwar nicht etwa im Wege gewaltsamer Unterwerfung, sondern durch freiwillige Rückkehr der Söhne in das „Vaterland der Tugend", die in der dortigen *libertas* zu Ehren gelangen.[486] Derselbe Grundtenor liegt auch dem Schreiben an den Gallier Felix zugrunde. Wer sich durch Meriten um die *res publica* verdient gemacht hat, den wird königliche *beneficentia* durch erneute Ehrung im Weg der Tugend weiter bestärken.[487] Wer sich durch Tugend auszeichnet und in das alte Vaterland zurückkehrt, dessen Schicksal wird aufgrund der *clementia* eines guten Princeps gewandelt: *mutatur enim fortuna cum dominis: et in laude regnantis proficit, quod subiectus adquirit.*[488] Theoderich greift den schon im Lob Cassiodors des Älteren vorgestellten Gedanken vom durch die Tugend bestimmten Schicksal auf. Demjenigen steht Wohlergehen zu, der schon aufgrund der Tugend als besser anzusehen ist. Wenngleich sich die Tugend selbst der Lohn ist, sieht es Theoderich als zentrale Aufgabe an, Einfluss auf den die Würdigung des Tugendverdienstes und damit das dem Wohlergehen der Seele korrespondierende äußere Glück/Schicksal (*fortuna*) zu nehmen.[489]

Nachrangiger ist demgegenüber die Forderung an den neuen Konsul, in seinem neuen Amt zur Vermehrung des Ansehens des Amtes, der Stadt und Theoderichs *largitas* zu üben, im Privaten also sparsam, in Angelegenheiten der *res publica* aber großzügig zu sein (*liberalitas*).[490] Auch das dritte, an den Senat gerichtete Anzeigenschreiben, vertieft im wesentlichen dieselben Aspekte. Der Senat muss angesichts der Rückkehr von Männern aus vormals lang verlorenen Provinzen in allgemeinen Jubel ausbrechen,[491] zumal wenn sich diese als Beispiel römischer Tugend auch für andere erweisen (*fuit quidam nostrorum temporum Cato, qui abstinendo vitiis alios formaret exemplis*) und sich in die römisch-senatorische Gesellschaft einzufügen verstehen.[492]

---

486 *Cassiodor*, Variae, II, 1, 2, auch: „Nam quis bonorum indolem nesciat esse Felicem, qui primis auspiciis hinc prodidit meritum, quod ad patriam visus est festinare virtutum. bonum iudicium est secuta prosperitas: crevit cum libertate provectibus."

487 *Cassiodor*, Variae, II, 2, 1.

488 *Cassiodor*, Variae, II, 2, 2.

489 Dies gilt zumal für einen Menschen, der zu höchsten Ämtern aufgrund der Tugend strebt, *Meyer-Flügel*, 321.

490 *Cassiodor*, Variae, II, 2, 4–6.

491 *Cassiodor*, Variae, II, 3, 1: „gaudete provincias longa aetate desuetas viros vobis pendere consulares."

492 *Cassiodor*, Variae, II, 3 f.; 6 f. Dem Cato-Beispiel fügt der Brief den Verweis auf griechische Bildung sowie die noble Familientradition bei.

ee) *Fides: Die Ernennung des Venantius zum Comes Domesticorum und der Panegyrikus auf Liberius, den Vater (II, 15–16) im Jahre 509*

Von besonderem Interesse, weil sie scheinbar mit dem Grundsatz der Erlangung der Ämter nach individueller Verdienstlichkeit nicht vereinbar ist, ist auch die im zweiten Buch der „Variae" (Ep. 15, 16) angesprochene Beförderung des Venantius zum Comes Domesticorum. Theoderich betont, dass er in Vorausschau (*providentia*) zukünftiger Verdienstlichkeit (*merita*) stets die Söhne tugendhafter Eltern fördere, um sich so schon gegenwärtig die Früchte zukünftiger Wohltaten zu sichern.[493] Im Falle des Venantius ist es das Lob seines Vaters Liberius, das ihm das Amt eines Comes Domesticorum verschafft. Der Sohn eines Vaters, der sich mit der Innehabung der italischen Präfektur bereits hinreichend Lob verdient und zudem noch die Führung des Heeres in mustergültiger Weise bewerkstelligt hat, muss den Arbeitswillen und den von *prudentia* angefachten Geist des Vaters nachahmen, zumal es diesem gelang, selbst Barbaren zur Ruhe (*quietas*) anzuleiten.[494] Theoderichs Schreiben an Venantius enthält daher die Aufforderung den Weg adeliger Geburt und guter Ausbildung zu ehrenvollem Streben zu nutzen. Der Gegensatz von individueller Tugend und Verdienstlichkeit der Väter erweist sich als ideologischer Scheingegensatz, weil die Verdienste des Vaters ein Indiz für die Förderungswürdigkeit der Söhne darstellen kann. Das auch Venantius sich durch seine Tugendtaten bewähren muss, zeigt die von Theoderich erhobenen Forderung nach tugendhaftem Leben (15, 2) im Verhältnis zum Tugendvorbild des Vaters (15, 3).

Auch hier offenbart das zweite, zur Anzeige der Erhebung an den Senat gerichtete Schreiben, die weiteren politischen Hintergründe des väterlichen Lobes. Zwar belegt das Proömium zunächst die Richtigkeit der Annahme, dass die Tugendauswahl aufgund der Tugend des Vaters auch eigene Tugendbewährung erfordert. Theoderich sieht es als seine Aufgabe an, ein gutes Tugendvorbild durch *benignitas* zu vergelten und Beispiele der Tugend mit Prämien zu nähren (*nutriunt enim praemiorum exempla virtutes*) – was im Falle des Venantius die Förderung nach eigenen und väterlichen Verdiensten nach sich zieht.[495]

Doch kommt Theoderich im Anschluss auf das eigentlich Ungewöhnliche der Beförderung zu sprechen. Venantius wird mit Amtswürden ausgestattet, obgleich die *integritas* des Vaters Odoaker gegolten hatte und jener bis zum Untergang bei seinem *rector* verharrte, bevor er sich einem neuen Herren unterwarf. Die Gegnerschaft des Vaters wertet Theoderich nun aber nicht als Ausdurck halsstarrigen Irrtums, sondern als Musterbeispiel der *fides*, als ein Vertrauen auf göttliches Urteil (*divina iudicia*), das ein Leben nach der Weisheit bezeugt.[496] Der Übergang des Liberius zu

493 *Cassiodor*, Variae, II, 15, 1.

494 *Cassiodor*, Variae, II, 15, 2 f. „...traxit mores barbaros ad quietem."

495 *Cassiodor*, Variae, II, 16, 1 f.

496 *Cassiodor*, Variae, II, 16, 2 f.: „...expectavit integer divina iudicia nec passus est sibi regem quaerere, nisi rectorem primitus perdidisset." Zur fides als essentieller Amtstugend, *Meyer-Flügel*, 355–357.

Theoderich stellt den einzigartigen Wechsel der Loyalität nach der rechten Verfassung der Seele dar. Er findet ohne den Makel der Niederlage statt.[497] Nur durch unermüdliche Leistungen, dem schwierigsten Handwerk der Tugend, gelangte er zu Ansehen.[498] Dieses Verhalten des Liberius erhebt Theoderich nunmehr zum Vorbild des zwischen Römern und Goten bestehenden Bandes der *concordia*. Im Angesicht der Aufteilung römischen Eigentums durch die Goten, beweist das Beispiel des Liberius, dass die Teilung des Landes nicht zwingend eine Teilung des Geistes zur Folge haben muss. Die physische Teilung kann eine Übereinkunft der beiden Nationen (*ad unum convenerit*) fördern.[499] Der hinter der Beförderung des Venantius stehende Beleg eines entstehenden römisch-gotischen Bewusstseins, führt schließlich zur *conclusio*. Die durch gemeinsame Verluste bestärkte Freundschaft des italischen und gotischen Volkes wird durch die Teilung des Eigentums, die zur Sicherheit (*securitas*) des Reichskörpers insgesamt erfoderlich ist, zur völkerverbindenden Affektion gesteigert. Die Teilung des Landes wahrt das Eigentum insgesamt. Liberius ist Vorbild einer *res publica Romana*, die erkennt, dass sie ihre *tranquillitas* dem gemeinsamen Band der *caritas* zwischen Römern und Goten verdankt.[500] Theoderichs Wirken zugunsten des Venantius soll also wiederum dem Senat als Vorbild dienen, die Sache der Goten als eigene Sache zu empfinden. Zugleich liefert sein Beispiel das Vorbild für die Richtigkeit der zwischen Goten und Römern erfolgten Aufteilung des Eigentums. Sie bringt Theoderich nicht den in der Missachtung fremden Eigentums liegenden Vorwurf der Tyrannei ein. Die Rechtfertigung bedient sich so wiederum klassischer Tugendbegriffe. Die Teilung ist erforderlich zur Wahrung der Einheit, zum Schutz der *tranquillitas* und der *securitas* und des übergeordneten Bestandes der Eigentumsordnung des römischen Staatswesens überhaupt.

ff) Die Beförderung des Importunus zum Patriziat (III, 5–6) – die Devotion der Decier

Dass Theoderich zur Beförderung gegenwärtiger Tugend auch klassisch römische Beispiele anknüpft, zeigt die Beförderung des Konsuls des Jahres 509 zum Patriziat, die sich vorwiegend auf die alte Nobilität der Decier stützt. Dieser und der Tugend des Importunus ist die Beförderung zu verdanken, die der lang bewährten Dignität

497 *Cassiodor*, Variae, II, 16, 4: „Probavimus hominis fidem: tristis ad nostra iura transivit, qui superatus animum convertit, non autem, ut vinceretur, effecit."

498 *Cassiodor*, Variae, II, 16, 4: „is igitur infatigabili cura, quod difficillinum virtutis genus est…".

499 *Cassiodor*, Variae, II, 16, 5.

500 *Cassiodor*, Variae, II, 16, 5: „…amicitiae populis per damna creverunt et parte agri defensor adquisitus est, ut substantiae securitas integra servaretur. una lex illos et aequabilis disciplina complectitur. necesse est enim, ut inter eos suavis crescat affectus, qui servant iugiter terminos constitutos. debet ergo Romana res publica et memorato Liberio tranquillitatem suam, qui nationibus tam praeclaris tradidit studia caritatis."

seiner Familie Rechnung trägt.[501] Das Miglied einer Familie, die sich stets in den Dienst des Vaterlandes gestellt hat, wird in den Kreis der Patrizier aufgenommen, nicht nur zur Zierde der Familie, sondern auch zu der des Senates und zu dem Zweck, die alte Sittlichkeit (*moribus antiquis*) mit der Gegenwart zu versöhnen. Sie schafft einen Ausgleich aufgrund früheren guten Handelns, rühmenswerter *constantia, amicitia* und der Standhaftigkeit gegenüber dem Affekt des Hasses.[502] Das Bedürfnis, neue Kräfte dem Senat so zuzuführen, dass er als Hort der *libertas* bestärkt wird, ist auch im Schreiben Theoderichs an den Senat selbst dominant. Der Beförderung des Importunus liegt das Lob zugrunde, das dieser sich bereits alleine durch seine Geburt erworben hat. Das Blut der Decier lässt keinen Zweifel an der *virtus* einer Familie, deren *gloria* zu Ehren der Bürger nicht bloß während einer einzigen Generation wirkam war.[503] Dementsprechend pangegyrisch geprägt ist das Personenlob des Decius. Sein Aussehen lässt die Natur seiner Seele erkennen. Das Beispiel seiner Familie in alten Zeiten ist das Beispiel gegenwärtiger Tugend, das als Zierde des Senates dient.[504] Theoderich lässt damit wiederum nicht den geringsten Zweifel daran, dass er vom römischen Senat vor allem Loyalität gegenüber der *res publica* fordert. Das Wiederaufgreifen des Gedankens der Devotion der Decier, d. h. der Opferung des eigenen Lebens für das Wohlergehen der *res publica* in den punischen Kriegen, bietet hierfür mit das eindringlichste Beispiel der römischen Geschichte.

gg) Beförderungen aus Gründen der Tugend

(1) Die Erhebung der Argolicus zum Präfekten der Stadt (III, 11 u. 12)

Das schlichte Beispiel der Herrschaft Theoderichs als Tugendherrschaft unterstreicht auch die Beförderung des Argolicus zum Präfekten der Stadt Rom im Jahre 510. Das an Argolicus gerichtete Schreiben rekurriert ganz auf die Sorge des Princeps um die *felicitas* des Reiches. Sie wird aus der Sicht Theoderichs dadurch erreicht, dass das Königtum stets solche Wohltaten gewährt, die das Reich stützen und *libertas* fördern. Sie sind vor allem darauf gerichtet, die Untertanen zu erleuchten.[505] Die an den neuen Präfekten adressierte Handlungsanweisung lässt sich konkret fassen:

---

501 *Cassiodor*, Variae, III, 5, 2.

502 *Cassiodor*, Variae, III, 5, 3: „...qui non solum ornamentum familiae suae, sed ipsi decus senatui praestitere: modernis saeculis moribus ornabantur antiquis: bonitate praediti, constantia gloriosi, in amicitiam proni, ad odia sumenda difficiles.", 5.

503 *Cassiodor*, Variae, III, 6, 1 f.: „...en pullulat ex uno germine quadrifarium decus, honor civium, gloria generis, augmentum senatus..." Die vier gegenwärtigen Decierbrüder sind Albinus (490), Avienus (Konsul des Jahres 503), Theodorus (Konsul des Jahres 505) und Importunus (Konsul des Jahres 509).

504 *Cassiodor*, Variae, III, 6, 3; 5.

505 *Cassiodor*, Variae, III, 11, 1: „Beneficia siquidem sunt, quae regna sublimant et libertatis dominus iugiter potest crescere, si sibi subiectos studeat ampliare." Zur Freigiebigkeit *Meyer-Flügel*, 414–425.

avara fuge, iusta sequere, modesta dilige, iracunda contemne – Förderung von *iustitia* und *modestia*, Verachtung der Affekte.[506] Fehltritte vermeidet die gelehrige Seele. Durch Bildung bestärkt, wird sie unanfällig für Injurien, eine Eigenschaft, die für den Senat umso bedeutender ist.[507] Das entsprechende, an den Senat gerichtete Anzeigeschreiben sorgt dafür, dass der in Arolicus ausgedrückte Vorrang der Tugend Theoderich unmittelbar zugeschrieben werden kann. Eher wird die Natur irren, als das ein Princeps die *res publica* nicht nach dem eigenen Vorbild gestaltet.[508] Die Vorherrschaft der Tugend im gotischen Staat ist nur Theoderich zu verdanken.

(2) Die Erhebung des Sunhiuadus zum Gouverneur von Saminum (III, 13)

Den gleichen Aspekt tugendhafter Auswahl der zur Herrschaft Berufenen greift auch das anlässlich der Beförderung des Sunhiuadus zum Gouverneur von Samnium von Cassiodor unmittelbar den beiden Argolicus betreffenden Urkunden beigefügte Schreiben auf. Theoderich befördert aufgrund langjähriger Werktätigkeit (*labor*) im Sinne der *res publica*. Sie zeigt die Fähigkeit des Beförderten, die Herrschaft der eigenen Seele zu beachten (*moderatio*) und begründet erst die Fähigkeit zur Regierung. Seelentugend bietet die Garantie dafür, dass es dem Amtsträger gelingt, über Römer und Goten nach dem gleichen Gesetz der *iustitia*, ohne Ansehung der Person *aequitas* zu gewähren.[509]

(3) Die Erhebung des Senarius zum Comes Patrimonii (IV, 3 u. 4)

Ganz im Mittelpunkt steht die Tugend schließlich auch in dem Beförderungsschreiben das Senarius zum Comes Patrimonii erhebt. Formelhaft betont Theoderich wiederum, der Ruhm des Herrschers werde durch diejenigen bestärkt, die in rechter Weise ihren Dient versehen. Daher sei es angebracht, sie durch rechtes Urteil in Ämter zu erheben.[510] Nicht ohne Meriten versehe der König daher seine Diener mit Ämtern.[511] Gelobte Haupttugend ist wiederum das beständige, unaufdringliche (*humilitas*) Bemühen um rechtes Verhalten (*labor*), das den zu Befördernden allen Teilen lobenswert erscheinen lässt.[512] Das nachfolgende Schreiben an den Senat stellt dementsprechend die Festigkeit der Seele (*claritate animi*)

---

506 *Cassiodor*, Variae, III, 11, 2.

507 *Cassiodor*, Variae, III, 11, 5: „Fugiat ergo doctrina delictum. indocilis est animi ad vitia trahi: aedificatus libris locum non relinquit iniuriis, ubi in teneris annis adquiritur, quod matura aetate servetur."; vgl. 11, 3.

508 *Cassiodor*, Variae, III, 12, 1: „Facilius est quippe, si dicere fas est, errare naturam quam dissimilem sui princeps possit formare rem publicam."

509 *Cassiodor*, Variae, III, 13, 1 f.: „Is enim potest alios bene regere, qui se studuit sub decore tractare."; 2: „Censebis ergo in commune, quae sunt amica iustitiae, quia nescit personas respicere qui meram cogitat aequitatem."

510 *Cassiodor*, Variae, IV, 3, 1.

511 *Cassiodor*, Variae, IV, 3, 2.

512 *Cassiodor*, Variae, IV, 3, 3: „collegis gratia, superioribus humilitate placuisti."

in den Mittelpunkt und verweist erneut auf den eigentlichen Zweck der Erhebung des Senarius, nämlich die Stärkung des Senates durch ausgezeichnete Männer für die Zukunft. Im konkreten Fall bringt Senarius die seltenen Charaktertugenden der *humilitas* und der *modestia* in den Senat ein.[513]

hh) Die Beförderung des Honoratus zum Quästor

Eine Erhebung in den nach den Urkundenformeln engsten Vertrautenkreis des Königs bietet schließlich die letzte der überlieferten Erhebungsurkunden (509). Sie betrifft die Beförderung des Honoratus in das Amt der Quästur in Nachfolge seines Bruders Decoratus. Das an Honoratus selbst gerichtete Schreiben hebt dementsprechend das „Erbrecht" des jüngeren Honoratus und die Seelenverwandtschaft beider Brüder in der *sapientia* heraus. Es stellt auch sonst darauf ab, dass neben der erwiesenen Tugend des Honoratus schon alleine der Name und die Tatsache der Nachfolge für eine noch erfolgreichere Amtsführung sprächen,[514] enthält das an den Senat gerichtete Schreiben zuätzlich eine grundsätzliche Auseinandersetzung mit den durch die Quästur begründeten Pflichten. Sie entspricht weitgehend dem Urkundenformular (Variae VI, 5).

Wie in allen an den Senat gerichteten Schreiben fehlt es nicht an dem einleitenden Verweis zur grundsätzlichen Erhebung in senatorische Würden. Theoderich ist daran gelegen, dass der Senat durch Tugend, in vorliegenden Falle *prudentia*, in Blüte steht. Garant der Tugend ist vor allem das Amt des Quästors, da dieser damit betraut ist die Gesetze des Königs auszulegen und dem König Rat zu erteilen. Die mit dem Amt einhergehende *dignitas* erfordert Männer, die sich durch *prudentia*, d. h. durch eine aufgrund der Bildung erreichte Tugendhaftigkeit und nicht bloß durch Geburt oder durch Reichtümer auszeichnen.[515] Von einem Quästor wird zunächst Rechtskenntnis gefordert. Er steht der Menge der am Hof eintreffenden Supplikanten unmittelbar gegenüber. Als Teilhaber an den Geheimnissen der königlichen Gewalt bedarf es aber herausragender Tugend. Wer durch seine Tätigkeit die Bürde der Sorge um den Ruf der Regierung und für ihre *civilitas* trägt, ist dem König wertvoller als jeder Schatz. Er muss an Rechtschaffenheit herausragen. Gelingt dies, ist das unschuldige Gewissen der Supplikanten in sicherer Hand. Es müssen nur die Boshaften (*improbi, mali*) Furcht leiden. Dadurch wird die Entwicklung der

513 *Cassiodor*, Variae, IV, 4, 2; 4: „Sed haec amplius commendabat humilitas, quae tam clara quam rara est. novum est enim sub amore principis custodire modestiam, quia gaudia semper animos inquietant: modus enim raro laetis rebus imponitur, qui magis in tristibus invenitur."

514 *Cassiodor*, Variae, V, 3, 1; 5; 4: Honoratus folgt dem Bruder in der Tugend und in den durch die Tugend gewährten Ämtern nach.

515 *Cassiodor*, Variae, V, 4, 1. Reichtümer wurden zur Amtsübernahme allenfalls mitgedacht, vgl. *Meyer-Flügel*, 320 f.

guten Sitten gefördert.[516] Der Quästor ist Wächter der jedem zukommenden Rechte (*propria iura*). Ganz der *aequitas* verpflichtet kennt er keinen Betrug, nur sofortige Pflichterfüllung.[517] Sein Dienst gilt dem Princeps. Er überragt schon von daher jede andere Art der Pflichterfüllung, da durch ihn der Princeps spricht. Sein Ort ist daher frei von Lastern (*vitia*), voll der Tugend (*virtus*), weshalb es sich auch gehört, ihn selbst zum Kollegen im Senat zu befördern.[518]

Diesen grundsätzlichen Erwägungen zum Quästorenamt und seinem Verhältnis zum Prinzipat schließt sich nun eine Art panegyrischer Lobpreis des älteren Bruders Decoratus an. Das Lob betont zuerst die Leistungen des Bruders im Bereich der Rechtspflege. Als Anwalt hat er sich den von ihm vertretenen Fällen stets als würdig erwiesen. Unter ihm herrschte der Geist des Richters auf der Bank des Anwaltes.[519] Wer wie er stets das Urteil zunächst gegen sich selbst richtet, um sich selbst zu verbessern, ist zur Vertretung Dritter in besonderem Maße geeignet. Er ist nicht dem Risiko ausgesetzt, in Rechtssachen beschämt zu werden.[520] Dementsprechend hat Decoratus, obgleich niedrigeren Ranges, häufig die Rechtssachen der Konsuln und der Senatoren selbst mit Erfolg vertreten. Die durch das Lob des Decoratus erforderlich werdende panegyrische Überhöhung des Honoratus betreibt der König dadurch, dass er den jüngeren Bruder aufgrund seiner Tätigkeit außerhalb Roms überhöht.[521] Honoratus hat sich in den Provinzen (Spoleto) verdient gemacht. Dies stellt seine eigene Leistung dar, während die Vertretung zivilisierter Personen innerhalb der Stadt Rom nach dem Maßstab der *iustitia* eher Decoratus anzurechnen ist.

Der Brief würdigt daher die außerhalb Roms liegenden Leistungen des Honoratus. In Gegenden die der *prudentia* des Herrschers fern sind und in denen sich die Provinzialen eine zügellose Freiheit (*vaga libertate*) zuschreiben, ist Gerechtigkeitsstreben besonders lobenswert.[522] Wo selbst unter Richtern *cupditias* herrscht und der sich unter Kleinen als groß empfindende Provinziale keinen Widerspruch duldet, fällt die Durchsetzung des Rechts (*leges vindicare*) ungleich schwerer. Beständiges Festhalten an Gerechtigkeit dort nur schwer durchzusetzen.[523] Die für das Amt des

---

516 *Cassiodor*, Variae, V, 4, 2: „Aestimate, quid de illi debeat iudicari, qui tanti particeps fit secreti. ab ipso legum peritia postulatur: illuc vota confluunt supplicantum et, quod est omni thesauro pretiosius, penes ipsum civilitatis nostrae fama reponitur. quaestore iusto innocentium conscientia fit secura, improborum tantum vota redduntur anxia, et cum malis subripiendi spes tollitur, studium bonis moribus adhibetur."

517 *Cassiodor*, Variae, V, 4, 3: „Unicuique propria iura custodit, pecuniae continens, aequitatis profusus, nescius decipere, promptissimus subvenire."

518 *Cassiodor*, Variae, V, 4, 3.

519 *Cassiodor*, Variae, V, 4, 4.

520 *Cassiodor*, Variae, V, 4, 4: „Pudoris enim sustinere iacturam nesciunt, qui se prius iudice corriguntur."

521 *Cassiodor*, Variae, V, 4, 6. Die Anlehnung gilt *Vergil*, Aeneis, VI, 143.

522 *Cassiodor*, Variae, V, 4, 6.

523 *Cassiodor*, Variae, V, 4, 7.

Quästors als Sprachrohr des Königtums unbedingt erforderliche beständige Treue einer tugendhaften Persönlichkeit findet in den Brüdern Decoratus und Honoratus ihre Bestätigung. Beide sind durch beständige Sorge um *iustitia* auch unter widrigen Umständen in besonderer Weise ausgezeichnet. Beide haben die Standhaftigkeit ihrer Seele gegenüber den Anfechtungen des Lasters erwiesen und sich so für das Amt größter Nähe zum Princeps selbst qualifiziert. Ihr Verhalten ist ein Muster der *civilitas* der Gotenherrschaft. Als Quelle beständiger Tugend wird ihre Familie zur Quelle (Mund) der Tugendherrschaft Theoderichs selbst.

4. Aspekte administrativer Tugenden – Zum iustitia- und Tugendideal Cassiodors in den übrigen Briefen der ersten fünf Bücher der Variae

Neben der an Könige gerichteten Korrespondenz und den Urkunden über die Aufnahme in Amtswürden finden sich in den ersten fünf Büchern der „Variae" eine Vielzahl weiterer Briefe. Sie erörtern die Administration der Provinzen und reißen die Aspekte der generellen Sorge Theoderichs für Gerechtigkeit häufig nur an. Dem Charakter der „Variae" als einer Sammlung entsprechend, lässt sich auch hieraus kein vollständiges System der Gotenherrschaft ableiten. Die Aspekte des Herrschaftsideals in Gerechtigkeitspflege und Tugendvorstellungen werden aber auch hier in Teilen präzisiert. Wie schon in den Ernennungsurkunden tritt immer wieder die Pflicht zur tugendhaften Amtsführung hervor. Die Briefe betonen immer wieder, dass ein Amtsinhaber mit seinem Tugendbeispiel vorangehen muss, unabhängig davon, ob er Gesetze verkündet oder dazu berufen ist, *aequitas* zu gewähren. Dadurch soll verhindert werden, dass die lobenswerte Institution seines Amtes zu einem schlechten Beispiel wird.[524]

a) Iustitia als unverzichtbarer Bestandteil eines blühenden Reiches

Daher erfolgt die Auswahl derjenigen, die zur Administration bestimmt sind, stets nach dem Beispiel erwiesener Standfestigkeit und *moderatio*. So soll auch unter den Provinzialen die Vernunft bestärkt und der öffentlichen Nutzen gefördert werden.[525] In einem Brief an die Bewohner Massilias wird die Bestimmung zu tugendhafter, der *iustitia* gemäßer Amtsführung, hervorgehoben. Sie gilt als unverzichtbar für jedes Regiment, dass sich an Grundsätzen der *securitas* und *civilitas* orientiert. Ruhe für die Masse der Herrschaftsunterworfenen (*minoribus*) kann nur einkehren, wenn die Taten der Hochgestellten mit *severitas* geahndet werden. Nur hierdurch können alle Menschen zum Wohle des Reiches der Gerechtigkeit zugeführt werden (*...omnes*

524 *Cassiodor*, Variae, I, 18, 1. Auch II, 12, 2 in Angelegenheiten des Exports muss alles nach den Gesetzen geschehen.

525 *Cassiodor*, Variae, III, 34, 1. „Propositi nostri est probatas fortitudine et moderatione personas ad ordinationem vestram defensionemque dirigere, ut et provincialium ratio sublevetur et utilitas publica bonis praesidentibus augeatur."

cogat ad iustum, unde semper floret imperium).[526] *Iustitia* alleine garantiert Sicherheit und ein glückliches Zeitalter. Den gleichen Aspekt greift ein Schreiben Theoderichs an den Dux Guduin heraus. Wer zum Grafen bestimmt wird, ist verpflichtet, stets die *aequitas* zu wahren, damit die von Gott gewährte Segnung der von Goten garantierten *libertas* fortbesteht.[527]

aa) *Forderung nach tugendhafter Herrschaft in Ansehung von Misständen – Spanien*

Ein allgemeiner Entwurf zu einer mit dem Beistand Gottes (*deo auxiliante*) geführten Regierung ist in einem Schreiben Theoderichs an Ampelius und Livera enthalten. Es betrifft die Ausübung der Herrschaft im spanischen Teilbereich des Gotenreiches. Auch hier wird betont, dass eine gottgefällige Herschaft die Achtung der Gesetze und die Beföderung der Sittlichkeit erfordert. Um *quietas* und *tranquillitas* sicherzustellen, ist eine rechtsgemäße Regierung von Nöten. Die von Theoderich formulierten Anforderungen greifen zugleich die dortigen Misstände auf, die in besonderer Weise Gegenstand der Forderung nach *iustitia* sind:[528]

Für die Ausübung von Strafgewalt gilt zunächst die Forderung nach strengem Vorgehen gegen Mordtaten. Sie wird von Theoderich aber sogleich eingeschränkt. Je schwerer die zu erwartende Strafe wiegt, desto sorgfältiger muss die Untersuchung durchgeführt werden, damit nicht Unschuldige zu Unrecht in Lebensgefahr geraten. Der Untergang einzelner Schädiger soll dem Nutzen der Masse dienen und weitere Verbrechen verhindern.[529] Schwerer als die Sanktionierung von Gewalttaten wiegt die Sorge vor Missbrauch von Administrationsbefugnissen. Das Schreiben weist auf eine Vielzahl von Missbräuchen hin. Den Eintreibern der Bodensteuer (*assius publicus*) wird Betrug durch Verwendung falscher Gewichte vorgeworfen. Dadurch werde jede Art der *iustitia* vereitelt.[530] Die Betreiber der königlichen Münze wirtschafteten mit öffentlichem Vermögen in die eigene Tasche, vielfach komme es zu widerrechtlichen Enteignungen (*furtum, raptoris*). Präbenden seien häufig erschlichen. Von den Provinzialen würden Steuern gefordert, die sich in den an den König weitergeleiteten Steuereinnahmen nicht niederschlügen.[531] Zugleich zahlten

---

526 *Cassiodor*, Variae, III, 34, 2. Zur iustitia-Tugend der Amtsträger *Meyer-Flügel*, 346–348.

527 *Cassiodor*, Variae, V, 30, 1: „Quos duces eligimus, eis simul et aequitatis momenta iure delegamus, quia non tantum armis quantum iudiciis vos effici cupimus clariores. Costula igitur atque Daila cum deo propitio Gothorum nostrorum libertate laetentur, onera sibi servilia a vobis causantur iniungi."

528 *Cassiodor*, Variae, V, 39, 1: „Decet provincias regno nostro deo auxiliante subiectas legibus et bonis moribus ordinari, quia illa vita vere hominum est, quae iuris ordine continetur."

529 *Cassiodor*, Variae, V, 39, 4.

530 *Cassiodor*, Variae, V, 39, 5.

531 *Cassiodor*, Variae, V, 39, 8; 11; 13.

die auf königlichem Land tätigen Bauern häufig die geschuldeten Abgaben gar nicht – auch ohne legitime widrige Umstände.[532] Die mit der Justizgewähr einhergehenden Hauptpflichten fordern daher die Verfolgung der Straftäter, die Sicherung der rechtmäßigen Bodenzuordnung sowie eine gerechte Lastenverteilung im Steuerwesen. Sie richten sich in ihrem Schwerpunkt gegen diejenigen, die vom gotischen Staat selbst Wohltaten empfangen haben, sei es in der Form von Grundvermögen, sei es durch die Innehabung öffentlicher Ämter. Sie missachten durch ihr schlechtes Beispiel die Pflicht zu vorbildlichem Charakter.

bb) Die Erlangung der westgotischen Provinz in Gallien – Entwurf eines allgemeinen Gerechtigkeitsideals

Den an die Spanier gerichteten Aufforderungen zur Abstellung von Missständen entsprechen die Briefe Theoderichs, die im Jahre 510 anlässlich der Übernahme der Herrschaft in der westgotischen Provinz in Gallien verfasst wurden. Einem Schreiben an alle Provinzialen Galliens hat Cassiodor erneut eine Ernennungsurkunde vorangestellt. In der Zusammenschau verweisen beide Schreiben damit sowohl auf das allgemeine Herrscherideal und die konkreten Pflichten des mit seiner Umsetzung betrauten Präfekten. Die Einsetzungsurkunde stellt vor allem auf dessen beständigem Fleiß und das beständige Bemühen im Sinne der *aequitas* ab. Der Präfekt vermeidet jegliche *avaritia* und verachtet ungeordnete Zustände.[533] Die Aufforderung an die Bewohner Galliens zur Rechtschaffenheit zurückzukehren, stützt sich auch auf die alten römischen Tugendbegriffe.

Dank Theoderich ist auch in Gallien nach langer Zeit die alte römische Gewohnheit wiederhergestellt worden. Mit Gottes Hilfe konnte die *libertas* restituiert werden. Damit geht die Forderung nach geistiger Anpassung einher. Alles Barbarische ist von den Bewohnern der Provinz zugunsten der *aequitas* des Zeitalters Theoderichs abzulegen. Für einen an *crudelitas* gewöhnter Geist ist kein Raum. In Zeiten seiner Regierung gehört es sich nicht, nach fremden Sitten zu leben.[534] Gefordert ist eine Rückkehr zu rechtschaffener Sittlichkeit. Die neue, durch Tugend gekennzeichnete Ordnung, darf keinem lästig sein, weil es keine höhere Glückseligkeit (*felicitas*) unter Menschen gibt, als diejenige, die durch die Gesetze geschaffen

532 *Cassiodor*, Variae, V, 39, 3.

533 *Cassiodor*, Variae, III, 16, 1; 3: „Turbulenta non ames: avara declina, ut talem te iudicem provincia fessa suscipiat, qualem Romanum principem transmisisse cognoscat." Genauso stellt sich Theoderich gegen ambitio, *Meyer-Flügel*, 349–353.

534 *Cassiodor*, Variae, III, 17, 1: „Libenter parendum est Romanae consuetudini, cui estis post longa tempora restituti, quia ibi regressus est gratus, ubi provectum vestros constat habuisse maiores. atque ideo in antiquam libertatem deo praestante revocati vestimini moribus togatis, exuite barbariem, abicite mentium crudelitatem, quia sub aequitate nostri temporis non vos decet vivere moribus alienis". Dazu *Meyer-Flügel*, 61.

wird.[535] Die Liebe zu den Gesetzen gewährleistet die Sicherheit (*securitas*) und zugleich den Nutzen des Gewissens (*conscientia*). Wer nach der barbarischen Regel des eigenen Wollens lebt, erlangt häufig nur den Tod, wenn er den Gegenstand seines Begehrens nicht erreicht.[536] Wenn Theoderich fordert, alte, versteckte Schätze, wieder ans Licht zu bringen, geht es ihm um die Tugend. Je nobler der Charakter eines Menschen ist, desto mehr glänzt er als sein Schatz.[537] Das Verdienst des Menschen drückt sich in der Stärke seines Geistes und nicht so sehr in der Körperstärke aus.[538]

cc) Beherrschung der Provinzen durch iustitia – Zurückweisung privater Rechtsdurchsetzung

Die konsequente Ablehnung jeder gewaltsamen Rechtsdurchsetzung als Voraussetzung von innerer Ruhe (*tranquillitas, securitas*) innerhalb der Provinzen hat Theoderich in einer Vielzahl weiterer Schreiben bekräftigt. So heißt es in einem Schreiben an Marabad, dass die Provinzen, die mit Gottes Hilfe Theoderich unterworfen seien, nicht nur mit Waffen verteidigt, sondern auch durch gerechte Gesetzgebung regiert werden müssten. Daher sei es den Herrschern von jeher auferlegt, die *iustitia* zu achten.[539] Cassiodorus Senior wird an den königlichen Hof gerufen, gerade weil die zu seiner *gloria* führenden tugendgeleiteten Handlungen in der Provinzverwaltung stets zur *quietas* innerhalb des Reichsgebietes beigetragen haben.[540]

Wird *iustitia* gewahrt, ist die Blütezeit des Reichs sicher gewährleistet. Innerhalb des durch die Gotenherrschaft umrissenen administrativen Bereiches unterbleibt jede Art von Gewaltätigkeit zugunsten der Rechtspflege.[541] Das generelle Verbot der Selbsthilfe gilt auch für den ausufernden Gebrauch von Sachpfändern durch private Gläubiger.

Ein Schreiben Theoderichs an Johannes, Consular von Campanien, greift die These von der allgemeinen Friedenspflicht, also der Rechtsdurchsetzung nur auf dem Rechtsweg auf. Abscheulich ist es, unter der Herrschaft öffentlicher Gesetze (*inter iura publica*) privatem Zorn (*ira)* Raum einzuräumen. Alles was mit Zorn geschieht, ist vorbelastet, weil Zorn keine Mäßigung kennt. Es widerspricht auch dem Zweck

535 *Cassiodor*, Variae, III, 17, 2.

536 *Cassiodor*, Variae, III, 17, 4.

537 *Cassiodor*, Variae, III, 17, 4: „Vos iam securi ostentate divitias: parentum bona longo situ recondita prodantur in lucem: quia tantum quis nobilior erit quantum et moribus probis et luculenta facultate reluxerit."

538 *Cassiodor*, Variae, III, 17, 5.

539 *Cassiodor*, Variae, IV, 2, 1: „Propositi nostri est, ut provincias nobis deo auxiliante subiectas, sicut armis defendimus, ita legibus ordinemus, quia semper auget principes observata iustitia et quantum probabili institutione vivitur, tantum summis adhuc provectibus aggregatur."

540 *Cassiodor*, Variae, III, 28, 1 f.

541 *Cassiodor*, Variae, I, 11, 1 f. Hier am Beispiel von Kriegshandlungen eines in der Provinz wütenden kleineren Barbarbenstammes.

jeglicher Gesetzgebung. Das Gesetz existiert, um die in Rechtsfragen vorhandenen Affekte der Menschen auszuschließen. Wird es missachtet, stellt sich die Frage, ob der Friede überhaupt existiert.[542] Die Durchsetzung des Rechts hat daher gemäß der Edikte Theoderichs zu erfolgen. Die private Erhebung von Zwangspfändern, möglicherweise noch ergänzt um die Bildung von Gläubigergemeinschaften, die ohne richterliche Autorisierung Dritte mit der Beitreibung ihrer Forderung beauftragen, widerspricht jedem Recht. Sie ist zurückzuweisen.[543]

Die konsequente Ablehnung der Gewalt zeigen auch die Aussagen Theoderichs im Zusammenhang mit der Inbrandsetzung der jüdischen Synagoge in Rom. Gewalt anzuwenden widerspicht dem Charakter der Römer. *Seditiones* und Brandlegungen an der römischen *civitas* werden nicht geduldet.[544] Was aber für das römische Volk gilt, gilt unter der Herrschaft Theoderichs auch für die gotische Reichsbevölkerung. Die Goten leben *iure Romano*. Sie verteidigen römisches Recht mit der Kraft ihrer Waffen. Die Sorge um die Moralität des Zeitalters obliegt ihnen ebenso wie diejenige der Kriegsführung.[545]

Grund der allgemeinen Achtung vor dem römischen Recht ist der Erhalt der Friedensordnung: *Quid enim proficit barbaros removisse confusos, nisi vivatur ex legibus?*[546] Barbarei zu überwinden, um Barbarei an ihre Stelle zu setzen, wäre für das gotische Volk ohne Nutzen. *Libertas* kann nur im Rechtswege verteidigt werden.[547]

Die Funktion des „Eisens", d. h. der Gebrauch der Waffen beschränkt sich in einem so verfassten Staat auf drei Fälle. Es dient der Verteidigung des Vaterlandes mit der Hilfe Gottes, der Bestellung der Äcker dem Schutz der Armen vor der Willkür des Reichen.[548] Alleine die dritte Alternative schafft die Möglichkeit zur Gewaltanwendung im Inneren. Sie soll aber offenbar kein Selbsthilferecht schaffen,

542 *Cassiodor*, Variae, IV, 10, 1.

543 *Cassiodor*, Variae, IV, 10, 3. Theoderich tut dies, indem er in solchen Fällen widerrechtlicher pignoratio den Fall des Gläubigers verloren gibt und Rückgewähr des Doppelten anordnet.

544 *Cassiodor*, Variae, IV, 43, 1: „ Urbis Romanae celebris opinio suo conservanda est nihilominus instituto, nec vitia peregrina capit, quae se semper de morum probitate iactavit. levitates quippe seditionum et ambire propriae civitatis incendium non est velle Romanum." Gleichermaßen erfolgt in IV, 16, 2 die Ermahung Agrigerns anlässlich der Ernennung zum Praefectus urbi der Stadt Rom keine Privatrache zu dulden.

545 *Cassiodor*, Variae, III, 43, 1: „Delectamur iure Romano vivere quos armis cupimus vindicare, nec minor nobis est cura rerum moralium quam potest esse bellorum. quid enim proficit barbaros removisse confusos, nisi vivatur ex legibus?", *Meyer-Flügel*, 41.

546 *Cassiodor*, Variae, III, 43, 1.

547 *Cassiodor*, Variae, III, 43, 2.

548 *Cassiodor*, Variae, III, 25, 2.

sondern lediglich den allgemeinen Grundsatz betonen, dass nur durch rechtlich konstituierte Gewalt dem Fehlverhalten der Begüterten begegnet werden kann.[549]

dd) Gehorsamspflicht als Grundvoraussetzung der iustitia

Die Inhaber staatlicher Ämter werden auch in den übrigen Briefen regelmäßig darauf hingewiesen, dass Rechtsgewährung keinen Verzug duldet. Das gilt zunächst für den Präfekten der Stadt der Rom, der in allen Angelegenheiten die die Ehre des Senates betreffen auch ohne Hinweis des Princeps zum Einschreiten verpflichtet ist.[550] Auch der provinziale Adel wird belehrt, dass er königliche Urteile stets zu akzeptieren und zur Durchsetzung nach Kräften beizutragen hat. Dies ist ein Ausdruck von *prudentia*.[551] Für die Provinzialen in Suavia formuliert Theoderich den Grundsatz als Prinzip: *Districtio semper subtrahi non debet regiae iussionis, ut et audaces metus comprimat et laceratos spes futura refoveat.* Nur wenn die Anordnungen des Königs durchgesetzt werden, können die Rechtsbrecher in Furcht versetzt werden. Dann gelingt es, den Opfern Hoffnung für die Zukunft zu machen. Wieder ist es die göttliche Anleitung (*deo auspice*), die die Einsetzung eines Gouverneurs vorschreibt, damit er Mord- und Raubtaten abstellt und *iniquitas* zugunsten zukünftiger *quietas* vertreibt. Auch hier lautet die Forderung des Königs, nach Art guter Sittlichkeit (*vivite bonis moribus*) zu leben. Wer sich dem unter Berufung auf seine Herkunft verweigert, darf nicht mit der Nachsicht der königlichen Gewalt rechnen.[552]

ee) Der irdische Lohn der Tugend

Gelingt die Wahrung der *iustitia* durch Amtsträger, stehen ihnen weitere Ämter offen. Sie können auch auf die Aufnahme in den Senat bei höchster Verdienstlichkeit und Sittlichkeit rechnen.[553] Die Aufforderung, Tugend zu belohnen, findet sich daher vielfach in den bereits besprochenen Ernennungsurkunden. Die Amtsgewährung ist Lohn beständiger rechter Tätigkeit – *tribuenda est iustis laboribus compensatio praemiorum*.[554] Rechtswahrung verlangt die Freiheit des Urteils von Affekten, konkret der Abwesenheit aller das Urteilsvermögen beeinflussenden Laster (*z. B. inividia*). Abstrakt formuliert und in Bezug zur Gehorsamspflicht gesetzt, findet sich dieser Grundsatz in einem Schreiben an den Senator Gemellus:[555] Aufgabe der *iustitia* ist es, die Akte Theoderichs, auch wenn sie im Einzelfall hart erscheinen mögen, rasch umzusetzen. Der eigene Wunsch nach rechtswidrigem Erwerb ist

---

549 Dass sich der durch „Gewalt" des Staates gewährte Schutz vor allem gegen die Amtsträger und Reichen richtet, zeigt gleich darauf Brief III, 27 – das Königtum schützt auch vor dem Machtmissbrauch durch den Prätorianerpräfekten selbst.

550 *Cassiodor*, Variae, IV, 29, 1.

551 *Cassiodor*, Variae, IV, 37, 1.

552 *Cassiodor*, Variae, IV, 49, 1.

553 *Cassiodor*, Variae, I, 41, 1; ebenso 42, 1; 43, 1.

554 *Cassiodor*, Variae, II, 28, 1.

555 *Cassiodor*, Variae, IV, 21; *Kakridi*, 288.

zurückzustellen. Wem dies gelingt, der genießt die Dankbarkeit des Königs, die jeden privat zu erzielenden Nutzen übersteigt.

b) Die dogmatische Ableitung der Pflicht zur iustitia

aa) Leben zum Nutzen der res publica ist Leben zum eigenen Nutzen

Ein Leben nach rechtlichen Grundsätzen ist aber nicht nur einem möglichen irdischen Nutzen geschuldet, d. h. aus heteronomer Bestimmung zu fordern. Es entspricht auch dem Anspruch, den das gotische Königtum an sich selbst kraft autonomer Erkenntnis stellt. Es ist allgemeine Menschenpflicht, sich in den Dienst der *res publica* zu stellen und dem Nutzen des Staatswesens (*utilitas*) zu dienen. Die Handlung jedes Einzelnen wirkt auf den Gesamtkörper des Reiches und dadurch auf die Verfassung des Einzelnen im Staat.[556] Der Nutzen durch Einbringung in die Gemeinschaft ist damit zugleich individueller Nutzen. Er begünstigt den Menschen stärker, als es die Verfolgung privater Zwecke könnte.

bb) Der Frieden als Abwesenheit des Krieges – die Tugend Roms als Welttugend

Die Pflicht, rechtsgemäß und nicht nach Art der Barbaren zu leben, lässt sich doppelt begründen. Durch den Frieden ist nichts gewonnen, wenn der Friedenszustand letztlich den anarchischen Zuständen der Konflikt- und Kriegszeiten gleicht. Dies gilt insbesondere dann, wenn die Durchsetzung des Rechts Privatpersonen überlassen wird. Zugleich ist die Abwesenheit der *iustitia* unvereinbar mit einem Königtum, das von Rom ausgeht. Rom ist Mutter aller Eloquenz, Tempel aller *virtus* und Heimat aller.[557] Für einseitige und oft vom Laster geprägte Interessendurchsetzung bleibt kein Platz. Allgemein formuliert hat Theoderich die aus der Friedensliebe folgende Justizgewährplicht in seiem Schreiben an die Patrizier Caelianus und Agaptius. Der Frieden verpflichtet den Herrscher, zum eigenen Lob Wächter der *concordia* zu werden. Damit aber Harmonie in der Gesellschaft herrscht – ein ruhiges Volk, ein einträchtiger Senat vereint unter der Regierung Theoderichs – muss *iustitia* gewährt werden.[558]

---

556 *Cassiodor*, Variae, II, 20, 1: „Omnes decet gratanter impendere quod publicas videt utilitates posse respicere, quando necesse est hoc membra sentire, quod corporis summa sentitur."

557 *Cassiodor*, Variae, IV, 6.

558 *Cassiodor*, Variae, I, 21, 1: „Decet regalis apicis curam generalitatis custodire concordiam, quoniam ad laudem regnantis trahitur, si ab omnibus pax ametur. quid est enim, quod nos melius praedicet, quam quietus populus, concors senatus totaque res publica morum nostrorum honestate vestita?" u. 3.

cc) *Die iustitia als Zierde der Herrschaft – Schutz der libertas, Garantie der civilitas, Schild des Schwachen*

Die Garantie der Freiheit entspricht dem Selbverständnis des gotischen Königtums. Wegen der *clementia* eines guten Princeps wird vom Untertanen auch der Verlust des Vaters weniger gefühlt, weil auch der Princeps mit *pietas* einem Vater gleich herrscht. Er ist Vater seines Volkes.[559]

(1) Schutz der libertas durch iustitia

So wie der Schutz des Privateigentums einen Kernbestandteil rechter Herrschaft bildet, sieht Theoderich den besten Schutz der eigenen Herrschaft vor gewalttätigen Unruhen in der Justizgewähr auch gegenüber dem Herrscher. Auch der Princeps ist an das Recht als Zierde (*decus*) seiner Herrschaft gebunden.[560] Nur wenn der Untertan die Erfahrung macht, auch gegenüber dem Princeps vor den Gerichtshöfen Recht zu erlangen, wird er sicher auf Waffengewalt verzichten.[561] Die damit verbundene Aufforderung an den Saio Duda, unbedingt und genauestens darauf zu achten, dass in solchen Dingen kein Unrecht geschieht entspricht dem Ziel der guten Verwaltung der Provizen. Unter Theoderich gilt eine allgemeine und gleiche Rechtsgewährpflicht gegenüber Arm und Reich, gegenüber dem Mächtigen und dem Schwachen: *Licet universis populis generalis sit impendenda iustitia, quae sic nominis sui obtinet dignitatem, si aequabili moderatione per potiores currat et humiles[...].*[562] Pflicht des Königtums ist es, ungerechte Urteile zu korrigieren, damit die *civilitas* keinen Schaden erleidet.[563]

Die sicherste Abgrenzung der Herrschaft von der Tyrannei ist der Schutz der *libertas.* Dies hält ein Schreiben an Epiphanius, Konsular in Dalmatien, anlässlich einer umstrittenen Rechtsfrage fest. In einer Erbstsreitigket muss dasjenige, was in

559 *Cassiodor,* Varia, IV, 42, 1: „Bene principalis clementia suscipit quos pietas paterna destituit, quia sub parente publico genitoris minime sentiri debet amissio. ad nos siquidem iure recurrit infantia destituta, quibus universorum hominum proficiunt incrementa."

560 Zur Selbstbindung des Herrschers an seine Gesetzgebung, vgl. *Meyer-Flügel,* 408–413.

561 *Cassiodor,* Variae, IV, 32, 1: „Cum in omnibus causis velimus iustitiam custodiri, quia regni decus est aequitatis affectus, in eis maxime quae fisci nostri nomine proponuntur nequaquam detestabilis calumnia in invidiam regnantes affligat. patimur enim superari salva aequitate per leges, ut inter arma semper possimus esse victores. nam quem licenter subiectus superat, non debellat adversus."; 3: „...ita tamen, ut nullo praeiudicio, nulla iniuria, nullo damno innocentia praegravetur, ne alienae accusationis invidiam tuam facere videaris offensam. " Dazu auch Variae, I, 12, 1: „Et quamquam potestati nostrae deo favente subiaceat omne quod volumus, voluntatem tamen nostram de ratione metimur, ut illud magis aestimemur elegisse, quod cunctos dignum est approbare."

562 *Cassiodor,* Variae, I, 10, 1.

563 *Cassiodor,* Variae, IV, 41, 1; 3.

Ermangelung von Erben dem *fiscus* zusteht, eingezogen werden. Dies ist ein Gebot der *iustitia*. Bestehen aber Zweifel über die Rechtslage, so hat der ruhige Besitz des Eigentümers zunächst Vorrang. Hauptzweck der Regierung ist der Schutz des rechtmäßig erlangten Eigentums der Untertanen.[564] Gerechte Herrschaft hat die Sicherung ungestörter Innehabung privater Güter (dies ist der klassische *libertas*-Begriff) zum Ziel. Das Königtum muss daher im Zweifel den privaten Besitz ungestört lassen, selbst wenn es nach dem Recht verpflichtet ist, eine Untersuchung über die Erbfolge zu führen. Theoderich erkennt hier, wie in allen Fällen der Fiskaltätigkeit, einen Vorrang der *libertas*-Gedanken in Zweifelsfällen an.[565]

Da diese Pflicht den König aus Gründen der Gerechtigkeit trifft, gilt sie auch für sämtliche Amtsträger, insbesondere aber für nahe Verwandte des Königs. Ein Schreiben Theoderichs an seinen Neffen Theodahad stellt unmissverständlich klar, dass *proximitas* und *nobilitas* in besonderer Weise gegenüber dem Königtum verpflichten.[566] Erst recht gehört es sich nicht, vom König an Private gewährte Güter durch die eigene Dienerschaft einziehen zu lassen, gerade in diesen Fällen wäre es angebracht, in jedem Falle Mäßigung gegenüber einer Invasion der Güter an den Tag zu legen. Nur auf dem Rechtsweg, strikt nach dem Gesetz und *civiliter* dürfen Ansprüche verfolgt werden. Bestehen sie vor dem Forum des Rechts, wird niemand ihre Legitimität mehr bezweifeln.[567]

Als allgemeine Pflicht ist der Schutz ungestörten Besitzes auch im ersten Buch der „Variae" konstituiert. Er betrifft die widerrechtliche Aneigngung von Land durch einen Barbaren. Dort heißt es, wer immer sich ohne *pittacium* eines *delegators* italisches Land aneigne, sei verpflichtet, es dem rechtmäßigen Eigentümer zurückzugewähren, wenn nicht sind seit der Aneignung wenigstens 30 Jahre vergangen sind.[568] Nur für diesen Fall könne auch ein unrechtmäßiger Erwerb bestand haben, da „nach vielen Jahren kein Raum mehr für Anschuldigungen" sein dürfe.

---

564 *Cassiodor*, Variae, V, 24, 2: „Rogari enim in talibus causis, non fraudari principem decet, quia neglegentiae vitium est praesumptiones relinquere, quas iura praecipiunt amputare. si quid autem contra reppereris, quietos dominos habere patieris, quia magis illa nostra sunt patrimonia, quae a subiectis legitime possidentur."

565 So auch ein Brief an den vicarius praefecti Galliarum, Gemellus, *Cassiodor*, Variae, III, 18; *Kakridi*, 171.

566 *Cassiodor*, Variae, V, 12, 1.

567 *Cassiodor*, Variae, V, 12, 2: „…ab hominibus vestris nullis causis extantibus indecenter invasam et inde crevisse culpandae surreptionis vitium, unde dari debuit gloriosae moderationis exemplum."; 3: „Quapropter si nullo mendacio asserta vitiantur, magnitudo vestra quae sunt ablata restituat: et, si quid vobis creditis posse competere, ad comitatum nostrum instructam iure personam modis omnibus destinate, ut civiliter plantata causatio finem de legibus sortiatur. ibi enim quicquid geritur, invidiae tuae potius applicatur et maiora detrimenta famae suscipis, dum talia non vitare contendis: hic autem confligunt causae viribus suis et sine derogatione quilibet mediocris addicitur, quando iustitia teste superatur." Dazu *Kakridi*, 342 f.

568 *Cassiodor*, Variae, I, 18, 2 f.

(2) Armenfürsorge und Schutz

Aus der Pflicht zur gleichen Rechtsgewährung gegenüber Schwachen und Mächtigen folgt es auch, dass Theoderich die Armenfürsorge als wichtigen Bestandteil der Regierung definiert. Das Königtum hat die Sorgen der *res publica* mit der Hilfe Gottes dauerhaft zu lösen. Es muss das Ärmliche und Schwache erhöhen, damit es gegen die *superbia* der *potentes* bestehen kann.[569] In dem an den Saio Ferrocinctus gerichteten Schreiben geht es wiederum um eine widerrechtliche Aneignung von Grundeigentum durch den Prätorianerpräfekten. Getreu dem *iustitia*-Grundsatz betont Theoderich auch hier, dass die Verletzung der Schwachen durch den Inhaber öffentlicher Ämter ausgeschlossen sei muss. In allen Dingen muss *aequitas* herrschen.[570] Theoderich versucht so der Gefahr zu begegnen, dass eine Rechtsordnung eher die Starken schützt. Daher darf von der Macht königlicher Urteile gegenüber Armen nicht uneingenschränkt Gebrauch gemacht werden.[571]

So streng die Mahnungen Theoderichs an Verwandte, Magistrate und Rechtsbrecher in der Regel ausfallen, so milde bewertet der Herrscher den aus Armut begangenen Rechtsverstoß. Angesichts fehlender Versorgungsgüter für die Armee äußert der König in einem Schreiben an den Comes Privatarum Senarius: *Disciplinam siquidem non potest servare ieiunus exercitus, dum quod deest semper praesumit armatus. habeat quod emat, ne cogatur cogitare quod auferat. necessitas moderata non diligit, nec potest imperari multis quod nequeunt custodire paucissimi.*[572] Not kennt kein Gebot, weder für den Soldaten noch für den einfachen Untertanen, Armut zwingt zum Unrecht. Die Forderung nach *moderatio* erreicht sie nicht.

(3) Civilitas und gloria

Nach alledem gilt: Die an der *iustitia* orientierte Tugendherrschaft versucht Vergehen gegen die Rechtsordnung von Anfang an auszuschließen. Sind Rechtsbrüche erfolgt, gilt die strenge Mahnung eine private Rechtsdurchsetzung abzustellen und vor den Gerichten *civiliter* zu prozedieren. *Civilitas* ist Wahrung des Rechts. Alle Voraussetzungen, die eine tugendhafte Regierung von der Tyrannei abgrenzen, sind einzuhalten. Die Gewährleitung der *civilitas* hängt davon ab, wie weitgehend

---

569 *Cassiodor*, Variae, III, 20, 1: „Inter gloriosas rei publicae curas, quas perpeti cogitatione deo auxiliante revolvimus, cordi nostri est levamen humilium, ut contra potentiam superborum nostrae pietatis erigamus obstaculum, nec liceat quicquam apud nos audaciae, cuius est propositi superba calcare." Zur Armenfürsorge *Meyer-Flügel*, 260–262.

570 *Cassiodor*, Variae, III, 20, 4: „praetorii praefectus bacchari non est in humilis laesione permissus et cui a nobis assurgitur, officiendi potestas miseris abrogatur. hinc omnes intellegant, quo amore delectemur aequitatis, ut et potentiam iudicum nostrorum velimus imminuere, quatenus bona conscientiae possimus augere." Zur Kontrolle der Saiones vgl. *Meyer-Flügel*, 466–469.

571 *Cassiodor*, Variae, III, 36, 2.

572 *Cassiodor*, Variae, IV, 13, 2.

der Princeps seine Untertanen vor Rechtsbrüchen schützt. Zu Recht äußert Theoderich daher in einem Brief an Adeoatus, dass im Falle von Verbrechen letztlich das königliche Urteil diejenige Instanz sei um Tugend und *gloria* des Königtums nachzuweisen.[573]

Ganz offen zeigt sich in diesem Begriff der *gloria* christlicher Einfluss. Wie Ennodius in der „Vita S. Epiphanii" bereits ausführte, bemisst sich christliche *gloria* nicht mehr vorwiegend nach der kriegerischen, sondern vor allem nach der zivilen Tugend. Entscheidend ist, wie weitgehhend es gelingt, dem Staat eine nach innen wirkende christliche Gesellschaftsordnung gemäß den Geboten Gottes zu verleihen.[574] Theoderich agiert in dieser Hinsicht „doppelfunktional". Die starke Betonung des *libertas* Gedanken und der Wunsch die Herrschaft nach dem Vorbild des Prinzipats zu gestalten, stellt seine Mühen in den Kontext des römischen Friedensgedankens. Dieser zielte innerhalb des Friedensraumes vor allem auf Muße zur Ausübung der Freiheit ab. Die gleichzeitige Zuwendung auf christliches Gedankengut – Erhebung des Schwachen, Unterdrückung der *superbia* – weist Theoderich als christlichen Herrscher aus. Die in der Rechtsgewähr geübte *clementia/pietas* ist daran zu bemessen, inwiefern das Schwache gefördert und *superbia* vermieden werden kann.

c) Humanitas Tugend und pietas – Theoderich und Seneca

aa) Pflicht zur Pietas in Ansehung von Verbrechen

Grundsätzlich ist daher der Princeps verpflichtet, in allen Rechtsangelegenheiten *humanitas* zu üben, d. h. Raum für königliche *pietas* zu suchen.[575] In einem Brief an den Praepositus Faustus legt Theoderich die dogmatische Ableitung der Tugend dar: *nec pro affectu pietatis fines potest iustitiae custodire* – ohne *humanitas* ist Gerechtigkeit nicht möglich. Der Princeps muss *aequitas* stets in Verbindung mit *clementia* bringen. Darin besteht die Tugend der *misericordia*, hinter der alle anderen Tugenden zurücktreten müssen.[576]

Rechte *humanitas* heißt, *pietas* zu wahren. *Pietas* ist *aequitas* mit *clementia* gepaart. Von der Lehre Senecas unterscheidet sich diese Auffassung darin fundamental, dass für ersteren *clementia* die einzige Form der *iustitia* darstellte. Eine Ausdifferenzierung in *iustitia* mit und ohne *clementia* schloss er so bereits

---

573 *Cassiodor*, Variae, III, 46, 1: „Materia est gloriae principalis delinquentis reatus, qua nisi culparum occasiones esnergerent, locum pietas non haberet. quid enim salubris ordinatio gerat, si morum probitas cuncta componat?"

574 Civilitas bedeutet daher auch die Einheit der bürgerlichen Lebensordnung, *Kakridi*, 344.

575 *Cassiodor*, Variae, I, 18, 4.

576 *Cassiodor*, Variae, II, 9, 1: „Benigni quippe principis est ad clementiae commodum transilire terminos aequitatum: quando sola est misericordia, cui omnes virtutes honorabiliter cedere non recusant."

begriffslogisch aus.[577] Unter Theoderich dagegen tritt der *pietas*-Begriff an die Stelle, die ursprünglich der *clementia* gebührt. Drückte zuvor *clementia* die „gemilderte Gerechtigkeit" aus, schreibt Theoderich dieses Verdienst nun der *pietas* zu. Zugleich ist *pietas* zur *misericordia* geworden. Was bei Seneca ein hinter dem Recht zurückbleibender Affekt war, ist unter christlichem Einfluss terminologisch zum Synonym für *pietas* geworden. *Misericordia* und *pietas* bezeichnen nun diejenige Herrschertugend, die bei Seneca mit der *clementia* ausgedrückt wurde. Dass Cassiodor beide Begriffe (*pietas/clementia*) zum Teil parallel verwendet, zeigt den fortdauernden Umbruch des Begriffsverständnisses an. Für diesen kann jedenfalls festgehalten werden, dass der Princeps mit der *pietas* nun auch die Unterdrückung von *superbia* und die Erhöhung der Schwachen verbindet. Er legt einen christlichen Maßstab auch an die Ausübung der Tugend an. Die Fälle, in denen Cassiodor für Theoderich die neugeprägten Begriffe gebraucht, ähneln den Beispielen Senecas. In Variae, I, 18 ist es *pietas*, die „nur" eine Verbannung herbeiführt; in Variae, II, 14 schließlich geht es – wie in einem Beispiel Senecas – um das Verbrechen eines Sohnes, dessen Vergebung die *humanitas* nicht gestattet. Hier tritt *pietas* in einer weiteren, klassisch-römischen Funktion hervor. Sie kennzeichnet nicht nur herrschaftliche Milde, sondern auch das wohlwollende Verhältnis des Sohnes gegenüber den Eltern.[578] Insofern ist sie nicht nur Herrscher- sondern auch Menschenpflicht, weil sie auch schon von Tieren (z. B. jungen Vögeln gegenüber ihren Eltern) geübt wird.[579] Hat ein Sohn gegen die Gebote der den Eltern gebührenden *pietas* verstoßen, so kann die Härte eines im Rechtsweg erfolgten Urteils auch Ausdruck von *pietas* sein. Die *pietas*-Tugend zwingt geradezu zu einem harten Urteil, wenn sie von einem Untertan *contra naturae ordinem* missachtet wird.[580] Demgemäß ordnet Theoderich die Untersuchung des vermeintlichen Mordversuchs des Sohnes an dem Vater vor dem königlichen Hof und die Verhängung der rechtsgemäßen Strafe für den Fall des Nachweises der Tat an. Wenngleich er damit – dem Sohn droht der Tod – weit über die im Seneca-Exemplum angeordnete Verbannung hinausgeht, ist damit nicht zwingend ein Bruch mit der Auffassung des Stoikers angedeutet. Im Beispiel Senecas war ein Prozess vor dem Richterstuhl des Augustus vermieden worden, weil damit die Strafgewalt den Händen des Vaters entrissen und (wohl) die gesetzmäßig Strafe dann ebenso unvermeidbar gewesen wäre. Ob Augustus vor seinem Tribunal anders hätte argumentieren können als Cassiodor hier, ist angesichts der Einlassung des Princeps im Werk des Seneca zweifelhaft. Den so als *pietas*-Beziehung definierten Achtungsanspruch gegenüber den Eltern bringt Theoderich auch in der Beziehung der Diener zu ihren Herren zur Anwendung. Verbrechen sind dem Princeps generell

577 Gerechtigkeit konnte nur als clementia gewährt werden.

578 *Cassiodor*, Variae, II, 14, 1: „...inoboedientem vero filium declinare poenas non permittit humanitas"; 3: „Pia vicissitudine iuvenes reddunt, quod a parentibus parvuli susceperunt. et ideo non immerito longa vita servantur, qui pietatis officia non relinquunt."

579 *Cassiodor*, Variae, II, 14, 5.

580 *Cassiodor*, Variae, II, 14, 5.

verhasst, am meisten das Vergießen von Menschenblut. Kommt es aber zur Missachtung der grundlegenden Anforderungen der *pietas* durch einen Menschen, so ist gegenüber der Abweichung von der menschlichen Natur (*ab humana condicione*) nur die Todesstrafe rechtsgemäß.[581] Für den gotischen Princeps gründet sich *pietas* auf einem Gegenseitigkeitsverhältnis. Sie entspricht der Achtung des Vaters (Theoderichs) und der Sorge um seine Untertanen, d. h. vor allem für die Schwachen. Sie wird zugleich vom Untertan gegenüber dem Vater gefordert. Von daher erklären sich Exilierungen und Lebensstrafen in dem Fall, dass dieses Grundverhältnis von dem Untertanen durch Verbrechen aufgehoben wird, weil sie gegen diesen grundlegenden Achtungsanspruch verstoßen.

bb) Pietas im Steuerwesen

Umfangreichen Gebrauch vom *pietas*-Begriff machen die Urkundenformulare des Theoderich im Zusammenhang mit dem Steuerrecht. Schon im ersten Buch der „Variae" heißt es in den Briefen I, 19 und I, 22, dass der Fiscus zwar seine Rechte habe, aber auch der *clementia* Rechnung tragen müsse. Daher darf von staatlicher Seite nicht *cupiditas* über die Eintreibung der Steuern bestimmen. Wieder versucht Theoderich den ruhigen Besitzstand der Untertanen zu gewährleisten. Wie die *libertas* nicht das Eigentum nehmen darf, so darf die Steuerpflicht nicht mittelbar zum Unrecht am Eigentümer werden, indem sie die wirtschaftliche Leistungsfähigkeit überschreitet. Dieser Grundsatz ist der *pietas/clementia* des Princeps geschuldet, d. h. der liebenden Zuwendung des Vaters gegenüber seinen Untertanen.[582] Deutlich formuliert wird dieser im zweiten Buch der „Variae", einem Schreiben Theoderichs an den Senat der Stadt Rom. Gegenstand sind die Leiden der Bevölkerung und der Städte.

Pflicht des Senates ist es, den Menschen eine Lebensordnung zu schaffen. Die Gesetze, die den römischen Namen zieren, ergehen daher im Namen des Senates. Für die Senatoren hat sich von Anfang an die Bezeichnung als *patres* eingebürgert. Dadurch wird klargestellt, dass die Ordnungaufgabe des Senates darin besteht, das Leben der Privatpersonen so zu regeln, als wären diese Söhne der Senatoren. Daher ist der Senat, dessen Gerechtigkeit zu gehorchen ist, in besonderer Weise an Tugend, an *moderatio* und *clementia* gebunden.[583] Tatsächlich aber erfüllen die Senatoren die ihnen obligenden Steuerpflichten nicht, so dass nun die Untertanen in Provinzen in Furcht vor den *exatores* verfallen. Sie gehen davon aus, dass das

---

581 *Cassiodor*, Variae, II, 18, 1 u. 2. Zur Ermordung des Stephanus durch seine Diener: „Cuncta quidem iure detestamur scelera et omne quod iniquum est clemens execratur auditus, sed ea maxime quae, humani sanguinis effusione polluta..."; „Pro dolor! pietas in avibus invenitur, quae ab humana condicione deseritur."

582 Ebenso deutlich II, 13, 1. Die kaiserliche pietas in Steuerangelegenheiten erstreckt sich auch auf Suppliken, in denen ein Supplikant geltend macht, unberechtigterweise zur Steuer herangezogen zu sein.

583 *Cassiodor*, Variae, II, 24, 1.

Starke sich gegen das Schwache wenden wird und zuletzt die *potentes* die Armen zur doppelten Erfüllung ihrer eigenen und der Steuerschuld der Mächtigen zwingen werden.[584] Zur Beseitigung dieses Misstandes erinnert Theoderich die Senatoren an ihre Schuldigkeit gegenüber der *res publica*. Sie ist Schuldigkeit gegenüber dem Princeps. Unter seiner Herrschaft darf nicht der typische Satz gelten, dass derjenige, der die Belange der *res publica* vor die eigenen stellt, rasch untergeht. *Civilitas* fordert, die über Gebühr belasteten Schwachen zu befreien, um so die Ernte der Gerechtigkeit einzufahren.[585]

Gleiches gilt in Ansehung der Steuerschulden auch für die Inhaber größerer Landgüter der Provinz Suavia. Reichtum berechtigt weder Römer noch Goten, Steuern auf ärmere Nachbarn umzulegen. Frühere Barbaren sind zu derselben Steuer wie alle übrigen Provinzialen verpflichtet. Sie sind mit Römern verheiratet und mit Land ausgestattet. Gründe für eine Sonderbehandlung gibt es nicht. Erneut verweist Theoderich auf die *iustitia* und darauf, dass die *providentia* des Princeps es nicht zulassen kann, dass sein Ruf der *mansuetudo* verloren geht.[586]

Überhohe Steuerlasten der Schwachen sind eine Verletzung der vom Princeps geschuldeten *pietas*. Das in Variae II, 25 unmittelbar dem Schreiben an den Senat beigefügte Edikt Theoderichs bestimmt daher, dass nunmehr ein direkter Weg für Klagen der Provinzialen an den Hof Theoderichs eröffnet wird. Der gerechte Princeps will allen Recht verschaffen, weil ihm die Unterdrückung der Armen verhasst ist.[587]

In dieses Bild passt, dass Theoderich die *pietas* angesichts der Schulden der Händler in der Stadt Sipontum als den Schatz des Princeps bezeichnet und darauf verweist, dass jede Steuer die Tränen verursacht, seine *clementia* beschädigt. Es ist Pflicht des Princeps, dem Darniederliegenden zu helfen.[588] Auch die Anordnung der Steuerbefreiung für die Stadt Arles nach der Belagerung (511) fügt sich hier ein. Die *humanitas* fordert Steuerleistungen nur von denjenigen, die in *quietas* leben.[589] Perfekte *pietas* muss diejenigen, die unter Kriegsmüdigkeit und Wirtschaftsschwäche zu leiden haben, von den Lasten überhoher Steuern ausnehmen. Dann ist sie Zeichen rechter *providentia*.[590]

---

584 *Cassiodor*, Variae, II, 24, 2. Die Unsitte des fünften Jahrhunderts, die Schwachen doppelt für die eigene Schuld und die ihrer Herren zahlen zu lassen, untersagt ausdrücklich Variae, IV, 14.

585 *Cassiodor*, Variae, II, 24, 3–5.

586 *Cassiodor*, Variae, V, 14, 1 u. 9.

587 *Cassiodor*, Variae, II, 25, 1 u. 3: „detestamur enim miseros premi, commovemur et non querentium malis velociusque ad nos pervenit quod dissimulatio patientis abscondit: merito, quando cunctorum nos respiciunt laesiones, dum illud pietati nostrae perire credimus, quod per mediocrium damna sentimus."

588 *Cassiodor*, Variae, II, 38, 1.

589 *Cassiodor*, Variae, III, 32, 1. Gleiches gilt für alle in Gallien verheerten Gegenden; III, 40 u. IV, 14. Zur Milde im Steuerwesen auch VII, 9.

590 *Cassiodor*, Variae, IV, 26, 2: Steuerbefreiung für Marseille. „Ipsa est enim perfecta pietas, quae antequam flectatur precibus, novit considerare fatigatos." Weiter

Ist die Leistungsfähigkeit des Steuerschuldners gewährleistet, ist für *pietas* kein Raum. Ohne Befreiungsgründe verlangt die *iustitia*, Steuern sofort einzufordern und nicht zu stunden (Variae, III, 8). Die widerrechtliche Stundung kann sich zu einem späteren Zeitpunkt für den Schuldner als *crudelitas* erweisen. Die in diesem Zusammenhang (Variae I, 19; I, 22) geltende Forderung nach *clementia* bei der Durchsetzung bezieht sich dann lediglich darauf, dass die Administration den Schuldner bei Fälligkeit der Steuer auf die Zahlungspflicht hinweist und so dem Eindruck vorbeugt, man werde auf ihre Beitreibung verzichten.[591]

d) Freigiebigkeit als Derivat der humanitas?

Dem *pietas*-Begriff eng verwandt ist auch die Interpretation der königlichen Freigiebigkeit. *Liberalitas* darf sich nicht von schlechten Taten abschrecken lassen. Sie muss beständig geübt werden.[592] Dass sie eng mit der sich dem Schwachen zuwendenden *pietas*-Tugend zusammenhängt, beweist ein an den Prätorianerpräfekten Faustus gerichtetes Schreiben im zweiten Buch der „Variae" (II, 37). Mit dem Reichtum des Königreiches wächst auch die *benignitas* des Princeps, wodurch die *humanitas* befördert und die *res publica* verbessert wird. Recht geübte *liberalitas* ist also christlich zu üben.[593] Dass Theoderich auch den klassischen *liberalitas*-Begriff kennt und *liberalitas* auch als sich dem Verdienstvollen zuwendende und ihn fördernde Herrschertugend anerkennt, beweist sein Brief an den Konsul Felix im Jahre 511. Diejenigen, die in Mailand die Wagenrennen veranstalteten, sind *ex liberalitate* zu loben, da sie für die Zerstreuung und Freuden der Öffentlichkeit sorgen.[594]

e) Die Bautätigkeit Theoderichs

Flexibel den einzelnen Herrschertugenden ordnet Theoderich schließlich seine umfassende Bautätigkeit zu. In den Briefen des ersten Buchs wird die Befestigung des Kastells in Dertona sowie die Ablieferung bautauglicher Steine durch Bauern an die Magistrate unter dem Stichwort öffentlicher *utilitas* gefasst. Bautätigkeit ist Zierde des Friedens und dient der Glorifizierung der Herrschaft.[595] In weiteren Briefen wird

---

heißt es in IV, 36, 1: „Providentissimi principis est graviter imminutis relinquere tributariam functionem, ut redivivis studiis ad implenda sollemnia recreentur qui pressi damnorum acerbitate defecerant." Zur Steuerbefreiung als wirtschaftlicher Lenkungsmaßnahme vgl. IV, 19, wieder mit Verweis auf providentia.

591 *Cassiodor*, Variae, III, 8, 1.

592 *Cassiodor*, Variae, III, 35, 1: „Liberalitatem nostram firmam decet tenere constantiam, quia inconcussum esse debet principis votum nec pro studio malignorum convelli."

593 Sie dient dem Ausgleich von Schicksalsschlägen und ist gegen den Zufall gerichtet, *Meyer-Flügel*, 415.

594 *Cassiodor*, Variae, III, 39, 1.

595 *Cassiodor*, Variae, I, 17, 1; 3 f.; I, 28, 1 f.; zum Gedanken öffentlichen Nutzens auch II, 32, 1; IV, 24; *Meyer-Flügel*, 96 f. zur „Vorsorge im Frieden".

sie später in klassischer Weise auch der *beneficentia, largitas* oder *benignitas* des Princeps zugeordnet.[596] Die Errichtung und der Schutz von Gebäuden gerade in der Stadt Rom ist auch besonderer Ausdruck der Sonderrolle Roms in der Welt. Roms Größe erfordert besondere Sorgfalt.[597] Auch *pietas* und *humanitas* können dominantes Motiv für Baumaßnahmen sein, vor allem wenn es um die Wiederaufrichtung im Krieg zerstörter Städte geht (Arles).[598] *Providentia* und *securitas* schließlich stehen häufig bei der Reparatur von Verteidigungsanlagen im Mittelpunkt.[599]

f) Civilitas

Von auffallend hoher Bedeutung innerhalb der Briefesammlung Cassiodors ist schließlich auch die von Theoderich immer wieder bemühte *civilitas*-Tugend,[600] die bereits im Zusammenhang mit der Pflicht zur Rechtsdurchsetzung im Rechtswege angesprochen wurde. In diesem Kontext taucht sie in einem Schreiben an Barbaren und Romanen in der Provinz Pannonien auf. Zweikämpfe sind unter der Herrschaft der *iustitia* zu vermeiden. Wo keine Feinde mehr existierten, ist das Eisen niederzulegen.

Gotische Sitte ist es, nur außerhalb des befriedeten Herrschaftsbereichs der Ostgoten auf das Schwert zurückzugreifen, im Inneren aber *modestia* zu üben.[601] Hier wird der Kontrast zu dem Eurichbild der „Vita S. Epiphanii" des Ennodius deutlich. Wenn unter der Herrschaft der *civilitas* weiterhin mit Schwertern gekämpft wird, ist die Behauptung des Friedenszustandes nicht glaubhaft. Was nützt dem Menschen die Zunge, wenn alle Differenzen mit der Hand gelöst werden?[602]

---

596 So geschehen in Variae, I, 32, 1 (Trockenlegung von Sümpfen); III, 29, 1 (Instandsetzung von Gebäuden in der Stadt Rom); III, 44, 1. Liberalitas durch Bau und Bildung ist geradezu das Paradebeispiel der Kulturpolitischen Sendung des Herrschers, vgl. auch *Kakridi*, 181 f.

597 *Cassiodor*, Variae, III, 29, 2; III, 30, 2.

598 *Cassiodor*, Variae, III, 44, 1. Zur Bautätigkeit auch *Meyer-Flügel*, 288–295 (Wasserversorgung).

599 *Cassiodor*, Variae, III, 38, 3 u. 5: Der Princeps muss auch für die Zukunft der Untertanen vorausplanen.

600 Dazu ausführlich etwa *Kakridi*, 339–347; *Reydellet*, 222–225.

601 *Cassiodor*, Variae, III, 24, 3: „Illud praeterea vos credidimus ammonendos, ut non in vos, sed in hostem saevire cupiatis. res parva non vos ducat ad extrema discrimina: adquiescite iustitiae, qua mundus laetatur."

602 *Cassiodor*, Variae, III, 24, 4: „Cur ad monomachiam recurratis, qui venalem iudicem non habetis? deponite ferrum, qui non habetis inimicum. pessime contra parentes erigitis brachium, pro quibus constat gloriose moriendum. quid opus est homini lingua, si causam manus agat armata? aut pax esse unde creditur, si sub civilitate pugnetur? imitamini certe Gothos nostros, qui foris proelia, intus norunt exercere modestiam. sic vos volumus vivere, quemadmodum parentes nostros cernitis domino praestante floruisse." Dazu *Meyer-Flügel*, 63.

Civilitas appelliert also zum einen an die spezifische Natur des Menschen. Weil er mit Verstand ausgestattet ist, löst er seine Streitigkeiten nicht mit Gewalt. Er eignet sich insbesondere Land nur im Rechtswege, nicht mit Waffengewalt an.[603] Zum anderen ist *civilitas* essentieller Bestandteil jeder Friedensordnung. Der Friede kann nur dann vom Krieg unterschieden werden, wenn auch in Friedenszeiten Konflikte nicht mit dem Schwert ausgetragen werden. *Civilitas* ist Ausdruck des von den Goten erreichten Friedenszustandes und der von diesen erlernten Tugend. Dies entspricht der Schilderung des Orosius, die Goten hätten rasch gelernt das Schwert mit dem Pflug zu vertauschen, ihre Könige (Athaulf) sogar danach gestrebt, ein *Imperium Gothorum* nach Vorbild römischen Rechts zu errichten.[604] Die Transformation (vor allem der Westgoten), die auch im Panegyrikus des Sidonius Apollinaris für den Kaiser Avitus deutlich anklingt, sieht Theoderich als geistig vollendet an. Das Eurichbeispiel des Ennodius, der Recht durch das Schwert schaffen will, ist unter Theoderich überwunden.

Um mögliche Belästigungen der Römer durch gotische Waffen und die dadurch drohende Aufhebung der *civilitas* geht es Theoderich auch in einem Schreiben an Wandil, nach einem Fehlverhalten gotischer Truppen in Avignon. Der König in seiner *pietas* wünscht, dass Gallien wohlgeordnet ist, insbesondere nachdem dort die *securitas* erst kürzlich hergestellt wurde. Daher ist jeder Lebenswandel des Heeres, der Feindseligkeit gegenüber den Romanen zum Ausdruck bringt, zu verhindern.[605] Wieder ist *civilitas* Ausdruck der Ablehnung von Gewalttätigkeiten. Der Begriff demonstriert in diesem Kontext, dass unter dem Herrscher Theoderich tatsächlich eine Besserung der Zustände eingetreten ist. Innerer Friede ist gleichbedeutend mit *securitas.* Ganz ähnlich formuliert (Variae, V, 26) ist eine Mahnung an die von Theoderich herbeigerufenen Goten von Picenum und Saminum. Da das Königtum für den Aufwand ihrer Reise aufkommt, besteht kein Grund, entgegen der Grundsätze der *civilitas* am Weg ansässige Menschen auszuplündern.[606]

Abstrakt lässt sich der Verzicht auf Waffengewalt als Gesetzesgehorsam definieren. Er macht ein Leben in menschlicher Gesellschaft erst möglich und unterscheidet den Menschen vom Wilden.[607] Gesetzesgehorsam beinhaltet auch eine Bindung des Herrschers an Akte und Privilegien seiner Vorgänger. Das gilt für die den Juden gewährten Privilegien ebenso, wie für weitere Herrschaftsakte von Königen: *Definitam rem ab antiquo rege, quam tamen constat rationabiliter esse decretam, nulla volumus ambiguitate titubare, quia decet firmum esse quod commendatur probabili*

603 So auch *Cassiodor*, Variae, IV, 39, 5; vgl. IV, 44 betreffend eine solche Handlung durch den Bischof Antonius von Pola.

604 Vgl. dazu *Orosius*, Historiae, 7, 43, 3 u. oben.

605 *Cassiodor*, Variae, III, 38, 1 f.

606 *Cassiodor*, Variae, V, 26, 2.

607 *Cassiodor*, Variae, IV, 33, 1: „Custodia legum civilitatis est indicium et reverentia priorum principum nostrae quoque testatur devotionis exemplum."; in diesem Sinne auch VII, 39.

iussione. Kriegstugend ist durch im Frieden geübte *civilitas* zu ergänzen.[608] Bindet Theoderich sich an das Recht, so handelt es sich nicht um einen Akt herrschaftlicher Gnade, sondern um die Pflicht jeder rechtlichen Herrschaft überhaupt.

Civilitas zu missachten heißt, die Segnungen des Rechts innerhalb des Staatswesens aufzuheben und so die Axt an die Grundlagen der Staatlichkeit zu legen. Der Friedenszustand ist in Frage gestellt, wenn er seinen Namen nicht verdient.[609] *Civilitas* ist die waffenlose, innere Organisation der zwischenmenschlichen Beziehungen und der Gesellschaftsordnung einzig nach dem Recht, nicht nach der Gewalt des Schwertes. Sie verbietet die private Rechtsdurchsetzung mit Gewalt (*...ut ab armatis custodiatur intacta civilitas*).

Als eine aus dem menschlichen Wesen, dem Verstand, fließende Tugend ist es auch verständlich, warum die Mahnung zur *civilitas* vor allem für die Nobilität gelten muss. Gerade die Amtsträger haben sich aller *ambitio* und aller Raubtaten zu enthalten. Werden Ränge nach Verdienstlichkeit gewährt, so steigt auch die Verpflichtung zur Einhaltung der dem Menschen spezifischen Verstandestugenden.

g) Die Einbindung der Kirche in die Regierunstätigkeit Theoderichs

Einige wenige Briefe Cassiodors während der Regierung Theoderichs befassen sich schließlich auch mit der Rolle der Kirche. Während der vielzitierte Brief des zweiten Buches an die Juden von Genua zunächst den Verdacht nahelegt, Theoderich habe als Arianer den Glaubensgemeinschaften indifferent gegenübergestanden und Glaubensfreiheit innerhalb seines Staatswesens verankern wollen (*religionem imperare non possumus, quia nemo cogitur ut credat invitus*),[610] sind doch bereits dort die Grenzen der gegenüber der jüdischen Religion gewährten Freiheit eng umrissen. Der Princeps untersagt jede Erweiterung des Gebäudes über den bestehenden Rahmen hinaus.

Die Frage nach dem Verhältnis zur katholischen Kirche, insbesondere in Ansehung der Pflichten der *iustitia*, beantwortet ein Brief an den Bischof Severus aus dem Jahr 508. Theoderich führt aus, dass niemand anderes als die Priesterschaft besser zur Achtung der *aequitas* geeignet ist. Da ein Priester alle Menschen gleichermaßen liebt und jeden Platz für Neid aus seinem Herzen verbannt, wird er am sichersten das Maß des Rechts einhalten.[611] Dogmatischer äußert sich dazu ein Brief des dritten Buches. Auf den Verdacht hin, dass Ianuarius, Bischof von Salona (507–512), Lampenöl empfangen, die Rechnung aber nicht beglichen hat, äußert sich

---

608 *Cassiodor*, Variae, IV, 17, 1.

609 *Cassiodor*, Variae, V, 37, 1: „Libenter annuimus quae sine legum iniuria postulantur, maxima cum pro servanda civilitate nec illis sunt neganda beneficia iustitiae...".

610 *Cassiodor*, Variae, II, 27, 2; zur Bedeutung dieser Äußerung vor allem im Hinblick auf das arianische Bekenntnis der Ostgoten und den katholischen Glauben der Romanen, *Kakridi*, 209. Zur Religionsfreiheit auch *Cassiodor*, Variae, X, 26, 4. Offene Religionsfreiheit für die Juden bestand dagegen nicht, anders *Kakridi*, 212.

611 *Cassiodor*, Variae, II, 8, 1.

Theoderich gegenüber dem Bischof zu den Pflichten der *iustitia*. Er stellt zunächst auf den allgemeinen Grundsatz ab, dass alle Menschen zur *iustitia* verpflichtet sind. Er bekräftigt aber auch seine Auffassung, dass diejenigen, die in den Dienst Gottes erhoben sind, aufgrund ihrer Distanz zu irdischer *cupiditas* besondere Pflichten treffen.[612] Gott wird weder betrügerische Gaben dulden, noch empfangen. Daher darf auch ein Priester nicht denen, die er stützen soll, Verlust bringen.[613]

Der Sonderrolle der Kirche innerhalb des Staatswesens entspricht der Schutz der Kirchen als Herrscherpflicht des Princeps. Sollen im Staatswesen die Untertanen in Muße und Ruhe (*otium, tranquillitas*) leben können, so muss der Princeps die Kirchen vor dem Unrecht schützen, um sich so der *misericordia* des Himmels stets versichern zu können.[614] Dazu gehört es auch, gegenüber der Kirche durch Benefizien etwa Ausnahmen von bestimmten Regelungen der Gesetze zu gewähren,[615] oder *liberalitas* dadurch zu zeigen, dass man die Akte des Vorgängers gegenüber den Kirchen bestätigt.[616]

5. Gesamtbetrachtung

a) Verhältnis zum oströmischen Kaisertum

Einen ersten wichtigen Zugang zum Herrschaftsverständnis Theoderichs bieten die wenigen an den oströmischen Kaiserhof gerichteten Briefe, in denen der Ostgotenherrscher seine Amtsgewalt aus der ihm zuteilgewordenen Übertragung des Westens des Römischen Reiches ableitet. Er spricht sich damit die Teilhabe an der römischen Gesamtgewalt zu. Diese übt er in der Imitation der Kaiserherrschaft aus, die allen Königreichen vorangestellt ist. Im Gegensatz zur Burgunderherrschaft und den Schreiben des Avitus ist es nicht die durch *pietas* der Rechtgläubigkeit erzeugte *concordia*, die beide Reiche miteinander verbindet, sondern ihr inhaltlich gleicher Auftrag. Neben der Vereinigung Italiens steht hier betontermaßen (1) die Besserung der Menschen, (2) die Wiederherstellung der *leges* und (3) die Überwindung ihrer Gegner im Mittelpunkt. Kraft seiner *auctoritas* ist Theoderich Wahrer des Friedens im Westen des Reiches. Für Italien bedeutet dies: Vereinigung des Landes unter seiner Herrschaft, Achtung der römischen *leges*, Liebe zu Rom und gegenüber dem

---

612 *Cassiodor*, Variae, III, 7, 1: „Omnes quidem iustitiam colere et observare praecipimus, sed eos maxime qui divinis honoribus eriguntur, ut supernae gratiae fiant proximi, dum a terrena fuerint cupiditate longinqui."

613 *Cassiodor*, Variae, III, 7, 2 f.

614 *Cassiodor*, Variae, II, 29, 1.

615 *Cassiodor*, Variae, II, 30, 1: „Non praeiudicat iuri publico personalis exceptio, quia beneficialem esse principem licet nec intra regulas constituti potest munificentia regalis artari." Zur Rolle der Kirche bei der Gewährung von Benefizien, *Kakridi*, 216 f.

616 *Cassiodor*, Variae, IV, 20, 1.

Senat als Voraussetzung der *res publica Romana*.[617] Die Besserung der Menschen erreicht rechte Amtstugend nach Verdienstlichkeit durch Ausschaltung von *cupiditas* und *superbia* in beständiger *virtus*.

b) Verhältnis zu den germanischen regna

An die Übernahme der Herrschaft über den römischen Westen im ganzen Umfang erinnert auch das erste Schreiben Theoderichs an den Burgunderkönig Gundobad. Mit Übersendung der Wasseruhr gewährt Theoderich einen Gegenstand, der in der Zeitmessung die Anerkennung der Herrschaft der menschlichen Seele über den Körper verkörpert. Was in Italien selbstverständlich ist, ist in Gallien selten gesehen. Die Anforderung durch Gundobad ist daher nicht nur dem Streben nach seltenen Gütern, sondern auch einer seltenen Anerkennung von Menschentugend zuzuordnen. Im Angebot der Waffenbrüderschaft an den König der Heruler betont Theoderich die ihm dadurch und kraft *potestas* eingeräumte Stellung. Die von ihm verliehenen Ämter erhöhen die Würden der geehrten Könige.

Ganz der Wahrung der *concordia* der Reiche in verwandtschaftlicher Verbundenheit ist der Briefwechsel anlässlich des westgotisch-fränkischen Konfliktes gewidmet. Während Theoderich an die Barbarenkönige generell die Aufforderung richtet, ihre Affekte durch *moderatio* zu mäßigen und sie so mit den barbarischen Defiziten belegt,[618] legt er in den Schreiben an die Kontrahenten Chlodwig und Alarich die Grundzüge des *concordia*-Begriffs dar. Ein Krieg darf gerechterweise nur erstrebt werden, wenn Frieden auf keine Weise zu erhalten ist. Wird er gegen dieses Gebot erstrebt, ist er dem *lex gentium* zuwider. Vor dem Griff zu den Waffen müssen beide Kontrahenten versuchen, ihre Streitigkeiten durch *moderatio* ihres jeweiligen Strebens zu mäßigen, damit sich *iustitia* gegenüber *superbia* durchsetzen kann und jede Herrschaft in *gloria* erhält. Jeder dagegen vom Zaun gebrochene Konflikt ist Ausdruck der Herrschaft der Leidenschaften über die Seele und schließt das Lob der *virtus* des Kriegsführenden aus. Er begründet zudem die Gefahr menschlicher Überhebung des Siegers zur höchsten *superbia* des reinen Machtstrebens. Es ist zu meiden, da es allen Völkern – auch dem des Siegers – stets nur Unheil bringt.

Theoderichs Rolle als Bewahrer des Friedens innerhalb des ihm anvertrauten Reiches tritt in diesen Briefen, aber etwa auch in den Warnungen an Thrasamund, einen *latro* nicht durch Güter zu unterstützen, hervor. Sie ist stets gepaart mit der Warnung vor lasterhaftem *superbia*-Streben und seinen Folgen, sowohl im Hinblick auf den Reichsverband und seine Bewohner, als auch im Hinblick auf die Pflicht der Herrschaftsträger zum Einschreiten selbst. Im Falle des Einlenkens wird sie ergänzt durch den Lobpreis der Rückbesinnung auf *prudentia* und christliche Tugenden.

---

617 *Kakridi*, 327; zum Restitutionsgedanken auch *Reydellet*, 90.

618 *Cassiodor*, Variae, I, 145 f. Rückständigkeit; II, 5, 2: Treulosigkeit; II, 40 fehlen musischer Bildung; IV, 3, 2: Gefährlichkeit und moralische Minderwertigkeit; IV, 45; VI, 9: Armut; III, 17, 3 Gewaltbereitschaft; dazu *Kakridi*, 303.

Verharrt ein Barbarenkönig im beständigen Irrtum des Lasters und greift er zur Durchsetzung des Lasters zu kriegerischen Mitteln, sieht es der Ostgotenkönig als seine Aufgabe an, den christlichen Krieg für den Erhalt der *concordia* und gegen *superbia* zu führen. Nur hier taucht der *fortitudo*-Begriff als Kennzeichnung kriegerischer Tugend auf. In dem gerechten christlichen Krieg kann auch rechte *gloria* erlangt werden.

c) Amtstugenden

aa) Formulare

Eine unmittelbare Vorstellung von dem Herrschaftsideal Theoderichs in der Administration ermöglichen die offiziellen Formulare, vor allem der Amtseinsetzung von Konsul, Prätorianerpräfekt und Quästor.

Auf Theoderich ist die alte Funktion des Konsulates übergegangen, die *libertas* der *res publica* und ihr Heil zu verteidigen.[619] Ihm obliegt es, in beständiger Tätigkeit (*labor*) *pax* zu sichern und *securitas* zu schaffen, um die *felicitas* des Zeitalters gegebenenfalls auch mit militärischen Mitteln sicherzustellen. Der römische Konsul selbst ist in seiner *largitas* Ausdruck des so geschaffenen *otium*.[620] Auf Kernbestandteile des königlichen Amtes verweist das Formular der Prätorianerpräfektur. Der König ist Träger der *potestas* und damit der höchsten Gerichtsgewalt im Reich und Vater des Volkes. Gegen sein Urteil findet die Appellation nicht statt. Er prüft die Entscheidungen aller Amtsträger und übt seine Herrschaft mit *aequitas* und *moderatio* aus. Muße ist ihm untersagt, stets muss er sein Amt mit Tugend ausüben. Immer ist auch der König selbst Vorbild höchster *dignitas*. Er ist nach dem Formular der Quästur verantwortlich für die Sittlichkeit der Untertanen, zu der er sie durch das eigene Vorbild der Liebe zur Gerechtigkeit, des Lobpreises alles Guten, der Bannung alles Schlechten und Bösen anzuleiten hat. Nur so kann er *civilitas* und die Abwesenheit der Laster sicherstellen. Es ist allgemeine Aufgabe des Königtums, zwischen Goten und Römern und allen Nationen *pax*, *otium* und *iustitia* sicherzustellen und darauf hinzuwirken, dass alle Streitigkeiten im Rechtswege ausgetragen werden. Gegebenenfalls ist derjenige, der sich der *pietas* des Königs beständig widersetzt, daraus auszuschließen.

Jede Provinzverwaltung muss sich stets vergegenwärtigen, dass alle ihre Handlungen zum Heil der Zeit unternommen werden. Deswegen darf *iustitia* nur von Amtsträgern geübt werden, die selbst über Seelentugend verfügen (*moderatio*).

---

619 Insofern wird der Begriff nicht alleine im Sinne persönlicher Freiheit verwandt, wie dies *Kakridi*, 328 nahelegt. Theoderich nimmt vielmehr für sich selbst in Anspruch, politischer Verteidiger der libertas zu sein, also die politische Funktion der Volksrepräsentation und des romanischen Senates persönlich zu übernehmen. Es verbleibt dann für den Einzelnen aufgrund der faktisch fortbestehenden Entmachtung der römischen Institutionen nur der „private Bestand" der libertas.

620 Zu dem Konnex pax, securitas, tranquillitas, *Kakridi*, 346.

Sie müssen *cupiditas* meiden und alle Urteile nicht mit *superbia*, sondern *modestia* vollstrecken. Dies gilt auch aufgrund des hohen Ranges des Eigentums für die Bewahrung des Friedens. Nur durch erkennbar tugendhaftes Handeln eines Tugendvorbildes kann der Friedenszustand, können *securitas* und *quietas* erhalten werden.[621] Eine herausragende Verantwortung für die Tugend trifft daher diejenigen, (1) die Gegenden administrieren, die räumlich weit vom Hof des Herrschers entfernt sind, (2) ihre Gewalt „mit dem Schwert", d. h. u. a. mit der Befugnis, Todesstrafen zu verhängen, ausüben, oder (3) Entscheidungen von besonderem Gewicht treffen. Erstere müssen sich ihrer Tugend deswegen erinnern, weil sie unmittelbar das Bild des Königs als eines Tugendvorbildes in ihren Verantwortungsbereichen verkörpern. Da das Schwert zugleich die schärfste Waffe der *iustitia* gegen *latrocinia* darstellt, ist stets auf seinen Einsatz nur zum Nutzen der Tugend zu achten. Es muss auch aufgrund der Unumkehrbarkeit der Sanktion mit reinem Gewissen (*innocentia*) geführt werden. Gleiches gilt für Entscheidung von besonderem Gewicht, also etwa Maßnahmen, die zu Eingriffen in das Eigentum oder in die Stellung von Armen führen, weil für deren Leben Urteile häufig von einschneidender Bedeutung sind.

bb) Tugendlob

Dem Tugendlob der Formeln entspricht das Tugendlob einzelner Amtsträger in den ersten fünf Büchern der „Variae". Ämterwürden werden im gotischen Staat grundsätzlich nur nach der Tugend erworben, nicht etwa nach dem Maßstab der Fortuna. Sie dienen so als Vorbild für andere.[622] Den Vergleich mit dem oströmischen Reich braucht die Gotenherrschaft nicht zu scheuen. Maßstab der Berufung Einzelner zu Amtswürden ist grundsätzlich Individualtugend, d. h. die Bezähmung der Laster des Körpers durch Tugenden der Seele. Die Urkunden nennen vor allem *aequitas, iustitia, temperantia, moderatio, continentia, modestia, humilitas* und Achtung der *civilitas.* Nur Seelentugend ermöglicht es, in einer *societas* die Bedeutung des Friedens und der Gerechtigkeit zu erkennen und selbst zum Wächter der Gesetze zu werden, indem sich der Einzelne in ihren beständigen Dienst stellt (*labor*). Notwendig ist hierzu die Verachtung aller Affekte, vor allem der *avaritia* und des Zornes. Zu fordern ist das beständige Bemühen, sich selbst in allen Entscheidungen zu bessern und die Vermeidung, den Nutzen der eigenen Person in den Vordergrund der Sachentscheidungen zu stellen (*avare fuge, iusta sequere, modesta dilige, iracunda contemne). Innocentia* in der Amtsführung erfährt das Lob des Königs. Amtsträger treffen Entscheidungen jenseits jeden Gedankens persönlichen Nutzens. In ihrem Mittelpunkt steht einzig die *utilitas* der *res publica.* Nur durch *aequitas* kann *iustitia* und nur durch *iustitia* dauerhafter Friede geschaffen werden.[623]

621 Dazu *Meyer-Flügel*, 345 f. zum Inhalt des Tugendvorbildes.
622 Einen Tugendkatalog hat *Kakridi*, 360–370 zusammengestellt; *Meyer-Flügel*, 341–344.
623 Grundlage allen Rechtes ist die ratio, durch die sich der Mensch vom Tier unterscheidet, *Kakridi*, 335. Zur iustitia auch *Cassiodor*, Variae, I, 9, 1: „Tuta est condicio subiectorum, ubi vivitur sub aequitate regnantium: nec dubio decet rumore trahi,

Im Falle des Vorhandenseins einer Abstammungslinie ist es Aufgabe des Herrschers, durch Amtswürden die Vervollkommnung der Erben in der Tugend sicherzustellen und so dafür zu sorgen, dass der Gedanke beständigen Wirkens für das Vaterland und zum Schutz der *libertas* sich erneut manifestiert – unabhängig davon, ob Elterntugend zuletzt im Dienste der Gegner Theoderichs geübt wurde.[624]

Damit tritt zugleich der Gedanke der Aussöhnung von Goten und Römern (*concordia, caritas*) hervor. Nach der Neuordnung des Grundeigentums zielt er darauf ab, alle Herrschaftsunterworfenen in *tranquillitas* und *securitas* zu erhalten. Verkörperung der durch Theoderich geschaffenen Friedensordnung ist der Senat. In ihm herrscht der Geist der *libertas*. Er erwähnt daher jede Restitution der *res publica* lobend.

Von besonderer Bedeutung zum Schutz des Friedens und der Freiheit der Schutz des Eigentums. Am schärfsten beeinträchtigen widerrechtliche Enteignungen und widerrechtliche Freistellungen von Steuern den Friedenszustand des Reiches.[625]

Jeder Rechtsdurchsetzung im Wege barbarischer Selbsthilfe muss ein Staat, der sich an Sittlichkeit und *aequitas* ausrichtet, zur Besserung der Menge entgegentreten. Unter der Herrschaft öffentlicher Gesetze, d. h. in einem „Gemeinwesen", ist für die Durchsetzung privaten Zorns mit Mitteln individueller Gewalt (des Schwertes) kein Raum. Der Herrscher riskiert sonst *seditiones* und einen Rückfall in Barbarei. Das Eisen dient in einer Rechtsherrschaft ausschließlich der Verteidigung des Vaterlandes, der Bestellung des Ackers sowie dem Schutz der Armen vor Willkür.

Dogmatisch lässt sich der unbedingte Vorrang der *iustitia* mit dem Vorrang der Seelentugend vor den Affekten des Körpers, aber auch vor dem Hintergrund der *res publica* begründen. Grundsätzlich wirkt die Handlung jedes Einzelnen auf den Gesamtkörper der *res publica* ein. Einseitige, gewaltsame Rechtsdurchsetzung, ignoriert den Nutzen der Gesamtheit, der in einem nach Rechtsgrundsätzen geordneten Gemeinwesen zugleich auch Nutzen des Einzelnen ist. Jede auf *concordia* der Menschen gestützte Ordnung kann nur mit *iustitia* dauerhaft Bestand haben.[626] Gleiches gilt für die *libertas*, die schlechterdings nur im Frieden gewährleistet ist. Gerade wer Rom verpflichtet ist, hat beides zu beachten, will er *gloria* erlangen. Entscheidend für die Achtung eines Princeps ist daher, dass *civilitas* in allen Dingen herrscht. Ansprüche sind im Klagewege durchzusetzen. Zweikämpfe und Schwertgebrauch zu privaten Zwecken sind ausgeschlossen. Durch die Verknüpfung von Herrscher und Untertanen im Rechtswege entsteht ein Band gegenseitiger Zuneigung, dass beide

---

a quo debent non mutanda constitui. fidem siquidem rerum a ratione colligimus, quae numquam desiderantibus absconditur, si suis vestigiis perquiratur."

624 Den Gedanken des Lobes der Abstammung behandelt *Kakridi*, 348 f. unter der Überschrift „Der Glanz des Adels – Charisma und Bewährung." Besser trifft es die dort (354) benannte Anknüpfung an das Vokabular der „Prinzipatszeit"; *Meyer-Flügel*, 325–332.

625 Dazu *Meyer-Flügel*, 126 f., 128.

626 Zum Konnex Integration und Rechtsgleichheit, vgl. *Cassiodor*, Variae, VIII, 3, 4; *Kakridi*, 316 f.

einander in gegenseitiger *pietas* zur Milde verpflichtet. Vonseiten des Herrschers wendet sich dieses der Besserung der Zustände der Armen und Schwachen sowie der Freude des Gemeinwesens in *liberalitas* und *benignitas* zu.[627]

VI. Venantius Fortunatus

1. Einleitung

Als mit Lothar I. 561 der letzte der Söhne Chlodwigs verstarb, kam es zum Konflikt seiner vier Söhne Charibert, Guntram, Sigibert und Chilperich um die Aufteilung der Erbmasse. Nachdem zunächst Chilperich den Schatz des Vaters in Berny-Rivière in Besitz genommen und Paris besetzt hatte, verbündeten sich die drei verbliebenen Brüder. Nach ihrem Sieg teilten sie das väterliche Gut unter Beteiligung des Unterlegenen auf. Zwischen Chilperich, der Soissons erhalten hatte, und Sigibert, der Reims und Metz kontrollierte, kam es jedoch bereits 562 erneut zur militärischen Auseinandersetzung. Chilperich eroberte in Abwesenheit Sigiberts, der zur Bekämpfung der Awaren gezogen war, Reims. Sigibert gelang in Reaktion darauf die Einnahme der *sedes* Chilperichs, Soissons.[628] Die Eheschließung Sigiberts mit der westgotischen Prinzessin Brunichilde (566) brachte ihm die Verbindung mit dem spanisch-gotischen Königshaus. Ihm gleich tat es Chilperich kurze Zeit später durch die Ehe mit der Schwester Brunichildes, Galswintha. Als Charibert 567/568 kinderlos starb, wurde sein Erbteil *per pactum* aufgeteilt.[629] Zu den durch die komplexe territoriale Verteilung ausgelösten Streitigkeiten gesellte sich ab 569/570 die dauernde Fehde Sigiberts mit Chilperich hinzu. Auf Betreiben seiner Konkubine Fredegunde ließ Chilperich Galswintha ermorden und ehelichte Fredegunde. Die daraus resultierenden beständigen Konflikte, die Gregor von Tours als *bellum civile* bezeichnet, belasteten die Merowingerherrschaft über Jahrzehnte. 575 gelang schließlich Chilperich die Ermordung Sigiberts bei dessen Schilderhebung, nachdem dieser zuvor Bruder, Gattin und Kinder in Tournai eingeschlossen hatte. Chilperich erlangte die Herrschaft über Paris und Soissons und verbannte Brunichilde. Bereits im selben Jahr wurde aber der fünfjährige Sohn Sigiberts und Brunichildes, Childebert II. zum König des Sigibertreiches erhoben, der Krieg wurde bis zum Tode Chilperichs im Jahre 584 verlängert.

---

627 Dazu *Kakridi*, 316: „Die Variae sind insgesamt mit dem Ziel geschrieben worden, diejenigen Einstellungen und Argumente zu propagieren, die dem Zusammenwachsen der Römer und Goten förderlich waren. Das Bewusstsein dafür, dass die ethnische Teilung für das friedfertige Auskommen in Italien ein schweres Vermächtnis war, ist sehr ausgeprägt."

628 *Kaiser*, Merowingerreich, 28; *George*, Fortunatus, 8.

629 *Kaiser*, Merowingerreich, 29.

2. Venantius Fortunatus

In den Kontext dieser innerfränkischen Auseinandersetzung fallen die Königspanegyriken des Venantius Honorius Clementianus Fortunatus zur Verherrlichung der Merowingerherrscher. Die Gattung des Tugendlobs wird damit in der Mitte des sechsten Jahrhunderts auch im fränkischen Gallien fortgesetzt. Das Werk des Dichters tritt damit neben das christliche Geschichtswerk des Gregor von Tours. Geboren wurde Venantius Fortnuatus um 540 in Duplavis, einem Dorf nahe Treviso in Venetien. Während seine familiären Wurzeln im Dunkeln bleiben[630] und auch das Datum seiner Geburt nicht sicher bekannt ist,[631] ist seinem Selbstzeugnis jedenfalls zu entnehmen, dass er den wesentlichen Teil seiner Ausbildung bis zu seinem Aufbruch nach Gallien in Ravenna absolvierte. Dort bot er 566 in Metz sein Epithalamium auf den Merowingerkönig Sigibert und seine Gattin Brunichilde dar. Als Vertreter der klassisch-römischen Rhetorenkunst weist ihn aus, dass er selbst weder der romanisch-gallischen noch fränkischen Schicht zuzurechnen ist. Seine klassische Bildung bezog er aus Ravenna, das auch nach dem Tod Theoderichs und der Eroberung Italiens durch Ostrom weiter als Bildungszentrum fungierte.[632] Anleihen an Vergil, Horaz, Ovid, Statius und Martial sind ebenso nachzuweisen, wie Anleihen bei Claudian als Vorlage der Panegyriken. Venantius kannte die Schriften des Paulinus von Nola, Paulinus von Perigeux und des Prudentius. Er schöpfte aus dem breiten Feld heidnischer und christlicher Herrschertopik.[633] Wahrscheinlich erscheint auch, dass er seine literarische Laufbahn mit zwei Gedichten (I, 1; I, 2) in Italien begann.[634] Der Grund dafür, dass er Italien verließ und im Winter 565/566 in Richtung Gallien aufbrach, lässt sich mit gewisser Zuverlässigkeit einzig seinem Selbstzeugnis entnehmen. In der Praefatio zu seinen Gedichten (sec. 4) bezeichnet er sich selbst als einen „zweiten Orpheus"; in der „Vita S. Martini" (4, 630–680; 686–701) gibt er als Motiv seine Verehrung des heiligen Martinus nach einer Heilung von Blindheit in der Kirche des heiligen Johannes und Paulus zu Ravenna, also eine

---

630 Er hatte Bruder, Schwester und Neffen. Dazu: *George*, Fortunatus, 19 mit Fn. 94. Über die Ursprünge der Familie ist weiter nichts bekannt. Zum Leben *Meyer*, 5 ff.

631 Da Venantius Fortunatus im Jahre 566 in Gallien eintraf und um 600 starb, liegt ein Datum zwischen 530 und 540 nahe. Dazu vgl. *George*, Fortunatus, 19 mit Fn. 93 u. w. N.

632 Dazu *George*, Fortunatus, 20 f., mit Fn. 100 u. 102 u. w. N. Wenngleich er selbst seine Fähigkeiten in der Vita Martini, 1, 29–31 ganz in rhetorischer Tradition eher verkleinert. *Hoeflich*, RPL V (1982), 123.

633 *George*, Fortunatus, 21, Fn. 106, die in diesem Zusammenhang auch eine begrenzte Kenntnis des Griechischen und später auch germanischer Sprache annimmt.

634 Strittig ist der Adressatenkreis. Bischöfe mit dem Namen Vitalis und Johannes sind für Ravenna in der Zeit von 546–570 nicht überliefert. *George*, Fortunatus, 23 geht hier von einem möglichen Eingriff in den Text durch einen späteren Kopisten aus und nimmt an, dass Fortunatus möglicherweise an Vitalis von Altinum nahe Treviso adressiert hatte, der auch Kontakte zu den Franken unterhielt.

peregrinatio religiosa, an.[635] Beide Beweggründe sind glaubwürdig.[636] Sie können indes sein Erscheinen in Metz zum rechten Zeitpunkt der Eheschließung zwischen Sigibert und Brunichilde nicht vollständig erklären.

Der Vortrag seiner ersten Panegyriken (6.1; 6.1a) zu diesem Anlass, kann nur durch die nachgewiesenermaßen guten Kontakte des Dichters zu Bischöfen, deren Sitze er teilweise während seiner Reise aufgesucht haben dürfte, erklärt werden.[637] Die Laufbahn des Venantius Fortunatus in Gallien beginnt so mit Lobreden auf die Eheschließung von Sigibert und Brunichilde. Nachdem diese offenbar königlichen Beifall gefunden hatten, schrieb er Gedichte zugunsten unterschiedlicher Herren.[638] Die Erhebung des Lupus zum *dux* zu Reims verkündete er selbst.[639] Seine Kontakte zum gallischen Episkopat waren ebenso vielfältig.[640] Vermutlich bereits im folgenden Jahr, jedenfalls vor dem Tod Chariberts im Jahre 568, verfasste er seinen Panegyrikus auf den in Paris residierenden König (De Charibercthо rege, 6.2). Er pries schließlich auch die christlichen Tugenden der verwitweten Königin Ultrogotha und ihres Gatten Childebert I. (6, 6). Veranlasst durch den Tod Chariberts wandte er sich erneut Sigibert in Tours zu, wo er auch einen Lobpreis auf die christlichen Tugenden des Bischofs Eufronius verfasste (3, 3).[641] Anschließend zog er weiter nach Poitiers und stützte dort die Bemühungen der vormaligen Königin Radegund, Fragmente des wahren Kreuzes durch Kaiser Justin II. und Kaiserin Sophia zu erlangen. Seine nach Erfolg der Mission, die die Unterstützung Sigiberts genoss, an den oströmischen Hof übersandte *gratiarum actio* (Appendix, 2), stellt die einzige Kaiserpanegyrik des Dichters dar. Neben die vielfach politische Tätigkeit zugunsten Radegunds trat ab 573 der Kontakt zu dem neu gewählten Bischof von Tours, Gregor, auf den er 573 ebenfalls einen Panegyrikus verfasst hatte. Auf Gregors Veranlassung ging auch eine erste Ausgabe von Carmina im Jahr 576 zurück. Als Gregor von Tours nach dem Tod Sigiberts (575) im Jahre 580 auf der Synode zu Berny-Rivière

635 *George*, Fortunatus, 25, die sich auch den anderen vertretenen Auffassungen, etwa der Voraussicht der lombardischen Invasion in Fn. 125 widmet. Auch George gesteht aber (26), dass der Verweis auf religiöse Motivation möglicherweise auch zusätzlicher Legitimierung der Vita gedient haben kann.

636 Venantius Fortunatus könnte sich der Tradition der Wanderpoeten des Ostens angeschlossen haben, vgl. *George*, Fortunatus, 26 mit Fn. 127.

637 So *George*, Fortunatus, 26. Sie nennt Sidonius von Mainz, Villicus von Metz, Nicetius von Trier und beruft sich darauf, dass vor allem letzterer mit Italien in intensiverem Kontakt gestanden habe. Trier zu besuchen hätte sich für einen Martinspilger schon angeboten, weil mehrere Episoden aus dem Leben des Heiligen sich in Trier selbst zugetragen hatten.

638 *George*, Fortunatus, 28: Gogo, der Prinzenerzieher des ältesten Sohnes Sigiberts (Carm. 7, 1–4); Traseric, Gogos Freund (Carm. 2, 13), des domesticus Condan (Carm. 7, 16) sowie des Grafen Lupus (Carm. 7, 7–9), Sigoald (Carm. 10, 16–18) etc.

639 *Fortunatus*, Carm., 7, 7.

640 *George*, Fortunatus, 28 Fn. 144.

641 Die Stadt war nach dem Tod Chariberts in die Hände Chilperichs gefallen, von Sigiberts General aber wieder zurück gewonnen worden, vgl. *Gregor*, H.F., IV, 45.

des Verrats angeklagt wurde, verfasste Venantius Fortunatus erneut eine Königspanegyrik für den Verfolger seines Freundes, wohl auch, um zu dessen Gunsten zu intervenieren.[642] Ihr folgten drei Trostreden (carm. 9, 2–5) aus Anlass des Todes der beiden jüngeren Söhne Chilperichs und Fredegundes kurz nach dem Ende der Synode.[643] Nach dem Tod Chilperichs (584) war Venantius Fortunatus gemeinsam mit Gregor am Hof Childeberts II. in Metz tätig, später zugunsten der Stadt Tours. Zum Ende seines Lebens hin empfing er die Priesterweihe und schließlich die Einsetzung zum Bischof von Poitiers (599) nach dem Tod Platos, den er 590 (carm. 10, 14) noch anlässlich der Bischofsweihe verherrlicht hatte. Seine Wegbegleiter – Radegunde (†587), Gregor (†594) und Fredegunde (†597) – überlebte er um wenige Jahre.[644]

3. Das Epithalamium des Jahres 566 – De domno Sigiberctho rege et Brunichilde regina

Die erste Gelegenheit zur Bewährung als „Hofdichter" bot die Eheschließung zwischen Sigibert und der Westgotenprinzessin Brunichilde, die im Frühjahr 566 in Metz stattfand. Beachtenswert an den beiden aus diesem Anlass entstanden Werken, einem Epithalamium und einem Panegyrikus, ist dabei die Tatsache, dass der italienische Dichter seine Reden, die zugleich seine ersten Reden dieser Art darstellten, vermutlich ohne größere Vorbildung in spezifisch merowingischer Herrschaftslegitimation schuf. Als Vorlage müssen ihm wesentlich die in Ravenna erlangte Ausbildung sowie die Kenntnisse über die fränkische Herrschaft gedient haben, die er sich während seiner Reise von Italien bis nach Metz hat verschaffen können.[645]

a) Legitimation Sigiberts: Zusammenwirken von Gott, Grafen und Volk in der Eheschließung Caesars

Nachdem der für eine Hochzeitsrede angebrachte Rahmen hergestellt ist, wendet sich der Dichter unmittelbar, ohne noch auf Herkunft und Lebensweg des Königs einzugehen, der Legitimität seiner Herrschaft zu.[646] Vier Elemente werden nacheinander hervorgehoben: (1) Die Eheschließung des Königs genießt den göttlichen Segen. (2) Sie ist die Eheschließung Caesars, zu der sich (3) alle Grafen versammelt

---

642 Der Panegyrikus ist auch deswegen so zu deuten, weil das gute Verhältnis zwischen Venantius Fortunatus und Gregor von Tours auch danach ungebrochen blieb, vgl. *George*, Fortunatus, 33; zu Fortunatus und Gregor: *Meyer*, 19.

643 *George*, Fortunatus, 33.

644 Er starb vermutlich um 600. Zum Schlussabschnitt vgl. *George*, Fortunatus, 33 f.

645 Zum Leben des Fortunatus am Hofe Sigiberts vgl. *Koebner*, 10–21, der davon ausgeht, dass Venantius Fortunatus bereits seit 565 mit Sigibert verbunden war. *Reydellet*, 321 sieht den Dichter hier ganz der Tradition des Plinius verhaftet.

646 *Fortunatus*, Carm., 6, 1, 1–14.

haben und die (4) vor der Versammlung des Volkes vorgenommen wird.[647] Die Argumente (3) und (4) werden mit Bezug zur sakralen Legitimation vorgestellt. Dem König im Kreise der Grafen ist für die Zeit der Herrschaft *felicitas* versprochen. Das Volk äußert zugleich mit Kundgabe seiner Zustimmung den Wunsch, dass aus dem überquellenden Brunnen durch Wohlwollen und Richterspruch das, was klein (*parvus*) ist, wachsen möge. Während das erste Motiv eindeutig biblischen Ursprungs ist, lässt sich das zweite sehr wohl der römischen Tradition zuordnen – auch das schwache römische Gemeinwesen hat sich einst durch das Versprechen Jupiters zur Stärke erhoben.[648]

Hinzu kommt die dogmatische Verankerung Sigiberts als eines Friedensbringers in dem Satz: *Mars habet ecce duces, pax habet ecce decus.* So wie Mars die dem Heer voranschreitenden Herzöge (Heerführer) hat, hat der Frieden seine Zier im Königtum Sigiberts. Er verkörpert umfassend das Ideal des siegreichen und friedbringenden Königs.[649] Bezeichnend für die Anknüpfung an das römische Kaiserideal ist nicht nur die Verwendung des Caesarentitels, sondern auch die Einführung der Sonnensymbolik in den Panegyrikus – die Sonne möge zur Freude aller ihre Strahlen über die glückliche Verbindung senden.[650] Durch sie wird zusätzlich der *felicitas*-Gedanke weiter gestützt (*Felicem, sol, ...*). Die Eheschließung Sigiberts mit Brunichilde verspricht ein „Glückszeitalter", das als christlich charakterisiert ist. Ob mit dem Überquellen des Brunnen und der Erhebung des Kleinen tatsächlich Sigibert als Förderer der Religion bzw. einer nach göttlichem Vorbild gestalteten Ordnung der Gerechtigkeit angesprochen sein soll, oder ob vielmehr auf die zarte Verbindung zwischen Westgoten und Franken rekurriert wird, kann der Panegyriker offen lassen.

---

647 *Fortunatus*, Carm., 6, 1, 15 (Segen von Oben, Caesar); 17–20: „ordine multiplici felicem in saecula regem undique cinxerut lumina tanta ducum."; „Mars habet ecce duces, pax habet ecce decus."; 21 f.: „cunctorum adventu festiva palatia fervent, coniugio regis gens sua vota videt. Vos quorum inrigui fontis meat unda, favete: iudicio vestro crescere parva solent."

648 Vgl. nur Offb 7, 17, Gott als „Quelle des lebendigen Wassers"; Joh 4, 11 u. 14, das göttliche Gebot als ewige Quelle.

649 *Fortunatus*, Carm., 6, 1, 20; dazu *George*, Poems, 26 Fn. 8. *Hoeflich*, RPL V (1982): „The two notions stand at opposite poles, but both reside in the same figure of the king. The king is a brave warrior. He is a victor who enjoys triumphs. He is the rector tot gentibus, a ruler of all the peoples, by virtue of his right, strong arm. He is potens and it is his gladius, his sword which brings prosperity. [...] At the same time, the king brings pax and tranquillitas to his people."

650 *Fortunatus*, Carm., 6, 1, 25–27. Wohl auch deswegen sieht *Meyer*, 13 das Gedicht als Paradebeispiel einer reinen Ziviltrauung an. Venantius Fortunatus meide jede Berührung mit katholischen Lehre. Dem ist indes unter Berücksichtigung der vorangehenden Ausführungen nicht zuzustimmen.

b) *Castitas*

Unbezweifelbar christlich[651] ist die folgende, starke Betonung der Tugend der Enthaltsamkeit (*mens casta*) des Königs in jungen Jahren. Obgleich Alter und Stellung ihm alle Freiheiten beließen, hat er in jungen Jahren beschlossen sich selbst zu beherrschen und sich in die Ehe zu fügen.[652] Den gebührenden Wert Sigiberts als Krieger streicht Fortunatus Schilderung der sich entwickelnden Liebesbeziehung heraus. Cupido hat in Sigibert einen zweiten Achill bezwungen.[653]

c) *Abstammung aus königlichem Hause, Erhöhung der Vorfahren durch kriegerischen Ruhm*

Erst jetzt führt Fortunatus von der aktuellen Legitimität – göttlicher Segen, Anwesenheit der Großen und des Volkes – weg zu den Wurzeln der Königsherrschaft Sigiberts. Der vom Volk Geliebte ist zugleich das Licht seiner Eltern. Er steht in einer langen Tradition von Königen und ist selbst von Königen geboren. Daher wird er sich der Abstammung würdig erweisen und *bellante manu* den eigenen Ruhm und denjenigen seiner Vorgänger mehren.[654] Der *pietas*-Gedanke, d. h. das Motiv der Abkunft, ist mit doppelter Inpflichtnahme des gegenwärtigen Königtums verbunden. Die Taten des Königs tragen zum eigenen Ruhm und zu dem der Väter und Vorväter bei. Dadurch erhöht er zugleich seine Sippe. Seine Siege über die Thüringer bilden ebenso wie die Hinzugewinnung der Länder Theudeberts[655] den Tatenbeweis. Sigibert füllt alleine den Platz zweier Männer. Er beherrscht den Westen.

d) *Das christliche Friedenstugendideal*

Den Anspruch, über alle anderen aufgerichtet zu sein, stützt die überragende Besonnenheit Sigiberts. In jungen Jahren hat er durch seine Taten das Recht gewonnen, voranzuschreiten. Er steht hinter niemandem zurück. Keine Unruhe kann

---

651 Dies steht im Einklang mit dem Gedanken an das Königtum als Träger eines göttliche Amtes, *Ewig*, Königsgedanke, 8 f.

652 *Fortunatus*, Carm., 6, 1, 32: „Rector tot gentibus unus et sibi frena dedit…", zur Enthaltsamkeit: 30, 35.

653 *Fortunatus*, Carm., 6, 1, 50; *Koebner*, 25 f. Das cupido-Schema sieht er aus Claudians Gedicht auf die Hochzeit des Kaisers Honorius mit der Tochter Stilichos entlehnt und später aus einem Gedicht des Sidonius. Zum Problem der Einbeziehung heidnischer Mythologie vgl. 26: „Fortunatus half sich: er führte Götter ein, die bei Katholiken wie bei Arianern keinen religiösen Wert hatten, aber doch durch die literarische Tradition so viel Ansehen besaßen, dass sie die göttliche Macht symbolisch vertreten konnten."

654 *Fortunatus*, Carm., 6, 1, 65–79.

655 Sigibert erbte das Königreich Theuderichs und seiner Söhne; Theudebert dient als Beispiel der Erbschaft von Herausragenden Vorfahren, vgl. *George*, Poems, 29 Fn. 28.

die ruhige Beherrschung seines Gemüts durchdringen.[656] Auf der Basis dieses aus Abstammung und Personentugend zusammengesetzten Prinzipatsanspruches kann der Dichter Sigibert nun als Vater und König seines Volkes bezeichnen. Er unterdrückt niemanden, ist stets um die Aufrichtung seiner Untertanen bemüht und bedenkt sie großzügig mit den Wohltaten, die ihm zuteilwerden. Der Verlust des Volkes ist sein eigener Verlust.[657] Die beständige Sorge Sigiberts erinnert an die Sorge des römischen Princeps für das Wohlergehen der *res publica*. Sie greift andererseits den Gedanken christlicher Amtsbürden in Zuwendung auf das Volk auf. Der Gedanke wird von Venantius Fortunatus im Folgenden weiter ausgeformt. Der König wird vom Volk deswegen geschätzt, weil er von ihm nichts Unmögliches verlangt und Sünden seiner Untertanen leicht nachsieht. Erste Tugend des Princeps ist *pietas*. Sie ist bestrebt zunächst sich selbst zu korrigieren, bevor sie leichtfertig über andere das Urteil fällt. Die Hauptpflicht des Herrschers ist es, das Volk durch gute Gesetze zu rechtem Verhalten anzuleiten.[658]

Die Voraussetzungen vom Volk geliebter Königsherrschaft werden auch von Fortunatus weiterhin mit der Ideologie der Prinzipatszeit versehen. Der ideale Princeps sichert die Grenzen und erbringt im Inneren fast übermenschliche Leistungen. Dabei erachtet er alleine die Sorge um die *res publica* als die eigene. Er zeigt sich streng in dem Bemühen, die eigenen Affekte und Fehler zu korrigieren und übt *pietas* (bei Seneca: *clementia*) gegenüber den Sündern seines Volkes. Ideologisch verbirgt die vordergründig römische Formulierung das christliche Gedankengut. Der Wunsch Sigiberts, die „Ernte einzufahren" verweist darauf, dass er mit dem Willen Gottes dazu tätig ist, möglichst viel „Weizen" für das Königreich des Himmels zu gewinnen.[659] Die dazu geübte liebende Zuwendung ist für den christlichen König weniger dem *pater patriae* römischen Zuschnitts, sondern stärker der Imitation der Weltregierung Gottes geschuldet. Der christliche Herrscher übt gegenüber dem Volk Milde, da er ebenso wie Gott sein Volk auf den rechten Weg zum Heil zu führen gedenkt. Tugendhafte, die Herrschaft bewahrende *clementia* ist durch *pietas* ersetzt. Dem christlichen König geht es nicht um Machterhalt, sondern um die Hinführung der Menschen zu Gott. Dass er hartnäckige Widerstände *bellante manu* überwindet, steht der christlichen Vorstellung nicht entgegen. Auch die göttliche Liebe der Kirchengeschichtsschreibung hat sich gegenüber verstockten Sündern als wenig nachsichtig erwiesen.[660]

---

656 *Fortunatus*, Carm., 6, 1, 80–84.

657 *Fortunatus*, Carm., 6, 1, 85–89: „...sic fovet hic populos ipsis intrantibus annis, ut pater et rex sit, nullum gravet, erigat omnes. Nulla dies sine fruge venit: nisi congrua praestet, perdere plura putat, si non concesserit ampla. Gaudia diffundit radianti lumine vultus..."; *Hoeflich*, RPL V (1982), 133.

658 *Fortunatus*, Carmina, 6, 1, 93–98. *Hoeflich*, RPL V (1982), 130 u. 133.

659 Zum Gedanken der Ernte auch *Hoeflich*, RPL V (1982), 129.

660 Wenngleich zu betonen ist, dass zwischen der Vindikation des Rechts durch den Richtergott selbst (so bei Laktanz und Eusebius), der Vindikation durch einen von Gott zu diesem spezifischen Zweck gesandten Vertreter (z. B. Alarich) und einer

Entsprechend muss auch die Beherrschung der Affekte durch Sigibert in der christlichen Lehre verortet werden. Sie folgt einer christlichen Traditionslinie, die sich auch in den Briefen und Predigten des *Paulinus von Nola* manifestiert hat. Der Christ bezieht Nüchternheit und Beständigkeit seines Lebenswandels aus dem Vertrauen auf Gott. Nicht stoische Affektfreiheit, sondern christlicher „Gottesdienst" ist angesprochen. Am Ende des Weges steht ein von allen geliebtes, die *felicitas* der Zeit förderndes Königtum. Hierfür den Prinzipat zu beanspruchen, entspricht sowohl der Einsetzung des Königs als eines von Gott gesetzten Herrschers, wie der herausragenden christlichen Herrschertugend.

e) Der Lobpreis Brunichildes

Der der Ehe und Herrschaft des Paares gewährte göttliche Segen findet auch im Lobpreis der Braut seinen Niederschlag. Dass Brunichilde die winterliche Reise durch die Pyrenäen geglückt ist, lässt an dem göttlichen Willen zur Vereinigung zweier Königreiche keine Zweifel mehr zu.[661] Keine menschliche Mühe (*labor*) wäre ohne die Stütze göttlicher Waffen zu solcher Leistung fähig.[662] Dadurch, dass das Lob des Geschlechts Athanagilds sich vor allem auf die durch *pietas* erreichte Gerechtigkeit stützt, ist auch die Verbindung der Herrschaften mit dem Segenswunsch zu billigen.[663] Unter den Auspizien des Paares werden Friedensliebe und Eintracht ihre sichere Stütze finden.[664]

f) Ergebnis

In seinem Epithalamium für Sigibert kombiniert Venantius Fortunatus dominante Elemente der Prinzipatsideologie mit dem merowingischen Sippengedanken und der Imitation der Gebote Gottes in der Herrschaft auf Erden. „Sein" König Sigibert ist Caesar kraft göttlicher Auswahl. Ihn grüßt die Sonne als Bringer eines glückseligen Zeitalters der *felicitas* und Herrscher des Westens. Er ist zugleich der mit dem Willen der Herzöge und des Volkes einträchtig erwählte Friedensbringer hoher Abstammung. Ihren Anforderungen wird er durch seine Regierung genügen. Sie wird stets die Grenzen schützen, für das Wohlergehen der Untertanen sorgen und

---

allgemeinen Vindikationspflicht des von Gott eingesetzten christlichen Königs dogmatisch ein weites Feld liegt, vgl. dazu nur bei Avitus von Vienne oder Ennodius von Pavia ; *Hoeflich*, RPL V (1982),132.

661 *Fortunatus*, Carm., 6, 1, 113–117: „...nil obstat amantibus umquam, quos iungi divina volunt."

662 *Fortunatus*, Carm., 6, 1, 120 f.: „Non labor humanus potuit tam mira parare: nam res difficilis divinis utitur armis."

663 *Fortunatus*, Carm., 6, 1, 124–127: „Nobilitas excelsa nitet, genus Athanagildi, longius extremo regum qui porrigit orbe, dives opum quas mundus habet populumque gubernat Hispanum sub iure suo pietate canenda."

664 *Fortunatus*, Carm., 6, 1, 141. „...pacem mundus amet, victrix concordia regnet."; Zum Lob der Kaiserinnen/Königinnen im 6. Jahrhundert vgl. *George*, Fortunatus, 42.

ihnen gegenüber in allem *pietas* üben. Durch eigene Enthaltsamkeit und Beherrschung der Affekte ist ihm verheißen, für Gott die irdische Ernte einzufahren. Sigibert ist ein Krieger, der den Ruhm der Sippe vermehrt. Er ist legitimer römischer Princeps und christlicher Befreier und Erretter der Menschen.[665]

4. De Sigiberctho rege et Brunichilde regina

Der als Gedicht überlieferte Panegyrikus des Venantius Fortunatus aus gleichem Anlass ergänzt das Bild. Alleine durch die Anknüpfung an die panegyrische Tradition wird bereits ein Zusammenhang des Merowingerkönigtums mit der römischen Herrschaftstradition hergestellt.[666] Seinen Ausgang nimmt der Panegyrikus von Sigibert dem Eroberer her, von dessen Ruhm die Sonne in allen Erdteilen kündet.[667] Da am Ausweis der Tugend kein Mangel herrscht, hofft der Dichter den Anforderungen an den Preis der Taten Sigiberts und der Würde des Königs genügen zu können. Er übersteigert dessen Tugendlob, indem er ausführt, nur ein Homer oder Vergil könne den Herrscher richtig würdigen.[668] Sachlich sind die Leistungen des Krieges und der Friedenstugend lobenswert. Den Sieg über Thüringer und Sachsen ergänzt Venantius Fortunatus hier um ein Beispiel kriegerischer *fortitudo.* Der König schreitet dem Heer voran zu Fuß in die Schlacht.[669]

Die Wirkung des königlichen Schwertes (*gladius tuus*), führt Wohlstand und Frieden herbei, die zum Lob der Friedenstugend nutzbar gemacht werden. Das Schwert fungiert hier als ein Herrschaftssymbol im umfassenden Sinn.[670] Mit Milde und Mitleid ist der an Geisteskraft alle überragende König zum Förderer der *iustitia* geworden. Nicht nur eine Menschentugend, sondern alle Tugenden sind in ihm vereint. Er verkörpert den Bestand der gerechten Ordnung ebenso, wie die Sicherheit

---

665 So *George*, Fortunatus, 41.

666 *George*, Fortunatus, 42.

667 *Fortunatus*, Carm., 6, 1a, 1 f.: „Victor, ab occasu quem laus extendit in ortum et facit egregium principis esse caput." *George*, Poems, 31 Fn. 38 verweist zu Recht darauf, dass der Name Sigibert, dessen erste Silbe nichts anders als Sieger bedeutet, so in das Herrscherlob selbst eingeführt werden sollte. Eine Rolle dürfte aber auch spielen, dass Siegesruhm sich auf dem Sonnenwagen rascher um die Erde verbreitet, als der schwerer zu erlangende, aber beständigere Ruhm für die Administration des Friedens; zum Topos der geflügelten Victoria vgl. *George*, Fortunatus, 40, die darauf verweist, dass Sigibert wie Theudebert I. eine Victoria Münze herausgegeben habe.

668 *Fortunatus*, Carm., 6, 1a, 5–10.: „Si nunc Vergilius, si forsitan esset Homerus, nomine de vestro iam legeretur opus. Sigibercthe potens, generosis clare tirumphis, hinc nova te virtus praedicat, inde genus. Cuius rapta semel sumpsit Victoria pinnas et tua vulgando prospera facta volat."

669 *Fortunatus*, Carm., 6, 1a, 13 f.

670 *Fortunatus*, Carm., 6, 1a, 15–18: „Prosperitate nova pacem tua bella dederunt et peperit gladius gaudia certa tuus. Plus tamen ut placeas, cum sit victoria iactans, tu magis unde subis, mitior inde manes."

der Gesellschaft.[671] Explizit bestätigt Venantius Fortunatus den göttlichen Amtscharakter der Königsherrschaft. In einem heiligen Amt wirkt Sigibert zum Heil (*salus*) des Zeitalters.[672] Die Vermählung mit einer Gattin rechten katholischen Glaubens,[673] die der Tugend des Königs in nichts nachsteht, ist Zier des katholischen Glaubens. Gott vereint sich ein katholisches Herrscherpaar nach seinem Willen.[674] Der Segenswunsch, dass das glückhafte Zeitalter Sigiberts lange währen möge, ist zuerst der Förderung des Glaubens zuzuschreiben.[675]

5. Der Panegyrikus „De Chariberctho Rege" (567/568)

Wohl kaum ein Jahr nach dem ersten Panegyrikus hat Venantius Fortunatus in Paris einen Panegyrikus auf König Charibert gehalten, der die Stadt nebst dem vergrößerten Teilreich von Paris nach dem Tode Chlothars I. (561) übernommen hatte. Erneut spielt hierbei eine Sondersituation eine Rolle, die den Schwerpunkt des Herrscherlobes beeinflussen konnte. Im Gegensatz zu Sigibert, dessen monogame Lebensweise der Dichter als Ausdruck früher christlicher Tugend der Nüchternheit und Selbstbeschränkung gepriesen hatte, pflegte Charibert einen polygamen Lebenswandel. Zur Zeit des Panegyrikus war er mit Merofleda sowie zugleich mit ihrer Schwester Marcovefa, bei der es sich um eine geflohene Nonne handelte, in ehelichem Band verbunden. Die Konsequenz bestand in der Exkommunikation durch die Bischöfe Leontius von Bordeaux und den Bischof Germanus von Paris. Der König hat sich

671 *Fortunatus*, Carm., 6, 1a, 19 f.: 19 „Est tibi summus honor, sed mens praecessit honorem, moribus ut vestris debitor extet apex."; 21–24: „Iustitiae cultor pietatis amore coruscas: quod te plus habeat, certat utrumque bonum. Lingua decus virtus bonitas mens gratia pollent: ornarent cunctos singula verstra viros." *Hoeflich*, RPL V (1982), 130: „Iustitia involves more than an abstract legal principle of suum cuique: iustitia is the embodiment of order and security, the rule of society. In its genesis this idea goes back to Cicero and the Middle Stoa and the notion of the res publica based on iustitia."

672 *Fortunatus*, Carm., 6, 1a, 26–28: : „Pro populi requie te pia cura tenet. Omnibus una salus datus es, quibus ordine sacro tempore praesenti gaudia prisca refers."; *George*, Fortunatus, 41.

673 Die Konversion Brunichildes erfolgte wohl um 566 kurz nach der Hochzeit, *George*, Fortunatus, 40. *Koebner*, 24. Die Konversion der Königin wird dadurch angedeutet, dass der Dichter betont, Sigibert habe seine Braut nun ein zweites Mal gewonnen (6, 1a, 36).

674 *Fortunatus,* Carm., 6, 1a, 29–33: 29 „Catholico cultu decorata est optima coniux, ecclesiae crevit te faciente domus. Reginam meritis Brunichildem Christus amore tunc sibi coniunxit, hanc tibi quando dedit, altera vota colens melius quia munere Christi..."

675 *Fortunatus*, Carm., 6, 1a, 41 f. ; *George*, Fortunatus, 41 verweist auf die Nähe zum Topos vom Goldenen Zeitalter.

zum Zeitpunkt des Panegyrikus, der vor dem Volk von Paris gehalten wurde, wohl nicht im „Stand der Gnade" befunden.[676]

a) Königsherrschaft als Zierde der Zeit und Universalitätsanspruch

Mit der Feststellung, dass der Ruhm (*gloria*) großer Angelegenheiten die Zierde (*decus*) des Königs nach allen Seiten verbreitet habe, setzt der Panegyrikus ein. Wie schon Sigibert, wird auch Charibert durch den Himmelslauf der Sonne gepriesen. Seine Dignität, seine Auffassungsgabe und seine gerechte Herrschaft werden so allen verbreitet.[677] Die Universalität seiner Herrschaft schlägt sich zugleich in der Weltreichsideologie nieder. In alle vier Teile der Welt legt er die Wurzeln seines Preises. Seine Regierung gewinnt die Zustimmung von Römern und Barbaren gleichermaßen. Die Akklamation des Volkes erfolgt in den verschiedensten Sprachen.[678]

Die Universalität von Königsherrschaft über ein gemischtes Volk wird weiter durch die Betonung einer allgemeinen Liebespflicht desselben gegenüber seinem Herrscher bestärkt. Charibert ist der *tutor* seines Volkes, durch das Recht zum *dominus*, durch die *pietas* aber zum *pater* eingesetzt. So wie sich der König als Schützer des Volkes erweist, so bindet sich das Volk an einen gütigen König. Die lange Trauer um Childebert kann mit Charibert überwunden werden.[679]

676 Den Konflikt löste, aus Sicht der Zeitgenossen, der unmittelbare Eingriff Gottes: Charibert starb wohl spät im Jahr 567/Frühjahr 568 und folgte damit nur wenig später seiner bereits zuvor verschiedenen Gattin Marcovefa nach; vgl. *George*, Fortunatus, 44; *dies.*, Poems, 34 mit Fn. 48.

677 *Fortunatus*, Carm., 6, 2, 1 f.

678 *Fortunatus*, Carm., 6, 2,. 5–8: „...qui quadripertitis mundi sub partibus amplis fructificante fide semina laudes habet; hinc cui barbaries, illinc Romania plaudit: diversis linguis laus sonat una viri." Welche vier Teile der Welt angesprochen sind, bleibt letztlich offen. Eventuell spielt Fortunatus auf die vier Teile des Königreichs Lothars an. Zum darin ausgedrückten römischen Weltherrschaftsgedanken vgl. *Hoeflich*, RPL V (1982), 127, dort auch zu der Gleichsetzung von Romanen und Barbaren: „he puts the Romans and the Barbarians on a new, equal footing. [...] The Roman voices and the barbarian voices flow together into a single song of praise for the Frankish king."

679 *Fortunatus*, Carm., 6, 2, 12–14. Venantius Fortunatus stellt Charibert nicht in die Nachfolge seines direkten Vorgängers Lothar, der die Stadt Paris nach dem Tod Childeberts I. (558) eingenommen hatte, sondern in die Childeberts. *George*, Poems, 35, Fn. 54 verweist darauf, dass Childebert vor allem für seine hervorragenden Bischöfe bekannt gewesen sei. Die Behauptung, Charibert sei eher Erbe Childeberts, hat dann vor dem Hintergrund des Konflikts mit den Bischöfen politischen Charakter. Zum „tutor"-Begriff *Reydellet*, 335.

b) Christliche Königsherrschaft: Friedenskönigtum und glückliches Zeitalter

aa) Legitimation durch tugendhafte Herrschaft nach dem Vorbild der gens: Erhebung des Schwachen, Vernichtung des Stolzen

Im christlichen Begründungszusammenhang gegenseitiger Sorge von Volk und Königtum liegt zugleich die Möglichkeit des Verweises auf ein Goldenes Zeitalter der Friedensherrschaft begründet. Der Vater (Childebert) wird als milder, weiser, guter und stets gerechter Herrscher eingeführt, dessen Tugend von seinem Erben im Reich übertroffen wird.[680] Erst durch Charibert wird das Glück aller Zeit in die Gegenwart zurückgeführt. Dass der Merowingerkönig nun auch den Schutz der von Chlothar vertriebenen Witwe Childeberts, Ultrogotha, nebst ihrer Töchter garantiert, dient als sichtbarer Beweis der Anknüpfung an das ältere Vorbild.[681] Das Glückszeitalter der Merowinger ist nach kurzer Unterbrechung durch legitime Herrschaft wiederhergestellt worden. Legitimität bedeutet wie schon bei Sigibert zugleich den Verweis auf die Abstammung Chariberts von hohen und hoch erhobenen Vorvätern (*ab excelsis gloria*): Während deren Glaube ihnen bereits einen Platz im Reich der Sterne sichert, wirkt Charibert in ihrem Sinne auf Erden weiter. Wie die Vorväter wendet er sich den Menschen zu, tritt die Stolzen nieder, richtet Freunde auf, fördert die Unterworfenen und überwindet die Wilden.[682] Der Adel der Vorvätersippe (*stirps regia/ordo*) tritt also in seiner christianisierten Form hervor:[683] Er imitiert das göttliche Vorbild, das die Schwachen stark und das Starke schwach macht und Verdienstlichkeit danach bemisst, inwiefern die individuelle Bereitschaft gelebt wird, Christus nachzufolgen. Wieder gilt der römische Grundsatz: *Parcere subiectis et debellare superbos.* Der durch das individuelle Leben im christlichen Gebot erfüllten Friedensraum bedarf der Ordnung gegenüber demjenigen, der sich gegen die christliche Friedensordnung auflehnt.

---

680 *Fortunatus*, Carm., 6, 2, 15–18: „Ille fuit mitis sapiens bonus, omnibus aequus: non cecidit patruus, dum stat in orbe nepos. Dignus erat heres eius sibi sumere regnum, qui non est illo, laude loquente, minor." Einen etwas anderen Tugendkatalog benennt *Reydellet*, 328: mansuetudo, sapientia, pietas, gravitas.

681 *Fortunatus*, Carm., 6, 2, 19–24.

682 *Fortunatus*, Carm., 6, 2, 30–34.

683 Zum Begriff der stirps regia und seiner Verwendung bei Venantius Fortunatus vgl. *Hoeflich*, RPL V (1982), 125 f.: Mit der stirps regia wird ausschließlich auf die königliche Sippe verwiesen, während der ordo Begriff aufgrund der in der Gesellschaft vorhandenen ordines offen ist. Durch Verwendung des ordo-Begriffes wird das merowingische Königtum der Gesellschaft zugeordnet und in sie eingegliedert.

bb) Christlicher Friedensraum: waffenloser Friede und Ernte christlicher Herrschertugend

Den Aspekt des christlichen Königtums greift Venantius Fortunatus unter Rückgriff auf die im Zusammenhang mit den Vorvätern zuerst angeführte Kriegstugend wieder auf. Nicht durch Blutvergießen und Waffen, sondern durch Herrschaft ohne Waffen gewinnt Charibert seine glückliche Herrschaft. *Securitas* wird durch Friedensliebe erlangt und erhalten.[684] Die Zeit seiner Regierung ist ein Zeitalter der *felicitas*. In Ruhe gedeiht die Ernte der Felder. Die Ernte des Königs selbst liegt im Leben der loyalen Untertanen.[685] *Quietas* und *tranquillitas* sind christlich ausgefüllt. Der Friede wird nicht genutzt, um lasterhafter Muße nachzugehen.[686] Die Ruhe ist als *optima quies* nicht länger negativ mit den Verlockungen des Lasters belegt, christliche Verhaltenslehre füllt den Ruhezustand aus. Zutreffend lässt sich von Charibert sagen, dass sein Lebenswandel die Verdienstlichkeit seiner adeligen Geburt erwiesen hat, das Licht der Zeit strahlt nach seiner Geburt heller.[687] Wenn Venantius Fortunatus nun auf Geburt und Jugend des Königs zurückgreift, geschieht dies auch mit Verweis auf die Gegenwart. Von Anfang an hat sich der erstgeborene Charibert durch seine *pietas* ausgezeichnet, war er Hoffnung des Vaters.[688] Stets hat jede Tugend und die Weisheit Childeberts für sich einzunehmen versucht. *Pietas* hat er vom Onkel (Childebert), Weisheit vom Vater ererbt. Wie Sigibert territorial das Gebiet Theudeberts mit dem eigenen vereint, so vereint Charibert im Geiste den Lobpreis zweier Herrscher. In ihm vereint sich die Tugend der Väter.[689] Sicher beschreitet er daher den Pfad der *iustitia*. Er ist das Vorbild der Würde – sein Leben spiegelt der Glaube (*fides*).[690]

Das so „im Spiegel“ vermittelte Bild des christlichen Herrschers ergänzen nun christliche Charaktertugenden: *Moderatio* im Geiste, *tranquillitas* in der Seele und die Abwesenheit aller Tumulte sind die Zeichen der *constantia*. Sie verhindern ein Fehlgehen der königlichen Seele.[691] Dieser christliche Pfad der *mens moderata* eröffnet dem Panegyriker den Zutritt zur königlichen *providentia*. Der König, der sein Leben nach christlicher Tugend einrichtet, hat im Geiste der öffentlichen Sorge

---

684 *Fortunatus*, Carm., 6, 2, 35–40.

685 *Fortunatus*, Carm., 6, 2, 42–44: „...cuius in auspiciis floret opima quies, per quem tranquille terrarum frugis abundat: devotis populis est tua vita seges.“

686 *Hoeflich*, RPL V (1982), 131 f.: „Pax and tranquillitas were the wishes of the age. [...] Fortunatu's concern for the pax, which should be provided by the good king therefore, was a concern symptomatic not simply of Francia during the sixth century, but rather was a major concern of the whole of the Western European kingdoms of the early middle ages.“

687 *Fortunatus*, Carm., 6, 2, 45–48.

688 *Fortunatus*, Carm., 6, 2, 52; 54.

689 *Fortunatus*, Carm., 6, 2, 55 f.: „Praedicat hinc bonitas, illinc sapientia plaudit: inter utrumque decus te sibi quisque rapit.“; 60.

690 *Fortunatus*, Carm., 6, 2, 61 f.

691 *Fortunatus*, Carm., 6, 2, 63–69.

Zugang zu Kenntnissen, die seinen Ratgebern verborgen bleiben. So wirkt er auch in Gesandtschaften zum glücklichen Ausgang, wenngleich er selbst abwesend ist. Das Beispiel erinnert daran, dass der Herrscher auch Lobpreis verdient, wenn andere Tugendwerke für ihn vollbringen.[692]

cc) Exempla der Königstugend: David, Salomon, Trajan und die gens Fabia

Nicht Homer und Vergil singen das Lob des Friedenskönigs, die Vorbilder der Regierung Chariberts sind David (*mansuetudo vitae*), Salomon (*iustitia rector, venerandi iuris amator, iudicium sapiens de Salomone trahis*) und Trajan (*pietas*). Jedenfalls über Salomon erhebt ihn der bessere Glaube.[693] Neben den dominanten biblischen Vorbildern platziert Venantius Fortunatus ein Beispiel der römischen Vergangenheit: Fabius den Älteren aus der *gens* Fabia. Er wird dafür gelobt, dass er das Wohlergehen der eigenen *gens* mit dem des Staates gleichgesetzt hatte und das gesamte Privatvermögen zum Schutz des römischen Staatswesens aufwandte.[694] Den Exempla biblischer Tugend – den biblischen „Gerechten" vor Gott – gelingt bei Venantius Fortunatus die endgültige Aufnahme als Muster des Herrscherideals. Sie sind nicht mehr nur Muster heiligmäßigen Lebens in Heiligenviten. Der Salomon-Verweis des Avitus gegenüber dem Burgunderkönig Gundobad ist hier zum echten Tugendvorbild umgestaltet. Der Prozess drückt nicht bloß eine Wandlung hin zu geläufigeren Beispielen aus – Venantius Fortunatus hat offensichtlich keine Scheu auch gegenüber Barbarenkönigen auf Trajan und die Fabier zu verweisen – er ist vielmehr Ausdruck der Entwicklung der christlichen Literatur seit dem Beginn des fünften Jahrhunderts, die in den Märtyrern, Priestern und Heiligen die eigentlichen Vorbilder christlichen Lebenswandels erkennt, ihnen (wie Avitus) das Königtum unterordnet und sie damit zu Vorbildern desselben werden lässt. Der Vergleich ist möglich, da auch das Königtum den Charakter eines christlichen Amtes trägt. So wie Avitus, hat auch Venantius Fortunatus allerdings nicht auf Heiligenvorbilder, sondern mit Salomon und David auf biblische Könige zurückgegriffen und sich so die Möglichkeit eröffnet, das gegenwärtige Königtum über das frühere durch den rechten Glauben zu erheben. Die Exempla der römischen Vergangenheit weisen Charibert darüber hinaus als Idealkönig aus.[695]

Besonders interessant für die Beantwortung der Frage nach den germanischen Wurzeln des merowingischen Königtums ist der Verweis auf die *gens* Fabia. Von hier aus wird eine Analogie zur Gegenwart möglich. So wie die Familie der Fabier sich insgesamt in den Dienst der *res publica* gestellt hat, dient auch die Sippe Chariberts stets dem öffentlichen Wohl. Charibert selbst ist Angehöriger dieser Familie. Er ist

---

692 *Fortunatus*, Carm., 6, 2, 70–73: „mens moderata"; „radix"; „res clausa aliis est manifesta tibi.; 74.

693 *Fortunatus*, Carm., 6, 2, 77–82. *Reydellet*, 328.

694 *Fortunatus*, Carm., 6, 2, 83 f.: „Quid repetam maturum animum, qui tempore nostro antiqui Fabii de gravitate places?"

695 Das Trajanexempel lässt zudem die Bildung des Rhetors erkennen.

alleine dadurch ausgezeichnet und erweist doch seinen Charakter dadurch, dass er dem älteren Fabius gleicht, also dem hervorragendsten Vertreter der Familie.

Dem Vergleich mit Tugendexempla folgt die Beschreibung der administrativen Grundsätze. In Rechtsstreitigkeiten ist Charibert gerechter Richter. Der, dessen Fall das gerichtliche Vorbringen trägt, nimmt auch den Preis des Siegers in Empfang.[696] Rechte Beständigkeit zeigt Charibert auch in seinem Wort: Hat er es gewährt, so wird sich eher der Berg bewegen, als dass die Worte Chariberts versagen. Das Haus steht sicher, das sich auf gutem Fundament gründet.[697]

ee) Universalitätsanspruch der gens: von pietas getragene gottgewollte Herrschaft als Garant der felicitas

Zum Abschluss des Panegyrikus geht Venantius Fortunatus nochmals auf das Lob der Friedenstugend ein. Der König spricht zu seinem Volk in verschiedenen Sprachen. Der universalen Anerkennung durch das Volk entspricht eine universale Sorge durch das Königtum, die den Ursprung des Sigambers Charibert überwunden hat.[698] Da er sogar die Römer an Eloquenz übertrifft, können alle Menschen die Gegenwart seines unumwölkten Geistes genießen, stehen sie überall unter dem Eindruck seiner Gnade.[699] Wieder betont Venantius Fortunatus den Universalitätsanspruch der *gens*. Zum wiederholten Male verweist er auch auf den Zweck der Herrschaft. Die Großzügigkeit Chariberts erhebt unter Einsatz seiner Güter das Niedergeschmetterte und schützt es durch das Recht.[700] Seine Herrschaft ist *pietas*, der Segenswunsch an Gott lautet: *dominum servet quem dedit esse patrem,* ergänzt um die Bitte, dass Bürger und *rex* sich stets gegenseitig als *optimi* begegnen mögen (*Cives te cupiant, tu gaudia civibus addas: plebs placeat famulans, rex pietate regat).*[701]

c) Ergebnis

Dass Venantius Fortunatus alles unternahm, um Charibert in den Kontext eines christlichen Königtums zu stellen, lässt sich vor dem Hintergrund der Verwerfungen zwischen König und Klerus nicht bezweifeln. Der Entwurf eines christlichen „Idealkönigtums“ nach dem Vorbild der biblischen Könige ist über diese politische

---

696 *Fortunatus*, Carm., 6, 2, 89 f.

697 *Fortunatus*, Carm., 6, 2, 91 f.; 95 f. Auch hier ist die christliche Tradition unverkennbar, vgl. Lk 6, 48 f. (Haus auf festem Grund); Ijob 9, 5 (Berg).

698 Als „Sigamber“ hatte Remigius von Reims Chlodwig anlässlich von dessen Taufe bezeichnet; *Fortunatus*, Carm., 6, 2, 97 f.: „Cum sis progenitus clara de gente Sigamber, floret in eloquio lingua Latina tuo. qualis es in propria docto sermone loquella, qui nos Romanos vincis in eloquio.“; *Hoeflich*, RPL V (1982), 127 f.

699 *Fortunatus*, Carm., 6, 2, 101 f.; 103 f.

700 *Fortunatus*, Carm., 6, 2, 107–110: „O bonitas immensa dei, quae divite censu quod famulis tribuit, hoc putat esse suum! Erigis abiectos, erectos lege tueris, omnibus in totum factus es omne bonum.“

701 *Fortunatus*, Carm., 6, 2, 111–114.

Absicht des Verfassers hinaus von bemerkenswerter Klarheit.[702] Das barbarische Schwert, das für ein Heerkönigtum, wie es in der „Vita S. Epiphanii" auch Eurich noch verkörpert, als unabdingbarer Bestandteil der durch Krieg erlangten *iustitia* dient, fehlt hier gänzlich. Die Bedeutung des Schwertes, die noch im Panegyrikus auf Sigibert jedenfalls im Sinne eines allgemeinen Symbols von Herrschaft erhalten war, tritt zurück. So findet sich auch nicht mehr der Gedanke der Schaffung eines eigenen Schicksals durch das Schwert, wie ihn etwa für Theoderich Ennodius von Pavia unter Berufung auf die Sitte der *gens* vortrug.

Chariberts Herrschaft gewährleistet nicht so sehr die militärische Sicherheit der Grenzen, sondern die Integrität des inneren Friedensraumes der Herrschaft durch christliche Nächstenliebe und *pietas*. Der König wird für sein Volk zum väterlichen Vorbild christlichen Lebens. Von einer Vielzahl von Menschen jeder Herkunft gelobt, antwortet er der Menge in allen Sprachen und stützt so den Anspruch der Universalität christlicher Herrschaft. Das Schwache starkzumachen und das Starke zu stürzen, ist Pflicht, die mit dem christlichen Glauben einhergeht – jedenfalls dann, wenn das Starke das christliche Bekenntnis verweigert oder das Schwache bedrängt.

Nach diesen Grundsätzen, die in den Dienst einer christlichen *res publica* gestellt sind, lebt die *gens* Sigamber. Der König, in christlicher Seelenruhe, stellt ähnlich den Fabiern seine gesamte private Persönlichkeit in den Dienst dieser Sache. Er befördert so die *felicitas* seiner Untertanen und bewährt sich in seinem geistlichen Amt als „Erntehelfer" Gottes.

6. Ad Chilpericum regem quando synodus Brinnaco habita est (580)

Vom Bruder Chariberts und Gegenspieler Sigiberts, hat Venantius Fortunatus im Jahre 580 einen Panegyrikus überliefert. Zu diesem Zeitpunkt war die Synode von Berny-Rivière auf Veranlassung Chilperichs einberufen worden. Sie sollte über eine Klage Leudasts, des Grafen von Tours, gegen den Bischof der Stadt, Gregor von Tours, befinden. Letzterer war ein Freund des Venantius Fortunatus.[703] Den Behauptungen des Klägers zufolge sollte Gregor öffentlich verbreitet haben, die Gattin Chilperichs, Fredegunde, habe Ehebruch mit Bertram, dem Bischof von Bordeaux begangen. Der tatsächliche Hintergrund des Prozesses war dagegen politischer Natur. Mit König Chilperich war Gregor bereits früher in Konflikt geraten, weil er dem Herzog Guntram Boso und Chilperichs Sohn Merovech den Schutz der Martinskirche von Tours gewährte – trotz ihrer aufständischen Bestrebungen gegen den König und entgegen den Auslieferungsverlangen Chilperichs.[704] Nach dem Tod Sigiberts hatte außerdem dessen überlebende Gattin Brunichilde

702 *Reydellet*, 329 bezeichnet den Panegyrikus gegenüber dem auf Sigibert zu Recht als weniger statisch.

703 Über sein Verhältnis zu Gregor *Meyer*, 19 sowie *Koebner*, 82–95.

704 *Gregor*, H.F., V, 14; dazu *Koebner*, 96 f.

Merovech, den Sohn Chilperichs, geehelicht und damit dessen Aufstand gestützt. Bertram von Bordeaux, der früher auf Seiten Sigiberts und Gregors gestanden hatte, saß 577 einem Gericht vor, das den Bischof Praetextus von Rouen, vor dem die Eheschließung erfolgt war, der Korruption beschuldigte.[705] Obgleich Gregor sich auch diesmal mit Praetextus Chilperich wiedersetzte, wurde Praetextus schließlich von seinem Stuhl entfernt. Ein Bestechungsangebot des Königs an Gregor blieb ohne Erfolg. Leudast, ein langjähriger Feind Gregors, versuchte sich mit seiner Klage das zerrüttete Verhältnis Gregors zu Chilperich zunutze zu machen. Im Erfolgsfalle wäre Gregor der Verschwörung gegen Childebert überführt worden, da die öffentliche Behauptung einer Verbindung von Fredegunde mit dem Halbcousin des Königs auf einen Umsturzversuch zugunsten Bertrams hinauslief. Im Falle eines Freispruchs Gregors mussten sich demgegenüber der Ankläger und auch Chilperich wegen der Schwere des Anklagevorwurfs von schwerster Strafe bedroht sehen.[706] Ob die Rede Venantius Fortunatus vor diesem Hintergrund der Verteidigung Gregors diente, oder Verrat an dem Freund darstellte, ist in der Forschung bis heute umstritten.[707] Dass der Panegyrikus direkt an die versammelten Bischöfe und Priester gerichtet war, ergibt sich schon aus der Einleitungsformel.

a) *Universalitätsanspruch und gegenseitige Bereicherung von Königtum und Königssippe*

Bezeichnend für den Fortbestand der schon 568 erkennbaren christlichen Einkleidung des Herrscherlobes ist die Anrufung der anwesenden Geistlichkeit durch Venantius Fortunatus. Eher als er, solle diese das Lob des Königs aussprechen. Ihr gegenüber könne ein Dichter nur mit niedrigen Versen dienen.[708] Zum ersten Mal überhaupt wählt der Panegyriker dann den klassischen Ansatz der Einleitung: An erster Stelle des Herrscherlobes steht das Lob der edlen Abkunft Childeberts, der, einer edlen Wurzel (*gens*) von Königen entsprungen, bereits von Geburt an die Zierde der Zeit (*decus*) darstellte und diese durch weise Herrschaft erhöht hat.[709] Wie im vorangegangenen Herrscherlob, bleibt Venantius Fortunatus bei der These von der gegenseitigen Bereicherung von Sippe und König – *tu genus ornasti, te genus ornat avi.*[710] Schon im Anschluss folgt wieder die gängige Betonung der Reichweite

---

705 Bertram sollte den Aufruhr Merovechs durch Geschenke aus Brunichildes Schatz gestützt haben, *Koebner*, 97.

706 Zum Ganzen vgl. *George*, Poems, 73, Fn. 1.

707 Zu diesem Streit vgl. *George*, Poems, 73, Fn. 1 m. W. N.; zur Darbietung *Meyer*, 21 u. 115; *Koebner*, 95: „Die Servilität und Verlogenheit des Gedichtes steht außer Zweifel. [...] Positives Interesse verdient es nur als politisch-geschichtliches Dokument." Zu den Ursachen der Darbietung, 101.

708 *Fortunatus*, Carm., 9, 1, 1–4.

709 *Fortunatus*, Carm., 9, 1, 3 f.

710 *Fortunatus*, Carm., 9, 1, 10, weiter 11f.: „Excepisti etenim fulgorem ab origine gentis, sed per te proavis splendor honore redit."

des königlichen Lichtes, die Universalität königlicher Herrschaft, die bis in den Orient, nach Libyen, zum Roten Meer und Indischen Ozean bekannt sei.[711] Als neues Licht (*nascente lux*) bevorzugen Himmel und Erde Chilperich.[712]

b) Der König als tapferer Schutz des Vaterlandes

Mit dem Verweis: *Rex bonitate placens, decus altum et nobile germen* leitet Venantius Fortunatus zur inneren Gestaltung der Königsherrschaft Chilperichs über. Der König ist von hoher Tugend, eine hocherhobene Zierde von nobler Abkunft. Er ist Rat und Stütze des Vaterlandes (*auxilium patriae*), Hoffnung und Schutz in Zeiten des Krieges (*spes et tutam in armis*), Beförderer der Tapferkeit. Als *Chilperic potens... adiutor fortis* herrscht er dem eigenen Namen gemäß über sein Volk.[713] Obgleich durch die Liebe seines Vaters zu größeren Dingen vorherbestimmt, war seine Herrschaft beständig gefährdet. Trotz gemeinsamer Liebe von Vater und Volk[714] und seiner Verdienstlichkeit versah und versieht sich Chilperich vieler Neider (*invidia*), die die *quietas* stören.[715]

In der Stunde der Not, den Tod durch umzingelnde Waffen vor Augen, hat ihn der Glaube bewahrt, der nebst der Loyalität der Bischöfe für ihn stritt.[716] Früher von Sorgen geplagt, wird ihm nun die Königsgewalt zurückgewährt. Fortuna steht auf seiner Seite und schenkt ihm glückliche Herrschaft. Da schwere Sorgen und Gefahren sein beständiges Wirken (*labor*) nicht beeinträchtigen konnten, erhebt sich der Princeps nun umso stärker (*fortior*). Er ist durch den beständigen Vergleich der Waffen zum Meister des Krieges (*artifex*) geworden.[717]

---

711 *Fortunatus*, Carm., 9, 1, 13–16.

712 *Fortunatus*, Carm., 9, 1, 21 f.

713 *Fortunatus*, Carm., 9, 1, 21–23.

714 *Fortunatus*, Carm., 9, 1, 40 „...hinc in amore manens plebis et inde patris." *Meyer*, 118–125; *Reydellet*, 333 zum Vaterbegriff auch bei Charibert. Reydellet konstatiert seinen Ursprung in der clementia des Kaisers bei Seneca.

715 *Fortunatus*, Carm., 9, 1, 41–44: „Sed meritis tantis subito sors invida rerum, pertubare parans regna quieta tibi, concutiens animos populorum et foedera fratrum, laedere dum voluit, prosperitate favet." Ob in der Folge: Verdienstlichkeit – Ruhe – Neid – Störung des Friedenszustandes bereits ein Beweis für die gezielte Stilisierung Chilperichs zum christlichen Herrscher mit dem Ziel des Schutzes Gregors vorliegt, wie dies *George*, Poems, 75, Fn. 11 behauptet, ist zweifelhaft. Bis hierher steht vor allem körperliche Tapferkeit, d. h. kriegerische Tugend im Mittelpunkt des Panegyrikus.

716 *Fortunatus*, Carm., 9, 1, 52: „...pro te pugnavit fortis in arma fides." *Meyer*, 116; *Koebner*, 103: Es geht um die Ereignisse des Jahres 575: Sigiberts Zug gegen Chilperich, den Übergang der Edlen zu Sigibert, Einschließung Chilperichs in Tournay, plötzliche Ermordung Sigiberts. „Diese Auffassung ist ein häßliches Spiel mit dem göttlichen Namen und schließt überdies eine persönliche Treulosigkeit in sich."

717 *Fortunatus*, Carm., 9, 1, 55 f.; 59; 61 f.: „Aspera non nocuit, sed te sors dura probavit: unde gravabaris, celsior inde redis."; 65: „Fortior efficeris per multa pericula princeps."

Quietas gewinnt Chilperich vor allem durch den Schweiß der Waffen. Er ist von Gott zum Wohle seines Landes als ein König eingesetzt, den die Nationen fürchten – der Rebell ebenso wie die barbarischen Völker.[718] Venantius Fortunatus, der nicht darauf verzichtet die Namen der im Kampfe bezwungenen Völker einzeln aufzulisten (Rn. 73–76), konstituiert Chilperich als *victor*: *In te, rector, habet regio circumdata murum.*[719] Er ist ein eisernes Portal der Sicherheit seines Volkes.[720]

c) Die Friedenstugend Chilperichs: Durchsetzung des Rechts mit Hilfe der Waffen?

Erst jetzt, nach mehr als der Hälfte des Panegyrikus, kommt Venantius Fortunatus auch auf die Friedenstugend des Königs zu sprechen. Das Lob seiner *iustitia* ähnelt früheren Darstellungen des Dichters. Wer mit Recht Klage vor Chilperich erhebt, wird Gerechtigkeit erlangen. Weder wird die Wahrheit verhindert, noch werden Irrtümer zur Grundlage von Urteilen, Ordnung kehrt in das Justizwesen zurück.[721] Wie schon Charibert, so wird auch Chilperich für seine Eloquenz gelobt. Auch ihm wird das Lob zuteil, seine Güter in den Dienst der *res publica* zu stellen und die dem Diener gewährten Dinge als ihm gehörig zu betrachten.[722] Wenngleich Venantius Fortunatus für die Freigiebigkeit des Königs himmlischen Lohn und den Lobpreis des Volkes verspricht,[723] wirkt das Lob der Friedenstugend Chilperichs weitgehend topisch. Es bleibt weit hinter einer umfassenden Konstituierung christlicher Friedensherrschaft zurück.

Anstatt sich weiter ausschließlich der Friedensherrschaft zu widmen, kehrt der Dichter zum Vergleich friedlicher und kriegerischer Tugend zurück. Im Krieg bevorzugen Chilperich die Waffen, im Frieden kennzeichnet ihn literarische Bildung. Der König ist *armis et iure probatus*. Er übertrifft seine Sippe in seinem Bestreben nach literarischer Bildung. Darin – nicht etwa in der dadurch bedingten besonderen Gerechtigkeit der Administration – ist Chilperich den Vorfahren voraus.[724]

Der Aussage des Barbaren Eurich in der „Vita S. Epiphanii" des Ennodius, die Gerechtigkeit werde mit Waffen verteidigt, ähnelt die Feststellung des Venantius Fortunatus – *legibus arma regis et leges dirigis armis: artis diversae sic simul itur iter* – trotz der Waffentugend Chilperichs aber nur vordergründig.[725] Chilperich schafft sich nicht durch Waffen Herrschaft und Recht, sondern er regiert seine Waffen durch Gesetze und erzwingt das Recht durch die Stärke der Waffen. Das

---

718 *Fortunatus*, Carm., 9, 1, 69 f.; 73 f.

719 *Fortunatus*, Carm., 9, 1, 79 f.

720 *Fortunatus*, Carm., 9, 1, 80–82: „…ac levat excelsum ferrea porta caput. Tu patriae radias adamantina turris ab austro et scuto stabili publica vota tegis."

721 *Fortunatus*, Carm., 9, 1, 85–90.

722 *Fortunatus*, Carm., 9, 1, 91–96; anders *Gregor*, H.F. VI, 46; dazu *Meyer*, 116.

723 *Fortunatus*, Carm., 9, 1, 98. *Meyer*, 116.

724 *Fortunatus*, Carm., 9, 1, 99–107: „Te arma ferunt generi similem, sed littera praefert."

725 *Fortunatus*, Carm., 9, 1, 111 f.

Rangverhältnis von Waffengewalt und Recht ist so zugunsten des Letzteren gelöst. Der Waffengebrauch folgt dem Recht. Schon aufgrund der ständigen Notwendigkeit zur Verteidigung der Herrschaft, ist das Lob des recht eingesetzten Schwertes hier stärker ausprägt, als in beiden vorangegangen Panegyriken auf Sigibert und Charibert.[726] Den Abschluss des Panegyrikus bildet der Dank an Gott für das Königtum Childerichs,[727] der Panegyriker wünscht sich den König als Säule des Glaubens, als Garant des Friedens und Gedeihens, als beständigen Sieger über die Feinde.[728]

d) Bewertung

Der Lobpreis Chilperichs ist geprägt von dem Bemühen, Chilperichs kriegerisches Leben im Tugendkatalog des christlichen Lobredners zu verorten. Am Ende bleibt kaum mehr als das Lob für die Sicherung der territorialen Integrität aufgrund der Vielzahl der Feldzüge. Selbst im Zusammenhang mit der Rechtsgewähr kann es der Dichter nicht vermeiden, auf die Waffen als Durchsetzungsinstrument des Rechts einzugehen. Chilperich wird so als ein Kriegerfürst gezeichnet, der zwar die Abstammung, die Liebe des Vaters und die Wünsche des Volkes repräsentiert, der aber zunächst durch die Not des Schicksals, später zur Verteidigung eines äußeren Friedensbereichs, d. h. der Grenzen seines Reiches gezwungen war. Nur durch *fortitudo* gelingt ihm die Schaffung eines Raumes der Ruhe (*quietas*). Über die Leistungen seiner Administration weiß Venantius Fortunatus daher kaum mehr auszusagen, als die Topoi der Rede an Charibert zu wiederholen. Chilperich ist die Mauer seines Volkes in beständiger Verteidigung der *iustitia*-Tugend durch Waffen gegen Neider.

7. Ad Chilpericum et Fredegundem reginam

Es ist die von Venantius Fortunatus kurz nach dem Ende der Synode bei Berny Rivière gehaltene Totenrede auf die an Krankheit verstorbenen Söhne Chilperichs, Chlodobert und Dagobert, die vor Chilperich die kurz zuvor noch ausgesparte Frage nach dem christlichen Idealkönigtum aufwirft.[729] Den Tod haben die Menschen kraft der Erbsünde Adams und Evas geerbt. Seither ist jeder Mensch sterblich. Dies trifft auch auf alle herausragenden Gestalten des Christentums zu, begonnen bei den Gerechten, über die Stammväter Israels, die Richter bis hin zu den Königsgestalten

---

726 Auf die Kriegstugenden des Mannes geht schließlich der Lobpreis der Gattin, Fredegunde, nicht weiter ein. Fortunatus preist sie ob ihrer Verdienstlichkeit für die gute Regierung ihres rechtmäßigen Gatten, für die Tatsache, dass sie an den Lasten der Regierungstätigkeit teilhat und selbst scharfsinnig, raffiniert, intelligent, weise zur gloria ihres Mannes beiträgt; Carm., 9, 1, 117–132. Dazu *Koebner*, 102.

727 *Fortunatus*, Carm., 9, 1, 133–136.

728 *Fortunatus*, Carm., 9, 1, 139–147.

729 *Meyer*, 21.

David und Salomon und den Propheten.[730] Alle Macht der Augusti auf Erden ist begrenzt, weder mit purer Körperkraft noch mit dem Königspurpur können sie den Tod überwinden.[731] Jeder Mensch muss von dem Peregrinenstatus auf Erden zu seinem Vaterland zurückkehren.[732]

Als *pie rex, fortissime princeps* muss Chilperich unter dieser Feststellung nicht leiden. Der Mensch ist als Gefäß nach dem Willen des Schöpfers geschaffen und geht danach zu Bruch.[733] Gegen den Willen Gottes kann der Mensch nicht ankämpfen, gegen ihn ist er nichts als Rauch.[734] Dem Königtum bleibt auf Erden also nichts zu tun, als zum Nutzen der eigenen Seele zu wirken. Die Forderung nach dem christlichen Leben beinhaltet das Verlangen nach mannhafter Beständigkeit, nach *patientia* und Gemütsruhe im Angesicht der Leiden. Jeder Mensch muss seinen Teil des ihm von Geburt an auferlegten Leidens tragen.[735] Vom König fordert Gott, dass er im Tode des eigenen Geschlechtes, d. h. der überlebenden Tochter Rigunde und des Vaterlandes gedenkt und ebenso wie Ijob und David nicht aufhört, Gott zu preisen.[736] Da Gott in Wirklichkeit die Juwelen zum Himmel erhoben hat, besteht kein Grund zur Trauer, nicht Spreu, sondern Weizen hat Chilperich für Gott bereitgestellt.[737] Zweifelsfrei steht daher fest, dass der rechte Lohn Gottes Chilperich erwartet. Nachdem David den Tod Bathsebas aufgrund seiner Sünde akzeptiert hatte, wurde ihm Salomon zur künftigen Freude des Königs und des Vaterlandes geboren.[738]

Erst hier gewinnt die Darstellung des Venantius Fortunatus auch für den Binnenbereich der Königsherrschaft Chilperichs an Kontur. Zwar betont er, Chilperich habe sich vor Gott mit beiden Söhnen ausgezeichnet, doch liegt der Schwerpunkt der Trauerrede auf dem vom Menschen und auch von Purpurträgern zu fordernden Anerkenntnis der unbeschränkten Herrschaft Gottes über den Menschen. Deren Folge ist ein gottgemäßes Leben ruhiger, beständiger und friedliebender Charaktertugend.

730 Venantius Fortunatus nennt alle: *Fortunatus*, Carm., 9, 2, 15–44: Kain und Abel, Seth, Noah, Sem und Japhet, Abraham, Isaac, Jakob, Ijob, Moses, Aaron, Joshua, Gideon, Samson, David, Salomon, Jesaja, Daniel, Samuel, Jonah, Petrus, Paulus, Johannes und zuletzt Christus selbst.

731 *Fortunatus*, Carm., 9, 2, 45–48: „Dic mihi, quid poterunt Augusti aut culmina regum, membra creatoris cum iacuere petris? Brachia non retrahunt fortes neque purpura reges, vir quicumque venit pulvere, pulvis erit."

732 *Fortunatus*, Carm., 9, 2, 69 f.: „Ibimus ergo omnes alia regione locandi, ibimus ad patriam quos peregrina tenent."

733 *Fortunatus*, Carm., 9, 2, 73 f.

734 *Fortunatus*, Carm., 9, 2, 75 f.; 82.

735 *Fortunatus*, Carm., 9, 2, 85–89.

736 *Fortunatus*, Carm., 9, 2, 96: „...consuleas genitae, consuleas patriae."; 100 f.

737 *Fortunatus*, Carm., 9, 2, 109; 113–124. Fortunatus geht auf Mt 3, 12; 25, 1–13 und 2. Tim 2, 20 ein, vgl. *George*, Poems, 85 Fn. 79–82.

738 *Fortunatus*, Carm., 9, 2, 135–140. Das Motiv künftiger Hoffnung ist schließlich in der sechs Monate später gehaltenen Rede (9, 4) noch stärker präsent.

Da der Tod vom Menschen nicht zu verhindern ist, soll er auch für das Königtum Anlass sein, sich der Bedürfnisse des Vaterlandes zu entsinnen und die Familie mit Gottes Willen zu künftigem, noch stärker gottgemäßem Verhalten zu veranlassen.

8. Panegyrikus auf Childebert (II.) und Königin Brunhichilde

In knappster Form hielt Venantius Fortunatus schließlich wohl kurz nach dem Vertrag von Andelot im November 587 einen Panegyrikus auf Childebert II. und die Königin Brunichilde, der die Freude über den erreichten Friedenszustand kundtut. Nicht nur waren die Position Brunichildes und die Nachfolgestreitigkeiten abschließend gelöst worden, auch die Eheschließung der Tochter Brunichildes mit dem Sohn des westgotischen Königs Leuvigild ließ für die Zukunft Gutes hoffen. Dementsprechend stellt der Rhetor den Aspekt des ruhigen, sichern Bestandes und Gedeihens in den Mittelpunkt der Rede. Das Volk liebt seine Herrscher, die ihm zum rühmenswerten (*gloria*) Spiegel des Lichts und der Süße geworden sind und als Schmuck ihr Reich zieren. Ihren Grund erfährt die affektive Zuwendung – von Venantius Fortunatus wird sie als „Höhe der Verehrung der Welt“ bezeichnet – in der umfassenden Sorge beider für ein friedliches und friedliebendes Königreich. In perfekter *concordia* greifen königliche Familie und Land ineinander, bildet die Königsgewalt den sicheren Wächter des Landes. Ausgefüllt wird der Friede nicht nur durch Ruhm und Rang seiner Herrscher, sondern auch durch friedenswahrende Amtsführung. Sie gereicht der Herrschaft zum Ruhm. Werke der *pietas* schaffen einen ruhigen und hoffnungsvollen Frieden. In Ruhe kann sich das Volk Gott zuwenden, um die künftige Erlösung zu erlangen und den Herrschern, um die gegenwärtige zu erlangen. Mit dem Wunsch, Gott möge die so verfasste Herrschaft zur Regierung wachsen lassen, Thron und Reich bewahren, schließt das Herrscherlob.[739]

9. Gesamtbetrachtung

Stärker als in späteren Panegyriken zeigt sich Venantius Fortunatus im Jahre 566 der römischen Prinzipatsideologie verhaftet.[740] Als er erstmals außerhalb Italiens einen Panegyrikus darbietet, betont er die Legitimität der Herrschaft Sigiberts als eines Caesar über den Westen des „Reiches“. Er spricht von einem Prinzipat der Tugend, das von Gott zum Thron erhoben wurde. Der so herrschende König ist Licht des Reiches.

739 *Fortunatus*, Carm., 10, 8; vgl. auch Appendix 5 auf Childebert II, wo der König übersteigert als Säule des Königreiches, Herrscher über Königreiche, als höchstes Gut und höchste gloria bezeichnet wird und die Ableitung seiner Herrschaft von Gott postuliert wird.

740 Anders *Meyer*, 3, der Fortunatus unterstellt, er habe „die Stoffe und Darstellungskünste des Alterthums mit Absicht nicht benützt“ und ihn damit in Gegensatz zu Ennodius setzt, der sich nicht wie Fortunatus von realen Vorgängen, sondern von erfundenen Themata habe leiten lassen.

Den *felicitas*-Gedanken verwirklicht die Vereinigung des Königs mit Grafen und Volk durch Werke der Tugend, die sich am Gedeihen der Schwachen ausrichten. Dass Königsherrschaft Friedensherrschaft ist, betont das *pax habet esse decus* des Rhetors, mit dem der König in Gegensatz zu den Heerführern gestellt wird, deren einzige Aufgabe im Krieg besteht. Die Sicherung der Grenzen und die militärischen Leistungen des Königtums sind dennoch zur Konstituierung des Friedensraumes von großer Bedeutung. Sie erhöhen auch die *gloria* der königlichen Sippe (*gens*). An ihr hat der König als organisch wirkender, gegenwärtiger Bestandteil teil. Er muss ihren Tugendstatus durch sein Handeln bewähren und erhöhen. Das Herrscherlob der Merowingerkönige erinnert hier an die Elogien der Scipionen, die dem Dienst an der *res publica* und der Wahrung der *pietas* gegenüber den Vorfahren herausragenden Rang einräumten. Militärischer Ruhm ermöglicht es auch, an den Lobpreis Homers und Vergils anzuknüpfen und die Bedeutung der Tapferkeit durch den dem Heer voranschreitenden König hervorzuheben.

Herrschertugenden sind auf Grundlage der *pietas* christlich geprägt. Sie leitet die Tätigkeit eines Königs an, der mit Enthaltsamkeit, Besonnenheit und großer Gemütsruhe versucht, die eigenen Affekte und die des Volkes zu mäßigen. In einem engeren Sinne bezeichnet *pietas* auch den Bereich des königlichen Wirkens, der früher der *clementia* zugeordnet war. Die erkennbar parallele Verwendung beider Begriffe zur Kennzeichnung der Milde Theoderichs ist bei Venantius Fortunatus durch die alleinige Verwendung der *pietas* abgelöst. *Pietas* bestimmt auch die Forderung des Königtums nach Mäßigung zum Erhalt der Gemütsruhe. Das Ziel der Königsherrschaft besteht letztlich darin, durch beständige Arbeit innerhalb des Friedensraumes die Ernte für Gott umso reicher einfahren zu können. Der König soll als *rector gentium* und *pater populi* durch *pietas* die Liebe des Volkes gewinnen. Dadurch wird die *concordia* des Reiches gesichert.[741] Friedliche und kriegerische Amtstugend unterstehen so einem königlichen Schwert, das anders als dasjenige des Goten Eurich im Werk des Ennodius durch Milde und Mitleid auf *iustitia* und das Heil des christlichen Glaubens gerichtet ist.

VII. Schlussbetrachtung

Ganz der christlichen Tugend, die ihren manifesten Ausdruck in der der *pietas* entspringenden Nächstenliebe findet, sind die Werke des Avitus von Vienne und des Ennodius von Pavia verhaftet. Auch die Werke Cassiodors und des Venantius Fortunatus errichten ihr Königs- und Prinzipatsideal auf dieser christlichen Grundlage. Die das Band der Reiche verbindende christliche *pietas* macht sich Avitus im Verhältnis der oströmischen Kaiserherrschaft zum burgundischen Königtum zunutze. Die

741 *Hoeflich*, RPL V (1982), 132, der auch darauf verweist, dass der pater patriae Titel im Werk des Venantius Fortunatus darüber hinaus auch für Bischöfe (Gregor von Tours) verwandt wird, d. h. für alle diejenigen, die Sorge um das Wohlergehen des Reiches auf sich nehmen.

Einheit des Glaubens fordert gegenseitige Bestärkung des Glaubens und damit auf dieser Ebene ein Verhältnis der Gleichrangigkeit der Herrscher. Das dadurch gewonnene Vertrauen schafft für das sich Ostrom politisch unterordnende Burgunderreich die Freiheit, die Sukzession der Herrschaft ohne explizite oströmische Bestätigung in gemeinsamen Geist selbst vorzunehmen. Während die klassische Terminologie der römischen Weltherrschaft dem Ostkaiser vorbehalten bleibt (Lichtmetaphorik, *securitas*, *felicitas*, Vereinigung des Weltkreises in christlicher *pietas* und *libertas*), sieht Cassiodor Theoderich als Teilhaber an der römischen Gesamtgewalt an. Seine Aufgabe ist es, christliche Kaiserherrschaft zu imitieren. Damit übernimmt er auch den Herrschaftsauftrag des Kaisers vollständig: Sein Ziel ist es, *quietas* und *pax* durch gesetzmäßige Administration nach dem Vorbild christlicher Herrschaft in einem römisch-gotischen Friedensraum zu schaffen. Die formelle Anerkennung eines universellen Kaisertums mit Sitz in Konstantinopel verleiht so dem Amt des Ostgotenkönigs zusätzliche Legitimität und gibt zugleich den umfassenden Charakter der Amtsausübung vor – der Kaiser ist nicht vor Ort, in seiner Abwesenheit werden die Hoheitsrechte durch Theoderich ausgeübt.

Als christlicher *vindex* in der Tradition der Kaiser erfüllt er diese Funktion nach römischem Vorbild neben der Aufrichtung der *leges* auch in der Restitution der römischen *libertas*, vor allem der Freiheit des Senates sowie der Unantastbarkeit römischen Eigentums. Das Selbsthilfeverbot – bei Avitus das Verbot der Ordale und des Zweikampfes – ist Zeichen der *civilitas* und der Überwindung des früheren barbarischen *ambitio*-Strebens. Das Idealbild im Panegyrikus des Ennodius spiegelt sich in den Formularen und Urkunden der „Variae" Cassiodors. Sie prägt neben den genannten Anleihen an die klassische Prinzipatsideologie des Arbeitskaisertums (ohne *otium*) zur Verteidigung des rechtlichen Zustandes der *res publica* auch die Aufforderung an die Barbaren, nicht mit dem Eisen der Schwerter, sondern nur vor Gericht das Recht zu suchen. Gegenüber der Befugnis zur Selbsthilfe enthält sie eine klare Absage. *Civilitas* garantiert einen Verfassungszustand ziviler Tugendhaftigkeit. Dessen Leitung übernimmt der von Gott eingesetzte König als Vater und Inhaber der Gerichtsgewalt. Seine Amtsgewalt richtet sich gegen *latrones*, die Störer des Friedens. Nach römischem Vorbild in der Tradition der christlichen Lehre geübte väterliche Herrschaft erkennt das Imperium der Seele über den Körper an. Mit *moderatio* und *iustitia* sind Könige verpflichtet gegen *superbia* zu kämpfen und für die Schwachen und Wehrlosen mit Mitteln des Rechtes Sorge zu tragen. Zu diesen gehört auch für den christlichen Herrscher der Krieg, wenn er sich gegenüber der *superbia* reinen Machtstrebens nicht vermeiden lässt.

Es ist Ennodius, der in der „Vita S. Epiphanii" den Gedanken der im christlichen Geist geübten brüderlichen Herrschaft von Ostrom und Burgundern für die Ostgoten und ihr Verhältnis zu den übrigen *regna* entfaltet. Concordia steht auf dem Fundament rechter christlicher *pietas*. Sie muss den Barbaren die Herrschaft durch das Schwert verleiden. Auch im Konfliktfalle sind die rechtlichen Grenzen, die Nächstenliebe dem Schwert durch *misericordia* setzt, zu achten. Nur durch christliche Verteidigung von Tugendherrschaft vermag Theoderich auch der Amalertradition die Ehre zu erweisen.

Das brüderliche Band sorgender Zuwendung im christlichen Glauben besteht wie zwischen den Reichen auch zwischen Kirche und König. Am burgundischen Hof betont Avitus das universell geltende Verhältnis von Papsttum und weltlicher Herrschaft: Beiden ist in einträchtiger Amtsführung die Herrschaft über den Erdkreis anvertraut. Der irdische König richtet in weltlichen Dingen, in geistlichen Dingen richtet der Bischof von Rom. Das Versprechen des rechten katholischen Glaubens an den König liegt in der Garantie der Siege, der Frömmigkeit, des Friedens, des Schutzes in der Schlacht sowie der Gewinnung der *gloria* für den König und seine Nachfahren. An Königshöfen fungieren Bischöfe zu dem Zweck, Barbaren die Ausübung der irdischen Herrschaft Mittels des Schwertes zu verleiden.

Der grundsätzlichen Frage nach dem irdischen Glück des Menschen die vor allem die christlichen Autoren des fünften Jahrhunderts angesichts des Falles Roms und der Barbarenbedrohung augeworfen hatten, treibt anlässlich seiner unvermittelten Haft auch den Philosophen Boethius um. Von der anfänglichen Überzeugung einer Fatum- und Fortunagläubigkeit führt ihn sein Werk zu der höchsten Erkenntnis Gottes und der Folgerung, dass nur das Leben, das die Seele Gott unterstellt, und damit der spezifischen Eigenart des Menschen Rechnung trägt, von Wert ist. Seine Folgerung, wer nur an eigene Leistung glaube, sich an *cupiditas* und *avaritia* hänge, mache sich selbst zum *servus* und führe nach innen wie außen ein tyrannisches Regiment, steht mit der Erkenntnis der römischen Staatsphilosophie vom Imperium der Seele seit Sallust im Einklang. Die Zuwendung auf die Tugend folgt nunmehr aber ganz der Gotteserkenntnis und steht damit in der Tradition christlicher und neuplatonistischer Autoren seit dem dritten nachchristlichen Jahrhundert.

Die von der ostgotischen Herrschaft für sich in Anspruch genommene Prinzipatsideologie prägt schließlich die Panegyriken des Venantius Fortunatus, die gegenüber dem gotischen Königsideal des Cassiodor einen deutlich christlicheren Einschlag aufweisen. Im Gegensatz zu den Burgundern, die Merkmale universeller Gewalt dem oströmischen Kaiser zuschrieben, sieht der aus Italien stammende Venantius Fortunatus die Merowingerkönige in der Tradition eines Prinzipats der Tugend. Ihnen billigt er die Lichtmetaphorik zu, auf sie wendet er die Termini der Prinzipatsideologie (insbesondere den Weltherrschaftsgedanken) an. Wie Theoderich erweisen sich die Merowingerkönige durch Tugend ihrer Sippe als würdig. Deren Bestimmung ist christlich geprägt, sie dient der Gewinnung der Seelen für Gott und erhält so das Reich als Friedensraum an den Grenzen und in seiner inneren Ordnung. Eine Abgrenzung von oströmischer Kaiser- und merowingischer Königsherrschaft bleibt in den Panegyriken aus, die sich mehr noch als die Bischofsviten und Urkunden auf die Person des jeweils zu Lobenden ausrichten.

I. Schluss

I. Das römische Tugendideal

Die Legitimation von Herrschaft erfolgt in dem Zeitraum des ausgehenden ersten Jahrhunderts vor Christus bis hin zu den germanischen Königsherrschaften auf römischem Boden auf der Basis eines universellen, römischen Tugendideals.

In seinem Mittelpunkt steht ein Tugendbegriff, der Geistestugend voraussetzt und Handlungstugend durch Bewährung im Gemeinwesen (der *res publica*) fordert. Er wird ursprünglich in den Staatsschriften der ausgehenden Republik entwickelt, unter Augustus zur Weltherrschaftsideologie ausgeformt und anschließend in der römisch-christlichen Literatur und dem Herrscherlob bis in die Königsherrschaften auf römischen Boden hinein tradiert.

Das in der lateinischen Literatur geäußerte und später von den Kaisern propagierte Herrscherideal ist in jeder Hinsicht universell. Es gilt ohne zeitliche und räumliche Grenze, weil Roms Imperium auf alle Zeit (*sine fine*) angelegt ist und den Anspruch erhebt, den Erdkreis zu umfassen. Allgemeingültig ist das Ideal aber auch, weil es in der lateinischen Literatur schon der ausgehenden Republik als Ideal jedes Menschen (Menschentugend) und des Herrschers (Herrschertugend) konstituiert wird. Es bezieht sich immer auf den Charakter der Person (Charaktertugend) und ihr Handeln im Gemeinwesen (Handlungstugend). Nur wer den tugendhaften Charakter in der Tätigkeit für das Gemeinwesen verwirklicht, verdient es, als tugendhaft bezeichnet zu werden. Der Unterschied zwischen dem von dem Menschen im Gemeinwesen geforderten tugendhaften Handeln und der Herrschertugend ist insoweit lediglich graduell. Da die Tugend in der Person des Herrschers aber im Idealfall vollendet ist, ist er gleichwohl dem Einzelnen entrückt. Er steht als Tugendvorbild von vorneherein der Sphäre des Göttlichen nahe, auch weil er über die richtige Erkenntnis der göttlichen Ordnung (*pietas*) verfügt. Dadurch ist er befähigt, dem Einzelnen Beispiele (Exempla) tugendhaften Handelns vor Augen zu führen und das Gemeinwesen nach dem Maßstab der Tugend zu ordnen. Die richtige Ordnung des Gemeinwesens ist Ziel seiner Tugend.

Dieser Tugendbegriff ist römisch – und wird von den spätrepublikanischen Autoren auch so verstanden –, weil das Idealbild staatspraktisch ist. Ein Mensch ist nicht tugendhaft, wenn er seine Charaktertugend nicht zum Nutzen der *res publica* einsetzt. Hierdurch grenzt sich das römische Ideal von einem rein geistigen Streben nach der Tugend ab, wie es etwa den Griechen zugeschrieben wird.

Inhaltlich findet es zuerst Ausdruck in den Staatschriften der ausgehenden römischen Republik. Es ist hier von Anfang an ein Restitutionsideal eines in der Vergangenheit liegenden, idealen Zustandes, der in der Gegenwart nicht besteht, aber wieder erreicht werden kann.

Die Werke des Cicero und Sallust beschwören in der Krisenzeit der römischen Republik die Tugend des Einzelnen (des *optimus*) zum Erhalt der *res publica*, um deren Mitgliedern den ruhigen Bestand ihrer Rechte zu gewährleisten. Das Tugendideal ist bereits hier als allgemeines Handlungsideal des Menschen konzipiert, auch wenn beide Autoren, die selbst Mitglieder der Senatsaristokratie waren und höchste staatliche Ämter bekleidet hatten, vor allem die Standesgenossen und den sicheren Bestand ihrer Güter in den Blick nehmen. Sie wollen die republikanische Freiheit (*libertas*) schützen. Die Inhaber von Herrschaftsgewalt müssen dem Einzelnen seine Güter belassen, damit dieser sich aufgrund der dadurch gewonnen Sicherheit und Muße in der *res publica* verwirklichen kann.

Die Autoren befassen sich daher vor allem mit der Tugendhaftigkeit solcher Personen, denen im Gemeinwesen höchste Positionen und größte Macht (das *imperium*, die *potestas*) anvertraut werden, weil bei deren Fehlverhalten dem Gemeinwesen die größten Gefahren drohen. Die Grundforderung an jeden Träger von Herrschaftsgewalt ist, die Ordnung und den Bestand der *res publica* zu gewährleisten. Idealtypus dieser gesellschaftlichen Ordnung ist die in *concordia* verbundene Gemeinde (*civitas*). In ihr herrscht die Gewissheit, dass Versprechen eingehalten werden (*fides*). Der römische Staat garantiert dem Gemeinwesen und den Bundesgenossen den Bestand des ruhigen (Land-) Lebens, als Zustand der friedlichen Ruhe (*tranquillitas, pax*). Sie schafft Muße (*otium*) für tugendhaftes Handeln (*virtus*) zugunsten der *res publica*. In diesem Zustand wird jeder bei dem Seinen erhalten (*suum cuique*-Grundsatz). Gerechtigkeit (*iustitia*) besteht im rechten Maß der Strafen und der Zuwendung nach der individuellen Bedürftigkeit (*liberalitas*). Maßstab der *liberalitas* ist nicht nur die materielle Not, sondern auch die Würdigkeit des Empfängers zum Empfang der Gabe, etwa wegen vergangener oder zu erwartender Verdienste. Ist der Ruhezustand ideal konstituiert, ist er Glückszustand (*felicitas*) und nicht Spielball der Fortuna. Er steht dauerhaft im Einklang mit der von den Göttern gewünschten Verfassung der *res publica*.

Einigkeit besteht auch darin, dass der Erhalt der *res publica* von ihren tragenden Schichten her erfolgen muss. Adressiert wird die Forderung nach dem tugendhaften Handeln daher vor allem an die Nobilität. Maßstab jeden richtigen Verhaltens ist die menschliche Vernunft. Wenn Sallust insoweit von einem umfassenden *imperium* des Geistes spricht, lässt dies keinen Zweifel an der unbedingten, inhaltlich und zeitlich unbegrenzten Geltung dieses Grundsatzes. Nur das Handeln mit Vernunfterkenntnis ist auf Dauer angelegt und entspricht der menschlichen Natur. Vernunft fordert von dem Menschen den Einsatz für die *res publica*, d. h. das beständige Wirken (*fortitudo*) im öffentlichen Raum zum Erhalt des oben geschilderten Idealzustandes. Alle Werke, die nur der Befriedigung individueller Lüste dienen, widersprechen der Vernunft, weil sie mit dem Tod vergehen. Im staatlichen Raum muss der Mensch daher sein Streben (*ambitio*), dessen Verwirklichung durch die ruhige Ordnung der Gesellschaft (*tranquillitas, pax*) möglich wird, auf die Gewährleistung der gesellschaftlichen Grundsätze richten. Der für das Gemeinwesen schlimmste Zustand herrscht, wenn die Klassen, die die Gesellschaft tragen, die durch die römischen Siege geschaffene Muße des Friedensraumes (*otium*) falsch nutzen. Wer ausschließlich nach körperlicher Triebbefriedigung strebt und alle Güter – auch mit rechtswidrigen Mitteln – an sich reißen will (*superbia*), gibt sich *avaritia*, *libido* und *cupiditas* hin. Er bestimmt sich selbst zum Tier. Mit solchem Verhalten wird die *concordia* des Gemeinwesens aufgelöst. Die Gemeinde wird zur bloßen Menge (*multitudo*). Die Gesellschaft zerfällt in *factiones*, in denen der Einzelne als Räuber (*latro*) agiert. Ob es in einem solchen Staat dem Gemeinwesen wohl oder schlecht ergeht, ist der Willkür der Fortuna anvertraut. Es ist denkbar, dass zuletzt der Verfall den Staat auflöst.

Von diesen Vorstellungen eines allgemeingültigen staatlichen Ideal- und Verfallszustandes ausgehend, konstituieren die republikanischen Staatsschriften das Tugendvorbild des *optimus*, als des „am besten Geeigneten", um den Idealzustand der republikanischen Ordnung zu restituieren. Die Existenz eines solchen Tugendvorbildes wird nicht als bloß hypothetisch oder philosophisch angesehen. Mit dem Restitutionsgedanken wird vielmehr bejaht, dass es in der Vergangenheit eine ideale Ordnung tatsächlich gab, die wieder hergestellt werden kann. Die Autoren nehmen zur Begründung der Existenz höchster Tugend im Menschen auch auf konkrete Vorbilder der römischen Vergangenheit Bezug – etwa Lucius Quintus Cincinnatus, Scipio Africanus oder die Devotion der Decier. Nur am Rande wird daneben auch das „Goldene Zeitalter des Saturn" erwähnt. Durch die Anknüpfung an historische Beispiele wird der Vorwurf vermieden, die Staatsschriften seien bloße philosophische Traktate und für den mit *virtus* strebenden Träger des Imperiums in der Staatspraxis unbrauchbar. Das Ideal des Optimus, das gegenüber Pompeius, angesichts der Verschwörung Catilinas oder des Sieges Caesars bemüht wird, ist immer ein staatspraktisches. Stets geht es um angewandte Handlungstugend. Der ideale Träger des Imperiums zeigt seine *virtus* im beständigen, unverrückbaren (*fortitudo*), tätigen Einsatz für das Gemeinwesen. Er nutzt seine *ambitio* zu unermüdlicher Tätigkeit (*labor*-Gedanke) in diesem Sinne. Er sichert *iustitia* und *libertas*, indem er rasch und entschieden gegen Friedensstörer (*latrones*) vorgeht. Dadurch schafft er für andere die Freiheit (*libertas*), den Friedens- und Ruheraum (*pax, quietas*) ebenfalls produktiv und tugendhaft zu nutzen. Ausdruck der *virtus* ist es auch, dass er für Dritte leicht zugänglich ist und alle seine Entscheidungen am richtigen Maßstab orientiert. Verhält er sich idealtypisch – straft und gibt er mit rechtem Maß – ist eine schriftliche Ordnung der Gesellschaft durch Gesetze nahezu überflüssig.

Die Sonderbeziehung des Tugendbesten zu den Göttern, wird in den frühen Staatsschriften demgegenüber nicht in den Mittelpunkt gerückt. Richtig ist, dass es den Göttern gefällt, wenn der Einzelne sich gemäß der natürlichen Ordnung der Dinge verhält. Die Kenntnis dieser natürlichen, göttlichen Ordnung und das Handeln danach wird mit dem Begriff der *pietas* bezeichnet. Sie ist Voraussetzung dafür, dass ein Gemeinwesen tugendhaft geordnet werden kann, weil der Mensch sich in der irdischen Ordnung an die Ordnung des Göttlichen anlehnen soll. Dass der Tugendbeste göttliche Gunst genießt, wird etwa in der übermenschlichen Geschwindigkeit, mit der er Erfolge erringt, deutlich oder in übermenschlichen Taten (etwa im Krieg). Wer sich dauerhaft so verhält, erlangt die höchste, mögliche *gloria* durch Zivil- oder Kriegstugend. Ihm gegenüber steht spiegelbildlich der Tyrann, der in sich alle schlechten Eigenschaften vereint, die den Verfall der *res publica* auslösen und ihren Untergang herbeiführen können. Höchste Herrschaftsgewalt und höchste Tugend sind damit bereits in der spätrepublikanischen Literatur untrennbar verbunden. Weil der *optimus* im Oberbefehl (*imperium*) und der höchsten Macht (*potestas*) gegenüber den Standesgenossen hervorgehoben ist, ist es an ihm, seine Macht selbst recht zu gebrauchen. Seine Gewalt ist nicht durch eine andere, stärkere oder gleich mächtige Gewalt, sondern durch die Tugend, begrenzt.

Die Ausweitung des Oberbefehls über Legionen zum Imperium im Sinne einer Herrschaft über das Gemeinwesen als Ganzes, hebt die senatorische Gleichheit auf. Die Selbstbindung an die Tugend und die damit einhergehende Verpflichtung zum Erhalt des Gemeinwesens in seinem ursprünglichen Zustand, stellt hierfür den notwendigen Ausgleich dar. In der Schrift Ciceros über den Oberbefehl des Pompeius ist die Aufforderung zu tugendhaftem Handeln nicht nur ein moralisches Gebot, sondern ein Rechtssatz. Die Erweiterung der mit dem Imperium verbundenen Rechtsmacht kann legal nur durch die Tugend des Trägers gerechtfertigt werden. Sie wäre sonst unter Geltung der republikanischen Ordnung nicht zu legitimieren.

Nach dem Sieg Caesars im Bürgerkrieg wird die Vorstellung vom idealen Feldherren auch für die Ausübung von Alleinherrschaft im „republikanischen Sinne" fruchtbar gemacht. Auch der römische Staat selbst konstituiert sich unter Augustus und seinen Nachfolgern als ein Friedensraum, mit dem Versprechen, den Herrschaftsunterworfenen in der *res publica* die Möglichkeit zur Entfaltung nach spätrepublikanischem Vorbild zu schaffen. Das in der lateinischen Literatur ausgedrückte Idealbild wird im Prinzipat auch vom Princeps als Friedens- und Ordnungsideal propagiert, mit dem Anspruch, den Erdkreis zu umfassen.

Der Friedensbegriff (*pax*) greift diesen Ordnungsanspruch nach Innen für die Gestaltung des Gemeinwesens auf. Im Friedensraum herrschen *securitas*, *tranquillitas* und produktive Muße (*otium*). *Iustitia* und *libertas* sind gewährleistet. Es ist kein Widerspruch zu diesem Anspruch, wenn der universelle Friedensbegriff (*pax*) diejenigen ausnimmt, die sich der römischen Ordnung als Feinde nicht fügen wollen und dadurch exklusiv für die Reichsbewohner (*subiecti*) gilt. Es ist nach Außen Ausdruck des Friedens (*pax*), wenn Feinden gegenüber Gewalt eingesetzt wird. Sie ist ein Gebot der *iustitia*, um den Friedensraum des Reichsgebiets (und *securitas*) zu schützen und sie zunächst abzuschrecken. Unterwerfen sich die Feinde dem Sieger, sind sie nach dem Gebot der *clementia* zu schonen – sie können Teil des Friedensraumes werden.

Die faktische Alleinherrschaft Caesars und seiner Nachfolger spiegelt die lateinische Literatur wider. Schon Cicero muss nach dem Sieg Caesars im Bürgerkrieg (Pro Marcello) faktisch anerkennen, dass dem Sieger die alleinige Verfügungsgewalt über die Besiegten in die Hände gegeben ist und er über die künftige Ordnung der *res publica* nach Belieben verfügen kann. Für die Ausübung der Leitungsgewalt durch den Nachfolger Augustus gilt dies in noch stärkerem Maße. Die Einbindung dieser Verfügungsgewalt in die staatliche Ordnung kann nicht mehr (alleine) durch das klassische System des zeitlich begrenzten Imperiums erfolgen. Wenn Cicero daher zuerst fordert, dass unbegrenzte Macht sich selbst begrenzen soll, nimmt er damit das unerwartete Beispiel der *clementia* Caesars geschickt auf. Seine Schrift „Pro Marcello" ist auch ein an Caesar gerichteter Ratschlag zur richtigen

Herrschaftsausübung, also ein „Fürstenspiegel". Spätere Autoren, etwa Seneca (De clementia) knüpfen hieran an. Die Selbstbeschränkung des Siegers durch die Tugend wird zur Herrschaftspflicht einer sonst rechtlich nicht gebundenen Herrschaft ausgestaltet. Wer einen Tugendzustand restituiert, verfährt nach Überwindung der Gegner mit den ihm Unterworfenen nicht nach seiner Willkür, sondern hält sich in allem aus freiem Willensentschluss an das Ideal des *optimus*. Dadurch wird das Lob seiner *virtus* und *gloria* noch weiter überhöht.

Ideologisch knüpfen auch die Schriften des Horaz, Vergil und Calpurnius Siculus sowie des Seneca und Tacitus bis hin zum Panegyrikus des Plinius für Trajan an die Idealvorstellung vom *optimus* an. Sie wird nun zugunsten des Princeps als dessen Anspruch propagiert. Der Princeps erkennt die Unterwerfung des Menschen unter die Vernunft der göttlichen Ordnung an. Er weiß, dass ein Streben nach irdischen Gütern wertlos ist, und folgt daher der göttlichen Ordnung (*pietas*-Begriff). Er mäßigt seine Macht durch Gewaltverzicht (*temperantia, clementia*) und greift zur Gewalt nur ungerne und in der Not. Deutlich taucht in allen Schriften dieser Zeit auch der militärische Aspekt der Herrschertugend auf. Der Princeps schafft durch seine Siege über äußere Feinde *securitas* im Staatswesen. Er garantiert den Herrschaftsunterworfenen als *custos* und *pater patriae* die *felicitas* des Zeitalters. Schwerter werden zu Sicheln umgeschmiedet. Jeder verfügt über die Muße, den Friedenszustand, in dem das Recht aufgerichtet ist, zum ruhigen Leben zu nutzen. Gegen äußere Feinde geht der Princeps rasch, entschieden und tatkräftig vor. Er sichert den Frieden (*pax*) indem er fremde Völker römischen Sitten (*mores*) unterwirft. Seine herausgehobene Stellung und übermenschliche Tugendhaftigkeit wird nun eindeutiger in Beziehung zu den Göttern gesetzt. Der Princeps ist zwar kein Gott, er erscheint aber in seinen Taten als ein *deus praesens*. Er agiert als Statthalter Jupiters auf Erden (Horaz) und schafft ein Goldenes Zeitalter unter Saturn und Apoll (Vergil). Er ist idealtypisch die gottähnliche Seele des Staates. Kraft seiner Tugend erlangt der Staat den dauernden Segen der Fortuna. Rom ist das neue Troja (Ilion), ein Weltreich ohne räumliche und zeitliche Grenze (*sine fine*). Es ist Vergil, der in der „Aeneis" diese – von nun an dauerhafte – Zweckbestimmung Roms treffend in wenige Worte fasst. Rom wird die Unterworfenen befrieden und das Stolze niederwerfen (*parcere subiectis et debellare superbos*). Zugleich zeigt Tacitus in seinem Werk „Agricola", dass sich die Definition des Verfallszustandes im Staat bis zum Ende des ersten Jahrhunderts nach Christus nicht verändert hat. Auch er misst die Kaisergewalt, ihre Statthalter und die römischen Amtsträger an diesem Tugendmaßstab.

In der literarischen Gattung des Herrscherlobes (Panegyrik) wird dieses Ideal vom ausgehenden ersten nachchristlichen Jahrhundert (Plinius), über die Zeit der Tetrarchie und der konstantinischen Wende hinaus bis zum Untergang des römischen Westreiches (Panegyriken des Sidonius Apollinaris) ohne wesentliche Veränderungen weiter tradiert. Mit der – aufgrund des fragmentarischen Überlieferungsbefundes gebotenen Vorsicht – lässt sich dies auf die Eigenart der Gattung als stilisiertes Herrscherlob zurückführen. Das darin ausgedrückte Herrschaftsideal ist aber nicht nur „Topik" ohne Inhalt, sondern dient der gezielten und anlassbezogenen Legitimation des jeweiligen Inhabers des kaiserlichen Amtes nach außen, häufig angesichts formalisierter, öffentlicher Anlässe (z. B. Regierungsjubiläen; nach Siegen). Die jeweiligen Verfasser nutzen das Herrscherlob gezielt zur Hervorhebung solcher Aspekte, denen in der jeweiligen Situation besondere Bedeutung zukommt. Die Panegyriken der Tetrarchie (288–297) heben das Restitutionswerk der Kaiser und die Sicherung des Friedensraumes hervor. Es konnte nur durch von Jupiter und Herkules abstammende Kaiser verwirklicht werden, weil diese über rechte *pietas* verfügen. Die Panegyriken heben so den sakralen Charakter der kaiserlichen Amtsgewalt hervor.

Im Herrscherlob des Konstantin nimmt dieser Aspekt zunächst ebenfalls bedeutenden Raum ein. Der *pietas*-Begriff bezeichnet hier die richtige Kenntnis und Achtung der göttlichen Ordnung durch Konstantin. Er ist Ausdruck einer Sonderbeziehung Konstantins zum „göttlichen Geist". Zugleich wird *pietas*-Tugend handlungsbezogen verwandt, in der Schonung und Mäßigung des Siegers gegenüber Feinden (z. B. beim Kampf gegen Maximian). Der Panegyrikus des Jahres 313 hebt nach dem Sieg über Maxentius aber auch die Ziviltugend hervor. Nach tyrannischer Willkür (*avaritia, libido, crudelitas*) herrscht jetzt wieder der Friedenszustand (*iustitia, virtus, securitas*). Die Frage nach einer christlichen Konversion Konstantins können die Panegyriken nicht beantworten. Sie enthalten keine eindeutig christlichen Elemente; allenfalls die Aussagen zu dem „göttlichen Geist", mit dem der Kaiser in Verbindung steht, werden offener gestaltet.

Das Herrscherlob der zweiten Hälfte des vierten Jahrhunderts (Claudius Mamertinus, Symmachus, Pacatus) betont vor dem Hintergrund der äußeren Bedrohung vor allem das unermüdliche Wirken der Herrscher zur Sicherung der Grenzen (*labor, industria*). Im Inneren steht die die Bewahrung von *civilitas* und *moderatio* gegenüber Störern *(latrones)* im Vordergrund. Der sichere Bestand des Friedensraumes soll durch den Kaiser gewährleistet werden, der an dem gottgegebenen Geist (*pietas*) teilhat. Hinzu tritt zum Ausgang des vierten Jahrhunderts immer wieder der Gedanke, dass der Kaiser *fortuna* und *fatum* durch Tugend überwindet. Er setzt sich in den Panegyriken des Claudius Claudianus fort. Claudius Claudianus verherrlicht – anstelle von Kinderkaisern – vor allem den *magister militum* Stilicho in diesem klassischen Sinne und bietet nochmals eine Vielzahl von Beispielen für lasterhaftes und tugendhaftes Verhalten. Verfallszustände im Reich sind nicht auf Fehler des Kaisers zurückzuführen. Sie beruhen auf der Masse der äußeren Feinde, der moralischen Verdorbenheit der Untertanen und ihrer Anhänglichkeit an Laster, dem fehlenden Willen des anderen Reichsteils zur *concordia* oder der Ignoranz der Götter. Der Kaiser unternimmt als Wächter (*custos*) mit unermüdlichen Einsatz (*labor*) alles, um das Reich zu erhalten und um Rom immer wieder sein geweissagtes *fatum* zu schaffen. Der Widerspruch zwischen universellem Anspruch und tatsächlich schwindender Herrschaftsmacht tritt in den Panegyriken des Sidonius Apollinaris deutlich hervor. Immer wieder stützen Dritte die alternde Roma, die nur durch ein dauerhaftes Tugendkaisertum und im unermüdlichen Einsatz (*labor*) der kaiserlichen Person (*fides*-Gedanke) gegen barbarische Heeresmacht und *dominatio*-Streben bewahrt werden kann. Wie die christlichen Autoren der Zeit stellt aber auch der Panegyriker Sidonius klar, dass Rom nicht den Sieg „um des Sieges willen" begehrt, sondern, um danach in einem Goldenen Zeitalter von *otium* und *quietas* Schwerter dauerhaft zu Sicheln umzuschmieden.

Bemerkenswert an diesem Befund ist, dass das Herrscherlob der Panegyrik – auch unter christlichen Kaisern – keinen eindeutig christlichen Gehalt der Herrscherideologie bietet, obgleich sich die Christen der Gattung durchaus bedient haben. Dieses Ergebnis mag für die Panegyriken zum Lob Konstantins (aufgrund nicht gesicherter Konversion) und Julians (des Apostaten) als selbstverständlich hingenommen werden; aus der Fortsetzung der Tradition unter christlichen Herrschern (etwa Gratian, Theodosius oder Honorius, Avitus, Maiorian und Anthemius) kann aber nur der Schluss gezogen werden, dass die Aufrechterhaltung der Gattung, mit ihren heidnischen Exempla, auch von diesen auch im vierten und fünften Jahrhundert weiterhin gewünscht wurde. Sie stellt in der Umbruchzeit vom heidnischen zum christlichen Kaisertum und von einer überwiegend heidnischen zu einer überwiegend christlichen Reichsbevölkerung einen Weg dar, die noch heidnischen Teile des kaiserlichen Hofes und der Herrschafsunterworfenen, für die der Schutzauftrag des Kaisertums ebenfalls galt, ideologisch mit einzubinden. Die christliche Toleranz gegenüber diesem Lobpreis lässt sich auch damit erklären, dass der formulierte Schutzauftrag nach den von den Rhetoren verwandten Begrifflichkeiten dem christlichen Ideal im Wesentlichen entsprach.

II. Einfluss des Christentums

Ab dem 2. Jahrhundert entsteht neben dem römischen Tugendideal in der apologetisch-christlichen Literatur – zunächst parallel – ein Tugendideal als Lebensideal der christlichen Gemeinden. Es wird durch die Apologeten an den Kaiser herangetragen. In der Auseinandersetzung mit der Herrschaftslegitimation der Tetrarchie propagieren Laktanz und Eusebius ein christliches Tugendkaisertum. Hierbei werden der Ursprung des kaiserlichen Amtes (in Gott) und die Grundsätze der Amtsführung mit den römischen Begrifflichkeiten christlich umgedeutet. Die christlichen Autoren Laktanz, Eusebius und Ambrosius von Mailand stehen in enger Verbindung zum kaiserlichen Hof. Die Plünderung Roms durch die Westgoten (410 n. Chr.) und die Barbareneinfälle in den Reichsverband werden von Augustinus, Orosius und Salvian zur Entwicklung einer christlichen Geschichtsapologetik fruchtbar gemacht, in der dem römischen Weltreich – bei aller Kritik an der gegenwärtigen Verfassung – ebenfalls der Charakter der letzten, auf Dauer angelegten, universellen, irdischen Herrschaftsordnung zugebilligt wird, wenn es christlichen Grundsätzen folgt.

Schon die frühchristliche Apologetik akzeptiert die Funktion des römischen Staates und Kaisertums als Garant des Friedensraumes und des ruhigen Friedenszustandes. Die Konzeption des Herrschaftsraumes erinnert teilweise deutlich an die Schriften der römischen Republik, auch, weil sie ebenfalls in einer Krisenzeit der Verfolgungssituation entstehen. Die Apologeten fordern den Friedensraum (*pax, unitas* und *concordia*) ein, um in ihm ungestört ihrer Religion nachzugehen. Die durch den Frieden geschaffene Ruhe soll – ähnlich wie die römische Muße (*otium*) – produktiv genutzt werden. So wie der Römer sich der *res publica* zuwendet, wollen sich die Christen den Mitgliedern ihrer Gemeinden zuwenden. Auch das christliche Ideal ist damit von vorneherein ein Handlungsideal in der Gemeinde. Die christlichen Autoren betonen zunächst, dass ihr Handeln nicht auf den Staat – und auf Herrschaft – sondern nach dem Grundsatz der Nächstenliebe auf andere Menschen gerichtet ist. Sie wollen im römischen Friedensraum in Ruhe innerhalb christlicher Gemeinden leben und den römischen Staat nicht stören. Sie erkennen wie die römischen Autoren an, dass sich menschliches Streben nach der Gotteserkenntnis richten muss und nicht den irdischen Gütern folgen darf. Auch sie sehen in dem Einzelnen, der nur seine Gier nach irdischen Gütern befriedigen will, den *latro*, der die Gemeinde zerstört. Schon im frühapologetischen Schriften wird aber auch deutlich, dass die Christen die Kaiserideologie des Prinzipats nicht teilen. Sie schreiben sich selbst *pietas* zu, stellen aber von vorneherein klar, dass ihre Erkenntnis des göttlichen Gebotes im Kaiser einen Diener Gottes sieht, der auf Erden Gerichtsgewalt ausübt. Sie können bei Gott für den Kaiser beten, aber nicht zum Kaiser beten. Die Ablehnung jeder kaiserlichen Vergöttlichungstendenz kommt auch in der Götterkritik zum Ausdruck, die in den Göttern nur schlechte Menschen sieht.

Es ist dieser Anspruch des Abbildes der göttlichen Ordnung im römischen Staat, der den Widerspruch der Christen in der Verfolgungszeit des ausgehenden Dritten Jahrhunderts herausfordert. Mit Laktanz und Eusebius agieren die Protagonisten geschickt auf der Basis des von der Tetrarchie selbst hervorgehobenen Legitimationsansatzes, rechte *pietas* in einem Goldenen Zeitalter auf der Basis des heidnischen Pantheons herzustellen. In den „Divinae Institutiones" greift Laktanz in einem dogmatischen Werk Ideologie und Herrschaftsanspruch Roms auf der Basis des Götterglaubens direkt an. Mit dem Werk von den „Todesarten der Verfolger" untermauert er dieses Dogma durch Beispiele göttlichen Wirkens auf der Erde. Zum ideologischen Angelpunkt wird ab Laktanz der *pietas*-Begriff. Die christlichen Autoren stellen klar, dass ideale Herrschaft nur bei christlicher *pietas* des Kaisers denkbar ist. Er muss Gott als Vater und Herr anerkennen und kann dann auf der Basis dieser Erkenntnis das Gemeinwesen ordnen. Jede andere Ordnung ist fehlerhaft. Das Christentum erhebt damit den Anspruch, durch den Kaiser eine christliche Ordnung der Gesellschaft zu erreichen. Das Ideal der christlichen Gemeinde wird zum Staatsideal und Tugendmaßstab erhoben. Schon Laktanz fordert aber keine Abkehr von der römischen Grundordnung der Gesellschaft. Auch er wünscht die Sicherung der Grenzen (*pax*) und Ruhe (*tranquillitas*) und Sicherheit (*securitas*) im Inneren zur Ausübung des ruhigen Lebens in Gerechtigkeit. Wer nicht bemerkt, dass die Menschen Brüder sind, die Gott zum Vater haben, kann in seiner Rechtsordnung (vor allem dem *ius civile*) keine richtige Ordnung abbilden. Wer lasterhafte Götter zum Vorbild erhebt, legt darin den Keim des Untergangs des Gemeinwesens. Dadurch sind auch die Konflikte unter heidnischer Herrschaft zu erklären. Von einer ruhigen Eingliederung der Christen in einen Staat, der nach klassischer Vorstellung von einem Kaiser gelenkt wird, der mit den Mächten des heidnischen Pantheons im Bunde steht, ist hier nichts mehr zu spüren.

Während Laktanz ganz gezielt den Kern der Ideologie der Tetrarchie angreift, legitimiert Eusebius von Caesarea in seinen Werken die Herrschaft Konstantins positiv als christliche Herrschaft. Auch er vertritt die Ansicht, dass derjenige, der sich der Gotteserkenntnis (*logos*) auf Erden verweigert und den Beispielen der biblischen Könige, Propheten und Priester nicht folgt, notwendig zum Tyrannen werden muss. Er wird vom falschen Vorbild der Götter zur Verletzung von Eigentum, Ehe, Vermögen und Freiheit getrieben. Konstantin setzt nach dieser Auffassung das christliche Ideal um. Er ist Vorbild der Wohlordnung des Staates gemäß der klassisch römischen Ideologie, die jetzt auf dem Boden der rechten *pietas* steht. Konstantin gelingt die Restitution der Ordnung der *res publica* mit *libertas* und beständigem Frieden, weil er das Vorbild Gottes erkennt und ihm vertraut. Er ist ein Licht auf der Erde, das die Notwendigkeit zum Gebrauch des Schwertes aufhebt. Er ist „Bischof der Bischöfe", weil er in allem Gott folgt. Konfliktpotentiale – etwa die Frage nach dem kaiserlichen Amtscharakter und des Umfangs seiner geistlichen Leitungsgewalt sowie nach dem Dienstcharakter des kaiserlichen Amtes – werden ausgeblendet.

Mit dem Werk des Ambrosius von Mailand sowie den nachfolgenden Schriften des Augustinus, Orosius und Salvian von Marseille gehen die Christen dazu über, die konsequente Einhaltung des göttlichen Gebots aktiv einzufordern. Diese Verfasser wollen nicht mehr nur lehren, sondern machen deutlich, dass der Bestand des Reiches gefährdet wird, wenn der Kaiser nicht dem christlichen Gebot, so wie es in der Kirche gelehrt wird, folgt. Gelegenheit hierzu schafft die äußere Bedrohung des Friedensraumes durch Barbaren.

Ein Aspekt hiervon ist die Neuverortung des kaiserlichen Amtes als (erster) Diener Gottes. Ambrosius stellt als Bischof von Mailand klar, dass der Kaiser in der Gesellschaft mit *misericordia* und *humanitas* zugunsten materieller Bedürftiger wirken muss und nicht bloß klassische *liberalitas* zur Anwendung bringen kann, wo er Verdienstlichkeit belohnen will. Der Kaiser schützt die Schwachen, Witwen und Waisen. Er ist eindeutig als Mensch in die christliche Gemeinde eingegliedert. Er ist wie alle Menschen Diener Gottes und muss sich in der Kirche verantworten. Auch er muss sich durch christliche *pietas* und *iustitia*, die von *misericordia* flankiert werden, den Zugang zur *civitas dei* sichern. Aktiv fordert Ambrosius das Vorgehen gegen heidnische Irrtümer. Wo der Kaiser gegen Gegner vorgeht, muss sein Sieg auf den Sieg des christlichen Glaubens gerichtet sein, d. h. auf die dauernde Schaffung einer friedlichen, christlichen Gesellschaftsordnung, die auf Gott ausgerichtet ist. Christliche *pietas* besteht im Schutz der Kirchen und der Zuwendung auf die Armen und Schwachen (*humilitas*). Äußert sich ein Sieg nur in der physischen Vernichtung von Gegnern, ist er als solcher nicht erstrebenswert und schafft keine *gloria*.

Die nachfolgenden Auseinandersetzungen der Christen mit dem römischen Staat entstehen entweder anlassbezogen (De civitate Dei) oder in der Krisensituation des weströmischen Reiches im fünften Jahrhundert. Mit dem vielfach geschichtsapologetischen Ansatz deuten die Christen – entsprechend dem römischen Vorbild – Ereignisse als Beleg ihrer Auffassung aus, wonach jede heidnische Gesellschaftsordnung historisch ausschließlich Unheil hervorbrachte.

Unter dem Eindruck der Plünderung Roms durch die Westgoten stellt Augustinus in seinem Werk vom Gottesstaat auch das römische Weltreich als *civitas* dar, deren Bürger überwiegend dem Ideal des *dominatio*-Strebens mit *superbia* folgen. Er stellt klar, dass der perfekte Frieden auf Erden auch unter optimaler Herrschaft nicht möglich ist, weil die Christen zu Gott streben und sich als Pilger zum perfekten Frieden des ewigen Lebens verstehen. Sein Werk ist aber auch eine Abrechnung mit dem römischen Weltherrschaftsanspruch der Vergangenheit. Rom ist seinem eigenen Herrschaftsideal und den eigenen Vorbildern (etwa Augustus) nicht gefolgt. Sicher ist, dass es bei falscher Bestimmung der Herrschaft auf der Erde nicht einmal den hier möglichen Frieden geben wird. Gerade hier sieht er das Gemeinwesen (*civitas*) und damit die Kaiser in der Verantwortung. An ihnen ist es, das Römische Reich nicht als eine große Räuberbande zu führen, sondern sich gemäß dem göttlichen Gebot dem Nächsten zuzuwenden (*pietas*). Dann werden die Kaiser erkennen, dass die Gefahr für das Reich nicht von christlichen Goten ausgeht, sondern alleine von der falschen Bestimmung des Menschen nach der Gier zum Laster.

Hieran knüpft auch Orosius an, der in seiner Weltgeschichte jede Herrschaft mit dem Schwert als tyrannisch und gottesfern brandmarkt. Die Fehler des Königtums stellt er anhand der einzelnen Weltreiche dar. Er macht deutlich, dass das Römische Reich als irdisches Imperium *sine fine* nicht alleine mit dem Schwert in der Hand erhalten wird – dann wird es ermatten – sondern durch die *fides Romanorum,* die sich Gott zuwendet und auch christliche Barbaren in ihre Mitte aufnimmt. Die Gotteserkenntnis (*pietas*) ist Ausgangspunkt der Friedens- und Rechtsordnung. Salvians Werk von der Weltherrschaft Gottes lässt allerdings im Jahr 432 n. Chr. deutliche Zweifel daran erkennen, ob die *potentes* innerhalb des Reichsverbandes wirklich gewillt sind, ihre Selbstbereicherung zugunsten des Erhalts der *libertas* aufzugeben und christlichen Glauben nicht nur als Lippenbekenntnis im Munde führen.

Die christlichen Schriften des vierten und fünften Jahrhunderts zeigen in ihrer Gesamtheit, dass durch das Christentum zu keinem Zeitpunkt der Gedanke in Frage gestellt wird, dass Rom als *imperium sine fine* das letzte der großen Weltreiche vor der Wiederkehr Christi und der Vollendung der Welt im letzten Gericht ist. Im Zeitquerschnitt wird aber vor dem Hintergrund von Verfolgung, dem Wachsen der christlichen Gemeinde und der stärkeren ideologischen Berufung der Kaiser auf die Imitation der göttlichen Ordnung des heidnischen Pantheons, die grundsätzliche Auseinandersetzung der Christen mit dem römischen Staat herausgefordert. Die Kritik der frühen Christen an der Vergöttlichung der Kaiser wird zur Kritik am Verfassungszustand des römischen Staates insgesamt. Dabei werden die Ziele des Staates nicht in Frage gestellt. Die gewünschte staatliche Ordnung in einem Friedens- und Rechtsraum, der die Zuwendung auf den Nächsten zulässt, wird begrifflich anerkannt. Die christlichen Autoren bedienen sich auch terminologisch der Begriffe, mit denen auch heidnische Kaiserherrschaft die Ordnung der Gemeinschaft rechtfertigt. Auch das Kaisertum wird nicht als Institution kritisiert. Die heidnische Auffassung des Kaisertums, die im Kaiser den *pater patriae* und zugleich den unumschränkten Herrscher über die Herrschaftsunterworfenen sieht, entspricht der christlichen Vorstellung von Gott als Vater, Herr und Richter (*iudex*-Funktion). Aus christlicher Sicht kann der Kaiser daher als höchste irdische Instanz in die göttliche Ordnung der Dinge integriert werden – wenn er sich Gott unterstellt. Deutlich wird dies in der Ablehnung des Verständnisses von *pietas*, das den Kaiser selbst zum Gott macht. Dieses „Fehlverständnis“ der Heiden wird zum Ausgangspunkt einer Umprägung des heidnischen Gottkaisertums zu einem christlichen Amtskaisertum. Durch diesen Amtscharakter – der Kaiser ist erster „Diener“ Gottes auf Erden und nach Gott die höchste irdische Instanz – verliert der Kaiser selbst den Charakter der Göttlichkeit. An dessen Stelle tritt aber eine glaubhafte sakrale Legitimation des kaiserlichen Amtes. Sie ist mit der heidnischen – in der Panegyrik vielfach vorgetragenen – Idee der göttlichen Auswahl, die sich im Wirken des Kaisers manifestiert, gut vereinbar. Unter den christlichen Autoren des vierten Jahrhunderts n. Chr. wird der Kaiser, der sich auf die rechte christliche *pietas* ausrichtet, zum Diener Gottes im Frieden und Soldat Gottes im Krieg. Die christlichen Autoren machen im Gegensatz zur klassischen Vorstellung vom Unterwerfungsfrieden auch deutlich, dass sie den Sieg der Legionen nicht als Selbstzweck sehen. Die Sicherung des Friedensraumes durch Siege schafft nur dann *gloria*, wenn der Kaiser auch versucht, sich den Unterworfenen in *pietas* zuzuwenden und sie in die christliche Gemeinschaft aufzunehmen. Die bloße Vernichtung von Gegnern ist der Ausnahmefall. Auch die Gestaltung der inneren Ordnung hat sich an christlichen Geboten auszurichten. Der Kaiser muss den Untertanen die rechte *pietas* in der Erkenntnis des Gebotes Gottes vermitteln. Dann wird die *res publica* als Friedensgemeinschaft auf dem Weg zu Gott bewahrt. Der Christ kann sich dann in *humilitas* dem gottgefälligen Leben in der Nächstenliebe widmen. Diese Zuwendung auf den Nächsten ist zentraler Ausgangspunkt der christlichen Tugendlehre. Heidnische *liberalitas*, die Bedürftigkeit mit Verdienstlichkeit verwechselt und Gegenleistungen erwartet, ist keine Tugend. Christliche *misericordia* ist gegenüber dem Bedürftigen ohne Erwartung einer Gegenleistung zu üben.

Das klassisch römische Herrschaftsideal wird so vielfach christlich überprägt, ohne dass damit die Ausführungen der Panegyriker, die immer wieder den Idealzustand der klassischen Friedensordnung propagieren, in der Sache vollständig falsch würden. Dies erklärt den Fortbestand der Gattung der Panegyrik bis zum Ende des römischen Westreiches und darüber hinaus in den germanischen *regna*. Es erklärt aber auch, warum selbst christliche Autoren sich der Gattung der Panegyrik bedienen (Ambrosius und Ennodius) oder in ihren Schriften auf Tugendbeispiele der republikanischen Zeit sowie heidnische Tugendkaiser (Trajan) zurückgreifen. Der Einsatz klassischer römischer Terminologie und Exempla ermöglicht es den Christen, Rom den Spiegel seines eigenen Tugendanspruchs vorzuhalten und (vermeintlich) innerhalb des tradierten Herrschafts- und Tugendideals Kritik zu üben. Dies wird schon im Werk des Laktanz, aber auch in den Briefen des Ambrosius von Mailand und den Werken des Augustinus, Orosius und Salvian deutlich. Sie betonen stets, Rom an seinem eigenen Anspruch zu messen. Christliche Autoren beschreiten damit weiter den Weg der frühen Apologetik, die römische Herrschaftsordnung und die Universalität Roms als letztes Weltreich nicht in Frage zu stellen.

Zugleich zeigen sich in den Werken des Augustinus, Salvian und Orosius erste Ansätze einer Integration barbarisch beherrschter Territorien in die römisch-christliche Ideologie. Der christliche *civitas*-Begriff geht in der Ausprägung, die er seit Augustinus erfährt, weit über den Begriff der römischen *res publica (Romana)* hinaus. Zur christlichen Gemeinschaft (*societas*), die nach dem Ziel des Friedens (*pax*) und der tugendhaften Ordnung strebt, gehören aus christlicher Sicht auch „barbarische Stämme", die in den römischen Herrschaftsraum einfallen, wenn sie sich dort niederlassen und christlicher Lehre folgen. Ihr Streben nach *societas* ist Grundlage der Gotteserkenntnis und Gotteserkenntnis die Grundlage ihrer Eingliederung in den Friedensverband. Das Friedensverständnis ist auf Gotteserkenntnis angelegt. Die christliche Ideologie ist damit offen für die Integration von Neuankömmlingen innerhalb und außerhalb des Reichsgebiets als gleichberechtigte Teile der christlichen Gemeinde. Die geforderte Unterwerfung ist die unter den Glauben, und nicht in erster Linie unter römische Herrschaft, wie nach dem römischen Friedensbegriff.

Gedanklich öffnet sich dadurch ein Weg, auch christliche „Barbarenkönige" unabhängig vom Fortbestand Roms auf die nun römisch-christliche Herrschaftsideologie zu verpflichten, ohne den Universalitätsgedanken der einen christlichen *civitas* aufzugeben. Dadurch können Heerkönige in die christlich geprägte Prinzipatsideologie eingegliedert und mit Mitteln dieser Ideologie gemessen und gelobt werden.

III. Römisch-christliche Herrschertugend in den germanischen regna

Die Schriften der Rhetoren, Amtsträger und Bischöfe, die nach dem Untergang des römischen Westreiches unter germanischen Königen wirken, knüpfen in der Sache vollständig an diese christlich-römische Ideologie an, wobei auch der parallele Fortbestand einer eher römisch geprägten literarischen Tradition (z. B. Cassiodorus; Venantius Fortunatus) und einer stärker christlich geprägten Tradition (z. B. Avitus von Vienne, Ennodius von Pavia) erhalten bleibt. Während erstere den Prinzipatsgedanken betont, hebt letztere den christlichen Amtscharakter stärker hervor. Den Autoren ist gemein, dass sie ursprünglich entweder dem senatorischen Adel (Cassiodor) oder dem hohen gallo-romanischen Adel (Avitus) entstammen und vielfach eine profunde, römische Bildung genossen (Ennodius in Pavia, Venantius Fortunatus in Ravenna). Häufig waren oder wurden sie Inhaber von Bischofsämtern.

Dies bringt auch ihr Herrschaftsverständnis –zum Ausdruck, dass auch nach dem Erlöschen der Kaiserwürde im Westen weiterhin vom römischen Reichsgedanken – der einen, universellen Herrschaft Roms – geprägt ist. Die germanischen Könige üben Teile der weltlichen Reichsgewalt aus. Ideell unterstehen sie dem Ostkaiser in Konstantinopel, der als Vater der Königsherrschaften bezeichnet wird. Dass die Anleitung zur Tugend häufig durch christliche Bischöfe und faktisch durch Mitglieder des alten, romanisch geprägten Adels erfolgt, ist zur Selbstverständlichkeit geworden, ohne dass es dazu einer schon fest institutionalisierten, kirchlichen Zentralgewalt bedarf. Inhaltlich dominieren Aufforderungen an die Inhaber der Königsherrschaften, nach christlichem Vorbild zu herrschen. Häufig steht im Angesicht von physischer Gewalt die Forderung im Mittelpunkt, nicht nur diese als Herrschaftsmittel zu gebrauchen. Immer wieder weisen die christlichen Bischöfe

Avitus von Vienne und Ennodius von Pavia die heidnischen Könige darauf hin, dass das Königtum nur zuletzt mit dem Schwert verteidigt wird und die Herrschaft nicht durch falsche, körperliche *fortitudo* bestimmt werden darf. Sie fordern *clementia* und *misericordia* als Ziviltugenden auch gegenüber solchen Herrschern ein, die sich nur auf das Schwert stützen. Christliche *pietas* äußert sich nicht nur in Gotteserkenntnis, sondern auch in einer wohlwollenden Verbundenheit der Königsherrschaften mit dem Ostkaiser und dem tätigen Einsatz für die Opfer barbarbischer Wildheit. *Pietas* wird bei Avitus von Vienne und Ennodius von Pavia auch im Sinne eines Synonyms für christliche Vergebung, Zuwendung und Mitleid gebraucht und äußert sich in *misericordia* gegenüber Bittstellern und gegenüber früheren Feinden. Zugleich stellen die bischöflichen Amtsträger klar, dass ein Eingriff der irdischen Gewalt in den Wirkungsbereich der Kirche nicht gestattet ist. Das Königtum kann dem Bischof von Rom in geistlichen Fragen keine Vorschriften machen, weil die weltliche Gewalt Teil der Kirche ist.

Mit Theoderich übernimmt in Italien ein Heerkönig die Macht, der sich in den Werken Cassiodors – der als Konsul selbst höchste römische Ämter innehatte – ganz auf die Herrscherideologie des Prinzipatsideals stützt. Theoderich wird darin als *vindex* präsentiert, der Romanen und Goten in einem Gemeinwesens vereint und zudem als Inhaber der Stadt Rom auch den formellen Bestand des römischen Friedensraumes zu gewährleisten hat. Dadurch sind auch seine Schreiben an die Könige der anderen *regna* zu erklären. Immer wieder schärft er Beamten ein, in ihrem Bereich den Frieden zu sichern und jeden Anschein der Selbstbereicherung (*superbia*) zu meiden. Maßstab der Herrschaft ist *civilitas*, d.h. die Sicherung des Zusammenlebens von Goten und Romanen in einer gemeinsamen (*concordia*) Rechts- und Friedensordnung, in der *aequitas* herrscht und für Selbstbereicherung mit Gewalt kein Raum ist. *Civilitas* drückt, wie schon im Panegyrikus des Plinius für den Kaiser Trajan und den nachfolgenden Panegyriken, die Bindung des Herrschers an die für alle gleichen (römischen) Gesetzes aus. Der Begriff ist genereller Ausdruck der Herrschaftsgewalt, die sich auf Tugend stützt. Gotische Affekte (Ennodius) werden zugunsten der Rechtsordnung abgelegt. *Civilitas* ist Wiederanknüpfung an die „Romanitas" als römische Rechtsstaatlichkeit, d.h. die Einhaltung der Gesetze, staatsrechtliche Kontinuität und Sicherung von Ruhe und Frieden sowie der Eintracht. *Concordia* und die daraus folgende *libertas* sind zugleich Ausdruck von *pietas*, die die Stellung der *clementia* einimmt. *Pietas*-Tugend äußert sich in der Förderung des Schwachen, der Meidung von *superbia* und generell in einer Ordnung, in der der Herrscher die Bedürftigen und Schwachen mit ihren Bitten ernst nimmt. Dies betont die Briefesammlung Cassiodors immer wieder für die Auswahl von Amtsträgern und die Vergabe von Ämtern, das Steuerwesen und als Maßstab für andere germanische Königsherrschaften.

In klassisch-römischer Form wird das römische Herrscherideal auch im merowingischen Gallien verbreitet. Die Panegyriken des Venantius Fortunatus zeigen nicht nur das Überleben der Gattung der „Fürstenspiegel" als Form der ehrenden Rede an, sondern auch, dass die christliche, barbarische Königsherrschaft weiterhin das klassische Ziel verfolgt, durch *pax* und *iustitia* die *libertas* des Gemeinwesens in einem ruhigen Friedensraum zu garantieren. Als Gattung nimmt die Panegyrik weiterhin den Rückgriff auf Göttergestalten vor; solche Exempla werden aber zunehmend floskelhaft eingesetzt. Zum konkreten Tugendlob wird bereits ab dem fünften Jahrhundert von den Autoren der Panegyriken – Ennodius und Venantius Fortunatus – sowie den christlichen Schriftstellern, regelmäßig auch auf biblische Beispiele Bezug genommen. Vorbilder sind biblische Könige (David, Salomon) und Menschen mit heiligmäßigem Lebenswandel (St. Martin). Weiterhin werden aber Tugendkaiser (Trajan) und Beispiele der römischen Vergangenheit in den Lobpreis eingebunden. Das römische Herrscherideal bleibt, wie es in der ausgehenden römischen Republik zur Ordnung des ruhigen Bestandes der gesellschaftlichen Ordnung propagiert wurde, weiterhin gültig, wenngleich die Begrifflichkeiten des Tugendlobes christlich überprägt sind.

Unter den Autoren des sechsten Jahrhunderts bleibt so bis zuletzt die Idealvorstellung der universellen Herrschaft Roms lebendig. Sie wird durch den Kaiser verkörpert und durch Könige als christliche Amtsträger ausgeübt. Universell gilt auch der Wunsch, innerhalb der Königsherrschaften das Gemeinwesen in der Zuwendung auf Gott durch Frieden (*pax*) und Recht (*iustitia*) zu sichern. Alle Herrschaftsakte – darunter auch die Ausübung der Gerichtsgewalt und Rechtsakte – sind an diesem Ideal ausrichten. Dies erklärt auch, warum Tugendideal und Tugendtterminologie im römisch-christlichen Gewand schließlich Eingang in die *leges* (die sog. Volksrechte) finden, in Fürstenspiegeln der Karolingerzeit rezipiert und in der Gottes- und Landfriedensbewegung weiter tradiert werden. Die lateinische Literatur eint hierbei eine Überzeugung: Wenn im Friedensraum durch tugenhafte Herrscher jedem das Seine gewährt wird, bleibt das Römische Weltreich auch in Zukunft eine Ordnungsmacht *sine fine*.

Quellenverzeichnis

Ambrosius Mediolanensis

- De fide (Ad Gratianum Augustum), Otto Faller (Bearb.), Sancti Ambrosii Opera, Pars Octavia, Vindobonae 1962 (Corpus Scriptorum Ecclesiasticorum Latinorum, Volumen LXXVIII).
  [zitiert: *Ambrosius*, De fide]
- De obitu Theodosii, Sant' Ambrogio. Discorsi e Lettere /1: Le Orazioni Funebri, introduzione, traduzione, note e indivi di Gabriele Banterle, Milano-Roma 1985.
  [zitiert: *Ambrosius*, De obitu Theodosii]
- De obitu Valentiniani, Otto Faller (Bearb.), Sancti Ambrosii Opera, Pars Septima, Explanatio Symboli – De obitu Theodosii, Vindobonae 1955 (Corpus Scriptorum Ecclesiasticorum Latinorum, Volumen LXXIII).
  [zitiert: *Ambrosius*, De obitu Valentiniani]
- De officiis, Saint Ambrose, Les Devoirs, Livre I, Texte Établi, Traduit et Annoté par Maurice Testard, Paris 1984; Livres II–III, Texte Établi, Traduit et Annoté par Maurice Testard, Paris 1992.
  [zitiert: *Ambrosius*, De officiis]
- Epistulae, Otto Faller (Bearb.), Sancti Ambrosii Opera, Pars Decima, Epistulae et Acta, Tomus I: Epistularum Libri I – VI, Recensuit Otto Faller S. I., Vindobonae, 1968; Tomus II: Epistularum Libri VII–VIIII, Recensuit Michaela Zelzer, Vindobonae, 1990; Tomus III: Epistularum Liber Decimus, Epistulae Extra Collectionem, Gesta Concilii Aquileiensis, Recensuit Michaela Zelzer, Vindobonae, 1982 (Corpus Scriptorum Ecclesiasticorum Latinorum, Volumen LXXXII).
  [zitiert: *Ambrosius*, Ep.]

Apollinaris, Sidonius, Poems and Letters with an English Translation, Introduction and Notes by W. B. Anderson in two Volumes; Volume I, Cambridge Massachusetts 1963 (The Loeb Classical Library, XXX); Volume II, Cambridge Massachusetts 1965 (The Loeb Classical Library, XXX).
[zitiert: *Sidonius*, Carm.]

Aristides von Athen, O. Bardenhewer u. a. (Hg.), Die Apologie des Philosophen Aristides von Athen, Kempten und München 1913, (Bibliothek der Kirchenväter, Frühchristliche Apologeten und Märtyrerakten aus dem Griechischen übersetzt, Reihe 1, Band 12).
[*Aristides*, Apol.]

Athenagoras von Athen, O. Bardenhewer u. a. (Hg.), Die Apologie des Philosophen Aristides von Athen, Kempten und München 1913, (Bibliothek der Kirchenväter, Frühchristliche Apologeten und Märtyrerakten aus dem Griechischen übersetzt, Reihe 1, Band 12)
[zitiert: *Athenagoras*, Apologie]

Augustinus, Aurelius, Der Gottesstaat – De civitate Dei, Carl Johann Perl (Hg.), Aurelius Augustinus' Werke, Erster Band, Buch I–XIV (Übersetzung Carl Johann Perl); Zweiter Band, Buch XV–XXII (Übersetzung Carl Johann Perl), Paderborn – Zürich 1979.
[zitiert: *Augustinus*, De civitate Dei,]

Ausonius, Decimus Magnus, Ausonius: with an English Translation by Hugh G. Evelyn White in two Volumes, Volume II Cambridge Massachusetts 1967 (The Loeb Classical Library, 115).
[zitiert: *Ausonius*, Gratiarum actio]

Avitus, Alcimus Ecdicius, Alcimi Ecdicii Aviti Viennensis episcopi Opera quae supersunt, Rudolfus Peiper u.a. (Hg.), Berlin 1883 (Monumenta Germaniae Historica, Auctorum Antiquissimorum Tomi VI, pars posterior)

- Contra Eutychinam haeresim
  [zitiert: *Avitus*, Contra Eutychinam haeresim]
- Epistulae
  [zitiert: *Avitus*, Ep.]

Boethius, Anicius Manlius Severinus, Consolatio Philosophiae, Trost der Philosophie; Gegenschatz Ernst, Olof Gigon (Hg.), Düsseldorf und Zürich 2004.
[zitiert: *Boethius*, Cons.]

Calpurnius Siculus, Titus, Hirtengedichte aus Neronischer Zeit, Titus Calpurnius Siculus und die Einsiedler Gedichte, herausgegeben von Dietmar Korzeniewski, Darmstadt 1971 (Texte zur Forschung, Band 1).
[zitiert: *Calpurnius*, Ecl.]

Carmen de Bello Saxonico, neuübersetzt von *Franz Josef Schmale* und *Irene Schmale Ott*, herausgegeben von *Rudolf Buchner*, in: Quellen zur Geschichte Kaiser Heinrichs IV, Darmstadt 1974, S. 143–189. (Ausgewählte Quellen zur deutschen Geschichte des Mittelalters, Band XII).
[zitiert: Carmen]

Cassiodorus, Flavius Magnus Aurelius Senator, Variae, Recensuit Thomas Mommsen, Berolini 1894 (Monumenta Germaniae Historica, Auctorum Antiquissimorum Tomus XII).
[zitiert: *Cassiodorus*, Variae]

Cicero, Marcus Tullius,

- De Imperio Cn. Pompei, The speeches : pro lege Manlia, pro Caecina, pro Cluentio, pro Rabirio, perduellionis, with an English Translation by H. Grose Hodge, Cambridge Massachusetts 1966 (The Loeb classical library, 198).
  [zitiert: *Cicero*, De Imperio Cn. Pompei]
- De Inventione, De Optimo Genere Oratorum, Topica, with an English Translation by H. M. Hubbel, Cicero in twenty-eight Volumes, Volume II, Cambridge Massachusetts 1968 (The Loeb Classical Library, 386).
  [zitiert: *Cicero*, De Inv.]

- De Officiis – Vom pflichtgemäßen Handeln, Übersetzt, kommentiert und herausgegeben von Heinz Gunermann, Stuttgart 2003.
  [zitiert: *Cicero*, De officiis]
- De Oratore, in two volumes, Books I, II, with an English Translation by E. W. Sutton, Cicero in twenty-eight Volumes, Volume III, Cambridge Massachusetts 1967 (The Loeb Classical Library, 348).
  [zitiert: *Cicero*, De oratore]
- Pro Marcello, The Speeches, with an English Translation by N. H. Watts, B. A., London 1964 (The Loeb Classical Library, 252).
  [zitiert: *Cicero*, Pro Marcello]

Claudianus, Claudius
- De Bello Gildonico, Claudian with an English Translation by Maurice Platnauer in two Volumes, Vol. 1, Cambridge Massachusetts 1963 (The Loeb Classical Library, 135).
  [zitiert: *Claudian,* De bello Gildonico]
- De Consulatu Stilichonis, Liber I., Claudian with an English Translation by Maurice Platnauer in two Volumes, Vol. 1, Cambridge Massachusetts 1963 (The Loeb Classical Library, 135).
  [zitiert: *Claudian,* De cons. Stilichonis, I]
- De Consulatu Stilichonis, Liber II. et III., Claudian with an English Translation by Maurice Platnauer in two Volumes, Vol. 2, Cambridge Massachusetts 1963 (The Loeb Classical Library, 136).
  [zitiert: *Claudian,* De cons. Stilichonis, II u. III]
- In Eutropium, Claudian with an English Translation by Maurice Platnauer in two Volumes, Vol. 1, Cambridge Massachusetts 1963 (The Loeb Classical Library, 135).
  [zitiert: *Claudian,* In Eutropium]
- In Rufinum, Claudian with an English Translation by Maurice Platnauer in two Volumes, Vol. 1, Cambridge Massachusetts 1963 (The Loeb Classical Library, 135).
  [zitiert: *Claudian*, In Rufinum]
- Panegyricus de Sexto Consulatu Honorii Augusti, Edited with Introduction, Translation, and Literary Commentary by Michael Dewar, Oxford 1996.
  [zitiert: *Claudianus*, De sex. cons. Honorii.,]
- Panegyricus de Tertio Consulatu Honrii Augusti, Claudian with an English Translation by Maurice Platnauer in two Volumes, Vol. 1, Cambridge Massachusetts 1963 (The Loeb Classical Library, 135).
  [zitiert: *Claudian*, Pan. Tert. Cons. Hon]
- Panegyricus de Quarto Consulatu Honorii Augusti, Claudian with an English Translation by Maurice Platnauer in two Volumes, Vol. 1, Cambridge Massachusetts 1963 (The Loeb Classical Library, 135) .
  [zitiert: *Claudian*, Pan. Quart. Cons. Hon.]

- Panegyricus dictus Manlio Theodoro Consuli, Claudian with an English Translation by Maurice Platnauer in two Volumes, Vol. 1, Cambridge Massachusetts 1963 (The Loeb Classical Library, 135) .
  [zitiert: *Claudian*, Pan. Manlio Theodoro Consuli]
- Panegyricus dictus Olybrio et Probino consulibus – Text, Übersetzung und Kommentar von Werner Taegert, München 1988, (Zetemata, Heft 85).
  [zitiert: *Claudianus*, Pan. Olybrio et Probino]

Clemens von Rom, Epistola ad Corinthos, Brief an die Corinther, Norbert Brox u. a. (Hg.), Freiburg – New York 1994 (Fontes Christiani, Bd. 15)
[zitiert: *Clemens*, Ep.]

Diplomata et acta publica statum regni et imperii Medii aevi posterioris illustranta (1250–1500), Weinrich Lorenz (Hg.), Darmstadt 1983, (Ausgewählte Quellen zur Deutschen Geschichte des Mittelalters, Band. 33).
[zitiert: *Weinrich*, Diplomata et acta]

Diognetbrief, O. Bardenhewer u.a. (Hg.), Der Brief an Diognet, Kempten und München 1913, (Bibliothek der Kirchenväter, Frühchristliche Apologeten und Märtyrerakten aus dem Griechischen übersetzt, Reihe 1, Band 12).
[zitiert: *Diognetbrief]*

Epistolae Heinrici IV., neuübersetzt von *Franz Josef Schmale* und *Irene Schmale Ott*, herausgegeben von *Rudolf Buchner*, in: Quellen zur Geschichte Kaiser Heinrichs IV, Darmstadt 1974, (Ausgewählte Quellen zur deutschen Geschichte des Mittelalters, Band XII).
[zitiert: Ep.]

Ennodius, Magnus Felix

- Panegyricus Theoderico regi dictus – Der Theoderich-Panegyricus des Ennodius, Christian Rohr (Hg.), Hannover 1995 (Monumenta Germaniae Historica, Studien und Texte Band 12).
  [zitiert: *Ennodius*, Pan. Theod.]
- Vita S. Epiphanii – The life of Saint Epiphanius, Sister Genevieve Marie Cook, M. A. (Diss.), Washington D. C. 1942.
  [zitiert: *Ennodius*, Vita Epiphanii]

Eusebius von Caesarea

- Des Kaisers Konstantin Rede, die er geschrieben hat an die Versammlung der Heiligen, aus dem griechischen übersetzt von P. Johannes Maria Pfättisch, Kempten und München 1913 (Bibliothek der Kirchenväter, Reihe 1, Band 9).
  [zitiert: *Eusbius*, Const. oratio]
- De laudibus Constantini, In praise of Constantine: A historical study and new translation of Eusebius' Tricennial Orations, Drake, Harold A. (Hg.), Berkeley-London 1976 (University of California publications, Classical studies, 15).
  [zitiert: *Eusebius*, De laud. Constant.]

- Kirchengeschichte, Kraft Heinrich (Hg.), München 1967.
  [zitiert: *Eusebius*, Kirchengeschichte]
- Vita Constantini, Leben Konstantins, Des Eusebius Pamphili vier Bücher über das Leben des Kaisers Konstantin und des Kaisers Konstantin Rede an die Versammlung der Heiligen, aus dem griechischen übersetzt von P. Johannes Maria Pfättisch, Kempten und München 1913 (Bibliothek der Kirchenväter, Reihe 1, Band 9).
  [zitiert: *Eusbius*, Vita Constantini]

Firmicus, Iulius Maternus
- De errore profanarum religionum, Edidit Konrat Ziegler, Lipsiae 1907.
  [*Firmicus Maternus*, De errore]
- Matheseos Libri VIII, ediderunt W. Kroll et F. Skutsch, Stuttgardiae 1968.
  [*Firmicus Maternus*, Matheseos]

Fortunatus, Venantius Honorius Clementianus, Opera Poetica, Recensuit et emendavit Fridericus Leo, Berlin 1961 (Monumenta Germaniae Historica, Auctorum Antiquissimorum, Tomi IV Pars Prior, Editio Nova).
[zitiert: *Fortunatus*, Carm.]

Gregor von Tours, Historiarum Libri Decem – Zehn Bücher Geschichten, auf Grund der Übersetzung W. Giesebrechts neu bearbeitet von *Rudolf Buchner*, (Ausgewählte Quellen zur Deutschen Geschichte des Mittelalters, Band 1: 9. Auflage, Darmstadt 2000, Band 2: 8. Auflage, Darmstadt 2000.
[zitiert: *Gregor*, H. F.]

Hermas, Der Hirt des Hermas, übersetzt und erklärt von Norbert Brox Göttingen 1991 (Kommentar zu den Apostolischen Vätern, Bd. 7).
[zitiert: *Hermas*,]

Hieronymus, Sophronius Eusebius, De viris illustribus – Berühmte Männer, Claudia Barthold (Hrsg.), Mülheim/Mosel 2010.
[zitiert: *Hieronymus*, vir. ill.]

Horatius, Quintus Flaccus,
- Carmen Saeculare, in: Horace, Odes and Epodes, Edited and Translated by Niall Rud, London 2004 (The Loeb Classical Library, 33).
  [zitiert: *Horaz*, Carmen Saeculare,]
- Oden und Epoden, Killy Walther, Ernst A. Schmidt (Bearb.), Zürich und München 1981.
  [zitiert: *Horaz*, Oden]

Ignatius von Antiochia, Die Briefe des Ignatius von Antiochia und der Brief des Polykarp von Smyrna, 2. Auflage der Auslegung von Walter Bauer, Tübingen 1985 (Handbuch zum Neuen Testament Band 18 – Die Apostolischen Väter 2).
[zitiert: *Ignatius*, Briefe]

Irenäus von Lyon, Epideixis, Adversus Haereses, Darlegung der apostolischen Verkündigung, Gegen die Häresien I, Übersetzt und eingeleitet von Norbert Brox, Freiburg – New York 1993 (Fontes Christiani, Band 8/1).
[zitiert: *Irenäus*, Epideixis]

Justinus (der Märtyrer), O. Bardenhewer u.a. (Hg.),

- Die beiden Apologien Justins des Märtyrers, Kempten und München 1913, (Bibliothek der Kirchenväter, Frühchristliche Apologeten und Märtyrerakten aus dem Griechischen übersetzt, Reihe 1, Band 12).
  [zitiert: *Justin*, Erste Apologie (Zweite Apologie)]
- Des Heiligen Philosophen und Martyrers Justinus Dialog mit dem Juden Tryphon, München 1917 (Bibliothek der Kirchenväter, Frühchristliche Apologeten und Märtyrerakten aus dem Griechischen übersetzt, Reihe 1, Band 33).
  [zitiert: *Justin*, Dialog]

Lactantius, Lucius Caelius Firmianus,

- Divinae Institutiones, L. Caeli Firmiani Lactanti Opera Omnia, Recensuerunt *Samuel Brandt* et *Georgius Laubmann*,

Pars 1, Sectio 1 et 2, Divinae Institutiones et Epitome Divinarum Institutionum, Prage-Lipsiae 1890 (Corpus Scriptorum Ecclesiasticorum Latinorum Vol. XIX).
[zitiert: *Laktanz*, Div. Inst.]

- De ira dei liber – Vom Zorne Gottes, H. Kraft und A. Wlosok (Hrsg.), Darmstadt 1974.
  [zitiert: *Lactantius*, De ira dei]
- De mortibus persecutorum – Die Todesarten der Verfolger, Übersetzt und eingeleitetet von Alfons Städele, Turnhout 2003, (Fontes Christiani, Band 43).
  [zitiert: *Lactantius*, mort. pers.]
- Göttliche Unterweisungen in Kurzform, Heck Eberhard; Gudrun Schickler (Hg.), Leipzig 2001.
  [zitiert: *Lactantius*, Epitome]

Leges Langobardorum, 643–866, bearbeitet von *Franz Beyerle*, 2. Ausgabe, Witzenhausen 1962, (Germanenrechte, Westgermanisches Recht 9).
[zitiert: *Beyerle*, Leges Langobardorum]

Lex Salica, 100 Titel-Text, *Karl August Eckardt* (Hg.), Weimar 1953 (Germanenrechte Neue Folge).
[zitiert: *Eckardt*, Lex Salica]

Menander Rhetor, Peri Epideiktikon, Russel, D.A.; Wilson N. G.; Menander Rhetor, with translation and commentary, Oxford 1981.
[zitiert: *Menander*, Peri Epideiktikon]

Minucius Felix, Marcus, Octavius, Minucius Felix with an English Translation by Gerald H. Rendall, Cambridge Massachusetts 1966, (The Loeb Classical Library, 250).
[zitiert: *Minucius Felix*, Octavius]

Orosius, Paulus, Orose – Histoires (Contre les Paiens); Texte établi et traduit par Marie-Pierre Arnaud-Lindet, (Collection des Universités de France), Tome I, Livre I–IV, Paris 1990; Tome II, Livre V–VI, Paris 1991; Tome III, Livre VII, Index, Paris 1991.
[zitiert: *Orosius,* Historiae]

Pactus legis Salicae, 65 Titel Text, *Karl August Eckardt* (Hrsg.), Band II, 1, Berlin-Frankfurt 1955 (Germanenrechte Neue Folge).
[zitiert: *Eckardt,* Pactus legis Salica]

Panegyrici Latini, In Praise of Later Roman Emperors – The Panegyrici Latini, Introduction, Translation and Historical Commentary with the Latin Text of R. A. B. Mynors, *Nixon, Charles Edwin Vandervord; Saylor-Rodgers, Barbara, Berkeley* (Hg.) – Los Angeles – Oxford 1994.
[zitiert: *Nixon/Saylor Rodgers,* Pan. Lat.]

Platon, Politeia – Der Staat, herausgegeben von *Gunter Eigler,* Darmstadt 1971 (Platon – Werke in Acht Bänden, Griechisch und Deutsch, Vierter Band).
[zitiert: *Platon,* Politeia]

Plinius, Gaius Caecilius Secundus, Panegyricus, Pliny – Letters and Panegyrics in two Volumes, Vol. II, Letters Books VIII–X and Panegyricus, with an English Translation by Betty Radice, Cambridge, Massachusetts 1969 (The Loeb Classical Libray, 30).
[zitiert: *Plinius,* Panegyricus]

Plinius, Gaius Caecilius Secundus, Panegyricus, Pliny – Letters and Panegyrics in two Volumes, Vol. II, Letters Books VIII–X and Panegyricus, with an English Translation by Betty Radice, Cambridge, Massachusetts 1969 (The Loeb Classical Libray, 30).
[zitiert: Plinius, Epistulae]

Polykarp von Smyrna, Die Briefe des Ignatius von Antiochia und der Brief des Polykarp von Smyrna, 2. Auflage der Auslegung von Walter Bauer, Tübingen 1985 (Handbuch zum Neuen Testament Band 18 – Die Apostolischen Väter 2).
[zitiert: *Polykarp,* Brief an die Gemeinde von Philippi]

Quintilianus, Marcus Fabius, The institutio Oratoria of Quintilian with an English Translation by H. E. Butler, in four Volumes, Volume I, Cambridge, Massachusetts 1969 (The Loeb Classical Library, 124).
[zitiert: *Quintilian,* Institutiones]

Sallustius, Crispus Gaius

- Bellum Catilinae, with an English Translation by J. C. Rolfe, Cambridge, Massachusetts 1971 (The Loeb Classical Library,116).
  [zitiert: *Sallust,* Cat.]
- Bellum Iugurthinum, with an English Translation by J. C. Rolfe, Cambridge, Massachusetts 1971 (The Loeb Classical Library,116).
  [zitiert: *Sallust,* Bellum Iugurthinum]

Salvianus (von Marseille), De Gubernatione Dei Libri VIII, Recensuit Carolus Halm, Berlin 1961, (Monumenta Germaniae Historica, Auctorum Antiquissimorum, Tomi I Pars Prior, Editio Nova).
[*Salvian,* De gubernatione Dei]

Seneca, Lucius Annaeus, De clementia – Über die Güte, Übersetzt und Herausgegeben von Karl Büchner, Stuttgart 2002.
[zitiert: *Seneca,* De clementia]

Somnium, Der Traum des Hans von Hermansgrün 1495, bearbeitet von *Weinrich Lorenz,* in: Quellen zur Reichsreform im Spätmittelalter, *Schmale, Franz Josef und Goetz, Hans-Werner* (Hg.), Darmstadt 2001, Nr. 45, S. 381–411 (Ausgewählte Quellen zur deutschen Geschichte des Mittelalters, Band XXXIX).
[zitiert: Somnium]

Sulpicius Severus, Vita S. Martini, Vie de St. Martin, Tome 1, Introduction, Texte et Traduction par Jaques Fontaine, Paris 1967 (Sources Chrétiennes, No. 133).
[zitiert: *Sulp. Severus,* Vita S. Martini]

Symmachus, Quintus Aurelius, Orationes, Reden, Angela Pabst (Hg.), Darmstadt 1989 (Texte zur Forschung, Band 53).
[zitiert: *Symmachus,* or.]

Tacitus, Publius Cornelius, Agricola, Tacitus in five volumes, Translated by M. Hutton. Revised by R.M. Ogilvie, Volume I: Agricola, Germania, Dialogus, London 1970 (The Loeb Classical Library, 35).
[zitiert: *Tacitus,* Agricola]

Tertullianus, Quintus Septimius Florens,

- Ad Nationes, Tertulliani Opera, Pars I, ex Recensione Augusti Reifferscheid et Georgi Wissowa, Pragae – Lipsiae 1890 (Corpus Scriptorum Ecclesiasticorum Latinorum, Vol. XX).
[zitiert: *Tertullian,* Ad nationes]
- Ad Scapulam, Tertulliani Opera, Pars II, A. Gerlo u. a. (Hg.), Turnhout 1954, S. 1126–1132 (Corpus Christianorum, Series Latina, II; Opera Montanistica).
[zitiert: *Tertullian,* Ad Scapulam]
- Apologeticum – Verteidigung des Christentums, Lateinisch und Deutsch, übersetzt und erläutert von Karl Becker (Hg.), 4. Auflage, München 1992.
[zitiert: *Tertullian,* Apologetikum]
- De Corona, Tertulliani Opera, Pars II, A. Gerlo u. a. (Hg.), Turnhout 1954; S. 1038–1065 (Corpus Christianorum, Series Latina, II; Opera Montanistica).
[zitiert: *Tertullian,* De Corona]
- De Pallio, Tertulliani Opera, Pars II, A. Gerlo u. a. (Hg.), Turnhout 1954; S. 732–750 (Corpus Christianorum, Series Latina, II; Opera Montanistica).
[zitiert: *Tertullian,* De Pallio]
- Scorpiace, Tertulliani Opera, Pars II, A. Gerlo u. a. (Hg.), Turnhout 1954, S. 1068–1097 (Corpus Christianorum, Series Latina, II; Opera Montanistica).
[zitiert: *Tertullian,* Scorpiace]

Theophilus von Antiochien, O. Bardenhewer u.a. (Hg.), An Autolykus, Frühchristliche Apologeten Band II, Kempten und München 1913, (Bibliothek der Kirchenväter, Frühchristliche Apologeten und Märtyrerakten aus dem Griechischen übersetzt, Reihe 1, Band 14).
[zitiert: *Theophilus*, An Autolykus]

Urkunden zur Entstehungsgeschichte des Donatismus, herausgegeben von Hans von Soden, 2. Auflage, Berlin 1950 (Kleine Texte für Vorlesungen und Übungen, 122).
[zitiert: *von Soden*, Urkunden]

Vergilius, Publius Maro,

- Eklogen, Virgil with an English translation by H. Rushton Fairclough, Vol. 1: Eclogues, Georgics, Aeneid I–VI, Cambridge Massachusetts 1967 (The Loeb Classical Library, 63).
[zitiert: *Vergil*, Ecl.]
- Georgica, Virgil, with an English translation by H. Rushton Fairclough, Vol. 1: Eclogues, Georgics, Aeneid I–VI, Cambridge Massachusetts, 1967 (The Loeb Classical Library, 63).
[zitiert: *Vergil*, Georgica]
- Aeneis, Virgil, with an English Translation by H. Rushton Fairclough, Vol. 1: Eclogues, Georgics, Aeneid I–VI, Cambridge, Massachusetts 1967; Vol. 2: Aeneid VII–XII, The Minor Poems, Cambridge Massachusetts 1969 (The Loeb Classical Library, 63 u. 64).
[zitiert: *Vergil*, Aeneis]

Vita Heinrici IV. Imperatoris, neuübersetzt von *Franz Josef Schmale* und *Irene Schmale Ott*, herausgegeben von *Rudolf Buchner*, in: Quellen zur Geschichte Kaiser Heinrichs IV, Darmstadt 1974, S. 407–467, (Ausgewählte Quellen zur deutschen Geschichte des Mittelalters, Band XII).
[zitiert: Vita]

Literatur

Albrecht, Michael von, Geschichte der römischen Literatur von Ambrosius bis Boethius mit Berücksichtigung ihrer Bedeutung für die Neuzeit, 2. Auflage, München – Paris, Band I, 1994, Band II, 1994. [zitiert: *von Albrecht*, Band]

Alföldi, Andrew, A Conflict of Ideas in the late Roman Empire – The clash between the Senate and Valentinian I, Oxford 1952. [zitiert: *Alföldi*, Conflict]

Alföldy, Géza, Augustus und die Inschriften: Tradition und Innovation. Die Geburt der imperialen Epigraphik, in: Gymnasium, Band 98, 1991, S. 289–324. [zitiert: *Alföldy*, Gymnasium 98 (1991)]

Armory, Patrick, Ethnographic Rhetoric, Aristocratic Attitudes and Political Allegiance in Post-Roman Gaul, in: Klio, Band 76, 1994, S. 438–453. [zitiert: *Amory*, Klio 76 (1994)]

Anton, Hans Hubert, Fürstenspiegel des frühen und hohen Mittelalters – Specula Principum ineuntis et progredientis medii aevi, Darmstadt 2006 (Ausgewählte Quellen zur deutschen Geschichte des Mittelalters, 45). [zitiert: *Anton*, Fürstenspiegel]

Arnold, Jonathan J., Theoderic And The Roman Imperial Restoration, New York 2014, [zitiert: *Arnold*,]

Asche, Ulrike, Roms Weltherrschaftsidee und Aussenpolitik in der Spätantike im Spiegel der Panegyrici Latini, Bonn 1983. [zitiert: *Asche*]

Baltes, Michael, Gott, Welt, Mensch in der Consolatio Philosophiae des Boethius – Die Consolatio Philosophiae als ein Dokument platonischer und Neuplatonischer Philosophie, in: Vigiliae Christianae, Volume 34, 1980, 313–340. [zitiert: *Baltes*, Consolatio]

Bar, William, Claudians in Rufinum: An Invective, in: Cairns, Francis (Hrsg.), Papers of the Liverpool Latin Seminar, second volume 1979, Liverpool 1979, S. 179–190. [zitiert: *Bar*, In Rufinum]

Barnes, T. D., Lactantius and Constantine, in: The Journal of Roman Studies, Volume LXIII, 1973, S. 29–46. [zitiert: *Barnes*, JRS 63 (1973)]

Bautz, Friedrich Wilhelm, „Ausonius, Decimus Magnus", in: Friedrich-Wilhelm Bautz †, fortgeführt von Traugott Bautz (Hg.), Biographisch-Bibliographisches Kirchenlexikon, Band II, Hamm 1990, Spalte 304–305. [zitiert: *Bautz*, Ausonius]

Bautz, Friedrich Wilhelm, „Augustinus, Aurelius", in: Friedrich-Wilhelm Bautz †, fortgeführt von Traugott Bautz (Hg.), Biographisch-Bibliographisches Kirchenlexikon, Band I, Hamm 1990, Spalte 272–300. [zitiert: *Bautz*, Augustinus]

Bautz, Friedrich Wilhelm, „Ennodius, Magnus Felix", in: Friedrich-Wilhelm Bautz †, fortgeführt von Traugott Bautz (Hg.), Biographisch-Bibliographisches Kirchenlexikon, Band I, Hamm 1990, Spalte 1516–1517. [zitiert: *Bautz*, Ennodius]

Becker, Karl (Hg.), Tertullian, Apologeticum – Verteidigung des Christentums, Lateinisch und Deutsch, München 1952. [zitiert: *Becker*, Tertullian: Apologetikum]

Bellen, Heinz, Grundzüge der römischen Geschichte, Erster Teil: Von der Königszeit bis zum Übergang der Republik in den Prinzipat, Darmstadt 1995. [zitiert: *Bellen*, Grundzüge I]

Bellen, Heinz, Grundzüge der römischen Geschichte, Dritter Teil: Die Spätantike von Constantin bis Justinian, Darmstadt 2003. [zitiert: *Bellen*, Grundzüge III,]

Biermann, Martin, Die Leichenreden des Ambrosius von Mailand – Rhetorik, Predigt, Politik, Hermes Einzelschriften, Heft 70, Stuttgart 1995. [zitiert: *Biermann*, Leichenreden]

Broer, Ingo, „Friede II (biblisch)", in: Kasper, Walter (Hg.), Lexikon für Theologie und Kirche, 3., völlig neu bearb. Aufl., Band 4, Franca bis Hermenegild, Freiburg im Breisgau 1995, Spalte 137–138. [zitiert: *Broer*, Friede]

Buchheit Vinzenz, Goldene Zeit und Paradies auf Erden (Lact., inst. 5, 5–8), in: Würzburger Jahrbücher für die Altertumswissenschaft, Neue Folge, Band 4, 1978, S. 161–185. [zitiert: *Buchheit*, WJA 4 (1978)]

Buchheit Vinzenz, Die Definition der Gerechtigkeit bei Laktanz und seinen Vorgängern, in: Vigiliae Christiana – A review of early christian life and language, Band 33 (1979), S. 356–374. [zitiert: *Buchheit*, Gerechtigkeit bei Laktanz]

Büchner, Karl, Der Tyrann und sein Gegenbild in Ciceros Staat, in: ders. (Hg.), Studien zur Römischen Literatur, Band II – Cicero, Wiesbaden 1962, S. 116–147. [zitiert: *Büchner*, Tyrann]

Büchner, Karl, Sallust, 2. Verbesserte Auflage, Heidelberg 1982. [zitiert: *Büchner*, Sallust]

Büchner, Karl, Die Römeroden, in: ders. (Hg.), Studien zur Römischen Literatur, Band III – Horaz, Wiesbaden 1962, S. 125–138. [zitiert: *Büchner*, Römeroden]

Burckhardt, Max, Die Briefesammlung des Bichofs Avitus von Vienne († 518), Inaugural-Dissertation zur Erlangung der Doktorwürde der philologisch-historischen Abteilung der philosophischen Fakultät Basel, 1938. [zitiert: *Burckhardt*, Briefesammlung]

Campenhausen, Hans Freiherr von, Ambrosius von Mailand als Kirchenpolitiker, Berlin und Leipzig, 1929 (Arbeiten zur Kirchengeschichte, Band 12). [zitiert: *v. Campenhausen*, Ambrosius]

Capelle, W., Griechische Staatsethik und römischer Imperialismus, in: Kloft, Hans (Hg.), Ideologie und Herrschaft in der Antike, Darmstadt 1979, S. 238–270 (Wege der Forschung, Bd. 528). [zitiert: *Capelle*, WdF 528]

Chadwick, Henry, Augustin, Göttingen 1987. [zitiert: *Chadwick*, Augustin]

Chadwick, Henry, „Boethius, Anicius Manlius Severinus“, in: Edward Graig (Hg.), Routledge Encyclopedia of Philosophy, Volume 1, London and New York 1998, S. 801–813. [zitiert: *Chadwick*, Boethius]

Christes, Johannes, Modestia und moderatio bei Tacitus, in: Gymnasium 100 (1993), S. 514–529. [zitiert: *Christes*, Gymnasium 100 (1993)]

Classen, Albrecht, Boethius „De consolatione philosophiae“, eine „Explication du texte“, in: Jahrbuch für internationale Germanistik, Jahrgang XXXII, Heft 2, 2000, S. 44–61. [zitiert: *Classen*, Boethius]

Classen, Carl Joachim, Virtutes Romanorum – Römische Tradition und griechischer Einfluss, in: Gymnasium, Band 95, 1988, S. 289–302. [zitiert: *Classen*, Gymnasium 95]

Clausen, Wendell, Virigl's Aeneid – Decorum, Allusion, and Ideology, Leipzig 2002 (Beiträge zur Altertumskunde, Band 162). [zitiert: *Clausen*, „Virgil“]

Cook, Genevieve Marie, The life of Saint Epiphanius by Ennodius, a translation with an introdcution and commentary, Washington D. C. 1942. [zitiert: *Cook*, Life]

Dahlmann, Helfried, Clementia Caesaris, in: Neue Jahrbücher für Wissenschaft und Jugendbildung, 10. Jahrgang 1934, S. 17–26. [zitiert: *Dahlmann*, Clementia]

Dassmann, Ernst, „Ambrosius von Mailand“, in: Krause, Gerhard; Müller Gerhard (Hg.), Theologische Realenzyklopädie, Band II, Agende – Anselm von Canterbury, Berlin – New York 1978, Sp. 362–386. [zitiert *Dasmann*, Ambrosius]

Dassmann, Ernst, Augustinus, Heiliger und Kirchenlehrer, Stuttgart-Köln 1993. [zitiert: *Dassmann*, Augustinus]

Davidson Ivor J., Ambrose's De officiis and the intellectual climate of the late fourth century, in: Vigiliae Christianae 49 (1995), S. 313–333. [zitiert: *Davidson*, Vig. Christ. 49 (1995)]

De Palma Digeser, Elisabeth, The making of a Christian Empire – Lactantius & Rome Ithaca and London 2000. [zitiert: *DePalma Digeser*, Lactantius]

Deisner, H. J., Orosius und Augustinus, in: Acta Antiqua Academiae Scientiarum Hungaricae, Tomus XI, 1963, S. 89–102. [zitiert: *Deisner*, AAnt.Hung. 11 (1963)]

Devillers, Olivier, Démonstration et stéréotype du général dans l'Agricole de Tacite, in: Pallas, Band 69, 2005, S. 365–375. [zitiert: *Devillers*, Pallas 69 (2005)]

Dewar, Michael, Octavian and Orestes again, in: Classical Quarterly (CQ), N. S. Volume 40, 1990, S. 580–582. [zitiert: *Dewar*, CQ 40 (1990)]

Dewar, Michael, Claudian – Panegyricus de Sexto Consulatu Honorii Augusti, Edited with Introduction, Translation, and Literary Commentary, Oxford 1996. [zitiert: *Dewar*, Sex.Cons. Hon.]

Dewar, Michael, The fall of Eutropius, in: Classical Quarterly (CQ), N. S. Volume 40, 1990, S. 582–584. [zitiert: *Dewar*, CQ 40 (1990)]

Dewar, Michael, Hannibal and Alaric in the later Poems of Claudian, in: Mnemosyne, Volume XLVII, Fasc. 3, (1994), S. 349–372. [zitiert: *Dewar*, Mnemosyne 47 (1994)]

Dingel, Joachim, „Panegyrik (Römisch)", in: Cancik, Hubert u. Schneider Helmuth (Hg.), Der Neue Pauly – Enzyklopädie der Antike, Band 9 Or-Poi, Stuttgart-Weimar 2000, Sp. 242–244. [zitiert: *Dingel*, Panegyrik]

Dinkler, Erich, „Friede", in: Klauser, Theodor (Hg.), Reallexikon für Antike und Christentum – Sachwörterbuch zur Auseinandersetzung des Christentums mit der Antiken Welt, Band VIII, Fluchtafel (Defixion) – Gebet I, Stuttgart 1972, Sp. 434–505. [zitiert: *Dinkler*, Friede]

Doblhofer, Ernst, Die Augustuspanegyrik des Horaz in formalhistorischer Sicht, Heidelberg, 1966 (Bibliothek der klassischen Altertumswissenschaften : Neue Folge, 2. Reihe; Band 16). [zitiert: *Doblhofer*, Augustuspanegyrik]

Dörries, Hermann, Das Selbstzeugnis Kaiser Konstantins, Göttingen 1954 (Abhandlungen der Akademie der Wissenschaften in Göttingen, Philologisch-Historische Klasse, Dritte Folge, Nr. 34). [zitiert: *Dörries*, Selbstzeugnis]

Drake, Harold A., In praise of Constantine – A Historical Study and New Translation of Eusebius Tricennial Orations, Berkeley – London 1976 (University of California Publications, Classical Studies, Volume 15). [zitiert: *Drake*, Constantine]

Drexler, H., Die moralische Geschichtsauffassung der Römer, in: Gymnasium, Band 61, 1954, S. 168–190. [zitiert: *Drexler*, Gymnasium 61]

Duval, Yves-Marie, La Figure de Théodose chez Claudien, in: La poesia tardoantica. Tra retorica e politica. Atti del V corso di archeologia e civilta medievali. Erice 6–12 dicembre 1981, Messina 1984, S. 133–185. [zitiert: *Duval*, Théodose]

Earl, Donald C., The political thought of Sallust, Cambridge 1961. [zitiert: *Earl*, Sallust]

Eliott, Thomas G., Eusebian frauds in the vita Constantini, Phoenix, Volume 45, 1991, S. 162–171. [zitiert: *Eliott*, Phoenix 45 (1991)]

Erren, Manfred, Wovon spricht Cicero in „De Officiis", in: Würzburger Jahrbücher für die Altertumswissenschaft, Neue Folge, Band 13, 1987, S. 181–194. [zitiert: *Erren*, De officiis]

Ewig, Eugen, Zum christlichen Königsgedanken im Frühmittelalter, in: Das Königtum, Seine geistigen und rechtlichen Grundlagen, Sigmaringen 1954. [zitiert: *Ewig*, Königtum]

Ewig, Eugen, „Chlodwig", in: Angermann, Norbert u.a. (Hg.), Lexikon des Mittelalters, Band II, Bettlerwesen bis Codex von Valencia, München 2003, Spalte 1863–1868. [zitiert: *Ewig*, Chlodwig]

Felgentreu Fritz, Wie ein Klassiker gemacht wird. Literarischer Anspruch und historische Wirklichkeit bei Claudian, in: Gabriele Thome und Jens Holzhausen (Hg.), Es hat sich viel ereignet, Gutes wie Böses, München/Leipzig 2001, S. 80–104 (Beiträge zur Altertumskunde, Band 141). [zitiert: *Felgentreu*, Claudian]

Fink, Gerhard, Geld und Gloria – Interpretationsgesichtspunkte bei der Lektüre von Ciceros Rede De imperio Cn. Pompei, in: Der altsprachliche Unterricht, Jahrgang XXIX, Heft 2, 1986, S. 30–39. [zitiert: *Fink*, AU 29 (1986)]

Flach, Dieter, Die Dichtung im früh-kaiserzeitlichen Befriedungsprozess, in: Klio 54, 1972, S. 157–170. [zitiert: *Flach*]

Formisano, Marco, Grand Finale, Orosius' Historiae adversus paganos Or the Subversion of History, in: Harich-Schwarzbauer, Henriette (Hg.), Der Fall Roms und seine Wiederauferstehungen in Antike und Mittelalter, Berlin u.a. 2013, S. 153–176. [zitiert: *Formisano*]

Fornaro, Sotera, „Panegyrik (Griechisch)", in: Cancik, Hubert; Schneider Helmuth (Hg.): Der Neue Pauly – Enzyklopädie der Antike, Band 9 Or-Poi, Stuttgart-Weimar 2000, Sp. 240–242. [zitiert: *Fornaro*, Panegyrik]

Forschner, Maximilian, „Tugend I", in: Lexikon für Theologie und Kirche (Walter Kasper (Hg.), 3. völlig neu bearbeitete Auflage, Zehnter Band, Freiburg-Wien 2001, Sp. 293–296. [zitiert: *Forschner*, Tugend]

Fraenkel, Eduard, Horaz, 4. Auflage, Darmstadt 1963. [zitiert: *Fraenkel*, Horaz]

Frenschowski, Marco, „Tertullian", in: Friedrich-Wilhelm Bautz †, fortgeführt von Traugott Bautz (Hg.), Biographisch-Bibliographisches Kirchenlexikon, Band XI, Herzberg 1996, Spalte 695–720. [zitiert: Frenschowski, Tertullian,]

Friedrich, G., „Frieden", in: Biblisch-Theologisches Handwörterbuch zur Lutherbibel und zu neueren Übersetzungen, Edo Osterloh und Hand Engelland (Hg)., Dritte Auflage, Göttingen, 1964, S. 151–154. [zitiert: *Friedrich*, Frieden]

Fuhrmann, Manfred (Hg.), Cicero, Marcus Tullius – Sämtliche Reden, Ausgabe in sieben Bänden, Band 1: Für Quinctius. Für Sextus Roscius. Für den Schauspieler Roscius. Für Tullius. Für Fonteius. Für Caecina. Über den Oberbefehl des Pompeius, Zürich u.a. 1970. [zitiert: *Fuhrmann*, Reden I]

Fuhrmann, Manfred, Die Alleinherrschaft und das Problem der Gerechtigkeit (Seneca: De clementia), in: Gymnasium, Zeitschrift für Kultur der Antike und humanistische Bildung, Band 70 (1963), S. 481–514. [zitiert: *Fuhrmann*, Alleinherrschaft]

Funaioli, G., „Sallustius (10)", in: Georg Wissowa (Hg.), Paulys Realencyclopädie der classischen Altertumswissenschaft, Zweite Reihe, Zweiter Halbband (Saale-Sarmathon), Stuttgart 1920, Sp. 1914–1955. [zitiert: *Funaioli*, Sallustius]

Gärtner, Hans Armin, Politische Moral bei Sallust, Livius und Tacitus, in: Acta Antiqua Academiae Scientiarum Hungaricae, Tomus XL, 2000, S. 101–112. [zitiert: *Gärtner*, AAnt.Hung. 40 (2000)]

Gegenschatz, Ernst, Die Freiheit der Entscheidung in der Consolatio Philosophiae des Boethius, in: Manfred Fuhrmann u. Joachim Gruber (Hg.), Boethius, Darmstadt 1984 (ursprünglich 1958), S. 323–349 (Wege der Forschung Band CDLXXXIII). [zitiert: *Gegenschatz*]

George, Judith W., Venantius Fortunatus, A latin poet in Merovingian Gaul, Oxford 1992. [zitiert: *George*, Fortunatus]

George, Judith W., Venantius Fortunatus: Personal and Political Poems, Liverpool 1995, (Translated Texts for Historians, Volume 23). [zitiert: *George*, Poems]

Gessel, Wilhelm M., „Faustus von Mileve“, in: Kasper, Walter (Hg.), Lexikon für Theologie und Kirche, 3., völlig neu bearb. Aufl., Band 3, Dämon bis Fragmentenstreit, Freiburg im Breisgau 1993, Sp. 1199. [zitiert: *Gessel*, Faustus]

Girardet, Klaus M., Das christliche Priestertum Konstantins des Großen – Ein Aspekt der Herrscheridee des Eusebius von Caesarea, in: Chiron, Band 10, 1980, S. 569–592. [zitiert: *Girardet*, Chiron 10 (1980)]

Girardet, Klaus M., Kaiser Konstantin der Große als Vorsitzender von Konzilien – die historischen Tatsachen und ihre Deutung, in: Gymnasium, Band 98, 1991, S. 548–560. [zitiert: *Girardet*, Gymnasium 98 (1991)]

Gnilka, Christian, Rezension zu: Cameron, Alan, Claudian – Poetry and Propaganda at the court of Honorius, Oxford, 1970, in: Gnomon, Band 49,1997, S. 26–51. [zitiert: *Gnilka*, Gnomon 49 (1997)]

Goetz, Hans Werner, Die Geschichtstheologie des Orosius, Darmstadt 1980 (Impulse der Forschung, Bd. 32). [zitiert: *Goetz*, Orosius]

Goetz, Hans Werner, Orosius und die Barbaren: Zu den umstrittenen Vorstellungen eines spätantiken Geschichtstheologen, in: Historia, Band 29, 1980, S. 356–376. [zitiert: *Goetz*, Historia 29 (1980)]

Görler, Woldemar, Das Problem der Ableitung ethischer Normen bei Cicero, in: Der altsprachliche Unterricht, Jahrgang XXI, 1978, Heft 2, S. 5–19. [zitiert: *Görler*, AU 21 (1978)]

Green, Roger P. H., The works of Ausonius – Edited with introduction and commentary, Oxford 1991. [zitiert: *Green*, Ausonius]

Griffin, Jasper, Virgil, Oxford-New York 1986. [zitiert: *Griffin*, Virgil]

Groß-Albenhausen, Kirsten, Zur christlichen Selbstdarstellung Konstantins, in: Klio, Band 78, 1996, S. 171–185. [zitiert: *Groß-Albenhausen*, Klio 78 (1996)]

Groß-Albenhausen, Kirsten, Imperator Christianissimus – Der christliche Kaiser bei Ambrosius und Johannes Chrysostomus, Frankfurt a. M., 1999 (Frankfurter althistorische Beiträge, Band 3). [zitiert: *Groß-Albenhausen*, Imp. Christ.]

Gruber, Joachim, Cicero und das hellenistische Herrscherideal – Überlegungen zur Rede „De Imperio Cn. Pompei“, in: Wiener Studien, Band 101, Wien 1988, S. 243–258. [zitiert: *Gruber*, Cicero]

Gruber, Joachim, Salvianus „De gubernatione Dei“, eine spätlateinische Ergänzung zur Oberstufenlektüre, in: Der altsprachliche Unterricht, Reihe XXI, Heft 2, 1978, S. 60–67. [zitiert: *Gruber*, AU 21 (1978)]

Grünbeck, Elisabeth, Claudianus Mamertus, in: Kasper, Walter (Hg.), Lexikon für Theologie und Kirche, 3., völlig neu bearb. Aufl., Band 2 Barclay bis Damodos, Freiburg im Breisgau 1994, Spalten 1214–1215. [zitiert: *Grünbeck*, Mamertus]

Grünewald, Thomas, Constantinus Maximus Augustus – Herrschaftspropaganda in der zeitgenössischen Überlieferung, Stuttgart 1990 (Historia Einzelschriften, Heft 64). [zitiert: *Grünewald*, Constantinus]

Gunermann, Heinz, Marcus Tullius Cicero, De Officiis – Vom pflichtgemäßen Handeln, Übersetzt, kommentiert und herausgegeben von Heinz Gunermann Stuttgart, 2003. [zitiert: *Gunermann*, Cicero, De officiis]

Hadot, Pierre, „Fürstenspiegel", in: Theodor Klauser (Hg.), Reallexikon für Antike und Christentum, Sachwörterbuch zur Auseinandersetzung des Christentums mit der Antiken Welt, Band VIII: Fluchtafel (Defixion) – Gebet I, Stuttgart 1972, Spalten 555–632. [zitiert: *Hadot*, RAC, Fürstenspiegel]

Hafner, German, Cassiodor, ein Leben für kommende Zeiten, Stuttgart 2002. [zitiert: *Hafner*]

Hagendahl, Harald, Von Tertullian zu Cassiodor – Die profane literarische Tradition in dem lateinischen christlichen Schrifttum, Göteborg 1983. [zitiert: Hagendahl]

Hand, Volkmar, Augustin und das klassisch römische Selbstverständnis – Eine Untersuchung über die Begriffe Gloria, Virtus, Iustitia und Res Publica in De civitate Dei, Hamburg 1970 (Hamburger Philologische Schriften 13). [zitiert: *Hand*, Augustin]

Harris, Jill, Sidonius Apollinaris and the Fall of Rome, Oxford 1994. [zitiert: *Harris*, Sidonius]

Hattenhauer, Hans, Pax et iustitia (Berichte aus den Sitzungen der Joachim Jungius Gesellschaft der Wissenschaften e. V., Jahrgang 1, Heft 3), 1982/1983. [zitiert: *Hattenhauer*, Pax et iustitia]

Heck Eberhard; Schickler, Gudrun, Lactantius, Lucius Caecilius Firmianus – Göttliche Unterweisungen in Kurzform, Leizpig 2001. [zitiert: *Heck/Schickler*, Epitome]

Heck, Eberhard, Minucius Felix und der Römische Staat, Ein Hinweis zum 25. Kapitel des „Octavius", in: Vigiliae Christianae, Volume 38, 1984, S. 154–164. [zitiert: *Heck*, VigChr. 38 (1984)]

Heck, Eberhard, Die dualistischen Zusätze und die Kaiseranreden bei Lactantius, Untersuchungen zur Textgeschichte der Divinae institutiones und der Schrift De opificio dei, Heidelberg 1972. [zitiert: *Heck*, Kaiseranreden]

Heck, Eberhard, Die Bestrafung des Gottesverächters: Untersuchungen zu Bekämpfung und Aneignung römischer religio bei Tertullian, Cyprian und Lactanz, Frankfurt 1987 (Studien zur Klassischen Philologie, 24). [zitiert: *Heck* 1987]

Heldmann, Konrad, Sallust über die römische Weltherrschaft – Ein Geschichtsmodell im Catilina und seine Tradition in der hellenistischen Historiographie, Stuttgart 1993 (Beiträge zur Altertumswissenschaft, Bd. 34). [zitiert: *Heldmann*, Weltherrschaft]

Hermann, Hans-Georg, „Frieden“, in: Albrecht Cordes u.a. (Hg.), Handwörterbuch zur deutschen Rechtsgeschichte (HRG), Band I: Aachen – Geistliche Bank, 2. Auflage, Berlin 2008, Sp. 1807–1821. [zitiert: *Hermann,* Frieden]

Hermann-Otto, Elisabeth, Ecclesia in Re Publica – Die Entwicklung der Kirche von pseudostaatlicher zu staatlich inkorporierter Existenz, Frankfurt a. M 1980 (Europäisches Forum, Band 2). [zitiert: *Herrmann-Otto,* Ecclesia]

Herzog, Reinhart; Schmidt, Peter Lebrecht, Handbuch der lateinischen Literatur der Antike – Fünfter Band, Restauration und Erneuerung, Die Lateinische Literatur von 284–374 n. Chr., München 1989. [zitiert: Hdb. Lat. Lit.]

Hiltbrunner, Otto, Die Schrift „De officiis ministrorum“ des Heiligen Ambrosius und ihr ciceronisches Vorbild, in: Gymnasium, Band 71, 1964, S. 174–189. [zitiert: *Hiltbrunner,* Gymnasium 71 (1964)]

Hoeflich, M. H., Between Gothia and Romania: The image of the King in the Poetry of Venantius Fortunatus, in: Res Publica Litterarum – Studies in the classical Tradition, V.1, 1982, S. 123–136. [zitiert: *Hoeflich,* RPL V (1982)]

Hoffmann, Ernst, Griechische Philosophie und christliches Dogma bei Boethius, in: Manfred Fuhrmann u. Joachim Gruber (Hg.), Boethius, Darmstadt 1984 (ursprünglich 1955), S. 278–285 (Wege der Forschung Band CDLXXXIII). [zitiert: *Hoffmann*]

Hofmann, Heinz, „Claudianus“, in: Cancik, Hubert; Schneider Helmuth (Hg.): Der Neue Pauly – Enzyklopädie der Antike, Band 3 Cl-Epi, Stuttgart-Weimar 1997, Sp. 3–6. [zitiert: *Hofmann,* Claudianus]

Hommel, Hildebrecht, Vergils „messianisches“ Gedicht, in: Oppermann, H. (Hg.), Wege zu Vergil. Drei Jahrzehnte Begegnungen in Dichtung und Wissenschaft, Darmstadt 1966, S. 368–425 (Wege der Forschung XIX). [zitiert: *Hommel*]

Horn, Christoph, Augustinus, München 1995. [zitiert: *Horn,* Augustinus]

Inglebert, Hervé, Les causes de l’existence de l’Empire romain selon les auteurs chrétiens des IIIè-Vè siècles, in: Latomus, Tome 54, 1995, S. 18–50. [zitiert: *Inglebert,* Latomus 54 (1995)]

Nixon, Charles Edwin Vandervord; Saylor-Rodgers, Barbara, In Praise of Later Roman Emperors – The Panegyrici Latini, Introduction, Translation and Historical Commentary with the Latin Text of R. A. B. Mynors, Berkeley – Los Angeles – Oxford, 1994. [zitiert: *Nixon/Saylor Rodgers,* Pan. Lat.]

Kaiser, Reinhold, Das Römische Erbe und das Merowingerreich, 3. Auflage, München 2004 (Enzyklopädie Deutscher Geschichte, Band 26). [zitiert: *Kaiser,* Merowingerreich]

Kakridi, Christina, Cassiodors Variae – Literatur und Politik im ostgotischen Italien, Leipzig 2005 (Beiträge zur Altertumskunde, Band 223). [zitiert: *Kakridi*]

Kasper, Clemens M., „Mamertus", in: ders. (Hg.), Lexikon für Theologie und Kirche, 3., völlig neu bearb. Aufl., Band 6 Kirchengeschichte bis Maximianus, Freiburg im Breisgau 1997, Sp. 1256. [zitiert: *Kasper*, Mamertus]

Kasper, Clemens M., „Faustus von Riez", in: Kasper, Walter (Hg.), Lexikon für Theologie und Kirche, 3., völlig neu bearb. Aufl., Band 3, Dämon bis Fragmentenstreit, Freiburg im Breisgau 1993, Sp. 1199–1200. [zitiert: *Kasper*, Faustus]

Kienast, Dietmar, Augustus: Prinzeps und Monarch, 3. durchges. und erw. Aufl., Darmstadt 1999. [zitiert: *Kienast*, Augustus]

Kirsch, Wolfgang, Triebkräfte der historischen Entwicklung bei Laktanz, in: Klio, Band 66, 1984, S. 624–630. [zitiert: *Kirsch*, Klio 66 (1984)]

Klein, Richard, Tertullian und das Römische Reich, Heidelberg 1968. [zitiert: *Klein*]

Klein, Richard, Die Romidee bei Symmachus, Claudian und Prudentius, in: Paschoud F. (Hg), Colloque Genevois sur Symmaque à l'occasion du mille six centiènne anniversaire du conflict de l'autel de la Victoire, Paris 1986. [zitiert: *Klein*, Romidee]

Klingner, Friedrich, Virgil – Bucolica, Georgica, Aeneis, Zürich und Stuttgart 1967. [zitiert: *Klingner*, Virgil]

Knoche, Ulrich, Cicero – Ein Mittler Griechischer Geisteskultur, in: Hermes – Zeitschrift für klassische Philologie, Band 87, 1959, S. 57–74. [zitiert: *Knoche*, Cicero]

Koch-Peters, Dorothea, Ansichten des Orosius zur Geschichte seiner Zeit, Frankfurt a. M. – New York 1984 (Studien zur klassischen Philologie, Band 9). [zitiert: *Koch-Peters*, Orosius]

Koebner, Richard, Venantius Fortunatus – Seine Persönlichkeit und seine Stellung in der geistigen Kultur des Merowinger-Reiches, Berlin 1915 (Beiträge zur Kulturgeschichte des Mittelalters und der Renaissance, Band. 22). [zitiert: *Koebner*]

Konstan, David, Clemency as a Virtue, in: Classical Philology, Band 100 (2005), 337–346. [zitiert: *Konstan*, Clemency]

Körner, Hans Otto, Die politischen Ansichten und Ziele des Q. Aurelius Symmachus, in: Peter Steinmetz (Hg.), Politeia und Res Publica – Beiträge zum Verständnis von Politik, Recht und Staat in der Antike, Wiesbaden 1969, S. 337–356 (Palingenesia, Band IV). [zitiert: *Körner*, Symmachus]

Korzeniewski, Dietmar (Hg.), Hirtengedichte aus Neronischer Zeit, Titus Calpurnius Siculus und die Einsiedler Gedichte, Darmstadt 1971 (Texte zur Forschung, Band 1). [zitiert: *Korzeniewski*]

Kraft, Heinrich, Eusebius von Caesarea: Historia ecclesiastice – Kirchengeschichte, 3., unveränderte Auflage, München 1989. [zitiert: *Kraft*, Eusebius, Kirchengeschichte]

Kranz, Gisbert, Augustinus, Sein Leben und Wirken, Mainz 1994. [zitiert: *Kranz*, Augustinus]

Krautschick, Stefan, Cassiodor und die Politik seiner Zeit, Bonn 1983 (Habelts Dissertationsdrucke, Reihe Alte Geschichte, Heft 17). [zitiert: *Krautschick*]

Kreuzer, Johann, Augustinus, Frankfurt a. M. und New York 1995 (Reihe Campus Einführungen, Band 1088). [zitiert: *Kreuzer*, Augustinus]

Krüger, K.H., „Sigismund [2]“, in: Angermann, Norbert u.a. (Hg.), Lexikon des Mittelalters, Band VII, Planudes bis Stadt (Rus’), München 2003, Spalte 1885. [zitiert: *Krüger*, Sigismund [2], LexMA VII,]

La Penna, Antonio, Orazio e L’ideologia del principato, Turin 1963. [zitiert: *La Penna*]

Lämmli, Franz, Sallusts Stellung zu Cato, Caesar, Cicero, in: Klein, Richard (Hg.), Das Staatsdenken der Römer, Darmstadt 1980, S. 529 ff. (Wege der Forschung, Band 46). [zitiert: *Lämmli*]

Laufs, Joachim, Der Friedensgedanke bei Augustinus – Untersuchungen zum XIX. Buch des Werkes De civitate Dei, Wiesbaden 1973 (Hermes – Zeitschrift für klassische Philologie, Einzelschriften, Heft 27). [zitiert: *Laufs*, Friedensgedanke]

Leeb, Rudolf, Konstantin und Christus, Die Verchristlichung der imperialen Repräsentation unter Konstantin dem Großen als Spiegel seiner Kirchenpolitik und seines Selbstverständnisses als christlicher Kaiser, Berlin – New York 1992 , (Arbeiten zur Kirchengeschichte, 58). [zitiert: *Leeb*, Konstantin]

Lehner, Jakob, Poesie und Politik in Claudians Panegyrikus auf das vierte Konsulat des Kaisers Honorius: Ein Kommentar, Königstein 1984 (Beiträge zur klassischen Philologie, 163). [zitiert: *Lehner*, Pan.]

Lienemann, Wolfgang, „Frieden“, in: Evangelisches Kirchenlexikon, Erwin Fahlbusch u.a. (Hg.), Erster Band, A-F, Dritte Auflage, Göttingen 1986, Sp. 1376–1382. [zitiert: *Lienemann*, Frieden]

Lippold, Adolf, Kaiser Claudius II. Gothicus, Vorfahr Konstantins des Großen und der römische Senat, in: Klio, Band 74 (1992), S. 380–394. [zitiert: *Lippold*, Klio 74 (1992)]

Lippold, Adolf, Orosius, christlicher Apologet und römischer Bürger, in: Philologus, Band 113 (1969), S. 92–105. [zitiert: *Lippold*, Philologus 113 (1969)]

Lippold, Adolf, Griechisch-makedonische Geschichte bei Orosius, in: Chiron, Band 1, 1971, S. 437–455. [zitiert: *Lippold*, Chiron 1 (1971)]

Lippold, Adolf, Der erste punische Krieg bei Orosius, in: Rheinisches Museum für Philologie, Neue Folge 97, 1954, S. 254–286. [zitiert: *Lippold*, Rh.M. 97 (1954)]

Luehr, Franz Frieder, Weltreiche und Lebensalter – Ein Kapitel Laktanz, in: Der altsprachliche Unterricht, Band 21 Heft 5, 1978, S. 19–35. [zitiert: *Luehr*, AU 21 (1978)]

Maas, Michael, Ethnictiy, orthodoxy and community in Salvian of Marseilles, in: John Drunkwater u. Hugh Elton (Hg.), Fifth century Gaul, a crisis of identity, Cambridge 1992, S. 275–284. [zitiert: *Maas*, Salvian]

MacCormack, Sabine, Latin Prose Panegyrics, in: T. A. Dorey (Hg.), Empire and Aftermath, Silver Latin II, London and Boston 1975, S. 143–205. [zitiert: *MacCormack*, Panegyrics]

Mac Kendrick, Paul Lachlan, The philosophical books of Cicero, Paul Mac Kendrick with the collaboration of Karen Lee Singh, London, 1989. [zitiert: *MacKendrick,* Cicero]

Maier, Gideon, Amtsträger und Herrscher in der Romania Gothica, vergleichende Untersuchungen zu den Institutionen der ostgermanischen Völkerwanderungsreiche, (Historia, Einzelschriften, 181), Stuttgart, 2005. [zitiert: *Maier*]

Manitius, Max, Geschichte der lateinischen Literatur des Mittelalters, Erster Band – Von Justinian bis zur Mitte des 10. Jahrhunderts, Vierter unveränderter Nachdruck der 1911 erschienen erstbearbeiteten Auflage, München 2005. [zitiert: *Manitius,* Geschichte]

Maroti, Egon, Bemerkungen zum Panegyrikus des jüngeren Plinius (Ad Paneg. 13, 3), in: Acta Classica Universitatis scientiarum Debreceniensis (ACD), Band 26, 1990, S. 77 f. [zitiert: *Maroti,* ACD 26]

Mathisen, Ralph W., Sidonius on the Reign of Avitus: A study in political prudence, in: Transactions of the American Philological Association, Volume 109, 1979, S. 165–171. [zitiert: *Mathisen,* TAPh.A 109 (1979)]

Mause, Michael, Die Darstellung des Kaisers in der lateinischen Panegyrik, Stuttgart 1994 (Palingenesia – Monographien zur klassischen Altertumswissenschaft, Band. 50). [zitiert: *Mause*]

Mayer, Anton, Des Presbyters Salvianus von Massilia Erhaltene Schriften, Von der Weltregierung Gottes, Vier Bücher and die Kirche, Briefe, München 1935 (Bibliothek der Kirchenväter (BKV), Zweite Reihe, Band XI). [zitiert: *Mayer,* Weltregierung]

Mayer, Cornelius, Legitimation des Rechts bei Augustinus, in: Erhard Mock u. a. (Hg.), Rechts- und Sozialphilosophie des Mittelalters, Frankfurt 1990, S. 9–27. [zitiert: *Mayer,* Legitimation]

Méthy, Nicole, Éloge, Rhétorique et Propagande Politique sous le Haut-Empire, L'Exemple de Panégyrique de Trajan, in: Mélanges De l'école Francaise de Rome Antiquité (MEFA), Tome 112, 2000, 1, S. 365–411. [zitiert: *Méthy,* MEFA 112 (2000)]

Meyer, Wilhelm, Der Gelegenheitsdichter Venantius Fortunatus, Berlin 1901 (Abhandlungen der königlichen Gesellschaft der Wissenschaften zu Göttingen, Philologisch-historische Klasse, Neue Folge Band IV. Nr. 5). [zitiert: *Meyer*]

Meyer-Flügel, Beate, Das Bild der ostgotisch-römischen Gesellschaft bei Cassiodor – Leben und Ethik von Römern und Germanen in Italien nach dem Ende des Weströmischen Reiches, Bern-Wien, 1992 (Europäische Hochschulschriften, Reihe III, Band 533). [zitiert: *Meyer-Flügel*]

Mies, Thorsten, Die Institutionen des Laktanz – Verrechtlichung christlicher Tugend- und Herrschaftsethik im Spiegel heidnischer Philosophie, kaiserlicher Ideologie und diokletianischer Verfolgung, in: Jean Ehret, Erwin Möde (Hg.), Una Sancta Catholica et Apostolica – Einheit und Anspruch des Katholischen, Freiburg – Wien, S. 329–343. [zitiert: *Mies,*]

Monat, Pierre, La Polémique de Lactance contre Hercule, Tradition orientale et culture occidentale, in: Hélène Walter (Hg.), Hommages à Lucien Lerat 2, Paris, 1984, S. 575–584 (Centre de Recherche d' Histoire Ancienne, Volume 55). [zitiert: *Monat,* Polémique]

Moreau, Jacques, Vérité historique et propaganda politique chez Lactance et dans la Vita Constantine, in: Schmitthenner, Walter (Hg.), Jacques Moreau – Scripta Minora, Heidelberg 1964, S. 135–143. [zitiert: *Moreau,* Vérité]

Morgan, Teresa, Eusebius of Caesarea and Christian Historiography, in: Athenaeum, Band 93, 1, 2005, S. 193–208. [zitiert: *Morgan,* Athenaeum 93 (2005)]

Müller-Rettig, Brigitte, Der Panegyricus des Jahres 310 auf Konstantin den Grossen – Übersetzung und historisch-philologischer Kommentar, Stuttgart 1990. [zitiert: *Müller-Rettig,* Panegyrikus des Jahres 310]

Näf, Beate, Das Zeitbewusstsein des Ennodius und der Untergang Roms, in: Historia, Band 39, 1990, S. 100–123. [zitiert: *Näf,* Historia 39 (1990)]

Nodes, Daniel J., „Avitus Alcimus Ecdicius von Vienne", in: Kasper, Walter (Hg.), Lexikon für Theologie und Kirche, 3., völlig neu bearb. Aufl., Band 1 A bis Barcelona, Freiburg im Breisgau 1993, Sp. 1320. [zitiert: *Nodes,* Avitus]

Norden Eduard, Die Geburt des Kindes – Geschichte einer religiösen Idee, 3., unveränderter Abdruck der 1. Auflage (Leipzig 1924), Darmstadt, 1958. [zitiert: *Norden*]

Nuñez, José Miguel Alonso, Die Auslegung der Geschichte bei Paulus Orosius: Die Abfolge der Weltreiche, die Idee der Roma Aeterna und die Goten, in: Wiener Studien, Band 106, 1993, S. 197–213. [zitiert: *Nuñez,* WS 106 (1993)]

Nuñez, José Miguel Alonso, Drei Autoren von Geschichtsabrissen der römischen Kaiserzeit: Florus, Iustinus, Orosius, in: Latomus, Volume 54 (1995), S. 346–360. [zitiert: *Nuñez,* Latomus 54 (1995)]

Odahl, Charles Matson, Constantine and the Christian Empire, New York 2004. [zitiert: *Odahl,* Constantine]

Pabst, Angela, Symmachus, Quintus Aurelius, Orationes, Reden, Darmstadt 1989 (Texte zur Forschung, Band 53). [zitiert: *Pabst,* in: Symmachus, or.]

Paschoud, Francois, Roma Aeterna, Études sur le patriotisme romain dans l'occident latin a l'époque des grandes invasions, Rom 1967, S. 133–155 (Bibliotheca Helvetica Romana, Band VII). [zitiert: *Paschoud,* Roma Aeterna,]

Perrin, Michel, L'homme antique et chrétien. L'anthropologie de Lactance, S. 250–325, Paris, 1981 (Collection Théologie historique 59). [zitiert: *Perrin,*]

Plöger, Herbert, Studien zum literarischen Feldherrenporträt Römischer Autoren des 1. Jahrhunderts vor Christus – Cicero, De Imperio Cn. Pompei; Caesar, Bellum Gall.; Sallust, Bellum Iug., Kiel 1975 (Diss.). [zitiert: *Plöger*]

Polz, Erich, Die Gestalt Rufins in Claudians Panegyricus auf das dritte Konsulat des Kaisers Honorius, in: Grazer Beiträge (GB), Band 17, 1990, S. 225–223. [zitiert: *Polz,* GB 17 (1990)]

Polz, Erich, Claudians in Rufinum, Invektive und Laudatio, in: Philologus, Band 134, 1990, S. 66–81. [zitiert: *Polz,* Philologus 134 (1990)]

Porter, Jean, „Tugend“, in: Gerhard Müller (Hg.), Theologische Realenzyklopädie, Band XXXIV, Trappisten/Trapistinnen-Vernunft II, Berlin – New York 2002, S. 184–197. [zitiert: *Porter,* Tugend]

Portmann, Werner, Geschichte in der spätantiken Panegyrik, Frankfurt a. M., Bern, New York, Paris, 1988 (Europäische Hochschulschriften, Reihe III – Geschichte und Hilfswissenschaften, 363). [zitiert: *Portmann,* Panegyrik]

Portmann, Werner, Libanios – Kaiserreden, eingeleitet, übersetzt und kommentiert von G. Fatouros, T. Krischer und W. Portmann, Stuttgart 2002 [zitiert: *Portmann,* Kaiserreden]

Pöschl, Viktor, Die römische Auffassung der Geschichte, in: Gymnasium Band 63 (1956), S. 190–206. [zitiert: *Pöschl,* Gymnasium 63 (1956)]

Pöschl, Viktor, Grundwerte Römischer Staatsgesinnung in den Geschichtswerken des Sallust, Berlin, 1940. [zitiert: *Pöschl,* Grundwerte]

Prete, Serafino, Der geschichtliche Hintergrund zu den Werken des Laktanz (Übertragen von Hans Haas), in: Gymnasium, Band 63, 1956, S. 365–382. [zitiert: *Prete,* Gymnasium 63 (1956)]

Putnam, Michael C. J., Artifices of Eternity – Horace's Fourth Book of Odes, Ithaca and London 1986 (Cornell Studies in Classical Philology, Volume XLIII). [zitiert: *Putnam,* Artifices]

Radice, Betty, Pliny and the Panegyricus, Greece & Rome, N. S. 15.2, 1968, S. 166–172. [zitiert: *Radice*]

Ralfs, Günter, Die Erkenntnislehre des Boethius, in: Manfred Fuhrmann u. Joachim Gruber (Hg.), Boethius, Darmstadt 1984 (ursprünglich 1965), S. 350–374 (Wege der Forschung Band CDLXXXIII). [zitiert: *Ralfs*]

Rand, Kennard, On the Composition of Boethius' Consolatio Philosophiae, in: Manfred Fuhrmann u. Joachim Gruber (Hg.), Boethius, Darmstadt 1984 (ursprünglich 1965), S. 249–277 (Wege der Forschung Band CDLXXXIII). [zitiert: *Rand,* Composition]

Renaud, Francois, „Tugend“ in: Hubert Cancik u. Helmuth Schneider (Hg.), Neuer Pauly–Enzyklopädie der Antike, Altertum Band 12/1 Tam-Vel, Stuttgart u. Weimar 2002, Sp. 894–896. [zitiert: *Renaud,* Tugend]

Reydellet, Marc, La Royauté dans la litterature latine de Sidone Apollinaire à Isidore de Séville, Rom 1981 (Bibliothèque des écoles Francaises d' Athènes et de Rome, Fascicule 243). [zitiert: *Reydellet,*]

Richard, J., „Sigismund [1]“, in: Angermann, Norbert u.a. (Hg.), Lexikon des Mittelalters, Band VII, Planudes bis Stadt (Rus'), München 2003, Spalte 1885. [zitiert: *Richard,* Sigismund [1], LexMA VII]

Riedl, Petra, Die Romidee Claudians, in: Gymnasium, Band 102, 1995, S. 536–555. [zitiert: *Riedl,* Gymnasium 102 (1995)]

Rigobert, Günther, Apollinaris Sidonius – Eine Untersuchung seiner drei Kaiserpanegyriken, in: G. Wirth (Hg.), Romantias-Christianitas: Untersuchungen zur Geschichte und Literatur der römischen Kaiserzeit, Johannes Straub zum 70. Geburtstag am 18. Oktober 1982 gewidmet, Breslau 1982, S. 654–660. [zitiert: *Rigobert,* Apoll. Sid.]

Rist, John M., Augustine – Ancient thought baptized, Cambridge 1994. [zitiert: *Rist,* Augustine]

Rohr, Christian, Nationalrömisches Bildungsgut im Reich der Ostgoten – Zur Rezeption von Quintus Aurelius Symmachus bei Ennodius, in: Römische Historische Mitteilungen (RHM), Band 40, 1998, S. 29–48. [zitiert: *Rohr,* RHM 40 (1998)]

Rohr, Christian, Der Theoderich-Panegyricus des Ennodius, Hannover 1995 (MGH Studien und Texte, Band 12). [zitiert: *Rohr,* Theoderich-Panegyrikus]

Rohr, Christian, Das Streben des Ostgotenkönigs Theoderich nach Legitimität und Kontinuität im Spiegel seiner Kulturpolitik. Beobachtungen zu imperialen Elementen im Theoderich – Panegyrikus des Ennodius, in: Walter Pohl und Maximilian Diesenberger (Hg.), Integration und Herrschaft – Ethnische Identitäten und soziale Organisation im Frühmittelalter (Forschungen zur Geschichte des Mittealters, Band 3), Wien 2002, S. 227–232. [zitiert: *Rohr,* Legitmität]

Ronning, Christian, Herrscherpanegyrik unter Trajan und Konstantin: Studien zur symbolischen Kommunikation in der römischen Kaiserzeit (Studien und Texte zu Antike und Christentum; 42), Tübingen 2007. [zitiert: Ronning, Panegyrik]

Rosen, Klaus, Constantins Weg zum Christentum und die Panegyrici Latini, in: Giorgio Bonamente u. Franca Fuso (Hg.), Constantino il Grande, Macerata, 1993, S. 853–863. [zitiert: *Rosen,* Constantin]

Rubach, Gerhard, Die politische Theologie Eusebs von Caesarea, in: ders. (Hg.), Die Kirche Angesichts der konstantinischen Wende, Darmstadt 1976, S. 236–258 (Wege der Forschung, Band CCCVI). [zitiert: *Rubach,* Euseb]

Russel, D. A.; Wilson N. G., Menander Rhetor, with translation and commentary, Oxford, 1981. [zitiert: *Russel/Wilson,* Menander Rhetor]

Schäublin, Christoph, Christliche Humanitas, christliche Toleranz, in: Museum Helveticum, Schweizerische Zeitschrift für klassische Altertumswissenschaft, 32. Jahrgang 1975, S. 209–220. [zitiert: *Schäublin,* MH 32 (1975)]

Schieffer, Rudolf, „Fränkisches Reich", in: Handwörterbuch zur deutschen Rechtsgeschichte, Albrecht Cordes u.a. (Hg.), HRG, Band I: Aachen – Geistliche Bank, 2. Auflage, Berlin 2008, Sp. 1672–1685. [zitiert: *Schieffer,* „Fränkisches Reich"]

Schindler, Alfred, „Augustin/Augustinismus I", in: Krause, Gerhard; Müller Gerhard (Hg.), Theologische Realenzyklopädie, Band IV, Arkandisziplin – Autobiographie, Berlin – New York, 1979, Sp. 645–698. [zitiert: *Schindler,* Augustin]

Schmal, Stephan, Sallust, Hildesheim-Zürich-New York, 2001 (Studienbücher Antike, Band 8). [zitiert: *Schmal*, Sallust]

Schmid, Hans Heinrich, „Frieden II", in: Gerhard Müller (Hg.), Theologische Realenzyklopädie, Band XI, Familie – Futurologie, Berlin – New York 1983, S. 605–610. [zitiert: *Schmid*, Frieden]

Schmidt, Ernst A., Die Angst der Mächtigen in den Annalen des Tacitus, in: Wiener Studien, Band 95 (N. F. 16), 1982, S. 274–285. [zitiert: *Schmidt*, WS 95 (1982)]

Schmidt, Georg, „Heiliges Römisches Reich", in: Albrecht Cordes u.a. (Hg.), Handwörterbuch zur deutschen Rechtsgeschichte, HRG, Band II: Geistliche Gerichtsbarkeit – Konfiskation, 2. Auflage, Berlin 2012, Sp. 882–893. [zitiert: *Schmidt*, Heiliges Römisches Reich]

Schmidt, Peter L., „Sallustius (II 3)", in: Hubert Cancik u. Helmuth Schneider (Hg.), Neuer Pauly – Enzyklopädie der Antike, Altertum Band 10, Pol-Sal, Stuttgart-Weimar 2001, Sp. 1254–1258. [zitiert: *Schmidt*, Neuer Pauly]

Schneidemüller, Bernd, „Kaiser, Kaisertum (Mittelalter), in: Albrecht Cordes u.a. (Hg.), Handwörterbuch zur deutschen Rechtsgeschichte, HRG, Band II: Geistliche Gerichtsbarkeit – Konfiskation, 2. Auflage, Berlin 2012, Sp. 1497–1504. [zitiert: *Schneidemüller*, Kaisertum]

Schröder, Klaus Peter, „Fürstenspiegel", in: Handwörterbuch zur deutschen Rechtsgeschichte, Albrecht Cordes u.a. (Hg.), HRG, Band I: Aachen – Geistliche Bank, 2. Auflage, Berlin 2008, Sp. 1905 f. [zitiert: *Schröder*, Fürstenspiegel]

Schweckendiek, Helge, Claudians Invektive gegen Eutrop (In Eutropium) – Ein Kommentar, Hildesheim, Zürich, New York 1992 (Beiträge zur Altertumswissenschaft, Band 10). [zitiert: *Schweckendieck*, In Eutropium]

Seager, Robin, Horace and Augustus: Poetry and Policy, in: Niall Rudd (Hg.), Horace 2000: A celebration – Essays for the Bimillennium, London 1993, S. 23–40. [zitiert: *Seager*, Horace]

Seeck, Otto, „Eumenius"; in: Georg Wissowa u. a. (Hg.), Paulys Realencyclopädie der classischen Altertumswissenschaft, Band VI,1, Stuttgart, 1907, Sp. 1105–1114, [zitiert: *Seeck*, Eumenius]

Setton, Kenneth M., Christian Attitude towards the Emperor in the fourth century, New York 1941 (Studies in History, Economics and Public Law, Number 482). [zitiert: *Setton*]

Shanzer Danuta; Wood, Ian, Avitus of Vienne, Letters and Selected Prose, Liverpool 2002 (Translated Texts for Historians, Volume 38). [zitiert: *Shanzer/Wood*, Avitus]

Singer, Bruno, „Fürstenspiegel", in: Gerhard Müller (Hg.), Theologische Realenzyklopädie, Band XI, Familie – Futurologie, Berlin – New York 1983, Sp. 707–711. [zitiert: *Singer*, Fürstenspiegel]

Sivan, Hagith, Was Theodosius I. an Usurper? in: Klio, Band 78, 1996, S. 198–211. [zitiert: *Hagith*, Klio 78 (1996)]

Sivan, Hagith, Sidonius Apollinaris, Theodoric II. and the Gothic-Roman Politics from Avitus to Anthemius, in: Hermes, Band 117, 1989, S. 85–94. [zitiert: *Sivan,* Hermes 117 (1989)]

Skeb, Matthias, Subjektivität und Gottesbild. Die religiöse Mentalität des Decimus Magnus Ausonius, in: Hermes, Band 28, 2000, S. 327–352. [zitiert: *Skeb,* Hermes 28 (2000)]

Soden, Hans von, Urkunden zur Entstehungsgeschichte des Donatismus, 2. Auflage, Berlin 1950 (Kleine Texte für Vorlesungen und Übungen, 122). [zitiert: *Von Soden,* Urkunden]

Sprute, Jürgen, Rechts- und Staatsphilosophie bei Cicero, in: Phronesis – A Journal for Ancient Philosophy, Volume XXVIII, 1983, S. 150–176. [zitiert: *Sprute,* Cicero]

Städele, Alfons, Lucius Caecilius Lactantius: De mortibus persecutorum – Die Todesarten der Verfolger, Turnhout 2003 (Fontes Christiani, Band 43). [zitiert: *Städele,* in: Lactantius, mort. pers.]

Starr, Chester G., Horace and Augustus, in: The American Journal of Philology, Volume 90, 1969, S. 58–64. [zitiert: *Starr*]

Steidele, Wolf, Beobachtungen zu des Ambrosius Schrift „De officiis", in: Vigiliae Christianae 38 (1984), S. 18–66. [zitiert: *Steidele,* Vig. Christ. 38 (1984)]

Steidele, Wolf, Die Leichenrede des Ambrosius für Kaiser Theodosius und die Helena-Legende, in: Vigiliae Christianae 32 (1978), S. 94–112. [zitiert: *Steidele,* Vig.Christ. 32 (1978)]

Steidele, Wolf, Beobachtungen zum Gedankengang im 2. Buch von Ambrosius „De officiis", in: Vigiliae Christianae 39 (1985), S. 280–298. [zitiert: *Steidele,* Vig. Christ. 39 (1985)]

Stemmer, Peter, „Tugend", in: Joachim Ritter, Karlfried Gründer (Hg.), Historisches Wörterbuch der Philosophie, Band 10: St-T, Basel 1998, Spalten 1532–1548. [zitiert: *Stemmer,* HwdPh, Tugend]

Storch, Helmut, Tacitus' Agricola als Maßstab für Geltung und Zerfall des römischen Tugendkanons, in: Der altsprachliche Unterricht, Jahrgang XXIX, Heft 4, 1986, S. 36–49. [zitiert: *Storch,* AU 29 (1986)]

Straub, Johannes, Vom Herrscherideal in der Spätantike, Stuttgart 1964, unveränderter Nachdruck der Ausgabe Stuttgart 1939 (Forschungen zur Kirchen und Geistesgeschichte, 18. Band). [zitiert: *Straub,*]

Straub, Johannes, Christliche Geschichtsapologetik in der Krisis des römischen Reiches, in: Hisotria, Band 1, 1950, S. 52–81. [zitiert: *Straub,* Historia 1 (1950)]

Stroheker, Karl Friedrich, Der senatorische Adel im spätantiken Gallien, Tübingen 1948. [zitiert: *Stroheker*]

Swift, Louis J., Lactantius and the golden Age, in: American Journal of Philology, Volume LXXXIX, 1968, S. 144–156. [*Swift,* AJPh. 89 (1968)]

Swift, Louis J., St. Ambrose on violence and war, in: Transactions and Proceedings of the American Philological Association, Volume 101, 1970, S. 533–543. [zitiert: *Swift*, TAPh.A 101 (1970)]

Syndikus, Hans Peter, Die Lyrik des Horaz – eine Interpretation der Oden, Band II: Drittes und viertes Buch, 3. Auflage, Darmstadt 2001. [zitiert: *Syndikus*, Lyrik]

Taegert, Werner, Claudius Claudianus: Panegyricus dictus Olybrio et Probino consulibus Text, Übersetzung und Kommentar von Werner Taegert, München 1988 (Zetemata, Heft 85). [zitiert: *Taegert,* Panegyricus]

Tanz, Sabine, Orosius im Spannungsfeld zwischen Eusebius von Cäsarea und Augustin, in: Klio, Band 65, 2, 1983, S. 337–346. [zitiert: *Tanz*, Klio 65 (1983)]

Testard, Maurice, De officiis, Introduction – Saint Ambrose, Les Devoirs, Livre I, Texte Établi, Traduit et Annoté par Maurice Testard, Paris 1984; Livres II–III, Texte Établi, Traduit et Annoté par Maurice Testard, Paris 1992. [zitiert: Testard, De officiis, Introduction]

Thieme, Hans, Friede und Recht im mittelalterlichen Reich, 1945 (Leipziger Universitätsreden 12). [zitiert: *Thieme*, Friede und Recht]

Till, Rudolf (Hg.), Das Leben des Iulius Agricola, 2. Auflage, Berlin 1976 (Schriften und Quellen der Alten Welt, 8). [zitiert: *Till*, Tacitus, Agricola]

Trapé, Agostino, Aurelius Augustinus – Ein Lebensbild, München – Wien, 1988. [zitiert: *Trapé,* Augustinus]

Vitiello, Massimiliano, Motive Germanischer Kultur und Prinzipien des gotischen Königtums im Panegyrikus des Ennodius an Theoderich den Großen (Die drei „direkten Reden"), in: Hermes, 133. Jahrgang, 2005, S. 100–115. [zitiert: *Vitiello*, Hermes 133 (2005)]

Vittinghof, Friedrich, Staat, Kirche und Dynastie beim Tode Konstantins, in: Dihle Albrecht (Hg.), L' église et l'empire au IVe siècle, Genf 1989, S. 1–28 (Entretiens sur l'Antiquité Classique, 34). [zitiert: *Vittinghof*, Staat]

Waters, K. H., Traianus Domitiani Continuator, in: The American Journal of Philology, Volume 90, 1969, S. 385–405. [zitiert: *Waters*]

Westermann, Claus, Der Frieden (Shalom) im Alten Testament, in: Georg Picht / Heinz Eduard Tödt (Hg.), Studien zur Friedensforschung, Band 1, Stuttgart, 1969, S. 144–177. [zitiert: *Westermann*, Frieden]

White, Hugh G. Evelin, Ausonius: with an English Translation by Hugh G. Evelyn White in two Volumes,Volume II, Cambridge, Massachusetts, 1967 (The Loeb Classical Library, CXV). [zitiert: *White*, Ausonius]

Wienand, Johannes, Der Kaiser als Sieger, Metamorphosen triumphaler Herrschaft unter Constantin I., Klio – Beiträger zur Alten Geschichte, Beihefte, Neue Folge 19, Berlin, 2012. [zitiert: *Wienand,*]

Winger, Wolfram, Personalität durch Humnaität – das ethikgeschichtliche Profil christlicher Handlungslehre bei Laktanz, Teil 1 u. 2, Frankfurt – Wien 1999 (Forum Interdisziplinäre Ethik, Band 22). [zitiert: *Winger,* Laktanz]

Winkelmann, Friedhelm, Grundprobleme christlicher Historiographie in ihrer Frühphase (Eusebius von Kaisarea und Orosius), in: Jahrbuch der österreichischen Byzantinistik, 42. Band, Wien 1992, S. 13–27. [zitiert: *Winkelmann,* JOeB 42 (1992)]

Winkelmann, Friedhelm, Euseb von Kaisarea – Der Vater der Kirchengeschichte, Berlin 1991. [zitiert: *Winkelmann,* Euseb]

Wirth, Gerhard, Symmachus und einige Germanen, in: Francois Paschoud (Hg.), Colloque Genevois sur Symmaque à l'occasion du mille six centième anniversaire du conflict de l'autel de la Victoire, Paris 1986, S. 277–297. [zitiert: *Wirth,* Symmachus]

Wirth, Peter, Themistios – Staatsreden, Übersetzung, Einführung und Erläuterungen von Hartmut Leppin und Werner Portmann, Stuttgart 1998 (Bibliothek der Griechischen Literatur, Band 46). [zitiert: *Wirth,* Staatsreden]

Wlosok, Antonie, Zur lateinischen Apologetik der constantinischen Zeit (Arnobius, Lactantius, Firmicus Maternus, in: Gymnasium, Band. 96, 1989, S. 133–148. [zitiert: *Wlosok,* Gymnasium 96 (1989)]

Wlosok, Antonie, Restauration und Erneuerung – die lateinische Literatur von 284 bis 374 n. Chr., in: Herzog, Reinhard (Hg.), Handbuch der lateinischen Literatur der Antike, Band 5, München 1989, S. 375–404. [zitiert: *Wlosok,* Hdb. Lat. Lit.]

Wlosok, Antonie, „Lactantius, L. Caelius Firmianus", in: Krause, Gerhard, Müller, Gerhard (Hg.), Theologische Realenzyklopädie, Band XX Berlin – New York (1990), Sp. 370–374. [zitiert: *Wlosok,* „Lactantius", TRE XX]

Ziegler, Konrat, „Panegyrikos", in: Georg Wissowa (Hg.), Paulys Realencyclopädie der classischen Altertumswissenschaft, Sechsunddreißigster Halbband, Zweites Drittel, Palatinus bis Paranatellonta, Stuttgart 1949, Sp. 559–581. [zitiert: *Ziegler,* Panegyrikos]

Ziehen, Ludwig, „Panegyris", in: Georg Wissowa (Hg.), Paulys Realencyclopädie der classischen Altertumswissenschaft, Sechsunddreißigster Halbband, Zweites Drittel, Palatinus bis Paranatellonta, Stuttgart 1949, Sp. 581–583. [zitiert: *Ziehen,* Panegyris]

Zinsli, Samuel C., Gute Kaiser, schlechte Kaiser – Die eusebische Vita Constantini als Referenztest für die Vita Heliogabali, in: Wiener Studien, Band 118 (2005), S. 117–138. [zitiert: *Zinsli,* WS 118 (2005)]

RECHTSHISTORISCHE REIHE

Die nachfolgende Liste führt die Titel der "Rechtshistorischen Reihe" ab Band 400 auf. Eine vollständige Übersicht aller bisher in der Reihe erschienenen Bücher finden Sie auf www.peterlang.com

Band 400 Thomas Simon (Hrsg.): Hundert Jahre allgemeines und gleiches Wahlrecht in Österreich. Modernes Wahlrecht unter den Bedingungen eines Vielvölkerstaates. 2010.

Band 401 Dörte Mentz: Die Beweislastumkehr in der Rechtsprechung des Reichsgerichts. 2010.

Band 402 Werner Schubert (Hrsg.): Oberster Gerichtshof für die Britische Zone (1948-1950). Nachschlagewerk Strafsachen – Nachschlagewerk Zivilsachen. Präjudizienbuch der Zivilsenate. Eingeleitet und herausgegeben von Werner Schubert. 2010.

Band 403 Yong Lei: Auf der Suche nach dem modernen Staat. Die Einflüsse der allgemeinen Staatslehre Johann Caspar Bluntschlis auf das Staatsdenken Liang Qichaos. 2010.

Band 404 Andreas Schwenk: Die Formbestimmung des § 313 BGB a. F. (§ 311 b Abs. 1 BGB n. F.) bei Verträgen über Grundstücke in der Rechtsprechung des Reichsgerichts. 2010

Band 405 René Schorsch: Eberhard Georg Otto Freiherr von Künßberg (1881-1941). Vom Wirken eines Rechtshistorikers. 2010.

Band 406 Ulrike Köbler: Werden, Wandel und Wesen des deutschen Privatrechtswortschatzes. 2010.

Band 407 Björn Florian Faulenbach: Rolle und Bedeutung der Lehre in der Rechtsprechung der Internationalen Gerichtshöfe im zwanzigsten Jahrhundert. 2010.

Band 408 Guangyu Fu: Das Causaproblem im deutschen Bereicherungsrecht. Eine rechtshistorische Untersuchung. 2010.

Band 409 Andreas Kimmelmann: Die Folter im Beweisverfahren der Leges Visigothorum. Chindasvinths Gesetzgebung im Spiegel der westgotischen Rechtsentwicklung. 2010.

Band 410 Jacqueline Schmaltz: Die Entwicklung der Industrie- und Handelskammern. Zwischen Pflicht und Kür. 2010.

Band 411 Hermann Nehlsen: Bayerische Rechtsgeschichte vom frühen Mittelalter bis zum 20. Jahrhundert. 2011.

Band 412 Kathrin Spoerr: Recht und Revolution. Deutsche Ökonomen und ihr Einfluss auf das Recht der Weimarer Republik – eine Zeitschriftenschau 1917-1920. 2011.

Band 413 Moritz von Köckritz: Die deutschen Oberlandesgerichtspräsidenten im Nationalsozialismus (1933-1945). 2011.

Band 414 Annika Lillemor Lara Rabaa: Die Ehe als Rechtsinstitut im Badischen Landrecht von 1810. Unter besonderer Berücksichtigung der gesellschaftlichen Entwicklungen im 19. Jahrhundert. 2011.

Band 415 Christian Hattenhauer / Klaus-Peter Schroeder (Hrsg.): 200 Jahre Badisches Landrecht von 1809/1810. Jubiläumssymposium des Instituts für geschichtliche Rechtswissenschaft der Ruprechts-Karls-Universität Heidelberg und der Heidelberger Rechtshistorischen Gesellschaft vom 23. bis 26. September 2009. 2011.

Band 416 Tobias Alexander Krammerbauer: Die Ministerverantwortlichkeit und die Vorformen sonstiger Verfassungsgerichtsbarkeit in Württemberg zwischen 1815 und 1918. 2011.

Band 417 Werner Schubert (Hrsg.): Quellen zur GmbH-Reform von 1958 bis zum GmbH-Änderungsgesetz von 1980. Eingeleitet und herausgegeben von Werner Schubert. 2011.

Band 418 Gisela Emling: Johannes Heckel. Leben und Wirken (1889-1963). 2011.

Band 419 Jochen Kirschbaum: Die Etablierung der Historischen Rechtsschule an der Ludoviciana (1814-1824). 2011.

Band 420 Sören Koch: Unaufgeforderte Hilfeleistung in Notsituationen. Eine rechtshistorische und rechtsvergleichende Studie zu den zivilrechtlichen Aspekten der Nothilfe mit besonderer Berücksichtigung des Rechts der Geschäftsführung ohne Auftrag. 2011.

Band 421 Friedrich Carl von Savigny: Die Prinzipienfragen in Beziehung auf eine neue Strafprozeß-Ordnung. Ausgearbeitet im Justizministerium für die Gesetzrevision. Eingeleitet und herausgeben von Werner Schubert. 2011.

Band 422 Stephan Faulwetter: Von der Zunft zur Handelskammer. Zur Entwicklung des Gewerberechts in thüringischen Staaten. 2011.

Band 423 Moritz Eisenhardt: Sanierung statt Liquidation. Die Geschichte des Vergleichs zur Abwendung des Konkurses unter besonderer Berücksichtigung der Vergleichsordnung von 1927 und 1935. 2011.

Band 424 Gerd Kleinheyer: Beiträge zur Strafrechtsgeschichte. Herausgeben von Franz Dorn, Mathias Schmoeckel und Jan Schröder. 2011.

Band 425 Ralf Maertens: Das Landgericht Altona (1879-1937) und die Anfänge des Landgerichts Itzehoe (1937-1945). Unter besonderer Berücksichtigung ihrer Tätigkeitsberichte und rechtspolitischen Stellungnahmen. 2011.

Band 426 Mark Friedrich: Ferdinand von Martitz (1839-1921). Rechtshistoriker, Staatsrechtler und Völkerrechtler zwischen dem Ende des Deutschen Bundes und dem Beginn der Weimarer Republik. 2012.

Band 427 Sebastian Krusche: Die Bundesrechtsanwaltsordnung vom 1. August 1959. Vorgeschichte und Entstehung. 2012.

Band 428 Marju Luts-Sootak / Sanita Osipova / Frank L. Schäfer (Hrsg./eds.): Einheit und Vielfalt in der Rechtsgeschichte im Ostseeraum. Unity and Plurality in the Legal History of the Baltic Sea Area. Sechster Rechtshistorikertag im Ostseeraum, 3.-5. Juni 2010 in Tartu (Estland) / Riga (Lettland). 6th Conference in Legal History in the Baltic Sea Area, 3rd-5rd June 2010 Tartu (Estonia) / Riga (Latvia). 2012.

Band 429 Margret R. I. Bootz: Die Hamburger Rechtsprechung zum Arbeitsrecht im Nationalsozialismus bis zum Beginn des 2. Weltkriegs. 2012.

Band 430 Heiko Zech: Die soziale Frage im Konkursrecht 1879-1900. 2012.

Band 431 Jan C. Lorenzen: Das Bundesnaturschutzgesetz vom 20. Dezember 1976. Die Entwicklung des Naturschutzrechtes in Deutschland von den Anfängen bis zur Neukodifikation des Bundesnaturschutzgesetzes von 1976. 2012.

Band 432 Ulrike Ingrid Bernhardt: Geschichte des Weinrechts im Deutschen Kaiserreich (1871-1918). Mit einem Überblick zur Vorgeschichte und Weiterentwicklung bis zur Gegenwart. 2012.

Band 433 Elisabeth Otto: Das Verwaltungsrecht in der SBZ / DDR bis zur Verwaltungsneugliederung im Jahr 1952. 2012.

Band 434 Werner Schubert: Zur Geschichte der Justizverfassung in Schleswig-Holstein im 19. und 20. Jahrhundert. Quellen und Studien. 2012.

Band 435 Stefan Ellenberg: Herrschaft und Reform. Zur Diskussion um die Aktienrechtsreform und den Konzern in der Weimarer Zeit. 2012.

Band 436 Jasmin Sonntag: Gesetzgebung und Verwaltung im Dalbergstaat 1802-1810. 2012.

Band 437 Martin Komusiewicz: Die Diskussion um das Verhältnis von Rechtsanwaltschaft und Notariat seit dem Ende des 18. Jahrhunderts bis zum Erlass der Bundesnotarordnung. 2012.

Band 438 Henriette von Breitenbuch: Karl Neumeyer – Leben und Werk (1869-1941). 2013.

Band 439 Günter Baranowski: Russische Rechtsgeschichte: Texte und Erläuterungen. Teil 1: Von den Anfängen bis 1612/13. 2013.

Band 440 Werner Schubert (Hrsg.): Staatsanwaltschaftsrecht (1934-1982). Quellen zu den Reformprojekten (Organisation – Innerer Dienstbetrieb – Ermittlungsverfahren – Verhältnis der Staatsanwaltschaft zur Polizei) und zur Anordnung über Organisation und Dienstbetrieb der Staatsanwaltschaft (OrgStA). Eingeleitet und herausgegeben von Werner Schubert. 2013.

Band 441 York Zieren: Das Schiedsverfahrensrecht der ZPO (1877-1933) unter Berücksichtigung der Genfer Übereinkommen von 1923 und 1927 sowie der Rechtsprechung des Reichsgerichts. 2013.

Band 442 Stefan Wolf: Das Jenaer Studium der Rechte im Dritten Reich. Zwischen Tradition und nationalsozialistischer Ideologie. 2013.

Band 443 Bernhard Klose: Das Verblassen eines Makels. Das Nichtehelichenrecht der DDR als Teil der gesamtdeutschen Entwicklung. 2013.

Band 444 Peter Opitz-von Bardeleben: Das Generalgouvernement Niederrhein. 2013.

Band 445 Nadine Göppner: Vorgeschichte und Entstehung des Atomgesetzes vom 23.12.1959. 2013.

Band 446 Frank L. Schäfer / Werner Schubert (Hrsg./eds.): Justiz und Justizverfassung / Judiciary and Judical System. Siebter Rechtshistorikertag im Ostseeraum, 3.-5. Mai 2012 Schleswig-Holstein / 7th Conference in Legal History in the Baltic Sea Area, 3rd-5th May 2012 Schleswig-Holstein. 2013.

Band 447 Sandy Schenker: Gegen Täuschungen und Gesundheitsgefährdungen durch schlechte Nahrung. Zur Entwicklung des Nahrungsmittelrechts durch Rechtsprechung und Gesetzgebung zwischen 1871 und 1927. 2013.

Band 448 Youn Seok Choi: Der Besitzerwerb des Erben. Historische Entwicklungen, die Lösung des § 857 BGB und ihre Anwendungsprobleme. 2013.

Band 449 Johannes Kalb: Die innerstädtische Auseinandersetzung in Regensburg am Ende der Reichsunmittelbarkeit. Eine historische und rechtliche Untersuchung. 2014.

Band 450 Thomas Habbe: Lastenausgleich. Die rechtliche Behandlung von Kriegsschäden in Deutschland seit dem 30jährigen Krieg. 2014.

Band 451 Günter Baranowski: Russische Rechtsgeschichte: Texte und Erläuterungen. Teil 2: Von 1613 bis 1682. 2015.

Band 452 Wilhelm Brauneder (Hrsg): Landrechtsentwurf für Österreich unter der Enns 1526. 2015.

Band 453 Maximilian Elsner von der Malsburg: „Arisierung" von Privatbanken am Beispiel des Bankhauses E. J. Meyer in Berlin. 2015.

Band 454 Tanja Claussen: Johann Julius Wilhelm Planck (1817-1900). Leben und Werk. 2015.

Band 455 Werner Schubert (Hrsg.): Das Reichsjustizministerium und die höheren Justizbehörden in der NS-Zeit (1935-1944). Protokolle und Mitschriften der Arbeitstagungen der Reichs-justizminister mit den Präsidenten der Oberlandesgerichte, des Volksgerichtshofs, des Reichsgerichts sowie mit den Generalstaatsanwälten. Eingeleitet und herausgeben von Werner Schubert. 2015.

Band 456 Christian Vahl: Die gesetzliche Regelung des Seefrachtvertrags im deutschen Recht. Eine rechtshistorische Betrachtung unter besonderer Berücksichtigung der Beratungen des Seerechtsausschusses der Akademie für Deutsches Recht (1934-1942). 2015.

Band 457 Ruomeng Yang: Die Rezeption der europäischen Privatrechte in China und die konfuzianische Tradition. Das Beispiel des Deliktsrechts im frühen 20. Jahrhundert. 2015.

Band 458 Piotr Wittmann: „Der da sein Practic auß Teutschen Tractaten will lernen". Rechtspraktiker in deutschsprachiger Praktikerliteratur des 16. Jahrhunderts. 2015.

Band 459 Georg Rasche: Richter, Sachverständige, Handelskammern. Preußische Justizverwaltung und kaufmännische Interessen zwischen 1879 und 1907. 2015.

Band 460 Daniel Hupe: Von der Hierarchie zur Egalität in den Zivilrechtskodifikationen des 19. Jahrhunderts vor dem BGB. 2015.

Band 461 Wilhelm Brauneder (Hrsg.): Landrechtsentwurf für Österreich unter der Enns 1573. 2015.

Band 462 Tunay Sürek: Die Verfassungsbestrebungen der Tanzimât-Periode. Das *Kanun-i Esasî* – Die osmanische Verfassung von 1876. 2016.

Band 463 Takashi Izumo: Die Gesetzgebungslehre im Bereich des Privatrechts bei Christian Thomasius. 2016.

Band 464 Werner Schubert (Hrsg.): Quellen zum Bau- und Enteignungsrecht (1940-1958). Entwürfe zu einem Reichsbaugesetz (1940/41) – Vorentwurf zu einem Deutschen Baugesetzbuch von 1942 – Entwürfe zu einem Baugesetzbuch (1949/50) – Baulandbeschaffungsgesetz vom 3.8.1953 – Entwurf zu einem Bundesenteignungsgesetz von 1958. Eingeleitet und herausgegeben von Werner Schubert. 2016.

Band 465 Daniel Bischof: Geschichte der Wald- und Forstgesetzgebung im Bundesland Schleswig-Holstein. Unter Einbeziehung der Entwürfe zu einem Reichsforstgesetz von 1940/42 und der Entstehung des Bundeswaldgesetzes von 1975. 2016.

Band 466 Lena Darabeygi: Die Causa „Blinkfüer" und die Grundrechtsdogmatik zur Pressefreiheit in Weimar und Bonn. 2017.

Band 467 Werner Schubert (Hrsg.): Quellen zum Aktiengesetz vom 18. Juli 1884. 2017.

Band 468 Manfred Josef Thaler: Die Domkapitel der Reichskirche vom Wiener Konkordat bis zur Säkularisation (1448-1803). Grundzüge ihrer Verfassung im Vergleich. 2017.

Band 469 Philipp Eckert: Entstehung und Bedeutung des Landesverwaltungsgesetzes Schleswig-Holstein. 2017.

Band 470 Julia Christine Klix: Privatrechtstheorie und Wirtschaft von 1967 bis 1982. Unter besonderer Berücksichtigung der Kartellrechtsgeschichte. 2017.

Band 471 Thorsten Thielen: Friede und Recht. Studien zur Genese des frühmittelalterlichen Herrscher- und Tugendideals in der lateinischen Literatur der römischen Antike und des frühen Mittelalters. 2017.

www.peterlang.com

www.ingramcontent.com/pod-product-compliance
Ingram Content Group UK Ltd.
Pitfield, Milton Keynes, MK11 3LW, UK
UKHW022107051026
15623UKWH00003B/729

9 783631 732007